估价需求演变与机构持续发展

2019 中国房地产估价年会论文集

中国房地产估价师与房地产经纪人学会　主编

中国城市出版社

图书在版编目（CIP）数据

估价需求演变与机构持续发展：2019中国房地产估价年会论文集 / 中国房地产估价师与房地产经纪人学会主编 . —北京：中国城市出版社，2020.9
ISBN 978-7-5074-3287-9

Ⅰ.①估… Ⅱ.①中… Ⅲ.①房地产价格—估价—中国—文集 Ⅳ.①F299.233.55-53

中国版本图书馆CIP数据核字（2020）第108502号

责任编辑：徐昌强　陈夕涛　李　东
责任校对：焦　乐

估价需求演变与机构持续发展
2019中国房地产估价年会论文集
中国房地产估价师与房地产经纪人学会　主编
*
中国城市出版社出版、发行（北京海淀三里河路9号）
各地新华书店、建筑书店经销
逸品书装设计制版
北京圣夫亚美印刷有限公司印刷
*

开本：787毫米×1092毫米　1/16　印张：60　字数：1569千字
2020年12月第一版　2020年12月第一次印刷
定价：**160.00元**
ISBN 978-7-5074-3287-9
（904275）

版权所有　翻印必究
如有印装质量问题，可寄本社图书出版中心退换
（邮政编码100037）

代　序

适应估价需求演变　促进机构持续发展

——在 2019 中国房地产估价年会上的致辞

中国房地产估价师与房地产经纪人学会会长　杜　鹃

（2019 年 10 月 24 日）

尊敬的各位来宾，各位同仁：

大家好！

今明两天我们在这里举办一年一度的房地产估价行业盛会——2019 中国房地产估价年会，我谨代表主办单位"中房学"，对各位来宾和同仁的到来，表示诚挚的问候和热烈的欢迎！

金秋十月，我们刚刚见证了为庆祝中华人民共和国成立 70 周年举行的盛大庆典，70 年来，中国取得了令世界瞩目的伟大成就，使我们倍感鼓舞，对未来充满了信心。同时我们也要清醒地看到，世界处于百年未有之大变局，这个世界并不太平，面对当前国际格局发生的巨大变迁，我国社会经济发展机遇与挑战并存。"挑战"是指，我国发展面临的外部环境更复杂严峻，可以预料和难以预料的挑战更多更大，国内经济下行压力和不稳定因素依然存在，保持经济运行在合理区间任务繁重。"机遇"是指，我国仍处于主要战略机遇期，拥有足够的韧性、巨大的潜力和不断迸发的创新活力，经济长期向好的趋势没有改变。

在外部经贸摩擦加剧、经济发展放缓的情况下，今年（2019 年）中央明确提出了稳中求进的总要求，坚持新的发展理念，推动高质量发展，提出了稳增长、促改革、调结构、惠民生、防风险、保稳定的主要任务。7 月 30 日中央政治局会议又进一步分析了当前的经济形势，将深挖国内需求，稳定制造业投资排在当前经济工作的靠前位置，这突显了扩大内需的重要性。当前要依靠拉动内需挑起稳定经济的大梁。与此同时，会议又强调了"房住不炒"的定位，奠定了未来房地产行业调控的主基调。房地产行业要转变发展方式，构建自身核心竞争力，向更专业化、更精细化的方向发展，中央一系列重大决策，表明了推进经济高质量发展的决心。

房地产估价行业作为现代服务业和房地产业的重要组成部分，与经济社会发展和房地产市场密切相关。我们要认清经济社会发展面临的复杂局面，要找准估价行业服务国家各项重大战略、重要工作的结合点，通过估价供给激发、创造估价需求，不断创新估价服务，满足经济社会发展的要求。一方面，要把握国家政策带来的新机遇，围绕扩大内需，促进消费，增加有效投资，国家出台了各项改革和支持政策，如集体建设用地入市、林业产权制度改革、新型城镇化建设、老旧小区改造、城市更新、"一带一路"倡议、粤港澳大湾区建设等。我们要认真研究估价行业如何适应国家政策方向，在这些重点工作中发挥应有的作用。另一方面，要抓住市场主体内生的新需求，当前市场主体对估价服务的需要和要求也在不断发生变化，催生了新的估价需求。如企业融资需求增加带来的房地产证券化估价服务；面对不良资产增多的情况，从房地产抵押估价延伸到贷中贷后抵押资产风险管理，以及财产处置司法评估；结合企业日益重视市场调研的需要，从鉴证性估价拓展到个性化咨询顾问服务等。我们要抓住市场主体内生的新需求，将估价服务做精做深。

打铁还需自身硬，在不断适应社会对估价需求发展变化的基础上，估价机构还要加强自身建设与实力培养，实现长期可持续发展。对此，我讲四点意见：

一要转变发展观念，提高原生动力。房地产估价行业经过30多年的发展，外部环境已经发生了巨大的变化，过去靠法律法规的强制性规定取得估价业务，不费大气力也能发财的年代已经过去了。我们一定要适应环境、转变观念，在社会需求中找准自己的服务点，创新服务内容、服务方式、服务手段，不断提升估价服务的深度和广度。近年来，在估价行业的努力下，估价业务结构出现了一些可喜的变化，新兴、高端估价业务比重有所增长。据统计，2010年全国一级房地产估价业务中抵押估价业务的评估总价值占比为69%，2018年降低为56%；咨询顾问等新兴业务占比从8年前的20%提高到现在的30%。虽然业务结构有一定改善，但传统的抵押、征收估价业务占比仍然较高。如果不尽快改变这种状况，就不能适应时代发展要求。我们要加快推进业务结构调整，积极拓展新兴业务，在做精做深传统业务的同时，增加新兴估价、高端估价业务的比重。

二要重视创新和研究，助力企业转型升级。近年来，大数据、云计算、人工智能等新技术不断涌现，深度改变着各行各业的发展，一些房地产估价机构在这方面做了许多有益的尝试，取得了较好的效果。通过构建基础数据库，丰富了服务内容，拓展了服务空间；通过自动估价、批量估价等技术的运用，在一定程度上改变了传统估价的作业方式，提高了估价效率和质量。他们的有益尝试引领了行业的发展方向，但新技术应用的市场转化率和盈利能力还有待进一步提高。未来全行业要进一步重视技术创新和基础问题研究，加强现代信息技术应用，提高科技转化能力，助力企业转型升级。

三要重视人才队伍建设，培养青年估价师。目前房地产估价行业的人才队伍处于新老交替的重要阶段。据统计，目前全国6.2万名房地产估价师中，50岁以上的占28%，40～50岁的占47%，30～40岁的占23%，30岁以下的仅占2%。第一代估价师已经从业20～30年时间，他们见证了估价行业的兴起和发展，为估价行业做出了很大贡献，并逐渐退居二线。青年估价师是估价行业的未来，他们创新能力强，接收能力快，更适应现代信息技术的快速发展。老一代估价师要注重对年轻估价师和专业人员的培养，吸引更多优秀年轻人才进入估价行业，要挖掘和培养行业骨干，让优秀人才担当重任。通过人才培养，为行业增添新活力，注入新动力，为行业发展提供人才支持。

四要增强风险意识，防范业务风险。《资产评估法》对评估专业人员的法律责任、相关估价要求等做了明确规定，既提高了评估行业的法律地位，也提高了评估机构和专业人员的法律责任。过去行业中有些机构在这方面是有过教训的，估价机构和估价师要增强风险意识，增强法制观念，要结合业务学法懂法，避免法律风险。估价机构要强化底线思维，完善企业内控制度，严格规范估价程序，排查业务风险，健全业务档案，完善事前、事中、事后监督，确保各项管理规范有序，切实防范业务风险。

各位同仁！

本次年会我们邀请了境内外有影响的房地产估价同行发表主题演讲。他们将从不同的视角向我们展示估价服务的新领域、新亮点、新技术，为行业持续发展提供新思路，我们要互相学习、互相借鉴，共同推进房地产估价行业新发展！

最后，预祝本次年会圆满成功！谢谢大家！

目 录

代　序　适应估价需求演变　促进机构持续发展
　　　　——在2019中国房地产估价年会上的致辞
　　　　..中国房地产估价师与房地产经纪人学会会长　杜　鹃 / III

第一部分　估价需求演变与估价机构转型升级

新时代房地产估价机构发展模式探索 .... 顾弟根　邵晓春　李建中　陈凌岚 / 002
足迹与梦想——新时代　新估价　新动能 .... 黄西勤 / 010
估价的价值与估价机构的未来发展探析 .... 尚艾群　吴法胜 / 015
新形势下房地产估价行业的发展状况及趋势 .... 郝俊英　廉　楠 / 021
《土地管理法》《城市房地产管理法》的修正对房地产估价的
　　影响 .... 梁　津　齐　宏　王　鹏 / 025
新时代背景下房地产估价行业发展探析 .... 余荣生　简灿妙　蔡　波　肖永根 / 032
江西省房地产估价行业发展演变及转型升级之路 .... 颜　松　高　娜 / 036
房地产估价机构发展面临的新问题及未来发展的建议 .... 陈　晖 / 041
新形势下集体土地上房地产估价的机遇与挑战 .... 杨　斌　贾明宝 / 046
在集体建设用地入市背景下估价机构的应对策略 .... 张仁聪　钟家帜　漆秀红 / 052
房地产估价本身的价值层次分析 .... 金建清　纪　霞 / 056
估价机构如何顺应估价要求的变化 .... 高喜善　石利琴 / 062
高质量发展阶段估价机构开展全过程专业服务的可行性分析 .... 李建中 / 066
浅析估价机构发展面临的新形势、新问题与转型升级 .... 蔡文辉 / 072
创新助推机构破困局　开放力促行业迎发展
　　——浅谈新形势下房地产估价的创新发展 .... 王　霞　蔡春林 / 079
适应估价需求变化　加快机构转型升级
　　——新形势下房地产估价机构的发展之路 .... 丁金礼 / 084
创新估价供给　引导估价需求 .... 常忠文 / 092
浅谈房地产估价需求演变与房地产估价机构的转型升级 .... 郭丽霞　武幼韬 / 097
估价新需求下估价机构转型升级的发展路径 .... 张晓红 / 102
探讨房地产估价需求演变加快估价机构转型升级 .... 梁振康　冯智涛　廖燕勤 / 106

经济高质量发展背景下估价供给如何引导
　　估价需求 …………………………………………… 宋　成　蒋海滨　凌　波　罗　霞 / 110
浅谈新形势下社会对房地产估价的新需求与新要求 ……………………… 廖海燕　廖述科 / 115
如何应对新形势下估价需要和要求的变化
　　——兼谈编制房地产价格影响因素优劣等级
　　分类 ……………………………………………… 章积森　李秀荣　张露沁　柯小平 / 120
以马斯洛需求层次理论探索房地产估价顾问服务的需求 …………………… 陈丽名　王晓东 / 127
新需求、新要求下房地产估价业务的深化与拓展 ……………………………………… 赵　华 / 132
从房地产估价研究现状与研究热点看估价需求的演变 ……… 李晓峰　周　俊　陆　波 / 137
专业技术服务引领估价新需求 ………………………………………………………… 王　琼 / 146
估价机构应对估价需求变化的建议 …………………………………… 董艳华　隗晶月 / 150
房地产估价机构如何在逆境中寻找估价出路 ………………………………………… 丁　辉 / 155
顺势而为或逆流而上——新形势、新需求、新技术背景下估价机构的抉择 ……… 王大林 / 160
浅析内外环境变化给估价机构发展带来的新问题 …………………………………… 陈文升 / 165
浅析新形势下估价机构面临的机遇、挑战及对策 …………… 孙竹星　余扬飘　卢国超 / 169
新形势下我国房地产估价机构的"破"与"立" ……………… 魏劲松　薛　江　陈洪涛 / 174
浅谈新形势下估价机构如何适应社会新需求——以"房地产拍卖估价"为例 ……… 邱　南 / 178

第二部分　现代信息技术给房地产估价带来的改变与展望

数字经济时代下房地产估价咨询行业的创变之道
　　——信息化数据系统平台激发的新动能及发展新动向 …… 宋星慧　黄志忠　劳琼花 / 184
从数字经济发展视角展望房地产估价的未来格局 ………………………… 韩宣伟　蒋文军 / 189
以新思维、新技术迎接房地产估价行业的未来 …………………………… 宋生华　虞达锋 / 194
利用现代信息技术　推动房地产估价行业持续发展 ……… 梁振康　冯智涛　廖燕勤 / 200
现代信息技术给房地产估价带来的改变及展望 ……………………………………… 胡亚晓 / 204
现代信息技术给房地产估价带来的改变及应对策略 ………… 李　欢　文　书　文　凯 / 209
新兴技术对房地产估价行业的影响探析 ………………………………… 王艳艳　向红明 / 213
现代信息技术在房地产估价行业的应用展望 …………………………… 姜志华　刘园菊 / 216
大数据技术在房地产估价领域的应用与思考 ………………………………………… 薄桂琨 / 220
区块链技术在房地产估价中的应用与展望 ………………… 许　军　田蓉泉　施　海 / 225
大数据等新技术对估价行业带来的机遇与挑战 …………………………………… 谢小龙 / 235
互联网及大数据给房地产估价带来的影响 ……………………………… 周慧君　梁燕丽 / 243
大数据、移动互联网背景下对房地产估价的展望 ……………………… 董　杰　贾丁群 / 247
大数据时代下的评估品质再升级 ………………………………………… 杨　诺　张文雅 / 251
互联网时代房地产估价行业的转型发展 ……………………………………………… 陈　杰 / 255
网络询价发展的机遇与挑战 …………………………………… 邵远琪　付改利　李广正 / 260

顺时代发展之风　扬科技变革之帆　助估价行稳致远
　　——浅析现代信息技术为房地产估价带来的改变与展望 　　潘文婷　汪银云 / 263
浅谈自动估价对房地产估价机构带来的影响及应对措施 　　张　丽　张小燕　石春艳 / 269
网络询价、自动估价全面赋予估价行业的革新 　　廖燕勤　冯智涛　梁振康 / 273
网络询价、自动估价的发展情况及对估价机构的冲击与应对 　　董蓓蓓 / 277
基于知识图谱的房地产估价数据整合与智能利用 　　聂竹青　陈智明　陈义明 / 282
自动估价冲击下估价机构的转型发展方向 　　黄斌斌 / 287
自动估价对估价机构的冲击与应对 　　许丽萍 / 291
顺应智能化变革　走进估价新时代 　　吕玥涵　杨　诺 / 295
浅析中小型房地产估价机构大数据的建立及应用 　　丁春荣　刘国凌 / 299

第三部分　估价业务深化与拓展

历史建筑经济价值评估方法实例研究 　　徐进亮 / 304
浅谈城市有机更新中历史保护建筑的价值评估
　　——以乔家路旧城改造地块为例 　　周玮杰　周　翌　钱诗洁 / 322
军队房地产停偿项目评估应关注的主要问题 　　刘长虹　史源英　贾　畅 / 327
军队房地产评估中关于租户清退协议补偿评估案例分析 　　林启山 / 332
军队房地产估价基本事项问题初探 　　王学发　肖家捷　沙美丽 / 336
估价机构如何在军队房地产方面积极发挥作用 　　贾　畅 / 340
拍卖物业状况评价在司法拍卖实践中的应用初探 　　崔永强 / 344
司法评估中房地产损失类估价探讨与实践 　　余秀梅　吴　军　李　英 / 349
集体建设用地入市及抵押评估探讨 　　裴　蕾 / 354
沿街店铺标准租金网格化批量评估方法
　　探究 　　许　军　田蓉泉　耿后远　李媛媛　郭雨薇 / 359
农村集体经营性建设用地价格评估方法研究 　　汪志宏　胡思远　汪姜峰 / 370
城市化进程中集体土地征收问题初探——以天津市为例 　　徐艳红 / 380
新形势下农村集体土地上房屋征收评估服务的转变 　　雷智军　黄　迪 / 385
从租金评估到咨询服务的实践探索
　　——以上海新场古镇开发经营咨询为例 　　杨　斌　刘广宜　张英飞　李景泉 / 393
为客户提供多元化高质量的房地产租金评估服务
　　——新形势下房地产租金评估技术处理 　　陈　平　李　韧 / 402
坚于操守　精于执业　勤于创新
　　——租赁价格评估新业务下的探索 　　孙鸣红　梁　伟　朱宇霏　陆丹丹 / 407
教育用途房地产整体租金评估思路及方法探讨 　　陈同文 / 414
房地产估价咨询服务与数据的深度结合 　　郭　凡 / 418
基于最高最佳利用原则下的更新改造类项目估价实践 　　穆春生　蒋炎冰　汤华婷 / 423
局部房地产征收补偿评估的创新思考 　　陈炎晔　经　凌 / 432

城市更新视角下的房地产估价服务	韩艳丽 / 437
城市更新实践中的创新拓展和挑战	林 昕 / 444
深圳城市更新前期阶段各节点项目价值初探	陈邵萍 / 449
浅论估价机构在城市更新中的业务实践	张伟龄 / 454
估价机构如何在城市更新方面积极发挥作用	陈嘉禧 黄兴章 杜 康 / 459
城市更新之征收拆迁全流程管理服务探讨	蔡鹏辉 周志刚 / 464
估价机构在城市更新利益博弈中的作用——以深圳市为例	邵丽芳 花 松 / 470
房地产估价在城市更新中的作用及发展趋势研究	王世春 王浩淳 / 474
深圳城市更新中估价机构面临的新问题与新机遇	邵丽芳 宋 娟 黄鹤昆 / 480
以《房地产估价规范》为纲探讨管线排迁补偿价值测算
——发挥估价在城市更新发展中的作用	辛彦波 / 484
估价机构如何做好城镇老旧小区改造项目的前期工作
——以海口市美兰区某老旧小区更新改造项目为例	郑作贤 / 490
探索引领型咨询 深化驱动力作用
——以深圳市福田区南华村棚改项目全程咨询顾问为例	吴 青 童款强 / 495
浅谈估价机构如何在棚户区改造中积极发挥作用	唐瑞举 / 500
房地产估价机构现金流预测助力资产证券化发展	吴俊强 王秀波 / 505
资产证券化助力养老产业发展	曹亚琨 张晓颖 张 勇 丁 一 / 512
估价机构如何在资产证券化方面积极发挥作用	隗晶月 沈书媚 杜 康 / 519
收益法在资产证券化领域的应用探讨	董 洁 徐莉娜 / 523
REITs 在我国长租公寓领域的应用研究	蒋炎冰 / 529
REITs 资产证券化中房地产估价应用并结合区块链的探讨	肖 峰 童 玲 / 539
估价机构在宅基地"三权分置"改革中的作用
——以湖北省改革试点为例	潘世炳 刘小方 贺燕子 / 547
让估价更具有解释力——市场决策角度的估价实务探讨	韩顺鹏 / 551
房地产估价机构专业服务的延伸——产业咨询服务	黄丽云 贺 伟 / 559
产业园区商业定位的咨询顾问服务	黄丽云 陈碧红 / 564
浅析不动产年度咨询顾问服务	李 佳 / 569
房地产权益损害赔偿估价案例初探	丁元元 / 573
房地产估价机构积极开展不良资产处置中的专业服务	阮宗斌 骆晓红 蔡庄宝 / 577
房地产不良资产处置过程中的评估服务	钱 敏 王 戎 杨 斌 / 582
关于违法加建建筑行政处罚评估的解析	李 婷 李华勇 田 慧 / 588
土地增值税扣除项目中旧房及建筑物评估问题探讨	孟祥君 / 593
精耕细作:中小型房地产估价机构在传统业务中的重生之路	谢小秋 / 599
投资性房地产减值测试评估探讨	张 涛 张彦淳 / 603
"平衡"是房屋征收评估的艺术体现	王泽利 马 琳 孙广云 / 617
浅议房地产估价师在房屋征拆"第四方力量"中的专业地位	周志刚 / 623
浅谈棚改政策下的征收评估	吴 敏 唐森华 / 632

金融担保视角下的房地产估价业务探讨 ………………………………… 王洪昌 / 637
融资担保项目中的估价需求 …………………………………… 卢家荣　郭宝欣 / 643
浅谈教育用地地价评估 ………………………………………………… 吴松丹 / 647
大型经营性房屋征收中装饰装修评估问题探讨 ………… 徐志革　沈宏亮　成　鹏 / 651
探究大宗物业交易　提供高质量咨询服务 …………………… 穆春生　蒋炎冰 / 656
房地产估价在物业管理中的新机遇 …………………………… 李菁菁　钱　俊 / 662
用途多元化发展下农村房屋估价浅析 ………………………… 余青山　万　婷 / 667
二手房涉税估价业务中核价新模式的思考 ……………………………… 胡新良 / 672
吉林省国有农用地基准地价评估工作路径研究 ……………… 许崇娟　王胜斌 / 677
为押品管理提供房地产估价专业数据分析服务的探讨 ……… 张　杰　霍丽娟 / 681
关于住宅用地上办公用房评估方法的探讨 ……………………………… 赵　伟 / 688
浅谈新形势下估价如何更好地为国有土地使用权出让服务 …… 汪　丹　汪学锋 / 692

第四部分　执业风险防范与估价机构持续发展

引进新技术　规避估价执业风险
　　——论地面三维激光扫描技术在实地查勘中的
　　　应用 ……………………… 张弘武　高藕叶　张建光　苑　娜　丁钦伟 / 696
房地产证券化物业评估及现金流预测报告的技术研究与
　　风险控制 ……………………………………… 唐晋文　郑凯翔　龙　昆 / 703
新技术环境下估价风险的改变与应对 …………………………………… 凌　祥 / 709
房地产资产证券化物业组合风险模型研究 ……………………………… 姜潇莉 / 714
农村土地承包经营权估价需求与风险防范 …………… 祝华军　楼　江　徐　峰 / 723
房地产估价执业风险成因分析及防范对策 ……………………………… 曾卓君 / 728
论房地产评估公司分支机构的风险防范 ……………… 苏　凡　张莎莎　沈　丹 / 732
房屋征收估价中的难点、风险及对策探讨 ……………………………… 宋焕玲 / 736
浅论房地产估价师执业风险防范与估价机构持续发展 ………………… 匡　雅 / 740
房地产估价机构可持续发展策略研究 ………………………… 汪姜峰　胡朝伟 / 744
浅谈中小城市估价机构的持续发展 ……………………………………… 杨云龙 / 748

第五部分　估价机构人才、内控、品牌、文化等自身建设

试论房地产估价新需求下估价机构内控制度的发展与完善 …… 何　哲　刘洪帅 / 754
从传统管控到创新协同
　　——中型估价机构组织模式优化路径探索 ………… 廖　旻　张丽燕　余　丽 / 759
关于房地产估价机构内部管理的思考 ………………… 毛胜波　戴　泽　陆　萃　翁荔敏 / 766
房地产估价文化建设的实践与思考 ……………………………………… 谢红峰 / 774
房地产估价机构的进化与变异——信息化助推传统估价服务升级 …… 陈　烨 / 781

房地产估价行业现状分析及展望——以江苏省为例 ……………………………… 赵　华 / 787
国外大型房地产机构对我国房地产估价机构发展的启示 ……………… 袁东华　秦　云 / 799
砥砺前行　践悟学思——长三角一体化房地产评估业发展的思考 ……………… 梁　伟 / 805
房地产估价行业发展回顾、分析与思考 ……………………………………… 高彬彬 / 808
审时度势　勇于创新　多元发展——论房地产估价机构的发展与创新 ……… 张灿枝 / 812
房地产估价基础数据库建设的困境及对策
　　——以太原市房地产估价数据库建设为例 ……………………… 刘秋爽　郝俊伟 / 817
房地产估价机构精细化管理探析 …………………………………………… 刘智敏 / 824
浅议房地产估价机构的颠覆式创新 ………………………………………… 戴志华 / 830
浅议 TQM 理论下估价机构质量管理体系的搭建与改进 ……… 苏　里　迟爱峰　牛　东 / 836
新时代估价师执业模式构想初探 …………………………………………… 赵渊博 / 842
浅谈估价机构人才队伍、内控制度、品牌文化的建设 ……………………… 马露露 / 847
新形势下房地产估价人员面临的挑战
　　——论建筑幕墙成本分析在估价领域中的运用 ………………… 王丽娜　张　娜 / 852
"双元制"引导下的房地产估价人才培养模式研究 ……………………… 叶剑锋　丁兆民 / 857
房地产估价机构人力资源管理问题及对策探讨
　　——以甘肃 A 房地产估价公司为例 …………………………………… 彭　飞 / 862

第六部分　其　他

浅析估价报告异议的回复处理技巧 …………………………………………… 徐志革 / 868
关于房地产市场价值的再思考 ………………………………………………… 肖历一 / 874
浅议房地产估价中价值时点的确定 …………………………………… 何海宇　唐晋文 / 880
估价假设意义研究 ……………………………………………………………… 郭宏伟 / 885
假设开发法中不同估价前提对估价测算的影响 ……………… 卫依莉　王　伟　钟之衡 / 892
从供需理论角度解析银行网点租赁价格偏高现象 ……………… 蒋炎冰　郭　融　颜苗苗 / 900
比较法中主要价格因素的内涵解析及量化思路 ………………………… 孟德友　周志海 / 909
基于向量自回归模型的房地产价格影响因素实证研究 …………………… 朱文晶　刘　辉 / 914
楼层对房价影响的实证分析及楼层修正指数编制
　　——以郑州市高层住宅为例 …………………………………… 周志海　孟德友 / 921
浅析存量住宅市场量价波动特征及其对房地产估价的影响
　　——以无锡市为例 ……………………………………………… 周　淼　蒋敏慧 / 926
交通市政工程建设对房地产价格的影响分析 ………………………………… 王学艺 / 932
浅谈新形势下房地产估价中估价资料的核查和验证 …………………… 王建军　刘妮娜 / 939

后　记 ……………………………………………………………………………………… 945

第一部分

估价需求演变与估价机构转型升级

新时代房地产估价机构发展模式探索

顾弟根　邵晓春　李建中　陈凌岚

摘　要：本文针对当前房地产估价行业发展现状，对房地产估价机构的发展模式进行了分析总结和预测，提出了五种发展模式，即：一业为主多元组合的集中多元化型，集团式综合性发展的横向多元化型，专业化精细化的单一组合型，行业内机构整合发展的最佳效用化型，延伸服务跨业联合的混合多元化发展型。并对这五种发展模式的基本样式、适用机构、优势劣势、发展中需要注意的事项进行了说明，为房地产估价机构寻求发展之路提供借鉴。

关键词：新时代；机构发展模式；房地产估价机构

一、形势和背景分析

当前，我国经济从高速发展转向高质量发展阶段，作为现代服务业的房地产估价行业也面临如何转型和持续发展的问题。估价行业面临大数据的挑战、传统评估市场需求减少、相关行业进入、管理及服务要求提高等外部环境的变化，行业内部存在同质竞争、内部环境固化、企业管理制度不完善、高素质人才缺失等问题。

面对外部环境的变化，我们需要新的动能来促进行业的发展，机构的改革创新、转型升级正是促进行业发展的动能。在此背景下，一些机构已经或者正在寻找适合自身的发展模式，探寻未来发展之路。有些机构通过收购、合并、重组等形式寻求发展之路；有些机构通过延伸业务服务范围或地域范围、扩展服务内容或服务对象等方式进行转型。部分机构已渐渐走上具有特色的道路，出现了综合性集团发展模式、机构联盟模式、机构粉碎性合并后组合经营等发展模式。

二、房地产估价机构发展模式的选择

机构发展模式的选择与机构的企业文化、业务类型、服务市场、管理制度、人才性质、企业所处的历史发展阶段等密切相关，更取决于企业管理层对企业的定位和对未来发展方向的确立。结合当前上海房地产估价机构发展现状，以及未来发展的可能趋势，我们初步研究了适合房地产估价机构的几种发展模式。

（一）一业为主多元组合的集中多元化型

1. 基本形式

由房地产估价机构担任主体，根据项目运行需要组建与房地产估价与咨询密切联系的其他各种专业服务，形成以项目为中心的专业链。该模式以房地产估价和咨询为核心，依托土地和房地产开发与运营的产业链，将服务内容从房地产估价扩展至与房地产开发与运营相关的其他房地产专业服务，如项目前期咨询、工程造价咨询、房地产营销策划、物业管理费用评估等。具体如图1所示：

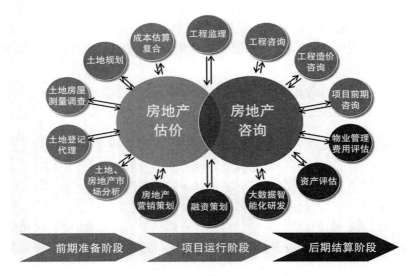

图1　一业为主多元组合的集中多元化型示意图

2. 适合采用该模式的机构

该模式适合于在房地产估价和咨询上已取得一定规模的机构。这类机构通常在房地产估价市场上占有较大份额，有良好的声誉和客户的认可度，有较强的组织发展意愿，有一定的资源配置、组织协调、内部优化整合的经验和长远眼光。

3. 优劣势分析

这一模式可以在专业种类上、组织形式上、整体规模上、内在活力上、优势互补上、项目全方位服务链建立上、品牌建立上、市场竞争能力上取得较大的优势，一定程度上改变房地产估价机构单一化运营的风险。难点是如何根据企业的实际情况合理组织和运作该模式。

4. 发展中需要注意的事项

（1）作为主业的房地产估价机构要从有利于增强相互之间内在联系，发挥最强整体效能出发，采取自己组织、联盟整合、兼并收购、专业合作等多种形式，选择与组织其他专业进入整体组合，形成以房地产估价和咨询为主体，其他专业为辅助的多功能、全方位的整体服务专业实体。

（2）参与组合的其他专业实体一方面需围绕主业项目运作的需要，提供相应的专业服务；另一方面，还需充分利用主业平台带来的信息和机会，在各自的专业领域开拓市场，不断发展自己。

（3）发展该模式必须注意设置好内部组织关系。按照目前政府监管要求，其他专业有的可在房地产估价机构内设置专业资质，有的不能在机构内设置专业资质，但必须设立机构。因此采用该模式必须注意设置好内部组织关系，认真研究名称共用、股权设置、组织架构、协调把控等问题，使其能够真正成为统一的专业服务整体。

（二）集团式综合性发展的横向多元化型

1. 基本形式

以集团式或总公司式组织工程咨询类、资产评估及包括房地产估价机构等多类别专业服务机构形成一体的专业服务企业。其主体形式是各专业服务机构扁平横向的联合体。其主要特点是：集团下属专业机构用统一的名称，但各专业机构并没有用项目统一联系起来，而是各自发挥专业优势，自行进行市场竞争，只在必要时在某一项目中进行专业合作。如图2所示：

图2　集团式综合性发展的横向多元化型示意图

2. 适合采用该模式的机构

该模式适合于因历史原因形成、现状以集团公司组成部分存在的房地产估价机构。这类机构所在的集团公司其他某一专业或某几类专业实力较强，集团公司已经形成基本稳定的运作实体和具体运营方式。

3. 优劣势分析

优势：从长远发展来看，这种模式既能形成较强的综合专业服务能力，又可独立提供较高水平的专业服务，能够创造拓展更广泛的专业服务领域和空间，若是运作得当，能够形成较大规模。

劣势：房地产估价公司在集团内部的影响力不足，受集团的发展理念和管理制度所约束，灵活性较弱，难以把控全局。

4. 发展中需要注意的事项

（1）努力壮大房地产估价机构在实体及行业内的实力。

集团内的房地产估价机构要善于从集团内的其他专业服务机构获取专业服务项目的信息和机会，同时发掘自己专业可能出现的合作机会，进一步利用整体服务的优势增大自己的业务份额，锻炼人才，取得新发展。

（2）要不断用项目把实体内各专业机构的内在联系增强起来。

从充分发挥模式整体效能的要求出发，注意运用重大项目把实体内各专业机构有机地联系起来。同时，注意建立专业服务信息沟通协调机制，最大可能地形成专业服务的业务链、产业链。

（3）注意进一步优化内部组织协调关系的机制设置。

妥善解决实体内部组织协调关系是具有共性的问题。对于本模式来说，解决这一问题已有一定的基础，关键是进一步优化增效问题。建议在平台层面建立统一的研发和数据机构，加强对房地产专业科学技术、数据集成、专业服务方式的研究。

（三）专业化精细化的单一组合型

1. 基本样式

中小型房地产估价机构，对某类房地产的估价比较精通，有"工匠"型专门人才，在整个行业创出个性化品牌，而且经营专业种类比较单一的一种发展模式。

用发展的眼光看，具有这种模式的房地产估价机构，在条件成熟时，也可以以单一的专业种类，采用连锁的形式实行统一化经营，在更大市场空间中占取相应的市场份额，形成在某专业方面的权威、专家和"工匠"型专业机构。如图3所示：

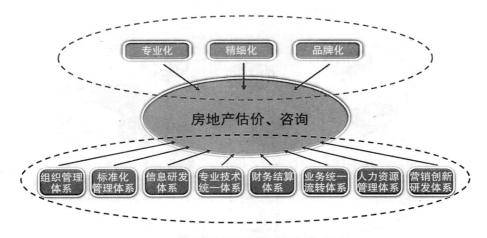

图3 专业化精细化的单一组合型示意图

2. 适合采用该模式的机构

该模式适用于有专业内涵的中小型机构。走这一发展模式的中小型估价机构必须具有敬业、精益、专注、创新的精神，对主攻的不同目的或不同类型的估价类别要有精深的研究和独特的专业功底，在行业内已取得了较好的影响。

3. 优劣势分析

优势：该模式服务较为单一，公司的组织结构简单，资源集中，有利于提高企业的专业化程度，更专心于某一类型的房地产或某一细分的服务对象，使估价服务更加精细化。

劣势：该模式过分依赖单一的估价目的或估价类型，当该类市场需求减少时，企业会受到严重的威胁。在当前市场竞争特别激烈的情况下，选择专业发展方向时需十分谨慎，必须判断未来该方向的需求、竞争和变化情况。

4. 发展中需要注意的事项

（1）要培育"工匠"型专门人才，着力在培育"专"的定力、"精"的品质、"静"的心气、"创新"的境界上下功夫。

（2）用创新理念和手段形成个性化品牌。通过创新研发改变目前在选择的专业发展方向上不够突出的状态。在理念认知、专业人才、专业技能、管理方式和手段上要有本质上的改变，将估价理念和大数据、智能化研发相结合，不断形成具有个性化的新成果，创造品牌，成为该专业方向的带头人和权威机构。

（3）视条件创造连锁经营局面。发展到较为成熟阶段，可以考虑运用某一专业方向品牌优势采取连锁经营的方式，建立一系列的制度和风险防范措施，扩大经营地域、区域范围和市场份额，使走此模式道路的估价机构逐步发展成为在某一专业方向上的专项龙头机构。选择此模式的估价机构应有这方面的意识和长远的谋划。

（四）行业内机构整合发展的最佳效用型

1. 基本样式

在房地产估价行业内部，按照专业特长或领域、区域进行最佳效用的整合。从专业特长上实现理念、技术、人才、管理、营销等方面的最佳组合；在整合方式上，由具有较强影响力和实力的专业机构牵头，具有特长的专业机构自愿加入，优化整合，形成领域、区域内最佳效用的龙头专业机构。如图4所示：

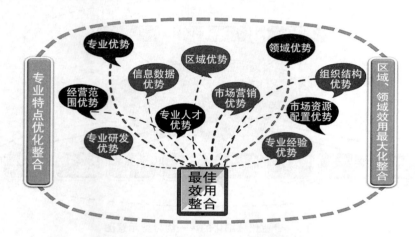

图4　行业内机构整合发展的最佳效用型示意图

2. 适合采用该模式的机构

该模式的适用范围较广，具有一定实力的专业机构、有特长的机构，可选择该模式共同建立效用最高的专业实体。

3. 优劣势分析

该模式对机构的业务拓展能力、专业技术能力、专业人员保障能力和科技手段研发能力有飞跃式推进，为机构的做大做强提供较好基础。其劣势是仍没有跳出激烈竞争的红海，只是在竞争市场上进行了资源配置的新一轮调整，市场拓展潜力不足，长远发展受限制。

4. 发展中需要注意的事项

（1）以最佳效用为基础进行整合。运用这一模式要特别注意，不能简单、不分情况地将估价机构整合在一起，要用最佳效用的理念实施机构的整合。

（2）注重从整合中逐步获取新的优势。要有科学的顶层目标设计，可先在适合的专业领域和区域探索实现优势互补整合的路径，然后逐步扩大效果至更大的领域和区域。如：在上海地区，应先在主要的估价专业类别和多个区级地域取得整合优势，然后在整个专业领域和全市大部分区域取得整合优势，再扩展至长三角经济一体化区域。

（3）注意整合机构原有其他资质的优化。参与业内整合的估价机构有可能是以估价为主，兼顾其他，也可能在其他专业方面有较强的优势。要根据不同的情况，除整合估价主业外，还要重视其他专业的优化组合。可采取按优势分项分类发展、混合优化组合发展、视情况适时转换主配角运作项目等多种方式，充分发挥整合的优势和综合功能。

（4）积极创新整合体的运作方式。目前，有以整合机构各自专业特长分别重点发展的方式；有按项目运作流程整体协调全过程服务的方式；有区域分工各自整体运作的方式。这些都是根据现有情况实施的常规做法。要根据变化的情况和新时期的要求，积极探索创新更能发挥整合效用的新方式，以引领业内整合的新发展。

（五）延伸服务跨业联合的混合多元化发展型

1. 基本样式

房地产估价机构根据客户的需求，寻求经营范围的上游、下游相关专业合作伙伴进行合作。这种模式是用现行专业的眼光、知识和能力服务于新的行业与专业。如，受委托对物业进行全面、全程管理；参与信托、保险、证券、期货等金融活动中的相关专业活动等。如图5所示：

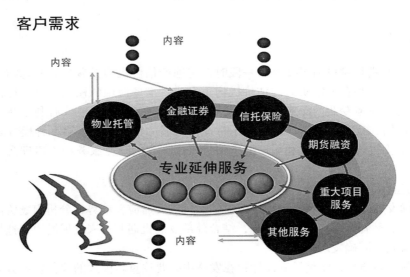

图 5　延伸服务跨业联合的混合多元化发展型示意图

2. 适合采用该模式的机构

较大规模的房地产估价机构，并在行业或相近行业基本完成了联合与合作，有雄厚的专业基础，充足的人才力量，丰富的市场资源，有发展的积极意愿和长远眼光。

3. 优劣势分析

优势：该模式既可跳出竞争激烈的局面，又可充分发挥运用原有专业优势，拓展出新的业务天地。同时，可以逐步扩大延伸专业范围、专业技能、专业内涵。

劣势：该模式经营范围跨越较大，对企业的组织、管理、人才要求较高，跨业经营存在一定风险和难度，需清晰判断相关行业的市场、服务要求及自身定位。

4. 发展中需要注意的事项

（1）细致分析寻求上、下游合作伙伴的可能性。房地产估价、咨询专业服务的上、下游专业活动除了与其相类似的中介等类别外，还有许多可涉足的其他类别专业活动。这些专业活动一旦被开发出来，可以获得广阔的专业活动市场立体空间。作为房地产估价人要深入分析哪些专业活动可以参与，参与的角色和融入的深度等。要找出适应各自能力特点的相应专业活动类别，集中研究融入的方式方法，取得敲开新业务大门的钥匙。

（2）深入研究与上、下游实体合作的方式方法。从目前情况看，要做好受委托全程或部分代理、以现在的专业优势打开融入服务的大门、在某方面或某领域提供专业服务、与重大项目承担者进行合作、提供全程专业服务等多种方式方法的专业准备。同时，在实践中不断探索新的专业服务方式，使参与上、下游专业活动的大门越敞越大，路越走越宽广。

（3）培育参与上、下游专业活动的专业人才。要采取自己培育或招聘专业人士的方法，积极组建符合上、下游专业活动要求的自有专业人才队伍，特别是业务拓展和掌握专业技能方面的人才。

（4）探索本专业技能与上、下游专业活动融合的方法。要着力研究在上、下游专业活动中如何充分发挥现有的专业技术和科技优势，将对价值、价格变化分析的专业优势融入新专业活动之中，找准自己的定位，取得部分领域的话语权、主动权，逐步赢得新市场、新优势。

三、结语

上述发展模式是对目前以及今后一段时期房地产估价机构发展的分析总结和预测。第一、二种模式是一些有一定实力的估价机构正在或者准备使用的模式。第三种模式适合于中小估价机构，在本专业内深耕，提供更精细化的服务。第四种模式有利于在行业内搭建大的管理、数据、技术平台，适合致力于行业内发展的估价机构。第五种模式是一些走得较快较远的估价机构的选择，利用房地产估价机构拥有的专业服务和价值理念，拓宽企业的外延。

在模式选择和机构发展中，估价机构需要注意以下几点：

（1）**明确发展理念和目标，精准定位**：估价机构要适应新形势，分析市场资源、业务类型、管理体系、品牌影响力等现有条件，结合外部发展机遇和未来发展潜力，选择适合估价机构的发展模式，明确发展目标。

（2）**创新实施路径，注重机制设计**：在发展中，要注重新模式的业务发展方向，建立适合机构模式发展的组织制度、管理制度、人才机制，注意综合性人才队伍的梯队建设，创造有活力的发展机制。

（3）**注重科技创新，深化技术研究**：估价机构在机构转型中要重视新技术的创新，结合估价技术的研究，推进数据平台的建设和应用，将数据技术转化为企业的赢利点。

新形势下如何持续发展，是每一个估价机构都必须面对的问题，任重而道远。无论采用哪种模式，都要从有利于估价机构发展的大前提出发，妥善协调好各种矛盾，提升效益、降低成本，使自己走出更好的发展之路。

参考文献：

[1] 胡伟. 企业发展模式[M]. 北京：经济管理出版社，2011.

[2] 李东生. 中国企业的发展模式[J]. 企业家信息，2006（04）.

[3] 孙福全，陈宝明，张华胜，等. 创新型企业发展模式研究[M]. 北京：中国农业科学技术出版社，2008.

作者联系方式

姓　　名：顾弟根
单　　位：上海市房地产估价师协会
地　　址：上海市肇嘉浜路 159 号 6 楼
邮　　箱：sreaa@valuer.org.cn

姓　　名：邵晓春
单　　位：上海市房地产估价师协会
地　　址：上海市肇嘉浜路 159 号 6 楼
邮　　箱：sxc66@sina.com

姓　　名：李建中
单　　位：上海房地产估价师事务所有限公司
地　　址：上海市南泉北路 201 号房地大厦 10 楼
邮　　箱：lijianzhong52@126.com

姓　　名：陈凌岚
单　　位：上海国衡房地产估价有限公司
地　　址：上海市浦建路 243 号二楼
邮　　箱：chenlinglan1@sina.com

足迹与梦想
——新时代 新估价 新动能

黄西勤

摘　要：改革发展新形势，全面开放新格局，市场经济体制改革向纵深推进，区域协调发展稳步实施，当前房地产估价行业迎来了持续健康发展的历史机遇期。与此同时，市场环境的愈加复杂、现代化信息技术的不断发展等，也给房地产估价行业带来极大的挑战。立足过去，展望未来，不忘估价初心，坚定发展信心。只要做到不断提供高质量专业服务供给，坚持与时俱进，加强内功修炼，房地产估价行业也一定能够持续健康发展。

关键词：房地产估价；新需求；转型升级；高质量发展

步入新时代，房地产估价行业迎来了持续健康发展的历史机遇，服务房地产业转型和住房制度改革的估价业务领域不断深入，服务城市转型升级的估价咨询需求日益增多，服务乡村振兴、生态建设的估价需求不断拓展，服务中国企业国际化发展的估价需求日益迫切，服务企业管理、政府决策的信息咨询需求层出不穷。而与此同时，房地产估价面临的市场环境愈加复杂，传统估价业务受到冲击，需要在估价服务的内容上向多样化、个性化、精细化、数据化等方面创新发展。立足过去，展望未来，不忘估价初心，坚定发展信心。只要做到不断提供高质量专业服务供给，坚持与时俱进，加强内功修炼，房地产估价行业也一定能够持续健康发展。

一、新时代：知所从来，思所将往

在中国，房地产估价行业是一个既古老又新兴的行业。古时已有房地产估价思想萌芽及相关活动的开展。在古代，土地是一切生产活动赖以开展的物质基础，房屋更是人们安身立命的支柱，所以相关估价活动紧紧围绕彼时人们所拥有的最核心的财产展开，涵盖田地和房屋的分配、买卖、典当、租赁、课税等估价服务，体现了估价服务与估价需求的高度契合。远在商周，土地分配制度与相关房屋交易活动即见证了古代房地产估价的思想和活动，房地产估价开始萌芽。唐宋时期，商品经济繁荣，田宅交易十分活跃，且交易程序较为严格，专门从事估价活动的中介人员更有了"评议人""庄宅牙人"等职业称谓，"计租定价"也成了当时评议价格的主要方式之一，房地产估价制度日渐完善。明清时期，专门的中介组织"牙行"已经非常活跃，在田宅土地交易中发挥着重要作用，清政府为规范牙行管理还专门颁行了"牙帖"制度。可见，我国古代房地产估价已有较好的发展。

（一）传承估价传统，坚定发展信心

我国现代房地产估价行业伴随改革开放开启的国有土地有偿使用和城镇住房使用制度改革而起步，在继承先人估价智慧的基础上，广泛汲取英美国家估价行业的理论结晶和实践经验，融入中国特色国情，随着经济社会的发展，不断开拓专业化、多元化、国际化发展道路，走出了一条适合中国特色社会主义市场经济的估价专业服务之路，取得了一系列成就，实现了行业的跨越式发展。一是确立了估价行业的法律地位；二是建立了较为完善的估价法律制度体系；三是创立了一套符合并服务于中国经济社会发展的估价理论体系；四是构建了较为完善的估价行业监督管理体系；五是形成了执业资格考试、继续教育培训与实务操作相结合的人才选拔和培养体系；六是开拓了广泛的估价服务领域。

房地产估价行业在房地产抵押、司法鉴定、司法拍卖和房屋征收估价等传统业务领域持续发挥不可替代的作用，在促进市场资源优化配置、规范房地产市场管理、防范金融风险、保障纳税基础、推动城市更新改造进程、节约司法资源、助力司法公正等方面不断创新思路、精准发力。截至2018年底，全国共有近6万人取得房地产估价师执业资格，房地产估价机构5600多家，从业人员30余万人，为房地产估价行业的持续发展壮大和国家经济建设贡献着力量。展望行业新未来，估价行业通过精准对接市场需求获取源源不绝的发展动力，通过不断提高估价服务水平提供高质量专业服务，将以更高品质赢得市场青睐，用更强信誉获得客户认同，服务社会大有可为，发展前景不可估量。

（二）不忘估价初心，牢记行业使命

习近平总书记在2019年5月召开的"不忘初心，牢记使命"主题教育工作会上强调，"为中国人民谋幸福，为中华民族谋复兴，是中国共产党人的初心和使命，是激励一代代中国共产党人前赴后继、英勇奋斗的根本动力。"房地产估价行业多年来的发展成就都是在党的领导下取得的，自始至终也都是为国家的发展建设服务，只有做到"不忘初心，牢记使命"，才能更加准确地把握市场真实需求，推动估价机构创新发展，实现社会性与专业性的统一。

房地产估价人的初心和使命又是什么？我认为应当是立足国家需要，为市场提供高质量专业服务，推动经济社会持续健康发展，助力中华民族民族伟大复兴。崇高的使命铸就崇高的职业，房地产估价行业是现代高端服务业，房地产估价师也是崇高的职业。作为估价人，不论时代如何变化，市场估价需求如何演变，都应当"不忘初心，牢记使命"，坚持立足估价本职、不断开拓创新、发展进步，为机构、为行业、为国家发展贡献力量。

二、新估价：胸怀大局，把握大势

2019中央经济工作会议提出"推动制造业高质量发展，促进形成强大的国内市场，扎实推进乡村振兴战略，促进区域协调发展，加快经济体制改革，推动全方位对外开放，加强保障和改善民生"7大重点工作，估价作为一种基础性、全局性的专业服务，无论是经济体制改革，国家对外开放、区域协调、乡村振兴的发展战略，还是行业自身转型升级，我们都可以发掘出许多市场需求。要融入时代发展大势，精准把握市场需求，拓展专业化、多元化、国际化发展方向，逐步实现房地产估价高质量发展。

（一）供给侧结构性改革中的估价服务需求

党的十九大报告中强调，深化供给侧结构性改革。支持传统产业优化升级，加快发展现代服务业，瞄准国际标准提高水平。牢牢把握供给侧结构性改革中的估价服务需求，需要把强化高质量、深层次、全过程估价咨询服务供给作为拓展估价需求的主要着力点，为新时代的新估价赋予新动能。

1. 房地产业供给侧结构性改革的估价服务需求

一是房地产业转型升级加快，保障性住房、共有产权住房等有效供给增加，各种新、奇、特房地产估价业务不断涌现。党的十九大报告在加强社会保障体系建设一节中指出，要"坚持房子是用来住的、不是用来炒的定位，加快建立多主体供给、多渠道保障、租购并举的住房制度，让全体人民住有所居"。在此背景下，房地产估价机构在城市更新改造、房地产税征收、共有产权住房建设等领域大有可为，在住房租赁企业融资、住房租金合理确定、租赁住房运营管理、保障性住房租赁中都能发挥积极作用。

二是政府扩大基础设施建设投入将为专业估价咨询服务拓展空间。比如，估价机构在PPP项目中，可充分发挥"谋士"作用，为项目开展提供项目发起及项目筛选咨询、尽职调查、初步实施方案编制、物有所值评价、财政承受能力论证、实施方案编制等全过程的估价咨询服务，从而为政府和社会资本相结合、补足我国基础设施建设的短板添砖加瓦。

2. 城市土地二次开发的估价服务需求

深化供给侧结构性改革带来的产业转型升级和城市加速发展，使城市估价服务需求也越来越多样化，最突出的就是城市土地二次开发咨询顾问服务。这一领域，深圳走在了全国前列，形成了土地整备、房屋征收、城市更新和棚户区改造等多种方式相结合的二次土地开发建设之路，深圳估价机构也依托先天优势很早、很深度地参与到深圳的土地二次开发中，提供了包括房屋拆迁或征收估价、房屋征收社会稳定风险评估、项目开发及合作可行性研究分析、综合整治运营方案、集体资产合作开发或运营招商方案、政策研究顾问和编制个性化解决方案等专业服务，为推动估价服务高质量发展开辟了一个新的路径。

以国众联为例，近年来积极开展了"深圳市福田区华富村东西区（旧住宅区）改造项目"和"深圳市福田区八卦岭宿舍区（棚户区）改造项目"的部分全过程咨询及谈判签约服务，从项目初期实施方案、补偿安置协议制定到谈判签约、疑难产权问题处理，再到后期的搬迁交房、产权注销等工作，全程参与、全力推进，在传统估价业务之外的咨询服务领域发掘出了估价专业服务的新需求，实现了机构综合全面专业实力的锻炼和复合型人才的培养提高。

（二）国家倡议或战略推进中的估价服务需求

习近平总书记2013年提出的"一带一路"倡议已然成为我国推进全面对外开放格局的主要抓手，也为估价机构走出国门，提高国际化水平提供了契机。在"一带一路"建设过程中，大量国内企业"走出去"在沿线国家或地区开展基础设施建设，产生了大量的土地开发需求，估价机构也正好走出国门，为相关企业提供项目选址分析、投资价值评估和投资风险管理等多元化服务，以帮助这些企业降低、防范投资风险，并最大限度地实现投资效益。估价机构要更好地融入"一带一路"建设进程，需要进一步强化开放意识和国际观念，及时把握国际经济和国际评估行业发展新动态、新趋势，努力为估价服务"走出去"营造良好的制度和政策环境；积极加强国际估价业务的理论与实践研究，推动估价理论和实践与国际接轨，注重强化国际化复合型评估专业人才及管理人才的培养。

同时，随着乡村振兴战略的积极推进，土地承包权有偿退出、土地经营权抵押贷款、土地经营权入股农业产业化经营等试点工作的积极开展，以及农村土地规划利用工作的完善，房地产估价行业价值鉴定和评价规划的功能将更加受到青睐。在农用地基准地价评估、土地经营权抵押贷款评估、土地经营权入股评估、生态系统服务评估和自然资源评价评估等方面都可以发挥专业作用，开拓估价新需求。随着区域协调发展战略的推进，在京津冀协同发展圈、长江经济带、粤港澳大湾区和雄安新区等重点区域，大量的公共基础设施建设和资本、技术、土地、信息等要素资源块区域流动，也将产生大量的估价服务需求，如项目可行性研究分析、房地产开发咨询、投资风险评估咨询等。

三、新动能：与时俱进，砥砺前行

实现估价行业的持续健康发展，既需要机构积极融入国家发展大势，跟随国家的战略步伐，精准对接市场对估价服务需求的变化，做好充分准备与安排；更需要机构坚持高质量发展方向，加强内功修炼，与时俱进，砥砺前行，始终保持高度专业的技术水平，提供高质量的估价专业服务。

（一）抓住主要矛盾，树立新思维

当前阶段，估价行业面临的主要矛盾是客户日益提高的估价专业服务质量需求和估价机构高质量专业服务供给不足的矛盾，而阻碍机构持续发展的主要因素也不在于市场需求或机构数量的不足，而是很多机构过分依赖传统业务，缺乏开拓创新的勇气和决心，没有做到与时俱进。在新经济、新业态、新市场和新技术日益涌现的背景下，估价机构在坚持走多元化路径的同时，还应专注于紧抓估价需求、延长服务链条、深化服务质量、丰富服务内容、创新服务技术，增强提供一站式全过程估价咨询服务的能力。

（二）坚持高质量发展方向，实现新跨越

一是坚持推进估价技术智能化、便利化提升，以技术创新为动力，加快推进行业信息化建设。

现代信息技术的发展给房地产估价行业带来了冲击，但是也为提高房地产估价技术提供了便捷。要在行业协会的统筹带领下，强化信息化顶层设计，制定行业信息化建设规划和具体实施方案，建设行业信息化平台，要充分利用大数据、人工智能、云计算等新技术，为房地产估价提供新动能，做到估价技术智能化，同时开发相应的估价辅助工具，为估价师撰写、审核、提交估价报告以及委托人了解估价进展、接收估价报告提供便利，提高估价效率和质量。

二是坚持促进行业发展专业化、咨询化提升，以高质量发展为要求，夯实行业人才队伍。

专业化是房地产估价立足市场的根本。专业人才是估价执业活动得以顺利开展的基础与保障，是估价行业的"第一生产力"。当前，各种咨询业务不断涌现，需要通过估价或咨询服务为委托人提供具体操作方案，为其决策提供科学合理的依据，考验着专业估价人员的综合实力。其中，培养复合型人才非常重要。要重视估价从业人员的多元化发展。咨询顾问、互联网技术人员、有外语语言能力者等各种类型的估价从业人员需要协同作战，配合起来，才能提供更有质量的估价服务。因此，要扎实开展分类和分层次培训，培养懂估价、了解互联网、外语水平高的复合型人才，夯实估价人才队伍。

三是坚持推动估价服务高端化、品牌化提升，以需求对接为基础，完善机构内部治理，推动中小机构做精、做专、做优。

品牌化是机构提高市场信任度和社会知名度的必经之路。对于估价行业而言，行业口碑很重要，品牌化是发展的必然趋势。要注重个性化、差异化、区域化服务特色，深耕优势，

树立行业品牌，塑造"术业专攻"的品牌形象，实现高端化、品牌化发展。同时，在当前面临日益严格行业监管的情形下，广大估价机构应该牢固树立风险意识，通过完善内部管理，加强风险控制。建议在全行业推广执业保险制度，推动估价机构和专业人员持续健康发展。

四、结语

估价行业是一个生机勃勃、前景光明的行业，紧扣时代脉搏，紧随国家发展大势，估价行业30多年的探索与奋斗，谱写了壮丽的诗篇；展望未来，中国特色社会主义的制度优势不断凸显，经济社会发展形势一片大好，市场需求不断涌现，在全体估价人的共同努力下，估价行业将持续健康发展并为经济社会发展贡献不竭动力。

参考文献：

[1] 黄西勤. 足迹与梦想——评估行业回顾与展望 [M]. 北京：中国建筑工业出版社，2019.

[2] 柴强. 估价机构的出入在于提供高品质估价服务 [J]. 中国房地产估价与经纪，2018（06）.

[3] 陈家辉. 高质量发展阶段的估价服务 [J]. 中国房地产估价与经纪，2018（06）.

[4] 中评协专题研究小组. 中国资产评估行业发展报告 2017[R]. 北京：中国资产评估协会，2018.

作者联系方式

姓　　名：黄西勤

单　　位：国众联资产评估土地房地产估价有限公司

地　　址：广东省深圳市罗湖区深南东路2019号东乐大厦10楼

邮　　箱：skwong@gzlchina.com

估价的价值与估价机构的未来发展探析

尚艾群　吴法胜

摘　要：估价是社会分工发展的产物，其未来的发展取决于估价本身所具有的价值。本文从估价所蕴含的价值出发，探讨估价的社会价值与经济价值，并从社会价值和经济价值的影响，论证与探索未来估价行业的发展趋势。

关键词：估价；社会价值；经济价值；发展趋势

一、前言

估价行业向何处去？估价机构未来怎么发展？随着大数据、互联网和人工智能的发展与社会科学的进步，估价行业的生存空间似乎越来越小。越来越多的传统性业务，如成套房地产的置业、抵押、投资等普通房地产的询价业务，因批量评估的实现，导致基本的估价服务业务量萎缩，产生了对估价业务未来发展的担忧。未来还需要估价吗？估价还能够有生存与发展的空间吗？作为中介行业的估价，其存在是必然有其客观性、必要性的。估价工作的本质就是研究估价对象的价值并把它显化，为委托人解决专业问题，为他们提供相关资产的公平、客观的价格参考及相关的专业服务。在估价工作中，其涉及的价值类型很多，如果按照评估价值的前提和内涵等实质内容，可划分为市场价值、投资价值、现状价值、快速变现价值、谨慎价值和残余价值等；按照房地产交易方式或有关行为类型的划分，则有计税价值、抵押价值、征收价值、保险价值、租赁价格、买卖价格等。我们本次探讨的不是估价对象的各种价值，而是估价活动本身所蕴含的价值，是其自身在社会分工和发展中的效用。其价值不会随经济发展方式的改变、社会制度的变革、地域的变化而消失，是一直客观存在的价值。本文认为，估价的价值主要有两类：即作为社会价值存在的估价和作为经济价值存在的估价。

二、估价的价值

（一）社会价值

社会价值是指人或者社会组织、机构通过自身和自我实践活动满足社会或他人物质的、精神的需要所做出的贡献和承担的责任。估价的社会价值主要体现在以下几个方面：

1.公信（衡）价值

即公正、公允、真实、可信的价值，这也是估价的"初心"，追寻与表现客观真实、可信的价值。该价值作为经济社会"信用基石"，无信不价，无信不和，起着"平权衡正度量"的作用，也是估价的核心价值。

人们对资源要素价值的判断有的很简单也很透明，容易得到价值标准，但更多的资源要素价值的判断很困难。受自身知识结构水平与社会认知能力的制约，加上社会环境的复杂性、信息的杂乱与不透明，使得人们不能快捷、简单、准确地对所有的资源要素价格产生正确认知。由于评估的专业性，其结果的真实可信，使得相互间的经济往来或者交易有了可信的基础，形成社会的"信用基石"。随着人们的交往，社会要素的流动，商品经济的发展，商品的交换需要对经济要素的价值进行厘清。未来社会的发展，社会资源的类别更多、新兴事物的出现与发展会层出不穷，使得专业的估价不可或缺，估价的专业发展仍然势在必行。只有专业的估价才能够让人们的交往具有可信的价值基础，相互间的交易或者交往才能公平、公正，才能够让社会的交易有一个清晰的价值标准。

2. 政治价值

估价作为政府的帮手，可以保证和促进社会的公平、公正，具有一定的政治价值。

政府的职能在转变，习近平同志《在党的十八届二中全会第二次全体会议上的讲话》（2013年3月28日）提出："在总结经验的基础上，我们提出了现在转变政府职能的总方向，这就是党的十八大确定的创造良好发展环境、提供优质公共服务、维护社会公平正义。"对于价值的认定，直接影响着社会的公平正义，尤其是在公共司法领域不容有误。在该领域的社会鉴证类价值评估如损害赔偿、司法鉴定；在税收类估值如房产税、不动产税、海关征税等方面必须强化。在政府提供优质服务方面，服务型政府职能所涉及的出让土地使用权评估，公租房价格评估，共有产权房价格与租金评估，国家保障性住房的建设、保障性住房或者公租房的出租，部队军产移交的价格或者租赁价格评估等，既是价值评估领域发展的方向，也关系到社会的公正公平发展。

另外，在国家社会信用体系建设过程中，估价是一块重要的"压舱石"，尤其是在金融、司法、税务、价格领域的建设方面，估价有着不可替代的作用。

（二）估价的经济价值

1. 经济价值

经济价值也是经济贡献价值：为第三方提供有利的经济选择工具，创造评估中介的增值服务价值。

（1）专业评估的"长缨在手"，有利于委托人的经济性选择，促成交易实现与委托人交易价值的提升。

评估工作是对经济价值的专业认定，是价值显化最重要的工具，也是经济活动交易的重要法器；同时有利于经济主体避险与寻租，是经济主体"逐利"的法宝。通过评估业务，可提供专业化的建议：指导客户进行资产布局、采用最适合的资产进行运作来达到价值最大化以追逐利益；通过评估咨询为客户提供最优质的服务，最大程度为委托方提供便利，提供最专业的建议、最适合的办法；在最佳的交易时机，采用最适合的资产，进行最佳的交易规模，提供专业性建议；也可提出如何规避财务风险、运营风险、社会风险、市场风险、政策风险等。进行合理的价值评估是规避各种风险的最重要手段。

（2）作为企业的帮手，可降低信息不对称成本，创造评估中介的增值服务价值。

通过评估，降低了信息的不对称，一方面促成市场的交易，另一方面也促进了评估中介的增值服务。市场的经济活动在于对交易资产或者服务价值的判断差异，这种差异会影响人们的经济性选择。在一般性的交易过程中，买方的出价水平和卖方的要价总会有一个落差，从自利性的人性出发，只有卖方的要价不高于买方的出价买方才会成交。同理也只有买方的出价不低于卖方的要价，卖方才愿意成交，要价与出价的高低均基于各自对于交易对象信息的把握。这种交易在企业间并购最为明显，由于交易的标的资产是被收购企业本身，作为交易的双方一定会基于自身的立场、关注焦点和所获得企业内外部各个方面的信息，对其获利能力、运营能力、抗风险能力、社会的影响力、并购后的影响等各方面进行评估，得出合理的估值。一般情况下，两者的价值评估结果通常相差巨大。因此，要在并购交易谈判中做到"心里有数"，就要对目标企业有一个合理的估值，估值的合理与否直接关系到是否能够成交以及成交后是否会给双方带来积极正面的影响。正由于评估的专业、客观真实、公平公正，能够在交易过程中独具慧眼，才使得类似的评估中介的增值服务有了广阔的空间和市场。

2. 知识价值

评估所包含的各类知识价值博大精深，对资产价值的评估依托的知识来自于各个方面，除了评估的理论、方法、规章、规程、评估准则、评估办法以外，还包括各种学习知识的积累。既有自身工作和学习的经验积累与知识的沉淀，又有很多其他渠道和方式所获得的知识与技能，如单位的文化、学习培训、技能的传承等。估价报告是知识价值的载体，在估价报告中，显示出各类知识的价值，估价的过程也是价值传承与显化的过程。

3. 劳动价值

劳动价值是估价活动中所付出的物化劳动与活劳动价值之和。

评估工作是一项艰辛的付出，既有体力劳动也有脑力劳动，估价是付出知识、技能、经验、技术的集合。随着社会的发展，经济状况的复杂程度和业务内容的复杂程度也越来越高，付出的劳动价值也越来越大，付出艰辛的劳动价值应该有所体现。这项价值符合马克思劳动价值范畴，估价的劳动价值体现在很多方面，没有劳动的投入，也就没有估价成果的提交。有些要素确定看似简单不需要投入劳动，但却是劳动成果的结晶，如估价中对估价参数的确定就是这样。似乎是平时经验的积累无须投入很多劳动，但它却是决定估价结果准确性的主要知识与重要参数，是估价人员和估价机构的核心资料。这些参数的取得必须依靠估价人员在市场的获取搜集与甄别，既是自身知识的积累和沉淀，也是估价人员通过精准的测算与高超的评估艺术结合所取得的最核心成果。

三、估价机构的未来发展

从以上估价的价值分析看出，估价是社会分工的产物，是社会经济发展不可分割的一部分。作为社会价值存在的估价会一直存在并发展，因为社会价值会影响社会的公平、公正和客观；而作为经济价值存在的估价会随着社会的发展、经济的变化、制度的变革而有所改变，它们通过自身的价值影响着估价机构的未来发展。估价机构必须坚守估价社会价值的"初心"，适应经济价值的变化，顺应社会发展的潮流，抓住机遇，开拓创新，勇于承担，向未来进发。

（一）创新性发展，不忘"初心"，立足主业，做好业务主力的转型与拓展创新

1. 做好估值主业

"手把红旗旗不湿"，无论时势如何发展，价值的基石必须在，心中时刻有杆秤，那"砣"就是我们评估的价值。估价的价值在于追寻公平、公正、客观。拒绝诱惑，拒绝浮躁，尤其是在司法鉴定、税务征收等鉴证类评估过程中，必须坚守底线，牢记估价的"初心"，做行业忠诚卫士，做公平、公正的"守护者"。

业务类型逐步放弃单一的估价，将这些简单化、流程化的业务交由大数据、智能化的自动化估价体系办理。转向为政府服务，为投资主体服务，为重大交易提供明晰合理的价值保障，为银行和非银行金融机构服务，为广大的农村集体组织新农村建设服务。未来的发展农村大有可为，在新一轮新农村发展、土地流转、土地资本化、产业资本化过程中，需要估价为新农村的发展厘清价值，促进生产与资本要素的结合。

2. 创新性发展

创新性发展是企业未来发展的根本，习近平同志指出："创新是一个民族进步的灵魂，是一个国家兴旺发达的不竭动力，也是中华民族最深沉的民族禀赋。在激烈的国际竞争中，惟创新者进，惟创新者强，惟创新者胜。"在估价领域也只有惟创新者强，惟创新者胜。要在估价领域、估价技术、估价方法全面创新。创新不仅是成本投入，还是满足质量、价格、客户感受全方位的服务要求。做好对客户需求的定位工作，通过估价领域的开拓、服务流程的改进、技术的深耕与创新，保证我们的报告质量，提升顾客的满意度并符合监管的要求。

（二）智能化发展，做智能化、大数据的引领者和参与者

"弄潮儿向涛头立"，智能化、大数据发展的趋势不可阻挡，是新时代技术的发展和社会的旺盛而蓬勃的需求。我们要积极投身到新时代发展趋势中来，把握时代脉络，做时代的弄潮儿，利用估价理论、体系、方法、技巧等为智能化、大数据等估价体系服务，做大数据的引领者和参与者。我们要通过自身的建设和专业化数据，达到能够控制或者影响后台的效果，让专业估价影响智能化、大数据思考大脑和中枢。注重估价机构自身发展，以机构发展为动力，来带动平台更好运营。通过平台的运营，促进机构发展，实现机构和平台的"共赢"。

智能化的思路与智能化的思维是由 AI 科学家、工程师、技术人员等综合确定的。估价机构可以加强与智能化公司与大数据平台的交流与合作，利用自身的优势和评估的专业思想，影响其智能化的思考路径、估价方法、影响因素等来规范约束或者影响智能化系统，把估价的新理念、新思想、新法规通过后台输入，通过自身的建设和专业智能化、自身大数据的融合，达到双赢或者多赢的结果，使智能化、数据化更符合实际，符合估价思维和专业路径，减少误差，精准服务民生。

（三）专精化发展，做好企业估价质量的提升

专业化一方面是社会分工的产物，另一方面也是社会专业知识发展到高级阶段的必然，是行业或者专业知识财富的积累和沉淀。社会的分工促进社会生产力的发展，知识财富的积累通过专业的路径服务社会，造福于人类。

精细化发展要求评估企业建立精细高效的管理制度和流程，取得质量管理体系认证，开展精细化生产、精细化管理、精细化服务，企业管理效益突出、降本增效显著。企业根据自身的优势、资源特征、社会的需求只对城市的某一专业、某一领域的房地产或者物业进行评估。如美国估价师在对城市旅馆了如指掌的情况下就专注于旅馆业评估业务；同样地，如果一个公司对购物中心营运有着杰出的掌控，在商业定位、经营模式、顾客的消费群体、人流量、商业设计风格、内部结构的设计动线等有特长，就可以专注于购物中心的升级改造与商业模式的改变；也有的公司对于征收评估驾轻就熟而只做征收的评估业务。

专精化发展，专精化的服务，是为了迎合顾客个性化、差异化、特殊化的另类需求而进行的服务，这种服务的极致就是一对一、点对点的服务。这种点对点的服务在为重要客户服务的时候特别重要，取得的利润和报酬也最为丰厚，是高附加值的服务。其缺点就是个性

化、精品化、差异化的服务成本、耗费的资源往往较高。为避免这种服务带来的超额成本，一般的企业通过对客户需求的梳理，整理出若干束或者若干组同类型的需求，围绕客户每束或者每组的需求开发相应的产品来与之相适应。

专精化发展方向适合于机构规模较小，估价机构的人员专业能力强，在某一领域精耕细作多年且该领域发展前景广阔的机构。通过专精化发展能够建立行业权威，构建新的行业壁垒，从而获取超额收益。

（四）多元化发展，依托企业现有的资源优势和估价产业链

在资源优势方面，这些资源具有资金、技术、人才、信息、市场等优势，重点进行人才的多元化培养，对市场进行多元化发展，把企业由单一的估价业务依托估价产业链前向发展、后向发展、旁侧发展。

估价产业链前向发展：进行项目投资价值咨询、投资风险咨询、征收补偿方案的编制、不动产测绘、可行性研究、项目调研、诉前评估、政府住房租金合理性确定与实时更新、房地产策划等。

估价产业链后向发展：租赁投资、项目运作、租赁权评估、共有产权价格与租金的评估、市场租金监测与监管、大数据的更新与维护、社会稳定风险评估、房地产金融服务、农用地与农村建设用地的多用途评估、估值专业咨询等。

估价产业链旁侧发展：物业管理、物业证券化、拍卖、小金融服务、税务筹划、理财服务、财务代理、社会信用评估等。

业务多元化是国际上咨询顾问机构的发展趋势，目前国际五大行就是采用这种发展模式，不少国家的大型估价机构也都是综合性的多元化的估价机构。多元化发展可以适应新时代、新潮流的变化，能够抵抗业务风险和市场风险，可以保持企业的稳健发展。毛泽东同志说的"东方不亮西方亮，黑了南方有北方"也是这个道理。

（五）国际化发展，实施走出去战略

对外开放是我国的一项基本国策，是长时期以来必须坚持的基本方针。随着对外开放的实施，一方面国外先进的估价理论、估价方法、评估机构走进国门；另一方面我们国内成长起来的优秀的、先进的、适宜世界各当地国发展的估价方法、估价理论和评估机构也一定会走出去。尤其是在国家"一带一路"倡议的背景下，随着我国技术、资金、产品走出国门，我们的评估机构一定会相应地开展国际化业务，通过广泛开展国际行业间的合作交流，参与到国际资本市场在不动产领域的资本运作，参与或主导规范境外并购、引导资源在全球范围内的合理配置。进一步推动评估理念国际化、评估准则国际化、评估实践国际化和评估监管的国际化。评估企业国际化发展可以参照以下路径：通过与国际估价机构合作，采用强强联合走出去；或者与熟悉海外情况的评估师结盟；或通过产权融合等方式走出国门，情况允许可以自设海外业务处等。

综上，无论是创新性、智能化发展，还是专精化、多元化、国际化发展，每一种发展方式都需要艰苦的努力。只有牢记估价的"初心"，坚守估价的"价值"，不畏艰险，砥砺前行，才能创造辉煌！

参考文献：

[1] 柴强. 房地产估价理论与方法 [M]. 北京：中国建筑工业出版社，2015：14-25.

[2] 阮宗斌，李艳红，张聪聪，等. 全国大型连锁房地产机构发展面临的形势和挑战 [C]// 高质量

发展阶段的估价服务：2018 中国房地产估价年会论文集 . 北京：中国城市出版社，2018：58.

[3] 习近平在欧美同学会成立一百周年庆祝大会上的讲话 [EB/OL].[2013-10-21].http : //cpc.People.com.cn.

作者联系方式
姓　　名：尚艾群　吴法胜
单　　位：安徽中安房地产评估咨询有限公司
地　　址：安徽省合肥市经济技术开发区繁华大道百乐门尚泽国际 1109 室
邮　　箱：24626836@qq.com

新形势下房地产估价行业的发展状况及趋势

郝俊英　廉　楠

摘　要：由于房地产市场及法律和技术等方面的环境变化，房地产估价的传统业务萎缩，实力较强的房地产估价机构不仅通过开拓新业务实现了业务的多元化，而且通过机构的联合和扩张提升了自己的实力，数据平台的建设和应用也有了一定的进展。但是，实力一般或较差的中小型估价机构却面临着业务量减少，实力不足以应对新形势的问题，因此需要在夯实自身的基础上采取本地机构联合行动的方式拓展业务并开发和建设适用于自身的数据平台。

关键词：新形势；业务多元化；联合与扩张；数据平台

随着房地产市场进入新的阶段，相关法律和政策做出了相应的调整，再加上大数据和智能化等方面技术的应用，房地产估价行业也面临着新的机遇和挑战，传统的抵押估价、转让估价、征收估价、司法鉴定评估等业务不断萎缩，投资基金物业估价、资产证券化中的基础资产评估、企业重组并购中的资产价值评估、城市更新过程中的全流程服务、自动评估和数据类服务等新兴业务不断增加，但是，由于不同机构所处的环境不同，对新形势的判断和所做的准备不同，再加上机构实力的差异，使得整个行业发生了较大的变化。

一、业务的多元化及机构之间的差距

机构业务的多元化既是新形势下机构应对传统业务萎缩的一种措施，同时也是机构谋求发展的一种体现。表1是2011—2018年总营业收入为全国第一的深圳世联土地房地产评估有限公司的业务类型，涵盖了价值评估、评估咨询、城市更新、资产评估、投融资咨询、数据、贷后监管、专业培训输出8大类业务，具体业务项目多达79种，其中的"城市更新服务"涉及城市更新的全部流程，"数据服务"不仅有自动估价，而且还包括数据系统定制、市场环境监测等更高层次的服务。在深圳世联、戴德梁行、国众联、上海城市、北京仁达和首佳等一、二线实力较强的一级估价机构业务范围不断扩大且业务类型技术含量不断提高的同时，其他机构却有了较大的差距。以中部省份山西为例，10个一级资质的房地产估价机构中，业务大类在2~7个，大部分都集中于传统的估价和咨询业务，而且其中的咨询业务的量很小，少数企业有规划和测绘等服务项目，从现有网站提供的信息来看，没有一家机构有城市更新的全流程服务以及对外提供数据方面的服务，其余二、三级机构的业务类型则整体上集中在传统的房地产估价业务方面。

由于城市经济和机构实力的差异，中西部地区和中小型房地产估价机构业务拓展受到了严重的限制。房地产咨询顾问业务的主要客户是房地产开发企业，根据2007年以来开发企业的500强测评结果，房地产开发企业的集中度不断提高，拥有大量土地和项目的开发企业一般有着自己的市场研究团队，即便是选择中介机构为其项目做可行性研究等方面的工作，也会选择实力对等的中介机构，中小机构几乎没有机会。房地产投资基金、资产证券化等相关需求一般集中在发达地区，中西部地区的中小型机构不仅没有足够实力，而且也基本上没有机会获得相关的业务。因此，对于这些类型的机构，在未来一段时间内仍然需要根据市场的状况夯实已有的传统业务，同时着眼于城市更新、租金定价、集体建设用地征收和入市相关业务等方面的拓展，有条件的机构可考虑在区域范围内进行数据方面的服务等。

深圳市世联土地房地产评估有限公司业务种类　　　　　表1

业务类型（项数）	具体业务
价值评估服务（13）	市场价值评估、抵押价值评估/跟踪评估、快速变现价值评估、价值减损评估、征收物业价值评估、司法鉴定价值评估、房地产课税价值评估、保险理赔评估、资产收购价值评估、经营网点购买价值评估、房地产作价入股价值评估、企业改制、公司上市资产包价值评估
评估咨询服务（9）	房地产项目开发贷款评估咨询、房地产项目可行性研究、房地产市场研究、房地产项目尽职调查、固定资产项目贷款评估咨询、经营性物业抵押贷款评估咨询、金融机构不良资产处置评估咨询、商业网点选址规划咨询顾问、大宗物业收购谈判咨询顾问
城市更新服务（15）	现状摸底调查、改造意愿征集、旧改政策研究、拆赔模式研究、改造方案及时序、旧改可行性研究、征收工作方案及工作计划、征收评估操作手册/指导价格、征收政策及专业知识培训、产权调查确认、征收补偿费用预算、征收安置补偿方案、安置房分房方案及咨询顾问、谈判执行顾问、征收证据保全/评估审核
资产评估服务（19）	并购重组、股权转让、增资扩股、企业改制/破产清算、联营、中外合作、合资、机器设备评估、房地产评估、林木资产评估、商标权评估、发明权评估、专利权评估、专有技术评估、软件评估、著作权评估、投资性房地产评估、资产减值评估、合并对价分摊
投融资咨询服务（9）	客户或项目推介、项目可行性研究、项目价值评估、经济测算、项目处置及变现策略、不良资产证券化、项目监管措施制定、市场环境实时监测、项目投后管理及风险建议（工程、财务和销售跟踪）
数据服务（8）	世联EVS自动估价、世联ALA贷后评估、"社区银行"网点定位筛选、业务发展咨询服务、房地产数据监测、数据系统定制、房地产市场调研、房地产企业研究服务
贷后监管服务（5）	债权类贷后监管、销售监管、项目工程进度监管、股权类贷后监管（可驻场）、区域房地产市场跟踪
专业培训输出（9）	房地产基础知识及估价理论与方法、抵押物业压力测试操作实务、房地产抵押贷款的风险分析及操作实务、二手楼按揭业务的市场营销及风险防范、城市更新现状与发展机遇、房地产市场发展的一般规律探讨、房地产开发企业研究、房地产开发流程与风险控制、土地出让市场的关键节点土地价格的市场化竞争

资料来源：根据世联评估网站（服务体系）整理，http：//www.worldunion.cn/Web/Service/Investment

二、房地产估价机构的跨区域发展和联合

随着房地产估价机构业务的多元化，以及互联网、大数据和人工智能的运用，房地产估

价机构的跨区域发展和联合也成为一种必然趋势。

房地产估价机构跨区域发展的第一种方式是在不同城市建立分支机构。在2018年营业总收入排名前五的机构中，世联评估、国众联、深圳国策、戴德梁行四家都有多家连锁或子公司，这些大型连锁估价机构在业务资源、技术和人才方面都具有得天独厚的优势，因此能够在市场环境发生变化时及时找到突破的方向，堪称估价行业的领头羊。

房地产估价机构跨区域发展的第二种方式是机构之间的点对点联合，机构之间在不同区域或不同领域具有各自的优势，通过较为紧密的联合形成新的公司后使其业务更加全面。如"中瑞国际资产评估（北京）有限公司"与深圳市世联土地房地产评估有限公司强强联合后更名为"中瑞世联资产评估（北京）有限公司"，成为首家评估行业"全牌照"企业，通过整合互补得到提升。

房地产估价机构跨区域发展的第三种方式是多家机构联合形成机构联盟，如中房评和中估联行等。上海中估联信息技术有限公司是由全国40多家一级机构共同建立的房地产估价综合服务平台，这些机构共享数据，实现了共赢。2018年营业总收入排名第三的北京首佳房地产评估有限公司是中估联行的发起机构之一。

现有估价机构之间的联合大多是强强联合或实力较强的机构的一种扩张，涉及的区域也主要是较为发达的一、二线城市或东部沿海城市，对于大量中西部中小型机构而言，大部分还处于单打独斗的状态，再加上其业务范围较窄，发展受到严重的限制，因此，这些机构需要根据自身的情况，在本省或本市形成联盟，以联盟的形式承接政府部门大型的城市更新等方面的业务，群策群力建设属于本地区的数据平台用以提高工作效率。

三、数据平台建设与运用

数据是房地产估价的基础，传统的房地产估价数据主要来源于估价师对市场的了解，具有较强的主观性和局限性，数据的存储也比较散乱，互联网、大数据、人工智能等技术的发展，使数据的来源多样化，数据平台的建设能够使估价等业务所需要的数据来源于已有的数据库，而且在一定程度上能够实现自动评估和报告的在线管理。

近几年房地产估价机构使用的数据平台主要有四类：第一类是由信息技术公司主导开发和建设的，如深圳房讯通信息技术有限公司的"云估价"，该系统的主要产品有"估价宝""云征收""云查勘"等；第二类是由房地产估价机构联盟组建技术公司开发建设的，如中估联行主要成员发起成立的数据分析和软件开发企业——"上海中估联信息技术有限公司"开发建设的"中估联数据"平台；第三类是由房地产估价机构独立建设但作为自己的产品提供给其他机构使用的数据平台，有些会从原有估价机构分离出来成立独立的公司，如从北京仁达房地产评估有限公司分离出来的北京云房数据技术有限公司开发和建设的"云房数据"平台；第四类是由房地产估价机构独立建设且主要用于内部估价和各类业务的数据库系统。

这几类数据平台的共同特点是都具有数据服务、自动评估和估价报告管理等功能，前三类多定位为全国性数据平台，在产品研发等方面具有较强的实力，但是，为兼顾多区域、不同估价机构的需求，具备更强的兼容性，其开发和维护成本都较高；另一方面，联盟外估价机构使用平台多为按年使用，若更换平台，数据迁移时会涉及数据标准不统一等问题。第四类数据库多从估价机构自身需求出发，具有较强的针对性，虽初期需由估价机构独立承担较高的开发成本，但如果数据库结构合理，在初始数据的基础上通过估价师的积累，不断充实，可满足本机构的使用，提高工作效率，而且数据库成熟后可以在该机构的主导下与本地其他机构结成联盟，一方面避免重复建设带来的资源浪费，另一方面能够加快相关数据的积累，更为关键的是，这类数据库中积累的数据主要来源于实地的调查和本土估价师提供的案例，因而具有更强的适用性。

山西省瑞友房地产评估测绘有限公司在2018年12月正式上线运行的"九台数据库"，就是由该公司在首先考虑自身需求的基础上独立研发的数据库平台，该数据库根据房地产数据的特点及估价的需要，纵向分成九个层次，最低一层详细到户，横向有基础库、调查库和案例库，并将基础库数据根植于地图系统，形成可视化的信息。该数据库采用手机查勘，调查数据实时传递，地图编辑简易化，除专门的调查人员外，所有公司职员都可以上传相关的数据信息，同时系统采用OA操作模式，方便未来与公司的OA系统相连。该系统运行顺畅后，有可能为本地其他的机构提供服务，或者邀请其他机构加盟，实现资源的共享。

四、结语

新形势下房地产估价行业面临着新的机遇和挑战，实力较强的机构依靠自身的优势在业务拓展、机构联合和扩张、数据平台建设等方面都进行了探索并有了新的进展，但是对于实力一般或较差的机构而言，挑战远大于机遇，因此需要根据自身的实际情况，在夯实传统业务的基础上，通过本地企业的联合承接靠一己之力不能完成的业务，同时形成长期的联盟，建立适合本地企业使用的数据库平台，用以支撑机构做好估价本业，脚踏实地，稳步前进。

参考文献：

[1] 宋生华. 评估行业新常态下房地产估价机构的机遇与挑战 [C]// 新估价服务大市场——迎接《资产评估法》施行后时代——2016中国房地产估价年会论文集. 北京：中国城市出版社，2017.

[2] 郑晓俐. 浅析大数据对房地产估价行业的影响 [J]. 上海房地，2016（06）.

[3] 丁金礼. 房地产市场变化与估价基础数据库建设 [C]// 挑战与展望——大数据时代房地产估价和经纪行业发展论文集. 北京：中国城市出版社，2015.

作者联系方式

姓　名：郝俊英
单　位：山西财经大学公共管理学院
地　址：太原市坞城路696号
邮　箱：120986897@qq.com

姓　名：廉　楠
单　位：山西财经大学公共管理学院
地　址：太原市坞城路696号
邮　箱：527570160@qq.com

《土地管理法》《城市房地产管理法》的修正对房地产估价的影响

梁 津 齐 宏 王 鹏

摘 要： 2019年《土地管理法》《城市房地产管理法》的修正，破除了集体经营性建设用地入市的法律障碍，修订了农村土地征收补偿的原则和标准，完善了宅基地使用制度，并明确了集体经营性建设用地的市场范围、地价内涵及权能，这些对于房地产估价特别是与集体土地相关的估价具有至关重要的作用，有助于房地产估价从城镇拓展到农村。

关键词：《土地管理法》；《城市房地产管理法》；集体土地；房地产估价

2019年8月26日，十三届全国人大常委会第十二次会议表决通过了关于修改《土地管理法》《城市房地产管理法》的决定，是依法保障农村土地征收、集体经营性建设用地入市、宅基地管理制度等改革在全国范围内实行的法律手段。新的《土地管理法》中，关于集体经营性建设用地有偿使用的条款，明确了集体经营性建设用地的价值内涵及权能；对于土地征收补偿原则和补偿标准的修正，明确了公平、合理的补偿原则，以区片综合地价取代原来的土地年产值倍数法来确定补偿标准，明确了在征收土地补偿费用中包括农村村民住宅；改革宅基地使用制度，在一户一宅的基础上，提出了户有所居与有偿退出机制。新的《城市房地产管理法》，进一步明确了集体经营性建设用地市场的范围。这些法律的修正，为完善与集体土地相关的估价奠定了基础，影响到估价术语、估价规范、估价方法的修订及其在估价实际中的应用。

一、明确集体经营性建设用地的价值内涵及权能

（一）集体经营性建设用地市场的形成

国有土地有偿使用制度，是《土地管理法》《城市房地产管理法》的重要篇章，此次修正的最大亮点，就是集体经营性建设用地可以直接入市流转，标志着集体建设用地市场的建立，朝着建立城乡统一的建设用地市场迈进重要的一步，也奠定了集体经营性建设用地估价的基础。

1. 破除集体经营性建设用地进入市场的法律障碍

旧《土地管理法》规定，只有将集体建设用地征收为国有土地后，该土地才可以出让给单位或者个人使用。

新《土地管理法》删除了旧法第四十三条关于"任何单位和个人进行建设，需要使用土地，必须使用国有土地"的规定，允许集体经营性建设用地在符合规划、依法登记，并经本

集体经济组织 2/3 以上成员或村民代表同意的条件下，通过出让、出租等方式交由集体经济组织以外的单位或者个人直接使用。

2. 集体经营性建设用地列入土地利用年度计划

《土地管理法》第二十三条第二款规定：土地利用年度计划应当对本法第六十三条规定的集体经营性建设用地做出合理安排。这也是管理城乡统一的建设用地市场的需要。

（二）集体经营性建设用地的有偿使用

《土地管理法》第六十三条修改为：土地利用总体规划、城乡规划确定为工业、商业等经营性用途，并经依法登记的集体经营性建设用地，土地所有权人可以通过出让、出租等方式交由单位或者个人使用，并应当签订书面合同，载明土地界址、面积、动工期限、使用期限、土地用途、规划条件和双方其他权利义务。

作为集体经营性建设用地有偿使用的核心条款，规定了如下市场要素：

（1）出让条件：符合土地利用总体规划、城乡规划。

（2）集体决策：应当经本集体经济组织成员的村民会议三分之二以上成员或者三分之二以上村民代表的同意。

（3）用途管制：工业、商业等经营性用途。第六十四条还规定，集体建设用地的使用者应当严格按照土地利用总体规划、城乡规划确定的用途使用土地。

（4）确权登记：经依法登记，取得不动产权证书。

（5）流转范围：在城市规划区以外。《城市房地产管理法》第九条修改为："城市规划区内的集体所有的土地，经依法征收转为国有土地后，该幅国有土地的使用权方可有偿出让，但法律另有规定的除外。"符合《宪法》第十条关于城市的土地属于国家所有的规定。

（6）出让主体：土地所有权人，乡（镇）村集体经济组织。

（7）有偿使用方式：出让、出租。

（8）受让主体：单位、个人。

（9）合同形式与内容：书面合同，载明土地界址、面积、动工期限、使用期限、土地用途、规划条件和双方其他权利义务。

（10）使用权权能：转让、互换、出资、赠予、抵押。

（11）使用条件：参照同类用途的国有建设用地，具体办法由国务院制定。

（12）违约责任：第八十二条修改为："擅自将农民集体所有的土地通过出让、转让使用权或者出租等方式用于非农业建设，或者违反本法规定，将集体经营性建设用地通过出让、出租等方式交由单位或者个人使用的，由县级以上人民政府自然资源主管部门责令限期改正，没收违法所得，并处罚款。"

（三）关于集体经营性建设用地的价值定义

价值定义是估价的基础，其中的权利类型、土地用途、规划条件、价格类型，决定了方法的选用、案例的选取及最终的结果。修正之前，关于集体经营性建设用地市场的一切要素都没有定论，对于其权益状况，估价行业也是停留在探讨和推测之中，可谓物权没有法定，估价没有依据。《土地管理法》的修正，规定了集体经营性建设用地的权利类型、出让条件、规划限制、用途管制、使用权权能等市场要素，也明确了集体经营性建设用地的地价内涵，为估价奠定了基础。

集体经营性建设用地地价内涵，与国有建设用地相比，既有相同点，也有不同点。我们按照价值定义的七要素来分别说明：

（1）权利状况：包括土地所有权、土地使用权。对于国有建设用地，土地所有权均为国家所有，为单一的所有权主体；集体建设用地所有权人为乡（镇）村集体经济组织，具有明显的多样性。土地使用权人，旧法限制为本集体经济组织成员，新法规定为单位和个人，并不限制集体经济组织以外的成员。对于使用权类型，新法规定了出让和出租，是否有划拨类型，尚待法律明确。

（2）土地用途：新法规定为工业、商业等经营性用途。

（3）土地开发程度：按实际开发程度和规划开发程度设定。

（4）容积率：按规划批准条件。

（5）土地使用年期：法律规定参照同类用途的国有建设用地，即工业最长50年，商业最长40年。

（6）估价期日：依据估价实际设定。

（7）价格类型：既然是为集体经营性建设用地市场服务，价格类型基础是市场价格。依评估目的和流转方式，可以分为出让价格、转让价格、作价出资入股价格、抵押价格和征收补偿价格等价格类型。

在试点期间，依据《农村集体经营性建设用地土地增值收益调节金征收使用管理暂行办法》（财税〔2016〕41号）收取的集体经营性建设用地土地增值收益调节金，在新法中并未规定，在价值定义中是否包括，暂无依据。

根据集体经营性建设用地出让的条件及评估的目的，估价师还应调查不动产登记证书、集体经济组织成员同意流转的证明文件等。

（四）关于同权同价与比较法的权益状况调整

同地同权同价，是集体经营性建设用地改革之初设定的目标，同为经营性建设用地，在规划许可的前提下，用途一致即为同地，而同权无疑是同价的重要前提，《土地管理法》的修正，明确了集体经营性建设用地的权能，但还需要等待《集体经营性建设用地出让转让管理条例》出台，并与《城镇国有土地使用权出让和转让条例》进行详细比较。此外，集体经营性房地产的权益，一方面是由建设用地的权能决定，另一方面，也需要规划、建设、市政、产权登记、交易管理、租赁管理等一系列配套法规的完善来保证同权，需要通过政策的差异来分析权能的不同导致的价格差异。

在集体经营性建设用地市场建立之初，一方面，市场上同类交易实例较少，估价师应该注意，除试点区域外，《土地管理法》修正前后，因建设用地的权能是不一样的，实例很难进行权益状况的修正，同时考虑修正前交易合法性的问题，不宜采用修正前的实例作为比较实例。另一方面，同一时间上，国有建设用地的比较实例是丰富的，目前阶段，还是要分析集体和国有建设用地权能上的差异，如果存在规范所规定的规划条件、土地使用期限、共有情况、用益物权、担保物权设立情况等方面的差异，则需要进行相应修正。此外，根据新《城市房地产管理法》第九条，在城市规划区内的集体所有的土地，是不能够直接流转的，因此，城市规划区内集体经营性建设用地转让、出租的案例并不是合法交易的实例，也不能作为转让、出租、抵押、作价入股等评估目的的标的。

二、修订集体土地征收补偿原则和补偿标准

新法首次明确了土地征收补偿的基本原则是保障被征地农民原有生活水平不降低，长远

生计有保障。征收农用地的土地补偿费、安置补助费标准由省、自治区、直辖市通过制定公布区片综合地价确定。

（一）修订土地征收补偿的原则

关于土地征收补偿的原则，旧法第四十七条规定，"征用土地的，按照被征用土地的原用途给予补偿"。新法第四十八条规定，"征收土地应当给予公平合理的补偿，保障被征地农民原有生活水平不降低、长远生计有保障"。可以看出，这与《国有土地上房屋征收与补偿条例》第二条确立的公平补偿的原则是一致的，其特点是通过保障失地农民的生活来体现公平、合理补偿的原则。

（二）修订土地征收补偿的标准

新法对于土地征收补偿原则的修订，带来的改变是以区片综合地价取代原来的土地年产值倍数法来确定土地补偿费和安置补助费的做法。

新法第四十八条第三款规定，"征收农用地的土地补偿费、安置补助费标准由省、自治区、直辖市通过制定公布区片综合地价确定。制定区片综合地价应当综合考虑土地原用途、土地资源条件、土地产值、土地区位、土地供求关系、人口以及经济社会发展水平等因素，并至少每三年调整或者重新公布一次。"可以看到，按原用途补偿的基本原则在制定区片综合地价时依然适用。

（三）对于成本法的影响

法律的修订对于估价的影响主要体现在《城镇土地估价规程》《房地产估价规范》中的成本法部分。土地取得费是土地成本价格中的重要组成部分，在征收集体土地时，土地取得费即为征收补偿安置费用，其法律依据即来自旧法第四十七条第二款，"征用耕地的补偿费用包括土地补偿费、安置补助费以及地上附着物和青苗的补偿费。征用耕地的土地补偿费，为该耕地被征用前三年平均年产值的六至十倍。每公顷被征用耕地的安置补助费，最高不得超过被征用前三年平均年产值的十五倍。"

按照修正的新法，应以区片综合地价取代原来的土地年产值倍数法确定征收补偿安置费用。因此，估价方法亦应随之修订。

（四）确定了区片综合地价的法律地位

《农用地估价规程》TD/T 1006—2003 提出了"征地区片价"的概念，主要根据农用地的利用条件和农用地对农民的社会保障水平确定，即征地价格主要由农用地质量价格和农用地的社会保障价格构成。

2004年《国务院关于深化改革严格土地管理的决定》（国发〔2004〕28号）要求，"省、自治区、直辖市人民政府要制订并公布各市县征地的统一年产值标准或区片综合地价"。为了配合国务院要求，国土资源部于同年下发了《关于完善征地补偿安置制度的指导意见》（国土资发〔2004〕238号），明确提出，制定区片综合地价应考虑地类、产值、土地区位、农用地等级、人均耕地数量、土地供求关系、当地经济发展水平和城镇居民最低生活保障水平等因素。在此基础上，国土资源部于2005年发布了《关于开展制订统一年产值和征地区片综合地价工作的通知》（国土资发〔2005〕144号），附件2是征地区片综合地价测算指导性意见（暂行）。在土地管理法修正之前，作为落实征地制度改革政策的具体措施，已经在推行区片综合地价。

在推行区片综合地价之初，著名土地学者黄贤金就指出，"由于现行《土地管理法》的修改相对滞后，使得征地区片价制度与现行《土地管理法》规定不尽一致，这有可能成为地方政府不积极落实区片价制度的法律依据。"

对于确定区片综合地价，之前的研究多是围绕现行产值倍数法展开的，因此具有一定的局限性。著名土地学者吕萍认为，在征地区片综合地价的计算中不宜采用单一的产值倍数法，而应或者综合考虑土地的保障功能，加入保障价格等进行修正；或者按市场价格进行补偿，并对农地转用市场价格的确定设计合理、可操作的计算方法。

修正的《土地管理法》总结并体现了土地征收制度改革的成果，以区片综合地价确定土地征收补偿标准有了法律依据。

三、保护农民住房财产权

宅基地使用方面，在原来一户一宅的基础上增加了户有所居的规定，允许已经进城落户的农村村民自愿有偿退出宅基地，在征收土地补偿费用中明确包括农村村民住宅。这样，从法律的层面进一步保护了农民住房财产权。

（一）改革农村宅基地制度，保护农民住房财产权的政策背景

2014年1月20日，中共中央、国务院印发《关于全面深化农村改革加快推进农业现代化的若干意见》第19条提出，完善农村宅基地管理制度，慎重稳妥推进农民住房财产权抵押、担保、转让。

2016年3月15日，中国人民银行等六部委发布"关于印发《农民住房财产权抵押贷款试点暂行办法》的通知"（银发〔2016〕78号），明确农民住房财产权，包括农民住房所有权及所占宅基地使用权。

（二）完善宅基地使用制度

长期以来，宅基地一户一宅、无偿分配、面积法定、不得流转的法律规定，导致农村宅基地大量闲置浪费，农民宅基地的用益物权难落实。

新《土地管理法》完善了农村宅基地制度，在原来一户一宅的基础上，增加宅基地户有所居的规定。允许进城落户的农村村民自愿有偿退出宅基地，这一规定意味着地方政府不得违背农民意愿强迫农民退出宅基地。同时，下放宅基地审批权限，明确农村村民住宅建设由乡镇人民政府审批。

此外，在旧法第四十七条规定的土地补偿费、安置补助费、地上附着物和青苗补偿费的基础上，新法第四十八条增加农村村民住宅补偿费用和将被征地农民社会保障费用的规定，农民住房不再作为地上附着物补偿，而是作为专门的住房财产权给予公平合理补偿，从法律上为被征地农民构建更加完善的保障机制。

四、发挥估价在集体土地改革新形势中的作用

（一）在农村土地使用制度改革试点中重视估价的作用

在《国务院关于开展农村承包土地的经营权和农民住房财产权抵押贷款试点的指导意见》中，提出"建立'两权'抵押、流转、评估的专业化服务机制"。

《农民住房财产权抵押贷款试点暂行办法》第九条规定，"借贷双方可采取委托第三方房地产评估机构评估，确定房屋所有权及宅基地使用权价值"。第十三条规定，"积极组织做好集体建设用地基准地价制定、价值评估、抵押物处置机制等配套工作"。

《农村集体经营性建设用地使用权抵押贷款管理暂行办法》第十二条规定，"银行业金融机构应当建立农村集体经营性建设用地使用权价值评估制度"。

《农村承包土地经营权抵押贷款试点暂行办法》第十二条规定，"借贷双方可采取委托第三方评估机构评估等方式，确定农村土地经营权价值"。

可见，在农村承包土地经营权和农民住房财产权抵押贷款试点工作中，估价是作为确定价值和控制风险的重要手段。

（二）发挥估价在集体土地改革新形势中的作用

1. 完善估价技术规范和集体土地地价体系

《土地管理法》《城市房地产管理法》的修正，标志着建立城乡统一的建设用地市场的正式启动，在集体经营性建设用地出让、转让、抵押等市场交易的过程中，估价机构服务于市场主体对确认各类市场价格的需要，也服务于行政部门对于市场管理的需要。一方面，依法修订《城镇土地估价规程》《农用地估价规程》《房地产估价规范》《集体土地使用权地价评估技术指引》等技术规程规范；另一方面，积极参与集体经营性建设用地基准地价、标定地价的编制工作，完善集体土地的地价体系。

2. 参与制定区片综合地价的基础工作

《土地管理法》对于土地征收补偿标准的修正，明确了区片综合地价的基础作用，并至少每三年调整或者重新公布一次。为确保新法实施后按照新的标准实施征地，省级主管部门要组织制定并公布本地区的区片综合地价。目前，除试点地区外，还有一些省尚未出台区片综合地价标准，还有的省区片综合地价未覆盖城市规划区以外的地区。估价机构可以参与制定区片综合地价的基础工作，为明年新法实施前完成区片综合地价的制定和公布工作及定期更新提供技术支持。

3. 发挥估价在保障农民住房财产权中的作用

《土地管理法》的修正，明确了农民住房作为专门的住房财产权给予公平合理补偿，这与《国有土地上房屋征收与补偿条例》确立的公平补偿的原则是一致的，而为实现公平补偿原则，确定被征收房屋的价值，是由房地产价格评估机构评估确定。同样，在实现征收土地公平合理补偿原则的前提下，在明确农民住房财产权内涵的基础上，估价机构同样可以发挥专业的作用，在宅基地征收补偿过程中，为集体土地所有权人、宅基地使用权人、农民住宅的所有权人提供专业的估价服务。

在农村村民自愿有偿退出宅基地的新机制中，估价机构可以为宅基地使用权人的有偿退出提供专业服务。

2019年9月11日，中央农村工作领导小组办公室、农业农村部发布《关于进一步加强农村宅基地管理的通知》，按照新修正的土地管理法规定，规范宅基地用地审查、乡村建设规划许可、农房建设监管等职责，做好宅基地使用权确权登记颁证等工作，推进宅基地申请、审批、流转、退出、违法用地查处等的信息化管理。这些管理措施的落实，也为与宅基地相关的估价提供了基础信息。

五、结语

《土地管理法》《城市房地产管理法》的修正，从法律层面确定了集体土地使用制度改革的成果。《土地管理法》第六十三条最后规定，"集体经营性建设用地的出租、出让的具体办法由国务院制定"。因此，估价师还应该密切关注，如《土地管理法实施条例》《基本农田保护条例》《集体经营性建设用地出让转让管理条例》等一系列配套法规的修正和起草工作，以及对于原有集体土地管理配套规章的全面清理工作，持续跟踪法律法规的变化对于估价的影响。

参考文献：

[1] 黄贤金. 继承、突破与风险规避：征地区片综合地价制度分析 [C]//2007 年中国土地学会年会论文集 [出版信息不详]，2007.

[2] 吕萍，刘新平，龙双双. 征地区片综合地价确定方法实证研究 [J]. 中国土地科学，2005（06）.

[3] 全国人民代表大会常务委员会. 关于修改《中华人民共和国土地管理法》、《中华人民共和国城市房地产管理法》的决定 [EB/OL]. [2019-08-23]. http：//www.npc.gov.cn/npc/c30834/201908/024794d1945f4498bc1c3b532b6d6561.shtml.

[4] 中国政府网. 农村土地制度实现重大突破——自然资源部法规司司长魏莉华解读新土地管理法 [EB/OL]. [2019-08-23]. http：//m.lc.mlr.gov.cn/dt/ywbb/201908/t20190827_2462251.html.

作者联系方式

姓　　名：梁　津　齐　宏　王　鹏

单　　位：北京康正宏基房地产评估有限公司

地　　址：北京市朝阳区裕民路 12 号中国国际科技会展中心 B 座 1001

邮　　箱：13601367440@163.com

新时代背景下房地产估价行业发展探析

余荣生　简灿妙　蔡　波　肖永根

摘　要：新时代背景下，新建商品住宅市场活跃程度在下降，住宅存量房市场流通性减弱，房地产开发企业投资热度降低，住房租赁是未来发展的方向。由此而来的是估价传统业务萎缩，行业竞争态势增强，同时又存在跨界竞争和行业人才队伍水平不高现象。在估价行业未来发展中，新型业务不断涌现，信息化程度逐步提高，多元化发展成为趋势。因此，估价机构应加强企业规范化建设，努力提升人员队伍素养，自觉遵守行业自律，形成行业战略联盟，提升价值服务能力。

关键词：新时代；新问题；新趋势；发展建议

一、新时代背景下房地产业发展呈现的新特点

习近平总书记在党的十九大报告中指出，中国特色社会主义进入了新时代。在此次报告中，将住房市场问题，放在特别重要位置，指出"坚持房子是用来住的、不是用来炒的定位，加快建立多主体供给、多渠道保障、租购并举的住房制度，让全体人民住有所居"。尽管表述不多，但内涵丰富，指明了我国房地产市场未来发展的方向。"房住不炒"这一表述在随后多次被提及。在这一新时代背景下，仅就与房地产估价行业发展相关的层面，简述我国房地产业发展呈现的几个新特点。

（一）新建商品住宅市场活跃程度在下降

在"房住不炒"指引下，各个地方因城施策，出台相应政策，坚决杜绝住宅作为投资属性的蔓延和发生。严格的政策，给房地产新建住宅市场带来了显著影响。2019年三季度，百城整体价格表现平稳，2019年以来各季度累计涨幅较去年同期均有所收窄；各季度重点城市新房成交面积同比均有所回落，"金九"成色不足。

（二）住宅存量房市场流通性减弱

配合"房住不炒"的相应政策，不仅作用于一手房市场，同样加码于二手房市场。通过增加交易成本，二手房市场流通性得到有效拟制，住宅市场的"投资品"属性得到有效降温。2019年15个典型城市二手房市场交易量，在三季度下行趋势明显，其中一线城市成交面积回落最为明显。在目前我国住宅市场租售比严重倒挂的情况下，通过房价上涨来获取投资收益的风险在增强，住宅的投资属性逐步释放，居住属性逐步强化。

（三）房地产开发企业投资热度降低

中央对于楼市调控不放松的坚决态度，不将房地产作为短期刺激经济手段的鲜明表述，给房地产市场开发投资热度起到了明显降温。2019年三季度，土地市场推地节奏放缓带动成交规模有所回落，住宅用地成交楼面均价环比下跌，土地流拍率回升，平均溢价率走低，

土地竞拍热度明显减弱；房地产开发企业销售业绩增速放缓，拿地积极性减弱。

（四）住房租赁是未来发展方向

"房住不炒"，但并不意味房价下跌，保持房地产市场平稳、有序发展，是房地产市场的主旋律。为了保障低收入人群以及刚走向社会人群的住房需求，住房租赁市场将会逐步发展。中国房地产市场，新房、二手房、租赁三足鼎立局面将逐步形成，三个市场将相互补充、相互联动。

二、房地产估价行业发展面临的新问题

（一）传统业务萎缩

作为与房地产行业发展息息相关的第三方服务业，房地产估价行业受新时代背景下房地产业发展呈现的新特点影响，传统估价业务必将萎缩。而在2017年，房地产转让/抵押评估业务收入占估价机构业务收入的第一位。房地产开发企业抵押评估业务、二手房交易评估业务、存量房抵押评估业务作为房地产估价机构的传统主流业务，未来市场规模将逐步减少，依靠此类业务生存的机构生存压力将日益增大。

（二）大数据带来跨界竞争

物联网、云计算的迅猛发展，极大提高了大数据的加工分析能力。大数据的加工处理，以及利用云计算对房地产交易价格的实时更新，提高了房屋价格估值的准确率和效率。特别是对于银行众多的单套住宅和非住宅抵押评估业务，利用大数据系统构建的云估价平台进行抵押品价格估价，与估价机构进行估价相比，具有良好的成本优势和效率优势。目前，不少银行、税务机构上线云估价，对单套住宅和非住宅进行价格的估值，极大地挤占了评估机构的房地产转让/抵押业务和课税业务。搜房、易居以及链家纷纷开展估价业务。在规模、业务、知名度、数据、技术、资金上，传统估价机构难以与这些企业抗衡。

（三）行业竞争态势增强

根据《2018中国房地产年鉴》统计数据，截至2017年底，全国共有房地产估价机构约5500家，其中一级机构约550家，二级机构约1700家，三级（含暂定）机构约3000家。传统估价业务的锐减，行业机构数量的庞大，将会导致行业竞争态势增强。

（四）行业人才队伍水平有待提高

受我国高校评估专业设置不足影响，我国从事房地产评估的专业人才科班出身的较少，专业评估人员专业跨界现象较为普遍，估价从业人员的专业素养不高。同时，评估实务中，由于传统业务对专业要求度不高，导致评估师入门门槛较低，而传统业务又是估价机构的主要业务收入来源，业务的简单性限制了估价从业人员专业素养的提高。

三、估价行业发展的新趋势

（一）新型业务不断涌现

伴随着供给侧结构性改革持续推进，经济结构不断优化，许多房地产估价服务呈现了新需求，各种新型估价业务不断涌现，城市更新、住房租赁市场发展、金融资产管理、古建筑保护等新型业务逐渐增多。比如住房租赁领域，有住房租赁企业融资估价业务，新建、改建租赁住房估价业务，租赁住房运营管理估价业务，保障性住房租赁估价业务，租赁房屋退出

估价业务等。

（二）信息化程度逐步提高

大数据的发展，企业自身品牌的建设，新型业务如课税业务、银行批量评估业务等，助推了房地产估价机构信息化建设步伐，也迫使房地产估价机构在信息化建设上投入更多精力。同时，为了节约成本、提高估值精确度、提升客户服务效率，估价机构利用信息化手段建立大数据库，也势在必行。

（三）多元化发展成为趋势

随着传统估价业务的锐减，多元化发展成为众多估价机构培育竞争力的重要手段。将资产评估、房地产评估和土地评估融为一体的估价机构越来越多，国内几家大型的估价机构还将业务深入到造价咨询与评估、综合顾问咨询、绩效评估等方面。有的估价机构将关联性业务整合，提供一揽子服务，如开展土地评估、房产测绘/土地地籍测绘业务、房地产登记代理等业务。

四、新时代背景下估价机构发展建议

（一）加强企业规范化建设

加强规范化建设，创建企业品牌影响力，培育机构竞争力。规范化建设可以渗透到企业各个层面，小到企业对外对内形象的总和，比如文书传送、员工形象、办公室文化等，大到业务开展的各个方面，比如业务承接、成果生成、风险控制、制度管理等，制定统一的规范。科学合理的规范化管理，有利于强化企业内部与外部对企业的高度认同，展现企业高度专业化形象，从而有利于企业品牌的建立。在日益激烈的竞争环境下，形成企业独特的核心竞争力。规范化建设，也是估价机构扩大规模、战略结盟的必然选择。

（二）自觉遵守行业自律管理

竞争的加剧，生存压力的增大，导致行业无序竞争日益严重。为了获取业务，特别是在传统估价业务领域，拼价格现象日益普遍，甚至出现不合理的服务收费。若要赢得客户尊重，首先需要让客户认识到估价服务的价值，通过有价值服务来黏住客户。不合理竞争，只能使得行业生存压力越来越大，同时也越来越得不到客户的尊重。估价机构自觉接受行业指导，遵守行业自律管理，对估价行业有序竞争、良性发展尤为重要。

（三）形成行业战略联盟

未来估价机构的竞争，规模、品牌和人才队伍，是估价机构获取核心竞争力的重要筹码。开放与包容，是估价机构快速形成规模的必然选择。对于行业标杆企业，根据业务发展需要，可以有选择性地采取兼并、联合等方式，与小规模估价机构形成战略结盟，布局全国，扩大企业影响力，避免画地为牢的经营态势。小型估价机构更要打破藩篱，采取抱团取暖战略，利用自己独特的地方优势，与区域性、全国性的估价机构形成战略结盟，通过合作，谋求生存。

（四）提升价值服务能力

传统估价业务的"复制粘贴"，形成了外界对估价行业"买签字盖章权"的不良认识，削弱了不少估价机构在专业素养追求上的动力，降低了估价业务的价值属性。这种现象严重损害了估价服务的社会形象，危害了估价行业的良性发展。随着大数据的运用，云估价的兴起，此种估价的生存空间将会越来越窄。提高估价服务的价值属性，恢复外界对估价服务价值的认同，对估价行业良性发展显得日益重要。估价机构不断提升自身业务素养，满足新型业务对高品质估价服务的要求。通过提供高品质服务，增强价值服务水平，构建企业核心竞争力。

（五）努力提升人员队伍素养

目前估价从业人员水平参差不齐，从业门槛过低，限制了估价机构高品质估价服务的供给。高质量估价服务必然需要一支高素质队伍。估价机构应从专业水平、估价经验、综合素质等方面，打造一支理论基础好、实践经验丰富、综合素质高的估价团队，为客户提供快速反应、信息披露准确全面、增值服务周到细致、价值估值科学合理的高品质服务。

参考文献：

[1] 柴强.估价机构的出路在于提供高品质估价服务[C]//高质量发展阶段的估价服务：2018中国房地产估价年会论文集.北京：中国城市出版社，2019.

[2] 丁金礼.房地产估价行业的现状及发展对策[J].中国房地产估价与经纪，2017（03）.

[3] 何奏.浅谈新形势下房地产估价业务的拓展和趋势[J].中国房地产估价与经纪，2017（05）.

[4] 中国房地产业协会.2018中国房地产年鉴[M].北京：企业管理出版社，2018.

作者联系方式

姓　　名：余荣生　简灿妙　蔡　波

单　　位：江西农业大学经济管理学院

地　　址：江西省南昌市昌北经济开发区

邮　　箱：53727577@qq.com

姓　　名：肖永根

单　　位：深圳市鹏信资产评估土地房地产估价有限公司南昌分公司

地　　址：南昌市高新区泰豪软件园南三楼

邮　　箱：54647586@qq.com

江西省房地产估价行业发展演变及转型升级之路

颜 松　高 娜

摘　要：本文拟通过对江西省房地产估价机构近二十年的发展脉络分析，尝试勾勒出一幅江西房地产估价行业的发展图景，解构出江西房地产估价行业在探索、发展、迷茫中艰难的转型升级之路。

关键词：江西；估价行业；发展脉络；转型升级

江西，作为一个经济欠发达的内陆省份，在很多行业都呈现出一种跟进式发展模式。房地产估价行业也不例外，江西省的房地产估价行业跟随全国估价行业的发展态势，既有一般的发展规律，同时也有江西自己的特色。笔者从事房地产估价行业近二十年，作为江西省房地产估价行业发展的亲历者和见证者，对估价行业的过去、现在和未来做了一些思考，期待与诸位共同探讨，共同寻找出一条适合江西省估价行业发展的转型升级之路。

一、江西省房地产估价行业的发展演变

根据江西省住房和城乡建设厅数据统计，截至 2019 年 8 月江西省本地房地产估价机构共有 149 家，其中一级机构占比约 10%，二级机构占比约 50%，三级机构占比约 40%。此外，在江西省备案的外地一级分支机构共 13 家（图1、图2）。

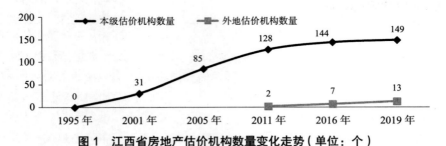

图 1　江西省房地产估价机构数量变化走势（单位：个）

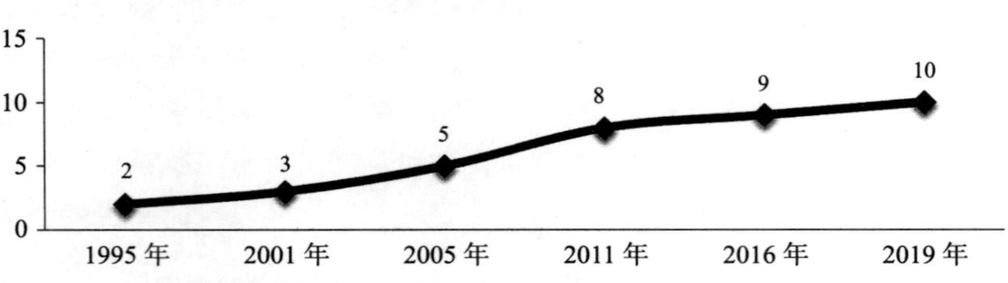

图 2　江西省房地产估价机构户均注册房地产估价师人数变化走势（单位：个/户）

笔者就江西房地产估价机构发展阶段做了如下划分：

第一阶段：1995—2001年（起步阶段）。2001年估价机构脱钩改制之前没有真正意义上估价市场，更多的是赋予行政色彩的评估所。评估所主要的工作是为行政部门提供一些价格确定的参考，比如交易税费的确定等。代表公司如南昌洪城、江西地源等。

第二阶段：2001—2005年（萌芽阶段）。2005年第一部真正意义上的《房地产估价机构管理办法》出台。这是一个萌芽发展阶段。一批在江西估价行业中领先的机构正是在这个阶段发现商机、孕育发展起来的。比如江西同致、江西居易等。

第三阶段：2005—2011年（快速发展阶段）。随着我国经济高速发展，金融业发展方兴未艾，一大批以抵押评估为主要业务的估价机构应运而生，估价机构迎来了第一次的快速发展阶段。以江西老楼、江西开元为代表。

第四阶段：2011—2016年（加速发展阶段）。2011年开始的全国范围棚户区改造、旧城改造、城市更新带来了大量的征收评估业务，与此同时，前期超量发放的贷款出现大量违约又带来司法拍卖评估等业务兴起，估价行业迎来加速发展阶段。估价机构数量、从业人数、业务规模以及外地入赣机构数量等均呈现爆发式增长。

第五阶段：2016年至今（转型升级阶段）。《资产评估法》的颁布实行，经济形势的转变，估价需求的改变，大量传统业务的消失使估价行业迎来艰难的转型升级之路。江西同致加入中估联行、江西老楼牵手北京仁达、江西开元进军资产评估领域，与此同时，一些机构合并、转让开始出现端倪，以期获得更大发展空间。

二、江西省房地产估价行业业务结构分析

从实践操作来看，涉及房地产估价目的的经济行为有上百种，但房地产估价机构主要业务仍是传统三大业务：交易、抵押、征收。同全国一样，江西省在2011年以前，抵押评估是绝对的第一评估业务，特别是在2008—2011年之间。2008年国际金融危机爆发，为刺激经济，中央政府实行了一系列"大水漫灌"式的经济刺激政策。银行追着企业求放贷，这一时期也是估价机构抵押贷款评估的蜜月期。但从2011—2016年，全国范围的棚户区改造、旧城改造、城市更新也同样在江西遍地开花，征收评估业务成为很多估价机构的第一业务。在这一时期，估价机构纷纷招兵买马、扩大经营地域范围、资质升级、到处"跑马圈地"。仿佛只要有个资质，都可以从市场上分一杯羹。从2013年开始，大量贷款违约后的司法处置评估、资产管理公司收购不良资产的收购评估开始占据估价机构的业务版图的"半壁江山"。从这个业务冷暖变化，一方面反映出不同历史时期经济形势的变化，另一方面也体现出估价机构在不同历史时期都担负着重要的历史使命。我想这个业务结构在全国的估价行业

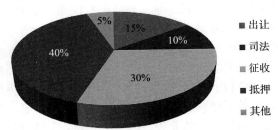

图3　江西省房地产估价机构（抽样）业务结构图

中应该也是一个普遍现象，毕竟经济政策是全国一盘棋。

以上数据（图3）是从省内房地产估价机构中抽取10家抽样调查而来的，从数据可以发现，江西省的估价机构业务占比中95%以上是传统业务，也就是我们所说的程序性业务，是在这种业务过程中，由于某些历史原因暂时还不能缺少的一个程序环节。这种业务类型往往具有以下特征：利用信息不对称、用专业背景背书或替人担责。前沿性业务或创新型业务在江西很少出现，这固然和江西缺少高层次人才有关，但也和江西整体经济总量偏低的现状有关。诸如价格咨询性业务、资产证券化业务、价格预测性业务等前沿创新型业务类型还有很长的一段路要走。

我们再来看一下江西省房地产估价机构业务收入的情况，江西省房地产估价机构整体结构是呈金字塔形。年收入500万元以下的机构占到约65%，年收入1000万元以上的机构不到10%，相对于一些发达城市，整体经济情况与江西省在全国的地位基本是吻合的（图4）。

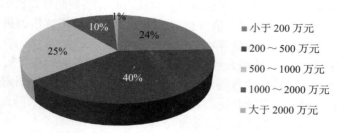

图4　江西省房地产估价机构营业收入饼状图

当批量评估技术、自动询价、大数据贷后评估系统等前沿信息技术在深圳、上海、北京如火如荼地开展之际，江西省的估价行业整体上还是嗅觉不够灵敏。在这方面，江西同致走在了江西的前列，他们在数据库方面的大力投入，加上中估联行的背景支持，很快就在江西省税务系统的涉税自动评估系统业务招标中有所斩获。

我们可以预见的是：随着信息化时代的到来，信息不对称将成为过去；随手可以获得的信息都是免费的；《资产评估法》规定的评估机构和评估人员法律责任使得替人担责成为一个得不偿失的选项。估价市场的估价需求正在发生深刻的变化，估价业务的创新已经迫在眉睫。

三、外地分支机构在江西的发展

江西真正意义上有入赣备案的分支机构是从2011年开始的，目前江西省住房和城乡建设厅备案的外地分支机构总数有13家，绝大部分来自广东、上海、浙江等沿海发达省份，杭州永正江西分公司是第一个吃螃蟹的估价机构（图5）。

江西省的外地分支机构有一个明显的特征，那就是绝大多数是承包制而非直属分公司制。由于是非直属分公司，经营者大部分还是江西省的估价从业者，所以在经营方式、经营理念方面没有给江西省的估价行业带来深刻的变化，没有第一时间将最前沿的估价技术、发展理念带到江西，仅仅是弥补了江西省一级估价机构数量上的不足。外地分支机构的发展主要得益于江西省棚户区改造的征收评估业务，因为这项业务大部分是摇号抽签确定，这给引进外地分支机构带来"短平快"优势，与其从三级开始一步一步升到一级，不如一起步就是

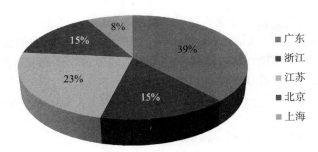

图 5 各省在江西省备案的分支机构图

一级,这是江西省外地分支机构的普遍现状。江西省在引进外地先进机构的态度上是开放,我们希望通过引进先进机构的同时,引进先进的估价技术、理念和管理文化,加速江西省房地产估价行业的整体提升。

四、江西省房地产估价机构的转型升级之路

随着经济下行压力的不断增大,金融业发展负重前行,中央决定不搞"大水漫灌"式强刺激,棚户区征收拆迁向老旧小区改造转变,传统业务正在一点点丢失。云计算、大数据、自动询价对传统评估造成极大的冲击,大家惊呼"现在还需要估价机构和估价人员吗"? 特别是为解决企业"融资难、融资贵"问题,金融机构评估付费模式已经在江西推广,估价收费"没有最低、只有更低",一次又一次刷新估价机构和估价人员的心里底线,"估价还有价值吗"成为江西估价从业人员的心底呐喊。笔者曾经写过一篇《对比中的思考》一文,将房地产估价机构和证券类会计师事务所、资产评估所做过一个对比,为什么人家做一家上市公司的审计或资产评估可以收费几百万元,而我们做一个评估只能收几百元? 这背后的深层次原因恐怕还是专业性使然。

江西作为革命老区,自我革命精神还是薪火相传的。江西省的估价行业开展了一系列的转型升级之路,总结起来是八个字——"自律、做深、做广、联合"。

自律:江西从省一级到市一级全部建立起估价行业协会和自律委员会,首先从自身建设做起。统一技术标准,规范业务流程,加强自律检查,签订自律公约。第一步是不让"堡垒从内部攻破"。

做深:省厅和协会鼓励和引导广大机构积极挖掘估价新技术、探索估价新领域、引导估价新需求。目前已经有多家机构拥有自己的估价数据库、开发了适合各自的估价系统,少数几家机构已经向金融机构推销了自己研发的自动询价系统,甚至在银行贷后批量评估市场大显身手。从鉴证性估价向咨询性估价转变,从对过去、现在估价转向对未来的估价。

做广:估价行业利用自身资源优势、人才优势,积极拓展估价相关领域,截至目前江西省已有7家估价机构正式进军资产评估市场,还有不少估价机构在社会稳定风险评估、节能评估、司法鉴定、土地规划与估价、工程咨询等方面开始涉足,大型的评估集团正在初步成型。

联合:估价市场的变化必然会让一部分机构举步维艰,近年来江西省估价机构合并、转让案例频繁出现,甚至还有与会计师事务所、造价事务所兼并重组的案例出现。这是优势互补,扬长避短,更是为了"强身健体"后更好地在市场大潮中搏击。

历史潮流，浩浩荡荡，估价行业的转型升级之路无疑是艰难的。估价行业生存的根本之道还是在提高专业性上，"以诚信之名，用专业背书"才是估价行业的价值所在。江西省的房地产估价行业一定要以海纳百川的胸襟、脚踏实地的干劲、孜孜以求的精神奋勇赶上，在这场估价行业的大变革中发展和壮大。

参考文献：

[1] 中国房地产估价师网站．http：//www.cirea.org.cn/．
[2] 中国房地产估价信用档案系统．http：//gjxydaxt.cirea.org.cn/．
[3] 江西省房地产信息网．http：//fdc.jxjsxx.net/．
[4] 南昌市住房保障和房产管理局．http：//fgj.nc.gov.cn/．
[5] 江西省房协大数据平台．http：//www.fangxie365.com/．
[6] 南昌市房协大数据平台．http：//www.fangxie365.com/．

作者联系方式

姓　　名：颜　松　高　娜
单　　位：江西开元房地产土地资产评估咨询有限公司
地　　址：江西省南昌市红谷滩新区红谷中大道 1376 号红谷经典 5 楼开元评估
邮　　箱：1057523438@qq.com

房地产估价机构发展面临的新问题及未来发展的建议

陈 晖

摘 要：房地产估价是为社会经济服务的房地产中介行业的重要组成部分，在国家对房地产业实施宏观调控政策的指导下和《资产评估法》实施后，房地产估价机构在社会主义新常态下，面临新形势和新问题。对此，笔者对房地产估价机构发展当前面临的新机遇和新挑战提出了一些个人观点，供大家一起探讨与研究。

关键词：房地产估价机构；问题；对策

房地产估价机构活跃在房地产转让、抵押贷款、房屋拆迁补偿、房地产损害赔偿以及税收、公司上市、企业改制、资产重组、资产处置等各种业务之中，房地产估价现已成为我国社会主义市场经济体系中的一个重要的中介服务行业。《资产评估法》实施后，我国房地产估价行业中的房地产估价机构数量过多，缺少多元化、规模化、集团化，市场竞争力强的大型机构；房地产估价师专业技术能力不强、综合分析能力较弱、自我学习能力较差、职业道德素质一般，高精尖人才、多维度人才严重匮乏；估价业务单一、传统业务逐步萎缩、新型业务市场难以拓展；行业内为了生存不正当竞争、恶性竞争较为严重等许多问题值得研究解决。

一、房地产估价机构面临的问题

根据中国房地产估价师与房地产经纪人学会网站统计显示，目前我国有房地产估价机构近6000家，注册房地产估价师5.2万人，执业人员近30万人。

（一）房地产估价机构缺乏综合能力

1. 房地产估价机构缺乏专业胜任力

随着经济的发展，房地产估价渗入到社会经济的各个领域，房地产估价类型越来越多，大量特殊房地产需要估价，然而一些房地产估价机构业务能力单一，综合服务能力欠缺，无法承担这类业务。但为了拓展业务和企业盈利，在未能完全胜任的情况下接下此类业务，导致执业质量降低，产生执业风险，影响房地产估价行业信誉，影响到产权主体权益。

2. 房地产估价机构缺乏内部管理能力

现阶段我国房地产估价机构在内部管理方面主要存在四个问题：一是缺乏实质的内部审核流程，大部分审核过程流于形式，导致未能及时发现问题，必要信息的披露不够完整，估价报告质量不高；二是现场查勘程序不足，房地产估价师未能到场，甚至缺乏相关资料就出具报告，估价程序履行不到位，工作底稿不完整；三是档案管理制度不健全；四是内部风险管控制度不完善。

3. 房地产估价机构缺乏市场开拓能力

虽然《资产评估法》的实施，给房地产估价带来新的机遇。从广义上来讲，房地产估价是无处不在、无处不有，而《房地产估价规范》也给我们指出了多种估价类型和估价项目，但在实际工作中，我们只局限于房地产估价的传统项目中，其他方面进展缓慢，这说明我们房地产估价机构市场开拓能力欠佳，创新能力不够，例如在主题公园、养老地产、农村房地产的流转与抵押等一些新型、特殊房地产估价上没有市场开拓能力，无法与国际房地产估价接轨，导致了目前国内房地产估价的局限性。

（二）房地产估价人员素质有待提升

评估人员综合素质不高，主要表现在四个方面：

1. 职业道德建设不完善

有的房地产估价师及执业人员职业道德素质一般，法制观念和责任心淡薄。一方面是这些估价人员为了谋取自身利益出具重大遗漏报告甚至是虚假报告，降低了估价机构的公信力，破坏估价行业声誉；另一方面，一些估价机构并不重视职业道德建设，放任估价人员违背职业道德准则，迎合客户需求。

2. 估价人员继续教育不足

有的房地产估价师缺乏自我学习能力，进取心不强，知识维度能力、研究能力、创新能力严重缺乏，导致综合分析能力一般，使估价师专业技术能力滞后于房地产估价的发展。

3. 缺乏专业性人才

优秀的估价人员不仅要有足够的估价理论知识储备，还要有一定的专业知识维度。房地产估价涉及财务、税务、法律、建筑、经济、美术摄影、环境、广告排版、写作等多门学科，还要有大量的实践工作经验。数据显示：截至2019年5月7日，全国房地产估价师共计有59620人（含未注册、未延续注册、注销、撤销等注册状态）。有资料显示，现阶段的专职估价人员仅有2/3，剩余1/3为兼职人员。

我国进入社会主义新常态，房地产估价往更加专业化的方向发展，房地产估价更需要专业技术精、自身学习能力强、职业道德好、知识维度宽、综合分析能力强的复合型人才。提高房地产估价专职估价师执业入行门槛，是房地产估价机构乃至全行业的首要问题。

4. 高等教育支持力度不足

根据大学生必备网资料显示，2019年开设房地产检测与估价专业的高校共有20所，90%为大专院校。从院校数量来看，我国开设房地产估价的高等教育院校数量少；从体系结构来看，房地产估价师大多为基础估价从业人员。因此，房地产估价行业的高层次的综合性人才是极度紧缺的，高等教育支持力度不足。

（三）房地产估价机构缺乏独立性

1. 外部因素干涉和影响

我国的房地产估价机构虽然是独立的法定代表人公司制单位，估价原则也明确要求是独立、客观、公正，但在一些政府委托的估价项目上，如房屋征收补偿评估、房地产司法鉴定评估等类似于法定评估业务，由于一些外部因素的干涉和影响，房地产估价机构丧失了独立的原则，依附于外部因素甚至是行政力量的干预情况下进行评估工作。

2. 客户干预估价

房地产估价机构在业务发展的过程中难免受到客户的影响。但是由于饭少僧多，行业低价竞争、无序竞争普遍，估价人员职业道德素质参差不齐等诸多原因，在开展房地产估价业务时，估价机构与委托方不是真正的合作关系，而是双方"互赢"的关系——只要给我评估费，你要评估多少，我就给你评估多少，完全处于客户定价法的病态情况下进行评估工作。

3. 行政规定不到位

《资产评估法》实施以来，财政部明确规定了国有资产或者公共利益等事项为资产评估的法定业务，自然资源部也明确规定土地规划与整理、土地调查等相关业务为法定业务，并规定这些法定业务要由取得本行业相关备案资质、取得相关专业职业资格的相关机构和人员来进行评估。目前《房地产估价机构监督管理办法》尚未发布，房地产估价法定业务类型不明确，虽然在房地产估价日常工作中房屋征收评估、房地产司法鉴定评估疑似法定业务类型，但其业务来源还在政府行政主管部门和人民法院，所以房地产估价机构和评估专业人员无法以独立性而自居。

（四）房地产估价机构管理存在缺陷

1. 行政管理不到位，违法经营成本低

《房地产估价机构管理办法》规定，各省、自治区、直辖市人民政府相关建设部门为房地产估价机构监管部门，但由于人手少、工作忙，加之房地产估价行业为小行业，所以重自我发展、轻监督管理，无行政处罚，造成放任自流，致使行业竞争无序、执业人员职业道德不高，重大遗漏报告、虚假报告频频发生，严重影响了行业的公信能力和声誉。另外，房地产估价机构通常受到税务、市场监督管理部门等政府部门的管理，多头管理现象严重，加重了房地产估价机构的时间成本和经济成本。

2. 房地产估价行业自律管理欠缺

《资产评估法》第五章明确规定行业协会的职责职能，但部分省、自治区、直辖市至今尚未成立地方性房地产估价行业组织，即使成立行业组织，但还不能充分发展其职能和职责，无法名副其实地开展行业自律工作。其主要原因，一是不能完全得到当地行政主管部门的大力支持和民政主管部门的扶持；二是中国房地产估价师与房地产经纪人学会的服务职能仍需完善，要进一步指导省级房地产估价行业协会自律工作，进一步建立健全行业自律规则和房地产估价师职业道德准则和执业准则，加强行业引领作用。

3. 收费混乱，竞争无序

自《国家发展改革委关于放开部分服务价格的通知》（发改价格（2014）2732号）规定取消土地价格评估、房地产价格评估收费，土地价格评估、房地产价格评估按市场调节价格进行收费以后，评估机构没有真正地按照市场调节价格和《中华人民共和国价格法》第十条规定的收费标准执行，造成收费混乱，低价竞争、恶性竞争现象普遍，严重影响房地产估价市场的正常经营秩序。

二、房地产估价机构未来发展的意见与建议

根据上述分析，针对目前我国房地产估价机构面临的问题，笔者提出以下几点意见与建议：

（一）加强监管力度，严惩违规违法经营行为

行政主管部门，一是尽快确定房地产估价的法定业务项目，使房地产估价机构有法可依、有章可循，减少或降低对房地产估价行业的干涉和影响，使房地产估价机构保持独立、

客观、公正的原则；二是政府或行政部门对招标机构实施动态管理方法，及时调整招标机构，增强估价市场自身活力和市场竞争力，依靠市场机制寻觅最佳合作机构；三是加强监管力度，严格执行《房地产估价机构管理办法》和《资产评估法》，坚决严惩违规违法经营机构，提高机构违规违法经营成本。

（二）加强自律管理，坚决制止恶性竞争

房地产估价机构，一是要严格实行房地产价格评估收费市场调节价，严格执行《中华人民共和国价格法》第十三条规定：经营者销售、收购商品和提供服务，应当按照政府价格主管部门的规定明码标价，注明商品的品名、产地、规格、等级、计价单位、价格或者服务的项目、收费标准等有关情况；二是要坚决杜绝行业恶性竞争，维护行业良好经营秩序；三是各房地产估价机构要坚持执业准则和职业道德准则，在委托方提出不合理要求时拒绝评估，坚守行业底线，维护公正的行业形象；四是国家级、省级行业协会充分行使自律管理职能，发挥自律管理作用，在《禁止垄断协议暂行规定》（国家市场监督管理总局第10号）框架内全面开展行业自律工作，引领房地产估价行业健康持续发展。

（三）拓宽考试途径，提升房地产估价人员素质

（1）根据房地产估价师职业资格考试方法，修改目前房地产估价师重工作年限要求，轻专业学历要求的规定，取消或降低工作年限要求，采取大专学历加工作年限，本科学历和在校大学生可直接参加房地产估价师职业资格考试等方法，扩大考试人群，提高执业人员基本素质，让更多有识之士认识到房地产估价的作用，增强房地产估价行业的认知度。

（2）建立资深房地产估价师制度，设立房地产估价师级别，开展资深房地产估价师或组别制房地产估价评比、认定活动，确定房地产估价师领军人物，充分调动广大房地产估价师爱行业、钻业务、精技术的热情，深入研究行业难点、热点等问题，引领行业蓬勃发展。

（3）加强房地产估价师的继续教育。开展职业道德素质教育、知识维度拓宽教育、专业技术教育，吸收国外先进评估理念和技术，采取中国房地产估价师与房地产经纪人学会与省级行业协会继续教育多重并举的方法，使房地产估价继续教育工作效果落实到实处，彻底提升我国估价师专业技术能力，全面提高房地产估价报告的质量。

（四）完善行业管理制度，打造品牌企业

（1）坚持行业行政主管部门管理为主，行业协会自律管理为辅的方针。加强行业监管力度，行业协会严格贯彻执行《资产评估法》等法律规定，着重开展行业自律管理工作。

（2）房地产估价机构要根据新形势、新要求、新机遇，不断改革创新，整合创建大规模、多元化、集团化机构，行政主管部门、行业协会要扶植和培养一批市场规模大、创新驱动好、市场竞争能力强、具有一定国内国际影响力的优秀房地产估价品牌机构，促进全行业快速稳定发展。

三、结语

我国房地产估价行业为我国经济发展做出了重要贡献，在经济新常态下，房地产估价机构的健康发展，离不开党和政府的支持和指引。现阶段房地产估价机构在转型中虽存在一些问题，但是只要我们正视问题并积极采取措施应对，我国房地产估价机构定能为我国经济转型升级提供助力。

参考文献：

[1] 姜菊. 当前我国房地产评估行业存在的问题及对策研究 [J]. 黑龙江科技信息，2013（12）.

[2] 曹建军. 房地产评估存在的常态问题分析 [J]. 产业论坛，2018（03）.

[3] 陈锦旺. 我国房地产估价行业管理中存在问题及对策建议 [J]. 经济·管理·综述，2018（03）.

[4] 刘志华. 我国房地产估价行业管理中存在问题及对策建议 [J]. 内蒙古农业大学学报（社会科学版），2009（05）.

[5] 董娟. 我国资产评估行业存在的问题和对策 [J]. 财会学习，2017（05）.

[6] 大学生必备网. https://www.dxsbb.com/news/44592.html.

作者联系方式

姓　　名：陈　晖

单　　位：江苏省房地产估价与经纪协会

地　　址：江苏省南京市建邺区万达商务区福园街 129 号 1110 室

邮　　箱：414947254@qq.com

新形势下集体土地上房地产估价的机遇与挑战

杨 斌　贾明宝

摘　要：本文从当前集体土地上的房地产估价受制于原《土地管理法》的约束存在着业务少、缺乏估值服务等问题入手，根据《土地管理法》修正案实现的集体土地使用制度突破，深入分析了集体经营性土地使用权入市、土地征收制度改革和宅基地使用制度完善给房地产估价带来业务领域增加等机遇，以及面临的配套政策与技术标准缺位、权益状况和增值收益分配机制有待研究等挑战，提出了房地产估价行业迎接集体土地上房地产估价服务新需求的应对方向和路径。

关键词：集体建设用地；土地征收；宅基地；房地产权益；房地产估价

我国房地产估价行业经过二十多年的快速发展，社会影响和行业规模都达到了较高水平。相比国有土地，集体土地受到原《土地管理法》对其利用、流转等方面的限制，加之缺乏针对性的技术标准，使集体土地上的房地产估价和咨询服务一直处于被回避的状态。2019年8月26日，十三届全国人大常委会第十二次会议表决通过《中华人民共和国土地管理法》修正案（以下简称"新《土地管理法》"），将于2020年1月1日起施行。新《土地管理法》在集体建设用地使用、集体土地征收方面的制度突破，为集体土地上房地产价值的显化、市场的发育奠定了基础，也使房地产估价行业面临着机遇与挑战并存的新形势。

一、当前集体土地上房地产估价的现状与问题

（一）市场价值评估缺乏法律法规和技术依据

目前，从土地使用权到房地产的出让、交易、交换、出租、抵押担保，包括房地产流转或持有期的纳税，以及房屋征收、司法处置等，国有土地上的房地产有相应的法律、法规或文件规定，对国有出让或划拨土地使用权及其房地产的权能、相关经济行为的程序、限制条件乃至价值内涵或价格标准等，都作出了较清晰的规定。但集体土地上的房地产，由于原《土地管理法》禁止非农集体建设用地流转，只有征为国有土地后才能被单位或个人开发利用，集体土地及其房地产的处分、流转、担保等权能模糊，使得其价值无法通过市场实现、显化，也难以科学、合理地评估确定。

虽然根据2014年、2015年中共中央、国务院的相关文件精神，人民银行等相关部门制定了农民住房财产权、农村集体经营性建设用地使用权抵押贷款的相关文件，其中要求"积极组织做好集体建设用地基准地价制定、价值评估、抵押物处置机制等配套工作"，但目前几乎还没有地方推出集体建设用地基准地价和关于抵押评估针对性的技术标准，抵押物处置等配套政策也未跟上。试点集体经营性建设用地入市的城市和地区，集体经营性建设用地使

用权出让等流转案例还很少，也还没有形成针对性、操作性较强的地价评估技术标准，更没有针对集体土地上房地产估价的技术标准或规范。

（二）估价业务少，专业机构和人员规避估值服务

目前涉及集体土地及其房地产需要进行价值评估的情形主要有：征地房屋补偿评估；企业收购、兼并和重组，以及司法处置企业资产中涉及集体土地的房地产价值评估；宅基地房屋赠予、继承中办理公证手续等涉及的房屋价值评估；集体经济组织出租场地、厂房等经济行为涉及的评估咨询服务等。其中除征地（或协议置换、腾退等）房屋补偿中的房屋价值评估外，其他情形业务很少，而且企业收购、兼并和重组中涉及集体土地的房地产评估一般是资产评估机构的业务。虽然人民银行等相关部门几年前制订并发布实施了《农民住房财产权抵押贷款试点暂行办法》《农村集体经营性建设用地使用权抵押贷款管理暂行办法》，但敢于接受农村住宅作为抵押担保物的金融机构很少，少数金融机构愿意接受企业融资时以集体建设用地的房地产履行抵押担保，但一般也仅考虑地上房屋价值，因此集体土地房地产的抵押评估业务微乎其微。

另外，权能是价值的基础，市场是检验价值的标尺。由于集体土地房地产在流转、使用、收益、处置等权能方面缺乏明确具体的法律、法规依据，无统一的评估技术标准可循，也缺乏可检验评估结果合理性的市场环境，使得集体土地上房地产的估值服务风险大、难度高，因此估价机构和估价人员大都尽量回避集体土地上的房地产估值服务。

（三）用政策性标准或操作口径代替客观估值

当前作为集体土地上房地产估价主要业务领域的征地房屋补偿评估，一般只对地上房屋价值进行评估，涉及宅基地使用权和集体建设用地使用权补偿的，则采用政府或征收部门制定的不区分位置、用途差异的政策性补偿标准或口径，甚至部分地方对于地上房屋的补偿价格也规定了统一的、内涵模糊的补偿价格标准，而且也不随经济的发展和房地产市场的变化及时调整。就是在企业收购、兼并和重组，以及司法处置中需要客观显化资产价值时，也大多采用房、地分别估值的方式，对土地使用权价格往往参考征地补偿价格或取得成本简单评估，鲜有根据土地或房地产的收益能力或市场潜能，客观评估集体土地上房地产价值的情形。

二、新《土地管理法》关于集体土地的制度突破

新《土地管理法》在总结试点地区的成功经验上，对农村集体土地制度的重大改革和突破是此次新法最受关注的亮点，主要有以下三个方面：

（一）允许集体经营性建设用地入市

新《土地管理法》删除了原法中"任何单位和个人进行建设，需要使用土地的，必须依法使用国有土地"，以及"农民集体所有的土地的使用权不得出让、转让或者出租用于非农业建设"的规定，允许集体经营性建设用地在符合规划、依法登记、并经本集体经济组织2/3以上成员或村民代表同意的条件下，通过出让、出租等方式交由集体经济组织以外的单位或者个人直接使用。这一重大改变的意义在于取消了集体建设用地不能直接进入市场流转的二元体制，为城乡一体化发展扫除了制度性的障碍，向建设城乡统一的建设用地和房地产市场迈出了重要一步。今后工业以及商业等经营性房地产开发不再需要征地，可直接使用集体土地，因此对未来房地产市场的发展将具有重要影响。

（二）征地补偿注重保障被征地农民的利益

新《土地管理法》对允许征收集体土地的公共利益的情形进行了明确界定，严格了征地范围，限制政府滥用征地权；明确了土地征收补偿的基本原则是，征收土地应当给予公平、合理的补偿，保障被征地农民原有生活水平不降低、长远生计有保障；征地补偿费用在原来的土地补偿费、安置补助费、地上附着物和青苗补偿费的基础上，增加农村村民住宅补偿费用和被征地农民社会保障费用。因此，新《土地管理法》为被征地农民构建了更加完善的保障机制的同时，也对各地征地补偿实施细则的制定以及征地补偿评估服务的提升提出了要求。

（三）保护宅基地和农民居住权

新《土地管理法》完善了农村宅基地制度，在原来"一户一宅"的基础上，增加宅基地户有所居的规定，同时允许进城落户的农村村民自愿有偿退出宅基地，鼓励农村集体经济组织及其成员盘活利用闲置宅基地和闲置住宅。这些规定都反映出国家对宅基地、农民居住权的保护，虽然没有明确宅基地"有偿退出"的条件、退出方式、接收或受让对象、有偿的标准等，但仍体现了宅基地和农村住宅的财产权，使价值显化成为可能。

三、集体土地上房地产估价的发展机遇

（一）城乡一体化房地产市场的发展需要大量的专业估值服务

首先，随着集体建设用地入市的解禁，集体土地房地产交易、抵押担保、作价投资等经济活动将日益增多。价格是市场活动的核心，在市场发育起步阶段，集体土地和房地产的价值量和价格水平尚不清晰，集体土地所有权人、土地管理部门、投资方或建设方、金融机构等相关方，都需要专业的估价机构和估价人员围绕集体土地上房地产的权利体系、权能和价格影响因素的特点，客观显化交易或投资对象的价值，提示交易或投资风险，并提供相关政策解读和咨询服务，增强市场或相关经济行为主体的信心，推动市场交易或投资活动。其次，对于宅基地和农村住宅的有偿退出和盘活，也需要将其财产权进行显化的估价服务。最后，集体土地上的房地产转让涉及的增值税、土地增值税的征缴，需要估价机构提供相关计税价值的核定和评估服务，为公平税赋提供参考依据。

（二）配套政策的制定需要估价行业的参与

新《土地管理法》的实施需要制订相关配套的管理办法或实施细则，包括集体土地的出让与转让、集体土地上房地产的转让、抵押等管理办法，以及集体土地房屋征收补偿的实施细则等配套文件。这些配套政策文件中与价值相关的问题有：第一，需要研究集体土地上房地产与国有土地上房地产在权利主体、权能、价值内涵以及利用方式等方面的差异；第二，需要研究集体建设用地入市后土地增值产生和分配的原理，明确增值收益的分配原则、分配方式和分配标准；第三，对于集体土地征地补偿，需要比较与国有土地上房屋征收补偿的差异，深入调查了解新形势下集体土地被补偿人对征地补偿方面的诉求，体现集体土地上房地产的客观价值，以及与国有土地上房屋征收补偿标准的均衡性。

房地产估价行业协会、估价机构和估价师既熟悉相关土地、房地产法律法规和政策，又是土地和房地产市场以及集体土地征地补偿和国有土地上房屋征收补偿工作的重要参与者，可为政策的制订提供历史经验数据、专业调查和研究服务。

（三）制度实施推进需要估价行业的专业服务

新《土地管理法》将于 2020 年 1 月 1 日起实施，配套政策文件也在制定中并即将推出。征求意见中的《中华人民共和国土地增值税法》已将集体土地使用权及地上建筑物转让纳入土地增值税征收范围。这些政策文件的实施和相关工作的推进，都离不开估价行业的参与和专业服务。

集体土地上房地产市场的发育，需要研究集体建设用地入市后对国有土地市场、房地产市场的影响，及时建立集体建设用地基准地价、标定地价等公示地价体系和房地产价格评估、价格管理体系，引导市场健康发展。这些课题研究和标准制订工作都需要估价行业积极参与或承担；集体土地和房屋的所有权、使用权、租赁权、担保权的实现，需要估价行业提供相应权益价值的评估服务，如土地综合区片价的评估、集体建设用地使用权出让价格与作价入股价格评估、房地产租金评估等，征地补偿时土地及房屋的权属与来源调查、社会风险评估、征地成本测算、补偿和安置方案制定等，集体土地上房地产转让的课税评估，都将是房地产估价业务的新方向；此外，集体土地上房地产市场的发展，也需要估价行业积极在信息平台建设、数据积累和应用方面提供专业支撑和服务。

四、集体土地上房地产估价服务短期内面临的挑战

新《土地管理法》的实施给房地产估价提供了业务拓展的机遇，但同时随着对专业估价服务要求的提高，在短期内也面临着困难和挑战。

（一）配套政策与估价技术标准的缺位将使估价工作困难多、压力大

新《土地管理法》对农村集体土地实现了制度突破，但法律规定的大多是基本原则，需要实施细则和相关方面的配套管理办法等指导法律精神的贯彻实施，包括集体经营性建设用地的出让转让管理条例、各地关于集体土地征地补偿的实施细则或办法、各地关于宅基地和农村住宅的管理办法等。这些文件的制定需要研究的过程，征求意见和发布也有一定的周期，因此短期内可能缺位。此外，相应的估价技术标准和估价规范也需要根据集体土地以及房地产的权益特征进行制定、修改或补充，这也需要一段时间去完善。但是新法颁布后，无疑快速显化了集体建设用地使用权及其房地产的价值，提高相关权益人在征收补偿、转让、抵押等经济行为中的价格预期。在新的配套文件和技术标准出台前，这种价格预期与估价结果的矛盾会非常突出，估价工作难度明显加大。如果估价师自行摸索解决方案，又将面临与前后技术标准皆不相符的风险，所以会有无所适从的较大压力。

（二）集体土地上房地产权益状况研究的不足会使得价值评估无法深入

中央相关文件多次提到集体建设用地要与国有土地"同权同价"，新《土地管理法》也贯彻这一精神。作为不动产，房地产价值是权益的价值体现。集体土地上房地产的权益和权能与国有土地是否存在差异，是影响和判断价格或价值的重要因素。

集体土地与国有土地上房地产的权益类型都分为土地所有权、土地使用权、房屋所有权以及他项权利。从土地所有权看，国有土地的所有权属于国家，为单一的所有权主体。集体土地的所有权属于农村集体经济组织，农村集体经济组织又分为乡（镇）、村民委员会、村民小组或农村合作社，具有明显的多样性，同时组织内成员较多。首先，国家的信用能力明显强于农村集体经济组织。其次，农村集体经济组织的多样性以及目前集体经济组织成员资格还没有明确的法律解释，都可能带来相对较大的不确定性和风险。所以，土地所有权的信

用保障能力使集体土地的风险在一定时期内高于国有土地，造成在相同区位和实物条件、相同价格的情况下，受让方会更倾向于购买国有土地上的房地产。

对于土地使用权，国有土地的使用权取得方式分为划拨、出让（包括作价入股）和出租。根据新《土地管理法》，集体经营性建设用地使用权也可以通过出让、出租的方式有偿使用，而乡镇企业、乡村公共设施、公益事业、村民住宅的建设，符合规划和用地计划的就可按规定办理用地审批，这与国有土地使用权的划拨方式有类似之处。通过出让等方式取得的集体经营性建设用地使用权可以转让、互换、出资、赠予或者抵押，而且集体经营性建设用地的出租，集体建设用地使用权的出让及其最高年限、转让、互换、出资、赠予、抵押等，参照同类用途的国有建设用地执行。因此，从使用权权能上看，出让或出租的集体经营性建设用地使用权与国有建设用地是相同的。但基于上述所有权权利主体的差异，集体建设用地及其房地产与国有土地及其房地产的价值或价格差异还需要进一步研究。在集体建设用地及房地产市场尚不成熟，参考或与国有土地及房地产市场价格进行比较分析时，如何科学、合理考虑这些差异对价值、价格的影响，是估价实务的一大难题。

另外，对于其他建设用地，尤其是宅基地使用权的权益，更需要对权能、财产权的保护做进一步的深入研究。对于集体土地上的房屋所有权和他项权利的权能及其对价值或价格的影响，也需要根据相关文件规定，针对集体土地的特点做进一步的分析。

（三）增值收益分配机制的不明确成为集体土地上房地产价值构成分析的难点

城乡建设和发展离不开政府的投入，政府在市政基础设施和公共配套设施的投入量往往与经济增长、土地和房地产市场发展正向相关，当前的乡村振兴中也要依靠各级政府的财政支持。国有土地的所有权属于国家，因此土地使用权出让产生的增值收益上缴国家，各级政府按一定比例分配，价值形成机制是清晰的。但集体土地的所有权属于农村集体经济组织，土地使用权入市后会产生增值，增值的成因中包含政府的市政基础设施和公共配套设施建设的投入，估价时体现在区位状况和土地实物状况的分析中。所以，需要研究制定国家与集体经济组织对于土地使用权入市的增值收益分配机制，包括分配原则、分配方式和分配标准等，完善价值形成机制。这对于集体土地使用权出让与出租、征地补偿、房地产抵押、房地产税收征缴、房地产处置等不同估价目的下价值内涵的界定是非常重要的，如果不明确，易产生分歧或纠纷，制约估价业务的发展。

五、开展集体土地上房地产估价的对策

在集体土地管理制度发生突破变化的当下，房地产估价行业协会、估价机构和估价师们面对机遇和挑战，需要从以下方面做好积极应对：

（一）认真学习法律，积极参与相关政策的制定与相关研究

仔细地研读学习新的《土地管理法》《城市房地产管理法》，全面理解法律的精髓和改革的方向。在遵守法律的前提下，积极主动地为相关政策配套文件的制定建言献策，同时开展估价相关理论的课题研究，为开展估价实践打好基础。

（二）加强集体土地入市对房地产市场的影响分析

在当前"房住不炒"、促进房地产业健康发展的要求下，集体经营性建设用地入市和农民宅基地有偿退出必将对未来房地产市场的发展产生重大影响。因此，房地产估价行业要做好房地产市场发展的前瞻性研究，为合理评估、把握集体土地和国有土地上房地产市场价格

水平和发展趋势提供帮助。

（三）尽快完善估价的技术标准体系

已有的房地产估价规范、标准和指导意见主要适用于国有土地上的房地产估价，集体土地上的房地产在权利状况、价格形成机制等方面与国有土地上的房地产是否存在差异，行业协会可牵头组织专家在课题研究的基础上，尽快形成适用于集体土地上房地产估价的相关技术标准，指导估价实践的开展。

（四）积极宣传，迎接业务实践

房地产估价行业协会、估价机构和估价师们要在准确理解新法和相关配套政策的基础上，宣传集体土地使用、流转、征收等方面的制度变化，引导集体土地所有权人、使用权人合理认识权益价值，树立市场意识、投资意识、风险意识。同时，宣传房地产估价的作用与意义，扩大行业影响，占领集体土地上房地产市场发育的专业服务先机。除了传统的土地出让、征地补偿、房地产抵押、课税等领域，也要发现潜在的评估咨询服务需求，敢于知难而上，大胆探索。

总之，农村集体土地在法律层面的改革与突破，为房地产估价带来了新需求和新要求，房地产估价行业要积极地顺应时代发展，努力开创房地产估价领域的新天地。

参考文献：

[1] 全国人民代表大会常务委员会. 关于修改《中华人民共和国土地管理法》、《中华人民共和国城市房地产管理法》的决定 [EB/OL].[2019-08-23]. http：//www.npc.gov.cn/npc/c30834/201908/736cccfbe76f416797e566c9897e3333.shtml.

[2] 中国政府网. 农村土地制度实现重大突破——自然资源部法规司司长魏莉华解读新土地管理法 [EB/OL]. [2019-08-23]. http：//m.lc.mlr.gov.cn/dt/ywbb/201908/t20190827_2462251.html.

[3] 梁津.《土地管理法》的修订奠定了集体经营性建设用地估价的基础 [EB/OL].[2019-09-09]. http：//www.kz-consult.com.

作者联系方式

姓　　名：杨　斌

单　　位：上海百盛房地产估价有限责任公司

地　　址：上海市浦东新区民生路 600 号船研大厦 8 楼

邮　　箱：bin.yang@shbrea.com

姓　　名：贾明宝

单　　位：上海房地产估价师事务所有限公司

地　　址：上海市浦东新区南泉北路 201 号房地大厦 10 楼

邮　　箱：jiamb@mail.sh.cn

在集体建设用地入市背景下估价机构的应对策略

张仁聪　钟家帜　漆秀红

摘　要：目前，集体建设用地入市试点进入尾声阶段，随着《土地管理法》和《房地产管理法》（2019修正）即将进入实施状态，集体建设用地市场即将全面展开，估价机构在这一历史背景下将大有可为。本文从集体建设用地市场发展现状及预期入手，浅析了集体建设用地入市背景下估价机构面临的机遇与难题，探讨了此背景下估价机构的应对策略。

关键词：集体建设用地入市；估价机构；应对策略

一、集体建设用地入市背景及市场发展情况

为了建立城乡统一的建设用地市场、缩小城乡收入差距、进一步推进城镇化进程，2015年1月，中共中央办公厅和国务院办公厅联合印发了《关于农村土地征收、集体经营性建设用地入市、宅基地制度改革试点工作的意见》首次明确提出了"建立集体经营性建设用地入市制度"；随后，全国人大常委会审议通过了《关于授权国务院在北京市大兴区等33个试点县（市、区）行政区域暂时调整实施有关法律规定的决定》，集体经营性建设用地入市改革进入实质性实施阶段。截至2018年底，33个试点县（市、区）集体经营性建设用地已入市地块1万余宗，面积9万余亩，总价款约257亿元，收取调节金28.6亿元，办理集体经营性建设用地抵押贷款228宗、38.6亿元。

随着2019年新修正的《中华人民共和国土地管理法》《中华人民共和国城市房地产管理法》的公布（2020年1月1日起施行），以及《中华人民共和国土地增值税法》也处于制定过程中，契税法草案也被列入我国2019年立法工作计划，集体经营性建设用地入市已经逐步进入"有法可依"的新时代，必将坚定私人、企业、社会及金融资本进入集体建设用地一级、二级市场的信心；同时，待试点结束后集体建设用地入市也必将全面地推广展开，将会推动该市场快速地发展壮大。

二、集体建设用地入市背景下估价机构面临的机遇

据国家自然资源部统计数据显示，截至2016年末，全国农村集体经营性建设用地存量规模在5000万亩以上，全国建设用地总面积为3906.82万公顷。粗略计算，农村集体经营性建设用地存量规模约占全国建设用地总量的9%。而且，随着集体建设用地入市的全面开展，部分荒废农用地或集体未利用地也可转为集体建设用地入市。由此可见，集体（经营

性）建设用地市场无论是存量还是潜力都是相当巨大的。

在此历史背景条件下，无论是集体（经营性）建设用地入市一级市场（如出让）还是二级市场（如抵押、租赁、作资入股等），都涉及集体建设用地入市价格及土地估价的问题。由此可见，估价机构在此历史背景下发展机遇也是巨大的。

三、集体建设用地入市背景下估价机构面临的难题

（一）入市价格合理性问题

目前，相对成熟的集体（经营性）建设用地估价体系还未形成，还需要更深层次的探索研究来适应不同的估价对象和不同的市场状况，入市价格的合理性得不到保证。比如说，基准地价是我国国有建设用地估价过程中一项重要的参考指标，然而，除部分试点地区外，我国大部分集体建设用地尚缺乏一套完整的测算基准地价的体系，直接导致估价机构在进行土地估价时没有可以参考的标准。此外，目前城乡统一的建设用地市场尚未形成，集体（经营性）建设用地市场交易案例非常少，且可比性交易案例往往不易寻求或无法寻求，地价资料难以丰富、准确地获取，再加上缺少相关政策文件资料作为依据，为估价参数的确定增加了难度。以上因素均会导致土地入市价格波动性大。

（二）估价人员专业性问题

随着新的《土地管理法》修正案的公布，集体（经营性）建设用地与国有建设用地除所有权不同之外，二者在使用权取得方式和各项权能方面均无明显差异。但是，在土地市场建设、法规与政策支持度等方面仍存在较大的差异，这些差异对土地价格的影响仅凭借估价机构及估价人员的经验是不足以完全克服的，对估价人员的专业性造成了一定的挑战。如以土地市场建设方面来说，集体建设用地土地市场与国有建设用地土地市场的差异主要体现在：①集体建设用地开发建设相对无序，市场不充分；②集体建设用地使用权交易为隐形交易，其价格没有经过市场检验；③集体建设用地使用权价格评估中，相关资料难以获取，价格难以体现科学性、客观性。

（三）估价相关配套政策不完善问题

基准地价是估价机构对某地区宗地价格基础掌握和了解的重要基础资料之一，并且基准地价系数修正法也是一种重要的土地估价方法。至目前为止，国家还没有出台集体建设用地基准地价评估相关的技术规程与细则，除部分试点地区外全国其他大部分地区均缺乏基准地价体系或者未公布标定定价。而且据最新的《土地管理法》修正案，"征收农用地的土地补偿费、安置补助费标准由省、自治区、直辖市通过制定公布区片综合地价确定"，而目前大部分地区并未公布区片综合地价。此外，集体建设用地估价过程所涉及的契税、土地增值税等税费相关文件目前也配套不完善，也影响集体建设用地的土地估价。以上情况使得评估技术不规范、价格体系不合理，久而久之，就会让集体建设用地价格评估工作呈现出随意性，产生集体资产流失等问题，负面影响非常之大。

四、集体建设用地入市背景下估价机构的应对策略

（一）积极进入集体建设用地估价领域并提供科学合理的估价服务

估价机构应该积极进入集体建设用地估价领域，把握住此次历史发展机遇。一方面估

机构和估价专业人员应该积极学习或借鉴同行的类似估价成果，在估价实践过程中不断总结该领域估价的经验和教训，进而不断地进行知识积累并提高自身专业技术水准，以实现自我专业能力和技术水平的提升；另一方面，考虑到该领域为一个相对来说全新的市场和估价领域，估价机构应该不断地提升估价服务质量，有意识地进行估价机构品牌建设，进而积极地去开拓市场、提升市场占有率，以实现自我的发展壮大和品牌价值的提升。与此同时，伴随着估价机构（估价人员）专业能力、服务质量、品牌价值的不断提升，估价机构也能逐步地为该市场领域提供更加科学合理、更贴近市场的估价服务，则入市价格合理性问题也会逐步得到解决。

（二）积极建议并参与政府主管部门制定集体建设用地估价规范和标准

估价机构应该积极建议并参与政府主导制定的集体建设用地土地定级与基准地价体系，参与制定集体经营性建设用地基准地价的过程既是估价机构认识、深入了解集体建设用地市场的过程，也是估价机构提升自身专业水平与品牌价值的机遇。此外，一般来说，估价相关评估规范或法律法规在制定（修正或修订）过程中通常会向社会公布征求意见稿，估价机构应该依托自己在相关领域的专业性积极建言，或者通过协会等社会机构提出自己科学性的建议。另外，估价机构还可以尝试在集体建设用地土地价值最大化方面，利用专业知识，在合法的前提下，评估测算出集体建设用地土地价值最大化的片区规划指标，从而为政府规划政策出台提供专业依据。

（三）积极提高估价机构和估价人员的专业性水平

估价机构在进入集体建设用地土地估价领域前，应该首先充分认识到集体建设用地与国有建设用地在权属性质、土地市场建设和法规及政策支持度等方面存在的差异，以及这些差异可能导致土地价格形成机制存在的差异。一方面，估价机构应该积极总结目前试点地区集体建设用地估价领域存在的问题、经验或教训，如积极参与协会组织的相关培训，积极参加同行间的交流学习（特别是与试点地区集体建设用地估价参与度较高的同行保持沟通和交流）；另一方面，估价机构应该积极加强对内部估价人员进行相关专业理论、评估准则及法律法规的专业培训，以满足估价人员估价实践的需要。基于此，才能不断地提升估价机构和估价人员的专业水平和能力。

（四）积极地建立信息数据库

估价机构要积极地进行市场调研并通过各种途径收集市场成交实例，利用大数据的计算与分析技术、云计算与云存储、地理信息系统GIS等技术，在此基础上逐渐地建立起集体建设用地相应的市场及交易情况信息数据库。信息数据库的内容应包括宗地编号、土地面积（净用地面积）、平面直角坐标、位置、宗地（规划）用途、容积率、建设密度、区位状况、土地权属情况、他项权利登记情况、交易价格、土地实际利用类别等在内的基础性信息，以及对土地价格起影响作用的诸如建设计划、空间规划、有关土地开发资料在内的其他信息。所有这些信息经过标准化处理、完整性校验、到准确性检验后被输入到数据库中，从而保证数据的真实性、准确性和适用性，以供估价时选用。必要时还要与相类似的国有土地使用权价格内涵进行比较，这是取得经验很必要的途径。基于此，在集体建设用地较活跃的区域，估价人员在估价过程中可以选用更能体现市场价值的市场比较法，以达到客观、合理、公正地估价。

五、结语

集体（经营性）建设用地入市是促进区域城乡统筹发展、新型城镇化建设的重要途径，也是优化城镇空间布局，盘活低效建设用地，促进集体经济组织发展的重要抓手。在此背景条件下，估价机构既面临着较大的发展机遇，也需应对入市价格合理性、估价人员专业性、估价相关配套政策不完善等难题，针对这些难题本文提出了四点建设性的意见和建议。通过采取以上意见和建议，或有助于估价机构有效地处理好集体建设用地估价中面临的各种问题，进而使估价机构在集体建设用地入市领域发挥积极的价格引导作用，推动入市效率的提高，促进"同等入市、同价同权"的实现，有利于我国逐步建立城乡统一的建设用地市场，并形成完善的集体建设用地管理机制和市场机制，同时也有利于我国集体建设用地市场的发展壮大和估价机构自身的成长，因而具有一定的参考意义。

参考文献：

[1] IDM 中国领导决策信息中心·大数据战略重点实验室. 33 个试点地区"三块地"数据盘点 [J]. 领导决策信息，2019（04）.

[2] 崔宇. 集体建设用地定级估价核心技术问题探讨 [J]. 中国土地科学，2013（02）.

[3] 李茗薇. 集体经营性建设用地流转及价格评估研究 [D]. 长春：吉林大学，2017.

[4] 张栋. 集体建设用地入市是土地制度改革的关键——刘守英教授访谈 [J]. 团结，2019（01）.

[5] 熊杰平、黄东玉. 集体建设用地流转价格评估方法应用研究 [J]. 中国房地产业，2019（04）.

[6] 闫旭东，温靓靓，等. 估价机构的数字化生存：面对大数据时代的途径选择 [C]. 2014 年国际房地产评估论坛 [出版信息不详]，2014.

[7] 龙腾，董婷，等. 农村集体经营性建设用地入市模式比较研究 [J]. 上海农业学报，2017，33（04）.

作者联系方式

姓　　名：张仁聪　钟家帜　漆秀红
单　　位：广西广证房地产土地资产评估有限公司
地　　址：南宁市青秀区民族大道 82 号嘉和·南湖之都 29 层 2905 号房
邮　　箱：827601045@qq.com

房地产估价本身的价值层次分析

金建清　纪　霞

摘　要：本文首先以估价需求分析和估价对象分析为基础，建立房地产估价价值层次二维模型，根据房地产估价价值层次二维模型将房地产估价价值分为 4 个层次；其次提出提升估价价值路径的建议，并以质量—费用均衡为目标建立不同估价价值层次的估价工作要求；最后，对估价机构和注册房地产估价师的发展战略选择提出建议。

关键词：估价需求；估价对象；估价价值；估价价值层次二维模型

一、问题的提出

最近，为捍卫抵押评估 2 折收费，苏州市诸多房地产估价机构表现得群情激昂、义愤填膺。为什么抵押评估 2 折收费还需要捍卫？早在 2014 年，国家发展改革委就已经明确土地价格评估和房地产价格评估收费属于实行市场调节价的专业服务价格，那么，在实行市场调节价的情形下，决定评估收费水平的有哪些因素呢？抵押评估 2 折甚至低于 2 折收费是不是有其合理性呢？作为房地产估价行业的参与者，有必要对这些问题进行思考。联想到 2018 年 8 月最高人民法院《关于人民法院确定财产处置参考价若干问题的规定》（法释〔2018〕15 号），将人民法院确定财产处置参考价的方式规定为"可以采取当事人议价、定向询价、网络询价、委托评估等方式"，显而易见，在人民法院确定财产处置参考价时，委托评估不是唯一也不是首选方式。同样，抵押评估是不是金融机构确定抵押贷款额度时唯一的或是首选的方式呢？如果不是，该拿什么来捍卫收费标准呢？事实上，伴随着社会主义市场经济的不断发展，面对日益丰富多彩的估价需求和估价对象，房地产估价怎样才能持续扩大服务范围？怎样能够对国有资产权益、公共利益的合法维护，对社会经济参与各方利益的合理均衡和保障，起到不可替代作用？这需要房地产估价行业不断提升估价存在的价值，即提升估价价值。

二、估价需求分析

一个房地产估价项目，估价委托人对估价报告都有其特定的预期用途，通俗地说，是估价委托人将要拿未来完成后的估价报告去做什么用，是为了满足何种涉及房地产的经济活动或者民事行为、行政行为的需要，该预期用途在估价报告中体现为相应的估价目的。一份房地产估价报告，应说明估价报告和估价结果的用途、使用者、使用期限等使用范围及在使用估价报告和估价结果时需要注意的其他事项，委托人或者评估报告使用人应当按照法律规定和评估报告载明的使用范围使用评估报告。不同的预期用途，对估价程序和估价结果的准确性有着不同要求，一个合理的估价程序、一个合理的估价结果应充分反映不同的预期用途、不同的估价需求，估价需求对估价价值起决定性作用。

本文首先以估价需求实现过程的解析为立足点，对估价需求分析如下：

（1）房地产抵押：不转移房地产占有，将房地产作为债权的担保，当债务人不履行到期债务或者发生当事人约定的实现抵押权的情形时，处置该抵押房地产。首先，抵押权设立时的评估价格不是处置该抵押房地产的价格；其次，出于风险控制的考虑，在设立抵押权时，抵押权人一般要设置抵押率，因此，抵押评估价格不是拟实现价格，只是参考价值而已。

（2）税收：以土地增值税为例，纳税人隐瞒、虚报房地产成交价格的；提供扣除项目金额不实的；转让房地产的成交价格低于房地产评估价格，又无正当理由的。按照房地产评估价格计算征收，评估价格须经当地税务机关确认。评估价格需经当地税务机关确认才能成为计税价格，即，评估价格不必然是拟实现价格。

（3）征收、征用：为房屋征收部门与被征收人确定被征收房屋价值的补偿提供依据，评估被征收房屋的价值，就征收业务实践来看，征收补偿协议金额与评估金额不相一致是常态，因此，在评估报告得到充分尊重时，评估价格可以理解成是拟实现价格；在评估报告得不到充分尊重时，评估金额可以理解为是为征收补偿协议提供协商基础。

（4）拍卖、变卖：当评估房地产的市场价值或市场价格时，评估价格只是为委托人确定起拍价或保留价提供参考，因此评估价格也不是拟实现价格。

（5）分割、合并：分割、合并估价结果一般难以得到市场交易实践的验证，分割、合并评估重在价格形成过程的分析和模拟，该估价结果一般即为拟实现价格。

（6）损害赔偿、保险：在折价赔偿的情形下，损害赔偿、保险估价结果一般难以得到市场交易实践的验证，损害赔偿、保险评估也是重在价格形成过程的分析和模拟，该估价结果一般即为拟实现价格。

（7）转让、租赁：对于交易双方而言，通过房地产估价了解拟购/租/售的房地产的市场价格，以为其确定合理的出/要价提供参考依据。以此为基础，委托人综合自身条件和预期确定合适的出/要价，转让、租赁一般不是拟实现价格。

（8）建设用地使用权出让：在招拍挂方式下，出让人需要确定起拍价、限价等，起拍价一般不是成交价（有时是），限价可能是成交价（有时不是），起拍价、限价一般在估价基础数据不够完全和不够充分的条件下确定。竞买人需要确定应价或出价，应价或出价是典型的投资价值评估，是建立在主观的、个人因素基础上的价值，充分沟通估价基础数据是形成有价值的投资价值评估结果的基础。

（9）房地产信托投资基金：在提供信托房地产价值评估外，还提供涉及信托房地产状况评价、信托房地产市场调研等专业意见，但评估价格不是拟实现价格。

（10）投资性房地产公允价值计量、用房地产作价出资设立企业：对采用公允价值计量的，评估其市场价值，评估价格不是拟实现价格。

（11）纠纷、涉案：估价结果形成过程需结合权益类别、利益诉求、证据提供等因素，评估价格是拟实现价格。

从估价需求的角度看，价格拟实现的程度越高，估价价值也越高。

三、估价对象分析

估价对象是指所估价的房地产等财产或相关权益。尽管房地产的基本存在形态在理论上只有土地、建筑物、土地和建筑物的综合体三种，但现实中的估价对象是丰富多彩、复杂多样的，包括住宅、办公楼、商铺、酒店、厂房、仓库、机场、码头、火车站、汽车站、高尔夫球场、游乐场、影剧院、体育馆、学校、医院、牧场等房屋，构筑物、各类性质土地、在建房地产、未建房地产、已灭失房地产等财产或相关权益，以及房屋、财产或相关权益的局部等。房地产估价基本方法包括比较法、收益法和成本法，各种评估方法通过对诸如实物状况、权益状况和区位状况等个别因素调整来显化个案估价对象房地产的价值，但是，各种评估方法未能有效地体现不同估价需求下的结果差异，也未能有效地解决一些特殊估价对象的估价问题，如何能更好地体现各价值影响因素在价值形成过程中的影响程度，仍是一个房地产估价亟须解决的专业问题。

本文以实物、权益和独立可使用性为立足点，对估价对象分析如下：

（1）实物、权益完整一致，具有独立可使用性房地产：可直接选用比较法、收益法和成本法，或假设开发法、基准地价修正法、路线价法、标准价调整法、多元回归分析法等估价方法，按照相应的技术路线完成估价。

（2）实物、权益完整但不一致，具有独立可使用性房地产：需进一步作不一致范围、不一致状况分析，不一致状况对价值影响方向和幅度分析，不一致消除在法律、技术、财务和价值最大化等方面的可能性和可行性分析，通过判定综合修正，确定估价结果。

（3）实物、权益不完整，具有独立可使用性房地产：需进一步作不完整范围、不完整状况分析，不完整状况对价值影响方向和幅度分析，不完整消除在法律、技术、财务和价值最大化等方面的可能性和可行性分析，通过判定综合修正，确定估价结果。

（4）权益受限房地产：需进一步作权益受限类型分析、权益受限状况分析，权益受限状况对价值影响幅度分析，权益受限消除在法律、技术、财务和价值最大化等方面的可能性和可行性分析，通过判定综合修正，确定估价结果。

（5）不具独立可使用性房地产：需进一步作独立使用受限类型分析、独立使用受限状况分析，独立使用受限状况对价值影响幅度分析，独立使用受限消除在法律、技术、财务和价值最大化等方面的可能性和可行性分析，通过判定综合修正，确定估价结果。

（6）纯实物、纯权益和功能互补房地产：需进一步作纯实物与其占用范围内土地关系分析、纯权益与其实物载体关系分析，功能互补房地产关系分析，对成本费用分摊和价值分配等进行鉴别和判断，确定估价结果。

（7）非典型房地产：对于一些特殊估价对象的估价，比如房屋征收涉及的停产停业损失价值评估，难以直接运用比较法、收益法、成本法、假设开发法、基准地价修正法、路线价法、标准价调整法、多元回归分析法等估价方法进行估价，需要以揭示价值形成全部过程，量化各影响因素在价值形成过程中的影响程度为价值判定的基础，将估价对象置于交易、处分、状态变化等动态过程考察其价值形成和变化过程并确定其价值。

从估价对象角度看，估价对象越是非典型房地产，估价价值越高。

四、估价价值层次二维模型

就总体而言，房地产估价行业已日渐成为现代服务业的重要组成部分，是社会经济运行不可或缺的重要力量，但就房地产估价而言，其价值具有层次之分。比如在房地产抵押估价中，金融机构对估价机构和注册房地产估价师的认可度比较低，抵押估价服务费水平比较低,这说明抵押估价价值比较低;又比如在司法鉴定估价中,法院和当事人对估价机构和注册房地产估价师的认可度相对高于金融机构,司法鉴定估价服务费水平也相对比较高,这说明司法鉴定估价价值比较高。那么决定估价价值层次的因素是什么呢?笔者认为估价需求实现方式和估价对象特有实物状况和权属状况在估价结果的体现程度是决定估价价值层次的两个主要因素,前者随着报告使用者在估价结果应用中介入程度的降低而体现估价价值层次的提升,后者则是随着报告形成过程中估价人员对估价对象剖析透彻程度的提高,从而使得估价结果的形成过程更加真实、全面地反映其价格形成过程,使估价结果更具客观性和科学性,从而提升估价价值层次。

综上所述,建立房地产估价价值层次二维模型,见表1:

房地产估价价值层次二维模型　　　　　　　　　　　　　　　表1

非典型房地产	21	22	23	24	25
纯实物、纯权益和功能互补房地产	16	17	18	19	20
不具独立可使用性房地产	13	14	15	16	17
权益受限房地产	10	11	12	13	14
实物、权益不完整,具有独立可使用性房地产	7	8	9	10	11
实物、权益完整但不一致,具有独立可使用性房地产	4	5	6	7	8
实物、权益完整一致,具有独立可使用性房地产	2	3	4	5	6
分值	抵押 转让租赁	税收 土地使用权出让	征收征用 拍卖变卖	公允价值计量 信托投资	纠纷涉案 分割合并 损害赔偿&保险 土地招拍挂应价

在估价需求维度,报告使用人对估价报告从调整使用到协商使用,再到直接使用,估价价值层次依次提升,本文对此以1—5进行赋值,步长为1,赋值越大估价价值层次越高(下同);在估价对象维度,估价对象实物状况和权属状况从完整清晰到不完整清晰,再到边界模糊,估价价值层次依次提升,本文对此以1—19进行赋值,步长为3。由此可见,实物、权益完整一致,具有独立可使用性房地产,即,一般意义上的房地产,其抵押、转让租赁业务的估价价值层次最低,这与当前房地产估价行业所呈现的现象是一致的。

根据估价价值层次二维模型,本文将房地产估价价值层次由低向高划分为:估价价值层次Ⅰ(分值不大于3)、估价价值层次Ⅱ(分值不大于8)、估价价值层次Ⅲ(分值不大于15)和估价价值层次Ⅳ(分值大于15)。

五、房地产估价价值层次分析的意义

房地产估价价值层次分析在房地产估价实践中具有多重现实意义。
(1)不同种类估价需求、不同类别估价对象,对房地产估价有着不同的工作要求,所呈现的房地产估价价值层次也是不一样的。一方面，估价价值层次低的估价业务，如估价价值层次Ⅰ或估价价值层次Ⅱ，在技术层面上看，技术要求比较低、估价精度要求较低、报告使用人介入程度比较高，估价工作容易被自动估价系统所替代，估价收费必然持续走低，据此，当前抵押估价2折收费具有一定的合理性，可以预见，在不远的将来，估价价值层次Ⅰ的估价收费连2折水平都将难以维持；另一方面，以质量—费用均衡为目标，如何在满足估价需求的情况下，合理编制估价作业方案和质量要求，高效落实房地产估价业务，是房地产估价机构亟须面对和解决的问题，在工程项目管理领域，质量—费用均衡是一个非常重要的理念，房地产估价也应以满足相应估价价值层次的估价需求为目标，而非寻求无意义的所谓极致。

（2）任何一个估价对象都有其特有的实物状况和权属状况，对估价对象实物状况和权属状况剖析是房地产估价的基础，如果注册房地产估价师忽视估价对象特有的实物状况和权属状况，把估价对象简单粗暴地假设成一般意义下的房地产，人为地降低了估价价值层次，一方面，会降低估价结果的客观性和科学性，进一步地降低社会对房地产估价行业的认可度；另一方面，会降低估价机构对估价服务收费的议价能力。因此，尊重估价对象特有的实物状况和权属状况，使得估价结果形成过程充分体现估价对象特有的实物状况和权属状况，是估价人员维护估价价值层次的重要途径，也是每一个注册房地产估价师应尽的职责。

（3）在估价机构和注册房地产估价师业务战略选择上，部分与大数据关系密切或具有大数据基础的估价机构可以选择估价价值各层次并举的发展战略，其他估价机构可以选择发展估价价值层次较高领域的业务，构建核心技术、培养核心技术人才、形成核心竞争力，实现差异化竞争、特质化发展。

（4）在房地产估价的专业服务价格实行市场调节价的环境下，服务收费水平主要取决于估价价值层次，而估价价值层次取决于对估价需求实现过程和结果，取决于估价结果对估价对象特有实物状况和权属状况的响应程度，因此，解决服务收费问题的根本是认真对待高估价价值层次领域的估价项目，而无他法。

六、结语

整体而言，房地产估价已日渐成为现代服务业的重要组成部分，然而，从估价需求和估价对象多样化角度看，房地产估价价值也呈现出多层次性。估价价值层次低的业务领域，收费下降、自动估价替代是一种不可逆的趋势；在估价价值层次高的业务领域，出于需要对估价需求和估价对象的充分理解和尊重，其被自动估价所替代的可能性相对较小，房地产估价相对是被需要的。基于本文提出的估价价值层次二维模型，一方面，估价机构和注册房地产估价师可以根据自身条件选择其发展战略；另一方面，估价机构和注册房地产估价师可以根据估价需求合理选择其估价作业方案和技术路线；此外，维持估价应有的估价价值层次、应有的服务收费议价能力和市场竞争能力的根本是针对不同的估价需求，尊重估价对象特有实物状况和权属状况，使得估价结果形成过程充分体现估价对象特有实物状况和权属状况。

参考文献：

[1] 国家发展改革委. 关于放开部分服务价格的通知（发改价格〔2014〕2732号）[Z]，2014.

[2] 柴强. 房地产估价 [M]. 北京：首都经济贸易大学出版社，2008.

[3] 住房城乡建设部. GB/T 50291—2015 房地产估价规范 [S]. 北京：中国建筑工业出版社，2015.

[4] 全国人大常委会. 中华人民共和国资产评估法 [Z]，2016.

[5] 金建清，纪霞. 房地产估价的过程分析法 [C] // 估价专业的地方化与全球化——国际估价论坛论文集. 北京：中国建筑工业出版社，2008.

作者联系方式

姓　　名：金建清
单　　位：苏州科技大学土木工程学院
邮　　箱：0241@usts.edu.cn

姓　　名：纪　霞
单　　位：苏州信谊行房地产土地评估咨询有限公司
邮　　箱：j-jq@163.com

估价机构如何顺应估价要求的变化

高喜善　石利琴

摘　要：近几年，估价行业的监管趋于严格，大环境要求估价机构及从业人员清晰认识自己承担的法律责任，依法依规谨慎执业。估价机构应从强化法律责任意识、严格遵守行业规范、建立内部作业标准、积累数据用于估价、疑难项目专家支持、重视评估档案管理等多个方面不断提高内部管理，练好内功，实现流程合规、底稿完整、技术路线及关键参数合理、估价结果合理。

关键词：房地产估价机构；估价要求；对策

一、估价要求的变化

近几年，估价机构面临的执业环境发生了很大的变化。一方面房地产行业在国家经济发展中的定位日渐清晰并稳定，房住不炒的政策深入人心，并在金融、土地等各领域政策中予以贯彻；同时，国家对评估行业的管理方式发生了很大的变化，2016年12月1日起《资产评估法》施行，加大了评估人员和机构的法律责任，2019年9月国务院印发《关于加强和规范事中事后监管的指导意见》，把更多的行政资源用于加强事中事后监管。

行业发展速度放缓、法律责任加大、监管趋于严格，大环境要求估价机构及从业人员清晰认识自己承担的法律责任，依法依规谨慎执业，在"技术与艺术"的结合中，合理地把握边界与尺度。

二、如何顺应估价要求的变化

面对环境的变化，估价机构应依法依规执业，使自己出具的成果经得起外部检验。可以主要从以下几个方面着手：强化法律责任意识、严格遵守行业规范、建立内部作业标准、积累数据用于估价、疑难项目专家支持、重视评估档案管理等。

（一）重视法律及职业道德培训，强化法律责任意识

各机构应建立内部的法律及职业道德培训制度。职业道德相关要求应写入《员工手册》，新员工入门伊始，就要接受相关培训；老员工每年至少接受一次职业道德再教育，主要介绍行政及司法判例，前车之鉴，后事之师。

《资产评估法》明确了评估机构及专业人员的权利、义务与禁止行为，以及在不同情况下对其出具评估报告应承担的法律责任类别；并且从法律层面规定了评估程序，"评估专业人员应当根据评估业务具体情况，对评估对象进行现场调查，收集权属证明、财务会计信息和其他资料并进行核查验证、分析整理，作为评估的依据"，"评估专业人员应当恰当选择评

估方法，除依据评估执业准则只能选择一种评估方法的外，应当选择两种以上评估方法，经综合分析，形成评估结论，编制评估报告"，这些规定一定程度上严于行业标准，评估机构及专业人员要谨记相关要求，依法执业。

（二）严格遵守行业规范，依法依规谨慎执业

1. 行业规范人手一份，作为从业工具书随时学习

《房地产估价规范》GB/T 50291—2015、《房地产估价基本术语标准》GB/T 50899—2013、《城镇土地估价规程》GB/T 18508—2014 作为行业标准，是估价机构开展估价业务、出具估价报告的主要依据，也是行业检查、专家鉴定、司法部门调查时的主要依据。

上述规范在机构中应人手一册，是新员工入门学习的主要内容，也是老员工执业过程的必备工具书，随时查阅。

2. 积累土地及房地产政策，建立知识库便于查阅，遵守其中刚性要求

房地产估价对象既有非常市场化的住宅、写字楼、商业，交易活跃，交易信息查询便利；也有市场发展尚不充分、交易信息难以查询的物业类型及区域，这种情况下，估价时需要使用成本法、基准地价法等估价方法，需要积累各地的基准地价、造价标准、补地价政策等。

估价机构应在日常业务中积累这些收集到的政策，建立知识库实现共享查询。同时，政策中的一些刚性要求，应严格执行，不理解的地方，应咨询当地估价机构的专业人员。

（三）建立内部作业标准，提升服务、控制风险

在行业规范的基础上，各机构应建立自己的业务流程标准、参数标准、质量审核标准。业务流程标准要兼顾客户体验、行业规范要求、内部风险控制；参数标准来源于市场、行业惯例或政策法规规定；质量审核标准在行业评审标准的基础上，体现机构的风控重点，例如从资料收集、市场调查、现场查勘、报告质量等多方面对项目质量进行评价，引导员工重视业务流程，重视工作底稿的完备性。

内部作业标准应作为新员工入门培训内容之一；同时，通过项目的质量审核评价，发现业务流程开展及参数应用的问题，及时进行修改与完善，提高质量、控制风险，最终做到过程合规、底稿齐全、依据充分、结果合理。

（四）积累房地产数据，支撑估价过程与结论

1. 日常积累案例，建立案例数据库，实现线上查询

估价机构可以通过大数据的采集方式，以及作业过程中的案例积累，整理形成自己的案例数据库，例如房地产价格案例库、房地产租金案例库、土地成交案例库等。案例数据库与城市房地产项目库进行挂接，通过 GIS 技术，实现案例的数据库查询及地图查询，为作业人员估价所用。

这些案例，大多数信息翔实，可以直接用于比较法的可比案例；有些案例，例如大宗物业成交数据，涉及多种物业用途，无各用途面积的明细数据，因此无法直接用于比较法的可比案例，但仍可用于估价对象定价时的参考。

2. 对案例进行深入研究，提取估价参数

基于案例数据库，可以进行部分估价参数的市场提取。例如以散租型商业物业的租赁台账数据，可以提取租金的内外铺修正系数、层差修正系数、面积修正系数等；综合类似区域的多个类似物业的参数提取结果，可以形成类似区域商业物业租金修正的参数标准。同理，以散售型居住物业（办公、商业）的价格成交数据，可以提取房价修正的参数标准（层差、

建筑面积等）。

有的物业类型成交数据获取困难，但挂牌案例较多，可以以其为基础进行部分参数的提取。例如一些以前年度散售的写字楼物业，目前可以同时获取其二手房房价的挂牌数据及租金的挂牌数据，则可针对这些交易活跃的物业，统计其1年内的平均挂牌租金及平均挂牌价格，提取该项目的资本化率，综合类似区域的多个类似物业的参数提取结果，可以形成类似区域散售型写字楼物业的资本化率的参数标准。

上述案例数据的研究应用，既可应用于机构建立估价参数体系，也可用于独立的估价项目，例如承做某司法项目，某类因素对房地产价格影响很大，需要有非常扎实的参数依据时，即可通过案例参数提取的方式确定该因素的修正幅度。

（五）疑难项目建立专家支持机制

针对一些疑难项目，例如估价机构现阶段接触较少的业务（国有划拨建设用地使用权地价评估、集体建设用地使用权地价评估等）、司法项目追溯时点的价值评估、异地非商品房项目的评估等，应建立专家支持机制。一般情况下，由内部专家组成技术小组，对项目组形成的技术路线进行研讨，避免技术路线出现偏差，必要时，可以咨询外部专家。针对异地项目，尤其涉及特殊权利状态的物业，一定要咨询当地估价机构的专业人员，由其协助提供相关的属地政策文件。

（六）重视评估档案管理

评估档案是估价机构面临外部检查或调查的主要内容，按照《资产评估法》的要求，评估档案的保存期限不少于15年，属于法定评估业务的，保存期限不少于30年。各机构要重视估价的档案管理，业务完成后要及时归档，归档内容要包含估价报告及全部工作底稿（实地查勘记录及现场照片、市场调查记录、内部审核记录等），归档内容要完整、签字盖章要齐全。一旦档案不完整，尤其是重要资料缺失、签字盖章缺失，在外部调查时会比较被动。

对于大多数单地执业的估价机构而言，档案管理只要建立管理制度并形成相关工作习惯，可以取得较好的管理效果。对于有异地分公司的情况，则需要建立责权清晰的管理方式，可以将档案原件按周期归集至母公司进行集中管理，分公司仅留存电子版或纸质版备份。

三、结语

《资产评估法》的出台，加大了评估人员和机构的法律责任；行业监管方式的改变，也意味着行业主管部门会加强对估价机构的成果检查。估价机构要积极面对估价要求的变化，依法依规谨慎执业，练好内功，实现流程合规、底稿完整、技术路线及关键参数合理、估价结果合理。

作者联系方式

姓　　名：高喜善
单　　位：北京首佳房地产评估有限公司
地　　址：北京市海淀区紫竹院路 116 号嘉豪国际中心 B 座 7 层
邮　　箱：gaoxishan@bjshoujia.com.cn

姓　　名：石利琴
单　　位：北京首佳房地产评估有限公司
地　　址：北京市海淀区紫竹院路 116 号嘉豪国际中心 B 座 7 层
邮　　箱：shiliqin@bjshoujia.com.cn

高质量发展阶段
估价机构开展全过程专业服务的可行性分析

李建中

摘 要：在进入高质量发展新时期后,房地产、土地估价机构、行业就如何适应高质量发展要求,进一步提升执业能力和素质,如何创新发展进行了广泛讨论研究。其中开展项目全过程专业服务发展问题是研究的重要内容之一。本文从分析研究上海情况入手,找出符合上海实际的路子和方法,进一步推进项目全过程专业服务的发展。在文中细致分析了上海当前存在的问题,研究了开展专业服务的可行性,主要破除在上海实施全过程专业服务的为难情绪与认识。从项目运作的实际出发,研究了可能提供的服务内容及使用的手段,为进一步开展全过程服务提供了一定的建议。

关键词：高质量发展；全过程专业服务；可行性

在向高质量发展的新时期,整个行业展开了如何适应新要求,全面提升估价机构高质量服务能力和素质的大讨论。其中,冲破原有单一固定专业服务模式,形成项目全过程、全方位专业服务的新型模式,是广泛研究与实践的重要内容之一。如,深圳估价机构参与房屋征收全过程专业服务的"麦肯锡"模式；北京估价机构实施房屋征收全过程专业服务和依客户需要,提供相应服务的成功经验；上海估价机构实施重大项目全过程咨询与审核监控的做法,从不同的角度证实了估价机构实施全过程专业服务大有可为。深入地研究实施全过程专业服务的可能性、可操作性、服务模式与具体内容、服务方式方法对于估价机构和行业在自身发展的重大关头,致力创新拓展新型市场,扩大专业服务领域,增强专业服务水准,唤醒内在发展动力,有重大的现实意义与深远的历史意义。

一、存在的问题及原因

从目前看,上海的房地产、土地估价机构虽然在不同方面、不同角度和阶段参与了重大项目的专业服务,但机构参与的面比较小,很多专业活动属无偿服务,委托方根本没有全过程服务,全过程付费的概念。全过程专业服务与重大项目的融合度较小。导致此种现象和问题的主要原因如下：

(一)理念认识成熟度不够

一方面,政府主管部门和重大项目主导者对委托第三方实施全过程专业咨询的重要意义、目的认识不足,观念陈旧。认为自己对项目情况熟悉,有专业知识,有一定的自有专业团队,有自己的基础数据,自己可以办好此事。但他们往往忽视了房地产、土地估价机构对市场价值,对项目运作全过程的价值问题的研究深度和专业科技前沿性水平,以及新型科技手段的掌握程度。在项目运用时，其专业认知程度比较浅薄，很多时候仍以经验判断为主，很容易出现偏差和失误。另一方面，不少的专业机构对自己能否实施项目全过程专业服务的信心不足，对如何服务、怎样提供服务的认识不到位，有等靠的思想。

（二）专业能力缺乏完整性

不少房地产、土地估价机构由于对全过程提供专业服务的信心和认识上的问题，故研究、准备都不足。如，对如何沟通获取业务渠道，专业服务包括哪些方面，牵头机构、技术方法的选择和其他专业机构专业技术衔接的时机与方法，以及合作方式的选取，大数据信息系统针对性的准备等专业细节问题，研究不够，缺乏经验。还有的机构在专业人才力量上、专业技术的全面性、专业性上、大数据技术系统研发和掌握上，组织协调的经验上不同程度的有重大缺陷，致使专业能力还不完整。

（三）科技手段结合不紧密

目前，各机构不同程度的研发了以大数据为主要内容的新科技系统和手段。由于参与全过程专业服务的机会比较少，只有部分机构针对部分参与项目专业服务的情况及要求研发了一些科技数据系统。有的机构虽然有比较先进、规模较大的大数据运作系统，但还不能有针对性地运用于项目全过程专业服务之中。如，在对房屋征收项目的全过程服务中，其前期准备阶段，因需精准策划被征收人得益率与投入成本之间的关系问题，有大量的指标需要大数据验证和测试。但目前在上海没有一家估价机构有针对性编制出为其专业服务的大数据系统。截至目前，征收事务所及区、市主管部门主要还是依靠简单的数据，凭个人经验处理此类问题。又如，政府在重大项目前期决策阶段，很少有机构从项目在未来市场的价值发展前景上，运用大数据系统预测，提出专业意见，在项目运行中，也没有研发相应的控制手段。

（四）资源配置有效性不好

实施项目全过程专业服务是一个综合性很强的系统工程。作为原来意义的房地产、土地估价机构不经资源重新组合配置是不可能承担此任务的。目前，绝大部分机构的资源配置是不符合要求的。如，在机构组织结构方面，专业真正全面的机构比较少，大多采取合作的方式承担任务，其专业能力发挥不稳定；在专业人才组合方面，综合性人才缺乏，承担总揽全局任务的人才和相应团队力量较单薄；在物力和财力方面，以全过程专业服务为重点的倾斜度不够，相应的科技系统建设还不完备。这些都较大程度上影响了全过程专业服务任务的承接。

二、全过程专业服务的可行性分析与研究

（一）高质量发展的内在需求打开了可行性的大门

高质量发展的一个重要观点是："经济发展是技术和产业的不断升级。建设现代化经济体系，需要着力加快建设实体经济、科技创新、现代金融和人力资源协同发展的产业体系。本质上，就是将技术、资本、人才等生产要素与经济增长发展协调起来。"在上海及长三角一体化发展建设中，重视用具有较高创新能力和水平的专业服务机构，运用先进专业技术、前沿科技手段和专业人才团队全过程服务投资建设项目的运行及其管理，是这一观点在某一具体方面的重要体现。随着高质量发展的进程，这一观点逐步会被政府及项目主导者认识理解。作为房地产、土地估价机构，一方面要通过专业资源整合，形成项目运作需要的全过程专业服务机构；另一方面，通过深入的理念宣传引导，使政府及项目主导者进一步转变认

识，接受新的服务模式，把可能变为现实。

（二）引发突破发展瓶颈的巨大动力助力可行性的形成

当前，房地产、土地估价由于传统业务的萎缩和新时期新的要求背景下，遇到了前所未有的发展瓶颈。无论是机构，还是行业都在积极研究探索突破瓶颈的对策方法。由此，在深耕传统业务，寻求新增长点，挖掘拓展业务蓝海中焕发出了巨大的内在推动力。进入新时期，上海及长三角一体化发展建设提出了一系列蓝图，仅上海今年重大项目将达到400多个，总投资额将达到近4000亿元；在中心城区旧区改造二级旧式里弄以下房屋还有263万平方米，历史风貌保护工作也很繁重；城市更新、乡村振兴以及长三角一体化发展都涉及了众多重大项目。这些都为估价机构突破发展瓶颈带来了新的机遇。要围绕这些重大项目细致分析研究各项目、各环节可能涉及的专业服务事项，以为突破发展瓶颈集聚的巨大能量，冲破禁锢，积极获得机遇，走出为项目全过程提供专业服务的路子。

（三）在参与项目管理创新改革中发掘寻求可行性

事实上，上海市政府主管部门和项目主导者也不断探索委托第三方对项目实施全过程筹划、参与管理和监督工作。如，项目前期成本的测算，项目设计方案的咨询、论证，立项方案及报告的拟制，项目运作的组织实施方案编制，项目运作的成本控制专业把关监理，项目实施后的审计核实论证等。但是，还没有达到系统全面地、最大化地参与项目专业服务，不少需要专业服务的环节仍处于待进一步开发拓展状况。房地产、土地估价机构在此范围大有可为。在参与政府组织的研究中，通过全面细致的分析，尽可能找出可能进行专业服务的环节、方向、阶段和内容，从而系统地形成对项目全过程提供专业服务的方案、规范。

（四）运用大数据等新型技术介入项目拓展可行性

新时期下的项目运行十分需要大数据、互联网、智能化等新技术的介入。在此方面，房地产、土地估价机构，经多年的研发，取得了飞跃性的进步与发展。一旦这些研发成果运用于重大项目的运行和管理中，将会展现出强大的科技生命力和推动力。目前，政府主管部门和项目主导者仍热衷于运用数据库中未加深化细致分析的基础数据，再凭个人的经验进行判断决策，这与高质量发展时期的要求格格不入。房地产、土地估价机构要积极将针对重大项目运作需要研发的科技成果向项目管理者、决策者宣传展示，并在一旦获取参与机会中充分发挥其重大的先进作用，以获得项目管理者、决策者的认同。

（五）借鉴国内外同行经验结合实际创造可行性

国内外同行在实施全过程专业服务已取得了非常成熟的经验。如，全球知名同行机构第一太平戴维斯的办公楼宇全程代管经验；仲量联行、世邦魏理仕、戴德梁行等机构为政府对重大项目管理决策全程提供大数据信息的做法；深圳、北京实施房屋征收项目全过程提供专业服务的成功做法，都为上海提供了非常重要的发展信息和宝贵借鉴。要有效吸取这些经验，必须研究上海及上海专业服务机构的实际与他们的不同，寻找解决措施。如，深圳没有政府设立的征收事务所和房屋拆迁公司，估价机构代理其大部分职能，才为全过程服务提供了基础。上海有比较强势的征收事务所，需从优势充分得以发挥的角度与征收事务所共同实施全过程服务方面研究探索，创造性地设计能够发挥专业服务作用的路子与方法。

（六）在估价机构与其他机构优势对比中获取可行性

当前，政府主管部门实施项目招投标主要是按照工程项目招投标的形式进行。一些专业服务机构的选择大多数是工程项目相关的机构。如，工程咨询、工程造价咨询、工程监理、工程招投标等机构，房屋征收项目的全过程服务首选房屋征收事务所。这些机构与房地产、土地估价机构相比有其优势，但房地产、土地估价机构从市场价值、价格的角度为项目全过程提供专业服务也能发挥重要的作用。所以，房地产、土地估价机构参与重大项目全过程专业服务的深度和广度远远达不到其专业应有的要求。房地产、土地估价机构经优化组合后，其专业能力是重大项目运作中不可缺少的组成部分，从这方面看，房地产、土地估价机构在重大项目运行中的全过程专业服务具有广阔的市场和可行性。

三、全过程专业服务的主要内容与手段

目前，就上海来说，开展全过程专业服务的项目主要有：一是，上海市政府每年列入的重大投资、建设项目，涉及土地征用、房地产开发以及国家、上海市重大基础设施建设项目；二是，房屋征收项目；三是，城市更新、乡村振兴涉及的土地、房地产项目。如，道路、河道整治、郊野单元、郊野公园、新农村建设等；四是，政府政策性房地产开发建设项目和社会投资房地产开发项目。这几类项目在运行中，国家相关部委及主管部门，对其的运行规定和要求都非常明确。同时，作为项目的主导者也非常想获得项目的市场接受度、赢利、惠民情况等。估价机构，一方面，根据项目主导者的最大需求，充分发挥自己的专业特长，在项目准备与运行中提供有针对性的专业服务；另一方面，采取通过优化组合获取服务的相关资质和专业人才，或运用合作联盟的方式，形成其他专业服务的能力。

（一）在前期准备阶段

对投资建设项目，或按投资建设项目规定要求进行的项目，房地产、土地估价机构除按规定进行土地、房地产估价专业服务外，还可积极参与或直接进行项目前期总体设想的筹划；项目整体特别是前期成本的测算；对项目规划设计从价值的角度提出专业咨询意见；对立项报批的各种文件提出专业意见；对申报获取土地使用权各种文书形成中提供专业意见；对规划制作相关文件提出专业意见；直接参与融资的策划和制作专业文书。有条件时，在取得工程咨询，工程造价咨询，工程招标代理，工程监理，土地规划，资产评估，项目规划设计，土地登记代理，土地、房地产测绘，地质勘测，环评，房地产营销策划等资质，或建立了相应的合作关系情况下，可以为政府、项目主导者提供整体全面的专业服务。

对房屋征收项目，房地产、土地估价机构应从咨询的角度，与政府主管部门和征收事务所紧密配合，成为项目整体运作的服务机构之一。主要负责以下事项：参与项目整体规划和计划的制定；参与房屋征收补偿方案的制定；测算补偿费用的投入及相关指标的平衡方案；制定社会稳定风险评估方案；参与项目融资的相关工作；参与相关政策的资料调查梳理事项等。

（二）在运行实施阶段

主要围绕进度、质量、成本、风险控制开展专业服务活动。对投资建设项目，房地产、土地估价机构除项目需要开展的估价专业服务外，还可以从价值的角度对项目变化调整的决策提出专业意见；对项目的质量、成本、风险控制进行分析预测，提出相关专业意见。在取得相应资质的情况下，按委托全方位、全过程开展相关专业的服务。对房屋征收项目，按进度实施情况，积极参与相关组织活动。特别是对被征收服务的估价结果的平衡问题，进行细致的分析研究，科学协调平衡：征收范围内不同类别房屋价格，征收范围内评估均价，与不同征收范围的不同类别房屋价格和评估均价的平衡，行政区域内的平衡等问题；对实施阶段发生的情况变化，及时提出专业意见；对可能发生的风险提出预防措施；适时分析成本控制

情况，提出新的措施与意见等。如有相关专业资质，还可代政府或投资方开展监理、审核把关、对相关政策问题的研究和提出专业意见等事项。

（三）在总结评价阶段

对投资建设项目，房地产、土地估价机构主要从自身咨询专业的角度对项目的验收与评价提出专业意见；积极参与与专业相关的收尾事宜；在委托人委托下，开展物业托管事宜。在有相应资质的情况下，可以全面参与项目后评价事宜。如，对项目效益、可持续性提出专业意见；参与项目资金使用的全面审核等。对房屋征收项目，参与实施后期相关事宜的收尾组织工作；受委托参与全面审核事宜；对项目的总结提出专业意见等。

（四）运用的专业手段

主要运用大数据系统、市场信息及未来变化趋势分析系统、案例数据比对分析系统和建立区域房地产、土地价值动态分析模拟估价系统等，保证项目决策的科学性、前瞻性和实践性（图1、图2）。

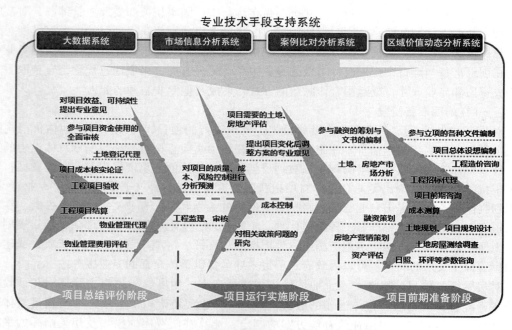

图1 投资建设项目服务内容与手段示意图

四、全过程专业服务发展的条件与建议

第一，政府主管部门与项目主导者的理念要回归到与时俱进的轨道上来。行业主管部门与行业协会要有针对性地进行宣传。

第二，行业主管部门为机构实施全过程专业服务提供良好的环境。在可能的情况下，打破行业限制和禁锢。

第三，估价机构应对全过程专业服务要求进行优化组合，在新的创新发展改革中进一步完善自己，宣传完整的服务机构。

第四，健全适应全过程专业服务的科技手段。估价机构在优化整合中，集中专业人才、

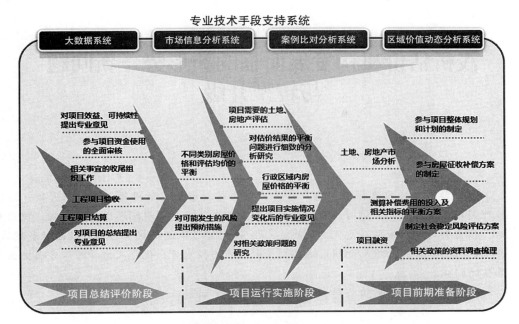

图2 房屋征收项目服务内容与手段示意图

专用财力、专业技术设备积极研发高效能的专业科技系统。

作者联系方式

姓　　名：李建中

单　　位：上海房地产估价师事务所有限公司

地　　址：上海市浦东新区南泉北路201号10楼1005室

邮　　箱：lijianzhong52@126.com

浅析估价机构发展面临的新形势、新问题与转型升级

蔡文辉

摘　要：本文重点探讨房地产估价公司面对新形势、新问题如何转型升级，通过梳理国内外相关研究，对国内房地产评估行业基本情况和宏观环境进行了分析，提出房地产估价公司可以采取多元化发展战略（即ST战略）来进行机构转型升级面对新挑战，并从调整组织架构、推动营销策略转型、引入战略投资者、优化人力资源等方面提出了具体的措施。

关键词：房地产估价公司；多元化发展战略；波特五力模型；竞争策略

本文以房地产估价公司面对新形势、新问题如何转型升级为探讨方向，在简要分析国内外相关研究文献的基础上，对国内房地产评估行业基本情况和宏观环境进行分析，认为我国房地产行业的发展越来越规范，市场越来越活跃，但由于房地产评估行业进入和退出壁垒都相对较低，因而造成了房地产评估行业在中低端竞争激烈、高端市场竞争缓和的状况。同时，其他评估类型企业在业务上往房地产评估行业的衍生也给房地产评估行业带来了一定的替代品威胁。此外，房地产评估行业还存在供应商议价能力偏弱的问题。

结合宏观环境与行业情况分析，对房地产估价公司未来如何转型升级进行研究，本文认为房地产估价公司可以采取多元化发展战略（即ST战略）来进行机构转型升级面对新挑战，具体内容为：巩固中端市场，扩大高端市场；打造专业化房地产评估品牌；拉拢地方企业组建业务联盟；加大与房地产估价师协会的合作以强化议价能力；拓展现有业务覆盖面和深度，同时加大对新业务的研究创新等。最后从调整组织架构、推动营销策略转型、引入战略投资者、优化人力资源等方面提出了具体的措施。

一、探讨背景及意义

随着我国经济市场的改革及结构转型，房地产评估行业目前整体处在一个尾声大周期阶段，面临着各种亟待解决的问题，急需进行相应的改革和转型。《资产评估法》的问世也给我们行业带来了一些新的问题和挑战，因为这部法规意味着我国评估业国内国外的界限模糊，国内的市场允许并鼓励外资的投入。这样一来，我国的房地产估价行业就面临着双重竞争和挑战，发展的形式日益严峻，也就正式表明，我国房地产估价行业要想活下去、活得好，就必须正视自己、审视自己，直面不足，积极进行调整和提高，在专业、人才、品牌等各个领域内大力改进和发展，增强自身各方面实力，提高自身品牌影响力和竞争力，以期能够在市场中立足与取胜。

二、房地产估价行业现状浅析

（一）传统业务

在从业机构和人员数量方面，截至 2018 年年底，国内房地产估价机构数量有数千家。在业务类型方面，目前房地产估价机构的主要业务还是以房地产交易即有关经济行为过程中的房地产价值评估为主，这些经济行为主要包括传统房屋征收过程、房地产抵押、房地产税收、国有建设用地使用权出让、资产重组、房地产收购等。

（二）未来趋势

"坚持房子是用来住的、不是用来炒的定位，加快建立多主体供给、多渠道保障、租购并举的住房制度，让全体人民住有所居"，根据习近平主席在党的十九大报告中的指示精神，房地产估价行业应当加快产业转型升级，除了在传统房屋征收过程中的评估业务之外，应当紧跟城市化发展脚步，积极将业务拓展至棚户区改造、城市更新、房地产税征收、共有产权住房建设等新兴领域当中。同时，还可以把握资本市场和金融市场快速发展的机遇，积极推动业务转型升级，在住房租赁企业融资，新建、改建租赁住房，租赁住房运营管理，保障性住房租赁等领域当中发展房地产估价业务。

（三）竞争分析

波特五力模型是常用的分析行业竞争状况的模型，该模型主要从五个方面对行业竞争结构进行分析（图 1）。这里主要是从新兴竞争对手的行业威胁、目前竞争对手的实力、替代产品的威胁、双向议价能力来进行评估的。通过对五力模型的运用，我们可以明确房地产估价公司所处的竞争环境。

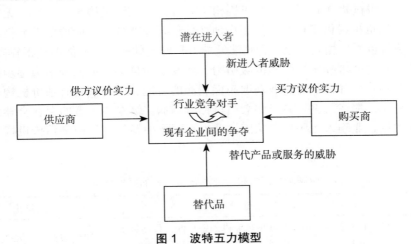

图 1　波特五力模型

1. 现有竞争者

当前，房地产估价机构所处行业存在较多的现有竞争者，表明其已经完全进入市场竞争状态。如前所述，现行房地产估价企业的退出壁垒均较低，目前，上海房地产估价行业在发展过程中仍旧面临着诸多问题，具体表现在以下几个方面：其一，一味注重市场的拓展，而忽视了机构自身的发展；其二，由于现阶段上海市所成立的房地产估价机构高达 100 多家，仅一级机构就有 20 多家，这给房地产估价机构的发展带来了严峻的竞争压力；其三，估价行业潜规则的存在使得各同行为承揽业务,恶性压价现象频发;其四,估价人员缺乏较高的职业道德素质和专业化水平。也正是受这些问题的影响,使得大多数房地产估价机构往往倾向于短期行为,而缺乏进行长期研发投入的意愿,无疑影响了房地产估价技术以及信息自动化水平的提高。本文即从竞争数量、行业增长率、退出壁垒和竞争层次几个方面出发,就现有房地产估价机构的竞争状况加以分析。具体分析见表1。

中国房地产估价行业现有企业的竞争分析　　　　　　　　　　　　　表1

指标	表现	结论
竞争者数量	全国共有6000多家房地产评估机构	竞争压力较大
行业增长率	房地产市场新房购置率的逐步降低以及二手房交易的提升,为房地产评估行业的发展创造了条件	行业发展较快,行业增长率较高
退出壁垒	由于房地产评估行业普遍以人力成本为主,固定成本为辅,一旦企业经营不利,投资者便会退出行业	退出壁垒较低
竞争层次	一般情况下,房地产评估行业以提供脑力服务为主,但也会根据资质级别,提供知识服务,但由于不同资质之间的竞争有失公允,因而为获取更多业务,一些机构往往会采取兼并等手段来提高自身的竞争资质	与高端竞争相比,中低端竞争相对激烈

资料来源:根据前瞻产业研究院发布的相关资料整理

2. 潜在进入者威胁

一方面,从进入壁垒来讲,由于国家对房地产估价机构注册成立时的注册资本要求并不高(即一般一级机构200万元,二级机构100万元,三级机构50万元),无疑为外部人成立房地产评估机构提供了机会。由于房地产估价行业所处业务阶段的差异性,其新进入者所面临的威胁也不尽相同,但不管高端低端,只要人脉充足,便能够获得较高的回报率,一定程度上为新进入者提供了强烈的吸引力,尤其是对低端业务的吸引力逐步提升。潜在进入者的存在必将会降低现有企业获取高额利润的可能,因为倘若有估价机构在某一时点获取到高额利润,那么新进入者必将会趁机摊薄利润。潜在进入者的存在会导致房地产估价行业中的大量企业陷入无序竞争状态,这也在无形中给排名靠前的估价机构造成较高的威胁(表2)。

中国房地产估价行业潜在进入者的竞争分析　　　　　　　　　　　　表2

指标	表现	结论
进入壁垒	在中低端领域,房地产评估行业进入壁垒低,只要具备一定的人际关系,便能够通过合作,进行相关资质的申请;而在高端领域,想要获取资质的难度则较大	低端领域进入壁垒低,高端领域进入壁垒较高
吸引力	房地产评估企业作为一种智力型的行业,其获取收益的主要手段在于服务,且具有较高的利润回报率,因而对于进入者具有强烈吸引力	吸引力较强

资料来源:根据前瞻产业研究院发布的相关资料整理

3. 替代品威胁

与法律、审计等中介服务类似,房地产估价行业的服务专业性程度较高,迄今为止,没有其他中介机构能够将评估服务取而代之。然而无论是在国内市场还是在国际市场,为了更好地顺应经济全球化的发展趋势,大多数会计师事务所以及资产评估企业等都在试图将业务范围由以往单纯的法律、审计等业务向房地产评估、管理咨询等领域拓展,这些替代品的出现无疑给房地产估价机构构成了强有力的威胁。

4. 客户议价能力

上海地区大多数房地产估价机构直到进入 21 世纪后才真正与过去的行政主管部门脱钩,由于其业务对行政部门具有较强的依赖性,因而即便完全与原来的行政主管部门脱钩或者成立了新的估价机构,其在与政府、银行部门或规土部门等机构进行交易时,仍旧存在市场地位不对等现象。究其原因,很大程度上在于这些政府机构具备较强的谈判实力和抑价能力(表3)。

房地产估价行业顾客议价能力的影响因素　　　　　　　　表3

竞争要素	影响度
某一顾客购买了估价公司大量的产品或服务	低
由于产品之间没有太大的差异性,客户可供选择的估价公司较多	高
更换估价公司并不会产生较高的代价	高
顾客有通过自己评估来实现后向一体化的潜力	中
顾客所在行业有很大的企业	高

资料来源:根据前瞻产业研究院发布的相关资料整理

5. 供应商议价能力

就房地产估价机构而言,其作为人力资本中相对密集的服务类行业,本身并没有供应商为其提供原料和设备,其供给者通常是那些具备较高素质的专业化人才。从行业长远发展的角度考虑,不断聚集高素质人才,培养高素质人才的研发和创新能力势在必行。

此外,信息提供商是其最主要的供应商。考虑到当前,我国大多数地区房地产的价格信息被房地产交易中心垄断,房地产估价机构需要花费较高的价钱才能查询到与交易价格或成交案例等相关的信息,这也在一定程度上提高了供应商的议价能力。

三、估价机构转型升级

(一)组织架构调整

1. 合理的内部治理结构

要实施房地产估价机构的转型升级,首先要从估价机构的组织架构上入手:要实施多元化发展战略,首先就必须要求估价机构具备多个创新业务研究与实施部门,同时这些部门还应当具备一定的独立性,不能受到过多的干扰。扁平化的管理模式虽然是现代企业常用的内部组织架构,但并不适合当前行业的新形势、新需求。因此,估价机构转型升级首要应对内部治理结构进行重组,将后勤服务与前台业务适当分离,避免业务拓展和创新过程中受到过多的制约与影响。

重组后新的治理结构为职业经理负责制（即总经理负责制），新的管理架构如图2所示：

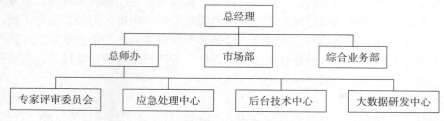

图2 重组后内部治理结构

2.学习型组织

房地产估价机构对于自己的定位需要非常准确，估价行业是一个知识技能地位非常重要的行业，如果没有专业的知识和技能是无法顺利开展业务的，因此房地产估价机构应该定位自己是学习型组织。美国彼得·圣吉教授认为企业可以通过五种途径来形成学习型组织：①激励员工不断上进。企业员工是企业核心竞争力的推动者，不断激励员工进行自我学习和上进，学习新的知识和技能，让员工不断超越自我，从而为企业提供更多的价值。②建立共享团队模式。改变以往企业各个部门封闭的资源模式，建立共享团队，实现资源共享，从而达到企业内部资源使用顺畅，部门沟通顺畅，提高工作效率和联合办事效率。③建立共同愿景。企业在构建核心竞争力的同时，不断提升企业市场竞争力和品牌地位，树立员工自豪感和荣辱感。④团队协作。通过构建项目团队，进行互相学习，提升核心竞争力。

3.有效的企业文化

目前，国内房地产估价的相关制度尚不够完善，估价行业中各个企业的自我监督机制不全面，这些产生了一个非常突出的问题，估价机构无法保证在房地产估价活动中的独立性。在很多估价机构的业务开展中，有时会出现估价师违规操作，进行虚假评估，为了获取中间的佣金，为客户虚报评估价格，或者是降低评估服务价格，采用恶意竞争的手段。虽然估价机构之间的竞争有利于行业的发展，但是恶意竞争容易损害房地产估价行业整体信誉度，不利于房地产估价行业的健康发展。部分估价机构会为了眼前的短期利益，采取低价竞争，降低服务质量的手段抢占市场，对自身品牌建设非常忽视，因此优秀的房地产估价机构对于本身的品牌建设需要不断加强和维护，对于公司技术储备和实力需要不断加固，推行规范操作，构建信用品牌。

（二）营销策略转型

1.产品和服务策略

企业必须要拥有自己的核心产品和技术才能在市场上生存，占领市场。要对核心技术进行创新，创新是维持企业长盛不衰的一个重要因素，要根据优势针对专业进行创新，不断开发出属于估价机构自己的专利产品。

（1）充分利用信息化技术，如建立大数据分析系统与动态网络等。

房地产抵押评估是目前最多也是技术含量最低的一种，由于各种房地产评估机构的出现，使该市场竞争更加激烈，整个收费标准降低，如果想在这个行业有着自己的影响力，必须要提高业务能力和办事效率，而对于数据的分析和调查速度也是决定工作效率的重要因素。建立起完善的数据库系统，有利于快速地收集数据以及对数据进行整理分析，使工作更具高效率,做到数据之间的共享。

大数据分析系统和微信公众号的推广可以增加公司的收入。金融贷款方面非常重视房地产的贷款评估,目前金融机构对房地产市场重点楼盘租售价格信息敏感,并在个人贷款领域采纳部分估价机构提供的微信公众号或 APP 在线智能房地产估价,这个工作的示范作用不容小觑,具有里程碑的意义。做好这个工作,能让智能大数据信息系统在各大银行进行广泛推行。

(2)提高内部研讨能力,关注行业发展动态。

因为我国的房地产估价行业起步比较晚,行业有关的各种技术和问题都在讨论当中,比如房产税是社会重点问题,2007 年 10 月 1 日实施的《物权法》为房产税提供了法律保障。虽然说房产税各方面的法律法规正在健全,可是相关的问题比较难以解决,突出问题为如何建立房产税税基评估体系。房产税是对土地和房产等不动产每年都需要上交的税费,随着社会的发展,税费也在不断调整。国际上物业税主要根据房地产的租赁收入、价值、房地产评估等方面收取一系列的费用,而我国的房产税是属于一种财产税,让产权人对资源进行更好的分配和运用,所以我国的房产税必须依赖房地产市场价值的评估。

2. 渠道策略

由于客户是市场主体,与客户保持良好的关系是企业最需要重视的问题。估价机构如果想不断发展进步必须要和客户保持良好的关系,估价机构属于中介服务企业,估价机构需要建立自己特色的客户服务机制,很多机构近年来开始建立自己的客户服务中心,以应对社会上各种投诉和答疑。

(三)引入战略投资者

房地产估价机构目前普遍股东较为单一,大多为个人合伙,如果想让估价机构走向全国化,可以尝试与战略投资者进行合作,引进强大的资本投资者,比如大型房地产开发商、金融基金投资公司、房地产经纪公司等。股东的加入有利于公司的发展,有利于公司未来的升值,有利于提升企业的管理,提高企业形象,摒弃传统观念,有利于企业改革创新和管理,有利于第一时间掌握市场新需求。

(四)人力资源优化

1. 健全培训机制

要健全培训机制,加强对人员的管理和培训。由于房地产估价行业对人员素质要求较高,所需人员必须是善于管理和分析的全面化的人才,所以对于人员的培养是非常重要的。人员的素质直接影响企业的发展,人员素质高的企业发展更加快速。所以在企业纳入新人时,必须要关注人员的自身素质,还有自身的技术能力和创新发展能力。未来的估价机构需要给员工提供优质的条件,更宽松的发展空间,让人才更好地为公司进行发展和创新,使员工对公司更加热爱。

2. 创新激励机制

汤普森说道:在创新当中的企业,需要对于员工进行业绩的评估,不仅为了分析了解员工能力,还能有效地促进员工的工作能力。另外,创新性员工最需要的就是团体合作,企业可以采用团体业绩的管理方法加强员工之间的合作,能够有效地提高工作效率。在工资方面也可以采用业绩评估报告进行分配,对于每种员工有着不一样的标准,这样可以有效地促进员工的工作热情,提高工作效率。对于优秀的公司骨干可以引入员工持股计划,让员工与企业一同发展进步。

参考文献：

[1] 袁杰，李承，魏莉华，丛林. 中华人民共和国资产评估法释义 [M]. 北京：中国民主法制出版社，2016.

[2] 柴强. 房地产估价理论与方法 [M]. 北京：中国建筑工业出版社，2007.

[3] 吴赛珍. 房地产和土地估价报告评价体系研究 [Z]. 上海：上海房地产估价师协会，2007.

[4] 迈克尔·波特. 竞争战略 [M]. 北京：华夏出版社，1997.

[5] 范琳悦，刘硕. 房地产评估的行业现状、问题与对策的讨论 [J]. 品牌，2015（12）.

[6] 郑祖贤. 浅析我国房地产评估中存在的问题及对策分析 [J]. 时代金融，2015（12）.

[7] 宋留强. 知识管理、信息化与房地产评估咨询企业核心竞争力、核心能力建设 [J]. 中国房地产估价与经纪，2012（02）.

作者联系方式

姓　　名：蔡文辉

单　　位：上海东洲房地产土地估价有限公司

地　　址：上海市长宁区延安西路 726 号 6A

邮　　箱：squareforreg@163.com

创新助推机构破困局　开放力促行业迎发展
——浅谈新形势下房地产估价的创新发展

王　霞　蔡春林

摘　要：党的十九大报告提出"我国经济已由高速增长阶段转向高质量发展阶段"，在此重要变革期，估价机构如何捕捉社会不断变化的估价需求，有针对性地提供高质量的估价服务，推动估价机构转型升级及行业持续发展。本文以房地产估价师视角，浅谈新形势下估价机构的创新发展。

关键词：创新；转型；开放；发展

我国经济由高速增长阶段向高质量发展阶段的政策转向，不可避免地会对一些行业的发展造成一定压力，而作为现代服务业重要组成部分的房地产估价行业，受政策、技术、信息化等多重影响因素的叠加效应，也毫无例外地陷入前所未有的发展困境，行业焦虑感陡增。新形势下，如何突破困局，探寻一条"走出去、活下来"的估价创新发展道路，成为业内热议的话题。

一、影响房地产估价发展的"双因素"

（一）战略布局指引行业发展方向

房地产估价行业与经济发展密切相关，在促进房地产交易、保障金融安全、维护司法公正、保障社会稳定等方面发挥着非常重要的作用。国家围绕高质量发展推进的重点工作如三大攻坚战、"一带一路"倡议、供给侧结构性改革、乡村振兴战略、区域协调发展战略等，都需要房地产估价服务。

国家政策对估价行业发展的导向性，从估价市场的变化可窥知一二，如：金融政策调整直接影响房地产抵押市场走向；人民法院涉诉过程中对确定财产处置参考价的规定，让传统司法鉴定评估从程序到实质发生了重大改变；土地和房地产管理法律的相继修订出台，为估价机构创新业务拓展提供更多机会；房地产涉税政策对估价市场产生的预期效应，引发业界对估价理论创新方面的研究热潮等，政策影响力不容小觑。2019年7月30日，中央政治局会议明确"不将房地产作为短期刺激经济的手段"的调控基调，又让房地产估价行业感受到一丝市场凉意。

外部环境的变化，使顺势而为、借势而起成了估价行业谋求持续发展的唯一选项，在把握新发展机遇、探讨机构转型升级的重要节点，估价机构应根据自身定位，充分利用外部变化和自身优势，以创新改革为攻坚主战场，实现"凤凰涅槃"式新飞跃。

(二) 随需而变推进机构转型升级

近些年，互联网、大数据、人工智能等现代信息技术的快速发展，带给房地产估价行业翻天覆地的变化，从数据平台春笋般的涌现，到自动估价、无人机等智能辅助工具的不断参与，服务方式的多层次、精准化、主动性带动服务内容向广度和深度方向发展。市场表现为：传统"套版凑数"报告模式正被自动估价系统所代替；国家对行业监管力度的加大，凸显估价执业风险；久享政策及市场红利，市场敏锐度降低，对创新业务市场开拓与培育估计不足；估价机构和估价人员从心理和执业能力上尚未完全做好准备，对市场新变化抱有侥幸心态，执业焦虑感蔓延。

环境变化倒逼估价行业"转变"："转"观念，摒弃以往依赖传统业务的持续增长来维系机构盈利的模式；"变"行动，静下心来，深入分析内外部变化，从"技术挂帅、渠道先行、服务助力"入手，找到一条适合自身发展的道路。

二、"三驾马车"破困局：创新搭台，风控助力，开放为翼

困境之下，不破不立，"破"的是束缚创新的路径依赖、习惯思维；"立"的是大局意识、市场意识、创新意识。

（一）供需两端看创新

新形势下，经济发展保持低速平稳已成常态，传统业务身陷红海，行业呼吁创新，从理论创新到实践创新，不断涌现的创新潮说明，创新已成为转型升级的引擎和持续发展的动力。

1. 估价产品保障：直面供给端

满足于出具一份合格的估价报告对于高质量发展阶段的估价机构来说是远远不够的，要想在估价之路上走得更远，还应把着力点放在提升内功上。

（1）机构执业自信：刚好你需要，正好我专业。

估价机构的未来一定是综合性大机构的天下，精尖小机构还会继续存在，但高附加值的业务基本会被综合性大机构垄断。只有规模化大机构，才具备提供"一站式"估价服务的可能，也只有规模化大机构，才有条件做更细的专业分工。

规模化发展要做好以下工作：首先，要有品牌意识，估价机构借助一体化平台的品牌加持，实现自我品牌价值提升；其次，要有准确的自我认知和明晰的发展目标；再次，要通过筑巢吸引人才，高质量发展阶段的房地产估价，一个人往往要身兼数职，活成一支团队；最后，规模化的进阶更要借助科技与信息技术深度融合，提高机构的管理水平和工作效率。

品牌建设的立足点是制度建设，尤其对于中小型机构来说，眼光不能只在业务量和利润上，还应紧盯内部管控制度的建立与完善，如估价质量保证体系、估价档案管理、财务管理制度、员工管理制度等，避免出现"亡羊补牢"式风险。

品牌效应的一个重要展示平台是企业资信评价，估价机构利用加入资信评价的契机，督促自身治理工作持续进行并不断补充完善；行业监管部门和行业协会将通过资信评价对估价机构进行更加严格的监管；客户则可通过资信评价获取相关信息并从中甄选。

规模化发展虽然是未来估价机构的发展趋势，但主管部门及行业协会也要通过政策引导，给予中小机构一定的发展空间，营造出一种大中小机构和谐共生、相互补充、差异发展的行业格局。

（2）估价需求引导：你的需要，我们最懂。

估价委托人对估价需求不能准确的表达或阐述，造成估价师对估价基本事项判断错误，从而引发如确定估价技术路线时出现偏差，估价结论不能为委托人所用，估价服务没有针对性，严重的还会给委托人造成决策失误或经济损失。

估价需求需要引导，作为一名尽职的估价师，良好的沟通能力非常重要，如果不能充分完整地传达出你所要表达的东西，会让客户质疑你的专业能力，进而引发对估价需求必要性的疑惑。有效的沟通隐含两层意思，一是"聆听对方的想法"，二是"准确表达自己的意见"。初入行的估价师更多的是从客户口中透漏出的直接信息进行判断，没有深入剖析客户深层次的诉求，从而在很多时候失去和客户对能够更好解决问题可能性的探讨，也丧失对衍生业务源的进一步探索和发掘。

2. 满足估价需要：聚焦需求端

（1）深钻传统业务，探索细分市场。

传统业务的锐减，不代表市场对估价服务的全盘否定，也不代表估价需求的彻底湮灭，仅仅说明估价在需求层面发生了变化，这种变化在现阶段可能出现断层，但新的需求已然产生，譬如原来的抵押业务要求出具的价值类型是抵押价值，现在一部分金融机构则根据自身需求要求出具抵押净值，未来不排除有其他特殊需求的出现。

传统业务宽度的逐步收紧，促使更多机构开始在深度上下功夫，如在房地产抵押估价业务，"自动估价+简易估价报告+在线传输"逐步成为房地产评估在银行的全新应用模式，而贷后管理中的不良资产处置中涉及的评估咨询业务正逐步被挖掘；房地产征收估价业务，采用"互联网+"、大数据、信息化集成的各种云征收产品，将产业链自单一价值评估向全过程咨询服务拉长；房地产司法鉴定估价已延伸至法拍房手续代理、尽职调查等领域；在房地产课税评估业务，估价机构也在积极探索房产在交易和持有环节计税评估模式的突破，深度对接交易税费测算及合理避税可能性课题，力求为客户提供有针对性的服务；租赁价格评估中，细分目标市场使为客户提供个性化服务的初衷落到实处，可以根据客户实际需要提供多种价值，如出租方要求的租赁价格、承租方要求的租赁价格、租赁双方共同委托的市场租赁价格，或者是对某一设定条件下的某一价值类型的租赁价格。

（2）捕捉市场变化，研究估价新需求。

社会经济发展到新高度，就会诞生出与之相匹配的新需求，估价行业也不例外，高质量发展阶段的估价机构更应张开市场触角，敏锐发现和捕捉新变化。从某种程度来说，创新业务如果能够踩稳一个红点，更容易发散出更多新的业务线，助力机构逐步实现多维经营。

值得肯定的是，目前一些有远见的估价机构已开始在新兴业务领域上有所创新和突破，尤其是紧跟政策指向性较强的领域，如《土地管理法》颁布后，对"三块地"（农用地、集体建设用地、宅基地）的评估成为业内新的研究课题；《节约集约利用土地规定》相关规定：鼓励出让分层设立建设用地使用权，鼓励城镇低效用地、废弃地再开发和利用等，对估价来说无疑是个利好。除目前已深度展开的租赁价格评估、不良资产处置评估、军队房地产评估、地下空间使用权等外，还有一些和房地产联系度紧密的如政府投资项目评估、社会稳定性评估、项目后评价等工程咨询范畴的项目，也在适时地组织调研跟进，并逐渐成为一些大中型房地产评估机构业务发展的方向。

（二）风险管控永远在路上

随着国内外形势的不断变化、法制建设的逐步完善，对估价风险的监控力度也不断加大,从银监会出台《商业银行押品管理指引》到最高人民法院的《关于人民法院确定财产处置参考价若干问题的规定》,从国家陆续颁布的国有土地上房屋征收与补偿条例及主管部门发布的评估办法到地方政府的实施细则等,法律法规的渗透力进一步增强;行业协会及地方主管部门也在净化行业环境上下足功夫,如持续开展的"双随机一公开"检查,不时对机构建设和报告质量亮起"警示灯",对估价违法行为及时发起风险预警,对严重违法的加大惩罚力度。

缺乏风险意识就是最大的风险,估价机构应建立事前风险预防、事中风险控制、事后风险应急服务体系,尤其应充分认识到事前风险预防的重要性,估价机构出具的每一份估价报告或提供的每一项估价服务都可能面临来自估价当事人或利害关系人的质疑,如在司法鉴定评估承接之时,就要想到估价结果有可能会被当事人提出异议;在征收估价报告出具之前,要想到后期会被相关部门审计、被追责;在抵押评估时,要想到价值的高评低估会给报告使用人带来的损失和影响;即使在做咨询项目如投资价值时,也要想到出具的咨询结论是否会给报告使用人的决策带来风险,造成投资损失。

对于估价机构来说,风险管控一直在路上,但仅靠外部力量被动约束还远远不够,应扩大看待风险的视角,从健全风险监控体系到推进机构和人员执业风险责任保险的建立,落实估价风险的定义、识别、披露、判断及隔离环节管控措施,这样做的好处有:一是保障客户合法权益,促进房地产估价风险管理方式的转型升级;二是有利于深化估价行业管理体制改革,提高企业竞争力;三是有助于分散和转移行业风险,为估价机构更好地为客户提供高质量的估价服务保驾护航。

(三)以开放的心态迎接行业新发展

1.借助外力,打通估价"最后一公里"

"闻道有先后,术业有专攻",专业的事要交给专业的人做,在信息化发达的今天,即使资深估价师也不敢说自己能够在所有学科游刃有余,所以在评估某些特殊资产或项目时,适时地寻求外部专业帮助显得很有必要。笔者曾参与的工业用地收储项目,因为涉及少量石化企业机器设备使用状况界定及残余价值测算,曾聘请该行业资深设备专家提供帮助,该专家对此类设备的维护使用状况、其在现行工艺中发挥的作用及设备升级更新现状的描述和分析,对后期搬迁费用的测算提供了重要的数据支撑,也使估价师在出具估价报告时更有底气。

当下的社会,"一招鲜吃遍天"的概率将不断减少,"招招都要鲜"才拥有立足市场的核心竞争力。估价机构自己拥有这样的能力固然可喜,但对于某些中小机构来说,借助外力实现弯道超车,也不失为一种策略,资源整合、优势互补,打通估价"最后一公里",让估价服务直通客户痛点,帮助客户从发现价值一路追踪到服务价值提升的决策过程,最大限度地体现估价机构的专业能力和价值所在。

2.开放心态积极拥抱新变化

房地产估价行业要秉持开放的心态,何谓开放?一个是放,一个是活,一"放"就活。这样的市场经济规律放之估价行业亦是如此,固守所谓的坚持,不懂与时俱进,将禁锢的枷锁视为保命的铁饭碗,终有一日会被时代所抛弃。开放意味着兼收并蓄,意味着最大公约,无论是房地产估价也好,土地估价也好,资产评估也好,都是估价行业的重要分支,在估价标准规范上会有所不同,但在估价理论基础、行业自律、信用维护、行业发展目标上却殊途同归,全行业应团结起来,摒弃门第之壑,构建新型竞合关系,充分利用市场给予的新机遇,共谋行业发展新蓝图。

以开放的心态去拥抱新变化,用创新的理念去定义新规则,"大舸中下流,青山两岸移",估价机构应把目光放得再远点,跳出估价看估价,顺势而为,借力登高,科技赋能,提升创新能力,不断释放市场活力和行业创造力,就有信心实现估价机构转型升级,描绘房地产估价行业在经济高质量发展阶段的"浓墨重彩"!

作者联系方式

姓　　名:王　霞　蔡春林
单　　位:河南鼎坤房地产评估咨询有限公司
地　　址:洛阳市西工区枫叶国际大酒店 1105 室
邮　　箱:2770374238@qq.com

适应估价需求变化　加快机构转型升级
——新形势下房地产估价机构的发展之路

丁金礼

摘　要：一个企业或行业的生存发展与市场需求现状及未来趋势息息相关，随着改革的不断深化和社会经济、科学技术的快速发展，房地产估价市场需求变化加快，并呈趋利化、复杂化、差异化发展态势。大部分中小估价机构努力适应当前市场需求，大型或有发展理念的中小机构着眼现状但更关注未来市场需求，这也是今后机构分化的根源所在。同时市场需求有正当和有害之分，并不是所有的市场需求都要去追逐和满足，估价机构需要慎重判断和选择。估价机构只有在适应正当市场需求和前瞻性布局的前提下，加快机构转型升级，才能实现长期可持续发展的目标。本文通过对当前房地产估价市场需求的主要特征、现状及变化趋势分析，提出新形势下房地产估价机构转型升级的紧迫性和工作思路，以促进房地产估价行业持续健康发展。

关键词：估价市场；需求变化；机构转型升级

目前，房地产估价市场还存在一些问题，最突出的是估价需求下降，同质化竞争更加激烈，有害需求禁而不止，潜伏需求研发滞后。这些问题虽属于发展过程中出现的不可避免的现象，但如果不及时加以解决，将会影响房地产估价行业的持续健康发展。本文提出了房地产估价机构适应市场需求变化，加快转型升级的主要途径及内容。

一、房地产估价需求的含义及主要特征

（一）房地产估价需求的含义

需求是指一定的顾客在一定的地区、一定的时间、一定的市场营销环境和一定的市场营销计划下对某种商品或服务愿意而且能够购买的数量。影响需求的最重要因素是价格，同时，替代商品、互补商品价格变化及消费者预期因素也会影响需求。需求分为负需求、无需求、潜伏需求、下降需求、不规则需求、充分需求、过量需求、有害需求等。

房地产估价产品不是一般的有形商品，属于服务产品。房地产估价需求是指一定的委托人或相关人在一定的地区、一定的时间、一定的房地产估价市场环境下对房地产估价服务愿意而且能够购买的数量。估价需求的构成要素有两个：一是委托人或相关人愿意并能够购买估价服务，二是被委托机构能够提供这种估价产品。

（二）房地产估价需求的主要特征

房地产估价服务与一般服务的需求特征不完全一致。房地产估价服务需求主要有如下特征：

1. 估价服务具有无形性，提供方需要能力认定

估价服务是无形的，尽管提供了估价报告文本。在委托人购买服务之前，无法感受到服务的物理特征，也不能了解其质量。购买服务后所获得的利益也很难被察觉，或是要经过一段时间后估价服务的享用者才能觉察出利益的存在。现实中，消费者很少能有客观的衡量标准来评价服务质量，更多的是依据委托人的喜好和需要。如果没有特殊动机，委托人其实购买的是对某项服务的信任。因此，为了让估价需求者购买到高质量的服务产品，估价机构的专业范围、技术能力、服务水平、信用优劣应有一个公平、公开的评价等级或标识，供委托人选择。如果估价服务涉及第三方利益或社会公平，还可以限定服务提供方的数量和范围。

2. 估价服务有不可分离性，先委托后估价相伴而生

估价服务的产生与消费是同时进行的，尽管不是同时发生在某时某刻，还需要一个必要的过程。估价机构接受委托后按程序及规范、准则出具报告，交付给委托人，其委托制作、销售消费相伴而生。没有消费目的，就不会委托估价，也就没有估价服务产品。

3. 估价服务有品质差异性，标准难以做到质量保证

不同的估价机构甚至同一机构内不同的估价专业人员提供的估价服务不同，即使是同一个估价专业人员在不同时间、不同情况下，面对不同的委托人，所提供的估价服务也是不同的。所以即使制定质量标准也难以保证服务质量。

4. 估价服务有不可储存性，现实需求源于特定目的

估价服务产品既不能在时间上储存下来，以备未来使用，也不能在空间上将服务转移带回家去安放下来，如不能及时消费使用，就会造成服务的损失。委托时间及估价目的不同，对应的估价服务产品也不同，而且有一定的使用期限。现实估价需求源于一定时间的特定使用目的，消费者不会无缘无故地委托房地产估价。

5. 价格不是影响估价需求的重要因素，但低价竞争可获得更多的服务数量

购买估价服务均有特定的目的，例如，需要房地产抵押贷款时，委托银行认可的房地产估价机构进行抵押估价；需要房地产交易纳税时，委托税务局认可的房地产估价机构进行税收估价；需要申请司法处置房地产时，法院委托有相应条件的房地产估价机构进行司法处置估价。即使大幅度降低估价收费，估价市场需求也不会因此而增加，但是，能够提供估价服务的某个机构降低价格，一般会给自己带来更多的估价服务数量，而且这种低价竞争很容易在同行之间产生恶性效仿、复制，如不加以遏制，将最终导致低质量估价服务，严重影响行业公信力和房地产市场正常秩序。低价竞争往往出现在同质化严重的估价服务项目，例如：房地产抵押贷款估价。

6. 创新可以增加估价需求，少量机构能够提供服务

一般房地产估价需求与宏观经济形势、房地产市场变化有关，当经济形势、房地产市场活跃时，房地产抵押、税收估价数量增加；当城市改造力度加大时，房屋征收估价需求上升；当经济形势下行或房地产金融政策紧缩时，房地产处置司法评估业务增长。从目前房地产估价市场整体情况看，传统业务需求受网络平台询价影响，部分估价需求正在被冲击取代。要想增加估价需求，创新是必由之路，包括传统业务深化延伸、新兴业务开拓创新、潜伏需求研究开发等。优质估价需求常常出现在创新或可能要被技术评审、鉴定的估价服务项目，例如：房地产损害司法估价、特殊房地产投资咨询、涉执房地产处置司法评估等。这种估价服务因需要一定的技术含量，并承担更大的执业风险，只有少量估价机构才能承接。

7. 估价有害需求容易形成，优质估价有时遭遇排斥

估价服务需求的构成要素有两个：一是委托人愿意并能够购买估价服务，二是被委托机

构能够提供估价产品。有害需求是指市场对某些有害物品或服务的需求，在估价市场同样存在有害估价需求，有时甚至较为严重。例如，房地产抵押估价时，估价委托人甚至部分金融机构需要"高估"服务；房地产交易纳税时，纳税当事人需要"低估"服务；房屋征收估价时，估价需要随当事人动机而变化，当征收人只追求进度，往往需要"高估"服务，当征收人严控征收成本，常常需要"低估"的服务，当被征收人选择估价机构时，需要"高估"的服务。此时，如果估价机构都坚持职业操守，不搞"迎合"，这种有害需要就不能成为市场需求。然而，有一部分机构放弃了职业道德，促使这种有害需要成为市场需求。一旦违法估价、违规执业有了市场，而且没有被处罚，通常被业内认为"适应了市场需求"；而诚实守信、技术能力强的机构不时被"市场淘汰"，估价师就会对价值观产生怀疑，甚至动摇，估价机构的经营理念会受到影响。如果估价市场出现大量有害需求，部分信誉良好的机构在生存压力下也会随波逐流，这就是个别地方出现的"劣币驱逐良币"现象。

8. 估价多为解决现实问题，满足潜伏需求有待创新

房地产估价是为解决房地产市场实际需要而产生的估价技术，估价技术产生、完善一般滞后于某项现实需要，传统、成熟的估价技术有相对严格的执业规范，能提供服务的机构众多，各机构之间同质化竞争较为激烈，这部分需求为现实需求。还有一些新出现的房地产估价需要成为潜伏需求，即社会对某项房地产估价服务有需求，而现有估价技术服务无法使之满足的一种估价需求状况。例如，随着人们对居住环境质量要求的日益提高及法律意识的不断增强，因日照损害、噪声污染、建筑设计变更等带来的房地产损害估价服务需求出现，但现有的传统估价技术还不能有效解决各种房地产损害的量化问题，致使此类估价需求服务得不到满足，变成潜伏需求。只有通过房地产估价技术研发创新，才能解决这些特殊估价需求。

二、房地产估价需求演变过程、现状及变化趋势

（一）房地产估价需求演变过程

概括地说，房地产估价需求是伴随着房地产市场的形成而产生，借助于房地产市场的发展而繁荣，演变过程大致分四个阶段：

1. 20世纪80年代末房屋所有权登记发证为估价需求形成奠定了基础

20世纪80年代末，全国开始房屋所有权登记发证工作，为房地产市场发育、管理提供了基础依据，零星房地产交易、法院处置行为开始出现，房地产估价需求应运而生，估价技术简单，报告多为表格式，估价机构为房地产管理部门所属的评估所，一家垄断，没有竞争。

2. 20世纪90年代中后期住房制度改革为估价需求增添了活力

20世纪90年代中后期，住房制度改革使很多单位分配住房成为职工个人所有的房改房，同时，房地产开发兴起，房地产交易、房地产抵押活动大量出现，房地产估价需求日益增加，估价技术进步迅猛，估价师考试制度开始建立，1999年《房地产估价规范》颁布施行。估价机构收入大幅度增加，逐步实现独立核算，成为主管部门的主要经济来源之一。

3. 2000年开始房地产市场逐步繁荣，估价需求井喷式增长

2000年开始，房地产市场逐步繁荣，经营城市的理念遍地开花，房地产交易、抵押及房屋拆迁以及房地产司法鉴定涉及的估价需求井喷式增长。房地产估价机构脱钩改制开始实施，正式拉开了房地产估价市场改革的序幕，估价机构及估价师数量逐年增加，竞争日趋激

烈，获取业务的不当行为及迎合不当估价需求的现象随之出现，个别地方压低收费、迎合需求成为主要竞争利器。

4. 2019年传统估价需求明显减少，潜伏需求、高质量估价需求增加

2019年初开始，房地产市场理性成分增加，网络平台技术日益成熟，经济下行压力加大，传统估价市场需求开始下降，业内感触明显，生存压力骤增。同时，房地产估价市场监管力度加大，估价风险凸显，潜伏需求、高质量估价需求增加。

从以上房地产估价需求的演变过程看，传统房地产估价需求大致与宏观经济形势、房地产市场呈正比，与网络平台技术呈反比，潜伏需求、高质量估价需求与经济发展质量、估价市场监管力度及人们综合素质呈正比。

（二）当前房地产估价需求的现状

1. 传统业务市场需求萎缩，质量效率需求分化明显

在新的宏观经济形势及房地产政策下，估价机构赖以生存的传统业务——房地产抵押估价需求减少，企业贷款需求锐减，二手房抵押估价受网络平台冲击明显；房地产司法鉴定估价需求相当一部分被议价、询价方式取代，纳入评估程序的一般是市场狭窄或特殊的房地产，估价难度较大，变现困难，收费较低；房屋征收估价在房地产市场调控、政府债务增加的情况下，市场需求逐步缩减；房地产税收估价伴随税务部门评税系统的不断完善而日趋减少。同时，不同房地产市场行为对估价需求发生变化，司法鉴定估价质量要求提高，二手房抵押估价收费、效率受到关注已出现网络询价，市场需求已明显出现分化现象。

2. 高质量估价需求增加，估价实用性受到重视

随着人们法律意识的增强和房地产估价技术评审、鉴定制度的完善，以及房屋征收审计专业度的提高，甚至估价师作为专家辅助人参与房地产案件质证的现象出现，高质量估价需求增加，会涉及一些更专业的技术问题，包括估价技术思路、基础数据确定、估价参数选取、价值内涵、估价结果确定等。例如，家庭析产涉及的房地产估价、纪检监察机关委托的房地产估价、重大房地产损害估价、估价机构参与审计地域的房屋征收估价等。估价报告的技术含量及实用性受到进一步重视，有技术能力及良好信誉的估价机构多承接此类业务。

3. 部分需求正被网络取代，少数机构可能获得收益

对市场上数量多、交易量大的房地产，当需要快速出价又对价格精度要求不高时，此类房地产估价正被网络平台取代，例如，目前人民法院确定财产处置参考价及少部分银行确定抵押房地产价格时的询价代替了传统估价。这类业务只有少数估价机构、银行内部系统或网络平台承接，最终将由银行内部系统或网络平台垄断。少数估价机构可能参与数据更新、维护，但收益甚微。今后，绝大部分估价机构将受到各类询价系统的冲击，就像报纸、电视被网络系统冲击一样，这部分传统业务会逐渐失去。一旦存量房抵押估价大范围被网络询价取代，很多估价机构的生存就受到严重考验，一些中小机构会重组升级，参与仅存的公司贷款抵押、司法鉴定和房屋征收估价市场竞争。

4. 估价市场各种需求具存，利益驱使执业易于迷茫

房地产估价的特点之一就是估价结果不具有唯一性，且估价委托人及相关利害关系人更关注估价结果的数字额度，而不重视估价质量，除非估价结果未达到预期而从估价质量说事来否定估价报告，但这只是利用手段而已。例如，抵押估价委托人一般希望高估价值以便贷更多的款，纳税估价委托人一般希望低估价值以便少交税款，征收估价委托人为加快征收进度希望高估价值以便早签征收协议等等。这些市场"需求"不仅存在，而且有的地方还较为

严重，部分估价机构为了生存甚至在利益驱使下"适应"这些不当需求，其他机构的价值观及经营理念因此也会产生动摇，发展方向迷失。

5.潜伏需求不断出现，估价创新动力不足

近两年房地产估价市场潜伏需求不断出现，除特殊房地产损害估价需求外，还有其他超出传统估价范围的市场需求，往往看起来容易做，实际难度较大。例如：权益不完整的房地产估价，像只有使用权、继承权的单位内部集资房评估；房地产租赁价格评估，像过去某个时间点的租金水平、某个时段的租金额度评估；旧住宅楼加装电梯各层分摊费用及收益评估。由于这些潜伏估价需求面窄量小，缺乏翔实的基础资料及成熟、具体的估价准则，大部分估价机构基于经济效益和技术能力，不愿研发创新，这部分估价需求无法得到满足，从而影响行业的专业度和公信力。

（三）房地产估价需求的变化趋势

1.传统估价需求日益减少，不当竞争影响市场秩序

未来房地产传统估价需求减少是大势所趋，如果估价市场监管没有严厉可行的措施，估价机构数量、状况保持不变，生存危机会加重不正当竞争程度，违法、违规行为得不到有效遏制，低质量、低收费估价服务会长期存在，有害估价需求将难以杜绝，最终影响房地产估价市场的正常秩序。当然，估价需求变化也会促使市场监管模式的转变。

2.报告评审制度趋于严厉，优质估价需求相对增加

随着房地产处置司法评估专业技术评审制度的建立实施，涉执房地产估价报告评审日趋严厉，一些量小价低或难以变现的涉执房地产估价项目，极有可能因估价技术缺陷造成应收评估费不抵应付评审费的后果，或者说，未来部分涉执房地产处置司法评估面临赔钱的风险，甚至可能从入库名单中被"除名"。如果这项制度得以顺利推进实施，涉执房地产处置司法评估将首先成为高质量估价需求业务，倒逼估价机构提高执业水平，从而使房地产估价市场优质估价需求相对增加。

3.估价机构生存空间变小，市场萎缩刺激估价创新

传统房地产估价需求缩减势必造成更加激烈的同质化竞争，极有可能出现低价竞争行为，导致机构生存空间进一步缩小、房地产估价市场萎缩的恶果。但同时也会刺激有能力的机构进行估价创新，延长传统估价的业务链或研发一些新的估价项目，培育新的估价需求市场。

三、估价机构参与市场竞争的模式分析

房地产估价市场经过二十多年的发展，各机构根据所在地的经济社会发展状况及自身条件，均有相应参与市场竞争的模式，归纳起来大致有以下四类：

（一）高质量、高效率持续发展

部分大型及综合性估价机构以高质量、高效率持续发展模式为主参与市场竞争。这些机构大部分已完成原始积累，已初步实现转型升级，以高质量、高效率持续发展为目标，逐步走上良性循环、健康发展的道路。此类机构对估价市场需求变化极为敏感，有一定的前瞻性预判，有的积极研发估价新产品，形成集团型、联盟型组织构架，适应市场能力较强。这部分机构多存在于经济发达地区的大城市。

（二）低质量、低收费以量取胜

部分估价公司特别是少数中小机构以低质量、低收费模式为主参与市场竞争。此类机构

数量庞大，专业能力一般，缺乏创新动力及技能，业务范围多限于传统估价项目，以房地产抵押估价为主，同质化竞争较为激烈，往往演变成低质量、低收费经营模式。这类机构对估价市场需求变化反应迟钝，缺乏相应对策，唯一关注的是竞争对手收费低到什么程度，从而决定自己的收费策略，一旦抵押评估需求减少，特别是二手房抵押评估锐减或被网络平台取代，机构生存危机随即降临。

（三）不专业、无原则迎合需求

少部分估价公司特别是职业操守差的机构以迎合有害需求为主参与市场竞争。这种竞争模式多存在于不专业、职业操守差的机构中，但也有专业能力强的大机构偶尔为之。动因一是不专业，无知者无畏；二是无原则，经济利益之上；三是迫于某种压力。但均有一个共同的缺陷——职业操守差，这也是危害行业公信力的大敌。

（四）以上三种模式的不同组合

多数估价机构以上三种经营模式是无法截然分开的，大多数时候几种模式都存在，只不过随市场需求变化或经营理念变动有主次之分而已。

四、影响房地产估价转型升级的主要因素

（一）粗放执业尚有生存空间，转型升级缺乏动机欲望

当前，简单粗放型估价机构不在少数，重业务来源、轻估价操守并非个别现象，但这类机构经营效益不差，往往满足于现状，不愿意改革，也就失去了转型与变革的动机、欲望。而且，多数机构对未来预期不明，缺乏前瞻性思维及经营理念，不知如何转型升级。同时，因地域、人才等因素限制，削弱了转型升级的能力。这部分机构数量庞大，多为中小机构和新成立及信誉能力有限的机构。

（二）逆向技术运用缺失，估价创新举步维艰

房地产估价是一项应用技术，有《资产评估法》及国家标准《房地产估价规范》来约束，但真正的"技术"很难在估价产品——房地产估价报告中体现。大部分机构提高估价技术的重点放在学习模仿他人房地产估价报告上，采用所谓的"逆向技术"，即对一项标准产品进行逆向分析及研究，演绎得出该产品的处理流程、组织结构、功能特性及技术规格等设计要素，从而制作出功能相近但又不完全一样的产品。部分机构"逆向技术"运用不彻底，只简单模仿学习"优秀"报告的表面东西，甚至在一知半解时就囫囵吞枣地套用，使估价创新难有实质性突破。"逆向技术"后半部分的创新才是最重要的，而估价创新需要一定的资料积累、人才储备和技术沉淀，真正的估价创新并非易事。

（三）监管方式有待改革，违规处罚亟须加大

现行房地产估价机构监管模式已将资质审批改为备案制度，但事中事后监管力度仍然有限，突出表现在三个方面：

1. 随机检查难以发现日常违法违规估价行为

目前对房地产估价报告质量的检查大致发生在三种情况下：年度报告抽查、双随机检查、资质延续或升级报告评审。由于大部分地方行业组织及主管部门未实行技术报告备案制度，信用档案系统只录入估价报告的编号、估价结果等简单信息，报告质量未受到应有的关注。随机被检查的报告基本是百里挑一甚至是万里挑一，且经过临时修改完善，表面格式上大多达到合格的要求，真正的违法违规估价难以被查出，这也是部分机构敢于违规执业的主要外因。

2. 各个相关部门、行业缺乏处罚信息共享平台

机构最担心是承揽业务受到限制，正面的鼓励表彰不一定能带来多少业务，但被处罚的信息却可以限制各种入围机会。部分机构大多数时候敬畏的不是执业规范和行业准则，而是被处罚的各种公开负面信息。如果主管部门、行业组织和报告使用的相关部门、机构建立起估价机构和从业人员"红黑信用"共享平台，绝大部分机构会自我约束日常执业行为。

3. 违法违规成本过低难以起到震慑作用

当前，违法违规估价虽有被处罚、刑罚的案例，但被查出的概率低且违法成本不高，多数被处罚事件源于某些案件牵连，单纯因违反《资产评估法》等被查出的案件很少，主要原因有：一是利益共谋掩盖了违规执业行为；二是相关利害关系人不知道如何维权；三是投诉处理制度尚未真正建立。这些因素造成违规执业不容易被发现，即使被发现违法成本也较低，在某种程度上助长了不良执业歪风。

五、房地产估价机构转型升级的主要内容及途径

从宏观改革形势和房地产估价市场发展趋势看，房地产估价市场的需求、供给都在发生变化，每个机构都不可能置身其外，都将面临如何适应未来生存发展的问题，及时转型升级方能持续发展。笔者认为，估价机构转型升级包括经营理念、机构组织框架、发展方向等内容，转型升级的动力有内因也有外因，外因包括估价市场需求变化、事中事后监管力度加大、反腐败持续保持高压态势等，外因促使机构转型升级。内因是估价机构特别是负责人根据估价市场的现状及未来发展趋势，要进行变革的主观因素。根据我国房地产估价市场的特点，估价机构转型升级主要包括下列内容：

（一）经营理念的转型

估价机构转型升级对机构本身是一次自我革命，核心是经营理念的转变，进一步说是负责人思想的变革，只有机构经营理念转型才能带动升级发展。估价机构经营理念包括对估价环境、估价行业使命、对完成行业使命的核心竞争力等方面的基本认识。经营理念形成是经过日积月累的思考、努力及实践才能形成和做到的，面对机构现实生存需要，不少机构在激烈的竞争压力下经营理念发生了畸变，有的已经"转型"到单纯以经济利益为目标上，估价行业的使命无从考虑，这样的机构看不远也注定走不长。估价机构正确的经营理念是牢记行业使命，在完成行业使命的前提下适应正当的估价环境，提高自身的核心竞争力。

（二）机构规模的升级

机构规模升级以适应未来正当市场需求为目标，但不能脱离实际。目前，不管是银行、人民法院还是政府相关部门，在评价、选择房地产估价机构时，如果没有其他特殊要求，往往认为机构"大而优，全而强"，即级别越高越好，资质越全越佳，"小而专"的机构基本没有竞争力，除非偏安一隅。因此，现实的机构组织框架发展模式是尽可能地求大、求全，中小机构合并重组可快速实现"升级"，但不能只追求形式的合并，应先实现人的融合，否则难以持久。与此相反，部分大型机构可能采取分设来尽可能占有市场份额，或在竞标中处于有利地位。

（三）综合能力的提高

随着科技进步、营商环境优化及改革的不断深入，传统房地产估价需求会逐步减少，大型估价机构走向多业并举、综合经营是必然选择，中小机构面临合作、合并等现实问题，以便提高综合能力，提供全方位估价、咨询及相关服务。提高机构的综合能力，是转型升级的

重点内容，需要长期务实地努力，逐步实现，避免盲目快速扩张带来昙花一现的"繁荣"。

提升综合能力主要有三个途径：一是取得评估领域多个资质，包括房地产、土地、资产相关评估资质；二是向评估业务上下游延伸，包括测绘、造价、会计等；三是通过提升执业水平、创新等途径提高技术能力，建立机构内部资料库及估价标准，以市场资料为导向建立健全各种估价参数体系，为高质量估价提供技术保障。同时，机构为降低人工成本，提高工作效率和质量，需要具有多执业资格的复合型人才及创新型人才。

（四）社会责任的体现

房地产估价机构转型升级的终极目标是完美体现社会责任。机构在追求经济效益的同时，应承担对政府、估价委托人、估价利害关系人的责任，支持参与慈善公益事业。完整的社会责任包括经济责任、法律责任、伦理责任和慈善责任。经济责任包括估价机构股东或合伙人盈利、经济效益、竞争能力、经营效率、效益持续性等方面的最大化或强化；法律责任包括遵守法律法规、履行法律义务、估价产品和服务符合满足最低法定要求；伦理责任包括估价机构及从业人员对公平、公正和道德权利的关注及实践；慈善责任包括机构为促进人类福祉或善意而在财务资源或人力资源等方面对教育和社区的贡献。

目前，大部分机构关注的是经济责任，少部分机构甚至为体现经济责任而违背法律责任，伦理责任更是被抛在脑后，但偶尔也会体现慈善责任。部分大型机构及有社会责任感的机构正在向全面体现社会责任的目标转型升级。

（五）房地产估价机构转型升级的途径

房地产估价机构转型升级是机构和管理者、行业组织的共同目标和任务，途径是外部因素影响下内部主动实施。单靠机构自发、主动进行转型升级是不现实的，即使机构有主观能动性，还需要外因促进，除加强事中事后监管外，还要考虑估价服务的特殊性，特别是具有无形性及品质差异性，消费者无法用客观的衡量标准来评价服务质量，即使有估价规范与准则，靠标准也难以保证服务质量。因此，管理部门及行业组织需要对估价机构的专业范围、综合能力有一个评价等级或标识，供委托人选择。一旦资质等级取消，应采用资信评价等方式对机构进行评价。同时，尽可能制定一些估价操作细则，缩小估价服务的品质差异。

六、结语

随着改革的不断深化和科技水平的快速提升，房地产估价市场需求变化加快，估价机构面临适应市场需求、实现长期可持续发展的问题。既要兼顾当前生存，又要考虑长远发展，这在估价市场有害需求较多的地区尤为不易。但是，估价机构长期可持续发展是建立在正确经营理念基础上的，只有适应现在和未来正当的估价需求，加快机构转型升级，才能完成行业使命，实现长期可持续发展的远大目标。

作者联系方式

姓　　名：丁金礼
单　　位：河南宏基房地产评估测绘有限公司
地　　址：河南省南阳市两相路与明山路口福成商务楼5F
邮　　箱：nydjl@163.com

创新估价供给　引导估价需求

常忠文

摘　要：随着我国经济不断转型发展，房地产估价需求也在不断演变，传统房地产估价服务难以满足新的估价需求，如何通过估价供给引导估价需求促进估价供给创新升级是这一时期估价机构面临的重要问题。供给与需求是对孪生兄弟，相互依存，亦此亦彼。在估价需求的不断升级中，估价供给不能及时创新升级，必然会造成对应估价供给的稀缺。本文将从估价的供求关系出发探讨房地产估价机构如何抓住估价需求演变的机遇，填补估价供给的稀缺，推进估价供给的创新升级。

关键词：估价需求；估价供给；稀缺性；创新升级

2017年10月18日，习近平同志在党的十九大报告中指出，"深化供给侧结构性改革。建设现代化经济体系，必须把发展经济的着力点放在实体经济上，把提高供给体系质量作为主攻方向，显著增强我国经济质量优势。"估价行业也不例外，随着新经济环境下估价需求的不断演变，如何通过估价供给引导估价需求是估价机构发展道路需要正视的问题。以下将从供需关系、供给引导需求的条件以及估价机构所需要做的积累准备几方面探讨估价机构在估价需求演变的大背景下，如何通过估价供给引导估价需求，推进估价供给的创新升级。

一、供给与需求的关系

供给与需求是经济学中极其重要的两个基本概念，也可以说是经济学研究的基础。关于二者的关系，经济学历史中也出现过两个观点相反的流派。其一就是凯恩斯学派，凯恩斯于20世纪30年代提出的需求能创造出自己的供给，因此政府需采取措施刺激需求以稳定经济的论点，也即需求决定供给论。这一论点被称为凯恩斯定律。另外一个与之相反的观点就是萨伊定律，供给创造其自身的需求，核心观点是产品生产本身能创造自己的需求，通俗地讲也就是供给决定需求。对于这两种理论本文不作深入讨论，但黑格尔说过，对立的双方"每一方都是它自己的对方的对方"。供给和需求不是独立存在的，而是前者以后者的存在而存在，反之亦然。因此，供给和需求并不是非此即彼的抽象，而是相互依存的亦此亦彼的关系。

（一）不是什么样的供给都能引导需求，也不是什么需求都能被供给影响

马斯洛曾提出过著名的需求层次理论，即：生理需求、安全需求、社交需求、尊重需求、自我实现需求。需求层次越低，需求越基础，需求越趋于同质性，供给方的变化难以带来有效的需求变化。以早餐为例，供给的引导就很有限，在大多数城市，早餐的需求被限定得较狭窄。速度快，便携带，填饱肚子，这几个需求点就决定了早餐一般都是包子、饺子、

卷饼等几种，很难像中餐、晚餐那样丰盛多样。反之，需求层次越高，个性化越强，供给方就越容易通过供给的变化来引导需求。

（二）需求与供给的影响需要与技术生产力的变革相适应

技术生产力的发展会改变供给与需求的相互影响，技术生产力制约着需求的实现。以外卖为例，在互联网、移动互联网、快递业未发达之前，人们的快餐选择多为方便面，并没有其他的选择，外卖行业的出现，极大地激发了用户的需求，由刚开始的饭菜可以外卖，到现在的火锅、水果、下午茶、药品等都可以外卖。这种需求的引导与互联网技术与物流的发展具有很强的相关性。

（三）供给的稀缺性是引导需求的前提

供给能够引导需求关键在于供给的稀缺性。如果供给是充足的、全面的、无差别的，那么供给就不能影响需求，也不能引导需求。只有"稀缺"的供给才能引导需求。"稀缺"的供给存在是必然的，原因有两方面，一是自己想要的东西别人也想要，二是需求在不断的演变与升级。第一个原因很好解释，例如，在商场里价格最高的东西基本上都是多数人喜欢的。第二个原因在于人的欲望是无止境的，需求是在不断演变的。以方便面为例，以前方便面厂家的宣传口号是"加量不加价"，而现在则是各种高汤熬制，各种口味琳琅满目，这种变化正是由于我国经济环境和人民收入水平、生活方式发生了较大的变化。在新的社会环境下，需求的演变促进了供给引导需求。所以，顺应经济形势的"稀缺性"，供给是可以引导需求的。

二、估价服务供给引导估价需求的基础

估价服务供给能够引导估价需求的重要前提就是估价服务的稀缺性，同时估价需求演变的过程中，估价服务的提供要与技术生产力的发展相适应。在估价需求的演变过程中，传统估价服务难以满足新兴估价需求，对应的新兴估价供给尚未跟上，造成了这一时期的新兴估价供给的稀缺性，同时随着新技术生产力的快速发展，为新兴估价供给提供了技术工具支持，这为当前变革时期的估价供给引导估价需求提供了基础。以下就从这两面介绍估价供给引导估价需求的基础。

（一）估价需求演变导致了估价供给的稀缺性

传统的估价服务引发的恶性竞争主要是因为估价服务是一种程序性服务，是一种"可有可无"的服务。估价服务内容的同质性很难有溢价的空间且难以延伸估价需求。从某种程度上说，估价服务并不能算真正意义上的需求。而随着我国市场经济的高质量发展，程序性的估价需求所占比重将越来越小，估价需求范围却越来越广泛，种类越来越多，作为价值参考和咨询属性的估价也越来越多。例如，公租房的租金确定、房地产价值损失评估、不良资产处置评估、资产证券化中涉及的评估等。这些业务中的估价在法律上很少有硬性要求，更多的是有价值发现和风险管理主动意识的评估需要，传统的估价服务难以满足新的估价需求，估价需求的演变需要新兴的估价供给，导致了估价服务供给的稀缺性。

（二）新技术的发展为估价供给引导估价需求提供了工具支持

估价供给能够引导估价需求还需要与同时期的技术生产力的发展相适应。近些年新技术特别是互联网、数据分析、人工智能技术发展迅猛，无论是硬件还是软件的技术水平都较十几年前有了几何倍数的增长。原来一些难以实现的估价需求目前都可以运用新技术得以实现。目前我们估价行业已有很多机构承担了先行者的角色，在线上获得客户、智能辅助估

价、批量估价、押品监测、内部风险控制等方面都取得了一定的经验和成果。随着估价理论的进一步发展与新技术的进步，估价服务与新技术的融合将会更加深入，将会辅助估价服务更多的领域。因此，新技术的发展为估价的供给引导需求提供了重要的工具支持。

三、估价供给引导估价需求的实现路径

（一）培养发现需求的能力

在日常经济生活中，估价不是一个高频词汇，对于很多人来说很是陌生，估价所服务的行业也不多，一般是金融、司法、房屋征收等。随着市场经济越来越规范，近些年我们接到更多这样的咨询："我们的决策没有依据，你们评估能不能提供点咨询""我们这个收购行为能不能在收购价、税费估算上给我们提供点依据支持。"这种类似的询问我们收到很多。接到这种询问，我们也是很疑惑。这种还未成形的需求似乎与估价不是很相关但是又有联系。这就是现代估价需求的演变，面对这种演变，我们应该有发现估价需求的能力，尽早发现需求、发掘需求。为估价供给引导需求打下前期基础。

我们在为资产管理公司评估不良资产包收购价格时，委托方往往更加关心的不仅是收购定价，还有一些诸如该类资产在司法拍卖时可能的成交的价格，以及成交时需要缴纳的税费等。因为涉执财产的处置往往存在很多的问题，比如欠缴的税费、水电费等情况比较普遍，部分还存在拖欠工程款等优先受偿款等情况，以及一些房地产私下一房二卖的问题。这些资产瑕疵是不良资产收购的一个个"地雷"。如果不能在收购前合理评估这些"雷"带来的风险损失，就会出现两个情况：一是忽视风险造成项目亏损，二是高估风险导致报价过低没能拿到项目。因此，我们需要在我们日常服务的这些经济行为中发现并挖掘这些需求，为未来提供的新兴估价服务打下基础。

（二）制定供给引导需求的方案

发现和挖掘新兴需求之后要做的就是制定相应的供给引导策略。针对潜在需求要有相应的技术支持方案。制定供给引导策略大致需要从两个方向着手，第一方向是从0到1，即需要创新创造出新的估价服务满足新的需求，这类需求和供给之前都是没有的。如近些年兴起的征收项目社会稳定风险评估。这一类估价服务就需要估价机构通过创新创造实现垂直性层级跨越。另一个方向是从1到n，也即在现有传统业务的基础上深挖估价服务的维度，也就是目前倡导的高质量估价服务，不是以单纯的提供价值参考为服务目的，而是以价值参考为核心多维度服务经济行为全流程。仍以不良资产中估价服务为例，除了评估收购价格以外，还应通过相似房地产的拍卖案例预测出拍卖成交价格，同时对房地产处置时的相关税费进行预测计算。不良资产收购到处置完成中间需要经历很长一段时间，期间抵押物管理也是一个难题，因此可以利用地理信息系统将这些房地产资料建成一个立体的数据库，减少资产管理公司日常的管理工作，同时也给投资者了解资产提供了一个便捷立体化的渠道。

（三）适当营销，引导需求

现在早已不是酒香不怕巷子深的时代，也不是只有花大价钱才能搞营销的时代。自媒体时代想要取得一定的营销效果并不需要花费很多的金钱，现在基本上每一个公司都有自己的网站、公众号、订阅号，还有很多公司开发了自己的小程序。互联网传播方式本身就是去中心化，让每一个有内容的创作者进行发声。我们估价行业也有很多公司数年前就进入互联网领域，努力打造互联网+估价，估价机构应培养自己的互联网思维，善于运用互联网工具，

利用其传播的特点,将估价服务精准、有效、立体化地传播到需求者面前。

估价供给引导估价需求的实现将有助于估价机构在当前的激烈竞争中抢得先机,脱颖而出,有利于估价机构的可持续发展。当然估价供给引导估价需求的过程不是一蹴而就的,而是需要估价机构做好充分的准备与创新转型的决心。

四、估价机构应该准备些什么

(一)人才是关键

估价服务提供的是一种智力服务,是评估专业人员的智力成果的一种体现。因此,人是估价服务中最重要最基础的环节。估价需求的演变,需要估价机构重视人才的培养与人才梯队的建设。特别是在新的估价需求演变的情况下,单一的价值评估服务已经难以满足新的估价需求。这就需要计算机技术人才、法律人才、财务人才的加入。计算机人才在现代互联网技术背景下显得非常重要,过去由于技术受限,很多难以实施的工作目前都可以通过计算机技术予以解决。例如估价机构可以通过地理信息技术和数据库技术构建可视化的案例数据库。现代估价服务中,各行各业已不像原来的隔行如隔山,而是相互交融、相互融合。估价机构在为企业开发房地产进行可行性分析时,财务知识的作用就非常关键,所有的房地产评估成果都需要转化成财务语言给决策者提供参考依据。所以,评估专业人员要拓展专业知识,提升估价服务,新时代复合型人才将是时代所趋。

(二)从经验积累到专业积累

我国估价行业虽然发展的时间不是很长,但也经历了20多年,而这20年间,很少有机构系统性注重估价专业知识的积累,形成自己公司的智库。一些大的估价机构一年都要出具数万份估价报告。最终形成的是一种经验积累,而经验积累依靠的是人,更多的是一种感性经验。估价的持续发展需要从经验积累到专业积累的转变。一名优秀估价师需要深厚的经验积累,而一个成功的估价机构则需要全面系统的专业积累。

专业积累的过程是将分散的经验积累系统化、制度化的过程,形成一种可以传承,可以利用的智库。专业积累包括很多,如案例库搭建,不是简单将成交案例输入电子表格中就完事,而是要以案例为中心,建立多维度案例标签。时间维度上不仅可以帮助我们进行追溯性估价,更是研究一个城市房地产历史的宝贵资料。空间维度上结合一定的算法规则使估价师在估价时能更好地选择可比性强的估价案例。避免因估价师人为原因造成工作上的瑕疵。因此,专业积累能提升估价机构整体的实力与水平,使专业人员能更多地投入到个性化的估价工作中去,能更好地通过估价供给引导供给需求。

(三)估价机构联盟应该更加注重技术联盟、技术创新

近些年来,国内很多估价机构纷纷组建估价机构联盟,很多联盟目前更多关注的是传统估价服务的互联网化以及业务资源的互通整合。目标也都还停留在现阶段经济环境下如何利用联盟优势巩固联盟机构的市场份额与业务资源。而估价需求的演变,估价的产品形式与服务模式也将会发生巨大变化。如何整合联盟机构技术资源进行服务创新、产品创新是联盟发展的长远之路。估价机构联盟技术资源丰富,拥有众多不同专业背景的资深估价师,另外,联盟估价机构分布全国各地,拥有丰富的案例资源,在一些新兴估价需求面前,有着得天独厚的技术优势。以集体建设土地入市为例,各地政策情况不一样,问题与对策也不尽相同。一家机构的研究成果可能只代表一个区域的情况,很难具有普适性,而联盟内估价机构通过

资源互补、取长补短联合进行课题研究，不仅有利于联盟内机构在新兴业务承接上具有技术优势，而且对推动估价行业的整体发展也有所裨益。

五、结语

需求是永无止境的，需求也是不断演变的。因此，有效的供给永远是稀缺的。估价供给引导需求就需要不断使我们的估价具有稀缺性，而不是现阶段的"程序性"的估价、"可有可无"的估价。估价的稀缺性要求估价机构不断地积累，不断地创新，在某一领域或某些领域建立起比较优势，专注于机构擅长的估价服务领域，提供具有比较优势的估价产品。在有限的时间、资源和精力下达到利用的最优。从整个估价行业来看，每个估价机构都专注于某类估价领域，提供高端估价产品，也是行业良性发展所趋，能够实现整个行业对社会贡献价值的最大化。

参考文献：

[1] 王亚利. 供给侧改革背景下对"供给创造需求"的深解读 [J]. 经济视野，2016（09）.

[2] 柴强. 静心做好估价有效防范风险 [EB/OL]. [2019-08-29]. https：//mp.weixin.qq.com/s/EmxRSsi4j87nABAoJC2tjA.

作者联系方式

姓　　名：常忠文

单　　位：安徽中安房地产评估咨询有限公司

地　　址：合肥市经济开发区百乐门广场尚泽国际 1109 室

邮　　箱：356130938@qq.com

浅谈房地产估价需求演变
与房地产估价机构的转型升级

郭丽霞　武幼韬

摘　要：目前，估价行业对"估价需求演变与估价机构转型升级"这一课题的研究有其共性，更有其细分市场条件下的个性。本文从不同层次探讨和研究了"房地产估价需求演变与房地产估价机构转型升级"，并对房地产估价制度建设提出了相关建议。

关键词：房地产估价；需求与供给；需求演变；转型升级

估价行业通过《资产评估法》的规范，细分为不同的专业与行业管理，因此，整个估价行业对"估价需求演变与估价机构转型升级"这一课题的研究有其共性，更有其细分市场条件下的个性。本文仅就"房地产估价需求演变与房地产估价机构转型升级"界定范围内探讨相关问题，期待与同行商榷。

笔者认为，研究"估价需求演变与估价机构转型升级"应从三个层次去讨论和研究：

第一，房地产估价机构对现行法律、规范定义的房地产估价需求是否已进行了充分的市场开发与实践？对现实存在但尚未充分经营的市场空间，房地产估价机构应通过不断提升自身专业能力去顺应这部分需求，通过高质量的专业服务占有这部分空间。

第二，除现行法律、规范定义的房地产估价产品之外，哪些需求是房地产估价可以延伸供给、去适应或开发的？对这部分需求的供给应注意：从事其他资质界定的相关行业产品属机构多种经营的发展问题，不应是"房地产估价需求演变"关注的内容和研究对象；适合于房地产估价机构业务延伸，同时其他行业业务未覆盖的内容应是房地产估价需求演变与房地产估价机构转型升级重点研究的对象。

第三，遵从房地产估价供需的基本特点与房地产估价演变的基本规律，在着重利用市场机制、调动市场化因素、进行市场化适应需求的同时，谋求法律、规范对房地产估价新的需求及对房地产估价供给的新的定义和界定，为房地产估价市场及估价机构的转型升级建立新的、更高一级的法律、规范基础。

针对以上三个方面，分述如下：

一、对现有估价产品的需求挖掘及机构的适应性发展

房地产估价产品及业务内容有的供需关系是表现为需求自发而供给能力需适应与提升的问题；有的供需关系则表现在具备供给能力，而需要对需求市场开发与引导的问题。针对《房地产估价规范》所界定的不同目的的房地产估价，从"需求""供给"与"供给适应性"三个方面简要地分析如下（以下小标题号采用与《房地产估价规范》相同题号）：

5.1 房地产抵押估价。需求类型大多仍表现为对估价"公信力"的传统需求,但对产品供给的时间、规模与产品内容上变化较大。大多机构对房地产抵押估价具备传统产品需求的适应性,但对依托互联网、大数据进行批量估价不具备单一主体承担的适应性,尚需进行自身能力的提升;部分在大数据方面走在前列的机构,由于地域上受资讯的局限,也不可能一枝独秀,包揽全部。与区域机构合作,形成适应市场的能力,不仅有待技术上的组合与磨合,相关机制的研究与实践也将是新的课题。

5.2 房地产税收估价。政府税收机关委托的税基系统建设存量房地产批量评估已成为房地产税收估价的主流。房地产税收估价整体性较强,系统维护中的增转存及价格更新有较强的时段性。由于此项业务在相对时间周期内工作体量较大,且相关工作内容、产品内容对计算机技术及数据技术也有逐步提高的要求,其中蕴含着机构与机构的合作、机构与大数据机构的合作以及机构自身技术的提升。

5.3 房地产征收、征用估价。大多估价机构对此项需求的适应性目前仅在于简单的"估价",对价格谈判、协调接受等尚有待于机构能力的提升;同时,对需求的引导也是重要的方面。在这项工作中,有些机构跳出"估价"的传统业务局限,进行"征收、征用全过程顾问"等咨询性业务拓展,无疑是机构较好的发展倾向,值得有条件的机构学习、效仿。

5.4 房地产拍卖、变卖估价。目前房地产拍卖、变卖估价大多来自于司法机关的评估要求,有相当一部分司法委托估价对象都有其特殊性和复杂性,随着经济市场的不断推陈出新,委托估价对象的个别性也会不断变化,适应司法机关的法律制度改革,迅速有效地提升机构的司法鉴定能力,是我们做好司法估价业务面临的新挑战。

5.5 房地产分割、合并估价;5.6 房地产损害赔偿估价;5.7 房地产保险估价;5.8 房地产转让估价。相对其他类型的估价,以上估价类型属"小众"型业务。这部分业务要求估价产品机构均具备适应性,但这类业务事实上更多的工作是"估价"这一核心产品的"落地"问题,如果估价师与估价机构能强化相关能力延伸,应对获取相应的市场空间产生较大的推动作用。

5.9 房地产租赁价格评估。随着国家租售并举政策的实施,投资收益性房地产在市场中的占比逐步增大,租赁价格评估的市场需求在逐步增大。与征收评估相似,在租赁价格评估中,估价机构与估价师不应立足于只提供价格评估报告一种产品,在一些大型房地产租赁中,参与价格谈判是房地产估价由鉴证类业务向咨询类转型升级的可行空间。

5.10 建设用地使用权出让估价。目前建设用地使用权出让估价主要是土地管理部门委托的国有建设用地评估,这两年有少体建设用地合作开发、作价出资评估。这项业务对房地产估价师也提供了一定的执业空间,尤其是以此为基点,以自然资源管理部门为服务对象的,如"土地节约集约利用评价""基准地价评估""标定地价评估""自然资源评价评估"等,也给房地产估价师和房地产估价机构带来新的业务空间,同时对房地产估价师与房地产估价机构提出了提升相应的业务能力的要求。

5.11 房地产投资信托基金物业评估。随着我国房地产开发相对进入平缓发展的阶段,房地产投资信托将迎来相应的发育与发展。目前来看,市场需求量不大,但房地产估价机构应做好这方面的学习储备。

5.12 为财务报告服务的房地产估价。此项业务目前受限于会计准则等规定,应用尚未普遍。相对而言,这项业务的潜在客户,会计师及会计师事务所应大于直接委托的客户,因此,与会计师、会计师事务所的业务合作与需求引导应是现阶段开发这项业务的主要工作方向。

5.13 企业各种经济活动涉及的房地产估价。这项业务的包容性较大，应是企业各种经济活动中除前列各类估价外涉及的其他种类估价；从目前市场需求来看，还看不出端倪，后市的空间还有待于房地产估价师与房地产估价机构进一步去发现需求、引导需求，并适应需求。

5.14 房地产纠纷估价。房地产纠纷估价涉及诉讼与非诉讼两个领域。涉及诉讼的，属司法鉴定范畴，这项业务已成为房地产估价师与估价机构较为成熟的工作内容与产品内容。需要开发与提升的是：应借助于参与司法鉴定的工作程序与实际处理经验，关注与开发房地产纠纷的非诉讼市场需求，应用房地产估价的实体知识，解决房地产纠纷的核心争议；同时，还应拓展协调、调解等知识与技能，必要时也应与律师等专业人员合作，延伸与拓展房地产估价师与房地产估价机构在房地产纠纷中的线性行为延伸与业务延伸。

5.15 其他目的的房地产估价。《房地产估价规范》中的此项，目前来看还属"小众"需求市场，带有"补充"性，但面对未来市场的变化，"小众"也可能变为"大众"，"补充"也可能成为"转正"的重要通道，我们应给予密切的关注，并做好充分的准备。

从以上对《房地产估价规范》所列各种目的类型的估价市场简要分析，可以看出：

（1）规定性需求仍是房地产估价的基础市场，对规定性需求而言，"公信力"是其存在的基础，因此，房地产估价师与房地产估价机构维护与彰显估价成果的公信力是保障整体市场存在与个体竞争力的根本。

（2）市场需求在不断地升级，对估价产品的成果外延及产品形成技术、技能也提出了新的要求。有些表现为产品成果与其他专业成果的集合，有些表现为对形成时间上的要求，有些则表现为团队规模上的需求。需求的演变对估价机构自身技术、规模，对其他技术手段的应用，以及与其他行业的合作、协助，相互提供阶段性成果均提出了新的要求。

（3）仅就立足于"估价"目的而言，鉴证类的估价需求主体与需求市场在扩大，如：司法鉴定中不仅有法院委托提供证据，也有当事人一方委托，既有鉴证证据型职能，又兼有咨询类的估价服务，更多的则体现为在经济活动中为委托方提供其利益最大化而提供咨询服务。因此，区分不同的估价目的，界定房地产估价师、房地产估价机构在不同类型估价中的"角色"与产品内容，也是未来估价师与估价机构应当面对并进行转型升级的重要课题。

二、房地产估价行业新增边界及机构的适应性发展

如果仅是立足于"房地产估价"的供给与需求讨论问题，现行法律、规范的规定性是相对难以突破的界线，因此，立足于估价机构的主体发展，应当建立"由对房地产估价需求"到"对房地产估价资源需求"的思考视野。根据房地产估价行业所具有的技能，总体上应加强咨询性业务的拓展，具体可从以下几方面进行需求的引导与适应：

（1）立足于房地产咨询进行全域性的业务拓展与业务准备。根据执业人员及机构的具体情况，可进行不同深度的安排与准备，但从思想与理念上建立好则是至关重要的。

（2）房地产项目可行性研究专项服务。这一领域与工程咨询有一定的交叉，但在非资质要求的咨询性业务上，对房地产估价师及估价机构从事这一业务并无限制性规定，房地产估价师与估价机构从事此项业务有更好的专业优势。如有对工程咨询资质要求的，房地产估价师及房地产估价机构也可对工程咨询师及工程咨询机构提供更专业的协助。

（3）房地产项目策划。近年来房地产市场由于政策等因素，产生了多元化的趋势，这正是房地产咨询与房地产策划当显身手的时候，房地产估价机构应抓住市场变化介入的有利时

机，引导需求，占领市场。

（4）房地产政策、法律、税收等专项咨询服务。在这些领域，房地产估价师比律师、税务师、会计师又更具有针对性的专业知识与实践，应作为引导需求与适应需求的一个重要领域去拓展。

（5）与造价工程师的业务协作。就现阶段造价工程师的实务而言，对工程造价咨询业务中预算、结算阶段的业务市场占有程度较高，但对预算、结算业务的前段（如概算、估算、可行性研究）、后段（如项目后评价等）业务均介入较少，这部分业务是房地产估价师的长项，房地产估价师可通过机构间的协作，建立房地产估价师进入造价工程师咨询业务的通道，通过知识的互助，实现业务范围的更大覆盖。

（6）与房地产经纪业务合作，开发新的业务空间。房地产经纪业务是一项实务性工作，掌握一线的市场资源与资讯，能为房地产估价师提供有效的估价、分析依据。但房地产经纪人在分析、评价方面，尤其是形成分析、评价成果方面的技能相对较弱，对其业务向深度、高度发展形成制约。房地产估价师与房地产经纪人进行连线性的业务合作，不仅能对双方的弱项实现互补，而且对各自延伸的产品线均能起到质的推动作用。

（7）与空间规划的业务协作及对空间规划部分业务边界的占领。空间规划是"多规合一"后在原有"条、块"规划体系上产生的新的需求，大部分内容是原有规划体系的整合，但也有一些新的内容，尤其是一些提升性的新内容，如经济分析、体系论证等方面尚无业务或执业界定，房地产估价师可伺机介入，寻找相应的执业空间。

（8）与软件开发的合作与协作。围绕房地产估价领域进行相关软件开发已不是新鲜的事物，但这项工作是一项动态性非常强的工作，同时也具有非常广泛的地域性。软件机构，即使是有估价业务基础的软件机构，不与一定数量的估价专业机构合作，是无法克服与适应互联网时代竞争态势及相关市场需求的。房地产估价机构及房地产估价师无论是作为主动性的组织者，或是被动性的参与者，都具有广阔的新领域发展空间。

从以上市场内容可以看出，一方面是估价机构适应市场转型升级的问题，一定程度上也涉及与其他行业对中间地带的市场占领先机问题；在此过程中，转变观念是一个问题，以时间换取空间与机会是更迫切的问题。

三、对房地产估价制度建设的建议

在房地产估价行业，其产品、服务供给与需求的法律、规范的规定性相对较强。因此，对房地产估价需求演变与房地产估价机构的执业转型升级，还须再循环回到法律、规范进行相应的确认与定制，以寻求法律、规范的确认基础。在此过程中，虽然房地产估价与其他行业一样，市场化的内容会越来越多，法律、规范定制性的内容会越来越少，但"法制"是市场的基础与前提，谋求房地产估价及估价机构适应需求变化，制定及调整相关法律、规范是必不可少的环节与内容。

（1）建议将房地产估价师更名为"房地产估价与咨询顾问师"，相应地，将《房地产估价规范》修订扩展为"房地产估价与咨询顾问规范"，对房地产估价机构的名称不再要求冠以"房地产估价"字样。通过机构概念内涵与外延上的变化，使其能适应与承接更多的市场需求。

（2）建议修改房地产估价机构房地产估价师占有股份的比例。一是使房地产估价机构不再自我封闭，对融入其他专业并壮大房地产估价从业知识架构有较大的好处，同时，这也是一个专业融合争夺的重要阶段，你不融合他，来日他便融合你。二是随着社会经济的发展，对生产工具的依赖，以及投资、资金在中介活动中的应用体量逐步加大，中介机构也不再是单一体现为"人合"的构成形式，"资合"也体现出越来越多的成分。减少房地产估价师股份占比，能为估价专业人员创造更为有利的适应市场发展的空间。三是减少估价专业人员的股份占比，减少估价机构股权流转的难度，有利于估价机构的多周期发展。在这方面，工程咨询等资质的取得即对执业人员占股基本无限制性要求，对工程咨询与其他专业融合起到了较大的促进作用；近期，有些地方对律师事务的体制方面做出了一些新的制度创新，如推行公司化的股权结构，允许非律师身份的自然人成为合伙人等。这些举措使中介机构从业人员由"执业人"向"投资人"转化迈出了较为重要地一步，同时也为机构的多周期发展奠定了相应的制度基础。

（3）建议将相关咨询类业务列入房地产估价规范及相关文件中。估价机构开展咨询类业务，除自身拓展市场，引导需求外，相关规范、政策性文件将相关内容列入、使其成为房地产估价师的"法定"执业内容，对房地产估价师与房地产估价机构的资源利用以及机构的转型升级将起到质的推动作用。

（4）建议通过规范形式或协会（学会）组织与其他专业建议辅助的互认权。在专业技术领域，没有任何一个专业能够自我封闭、独善其身；专业融通与融合是趋势，也是发展自我的重要途径。

房地产估价机构转型升级的问题是目前行业发展亟待解决的课题，以上只是笔者一些不成熟的想法，不妥之处敬请指正，期待同仁们对这一问题有更深入的研究，以促进我们的行业与时俱进，长足发展。

作者联系方式

姓　　名：郭丽霞　武幼韬

单　　位：海南汇德土地房地产评估咨询有限公司

地　　址：海口市国贸路申亚大厦十八楼

邮　　箱：13907699360@126.com

估价新需求下估价机构转型升级的发展路径

张晓红

摘　要：面对估价客户需求的动态变化，以战略管理赢得机构的发展，从而转向高质量发展，转向创新驱动，促使机构转型升级。

关键词：估价需求演变；动态变化；专业创新驱动；转型升级

房地产估价行业历经了30多年的发展，由行政制度的改革到国内金融产品创新，衍生出相对应的估价服务需求，估价需求方已经从原先想了解抵押物或是不动产的市场价值，向了解资管信托产品及结构化产品的权益价值转变，除了传统的信用贷款或抵押、质押等，现在各种形式的信托、资管、证券化产品也层出不穷，从房地产所有权价值向使用权、经营权、收益权等权益价值转变，融资渠道和金融产品的多样化也给估价机构带来机遇和挑战，而伴随着估价机构市场化放开，行业内机构日益增多，业务类型和产品同质化严重，加上专业服务难以满足客户的需求，行业竞争愈演愈烈，同时随着土地等要素综合成本的上升，城市建设用地资源的日益紧缺，现代城市估价需求的趋势也随着外界环境不断变化，促使估价机构进行转型升级，估价业务也向多元化发展转变。

一、估价需求的演变

房地产估价的需求不再单一，而是需要更好的组合服务产品，对于机构意味着要从以往简单复制加工的模式升级，增强高品质产品的能力，来满足更高的需求，也就是要从过去的高速增长阶段，转向高质量发展阶段，从投资驱动转向创新驱动。

房地产抵押等传统房地产估价服务需求，伴随着房地产市场的转型升级，也在发生着新的转变和拓展，一些新的估价业务需求不断涌现，如未建土地剩余价值、海域使用权、历史建筑、集体用地价值分析、金融资产管理、部分房地产征收补偿、住房租赁市场、城市更新等都提出了新的服务需求，解决这些日益突出的矛盾，实现土地的再开发利用目标，估价机构的生存发展模式就必须适应新时代估价需求的转变，把创新驱动贯穿其中，而实现这个目标的前提，必然是对估价机构的专业化程度要求越来越高，从而促使估价服务机构转型升级。

二、寻求估价机构转型升级的战略管理要素

估价机构总体结构不优、竞争力不强等因素严重制约了估价服务业发展，对估价机构如何进一步找准发展定位、如何进一步发挥特色优势、如何进一步推进转型升级等方面，缺乏

深入系统的研究，导致估价行业发展呈现出定位不清、优势不显、特色不明、转型不快等问题。在新时代的发展格局下，围绕新、奇、特的需求，持续优化估价服务布局，深入挖掘优势，构建优势互补、类型多样的估价服务发展格局，尤其要对估价发展所处的阶段待补的估价需求、具有的基础、具备的资源、紧缺的功能需求、面临的结构短板、急需的要素保障等各方面问题，进行潜心思考研究、深入分析，切实挖掘自身优势和估价服务发展定位，助力房地产证券化、现代金融等为主的现代估价服务；聚力行业规模、做优行业平台，推进转型升级。

在推动实现估价高质量快速发展的估价特色需求服务的同时，坚持知己知彼的错位发展、优势优先的理念，按照特色、创新的估价服务发展格局，寻求品牌化、特色化、差异化发展思路，推动估价服务机构转型升级。

三、估价机构转型升级的发展路径

（一）规模导向式发展战略路径

结构规模一直被视为制约估价服务机构业务拓展的关键要素之一，同时也是估价服务综合能力的重要因素之一，因为规模的背后，往往是估价服务机构的技术能力、项目经验及团队实力，因此通过拓展兼并，在政策发展利好的导向城市设立分支机构，整合行业上下游业务，产生聚合效应，通向发展高端服务。在实行机构规模效应策略的同时，追求服务质量精益求精，提升对品牌的重视，对信誉的执着。

（二）技术导向式发展路径，注重发展提升机构的高质服务水平

面对经济全球化和信息产业化的新趋势，估价机构的战略管理和目标，是构建系统模块化如执行低成本战略，充分利用规模效应、经验效应体系，执行差异化战略，通过提供独特的产出特性以及技术品牌形象附加效应的特性化服务，强化估价机构自身的软实力。

以自主创新，带动估价产品服务的升级，同时提升需求服务的附加值，争取更多高端的外部业务，有效利用智能技术促进结构调整和技术平台升级。

（三）专注于估价细分领域专业化发展的路径和估价需求特殊细分领域

主要基于估价机构的相对优势，扬长避短，向纵向或水平方向延伸，做专注于某一细分估价领域解决方案的专业服务，全面提升机构在估价细分领域的专业化程度，找准自身优势，明确机构的核心竞争力，形成明确的服务细分定位，关注并前瞻地看到行业发展趋势，把握客户需求的特征，从而制定出有针对性的服务解决方案，提升机构综合实力。

通过技术积累带动机构转型升级，以服务领域客户群体新型需求为载体，以追求提高行业业务收益为核心的发展模式，促进机构的自我转型升级。随着业务的不断深入，区域间的分工协作日益加深，越来越多的细分产生出来，特别是能够提供附加值较高的估价需求，如抵押、咨询和土地剩余开发价值，工业厂房的更新改造再利用等，推进传统业务的集群化发展和新需求业务的规模化发展。由于需要的专业技能和法律技能较高，客户需求的进入门槛也会很高，如非金融机构信托业务，通过技术跨越，直接进入新的业务领域，跨越多重技术领域的嫁接，实现技术产品功能的交叉和延伸，有特殊专业技能的机构就会在完全竞争市场中脱颖而出。

四、挖掘战略管理渠道，提升估价服务升级优势

（一）走差异化道路，提升自身擅长的优势

随着估价需求的改变和网络技术的发展，很多服务产品能够实现跨地区融合，估价服务发展也呈现出像工业产业链条一样，越来越完整、分工越来越精细的趋势，不同规模、不同层次的服务业发展日趋分化。除了提升估价业务优势，力争在不同的需求领域，为客户提供更优质的专业服务，如粤港澳大湾区、深汕合作区依托资源禀赋，结合新型湾区合作区的融合战略优势，着力发展各具特色的估价服务。把握新时代估价服务发展规律，遵循社会化、专业化的原则，对估价业务发展的不同区域、不同领域和不同层次，实施非均衡发展，一是按照估价服务板块功能布局，突出发展估价机构优势、扬长避短、错位发展；二是秉承创新开放的理念，打破分割，加强区域合作，建立高效务实的沟通协调机制和利益共享机制，构建差异竞争、优势互补、良性互动的发展格局。

（二）发展提升估价机构的核心竞争力

估价机构的核心竞争力，是内部一系列互补的技能和知识、核心技术管理能力、客户维护拓展能力、开拓能力的集合，它可以让估价机构的多项业务达到竞争领域的领先水平，这也要求作为估价服务机构，应立足于自身优势的创新升级。要提升机构核心竞争力，需要开拓市场空间，发挥自身特色服务，发展自身核心技术。估价机构核心竞争力的灵魂是优秀的人才队伍，核心竞争力对人才有高度的依赖性，加大员工培训、业务开发的能力，重视挖掘人才的效率与效用，完善多样化、多层次的激励与约束机制，采取物质与精神、管理与自我结合的方式，驱动员工积极投入其中；通过技术合作或联盟的方式，开发新的综合类估价咨询项目，来获得技术优势，积极利用行业领域专家或其他相关领域机构力量，降低技术不兼容的风险，争取全方位以及立体服务市场的竞争技术融合，使竞争力得到有效长远的提升。

（三）实施区域领先能力战略，提升"创新驱动服务"理念

提升估价高端服务需求的理念，以提升辐射水平和服务能力为重点，拓展金融信托、房产证券、海域空间的需求等估价服务新领域，在此基础上，结合实际，更加细化、深化落实举措，进一步明确估价业务升级的方向，采取资源聚焦、政策聚焦、区域聚焦等措施，培育壮大重点估价需求的服务项目、服务品牌，着力提高服务区域的领先能力，通过突出重点及特色服务，实现错位发展，不断提高估价服务发展的竞争力。

作为现代服务业重要领域的房地产估价行业将迎来新时代的发展机遇，是未来加快转型升级的重要信号，房地产估价机构在棚户区改造、城市更新、房地产税征收、共有产权住房建设等新兴领域大有可为，在住房租赁企业融资、住房租金科学合理确定、市场租金监测监管等住房租赁市场领域同样面临很大的服务需求。

面对新时代估价环境的动态变化，挑战机遇，保持敏感性，顺势而动，强化服务网络体系和品牌经营战略，利用品牌的影响力加快布局估价服务体系，利用估价机构中心及后台服务基地等载体，创新丰富业务与产品，寻找创新驱动项目引导需求，从而引导机构升级。

未来的估价现代服务，必将会以高质量、特色强，结构合理，不断优化估价专业的服务能级，提升竞争力的估价服务体系，达到机构的转型升级。

参考文献：

韩洁，王优玲.发展现代服务业我国房地产估价行业迎来发展新机遇[DB/OL]. [2017-11-03/ 2019-11-30]. http://www.xinhuanet.com/fortune/2017-11/03/c_1121903280.htm

作者联系方式

姓　　名：张晓红

单　　位：深圳市国策房地产土地估价有限公司

地　　址：广东省深圳市福田区新闻路 59 号深茂商业中心 16 层

邮　　箱：394008985@qq.com

探讨房地产估价需求演变
加快估价机构转型升级

梁振康　冯智涛　廖燕勤

摘　要： 随着我国经济不断发展，信息技术不断提高，物联网、人工智能、大数据等新技术的应用不断改变着人们的生活习惯及意识形态，各行各业也随之不断演变，不断革新。房地产估价行业随着经济发展不断壮大的同时，估价的需要与要求也在不断演变，推动着房地产估价行业的转型升级与持续发展。本文结合房地产估价行业的现状，从房地产估价需求的角度，探讨房地产估价机构的业务转型。

关键词： 估价需求演变；房地产估价；估价机构转型

一、房地产抵押类、课税类估价业务需求为估价系统替代已是大势所趋

房地产抵押类、课税类估价业务，是房地产估价机构的传统主营业务，该类业务可理解为非主动需求类业务，估价服务实际需求方与估价费用承担方不相同。该类业务由于估价目的明确，估价方法相对固定，估价报告易于模板化，业务竞争的重点更倾向于时效性。估价系统的应用，可以贯穿整个估价项目——物业预估、查勘管理、报告撰写、收费统计等，极大地提高作业效率。随着估价数据的不断积累，估价系统的高效将越发显著。

目前，不少银行将估价系统与传统人工估价并行使用，为采用估价系统替代传统人工估价而不断调试。随着银行业的监管不断加强，银行房地产抵押类估价业务的估价费用正逐渐演变为由银行承担，银行出于成本、效率等方面的考虑，必将进一步推广估价系统替代人工估价。同样，大部分地区的房地产课税业务也已经由政府相关机构用内部系统进行处理，不再需要估价机构进行人工估价。且近年来随着淘宝、京东等互联网企业利用大数据估价系统的切入，需要估价机构进行人工估价的业务也越来越少了。可以说，应对非主动需求类业务，估价系统必为大势所趋。

纵观估价系统效用显著，然而开发和维护估价系统的成本无疑也是极高的。开发出估价流程完备的估价系统，再到估价数据累积产生效用，期间所花费的时间、人力、物力，绝大多数中小型估价机构是没有能力承担，也是不愿意承担的，可以说要求众多估价机构均开发出自身的估价系统并不现实。目前，已经有不少大型房地产估价机构开发出自身的估价系统，也在不断推广应用，在如今经济高度发展，各行业分工细化的情况下，中小型估价机构应对这些类估价业务，完全可以支付相应估价系统的服务费用，借用大型估价机构之力，进行转型升级，而实际上已经有估价机构提供成熟估价系统服务给中小型估价机构，并且取得一定成效。可以说，未来估价系统的发展，将牵动着房地产估价机构的转型升级，影响着房地产估价行业的持续发展。

二、房地产咨询类估价业务需求多元化发展

房地产咨询类估价业务，是传统估价业务的转型方向，可以理解为主动需求类业务，由估价服务实际需求方进行估价委托。咨询类估价业务不仅仅局限于提供估价结果，更侧重于提供项目建议、项目解决方案或项目跟踪处理。其没有固定模式，最终估价结果或估价结论将影响其实质经济行为的实行与否。咨询类估价业务要求估价人员综合能力较强，项目往往涉及多领域技术或知识，大型项目更会是团队式跨领域作业，从项目开始直至项目结束，全程作业。

房地产咨询类估价业务需求，其表现形式各种各样，多元化发展。如项目委托方出于收购或处置目的，要求对物业的售价、租金进行估值或调查，可能不需出具正式的估价报告，仅是提供几个可靠案例数据即可帮助其作出合理决策或定价；如项目委托方出于谈判需要，要了解某物业或某项目的详细情况，则可能需要提供类似尽职调查报告，从物业或项目的区域状况、实物状况、权利状况、实际运营状况等方面进行调查，更可能需要提供谈判服务，为项目委托方争取最大效益；如项目委托方投资某项目后，缺乏相关团队或人员进行项目把握，则可能需要提供项目监控或跟踪服务，及时反馈项目情况，也可能需要提供项目绩效评价服务，让项目投资方了解项目效益，作出相应项目调整；如项目委托方因自身内部原因造成违约行为，则可能需要提供赔偿估值服务或违约的较完善解决方案……

房地产项目作业时间长，涉及环节及领域众多，从项目立项、投资开发、工程建设、销售运营到售后管理等，每一个环节都可能出现咨询类估价业务，涉及政策解读、市场调研、工程造价、营销策划、会计财务、交易谈判等方面，估价机构需要以房地产估价为基础，综合相关行业有效信息，提供与房地产项目相关的全方位、全流程综合服务，方能更好地承接咨询类估价业务，促进房地产估价机构转型升级。

三、房地产资本市场类估价业务需求：存量房市场融资动向

房地产资本市场类估价业务，离不开房地产资产证券化。资产证券化，是指以基础资产所产生的现金流作为偿付支持，通过结构整合等方式进行信用增级，在此基础上发行资产支持证券的业务活动。简单地讲，就是通过出售基础资产的未来现金流进行现在的融资。

广义的资产证券化类型有：实体资产证券化类型，实体资产向证券资产的转换，是以实物资产和无形资产为基础发行证券并上市的过程，如以商业房地产为基础，发行证券进行融资。信贷资产证券化类型，把欠缺流动性但未来现金流相对稳定的信贷资产经过重组形成资产池，并以此为基础发行证券，如银行的抵押类贷款、企业的应收账款等。证券资产证券化类型：将证券或证券组合作为基础资产，再以其产生的现金流或与现金流相关的变量为基础发行证券，实行再融资。

房地产市场随着经济发展步伐爆发式增长过后，正逐步向存量市场演变，存量市场中买卖房产的简单获利模式将逐渐过去，利用组合投资，通过专业机构的运营能力更可能获得稳定收益。房地产存量市场中，房地产租赁市场将迎来蓬勃发展，以租代售，租售同权，长期租赁，其稳定的租金收益正属于资产证券化基础资产的范畴，现金流是现代企业的血液，利用稳定的租金收益进行证券化再融资，可以进一步提高资金利用率，加速企业运营

发展，推动资本市场良性循环。除了租金收益，还有债权收益、项目收益等，任何房地产项目经优化组合后，可以在未来产生稳定现金流量的，理论上都可以作为基础资产进行证券化融资。

随着资产证券化业务相关文件陆续出台，北京、上海、广州、深圳等城市已有不少证券化项目成功落地。房地产资产证券化，终究离不开房地产收益，估价机构只有不断深入了解资本市场，结合房地产估价规范与资产证券化业务相关指引，方能做好房地产资本市场类业务，加快自身转型升级。

四、房地产城市更新类估价业务需求：房地产市场业务增长点

城市更新的目的是对城市中跟不上经济发展或者影响经济进一步发展的区域进行拆迁、改造、投资和建设，以全新的城市功能形态布局替换旧有空间，使之重新发展和繁荣。它包括两方面的内容：一方面是对客观存在实体（建筑物等硬件）的改造；另一方面是对各种生态环境、空间环境、文化环境、视觉环境、游憩环境等的改造与延续。

房地产市场中城市更新是以改造为主，大部分发达国家正处于以存量房地产改造为主的阶段，房地产存量市场中具有较多适应于城市更新阶段的中小型项目，项目周期相对短，小型更新项目一般通过更改物业内部装修及功能布局来提升收益价值；中型更新项目则通过调整物业的用途规划及属性来提升价值，如工改商、工改住、住改商、旧厂房改运动场所、旧商场改办公楼、旧办公楼改长租公寓等。盘活、改造、运营存量房地产，在运用房地产估价专业知识的同时，也涉及土地规划、城市更新等领域的知识，跨领域作业正是房地产估价业务转型所需要的助力。通过对城市更新中存量房地产的改造、盘活，节约土地资源的同时创造更大价值，促进城市更新发展的同时保持房地产行业对经济发展的推动作用。可以说，城市更新是房地产发展中的重要一环，同时也是房地产估价业务转型的重要方向。

城市更新类估价业务，如同咨询类业务，形式多样，如旧改政策研究、旧改奖励申请、拆赔模式研究、旧改可行性研究、现状摸底调查、产权调查确认、改造意愿征集、征收补偿费用预算、征收安置补偿评估、征收补偿谈判顾问……城市更新为存量房地产市场中的重要环节，亦是房地产市场业务的未来增长点之一，不论是拆旧建新，还是活化改造，其过程始终伴随着估价业务需求。城市更新将会逐渐成为未来房地产市场的业务增长点，正如我司所在地中山市，拥有成熟旧改经验的房地产开发商陆续进驻，政府机构逐步完善并公布实施城市更新相应指引文件，城市更新协会同步成立等，由此可见，与城市化进程相匹配的城市更新势在必行。应对城市更新类业务，房地产估价机构必须密切关注城市更新政策，以房地产估价服务推动城市更新进程，肩负起城市面貌更新与发展的社会责任，推动城市经济与人类文明的进一步发展，在做好城市更新类估价业务的同时完成转型升级。

随着时代不断发展，人们意识形态与生活习惯也不断演变，随之而来的是人们的经济行为与相对应的房地产估价需求也在不断演变。估价机构只有紧跟时代发展步伐，及时了解房地产估价需求演变，方能做好房地产估价机构转型升级，保持房地产估价机构持续发展，为中国经济持续发展作出贡献！

参考文献：

[1] 文晶，王竹.浅谈房地产估价机构业务拓展与多元化发展趋势[EB/OL]. [2015-09-24/2019-10-3]. https：//www.docin.com/p-1298939212.html.

[2] 国策评估.房地产资产证券化（ABS）知识系列[EB/OL]. [2017-06-26/2019-10-3]. http：//www.sohu.com/a/152180546_274949.

[3] 国策评估.浅谈房地产估价机构如何调整和创新发展方式[EB/OL]. [2018-11-20/2019-10-3]. http：//www.sohu.com/a/276655138_274949.

[4] 搜狐焦点.中国房地产市场已经进入存量房时代[EB/OL]. [2018-01-19/2019-10-3].http：//www.sohu.com/a/217631023_124752.

作者联系方式

姓　　名：梁振康　冯智涛　廖燕勤

单　　位：深圳市国策房地产土地估价有限公司中山分公司

地　　址：中山市东区博爱五路21号大东裕商业大厦一期1307、1308室

邮　　箱：397356732@qq.com ；284285709@qq.com ；13726041814@139.com

经济高质量发展背景下估价供给如何引导估价需求

宋 成 蒋海滨 凌 波 罗 震

摘 要：随着国家经济高质量发展战略的提出，对我国各行各业都提出了更高的要求。房地产估价行业也不例外，必须积极改变现有发展模式，特别是根据高质量发展的新需要，利用行业的专业优势"融合新技术、搭建新平台、服务个性化"，构建估价供给新模式，积极参与房地产市场监控、社会治理、环境保护、国土空间规划、城市更新、乡村振兴、PPP项目咨询、智慧城市、智慧社区、监察审计、企业投资、家庭理财等工作，树立行业形象，提高社会地位，改变估价服务供给结构，引导社会对估价的需求。

关键词：高质量发展；估价供给；大数据；新模式；引导需求

一、经济高质量发展的内涵分析

以习近平同志为核心的党中央根据国际国内环境变化以及我国经济社会发展条件和发展阶段变化，认为我国经济由高速增长阶段转向高质量发展阶段，并强调我国当前的经济高质量发展是能够满足人民日益增长的美好生活需要的发展，这一论断明确了经济高质量发展的目的与手段，体现了新的发展理念。经济高质量发展就是以高效率、高效益生产方式为全社会持续而公平地提供高质量产品和服务的经济发展，在具体经济形态上就是一个高质量、高效率和高稳定性的供给体系，其核心是质量第一、效益优先。从世界经济发展史看，对经济发展演变规律的认识，是随着社会生产力的发展而不断动态调整的过程。对经济发展质量的评价，从最早的"效益"或"效率"指标，到"技术进步"，后来逐步扩大到"制度体系、社会公平、环境保护、资源利用"等指标方面。推动经济高质量发展是新时代国家经济工作的当务之急，是当前和今后很长时期确定发展思路、制定经济政策、实施宏观调控的根本要求，并要构建经济高质量发展的指标体系、标准体系、统计体系、绩效评价体系、政绩考核体系。

当前我国经济高质量发展的根本途径就是供给侧结构性改革。供给侧结构性改革本质就是调整经济结构，使劳动力、土地、资本、制度创造、技术创新等生产要素实现最优配置，提升经济增长的质量和数量。为此，国家出台了一系列经济改革的政策性文件，其中与估价行业直接相关的有《国家新型城镇化规划（2014—2020年）》《国家乡村振兴战略规划（2018—2022年）》《关于建立国土空间规划体系并监督实施的若干意见》《关于做好2019年老旧小区改造工作的通知》《关于新发放商业性个人住房贷款利率调整的公告》《关于部署开展2019年度自然资源评价评估工作的通知》《关于完善建设用地使用权转让、出租、抵押二级市场的指导意见》等政策文件以及新修订的《中华人民共和国土地管理法》《中华人民共和国城市房地产管理法》；间接相关的有《关于统筹推进自然资源资产产权制度改革的指导意见》《政府和社会资本合作暂行条例》《交通强国建设纲要》《关于促进政府采购公平竞争优化营商环境的通知》《政府投资条例》《关于推进养老服务发展的意见》等政策文件,这些推动经济高质量发展的经济政策,是我们估价行业研究的重点,促使我们改变估价供给模式,丰富估价业务产品,为新时代经济发展贡献一分力量。

二、估价供给模式现状及存在的问题

估价咨询行业属于第三产业服务行业,为客户提供的是服务类型的产品。我国的估价咨询行业也是随着我国经济体制改革发展才诞生的一种新型服务咨询业务,特别是我国土地管理体制和住房制度改革以后,在学习借鉴我国香港和新加坡管理经验的基础上,出于地价管理和银行抵押贷款等程序性的需要,估价行业才慢慢发展起来,并随着房地产业的发展不断壮大。但面临房地产行业转型升级,估价咨询业却在原地踏步,没有紧跟新时代的步伐。

(一)行业协会自律组织发挥估价供给业务指导显得力不从心

目前与估价行业密切相关的全国性行业组织是中国房地产估价师与房地产经纪人学会和中国土地估价师与土地登记代理人协会,主要职能是制定行业标准、行业自律管理、部分行政管理等,而在估价服务产品研发方面的引导和指导不能满足会员的需求。特别是省级、市级行业协会没有摆脱行政事业单位管理的藩篱及"放、管、服"改革后,省市级行业协会应该承担的作用没有得到应有的发挥。我们通过对31家省级土地估价和62家省市级房地产估价行业协会的网站进行调查,开展估价供给业务指导、产品研发指导、供给组织协调、课题研究等活动的情况如图1所示:

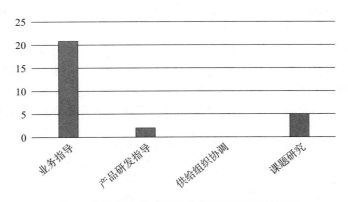

图1 估价行业协会估价供给指导活动统计图

(二)估价机构估价服务仅限于估价报告,供给模式单一

我们根据中国房地产估价师与房地产经纪人学会《关于发布的〈2018年度全国一级房地产估价机构排名〉的公告》(中房学〔2019〕6号)中全国626家一级房地产估价机构,按照房地产抵押估价、房屋征收评估、房地产司法鉴定估价、房地产转让估价、建设用地使用权出让估价、房地产咨询顾问、其他目的估价业务共7类估价业务,进行统计估价机构占比分析,如图2所示:

仅有245家机构有房地产咨询业务,占比为39.14%;对按注册房地产估价师人数排名前十名的估价机构进行调查,全部具有课题研究能力,但成立独立研究部门的机构仅仅3

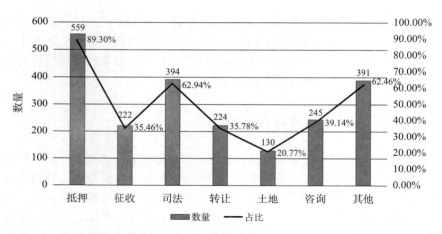

图2　全国一级估价机构业务类型机构数量及占比

家，成立咨询产品研发部的为零。对于其他二级、三级估价机构而言，能进行咨询业务的比例更低，能进行大数据服务、咨询产品研发的同样处于没起步阶段，各地的中小估价机构估价供给更显单一。

（三）面临数字经济的发展态势，估价数据供给还处于起步阶段

随着互联网技术和大数据技术、人工智能技术的发展，数字经济也成为很多城市的战略目标，即打造智慧城市。习近平总书记曾经指出："世界经济加速向以网络信息技术产业为重要内容的经济活动转变，我们要把握这一历史契机，以信息化培育新功能，用新功能推动新发展。"数字经济既有服务性产业的内容又有生产性产业的内容，起步于服务性产业落脚于生产性产业，服务于实体经济，才能长久发展。全国估价机构中有少部分机构已经在近几年开始加大对房地产大数据的研究和投入，开始向金融机构、政府机关等部门提供估价数据供给服务。但由于房地产大数据建设的前期投入大、周期长、人才少、风险高等，以及既懂BIM和GIS、CIM等信息技术又懂估价技术的人才匮乏等众多原因，估价数据产品研发还处于起步阶段。据不完全统计，全国开展房地产估价大数据研发和应用的相关企业见表1。

全国房地产估价大数据研发和应用企业一览表　　　　　　　　　　　表1

序号	企业名称	相关业务	备注
1	青岛禧泰房产数据技术有限公司	中国房价行情、一估云平台、城市房产三大应用平台	2005年
2	深圳华房数据技术有限公司（世联行）	世联EVS个贷管家	2007年
3	北京国信达数据技术有限公司	智慧估价、估价全程通、资产管理等产品	2008年
4	深圳房讯通信息技术有限公司	拥有云估价平台、估价宝、云勘查、云征收等产品	2010年
5	深圳中房评技术数据有限公司	中房评基础数据库、自动估价系统等产品	2011年
6	中估联行房地产咨询顾问（北京）有限公司	国内房地产评估综合专业服务平台（V估价）、估价作业支持系统（VOSS）等产品	2012年
7	北京云房数据技术有限责任公司	房估估、评E评、勘查系统、批量重估等产品	2013年

续表

序号	企业名称	相关业务	备注
8	上海智讯信息科技有限公司（智地平台）	机构交流与培训、软件工具、数据系统、货架产品（成功案例）和智屋交易平台等产品	2014年
9	重庆汇集源科技有限公司（公评网）	房地产大数据中心、快捷无风险评估管理平台、人工智能工具等产品	2015年
10	深圳中房信息技术有限公司（智估中房）	平台有项目管理系统、智能辅助估价系统、询价系统、估价数据库系统、押品批量复估系统等产品	2016年

注：资料来源为各公司官方网站，按照公司成立的时间排序。

（四）经济高质量发展的机遇与挑战，估价供给缺少技术储备

经济高质量发展，意味着各行各业都面临着机遇和挑战。估价行业面对智慧城市建设、城市更新、国土空间规划（多规合一）、房地产大数据、住房制度改革、相关PPP业务咨询、特色小镇建设、城市治理、乡村振兴、数字经济等新机遇和新挑战，估价机构和从业人员还缺少足够的认知。估价机构面对政府购买公共服务、企业转型升级、家庭资产管理等相关需求没有充分的研读，缺少相关估价产品研发等技术储备的战略意识。未来已来，我们如何做好技术储备，是估价机构管理层或研究院（产品研发部）面对的新课题。

三、经济高质量发展背景下构建估价供给新模式

（一）多方合力共筑估价共享平台供给新模式

经济高质量发展，平台经济扮演着重要角色。估价大数据共享平台的建设和完善，是估价行业的当务之急。政府相关职能部门要根据"最多跑一次"改革、数字经济发展和"因城施策"房地产市场调控的需要，积极构建房地产行业基础大数据平台，实现开放共享；行业协会特别是省级行业协会要积极履行自己的职能，承担行业协会在构建估价大数据共享平台中的关键作用，组织研讨和制定大数据共享平台的框架标准、数据标准等行业团体标准，组织共商各估价机构的应尽职责和利益分享机制；高校是智力群体最集中的机构，估价机构应积极与高校相关院系合作，研发构建估价共享平台。"政府引导、协会协调、高校参与、企业共筑"是估价大数据共享平台建设的基本路径，"多方协同、利益共享"是平台供给新模式的终极目标。

（二）大型估价机构提供估价产品研发供给新模式

根据经济高质量发展等的要求，总营业收入前一百名的估价机构都应该建立自己的产品研发部，总估价师或技术负责人应担任产品研发部经理。产品研发部有别于研究院，主要职责是根据政府最新改革方向和市场需求的发展趋势，结合估价机构专业优势，在研究院的配合下，研发估价服务新产品，不仅仅是满足市场需求，而是要引导市场需求，让产品符合行业的专业标准，又可以供政府部门或企业决策提供参考。例如城市住宅小区"偷面积"违章处理案件，城市执法局委托估价机构评估和房地产开发商委托估价机构评估，不同机构按照原有的供给方式，就会出具不同的估价结果，而且是估值相差很大的估价报告，让委托各方处于更加对立的状态，估价机构也被拖进深渊。针对这样的估价业务，笔者认为估价机构应该站在第三方的立场，向委托方提供解决问题的处置方案咨询报告。报告的内容要有案件的

前因后果和处罚的相关法律法规依据、城市规划和城市管理的相关理论依据、违章前后最高最佳使用、违章对容积率和周边环境的影响分析、既估价报告、违法所得、建议处理方案、尽职调查资料等。这样的供给产品既专业又有利于问题解决，既有利于今后审计机关的审计，又有利于树立估价机构的社会地位。

（三）中小估价机构提供基础数据估价供给新模式

中小估价机构具有当地天然地理和人文资源的优势，对当地房地产市场、经济社会发展、交通、教育、环境、消费心理、历史与现状等相当的熟悉，掌握着所在城市与估价相关的基础数据。大机构希望通过分公司和大数据互联网等手段垄断估价供给，让中小估价机构失去生存空间，但面临人力成本和管理成本、基础数据及时更新等问题的困扰。笔者认为大中小估价机构应该形成竞争合作关系，分工协作、各司其职、各显优势，构建具有良好竞争生态的"命运共同体"。特别是中小估价机构在大机构的技术指导下，具有收集和更新各地估价数据的天然优势，而且从中受益，利于中小估价机构长远发展。特别是在自然资源评价、农村建设用地流转、乡村振兴相关支撑政策研究、城市更新、房地产市场行情分析等估价供给方面显示出中小估价机构的地理优势。

（四）估价机构区域合作提供专家顾问供给新模式

经济高质量发展背景下，各地政府和企业都面临巨大的专业问题需要咨询专业机构。作为房地产行业智力最密集的房地产估价咨询业，理所当然地要成为各地政府和企业的智库成员之一。各地估价机构应该凭借各自的专业优势跨区域合作，形成不同方向的专业研究团队，为各地政府相关服务采购、应用课题研究、智慧城市建设、城市管理、相关项目评审、相关听证会等提供估价专家顾问供给；为各地相关企业拿地、置业投资、企业重组、合并、资产核算或清算、资产运营管理等提供专家顾问服务；为家庭或个人置业投资、海外移民、分家析产等提供专业顾问服务。

总之，在经济高质量发展的背景下，估价机构要凭借估价技术的专业优势，吸收和借鉴相关专业机构的业务供给模式，不断丰富专业知识和技能，提升专业水平，研读经济高质量发展的相关政策文件，提高技术手段，认清发展趋势，研发新的高质量的估价服务产品，为我国经济高质量发展做出行业贡献。

参考文献：

[1] 鲁厚荣. 经济高质量发展下的房地产估价需求探讨 [J]. 中国房地产业，2019（17）.

[2] 潘世炳，余尚松，李逸梦. 高质量发展阶段对房地产估价提出的新要求、新机遇 [J]. 住宅与房地产，2018（36）.

[3] 林永民，赵娜. "互联网+"时代房地产估价转型研究 [J]. 合作经济与科技，2018（02）.

[4] 张津夷. 房地产估价行业现状与转变方向战略分析 [J]. 中国房地产，2017（07）.

作者联系方式

姓　名：宋　成　蒋海滨　凌　波　罗　震

单　位：浙江博南土地房地产评估规划有限公司

地　址：杭州市西湖区天目山路97号科贸大楼8楼

邮　箱：bntd82@126.com

浅谈新形势下社会对房地产估价的新需求与新要求

廖海燕　廖述科

摘　要：2019年恰逢新中国成立70周年，从1949年至2019年中国房地产行业发生了翻天覆地的变化。因房地产是房地产估价的主要对象，本文从房地产出发，分析房地产行业在当今形势下的发展现状和未来发展趋势，分析房地产估价行业政策环境、经济环境、技术环境的变化。从外部条件与内部环境变化着手，分析新形势下社会对房地产估价的新需求新要求。

关键词：房地产行业；房地产估价行业；新需求；新要求

一、新形势下房地产行业的分析

（一）房地产行业的发展现状

从1949年到2019年，中国正创造着一场伟大的逆袭，在房地产领域，从福利分房到住宅商品化，经过理论突破与试点起步阶段，1998年后，我国房地产市场基本成熟，时至今日，中国房地产无论在政策调控层面，还是房地产相关法律法规、房地产金融等都形成了一个具有中国特色的体系。

据国家统计局数据显示，2019年上半年，我国房地产开发投资61609亿元，同比增长10.9%，增速比1—5月回落0.3个百分点。房地产开发企业土地购置面积8035万平方米，同比下降27.5%，降幅比1—5月份收窄5.7个百分点；土地成交价款3811亿元，下降27.6%，降幅收窄8.0个百分点。

分析其原因，一方面受到国家整体经济形势的影响，房地产投资增速进入稳定阶段；另一方面，近年我国正处于大力推进城镇化进程中，城市人口的增加导致住房需求增长，因而房价高速增长，政府为保障房地产市场平稳健康发展，出台了一系列调控房价、调整住房结构以及强化土地控制的政策。同时在金融方面，政府加息、提升存款准备金、限制开发企业前端融资，增加了房地产开发融资成本，最终使得房地产市场开发速度整体呈现下滑。

（二）房地产的发展趋势

2019年中共中央政治局会议要求：坚持房子是用来住的，不是用来炒的定位，落实房地产长效管理机制，不将房地产作为短期刺激经济的手段。从2017年7月至2019年7月，以经济为主要议题的中央政治局会议共召开了8次，其中有6次提及房地产。可以预见，房地产行业政策大幅放松的可能性极小，从房地产市场态势及国家宏观政策、房地产金融来看都不再支持房地产企业过度扩张。我国房地产已经进入到讲品质、讲内涵、讲价值的存量时代，未来房地产需要改变传统发展模式，加快发展新兴地产；将房地产与大数据、人工智能、云计算进行融合；加快科技创新，推动住宅产业化。

二、新形势下房地产估价行业的分析

（一）房地产估价行业政策环境分析

房地产估价是一个专业性较强，涉及学科较多的综合性学科，属于知识密集型行业。我国房地产估价行业起步于 20 世纪 80 年代，历经 30 多年发展。据统计，目前各类评估机构共有约 1.4 万余家，评估师人数已经超过 13 万，从业人员超 60 万。为了规范资产评估行业，保护资产评估当事人合法权利和公共利益，促进资产评估行业健康发展，维护社会主义市场经济秩序，2016 年 7 月 2 日第十二届全国人民代表大会常务委员会第二十一次会议通过并发布了《中华人民共和国资产评估法》，并于 2016 年 12 月 1 日开始实施。《资产评估法》从以下方面进行了变革：

（1）房地产估价行业实现了法律依据。

（2）国务院有关评估行政管理部门按照各自职责分工，对评估行业进行监督管理。

（3）确认了评估的专业性，即要区分专业领域和专业类别。

（4）放宽了评估机构设立条件，仅对评估师人数和合伙人或股东资格做出了要求，从审批制改为备案制。

（5）加大了评估的难度和风险：《资产评估法》第十三条规定：对评估活动中使用的有关文件、证明和资料的真实性、准确性、完整性进行核查和验证。第二十五条规定：评估专业人员应当根据评估业务具体情况，对评估对象进行现场调查，收集权属证明、财务会计信息和其他资料并进行核查验证、分析整理，作为评估的依据。第五十条又指出：评估专业人员违反本法规定，给委托人或者相关当事人造成损失的，由其所在的评估机构依法承担赔偿责任。评估机构履行赔偿责任后，可以向有故意或者重大过失行为的评估专业人员追偿。

（6）改变了评估委托方式：《资产评估法》第二十二条规定，委托人有权自主选择符合本法规定的评估机构，任何组织或者个人不得非法限制或者干预。评估事项涉及两个以上当事人的，由全体当事人协商委托评估机构，委托开展法定评估业务，应当依法选择评估机构。

（二）房地产估价行业技术环境的分析

社会进步，科技发展，每天都会升起不一样的太阳，中国文化几千年，总是在不断地探索、改变中前行，房地产估价本身就是一门驾驭信息技术而谋求发展的专业，是充分利用信息技术进行估算和判定客观价格或价值的活动，在这个日新月异的时代，房地产估价行业技术环境也悄然发生着改变。

目前市场上出现了类似"云估价"、自动估价系统、房产智能估价系统等"互联网＋大数据"的估价模式，特别针对一些常规的简单业务，例如住宅、办公、土地等抵押类业务，商业银行的贷后重估涉及的批量估价业务，涉及住宅、办公、土地的司法处置业务，批量涉税业务等评估项目，他们都有一个共同点，他们都是一个标准型业务，估价技术路线单一且简单，类似的市场成交实例充分，只需将足够有效的、真实的"比较实例"进行测算，就可以得出"估价结果"，而"互联网＋大数据"的估价模式便可高效地满足上述业务诉求。

三、新形势下社会对房地产估价的新需求与新要求

面对新的房地产市场状况,宏观经济环境,房地产估价行业内部政策、经济、技术层面的调整,在新的形势下,对房地产估价机构,估价人员、估价行业协会都提出了一些被动的需求,同时要顺应时代变化,立足行业也需要做出一些主动地改变,对自身提出一些新的要求。

(一) 对估价机构的新需求

1. 提高业务能力和服务水平,在求新求变的过程中拓展业务

由于宏观经济形势的影响,房地产行业整体投资下滑,房地产交易活跃度较低,房地产估价行业内部又引入了"互联网+大数据"的估价方式,房地产估价业务主动和被动的被消减,特别是传统业务出现锐减。那么要在这样严峻的情形下,保障业绩,保证业务量,作为房地产估价机构更加需要修炼内功,在积极学习和引入新的估价方式的同时,更加注重业务能力的提升,保证产品质量,为客户提供更好的消费体验感,提高服务水平,才能占据一定的市场份额。

2. 突破传统业务,实现业务多元化发展

"互联网+大数据"的估价方式大大冲击了传统业务,但针对整个评估领域,除了房地产估价之外,还包含机器设备、无形资产、矿业权、二手车、珠宝、艺术品等属于估价领域,作为估价机构可以拓展业务范围,发展成为以房地产估价为主的多元化房地产估价机构。

3. 注重人才储备,提高人员整体素质,迎接新挑战

由于房地产估价涉及的房地产、建筑、税务、会计、信息技术、地理信息技术等多学科,房地产估价机构在人才储备方面,应该保证全方位、多学科储备人才。同时建立内部培训机制,在具备扎实的房地产估价理论知识的基础上,优化知识结构,将估价理论知识与其他学科知识融会贯通,寻求新的可能实现的估价方法,估价技术,为未来可能或即将到来的变化做好准备,更好地服务于房地产估价活动。

4. 顺应时代,加强与互联网互动

"互联网+大数据"已经逐渐深入到社会的各行各业,"互联网+大数据"可以实现从单一数据到复合的多元数据,从"因果分析"到"相关性分析",从追求数据的精度到广度与精度并重,保证了数据的实时更新,这些特征都更好与房地产估价所需要的数据特征相吻合,所以"互联网+大数据"势在必行。

但目前的"互联网+大数据"的估价方式也还在探索过程中,数据来源、采集、分类、分析、应用,整套体系尚不成熟,作为估价机构应该顺应时代,把握市场敏锐嗅觉,开发操作性强,准确度高的房地产估价信息平台,有效促进房地产估价机构的转型升级。

5. 强化风险意识,完善内部制度

在业务锐减,同时又放宽评估机构设立条件的情况下,势必造成评估机构行业竞争日趋严峻。在这种大环境、大背景下,估价机构应该更加注重强化风险意识,建立和完善风险防范机制,积极开展法制教育,根据需要建立职业风险基金,强化评估服务的质量管理,建立责任追究制度,明确估价人员责任,同时完善内部监督机制,督促估价人员谨慎执业。

（二）对估价人员的新要求

1. 学习专业知识，提高执业能力

房地产估价是一个知识密集型行业，知识就是行业生产力，专业知识的提升，有助于在房地产估价过程中更加精准地把握项目存在风险。由于房地产行业本身也正处在一个调整变革的阶段，知识体系在不断地更新，市场结构在不断地变化，所以应积极参加继续教育。房地产估价是一门技术也是一门艺术，但是在我们的实际工作中，更应该坚持工匠精神，而不应该凭经验贸然判断，将每一个参数，每一个结论都做到有据可依，用专业的知识提升职业能力。

2. 强化风险意识

《资产评估法》的颁布，增加了估价人员的风险，作为估价人员我们应该准确把握《资产评估法》的精神实质，尽快熟悉和掌握各项法律法规，采用法律武器保护自己。在执业过程中，严格执行评估程序，履行估价人员的义务，做到诚实守信，依法独立、客观、公正从事业务。

3. 加强职业道德建设，秉持职业操守

从主观上严格要求自己，抵制工作中存在的利益诱惑，拒绝委托人或其他组织、个人对评估行为和评估结果的非法干预，依法签署评估报告，积极树立良好的职业形象，提高自身修养和素质，做到爱岗敬业，时刻保持职业责任感和社会责任感，正确处理个人与集团、国家的利益关系。

（三）对估价行业协会的新要求

1. 建立行业信息体系

制定行业自律管理办法，建立信用档案，将遵守法律、行政法规和评估准则的情况记入信用档案，并向社会公开。同时完善信用信息的全面性，实现全域联网，加大信用体系的使用力度，引导客户把信用档案作为甄选评估机构的重要指标之一。信用分值累计达到一定程度，缩小评估机构业务范围，从主观上约束评估机构，让评估结构被动接受行业、客户、社会的监督。加强违规行为的处罚力度，将典型案例在行业内通报。

2. 健全法律法规体系

《资产评估法》的颁布实施一定程度上约束了从业人员，增加估价人员的权利、义务以及不得有的行为，但尚未明确规定估价人员在具体执业过程中的依据，同时在判定违法行为上缺少理由。要维护行业的健康平稳发展，规范市场秩序，在新的形势下，完善的法律法规体系仍然必不可少。同时应该定时对相关法律法规进行补充完善，适时调整。

四、结论

培根说："只有愚者才等待机会，智者则创造机会"。在机遇与挑战面前，我们应该直面挑战，举众人之力，承天下之托。不忘初心，砥砺前行。在新的形势下，满足客户、社会对我们的新需要、新要求，推动行业技术更新，推动行业向前发展。

参考文献：

[1] 国家统计局. 2019年1-6月份全国房地产开发投资和销售情况 [EB/OL]. [2019-07-15]. http://www.stats.gov.cn/tjsj/zxfb/201907/t20190715_1676024.html

[2] 张志娟. 简析新形势下房地产估价行业的发展 [J]. 房地产导刊，2015（58）.
[3] 谢霜菊. 新形势下房地产市场现状分析及发展趋势 [J]. 中国房地产业（上旬），2017（10）.
[4] 柴强.《资产评估法》对房地产估价行业的影响与机遇 [C]// 新估价服务大市场——迎接《资产评估法》施行后时代——2016 年中国房地产估价年会论文集. 北京：中国城市出版社，2017.
[5] 中华人民共和国资产评估法 [Z]. 北京：中国法律出版社，2016.

作者联系方式

姓　　名：廖海燕　廖述科
单　　位：深圳市国策房地产土地估价有限公司成都分公司
地　　址：成都市青羊区提督街 88 号四川建行大厦 2410 室
邮　　箱：878527928@qq.com

如何应对新形势下估价需要和要求的变化
——兼谈编制房地产价格影响因素优劣等级分类

章积森　李秀荣　张露沁　柯小平

摘　要：本文从估价业务数量、评估费用、估值精准和作业时间四大方面，阐述了面临的估价需要和要求的变化；分析了应对这种变化的方法与措施；提出"编制房地产价格影响因素优劣等级分类"的全新理念，首次较系统地介绍了编制的意义、思路、方法；论述了计算机技术和大数据平台在因素优劣等级分类以及各类估价场景中的应用。文中还介绍了笔者单位编制完成的"厦门市房地产价格影响因素优劣等级分类"和应用实例。希望本文对业界有所启发和帮助。

关键词：房地产估价；估价需要；估价要求；价格影响因素等级分类

一、新形势下估价行业面临的需要和要求的变化

目前估价行业面临的估价需要和要求变化，主要反映在估价业务数量、评估费用、估值精准和作业时间四大方面。"需要变化"，一方面表现为原有需要的住宅房地产贷前估价业务骤减；另一方面表现为贷后批量估价业务更多为非住宅类房地产。"要求变化"，表现在要求大幅度降低评估费用、提高估值精准和缩短估价作业时间。

（一）传统估价业务数量骤减

随着成套住宅房地产价格的透明度越来越高，传统的贷前估价业务也随之急剧萎缩；住宅类的个贷项目，银行方仅要求"快速询价"，而无须估价机构出具《房地产估价报告》，这将成为趋势。

（二）评估费用被大幅度降低

随着"谁委托谁付费"的落实，评估费用改由发放贷款的商业银行承担，不仅贷前估价的评估费用被银行方大幅度降低，而且批量估价的贷后估价业务，评估费用也是低得离谱。

（三）对估值精准的更高要求

"批量估价"与"单宗估价"相比较而言，"批量估价"对估值精准的要求更高，它不仅要求对每个估价对象的估值客观、合理，而且还要求对"批量"中的各个估价对象估值，要经受相互间的比较和平衡。

（四）估价作业时间要求更短

在低标准支付评估费用的同时，银行方为自圆其说，要求估价作业时间更短，出具估价报告更快。

二、如何应对面临的需要和要求的变化

估价行业和估价机构,可以从以下方面入手来应对面临的估价需要和要求的变化。

(一)大力拓展咨询业务,弥补传统估价业务数量骤减

咨询业的发展是市场经济发展的产物,市场竞争越激烈,对咨询业的需求就越大。在这一背景下,企业对咨询业的需求将会日益增多,未来中国的咨询业(尤其是管理咨询业)将有广泛的发展空间和良好的市场前景。估价机构在立足传统业务的同时应大力开拓咨询业务市场。

(二)发挥行业协会作用,抵制评估费用无限制被降低

面对商业银行,估价机构处于弱势地位。在面对各商业银行单方决定且随意性降低评估费用等重大问题时,除了估价机构要团结抵制外,行业协会应与银行方如实陈述、以理据争、积极协调。

(三)编制因素等级分类,满足对估值精准的更高要求

"编制房地产价格影响因素优劣等级分类"(以下简称"因素等级分类")是一个全新的理念,它可以将众多的难以用数学模型进行表达的影响因素,依据"量化指标","对号入座",使得比较结果更客观、更合理,应对估价"需要和要求"的变化,满足对估值精准的更高要求。

(四)大数据计算机技术,顺应估价作业时间的更短要求

利用大数据估价平台和计算机技术,可以高效地实现在各种不同估价场景的应用,应对估价"需要和要求"的变化,实现估价作业时间的缩短。

三、编制房地产价格影响因素等级分类

(一)编制因素等级分类的意义

1. 解决了比较法运用中存在的痛点

(1)比较法运用的现状操作弊端。

可以通过数学模型来表达的房地产价格的影响因素(如楼层、新旧程度等)毕竟为少数;而难以用数学模型进行表达的影响因素是众多的,可比实例与估价对象诸项因素的"比较",目前基本是全凭主观判断,或全凭拍脑门臆断,这是比较法运用中的痛点,也是估价机构和估价师普遍希望解决的难题。

比如:可比实例与估价对象在某个影响因素进行比较时,其比较结果如果完全依靠主观判断,可能会有以下三种不同的结果:①比较结果判断准确——估值合理(这种概率很低);②比较结果方向判断正确——估值不一定合理(可比实例比估价对象好,可以判定为"好"或"较好"或"略好",全凭主观判断);③比较结果方向判断错误——严重影响估值(可比实例误判为比估价对象差或好,比较结果从"差"或"好""较差"或"较好""略差"或"略好""相似"中随意选其一,全凭拍脑门臆断)。

(2)因素等级分类解决了估价痛点。

依据"量化指标"编制的"因素等级分类",可以将各个影响因素便捷"对号入座"("对号套等级"),起到了可以通过"数学模型来表达"的"相似效果",很好地解决了比较法运用

中目前存在的痛点。

2. 顺应了估价需要和要求的变化

编制"因素等级分类",不仅可以便捷得到客观的"比较结果",还可以顺应面临估价"需要和要求的变化"——满足"对估值精准的更高要求"。

如果将"因素等级分类"结合计算机技术和大数据估价平台,可使提高估价效率和准确度得以实现。

（二）编制因素等级分类的思路

1. 编制涉及的房地产用途

"因素等级分类"的编制,以普通住宅、写字楼、商铺最常见的三种用途分别编制。

2. 影响因素等级个数确定

为了满足比较结果进行定性的可操作性,因素等级分类编制时将各影响因素的优劣程度按4个等级进行分类（即一等、二等、三等、四等）。通过4个等级可以排列组合出7个级别（好、较好、略好、相似、略差、较差、差）,见表1。

影响因素优劣等级比较结果一览表　　　　　　　　　　表1

比较结果		可比实例			
		一等	二等	三等	四等
估价对象	一等	相似	略差	较差	差
	二等	略好	相似	略差	较差
	三等	较好	略好	相似	略差
	四等	好	较好	略好	相似

3. 编制因素等级分类原则

编制"因素等级分类"时需要把握好以下方面:

（1）区域性。确定区域范围,是针对××市（县）或××行政区。区域范围的大小决定了量化指标的选择和界定,因素等级分类的内容应符合当地实际情况。

（2）针对性。内容应针对各影响因素的特点及内涵来确定。

（3）合理性。应考虑各因素等级之间差异的合理性,等级之间的差异应与房地产价格相吻合。

（4）严密性。内容应避免理解误会。以"与重要场所的距离"因素为例,如该因素列举了6个具体的量化指标,那么这6个指标是"且"还是"或"的关系,是"同时满足"或是"只要满足其中的几项",应该在等级分类内容确定时给予明确界定。

（5）覆盖性。分类涵盖的内容应全面,不应有漏项而造成某种情况没有等级可以对应;还要注意不要出现不同因素等级之间所涵盖内容的矛盾。

（6）可操作性。内容应尽量采用量化指标,指标的选择和界定可以不必太精细,但一定要满足可操作性。

（三）因素等级分类编制成果举例

1. 厦门市编制成果简介

笔者单位（厦门均达房地产资产评估咨询有限公司、厦门云评众联科技有限公司）,于

2018年已经编制完成了《影响因素优劣等级比较结果一览表》以及《厦门市房地产价格影响因素优劣等级分类》（以下简称"厦门市因素等级分类"）。

厦门市因素等级分类，包括住宅、办公和商业三种房地产用途；房地产状况分别有区位状况、实物状况和权益状况。住宅房地产状况的影响因素有31个；办公房地产状况的影响因素有28个；商业房地产状况的影响因素有29个。

现将厦门市因素等级分类编制成果中，节选住宅类的2个区位状况的影响因素，见表2。

厦门市（住宅）房地产价格影响因素优劣等级分类（节选）　　表2

因素名称		一等	二等	三等	四等
区位状况	…	……	……	……	……
	与重要场所的距离	（同时具备以下4个或4个以上条件） 距市中心≤2000米； 距商服中心≤2000米； 距农贸市场≤1000米； 距学校≤1000米； 距医院≤1000米； 距公园≤1000米	（同时具备以下3个或3个以上条件） 距市中心2000～4000米； 距商服中心2000～4000米； 距农贸市场1000～2000米； 距学校1000～2000米； 距医院1000～2000米； 距公园1000～2000米	（同时具备以下3个或3个以上条件） 距市中心4000～6000米； 距商服中心4000～6000米； 距农贸市场2000～3000米； 距学校2000～3000米； 距医院2000～3000米； 距公园2000～3000米	除一、二、三等条件之外
	出入可利用交通工具	（同时具备以下3个或3个以上条件） 出入可利用的交通工具的种类≥3种（地铁、快速公交、公交、出租车、轮渡等）； 距离站点步行5分钟之内； 公交班次不超过5分钟； 公交路线数量≥10条	（同时具备以下3个或3个以上条件） 出入可利用的交通工具的种类为2种（地铁、快速公交、公交、出租车、轮渡等）； 距离站点步行5～10分钟； 公交班次不超过10分钟； 公交路线数量6～10条	（同时具备以下2个或2个以上条件） 出入可利用的交通工具的种类≤1种（地铁、快速公交、公交、出租车、轮渡等）； 距离站点步行10～15分钟； 公交班次超过10分钟； 公交路线数量3～6条	除一、二、三等条件之外
	…	……	……	……	……

2. 厦门市编制成果应用实例

第一步，获知可比实例和估价对象各影响因素的相应"等级"。

依据"厦门市因素等级分类"（表2），将可比实例和估价对象的各个影响因素的实际情况"对号入座"，得到可比实例和估价对象各影响因素相应的等级。

比如："出入可利用交通工具"因素，依据表2查到：可比实例A为"二等"，估价对象为"一等"。

同理，可以获知各可比实例及估价对象的各个影响因素的等级。

第二步，根据获知的各影响因素等级便得到相应"比较结果"。

依上所知的"出入可利用交通工具"因素等级（可比实例A为"二等"，估价对象为"一等"），依据《影响因素优劣等级比较结果一览表》（表1），则"出入可利用交通工具"因素的"比较结果"为：可比实例A比估价对象"略差"。

同理，可以得到各个可比实例与估价对象的各个影响因素比较结果。

第三步，根据"比较结果"选择可比实例各因素的"调整值"。

有了可比实例与估价对象各影响因素的比较结果，就可以进行可比实例各影响因素的调整。"调整值"可从设定为区间值（上限值——下限值），由估价师根据实际情况在区间值范围内选择。这既纠正了估价师主观盲目调整，同时也保留了估价师有限的选择空间。

第四步，在各因素的"调整值"基础上再考虑其相应的权重。

在确定"调整值"时，应考虑各影响因素的权重。各影响因素的权重值，根据笔者单位已完成的"影响因素权重值成果"可获得各影响因素的权重值。

"影响因素权重值成果"，包括住宅、商业、办公三种用途。每种用途都有三级指标影响因素的权重值，还有一级指标影响因素（区位、实物、权益）的权重值。

四、计算机技术在因素等级分类中应用

利用计算机技术和大数据估价平台，不仅可以提高"因素等级分类"编制的效率和准确度，而且可以实现"因素等级分类"结果在不同估价场景的应用。

一方面，计算机技术可以为"因素等级分类"编制提供大量的基础数据。在编制"因素等级分类"时，需要获取房地产价格各个影响因素的详细数据资料，包括小区、楼栋、房屋及周边相关资源等数据，对这些数据的搜集、整理、归类，是进行"因素等级分类"的数据基础。将繁杂无序的海量数据，通过统一地址库方法模型、MapReduce并行计算编程模型、文本识别、自然语言等技术处理进行数据的清洗过滤、分类规约和细化等，得到的数据可以有效地应用于"因素等级分类"的匹配。

另一方面，计算机技术可以有助于"因素等级分类"的自动化实现。以房地产大数据作为支撑，利用计算机的信息化处理，估价师可以对已有楼盘的小区维度、楼栋维度等影响因素以及可比实例的基础数据进行批量等级分类。

此外，计算机技术和大数据估价平台可以实现"因素等级分类"在不同估价场景的应用。例如，根据《有向秩权重分析在房地产价格影响因素权重研究中的应用》所述的房地产价格影响因素指标体系及影响因素权重值成果，结合"因素等级分类"成果，利用计算机技术可以实现批量复估、自动估价等场景，提高估值的效率和精度（场景应用示意图如图1所示）；又如，应用"因素等级分类"成果还可以进行住宅房地产优势对比等（优势对比示意图如图2所示）。

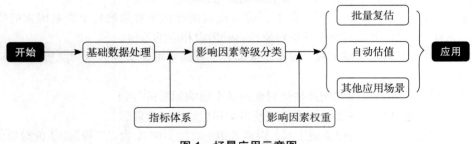

图1 场景应用示意图

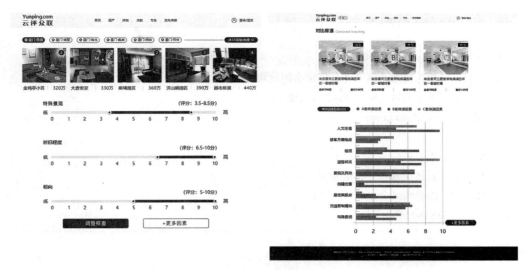

图 2　住宅房地产优势对比示意图

五、结语

由于"因素等级分类"有很强的地域性，全国各地的房地产状况影响因素优劣程度存在差异性，因此建议各地的房地产估价师依托自身的工作经验完成当地的"因素等级分类"编制成果，从而推动房地产估价行业理论研究与实践的应用。

参考文献：

[1] 中国房地产估价师与房地产经纪人学会. 房地产估价理论与方法 [M]. 北京：中国建筑工业出版社，2017.

[2] 住房城乡建设部. GB/T 50291—2015 房地产估价规范 [S]. 北京：中国建筑工业出版社，2015.

[3] 章积森. 房地产估价钥匙 [M]. 北京：中国建筑工业出版社，2016.

[4] 朱建平，章积森，李秀荣，张露沁. 有向秩权重分析在房地产价格影响因素权重研究中的应用 [C]// 高质量发展阶段的估价服务：2018 中国房地产估价年会论文集. 北京：中国城市出版社，2019.

作者联系方式

姓　　名：章积森

单　　位：厦门均达房地产资产评估咨询有限公司

地　　址：厦门市思明区金星路 41-2 号二楼

邮　　箱：fzms01@126.com

姓　　名：李秀荣

单　　位：厦门云评众联科技有限公司

地　　址：厦门市思明区金星路 41-2 号

邮　箱：Lixiurong@vip.sina.com

姓　名：张露沁
单　位：厦门均达房地产资产评估咨询有限公司
地　址：厦门市思明区金星路 41-2 号二楼
邮　箱：59261013@qq.com

姓　名：柯小平
单　位：厦门云评众联科技有限公司
地　址：厦门市思明区金星路 41-2 号
邮　箱：121183803@qq.com

以马斯洛需求层次理论探索房地产估价顾问服务的需求

陈丽名　王晓东

摘　要：房地产估价在社会经济活动中起到了重要的作用，其作用的发挥更多的是离不开制度上的要求；个人的发展需要同样存在房地产估价的需求。本文通过借鉴马斯洛需求层次理论，针对如何拓展自然人的估价顾问业务，提出从传统业务发现价值为核心，到房地产估价顾问业务以创造价值为核心的升华。

关键词：估价顾问；马斯洛理论；服务需求

《中华人民共和国城市房地产管理法》规定"国家实行房地产价格评估制度"和"国家实行房地产价格评估人员资格认证制度"，明确了房地产估价行业的制度需求和估价专业人员的法律地位。随着经济的发展和人们生活水平的不断提高，房地产估价行业正面临着新的形势，房地产估价行业需要在供给侧做出相应的升级，不仅要做好传统的估价服务，更要以人为出发点，以专业的房地产知识和经验，为人们提供优良的专业意见，满足经济发展和人民生活的需求，促进房地产估价行业的发展，推动社会的进步。

一、全国房地产估价行业的现状

从行业内机构和从业人员规模上看，我国共有房地产评估机构约5250家，注册执业人数约5.4万人。其中一级机构约550家，占10.48%；二级机构约1700家，占32.38%，三级（含暂定）机构约3000家，占57.14%。房地产估价机构和人员规模远远不及房地产经纪和建筑业等行业，侧面说明了社会对房地产估价业务的需求量，决定了房地产估价业务的数量，从而决定了从事该项业务的机构和人员数量。但是，随着房地产行业的新变化，现有的估价机构中，更多的是从事传统的估价业务，包括房屋征收评估、房屋抵押评估、课税评估等，很少涉及房地产估价顾问业务。

二、房地产估价师具有先天的顾问优势

房地产估价师是国家施行执业准入的重要专业技术之一，具有极强的综合性、专业性特点。从事房地产估价工作需要了解房地产全生命周期的知识，涵盖面极其广泛，单独在某一个环节或某一个方向做专做精，都能够成为细分领域的专家。如果一个估价机构拥有各细分领域的专业人才，那么也就具备了顾问型公司的基本条件。房地产估价师不仅懂得房地产价值及评估理论，而且具备有关房地产价格及其影响因素的专业知识和经验，了解房地产市场

的行情，所以，房地产估价师也是"房地产价格专家""房地产市场分析专家""房地产投资顾问"，人们通常还要求房地产估价师和房地产估价机构承担房地产市场调研、房地产投资项目可行性研究、房地产开发项目策划、房地产项目调查评价、房地产购买分析、房地产资产管理等业务。当你不具备相关专业知识，而且又不知道怎么处理房地产相关问题的时候，就需要一个顾问为你出谋划策。

三、自然人对房地产估价的需求有待挖掘

房地产估价的需求情形较多，其他资产需要估价的情形相对较少。房地产以外的其他资产主要是发生转让行为，在转让的情况下需要估价。房地产除了发生转让行为，还普遍发生租赁、抵押、征收、征用、课税等行为。因此，不仅房地产转让需要估价，而且房地产租赁、抵押、征收、征用、分割、损害赔偿、税收、保险等活动也都需要估价。纵观古今中外，对房地产估价的需求远远大于对其他资产估价的需求。

目前房地产估价机构承接的业务是以政府、事业单位、国有企业和各类企业委托为主，原本由个人委托的房地产抵押评估业务，也逐渐地转为银行统一委托、银行付费的模式。但是作为社会最小单位的自然人，对房地产估价的需求挖掘还是不够的，人们没有意识到房地产估价的需求，房地产估价顾问又没有对接到有需求的自然人。

房地产行业在近10年里经历了高速的发展，伴随着房地产行业高速发展的还有近些年如火如荼的互联网经济。互联网经济在自然人用户方面下足了功夫，微博、微信、淘宝、滴滴打车等无不以自然人出发，不断地扩大用户规模。手机的普及，伴随着移动互联网的发展，人们的生活方式逐渐地改变了。自然人的"人物画像"逐渐清晰，移动互联网的下半场正在从 to C 向 to B 发展。然而形成对比的是，房地产行业在"房子是用来住的，不是用来炒的"的基调下，房地产行业没有了时代红利的光环，自然人名下的房地产就更需要专业的意见。所以，属于房地产估价行业的 to C 时代才刚刚开始。自然人的需求是原生的真实需求，这样的需求"你找或者不找，需求就在那里"，待你发现。

四、马斯洛需求层次框架下的房地产估价顾问需求

（一）马斯洛需求层次理论

马斯洛需求层次理论是人本主义科学的理论之一，由美国心理学家亚伯拉罕·马斯洛于1943年在《人类激励理论》中所提出。书中将人类需求像阶梯一样从低到高按层次分为五种，分别是：生理需求、安全需求、社交需求、尊重需求和自我实现需求。人都潜藏着这五种不同层次的需求，但在不同时期表现出来的各种需求的迫切程度是不同的。人的最迫切的需求是激励人行动的主要原因和动力。人的需求是从外部得来的满足逐渐向内在得到的满足转化。在高层次的需求充分出现之前，低层次的需求必须得到适当的满足。低层次的需求基本得到满足以后，它的激励作用就会降低，其优势地位将不再保持下去，高层次的需求会取代它成为推动行为的主要原因。有的需求一经满足，便不能成为激发人们行为的起因，于是被其他需求取而代之（图1）。

图 1　马斯洛需求层次理论模型

（二）需求层次与房地产估价顾问服务

1. 生理和安全的需求与房地产估价顾问服务

这里可以理解为刚需。衣食住行，是人类生活的必需品，住房是人类最原始的需求，人们需要一个遮风挡雨的地方，哪怕是一个简陋的房屋。在这个阶段，人们更在乎房地产的实物因素，满足人们基本的生理上和安全上的需求。

哪怕房屋的交通不够便捷，哪怕房屋距离城区的距离比较远，人们或许只是需要有个居住的地方。根据经济情况的不同，每个人的做法也不尽相同：有的选择租赁商品房；有的选择申请公租房；有的选择购买经济适用房；有的选择借助全家的力量凑够首付，利用金融杠杆购买商品房。

然而这些选项没有人写出来，摆在你面前让你去选择，大家都是凭本能主观判断。有人说这些建议房地产经纪人完全可以完成，但是租商品房、公租房，还是买共有产权房或商品房，房地产经纪人或许只懂其中一方面，或只知道一个小区的价格，无法全面对比形成主视角的方案。

如果我们在做关于房产的重要决定的时候，能够有一位专业估价顾问为你出具 1、2、3、4 套方案，讲出方案的利弊，自己更适合哪个方案，那么你愿意为这个建议付费吗？

2. 社交和被人尊重的需求与房地产估价顾问服务

这里可以理解为改善型需求。人口的迁移趋势是朝着城镇化的方向集中，随着人们生活水平的不断提高，就更加需要配套完善的居住和工作环境。这个阶段，人们需要更具有优势的区位，加强社交和得到更多的尊重。

古往今来，人际关系中财富量的多少，一定程度上决定了其在社会中的地位；财富量的多少，又往往以其拥有的房地产来衡量。"有人斯有土，有土斯有财"的观念就是最好的证明。人们渴望生活的稳定，有舒适的圈子，舒适的人居环境，和谐的社会关系，以及由此带来的被尊重的感受。

如果人们在满足改善型需求的同时，能够更加理性地考虑城市的未来规划和功能分区定位，结合本身的工作和生活环境，住宅的区位更优越，居住面积更大，都需要向专业的房地产估价顾问咨询，需要一个具有针对性的，结合了数据、理论和经验的专业意见。

3. 自我实现的需求和房地产估价顾问服务

一个得到社会尊重的人，更高的追求就是实现和超越自我。这个阶段人们需要将自己的住房装饰得更加独特，功能配套更加完善，居住环境更加考究。而且，不仅拥有属于自己的住宅房屋，也可以购买、持有商铺和写字楼，用于保值获取稳定收益。房地产估价师可以作为顾问，在住宅方面为选址、景观的提升、配套的完善和规划提供专业意见。在非住宅方面可以为出租的价格、投资回报和业态的规划等提供专业意见。

随着人们生活水平的提高，在工作之余全家人出游、度假更是成为越来越普遍的需求。景区和具有特色的村庄虽然有着得天独厚的优势，但碍于产权人没有意识和专业知识，不知怎么改造和打造出具有收益的经营模式。这样就需要具有专业知识和经验的房地产估价顾问，为其提供量身定制的可行性方案。

五、相关建议

（一）做好传统业务是基础

房地产估价顾问服务不是颠覆房地产估价行业，而是对房地产估价业务的延伸和深耕。传统的估价业务需要静下心来一步一步做好，估价机构有意识地培养房地产各个领域的专家，做好法定业务和经济活动中规定的服务，夯实理论基础，保证估价的客观公正性。就像近几年出现的征收拆迁管理一样，从估价衍生出来，因为具有征收拆迁的专业知识和经验，可为委托方提供新的顾问服务，从而挖掘出新的服务领域。

（二）认识到人本位是中心

平时我们所说的估价对象是房地产，它承载着人们的住居、承载着人们的希望、支撑着国民经济，确实非常重要。但是如果脱离了人类的需求，它就只是冰冷的钢筋水泥。人是社会的构成单元，现在人类的劳动是非常普遍的，但是未来最奢侈的就是人类劳动，尤其是具有专业领域知识的人类劳动。估价师需要以人为中心思考价值重构，估价师也将受到更多尊重。只有提升估价人员的专业技术，才能为不同层次的需求提供有差别的专业服务。

（三）宣传是必经之路

当我们需要咨询专业意见却又踌躇的时候，或许不是因为我们负担不起顾问费用，只是我们不知道该去找谁。我们的行业在社会的认知度不及遍地开花的房地产经纪行业，这说明行业需要宣传，同时估价机构也需要宣传。就像遇到法律问题就想到律师一样，要让人们知道社会上存在房地产估价的专业队伍，让各家机构的品牌在人们心中占有一席之地。

（四）数据和信息化是必备工具

数据是房地产估价的重要支撑，有了充足的数据，估价理论才会如虎添翼。各家机构需要从单纯的竞争，走向数据方面的竞合，结合房地产中介行业、开发行业等数据，将小溪汇流成大海，真正汇聚各家之力，建立以估价行业为主导的房地产数据库。

同时房地产估价顾问与委托方需要高效、真实的对接，需要一个信息化的平台，具有公信力，可以实现线上线下相结合。

（五）从发现价值到创造价值

人们对估价顾问是有真实需求的，毕竟原始的需求才是支撑一个行业发展的重要动力，就像我们每天都需要吃饭一样，餐饮行业的存在就是这个道理。传统业务中房地产估价师需要运用估价相关理论，收集相关数据，发现房地产的价值，加工出来一份估价报告，交付给委托方，以完成某一项经济活动。

但是估价顾问不一样，有时候需要房地产估价师站在投资人的角度思考，将专业的经验和理论，结合充足的数据，绘制出一张"蓝图"，从投资价值的角度提出专业意见，发现基于委托人主观视角的客观价值，并创造出具有估价师专业所升华的价值，让房地产发挥价值、实现价值，业务的重心也就从发现价值向创造价值发展。

（六）提升专业服务意识

估价顾问，除了基本的估价常识，还需要综合多方面的知识，不仅涉及各方面的专业知识，而且也要具有很强的技术操作与技术分析能力。不仅要通晓房地产估价的理论、方法、技巧，还要具备估价相关法律法规、金融与经济、会计与审计、规划、建筑、测绘与房屋鉴定等相关知识，同时还应熟悉估价对象所在地区的房地产政策、当地消费习俗等方面的信息。此外，还要具备适应信息化要求的数据处理能力，能便捷、有效获取并运用数据。同时还应具备项目管理与执行能力、团队协作能力等多方面的专业技能。

如果说，估价是科学与艺术的结合，那么估价顾问则应具有科学、专业、艺术、经纪等多方面的综合能力，我们应该以需求层次不同的人类作为着眼点，对每一种需求提供专业化、个性化的综合服务，将估价行业发展得更加多元化、专业化。

作者联系方式

姓　　名：陈丽名　王晓东
单　　位：北京盛华翔伦房地产土地评估有限责任公司
地　　址：北京市朝阳区东三环南路 58 号富顿中心 B 座 701
邮　　箱：13811517706@163.com

新需求、新要求下房地产估价业务的深化与拓展

赵 华

摘 要： 新形势下，我国经济由高速增长阶段转向高质量发展阶段，向着形态更高级、分工更复杂、结构更合理的阶段演化。房地产估价行业的外部环境和社会需求发生了重大变化，带来机遇的同时行业也面临着发展的重大危机。如何顺应时代发展的步伐，坚守房地产估价的核心价值，认清行业的新要求，满足行业的新需求，是每一个房地产估价机构、每一位估价师都必须面临的现实和挑战。

关键词： 房地产估价；核心价值；新需求；新要求

随着《资产评估法》的颁布实施，房地产估价行业的法律法规和行业标准不断完善，行业的门槛进一步提高。行业的监管由行政管理转为行业自律，行业检查由定点定向转变为"双随机、一公开"模式，这些变化对评估机构的经营提出了更高的要求。行业立法、加强监管的目的是为了提高行业的专业水平和服务水准，提升行业形象，从而实现优胜劣汰，以适应新形势下社会对房地产估价的新需求、新要求。

一、评估行业面临的挑战——核心价值的缺失

新形势下，随着市场经济的进一步发展和规范，房地产估价的市场需求发生了重大的变化，仅仅满足程式化的评估需求将逐渐被抛弃。随着网络科技、人工智能的发展，外部的跨界也在蚕食着评估行业的传统业务，如大多数银行可以通过网络询价获取押品价值；最高院将委托评估位列于当事人议价、定向询价、网络询价之后的最后顺位。传统非法定程式类评估业务的消亡，使得评估行业面临重大危机。

评估行业发展之初，社会经济活动尚不如目前这般活跃，大部分评估业务仅仅是为了满足经济活动中程式化的需求，尤以抵押评估为甚。可以说，抵押评估是大部分中小型评估机构业务的起点，发展的基石。大量程式化评估的目的仅仅是为了满足经济行为的审批环节，而非评估行业的核心目的——显化价值，评估行业的机构和从业人员得不到客户的尊重。与此同时，评估行业一直受到严格的行业壁垒保护，造成估价资质、客户关系比专业服务、技术创新更有价值，过低的准入门槛，造成人才发展的空间受到限制，估价师技能单一，行业人士的视野不够开阔。在这样的背景下，评估行业同质化严重，低价竞争大行其道，行业自律变得无足轻重，行业监管也会流于形式。

评估行业的社会需求是和社会经济活动密不可分的，其核心目的是为商品经济交易各方提供交易标的物的价值判断，其终极的社会需求是为客户进行房地产决策、规避经济行为实施风险或价值鉴定、举证、博弈提供专业的价值分析服务，讲得通俗一些，就是"为人谋

利、替人担责、帮人解忧"。随着人工智能和大数据的发展，很多市场化程度较高的房地产价值变得显而易见，除法定评估外，评估已无市场需求。程式化评估并不能给客户提供专业意见，其本不是评估行业的真实需求，在市场公开、科技发展的刺激下，逐渐消失是必然的，也是一种正常的回归。作为专业服务的房地产估价，其核心价值离不开"独立、专业、创新"这几个关键词。评估行业的核心价值的缺失，才是行业出现危机的根本所在。

二、坚守核心价值寻求行业新需求

新形势下，社会经济活动日益活跃，形式日益多样，房地产产权制度日趋完善规范，这些都为房地产估价提供了新的需求。即使传统的评估业务，在萎缩消亡的同时，也在衍生出新的需求。但无论是传统业务还是新兴业务，显而易见的、程式化的评估终将消失，评估行业新的社会需求也从单一价格显化延伸为高质量全流程的策划咨询服务，与国际估价行业接轨，以适应社会经济的发展。唯有坚守评估行业的核心价值，专业创新，才能认清并及时把握行业的新需求，赢得客户的信任和尊重。

（一）深耕传统业务

估价行业的传统业务，主要包括抵押评估、司法评估、征收评估，虽然市场逐渐萎缩，但仍在社会经济活动中不可或缺，并不会完全消亡。估价机构应顺应新形势的发展，利用估价行业的专业优势，发掘传统业务中的新需求，提升服务深度，提供高质量服务。

1. 抵押评估的衍生服务

2017年，中国银监会发布了《商业银行押品管理指引》，目的是为了规范商业银行押品管理，引导商业银行加强押品相关制度建设，弥补以往监管上存在的短板。房地产估价机构可以发挥自身优势，在提供传统的估价报告之外提供其他延伸服务，具体可以包括贷款存续期的押品实物及价值的动态监测，运用智能化大数据进行押品变现能力测试以及押品处置时的管理咨询等。

2. 司法评估的衍生服务

虽然人民法院在确定财产处置参考价时，将委托评估置于当事人议价、定向询价、网络询价之后的第四顺位，使得司法评估业务大量缩减，但评估机构仍可凭借着自身的专业优势全方位地介入，提供高质量的服务。如针对定向询价，可以运用自身积累掌握的市场信息提供大数据服务，其精度和深度无疑更优于计税基准价、政府定价和政府指导价。传统司法评估的功能不仅仅是满足核价需求，实际的运作中还包含估价对象实物状况、权益状况、实际占有以及债务及瑕疵的调查，为司法处置补充相关材料，这些工作都是非专业的司法网络询价平台无法胜任的，也是法院和申请方的真实需求。在破产清算评估中，评估机构除了提供评估服务之外，还可以为管理人拟定不良资产包的处置方案。此外，评估机构还可以为竞拍人提供纳税咨询、代理交易等服务。随着司法制度的改革，诉讼举证方也可以直接委托评估机构为当事人的诉讼请求提供评估服务。

3. 征收评估的衍生服务

评估机构在征收评估服务中，可不局限于评估技术、价值发现这一相对狭隘的领域，可以综合政策、技术、经济、资源方面的积累，为征收人提供全程管理的高质量服务，如提供征收决策咨询意见、维稳评估、制订征收补偿和实施方案等。

（二）开拓新兴业务

估价行业的新兴业务，源自于房地产市场的变革和新生的社会经济活动对房地产各类型交易的需求。目前，房地产估价业务已逐步扩展到更广更深的经济活动中，如房地产证券化、城市更新、房地产租赁市场评估、农村集体建设用地评估、土地集约利用评价、质量缺陷损失评估等。本文针对当下比较热门、业务来源比较丰富的新兴业务进行探讨。

1. 城市更新相关业务

传统的城市建设，大多以政府为主体，经过征收、储备、出让、开发这一途径来完成扩张和改造。这种以政府为主导的膨胀式扩张，也带来了城市内老旧小区的破败、城中村的无序和闲置厂房的废弃，忽视和限制了权利主体自我更新的热情和动力。为保障城市的健康有序发展，强化城市功能，增进社会福祉，提升城市活力，深圳、广州、上海等一线城市均已颁布了城市更新条例，成立相关职能部门负责城市更新的管理工作，如《深圳市城市更新办法实施细则》将城市更新分为三种类型，包括综合整治类城市更新、功能改变类城市更新和拆除重建类城市更新，允许权利人自行改造或由开发商进行改造。依托征收评估的经验，针对城市更新中政府、开发商、权利人三方面的不同需求，房地产估价机构可以提供城市更新全流程的服务，如片区发展定位研究、项目收购价值咨询及可行性研究、集体资产备案、制定补偿方案和谈判方案以及社会稳定风险评估等。

2. 农村集体建设用地咨询评估

2019年8月26日，十三届全国人大常委会第十二次会议审议通过了新的《土地管理法》，对农村土地改革方面做出了多项创新性的规定。土地征收方面，明确以区片综合地价取代原来的土地年产值倍数法，在原来的土地补偿费、安置补偿费、地上附着物三项基础上增加了农村村民住宅补偿和社会保障费。土地入市方面，确定农村集体建设用地在符合规划、依法登记并经三分之二以上集体经济组织成员同意的情况下，可以通过出让、出租等方式交由农村集体经济组织以外的单位或个人直接使用，同时使用者在取得农村集体建设用地之后还可以通过转让、互换、抵押的方式进行再次转让。宅基地方面，允许已经进城落户的农村村民自愿有偿退出宅基地。如果农民不愿意退出宅基地，地方政府不能强迫其退出。农村土地改革的契机，为房地产评估行业的业务拓展提供了十分广阔的空间，除了零星估价业务，估价机构也可以为农村集体经济组织经营、利用土地提供咨询和顾问服务。

3. 房地产租赁评估

近年来随着住房改革制度的不断深化，通过供给侧改革、租购并举等措施，住房租赁市场逐渐得到重视，也带来了新的估价或咨询业务。随着商业地产的回归，持有经营成为主流，原先商业地产公司一般自建或者委托招商团队进行出租经营，由招商人员通过访谈确定租金，往往随意性较大，缺乏专业依据，也容易滋生内部腐败。估价机构可以利用自身的专业优势，提供专业的租金价值评估服务。由于国资管理部门第三方鉴证的要求，国有企业的房地产资金评估业务也日益增多。此外，政府政策性的廉租房、人才公寓租金评估，交通节点，如车站码头、地铁站厅、高速公路服务区商业，体育场馆等特殊类型物业的租赁评估，都值得估价师去探索创新。租赁评估往往需要提供专业的整体租赁咨询意见，需关注整租租金和分租资金在价值类型上的区别，需要估价机构有更加专业的技术和更加开阔的眼界。

三、高质量估价服务是行业发展的根本要求

高质量估价服务是指估价人员运用专业知识,为客户提供优质高效的估价,使客户的体验和满足感达到最大化。高质量,一方面是指估价人员最终出具的估价成果具有高度的专业准确性,另一方面是指估价人员提供的专业服务贴合客户的真实需求,为客户解决了实际的问题。在高质量服务背景下,房地产市场整体和参与市场的主体均发生了变化,房地产估价行业服务对象的需求也发生了重大转变,服务要求大幅度提高,在给房地产估价机构和估价人员带来巨大挑战的同时,也为行业拓展创新、行业影响力提高、机构和个人实力增强等方面提供了重大机遇。

(一)专业化

房地产评估的专业化是行业核心价值的基础。专业化要求估价机构和估价师恪守独立性,保持对职业的敬畏之心,坚持工匠精神和创新精神。互联网巨头可以做到业务跨界,但做不到专业跨界。政府房地产政策的调整,房地产开发模式的转变,新兴产业的出现所引发的新兴评估业务的需求,对估价师提出了更高的专业要求。专业化是保持行业形象和行业地位的根本,也是提供高质量服务的基本要求和保证。专业化要求估价机构注重管理和人才的培养,机构管理者要做到高瞻远瞩,估价师要保持持续的学习热情。

(二)精细化

精细化是专业化的进一步延伸,是估价精度和服务质量的保障,是风险防范的保证。在摒弃了显而易见和程式化评估业务的新形势下的估价需求,要求估价结构提供更高精度的估价结果以满足其经济行为。估价精度直接影响着委托方的决策和经济利益。精度不高的估价结果,无法满足高质量服务的需求,自然也不会得到客户的青睐。另外,新形势下的估价需求,会涉及举证博弈服务,对簿公堂时案例选择不规范、参数选择无依据,均可能造成委托方的败诉。

在实际操作中,应关注市场数据的来源和真实性,评估参数的确定应杜绝经验取值,从众取值,杜绝"经市场调查……"等空洞的描述,力求市场求取,依据充分。比较法中的调整系数,应采用线性回归方式取得。

(三)多元化

新形势下的估价需求,十分重视一站式、一揽子服务。多重资质的估价机构在获取业务时具有明显的优势。以《资产评估法》的出台为契机,大量资产评估机构进入房地产估价领域,同样的,也有房地产估价机构申请了资产评估备案。很多公司除了估价方面的从业资格,还涵盖了测绘、规划、工程造价等房地产相关专业的一揽子从业资格,多元化发展成为行业的主流,也符合国际惯例。

此外,新形势下的房地产估价需求,由原来单一的价值显化,到现在的多样化需求,更加注重咨询意见。新兴业务涵盖面广、跨度大,对估价师知识的多元化、专业的广度提出了更高的要求。除了房地产估价相关知识,估价师还至少应该学习了解房地产开发经营、商业地产招商运营、工程造价、相关税务知识等。

无论是估价机构还是估价师,在多元化发展的同时,仍不能放弃个性化的发展,应保持机构的业务特色,估价师的评估专长,避免同质化竞争。

（四）智能化

在实施国家大数据战略和"互联网+"的背景下，房地产估价行业的可持续性发展离不开与大数据的深度结合。部分房地产估价机构的信息化探索已取得了一定的成就。估价机构应该有效利用信息技术与新形势下的市场接轨，加强数据和数据标准的建设，实现智能化估价和智能化管理。对大部分估价机构而言，很难成为大数据供应商，智能化、信息化工作应该避免求大求全而难以为继，智能化信息化归根结底是要为估价本身服务。估价机构应加强全方位数据库的建设，至少应包括市场信息数据库和评估档案数据库；加强内部业务流程系统的智能化管理；结合数据库，开发外业查勘程序，自动评估程序，报告审核程序，做到审核中间步骤留痕。大数据的运用，还有助于精细化评估中各类估价参数和评估基准的确定。

智能化信息化建设，可以大大提高管理效率和工作效率，提升估价结果的客观性，从而提供更为准确高效的高质量服务。

（五）建立新的行业收费标准

根据《国家发展改革委员会关于放开部分服务价格的通知》（发改价格〔2014〕2732号），原房地产估价价格评估收费标准已经取消，根据文件规定，房地产评估收费实行市场调节价。但由于在房地产估价活动开展过程中，房地产估价机构未能按真正的市场调节价进行收费，而是为了抢占市场或其他诸多原因，采取低价竞争、恶意竞争，导致房地产估价经营市场竞争无序，使房地产估价机构无法提供高质量服务。此外，评估行业的议价能力很差，大部分公司仍沿袭原有收费标准按一定折现率收取，这也成为低价竞争的一个重要原因。高质量服务评估业务的收费，应根据项目难度、项目风险、项目合理周期、项目人力物力投入以及专业人员的信誉和工作水平确定，突出估价师专业技能的价值。地方行业协会应根据国家相应的法律、法规，依照《价格法》，在《禁止垄断协议暂行规定》（国家市场监督管理总局第10号令）第十四条的框架内，出台房地产评估收费相应的指导意见，作为招投标的依据，避免低价恶性竞争。

四、结语

一个行业的生存发展，必须建立在社会对它有内在需要的基础上，仅靠行政命令等外在的强制性要求是难以持久的。如此看来，程式化评估的消亡是必然的，"显而易见"的评估本身不具有专业性，受到互联网巨头的跨界蚕食，与其说是评估行业的危机，不如说是社会发展的必然。新形势下，估价机构和从业人员应充分了解评估市场真实需求，勇于开拓创新，进一步提高专业技能和专业操守，坚守估价行业的核心价值，保证行业持续健康的发展。

作者联系方式

姓　名：赵　华
单　位：江苏省房地产估价与经纪协会
地　址：江苏省南京市建邺区万达商务区福园街129号1110室
邮　箱：2451836889@qq.com

从房地产估价研究现状与研究热点看估价需求的演变

李晓峰　周　俊　陆　波

摘　要：借助网络数据和数据挖掘方法，研究社会现象已逐渐成为各学科的研究热点。本文依据文献计量方法和知识图谱可视化技术，对中国知网 1981—2019 年刊载的 559 篇论文，分别从发文量、关键词、研究机构、引用情况进行了计量分析，绘制了机构和关键词的知识图谱，通过对关键词的共现关系分析，试图揭示我国房地产评估研究的特征和规律，分析我国估价行业需求的演变。研究表明：① 2000 年之前，研究论文数量比较少，研究热点不显著。2000 年以后，随着我国房地产市场的发展和房地产税出台的预期，房地产评估研究受到越来越多的学者关注。②研究机构主要分布于各大高校，评估机构发文量较小，且刊文期刊的影响因子不高，研究学者较为分散。③研究热点有评估方法、风险评估、税基评估、批量评估等。税基评估和批量评估是研究机构近几年的持续研究热点。

关键词：房地产评估；文献计量；知识图谱；研究热点

作为中国特色社会主义事业的重要组成部分，房地产评估行业进入新时代既是中国特色社会主义进入新时代的必然要求，也有其自身鲜明的新时代特征。新时代为估价行业发展带来新的机遇，使估价与咨询服务无所不在，同时也对估价行业提出了新的希望。如何使估价机构适应新形势，树立新理念，引领房地产估价行业健康有序发展，是摆在估价机构和管理部门面前亟待解决的课题。当前，在我国房地产评估研究领域，新技术和新思想不断涌现，使评估边界不断扩展，对我国房地产评估行业的发展具有一定的导向作用。为更好地提升房地产评估行业的市场竞争力，使学术研究服务于房地产评估行业发展，本文从房地产评估研究的文献入手，使用文献计量方法，对我国房地产评估的研究现状进行知识图谱分析，挖掘研究热点，分析我国估价行业需求的演变。

文献计量是一种基于数理统计的定量分析方法，它以科学文献的外部特征为研究对象，研究文献的分布结构、数据关系、变化规律和定量管理，进而探讨科学技术的某些结构、特征和规律。随着 CiteSpace 和 NetDraw 等以引文分析和知识图谱可视化技术为基础的分析软件的兴起，文献计量常常与知识图谱分析技术一起被用来预测学科或研究领域的发展趋势，探究学科之间的相互影响关系，挖掘研究领域的前沿与热点。中国知网数据库中"房地产 + 知识图谱"的相关研究论文较少，虽有部分论文对我国房地产政策领域的研究进行了知识图谱分析，但由于文献研究样本数据小，且未对相关研究的高被引文献进行分析，无法挖掘出核心作者和核心机构。本文利用文献计量方法和知识图谱可视化技术对房地产评估研究 1981—2019 年间的文献进行了整理统计和数据挖掘，通过对研究热点的追踪，揭示我国房地产评估研究的轨迹、特征和规律,这将有助于学者和评估机构更好地把握我国房地产评估的动态变化和发展趋势。

一、数据来源与研究方法

(一)数据来源

本文使用的数据来源于中国知网数据库(CNKI)。在中国知网期刊检索中设置检索条件为"篇名中包含'房地产'和'评估'"、时间截至 2019 年 8 月 31 日、期刊来源类别为"全部期刊",共检索到 1128 篇论文,剔除征稿简则、英文文献、研究和学术活动报道、关注度较低的非学术文献后,共收集到 559 篇论文,作为本文的研究数据。

(二)研究方法

以 559 篇有效文献为数据基础,使用自编程序进行计量统计,利用 CiteSpace 和 NetDraw 软件进行关键词、作者和研究机构的知识图谱分析和社会网络分析。CiteSpace 是美国雷德赛尔大学信息科学与技术学院的陈超美博士与大连理工大学的 WISE 实验室联合开发的科学文献分析工具。主要是对特定领域文献进行计量,以探寻出学科领域演化的关键路径及知识转折点。NetDraw 是由美国肯塔基州立大学 Gatton 商学与经济学院管理系 SteveBorgatti 教授开发的社会网络分析软件。本文利用 NetDraw 软件对关键词进行共现分析,以反映关键词间的共现关系;利用 CiteSpace 软件对机构进行知识图谱分析,以反映机构间的合作关系。

基于 K-core(K 核)进行网络分析,分析关键词间的共现关系,K 值越大,关键词共现关系越密切;节点越大,关键词出现频次越高。

根据载文关键词的共现关系呈现研究的重要关键词所在,为明确该领域的研究热点提供依据。

二、我国房地产评估研究现状分析

(一)载文量分析

论文发文量年度分布可以反映该领域在某一时间段内的研究水平和进展情况。从图 1 可知,我国房地产评估领域的研究文献量总体较少,近年来发文量呈快速上升趋势,发文量从 1991 年的 1 篇增加到 2018 年的 42 篇。根据"房地产评估"各年份论文数量特征,将房地产评估研究划分为三个发展阶段。第一阶段(1991—1999 年)(13 篇,2.33%)。此阶段发文

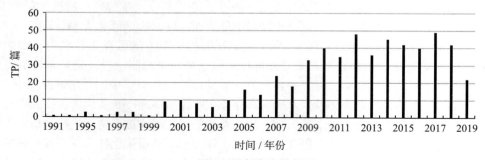

图 1 历年发文量

较少，年均1篇。第二阶段（2000—2008年）（114篇，20.39%），此阶段主要关注"房地产价格""房地产开发"方面的研究，属于学者们基于各自研究领域开展的常态化研究。第三阶段（2009—2019年）（432篇，77.28%）。此阶段研究热点多，主要关注风险评估、房地产税、批量评估等方面的研究，论文数量出现爆发式增长。

（二）关键词分析

559篇论文中，所涉关键词741个，关键词共出现频次1518次，对语义一致者进行归并处理，如房地产评估与房地产估价等，处理后的结果见表1。对共现次数大于等于2次的关键词进行可视化表达（图2）。从表1和图2可以看出，围绕房地产评估的研究主要集中于风险评估、房地产税、批量评估、评估方法等主题。

出现次数最高的20个关键词　　　　　　　　　　　　　　　　　表1

位序	关键词	频次	位序	关键词	频次
1	房地产	94	11	风险	14
2	房地产评估	90	12	税基评估	14
3	评估	44	13	收益法	13
4	风险评估	21	14	房地产市场	13
5	问题	20	15	房地产估价	12
6	对策	20	16	价格评估	11
7	投资性房地产	19	17	评估方法	11
8	房地产税	17	18	价值评估	11
9	市场法	15	19	房地产抵押	10
10	批量评估	15	20	房地产项目	10

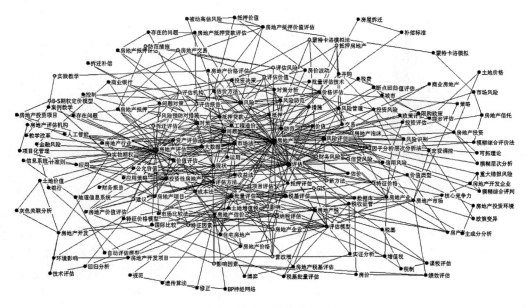

图2　关键词共现关系图

（三）机构发文分析

1. 机构统计

根据作者单位统计信息，涉及机构 385 个。归并作者单位名称至高校或评估公司，其中发文量前 20 的机构见表 2，发文 117 篇，占论文总数的 20.9%，说明研究房地产评估的机构比较分散，集中度不高。利用 CiteSpace 对机构间的合作关系进行可视化表达，图 3 显示网络密度比较低，说明机构间合作联系十分松散，研究的学术联系较弱，团队规模小。

前 20 位机构发文统计　　　　　　　　　　表 2

位序	机构名称	发文量	第一作者	所有作者
1	辽宁对外经贸学院	11	9	11
2	重庆大学	10	9	16
3	厦门大学	8	6	10
4	哈尔滨国源土地房地产估价有限公司	8	6	6
5	江西财经职业学院	7	3	3
6	四川大学	6	6	10
7	南开大学	6	4	7
8	清华大学	5	3	4
9	深圳大学	5	3	6
10	哈尔滨商业大学	5	4	5
11	西安建筑科技大学	5	5	9
12	同济大学	5	5	9
13	重庆工商大学	5	3	3
14	重庆理工大学	5	5	8
15	大连财经学院	5	5	10
16	山西财经大学	5	4	5
17	首都经济贸易大学	4	4	7
18	浙江财经大学	4	4	5
19	内蒙古财经大学	4	4	5
20	华侨大学	4	2	5

2. 文献引用率分析

学术论文被引次数是反映期刊办刊质量和学术水平高低的一个重要指标。根据中国知网对 559 篇论文的被引用情况进行统计（统计时间为 2019 年 8 月 31 日），表 3 显示有 448 篇论文被引用，占论文总数的 80.1%，总共被引用的次数为 3453 次，单篇平均被引 6.18 次；单篇最高被引 106 次，为 2002 年陈敬东在《西安理工大学学报》发表的《享乐评价法在房地产评估中的应用》；论文总被下载次数为 186581 次，单篇最高被下载 3398 次，为 2010 年张永岳在《上海经济研究》发表的《我国房地产宏观调控政策效果评估初探——基于公共政策评估的视角》。

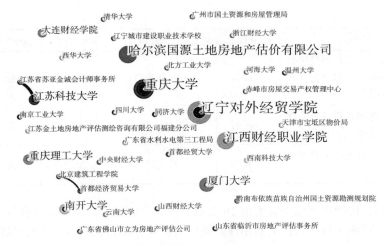

图 3　机构间的合作关系图

论文被引用次数统计　表 3

论文（篇）	被引篇数（篇）	被引用次数（次）	篇最高被引用次数（次）	被下载次数（次）	篇最高被下载次数（次）
559	448	3453	106	186581	3398

在被引用的 448 篇论文中，引用次数在 1～99 次间的论文有 447 篇，总被引频次为 3347 次；引用次数在 100～199 次间的论文有 1 篇，总被引频次为 106 次。根据被引频次对排名前 10 名的高影响论文的相关情况进行了统计（表 4）。

被引频次较高的前 10 篇论文统计　表 4

序号	论文题目	第一作者	期刊	发表时间	被引频次	下载频次
1	享乐评价法在房地产评估中的应用	陈敬东	西安理工大学学报	2002 年	106	565
2	基于特征价格的房地产评估新方法	温海珍	外国经济与管理	2004 年	95	1588
3	基于模拟技术和 AHP 的房地产项目风险的定量评估	蒋根谋	系统工程理论与实践	2007 年	94	1124
4	实物期权方法在房地产投资项目评估中的运用	唐建立	重庆工学院学报	2002 年	82	629
5	房地产泡沫的成因、评估与预控	李涛	建筑经济	2004 年	67	930
6	房地产计税价格批量评估实证研究	耿继进	地理空间信息	2011 年	54	661
7	基于模糊数学的"快速递减加权式"在比较法评估房地产价格中的应用研究	施建刚	土木工程学报	2003 年	53	567

续表

序号	论文题目	第一作者	期刊	发表时间	被引频次	下载频次
8	我国房地产宏观调控政策效果评估初探——基于公共政策评估的视角	张永岳	上海经济研究	2010 年	50	3398
9	房地产信托融资项目风险评估体系的研究	尹阿东	金融理论与实践	2012 年	38	1016
10	基于 GIS 的房地产税税基批量评估	黄梦吟	财会月刊	2012 年	36	612

由表 4 可知，房地产评估研究的前 10 篇被引频次高的论文，一方面具有较高的学术影响力，另一方面也反映了论文的社会实用性，提出的建议、方法或观点受到很多研究者关注。

三、研究热点分析

学术研究热点是指在某一时间段内，有内在联系的、数量相对较多的一组论文所探讨的专题。关键词是学术论文的重要组成部分，对高频关键词的分析可以跟踪学科的研究热点。从上述载文量分析结果可知，2000 年前研究论文较少，属于学者们基于各自研究领域开展的常态化研究，无显著研究热点。因此，本文从 2000—2019 年时间维度对有关房地产评估研究的关键词进行聚类分析，结果显示 2000—2019 年发表的论文研究热点从价格评估到评估方法、风险评估、税基评估、批量评估等转变，表明房地产评估研究的主题和关键词更加多元化，研究的广度和深度进一步加强（图 4）。

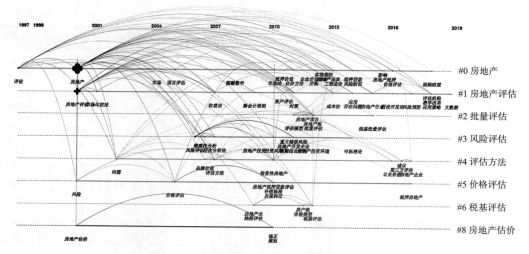

图 4　2001—2019 年载文关键词聚类知识图谱

（一）评估方法

相关关键词包括市场法、收益法、成本法、估价方法、评估模型等。目前对价格评估的研究主要基于三个视角。一个是从理论角度对房地产评估方法进行定性分析。程越（2017

年)从房地产的特点、房地产的类型、房地产价格的构成以及影响房地产价格的因素入手，分析了传统的估价方法以及新兴的估价方法。姜松（2015年）在梳理房地产评估各类方法的基础上，对人工神经网络法、特征价格法、空间分析法、模糊逻辑法及自回归单整移动平均法（ARIMA）等前沿评估方法及其原理进行应用介绍，并通过相关案例引用及实证分析揭示其应用性。另一个是评估方法在房地产项目中的应用研究。黄鸣强（2014年）、耿继进（2011年）、王成勇（2012年）、沈珠（2007年）分别使用市场法、成本法、收益法、比较法对房地产价格评估进行实证分析，获得了学者和评估工作者的论文高下载率或高引用率。还有一些研究比较了不同的评估方法的特点和综合运用。

（二）风险评估

相关关键词包括风险、风险评估、防范等。从图4可以看出，该研究热点出现于2005—2015年。尹阿东（2012年）在深入分析房地产项目的共性风险和个性风险特征的基础上，采用模糊综合评价法设计了一种科学、实用的项目风险评估模型。李瑛等（2009年）在评估模型基础上，对天津市2004—2007年的房地产市场的六大领域分别进行了定量评估和分析，并得出了整体上存在过热风险的结论。梁丽华（2016年）在探讨房地产估价风险产生的多方面原因基础上，结合相关实践经验，提出了规避和防范房地产估价风险的具体措施。

（三）税基评估和批量评估

由于房地产税税基评估的技术核心是批量估价，因此本文将两者合并为一个研究热点。相关关键词包括房地产税基评估、税基、税基批量评估、房地产税基、税基评估数据库、批量评估法、计算机辅助批量评估等。随着房地产税立法工作的推进、计算机辅助评估技术的成熟、GIS、大数据和人工智能技术在评估行业的应用，批量评估逐渐成为近几年房地产评估研究的热点议题。相关研究成果逐渐受到评估机构的重视，部分评价机构已建立了成熟的楼宇数据库，应用房地产批量估价技术，实现房产自动估值，助力房地产批量估价技术在全国范围内的广泛应用。耿继进（2011年，2012年）结合批量评估的技术思路，基于GIS技术提出了房地产批量评估数据库构建的技术路线，研究了房地产批量评估数据集成的方法，并做了实证研究。刘洪玉（2017年）引入模糊数学方法，对房地产批量评估建模之前的房地产分组方法的研究作了深入探讨。

四、结论及展望

本文以中国知网1991—2019年刊载的559篇论文为研究数据，使用CiteSpace和NetDraw软件对研究数据进行知识图谱分析和社会网络分析，根据载文关键词的共现关系分析研究热点。得出如下结论：

（1）我国房地产评估研究总体呈现良好的发展态势。2000年之前，论文数量比较少，研究热点不显著。2000年以后，随着我国房地产市场的发展和房地产税出台的预期，房地产评估研究受到越来越多的学者关注。

（2）研究房地产评估的研究机构主要分布于各大高校，评估机构发文量较小，且刊文期刊的影响因子不高；研究学者较为分散，大部分论文都是同一单位的作者，跨机构、跨地域的研究合作论文比较少。

（3）根据年度发文量和载文关键词的频次分析，房地产评估研究的研究热点有评估方法、风险评估、税基评估、批量评估等。评估方法和评估模型研究一直受到学者和评估工作者的重视。税基评估和批量评估是研究机构近几年的持续研究热点。

本文虽从关键词、机构、高被引文献等方面对房地产评估研究进行了系统分析，总结了研究热点。但由于房地产评估研究涉及经济学、地理学、建筑学等多个学科，在总结研究热点时并未对不同学科进行分类讨论，未来可从不同学科视角进行深入研究和分析，使学术研究服务和引领新时代房地产评估行业发展。

参考文献：

[1] 杜鹃. 紧抓机遇 顺势而为 打造估价行业美好明天 [J]. 中国房地产估价与经纪，2017（06）.

[2] 柴强. 发挥估价在发展住房租赁市场中的作用 [J]. 中国房地产估价与经纪，2017（06）.

[3] 杨丽艳. 当前我国房地产评估行业存在的问题及对策研究 [J]. 建材与装饰，2019（24）.

[4] Chen, C.M.CiteSpace Ⅱ: detecting and visualizing emerging trends and transient patterns in scientific literature[J]. Journal of the American Society for Information Science & Technology，2006, 57（03）.

[5] Yang G.T. & W.Cheng & H.Song. Global scientific production on GIS research by bibliometric analysis from 1997 to 2006[J]. Journal of Informetrics，2008，2（01）.

[6] Liu X.J. & L.Zhang&H.Song. Global biodiversity research during 1900-2009：A bibliometric analysis[J]. Biodiversity and Conservation，2011，20（04）.

[7] 孙威，毛凌潇. 基于CiteSpace方法的京津冀协同发展研究演化 [J]. 地理学报，2018，73（12）.

[8] 王建勋，华丽，邓世超，等. 基于CiteSpace国内干旱遥感监测的知识图谱分析 [J]. 干旱区地理，2019，42（01）.

[9] 李文田，张华. 基于CiteSpace的地理教育研究知识图谱可视化分析 [J]. 地理教学，2019（02）.

[10] 徐秀玉，陈忠暖. 基于知识图谱可视化的国内外休闲研究的进展与启示 [J]. 世界地理研究，2019，28（01）.

[11] 程越. 房地产价格评估方法的理论研究 [J]. 海峡科技与产业，2017（01）.

[12] 姜松. 房地产价格评估方法前沿动态及其应用研究 [J]. 重庆理工大学学报（社会科学），2015，29（11）.

[13] 耿继进，何素芳. 房地产计税价格批量评估实证研究 [J]. 地理空间信息，2011，9（03）.

[14] 王成勇. 收益法在房地产评估中应用的环境构建 [J]. 商业会计，2012（03）.

[15] 沈珠，黄华明，蒋丽，李安芹. 市场比较法在房地产评估中的运用 [J]. 资源与人居环境，2007（10）.

[16] 尹阿东，何海凝. 房地产信托融资项目风险评估体系的研究 [J]. 金融理论与实践，2012（04）.

[17] 李瑛，陆杨. 房地产市场监测评估指标体系设计 [J]. 统计与决策，2009（16）.

[18] 李瑛，陆杨，王丙乾. 房地产市场风险评估的实证分析 [J]. 统计与决策，2009（17）.

[19] 梁丽华. 房地产评估的风险与防范 [J]. 住宅与房地产，2016（33）.

[20] 耿继进，张晖. 基于GIS的房地产批量评估数据库构建研究——以深圳市为例 [J]. 遥感技术与应用，2012，27（03）.

[21] 刘洪玉，李妍. 基于模糊数学的房地产批量评估 [J]. 清华大学学报（自然科学版），2017，57（11）.

作者联系方式

姓　　名：李晓峰
单　　位：广西科正房地产土地资产评估咨询有限公司
地　　址：南宁市东葛路 161 号绿地中央广场 A2 号楼 1 单元 5 层
邮　　箱：cd6677@163.com

姓　　名：周　俊
单　　位：天津师范大学地理与环境科学学院
地　　址：天津市西青区宾水西道 393 号
邮　　箱：simplegis@qq.com

姓　　名：陆　波
单　　位：广西科正房地产土地资产评估咨询有限公司
地　　址：南宁市东葛路 161 号绿地中央广场 A2 号楼 1 单元 5 层
邮　　箱：805513850@qq.com

专业技术服务引领估价新需求

王 琼

摘 要：随着科技发展，人工智能、大数据等技术手段的出现，逐渐改变了传统的生活模式，各行各业正在寻求新的转型与发展。科技发展对评估行业带来的影响日渐明显，面临挑战的同时，也赋予行业更多的机会，评估机构应顺应时势，不断提高专业服务技术供给能力，进行专业升级转型，多元化、个性化、信息化发展，引领未来无限的市场需求。

关键词：专业技术；服务；需求；供给

一、需求创造供给——无限需求推动专业创新变革

评估行业伴随着房产、土地买卖、租赁、典当等经济行为的出现而应运而生，随着时代发展、科学技术进步，人工智能、大数据等技术手段运用于评估行业，大数据带来的新的供给链出现，改变原有的单一需求模式，需求变得多元化、个性化，对行业是挑战更是机遇，新的需求创造无限的机会。

（一）服务于政府，提供客观、科学的决策依据

自十八届三中全会以来，政府逐步从单一主体垄断供给传统公共服务转向购买专业服务，随着经济不断发展、社会的日益进步以及制度改革，公共服务呈现多元化和多层次，政府正面临着日益增长的社会公共服务需求，对第三方机构提出更多的要求以及更多的机会。

评估行业是经济服务的重要力量，首先，评估行业作为专业服务机构，通过自身的行业特点，发挥行业优势，为政府在发展改革中发现问题、提出专业意见，为政府在政策制定、落实等过程中发挥作用，为政府推进财税制度、金融等改革过程中提供专业意见，为科学决策提供有力的依据；其次，评估行业作为第三方独立机构，往往充当了买卖双方或多方的天秤，利用其价值标尺功能，对供需方进行调节，为交易各方提供客观、科学的价值参考依据；最后，评估行业作为经济体，参与供给侧改革，供给侧改革的终极目标是为了创造需求，通过经济结构转型升级，解决供给问题的同时，创造新的需求，从供给侧市场对资源配置做出科学、合理的决定，着力解决供需不平衡问题，通过评估手段，刺激创业，促进国有企业改革和小微企业发展，增加有效供给，进而带动需求，成为调节供需的水平仪。

（二）服务于企业，为企业发展助力

企业作为国家经济的主体，企业上市、兼并重组、破产清算到融资、处置等行为中均不可缺少评估行业的身影。每个经济行为的背后都存在巨大的利益价值，如何平衡各方利益，评估人员起了至关重要的作用。

1. 在企业发展过程中提供服务

在企业发展过程中，从企业成立选址、融资、投资发展、上市、兼并重组、破产清算，评估服务贯彻企业发展的全过程，企业发展中每个关键决定，均涉及各方利益平衡，通过评估分析企业相关数据之间的关系，重点关注企业的成本支出等，严格把控质量控制关键环节，提高企业的盈利能力。

2. 为中小企业减负提供助力

国务院促进中小企业发展工作领导小组会议强调：必须进一步深化研究在减轻税费负担、解决融资难题、完善环保治理、提高科技创新能力、加强国际合作等方面支持中小微企业发展的政策措施，推动中小微企业高质量发展。评估行业可以利用职业的敏感度，密切关注国家税收政策，及时调整对税收的清核算等的评估，为企业减轻税费负担；密切关注国家金融政策，及时为企业提供融资信息、渠道、评估等帮助；密切关注国家对企业的扶持政策，提出改善企业结构建议，提高企业的创新和竞争能力。

3. 为企业创新发展提供数据支持

创新是企业发展的核心竞争力，创新带动产业结构调整，产业结构调整促进创新，形成良性循环，评估机构可以密切关注国家产业政策的部署，分析产业政策部署情况，推动知识产权保护；关注国家对产业发展方向的调整，对企业原有产品的产能进行分析，促进企业创新发展，及时调整产品结构。

（三）服务于大众，实现信息对等以及通过信息提供专业服务

当前世界，媒体及自媒体发展迅速，信息传播速度快，信息亦变得透明化，消息的易获得性，意味着消息对称性正在局部建立，但受行业局限性、信息更迭快速性以及消息来源的准确性，人们在消息的获取中，仍存在一定的不对称及不全面。

房屋交易，关乎广大人民群众的切身利益，甚至是一家的身家性命，其涉及的不仅是经济行为，也是民生问题，特别是住宅用房。大数据的运用，更好地为房屋交易提供更便捷的服务，从发现需求—提供个性化定制供给—全过程跟踪服务（分析供给标的的优劣、合适价位、谈判等）—合同的签订（法律风险）—交易过程中的税费等全流程的定制化服务。

房屋租赁，特别是商业房屋的租赁，根据商业房屋特点，为出租方提供招租（招商）对象、产业布局、产业结构等咨询服务；根据承租方的需求特点，为其分析租金与区位人流量的优劣势、政策以及城市未来发展的影响等，为其提供多方案选择。

二、供给改变需求——专业技术服务开拓市场需求

供给可以创造需求，但能否创造有效的需求取决于供给产品的消费价值和投资价值。评估行业作为专业性强的服务行业，其主要的价值体现在专业技术水平及服务能力方面，面对新形势下的挑战，如何提高专业技术水平、提升专业服务能力，是行业人员一直探讨的课题，从大的方向来说，主要为结构内部优化、行业创新发展等，笔者认为要由内及外地提高自身的供给能力，拓展市场潜在无限需求。

1. 建设数据库并实时更新

面对京东、淘宝等大数据平台进入评估行业，标志了评估行业走入新的里程，面对新局面，评估机构唯有紧跟时代潮流，做好大数据的建设，建立海量房地产数据、建立智能评估模型，为自动估价、房产税税基评估等现代化、信息化、流程化的快速评估模式奠定基础。

2. 专业人才梯队建设

评估行业作为服务行业，主体为人，人才的能力决定了服务的能力，面对行业日新月异的变化，行业面临了严重的人才问题，评估师能力单一、后续人才断层、地区性过强，特别是随着行业发展，拓展行业新业务的营销能力、提升服务品质的服务精神、解决复杂新型业务的专业能力等，对评估从业人员提出更高的要求，解决高端人才紧缺问题需要从多方面着手，一方面企业内部培养，评估机构建立长效的晋升制度，为员工提供职业规划发展前景，激励员工自我成长的能力；建立企业内训以及走出去学习的机制，为员工提供更好的学习机会；建立股权等激励措施，以便稳定员工队伍、留住人才；另一方面从外引进，加强校企合作，输出与输入知识联动，企业提供实践基地，培养老师、学生的理论与实践有效结合能力，为校方优化课程体系提供保障；评估从业人员参与教学，将实践工作中的问题、处理方式、解决办法、市场开拓等与学生分享，分享评估实务经验。

企业通过内部长效的激励制度，培养"一专多能"复合型人才，建设稳定的团队，通过外部优秀人才培养计划，从源头解决评估机构人才招聘问题，通过校企合作，实现理论与实践结合，为评估行业创新发展提供理论基础。

3. 加强制度建设、优化管理流程

制度管理是保障企业高效运营管理的手段，特别是当前评估机构不断扩大、业务范围越来越广、市场竞争日趋激烈的情况下，对评估机构提出更高的要求，加强制度建设、优化工作流程日趋重要，首先加强内控制度建设，建立健全内部管理制度，企业管理、企业文化、内部风险、市场、财务等按职能划分板块，责任到人，建立各自职能分工，明确各自的职能范围，保障企业生存发展、培养员工认同感、规避执业风险、提升市场竞争力、保证财税安全；其次优化管理流程，大数据时代要求评估时效性的提升，优化组织架构、简化管理流程，建立精简高效、专业分工、责权对等、执行与监督分设为基本原则的职能分工，明确工作程序，减少中间管理层次及环节，上级直接对下级负责的直线型管理，减少多头管理的局面，实现流程式管理。

加强制度建设、优化管理流程，不断提高工作质量、工作效率、降低成本。

三、创新升级，拓宽服务范围

1. 专业转型，服务升级

市场化、信息化快速发展，对行业的专业化提出了更高的要求，随着社会发展，人民经济意识提高，社会对评估正在由"被动"转向"主动"，这就要求评估机构必须通过专业化发展，由传统单一业务模式向多元化业务模式扩张，由简易受托评估向为客户提供多样化定制化服务发展，实现专业转型、服务升级。

2. 协同共生，合作共赢

互联网打破传统的行业界线以及供求双方模式，行业竞争不再局限于原有的评估机构之间，在当前的形势下，评估机构应强强联合，由对手变成队友，通过优化组合、兼并重组、联合发展等多种方式，开展多元化、联合合作经营，实现集团化、专业化、特色化、跨区域化的发展模式，达到协同共生，合作共赢。

3. 横向发展，衍生服务升级

评估行业专业化发展已基本形成，但诸多机构着重在纵向专业化发展，在行业同质化竞争中难以有优势；而且面对当前的评估需求，评估业务涉及的不仅为评估专业知识，还包含造价、测绘、会计、演讲、沟通、政策把握能力等全方面知识及能力，要求企业要配备各种专业人才，从而需要企业横向专业化发展，开展评估、造价、测绘、财务审计、可研咨询等综合业务模式。各业务相互配合，形成有效的资源优势互补，拓宽业务横向宽度，延伸服务深度，助力服务升级。

参考文献：

[1] 俞明轩，陈天雨. 供给侧改革中的价值驱动与资产评估新动力 [J]. 中国资产评估，2016（04）.

[2] 刘玉平. 强化内控制度建设，推进评估机构做优做强做大 [J]. 中国资产评估，2010（09）.

作者联系方式

姓　　名：王　琼

单　　位：安徽中信房地产土地资产价格评估有限公司

地　　址：安庆市迎江区绿地启航社1号楼9层

邮　　箱：wangqiong987@126.com

估价机构应对估价需求变化的建议

董艳华　隗晶月

摘　要：随着中国经济的高速发展，房地产估价机构传统的价值鉴证业务受到冲击。新形势下有新的需要，房地产估价机构应化被动为主动，调整发展战略，适应大数据时代的变化，融合新技术手段，注重提升人员的研发能力，更多服务于客户的直接需求，提供更具实际价值的高品质服务。

关键词：行业现状；新形势；新需求；新转变

房地产估价行业最初作为"价值鉴证"的第三方中介机构，如今它是房地产业和现代服务业的重要组成部分，是知识、科技和信息密集型的高端服务行业。自 1992 年建立房地产估价师执业资格制度以来，随着房地产行业的发展而蓬勃发展，业务量、机构规模、专家人数、技术水平等都不断提高，目前已形成拥有 5500 多家房地产估价机构的行业规模。

估价行业发展至今，普遍存在着服务同质化、业务种类单一、技术含量低、恶性竞争的问题，整个行业面临着生存发展的瓶颈。

一、房地产估价行业需求的现状及特点

（一）价值鉴证性

最早的房地产评估是 1992 年为推行《中华人民共和国城镇国有土地使用权出让和转让暂行条例》的实施，政府在出让国有建设用地时需确定收取国有土地有偿使用费的价格依据而产生的。到 1994 年第八届全国人大常委会第八次全体会议通过的《中华人民共和国房地产管理法》明确规定"国家实行房地产机构评估制度"和"国家实行房地产价格评估人员资格认证制度"，自此房地产估价行业得以发展壮大。由于依托政府的需要而出现，最早一批的房地产评估机构都是国土局下属的事业单位。房地产估价行业从设立伊始，就被打上"价值鉴证"烙印，到今天主流业务板块的抵押、司法鉴定、征收评估、国有土地出让地价评估等都是发挥第三方机构的独立性，以实现价值鉴证为主要目的。

（二）间接性与依附性

传统业务中，银行抵押评估是由于银行或其他金融机构与资金需求方之间开展业务需要房地产估价机构出具抵押目的的评估报告；司法鉴定业务是由于法院审理案件过程中某一个环节需要价值鉴定而出具评估报告；房屋或土地征收也是由于政府在征收过程的某些节点需要评估被征收房屋或土地的价值。从这些需求可以看出，房地产估价都是依附于其他社会经济行为而产生，而且这种需求往往只服务于经济行为的一个点。这些需求通过其他经济活动参与方的业务而产生，是被动的，也是间接的。因此，其需求的多寡取决于相应发生的经济行为。也

正是由于这种依附性,在某种程度上削弱了房地产估价机构在社会经济活动中的话语权。

(三)形式化

随着房地产估价行业的发展和行业不良竞争的加剧,估价机构的社会公信力大打折扣。很多时候房地产估价机构出具的报告仅仅是形式上需要,对价值鉴证的真正意义不重视或者不需要,有的为了迎合业务的需要,甚至违背职业道德,冒着风险出具与市场不符的评估报告。这种行为严重损害了行业的可持续发展,侵蚀了房地产估价行业作为权威的第三方独立机构的基石。

二、新形势下社会对房地产估价的新需求

当今社会是信息化快速更迭的时代,各种新技术不断涌现,为人们的工作、生活提供了各种便利,我们所从事的估价工作也不例外。互联网、大数据、人工智能等新技术、政策变动以及房地产市场波动变化对估价行业造成了冲击和挑战,也带来了新的需要和发展机遇。笔者结合自身的实践,梳理新形势下的三点新需求:

(一)为政府提供决策参考依据

随着房地产市场起起伏伏的发展,国家对房地产市场的调控已成为常态。各个地方的房地产市场不尽相同,国家也相应提出了"一城一策"的政策要求。随着政策的调整、买卖双方心理预期的变化,房地产市场瞬息万变,各级地方政府也需要及时了解这些市场的变动,为制定适宜的政策提供决策依据。

专业化的房地产估价机构通常拥有强大的房地产和土地市场数据库,在日常工作中能及时掌握市场价格变化的一手资料,能敏感地捕捉到市场走势的变化,还有机会了解到房地产开发企业的市场态度,各种房地产市场信息在房地产估价机构汇总整理。利用这些数据优势,房地产估价机构可以对土地市场和房地产市场分别做出专业的横向和纵向分析对比,也可以利用房地产估价的专业知识推导房地产市场与土地市场之间相互微妙的影响,对未来价格做出趋势判断。比如通过提供周报、月报、季报、年报的形式为政府相关部门随时了解市场动态信息提供保证;若结合最新政策的导向,加上深入的数据分析则能为政策制定或调整提供决策依据。

这种需求不依附于其他任何经济行为,而是政府直接的、高层次的需求。这些深入的数据分析和整理不仅能为政府提供信息和决策辅助,对房地产开发企业、对金融机构也是有极大用处的。为政府相关部门做好及时的数据更新和市场分析,不仅是新业务的拓展,同时通过与政府的往来沟通又能及时获得新的政策走向,可以形成高端优化的生态链。

(二)为客户提供咨询服务

在新形势下,强化拓展为客户提供各种咨询服务是走高品质发展道路的上佳选择。房地产估价机构可以为客户提供包括房地产市场调研、项目可行性研究、最高最佳利用分析、投资机会分析、政策法规咨询、投资后管理服务等高端咨询服务,这些服务可以为客户解决实际问题,提供有价值的信息和投资机会,也可以为传统鉴证类业务的获取奠定坚实的基础。

比如房地产开发企业,他们往往需要专业的机构为他们提供专业的市场调研、可行性研究、前期产品定位策划以及相关政策咨询。这些企业对专业机构的依赖性较强,前期的专业咨询服务做到位,能得到企业认可,就能持续带来其他的各类业务。要提供能解决实际问题的服务能力,需要更专业和全面的能力,需要更多技术支持和人力支持。

行业内知名的外企品牌如仲量联行、戴德梁行等，他们主要的业务就是以专业的技术和知识为政府、开发商、投资者提供综合性全流程的房地产咨询服务；目前国内房地产估价企业只有少数公司在这方面有较强的服务能力，他们的经验和服务模式值得同行学习借鉴。

（三）融资环节上的新需求

随着政府对房地产行业执行越来越严格的金融监管政策，传统的银行抵押业务受到很大程度影响。应对政策的变化，企业融资渠道和方式也多样化，比如资产证券化、融资租赁和房地产投资信托基金等。

资产证券化（ABS）作为一个提高直接融资比例、降低融资成本的融资工具在融资市场运用得越来越多。资产证券化的业务类型多样，评估需求也是多样的。比如在确定基础资产和发行规模时需对资产池进行筛选、对物业进行估值；需要进行现金流测算，为后续评级及相关机构测算提供基础数据；住房租赁资产证券化时需要对拟证券化的物业价值进行评估、对租金收益进行测算；不良资产证券化需要对可变现资产进行评估（一般以房地产居多）、分析债权可回收价值、进行现金流预测等。

房地产投资信托基金（REITs）不仅可以扩大开发商的融资渠道，更能帮助房地产金融系统降低风险，避免在过于单一的融资体系下银行利率政策调整对房地产市场产生过大的影响，未来的规模将越来越大。在房地产投资信托基金业务中，房地产估价机构可以从传统的房地产价值评估转向更深层的包括物业状况评价咨询、物业市场调研和物业价值评估咨询等有机综合的专业研究，进一步扩大服务的范围。REITs项目可能还会涉及其他中介服务，如拓展到估价对象权益状况调查、收益划分、可行性研究、项目评价、信托风险分析等多方位服务。

融资租赁最初以机器设备作为标的物，逐步也出现了以房屋、土地使用权作为标的物的。在融资租赁业务中一般都需要对标的物的房屋、土地使用权进行评估，这是近几年新起的一种融资方式。

（四）新土地管理法出台，比如标定地价、集体建设用地评估等

2019年8月26日，十三届全国人大常委会第十二次会议审议通过《中华人民共和国土地管理法》（修正案），允许集体经营性建设用地在符合规划、依法登记，并经本集体经济组织三分之二以上成员或者村民代表同意的条件下，通过出让、出租等方式交由集体经济组织以外的单位或者个人直接使用。同时使用者取得集体经营性建设用地使用权后还可以转让、互换或者抵押。允许集体土地入市后，集体土地涉及的出让、出租、转让、互换、出资、抵押将会是新的评估需求点。

房地产估价机构应该通过发掘新的市场需求，形成卓越的服务能力，在社会经济生活中发挥更多更有价值的作用，为政策制定者提供切实有用的决策依据，为房地产开发企业提供更有价值的咨询意见，为投资者发现值得投资的宝地。房地产估价的从业人员和机构应化被动为主动，从形式上被需要转变为能为客户切实解决问题，直接参与到企业的直接需求中，用行业中积累的专业知识和强大的信息量为客户解决困难、带来价值。

三、估价机构应如何转变适应

（一）公司战略调整

为适应新形势的变化，更好地为新的市场需求提供服务。房地产估价机构应从公司发展

战略层面做出相应的调整。相比传统的技术含金量不高的业务类型，新形势下的新需求对服务内容要求更有深度，对专业性和综合性的能力要求更高。要满足新的市场需求，需要公司在组织上、人力资源和技术能力的研发上重新布局，积蓄相关专业信息、培养专业人才和完善相关硬件、软件技术，所有这些都需要公司从发展战略上进行调整，才能得以贯彻执行，但这终将是房地产估价行业未来发展的一片蓝海。企业的长久可持续经营，取决于长远的战略发展眼光。

（二）公司资质的升级完善

房地产估价机构除了取得专职的房地产、土地资质外，应该整合服务平台，大力拓展经营范围，如取得资产评估、工程咨询、工程造价、土地规划等关联性强的经营资质，能为客户提供全方位的评估咨询服务。在已取得的资质上通过专业化的服务水平，创建自己的服务特色，不断提高信用等级，在业内形成良好的口碑和品牌效应。

（三）做足数据储备，融合新的技术，厚积薄发

运用新技术做足数据储备，包括数据的自动获取并持之以恒形成规模化的数据库，完善数据的标准化处理，以方便搜索调用。这些数据包括宏观的各个区域房地产市场数据、土地市场数据、全国及地方政策，微观上对地块和楼盘的详细数据和图片图形都要做足储备。

融合使用新的技术手段，如 GIS、无人机、区块链技术等新的技术为评估咨询助力。采用 GIS 技术，在获取房地产的空间、配套、交通、规划等基础信息后，还可在其基础上进行三维空间的分析，可以对房地产中的景观、日照、污染、噪声等因素进行更精确的量化，这些信息可为房地产开发策划提供关键的技术参数；无人机应用也是 GIS 技术获取空间地理信息的重要途径之一，未来无人机也将大力辅助和改变传统项目调查和查勘模式；而区块链技术的"开放透明"性，整个数据系统对外开放，除了交易各方的私有信息被加密，区块链的其余数据对所有人公开，任何人都可以通过公开的接口查询区块链数据和开发相关应用，因此整个数据系统信息高度透明，信息的不对称性不再存在，这将会打破获得各种真实成交数据的技术壁垒。

新的技术手段具有更强的专业性，纯技术领域不是房地产估价机构的优势，但是可以通过企业之间的合作模式，利用他们的新技术为新的需求服务。

（四）储备专业人才，加强估价人员专业的研发学习能力

有了公司战略层面的支持，还有充足的数据储备和技术手段，要实现新的服务能力，还需要具有相应专业技能的人才来实现，具有创新能力和全面知识体系的高层次的人才是做好技术服务的最后保证。要有具有相应高层次专业技能的人才储备，更要加强对从业人员的专业知识的学习和技术能力的培训，不断发展壮大具有专业技能的技术人员队伍；同时要组织这些人员落实数据储备，掌握新技术的运用，并针对新的业务类型和需要进行持续的产品技术研发，形成高质量的咨询产品能力。

四、结语

综上所述，时代在发展更迭，政策不断变化，但是新的变化随之也会带来新的需求和机会，作为行业从业者应该跟随变化的脚步用敏锐的市场洞察力去发现新的机会和新的需求，变被动为主动，从以往的间接被需要去主动发现新的市场需求，并为满足这种市场需求调整战略，储备能力迎接挑战，必将为企业甚至为整个房地产估价行业带来新的机遇。

参考文献：

[1] 徐春荣，李剑. 分析房地产估价行业发展现状趋势及发展对策 [J]. 中国化工贸易，2017,（12）.

[2] 张津夷. 房地产估价行业现状与转变方向战略分析 [J]. 房地产中介，2017,（07）.

[3] 廖双波，康玲，梁振康. 融合新技术，助力房地产估价行业高质量发展 [C]// 高质量发展阶段的估价服务：2018 中国房地产估价年会论文集. 北京：中国城市出版社，2019.

作者联系方式

姓　　名：董艳华
单　　位：深圳市国策房地产土地估价有限公司长沙分公司
地　　址：长沙市开福区中山路 589 号万达广场 C1 栋 1101 室
邮　　箱：190121402@qq.com

姓　　名：隗晶月
单　　位：深圳市国策房地产土地估价有限公司
地　　址：深圳市福田区新闻路 59 号深茂商业中心 16 层 A、B 房
邮　　箱：6453457@qq.com

房地产估价机构如何在逆境中寻找估价出路

丁 辉

摘 要：房地产市场是不完全市场，不会自动地形成常人容易识别的适当价格，所以需要房地产估价师提供市场信息，进行"替代"市场的估价。随着房地产业的快速发展，估价机构在房地产业中的作用日益突显，其存在的问题也越来越多。本文从房地产估价机构发展现状、面临的新问题着手，探索房地产估价机构问题的解决措施及未来出路。

关键词：房地产估价；现状；问题；措施；出路

一、房地产估价机构发展现状

（一）法律环境分析

2016年7月2日第十二届全国人民代表大会常务委员会第二十一次会议通过，并于2016年12月1日正式实施的《资产评估法》为估价行业奠定了法律基础，提高了估价行业的法律地位。第二章第十二条"要求委托人提供相关的权属证明、财务会计信息和其他资料，以及为执行公允的评估程序所需的必要协助；依法向有关国家机关或者其他组织查阅从事业务所需的文件、证明和资料"，第三章第十八条"委托人拒绝提供或者不如实提供执行评估业务所需的权属证明、财务会计信息和其他资料的，评估机构有权依法拒绝其履行合同的要求"，相关条文的规定赋予了评估专业人员和评估机构更多的权利，同时赋予了评估行业协会众多职责，有利于加强行业自律管理。另外，其他行政法规、房地产部门规章、国家技术规范标准等文件的相继出台，标志着我国房地产行业步入了规范化、法制化的发展新时期，为规范房地产估价行业体系发挥了积极的推动作用。

（二）国家政策分析

2016年6月3日，国务院办公厅发布《关于加快培育和发展住房租赁市场的若干意见》，实行购租并举，培育和发展住房租赁市场，标志着我国房地产市场开始由传统的买卖市场向购租并举转变。这样一来，我们不仅可以评估房地产的买卖价值，也可以评估其租赁价值，无形中扩大了业务范围。

（三）市场需求分析

随着房地产市场的不断发展及人们财产保护意识的增强，产生了更多的房地产估价需求。传统价值评估业务主要包括房屋、土地、在建工程等各类房地产，以及因转让和租赁、抵押、税收、征收和征用、司法拍卖、分家析产、损害赔偿、保险、企业改制、企业上市、资产重组、行政管理等需要评估的房地产。

除了传统价值评估业务，通常房地产估价衍生业务和咨询业务也需要评估，如价值分配业务、价值减损评估业务、价值提升评估业务、相关经济损失评估业务和房地产咨询业务等。

（四）估价机构数量分析

据中国房地产估价师与房地产经纪人学会"信用档案管理系统"，截至2019年9月，全国房地产估价机构一级资质673家，二级资质1971家，三级资质1543家，三级（暂定）资质527家。具体数据如图1所示：

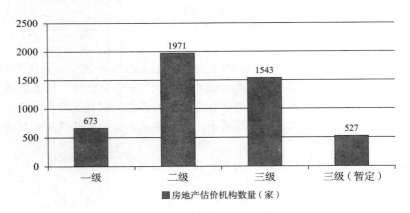

图1 房地产估价机构数量

通过对房地产估价机构数量调查可以看出，目前我国房地产估价机构以二级、三级为主，其数量较多、规模较小，估价经验和估价师数量有待进一步提高。

二、房地产估价机构存在问题

随着估价需求的日益增加、市场竞争的不断加剧，估价机构不仅要抵抗来自同行的"外忧"，还要处理好自身的"内患"。

（一）外部制约因素

1. 与委托单位间的问题

房地产估价机构对政府、银行等依赖性较强，话语权较低，部分银行内部制定了评估收费标准，加上估价同行的恶性竞争，评估收费也会越来越低，严重影响了房地产估价的公平性。

2. 与同行有效竞争的问题

我国房地产估价机构数量多、规模小，普遍缺乏品牌意识，核心竞争力薄弱。

估价机构多了，委托方的选择余地就大了，由于银行对估价报告的要求不高，少数房地产估价机构违反市场竞争规则和职业道德，进行低价恶性竞争、降低报告质量等不正当手段谋取利益，不仅给银行带来风险，也损害了产权人的利益。

3. 与替代品间的问题

（1）自动估价系统。抵押类估价是房地产估价机构的主要业务，但随着"自动估价系统"在银行的普遍适用，陆续有银行通过"自动估价系统"执行个贷内评和成交价格的查询，势必减少银行对估价机构的专业依赖，从而减少抵押类业务评估。

（2）最高法新增财产处置参考价方式。2018年8月28日，最高人民法院公布了《最高人民法院关于人民法院确定财产处置参考价若干问题的规定》，第二条规定"人民法院确定财产处置参考价，可以采取当事人议价、定向询价、网络询价、委托评估等方式"。在保留委托评估这一传统的确定财产处置参考价方式的基础上，又新增了当事人议价、定向询价、网络询价三种确定财产处置参考价的方式，新增的三种确定财产处置参考价的方式不仅收费低或零费用，还具有公开、透明、高效的特点，这对房地产司法估价业务也是一次巨大的冲击，目前已有地方法院开始使用京东司法大数据评估平台来确定拍卖财产的参考价。

（二）内部制约因素

1. 估价机构人才不齐、报告质量不高

房地产估价不仅需要坚实的理论基础，同时还需要丰富的实践经验。由于设立房地产估价专业的高等院校较少，导致相关专业人才输出较少，需要聘用大量非估价师人员从事房地产估价活动。非估价师人员由于缺乏对市场的认识及专业的理论知识，往往出具的报告过于模板化，从而降低了报告的质量，不但影响估价机构自身的服务信誉，还给整个房地产行业带来负面影响。

2. 估价机构资源无法共享

现阶段，估价机构大多是各自为战，与同行业、中介公司、拍卖公司等之间联系较少，数据无法实现共享，数据流通性较差，不能形成一个完整的信息数据库，以至于估价报告中的各种案例数据准确性大大降低，从而影响房地产估价机构的竞争力。

3. 估价机构业务范围窄

估价机构以传统抵押类业务为主，业务来源主要为以前的老客户，对咨询、经纪等业务接触较少，面对日趋激烈的竞争环境，如果没有创新精神，不能扩大业务范围，未来终将被重组，甚至是被市场淘汰。

三、房地产估价机构解决问题的措施

（一）外部制约因素解决措施

1. 增强行业组织自律性

各地房地产估价师协会作为房地产估价行业自律性组织，在沟通、协调、服务等方面发挥了重要作用，沟通政府和估价机构之间的联系，向政府反映房地产估价机构的诉求，同时协助政府从事行业自律管理，通过制定行规行约并监督执行，规范房地产估价市场，保障行业公平竞争，提高房地产估价服务的质量和水平，促进房地产市场健康发展。

2. 提高企业知名度

树立品牌战略，创立良好的品牌形象，提升产品的知名度。房地产估价机构应结合估价实际，完善行业操作流程，协助政府部门做好房地产估价信用档案；对于估价纠纷及时处理，维护企业形象；估价师应当执行政府规定的估价收费标准，不得以恶意压低收费等方式进行不正当竞争，也不得以不正当理由或者名目收取额外的费用。通过提高企业知名度来开拓市场、吸引客户，不断提升估价机构的市场占有率。

3. 运用新技术、建立数据库

目前网络平台上各种房地产数据信息较分散、准确率不高，这些都将影响房地产估价的精准性。只有领先各渠道进行房地产估价相关数据的积累，运用先进的外业调查工具，建立数据模型,在此基础上建立的估价平台才将更加准确。只有数据的积累与价格的精确和谐统一,才能在激烈的竞争中立于不败之地。

(二)内部制约因素解决措施

1. 注重人才培养,提高人员的整体素质

(1)专业知识培训。房地产估价机构对国家颁布的相关政策、法规、标准、规范及相关专业知识应及时有效地进行内部培训,也可组织邀请相关方面的专家进行企业员工专业知识讲座,帮助估价人员查漏补缺。

(2)专业能力培养。作为房地产估价人员,除本身专业知识能力外,还要加强与客户、与同事相沟通、相合作的能力。估价人员在评估前主动与客户沟通,了解客户的需求,识别提供资料的真实性,在评估中主动与技术审核部门沟通,确保估价思路与方法准确,在评估后主动与客户沟通,引导客户合理使用评估报告。因此,如何有效地沟通和高效地合作将成为估价人员的必修课。

2. 制定内部管理制度

为保证房地产估价工作的客观公正、防范技术风险、规范估价人员的行为,提高估价报告质量,提高公司核心竞争力,制定房地产估价机构内部管理制度。

3. 扩大业务范围

(1)房地产咨询业务。为有关房地产活动的当事人提供法律法规、政策、信息、技术等方面的顾问服务,具体业务有接受当事人的委托进行房地产调查研究、房地产投资项目可行性研究、房地产开发项目策划等。

(2)房地产估价业务。分析、测算和判断房地产的价值并提供相关专业意见,为土地使用权出让、转让和房地产买卖、抵押、征收征用补偿、损害赔偿、课税等提供价值参考依据。

(3)房地产经纪业务。帮助房地产出售者、出租人寻找到房地产的购买者、承租人,或者帮助房地产的购买者、承租人寻找到其欲购买、承租的房地产。

四、估价机构的发展方向

(一)信息化、智能化的评估

"用机器解决重复工作,节省时间就是节省成本",未来的估价将以大数据为基础,利用软件把人和机器更好地结合起来,利用大数据和人工智能技术,为人工提供辅助决策,让人工决策更加合理。相较于传统的业务模式,以大数据和人工智能为基础的估价,在效率、成本等方面将更具优势。

(二)专业化的评估

房地产估价机构出具的估价报告中,应当详细说明估价报告遵循的原则、按照的估价程序、依据的有关文件、采用的估价方法、分析测算的过程,并对所选参数的取值做出合理说明,并且为客户提供未来价格走势分析、价格变现能力分析等综合性的专业意见,为委托方做出合理判断提供参考依据。

五、结语

房地产估价机构虽然面临重重困难,但随着相关法律和标准的完善、新兴技术的不断涌现，房地产估价行业也将迎来新的发展机遇，未来的房地产估价机构将更加规范化、法制化、智能化。房地产估价机构只有因势而谋、应势而动、顺势而为，才能在未来的估价中枯木逢春。

参考文献：

[1] 杨盈盈.基于房地产估价风险的研究[J].科技与企业，2014（05）.

[2] 沈颖，杨雪红.浅谈房地产评估行业发展现状趋势及发展对策[J].广东科技，2008（18）.

[3] 吴玲，何灵.房地产评估业风险形成机制及防范分析[J].现代商贸工业，2018，39（30）.

[4] 邹士年.2018年我国房地产市场分析与2019年展望[J].发展研究，2019（01）.

[5] 蒋宇芳.房地产估价行业发展现状、趋势及对策分析[J].住宅与房地产，2019（22）.

[6] 王玮.新技术在房地产估价中的应用研究综述[J].城市建设理论研究，2018（36）.

[7] 潘世炳，文云波，张小莉.房地产估价机构如何在发展中防范风险[J].中国房地产，2018（35）.

作者联系方式

姓　　名：丁　辉

单　　位：安徽中安房地产评估咨询有限公司

地　　址：安徽省合肥市经开区繁华大道与莲花路交口尚泽国际1109室

邮　　箱：649429171@qq.com

顺势而为或逆流而上

——新形势、新需求、新技术背景下估价机构的抉择

王大林

摘　要： 党的十九大报告明确指出："我国经济已由高速增长阶段转向高质量发展阶段。"作为现代服务业的重要组成部分，房地产估价行业未来也必将是高质量发展。然而，伴随着国家改革的不断深入以及互联网、大数据、云计算等新兴事物大行其道，各种新型估价需求也层出不穷，房地产估价行业和房地产估价机构面临前所未有的挑战和机遇。面对这种新形势、新需求、新技术，估价机构应该如何抉择，是顺势而为还是逆流而上？值得思索和探讨。

关键词： 新形势；新需求；新技术；估价机构；抉择

一、引言

国内估价行业从1993年起步，经过20多年的不断发展完善，根据《2018中国房地产年鉴》统计数据，截至2017年底，全国共有房地产估价机构约5500家，其中一级机构约550家（2018年为626家），二级估价机构约1700家，三级（含暂定）机构约3000家；注册执业人数约为5.4万人，从业人员达到50余万人之多。作为现代服务业的重要组成部分，房地产估价对经济的发展起到了巨大的促进作用，但随着科技的进步，时代的发展和社会日益增长的多元化个性化需求，房地产估价机构面临着诸多新问题：传统估价业务（抵押、征收、司法鉴定等）、服务模式和服务内容都已经无法满足多元化的客户需求，且越来越受到新技术的冲击；过度市场竞争、模板化操作、职业和社会风险加大等状态日益显现；机构小、散、弱的格局长期存在，内部整合和跨界竞争从未停止等。面临着新形势、新需求、新技术，目前房地产估价行业和机构遇到发展瓶颈，迎来重大机遇抉择的时刻。是顺势而为，被大趋势裹挟着往前走？还是逆势而上，通过不断强化基本功在这新一轮的重大机遇期脱颖而出，值得思索和探讨。

二、当前面临的新形势、新需求、新技术

（一）新形势

当前，房地产估价机构面临的新形势主要有：①党的十九大报告关于"我国经济已由高速增长阶段转向高质量发展阶段"的重要论断。2017年10月18日，党的十九大在北京召开，习近平总书记在党的十九大报告中明确指出："我国经济已由高速增长阶段转向高质量发展

阶段。"这在一定程度上意味着我国经济进入新常态，房地产行业进入存量房时代，也无疑会对房地产估价行业会产生深远而重大的影响。②《中华人民共和国资产评估法》出台。2016年7月2日，《中华人民共和国资产评估法》出台，自2016年12月1日起实施。该法弥补了资产评估行业基本法的空白，可谓意义重大。其中对房地产估价行业和机构产生影响的方面主要体现在，一方面，取消了机构设立条件中的诸多限制、降低了准入门槛，从而加大了行业的竞争力度，新一轮的行业大洗牌不可避免；另一方面，基于"放、管、服"改革的需要赋予评估行业协会众多职责，将过去许多由行政管理部门负责的事项，如评估师资格考试、信用档案建设、评估报告检查等转移给评估行业协会，对行业自律管理更加有利。③国家职业资格改革。此项改革开始于2014年7月，此后分批次陆续有434项职业资格许可和认定事项被取消，占到国务院部门设置的职业资格许可和认定事项的70%以上，对房地产估价行业人员管理和行业竞争带来巨大压力。④自然资源部挂牌成立。2018年4月10日，新组建的自然资源部正式挂牌成立，统一行使对土地、矿产、森林、水、草原资源和海域海岛等自然资源资产的所有权职责，打破了原来分别属于不同部委管理的格局。这为房地产估价行业和机构提供了新的估价领域和估价需求，同时也提出了更高的要求和挑战。

（二）新需求

根据《房地产估价规范》GB/T 50291—2015，房地产估价按估价目的进行分类，主要有12个类别，其中抵押、征收和司法鉴定为主要估价业务类型。

但随着科技的进步，时代的发展和社会日益增长的多元化个性化需求，房地产估价机构面临着诸多新问题：传统估价业务（抵押、征收、司法鉴定等）服务模式和服务内容已经无法满足多元化的客户需求。比如有相当一部分抵押估价业务采用协议抵押，不需要第三方估价机构的介入，甚至一些商业银行开始自己使用内部开发（或大数据机构协助开发）的系统进行押品估值，估价业务受到压缩；司法鉴定中涉执财产处置参考价评估开始采用网络询价方式，委托第三方商业机构进行评估不再是唯一方式；各种"新、奇、特"房地产估价服务层出不穷，估价师不知道如何评估，出现"有人没活干，有活没人干"的尴尬局面。以上种种，均反映出当前房地产估价行业和机构面临新估价需求时的种种不适和问题，本文对其进行了搜集、梳理和归纳，详见表1。

新估价需求汇总表 表1

序号	类别	具体需求	需求来源
1	新政策、新制度出台	农村房地产流转、抵押中的估价服务	国发〔2015〕45号；土地管理法修订后集体土地可以入市等
		"共有产权"等政策性住房交易中的估价	建保〔2014〕174号；京建法〔2017〕16号等
		在构建租购并举的住房制度上开辟住房租赁估价业务	国土资发〔2017〕100号
		在"一带一路"国际合作中，为"走出去"的企业提供沿线国家和地区房地产开发相关制度的政策咨询	"一带一路"倡议
2	部门机构改革	自然资源资产价值评估	国发〔2018〕6号等组建自然资源部

续表

序号	类别	具体需求	需求来源	
3	城市更新	城市更新（征拆、棚改等）中的房地产估价，历史遗留等不合法建筑如何估价，整体房地产中的部分土地或房屋征收补偿估价，成套住宅估价等	房地产进入"存量房时代"；旧城改造、旧工厂等城镇低效用地再开发、再利用，如广东的"三旧改造"政策、深圳的城市更新	
4	商业银行押品管理服务	事前控制（押品调查、评估），事中监测（押品定期批量复估、压力测试），事后处置（处置不良债权等）	银监发〔2017〕16号	
5	司法鉴定估价	司法鉴定中涉执财产处置参考价评估，分家析产估价，损害赔偿估价，定罪刑量估价等	法释〔2009〕16号；法释〔2018〕15号	
6	房地产课税估价	房地产税基评估	财税〔2011〕61号等	
7	"新、奇、特"房地产估价服务	历史文化建筑如何估价，资产证券化（如地方政府土地储备专项债券）中的房地产估价，房屋平移估价，旅游地产、养老地产、军队地产、复合地产等如何估价，机场、码头等非居住房地产估价，追溯性评估，评估价值的多样化、多时间段表达，街景地图、三维地图的运用等	个性需求、定制化服务等	
8	大数据机构或平台	利用大数据机构或平台积累的海量数据做增值服务	大数据、云计算、人工智能等现代技术发展，对自动估价、批量化估价、智能估价等的需求越来越强烈	
9	咨询性估价	房地产咨询（如市场调研、策划、定位等）、有关手续代办、非居住房地产租售代理、房地产资产管理（如对房地产进行清产核资、完善产权、优化利用、保值增值）等业务，即提供房地产开发、销售、运营全生命周期、全过程的咨询性估价服务	房地产估价可分为鉴证性估价（即给第三方看，起着证明或公证作用）和咨询性估价（即给委托人自己看，为其有关决策提供参考依据）。未来，咨询性估价业务的空间非常大	

（三）新技术

本文经过阅读相关文献、搜集相关案例等，初步认为当前所谓的新技术，一方面来自于行业内部的大数据机构和平台，他们或者本身就是行业估价机构，是一线从业者，比如世联评估等；或是相关平台、联盟等组织形式，自身不从事估价业务（但仍涉及估价相关领域），仅仅提供共享平台、做一些数据支撑、会员交流学习等服务，比如中估联行等。另一方面来自于行业外部，他们是强势的跨界介入者，房地产估价不是他们的主营业务，主要依靠自己领域所积累的行业优势（技术、数据、地域范围等）而来分一杯羹。比如京东、淘宝、工商银行三家机构现已进入法院评估遴选的大名单，像房天下、58同城、搜房、链家以及房价网、兔博士等大型或专业互联网平台，一些数据技术服务公司（如云估价、BBD和腾讯街景)等其他行业开始涉足房地产估价等(本文暂且将其统称为"大数据估价",下同)。

本文也对其进行了搜集、梳理和归纳,结果表明:从大数据平台数量来看,目前的估价系统(软件产品)有十几家之多(如中估联行的V估价系统、中指数据的CREIS中指评估系统、世联评估的世联EVS自动估价系统、云估价的估价宝、云房数据的房估佬等),涉及行业内和跨界者;从主要功能来看,主要有估价作业系统(业务委托、业务分发、进度查询、痕迹管理、报告防伪、业务统计等)、客户询价系统(自动估价、人工估价)、移动查勘平台、自动或批量化估价模型及平台、估价业务与报告发送平台、房地产数据服务系统(楼盘字典、价格监测、风险管理、租金咨询)等几种;从地域分布来看,主要集中在北上广深等一线城市和杭州等二线城市;从覆盖城市/数据能力来看,大多是全国覆盖,重点布局。

三、如何抉择

新形势造就新需求,新需求倒逼新技术产生。面对上述这些问题和挑战,如何抉择,何去何从?本文试着给出一些判断和应对措施,以求对行业和机构发展有所参考和借鉴。

(一)大数据不是万能的,但没有大数据是万万不行的

面对时代的进步,技术的发展,大数据技术正如火如荼,势不可挡,这是一个大的趋势。但是,目前大数据仍面临着一些不足和困境,比如,按照房地产估价规范的要求,房地产估价过程需要进行现场踏勘,且需要有估价师亲自到现场拍照;估价报告需要两名注册估价师签名;估价报告包含结果报告和技术报告等,但这些目前大数据估价均不是很符合房地产估价规范的要求,那么必然导致其法律效力存疑。所以,至少从目前来看,大数据技术仍不够完全成熟,所应用的领域还受限,有待进一步完善。

(二)传统估价中的重复性工作可以用技术取代,但估价部分仍需要人工操作

估价工作既是一门科学也是一门艺术,但更重要的是一门科学,是有严格的技术理论支撑规范约束的,因此要尽量做到估价数据来源有依据、有出处;估价报告内容有过程、有步骤;估价结果可验证、可信赖。但对于那些重复性的、没有技术含量的、可替代的估价环节,比如估价委托、基础数据搜集、报告的无纸化生成、进度查询、估价数值的计算、一些咨询性估价等大可以让技术取代,从而解放我们的双手,将更多精力放到估价其他环节中去,比如数据的合理性论证等。

(三)要根据机构自身综合实力做出不同应对策略

对大公司来说,可以进行强强联合,以做大做强为终极目标,进行多元化发展,既可以自己单独进行大数据平台的开发和研究,也可以通过加盟等方式共同进行大数据平台的开发和研究,在此基础上提供多元化、多样化的服务。

而对小公司来说,本身实力就不强大,就不需要再分出过多的精力去进行大数据平台的开发和研究,走专业化道路才是他们的生存之道,把精力花在一到两个估价类型中去,将其做专做精,形成自己的拳头产品和核心竞争力,只有这样,才能立于不败之地。

(四)巩固传统业务,开拓新领域,满足新需求

传统估价业务如抵押、征收、司法鉴定等,虽然受到诸多冲击,无法满足越来越多元化的客户需求,但当前仍是大多数中小机构生存的主要业务来源,因此应继续巩固传统业务,深度挖潜,做好服务,努力树立自己的口碑和品牌。与此同时,应不断适应新形势、新需求、新技术的要求,不断开拓新的估价领域,满足新的估价需求,跟上时代的步伐。

（五）做好基础研究

基础研究一方面是指要做好本行业的重要和重大理论研究和创新，将本行业基础打牢。比如是否有一种新的理论支撑的估价方法可以运用？另一方面是指要做好重要基础数据的搜集和估价参数的测算，统一标准等，比如制定房地产估价行业数据库标准；再比如市场法中使用的各种修正系数、调整系数，收益法中使用的土地还原率，成本法中使用的土地增值收益率等，做好这些重要参数的研究，避免出现重大遗漏报告或虚假报告。

（六）重视人才培养

我们都知道"千军易得一将难求"，人才的重要性可见一斑。在当今社会，知识更新迭代日益加速，不同领域、学科的交叉、融合也更加激烈，特别是生活在信息时代，面对大数据的冲击，所需要的人才更是复合型人才。所以，我们要不断加强我们的知识储备，不断拓展我们的视野，做到活到老，学到老。

参考文献：

[1] 许军.2017年度中国房地产评估行业发展报告 [R]. 中估联行，2018-10-25.

[2] 房地产数据服务技术交流会在京召开 [EB/OL]. [2017-02-22]. http：//www.cirea.org.cn/article/info/1208.html.

[3] 评估师资讯公众号.哪些机构在"玩"评估＋互联网？估价行业平台盘点！，2016-08-15.

[4] 柴强.提供高品质估价服务——估价机构的出路 [R]. 中估联行，2018-07-02.

[5] 李凤荷.大数据评估VS专业人士评估，谁更可信？[N]. 广州日报，2018-11-19.

[6] 柴强.中小估价机构的出路——与专业服务平台共成长 [R]. 2016云估价创新发展论坛，2016-06-25.

[7] 丁金礼.专业化是房地产估价行业持续发展的必由之路 [J]. 中国房地产估价与经纪，2018（03）.

作者联系方式

姓　　名：王大林

单　　位：河南纬达勘测规划设计有限公司

地　　址：洛阳市西工区凯旋东路34号

邮　　箱：henanweidapinggu@163.com

浅析内外环境变化给估价机构发展带来的新问题

陈文升

摘　要：改革开放至今 40 年，中华人民共和国也刚刚度过了 70 周年的庆典。中国在这 70 年来取得了举世瞩目的伟大成就，中国经济正面临着前所未有的变化。估价行业也搭上了这班快速前行的列车，走过了风风雨雨的 20 余载。如今，面对新时代、新形势和新要求，估价行业仿佛走到了一个十字路口，充满着前行的困惑。笔者认为，正是由于处在这样一个全球动荡变革的时代背景下，产生了一系列的新问题，有待整个估价行业理清思路。下面，笔者将从外部环境和行业内部因素两方面阐述估价行业面临的新形势和新问题。

关键词：大数据；传统估价业务；变革；创新

一、外部环境：信息化下的智能化大数据时代

1994 年 4 月 20 日，中国通过一条 64K 的国际专线才接入国际互联网，中国互联网诞生了。时至今日，互联网已经和我们携手走过 25 年，几乎成为我们每个人必备的"生活品"。正如马云所说，未来 30 年，互联网将成为所有人的互联网。如果说过去 20 年互联网从无到有，那么未来 30 年，互联网将"从有到无"，这个"无"将是无处不在的"无"。随着人工智能和大数据技术的迅猛发展，大数据将成为新的"生产资料"，人工智能将成为生产力，互联网将成为一种生产关系，人类将进入智能化时代。智能化时代是一个崭新的时代，是一个充满了无限想象空间的时代，但也会是一个对以往传统行业进行彻底颠覆的时代，自然也会给我们估价行业带来巨大的影响。

产生的问题一：传统估价业务受到冲击

相较于大数据和人工智能化对其他行业所带来的积极影响，我国估价行业虽然对于大数据时代的到来也有着期盼，但更多的或许是感到焦虑和不安。大数据无疑会出现许多新需求，带来新业务，从而创造出新的发展动力。然而在这一切尚未成型之际，变革所带来的阵痛却已经深深地影响着整个估价行业。估价人员难以做到主动积极去拥抱新兴科技，反而时刻担心自己所做的事情会逐渐被智能科技所取代。具体而言，我们可以从传统估价业务中的"司法评估"这一块一探究竟。

2018 年 8 月 28 日，最高人民法院（以下简称最高法）发布了《关于人民法院确定财产处置参考价若干问题的规定》（法释〔2018〕15 号）（以下简称《规定》）。《规定》在保留委托评估这一传统的确定财产处置参考价方式的基础上，又新增了当事人议价、定向询价、网络询价三种确定财产处置参考价的方式。众所周知，司法拍卖是人民法院在民事案件执行程序中，按程序自行进行或委托拍卖公司公开处理债务人的财产，以清偿债权人债权的一种方

式。曾经在传统的司法拍卖流程中，委托评估是确定财产处置参考价的主要方式。然而，由于委托评估存在评估周期长、评估费用高且财产处置效率较低等问题，一定程度上导致司法拍卖的工作效率较为低下。时至今日，自从有了大数据和互联网平台，通过网络询价，利用大数据就可以一瞬间得出估价结果，且所需费用十分低廉。同时，借助淘宝、京东等大型电商平台，就拥有了更为广泛的受众群体，任何人都可借助这一平台实现公平、公正、公开的参与，能够大大提高拍卖成交的概率。虽然网络询价作为新兴事物，依然存在估价结果与市场价格偏差较大、特殊估价对象缺乏数据支撑等问题，但在大数据时代的背景下，网络询价的出现的确有助于解决长期以来传统委托评估业务存在的问题，在流程上提高了司法拍卖的工作效率。

因此，继抵押贷款、房产征税等相关的房地产价格评估业务被网络询价占领市场后，上述最高院《规定》的出台实际已经将司法评估的一大块市场空间交给了网络询价平台。

产生的问题二：估价行业没有在理论和实操上做好准备

随着新的时代变革，大环境的变化也在要求和推动着我们必须要在理论实践中不断完善。目前，由于受限于以往传统的估价项目的简单要求，估价机构更多着眼于单纯的利益追求，总是想着以最短的时间去完成各项估价工作。这样只顾"狠抓业务、轻视技术"的结果，就会造成估价行业整体的技术水平偏低，缺乏对新方法、新技术、新手段和智能技术的综合应用，最终被激烈竞争的市场所淘汰。目前，大多数估价人员的知识仅仅局限于与房地产相关的金融、财务、会计、经济学等领域的知识，却对于数据统计分析、IT 技术、云计算等新兴技术的知识涉猎较少。这不利于我们今后运用大数据、云估价等先进技术，乃至于无法对现有估价方式进行改进创新。以往通过简单的复制粘贴更新报告模板的时代，必将被未来系统化、数据化和标准化的新评估方式所替代。此外，许多估价机构尚未意识到要善于总结和利用我们日常工作中所了解掌握的数据信息，应该积极利用新时代的契机，努力建立属于自己的数据库。不仅能够对以往的工作进行梳理总结，还能通过对信息资料的收集整理，加强与其他企业单位的合作互动，实现资源共享，为后续的持续发展打下坚实基础。

二、外部环境：中国经济进入"新常态"，房地产行业受其影响

中国经济新常态就是经济结构的对称态，在经济结构对称态基础上的经济可持续发展，包括经济可持续稳增长。经济新常态是强调结构稳增长的经济，而不是总量经济；着眼于经济结构的对称态及在对称态基础上的可持续发展，而不仅仅是 GDP、人均 GDP 增长与经济规模最大化。

鉴于房地产关联的行业众多，在我国，房地产一直被作为经济增长的"支柱产业"，甚至在以往的宏观调控中被作为调控工具使用。在我国体制条件下，房地产投资作为宏观调控工具，往往伴随着房价快速上涨，房价过快上涨不可避免地会产生巨大的负面效应。过去为了维持高增长，不断用大量投资拉动经济，用宽松的货币信贷来刺激经济，房地产是最直接的受益者。资产泡沫与宽裕的流动性相伴而生，流动性过于泛滥也带来房价不断上升的货币现象，膨胀的经济成就了通常所说的房地产的"黄金时代"。但是，历史经验反复证明，如果一个国家的经济和金融发展过分倚重房地产，并听任房价持续过快上涨，最终将会触发系统性风险的结构性短板，进而对国民经济持续稳定健康发展造成重大伤害。因此，为促进房地产市场平稳健康发展，应坚持"房子是用来住的、不是用来炒的"定位，探寻房价持续上

涨的宏观经济影响以及结构性体制性根源，构建房地产市场基础性制度和长效机制。

产生的问题：传统估价业务萎缩

从总体上看，目前房地产估价机构业务中，银行金融抵押评估、课税评估、征收评估等传统评估业务所占的比重依然较大。然而随着国家近年来的政策调整和对房地产市场的调控，传统的房地产估价业务逐渐呈现下滑趋势。

首先，随着2017年10月18日中国共产党第十九次全国代表大会开幕，习近平总书记在报告中指出："坚持'房子是用来住的、不是用来炒的'定位，加快建立多主体供给、多渠道保障、租购并举的住房制度，让全体人民住有所居。"自此，全国各地纷纷开始响应中央对房地产行业发展的要求，采取实际有效的措施，通过限购限贷、银行利率上调等多渠道多方面的政策调控，真正实现了房地产行业的迅速"降温"。这一下的确有效打击了投机炒房，但也影响到与房地产相关的各个行业。房地产市场整体销售情况不佳，二手房市场流通受限制，从而导致为二手房交易服务的银行评估业务、纳税评估业务以及房地产抵押贷款业务大幅减少；由于房地产销售出现量价齐跌及开发商存在去库存的压力，使得投资开发的意愿大大降低，土地市场萎靡不振，房地产开发前期的可研性咨询和土地价格评估业务也将不可避免的减少。

其次，随着地税和物价系统联合制定存量评估系统，课税评估业务大大萎缩；金融评估业务也随着国家政策的调整逐渐减少。中美贸易战的阴霾笼罩着全球经济，世界各国保护主义有抬头趋势，整体经济环境受到各种不明朗因素影响下，社会的投资氛围较差，甚至出现不少裁员减产的情况。因此，受到经济大环境的影响，房地产市场正处于从原来的支柱产业进行转型调整的低迷时期，估价行业中的传统业务也必然受困于这一现状而大幅减少。如何通过企业转型升级、开拓新业务、发展新客户以及技术革新等举措走出困局，成为目前估价行业迫切需要解决的新问题。

三、行业内因：估价行业竞争日益激烈

得益于我国所有制的改革和房地产市场的飞速发展，房地产估价行业作为为房地产市场服务的新兴行业，在这短短的20多年就取得了飞速的发展。随着《资产评估法》的出台以及中央对行业门槛的降低，越来越多的人投入到开办估价机构的行列当中。虽然经过了一个快速的发展阶段，但是我国的房地产估价行业依然存在许多不足和缺陷，发展的繁荣仅停留在表象，深层次的矛盾尚未得到有效的解决。

首先，估价机构缺乏核心竞争力。由于过去的快速发展，导致许多估价机构满足于从事传统估价业务，以服务银行机构为主，出具流水式的估价报告，缺乏专业性和技术创新，更谈不上形成品牌效应。机构的发展往往依托于以往的人脉关系，但管理者的能力却并没有能嫁接到机构当中，导致其核心竞争力主要依靠创业者或管理者的个人能力。小型的估价机构虽然如雨后春笋般涌现，但随着近年来行业逐渐形成规模效应，不少立足于本地的小型专业化机构受限于资金、规模和人员等因素将无法继续生存。而不少大型估价机构，发展壮大后不思进取，往往只是寻求不断的对外扩张和利益最大化，却没有实现其品牌价值的打造，更没有着眼于为行业的可持续发展做出贡献。

其次，估价行业恶性竞争日益严重，难以凝聚共识。随着行业机构数量的不断增长，整个估价业务却因为种种原因停滞不前，不少传统业务更是开起了倒车，这就导致出现"僧多

粥少"的局面。慢慢地，估价行业从卖方市场转向买方市场。夹在中间的我们，一方面为了获取业务要看银行、企事业单位以及客户的脸色，另一方还得面对同行的挑战。机构间为了生存，不惜大打价格战，导致行业收费标准和实际收费差距极大。表面上以极低的收费赢得了一项业务，实际上却是一步步将这个行业推向了万劫不复的深渊。越来越多的人有这样的想法，认为估价行业的劳动成果是简单低廉的，慢慢地由于我们自身的恶性竞争，已经让人忽视了估价行业本身应该带有的极强专业性。估价行业面临着如何把蛋糕做大的难题，却总是寄希望于让别人分不到蛋糕的错误认知之中。

最后，估价师社会地位不高。估价师作为估价行业中最重要的存在，却时常体现不到其自身的存在感。在不少估价机构中，机构的管理者往往是做业务出身。一项估价业务，往往整个服务过程都是由业务人员在把持，而估价师则仅仅是作为技术人员，在背后默默按要求执行工作。长此以往，估价师就逐渐消失在客户和公众的视线之中，仿佛从技术人员变成了"后勤人员"。估价师的积极性并没有被调动起来，估价机构忘记了他们才是公司的核心骨干，他们才是行业的不可多得的精英。换而言之，估价机构的核心工作应该是打造一支有素养和充满战斗力的估价师团队。问题在于，估价行业和机构管理人员如何才能意识到这一问题的重要性，如何能够重新树立估价师的权威。

总之，在当前错综复杂的全球化大背景下，突破性的科技将会带来颠覆性的变革。在新时代、新形势下，估价行业也将面对更多的新问题、新挑战。有危险才有机遇，如何能够抓住机遇，迎难而上，需要行业上下团结一心，摒弃私欲，共同为估价行业的长远发展献一份力，这或许才是我们目前最迫切需要解决的问题。

参考文献：

[1] 谭杰. 房地产估价行业若干问题的新思考 [J]. 中国房地产与经纪，2013（04）.

[2] 黄文华，王费连. 智能化时代房地产估价机构的出路 [J]. 中国房地产与经纪，2018（02）.

[3] 张志娟. 简析新形势下房地产估价行业的发展 [J]. 房地产导刊，2015（29）.

作者联系方式

姓　　名：陈文升

单　　位：珠海仁合土地房地产与资产评估有限公司

地　　址：珠海市吉大石花西路17、19号2层

邮　　箱：328571611@qq.com

浅析新形势下估价机构面临的机遇、挑战及对策

孙竹星　余扬飘　卢国超

摘　要：随着我国市场经济的迅速发展，房地产估价机构作为市场独立的专业鉴证机构，必须在明确市场估价需求的前提下，积极提升自身素质，为今后的长足发展打好基础。本文通过对当前房地产交易新形势下估价行业的发展现状分析，认为在新形势下估价机构在政府、市场及《资产评估法》的共同推动下存在良好发展机遇，但也面临着更为严峻的挑战，并提出把握机遇和面对挑战的对策。

关键词：《资产评估法》；估价机构；行业发展；对策

近年来，受市场经济发展的影响，我国房地产交易市场的发展也呈现一片繁荣景象。2018年全国商品住宅销售面积14.6亿平方米，同比基本持平；在住房全面商品化后的20年间，商品住宅销售达到高峰，2018年新房成交总额（GMV）达12万亿元，同比增加10%。2018年全年我国经营性用地供应累计1.3万宗，总建筑面积12.8万平方米，同比上涨20%；2018年全年经营性用地成交1万宗，总建筑面积10.5万平方米，同比上涨13%，成交总额（GMV）达4.2万亿元，同比上涨2%。面对着如此庞大的房地产交易市场，估价行业面临着巨大的发展机遇，与此同时也伴随着严峻的挑战。

一、新形势下估价机构面临的机遇和挑战

我国房地产估价业务始于20世纪80年代，随着社会主义市场经济的迅速发展，估价机构随之产生。时至今日，经过三十多年的发展，估价机构在社会中的地位逐渐提升，在市场交易活动中发挥着越来越重要的作用。

（一）政府对估价机构的影响

1. 政府对估价机构的"新期待"

估价行业和估价机构的迅速发展离不开各地政府对估价机构和估价人员的支持与信任。目前，各地政府在对土地规划方面不仅依靠国土资源局、城建局等行政部门单位，而且会从市场上通过招标的方式来聘请专业的估价机构为其建言献策。比如在政府主导的旧城改造和城中村、棚户区的拆迁补偿等城市更新项目中，估价机构及从业人员需要在了解政府需求的前提下，运用自己的专业知识结合政府出台的一系列相关文件，为政府提供切实可行的实施方案和建议。通过承接各地政府委托的土地整改项目，一方面估价机构运用自身的专业知识帮助政府顺利实施整改方案，为社会发展贡献了力量，也加强了政府对估价机构的信任度和依赖度，提升了估价机构在社会上的地位；另一方面，在项目实施过程中，估价机构可以和政府人员经常性的沟通交流，了解政府在土地规划方面的最新思路和方针政策，有

利于估价机构更准确地把握政府对房地产估价的需求以及市场发展动向，进而更好地提升自身的专业度。

2. 政府对估价机构的"严要求"

与机遇相伴的往往就是挑战。政府在支持信任估价机构的前提下，对估价机构也提出了严格的要求。

首先，估价机构在承做项目期间一定要坚守职业道德，保持独立、公平、公正的工作原则，抵制住一切诱惑不做违背法律法规和职业道德的事。其次，政府主导的市政项目由于牵涉面较广，所以实施周期一般都比较长，所需人员数量也比较多。因此，对于许多中小型估价机构而言可以说是一项巨大的挑战，因为一旦承接这样的项目可能意味着无法承接其他项目，或者会很大程度上增加项目参与人员的工作量，既不利于客户关系的维护也不利于内部人员的管理。其次由于这类项目本身就较为复杂，而整个估价行业又比较缺乏类似项目的实践经验，拥有类似项目经验的估价师数量也较少，所以承接该种项目对估价机构及其团队人员也是一种挑战。

（二）市场对估价机构的影响

同其他发达国家相比，我国估价行业起步比较晚。在估价行业发展的初始阶段，估价机构主要以承做单纯房地产交易、房地产以及土地使用权抵押贷款等传统的房地产估价业务为主。随着我国社会主义市场经济的深入发展，以及企业风险防范意识的不断提高，便催生出了各式各样的估价需求。毫无疑问，市场经济的发展给估价机构带来了极大的发展机遇，但同时也对估价机构提出了新的要求与挑战。

1. 市场发展带来新的估价需求

估价行业之所以可以迅速发展，究其根本是由房地产本身的巨大价值和这种价值难以准确量化导致的。房地产作为重要的资产，在新的市场形势下，如何将其通过最佳的利用方式使其创造最大化收益，便产生了巨大的估价需求。

近几年，在政府调控和干预房地产市场的背景下，房地产行业发展速度放缓，因此，对于房地产开发企业而言如何将现有土地使用权资源利用好，便成为企业发展规划的重要环节。据此，房地产开发企业会选择适当的估价机构，根据目前整个房地产市场的发展走势以及当地政府的发展规划，对土地使用权进行合理估价，为其日后发展提供帮助。但随着市场竞争的加强，房地产开发企业不仅在项目启动前期需要聘请估价机构对土地使用权价值进行估算，而且在项目建设期间形成的在建工程以及建成后的商品房也需要估价机构对项目建设成本费用及后期销售进行全局把控。这直接导致了估价业务量的显著增长，为估价机构带来新的发展机遇。

2. 复杂的市场交易形式带来新的挑战与风险

市场经济的深入发展拓宽了估价行业的业务范围，但同时也给估价行业和估价机构带来了新的挑战与风险。

首先，由于市场竞争加强，导致各估价机构间出现了情节较为严重的恶性竞争事件，比如低价竞争；部分估价机构及其相关人员为了争取业务故意降低收费价格，这种行为不仅扰乱了估价行业秩序，而且让委托方对估价机构的职业性产生怀疑，不利于日后继续合作。其次，面对新形势下复杂的商业交易方式，估价机构也面临着较大的执业风险，在项目进行期间一旦估价机构没能及时发现项目潜在的风险而出具了相应的估价报告，不仅要受到行业协会的处罚，而且可能还要承担相应的法律责任。

因此，新形势下估价机构不仅要认准时机、把握机遇、发展自我，而且要做好应对新的挑战和风险的对策，这样才可以既服务社会，又使自身得到更加长足的发展。

（三）《资产评估法》的颁布对估价机构的影响

2016年7月全国人大常务委员会颁布《资产评估法》，自2016年12月1日起实施。《资产评估法》的颁布对估价行业及估价机构产生了极为重大的影响。

1. 为评估专业建立了法律基础

首先，《资产评估法》的颁布为各类评估机构及评估专业人员建立了法律基础，提高了法律地位。在《资产评估法》没有颁布之前，房地产估价的法律依据主要是《城市房地产管理法》，但是在该项法律所包含的条款中直接对于房地产估价的条款数量较少且不够具体。《资产评估法》的颁布实施为各类评估业务建立了法律基础，使评估机构及评估专业人员从业有了更为明确的法律依据。

2. 加强了评估机构及评估从业人员的法律意识

《资产评估法》从法律层面加重了对评估执业的过程和结果管理，加强了评估机构及评估从业人员的法律意识，明确了评估机构及评估从业人员的法律责任，包括民事责任、行政责任和刑事责任，并且对违法行为的处罚力度远大于现行法律法规的规定。例如，评估专业人员签署虚假评估报告的，情节较轻者责令停业、罚款，情节严重者依法追究刑事责任、终身不得从事评估业务等；再如，若评估机构及评估从业人员由于收取委托人的"好处费"而违反法律规定给国家或其他相关当事人造成损失的，不仅要由评估机构依法承担补偿责任、没收非法所得外，还要对其进行一定程度的罚款。《资产评估法》的颁布实施无疑增加了评估从业人员的执业风险，加强了评估机构及评估从业人员的法律意识，促使其更加勤勉谨慎执业。

二、新形势下估价机构应对风险和挑战的对策

2017年党的十九大报告明确指出，我国经济发展已由高速增长阶段转向高质量发展阶段。2018年的中央经济工作会议又强调，推动高质量发展是当前和今后一个时期确定发展思路、制定经济政策、实施宏观调控的根本要求。由高速增长阶段转向高质量发展阶段，是党中央对我国经济历史新方位做出的科学判断，推动高质量发展是做好新时代经济工作的根本遵循。作为社会独立第三方专业机构，估价行业更要紧跟党的发展思路，提高自身专业素养，推动行业高质量发展。

（一）新形势下坚守"专业化"根基，运用新技术提高估价质量

1. 坚守"专业化"根基

房地产估价是现代高端专业服务，"专业"是这项服务的根基，只有能为客户提供有价值的专业服务才会有真正的估价需求，才能有化解风险和迎接挑战的能力。因此，所有估价人都要始终把"专业化"作为立足之本。估价机构在面对各式各样的估价目的时，如果没有专业的房地产估价认知就很难对估价业务风险做出合理有效地把控，比如在某些业务中委托人通常明知有风险，但为了规避自身风险而选择委托估价。所以，在承接此类业务时如果估价机构不够专业，不仅不能为委托人提供有价值的服务来分担风险，而且还可能使自己成为"替罪羊"。在现实中估价机构往往是作为社会独立第三方对房地产价值起到鉴证的作用，这就要求估价机构不仅要有资质资格，还要独立客观公正地运用专业知识来说服交易关联

方，于是"专业性"就成了估价机构最重要的性质。

2. 运用新技术提高估价质量

随着市场的多样化发展，市场对估价行业提出了更高的要求和期待。因此，现在的房地产估价不仅需要估价师运用自身积累的知识经验，更要通过分析数据和市场调查去估价，即在基于大量数据、实例、图表的前提下，再依据事实和经验分析判断最终得出调整系数和价值价格，并在估价报告中简明扼要、直观形象地描述价值价格变动的过程和趋势，从而增加估价结果的说服力和可信度。从本质上来说，无论何种估价目的其实都是委托方希望通过社会的独立专业机构的专业分析和判断，来指引委托方的经济行为，进而帮助其做出正确的决策，所以无论各估价机构通过何种方式来展示估价结果都要始终保证估价结论的质量，只有质量得到保证了才能有信心、有底气地说服委托方并协助其做出合理的判断和决策，从而增加客户对估价机构的信任度，进而促进估价行业的良性发展。

（二）顺应新形势转化发展理念，加强技术创新提高估价效率

1. 转化发展理念，深化估价业务范围

推动高质量发展的本质在于增强经济的活力、创造力和竞争力。估价行业要根据高质量发展的要求来转变行业发展理念，转换发展方式，顺应发展变化，切实提高服务品质，加强技术创新能力。要结合国家经济发展大势获得自身的高质量发展，努力开辟新型估价业务，开展土地规划、城市更新等大型项目的全过程估价，以估价基本需求为基础，不断深化传统业务。高质量发展不是要摒弃传统估价业务，而是要立足传统业务并进行不断深化。估价行业要继续将传统业务做好、做精，丰富估价服务内容，满足市场估价需求。并且要防范化解重大风险，切实做好事前风险评价工作，从而提高传统估价服务质量。

2. 加强技术创新，提高估价效率

技术创新是推进企业高质量发展的驱动力，估价机构要改变过去传统的执业方式，提高行业的科技含量。目前国内一些估价机构已在新技术方面做了许多探索，接下来要进一步将互联网、大数据、人工智能等新技术应用到房地产估价业务中。各估价机构应在行业协会的倡导下合作建立基础数据库，开发估价案例库，为行业高质量发展提供基础数据支持。要开发估价所需的技术新产品，在传统房地产估价、司法网络询价、在线自动估价中加以运用，为行业创新发展提供技术支撑。同时，要不断完善现代企业制度，整合企业资源，创造龙头企业，推动品牌化发展，培养高素质专业人才，为估价行业发展提供制度和人才保障。

基于上述分析，新形势下估价机构应积极配合中国房地产估价师与房地产经纪人学会的监督和指导，更加严格要求自己，在不断提升自身专业素质的基础上更加注重估价风险的把控，使我国估价行业在正确的道路上不断前行，为我国市场经济发展继续贡献力量。

参考文献：

[1] 汪宁. 资产评估行业人才培养与实践[J]. 中国资产评估，2013（12）.

[2] [美]道格拉斯·诺斯. 经济史中的结构与变迁[M]. 陈郁，罗华平等，译. 上海：上海三联书店，上海人民出版社，1994.

[3] 姜楠. 关于资产评估学科与资产评估专业定位的思考[J]. 中国资产评估，2014（05）.

[4] 李珍，乔宏，尉京红. 大数据时代资产评估人才的培养路径[J]. 商业会计，2016（09）.

作者联系方式
姓　　名：孙竹星　余扬飘　卢国超
单　　位：深圳市世联土地房地产评估有限公司
地　　址：深圳市福田区卓越梅林中心广场 B 座 1901-1904、1905、1910
邮　　箱：sunzhux@worldunion.com.cn

新形势下我国房地产估价机构的"破"与"立"

魏劲松　薛　江　陈洪涛

摘　要：房地产估价是我国高端服务业的重要组成部分，它在促进我国房地产业健康科学发展，实现中国人"居者有其屋"梦想中起到了举足轻重的作用。在新一轮科技革命和产业革命的推动下，我国的社会发展环境、人们的生活需求等都发生了翻天覆地的变化，相应地，房地产估价应在价值取向、估价业务范围、估价业务方向、估价业务手段等方面既"破"又"立"，有"破"有"立"，"破""立"并举，以顺应时代发展趋势。

关键词：房地产估价机构；价值取向；业务范围；业务方向；"破""立"并举

房地产估价机构是随着我国改革开放的步伐，尤其是随着中国房地产业的高速发展而逐步发展起来的专业服务机构，在1998年全国大改制的政策红利驱动下，经过20多年的发展，无论在机构数量、从业人数、还是服务质量上，都取得了长足的进步。它在促进我国房地产业健康科学发展，实现中国人"居者有其屋"梦想中起到了举足轻重的重要作用，也是我国高端服务业的重要组成部分。然而，在新的形势下，随着我国改革开放的深入，社会环境、人们的生活需求等都发生了翻天覆地的变化，相应地对房地产估价机构的服务水平、服务质量和服务领域的深度和广度等方面都提出了新的要求、新的标准，及时认清形势，主动适应环境，合理满足新需求，在价值信仰、估价业务范围、估价业务方向、估价业务手段等方面巧做"破"与"立"这篇大文章，做到有"破"有"立"，"破""立"并举，成为房地产估价机构改革发展的方向。

一、"破"与"立"

本文的"破"是指破掉一些落后观点、错误认识，破除一些陈规陋习；"立"是指树立正确思想，确立明确发展思路，建立顺应新形势的措施和方法。

2017年，为适应全球新一轮科技革命和产业革命的发展形势，推动我国服务业提档升级，促进我国消费革命，国家发展改革委发布了《服务业创新发展大纲（2017—2025年）》（以下简称《大纲》），《大纲》提出，促进房地产评估和经纪、土地评估和登记代理机构的专业化发展，规范中介机构服务秩序。《大纲》明确了房地产估价机构的服务业属性，指出了房地产估价机构的专业化发展方向。"破"与"立"就是在国家政策的指引下，根据实际发展趋势，既"破"又"立"，有"破"有"立"，"破""立"并举，以满足社会发展新需求，顺应时代进步新趋势。

二、我国房地产估价机构"破"与"立"的表现形式

（一）房地产估价机构价值取向的"客户估价"和"市场估价"

房地产估价是遵循房地产估价理论，按照房地产估价程序，对房地产价格做出的一种估计、推断、认定。由于受国家政策、产业发展、市场环境等多方面影响，房地产价格波动较大，在客观上造成房地产估价机构出具的评估价格可能与理想价格、实际价格有较大的距离，加上估价人员的业务水平和业务能力的高低不一，尤其是公司的价值取向上，是信奉"顾客是上帝""看客户脸色行事"，还是遵循估价规范，坚持"客观公正""按市场规律"进行估价，是衡量房地产估价机构职业操守和房地产估价人员职业道德的重要分水岭。

（二）房地产估价机构估价业务范围的"守垄断"和"破垄断"

由于历史和地域的原因，房地产估价机构基本上是由原地方房地产管理主管部门下属单位脱钩改制而来，但是仍然与原行业主管单位存在着千丝万缕的联系。在业务争取上，原行业主管部门可能继续扮演这些估价机构的"后台"角色，发挥着业务支撑作用；在业务范围的地域分布上，不可避免地带上地域垄断色彩。随着社会的发展与进步，业务的不断竞争、交叉与融合，各个房地产估价机构的发展不仅面临着业务范围本地本土的"守垄断"，而且还面临着到本地以外的其他城市、领域、行业去"破垄断"问题。

（三）房地产估价机构估价发展规模的"综合化"和"平台化"

目前，我国的房地产估价机构普遍规模较小、业务单一，相应地抗风险能力较弱，发挥专业优势、降低成本，提高市场竞争力，做大做强成为房地产估价机构普遍的发展愿望。同时，新一轮产业革命和消费革命推动产业边界日益模糊，跨界服务、融合服务态势日益明显，个性化、体验式、互动式服务消费在房地产估价市场蓬勃兴起。京东、淘宝、工商银行已进入法院评估遴选的大名单，搜房、58同城、链家也跨界入驻估价行业。房地产估价机构未来可能转型为平台型企业，或与互联网公司合作，由互联网公司提供网上平台，估价师在平台上提供在线服务；或自身平台化，带动和整合上下游企业，形成产业链，致力于提供个性化产品，发展共享经济。

（四）房地产估价机构估价手段的"以人为本"和"以技术为先"

"以人为本""以人定价"是目前房地产估价的普遍现象和通常做法。房地产估价最大的优势是专业估价师的专业估价，最大的风险点也在这里。受政策、环境、时间、地域等多重因素影响，估价不准、估价不精成为估价机构发展的隐患。目前，正在兴起的新一轮科技革命和产业革命，正推动着包括房地产估价在内的各行各业的服务创新升级。新一代的信息技术、人工智能、虚拟现实等技术等不断突破和广泛应用，推动着包括房地产估价服务内容、服务模式的智慧化、网络化、平台化。信息技术、大数据技术、区块链技术可以在估价智能化、智慧化上取得突破，尤其是区块链技术，可以给估价行业数据的共建共享带来颠覆性的技术支撑，通过整合整个链上所有公司的核心竞争力，提高服务效率，提升行业服务能力，促成多行业融合，改变行业单一模式，加快估价智能自动化的步伐，为真正的估价大数据时代的到来提供基础。估价手段是"以人为本"还是"以技术为先"正考验着每一个房地产估价机构的发展选择。

三、我国房地产估价机构顺势前行——"破""立"并举

进入新时代,我国经济发展进入新常态,从高速发展向高质量发展转变,对新旧动能转换和经济结构优化更加迫切,整体上处在从中等收入国家向高收入国家迈进的关键时期。在科技进步和经济全球化的驱动下,服务业的内涵、业态、模式更加丰富多样,行业分工更加深化细化,对产业升级的促进作用更加突出。房地产估价作为服务国家经济发展支柱行业——房地产业的专业服务行业,更应顺应时代发展,锐意改革,开拓创新,在"破"与"立"上巧做文章,勇当新时代改革的弄潮儿。

(一)坚守"市场估价"的价值理念,做一个公正、理性、守法的专业机构

房地产估价是房地产估价机构中的专业估价师的具体行为。换言之,房地产估价的价值理念涉及具体的房地产估价机构和具体的某一个估价师。坚守"市场估价"的价值理念,就是要求房地产估价机构坚守正确的价值观、服务观,以法律法规为准则,以市场为手段,努力做优质企业、品牌企业;杜绝唯利是图、赢利至上的经营行为和价值取向,做一个公正、理性、守法的专业机构;就是要求每一个房地产估价人员恪守职业道德、遵循职业规范,努力提高业务素质和业务水平,杜绝虚假、欺诈、哄骗等个人行为和价值取向,做一个公正、理性、守法的专业估价师。

(二)坚持"法无禁止即可为"的市场原则,突破思想垄断、地域垄断,做一个竞争、自由、守则的专业机构

目前,对于部分城市部分地区而言,一般的征地拆迁项目已经越来越少,项目要求越来越高,参与提供服务的机构越来越多,突破地域限制、行业限制,向更多的城市更多的地区发展,向更新更深的方向探索成为房地产估价机构发展的迫切需求。房地产估价机构要坚持"法无禁止即可为"的市场原则,突破思想垄断,专业领域束缚,在房地产租赁资产证券化上、在实施乡村振兴战略中的美丽乡村规划、乡村开发评估咨询、农村集体建设用地利用等相关的评估业务上,在自然资源评估、土地规划咨询、农用地评估、林地评估等区域资源统筹评估上,解放思想,大胆探索,开辟新渠道、形成新业务;突破地域垄断,在不同城市之间、在同一城市不同地区、在城市与农村之间,探索不同服务区域,形成不同的服务市场,做一个竞争、自由、守则的专业房地产估价机构。

(三)秉承"共享共融共生"的原则,做一个服务专业、大众适度参与的"泛平台"

现代市场经济不是"你死我活""你兴我亡"的零和博弈,而是"你中有我""我中有你"的共生共荣经济,单打独斗,唯我独尊不是市场经济。房地产估价机构要秉承"共享共融共生"的原则,积极对接互联网公司,推动房地产估价线上、线下的深度结合,为房地产估价提供全面的估值服务和高效的全流程服务:如押品管理系统、押品测试报告、价格数据管理系统等;主动适应跨行业机构及资本参与房地产估价行业,推动房地产估价服务质量的提档升级;积极迎接行业内部机构的创新整合,适时拓展业务范围,提高服务水平;鼓励公司"平台化"发展,建立多层次、开放型服务市场,适时推出体验服务、特色服务,探索个性化、分布式的市场服务内容。

(四)高举"创新发展"的大旗,做一个拥抱新技术、机制模式领先的新型服务机构

技术进步一日千里,技术改变着一切。随着人工智能、虚拟现实、大数据等技术在服务业的广泛运用,房地产估价机构要高举"创新发展"的大旗,积极拥抱新技术,适应服务业

创新发展的需要，推动新技术、新方法、新设备的推广应用。广泛运用人工智能实现房地产估价的智慧化、智能化；运用大数据实现房地产估价的科学性、准确性；运用区块链技术实现房地产估价的共建共享、行业融合；完善创新机制模式，加大研发投入，鼓励产、学、研、用合作和跨领域研究协作，树立创新思维，推动先进技术在房地产估价行业的深度应用，促进房地产估价行业数字化、智能化发展。

参考文献：

[1] 陈彩虹. 试述房地产评估风险及防范 [J]. 数字化用户，2019（04）.

[2] 陈锦旺. 房地产估价机构高估行为的经济学分析及防范对策 [J]. 住宅与房地产，2018（05）.

[3] 杨斌，刘广宜. 新形势下房地产估价机构服务多元化的方向 [J]. 中国房地产估价与经纪，2015（06）.

[4] 赵凤麟. 房地产土地估价市场中的风险与预防 [J]. 房地产导刊，2015（17）.

[5] 叶青. 人工智能方法在估价领域的研究与应用 [D]. 厦门：华侨大学，2011.

[6] 杨淑君. 房地产土地估价市场中的风险及预防研究 [J]. 信息化建设，2016（06）.

[7] 周游，张思雪. 新形势下我国房地产估价机构的转型策略研究 [Z]. 中国房地产估价师与房地产经纪人学会 2012 年年会——市场变动与估价、经纪行业持续发展论文集 [出版信息不详].

[8] 黄海，刘学，黄强. 新形势下我国土地估价行业的发展 [J]. 中国土地，2018（05）.

[9] 妥蓓玲. 关于房地产土地估价市场中的风险分析及预防探讨 [J]. 房地产业，2018（08）.

[10] 阮娟萍. 房地产估价风险分析与防范措施探析 [J]. 中国新技术新产品，2009（11）.

作者联系方式

姓　　名：魏劲松
单　　位：武汉博兴房屋土地评估有限责任公司
地　　址：武昌区和平大道积玉桥万达 SOHO 写字楼 11 号楼 22 层
邮　　箱：807157152@qq.com

姓　　名：薛　江
单　　位：武汉博兴房屋土地评估有限责任公司
地　　址：武昌区和平大道积玉桥万达 SOHO 写字楼 11 号楼 22 层
邮　　箱：807157152@qq.com

姓　　名：陈洪涛
单　　位：武汉博兴房屋土地评估有限责任公司
地　　址：武昌区和平大道积玉桥万达 SOHO 写字楼 11 号楼 22 层
邮　　箱：807157152@qq.com

浅谈新形势下估价机构如何适应社会新需求
——以"房地产拍卖估价"为例

邱 南

摘 要：房地产拍卖估价是房地产估价业务的一种类型，本文结合估价与拍卖一条龙的服务经验，阐述了房地产拍卖估价的分类、特点、基本要求以及如何做好该类估价报告及特别事项说明，提出估价机构要适应新形势新需求，发展新业务类型，不断提升估价机构的整体服务水平和竞争力。

关键词：拍卖估价；分类；特点；基本要求；竞争力

目前，传统的房地产估价业务主要是以房地产抵押估价和房屋征收估价业务为主，但随着社会经济活动的发展和行业竞争的日趋激烈，房地产估价所涉及的行业和业务品种也越来越多，不仅像因房地产而产生的经济纠纷诉讼案件需要进行房地产司法鉴定估价已逐渐成为房地产估价业务的重要组成部分，而且以拍卖为目的的房地产估价业务也越来越多。因本人所在公司同时具有房地产估价资质和拍卖经营许可证，对"以拍卖为目的"的估价业务服务接触较多，下面本人结合"房地产拍卖估价"业务中积累的一些经验，谈谈估价机构如何做好此类业务，以适应新形势下新业务的需求。

一、房地产拍卖估价的分类

根据国家标准《房地产估价规范》GB/T 50291—2015，5.4.1条，房地产拍卖估价应区分司法拍卖估价和普通拍卖估价。

（一）司法拍卖估价

司法拍卖估价是法律规定的一项重要执行措施，主要是为人民法院执行案件在网上拍卖确定保留底价而提供的估价服务，应同时依据《中华人民共和国拍卖法》《中华人民共和国城市房地产管理法》和其他有关规定进行。既包括法院在庭审案件执行程序中为了实现申请执行人的债权，而对被查封、扣押、冻结的被执行房地产强制拍卖估价，也包括法院在破产管理等其他程序中冻结的资产进行的强制拍卖估价。当然在实际工作中估价机构接受的司法鉴定估价也并不仅仅全部是以拍卖为目的的估价，也有为确定抵债协议金额、分割财产、延迟履行执行等目的的估价服务。

（二）普通拍卖估价

普通拍卖估价是指除司法拍卖估价之外的拍卖估价，第一种主要是公物拍卖资产估价，标的物主要来自海关、税务、公安、检察院、工商行政管理局等国家行政机关依法没收、冲抵税款、罚款、贪污受贿的赃物等资产，最终目的是为了处置资产变现上交国库；第二种是国有资产的变现、房屋租赁权、经营权等通过拍卖的形式处置而需要的估价；第三种是社会法人或自然人需要通过拍卖形式处置资产或进行房屋招租等需求的估价。

二、房地产拍卖估价的特点

以上分类，无论哪种房地产，除具有房地产估价的一般固有特点外，由于其估价目的的特殊性，造成其还有一些新的特点，特别是对于司法拍卖的房地产，应充分考虑以下不同点，估算其评估价格。

（一）国家强制性

对被执行房地产进行拍卖是属于国家赋予强制执行权的司法行为，被执行人没有讨价还价的权利，无论是否同意都不影响拍卖的进行，处分行为也要在规定的时间内完成，第一次拍卖流拍，法院可以将标的物保留价降低后进行二次、三次拍卖，最终必须以拍卖成交款来抵偿债务。

（二）标的非自有，目的利他性

司法拍卖估价正常委托人是人民法院，但是估价对象却是被执行人的财产，法院在执行拍卖过程中没有利益驱动因素，其行为不在于物质利益，仅在于承担法定职责，即依法保障实现执行当事人合法权益的责任。

（三）推广力度小，需求面窄

拍卖房地产多为单宗、部分、小规模物业，难以像正常开发房地产项目或者二手房通过经纪等方式进行线下市场营销，只能根据已确定的用途、规模、位置等现有状况进行销售，有些还存在无法消除的瑕疵，而且主要以拍卖公告的形式进行宣传，必须在网上进行司法拍卖，故推广力度和受众范围都较小，市场需求面窄，只会满足个别消费者的需求，在成交价格上心理价位要低于正常的房地产价格。

（四）快速变现性

由于拍卖交易方式的特点，买受人在较短的时间内决定购买，没有充分的考虑时间，也没有足够的时间对拍卖标的物进行充分的了解，特别是需在较短的时间内支付全部款项，承担的风险较大，因此一般其成交价格较正常交易价格偏低。

（五）购买者需支付佣金

根据《拍卖法》的规定，竞买拍卖房地产要按标的额成交价支付拍卖佣金，对于司法拍卖房地产来说是买受人单方承担，成为购买者的额外支出成本。购买者由于消费心理的影响，在拍卖前已先预期认为被拍卖房地产价格会低于正常市场价格，希望成交价加上支付的佣金不应超出正常市场价格太多，使得拍卖房地产的价格起拍价较低。

三、房地产拍卖估价的基本要求

（一）国家标准《房地产估价规范》的明确规定

1. 房地产司法拍卖估价

房地产司法拍卖估价应符合以下规定：

（1）应根据最高人民法院的有关规定和人民法院的委托要求，评估拍卖房地产的市场价值或市场价格、其他特定价值或价格；

（2）评估价值的影响因素应包括拍卖房地产的瑕疵，但不应包括拍卖房地产被查封及拍卖房地产上原有的担保物权和其他优先受偿权；

（3）人民法院书面说明依法将拍卖房地产上原有的租赁权和用益物权除去后进行拍卖的，评估价值的影响因素不应包括拍卖房地产上原有的租赁权和用益物权，并应在估价报告中作出特别说明；

（4）当拍卖房地产为待开发房地产且采用假设开发法估价时，应选择被迫转让开发前提进行估价。

2. 房地产普通拍卖估价

房地产普通拍卖估价，可根据估价委托人的需要，评估市场价值或市场价格、快速变现价值，为确定拍卖标的的保留价提供参考依据。快速变现价值可根据变现时限短于正常销售期的时间长短，在市场价值或市场价格的基础上进行适当减价确定。

（二）房地产拍卖估价的技术路线

房地产拍卖、变卖是一种特殊的市场交易，根据《最高人民法院拍卖、变卖财产的规定》第八条规定："拍卖应确定保留价。拍卖保留价由人民法院或者委托方参照评估价确定；未作评估的，参照市价确定，并应当征询有关当事人的意见。人民法院确定的保留价，第一次拍卖时，不得低于评估价或者市价的百分之八十；如果出现流拍，再行拍卖时，可以酌情降低保留价，但每次降低的数额不得超过前次保留价的百分之二十"。对于普通拍卖的房地产，也是委托人根据评估价确定保留价后进行公开拍卖。

因此，房地产拍卖估价的价值类型是公开市场价值，只需根据估价对象的类型，选用比较法、收益法、成本法等相应方法进行评估得出估价对象在正常市场的价格水平。

四、如何做好房地产拍卖估价工作

（一）充分做好前期准备工作

做好房地产拍卖估价前的各项准备工作，对后期的拍卖顺利进行和办理产权过户手续都有着重大的意义。在委托阶段，无论是司法拍卖估价通过法院摇号或者双方协商确定评估公司还是普通拍卖估价委托人，评估公司没有特殊原因应尽快和委托方联系承接业务，并且就估价委托书中文字不规范、产权范围不清晰等内容不规范方面及时和委托人沟通，其中对于产权权属划分一定要委托方具体明确，并保证在工作中与委托人保持联系。

（二）做好现场勘查工作

签订委托合同后，对委托方提供的相关产权资料核查非常重要。其中到现场进行勘查是估价人员进行评估最为重要的一个环节，评估师一定要严格按照估价规范作业程序认真对待，司法拍卖估价去现场前需提前联系被执行人、申请人及承办法官，告知评估事宜，请他们配合现场查勘工作。对不愿意陪同现场查勘的当事人，房地产估价师要出具《房地产司法鉴定风险告知书》陈述其利害关系，并做好详细记录，当当事人不予配合不能入户勘查、拍照时，应及时与法官沟通情况，以便尽早想办法解决问题。

对于估价对象实物构成范围的界定，除了位置、四至是否和产权证件登记、图示一致，还要看估价对象到底是单独的土地使用权、建筑物，还是土地、建筑合一的房地产，估价是否还包括建筑物内部装修、家具、室外构筑物、附属设施等；对于权益范围的界定，需要考虑是否包括特许经营权、债权债务等，避免出现重评漏评现象。

估价公司应派两名估价师进行现场勘查，详细记录估价对象的现状，拍摄音像资料，现场查勘结束后当事各方需在勘查表上签字确认其真实性和完整性，并保证现场勘查人员与估价报告的签字估价师一致。

（三）做好估价测算工作

估价师对于取得的估价权属资料，应当进行核实，对于手续不全、权属不清、基础数据不明的，应当及时与委托人沟通，共同协商解决方案，不得擅自做出假设。应充分研究估价对象市场供求状况、标的物的瑕疵、相关税费等问题，对于测算过程中所需的各项基础数据，应当通过公开渠道取得，并做好工作底稿的存档工作，对于电话咨询、专家咨询等数据也应做好书面记录，以备查阅或开庭提供依据。

估价师应严格遵循估价规范及相关法律法规规定，站在中立的立场在合理时间内完成估价工作，不得与任何一方有利害关系，保证第三方的独立性。确保估价计算过程科学合理，估价结果准确无误，同一项目尽量不更换估价师，保证估价工作的连贯性。

（四）估价报告特别事项说明

因估价结束后标的物要进行拍卖、办理产权转让手续等，所以在估价报告中一定要明确以下事项，以避免引起不必要的争议：

（1）估价结果是否包含室内装修、可移动家具，室外是否包含附属物、构筑物设施价值，如有公摊场地如何分摊，哪些已并入主体工程，哪些需要单独计算；

（2）估价对象是否存在瑕疵，如有均以现场实际勘查现状为准，估价结果包含此瑕疵；

（3）估价对象目前是否存在物业管理费、水电燃气费等欠费情况，在拍卖后办理过户手续时买卖双方应缴纳的相关增值税、所得税、契税是否包含，正常税费由哪方承担，土地出让金大致数额等都应说明清楚。

这些事项是否说明清楚，一方面体现了估价机构及估价师的专业水准，另一方面也会直接影响拍卖竞买人的报价策略及买受人的后期使用效果，所以估价师一定要认真研究，说明清楚。

（五）提供增值服务

在当今市场竞争十分激烈的情况下，增加服务内容、延伸服务功能，形成与其他机构的差异化竞争的能力，以优质服务取得客户的信任和支持是每个估价机构必须做好的一门功课。在正常估价结束后，估价公司可与拍卖公司一起为客户提供后续服务：协助买卖双方办理产权过户手续；如果是在建工程，协助双方办理项目更名和转让及其他相应手续；协助双方交接相关资料、交付房产等。

五、结语

综上所述，房地产拍卖估价工作要求较高，挑战大，估价过程中遇到的种种问题都会增加工作难度。因此，对房地产估价师的要求也更高，除了要具备相应的资格和专业经验外，还必须要有一定的法律知识，对房地产相关的法律、法规和拍卖行业管理的规定也要充分掌握。

估价无所不在。在新形势下房地产估价机构不仅要做好传统业务项目，也要拓宽思路，拓展行业服务的专业深度，挖掘新的业务增长点，不断探索发展新的服务类型，实现可持续发展。通过为客户提供高质量评估、拍卖的一条龙服务，让客户体验优质服务，既是适应社会需求，也为估价机构做大做强，树立品牌形象，提升估价机构的整体服务水平和竞争力提供了有力保障。

作者联系方式

姓　名：邱　南
单　位：江苏仁禾中衡工程咨询房地产估价有限公司
地　址：江苏省盐城市青年西路8号707室
邮　箱：403799218@qq.com

第二部分

现代信息技术给房地产估价带来的改变与展望

数字经济时代下房地产估价咨询行业的创变之道
——信息化数据系统平台激发的新动能及发展新动向

宋星慧　黄志忠　劳琼花

摘　要： 伴随信息时代车轮向前滚动,以互联网、大数据、人工智能为代表的新一代信息技术日新月异,5G纪元即将开启,房地产估价咨询行业与互联网深度融合,机构管理、业务拓展、顾问服务等方面迎来新变革。本文基于互联网信息化技术形成的数据平台在房地产估价咨询行业的应用及形成的系统产品发展现状,分析各类信息化数据系统平台在提高企业运行效率、促进管理创新及新型业务拓展等方面起到的积极作用,并探讨了新时代房地产估价咨询行业发展新动向。

关键词： 房地产估价咨询；互联网；数据平台

《资产评估法》的出台标志着评估行业初步形成了完善的行业体系,开启了有法可依的新时代。近年来,监管部门对评估机构的监察力度不断加强,处罚频率也呈增长态势,评估和咨询执业环境日趋规范,整个市场对房地产估价咨询从业人员和评估机构执业风险及防范提出了更高要求。为减少估价人员主观因素带来的误差与疏漏,让评估服务更有说服力和依据性,同时提高服务水平、服务效率和服务质量,伴随着互联网、大数据、人工智能为代表的新一代信息技术的发展,信息化数据平台系统在房地产估价咨询行业的运用将越来越普遍和多样。

一、数字经济时代对房地产估价咨询行业发展提出新要求

（一）实现机构管理科学化

信息化技术的应用是企业的一次重大革新,同时也是一次管理的革新。将管理理念、管理方法、管理手段融入信息系统开发过程中,融入咨询机构每一项工作细节中,有利于提升估价咨询机构的管理效率和管理能力,同时可降低估价咨询机构的执业风险。因此,信息化是解决房地产估价咨询机构深层次管理问题的迫切需要。

（二）满足服务产品多元化和综合化的需要

估价咨询服务的范畴日趋多元化,诸如物业税、房地产信托投资基金、城市更新、土地整备、利益统筹等新型业务项目,均需要科学利用和开发全新的信息化系统。尤其是城市更新、土地整备和利益统筹,作为深圳首先出现的房地产开发类型,可以借助信息化建设的契机,利用信息化数据系统平台,横向打通业主、政府、委托方及服务商之间的信息通道,纵向整合房地产开发上下游产业链的信息和知识资源,以满足服务产品多元发展的需要。

（三）满足估价咨询顾问服务专业化和立体化的需要

21世纪伊始，城市化进入新的阶段，咨询机构在协助政府征收土地、旧城改造、房屋拆迁等大型项目的过程中，暴露出许多问题，如拆迁过程涉及多个主体、关键信息共享困难、管理不够规范、结果争议普遍存在等，在项目的实施中需要有经验的房地产估价师全程参与并提供专业技术等方面的咨询和指导。但房地产估价咨询从业人员个人能力终究有限，面对纷繁复杂的信息和征拆案例，没有一个科学的信息化系统是很难做到的。此外，在征收和拆迁的推进过程中也充满了不确定性，需要借助信息化手段，通过大量的案例数据分析、项目管理、户信息管理、档案资料管理，形成立体化管理服务，最终尽可能地提高征拆的进度。

（四）实现估价咨询服务智能化

计算机技术特别是网络技术的发展，使得信息的取得和传输变得越来越便捷，加之各种计算机模型库的建立，使得计算机智能估价咨询成为可能。应用信息技术能给委托方及其他潜在客户随时随地提供有效信息。这样不仅可以提高估价的效率，而且可以让估价人员在估价咨询实践中，减少繁杂的重复性工作以及因估价人员主观因素所带来的误差与疏漏，从而提高估价咨询服务的工作效率和技术水平，并借助系统记录等技术手段规避执业风险。

估价咨询服务最终的发展方向是走综合咨询服务的道路。委托方希望估价咨询机构能为其提供一种全方位、多角度、高智能的咨询服务，这对我们综合驾驭信息的能力提出了更高的要求。实现估价信息化是最终实现房地产多元服务和综合服务的重要基础，因此估价咨询服务智能化是估价咨询机构必须要努力的方向。

二、数据平台系统激发房地产估价咨询行业发展新动能

当前，随着估价咨询行业与时俱进，利用互联网信息化数据平台进行自我的革新，行业内各估价咨询机构都开发了不同的数据平台系统。面对行业的变化，笔者所在公司勇立潮头，开发和应用了OA办公管理系统、业务资源优化系统、E征拆系统、V估价系统等，为人员和数据的管理提供了一个很好的平台，促进自身乃至整个行业的发展。

（一）内部数据管理系统——技术与管理双管齐下作护航

1. 内部知识共享技术系统实现专业知识共享

伴随房地产估价咨询机构扩张及相关业务产业线的丰富，对新时期房地产估价咨询从业人员的专业技术水平提出了更高的要求。如何有效组织、管控及落实员工的培训工作，加强员工专业知识水平的提高，实现知识的共享互通，成了房地产估价咨询机构面临的重大挑战。因此，搭建房地产估价咨询机构的内部知识共享平台尤为重要。

房地产估价咨询机构可充分利用外部专家资源和内部知识资源，打造专属的核心知识共享体系，内容涵盖房地产估价咨询、房地产项目投资融资、法律风险管理、合同管理、项目管理、战略管理、技术管理等多个方面。在知识共享管理系统平台上，房地产估价咨询机构可以整理自己的知识体系，按照房地产咨询的上下游流程进行整合，构建自己的知识库和知识地图。同时，知识共享平台公司可以面向公司内部工作人员开放，使得登录人也成为知识共享系统的贡献者。通过这样的方式，逐步构建和形成房地产咨询行业的信息库和智能搜索平台。

2. OA办公管理系统实现有效管理

传统的办公模式存在许多问题，比如重复劳动、检索不便、信息流转不顺畅、任务分配不明确、缺少协作和反馈、缺乏依据造成决策困难等，难以满足房地产估价咨询业务发展的需要。

信息化时代提倡网上办公，推行一张网、无纸化办公，相应的 OA 办公管理系统应运而生。

OA 办公管理系统是以企业内部的各类管理系统为基础来有效地组织、利用信息资源，以实现管理的高效率。它主要由以下四个子系统组成：

（1）公文协同子系统：由待办公文、已办公文等组成。通过公文处理系统，不仅可实现无纸化办公，有助于节能减排，更可提升估价咨询机构办公自动化的水平和效率。

（2）办公管理子系统：由人事管理、计划管理、文档管理等部分组成，这些办公管理功能与估价咨询日常的管理息息相关，因此可利用该模块实现日常工作管理。

（3）内部通讯平台子系统：通过对估价咨询机构的人员通讯录进行统一管理，包括手机号码、邮箱、微信等联系方式的管理，提高公司内部人员的沟通效率。

（4）移动办公子系统：OA 办公系统支持在手机进行办公操作，为外出办公人员提供了便利，大大提高了办公效率。

3. 业务资源优化系统为客户提供即时与专业服务

在房地产咨询业务中，有一类业务是为客户需处置的房地产资产或项目寻找买家，或根据客户的需求，为客户寻找满足要求的房地产资产或项目。估价咨询机构提供这类服务的方式一般是依靠自己的人脉，或者在自己的企业网站上发布房地产资产或项目的简单信息。目前这种粗放式的客户管理已经不能满足新时代信息化业务发展的要求，需利用业务资源优化系统对客户资源进行系统管理。

业务资源优化系统可对已有及潜在客户特征进行类别划分。为适应市场的发展，可设计线上咨询系统，客户通过互联网即可自主提交申请，咨询机构工作人员在收到申请后，根据咨询评估技术系统中强大的交易案例数据库并结合估价经验，确定委估对象的咨询价格，匹配潜在的买家、资产或项目。该功能可在估价机构与客户之间搭建一个网络联系桥梁，一方面能了解客户的业务需求，同时又在营销手法上占得先机，为确立公司的专业形象和竞争优势打下基础。

（二）市场数据管理系统——大数据系统为估价咨询提供数据支撑

估价咨询大数据系统通过多渠道、宽领域收集记录市场流通的大量房地产信息，经过智能化系统加工处理后，提供全面、实时、客观的房地产数据进行研究应用，为房地产估价咨询提供数据支撑。

市场数据管理系统主要数据内容包括：①土地市场信息，包含及时的土地公告信息、成交信息，提供各城市市场统计分析及地块估价；②房地产宏观市场信息，包括房地产城市信息、交易数据、经营数据、租金数据等房地产信息数据；③房地产项目信息，收集市场上大量房地产项目数据，比如收集全国大中城市的一房一价、小区基价、商业办公租金数据，进行归类统计，对房价进行分析，以房价数据为核心进行动态监测分析。

在大数据技术的保障下，房地产估价咨询机构可以开展多种应用，通过由点到面，推进大数据技术在房地产估价咨询领域的应用，形成房地产估价咨询领域的大数据库，为估价咨询提供数据支撑。

（三）两大特色数据管理平台——领先的信息化系统及大数据保障

1. E 征拆系统为城市重建赋能

征拆管理系统是笔者所在公司结合多年拆迁评估及拆迁管理的经验，运用先进的云技术和移动互联网技术所构建的一个覆盖征收拆迁所有参与方的动态信息管理平台。它是一款征收拆迁全流程规范化、数据信息透明化、项目作业过程可控化、项目进展可视化，针对征收、土地整备、棚户区改造、城市更新等领域量身定制的全程规范化信息系统。可为政府、开发商等用户提供高效、规范、智能的全方位技术和业务解决方法，可提供拆迁管理流程的梳理、系统定制服务、拆迁全流程的管理等服务，并具有全程管理、信息共享、直观可视、资料管理、智能报表、信息安全、集成应用等特点。

该系统围绕着实现房屋征收、土地整备、棚户区改造、城市更新全面信息化的总体目标，按照科学、规范、高效、透明的要求，构建了覆盖所有相关部门、人员之间的动态信息管理平台。通过实施E征拆系统，能够在拆迁过程中做到信息共享、互联互通、高效运作，为加快推进征收拆迁工作的建设，提供全方位的技术支持。

2. V估价智慧评估咨询系统实现传统业务的智能化

V估价智慧评估咨询系统主要由信息管理系统及智能评估咨询系统两个子系统构成：第一阶段通过信息管理系统完成可开发基础数据的收集和统计分析，同时建立房地产交易信息数据库；第二阶段则由智能评估咨询系统实现标的物的自动咨询及咨询报告的初步生成。

其主要特点为：①数据可准确采集。通过大数据技术及时准确还原业务，根据房地产估价咨询目的，及时准确采集房地产估价咨询所需的数据，并按需求呈现出来；②实时、快速、全天候。24小时智能自动估价咨询，有电脑能上网即可随时进行房地产估价咨询；③智能深度学习。通过人机结合，利用大数据和人工智能深度学习技术，为评估咨询做决策，让结果更加趋于合理。

由V估价智慧评估咨询系统进行智慧评估较传统的方式有明显的优势，一方面它可以避免人工撰写咨询报告出现的遗漏和错误，另一方面可极大地提高工作效率，缩短估价时间，及时满足客户需求。

三、新时代房地产估价咨询行业发展的新动向

（一）由传统评估走向智慧评估

新时代下，传统的评估逐渐走向智能化、智慧化评估，以大数据处理技术为基础，利用软件系统把人和设备更好地结合起来，系统不断提升智能化水平，让人与设备能够发挥各自的优势，达到系统最佳的状态。通过人机结合，利用大数据和人工智能的技术，为人工提供辅助决策，让人工决策更加合理。

（二）要求估价机构高质量化、品牌化、大型化发展

随着信息化的发展，信息数据公开透明化，传统估值业务受限，必然要求估价机构向高质量方向发展，小型公司发展空间受限。实力强的估价机构通过兼并、重组小型估价机构实现品牌化、大型化发展。

（三）助推估价机构服务产品多元化、综合化发展

新技术的不断发展给房地产估价咨询行业带来新的发展机遇，特别是依托地理信息技术和大数据时代，未来估价技术与咨询服务将更加多元化，分析更加精准化、智能化和科学化，可以满足在不同环境、不同标准下的房地产估价与咨询。可以通过智能平台提供的数据，与其他平台数据融合进行深度挖掘，在城市重建、金融风控等方面拓展运用。利用人工智能技术，深入分析房地产估价案例，与房地产投资服务合作，实现房地产价值分析。通过区域内的土地监控为政府提供区域规划咨询，提供土地利用规划，进行区域内的土地整备，为政府出具土地利用经济评价。实行整合全行业发展，提供房地产代理、房地产托管、房地

产金融、房地产顾问等多元化综合服务。

（四）实现作业手段与咨询产品信息化、数字化

估价咨询机构除了日常利用信息化技术工具进行数据整理、录入、查询和统计简单功能外，还可加强数据挖掘技术，分析、提取、应用更多的有用信息，最后经过数据处理技术、数据分析，形成各类信息化、数字化产品。

（五）信息化、数字化实现从平面到立体，二维向三维的服务质量与服务水平提升

未来房地产估价咨询机构可有效地运用大数据、人工智能、地理信息和BIM等技术手段，使原来的产品实现从平面到立体，二维向三维的服务质量与服务水平的提升。

四、结语

党的十九大报告提出"推动互联网、大数据、人工智能和实体经济深度融合"、房地产估价咨询行业也需紧跟时代的脚步，充分利用"互联网+"、人工智能和大数据技术为房地产估价咨询行业挖掘新的业务增长点、实现战略转型、打造核心竞争力而变革。房地产估价咨询机构唯有通过不断学习，积极探索和应用新技术，才能应对新时代的发展需要。

参考文献：

[1] 彭靖.房地产估价机构信息化建设初探 [J].中国房地产业，2016（18）.

[2] 王文华，杜冬丽.浅谈大数据技术与房地产估价智慧评估系统的构建 [J].中国房地产估价与经纪，2018（05）.

[3] 王文华.智能化时代房地产估价机构的出路 [J].中国房地产，2018（05）.

[4] 叶剑平，蒋一军.房地产信息系统（REIs）：房地产估价信息子系统（REAIs）[J].中国房地产估价师通讯，1997（06）.

作者联系方式

姓　名：宋星慧
单　位：深圳市英联资产评估土地房地产估价顾问有限公司
地　址：深圳市福田区竹子林博园商务大厦801
邮　箱：songxh3062998@sina.com

姓　名：黄志忠
单　位：深圳市英联资产评估土地房地产估价顾问有限公司
地　址：深圳市福田区竹子林博园商务大厦801
邮　箱：125806020@qq.com

姓　名：劳琼花
单　位：深圳市英联资产评估土地房地产估价顾问有限公司
地　址：深圳市福田区竹子林博园商务大厦801
邮　箱：395858660@qq.com

从数字经济发展视角展望房地产估价的未来格局

韩宣伟　蒋文军

摘　要：快速发展的数字经济和互联网、信息通信技术，正在引发社会生产方式和生活方式的深刻变革，房地产估价也深受影响，估价业务和市场需求正在发生重大变化。把握数字经济发展机遇、分享数字经济红利，将是估价机构可持续发展的重要途径。

关键词：数字经济；房地产估价；未来格局

一、引言

我国数字经济已进入发展黄金期，数字技术、数字产品与服务正在加速向各行各业融合渗透，诸多行业在管理模式、生产与服务方式、盈利模式上已发生重大改变，行业的外来"入侵者"或"颠覆者"频现，整个社会正在呈现新旧业态交替、传统企业加速退出的发展态势。房地产估价机构在深受数字经济发展冲击的同时，也迎来了发展机遇。

据"中国数字经济发展论坛"有关数据显示，2018年我国数字经济规模已达到31.3万亿元，名义增长20.9%，占GDP比重为34.8%；数字经济发展对GDP增长的贡献率达67.9%，同比提升12.9%。数字经济正成为驱动我国经济发展的重要力量，并为中国经济带来巨大红利。

二、数字经济及其特征

（一）什么是数字经济

2016年杭州G20峰会发布的《二十国集团数字经济发展与合作倡议》中，对数字经济的定义为：以使用数字化的知识和信息作为关键生产要素、以现代信息网络作为重要载体、以信息通信技术的有效使用作为效率提升和经济结构优化的重要推动力的一系列经济活动。

习近平总书记在全国网络安全和信息化工作会议上指出："要发展数字经济，加快推动数字产业化，依靠信息技术创新驱动，不断催生新产业新业态新模式，用新动能推动新发展。"

因此，从本质上讲，数字经济是一场由信息技术和通信网络不断创新主导的经济革命，它蕴含着特有的经济形态，已经成为培育经济增长新动能、提升传统动能的重要途径。

（二）数字经济的特征

数字经济的特征主要表现为以下三个方面：

1.技术多样化与产业分层

（1）基础服务层。掌握硬件、数据、通信资源的企业形成基础服务层。

（2）平台服务层。掌握资源对接和交易规则的企业形成平台服务层。

（3）软件与内容服务层。掌握具体服务内容和应用产品的企业形成软件与内容服务层。

2. 主体多元化与共同治理

以数字化、网络化、智能化构建的信息平台，取消中介环节，完全放开资源供给，出现了从业个体、线上平台企业、线下资源拥有者、数字资源拥有者、信息基础设施拥有者等共存的多元局面。各方主体诉求不同，一种新的多元主体共同治理的格局初步形成。

3. 组织平台化与数字生态

数字经济的重要特征是平台化的组织运行方式。数字经济时代的信息技术，已经不是单纯的软件产品，而是一种新的平台化的市场形态。就房地产估价而言，快速发展的数字经济和数字技术，已引发估价业务需求的重大变化，迫切要求估价机构站在整体的市场环境、经济环境和技术环境的高度，结合自身的资源优势和短板，加快转型升级步伐。虽然估价机构当前面临诸多问题，但在行业管理、机构组织、业务创新、技术创新、资源利用、平台建设等方面，已初步具备融入数字经济发展的基础条件和转型升级的内在动力。

三、数字经济发展对房地产估价的冲击

数字经济发展迫切要求估价机构积极寻求转型升级途径，否则，数字经济发展越快，对估价机构的冲击越大。这些冲击主要表现为：

（一）估价行业外来"入侵者"

房地产估价的市场竞争，不仅是估价行业内的竞争，还包括采用完全不同的业务模式、依托大数据资源优势和互联网技术优势的外来"入侵者"闯入估价市场。

这些外来"入侵者"，通常瞄准价值链的关键环节，绕开传统的估价市场参与者，获得对客户关系的控制权，使得其他估价机构靠边站。

诸如京东、阿里等入选最高人民法院财产处置的网络询价名单库，房地产估价机构从资源和数字技术上尚不具备与其"抗衡"的能力。

（二）估价产业链"颠覆者"

所谓估价产业链的"颠覆者"，是指从估价产品的生产方式、经营方式和盈利模式上，对估价机构传统"单打独斗"运营模式的"颠覆"，促使不同估价机构在产业链中的地位作用发生改变和收益再分配。

众所周知，大数据、互联网、信息通信技术发展与估价需求的相互影响、相互作用，已催生了多家估价机构服务联盟或平台。我们应特别关注，当前国家着力提倡发展的5G（即第五代移动通信技术标准）技术，将构建一个全新的"万物互联"社会，可能会从根本上改变提升现有估价联盟或平台的服务应用场景，进一步促进估价机构之间自发的资源整合与优化，使估价产业链发生以下"颠覆性"改变：

（1）多数估价机构将依托联盟或估价平台生存发展；

（2）平台上估价机构之间的依存关系将更加紧密；

（3）少数掌握客户关系控制权和关键数字技术的估价机构将处于产业链的顶端；

（4）其他多数估价机构将被整合到产业链的中低端；

（5）各估价机构在产业链中的资源优势、专业分工更加突出。

（三）估价行业"独角兽"企业可能出现

除了"入侵者"和"颠覆者"之外，个别拥有广泛的客户资源控制权和综合实力雄厚的

估价机构，势必将依托自身资源优势，把握数字经济、互联网和现代信息通信技术发展契机，通过取得多种评估资质、融合各地估价相关资源，发展成区域性的"独角兽"型估价企业，从而在估价业务、技术和服务品质上对其他中小估价机构形成挤压。

四、现阶段估价机构发展存在的短板

长期以来，多数中小估价机构因本地竞争不充分，或估价业务相对单一，导致在服务意识、服务品质和服务模式上缺乏创新，难以应对快速变化的估价市场和服务需求。现阶段，多数中小估价机构存在以下发展短板：

（一）重视低层次竞争，轻视估价服务品质

在"安逸"的传统估价业务服务的惯性作用下，多数中小估价机构最看重的还是房地产抵押估价、房屋征收估价等技术操作相对简单、报告模式相对固化的同质化竞争，很少在高品质和差异化的估价服务上下功夫。

（二）舍得花钱搞营销，不舍得花钱搞创新研究

中国拥有几千年的人文历史。在以往，靠人情关系获得业务的效果明显，但在高质量发展阶段，提升估价服务品质才是估价机构可持续发展的途径。

据调查，很多估价机构在营销上的投入占本机构营收的比例很高，但在估价服务品质的提升和估价技术交流、创新上的投入往往可忽略不计。

（三）虽坐拥丰富的数据资源，但无法为企业创造核心价值

任何一家房地产估价机构，经过多年的积累，都拥有丰富的房地产基础数据、市场价格数据和客户、业务等数据信息，但少有机构将这些宝贵的资源进行归类、清洗、统计分析等数字化处理，并有效用于为企业创造核心价值。

（四）忽视数字经济发展对自身的影响

数字经济和数字技术日新月异的发展，已对房地产估价产生重大影响，但很多中小估价机构对此未予足够重视，或悲观消沉、无所适从，缺少可持续发展的长远规划和转型升级措施。

（五）缺少掌握估价及相关数字技术的复合型人才

现代房地产估价对人才提出了更高要求，不仅应具有专业的估价知识、技能和经验，还需要一批掌握房地产估价、互联网、数据分析等技术的复合型人才，但多数估价机构此类人才严重短缺，难以适应数字经济时代转型升级要求。

五、估价机构实现转型升级的支撑点

从数字经济定义出发，结合我国房地产估价机构的发展现状，笔者认为，估价机构转型升级应着重考虑以下三点：

（一）以使用数字化的知识和信息作为关键生产要素

高品质的估价服务，离不开数字化的知识和信息。

估价机构应注重培养具备房地产估价、数据采集、统计分析等知识的专业人才，善于通过各种途径采集估价相关数据信息，对已拥有的和采集的数据进行筛选分类、整合、清洗、分析加工等数字化处理，通过自用、共享或交换等方式，实现这些数字化信息资源在估价服

务活动中的价值最大化。

（二）以现代信息网络作为重要载体

在估价活动中，估价机构应掌握互联网特别是移动互联网相关技术，充分发挥互联网的基础设施作用。

互联网与高速公路、高铁、电力一样，已经成为我国经济发展的重要基础设施。当我们在惊叹工业互联网、智能制造对实体经济的强力推动时，应清醒地认识到，互联网作为基础设施，在高质量的估价服务活动中也具有广阔的应用发展前景。

（三）以信息通信技术的有效使用作为效率提升和经济结构优化的重要推动力

我国的信息通信技术在国际上处于领先地位，并在国内各行业效率提升和经济结构优化中发挥了重要推动作用。

2019年，浙江、广东、上海、北京、天津等省市陆续出台了5G产业发展实施规划，5G技术，具有高速率、低时延、高容量等特点，拿高速率来说，据测试，目前在杭州5G网络下载一部2.8G的电影，最快只要1秒钟。5G时代，人和人、人和物、物和物将构建一个全新的"万物互联"社会，为大众带来更加身临其境的极致体验，也会为房地产估价活动带来更多意想不到的服务应用场景。

六、房地产估价未来格局展望

如前文所述，数字经济具有技术多样化与产业分层、主体多元化与共同治理、组织平台化与数字生态三大特征，结合房地产估价的需求变化和估价机构发展现状，笔者认为，基于数字经济的快速发展及其特征表现，估价机构未来将通过各种资源的发掘、优化与融合，逐步形成房地产估价新的格局，主要表现为：

（一）多元化主体参与

房地产估价虽然应遵循独立、客观、公正的估价原则，但从某种意义上讲，房地产估价活动涉及委托方、估价机构、报告使用人、行业管理等相关主体，并不是估价机构一方的"独立"活动。

数字经济和数字技术的快速发展，要求房地产估价必须以更加科学化、多样化、专业化、精细化和高效率的服务品质面对市场，并促成诸如房地产数据公司、智慧估价研发机构、估价互联网平台等多元化主体融合到房地产估价的产业链中。

事实上，近几年已有多家法律主体上与估价机构脱离的企业或平台，融入了房地产估价活动，在估价技术的创新和大数据、互联网、信息通讯等技术的融合方面，正在推动房地产估价营运模式的变革和新旧业态更替。

（二）多层级的估价产业链

多元化主体融入房地产估价活动，势必形成分层分级的房地产估价产业链。各参与主体将在估价产业链中分别处于不同层级，如：基础数据服务层、估价技术服务层、软件技术服务层、系统平台服务层等，共同为社会提供高质量的房地产估价服务。

（三）平台化的组织运营方式

数字经济的重要特征是平台化的组织运行方式。对多数中小估价机构而言，数字经济时代的房地产估价，将不再是"单打独斗"式的、产品相对单一的估价服务，或将是一种新的平台化的、多元化主体参与的、多元化估价服务的市场形态。

七、结语

数字经济时代,房地产估价的多元化主体参与和平台化的组织运营方式,或将成为一种新常态,但值得注意的是,对估价平台、联盟和多元化参与主体的规范化治理,也必将成为房地产估价行业管理的一项重要职责和任务。

参考文献:

[1] 刘渊.数字经济良性发展的政府作用[N].光明日报,2018-07-09.

[2] 杭州打造5G第一城哪些地方可率先体验.浙江在线[EB/OL].[2019-04-29]. http：//zzhz.zjol.com.cn/hz/csxw/201904/t20190429_10015580.shtml.

[3] 18年我国数字经济规模31.3万亿元高端工业软件等成发展重点.经济参考报[EB/OL].[2019-04-19]. http://finance.china.com.cn/news/20190419/4957969.shtml.

作者联系方式

姓　　名：韩宣伟　蒋文军

单　　位：浙江恒基房地产土地资产评估有限公司

地　　址：浙江省杭州市西湖区天目山路294号杭钢冶金科技大厦19楼

邮　　箱：1966hxw@sina.cn

以新思维、新技术迎接房地产估价行业的未来

宋生华　虞达锋

摘　要： 从全球发达经济体的经验看，创新驱动发展是一个必然趋势，创新发展将是未来经济发展的新常态。中国已进入高质量发展阶段，随着经济的发展与转型，社会对房地产估价服务的需求也不断变化。只有不断创新，为客户提供高质量的估价服务、提升客户的服务体验才能促进房地产估价行业的持续发展。未来房地产估价行业将从传统的以估价师个人经验为主的作业模式逐步发展为基于互联网、大数据、人工智能、移动设备辅助的现代信息技术的作业模式。学习互联网新思维、借助现代信息新技术，可以有效激发房地产估价行业的活力，促进行业的创新发展。

关键词： 新思维；新技术；房地产估价行业；创新发展

一、经济转型与房地产估价机构面临的挑战与机遇

（一）中国已进入高质量发展阶段

总体而言，当前中国已经进入高质量发展阶段。党的十九大报告提出，我国经济已由高速增长阶段转向高质量发展阶段。在2017年12月的经济工作会议上中央又提出，推动高质量发展是当前和今后一个时期确定发展思路、制定经济政策、实施宏观调控的根本要求。

高质量发展的核心是要尽快培育形成经济增长新动能，其关键是体制机制改革。近几年，我国围绕供给侧和需求侧进行了一系列的改革。如需求侧改革方面，为了催生增量消费需求，进行了国民收入分配制度改革、社会保障制度完善以及财税体制改革；供给侧改革方面，则进行了产权制度改革、垄断行业开放、企业营商环境改善和创新激励机制的重构，等等。

（二）房地产估价机构面临的机遇与挑战

高质量发展，意味着高质量的供给、高质量的需求、高质量的配置、高质量的投入产出、高质量的收入分配和高质量的经济循环。高质量发展阶段，中国的房地产估价机构不但面临着挑战，同时也迎来了新的机遇。

挑战方面，一是随着经济发展方式转变的深入推进，经济结构不断优化，会对房地产估价服务提出许多新的需求与挑战，如住房租赁市场发展、城市更新、金融资产管理，各种"新、奇、特"估价业务将不断涌现；二是金融环境的调整必然会对房地产估价行业带来不可忽视的冲击。

机遇方面，一是需求侧的持续重大结构调整，将重点扩大内需增加消费需求，挖掘消费结构升级产生的新需求，加快推进新型城镇化和建立橄榄型社会结构催生出增量需求；二是供给侧的持续结构调整与创新，将推动大规模传统产业的改造升级、新兴产业的大力发展。

两者必将给房地产估价行业带来巨大的机遇。

二、学习新思维、借助新技术，激发行业活力

（一）新思维与新技术对行业的重要意义

从全球发达经济体的经验看，创新驱动发展是一个必然趋势，创新发展将是未来经济发展的新常态。当前中国经济进入了高质量发展阶段，房地产估价机构不但面临新的机遇，也迎来了更大的挑战。在经济增长转型的背景下，创新驱动是核心，是持续发展的原动力。房地产估价机构也只有不断地创新，为客户提供高质量的估价服务、提高客户的服务体验，才能在激烈的市场竞争中脱颖而出，占据一席之地。近几年，各种新产业、新模式、新业态不断涌现，给社会经济带来了蓬勃的生命力，这也给房地产估价行业带来了启示：学习新思维、借助新技术，可以有效激发行业活力，促进行业的创新发展。

（二）思维先行，技术助力

凡是有利于房地产估价行业发展的新思维都值得我们去学习，但笔者认为应着重学习互联网思维。2015年的政府工作报告，李克强总理首提制定"互联网+"行动计划，点燃了全国"互联网+"创新创业的激情。"互联网+"带来了思维方式的全新变革，由此形成的互联网产品创新给社会各行业带来了极大的发展，深刻影响了我们的经济社会生活。互联网产品创新依赖于三个重要的思维方法，我们要理解并将其融会贯通地运用于我们的房地产估价行业，以此激发行业的蓬勃活力。

1. 竞品分析思维

通过调研别人是如何满足用户的需求，来学习和借鉴成功的经验和失败的原因。运用于房地产估价行业，我们要善于借鉴其他机构成功的技术或经验，用以丰富、充实、发展自己，所谓"他山之石，可以攻玉"。此外，我们也要吸取其他机构失败的教训，避免浪费时间与精力在无谓的业务探索上。

2. 用户体验思维

用户体验思维是一个产品设计过程中的方法论工具，它指导如何去考虑产品的范围、内容、结构、交互以及视觉层面的东西，最终给用户提供一个更好的产品体验。运用于房地产估价行业，我们应当树立服务（而非报告）是机构提供的唯一产品，完美的客户体验是我们的最终目标的全新理念。时刻以客户的角度去审视我们提供的估价服务，从提供服务的范围、服务的内容、服务的形式、服务的价值等各个方面去进行自我的进化与改进。

3. 快速迭代思维

快速迭代强调试错，小步快跑。因为用户的需求是多样性的，需要通过不断地深化，去验证产品是否真正满足用户内心的需求。运用于房地产估价行业，我们对于所有能提高客户体验的尝试或改进，可以从易到难，先局部再整体，快速地一次次提高客户的服务体验。而如果选择花费较长的时间去对服务进行改进，期望一次性解决大部分甚至所有存在的问题，以提高客户的服务体验，很有可能的结果是：一是客户感觉估价机构反应太慢（服务不好），二是很多改进的地方其实是客户不需要的（浪费时间与精力）。

在学习互联网新思维并将之运用、审视我们的房地产估价服务后，大部分场景下我们可以借助现代信息技术去对估价服务进行进化与改进，从而有效提高客户的服务体验，如移动支付、人工智能、语音识别、图片识别、大数据等等。

三、新思维、新技术在房地产估价行业的探索与实践

近几年,互联网新思维、现代信息新技术在房地产估价行业已经有了不少的探索与实践。可以预见,未来房地产估价行业将从传统的以估价师个人经验为主的作业模式逐步发展为基于互联网、大数据、人工智能、移动设备辅助的现代信息技术的作业模式。房地产估价机构进行新思维、新技术的创新实践,可以参考下述原则:

(一)大处着眼,小处着手

天下难事,必做于易;天下大事,必做于细。估价服务过程有很多流程与环节,任何能提高客户体验的小事都是值得我们去改善的。如可以采用信息推送的方式将项目进度对客户进行实时推送,让客户能够及时得到项目进度的反馈(图1)。很容易实现的一个小小的改进,却可以实实在在地提高客户的服务体验。

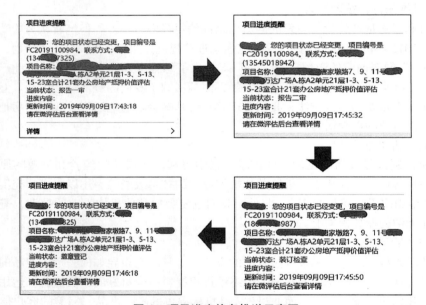

图1 项目进度信息推送示意图

(二)多学多看,善用外力

应该意识到,不是所有的估价机构都有能力去自行开发哪怕是简单的房地产估价系统/模块,这种能力不是必需的(也不一定是最经济的)。事实上,经过近几年的蓬勃发展,国内市场上已存在房地产估价机构需要的绝大部分系统/模块。估价机构可以根据企业自身的实际情况,去选择所需的相关系统/模块。

如某机构开发的智能评估支持系统,可以实现在线询价、项目管理、流程审批、现场查勘、报告撰写等为中心功能的专业房地产评估作业全流程管理。外业人员通过配套的查勘APP传回房地产现场勘察信息(包括图片)后,内业估价师在10分钟即可撰写完一份符合规范要求的房地产估价报告(图2)。据笔者了解,在武汉市存量住房抵押估价业务市场中排名前两名的估价机构,均采用了智能评估支持系统。智能评估支持系统对估价机构的助力作用不言而喻。

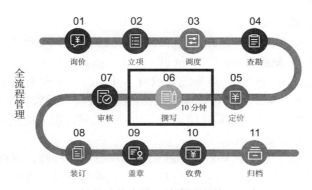

图 2　智能评估支持系统全流程管理示意图

（三）量力而行，鼓励创新

对于大多数的房地产估价机构而言，学习互联网新思维、了解现代信息新技术，再以此去审视我们机构自身的估价服务，可能会发现许多可为、应为之处。估价机构一是要量力而行，正确估量自身能力（技术与经济实力），有策略、有步骤地科学选择去解决、提升；二是要在机构内部大力倡导创新，鼓励员工积极主动地创新解决工作中存在的问题。

如笔者所在机构的某员工，通过收集政府网站公布的成交地块信息和挂牌文件数据，利用免费的谷歌地图系统（Google Earth），简单、快速地建立了土地成交案例查询系统。系统将宗地的位置、形状、关键指标、特殊要求等关键数据在 Google Earth 中以图层形式进行标注，并设置了两级查询关键指标。其中，一级目录字段有：宗地编号、宗地位置、受让单位、成交日期、规划用途、土地面积、规划建筑面积、容积率、起拍价、成交价、溢价率、亩单价、楼面地价、特殊条件；二级目录字段则针对自持、配建、代建，定向销售、限价销售等情况进行分类（图3）。该案例查询系统的建成，极大地提高了估价师采用市场比较法时进行土地评估作业的效率，受到同事们的一致好评！

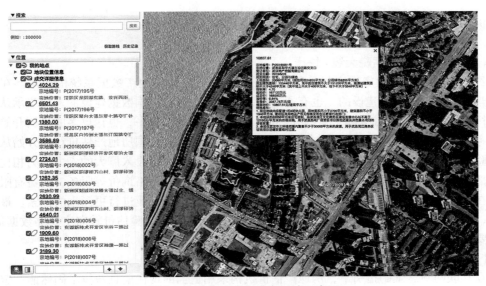

图 3　土地成交案例查询系统示意图

（四）洞窥先机，重点突破

如全国某知名的大型房地估价机构，早在几年前就从征收估价业务中发现客户的痛点和需求，自行开发出了"E征拆"系统。"E征拆"系统是一款针对征收拆迁领域量身定制的全流程规范化管理信息系统（图4）。该系统为政府、开发商等征拆主体提供高效规范智能的全方位技术和业务解决方案；为征收管理部门提供决策支持以及管理工具，提高管理效率，涵盖进度管控、质量管控、自动核算补偿金额等功能；为被征拆人提供政策信息查询、网上签约、在线选房及意见反馈等便捷服务。

依托"E征拆"系统，加上机构自身专业的征拆项目服务经验，该机构每年均承接了大量的大型征拆项目，并且都受到了委托人与群众双方的高度评价，在获得良好的经济效益的同时也树立了良好的社会口碑。

图4　全流程征管系统功能示意图

四、实践中要避免的误区

（一）不要指望数据赚大钱/快钱

约五年前，我国的房地产估价行业开始兴起一股建设房地产数据系统的热潮。在这些机构当中，有独自进行建设的，也有通过发起成立联盟进行全国数据建设的。应当承认，这些机构的数据建设极大地推动了行业信息化与系统化建设的水平，也让更多的机构开始关注并思考数据于房地产估价的意义与作用，一定程度上标志着我国房地产估价行业开始从主要靠经验估价转向主要靠数据估价的新起点。但也应当看到，与投入巨大的人力财力相比，由于大部分的主要产品只是提供同质的自动估价、批量估价、网络询价等服务，收益有限。因此，在房地产估价数据建设与运用这条道路上，还需要整个行业进行更深入的探索。最重要的是，数据的运用要立足于支撑做好估价本业，即从主要靠经验估价转向主要靠数据估价，而不要指望数据赚大钱/快钱（至少短期内难以实现）。

（二）新技术的运用要满足传统估价技术的要求

在互联网新思维的指引下，房地产估价机构采用适当的现代信息新技术固然能一定程度地提升客户的服务体验。但需要注意的是，对于房地产估价的核心——估价过程，新技术的运用要满足传统估价技术的要求。如近几年涌现出不少网络询价、自动估价的平台，大多依托于高科技算法的估价模型（如神经网络模型）。在大数据的支持下，大多数自动估价平台的估价结果整体而言都在可承受的误差范围内。但由于绝大多数的估价模型并非依据传统估价技术的要求而进行，其"估价"过程类似一个"黑匣子"，是没有直观、可信的估价过程的，故其运用场景自然受到一定限制。其用于大众的网络询价等非正式场景没有太大问题，但要应用于司法仲裁等要求严格的场景却显得底气不足，这也是当前的网络询价、自动估价无法对估价行业产生较大冲击的深层原因之一。

五、结语

从全球发达经济体的经验看，创新驱动发展是一个必然趋势，创新发展将是未来经济发展的新常态。随着我国经济的发展与转型，社会对房地产估价服务的需求也不断变化。只有不断创新，为客户提供高质量的估价服务、提高客户的服务体验才能促进房地产估价行业的持续发展。未来房地产估价行业将从传统的以估价师个人经验为主的作业模式逐步发展为基于互联网、大数据、人工智能、移动设备辅助的现代信息技术的作业模式。学习互联网新思维、借助现代信息新技术，可以有效激发房地产估价行业活力，促进行业的创新发展。

作者联系方式

姓　　名：宋生华　虞达锋
单　　位：武汉国佳房地资产评估有限公司
地　　址：武汉市王家墩商务区泛海国际 soho 城 2 栋 14 层（邮编：430000）
邮　　箱：song8951@21cn.com；yudafeng@guojia.com.cn

利用现代信息技术　推动房地产估价行业持续发展

梁振康　冯智涛　廖燕勤

摘　要：社会不断发展，信息技术不断革新，随着现代信息技术的极速发展，传统行业不断被新技术冲击，旧有模式逐渐被淘汰。现代信息技术的更新迭代，揭示着生产力的不断提高，社会形态的不断优化。将现代信息技术融入各行各业，必是大势所趋，让我们一起探讨与展望，如何利用现代信息技术，推动房地产估价行业的持续发展。

关键词：现代信息技术；房地产估价；持续发展

一、现代信息技术集成，组建估价系统生态体系

目前，随着信息技术的极速发展，各行各业的作业工艺与流程正不断被颠覆、创新，房地产估价行业中的抵押估价、课税估值等传统非主动需求类业务，也正不断由人工全程作业转变为人工控制估价系统作业，甚至估价系统全程自动作业。估价系统可以实现评估数据的积累与再利用，基于长期累积的作业数据，做出定性、定量的估价分析。估价系统也可以与机构的 OA 办公系统衔接，数据无缝接入，可以开发出 PC 客户端、网页版、手机 APP、小程序等，贯穿整个估价业务流程。

估价系统的推广与应用，毫无疑问将工作效率大大提升，对内容格式相对固定，复杂程度较低的传统业务类型，估价系统可以在满足大量业务需求、极大提升时效性的同时，解放出大量的人力资源，更利于人力资源的高效利用。如今不少大型估价机构已经开发出自身的估价系统，并积极地推广使用，发挥出巨大的效用，可以说估价系统是现代信息技术的集成，一定程度上推动了房地产估价行业的发展。

然而，能开发出估价系统并成功投入作业的大型估价机构毕竟只是少数，在房地产估价行业中，大部分是中小型估价机构，没有足够技术能力、资金实力去开发属于自身的估价系统。面对庞大的房地产市场数据和瞬息万变的市场状况，要推动估价行业整体的持续发展，仅靠为数不多的大型估价机构及其估价系统，难度无疑是巨大的，所花费的时间也是难以想象的。在经济高速发展的社会，各行各业的领域边界正逐渐被信息技术消磨，没法跟上时代节奏的行业必将被其他高速发展的行业所取代，可以说房地产估价行业的持续发展之路上，挑战与机遇并存。

估价系统，作为推动房地产估价行业持续发展的重要助力，不应各自为政，孤军奋战，而应该团结统一，组建成估价系统生态体系，发挥出超乎个体极限的集群效用。正如手机市场近年来的迅猛发展，安卓系统贡献巨大，谷歌公司开放并发布安卓系统源代码，积极组建安卓系统联盟，不断利用人才技术、行业资源壮大安卓系统的同时，也成功推动手机行业快速发展，为社会进步做出重大贡献。同样，估价系统技术开放，由行业协会牵头，

制定出估价系统的统一基础标准,包括数据采集的基础标准、估价模型、算法标准、参数因素选取标准等,统一估价系统的体系结构基础,统一估价系统的接口设计,统一可扩展机制设定,组建估价系统生态体系,集结行业内众多估价机构之力,也必能推动房地产估价行业的持续发展。

二、利用光学字符识别技术,提高房地产估价作业效率

光学字符识别技术,简称 OCR 技术,其原理为通过扫描检查纸上打印的字符,通过检测暗、亮的模式确定其形状,然后用字符识别软件将字符形状翻译成计算机文字,用以代替人工输入。光学字符识别技术目前已经日益成熟,在表格识别、文稿版面布局识别、文稿要素识别等方面均能处理,识别后的信息,能按顺序、按格式实行定制化的输出。在会计行业、银行行业以及其他以文件档案为主的行业领域中,其应用已在逐渐普及。现实生活中,光学字符识别技术应用场景比比皆是,如停车场的车牌识别、银行网点的一体化终端机、身份证识别、名片识别……

在房地产估价行业中,作为基础环节的房地产信息的录入,房地产权证的格式相对固定,信息量小,内容简单,尤其是遇到批量物业估价,或者采集大量基础数据,运用光学字符识别技术,可以提高基础信息录入效率,降低估价人员工作强度,减小出错率,进而提高房地产估价作业效率,无形中释放出更多作业时间,进一步优化估价工作。在房地产估价行业中应用光学字符识别技术,必能提高估价作业效率,推动估价行业持续发展。

三、运用地理信息系统技术,加强房地产估价维度量化

地理信息系统技术,简称 GIS 技术,以地理空间作为基础,利用地理模型分析方法,实时提供多种空间和动态的地理信息。地理信息系统技术发展至今,已相当成熟,房地产基础属性信息中涉及不少数据,例如社区、周边配套、交通道路、空间规划等,均离不开地理位置。采用地理信息系统技术,在获取房地产基础信息后,更可根据已获取信息进行多维度空间分析,对房地产实际使用进行模拟,周边配套、交通、景观、日照长短、潜在污染、噪声大小等因素将得到更精确的量化,甚至于利用估价机构的累积的作业数据,可实现包含时间的四维空间分析。运用地理信息系统技术进行房地产估价,参数维度更多,量化更精细,估价结果将更加贴近实际。

地理信息系统技术作用巨大,众多领域行业的发展得益于它。目前,已经有机构将地理信息系统技术与估价系统相结合,提供更先进的房地产估价服务,相信运用地理信息系统技术,定能推动房地产估价行业的持续发展。

四、应用无人机,加强房地产项目整体把控

无人机,简称 UAV,利用无线电遥控设备和自备的程序控制装置操纵的不载人飞行器,无人机实际上是无人驾驶飞行器的统称。随着信息技术的日渐发展,无人机不知不觉间已经渗透我们的日常生活,农业植保、遥感测绘、管道巡查、物流运输、生态监测、影视航拍、文体娱乐……这些方面已经离不开无人机的应用。更有较为常见的,企业拍宣传片、婚礼活

动记录、节日大型聚会活动等，需要用空中视角去拍照的，都少不了用无人机来记录。

在房地产估价业务的实际开展中，时常会遇到特殊的估价项目，例如遇到估价项目中的估价对象规模庞大，普通的视角勘查记录无法记录估价对象的整体情况，无法表现出估价对象的整体规模，在某些特定场景限制下，估价人员未能走遍估价对象的每个角落，有可能导致估价对象细节的忽略，进而影响到估价结果；又或者遇到城市更新中的旧改业务，估价对象在密集建筑群内，普通的视角勘查记录难以呈现估价对象全貌，项目整体不易把控；更有可能遇到受到干扰阻挠的估价业务，在开展法院委托的估价业务时，估价对象实际控制人不配合，阻挠干扰，导致无法进入勘查等；类似状况下，应用无人机以空中角度进行勘查，会取得更优质的勘查记录与效果，无人机从空中进行摄像，可以捕捉估价对象的整体、周边交通路况、周边环境情况、周边配套设施状况等，一览无余，直观呈现。

无人机拍摄与信息传输技术成熟，应用广泛，将无人机应用到房地产估价中，可以带来新视角的勘查记录，进一步扩大房地产估价作业的视角范围，提高房地产估价的服务质量，推动房地产估价行业的持续发展。

五、关注区块链技术，关注房地产数据环境

区块链是分布式数据存储、点对点传输、共识机制、加密算法等计算机技术的新型应用模式，是比特币中的一个重要概念。区块链技术，其旨在打造"开放透明、自治、去中心化、信息无法篡改、保护隐私"的真实数据环境。

开放透明，即数据系统整体对外开放，交易方的私有信息会被加密，其余数据会对外公开，可以通过公开的接口查询；自治，整个系统中的每个节点都能在信任的环境内自由安全地交换数据，无人为干预；去中心化，是因为使用分布式核算和存储，没有中心化的硬件或管理机构，系统内每一个节点的义务和权利都是对等的，系统内的数据块由整个系统中具有维护功能的所有节点来一同维护；信息无法篡改，系统中在单个节点上进行对数据库的修改是无效的，除非能同时控制到整个系统中超过51%的节点；保护隐私，系统中会按规划处理交易活动，交易方无须对外披露自身身份。

区块链技术旨在打造真实、自治、共享的数据环境，业务流程透明化，可能略过大量中间环节，影响众多行业的产业链布局。房地产中的区块链技术仍在探究试验阶段，虽未正式投入市场，却不乏研究者。易居成立了"开源式"房地产区块链场景应用研究中心——"房链"，旨在探究区块链技术在房地产市场中的应用。我们房地产估价行业，离不开房地产市场的发展，在房地产交易中，租售交易案例的真实数据及详细情况不易取得，一定程度上阻碍了估价行业的发展。而当房地产区块链技术成功运用后，租售交易信息真实、开放，必然进一步推动房地产市场的发展，继而推动房地产估价行业的改革；然而，房地产区块链技术带来开放式的交易数据的同时，也会一定程度上冲击房地产估价的需求，推动房地产估价行业的变革。房地产估价与房地产市场密切相关，虽然房地产区块链技术要在房地产交易中完全落地，还需要很长的时间，但是在如今高速发展的社会中，诸如区块链之类的现代信息技术，在各行各业的发展中发挥着不容忽视的作用，必须时刻关注现代信息技术的动向与进度，才能尽早将其转化运用，继而推动房地产估价行业的持续发展。

参考文献：

[1] 吴丽娟. 浅谈房地产评估"大数据"及其运用分析. 搜狐网 [EB/OL]. [2018-05-16/2019-10-04]. http：//www.sohu.com/a/231764378_274949.

[2] 百度百科. 地理信息系统 [EB/OL]. [2019-08-08/2019-10-04]. https：//baike.baidu.com/item/ 地理信息系统/171830？fr=aladdin.

[3] 亿欧. 房链——易居开始探索区块链在地产行业的场景应用 [EB/OL]. [2018-03-10/2019-10-04].https：//www.iyiou.com/p/67674.html.

[4] 百度百科. 区块链（数据结构）[EB/OL]. [2019-06-19/2019-10-04]. https：//baike.baidu.com/item/ 区块链/13465666？fr=aladdin.

[5] 百度百科. 光学字符识别 [EB/OL]. [2019-07-22/2019-10-04]. https：//baike.baidu.com/item/ 光学字符识别/4162921？fr=aladdin.

作者联系方式

姓　　名：梁振康　冯智涛　廖燕勤

单　　位：深圳市国策房地产土地估价有限公司中山分公司

地　　址：中山市东区博爱五路 21 号大东裕商业大厦一期 1307、1308 室

邮　　箱：13710861335@139.com；284285709@qq.com；13726041814@139.com

现代信息技术给房地产估价带来的改变及展望

胡亚晓

摘　要：随着"互联网+"的大力发展和普及，大数据、人工智能等现代信息技术也迅速崛起，理论和技术日益成熟，应用领域也不断扩大并深入渗透，人工智能和大数据技术已经在房地产估价行业广泛应用，智能化评估技术必将成为房地产估价行业的发展新趋势。互联网、大数据、人工智能等现代信息技术给房地产估价带来了颠覆性的改变，解放了生产力、降低了劳动成本。房地产估价机构和房地产估价师不能闭门造车，要及时转变观念，不断学习和深造，学习大数据的搜集、运用、管理和计算机科学技术，深造估价专业知识，积极探索和应用人工智能技术，利用好人工智能技术这把金钥匙，开启行业发展的新模式。

关键词：互联网；大数据；人工智能；房地产估价；新模式

房地产估价行业从1993年起步至今已经历了近30年的春华秋实，它的发展从来都离不开互联网、大数据和人工智能，从最早传统的利用Word进行报告模板和文档的编辑、利用Excel进行测算表格、公式的编辑等办公软件和利用网络二手房大数据平台进行成交价格、租金的调查和咨询，到现在直接运用一些专业数据公司的大数据估价作业平台，运用手机、计算机实现估价全流程、全模块的作业，互联网、大数据、人工智能等现代信息技术给房地产估价带来了颠覆性的改变，为我们估价行业的专业化提供助力，是机遇也是挑战，对我们房地产估价机构和房地产估价师的综合素质和专业能力也提出了更高的要求。

一、互联网给房地产估价带来的改变

随着科学技术突飞猛进的发展，互联网也越来越普及，走进了千家万户，给各个行业和人们的生活都带来了翻天覆地的变化，对房地产估价行业的发展也带来了一场革命。

（一）互联网对估价现场查勘的改变

最初估价行业发展的时候，查勘现场还都是用数码相机拍照，然后回到公司用数据线上传到电脑，上传缓慢，严重影响了工作效率。随着互联网的发展，2G、3G、4G网络的普及，后来发展用手机或平板拍照之后通过QQ、微信及时传输到公司电脑系统，提高了工作效率；对于一些复杂项目，还可以通过微信的即时视频功能达到现场看房效果，让不在现场的其他估价人员对现场进行充分的了解，以便对项目提出更有说服力的参考性意见。现在更先进的估价作业系统，比如云估价中的"云查勘"，现场勘察人员直接在前端把现场照片和查勘信息通过平台上传，进入估价作业系统的估价人员便可以看到完整的信息，更加快捷高效。

（二）互联网对估价机构跟银行等金融部门衔接的改变

对于银行等金融机构来说，任何一笔押品的贷款贷前审批环节，都需要房地产估价机构的预评估报告，最初预评估报告要由房地产估价机构派专人去送，既耗时又耗力；现在随着互联网的高速发展，可以实现房地产估价机构和银行系统的无缝衔接，房地产估价机构的预评估报告可以直接上传至银行的业务审批系统，房地产估价机构节省了人力成本，银行也提高了工作效率，实现互利共赢。比如中国建设银行的普惠金融2.0系统，由房地产估价机构直接将既定格式的预评估报告上传至2.0系统，并配有独立的提取码，银行便可在业务审批时输入相应的提取码提取出对应的预评估报告，完成项目的审批。

二、大数据技术和人工智能的发展对房地产估价的改变

现代社会是信息化的社会，信息渠道越来越多样化，传播途径也越发广泛，信息具有"公开、透明、快速、准确"的特征。对于房地产估价行业来说，房地产价格事关民生，与广大群众息息相关，房地产中介机构实体店布满大街小巷，房天下、安居客、58同城、贝壳等各种网络询价平台百花齐放，大小开发商楼盘的宣传广告、彩页见缝插针，房价已经不再神秘，不再是少数专业人士掌握的核心秘密，大数据时代应势而来。

"人工智能"一词最初是在1956年Dartmouth学会上提出的。从那以后，研究者们发展了众多理论和原理，人工智能的概念也随之扩展。人工智能，英文缩写为AI（Artificial Intelligence），是计算机科学的一个分支，它研究的主要目标是使机器能够胜任一些通常需要人类智能才能完成的复杂工作。

人工智能和大数据是分不开的，数据是人工智能中最重要的一环，只有拥有完整的数据，人工智能才能真正地发展起来。对于房地产估价领域，人工智能是将房地产评估技术和流程"集成"到了软件系统中，通过计算机辅助预先在该系统中设置各类基础数据、相关参数和计算模型，使相关房产大数据采集录入系统后，通过计算机"云计算"实现评估结果的自动生成。

当下，互联网技术日益更新换代，越来越多的行业都进入到了"互联网+"的全新时代，而大数据技术作为互联网技术革新的产物之一，也正被逐步渗透应用到国民生产的各个行业、各个领域。房地产估价提供服务的相关需求方，比如税收部门、司法部门、银行等金融机构等也开始应用大数据和人工智能技术，对房地产估价行业提出了更高的要求，也给行业机构的发展带来了很大的改变。

（一）二手房交易评估受冲击

随着信息技术的飞速发展，税收征管也已经进入大数据时代，以河南省为例，2012年5月31日，河南省地税局"存量房交易价格申报评估系统"正式上线运行，过去，对二手房交易征税的估价，多由房地产评估机构出具纸质的评估报告的方式进行，不仅耗时长，影响广大群众的办事效率，个别还存在评估机构故意压低价格，存在一定的道德风险和不公平性，而且客户还需交纳评估费。存量房交易价格评估系统成功上线运行后，则可以在短时间内对大量的二手房交易进行快速、准确评估，达到效率和公平的统一。同时，由于存量房交易价格评估系统的运用大大降低了评估成本，居民进行二手房交易不用再交评估费。大批以二手房交易课税评估为主要业务的估价机构失去了大量的业务资源。

（二）司法拍卖评估将逐渐萎缩

2019年1月30日，最高人民法院公布了司法网络询价平台名单库，引进了网络询价评估模式，江苏京东信息技术有限公司、中国工商银行股份有限公司、淘宝（中国）软件有限公司三家线上评估机构入围。至此，对于司法执行工作而言，从传统全程依靠人力的线下工作模式，逐渐向"人工智能＋大数据"的线上模式转变。

依托"互联网＋大数据"的司法网络询价评估模式，为司法财产评估拍卖提供了一个全新思路，对线下房地产估价机构的司法评估业务造成了一定的冲击。

（三）个贷评估业务将无市场

目前对于个贷类业务，大多数银行已开始自己开发或者引进其他数据公司，比如：中国工商银行自己开发了大数据评估系统；中国建设银行目前普惠金融中的抵押快贷初评评估，引进了5家大数据库公司进行后台价格比对，对于估值与房地产估价机构差值较大的房地产不予通过；租赁评估也开始引进了数据公司，个贷的重估也已经由大数据进行。未来，这会是金融机构的发展趋势，发展规模、范围和深度也会日益增加。以传统线下个贷评估为主要业务的房地产估价机构将来会失去大量的业务资源。

三、利用现代信息技术做好传统抵押估价

（一）房地产估价机构要切中金融机构痛点，利用智能科技，做好贷前抵押估价服务

虽然目前一些大机构开展了例如城市更新、旧城改造等类型的估价创新业务，但为商业银行提供估价服务，一直是房地产估价机构的重要业务，未来仍是如此。为了更好地服务于商业银行，房地产估价需要不断创新发展，但现在随着国家政策的变化，不动产抵押登记中心的出现，抵押可以不用评估公司的评估报告，由银行自行盖公章走"价值确认"即可，但如果省去了房地产估价机构这个关口，会导致估价机构和商业银行"两败俱伤"，房地产估价机构失去"饭碗"，银行自己扛起"炸药包"，承担全部风险。针对此种问题，我们房地产估价机构要切中银行的痛点，找到抓手，毕竟转嫁风险也是银行抵押贷款业务中要考虑的一大重要因素，没有任何金融机构愿意自己独立承担风险，那么如何能解决他们既要快速高效的评估效率又能转嫁风险的问题，就显得尤为重要。

未来，房地产估价机构需要从依靠经验估价转向主要依靠数据估价，从传统人工估价转向计算机智慧估价，房地产估价机构应利用互联网、大数据、人工智能等先进技术改进估价工具，或者和一些专业的大数据公司合作，向金融机构提供自动估价、网络询价等服务，还可以进行人工估价，由经验丰富的房地产估价师根据大数据和专业的估价经验回复物业价格，可以出具答复书，加盖房地产估价机构的公章，既能快速高效地满足客户经理"短、平、快"的要求，也能为他们保驾护航，同时为房地产估价机构自身赢取发展机遇。房地产估价机构和房地产估价师要增强自身在计算机、数据管理、经济咨询、造价、房地产等多方面的专业知识，要用好大数据工具为我们服务，而不是被大数据替代，大体模式和程序如下（图1）。

（二）房地产估价机构要着力解决金融机构难点，利用智能科技，做好贷后重估、押品处置价值评估服务

中国房地产估价师与房地产经纪人学会副会长兼秘书长柴强博士在2019年的"金融科技高峰论坛"上表示，房地产是商业银行押品的重要组成部分，房地产估价可以帮助商业银

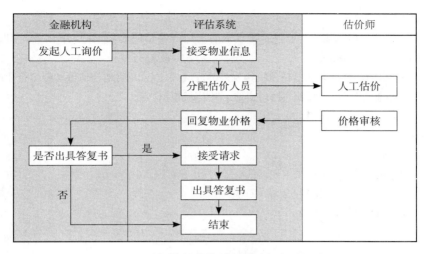

图 1 为金融机构提供估价的模式和程序示意图

行防范化解相关风险。为了更好地服务于商业银行，房地产估价需要转变估价理念，寻求创新发展，为商业银行提供多环节估价服务。房地产估价机构可以为商业银行提供抵押期间价值重估、押品处置价值评估等咨询性估价服务，房地产估价机构要从鉴证性估价转向咨询性估价。

小企业、大企业等对公业务的重估，大多由金融机构客户经理自行按照贷前的估价结果调整上报，暂不说客户经理专不专业，他们在这件事情上是既充当了裁判员又充当了运动员，从做成业务的角度讲，没有人会推翻之前的估价结果，这就造成不能及时客观地反映押品物业的当前市场价值，无法做出相应的风险提示和判断，给金融机构埋下了相当大的隐患。作为金融机构，他们也急需一个第三方房地产估价机构揭示风险。作为房地产估价机构，我们更应着力于解决他们自身的难点，大力开拓对公重估业务，对于重估过程中发现的风险及时揭示，由金融机构自身决定是否要客户增加抵押物或提前还款，助力金融机构发展。并对最后出现的不良押品进行押品处置价值评估，为金融机构提供决策做参考依据。向客户提供专业性强、技术含量高、使用价值高的报告，专业专注、高质高效，提升客户的体验感，增加房地产估价机构的行业权威性。

四、结语

房地产估价机构和房地产估价师要与时俱进，紧跟大数据时代的步伐，除加强自身的房地产估价相关专业知识外，更要学习在计算机科学，大数据搜集、管理、运用等方面的知识，要利用好大数据、人工智能等新型现代信息技术为我们服务，而不是被大数据所替代，抓住机遇，迎接挑战，不断创新和变革，要"青出于蓝而胜于蓝"。

房地产估价行业是经济社会发展中的重要专业力量，是现代高端服务业。愿我们房地产估价人在互联网、大数据、人工智能等新技术高速发展的今天，不忘初心，无惧风雨，在估价行业发展的道路上，凝心聚力铸就美好未来！

参考文献：

[1] 周亮，施良，何耀彬.人工智能背景下的房地产评估回顾与展望[J].住宅与房地产，2016（20）.

[2] 顾振发.房地产咨询业务是估价机构发展的广阔天地[C]//房地产估价和经纪行业的开拓与创新——房地产咨询业发展论文集.北京：中国城市出版社，2015.

作者联系方式

姓　　名：胡亚晓

单　　位：中建银（北京）房地产土地评估有限公司河南分公司

地　　址：河南省郑州市金水区纬五路43号5楼

邮　　箱：18574118080@163.com

现代信息技术给房地产估价带来的
改变及应对策略

李 欢 文 书 文 凯

摘 要：经过近10年的发展，互联网、大数据、人工智能不再是一个个新颖、时尚的科技名词，而是实实在在地融入了人们的生活，成为广大人民生活、工作中不可或缺的一个部分。在房地产估价行业里，不仅实现了自动估价，还衍生出了其他的产品。对于房地产估价的未来，笔者也有无限的展望，关乎行业的融合、估价师的转型、估价行业的标准化体系建设以及行业协会的与时俱进。

关键词：现代信息技术；房地产估价；自动估价；展望

近几年，随着互联网、大数据、人工智能的快速发展，互联网这个"网"不再是飘在空中虚无缥缈的网，而是实实在在网住了人们的生活。电商，支付宝及微信支付的普及，共享单车的横空出世……无一不在改变着我们的生活。电商冲击了实体商业，支付宝、微信等互联网金融冲击了银行业，共享单车冲击了"摩的"，甚至在共享单车出现初期，经常看到有人为毁坏单车的新闻，但历史的车轮终究是无法阻挡的，因为他们对广大人民的生活带来了便利，这些新生物种只会发展得越来越好，越来越规范。传统行业虽受到了一定的冲击，但他们也在积极调整，顺应时代的发展。

早在2010年，在"互联网+"模式提出以前，部分房地产估价机构就开启了自动估价的探索之路。将近10年的发展，互联网、大数据已经大量用于房地产评估中，不仅是住宅用房实现了自动估价，更有基准地价评估也开始借助自动估价系统实现后期数据的处理。

一、互联网、大数据、人工智能等现代信息技术给房地产估价带来的改变

随着房地产估价行业的发展壮大，市场竞争越发激烈。传统低端类业务，由于技术准入门槛低，呈现了僧多粥少的局面，如银行抵押估价，尤其是单套住宅的房地产抵押估价，利润空间一降再降。为了应对互联网金融的冲击，同行业间的竞争，银行业不仅在不断地调整自己的业务类型，也在提高自身的效率，快消贷、普惠金融、二手房买卖抵押贷款等业务品种，对效率的要求越来越高。房地产估价机构作为银行业的服务方，一方面为了提升自己的利润空间，另一方面为了满足银行业对高效的需求，自动估价与大数据的结合必不可少。互联网、大数据、人工智能等现代信息技术已经给房地产估价带来诸多改变了。

（一）房地产估价效率的提高

随着互联网、大数据、人工智能等现代信息技术与房地产估价的结合，房地产估价的效率有了显著的提高。单套住宅评估业务采用传统的线下模式评估，从现场查勘、市场调查、

数据处理、完成报告撰写，最快也需要两个工作日。采用线上评估模式后，从派单、现场查勘、数据处理、完成报告撰写，最快只需要半天的时间。现场查勘表由纸质版变成电子版，所有的查勘情况（实物状况、估价对象照片等）均由外业查勘人员在现场录入手机 APP，领勘人签名也是电子签名，所有信息录入完毕后，便可一键上传至公司的自动估价系统，内业人员借助自动估价系统，完成价格测算、报告撰写。

（二）房地产估价质量的提高

不管是传统的线下估价模式还是现在的自动估价系统，评估结果的准确性都是非常重要的。但是在传统的线下估价模式中，现场查勘人员一般收集3～5个案例，结合估价经验及收集的少量的案例测算出评估结果。互联网、大数据、人工智能等现代信息技术融合到房地产估价后，一个评估结果可能是由十几个、几十个甚至是上百个案例通过系统计算后得出的，而且这些案例数据不是静止的，是不断更新变化的。同时，由于估价报告是由系统自动生成，显著降低了人工撰写报告带来的失误，大大提高了房地产估价的质量。

（三）房地产估价机构提供服务内容的多元化

传统的房地产评估机构提供的服务，最主要的就是价格咨询与鉴定服务。有了互联网、大数据、人工智能等现代信息技术的加入，房地产估价机构能提供更多的服务，为客户创造价值的同时也为公司带来更多的收益。

1. 抵押物质量评分

对抵押物的流通性分析、小区配套分析及自然因素分析，通过大数据模型算法，输出量化指标，为抵押物授信提供量化参考（图1、图2）。

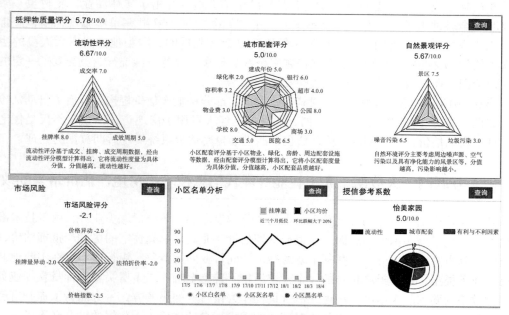

图1　抵押物质量评分示意图（一）

2. 提供多种类型的案例以供参考

根据业务需要，查询与抵押物相似物业的多种类型的案例，如挂牌案例、成交案例、法拍案例、出租案例。

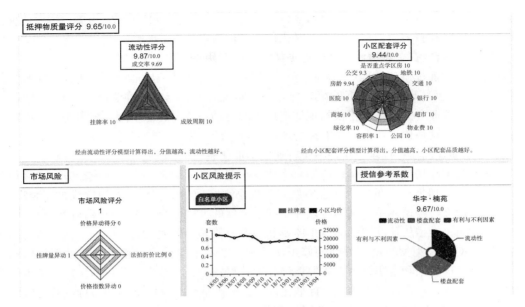

图 2　抵押物质量评分示意图（二）

3. 市场风险评分

对抵押物所在区域的价格异动、挂牌量异动、法拍折价率、价格指数进行监测，输出市场风险的量化指标，为抵押物授信提供量化参考。

借助现代信息技术，房地产估价机构在提供价格咨询与鉴定服务的同时，还能对小区的活跃度进行分析；能为客户展示三种案例类型，即挂牌案例、成交案例、法拍案例；在系统内植入 GIS 地图，展示小区周边配套信息并显示距离；通过价格变化、活跃度以及指数判断市场风险；通过市场活跃度判断小区白名单、灰名单、黑名单，对小区进行风险提示；提供专业的地址治理等。

4. 押品批量复估

押品批量复估系统以房地产大数据为基础，利用智能评估技术、专业高效的人工评估团队、大数据分析手段、地图空间数据分析手段，提供押品地址标准化治理、押品管理、押品价值评估、押品多维分析、楼盘评分等高质量的贷后房地产押品管理综合服务，能为金融机构大大降低贷后风险，迅速提高押品管理能力和管理手段。

二、借助互联网、大数据、人工智能等现代信息技术，对房地产估价的展望

（一）多行业的融合，单纯的估价师转变为复合型人才

现代信息技术与房地产估价的结合并不是仅靠房地产估价机构能够实现的，正如标题所述，是互联网、大数据、人工智能等多项技术的结合，换言之需要软件公司、数据公司与评估公司的跨行业融合，估价机构一定要重视数据的加工与分析能力。

估价师也要不断地进行相关行业知识的储备，提高业务沟通能力，转变自己的身份，不再是单纯的、知识结构单一的估价人员，让自己成为估价产品经理，利用现代信息技术提供的成果，为客户提供一对一的沟通解释工作，以弥补人工智能在与人沟通上的短板。人工智

能已成为趋势，估价师们要学会与机器合作。估价机构与估价师们要顺应趋势，找到估价行业未来的新出路和新方向，在人工智能时代，温情地活着。

（二）人工智能在更多房地产估价业务类型中的应用

现有人工智能提供的房地产估价业务类型相对单一。未来，房地产估价机构对大数据驾驭能力的提升，可以通过大数据的统计与分析，实现人工智能对装饰装修、停产停业损失、质量缺陷损失等业务的评估。不仅实现住宅用房的自动估价，还能实现办公用房、标准厂房等物业类型的自动估价，让人工智能在房地产估价中的应用越来越广泛。

（三）借助现代信息技术，实现估价行业的标准化建设

目前大数据在房地产估价中的应用，多体现在房地产的租金、售价、成交量、小区信息等方面。但是在房地产估价中，还会涉及修正体系和多项估价参数，如建安成本、利润率、还原率、税费等。修正体系编制的合理性与参数取值的准确性会严重影响评估的结果。不仅行业内针对同一类型房地产评估的修正体系和参数取值差异较大，甚至同一个估价机构不同的估价师针对同一类型房地产评估的修正体系和参数取值差异也会很大。借助现代信息技术，通过对市场数据和常用评估参数取值进行大数据的采集、整理、分析后，建立估价机构估价标准化体系，甚至区域内的估价标准化体系，提高估价结果的准确性与行业的公信力。

（四）行业协会也要顺应时代，与时俱进

随着现代信息技术在估价行业的应用，有可能会带来估价流程的改变，比如借助大数据可能带来某个估价环节的增加或者减少；房地产估价机构拓展的新型业务，不在现有《房地产估价规程》或其他规程的"管辖范围"。这时，就需要行业协会与时俱进，及时修订《房地产估价规程》，更好地规范和引导估价机构和估价师的转型。

作者联系方式

姓　　名：李　欢　文　书　文　凯
单　　位：深圳市国策房地产土地估价有限公司成都分公司
地　　址：成都市锦江区人民东路 6 号四川航空广场 1505
邮　　箱：44961914@qq.com；422174629@qq.com

新兴技术对房地产估价行业的影响探析

王艳艳　向红明

摘　要：近年来，我国的"互联网+"、大数据、人工智能等新兴技术飞速发展并被广泛应用于各个行业，深刻地改变了很多行业的面貌。在此大背景下，房地产估价行业也受到了这一潮流的影响。本文分析了一系列新兴技术对房地产估价行业的影响，并在此基础上提出相关的建议，以期促进我国房地产估价行业的健康发展。

关键词：房地产估价；新技术；影响

随着信息技术的飞速发展，"互联网+"、大数据、人工智能等新兴技术不断涌现，国家层面也大力推进"大数据"战略，努力建设"数字中国"，以期在新兴的技术浪潮中占得先机，促进各行各业转型升级。房地产评估行业就属于一个典型的"大数据"行业，随着我国城市化进程的不断加快，房地产交易的日益活跃，各类房地产市场数据呈现出"井喷"式的发展态势，而房地产评估行业对于各类市场数据的时效性要求很强，评估的科学性和准确性很大程度上依赖于各类市场数据和交易案例的收集，所以房地产评估行业对新兴技术有着天然的需求。因此，如何利用新兴技术提高数据收集效率，构建房地产评估行业的数据信息平台，改进传统的评估方法就成为目前亟待解决的一个重要问题。新兴技术对房地产估价行业的影响体现在各个方面，比如估价数据的获得、估价技术的优化、估价方法的改进等方面。

一、估价数据的获得

房地产评估机构的数据来源主要包括政府机构发布的统计数据、各类房地产组织公布的行业数据、评估机构内部积累的数据等。对于房地产评估机构来说，数据往往成为其核心竞争力的重要组成部分，可以这样说：谁掌握了海量数据，谁就占得了发展的先机。大数据、云计算等先进技术使得短时间内获取海量数据成为可能，数据的获取效率和深入分析使得评估机构能够更好地挖掘客户需求，提升客户服务的广度、深度和效率。

二、估价技术的优化

（一）GIS 技术在房地产评估中的应用

GIS 技术是地理信息系统技术的缩写，随着计算机图形学和遥感定位技术的不断进步，GIS 技术已经从传统的二维时代进入三维时代，基本实现了"所见即所得"的效果。

目前，GIS 技术在房地产评估中主要有三方面的应用：①在 GIS 技术的基础上建立房地产市场信息系统。随着 WebGIS（2008）的出现，杨朝晖等人在其开源代码的基础上创建了基于 Web 的房地产评估系统，有助于实现房地产估价市场信息的可视化和自动化。②在市场比较法中使用 GIS。其方法包括对评估对象和可比实例之间的各种价值影响因素的比较。传统的市场比较法中各类房地产价值影响因素的修正通常基于估价师的主观经验，王秀丽（2011）等改进了基于 GIS 技术的市场比较法的各类价值影响因素修正系数，提高了评估结果的客观性和稳定性。③利用 GIS 主题搜索技术对网上房地产估价数据进行自动收集。董浩然（2016）等人对 GIS 主题搜索程序加以改进，实现了网上房地产估价数据的自动搜集，大大提高了房地产评估机构的信息收集效率。

（二）BIM 技术在房地产评估中的应用

随着三维技术的日趋成熟，BIM 技术在房地产评估中的应用也日趋广泛。在传统的房地产成本法估价中，存在着工作量大、效率低、受估价师主观影响大等问题。有鉴于此，将 BIM 技术应用到成本法估价中，在房地产成本构成分析和房地产估价的基础上，重新构建实时估价操作流程，通过向 BIM 模型中注入大量的非几何信息，对建筑物的工程量进行快速精确的统计分析，同时对建筑物使用期间各构件的折旧信息进行高效管理，并结合估价时点对应的建筑市场工料机价格信息，能够实现智能化与实时化的房地产成本法评估。熊伟（2016）提出了一种基于 BIM 和 GIS 的物业估价方法，它将强大的数据管理和 GIS 技术的空间分析与 BIM 技术功能相结合，首先评估了该地区网络的市场价格，使用 BIM 技术智能计算房地产的建设成本，获得该宗房地产的最终价值，这种方法显著提高了估值的效率和准确性。

（三）估价方法的改进

对房地产评估方法的改进，学界主要关注两个方面：一是如何改进传统的房地产估价方法；二是尝试在房地产评估上应用新的数学或统计方法。传统的房地产评估方法有市场比较法，收益法和成本法，都要强大的理论基础，经过多年的实践，传统的评估方法和应用系统非常成熟。但是，其方法也不完善，它们主要用于特定案例的评估，效率相对较低，并且难以避免地会受到估价师主观判断的影响。近年来，在房地产评估研究领域，出现了人工神经网络、自适应估值、多元线性回归等一些更加科学的评估方法。

三、新技术条件下房地产评估行业转型困境的探讨

（一）评估人员的信息技术水平落后

新技术条件下房地产评估行业转型要求房地产估价专业人员必须具备一定的信息处理和数据分析能力，并熟练掌握相关的信息处理技术。但是我国目前从事房地产评估实务的业务人员水平参差不齐，很少具备信息技术专业的相关知识，目前的继续教育体系往往只专注于评估业务知识的培训，对信息技术方面的内容很少涉及，导致评估人员的信息技术水平难以满足业务发展的需要。

（二）现有行业技术标准体系落后于实践需求

目前我国房地产评估行业的发展虽然已经走过了三十多年的发展历程，但是有关房地产评估的行业标准体系仍然很不健全。例如，房地产评估行业的国家级标准目前只有两个——《房地产估价规范》和《房地产估价基本术语标准》，其中《房地产估价规范》迄今为止仅仅出现过两个版本——1999 年版和 2015 年版，修订频率接近 20 年一次，远远落后于行业的发展需要，导致很多新兴技术的应用没有一个统一的规范标准，造成了房地产评估行业转型混乱的局面。

四、相关政策建议

新兴房地产评估技术的应用不仅提高了评估工作的科学性和准确性，而且大大提高了评估的工作效率，降低了评估工作的成本支出，有助于促进房地产评估工作的转型发展。目前，促进新兴评估技术在行业中的应用应当从以下几个方面着手：

（一）加强各种新技术的整合应用，提高房地产评估行业的整体水平

随着信息技术的不断发展进步，各类新的技术工具被不断应用于房地产评估行业，大数据、人工智能、"互联网+"等新兴技术层出不穷。计量模型、数据自动收集、批量估价等让房地产评估智能化发展成为不可逆转的趋势。只有加强各种新技术的整合应用，才能提高房地产评估行业的整体水平，适应评估行业发展的需要。

（二）深化房地产估价理论方法的研究，提高房地产评估的科学性和准确性

房地产评估新技术的应用不仅仅使得估价报告从表面上看起来十分"科学"，在综合应用各种估价新技术的同时，还必须深化对房地产估价模型中蕴含的基本理论和基本方法的研究，使房地产估价模型更加合理地反映出房地产价值的内在决定规律，完整体现出各种自然和经济社会等因素对房地产价值的影响，才能追根溯源、由表及里，提高房地产评估行业的准确性和科学性。

（三）政府部门应进一步出台相关措施，提高评估行业的信息化水平

近年来，我国正稳步推进房地产税收制度改革。2018年6月，自然资源部在全国范围内基本实现了对不动产的统一清查登记工作，为房地产税的开征完成前期技术性工作。目前世界范围内地房地产税基本都以房地产的评估价值作为税基进行征收，如何迅速实现海量房地产价值评估是现阶段亟待解决的重大课题。迄今为止，我国很少有城市对房地产进行批量估价，因此地方政府应加大提高信息化水平，加强房地产估价新技术的使用，从而提高房地产估价效率，为今后的房地产税征收奠定基础。

总之，新技术对于房地产评估行业的发展已经产生了深远影响。在此大背景下，房地产评估机构和相关估价人员应当认清市场形势，勇于迎接挑战，抓住发展新机遇，转变传统服务理念和服务模式，积极拓展业务范围，不断提升服务质量，从而促进行业的长期健康发展。

参考文献：

[1] 艾冰.新技术在房地产估价中的应用研究综述[J].居舍，2019（04）.

[2] 潘家昇，等."互联网+"背景下房地产估价方法及发展前景探析——以市场比较法为例[J].辽宁省交通高等专科学校学报，2018（12）.

[3] 王炜.大数据对房地产估价行业发展的影响分析[J].建材与装饰，2018（10）.

作者联系方式

姓　　名：王艳艳　向红明

单　　位：山西智渊房地产资产评估规划测绘咨询有限公司

地　　址：太原市晋阳街202号英语周报大厦三层

邮　　箱：749951277@qq.com

现代信息技术在房地产估价行业的应用展望

姜志华 刘园菊

摘　要：随着现代信息技术的发展，互联网、大数据、人工智能等已影响到人们工作生活的方方面面。房地产估价行业也同样面临着影响与机遇，我们如何利用好现代信息技术将是房地产估价行业继续探讨的话题。

关键词：互联网；大数据；人工智能；房地产估价

一、互联网、大数据、人工智能等现代信息技术的现状、对房地产估价的影响

（一）互联网、大数据、人工智能等现代信息技术的现状

1. 互联网的发展现状

对我们现在的生活来说，互联网已经是必不可少的东西了。从 1995 年我国首家互联网企业正式成立，到 2001 年百度中文搜索，以及 2002 年博客网的成立，掀起了第二次互联网浪潮。随后淘宝网的兴起开起了一个全新的商业模式，改变了传统的消费模式。到 2015 年，"互联网+"的概念首次被提出来，到了 2016 年，互联网直播开始风靡。如今，移动支付的普及，让手机成了我们形影不离的必需品。然而，互联网的发展，有人喜，有人忧。

2. 大数据的发展现状

随着人工智能、移动互联网和物联网的兴起，大数据发展得越变越强大。2017 年我国包括大数据核心软硬件产品和大数据服务在内的市场规模超过 2600 亿元，与 2016 年相比，增长了 49%。2017 年 1 月，工信部发布了《大数据产业发展规划 2016—2020 年》，进一步明确了促进我国大数据产业发展的主要任务、重大工程和保障措施。国家政策的接连出台为推动大数据产业快速成长提供了良好的发展环境，预计未来 2～3 年市场规模的增长率将保持在 50% 左右。大数据的发展一直推动着房地产估价的发展。

3. 人工智能的发展现状

如同蒸汽时代的蒸汽机、电气时代的发电机、信息时代的计算机和互联网，人工智能正成为推动人类进入智能时代的决定性力量。习近平总书记在十九届中央政治局第九次集体学习时深刻指出，加快发展新一代人工智能是事关我国能否抓住新一轮科技革命和产业变革机遇的战略问题。任正非说，5G 提供高带宽、低时延，支撑的是人工智能，人工智能才是大产业。人工智能是又一次改变信息社会格局的机会。人工智能能够举一反三、融会贯通，可处理视觉、听觉、判断、推理、学习、思考、规划、设计等各类问题，面向特定任务的专用人工智能可以超过人类智能，所以对于那些思维结构简单、有理论路径可寻的行业职位具有很大的替代性。

(二)现代信息技术对房地产估价的影响

1. 对房地产估价市场范围的影响

互联网让各地的房地产估价机构紧密合作起来，互相帮助，提高了工作效率，同时，让全国各地的潜在客户通过互联网认识、了解和联系到房地产估价公司。房地产估价公司也通过互联网扩大宣传，估价从业人员也因为互联网接受了社会各界的监督。互联网扩大了房地产估价市场的业务范围和影响范围。

2. 对房地产估价市场份额的影响

大数据服务的市场规模在不断扩大的情况下，大数据的及时补充与完善对房地产估价行业尤其重要。所谓大数据实际上就是指大量的数据信息的存储和调用，利用这些数据提取出更多有利的信息，从而帮助房地产估价人员了解市场行情、估价案例和系数的取值。数据的搜集花的是时间和精力，一些原先从事软件开发等的互联网公司看到了商机，他们纷纷奋起直追，用大量的数据悄无声息地叩开了估价的门，在银行抵押询价和司法询价等方面独占一角，警醒着我们房地产估价从业人员要在新形势下开疆扩土、守护市场。

3. 人工智能对房地产估价量的影响

继"互联网+"提出后，人工智能又成了目前比较热门的概念。人工智能，简称AI，是根据对环境的感知，做出合理的行动，并获得最大收益的计算机程序。最简单的影响是通过采集大数据并进行分析，进行一系列程序上的修正得出评估结果，并且初步做到批量评估。

二、互联网、大数据、人工智能等现代信息技术的应用对房地产估价的改变

1. 查询价格方便、沟通便捷，逐步实现无纸化办公

在房价日新月异变化的近几年，互联网方便了房地产估价从业人员时时查看房价的变化趋势，比以往踏楼盘、寻中介方便快捷了很多。基于比较案例的市场比较法，各种比较因素，如距离各种配套设施的距离，都能准确快速地通过互联网各大网站获得。4G手机的普及也让我们与客户之间的沟通快捷方便，最大的改变就是由传统的复印改为直接拍原件照片获得产权信息，节省了复印件与原件对照这一环节，奠定了无纸化办公的基础。

2. 大数据积累与利用

作为房地产估价从业人员，我们深知大数据的积累对我们日常估价的重要性。互联网的发展赋予了大数据积累强大的推动力，而人工智能又使得大数据最大地发挥作用。数据库的积累，让之前价值时点和未来价值时点的估价越来越趋于合理性、客观性。大量准确和精细的特征属性数据和成交数据，让房地产估价的各种方法运用更加灵活和准确。大数据还推动了银行等金融担保行业需要的实时动态评估，节约了成本，提供更好的个性化服务。

3. 金融担保行业逐步从线下评估转为线上评估

随着现代信息技术的利用，很多银行等金融担保行业逐步从线下评估转为线上评估，从发起业务、上传产权证起，到房地产估价公司现场勘查手机定位并上传估价结论报告，都是通过专项评估系统完成，实现了快捷方便的无纸化办公。

4. 督促行业及从业人员规范作业

现代信息技术的普及，从侧面也督促了估价行业及估价从业人员更加规范的作业，遵循

估价师道德规范,坚守以诚信为本,进行客观公正的估价,努力提高和塑造行业公信力,推动房地产估价行业的健康发展。

三、互联网、大数据、人工智能等现代信息技术在房地产估价行业中的应用展望

1. OCR 识别技术批量识别产权信息

图像识别技术,简称为 OCR 识别技术,是人工智能的一个重要领域,目前主要应用于证件识别、银行卡识别、车牌识别等,在房地产估价行业对产权证等权属资料的识别尚未普遍。随着扫描仪分辨率的提升,OCR 软件也在不断升级,希望不久的将来,OCR 软件可以用于批量识别产权证的原件和复印件,不仅能转为文字信息还能识别真伪,这将大大提高房地产估价的效率。

2. 评估报告直接生成

随着互联网、大数据、人工智能等现代信息技术的发展,基于大数据的智能开发,OCR 识别技术的辅助,对于市场流通率高的房地产估价,可以通过产权证的扫描,估价从业人员适当的艺术修正,便可直接生成一本完整的报告,可替代人工输入和理论修正,降低人工错误率,大幅度提升出报告的实效。

3. 评估过去未来的价值变得快捷、客观

房地产估价发展初期,由于纸质资料存档的局限性,评估过去时点房地产价值变得异常艰难。现在随着大数据的积累,未来评估过去、现在、将来时点的房地产各类价值,将变得有据可依,简便易查。

4. 线上评估逐步替代线下评估

随着各类评估系统的逐步上线,未来无纸化办公将变成事实。不需要笔、不需要纸、不需要计算器,只要一台集合互联网、大数据、人工智能等现代信息技术于一体的计算机,就可以完成整个报告作业过程。

5. 无人机与 VR 技术的结合,身临其境的感知房地产的状况

房地产估价的现场勘查,对房地产价值的确定起着至关重要的作用,也是比较耗费人力财力的一个环节,特别对于外地评估,短则一天,长则几天,出行交通工具有汽车、火车甚至飞机,其耗费可想而知。另外,通过合作单位拍摄的照片视频,也只能看到局限性的一面。未来,在无人机与 VR 技术的结合下,给实地拍摄和通过 VR 技术观看的估价实操人员同样的身临其境的感受,全面掌握估价对象的现场状况不再是设想。

6. 3D 透视扫描技术和人工智能模拟修复系统提高损坏评估的准确性

损坏评估是由于部分隐蔽工程无法估量而不能非常准确地评估其损坏价值的评估。未来,在 3D 透视扫描技术和人工智能模拟修复系统,在大数据积累的基础上,可以模拟还原并自动列支需要的人、材、机等费用,使得实物折旧更加客观合理。

综上所述,笔者认为,基于互联网、大数据、人工智能等现代信息技术时代背景下的房地产估价行业,将为自己和客户迎来更科学高效的工作模式,同时,也给房地产估价行业带来更多的机遇与挑战。

作者联系方式

姓　　名：姜志华　刘园菊
单　　位：江苏跃龙土地房地产评估测绘有限公司
地　　址：江苏省南通市崇川区人民中路京扬广场 D 幢 420 室
邮　　箱：ntylpg@163.com

大数据技术在房地产估价领域的应用与思考

薄桂琨

摘　要： 近年来网络大数据技术蓬勃发展，在房地产估价领域也得到广泛应用，尤其是在个人普通住宅估价市场独占鳌头，广大传统估价机构痛失此类评估业务机会。但目前大数据技术应用开发尚不完善，广大专业估价机构和估价师积极参与开发才能更好地利用大数据技术优势，促进房地产估价领域的可持续发展。未来房地产估价机构和估价师们能否以大数据技术为契机，改变估价服务模式和工作方式呢？值得思考。

关键词： 大数据技术；自动估价；估价服务模式

　　大数据技术是指利用网络数据挖掘技术工具，从海量数据中提取所需数据资料应用于专业技术领域的一门科学，其以快捷的速度从海量数据中筛选出有效信息的能力是传统手工搜集数据技术望尘莫及的。大数据技术改变着我们的生活，从网络购物、智能家居服务，到各种信息化服务都深深地影响着各个领域的发展。当然房地产估价行业也不例外，房地产估价数据资料搜集是房地产估价行业非常重要的一环。在过去网络技术不发达的年代，房地产估价师大多通过专业书籍、报纸杂志等传统纸媒途径搜集整理房地产估价所需数据资料，而在网络数据技术逐渐发展壮大的过程中，房地产相关数据也随着暴增的住宅市场交易需求迈入了网络大数据时代。虽然目前房地产管理部门掌握的房地产交易数据信息的公开市场化程度还不高，但通过房地产中介机构发布的二手房租售和新建商品房销售大数据资料在网络上的公开化程度得到了长足的发展，并且已经有估价机构或第三方中介服务公司借助网络大数据技术研发出房地产自动估价系统，运用到国家征税、金融机构住宅类押品管理的抵押贷款评估及贷后风险监控批量评估等领域，受到相关机构的欢迎。如何利用大数据、云计算技术深入发展房地产估价行业，促进估价服务模式的创新和估价行业的可持续发展是摆在广大房地产估价机构和估价师面前的当务之急。

一、当前大数据技术在房地产估价领域的应用现状

（一）大数据技术已在普通住宅估价领域广泛应用

　　大数据技术在普通住宅估价领域的广泛应用，使传统估价机构面临极大挑战。目前大多数传统的估价机构仍然通过人工搜集加网络数据搜索途径获取房地产评估资料，如从当地房管局获取交易数据资料、通过网络搜索收集交易数据，如房天下、贝壳网（链家网）、搜狐焦点等网络平台发布的房地产交易资料，再通过房地产估价师的筛选、甄别出合适的普通住宅交易案例，用于测算住宅房屋评估价值，并出具房屋评估报告。采用上述传统的手工作坊式的评估流程，费时、费力不说，市场透明度不高，可信度也低。房地产中介机构通过网络

平台发布并汇集房地产交易信息的发展模式，在冲击传统估价机构估价服务模式的同时也间接推动了该领域数据收集方式的转变。2017年前后房地产市场异常火爆之时，二手房交易量激增，各个评估机构几乎天天加班出个贷评估报告，虽然赚到了钱，但是都是低效重复性劳动，附加值也低。而通过基于房地产网络大数据的自动评估系统操作，能够实时监测房地产市场数据变化并对普通住宅进行批量评估，减轻房地产估价从业人员的劳动强度，大幅降低成本，提高估价工作效率。

随着网络技术的不断发展，房天下自动评估系统、某云房平台系统和其他估价机构，甚至是无估价行业技术背景的第三方网络技术公司，都纷纷投入到开发基于网络大数据技术的自动估价系统领域。不管是哪家公司开发的自动估价系统，其核心理念都是以网络爬虫等数据挖掘工具抓取所需房地产估价数据，再通过去重、筛选甄别等工序去伪存真，去粗取精，积累房地产交易案例数据资料，再通过导入的评估计算公式测算住宅小区均价和单套住宅价值等，因其快捷的速度加全新的开发理念，受到社会相关各界的广泛关注。近年来税务征收部门、银行等金融机构、法院等对普通住宅快速估价的迫切需求，也极大地刺激了基于大数据挖掘技术的自动估价系统的发展。但是，各大机构研发的自动估价系统百花齐放，百家争鸣，隶属于不同的平台，没有统一的技术标准、收费标准和规范的服务模式，存在恶性竞争的情况，这不仅不利于开发者的可持续发展，也不利于广大评估机构的生存。部分自动估价平台重视数据挖掘技术，不注重房地产估价技术，急于求成，甚至开发团队都没有房地产估价师的参与。再加上真实有效的房地产交易数据公开市场化程度低，又缺乏对真实有效的房地产估价数据甄别的能力，导致新开发的自动估价系统数据来源不稳定，评估结果误差较大，后台数据维护更新慢且缺乏有效监督，自动估价系统的可信度低，市场推广困难等。

（二）大数据技术应用在房地产估价领域尚无配套监管制度

1. 大数据信息发布缺乏监管，可信度低

目前相关单位在网络媒体上发布的房地产信息缺乏必要的监管，大数据信息的可信度低，尤其是房地产中介网络平台上发布的信息，简直可称得上自我成就，野蛮生长，并没有专门的机构来管理其数据发布的行为。个别素质不高的房地产经纪机构，对旗下房地产经纪人发布虚假房屋交易信息吸引消费者的恶劣行为管理不力，导致房屋交易网络数据资料真假难辨，这就给房地产估价大数据搜集造成了较大困难。房地产经纪机构在网络平台发布的房屋交易信息需经大量的去重、筛选甄别工作后才能入选相应的评估案例库，进而作为房屋的大数据积累素材进入自动估价系统。房地产经纪机构虽然有全国性的中国房地产估价师与房地产经纪人学会，但是学会并没有充足的人力、物力管理房地产中介机构发布信息的真实性，迄今也没有任何法律法规约束发布虚假房地产交易信息的行为。住房和城乡建设部、国家发展和改革委员会、人力资源和社会保障部联合颁布的《房地产经纪管理办法》自2011年4月1日起施行，是我国第一个专门规范房地产经纪行为的部门规章，但该文件也只在第三章——"房地产经纪活动"的第二十七条提到"房地产经纪行业组织应当制定房地产经纪从业规程，逐步建立并完善资信评价体系和房地产经纪房源、客源信息共享系统"。虽然文件提到了建立信息共享系统，但是只是倡议性的而非强制性的规定，其他条款也没有对发布虚假信息的惩戒内容。有的房地产中介机构还将自行收集的房地产交易数据作为商品进行销售，比如查询房屋交易信息按条计费或按端口接入收取年费，其服务质量和收费标准也无人监管。

2. 各地房地产市场交易数据资料的市场公开化程度低

各地最全的房地产市场交易数据一般都掌握在当地的房地产管理部门，但这些数据信息未必都能定期对外公布，个别地方还将此类信息视为部门私有财产，对外销售，价高者得，导致网络大数据搜集困难。没有的数据又不能虚拟出来，只能抓取网络上低质量的相关房地产数据信息充数，导致部分房地产交易网络大数据来源处于鱼龙混杂的状态，其真实性容易受到使用者质疑。银行等金融机构对自动估价系统购买需求旺盛，本应是很有前景的自动估价系统销售渠道，但在此类客户比较遴选自动估价系统时，质询开发单位大数据来源、数据更新及维护机制等关键内容时，自动估价系统开发者往往含混其词，顾左右而言他，给基于房地产大数据的自动估价系统的可信度打了折扣，也影响了自动估价系统的推广和广泛应用。

3. 大数据技术在房地产估价领域应用的监管程度低

当前在市场上活跃的自动估价系统平台很多，但基本都是各自为政，并没有纳入到传统的房地产估价管理范畴，既没有当地房地产管理部门的监管，也不受中国房地产估价师与房地产经纪人学会管理，开发过程简单粗暴，甚至没有专业的房地产估价机构和估价师参与开发，自动生成的估价报告往往内容简单，要素不全，基本不符合现行《房地产估价规范》GB/T 50291—2015、《房地产估价基本术语标准》GB/T 50899—2013，仅凭开发人员对房地产相关网络大数据的挖掘拼接，简单筛选后带入的估价公式，系统自动求取房屋的估价结果。目前从网络大数据源头的选取到大数据筛选标准，相关数据带入估价公式，估价系统参数修正，系统出具的评估值及估价报告，哪个环节都没有监管，自动估价系统行业内也没有达成流程管理的基本共识，暗箱操作，美其名曰商业秘密。而传统估价机构内部一般都有三审制度、当地房地产管理部门定期对估价机构和房地产估价师进行抽查培训，全国行业学会的房地产估价领域专家还定期抽查各估价机构的评估报告，对出具不符合估价规范报告的估价机构严格管理。此外，估价机构还需将出具的评估结果报告和技术报告上传至监管机构的系统平台里备查，评估报告自动生成二维码接受社会监督。就在如此严格的监管之下，各大金融机构、法院等还对入围的估价机构进行严格的名单制管理，尚有胆大妄为的估价机构为谋取不当利益出具虚假不实的评估报告，更何况几乎无人监管的大数据自动估价系统，也难怪自动估价系统可信度低，推广应用困难。

（三）房地产估价机构对大数据技术的参与度低

由于房地产估价行业对估价从业人员要求高、市场需求相对较小，从业人数和行业规模不像房地产经纪公司那么庞大，而且房地产评估收费标准远远低于房地产中介服务收取的费用标准。随着房地产行业的飞速发展，我国房地产中介行业也赶上了好时候，全国性连锁房地产经纪中介店有很多，铺陈的实体店面遍布城市各个区域的底商旺铺，连店铺租金都被这些房地产中介机构的网点给抬高了。这些全国连锁的大型房地产中介机构往往还拥有知名的网络平台系统，因此不但房地产中介经纪业务蓬勃发展，其网络化大数据技术发展程度也远远高于房地产估价机构。一般实力相对雄厚的房地产估价机构也就做一个好看的网页，介绍一下公司情况、人员组合、以往业绩和联系方式而已，缺乏可以共享的资源，一般很少有人点击浏览。而房地产中介机构，尤其是全国大型连锁企业，利用自身积累的房地产交易资料就可以构建一个网络大数据平台系统了，他们提供的大数据资源虽然良莠不齐，但是与老百姓的房产价值息息相关，因此他们发布的房地产大数据信息被点击查阅的浏览量要高得多，房地产中介机构的市场参与度也要比房地产估价机构要高得多，真是弱者更弱，强者恒强。

二、房地产估价相关机构如何与大数据技术和谐共处

广大房地产估价机构应加大对大数据技术的投入，积极延揽大数据技术人才，面对形形色色的房地产自动估价系统要有自己的专业判断。有实力的房地产估价机构不妨收购一些做得好的自动估价平台，在原有的数据挖掘技术基础上，结合房地产估价机构多年积累的行业经验，建立相对完善的自动估价系统和相应的质量监管体系。或是联合房地产中介机构、知名房地产网络信息发布平台，共同研发符合市场需求和估价规范的自动估价平台系统，谋求房地产估价机构和其他中介机构、网络技术公司的共赢之路。当然，有些先知先觉的房地产估价机构已经研发出了自己的大数据自动估价系统，但是还需不断完善和积极推广。

此外，房地产评估机构若能积极研究、推动制定以大数据技术为基础的自动估价系统的监管标准，敦促行业学会和各级房地产管理部门制定自动估价系统的行业标准、技术规范，将其纳入有效的监管范畴，更有效地服务于社会需求，也能为房地产估价机构自己争取到更多的业务机会。虽然与大型房地产中介公司、知名网络平台相比，实力相差悬殊，但是广大房地产估价机构也不能对被中介公司和网络科技公司蚕食的估价市场份额坐视不管，也到了该奋起直追并积极参与其中的危急时刻了。如今网络技术日新月异，不进则退，固守老路的房地产估价机构稀里糊涂的就被基于大数据技术的自动估价系统抢了饭碗，这还是在他们蹒跚学步阶段。要想保护好自己的地盘，除了自强自立外，也可以选择与其他机构合作，共同推进基于大数据技术的自动估价系统长足发展。程序员们贡献技术，房地产估价师们多多提供自动估价的全流程监管标准和相关技术参数等，将大数据的优势和房地产估价师的经验和技术结合起来，让擅长技术的人做技术，让擅长估价的人做估价。

三、未来房地产估价机构和估价师的前景展望

若能把握机遇，在利用网络大数据技术发展起来的自动估价系统中掌握主动权，房地产估价机构就能在残酷的市场竞争中保持住自己的专业优势，房地产估价师未来也有可能改变旧有的以公司为依托的估价服务模式，成为令人羡慕的自由职业者。大数据技术的应用，一方面强化了房地产估价机构强强联合的局面，另一方面也弱化的估价机构的内部管理职能；另外，智能无纸化办公系统开发成果的广泛应用，再加上网络大数据云储存、云计算的优异功能，VR 技术的推广应用……让房地产估价师在家办公成为可能；此外，继续教育和其他各类专业培训也可通过网络进行。网络平台上的抖音号、公众号、头条号、微博、QQ 空间等为个人品牌运营提供了成功案例，未来估价技术水平高、执业道德高尚的优秀房地产估价师将拥有自己的个人品牌，利用网络平台建立自己的 VIP 账户，利用自己的估价专业知识帮助更多的人，创造更多的估价业务机会。

参考文献：

[1] 邵坚蕴.解读：大数据在房地产土地评估领域的应用 [J].营销界.2019，（26）.

[2] 董睿琳，董楠.基于房地产大数据的自动估价系统研究 [J].智能计算机与应用.2019，9（03）.

作者联系方式
姓　名：薄桂琨
单　位：天津滨海农村商业银行股份有限公司
地　址：天津空港经济区西三道 158 号金融中心 1 号楼
邮　箱：bgk2009@126.com

区块链技术在房地产估价中的应用与展望

许 军　田蓉泉　施 海

摘 要： 当前房地产估价行业正处于行业发展的重要转型期，无论是市场需求还是专业技术的发展都到了一个需要创新突破的阶段。近十年来，信息技术和数据技术不断在估价行业生根发芽、融合发展，在看到行业技术创新的美好前景的同时，我们发现也仍然存在很多困局和窘境。如何解决这些难题，跨出技术创新在行业发展中的窘境，是我们面临的重要任务。本文希望通过对当前房地产估价行业的发展状况的分析，结合区块链技术的特点，对在行业中区块链技术应用的作用和意义，以及可能的发展方向和思路，进行初步的探索和研究。

关键词： 区块链技术；房地产估价；创新；应用

区块链作为 21 世纪最为重要的信息技术应用模式创新之一，已经在全球兴起了各种应用热潮，在经历了一段时间的冷静和沉淀后，中国已经开始把区块链的研究应用放在了信息技术创新的重要位置上。2018 年 5 月 28 日，习近平同志在中国科学院、工程院的重要讲话中就提到："新一轮科技革命和产业变革正在重构全球创新版图、重塑全球经济结构。以人工智能、量子信息、移动通信、物联网、区块链为代表的新一代信息技术加速突破应用。"2019 年 1 月 10 日，国家互联网信息办公室发布《区块链信息服务管理规定》，开始对这一技术的应用进行规范。

一、新时代房地产估价的困局与机遇

（一）创新者的窘境

在房地产行业已开始迈入白银时代，人口红利逐步递减，市场需求逐步演变的背景下，房地产估价行业若要持续发展则需随之改变。而此类变化已出现在传统估价领域，主要表现为：银行抵押估价推陈出新、征拆估价转型变局、司法拍卖估价凛冬将至、房地产税估价尚需时日、综合服务需求升级。这些变化归纳成一句话就是：传统业务的"红海"并非没有需求，而是衍生出新需求，这些需求要在传统的估价技术上进行创新才能完成。面对客户需求的升级，估价行业也需要发挥创新思维。

房地产估价行业很早就已意识到创新的重要性，数年前就已开始在信息数据技术上开展探索，并已取得了不少的进展，然而也发现了很多难题，主要表现为三个难题、三个困局及三个窘境。

1. 三个难题

三个难题是数据获取难题、数据清洗难题、数据安全难题。

（1）数据获取难题。

第一，估价行业数据获取难。主要分布在各家企业中，考虑到各家企业的经营目的，统一获取难。机构之间所存在的数据壁垒，使得行业的细分业务数据较难统一获取，不能做行业业务趋势的深度分析与判断。

第二，房地产基础数据获取难。主要表现在两方面，一是广度上，估价公司有地域性特征，跨区域获取数据的成本较高；二是深度上，估价公司要获取一套物业准确完整的基础信息比较难。

第三，房地产价格数据获取难。从数据来源的维度来看，估价公司虽已收集了一定的真实数据，但大量数据还是散落在经纪人或每个交易参与方中，估价公司能收集到的信息数量有限，不能覆盖整个房地产市场，因此要做出符合客户要求的真实价格分析服务还有一定的距离。从地域的维度来看，仍旧受限于估价公司的地域属性，估价公司要收集跨区域的价格信息成本高，难度大，准确度也有待商榷。

第四，估价修正参数体系数据研究尚未取得显著成果。估价修正参数对于估值有重要的价值。但是不同的估价师针对不同的业务理解所进行的价格修正也不同，要准确地得到该类数据需要从极大的数据量中找出其中的规律。房地产估价的数据挖掘在推动专业提升方面的成果还不显著。

（2）数据清洗难题。

数据清洗，又叫数据处理，主要任务是把不同数据，包括实时数据与历史数据，按照一定含义，消除错误数据或者不一致数据，提高数据质量。在估价行业中，数据清洗难题也始终存在，主要表现在：

第一，数据标准化难以统一。比如地址问题，不同城市地址写法的不同带给数据清洗极大的挑战。

第二，数据内涵不同。比如在评估行业中，面积这一字段的内涵不同机构的理解不同，有些理解为地上建筑面积，有些则认为还包含地下建筑面积等。

第三，数据格式不同。如不同数据源对于层次数据格式设置不同，有些为所在楼层/总楼层、有的为直接楼层等。

（3）数据安全难题。

数据安全问题始终影响着估价行业的数据建设者和应用者，无法保证数据的安全，就等于巨大投入的数据建设有损失风险。若按传统方案，把数据集中汇总在一个机构中，中心化存储的数据很容易被攻击、窃取和篡改。因此，需要投入大量的软硬件设备以保障数据安全，使得数据平台的门槛进一步抬升。而现在仍然没有一个数据平台能保证所建设的防火墙可以防住所有的网络攻击。数据一旦离开自己的保管，被复制窃取的风险极高，完全不可控，这点也是造成各家机构不敢将自己的数据放置在同一个平台上的原因之一。

2. 三个困局

数据获取、清洗、安全方面的难题，背后是房地产估价数据方面的三个困局：

（1）数据质量困局。

数据质量是数据分析与挖掘的重要基础，但如何判定数据质量的好坏，目前整个行业都没有一个权威有效的评价体系。房地产估价行业优势在于价格数据的精准性，但目前价格数据如何鉴定其准确性，没有统一的标准，也就是如果搭建一个全国性的数据平台，如何判断不同机构上传数据的质量并没有评价体系，造成不同机构上传数据质量的参差不齐，在全国性客户进行数据查询时,若客户查询到数据质量较差的区域,会影响客户的产品体验感,进而对整个数据质量产生疑惑。

(2)数据确权困局。

"数据到底属于谁?"数据确权也就是数据归属权是谁。在搭建数据信息化平台的过程中,若无法确认数据的归属权就会带来以下的问题:①会带来数据使用上的制约和限制。目前虽然有些信息化平台已汇总了多家机构的数据,但机构在上传数据时会和平台方就数据的使用情况设定限制;而出于竞争、信任等原因,很多核心的机密数据不会提供给平台,这就会导致平台在数据交易和数据应用上受到较大的限制,无法覆盖更大的应用场景。②会增加管理上的成本。中心化信息平台需要统一管理不同机构上传的数据,负责上传数据质量的监管,设定对应的惩罚机制;负责数据的安全问题、与各家机构进行协调等,管理成本较高。③平台内部的利益规则制定的难题。由于无法进行数据确权,所以无法得知数据的流通轨迹,也就是数据的上传方因为无法得知平台方是否有将数据进行交易,有多少人用过数据,用过哪些机构的数据,所以不管平台内部如何制定合理的利益分配规则,各家机构仍会对此产生怀疑。

(3)数据应用困局。

目前房地产估价行业中,大部分的平台主要在利用大数据技术做网络评估,实际上只是利用了数据库合并互联网技术,大数据更多是噱头。大部分估价平台主要是提供价格查询系统、管理系统、操作系统及工具型的产品,产品同质性程度较高,且数据完全应用于估价的落地场景不多,市场上客户买单的意愿较弱,还没有真正意义上被验证的创新产品。

3. 三个窘境

房地产估价的三个难题三个困局又导致了目前估价行业在大数据发展上的三个创新窘境:

(1)技术创新对企业实际的作用不明显,有外部的品牌宣传作用,但是收效还无法与传统业务对比。

目前,房地产估价行业数据类的创新产品对于企业的实际作用并不是非常的明显。从2018年中国房地产估价行业的业务分布来看,创新类的估价总值占比仅占20%,其余80%仍属传统估价业务(图1)。而这些创新业务主要从属于跨行业的估价。数据类创新产品在其中的占比更是微乎其微,粗略估计,可能还不到创新业务的10%。可以说,目前技术创新虽有品牌宣传作用,但收效仍无法与传统业务媲美。

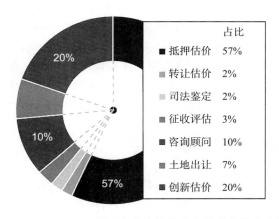

图1　2018年中国房地产估价行业业务估价总值占比图

（2）投入与产出不匹配，回报周期太长，需要长期持续投入。

技术创新涉及跨行业知识的融合，大量的数据储备及先进的技术支持。但对于新诞生的产品，市场上需要一定的接受时间，市场希望有新产品的诞生，但却不愿意做第一个吃螃蟹的人，都希望有其他的机构验证产品的效果，导致新产品从诞生到产生回报需要较长的周期，且期间需要不断地投入成本进行技术更新迭代，投入与产出存在周期上的错位。

（3）一定时间内的技术创新投入是壮士断腕，对原有业务造成负面影响，考验企业长期战略的定力。

技术创新是个复杂的过程，从需求挖掘到产品问世需花费大量人力、物力及时间，还要面对瞬息变化的市场环境及知识产权保护的不完备，且对于企业来说，有限的资金在投入技术创新后，将会减少对于原有的业务投入，给传统业务带来负面影响。这期间则是对企业战略选择的考验，是继续投入技术创新，断腕迎接未来；还是继续传统业务方向上的竞争。

（二）创新是估价行业探索发展边界的方式

虽然我们面对各种数据难题、困局和窘境，但必须深刻认识到，不管从传统业务的角度或是从数据建设的角度来说，房地产估价行业要有进一步的发展都需要创新。创新是估价行业探索发展边界的方式，也是唯一的方式。

房地产估价行业在经历了数年对信息化的摸索以后，目前对于未来信息化发展的方向或者说可能的机遇，我们认为主要有三个：

1. 提供工具型产品的行业服务

估价工具型产品是指提供估价报告自动生成系统、现场勘查小程序等，作为软件开发的提供商。如数据查勘采集平台、征收全流程管理平台、询价小程序等能为传统的估价服务提供高效便捷的工具。

2. 回归估价行业传统业务，做技术支持下的业务提升

以传统估价业务为主，通过数据平台等的技术支持，提升服务效率；通过建立数学模型，让公司内的估价师从事更为复杂的估价服务。

3. 估价数据的价值深化，实现估价数据本身的价值

通过对估价数据的深度挖掘，提炼出有价值的信息或服务点，结合大数据和估价技术，根据客户的需求，打造出数据创新产品。

但无论是选择何种方向发展，房地产估价企业在进行数据建设的过程中仍将面对数据困局。而估价信息平台之间所提供的同质化的数据服务将压价竞争延展，而平台收费的下降则将使后台的服务质量下降，这样的恶性循环又导致客户对整个行业的服务质量产生怀疑。面对这样的问题，行业一方面要通过技术创新来填补大数据发展过程中的短板；另一方面，要探索以估价为核心的业务，以新兴大数据和传统应用相结合为起点，以数据驱动、技术融合、模式创新为方向，将信息技术和大数据的基因注入估价发展当中，成为一种新型的估价企业模式。通过对数据价值的深入分析挖掘，研究出差异化的估价产品，为客户实现价值。

二、区块链技术与房地产估价的关系

区块链作为近几年比较热门的新名词，甚至有时候还被过度炒作或过度批评。当冷静判断其技术应用的内在价值，并结合其特征深入分析与房地产估价的关系，我们发现区块链技术的特点恰恰能很好地解决我们行业所面临的一些难题。

从广义上来说，区块链技术是利用块链式数据结构来验证与存储数据、利用分布式节点共识算法来生成和更新数据、利用密码学的方式保证数据传输和访问的安全、利用由脚本代码组成的智能合约来编程和操作数据的一种全新的分布式基础架构与计算方式。概括来说，区块链科技是分布式网络系统，是密码学，也是安全算法和协议。

（一）区块链技术的主要特征

1. 去中心化

区块链使用分布式核算和存储，体系不存在中心化的硬件或管理机构，任意节点的权利和义务都是均等的，系统中的数据块由整个系统中具有维护功能的节点来共同维护。

2. 开放性

系统是开放的，除了交易各方的私有信息被加密外，区块链的数据对所有人公开，任何人都可以通过公开的接口查询区块链数据和开发相关应用，因此整个系统信息高度透明。

3. 自治性

区块链采用基于协商一致的规范和协议（比如一套公开透明的算法）使得整个系统中的所有节点能够在去信任的环境自由安全的交换数据，使得对"人"的信任改成了对机器的信任，任何人为的干预不起作用。

4. 信息不可篡改

一旦信息经过验证并添加至区块链，就会永久的存储起来，除非能够同时控制住系统中超过51%的节点，否则单个节点上对数据库的修改是无效的，因此区块链的数据稳定性和可靠性极高。

5. 匿名性

由于节点之间的交换遵循固定的算法，其数据交互是无须信任的（区块链中的程序规则会自行判断活动是否有效），因此交易对手无须通过公开身份的方式让对方对自己产生信任，对信用的累积非常有帮助。

6. 智能合约

又称智能合同，是由事件驱动的、具有状态的、获得多方承认的、运行在区块链之上的且能够根据预设条件自动处理资产的程序，智能合约最大的优势是利用程序算法替代人仲裁和执行合同。简单地说，智能合约就是传统合约的数字化版本。

（二）区块链技术与房地产估价的关系

近年来，行业内已有不少优秀的估价机构投入信息化和大数据建设。就目前的发展阶段来看，不做信息化和大数据建设将与社会发展脱节，而如果投入太多，则将成为估价行业"不能承受之重"。但在房地产估价行业没有能在实质上解决数据困局的前提下，其信息化建设仍将处于缓慢发展的阶段。而区块链技术能在房地产估价与数据信息化平台中搭起一座桥梁，帮助房地产估价行业解决数据难题及困局，我们用一张图来进行说明，如图2所示：

1. 数据难题和困局的解决

（1）数据获取难题：区块链技术的去中心化、开放性的特征，能帮助房地产估价行业通过数据上链分布式放置数据，无须再搭建中心化的平台放置所有数据。也就是运用区块链的技术，就不需要把不同机构的数据汇总在一起，通过分布放置的方式，可以在原本孤立存在的数据库上搭建一座桥梁，把这些数据的打通，打破机构间所树立的数据壁垒，获取更多的数据源，从而解决数据获取难题。

（2）数据清洗难题：运用区块链技术的目的在于促成房地产估价行业的数据的共建共

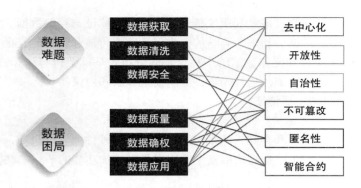

图 2　区块链技术与房地产估价难题、困局的关系图

享，也就是促成行业的大数据汇集，而大数据汇集的前提则需要各机构间能达成共识，建立统一的数据标准。而区块链的本质就是让链上机构达成共识。当链上的数据能达成统一标准，数据清洗的难度自然会大幅下降。

（3）数据安全难题：区块链去中心化、自治性和数据不可篡改的特征，决定了想要篡改链上数据或者在整个系统中作恶必须攻击超过 51%（或者更高，取决于具体的共识算法）的节点。比如整个系统有 100 个节点（节点上存储着数据的 hash 值或者数据碎片或者数据本身，取决于具体的链类型）攻击者必须篡改至少 51 台机器才有可能作恶，作恶成本极高。攻击 51 台机器，则需要花费 51 倍的时间，而且在攻击 51 台机器的过程中，一旦发现有作恶者，系统成员或者链的开发者，相较于中心化服务器，将有更多的时间去升级和维护系统安全。所以，区块链技术能保证链上数据的安全，估价机构无须太担心数据的安全性问题。

（4）数据质量困局：利用区块链技术的自治性、数据不可篡改性、匿名性、智能合约等特征则可构建链上质量评估模块，能确保估价数据从采集、交易、流通以及计算分析的每一步记录都可以留存在区块链上，使得数据的质量获得前所未有的强信任背书，确保估价数据的质量，提升链上数据用于分析和挖掘后结果的准确性。

（5）数据确权困局：区块链技术数据不可篡改性和智能合约等特征可以帮助数据信息化平台中所有的估价成员机构在数据确权、数据交易后的收益如何分配等方面先达成共识，再将之转换成智能合约。也就是让链上机构对数据利益分配等规则达成共识，用数字化的形式确定。这样就能解决数据确权的困局，从而消除链上机构间的信任问题。

（6）数据应用困局：区块链技术的去中心化、开放性、自治性、数据不可篡改等特性可以打破行业内、跨行业的数据壁垒，而数据壁垒的消失则意味着数据集中度的提升。即估价数据的质和量将发生由量变到质变的蜕变，数据完整度的提升，跨行业大数据的交融。这将让估价行业在开放的环境中进行不同类型的数据之间的交错组合，擦出更多的火花，引发大量差异化的数据类创新估价产品的诞生，从而解决数据应用的困局。

2. 创新窘境的突破

在区块链技术充分应用的情况下，房地产估价行业将汇集最多的数据量，提升数据的质量，降低应用成本，形成数据投入—确权—应用—收益—反馈（通过用户的反馈，提升数据的质量）的良性循环。持之以恒，则有可能通过更低的成本、更全的数据、更清晰的规则、更多的数据建设存储、更透明的质量评价，形成更好的数据价值挖掘、更多的应用场景和更多的市场机会，从而突破估价行业数据创新的窘境（图 3）。

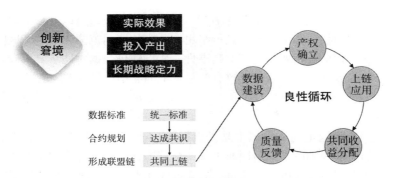

图 3　区块链技术与房地产估价创新窘境的关系图

三、区块链技术在房地产估价中的应用与思考

（一）区块链技术在房地产估价中的应用

区块链的技术可以帮助房地产估价行业建立数据共建共享平台与诚信平台以及数据质量评价体系，即"两台一系"。

1. 以联盟链形式搭建估价数据共建共享平台

由于区块链具有去中心化、安全性、可信任等特征，所以采用联盟链形式搭建的数据共建共享平台能有效促进信任机制的形成，从而实现可信数据的互换，打破信任隔阂。也就是说，将来链上的估价公司无须花费巨大的成本去采集其他不熟悉的地域或其他估价机构已建成的数据，可将各地的估价机构的数据打通，各机构间的数据可以有条件的共享使用，按智能合约约定的方式分配数据收益，各地估价机构只提供机构自身业务覆盖的业务范围或地域范围，真正实现估价行业数据的共建共享（图4）。

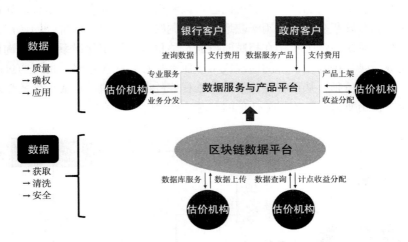

图 4　联盟链形式搭建估价数据共建共享平台

2. 建立估价数据质量评价体系

由于房地产的价格是一组概率下的价格组合，所以即便在同一价值时点下，不同目的对应房地产价格会有所差别。同时，不同估价师对于同一房地产的评估价格也会有所差别，因

为在评估价格的过程中会包含估价师对房地产市场的预测判断，所以一套房地产的价格，在同一价值时点让不同的估价师来评定，其价格也有一定的区间范围，但这个区间范围不应差距很大。因为房地产评估价格要有一定的精准性，所以估价数据对质量要求较高。而现在并无相应的体系来检验数据质量，从而导致有些平台上的数据质量参差不齐。

数据共建共享平台则可运用区块链的技术，利用智能合约构建链上质量评估模块，确保估价数据的质量。

（1）匿名投票决定同组同质数据中某条数据为标准；这种方法类似于德尔菲专家打分法。或通过一定的算法规则决定同组同质中某条数据为标准；这种算法也要通过链上所有成员共同的认可。在得到多方认可后，认可后的数据才能上链，上链的数据就带有版权。

（2）同质性数据在一定条件下可共存，然后通过用户自选来筛选。如果同一套房地产的价格有几条不同的上链数据，则可根据客户用后的评分体系来确定其最终的质量。客户可根据自己的估价目的，选择最符合自己需求的数据，最终，数据质量最符合客户需求的数据将产生最大的收益，而数据质量不符合客户需求的数据即便上链也无法产生收益，将逐步被淘汰。

3. 搭建估价信用服务平台

这几年房地产业进入白银时代，支持房地产估价发展的红利逐步退潮，房地产估价行业面临转型关键阶段。而估价传统领域的传统业务竞争日益激烈，一些房地产估价师为了获得业务，可能会采取些不规范的竞争手段，如无原则顺应委托方的需求，压低价格收费标准等。加之目前没有比较完善的估价信用评级体系及惩处体系，导致违规成本低，一些估价师为了追求眼前短期利益而违规操作。长期如此，导致市场上出现劣币驱逐良币的现象，也致使客户对整个行业机构的影响、认知都有所误解，不利于行业的发展壮大。

房地产估价行业可运用估价师信用记录区块链的技术，搭建估价信用服务平台。

所有估价师的市场行为等数据上链，利用智能合约构建链上信用评估模块。建立奖惩机制，优质行为奖励，劣质行为惩罚。奖惩内容可以和链上权限或者数据结合。如优质行为奖励积分，作恶行为扣除积分，积分用于获取数据。同时建立房地产估价师的信用评级体系及信用评级结果公示系统。链上机构在招聘时可通过估价师的信用评级系统，查询该估价师的信用等级及违规记录，提高估价师的违规成本。而客户在委托业务时，也可通过查询估价师的信用等级，选择估价师，从而督促估价师建立良好的服务意识，形成良性的循环，解决房地产估价行业中良币驱劣币，不规范估价的问题（图5）。

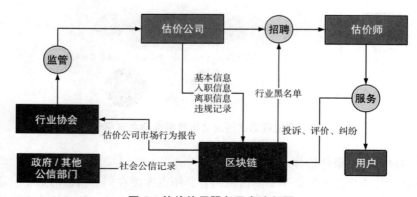

图5 估价信用服务平台流程图

（二）区块链对房地产估价行业发展的核心意义

1. 整合更大量的数据

以智能合约的方式，真正实现行业数据共建共享，并由此打开整合行业力量，打造属于估价行业强大的数据基础。

区块链可以通过智能合约的方式帮助房地产估价行业打破数据壁垒，减少数据重复建设、降低数据建设成本、增加数据类收益、提升机构数据建设积极性、提升数据质量，整合更大量的数据，真正实现行业数据共建共享。大量数据的集合及快速的数据更新，一方面能加快估价自动化的步伐，将使估价从批量评估时代进入智能时代；另一方面，跨行业各种不同类型的数据之间的多种组合，将擦出更多的火花，为日益提升的市场需求提供丰富的创新产品研发的数据基础，促进行业整体应用能力的提高。

2. 加快先进技术赋能估价的步伐

区块链可为估价行业的业务创新与创新业务提供强大的支撑，为日益提升的市场需求提供丰富的创新产品研发的基础，促成估价行业真正大数据时代的到来。

估价联盟链的形成，将可以打破估价机构间的信任隔阂，使房地产估价行业破除地域限制，在机构间的数据孤岛中搭建起桥梁，从真正意义上实现行业大数据。这里的大数据将不仅限于估价的数据，还可以包括其他行业的相关数据。并可由此打开行业的整合力量，囊括链上所有机构的核心资源。针对新形势下，市场产生的各种新需求、新要求，将可发动所有链上的估价公司，整合起来进行深度研发，为客户服务，除了共享数据，还可共享不同机构的知识与经验。在形成新的产品、新的服务的同时，可以形成产权明细、共同分享的机制，打破传统估价服务的局限性，整体性地提升估价行业核心的服务能力。

四、结语

当前房地产估价行业需要看清的是，未来的道路始终是要通过技术创新来突破发展的，这个方向是确定的。而在过程中，我们会遇到超出我们预料的难题、困局和窘境，但是我们始终应该牢记：估价专业必然需要创新，而创新必然与数据技术为代表的先进技术有关。所以纵使前无古人，纵使可能荆棘丛生，我们也要在这片旷野上一路用与以往全然不同的方式，勇敢向前。区块链作为跨时代性的技术突破，正在给我们呈现了一种崭新的应用模式，它将是我们走向未来的其中一个阶梯，将深刻推动人类技术革命的发展。我们相信估价行业也将在区块链等新技术的推动下，进入到下一个"新估价"的时代。

参考文献：

[1] 梅兰妮·斯万. 区块链：新经济蓝图及导读 [M]. 北京：新星出版社，2016.

[2] 巴曙松. 区块链新时代：赋能金融场景 [M]. 北京：科学出版社，2019.

[3] 任仲文. 区块链——领导干部读本 [M]. 北京：人民日报出版社，2018.

[4] 徐明星. 图说区块链 [M]. 北京：中信出版社，2017.

[5] 百度百科"区块链"词条 [EB/OL]. https：//baike.baidu.com/item/ 区块链 /13465666#reference-[1]-13112042-wrap.

[6] 国家互联网信息办公室. 区块链信息服务管理规定 [Z]，2019.

作者联系方式

姓　　名：许　军　田蓉泉　施　海
单　　位：上海联城房地产评估咨询有限公司
地　　址：上海市康定路 979 号
邮　　箱：xj@uvaluaion.com；tianrongquan@uvaluaion.com

大数据等新技术对估价行业带来的机遇与挑战

谢小龙

摘　要： 大数据、人工智能、无人机、区块链等新技术之间、新技术与传统产业之间不断交汇融合，应用于实际的生产生活中，带来社会生产效率的提升。目前新技术在估价行业应用十分有限，对估价行业带来了哪些机遇与挑战？如何进一步将新技术应用到评估行业，化挑战为机遇？本文探讨了新技术在估价行业的应用以及未来可能的发展方向。

关键词： 新技术；估价；机遇；挑战

一、估价行业新技术应用现状

目前对于大数据、人工智能、区块链、无人机等新技术的应用，大部分评估公司主要还是停留在评估流程线上作业改造、自动估价系统这两方面：

（一）线上作业平台

采用"互联网+评估"的作业方式与传统作业方式对比，具有"数据传输效率大幅提升、数据利用率更高、降低执业风险、降低项目成本"的优势（图1）。

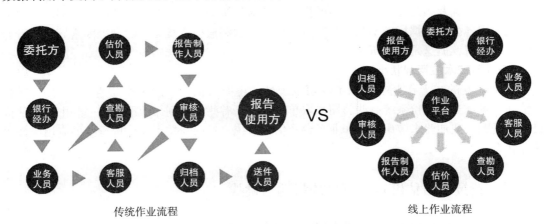

图 1　估价传统作业流程与线上作业流程对比

1. 数据传输效率大幅提升

传统流程的数据为无中心点的射线式传播，路径长、效率低、数据易丢失停滞，造成项目拖延。而线上流程以系统为中心，将所有数据集中到作业平台，数据的传播变成以作业平台为中心点的同步传播方式，效率大幅提升。

2. 数据利用率更高

线上作业平台集中化的数据管理方式，使得数据可随时精准调用、长期保存；历史数据成为不断增长的资产，在追溯性评估、法院项目评估、产权地址自动匹配楼盘（广州的产权证大部分未记载楼盘名）等方面均可发挥重要作用。

3. 降低执业风险

通过比对地图标注与自动定位的偏差、与历史位置数据的一致性，可判定是否进行了实地查勘及定位的准确性；通过现场照片与街景地图，审核人员可更直观、准确地把握项目情况；通过系统比对同一楼盘价格，可保证价格的连续性及稳定性；通过系统记录流程及操作，使项目更透明且可追溯；电子签章、二维码防伪等可有效杜绝假报告。这些都能有效降低执业风险。

4. 降低项目成本

线上作业平台使得查勘数据能即刻回传，作业时间大幅缩减，基本实现无纸化办公。普通住宅在系统上可自动复价，亦可人工复核，这减少了无效查勘，深圳大部分银行已这样执行，这都有效降低了评估的边际成本。

（二）自动估价系统

《房地产估价规范》GB/T 50291—2015中提出"用于批量评估的标准价调整法、多元回归分析法"，但尚未出台统一的数据标准及批量评估准则，且政府未开放实际成交数据，此为国内批量评估发展缓慢的主因；而国外发展更成熟，国际财产征税评估人员联合会（IAAO）在2002年、2003年先后发布《批量评估准则》《自动评估模型规范》，对批量评估进行了规范与技术方法的指引。国内在构建自动估价模型时，一般也会采用IAAO检验标准。

2018年8月最高人民法院发布的《人民法院确定财产处置参考价若干问题的规定》，确定财产处置参考价的四种方式：当事人议价、定向询价、网络询价、委托评估。其中网络询价排在委托评估之前，且明确建立全国性司法网络询价平台名单库，重点强调数据的覆盖范围、真实、准确及多元化，入库门槛的提高无疑对传统的法拍评估业务造成不小冲击。网络询价目前因各公司数据标准不统一、难以全覆盖、权利瑕疵系统无法识别等因素导致执行起来有一定障碍，但这是大势所趋。

（三）新技术应用现状小结

自主开发的线上作业平台除了我司系统外，还有云估价、EVS个贷管家、云房数据、中估联行等；自动估价系统有些公司采取单独运营，有些集成到作业平台；一些中小型估价机构通过购买或加盟来应用线上作业平台及估价系统。目前新技术在估价行业的应用尚处于萌芽状态。

二、新技术对估价行业带来的机遇与挑战

中美贸易战实则是科技战，谁掌握高科技，就掌握话语权，估价行业同样如此，谁能将新技术很好地与评估融合，就能成为行业未来的赢家。

（一）城市大数据平台

2019年6月发布的《城市大数据平台白皮书》，围绕新型智慧城市大数据平台发展背景、发展现状、参考架构、运营模式等方面进行了详细阐述，并给出相应政策建议。目前受房地产市场调控影响，部分城市的房价数据被关进了"小黑屋"，长期来看于房地产市场不利。未

来城市大数据平台可添加房地产数据到"产业"应用中,将其作为统一的查询入口(图2)。

广州已开通"不动产登记资料查询"小程序,可在线查询不动产(权属信息除外)的基本登记信息(图3);深圳可通过估价师密钥进行查询,是因市场上出现假证,而评估公司缺乏便捷查询的途径,由协会牵头向政府部门争取而来(图4)。协会可抓住政府正大力推进城市大数据平台建设的契机,争取更多不涉及个人隐私的行业数据向评估公司开放。当前城市大数据平台的构建面临数据孤立不共享、数据有效利用率低、管理水平不一等挑战,平

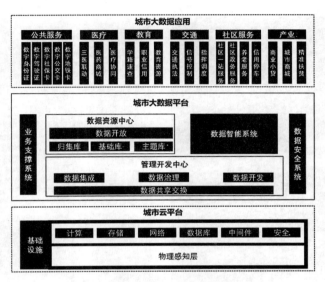

图2 城市大数据平台总体参考架构

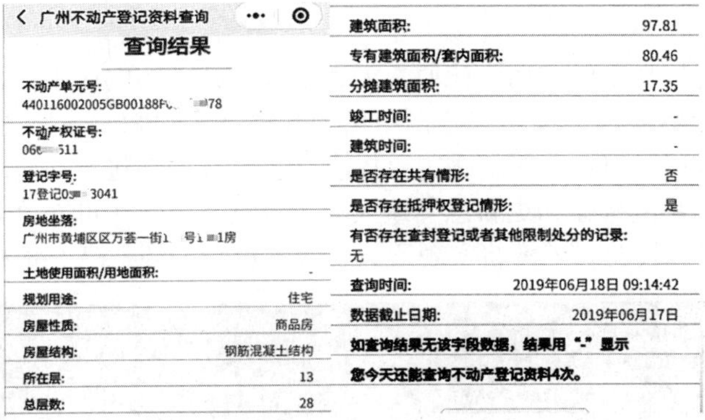

图3 广州不动产登记资料查询示例

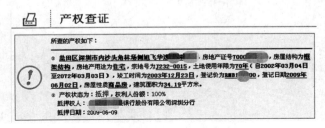

图4 深圳不动产登记资料查询示例

台的数据开放可逐步推进。

（二）人工智能

人工智能最热门的方向是"深度学习"与"机器学习"，近年随着深度学习在不同领域的快速应用，使用人工智能方法支撑国土空间规划在开发利用、现状分析、监测预警评估和决策分析等方面的应用在逐步深入；在拆迁评估中，可将深度学习训练后的模型应用到建筑物识别中，通过前后识别比对来判定违建（图5）。

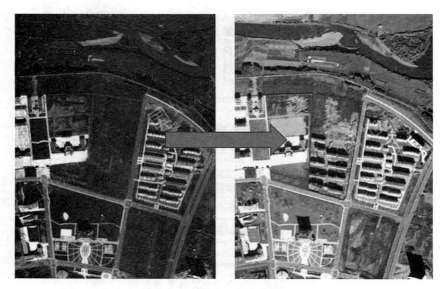

图5　违法建筑物识别

对视觉类人工智能技术的应用，让原本需大量人工处理的内业工作，转变为由机器自动化、规模化地生产地图数据，百度地图自动化生产率已达到80%；通过深度学习，将影像识别、图片分类技术用于道路、建筑物边界提取，实现自动创建数字地图。这对于自动估价系统GIS地图绘制、系统构建和更新意义重大，大量重复性工作可交给人工智能完成，估价师只需在关键节点进行检验，效率将实现飞跃，成本也会大幅下降（图6）。

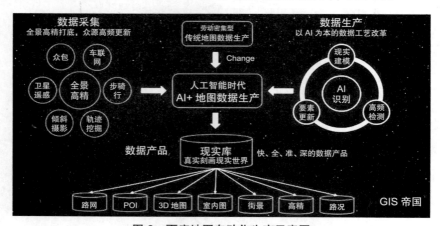

图6　百度地图自动化生产示意图

(三)无人机

无人机在航拍测绘等方面的应用不断拓宽,与传统测绘相比可节省3倍以上的时间和成本。随着人工智能无人机测绘的兴起,可利用AI来规划飞行路线,智能化的数据处理和分析能力将大大提高,使无人机测绘和制图简化;机器学习对图像识别在无人机测绘和制图领域亦可应用,比如无人机数字摄影测量、智能识别和跟踪关注的对象。估价行业已有公司将无人机应用到征收项目的航拍测绘中,未来会更普遍,例如在土地查勘中,可通过经纬度坐标定位来确定土地实际边界,亦可用于难以到达或存在危险区域的查勘。

(四)区块链

2017年美国Imbrex公司推出基于以太坊区块链技术的MLS(Multiple Listing System,房源共享系统)平台,允许所有企业、经纪人、代理商、房东等相关人员,基于区块链账本交换和分享数据,向全球受众推销房产,而不以牺牲对数据的所有权为代价。2018年2月由建设银行、链家、蚂蚁金服等参与建设的雄安新区区块链租房应用平台上线,为国内首例把区块链技术运用到租房领域的应用。2018年3月易居中国成立"房链",希望用"区块链思维"来促进技术创新,以满足房地产领域场景应用。2018年6月房掌柜与IBM签订区块链项目合作协议,成立"房云链"资产数字化联盟,中海地产、中粮地产等成为创始成员。

当前分散在政府、中介公司、评估公司的各种房地产数据无法得到有效整合利用,一方面因缺乏统一的数据标准,另一方面因数据资产无法得到有效保护。区块链技术的去中心化分布记账方式,具有不可篡改、信息透明、共同监管、可追溯的优势,使数据资产的交易变得可行与便捷,各机构可按实际需求购买或出售。根据《2018—2019年中国区块链发展年度报告》显示,2018年全球区块链市场规模高达约46亿美元,复合增长率172.23%。目前央行、四大行等银行已开展区块链应用探索,华为、阿里、腾讯、百度等企业也在积极布局区块链产业。评估公司与银行、企业的业务往来频繁,区块链对于估价行业来说是绕不开的,甚至可能挖掘出新的业务(图7)。

图7 我国已开展区块链应用探索银行图谱

三、新技术应用于估价行业的探讨

上文阐述了"大数据、人工智能、无人机、区块链"技术在估价行业的应用现状、所带来的机遇与挑战,下文就新技术在估价行业的应用作进一步设想及探讨。

(一)将大数据应用到估价风险防范等方面

2019年6月6日,英国《金融时报》报道微软悄然删除其开源的全球最大的人脸识别数据库 MS Celeb,因其原本用于学术研究,结果被广泛用于商业用途。在估价行业,有人觉察到银行风控、估价师在项目审核时,会查询房产网站的放盘数据,便故意抬高放盘价来影响审核人员的判断。

统计链家广州二手住宅2015年3月至2019年5月近15000条成交数据可知,约91%的成交价比挂牌价低10%以内,且成交价比挂牌价高的房源大幅减少,要发现这一趋势不难,但要确定价格差异的幅度,就需借助大数据统计分析。统计中还有很多数据可用于分析市场变化,例如对成交周期、带看次数进行分析,可发现成交周期的时长变化及市场活跃度等,这对于审核人员把握市场动态变化、控制风险具有重要参考价值,甚至可开发房价偏离自动预警系统等风险防范应用(图8)。

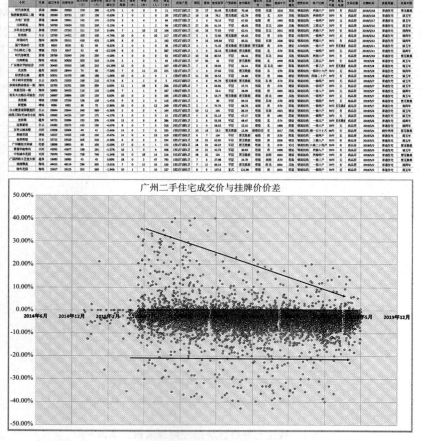

图8 广州二手住宅成交数据表与统计图

大数据技术在估价行业中还可用于可研及咨询类项目的人口规模测算,产业布局、职住空间及居住密度分析等方面。估价业务涉及的行业众多,应用大数据技术进行研究分析的空间十分广阔。

（二）区块链技术应用到数据资产流通

区块链技术可真实、准确地记录任何一次交易，产权信息的核实、历史信息的追溯等将变得非常容易；房地产成交数据、楼盘基础数据、市调数据等数据资产可进行查询及交易；售价、租金、债权数额等数据对于风险防范，亦可发挥重要作用。数据更真实透明，则评估中的"艺术性"更少，"科学性"更多，有助于提升行业的社会公信力。

（三）无人机等机器人应用到评估现场查勘

大疆机甲大师一发布，其可编程性、高机动性、可玩性、实时操控性获得了市场关注及认可，其配备的 31 个传感器、第一人称视角摄像头让其具备成为查勘作业工具的条件，再组装上测距仪、探测仪等，可代替查勘人员对一些不适宜进入的厂房、实验室、危房等进行查勘。市场上很可能将出现消费级的水域测量机器人，可用于海域使用权评估的测量。空中无人机、陆地机器人、水域机器人将会成为评估查勘的得力助手。

（四）人工智能将使得自动估价模型变得真正智能

房地产自土地获取开始便不断产生数据，且市场在随时变化中，数据又多了时间维度，体量会越来越大。以广州为例，大约有 6000 个楼盘，约 250 万户，户数据总量达到千万条。目前自动估价模型中采用较多的回归分析算法虽然在一定程度上可以实现较小误差，但当影响房价的因素发生变化时，必须进行重新建模或模型修正，每一次大的变动都需对底层大量数据进行修改与测算、IAAO 检验及试运算，消耗大效率低（图 9）。

2019 年谷歌大脑团队发布颠覆性研究——权重不可知神经网络（WANN），即只靠神经网络架构搜索出的网络，不训练、不调参、直接执行任务；在 MNIST 数字分类任务上，未

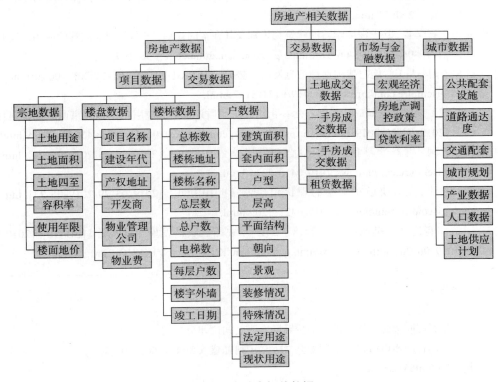

图 9 房地产相关数据

经训练和权重调整就达到92％的准确率，和训练后的线性分类器表现相当。现在普遍采用的回归分析模型需确定各因子权重，且对权重及因子数值的合理性判断有一定主观性，而权重不可知神经网络有望解决这一问题。若能将深度学习应用到模型构建中，自动进行模型重建与检验；将人工智能与 GIS 结合，实现因素的自动提取及价格自动计算，这将使得系统构建与维护成本大幅下降，且变得真正智能。

四、估价行业要更积极主动地拥抱新技术

技术的发展带来的是社会效率的提升，估价行业要减少"艺术性"，增加"科学性"，就必须通过技术改革来促进，无论是大数据、人工智能、区块链，还是无人机，应用到估价行业均会提升作业效率、降低行业数据获取的难度、促进数据公开透明化、提升查勘精准性、降低评估成本与风险。线上作业平台、自动估价系统与新技术进一步地融合发展，短期内也只是能替代一些烦琐简单的重复性工作，对于非量化因素的分析能力、逻辑判断能力、沟通能力、展示能力，系统难以完全取代，毕竟每个估价师的经验、独特的思维方式难以复制。新技术带来挑战的同时，也会带来新的机遇，只有主动拥抱新技术，去接受、掌握及应用，才能不被淘汰。

参考文献：

[1] 中国信息通信研究院，大数据技术标准推进委员会.城市大数据平台白皮书（1.0版）[EB/OL]. [2019-06-04/2019-06-18]. http：//www.caict.ac.cn/kxyj/qwfb/bps/201906/t20190604_200632.htm.

[2] 张恒，崔学森.基于深度学习的建筑物识别及其在空间规划"三线"智能监管的应用研究 [EB/OL]. [2019-06-10/2019-06-18]. https：//zhuanlan.zhihu.com/p/68516939.

[3] GIS 帝国.人工智能时代的地理信息发展趋势分析 [EB/OL]. [2019-01-21/2019-06-20]. http：//www.gisempire.com/n/research/2019/0121/3192.html.

[4] 阚长城，戚纤云，马琦伟.AI技术在街道景观品质评价中的应用——以北京西城区为例 [EB/OL]. [2019-04-10/2019-06-22]. https：//new.qq.com/omn/20190410/20190410A0G8NV.html.

[5] GIS 帝国.机器学习和GIS的融合和发展趋势 [EB/OL]. [2019-04-13/2019-06-23]. http：//www.gisempire.com/n/news/2019/0413/3214.html.

[6] GIS 帝国.无人机航拍测绘的现状和趋势分析 [EB/OL]. [2019-03-29/2019-06-23]. http：//www.gisempire.com/n/news/2019/0322/3209.html.

[7] 工信部赛迪区块链研究院.《2018—2019年中国区块链发展年度报告》[EB/OL]. [2019-04-29/2019-06-26]. https：//mp.weixin.qq.com/s/mxl7vCkUdQcVJKZHQtRnMg.

作者联系方式

姓　　名：谢小龙
单　　位：深圳市同致诚土地房地产估价顾问有限公司广州分公司
地　　址：广东省广州市海珠区新滘中路221号中科鼎盛大厦4栋602-603室
邮　　箱：776940631@qq.com

互联网及大数据给房地产估价带来的影响

周慧君　梁燕丽

摘　要：在互联网浪潮下，大数据的应用成为不可逆的趋势。本文介绍了国内外房地产估价行业现状，列出行业改革中技术升级的矛盾，并讨论了大数据应用下房地产估价行业可以探索的估价技术改进和估价业务拓展。

关键词：互联网；大数据；房地产估价

一、当前国内外房地产估价行业现状及互联网大数据应用背景下的矛盾

（一）当前国内外房地产估价行业现状

1. 当前国外房地产估价行业现状

英美两国是谈论国外房地产评估行业时被首要提及的，英国成立的皇家特许测量员协会（RICS）在历经一个多世纪的发展后，形成了涉及资产管理、价值评估、抵押贷款和其他相关房地产业务。美国评估机构从事的业务范围较小，但房地产资产业务范围和规模都远远超出其本身的评估业务。

而在估价技术方面，不同于国内的传统评估（如常见的实地查勘估价模式），国外的评估技术经历了从CAMA、AVM到基于GIS和WEB的AVM的技术升级。这些评估技术的应用都基于对数据的广泛收集，在系统对收集的大量数据进行分析、匹配和验证后，得出评估结论。这些技术中既有批量估价，也有单套房地产的精准估价。

2. 当前国内房地产估价行业现状

国内的房地产估价行业起步晚于国外，可靠性主要依赖于估价师的经验与勤勉尽责，对评估结果所设计的数据精准程度也很大程度依赖于估价师的工作经验。与大数据应用下的自动估价相比，数据选择上传统估价只选取三个可比案例，在对信息技术软件的应用上，大多数公司只限于Office软件的基础操作，少数公司实现了信息化管理以及开始对数据库进行拓展，探索大数据应用下的估价进步，并且动态联盟将成为房地产业有机式组织结构发展的一种趋势。但对于对业务能力和数据信息要求更高的业务工作，如市场分析及尽调报告，存在不够详尽和研究力度不足的现象。

（二）互联网大数据应用背景下的房地产估价行业矛盾

在信息技术革命时代，大数据应用对各行各业的改革势不可挡，然而却有一些矛盾值得引起注意。一方面，房地产估价师及估价人员的担忧。信息技术的应用可以使许多繁杂的人力劳动在线上短时间内完成，并且提高工作效率，例如GIS技术的应用可以了解到估价对象周边详细的交通、景观、同类竞品的状态，又例如各大中介网站上线的实时估价系统。技术的更新使原有的人力劳动被代替，被认为是对估价师的岗位产生威胁。

另一方面，在房地产估价行业外，尽管行业内急需具有大数据背景的人才和资本进入，但对资本仍然具有排斥。这在相关的法律规章中有体现，如现行的《房地产估价机构管理办法》第十条规定："有限责任公司的股东中有 3 名以上、合伙企业的合伙人中有 2 名以上专职注册房地产估价师，股东或者合伙人中有一半以上是注册后从事房地产估价工作 3 年以上的专职注册房地产估价师。"

二、互联网背景下大数据应用可带来的改变

（一）评估流程的改善

1. 行业标准数据建设带来的数据共享

事实上，尽管已有《房地产估价规范》GB/T 5029—2015，但各公司在业务执行过程的细枝末节处仍各不相同，在公司内部数据系统建设时都常会出现冲突，更不用提数据共享平台建设。但每一份估价报告都是独一无二的，评估公司内部的估价报告本身就是巨大的数据库，如果实现公司间的共享，其带来的资源便利是极大的，它有利于实现建设更多区域覆盖的数据库，挖掘房地产数据价值，提高房地产估价公司的数据准确性和完善度，提高工作效率。

2. 多行业合作带来的共享经济便利

由于房地产区域性、个别性等特征，使得房地产行业大数据建立需要大量人力、物力、财力，并要持续不断的更新，部分房地产评估公司虽然会调派人员进行踩盘，但效果不尽如人意。如果能够与互联网大数据公司合作，房地产估价公司及人员提供估价专业知识及经验，大数据公司提供数据分析的能力，双方一起共享房地产大数据，便能给房地产评估行业带来更多便利，提高评估精确度。

（二）评估方法的改进

1. 比较法的改进

目前采用的比较法中，对比较实例的修正系数的设定和修正后的级别都是基于估价人员的经验，不够精准。例如楼层修正系数修正。通过计算机，可以对估价对象所在小区以及周围类似物业的各楼层房屋售价进行收集，通过 Excel 软件或 SPSS 以及其他统计分析软件，建立起回归模型，得到数据分析结果，即可得到楼层与售价之间的相关关系及相关性大小，通过修正模型得到相关性大的相关关系，进而得出更准确、精细的楼层修正系数。又例如对人流量系数修正，可通过临近地铁站、公交站的日人流量检测得出。而人流量监测以往需要通过人力实地测量判断，现在通过手机信令数据，我们可以直接获取人流数量、人流密度、人流来源的方式等。手机数据还可以界定出商圈的辐射影响范围，分析两个商圈的竞争情况和影响力边界，甚至可以通过得到的地铁进出口刷卡数据来最有效地检测地铁人流量。

此外，大数据带来的海量可比实例，在数量级上远胜于传统评估，极大地提高了评估精准度，可引入计算机技术，利用如 Python 软件的"爬虫"功能，对中介网址上的挂牌及成交案例进行搜集、整理、录入、分类，可以极大地减少估价人员的作业时间，并提高作业效率，降低出错的可能性。

2. 收益法的改进

在前文已经提过，如果建立范围较广的数据平台，可以实现各公司对项目所提供的租售合同数据上传，可以更好地了解到租金变化趋势，并且通过数据分析得到报酬率，提高

精确度。

3. 成本法的改进

与前文相同，在收集尽可能多区域房地产数据的前提下，可以更加准确地得到成本法中许多重要参数的具体数字，如建筑安装工程费、基础设施配套费、公共设施配套费等。并且在互联网信息技术的推进下，对于基准地价和区片价的准确提取，也有好处。基准地价修正法中的区域因素和个别因素的修正，可参考前面"市场法的改进"中提出的想法。

4. 其他思考

在经济学理论中，人们对商品价值的预期期望会影响人们的购买需求，进而对商品的市场价格产生影响，预期未来商品价格上升，则会当下增加购入；预期未来商品价格下降，则会当下减少购入，房地产市场同理。而互联网时代，网民对房地产相关事件的搜索与发声，都反映出他们对全国各地房地产市场的期望。比如可以假设通过微博页面，对某一房地产政策执行后的网民态度进行调查，得到人们对房地产市场波动的看法。虽然这一角度虽然新颖，但仍存在不少弊端，被调查人群为网民，人群背景受限且年龄覆盖相对低龄。

（三）评估业务的拓展

1. 挖掘数据价值，拓展业务深度

房地产估价公司应该从估价工作中数据收集者的角色逐渐转变为数据挖掘者、数据价值发现者的角色。房地产指数研究一直是房地产咨询领域的高空期，研究难度极高、研究机构几乎空白。通过收集数据库，建立数据分析，探索不同指数对房地产市场的解析信息，了解房地产市场动态变化，这一点国内许多机构正在执行，如 Wind、中指，这样能使我们的房地产评估结果不浮于程序，甚至与市场相背离。

2. 深入行业交叉处，拓展业务广度

房地产金融是现今形成的新领域，从资产处置价值评估到行业研究再到融资项目可行性研究，甚至房地产选址规划及咨询建议、房地产项目风险测评、不动产证券化等，都是房地产评估机构中非大流的项目专题，也可以作为今后的业务拓展方向。

同时，以往房地产估价公司只提供不动产价值评估，在互联网时代，可以将自己的身份转化为服务者，是不动产问题的解决者，为不动产从价值到处置提供征收估价的全方面顾问服务。在征收方面，将征收估价作为切入点，从征收相关的项目可行性研究、社会风险评估分析、征收顾问、成本概预算等业务着手，顺势介入到后端的房地产顾问服务。

（四）评估信息安全的建设

房地产估价行业在引入互联网助力的同时，一方面，也需加强行业自律，借助第三方系统，建立起高安全系数的档案监控系统，减少安全隐患，抑制评估风险；另一方面，政府应该担负起对行业的引导以及审查的责任，各级政府要对房地产估价的发展和估价服务机构进行审核和管理，避免客户机密信息安全性受到威胁。

参考文献：

[1] 周怡静. DX 公司房地产评估业务转型研究 [D]. 上海：华东理工大学，2016.

[2] 翟猛. 大数据时代房地产估价机构商业模式的转变 [J]. 中国房地产估价与经纪，2013（06）.

[3] 张彦志，徐伟，曾文军，尹菲. 房地产业动态联盟组建成功性影响因素实证分析 [J]. 建筑经济，2011（01）.

[4] 崔太平，徐长林. 房地产估价行业变革与重塑 [C]// 房地产估价业务多元化与国际化——第二

届中日朝估价论坛暨 2015 年房地产估价年会论文集. 北京：中国城市出版社，2016.

[5] 刘永胜. 中小房地产估价机构发挥专业优势的思考 [J]. 当代经济，2017（30）.

[6] 周亮，施良，何耀彬. 人工智能背景下的房地产评估回顾与展望 [J]. 住宅与房地产，2016（07）.

[7] 文晶，王竹. 以"互联网+"为驱动力，推进房地产估价行业创新发展 [C]// 房地产估价业务多元化与国际化——第二届中日朝估价论坛暨 2015 年房地产估价年会论文集. 北京：中国城市出版社，2015.

[8] 白晓旗. 大数据与"互联网+"如何影响未来不动产估价业务结构 [J]. 中国房地产估价与经纪，2015（06）.

[9] 简健芬. 浅析在互联网背景下房地产估价业务转型 [J]. 现代营销（经营版），2019（07）.

作者联系方式

姓　名：周慧君　梁燕丽
单　位：北京首佳房地产评估有限公司
地　址：北京市海淀区紫竹院路 116 号嘉豪国际中心 B 座 7 层
邮　箱：liangyanli@bjshoujia.com.cn

大数据、移动互联网背景下对房地产估价的展望

董 杰 贾丁群

摘 要： 非行业内的人员，对评估了解有限，大数据结合移动互联网将有利于房地产评估业务的拓展，移动互联网对评估理念、价值的传播、品牌的建立都使开拓评估业务成为可能。

关键词： 大数据；移动互联网；电子化

目前我国房地产评估机构6000余家，注册房地产估价师约6万人，房地产估价师每年增长几千人，仅2018年通过考试的人数达近4000人。随着个人抵押贷款业务的恶性竞争，大数据、网络询价等新形式对于传统估价业务的冲击，房地产评估行业的发展形势严峻，这种形势下急需评估行业的变革。

一、大数据时代下，评估公司如何更好地掌握主动性

（一）大数据的特点

1. 数据的丰富

所谓大数据，最早由全球知名咨询公司麦肯锡全球研究所提出，是指一种规模大到在获取、存储、管理、分析方面大大超出了传统数据库软件工具能力范围的数据集合。IBM公司及国际上普遍认为，大数据具有大量、高速、多样、价值、真实性等特点。

2. 数据对报告的改变

大数据结合网络可以产生以前评估中未出现的内容，比如在互联网中常使用到的词汇：流量、热度、搜索量、排名等。传统评估中，估价对象多限于实物的描述，分析也往往是片面的趋势分析，在如今信息过剩的形势下并未有太多的改变，难以满足如今群众的"求知欲"，对数据的运用也多限于筛选案例的运用，远远未发掘出大数据的优势。评估中运用互联网的数据，可以反映估价对象不曾表现出的方面，如：小区在网络上的搜索量、搜索热度、购买原因、小区综合评分、排名等。运用数据丰富报告内容，做出针对化、差异化的描述，跟随时代的发展不断改善报告内容的完整性、实用性、时代性。

（二）大数据时代下评估公司的不足

1. 从业人员的技能单一

拥抱大数据，需要专业的人员，对数据的搜集、统计、分析的技能，需要会计、金融、管理、统计方面的知识，现阶段，评估从业人员大多知识单一，不具备对数据进行深度挖掘和全面分析的能力，面对海量的数据也难以着手。新的业务类型需要估价师不仅拥有扎实的估价理论知识，还要熟知建筑工程、财务会计、房地产法律、税务等方面的相关知识，按照

评估理论来灵活运用经济、法律、财务等方面的知识，为政府、企业和个人提供专业性的参考意见。

2. 评估公司危机意识不够

现阶段评估多数公司还在以落后的思想经营企业，在时代发展的大趋势、大数据、互联网普遍的情况下，评估公司反映过慢，还在"吃老本"。部分地区中小公司仍以社会关系为主，未对报告的质量、服务的内容作出改变，长期从事于批量、基础、简单的个贷评估；业务类型开展单一、发展缓慢、人才储备少、资质单一等。现阶段虽对部分地区的中小公司的冲击还较小，但在大数据的普及快速发展、行业产能过剩的趋势下，其危机意识明显不足，应对能力有限。

3. 评估行业的小众

相对于其他服务行业的知名度，评估行业显得太"小"，和很多陌生的朋友说起评估，对方只有个模糊的概念，仅限于贷款才需要评估，这对评估行业的发展有巨大的限制，难以让广大群众认识评估在房地产行业中的必要性，以至于磨灭了让群众接受其他评估目的的可能。评估公司应意识到品牌、理念的重要性，在大数据时代，合作才能共赢，但合作很重要的一部分是看中品牌的知名度，大数据的来源需要与其他行业的公司合作，品牌的建立与大小对搜集数据、开展业务、传播评估的价值理念都至关重要。在房地产中介行业中，链家、我爱我家、21世纪、德佑等都被人们熟知；网络平台中，房天下、贝壳、安居客、赶集等也具有很强的知名度。但评估行业还未出现被群众熟知的品牌，品牌的建设需要慢慢来，但也刻不容缓。

（三）大数据时代下的业务类型探索

1. 购（卖）房需求的评估

大数据时代，房价的数据更加丰富。根据数据的统计分析，对房价波动周期及规律分析，对政策的研究，对网络数据的筛选，热度、搜索量的统计分析，使购（卖）房的建议更加科学，购（卖）房时间点更加科学，逐渐加强客户购（卖）房先做评估的概念，使这一理念逐渐被接受。市面上的房产中介大多以促进成交为目标，但评估公司应以使客户房产价值最大化、合理化为目标。

2. 房地产投资、运营的咨询评估

运用大数据对准备购买的房地产做出最合理的运营方式及价值预测，对运营方式、收入的评估、对购买价格及时间的评估都是大数据时代可以做到的，相对于现阶段的价值、内容评估的单一，未来，甚至现在在大数据的使用与分析下，对购房位置、运营、收入等综合的评估，是相对于过去评估的改变及未来评估的优势。

二、移动互联网时代下，评估公司的发展

（一）移动互联网时代下数据的收集与共享

移动互联网的普及，极大的便捷了生活，使得随时随地可以查询、分享信息，评估基础数据的收集与分享可以利用这种便捷性，以住宅成交案例假设：当你有一条信息时，它可以在专门开发的软件中输入这条信息，面积、楼层、单价、朝向、信息来源、合同的部分片段等（不泄漏买卖双方的信息为前提），可以获得一定的积分，然后用这些积分可以查阅其他的信息，以达到互助分享的目的，当然最终积分可以兑换现金。相对于传统的信息

收集方法，这种方法参与者广、信息量多、共享便捷，而且可以产生收入，最终互利共赢，持续发展。

（二）移动互联网时代下房地产估价的展望

1. 客户与公司角色的转变

传统评估中，贷款业务占据很大一部分，评估机构在地产抵押贷款中所处的处境较为尴尬，由于业务需求房地产抵押贷款需要在银行、评估机构、贷款客户三方之间进行，现实中三方之间既存在着合作与依赖，又存在着利用和不信任的关系，这种微妙的关系直接影响着评估的进行。

移动互联网的发展下，交流更加方便，信息也更加透明。传统评估中客户选择评估公司往往是被动的，因评估仅仅是程序需要性评估，并不了解评估公司的优劣势。在评估行业朝咨询性评估的发展趋势下，依托移动互联网的便捷，公司的一切情况都会呈现在客户面前，过去的成果、服务的历史、服务的质量都会形成数据评分，客户根据所需服务来选择适合的评估公司，甚至选择合适的估价师来进行专项作业，评估机构及个人能力将会作为重要的选择因素。

2. 注册估价师在移动互联网下发挥更大的作用

（1）注册房地产估价师的水平梯度将明显。现阶段的评估行业中，估价师之间的专业水平和综合能力也还是存在较大差异的。这种差异，可以显示出估价服务水平和能力的优劣，因而应当对估价师细分差异，梯度体现能力水平。细分标准为：通过相应级别的继续教育；发表专业文章，或进行估价专业课题研究；房地产评估业务经验年限；估价报告评审成绩；执业信用记录；对估价职业特殊贡献；经由地方房地产估价行业协会推荐等。如果在过去这还仅仅是想象的话，在移动互联网的普及状况下，这种梯度将会显现，因为这对客户的选择也更加直观，更具说服力。

（2）能力将直接转化为收入。估价师的水平梯度在移动互联网下显示出来，对专业课题的研究也将显示出来，这对于其他客户、学者或估价师相当于老师般的存在，当在有人在评估实践中遇到问题，通过移动互联网来向专业的估价师咨询，可以有偿的指导与帮助。自己的经验转化为收入，这在如今的移动互联网非常普遍，"内容付费"已被市场接受，并发展良好，笔者相信在不久这将会成为估价师的一项收入来源，成为移动互联网形势下的新业务，这同时对20多万的从业者也是巨大的帮助，对从业人员水平的提高开拓了一条道路。

3. 评估的电子化

在现在的多数城市中，电子身份证、电子公交卡、二维码等都极大的便捷了生活，然而在评估中还处于出具纸质报告的状态，笔者认为在以后的发展中，评估出具的形式将发生重大变化。

（1）无纸化。时代发展的趋势是"产品"更加便捷，丰富。报告书无纸化符合时代的趋势，出具的最终结果倘若依托微信、支付宝等APP，直接将结果发送到客户手中，成为一张"评估电子卡片"。将对评估的效率，传播有巨大的提升。

（2）电子化对业务的发展。电子化的结果，当点开手机就能看到自己房产的价值，并且是由专业的评估机构出具的，具有重要的资产证明作用，这对社会的发展贡献将是方方面面的，在出国签证、购买服务、担保、网络金融、资信等方面都将是广泛的应用，让复杂的评估，以更加现代化的形式便捷为其他行业服务，这是评估行业的发展目标与对市场的价值。同时，"评估电子卡片"的结果可以更新，通过移动支付，续费更加便捷。

（3）市场更加广阔。非行业内的人员，对评估了解有限，大数据结合移动互联网下将有利于房地产评估的传播，面对的是每一个拥有手机的人，知道才会去使用，认识产生价值。移动互联网对评估理念、价值的传播、品牌的建立都使开拓评估业务成为可能。手机中已有部分的软件可以实现上述的部分功能，但在行业的发展中，需要行业协会、房地产估价师、从业人员的共同努力，推陈出新。

参考文献：

[1] 李翔，诸葛恕华.大数据时代下评估公司的变革[C]//新估价服务大市场——迎接《资产评估法》施行后时代——2016中国房地产估价年会论文集.北京：中国城市出版社，2016.

[2] 孙云龙.浅析大数据对房地产估价机构的影响及对策[J].经济研究导刊，2018（34）.

[3] 王胜斌.新形势下房地产估价制度改革探讨[J].中国房地产（综合版），2017（04）.

作者联系方式

姓　名：董　杰
单　位：河南首佳房地产土地资产评估测绘咨询有限公司
地　址：洛阳市八一路中基大厦9楼
邮　箱：lysjpg@126.com

姓　名：贾丁群
单　位：河南首佳房地产土地资产评估测绘咨询有限公司
地　址：洛阳市八一路中基大厦9楼
邮　箱：695530945@qq.com

大数据时代下的评估品质再升级

杨 诺 张文雅

摘 要：变革的时代已经来临，越来越多的行业在尝试利用大数据和人工智能来代替人工，以降低成本提高效率。本文通过对房地产评估机构变革过程中的 SWOT 进行分析，抓住大数据与人工智能结合过程中的机遇，利用传统评估中的大量数据积淀，积极完善评估系统，提升评估机构的综合服务质量。

关键词：房地产评估；去人工化；办公自动化；大数据

变革的时代已经来临，信息化时代的文明进步是迅猛不可挡的，越来越多的行业在尝试利用大数据和人工智能来代替人工，以降低成本提高效率。任何一个新时代的到来，都有人或物面临着不可避免地被淘汰出局。跟不上时代的脚步，就会被洗牌，时代变革赋予我们的挑战本质上就是一种机遇。只要顺应时代的发展，抓住机遇，提升品质，自然还是时代浪潮的领航者。

一、行业变革

（一）互联网已经渗入我们的生活

当今时代，互联网正在以不可阻挡之势，与各领域、各行业迅速融合。在日常生活中，互联网无处不在，网上购物、网上约车、网上挂号、网上订餐……一场彻底的变革已经悄然发生了。截至 2018 年 10 月，中国网民规模达已达到 7.7 亿人，占全球网民总数的五分之一，互联网普及率为 56.3%。"互联网+"正在为我们开启全新的生活模式。

互联网+零售——很多超市除了购物体验的互联化外，互联网支付平台对消费者的日常影响亦在逐渐加大，微信支付、支付宝支付等已经成为年轻消费者的必备支付方式之一。生活中常用的淘宝、京东平台亦是如此。

互联网+交通——从国外的 Uber 到国内的滴滴打车，移动互联网催生了一批打车、拼车软件，虽然它们在全世界不同的地方仍存在不同的争议，但它们通过把移动互联网和传统的交通出行相结合，改善了人们出行的方式，提高了车辆的使用率，推动了互联网共享经济的发展，提高了效率、减少了排放，对环境保护也做出了贡献。

互联网+教育——互联网+教育的结果，使一切教与学活动都围绕互联网进行，老师在互联网上教，学生在互联网上学，信息在互联网上流动，知识在互联网上成型，线下的活动成为线上活动的补充与拓展。比如极客学院上线一年多，就用近千门职业技术课程和 4000 多课时帮助 80 多万 IT 从业者用户提高职业技能。

互联网+餐饮——借助互联网，外卖实现了消费者从到店用餐，到足不出户享受美食的转变，受到越来越多人的青睐，成为当下餐饮业不可或缺的部分。据中国互联网络信息中心发布的最新数据，截至 2019 年 6 月，我国网上外卖用户规模达 4.21 亿人，占网民总人数的 49.3%。

（二）房地产行业的网络变革

互联网与传统行业的跨界融合已经成为时代潮流，淘宝、京东等平台卖的是产品，滴滴打车、Uber、美团等卖的是服务，房地产行业要卖什么呢？以往，房地产行业与互联网的接触多集中于广告推广，随着互联网对人们生活的深刻改变，通过互联网进行营销推广、房地产交易已经成为房地产开发商、房地产中介机构等的首选之一。

不管是房地产交易还是法院拍卖，都需要评估机构出具价值评估报告。对于房地产估价行业来说，依托评估机构进行评估的方式程序复杂，时间跨度长，评估费用高，网络询价、网络报单、线上报告已经成为房地产评估业务作业流程的发展趋势，"互联网 + 大数据"是房地产估价机构发展的契机。在大数据的背景下，传统房地产评估业务积累了大量的房地产数据，通过先进的数据处理技术进行整理筛选，在网络端交互共享，互联网提供了便捷、高效的评估服务入口，客户借此了解房地产市场价值，进而委托估价、了解估价进程、最终收取估价报告，完成房地产评估的一系列流程。

2018 年 8 月 28 日，最高人民法院发布了《关于人民法院确定财产处置参考价若干问题的规则》，自 2018 年 9 月 1 日起施行。该规定与过去的司法解释相比，对于财产处置参考价的确定，除了在保留委托估价机构评估这一传统方式外，新增了当事人议价、定向询价、网络询价这三种方式。其中，网络询价确定财产处置参考价的方式尤其引人注目。虽然暂时具体的实施细则及操作效果如何暂无从考量，但通过这种形式，大数据对于传统评估行业的冲击由此显现。引入网络询价机制极大地缩短了标的物的评估周期，提高了财产处置效率，有效减轻了当事人负担。

（三）金融机构行业的网络变革

以往的金融机构询价、报单都是通过电话、短信，评估机构再用 Excel 记录信息，报告全部采用纸质形式邮寄到金融机构。随着估价机构自动估价系统的逐步上线，金融机构开发其自己的系统与之对接，询价、报单基本上已经在互联网上操作，信审批贷也可实时参考系统估值，同时也能广泛应用于贷前、贷中、贷后全流程，防范风险。这些都是基于传统行业与互联网、大数据相结合所带来的变化。

二、变革过程中的 SWOT 分析

（一）优势：去人工、效率高、风险隔离

传统的估价业务作业，从估价委托—现场查勘调研—报告撰写出具等一系列流程全部由人工完成。而目前以传统评估积累的大数据为基础，利用软件系统将人和设备相结合并不断提升的智能化评估，不但节省人力，更在效率、成本方面具有极大的优势。而且应用于系统对接金融机构，可以屏蔽掉业务流程中某些环节的人为因素的干扰，屏蔽掉非系统性风险，最大程度保证了估值的合理性，对银行等金融机构的风险把控起到了积极的作用。

（二）缺点：存在系统漏洞，不能根据评估公司服务效率作选择

目前金融机构对评估公司询值的效率、精度都提出了较高的要求，部分银行线上系统设置了一定时间范围内不回值则显示为超时或询值信息失效等，但系统存在漏洞，不能按照客

户经理信息录入的先后顺序排列,这就导致评估公司无法按时间顺序给出估值、部分询值信息显示超时等,大大影响了服务效率和质量,进一步影响评估公司的业务。类似的漏洞在评估公司与金融机构合作的过程中屡见不鲜。

由于评估公司的规模大小不一,配备的人员素质也是良莠不齐,如果评估公司的服务效率、服务质量不高,业务人员是有选择服务好的公司的权利,对于系统派单的情况,每家公司的概率都是一致的,会造成业务的延迟影响。

(三)机遇:大数据中的经验沉淀,数据分析结论督促评估机构的变革

估价机构在开展业务时会收集大量的数据,并建立相应的数据库,这些数据不仅包括我们搜集到的网络成交或报盘案例,亦包括评估项目基本信息、现场查勘调研信息、租赁数据、成交合同信息、评估结果等。数据类型多而杂,这就需要先进的数据处理技术,筛选、分析最终形成有效的数据结论,这个过程是一个连续的、不断沉淀、创新的过程,也是估价机构挖掘市场需求、开发新业务、创新服务方式的新机会。

(四)挑战:精确度不够,没有 IT 和评估结合的复合型人才

在大数据时代背景下,如何将评估业务与互联网完美结合,既能体现出评估的专业度又能体现系统的功能性,显然很难。IT 人员更多地考虑了系统的可操作性,但对于细微之处,比如相类似地址的楼盘名称匹配,IT 人员并没有设置更精确的地址字段,造成后续查询出现偏差。同样,评估专业人员也会提出各种各样的要求让 IT 人员难以实现。系统优化过程中,对于评估与 IT 技术都掌握的复合型人才是有非常大的需求的,但是这类人才现在还是寥寥无几,也是现阶段大数据与系统化的难点所在。

三、评估行业的应对措施和方法

(一)建立自己的评估系统和数据库

办公自动化简称 OA 系统,是利用现代化设备和信息化技术等现代化科技运用到传统办公方式,进而形成的一种新型办公方式,也是使企业内部人员方便快捷地共享信息,高效协同工作的现代化办公手段。OA 系统已经成为现阶段企业界的共识。众多企业纷纷意识到尽快进行办公自动化建设,将有助于保持竞争优势,使企业的发展跟上时代的潮流。

评估公司也应该顺应时代的需求,建立自己的 OA 办公系统,对于日常的工作流程规范化管理,时间节点的实时监控,隔离中间环节的人为因素等都会起到积极的作用。同时,可以将 OA 系统和企业的业务非常紧密地结合起来,甚至是定制的。因而可以将诸如评估作业过程中的各类信息采集、查询、统计等功能与具体业务密切关联,从而极大地方便了企业领导的管理和决策,同时也为公司业务分析、评估数据统计提供了坚实的底层基础。

(二)日常工作中对于数据进行积累,并定期进行数据分析和经验总结

评估公司在日常的评估作业过程中,都会接触到各种类型的物业及各种数据信息,面积、朝向、楼层等标准数据,以及各个物业的特殊价值影响因素,比如配备的私家花园,赠送阁楼面积以及住宅立项作为办公使用等,这些因素对于房地产价值有比较大的影响,很多影响因素在实际操作中可以从单户进行信息采集,然后反映整栋楼宇甚至整个小区。对于这些标准数据和特殊因素都应该进行数据库入库管理,作为大数据的沉淀,需要定期对数据信息进行统计分析,对于分析结果反馈到系统自动评估的后台设置中,周而复始,在积累程度达到一定阶段后,自然会得到事半功倍的效果。

（三）与客户端做到有效沟通，不断完善自己的系统和工作流程

评估公司对于自动办公系统和数据库的建立，除了内部的工作效率提高，去人工化降低企业成本，快速检索查阅促进信息共享等对企业自身内部的优化以外，更重要的是利用数据信息和信息化系统来对接客户端。

银行等金融机构也都建立有自己的OA、AI系统，在实际操作过程中，为了工作流程的简化，对于押品评估环节也建立有模块和接口，方便接入评估公司的信息反馈。在双方的信息化对接的过程中，会出现相应的衍生问题，比如金融业注重的是客户信息，评估业注重的是押品信息。在信息对接过程中如果模块中未设置物业地址、权属证号等显示，在双方的实际对接过程中就会出现严重的信息不匹配现象，此时就需要双方在自己的工作模块中加入业务合作的共同字段显示，来提升数据信息匹配度和可查询度。

再例如，很多系统设置都为倒序排列，即系统显示置顶为业务发起时间最早的业务项，在评估公司进行信息回复的作业时，需要点击到末页进行项目查找，在这个极其细微的环节上，却浪费了大量的作业时间，不利于效率提升，但是这仅需要科技人员进行简单的后台设置就能解决问题。

尽小者大，慎微者著，双方都需要在不断的沟通磨合的基础上改善自己的办公系统，才能在未来的合作中事半功倍，达到共赢。

（四）加强团队融合，有效地将客户端、技术端、IT端三者科技进行融合

正所谓术业有专攻，运用系统和大数据来支持部分的评估业务，势必涉及客户端、技术端、IT端三者的结合，三个方面是相互独立又必须要互相融合，客户端需要了解客户本体资源以及客户需求，技术端需要对客户需求进行分析并要结合自身的评估技术的支持度综合分析来反馈给IT端，IT端又需要结合客户端和技术端的需求统一来做系统和后台技术处理，如此循环往复、兼容并蓄才能让自己的服务保持上游的竞争优势。

作者联系方式

姓　　名：杨　诺　张文雅

单　　位：深圳市世联土地房地产评估有限公司北京分公司

地　　址：北京市朝阳区建国路甲92号世茂大厦C座14层

邮　　箱：yangnuo@worldunion.com.cn

互联网时代房地产估价行业的转型发展

陈 杰

摘 要：随着互联网信息时代的到来与政府宏观调控政策的实施，这意味着依托互联网、大数据、人工智能等信息技术来实现互联网与传统房地产估价行业的联合，需要通过优化评估程序、更新传统业务体系、重构商业模式等途径来完成房地产估价行业的转型和升级。而房地产估价行业为应对这一复杂的时代背景，不仅仅需要房地产估价机构在某一方面加强，同时，也需要借助多种信息技术进行全方位的转型发展。本文从我国房地产估价行业的发展现状入手，以互联网时代为背景，对房地产估价转型过程中存在的问题及挑战进行了分析探讨，探索寻求转型发展的方向，这对正处于观望和摸索状态的房地产估价行业的进一步发展很有意义。

关键词：互联网时代；房地产估价行业；转型发展

互联网信息时代如期而至，为了能在纷繁复杂的时代潮流下站稳脚跟，作为我国土地开发和房地产投资情况"晴雨表"的房地产评估行业，面临数据信息技术的冲击和市场经济体制改革的困境，同时自身还存在许多转型发展中亟须解决的难题。这对于房地产估价行业来说不仅仅需要砥砺前行，还需要借助互联网、大数据、人工智能等信息技术进行全方位的转型和发展。这就需要各级估价机构借助互联网大数据和信息网络化的大趋势，去创新和完善估价技术方法，提高评估的整体质量水平，从而实现转型发展。

一、房地产估价行业发展概述

（一）估价行业发展现状概况

中国房地产估价行业作为房地产业的重要组成部分，是一个既古老又新兴的行业。中国房地产估价活动历史悠久，上千年前伴随着土地和房屋买卖、租赁、课税、典当等活动的出现，就产生了有关房地产价值及其评估思想的萌芽。但房地产估价行业在我国的发展起步阶段较晚，并且由于大多数的估价机构源于国有企业或事业单位，导致行业发展一直处在较为缓慢的阶段。在20世纪90年代以后，随着市场经济的深化改革，伴随土地使用制度改革和房屋商品化政策的推行，房地产估价行业迎来了第一个发展黄金期并得到了迅速发展。进入21世纪后，房地产评估业务范围得到全面拓展，从对出让土地和房地产买卖的评估业务，拓展至司法仲裁、抵押贷款、房屋拆迁补偿等评估业务。与此同时，以不动产为抵押物的金融产品也越来越丰富，房地产评估行业进入了风险与收益并存的局面，转型发展迫在眉睫。

（二）行业发展中存在的问题

1. 从业人员业务能力问题

房地产估价行业作为一个新型行业，很多人对此了解得不多，导致从事该行业的估价师不多，这样会产生许多问题，影响整个房地产估价行业的发展。同时，虽然一些老员工工作经验丰富，但理论知识不强，在有关的理论考试和职称考试中出现不合格现象；而刚进入职场的大学生，虽然有过硬的理论知识，却无法将所学到的理论知识灵活地运用到实际中，有纸上谈兵之感。

2. 各评估机构之间不良竞争问题

由于房地产估价行业监管力度不够，这直接导致了评估机构之间普遍存在恶性竞争的现状。一些估价机构为了获取评估业务，竞相提高向客户经理的回扣比例。有些估价机构为了获取业务，迎合客户的要求，故意调高或者调低评估价格，使估价结果的公平性、合理性受到了很大的影响。这种现象是滋生商业贿赂的温床，导致目前我国房地产评估行业商业贿赂的普遍存在。

（三）互联网信息时代下房地产估价行业发展的新动向

1. 行业的准入门槛变低

随着互联网信息时代的来临，带动信息科学技术革命，信息技术应用到房地产评估行业，评估技术全面升级，例如，云估价、云征收技术，摆脱了传统的经验评估的现状，使得受到个人主观意念影响的评估结果产生的偏差而造成风险评估的现象大大改善；同时随着互联网、大数据、人工智能等信息技术的应用，估价报告将会渐渐依靠一套完善的估价系统自动生成。此外，由于评估的日趋自动化操作，资深估价师将会专注于信息咨询业务或专业顾问工作；这就会使得评估行业的准入门槛变低，行业新人可以不要工作经验，经过评估机构专业的培训就可以胜任评估工作，这些变化有利于行业吸纳更多的新鲜血液，为行业的发展储备专门人才，推动行业的可持续性发展。

2. 促成同一平台竞争的新格局

目前，国内各估价机构之间基本上不会互相合作，有的只是抢占市场份额，造成恶性竞争的情况出现。但在互联网信息技术的革新下，估价机构必然要借助互联网转型发展，否则将会被时代所淘汰。要抓住这个发展机遇，估价机构需要集中力量进行专业技术研发，独立研发自己的估价系统或者与其他估价机构合作研发。可以说互联网信息时代为房地产估价行业塑造了一个全新的市场秩序，实现估价机构之间公平合理的竞争，推动房地产估价行业产生新的转型发展格局。

二、互联网信息时代房地产估价存在的问题

（一）云估价系统基础建设不完善，缺乏大数据的支持

云估价是由深圳房讯通信息技术有限公司最早发起，后联合国内众多房地产评估机构联合打造的房地产估价行业信息化平台，也是目前国内唯一的以第三方身份，专门向房地产估价机构提供软件、数据及咨询服务的垂直化行业平台。房地产云估价是一种基于房地产自身大数据库建立的软件系统产品，其快速发展的衡量标准就是在面临任何突发情况下系统都能维持正常运转。当下，国内市场上已经有房地产云估价、云征收的代表性产品面市，如线上询价、估价宝、云查勘等一系列产品，并面向国内的一些房地产评估公司进行试运营，在实

际工作中已经得到了一定程度的运用。这些产品主要依靠的还是根据大数据库和互联网建立的云技术，同时配有全套式的管家服务，但眼下具有代表性的云估价产品还处于试运行和普及推广阶段，市场上存在着大量的潜在客户需要发掘，其以后的发展趋势和方向还无法进行准确预料。目前大多数房地产估价机构所采用的估价技术方法，需要持续发展并不断进行查漏补缺，系统的建设也亟待完善。

目前国内大多数房地产估价机构不注重自身估价数据库系统的构建，评估相关的资料在纸质存档之后没有进行电子数据存档的工作。并且各估价机构之间没有进行数据共享，都只是闭门造车，进而形成各扫门前雪的行业现状，这也加剧了大数据架构的难度。大数据的缺失使得自动估价、批量评估和房地产云估价、云征收系统的发展也受到限制。国内房地产大数据库还没有建立完善，使得数据化的估价方法在发展中受到阻碍。

（二）大数据化估价存在法律方面的空缺

在房地产估价行业中，我国至今还没有一部专门关于房地产估价行业的法律，有关估价行业的法律法规只是在某些条款中零散地表现出来，并没有一个系统的条款对其进行详细的阐述。目前，我国仅有一部《城市房地产管理法》，其中只规定了实行房地产价格评估制度和房地产价格评估人员资格认证制度，虽然房地产估价行业又以这部法律为基础，分别确立了《房地产估价机构管理办法》《注册房地产估价师管理办法》《房地产估价规范》等具体的规范制度；但其法律监管、约束效力很低，这就会使得需要接受估价服务的有关人群认为估价报告的权威性、效用性不高。目前，我国房地产估价的法律、法规尚不完善，没有数据化估价所要面对的网络信息安全保障，同时也没有明文法律、法规进行约束。这些法律、法规的不健全现象，会使得房地产评估业务在开展过程中，一旦出现有关方面的法律纠纷问题时，很难找到相应的法律依据，进而阻碍了互联网信息时代房地产估价向前发展的进程。

（三）专业互联网技术人员的匮乏

在互联网信息时代的背景下，房地产估价行业就是通过借助互联网、大数据、人工智能等信息技术的运用并建立起一个大平台，让需要接受估价服务的有关客户人群借助互联网就可以咨询相关评估业务，同时房地产估价机构也可以借助此平台来开展相关业务。当然这些平台需要专业人员进行建设并定期进行维护更新，这对于房地产估价行业是从未涉足的领域，需要大量的互联网技术人才来进驻相关领域，让估价在新时代下，朝着互联网平台化公司发展，使客户足不出户从互联网上即可进行有关房地产估价的咨询服务。

三、互联网信息时代房地产估价转型发展分析

（一）普及云估价和云征收技术，成立房地产估价的平台化公司

随着社会的高速发展，为了满足客户追求快节奏和服务质量的工作、生活方式，传统的估价技术必然会被淘汰，其缺点就是耗时、单一、质劣；而云估价和云征收技术的优点是高效、灵活、质优。通过依托互联网、大数据、人工智能等信息技术数据平台建设实现了对勘察对象资料的快速采集、回传，从而提升评估业务的作业效率，并对勘察的数据进行格式化和归档。评估师线上输入评价对象、现场调研信息，即可自动测算得到价格及出具评估分析报告。这会大量节省时间，提高工作效率并提高估价业务的质量，从而提升了企业办事效率的形象。

随着互联网信息时代的到来，房地产估价行业可以考虑建立一种平台化公司，由它系统负责有关的房地产相关估价业务，承担收集大数据的责任，使得房地产评估操作系统集中在这个平台公司，从而提高自身的专业水平和技术能力，并逐步提高房地产评估效率，使其更好地服务于房地产评估行业。这是未来房地产估价转型发展的方向。

（二）健全行业法律法规标准，加强安全保障力度

互联网信息时代为评估机构应用数据化评估奠定了基础。但鉴于目前普遍存在的房地产评估方法、评估程序不规范的情况，房地产估价行业协会有必要充分发挥其自身的作用。通过建立和维护多重代理系统，利用互联网移动客户终端为会员提供交易平台，进行信息共享，防止低效和无序的恶性竞争。我国政府应当加强行政管理手段，推动房地产评估行业相关法律、法规的立法和颁布实施，让房地产估价市场在法律约束上有法可依，对房地产估价市场进行有效规范。在网络信息发达的时代潮流下，政府要积极地完善相关法律、法规，对行业发展做好管控，加强安全保障力度，将互联网数据演变成房地产估价行业转型的强力支撑。

（三）积极培养技术人才，推动平台建设

评估机构应加强对评估人员进行专业系统的培训，这样才能全面提高估价服务的质量。培训主要从两个方面进行：一是数据挖掘，二是数据化分析。有目的、有计划地挑选人才继续进行深造学习，为房地产估价行业培养有能力的人才。同时，让执业人员快速适应互联网信息时代发展的需要，更好地从事平台化公司的工作及运营，以保障行业平稳转型。依据新业务流程建立科学完善的制度管理体系，适当调整内部的机构；构成，确定合理透明的职称职位制度。政府部门应设立专项资金，以奖金鼓励相关技术人员，提高大家的积极性，有序开展相关技术革新工作，提升自身的数据处理能力，建立真实的数据库信息、推广数据平台应用技术，实现房地产估价作业模式更新、数据库和案例库升级，确保评估行业顺利转型发展。

四、结语

综上所述，在互联网信息时代发展的趋势下，对于房地产估价行业自身来说，这是一把双刃剑，它的发展既给房地产估价行业提供了转型发展的方法和路径，同时也给估价行业带来了要提高自身升业务能力，开拓新型业务的挑战。在面临行业标准体系不完善，法律法规不健全带来的潜在风险，从业人员业务水平不高，难以适应行业转型发展需要等一系列亟须解决的困境时，政府部门应发挥其监督作用，建立健全与行业有关的法律标准，完善相对应的管理制度，做到有法可依，有据可循；加大财政支持，鼓励技术人员进行技术创新、提升数据处理能力；同时，各级资质评估机构应转变传统的经营观念，充分利用行业数据信息平台所带来的发展机遇，拓展估价业务的新范围，为房地产估价行业转型发展的欣欣向荣，贡献出自己的一分力量；并积极配合房地产估价行业协会开展相关工作，突出其指导作用，使得房地产估价行业朝着规范化、市场化方向发展。

参考文献：

[1] 洪成表.房地产估价行业现状及发展 [J].中外企业家，2015（14）.

[2] 康鹏，李海丽.当前房地产评估行业问题及对策分析 [J].价值工程，2015，（30）.

[3] 郑祖贤. 浅析我国房地产评估中存在的问题及对策分析 [J]. 时代金融，2015（12）.
[4] 邓玉涵，肖莉. "互联网+"时代房地产估价转型研究 [J]. 住宅与房地产，2018（19）.
[5] 张丽雅. "互联网+"时代房地产估价转型研究 [J]. 现代营销（下旬刊），2018（07）.

作者联系方式
姓　　名：陈　杰
单　　位：安徽中信房地产土地资产价格评估有限公司
地　　址：安徽省安庆市迎江区龙狮桥乡迎江世纪城启航社1号楼9楼
邮　　箱：1740194893@qq.com

网络询价发展的机遇与挑战

邵远琪　付改利　李广正

摘　要： 随着互联网、大数据、人工智能等现代信息技术的发展，房地产估价行业的发展也遇到了挑战。网络询价作为一种新兴的评估方式，对房地产估价业务带来了挑战。但机遇与挑战相伴而生，作为评估公司应从挑战中寻找机遇，抓住机遇，顺势而上，使公司的发展更进一步。

关键词： 网络询价；优势；劣势；机遇；挑战

房地产估价作为国民经济的重要组成部分，对经济的发展有着重要的意义。除了房地产交易评估、抵押评估等传统房地产估价业务以外，房地产估价在司法鉴定、房屋征收、作价出资入股、房地产税收、重组上市等方面也发挥着重要作用。随着互联网、大数据、人工智能等现代信息技术的发展，房地产估价也开始出现更多的业务类型。

网络询价作为一种新兴的评估方式，以其低成本、高效率而迅速得到了客户的认可。随着网络询价应用越来越广泛，不可避免地对传统的评估业务产生一定的冲击，作为房地产评估机构，要正确地认识到这种变革，针对公司发展做出相应的调整，将挑战转化为机遇。

一、网络询价的优势

网络询价是以互联网为依托，以大数据搜集为基础，通过数据的积累或线上抓取，及时获得估价对象的结果，相较于传统的评估方式，网络询价有着特殊的优势。

（一）评估效率高

评估效率高，是网络询价最大的特点。全国范围内的网络询价系统目前以淘宝、京东为代表，这些询价平台是基于链家、搜房网、安居客等网站公布的二手房数据为基础，得出估价对象的评估价值。对网络大数据完善的住宅小区，可以较为快速而准确地给出估价结果。

（二）可批量评估

传统业务评估需要进行现场查勘，虽然所得到的结果更加准确，但是成本高，周期长。如果是大批量的房产评估，再加上位置的不同，会给评估带来一定的难度，延长评估周期。而网络询价可以同时进行大批量的评估，这是传统评估业务所没有的优势。

（三）评估费用低

全国和各省市根据本地情况都出台有评估收费标准，评估机构的高收费一直难以被客户接受，也是评估业务减少的一个原因。网络询价通过线上询价，节省了大量的成本，出具大家都认可的询价单，其费用成本远远低于传统房地产估价方式的收费标准，这对于客户来讲，极大地减少了评估费用的支出，降低了成本。

（四）关注市场变化，监测房价动态

网络询价基于互联网上海量的数据，一个优秀的询价系统能及时捕捉到房地产市场的细微变化，从而对询价结果进行调整，这种对于市场变化的迅速反应是线下评估所不能比拟的。

二、网络询价的劣势

网络询价作为新兴的房地产评估方式，优点与缺点并存，优势明显，劣势也突出。

（一）无法考虑评估对象的特殊性

网络询价最大的缺点就是难以考虑到评估对象的特殊情况，网络询价作为一种高效、低成本的估价模式，其询价结果一般为小区的平均价格，并未对估价对象所在楼栋在小区的位置、估价对象所在楼层、朝向等因素进行修正，甚至未对评估对象的装修、户型、临街状况、采光等特殊情况进行单独考虑，比如对临街状况和商业繁华度有较大影响的商业服务房地产价值，同一小区不同位置的商业价值会存在较大的差异。由于网络询价无法考虑估价对象的特殊性，因此询价结果与实际情况会有一定的偏差，网络询价无法保证评估结果的准确性，客户对网络询价结果的认可程度较低。

（二）网络询价对基础数据的处理方法不同

网络询价是基于大数据平台计算的评估结果，对数据的抓取有一定的随机性，可比实例是否与估价对象可比，可比因素的选取和处理是否符合房地产估价的要求，都是从询价结果中无法看到的；且各个询价平台对价格的采集和处理方法都存在差异，导致最终的询价结果也存在差异。虽然目前采取多个评估公司共同出价，以均价或者中间价等方法来确定评估结果，但是这种方法也会造成询价结果的差异。

三、面对挑战，评估机构应如何应对

互联网、大数据、人工智能等现代信息技术的发展催生了网络询价的发展，对评估机构也提出了挑战，面对越来越激烈的房地产估价竞争，评估机构又该如何应对？

（一）提高服务质量，提升服务品质

房地产评估机构需要在传统评估业务的基础上开发新的业务渠道，这不仅是企业未来发展的需要，也是满足客户多元化需求的需要。在拓展评估业务时，不仅要注重业务的宽度，同时还要注重评估业务的深度，未来的评估不再是简单的房屋价值评估，更多的是通过对价值的咨询，为客户提供更多专业意见，这就要求评估公司储存有各类型的专业人才，以应对未来市场的需求。评估业作为一个服务行业，更多的价值体现在服务的过程中。通过提升评估服务质量，为客户提供更加细致专业的评估服务，这样不仅能留住客户，也有利于公司品牌的建立，提升评估机构在估价行业的地位。

（二）增加评估机构之间的交流合作

一般的评估行业，有一定的区域壁垒，这些保护虽然暂时保护了本土的评估公司，但是不利于评估公司的长期发展。每个公司都有自己的专长，应加强公司之间的学习合作，取彼之长补己之短，这样才能使公司不断地成长进步。

（三）提前布局，搭建自身数据平台

随着网络询价的迅速发展，许多评估公司开始立足本公司的实际情况，搭建本公司数

据平台。一些全国性的大型评估公司数据涵盖范围广，影响力大。而一些本土评估公司，立足当地，采集省内数据，提供本省内的询价服务。评估企业应以传统业务为基础，采集评估数据，这是一个长期积累的过程，是一个不断完善的过程，不可能毕其功于一役，应提前布局，慢慢积累，才能应对未来市场的需求变化。

（四）扩大公司规模，增强企业的综合实力

随着行业的发展，评估机构必须以全面化、综合化为目标，这是行业发展的必然要求。网络询价只是评估业务范围的一个部分，企业要做大做强，可以通过设立分公司、人才储备、技术合作等方式，扩大企业的规模，增加企业的辐射范围和影响力，这样企业在未来才具有更大竞争力。

网络询价的快速崛起标志着评估逐渐进入到一个新的阶段，虽然会对传统的评估模式产生一定的冲击，但也是对传统估价方式的完善和补充。网络询价必须建立在传统评估业务的基础上，只有评估机构在日常工作中加强房地产数据的收集和整理，才能在网络询价的业务上分一杯羹。对于评估机构而言，企业应将这一次技术革新当作机遇，顺应评估技术发展的潮流，自我革新，自我改变；同时，坚持公司发展理念，做精原有业务，才能使企业的发展成为有本之源，能够经受起各种外在的考验，长久发展。

参考文献：

[1] 刘冬梅. 大数据对房地产估价行业发展的影响分析 [J]. 住宅与房地产，2017（36）.

[2] 王炜. 大数据对房地产估价行业发展的影响分析 [J]. 建材与装饰，2018（42）.

作者联系方式

姓　　名：邵远琪　付改利　李广正

单　　位：河南宇达房地产评估有限公司

地　　址：郑州市金水区玉凤路 333 号 1 号楼 14 层 1405-1 号

邮　　箱：1120753557@qq.com

顺时代发展之风　扬科技变革之帆
助估价行稳致远
—— 浅析现代信息技术为房地产估价带来的改变与展望

潘文婷　汪银云

摘　要：随着互联网等现代信息技术在传统行业的广泛应用，传统的房地产估价的工作方式已经悄然发生了变化。笔者以自身从事的房地产估价工作实践为出发点，以互联网等现代信息技术在房地产估价工作中的实际应用为基础，系统分析近年来互联网等现代信息技术为房地产估价行业带来的变化，并就未来现代信息技术应用于推动房地产估价行业的发展前景做出了进一步的预测和设想，希望能够为推动我国房地产估价行业的高质量发展略尽绵薄之力。

关键词：房地产估价；大数据；现代信息技术

一、现阶段房地产估价不适应高质量发展的情况

（一）勘查作业、数据收集效率低下且过程不易于监督管理

1.勘查作业效率低

在传统的房地产估价作业模式下，房地产估价人员采集现场数据时，主要依靠人工实地勘察估价对象的现场情况，并采取手工记录纸质勘察表的方式进行，不仅工作效率低下，而且纸质表格不易长期保存以及系统性调阅管理；另外在档案管理时，纸质的评估资料和报告往往占用的空间面积较大，后续人工调档、读取资料所需时间较长，大批量评估报告的档案管理还需要增派专门的档案管理人员，这也给评估机构增加不小的运营成本。

2.数据收集效率低下且过程不易于监督管理

在评估作业中，估价师需要收集相关数据来为评估价格提供参考，传统作业模式下，房地产估价从业人员多以手动搜集网络成交案例，或是到中介机构通过市场调查来搜集用于比较法的可比案例，这种方式不仅数据样本数量较小，而且受区域限制性较大，往往不具备进行全局分析的参考价值。以笔者工作的实践为例，笔者所在公司曾为当地城区楼盘数据进行摸排调查，收集全市楼盘的基础数据，共派出8名勘查人员，采用人工踩盘、纸质记录的方式进行。由于整个市区共有500多个小区，20多万套单套数据，数据量庞大，总共花费了3个月的时间才最终完成。面对海量数据，人工搜集耗时耗力，并且在数据搜集过程中，还出现了个别外聘实习生没有进行实地勘查就虚报数据的情况，对整个外派收集数据的过程进行有效监督管理的难度较大，数据质量不能得到有效保障，进而也会对后续的评估结果产生不良影响。

(二)估价结果的传递方式耗时较长、风险控制效果较差

1. 传统模式下估价结果传递费时费力

传统估价工作最终形成的纸质结果,多由人工报送、传送、盖章以及装订等环节组成,流程烦琐且耗费人工、物资成本较高。以笔者经历的征收工作为例,在对总户数为100户的独栋住宅进行征收评估时,入场勘查一般需要历时2～3个星期,后续内页录表又需耗费2个多星期,再进行价格录入、平衡成新率、各小组相互平衡、出具纸质预评估报告等工作又需要耗费大量时间,所以,在传统的房估作业模式下,不仅征收工作中勘查、评估所需时间较长,而且估价正式结果的出具也耗费较长时间。

2. 风险控制结果较差

以本公司涉及的金融机构贷后复估工作为例,在传统的估价方法下,金融机构的贷后复估工作一直都是各项工作中的"短板"。截至目前,大部分金融机构都没有一个完善的定期复估机制,这也导致了抵押物业的风险监测预警滞后,风险控制较差。

(三)当前传统房地产抵押评估业务日渐萎缩

目前传统房地产抵押评估业务量日渐萎缩,收费也遭遇一些恶性竞争,单个报告收费相较过去的收费额降低明显,抵押评估报告的利润率持续下滑,房估机构业务亟待转型。

二、新技术为房地产估价行业带来的变化

(一)变革作业方式

1. 变革了现场勘查方式

互联网信息技术的飞速发展,在方式方法上为传统的现场勘查和数据采集工作带来了革新,相较于过去主要依靠人工的传统勘查方式,在应用信息技术后,估价人员进行现场勘查时可以利用集成GIS、语音识别、大数据分析等技术手段进行现场查勘,不仅能够有效缩短查勘工作时间,大幅提高工作效率,而且有效实现了物业坐标自动定位、物业信息快速匹配、环境信息自动补充、查勘数据极速回传等功能,特别是利用手机自带的GPS芯片进行勘查时,在获取物业坐标后以地图的形式直接显示物业及查勘位置,从而避免了不实查勘现象的发生,提高收集数据的精准度。

2. 革新估价管理流程,实现任务在线管理

利用互联网等信息技术后,能够有效实现对查勘人员、手机数据的统一管理,进行勘查时,直接从调度中心分配任务至手机客户端,查勘人员直接从手机接收任务,无须再回公司领取估价任务,促使查勘工作管理迈向线上集成化管理。

(二)增强了评估结果的精准性

房地产估价行业应用现代信息技术加强房地产估价报告管理,可以建立完善的房地产估价报告管理系统,统一报告的格式、编号,建立有利于信息化管理的估价报告档案,让估价报告数据进入大数据系统。这样,既可以加强对估价机构与人员的管理,规范房地产估价行为,同时又可以对报告数据加以利用,促进房地产估价工作的全局监测与分析工作。现代信息技术给予评估风险控制以直观、准确、全面的数据信息支持。

(三)降低了房地产估价业务的风险

在过去大多数金融机构都没有一个完善的定期复估的机制,导致了抵押物业的风险监测预警滞后。但在运用新技术后,房地产估价机构能够协助金融机构对贷后押品数据进行标准

化管理，实现与云数据库的对接，采用对贷后存量押品批量标准化、贷后存量押品定期批量重估，有利于完善贷后批量复估的工作。基于与云自动估价系统的对接，估价机构可根据金融客户的自身风险控制管理需求，实行定期对存量抵押物业的批量复估工作，复估频率可根据客户自身需求来设定，并且贷后复估可生成以抵押率为主要指标的多维度风险统计报表，从而有效解决抵押物业风险预警滞后的问题。司法业务运用智能估价系统也能对同一估价目的、同样的价值日期能够做到同案同估，将评估风险降至最低。

（四）为房地产估价行业提供新的业务增长点

目前大数据技术已成为房地产估价行业的新兴力量，为房地产估价行业拓宽业务方向，挖掘新的业务增长点，对房地产估价机构实现业务转型提供新的解决方案，利用大数据技术还可以创新与金融机构的合作方式，评估机构可以利用大数据技术来进行实时数据、离线数据分析，解决传统房地产估价的信息不对称、客户不透明的问题；还可以运用大数据技术更全面地识别用户要求，高效、低成本地提升房地产估价行业的专业服务能力。与金融机构的业务合作也可以从过去单一的纸质报告升级为在线评估合作模式，为金融机构与评估机构双方降低合作成本，创造房地产估价新的业务增长点。

三、现阶段房地产估价行业采用互联网等新兴技术存在的问题及解决建议

（一）现阶段存在的问题

1. 现阶段行业数据联通体系不完善，难以为房估转型发展提供可靠支撑

房地产估价信息库建立的基础在于数据，而数据的生命在于相互共享，如果房地产基础数据之间不能实现畅通融合，不仅房地产估价信息的全面分析无从谈起，还会导致各部门及估价机构数据库的重复建设与投入，耗费不必要的人力、物力、财力，并且最终成效有限。现如今，不仅政府各部门之间的数据孤岛林立、数据源融合困难，笔者所在行业也存在各自重复建设估价数据库、无法及时了解政府有关房产基础数据等现实困难，因此，如何打破数据信息孤岛已经成为政府与估价机构目前的首要难题。

2. 房地产估价数据安全易受到威胁

对于房地产评估机构而言，"互联网+"是一把双刃剑，它一方面能够提供良好的数据运用平台，切实提升工作效率，但另一方面也带来了安全风险。截至目前我国没有一部针对公民个人信息安全的法律法规，导致公民个人信息泄露事件频发，黑客、网络攻击、信息泄漏、数据篡改等现象层出不穷。房地产估价机构在房地产估价转型进程中也存在着信息安全防范不严的问题，从而使得运用云估价等技术的房地产行业面临巨大的挑战，所以，在运用互联网等新技术对房地产价格进行估价时，建立房地产数据联通保障制度，保障客户信息的完善度是十分关键和必要的，信息安全技术、网络信息安全以及数据安全保障等方面也是需要进一步加强的。

3. 房地产估价从业人员缺乏高端数据人才

随着现代信息技术的快速发展，现阶段我国互联网+传统产业的发展进入了高速发展时期，房地产估价对大数据专业人才的需求与日俱增。在互联网时代下，不仅需要房地产估价专业领域知识，还要求具有相关数据分析能力，包括全面掌控数据库和应用数据平台的能力。但是，现阶段房地产估价从业人员多以房地产估价专业知识与技能为主，不能满足房地产估价在"互联网+"的发展时代中业务转型的人才需求，估价人员队伍中高端数据人才短

缺的问题日益突出，兼具房地产估价技术与大数据应用技术的人才更是凤毛麟角，这在一定程度上也限制了房地产估价行业的创新和持续性发展。因此，评估机构对房地产估价从业人员的培训应当以培养高层次、综合性人才为中心，顺应大数据时代的要求，更多地向提升互联网大数据利用能力方面倾斜，包括对数据采集、整合和新模型的应用，对数据进行精准高效的分析等技术内容。

（二）对房地产估价发展现存问题的解决建议

1. 完善管理机制，建立数据共享平台

针对管理机制尚未完善的问题，需要借助政府部门及房地产估价行业协会的力量，建议建立由房地产估价协会牵头与政府相关部门协作的管理机制，统筹规划房地产估价的互联网应用机制，规范房地产估价机构应用大数据的行为，完善大数据协调发展机制，推动政府数据开放共享，建立数据共享平台，打破各部门间的信息孤岛，推动房地产领域公共数据资源的开放，推动出台有关保护房产估价过程中涉及的机构、客户的信息安全的法律法规，制定关于信息开放的制度性文件，加强大数据标准化的顶层设计，逐渐完善大数据应用标准体系。同时，政府应当联合有关科研机构，为行业的发展建立健全的数据采集标准及规范。

2. 构建数据安全保障体系

一方面房地产估价机构可以与网络安全公司合作，共同提升数据安全和保密技术，加快建立可独立控制的数据安全保护平台，从而增强系统稳定性与数据安全性；另一方面，估价机构在线询价系统需加强访问认证管理，使用相关的加密技术来保护数据，检测评估数据的安全性。同时，要严格控制内部数据导出的流程，建议采用数据导出三级审核制度，来降低数据泄露风险。房地产估价机构在平时数据采集过程中要注意做到数据采集规范化。与此同时，还要对基础数据、相关的采集参数指标、搜集渠道等进行标准化设置，做到对各种潜在数据隐患、问题未雨绸缪，从而有效降低估价数据的安全风险。

3. 房地产估价人员从业水平需要进一步提高

（1）大数据人才培养方向：目前我国相关高校的大数据研究方向主要以数据统计和计算机应用为主，有关传统房地产估价的大数据应用实践导向课程较少，传统培养模式下的数据人才始终无法较好地契合房地产估价的实际需求，因此，未来大数据领域应根据房地产估价行业的实际需求进行差异化培养，有针对性地强化大数据专业技能人才的培养力度，将人才培养落地于房地产估价机构的实际需求之中。

（2）大数据人才培养的具体措施：在人才培养的具体措施方面，首先，应当对学校课程进行优化，可以参考国外培养大数据人才的先进经验，国外的课程多以大数据实际应用项目涉及的数据和分析、商业和管理为核心进行设置，我国课程设置可以借鉴其经验，取其精华，明确培养目标，以行业实际需求开设大数据相关课程。其次，政府应当将具有代表性的数据应用企业设立为大数据与传统技术融合的示范推广点，开展产教融合，先行先试，加大财税、金融等方面政策扶持力度，突出示范引领，优化政策、资金、要素等资源配置作用，拓宽数据与传统经济融合的渠道。

四、未来"互联网+"对房地产估价行业的推动及展望

（一）区块链技术保障房地产估价信息的安全

区块链是一种源于数字加密货币比特币的分布式总账技术，具有去中心化、去信任、匿

名、数据不可篡改等优势，突破了传统基于中心式技术的局限，利用现阶段区块链技术的基本雏形及原理，可以在未来的房地产估价中起到有效遏制信息泄露、增强对于信息安全保护的作用。区块链技术主要基于两大方面来保障信息安全，一是身份认证保护，现阶段信息用户认证加密技术多采用在 PKI 平台上实施对称式加密，该加密技术易被黑客攻击，而区块链技术可以采用的身份标识算法，让黑客难以篡改，防范身份伪造。二是操作流程的可追溯性，区块链采用带时间戳的链式区块结构存储数据，为数据增加了时间维度，并且区块上每笔交易都通过密码学方法与相邻两个区块相连，因此任何一笔交易都是可追溯的。我们可以构想，未来区块链与房地产估价相融合，能够极大地减轻用户的安全负担，并降低隐私信息泄露的风险。

（二）有效实现房地产估价对房产税的推动作用

近些年存量房交易的规模越来越大，根据数据显示，大部分一、二线城市存量房交易规模已经超过新建商品房从而占据了市场主流，因此，我国的房地产也进入了存量房时代，例如介入买方服务、卖方服务、土地招拍挂策略顾问、房地产一手房的定价顾问等，将来估价师会以平台提供的数据支撑、参数支撑、工具支撑为依托，开发出更为个性化的服务业务空间，从而提供媒介，优化产业结构，推出理论创新和技术创新，最终打造房地产云评估平台。这样，既可有效促进房地产估价行业的技术变革，又能帮助企业加强自身的业务管理，提高服务水平。

（三）人工智能技术助力智能生成估价报告

人工智能技术的原理就是机器学习研究机器如何模拟或实现人类的学习行为，通过算法促使机器对历史数据有所认识，然后挖掘规律并掌握要义，从而预测出新数据。未来房地产估价行业首先可使用大数据技术完成房地产交易数据的采集、分析、处理等工作，然后构建机器学习的算法模型，让机器智能模拟人工出具估价报告，提高整体作业效率。

五、结语

新时代新方向，随着时代的发展，社会各界对房地产估价的需求也在不断变化，房地产估价机构和行业应当拥抱变化、顺应时代发展需要，树立对新技术的正确认识，要意识到新技术的发明不是取代人力劳动，而是替代机械劳动，通过优化工作内容让房地产估价人抽出更多的精力去研究更有价值的事情。对房地产估价师来说，与其担心新技术夺走自己工作，不如拥抱变化，积极主动地学习、利用现代信息技术去解决新时代的新问题，适应新业务发展的需要；充分运用大数据技术，加强客户服务的深度、拓宽业务合作领域的广度，提高评估作业效率，逐步推进房地产估价的改革转型，最终开创房地产估价行业更好地服务于实体经济的新局面。

参考文献：

[1] 李锐. 信息安全保障的法律制度研究 [D]. 太原：山西大学，2015.

[2] 董慧，张成岩，严斌峰. 区块链技术应用研究与展望 [J]. 互联网天地，2016（11）.

作者联系方式
姓　　名：潘文婷　汪银云
单　　位：安徽中信房地产土地资产价格评估有限公司
地　　址：安徽省安庆市迎江区皖江大道迎江世纪城·启航社1幢九层
邮　　箱：1920160248@qq.com

浅谈自动估价对房地产估价机构带来的影响及应对措施

张　丽　张小燕　石春艳

摘　要： 房地产自动估价实现了同质性估价对象的批量评估，在金融机构押品评估管理等领域得到了广泛使用，自动估价系统的推广应用使评估服务收费大幅下降，给房地产估价机构带来了明显的冲击。本文在简要分析自动估价的特点、现状及发展趋势的基础上，探讨了自动估价对房地产估价机构带来的改变以及房地产估价机构宜采取的应对措施。

关键词： 自动估价；自动估价系统；房地产估价行业；房地产估价机构

随着互联网、大数据、人工智能等现代信息技术的发展，房地产估价也迎来了行业的变革与创新。一些估价机构或机构联盟在大数据和自动估价领域大力投入并研发出各自的自动估价系统，使得同质性估价对象能够批量评估，大大提高了工作效率，受到了很多估价机构的欢迎和推崇。

自动估价系统最早应用于金融机构，线上评估成为金融机构押品评估的重要方式。2018年最高人民法院规定，人民法院确定财产处置参考价可以采取当事人议价、定向询价、网络询价、委托评估等方式。此规定出台后，网络询价、线上评估又成为司法评估的重要方式，大大缩短了评估周期并降低了评估服务收费。接着自动估价又开始服务于征收等各领域。由此可见，自动估价、网络询价在房地产估价行业呈现出大量增长的趋势。

一、自动估价的现状及发展趋势

（一）自动估价的特点

自动估价体现了信息技术对行业的深刻影响，极大地提高了工作效率，但其作为一个刚刚成长起来的新鲜事物，也存在一定的不足之处。

1. 自动估价的优点

自动估价通过线上作业以及计算机自动运算，可以在有限的时间里高效地完成估价报告，极大地提升了工作效率和生产能力，降低了生产成本，也避免了估价师评估的主观性，提高了估价结果的客观性。各种自动估价系统生成的估价报告，相对于人工编制报告，在报告的规范性、技术的合理性、数据的客观性和精准性等方面也都有明显改善，报告质量得到显著提升。

2. 自动估价的不足

（1）对大数据的依赖性。大数据是自动估价的基础，自动估价的准确性依赖于数据的准确性、完整性和时效性。如果没有大数据的支撑，没有优质的数据库，自动估价系统就显得一筹莫展。大数据的建设并非一朝一夕可成，需要大量人力、物力、财力的投入。房地产估价对数据的现势性要求甚高，因此，这种投入并非一劳永逸，而必须是持续的、不间断的。

（2）估价对象的局限性。自动估价主要适用于同质性估价对象的批量评估，目前主要是面向的估价对象为住宅物业。基于住宅物业的同质性较高，在大数据作为支撑下，可以建立满足评估需要的数据库，精准地开展自动估价工作。而对于商铺、工业厂房等物业类型，一方面交易案例极少，另一方面物业同质性弱，故无法展开批量评估。因此，自动估价的估价对象有明显的局限性。

（3）缺乏专业判断。自动估价主要通过云计算等技术实现对海量数据的处理分析，从而快速形成估价报告，缺乏估价师的专业判断及分析，而房地产估价绝对不是一门简单计算的学科，它需要估价师个人经验及专业分析，故自动估价可能会使得估价结果偏离市场行情。

（二）自动估价的现状

1. 数据质量较低，类型单一

目前很多自动估价系统的数据主要是通过网络抓取、人工采集获得，大量的案例并不是真实成交的案例；数据采集之后大多未进行分析和筛选，处于杂乱无章的状态。数据的可靠性、完整性和真实性存在明显的缺陷，数据质量无法得到保障。数据质量的缺陷成为影响自动估价准确率的重要因素。而且，现有数据以住宅类交易数据为主，缺乏其他用途物业的交易数据，也缺乏租赁等其他类型的数据，数据种类单一，不利于拓展其他类型的自动评估业务。

2. 评估模型有待完善

评估模型是房地产自动估价的核心，评估数学模型的准确度和精确度十分重要，现有自动估价系统主要集中在框架构建、数据建设等方面，而对于估价模型的研究较少，评估模型有待进一步完善。

3. 数据标准不统一

目前尚未建立起统一的数据采集标准，现有自动估价系统的数据来源、采集和管理各有不同，运用不同系统得到的结果可比性差。从行业角度来看，缺少统一的数据标准，不仅使行业内部的系统对接难以实施，与行业外部的数据交换则更是无从谈起。

（三）自动估价的发展趋势

1. 数据采集由专业公司完成

数据采集的投入成本较大，目前而言，房地产自动估价的项目收费难以维持其所需成本。因此，未来数据采集工作可以由专门的数据公司完成。数据公司将采集数据整理、分析后出售给估价机构，同时也出售给诸如房地产开发公司、政府部门等不同类型的客户，由不同的客户来分摊建立自动估价数据库的成本，实现数据采集工作的盈利，从而保证数据库的质量，提高自动估价的准确性。

2. 产生估价平台公司

未来的发展将出现数据公司提供数据，估价平台公司提供评估工具的模式。估价平台公司致力于研究估价模型，开发估价软件，其他估价机构可以购买平台公司开发的自动估价系统，在估价系统中完成估价工作，为客户提供估价服务，提升估价技术水准和生产效率。

3. 研发单个房地产评估项目的估价软件

目前市场上研发的估价产品，多以大数据为前提，适合于批量评估，对于需要单个评估估价对象的估价工具研发较少。未来会在批量评估软件的基础上，进一步开发各类评估工具，这些评估工具不需要以大数据为基础，可以通过建立相应的数据库，实现半自动的评估模式。即由评估系统完成计算工作和重复性、机械性的工作内容，但主要评估过程需要由估价师完成。适合单个房地产评估项目的估价软件仅作为辅助的工具而存在，实现半自动估价，而非全自动估价。

二、自动估价对房地产估价机构带来的改变

（一）作业模式

自动估价系统使房地产估价从线下走向线上。相比线下作业模式，无论是接受询价、发起项目、分配项目等业务流，还是外业查勘、数据采集、数据处理、报告形成等作业流，线上作业模式的工作效率都会极大提升。以最常见的住宅房地产抵押估价业务为例，传统线下作业模式一般需要3～5个工作日，线上作业模式可精减至1个工作日。

（二）工作重心

自动估价系统主要通过云计算等技术实现对海量数据的处理分析，从而快速形成估价报告等各类产品，故估价机构及人员的工作重心也会转移到数据的采集、分析和管理等，估价师也得以从机械重复的作业方式中解放，转向新型综合咨询业务的钻研，提升自身技能的同时也为估价机构的细化、深化发展奠定技术基础。

（三）思维方式

传统作业模式中，以还原率、利润率等估价参数的确定为例，往往依赖估价师经验进行决策，很多估价人员知其然而不知其所以然。大数据可通过数据决策的方式，使估价更趋近科学化、估价结果更趋向市场化。

（四）业务类型

大数据时代，估价机构业务类型正逐步从传统的以估价为主模式演变为新型的估价与综合性咨询服务并存的模式。从服务客户来看，主要有金融机构、政府机构和大型企业，传统估价业务主要服务于金融机构和政府机构，随着市场的不断细化和深化，金融机构和政府机构对估价机构也提出了新的服务需求，比如押品价值监测、贷后批量复评、房产税税基评估等，诸如房地产开发企业等大型企业的投资价值咨询、可行性研究、经营管理咨询等新型需求也与日俱增。

（五）收费标准

虽然自动估价系统前期的软件开发、数据调查，是一个时间漫长且需要不断投入的过程，需要投入大量的人力、物力和财力，但自动估价降低了具体评估项目的成本，致使评估收费明显降低。低廉的评估收费难以支撑自动估价系统的研发与完善，而且引起其他评估项目收费出现不同程度的下降，房地产估价机构正面临着严峻的挑战。

三、房地产估价机构宜采取的应对措施

（一）注重技术，提高专业素养

房地产估价机构要一改往日的无序竞争，注重技术的积累。自动估价替代了大量的同质性估价对象的人工评估，留给估价师的评估项目，难度相对较大。估价师需要提高专业素

养，编制高品质的评估报告，提供专业信息和专业意见，体现出自动估价无法具备的专业优势，以赢得客户的信任和支持。具备和展现估价师的人性化分析和专业能力，是抵抗自动估价和网络询价的重要手段。

（二）拓展业务类型

房地产估价机构不能仅着眼于传统的估价业务，要努力拓展新型业务，如房地产咨询顾问业务，包括房地产市场分析、房地产开发投资、土地出让策略研究、房地产置业投资等。估价师可以依靠平台提供的数据资源，深入研究，挖掘潜力，开发出个性化的业务类型。

（三）加强数据平台和估价系统的建设

充分利用信息技术的发展，加强数据平台建设，提高生产力。未来房地产估价机构可以成为估价平台公司的客户，利用平台公司的大数据和估价工具，建立适合自己机构的估价系统，提高服务能力和质量。

（四）提请行业协会加大监管力度

房地产估价行业协会应加大对估价机构的监管力度，强化诚信制度，杜绝无序竞争，创建良好的行业环境与秩序。另外，协会可以在房地产数据建设和自动估价方面给予引导，制定统一的数据标准。并引导估价机构对资本化率、利润率等重要参数进行研究，促进行业整体技术水平的提高。

综上所述，自动估价对房地产估价机构带来的改变显而易见，房地产估价行业协会、房地产估价机构和估价师都需要积极应对，努力提升房地产估价的执业能力，方能走出行业困境，实现行业的可持续发展。

参考文献：

[1] 林永民，赵娜. "互联网+"时代房地产估价转型研究[J]. 合作经济与科技，2018（02）：40-41.

[2] 杨斌，刘广宜，穆春生. 房地产估价行业信息数据与自动估价发展之再思考[C]// 新估价服务大市场——迎接《资产评估法》施行后时代：2016中国房地产估价年会论文集. 北京：中国城市出版社，2017.

[3] 董睿琳，董楠. 基于房地产大数据的自动估价系统研究[J]. 智能计算机与应用，2019，9（03）.

[4] 郑晓俐. 大数据时代对房地产估价行业的影响及对策分析——以杭州市为例[J]. 住宅与房地产，2016.

[5] 王文华，杜冬丽. 对运用大数据加强房地产估价行业监管的探索与思考[J]. 中国房地产估价与经纪，2017（05）.

[6] 王文华，杜冬丽. 智慧评估将成为房地产估价行业的发展方向[J]. 房地产中介，2017（20）.

作者联系方式

姓　名：张　丽　张小燕　石春艳
单　位：江苏金宁达房地产评估规划测绘咨询有限公司
地　址：南京市鼓楼区江东北路88号3401室
邮　箱：289412863@qq.com

网络询价、自动估价全面赋予估价行业的革新

廖燕勤　冯智涛　梁振康

摘　要：网络询价、自动估价是应用人工智能的全新的估价方式，它们利用人工智能取代了简单、易重复的评估，对传统评估产生冲击的同时，又积极推动了评估行业的发展。本文主要叙述网络询价、自动估价的出现与演变，对估价行业发展产生的积极推动作用，以及估价行业如何顺应人工智能做出适时革新，以至可持续发展。

关键词：网络询价；自动估价；估价行业革新

一、网络询价、自动估价的出现与演变

（一）网络询价的出现

"网络询价"是近年才在法规式文件上出现的，2018年8月28日，最高人民法院发布了《关于人民法院确定财产处置参考价若干问题的规定》（法释〔2018〕15号）（以下简称《规定》）。《规定》在保留委托评估这一传统的确定财产处置参考价方式的基础上，又新增了当事人议价、定向询价、网络询价三种确定财产处置参考价的方式。

网络询价无须专业人员现场勘验或者鉴定，只需把处置标的物的名称、物理特征、规格数据、瑕疵情况等输入网络询价平台。网络询价平台依据工作人员提供的有关资料，根据数据参数计算、市场数据对比，综合分析影响标的物价值的各种因素，遵循估价原则，按照估价程序，依据相关法律法规和标注，对法院拟处置的财产进行高速智能评估、精准定价，最终得出较为准确的市场价值。

目前，采用网络询价方式的主要是法院。法院通过网络询价方式，公平、公正、高效地确定财产处置参考价，不仅体现了司法为民的工作作风，而且更极大地提高了财产处置的效率。

（二）自动估价的演变

在西方国家，广泛应用CAMA（计算机辅助批量估价）进行相关税收估价已有30多年的历史。近几年基于更先进的计算机处理技术，CAMA发展与房地产估价行业的结合，慢慢演变成现在的AVM（自动估价模型）。具体情况见三种估价模式对比表（表1）：

三种估价模式对比表　　　　　　　　　　表1

	传统估价	估价师辅助型	AVM
数据选择	选择3～5个可比实例	在同一地理区域内的所有同质样本都会被使用，通常可比实例数量≥30个	自动进行匹配试算对可比实例进行分类，通常可比实例数量≥30个

续表

	传统估价	估价师辅助型	AVM
怎样选择数据	根据估价师的个人经验在现有数据中进行选择	根据估价师的经验和数据的可用性	以统计学为基础的算法和决策树,并且让准确性更显著
可靠性	依赖数据质量和估价师经验	依赖数据质量、估价师经验、CAMA 的系统设计	依赖数据质量和是否使用多个模型(通常每个模型都有自己的优缺点,搭配使用才能做到最优化的结果)
性能检测	通常判别方法是用指数调整一个售出房产的评估价值与最终的销售价格进行比较。误差用平均/中位数绝对值误差来表示	一般是在最终模型的基础上进行残余误差的统计学测量。同样,误差用平均/中位数绝对值误差来表示	通常误差有两个指标进行测量,一个是预测标准差,另一个是平均/中位数绝对值误差
大数据时代的影响	无论是理论还是实践都难以应用大数据技术	大数据技术可以让批量估价系统在样本分组上更加科学合理	大数据技术既能让 AVM 在样本分组上更加科学,还能优化模型对于识别相似性的算法

三种估价模式中,计算力、算法和数据是三个基本要素。其中,计算力的提升直接提高了数据的数量和质量,提高了算法的效率和演进节奏,成为推动自动估价系统整体发展并快速应用的核心要素和主要驱动力。而自动估价的出现是以大数据处理技术为基础,通过人机结合,利用大数据和人工智能的技术,为人工提供辅助决策,提高决策效率,降低成本,从根本上改变当下房地产估价行业的劳动模式。

二、网络询价、自动估价对估价行业的影响

网络询价、自动估价的出现与演变,均是人工智能利用互联网作用于估价行业,作为创新的估价技术用于估价中。笔者认为,科学创新的技术方式对估价机构的冲击是积极的。人工智能取替简单的工作,无疑提高工作效率和工作质量,降低工作成本。

(一)批量化业务将会被网络询价、自动估价替代

随着社会的发展,互联网的革新,必然会孕育出自动估价产品,它担负着承接和基础设施建设的作用,来替换将来银行商品房估价、政府房产税估价这种标准化的批量化业务,拥有自然的通道优势和搜集数据、加工数据的本领。对于这些房地产估价业务,房地产评估机构没有足够的能力去开发新的贷前和贷后综合授信系统,实现利用大数据进行连续及时的估值,不能提供这种标准化的估价服务。

(二)网络询价的推出,估价机构的法院业务逐渐流失

房地产司法评估,尤其是业务量最多的成套住宅估价,智能网上询价业务的推出,估价机构的法院业务将逐渐流失,当然这是技术进步的趋势。法院的政策能克服相关利益集团的阻力,能大规模地按照预期顺利实施,至于评估相关的法律环境、智能评估技术手段(而不是简单的统计学意义上的大数据概念)和组织机构的变革等,都基本没有障碍。

(三)变革估价行业的企业管理方式、组织方式及估价师个人的工作方式

在满足当前房地产评估法律制度的前提下,该模式的连锁反应是彻底变革评估行业的企

业管理方式、组织方式及估价师个人的工作方式。许多大中小公司和估价师将无法适应这种剧烈的变革，机构和估价师挂靠的现象将极大地压缩，估价师将进入买方市场，能留下来的估价师将会薪酬大幅提升到社会平均水平以上，评估机构将会演变成与IT高科技公司相结合的公司，或众多评估公司会合并成为集群公司，成为新的游戏规则制定和运用者，进而影响行业不合理的制度改变，其他少部分中小公司，或者是补缺生存在非住宅领域，形成专业的公司，比如拆迁、规划、咨询等，或者有部分评估师和相关评估从业人员转变成为业务的执行者。

三、赋予估价行业的革新及可持续发展

在新一代互联网、数据日渐开放、网络询价更多采用自动估价不断完善的背景下，人工智能对传统的估价行业产生了积极的推动作用。但网络询价、自动估价并没有使估价机构丢失了原来的业务而受到威胁，反而在审时度势者的运用下，对房地产估价行业带来了一场变革，赋予估价行业创新的机会，估价机构只有抓住技术革新，华丽变身，方可持续发展。

（一）联手——估价机构加强与数据公司的强强合作

网络询价、房地产自动估价算法的精准度建立在数据的基础上，数据的完整、干净程度直接决定了估价结果的准确程度。目前房地产估价机构对于数据的搜集来源单一，主要利用爬虫技术在网上抓取数据，而网上数据多存在案例不真实、数据特征缺失以及找不到与待估案例相匹配的案例等情况，使自动估价算法发挥不出应有的效果。估价机构是专业性的估价机构，但信息获取的完整度与数据的应用开发程度远远不及数据公司。笔者认为最理想的方法是强强合作、联手打造，数据公司在应用平台上向估价机构提供服务，而估价机构在利用数据公司的优势上发挥专业估价特长，互相取长补短，共同向客户提供优质服务。

（二）共享——估价机构联盟形成共存共谋发展

估价将来能够投入大量的资本，建立起符合各公司要求的大数据和参数，为社会上各种估价企业提供专业的样本数据，为类似于房地产云估价的企业提供估价或数据方面的服务，全国性的连锁估价机构以及估价联盟会形成符合企业发展的客户群体，不断为其提供专业性的服务，最终整个估价行业市场形成多共享共存的局面，共同谋发展。

（三）鼓励——评估其他行业的智能评估业务的发展

网络询价、自动估价的推广和运用极大地鼓励了评估其他行业的智能评估业务的发展，比如银行抵押贷款，只要相关银行总行参照法院的类似办法或变通办法；比如涉税评估已发展多年，基本成熟，其存量房调查，基本是前两个司法和抵押评估业务运用的翻版和延伸，涉税评估掌握国家经济的命脉，只要此类技术在房地产评估可以畅通无阻的实施，司法评估和抵押评估大规模的系统实施也就是时间早晚的问题，只不过现在还出于一种试探行业和相关部门反应的阶段。

（四）创新——估价技术方法水平的革新与创造

网络询价、自动估价主要是针对房地产批量评估的发展方向。笔者认为估价机构应该学习研究自动估价模型，提升行业自动估价的技术含量和水平，提高评估的精准度。在了解自动估价模型的创造程序后，利用其相似技术收集报告中的重要参数，如报酬率、资本化率、收益递增率等，提炼出不同地区不同用途房地产的相关参数值，也可以对不同地区不同用途的房地产价格水平进行监测，促进估价行业技术水平的提高。

（五）新形态——估价行业个性化服务业务将产生

未来的大数据和基础设施，满足个人需求的专业能力已经大大提高，估价师的专业分工也更加明显。估价师不再流于某种形式需求上的估价业务，他们将会着力去满足市场自发的估价业务。把个性化需求和个人优势通过平台的大数据进行精确的匹配，尽可能促进专业分割。为了满足新形态下出现的个性化需求，估价师的专业化水平应当多元化学习，例如介入买方服务、卖方服务、土地招拍挂策略顾问、房地产一手房的定价顾问、土地登记代办等。将来估价师会依托利用平台提供的数据支撑、参数支撑、工具支撑，定会开发出更为个性化的服务业务空间。

四、结语

随着网络询价、自动估价的发展，估价进入智能化时代，房地产估价机构及其专业人员有了新的机遇与发展。无论时代如何变化，估价还是估价，只是换了形式换了方式而已。估价行业在人工智能的新时代下，顺应时代发展，做到联手、共享、鼓励、创新、新形态的变革，在此基础上不断创新估价新技术，发展新时代下的新估价，方能使估价行业可持续发展。

参考文献：

[1] 最高人民法院.关于人民法院确定财产处置参考价若干问题的规定 [Z]. 2018-08-28.

[2] 翟猛，肯特·拉德纳，格兰姆·米罗比托.自动估价模型在国外的发展及中国的前景 [C]// 挑战与展望：大数据时代房地产估价和经纪行业发展论文集.北京：中国城市出版社，2015.

[3] 杨斌，刘广宜，穆春生.房地产估价行业信息数据与自动估价发展之再思考 [C]// 新估价服务大市场——迎接《资产评估法》施行后时代. 2016 中国房地产估价年会论文集.北京：中国城市出版社，2017.

作者联系方式

姓　　名：廖燕勤
单　　位：深圳市国策房地产土地估价有限公司中山分公司
地　　址：中山市东区博爱五路 21 号大东裕一期 1307、1308 室
邮　　箱：13726041814@139.com

姓　　名：冯智涛
单　　位：深圳市国策房地产土地估价有限公司中山分公司
地　　址：中山市东区博爱五路 21 号大东裕一期 1307、1308 室
邮　　箱：284285709@qq.com

姓　　名：梁振康
单　　位：深圳市国策房地产土地估价有限公司中山分公司
地　　址：中山市东区博爱五路 21 号大东裕一期 1307、1308 室
邮　　箱：397356732@qq.com

网络询价、自动估价的发展情况及对估价机构的冲击与应对

董蓓蓓

摘　要：目前越来越多的客户希望专业房地产评估公司能够提供网络询价和更便捷有效的估价，以及其他更专业的服务，"网络询价和自动估价"的转型期已到来。转变估价师和估价公司的传统观念，适应大数据时代，提升技能，开展更优的服务，已迫在眉睫。

关键词：云技术；自动估价；平台建设；有效应对

2010年年底，诞生了"云估价"房地产行业信息化平台，而近三年来，大数据和云计算技术手段更是慢慢渗透我们生活中的各个领域。当下，能否提供便捷的"网络询价和自动估价"，是众多客户对我们专业房地产评估公司提出的最多的服务需求。

透析频繁发生的小事件，分析出大道理。针对房地产估价行业出现的这一新现象，是打开窗口拥抱新技术？还是停滞在时代的潮流中逐渐薄弱？契机就在眼前，主动权在我们估价机构的手里。

新颁布实施的《资产评估法》，新兴的非估价资质的综合咨询机构（如58同城、搜房网、安居客等）的新发展，都迫切提醒着专业估价机构需改变传统观念，利用云技术，掌握大数据，包容开放、尝试创新、协同发展。这个契机，定会促使估价机构更专业、更稳健、更科学。

一、目前房地产评估市场中二、三线城市的现状

（1）一个城市中的传统估价业务市场非常拥挤，评估范围的空间不断被压缩，收费标准和服务质量产生矛盾。先是收费标准降低，进而导致服务质量下降，后续的质量下降引发收费愈加减少。如此恶性循环，不利于小公司持续和健康发展。

（2）部分手头拥有"资源"的地方中小公司，都指望"法定业务"这块馅饼来盈利。而利用云技术，只是一个潮流口号，因市场数据收集是个长期持续的过程。成本高、即时利用率低，故很多评估机构对这"信息化"采取避而不谈的态度。即使知道公司内部信息化程度很不高，也无财力对信息技术进行大量投入。

（3）这几年，一些金融机构借助大数据手段，想要高效、快速地满足自己的需求，建立了内部评估部门；或内部聘请了资深的独立估价师，想逐步代替外评机构，使得外在专业评估机构的业务范围逐渐缩小。

（4）外在客户对专业评估机构提出的评估需求类型增多，如房价动态监测、房价批量评

估、房价趋势预测、房价的最优化决案等。

（5）目前从事网络询价的主要有两个阵营：一是互联网公司为代表的，如京东、阿里巴巴、搜房、安居客等。二是估价公司主导的，代表有中估联行、恒基数据、世联、云房数据、国信达、公评网等。

（6）目前的估价系统（产品）主要有估价作业系统（计算机、互联网辅助估价系统）、客户询价系统（自动估价系统）、估价业务与报告发送平台（互联网估价平台）、房地产数据服务系统（基于房地产数据的咨询系统）几个主要种类。

（7）很多中小估价公司的法定代表人心里都知道，专业机构的稳定和壮大，需着重在管理上和技术上增大投入。顺应当下的客户需求，对未来提早做好规划，才能提升服务质量，收取对等的服务费用，让客户付有所得。但是因中小企业自带的局限性，导致法定代表人的思想和做法摇摆不定，今儿遇到客户提出"网络询价、自动估价"，就想掠起袖子热火朝天干起来，可转个背，过了一天，就又因对新事物的不熟悉、怕失败，而采取不作为态度而搁置。

（8）询问已采用云计算，已利用云平台来实现估价的评估机构，得出以下几点现状问题：①"网络询价、自动估价系统"因依附于大数据和云技术，目前接触到的基于数据库的估价软件，未充分融合房地产估价专业特点和计算机技术，易产生数据衔接的不合理，过于死板于数学计算公式的规律，没有多方面考虑房地产各因素之间的相互影响；②自动估价的数据库的后台都是分散异地处理，易产生数据的操作性错误；③自动估价平台上针对房地产的估价结果没有估价师同步审核和本人电子签字（章），没法及时辨别准确性，易给使用者带来误导和经济损失；④自动估价的软件依旧收费高，计算机技术研究人员和估价师沟通不畅通，使得自动估价软件的研发员对各种变量数据的把握度还不够成熟，软件可提供的服务深度不够；⑤平台注重早期建设，轻视后续维护更新，很多平台在初期建设突击完成后，对于后期的新增和调整采取互联网抓取手段，精度不足。

二、网络询价、自动估价与线下估价的区别

房地产估价机构应积极响应国家政策的号召，全面提高信息化水平，把单一的线下评估模式转向多角度的信息化管理发展模式。

（一）线下估价

当前估价公司的发展模式基本都是传统的制度和估价技术的单一性发展，而普通的线下估价都是采用OFFIC办公，用word写报告，用excel来计算，以线下单机文档处理为主。

（二）利用云技术的自动估价

是一种数字化、网络化、智能化的模式，基础是传统的专业估价理论，创新点就是把大量的房地产数据，以数理统计、计算机自动处理等技术为机理，融合房地产估价师对房地产价值的分析和探索，多角度同步运行的全新技术模式。可实现网络化办公、异地多人同步评估、户外办公不定时评估。采用灵活的方式来进行房地产估价信息的收集、传递、储存、分析、处理、维护和使用等。

三、网络询价、自动估价的可持续发展

目前安居客、搜房网等非专业机构提供的简易网上估价服务，虽然便捷，但毕竟是非专

业机构，只是仅供客户作为价值参考。但它们的存在，对仍在操作着单一线下评估模式的专业评估机构产生很强的危机感，估价机构需要革新，以提供高效率的专业评估服务。

跟非专业机构提供的网络询价服务相比，专业房地产评估机构提供的网络询价、自动估价服务内容更加充实，数据和方法更加科学，服务更加贴合客户的真实需求。

第一，除了在网上操作平台里，输入区域、小区、大楼、幢号、楼层、室号、建筑面积、朝向、内部装修情况等信息，即可即时给出住宅类房地产的询价以外，在专业估价网页上，尽可能提供房地产精准的地理定位、估价对象的内外实景照片、估价员实时实地的现场查勘照片和该房屋的动态监测和加选功能（快速变现价值）。

第二，多方客户在同个价值时点，使用同一个公司的网络询价、自动估价功能，得出的估价结果具有一致性。因为机构内部多个估价人员，使用的是同一数据库，采用同一个云计算来自动估价。

第三，网上非专业机构的房价预测平台抓取的数据，多存在案例不真实、数据特征缺失以及找不到与待估案例相匹配的案例等情况，易产生预测价格偏离真实市场。而专业评估公司的自动估价，因数据库的数据储存量大，数据基础受过筛选，具有可利用性，且数据还原资料具有完整性，专业估价机构提供的自动估价更加精准。

第四，专业机构提供的自动估价系统，因数据库里数据资料填充的多元化、数据的有用性和完整性，使得自动估价算法更加精准。

第五，针对客户不断细化和不断深化的要求，如银行的批量重估、金融机构的询价、政府机构的预测性询价，专业机构提供的网络询价、自动估价系统，因线上估价师具有更优的数据处理能力和业务咨询、问题解决的能力，可提供科学、公正、规范、高效的服务。

第六，有网络的存在，就必定有网络信息漏洞。而持续发展网络询价和自动估价系统，就需将信息安全问题提上日程。概括地讲，房地产云估价的信息安全风险主要体现在客户私密数据泄露、数据被破坏等方面，风险产生的原因既包括安全技术不完善，也包括提供商本身的不重视和被有意图的第三方利益诱惑。此外，更是缺乏相关的法律、规范及制度层面的保障。

四、网络询价、自动估价对估价机构的冲击与应对

针对自动估价系统，2016年1月12日在北京召开的房地产估价系统（产品）交流合作研讨会上，柴强博士已提出过三点担心：①不按国家标准的要求估价，而利用估价系统自动生成估价报告低价提供给客户，甚至不要报酬提供给客户。②在"估价业务与报告发送平台"上以比谁的收费低、出具报告速度快、接近客户的期望值，谁就能抢到估价业务。③去估价机构这个"中介"，搞所谓的"独立估价师"，估价师直接在平台上承接估价业务，借用平台提供的资质做估价。

面对市场现状和柴强博士提出的三点忧患，我们可以如下应对：

（一）对估价人员而言

1. 利用云技术，提高估价人员工作效率，扩展更深层次的实务能力

具体操作为：

（1）使用OA系统，使用自动估价平台，用计算机基本囊括评估业务（法定业务除外），如询价、估价、报告制作、审核、签字、发送、存档等，可选择的工具有手机、平板数码、

笔记本电脑、台式电脑等。
（2）让估价人员走入本地市场，了解动态市场，学习优秀评估公司的案例，了解客户的即时需求，提供更有建设性的服务和建议。

2. 利用平台软件，反向引导估价人员更全面更细致的业务操作
具体操作为：
（1）估价人员转变思路，反向借用平台需要输入的变量，引导经验不足的估价人员进行更完善的业务操作，利用科技产品（手机拍照、视频、手机记事本、录音笔等），便携地完成数据的短暂存储，回公司导入云计算平台。
（2）利用云平台，多采集可用的房地产价值变量，包括：建筑面积、得房率、装修、区位状况、物业费、户型、区域服务配套设施、容积率、绿化率、朝向、地铁站、公交站个数、快速通道的便捷度、建筑年龄、物业公司、学区房、楼层、建筑类别、地下地上停车位、住宅区基础设施配套、周边空气、环境卫生管理等。

3. 利用平台软件，将数字计算变得更科学
具体操作：
（1）改变仅凭个人估价师的经验来提供预测，去除经验化的模糊取值，排除很强的个人主观性。
（2）改变偶然性地选取3~10个成交案例，未深入实地查勘了解情况，粗糙地采用简单算术平均法计算的估价方法，避免时效的落后。
（3）要将个人的估价理论和数理统计知识相结合，从海量的数据中分析各种影响因素的取值，再利用计算机软件，采用精准分析，提高科学预测的准确性和实效性，使得个人的估价服务更加专业化、数据化、高精细化。

（二）对估价机构而言
1. 公司流程去繁杂、去重复，力求精简
具体操作为：
（1）在自动估价平台里，设置内部优秀案例专栏。将估价师优秀案例中的业务流程、技术思路、理论方法都数据化单独保存在公司的案例专栏里。使得公司内部每一个估价人员受益，变一个的工作成果为总公司的工作素材，使得优秀的个人工作经验，变为公司学习的教材。
（2）避免公司同一个内部作业的多次重复，使得流程和操作更加精简，报告模板更加完善和统一。

2. 充分发挥云储存的功效，拓展新业务空间，增强行业竞争力
具体操作为：
（1）公司需要充分挖掘时间的深度，利用一位估价人员付出的时间，同步产生其余效能，将一个人的劳动量和基础数据积累下来，同步进行更多依附于计算机云技术的业务操作。如：房产税收、银行批量评估、区片房地产市场分析、某特征变化导致房地产价格波动的比值，得到数据背后的内涵和潜在的价值规律。
（2）公司需要深度挖掘依靠大数据而进行的自动化估价技术能够带来的一系列新发展路线，强化公司的专业权威性，为行业发展带来可持续的竞争力。
（3）公司需要培训和引导估价人员掌握数据和分析数据的能力，挖掘数据规律的技能，培养产生云储存的观念。

3. 公司在理性分析成本的同时，要有前瞻性，求协同合作

具体操作为：

（1）公司出资出方案，加强与信息咨询、数据分析等公司的合作，将数据处理和数据分析交给专业的公司去处理，力求两两合作，产能高效。

（2）个人公司能力有限的情况下，可寻求合作。合作下的行业大数据可形成多种业务产品。如：市场分析报告、抵押房地产动态监测、存量房价格批量评估、网络查询房价、手机便携查询房价、区片房价趋势预测、房地产租金波动等。

（3）自动估价和大数据平台操作，是一项长期投入，且具有成本投入高、短期回报低的缺点，公司务必要转变观念，形成合作平台是趋势，但要处理好平台的使用权和所有权，合理地分工合作，定位清楚。

（4）联盟合作也需要不断摸索着前进，重视目前已存在的几个联盟平台中暴露的问题，如平台后续内容增加问题、后续维护问题等。让房地产网络询价、自动估价系统在规模、实时性、真实性上有突破，让独立分散的发展观念转变为合作共赢的观念。

4. 公司做好风险防范和估价质量的保障，做好信息维护的真实性和安全性管理

具体操作为：

（1）培训员工处理和整合信息的能力，具体为收集信息、筛选信息、挖掘信息、整合信息、实地核实的能力。

（2）公司成立信息专员，规范数据库的建立，维护数据库的基础运行，按类别分类，将信息整合成有用的数据，扩大数据库规模。

（3）控制好数据处理的操作风险，做好信息系统的安全维护，信息资料的安全性和真实性管理，做好数据模型体系的正确性和合理性管理。

参考文献：

[1] 孙云龙. 浅析大数据对房地产估价机构的影响及对策 [J]. 经济研究导刊，2018（34）.

[2] 卿启伟. 试论房地产估价机构如何面对大数据时代 [J]. 中国房地产估价与经济，2018（05）.

[3] 许军. 拥抱大数据——推进估价行业的创新驱动、转型发展 [J]. 中国房地产估价与经济，2013（06）.

[4] 庞枫. 大数据时代下房地产自动估价方法的探索 [J]. 经贸实践，2016（8X）.

作者联系方式

姓　　名：董蓓蓓

单　　位：宁波奉化锦溪房地产估价有限公司

地　　址：宁波市奉化区斗门路 136 号艾盛寰球中心 8 楼 B 区

邮　　箱：271959831@qq.com

基于知识图谱的房地产估价数据整合与智能利用

聂竹青　陈智明　陈义明

摘　要：房地产估价所需资料和信息的质量及完备程度直接影响着估价的质量。互联网、大数据和人工智能技术的快速发展使估价数据的范围不断拓宽，获取手段不断加强，科学地组织和利用这些数据是提高估价师工作效率和估价机构竞争力的重要途径。本文简述了知识图谱的概念和发展历史，提出了构建房地产估价知识图谱的步骤，描述了可以支持估价业务的典型智能应用，为房地产估价机构使用人工智能技术进行转型升级提供借鉴。

关键字：房地产估价；知识图谱；人工智能

一、引言

房地产估价是专业估价人员在某一特定时点、为特定目的、对房地产的特定权益的价值进行估计，所得结果应该是估价对象在当前市场条件下最可能实现的价值。房地产估价不仅需要考虑房地产本身特性，而且需要综合房地产市场的状况，估价所需资料和信息的质量及完备程度直接影响着估价的质量。

已有专家学者讨论互联网、大数据和人工智能技术对房地产估价的影响。刘小娟分析了"互联网+"时代评估行业面临的环境、客户需求的变化和估价机构的痛点，建立了基于"评估+互联网"思想的公评网在线估价平台，包括威客平台、维基模式、人工智能估价脑和云端工具与系统四个部分。王文华认为，在"互联网+"的大环境下，大数据和人工智能技术已经成为房地产估价行业找准市场定位、挖掘新的业务增长点、实现战略转型、打造核心竞争力的重要方面，智能化将成为房地产估价行业的发展趋势，提出了房地产估价机构面临的挑战和正确的应对方式。尽管目前的人工智能主要是大数据智能，但上述文献并没有阐述评估数据的获取、组织和智能利用的相关技术。

周亮和徐昌林等人总结了传统方式、信息时代、大数据时代和人工智能时代估价数据的获取种类、生产方式和基于 GIS（Geographic Information System，地理信息系统）的组织形式。GIS 具有对空间数据进行解释和判断的能力，但属性数据和空间数据的存储仍然使用关系数据库技术。关系数据库存储虽然具有坚实的数学基础，但不利于获取存储对象之间的关系，不利于表示语义信息，不能方便、高效地进行数据检索与利用。

本文提出基于知识图谱的房地产估价数据的组织和利用方案，促进对房地产估价所需数据的高效检索和利用。

二、房地产估价数据

房地产估价数据包含房地产本身属性数据、市场交易数据、法律法规政策数据和估价相关数据等。人工智能感知技术的发展带来评估数据获取方式的革新,包括从卫星遥感影像使用图像识别技术勾勒出的建筑物二维数据、基于街景图像的三维模型、深入建筑物内部感受真实的虚拟现实到能观察到房地产过去和现在,甚至可以预测未来的时空一体化数据等。人工智能和大数据也使评估数据的覆盖进一步拓展,包括反映人群流动和聚集的交通数据和手机信令数据以及能够反映房地产舆情的社交数据和搜索数据等。从评估数据的存在形式看,有适合关系数据库存储的结构化数据,如房地产本身属性数据和市场交易数据等,也有非结构化数据,如图像视频、法律法规文件和评估报告文件等,还有一些半结构化的数据,如百科数据等。目前的房地产估价工作主要存在的问题是对半结构化和非结构化数据的使用欠缺或者使用效率低。

三、知识图谱

知识图谱是一种用图模型来描述知识和建模世界万物之间关联关系的技术方法。知识图谱由结点和边组成,结点可以是实体,如一个人、一栋房子等,或是抽象的概念,如住房、楼栋等。边可以是实体的属性,如某一具体房屋的面积、楼层、房间数等,或是实体之间的关系,如位于、属于等。知识图谱的实体和他们之间的关系就是一条条知识,可以表示为一个 SPO(Subject-Predicate-Object)三元组,如(深圳市,位于,广东省)。有关国家及其首都的示例知识图谱如图 1 所示。

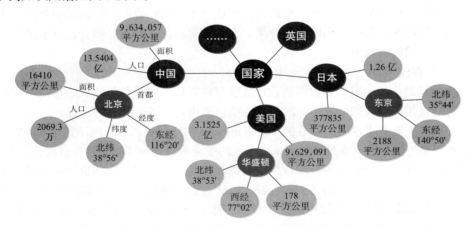

图 1 示例知识图谱

知识图谱可以追溯到 20 世纪五六十年代提出的语义网络。该网络由相互连接的结点和边组成,结点表示概念或对象,边表示他们之间的关系(is-a 关系,比如:猫是一种哺乳动物;part-of 关系,比如:脊椎是哺乳动物的一部分)。在表现形式上,语义网络和知识图谱相似,但语义网络更侧重于描述概念与概念之间的关系,而知识图谱则更偏重于描述实体之间的关联。知识图谱通常由描述概念之间关系的模式层和实体之间关系的数据层组成。

Google 为了提升搜索引擎返回答案的质量和用户查询的效率，于 2012 年 5 月 16 日发布了知识图谱（Knowledge Graph）。有知识图谱作为辅助，搜索引擎能够洞察用户查询的语义信息，返回更为精准、结构化的信息，更大可能地满足用户的查询需求。Google 对知识图谱的宣传语"things not strings"给出了知识图谱的精髓，即不要无意义的字符串，而是获取字符串背后隐含的对象或事物。

知识图谱用 RDF 形式化地表示 SPO 三元关系。RDF（Resource Description Framework），即资源描述框架，是 W3C 制定的，用于描述实体/资源的标准数据模型。

四、构建房地产估价知识图谱

谷歌用于改善搜索体验并提高搜索质量的知识图谱属于通用知识图谱，通常运用百科数据运用自底向上的方法进行构建。领域知识图谱面向不同的领域，数据模式和应用需求都可能不同，没有一套通用的标准和规范来指导构建，需要基于特定行业，通过工程师和业务专家的不断交互与定制来实现。房地产估价知识图谱属于领域知识图谱，可以使用自顶向下的方法，分为五个阶段进行构建。

（一）领域知识建模

知识建模是建立知识图谱概念模式的过程，相当于定义关系数据库的表结构。为了对知识进行合理的组织，更好地描述知识本身与知识之间的关联，需要对知识图谱的模式进行良好的定义。知识建模通常采用两种方式：一种是自顶向下的方法，数据模式从最顶层概念出发，逐步向下细化；另一种是自底向上的方法，首先对实体进行归纳组织，形成底层概念，然后逐步向上抽象，形成上层概念。

在房地产估价方法和使用的数据已经趋于成熟的条件下，房地产估价知识图谱的领域知识建模适合使用自顶向下的方法。可以按照房地产本身属性数据、市场交易数据、法律法规政策数据和估价参数相关数据的功能分类，在领域专家的支持下，结合已有系统的关系数据，建立知识图谱的概念模式。

（二）知识存储

知识存储是对构建完成的知识图谱设计底层存储方式，完成各类知识的存储。知识存储方案的优劣会直接影响查询的效率，因此需要结合应用场景进行良好的设计。

知识存储方式有基于现有关系数据库（如 mysql）的存储和基于原生图数据库（如 neo4j）的存储两种。原生图数据库本身提供了较为完善的图查询语言和算法支持，直观、容易理解，但灵活性不高，对于复杂结点等极端数据情况的表现差。对于房地产估价知识图谱，很少存在特别复杂的结点，主要进行语义查询等操作，故适合采用原生图数据库存储方式。大多数估价数据以实体属性的方式存储在结点，对于图像、视频和评估报告等，可以 URI（unified resource identifier）的方式指向文件存放的位置，以便从知识图谱快速查找该文件。

（三）知识抽取

知识抽取是从不同来源、不同数据中抽取知识并存入知识图谱的过程。现有房地产估价关系数据库中的结构化数据可以采用直接映射或者定义映射规则的方式，如采用开源映射、抽取模块 D2RQ 直接从关系数据库中抽取。百科或者房地产估价专业网页上的半结构化的数据，可以定义相应的解析器进行知识抽取。对于评估报告或者专业文献等非结构化数据，知识抽取难度较大，估价相关实体及其关系的抽取需要用到更高级的技术。

(四)知识融合

知识融合是指将不同来源的知识进行对齐、合并,形成全局统一的知识标识和关联,包括数据模式层的融合和数据层的融合。房地产估价数据有多种不同来源,存在同一个实体的多种表述或者同一个名称在不同环境中表示不同实体的情形,因此,知识融合是房地产估价知识图谱构建的重要环节。

数据模式层的融合包含概念合并、概念上下位关系合并以及概念属性定义合并,需要通过领域专家人工构建。数据层的融合包括实体合并、实体属性融合以及冲突检测与解决。

(五)知识计算

知识计算是领域知识图谱能力输出的主要方式,通过知识图谱本身能力为传统的应用形态赋能,提升服务质量和效率,包括如挖掘计算和知识推理。

知识图谱的挖掘计算与分析基于图论的相关算法,如图遍历、最短路径、权威结点分析等,实现对图谱的探索与挖掘,支持语义搜索和推荐应用。知识推理一般用于知识发现、冲突与异常检测,如发现知识图谱中新的实体关系,纠正互相矛盾或者不正确的实体关系等。对房地产估价知识图谱的挖掘和推理计算是开发房地产估价相关智能应用的基础和前提。

五、房地产估价知识图谱的智能应用

房地产估价知识图谱是服务于房地产估价业务的基础设施,基于它整合的是全方位房地产估价数据,所以可开发各种各样的智能应用,用于提高估价效率,提升评估机构的竞争力,或者衍生出其他估价相关的业务。

(一)估价对象信息查询

估价师在进行估价工作时,需要对估价对象的所有属性及市场环境进行考察,这个环节耗费估价师大量的时间,是提高估价效率的关键之一。基于数据完善的房地产估价知识图谱,只需查询到估价对象的实体结点,逐步展开与之关联的属性结点或其他实体结点,即可获取该估价对象全方位的估价信息,包括图像和视频的无结构数据。基于估价知识图谱,还可开发房地产估价问答系统,可通过电脑或移动设备以文字或语音交互的方式获取问题答案,进一步提高获取信息的便捷性。

(二)可比实例精准检索

市场比较法是房地产估价的常用方法之一,可比实例的快速、准确选取是市场比较法估价的关键。基于房地产估价知识图谱,使用图数据库查询语言,能够十分便捷地找到已有的交易实例和类似的估价报告,极大程度地提高估价效率。

(三)自动估价模型建立

基于房地产估价知识图谱中积累的丰富数据,可以建立并训练估价业务中关键指标对相关因素的依赖模型,如回归和分类模型等。随着数据的增加,可以对这些模型进行增量更新,从而反映最新的依赖关系。在这些模型的基础上,根据已有信息预测需要的估价指标,实现房地产的自动估价,便于人民法院、金融机构、征税部门和住房租赁企业快速获取参考价格。借助 GIS 和人工智能可视化技术,可以对房地产的现状、分类和相关价值价格进行可视化动态展示,方便国有企事业单位、房地产资产管理和商业银行房地产押品动态跟踪及重估。

(四)数据分析决策

通过对房地产估价知识图谱中相关数据的分析,各行业协会可以加强对估价机构的管理和评价，也可以提供给政府有关部门管理决策。估价机构可以衍生新的估价服务，提供有个性的估价产品，如房价动态监测报告，为开发商量身定做某开发项目区域内市场分析报告，包含房价变动趋势分析、消费者对产品的消费习惯分析等。

六、结语

知识图谱是人工智能的核心技术之一，是实现认知智能的关键。它能直观便利地建立、存储现实世界实体对象之间的关系，对整合各种来源和不同形式的数据具有得天独厚的优势。本文阐述了房地产估价数据的类型，房地产估价知识图谱建立的步骤以及在此基础上能够开发的房地产估价业务智能应用，为人工智能技术对房地产估价机构的改造升级提供了可选方案。

参考文献：

[1] 刘小娟."互联网+"时代对房地产评估行业的冲击与思考 [J]. 中国房地产估价与经纪，2016（06）.

[2] 刘小娟，彭志，张恒. 奔跑中的房地产人工智能评估——以公评网 AlphaGo 为例 [C] // 新估价服务大市场——迎接《资产评估法》施行后时代——2016 中国房地产估价年会论文集. 北京：中国城市出版社，2016.

[3] 王文华，黄费连. 智能化时代房地产估价机构的出路 [J]. 中国房地产估价与经纪，2018（02）.

[4] 周亮，施良，何耀彬. 人工智能背景下的房地产评估回顾与展望 [J]. 住宅与房地产（综合版），2016（20）.

[5] 徐长林. 人工智能在房地产估价领域运用展望 [J]. 中国房地产估价与经纪，2017.

作者联系方式

姓　名：聂竹青
单　位：深圳市鹏信资产评估土地房地产估价有限公司
地　址：深圳市福田区福中路福景大厦中座 14 楼
邮　箱：nzq@pengxin.com

姓　名：陈智明
单　位：深圳市鹏信资产评估土地房地产估价有限公司
地　址：深圳市福田区福中路福景大厦中座 14 楼
邮　箱：czm@pengxin.com

姓　名：陈义明
单　位：湖南农业大学信息与智能科学技术学院
地　址：湖南长沙芙蓉区农大路 1 号
邮　箱：chenym@hunau.edu.cn

自动估价冲击下估价机构的转型发展方向

黄斌斌

摘　要：本文通过对自动估价的发展趋势及其对房地产估价机构的冲击进行分析，提出了房地产估价机构可能的转型发展方向，并在此基础上分析了适用于不同估价机构的应对策略。本文所进行的分析有助于估价机构积极地面对自动估价带来的冲击并有效应对。

关键词：自动估价；转型；房地产估价

一、自动估价的发展趋势

（一）自动估价的历史与现状

自动估价的发展经历了基于基价和简单因素修正的自动估价、基于基价和较完善因素修正以及大数据的自动估价、基于完善因素修正体系和大数据的自动估价等几个阶段。现在国内的自动估价大部分还是基于基价和简单因素修正，少部分是基于基价和较完善因素修正以及大数据，还没有基于完善因素修正体系和大数据的自动估价。已知的几种自动估价方式，应用的都是市场比较法。

（二）自动估价的发展趋势

受限于信息技术的发展，基于完善因素修正体系和大数据的自动估价只是停留在理论阶段，然而随着信息技术的持续快速发展，以及一些估价机构所开展的实践探索活动的不断推进，自动估价技术终将从单纯的基于基价和简单因素修正的估价，经由基价、较完善因素修正和大数据相结合的自动估价，过渡至完全的基于完善因素修正体系和大数据的自动估价。基于完善因素修正体系和大数据的自动估价，是在大数据的支撑下，依靠预先设定好的算法，高质量地实现所有评估对象的评估测算，并根据需要自动生成各种样式的估价报告。

二、自动估价对估价机构的冲击

对于自动估价技术的发展，很多估价机构并不在意。一方面，很多机构认为这一技术的发展将会是缓慢的，缓慢到不足以威胁机构业务活动的持续开展，然而信息技术的发展往往是出人预料的，一旦某一技术实现突破性的发展，相关应用领域的传统发展模式很可能瞬间被颠覆。另一方面，很多机构虽然已经感受到了一定的冲击并已经初步认识到传统的住宅抵押业务被自动估价取代的可能性，但是大家的认知也仅限于此。很多机构认为自动估价的影响只会局限在传统的住宅抵押评估，并因此积极地寻求转型，试图在课税、拆迁、租赁评估等新的广阔的业务领域形成突破以应对自动估价对传统业务领域的侵袭，然而，事情的发展很可能不如人所愿。

自动估价的基础是相对确定的算法模型、相对确定的变量取值和大量的基础数据，其长处在于定量的计算，缺点在于定性的分析判断。普通住宅因为其个性化较少、算法相对简单确定、变量较少且取值确定等特点，一开始便被认为是自动估价最佳的应用领域，而酒店评估、工业厂房评估、资产评估、咨询服务等业务领域因为其算法相对复杂、个性化较强、定性分析判断较多以及数据支持较弱等特点，没有成为自动估价技术的主要应用领域，也因此基本没有受到自动估价技术发展的冲击。

因为课税、拆迁、租赁评估等涉及住宅的新业务领域业务量较大，很多机构将其作为主要的转型方向，但这样的转型策略很可能进入了误区，因为这些业务方向与传统住宅抵押业务并没有本质上的区别。无论是传统的住宅抵押评估，还是课税、拆迁、租赁评估等涉及住宅的新业务领域，评估对象主要是住宅，算法有所差异，但就其本质来看，课税、拆迁、租赁评估等以住宅为主要评估对象的新业务也会受到来自自动估价技术的较大冲击，也就是说，很多机构认为的转型主方向，很可能只是短期的机会，长期来看，也终将被自动估价所替代。除了课税、拆迁、租赁评估等涉及住宅的新业务领域，还有一些其他的经常被提及的转型方向，这些转型方向虽然不会受到冲击，但其业务量较少，无法满足大量机构转型的业务需求。

三、估价机构转型方向分析

通过分析可知，业务量较大的传统住宅抵押评估将被替代，不会被替代的酒店、工业厂房等评估业务量相对较少，原来以为的业务量较大的课税、拆迁、租赁评估等新业务领域尚未发展即已经面临被替代，评估行业似乎已经没有未来。然而，事实并非如此，看待行业转型发展，大可不必悲观。

其一，虽然传统的抵押业务和新兴的课税、拆迁、租赁评估等涉及住宅的业务领域将逐步被自动估价所替代，但这绝不意味着这些业务便与评估公司没有任何关系。自动估价的基础是算法和数据，无论是算法的设计更新，还是数据的获取维护，都需要有机构组织的相关人员开展相应的工作，因而，估价机构依然可以承接这样的业务，为此，估价机构需要转变自己的角色，从纯粹的评估服务提供者转变为算法的设计者、数据的管理者。

其二，随着自动估价技术的发展，一些新的业务领域也会因此出现。以银行为主的金融机构、个人和其他机构的快速询值业务，银行定期的押品复估业务，金融机构的业务推广业务，平台广告业务等，传统估价机构无法想象也没有能力提供这些服务，然而，一些敢为天下先的估价机构通过在自动估价领域的探索实践，发现并证明了这些客观存在的业务领域，并积极引导客户通过评估公司这一渠道来开展这类业务。

其三，虽然自动估价可以实现对绝大部分的住宅相关业务的评估，然而，因为我国国情的特殊性，一些涉及国资、公共利益等领域的法定的、对评估质量要求较高的业务也不会轻易被替代，评估公司在这些业务领域依然可以有所作为。

其四，经过过去几十年的飞速发展，房地产行业的发展已经到了一个瓶颈期。随着人口流动的减缓以及收入增长的停滞，城市与城市之间，板块与板块之间，甚至于小区与小区之间，都会出现分化。在分化的大背景下，无论是个人还是企业、机构都需要在分化的资产中做出自己的选择，选择的背后需要有大量的专业知识作为支撑，很明显的是，普通的个人并不具备这样的能力，大量的企业、机构也会需要寻求外部的专业帮助，而这恰恰会是传统估价机构的机会所在。估价机构可以发挥自己专业的优势，为个人、企业和机构提供专业的咨询服务，这样的服务不是简单的定量分析，而是全方位的、定性与定量相结合的专业咨询服务。

其五，当房地产行业发展到中后期时，大量的资金将会在房地产之外寻找新的投资领域，其他的资产类别将会因此得到更多的重视和发展，相应的资产评估业务领域也会因此变得更加广阔。而房地产估价机构与资产评估机构有着相似的人才、知识结构，完全可以以《资产评估法》的出台为契机，进入资产评估这个广阔的业务领域以谋求更大的发展。

因而，虽然行业面临着自动估价的冲击，但只要应对得当，行业转型发展的前景依然可期。首先，估价机构可以积极的拥抱互联网，致力于评估算法与信息技术的结合，将自己定位为自动估价系统的维护商、自动估价服务的提供商，并依托于互联网，积极探索发展可能的业务领域。其次，估价机构可以通过提高专业水平，在传统的评估领域提供更高质量的评估服务以谋求更大的发展。再次，估价机构可以积极地开拓集体土地经营权评估、土地使用年限到期后补交地价款土地评估、土地用途变更后补交地价款土地评估等不会被自动估价所替代的新业务领域，尤其是可以立足于已有的人才结构和专业知识，向咨询服务、资产评估领域发展。

四、估价机构的应对分析

面对行业即将或者已经受到的冲击，估价机构可以选择的应对方式有很多，具体到机构层面，因为各机构的资源禀赋不同，不同的机构，选择的转型方向应该是不一样的。

大型机构具有人才优势、技术优势、资金优势，在行业面临困难时，应该主动承担起引领行业发展的重任，一方面应该积极地拥抱互联网、自动估价技术，另一方面应该在致力于提高行业技术水平的同时，积极地开拓新的业务领域并构建领先优势。因为行业需要面对外部竞争，大型机构寻求发展的同时，不要奢望能够赢家通吃，而是应该积极地整合行业资源，通过与中小型机构合作，增强行业的整体竞争力以共同做大行业。中小型机构所拥有的人才和资源都相对较少，可以考虑选定某一业务领域进行突破，或者选择成为大型机构的合作伙伴，成为共建生态圈的一部分，共同实现业务上的突破。因为资源有限，中小型机构应该集中精力，找准定位，避免盲目的多元化。

无论是大型机构，还是中小型机构，想要取得更大的发展，人才都是最重要的一环。一方面，机构可以从内部着手，进行内部教育培训，另一方面，机构更应该从外部吸引更多高素质人才的加入。就评估行业从业人员而言，同样应该做出自己的选择，待在自己的舒适区，等待被时代淘汰，或者选择拥抱新时代，积极地革新自己，以寻求在行业变更中更进一步的发展。

五、结语

总体来看，国家要发展，社会要进步，评估行业的变革是势在必行的，因而估价机构以及评估从业人员应该积极地拥抱评估行业的变化。虽然自动估价技术的发展会对估价机构形成一定的冲击，但"危"与"机"从来都是并存的，传统估价机构可以借此转型，进而拥有互联网基因，开拓出更多之前想都不敢想的业务，估价机构也可以在转型压力的促进下，提高评估技术水平，为客户提供更加专业的服务，最后，估价机构还可以顺应时代的变化，突破过去的自我，积极地发展以咨询服务、资产评估为代表的新的业务领域。

就个体而言，在这样的一个行业转型时期，大型机构应该主动求变并引领行业发展，中小型机构则应该明白自己的局限性并有所选择，求生存的同时积极寻求持续的发展，评估从业人员则应该勇于离开自己的舒适区，及时更新自己的知识结构，主动拥抱行业变化，积极地接触并理解互联网，不断地提高自己的专业素养。总而言之，行业是个体的集合，面对冲击，只有行业各参与个体能够明白自己的处境并积极应对，行业才可能会有更加美好的未来。

作者联系方式

姓　　名：黄斌斌

单　　位：厦门均达房地产资产评估咨询有限公司

地　　址：厦门市思明区金星路41号

邮　　箱：463788415@qq.com

自动估价对估价机构的冲击与应对

许丽萍

摘　要：在房地产估价信息化建设的大背景下，基于自动估价系统的服务已然成为房地产估价机构的一种创新服务模式，并且随着房地产估价类数据库价值被不断地深入挖掘，该类服务产品或模式未来的应用领域和场景将会越来越广泛和多样，这对于房地产估价机构在业务开拓发展和专业技术研究方面是冲击，但也是一种机遇，房地产估价机构可在审时度势加快转型、培养综合性人才以及数据库融合等方面进行持续的应对。

关键词：自动估价；数据库；房地产估价；服务模式

当前，在房地产估价信息化建设的大背景下，随着云计算、大数据和人工智能等先进技术的快速发展，一些房地产估价机构或平台致力于自动估价系统、知识管理系统、业务流程系统、自动办公系统、押品重估系统、不动产运营管理系统、投贷后资金管理服务系统等信息产品的开发与应用，以进一步提升传统业务服务效率和不断开拓新型业务发展空间。其中，自动估价系统已然成为房地产估价机构的一种创新服务模式，它是房地产评估行业基于大数据和云计算等背景下发展起来的一种新型服务产品。自动估价技术自20世纪90年代开始在美国快速发展，澳大利亚的AVM是21世纪初期迅速发展起来的。迄今为止，在美国和澳大利亚的市场上可以找到多个AVM服务提供商，同时在银行内部都普遍应用了至少3个以上不同服务商提供的模型。

一、自动估价系统的发展现状

首先，从自动估价系统的运营主体来看，目前我国主要有房地产评估机构主导平台和第三方数据机构主导平台，前者一般由国内或省内规模较大的房地产估价机构主导，后者的主导机构一般为不从事房地产估价业务的独立第三方；从运营模式来看，平台主要有独立运营和联盟运营两种模式，独立运营模式主要由平台自行进行数据标准设立、数据采集，联盟运营主要由平台制定统一的数据标准，由联盟机构进行数据采集，无论是哪类平台，自动估价系统都是一款必不可少的信息化服务产品。

其次，从自动估价系统的应用客户群体来看，金融机构是该系统目前的主要使用方，主要用于零售信贷业务的贷前和贷后环节，其中，自动估价系统贷前的应用场景主要用于押品估值和业务扩展，前者即快速准确查询押品价值，后者即高效获客，如在金融机构官方APP或者公众号上接入自动估值服务，助力金融机构快速锁定优质安全的客户，该方式不仅可以让金融机构快速了解物业价值，还可以提升金融机构以及其客户的体验。自动估价系统贷后的应用场景主要用于押品管理，即对押品进行标准化管理，实现押品价值高频次跟踪，押品管理和风险管理是金融机构经营管理的重中之重。在大数据时代，通过自动估价系统进行押品重估，不仅有利于客户准确掌控押品价值的动态变化，及时识别押品风险，同时相较于传统估价服务，具有更为客观高效快速的操作特性，是实现商业银行押品重估监控的便捷有效手段。自动估价系统在房产交易环节计税基准价的估价业务和房地产司法鉴定估价业务中也在不断地发展和应用。除了在上述相对传统的估价业务中的应用，自动估价系统或数据库也正在直接或间接地应用于政府主管部门、开发商、研究机构以及C端客户在基础信息共享、价格咨询、数据和市场分析以及决策依据等方面。

二、自动估价系统的应用价值

（一）提升服务效率和客户体验

相比于传统的人工估价模式，自动估价系统在服务效率方面有了显著的提升。首先，自动估价系统的查询是即时化的，一宗标准化住宅物业的自动询价结果是即时呈现的，客户还可同时查询到物业的基础物理信息和影像资料等。其次，自动估价系统的查询是随时随地的，只要系统运行正常，则可随时满足客户的查询需求，手机端查询的实现，则进一步满足了客户随时随地查询的需求。再次，目前的自动估价平台大都配有电子盖章功能，客户还可根据需要在线上申请电子盖章以及传统人工评估线上业务委托，查询业务进度等。最后，在收费方面，自动估价系统与传统评估相比，在单宗评估收费上具有极强的优势。所以，基于自动估价系统的线上服务模式，服务效率和客户体验都极大提升。

（二）提高评估结果的客观性和公允性

与传统的估价形式相比，自动估价系统的价格是通过批量评估的技术和大数据实现的，且查询到的价格是系统内已经确定并定期批量动态更新的，估值更为客观独立，而传统的评估方式估值的价格事先容易受客户或委托方的干涉，可能会存在按需估价的情况，所以使用自动估价系统可以提高房地产评估结果的客观性和公允性，实现房地产估价机构真正的独立性，建立在行业中的竞争优势及专业权威性，提升行业形象。

三、基于自动估价系统服务的发展趋势

（一）自动估价系统覆盖物业类型多样化趋势

目前国内的自动估价系统大都仅覆盖了普通住宅，很少覆盖办公商业和工业房产，但是随着信息化和大数据的发展，客户对于住宅物业的信息和价值了解的渠道越来越多，而非住宅由于价值判断难度大，关于非住宅物业的房产价值客户的需求十分强烈，所以自动估价系统对于住宅物业之外的相对标准化的物业类型比如办公写字楼、单身公寓、标准厂房的覆盖会是一个发展趋势。

（二）基于自动估价系统的应用场景多样化趋势

目前在自动估价系统的几类应用客户群体中，比如税务部门和金融机构，要使用的并非仅仅是一个外部查询系统，而是希望该系统可以与其内部相关系统进行对接，进而应用于不同的环节和场景，以产生不同的价值。比如金融机构使用自动估价系统与其APP或公众号进行对接，供其客户查询，应用场景正在从机构端向客户端发展，从单纯估值向获客和其他价值发展。

(三)数据库融合发展趋势

基于房地产估价发展起来的自动估价系统数据库其单独发挥的价值是比较单一的,对房地产估价类数据库的价值挖掘还需考虑与其他数据库进行融合叠加,构成更为丰富、价值更大的产品,比如房地产经纪行业的成交数据库,比如金融机构的押品数据库。笔者认为自动估价系统仅是一个产品,其背后的数据库却可以通过与其他数据库融合衍生出价值更大的产品、客户需要的产品。

四、自动估价对估价机构的冲击

(一)部分传统业务直接被替代

自动估价系统对于房地产估价机构的最直接的冲击就是部分传统业务直接被替代。比如目前的房地产抵押估价业务,金融机构的个贷零售住宅房产类业务使用自动估价系统已是大势所趋。在司法估价业务方面,2018年8月最高人民法院出台《关于人民法院确定财产处置参考价若干问题的规定》(法释〔2018〕15号)中,规定网络询价成为人民法院确定财产处置参考价的一种方式,该规定也让房地产估价机构的业务量进一步萎缩。

(二)地方性中小估价机构将受冲击

目前我国的自动估价系统或者数据库有一些是由中小估价机构自行构建的,在专业技术、数据覆盖和可提供的服务上无法与大平台机构相抗衡,且目前金融机构在自动估价系统的应用上有由上往下推的趋势,即总行采购全国性数据平台向分行和支行推广的模式,地方性中小机构的"一亩三分田"很难有持续的发展和生存。

(三)估价机构成本与效益难平衡

自动估价系统数据库的构建需要估价机构或平台在系统开发或合作、专业技术和人员配备方面都需要有持续的投入,且投入成本高且变现慢,而这对房地产估价机构尤其是中小机构而言成本与效益难平衡,如若投入不足或者不持续将会使数据库成为一个静态或形式化的系统,降低其服务价值。

五、估价机构的应对

(一)审时度势加快转型

房地产估价机构,应积极转变传统观念,强化数据建设和加快业务转型,可根据机构自身的优势和发展情况,选择自主研发数据库和系列产品,也可选择加入其他估价机构或数据服务公司开发的平台,且在数据采集、管理、分析和应用等数据建设上进行持续的投入,进而开拓基于自动估价的系列新业务。

(二)培养综合性人才

人才毋庸置疑是房地产估价机构的核心资源,随着行业发展和客户需求的提升,培养综合性人才越来越重要。对于自动估价系统类服务,无论是系统平台的研发还是对于数据库模型构建,包括数据采集标准、批量评估思路、动态更新模型的研究以及数据统计分析等咨询服务,都需要较传统估价更综合性的人才,所以,估价机构的培养和估价人员的自身学习都必不可少。

（三）行业建立数据标准，与外部相关数据库进行融合

国外强调建立更开放的数据概念，有了足够的数据，通过平台化的运转，就可以向关联行业提供 360 度全方位的风险和机遇的审视，提供的服务不只是单纯的自动估价，而是一个全流程的解决方案。而不同类别的数据库通过平台化运转的前提就是融合，这就使得行业必须要建立数据标准，在此基础上，信息数据相互支撑，开发出更多的服务，产生更大的价值。

参考文献：

[1] 石春艳，秦萧. 大数据对房地产估价行业带来的改变及展望 [J]. 江苏科技信息，2018（36）.

[2] 翟猛，肯特·拉德纳，格兰姆·米罗比托. 自动估价模型在国外的发展及中国的前景 [C]// 挑战与展望——大数据时代房地产估价和经纪行业发展论文集. 北京：中国城市出版社，2015.

[3] 林永民，赵娜. "互联网+" 时代房地产估价转型研究 [J]. 合作经济与科技，2018（2s）.

[4] 姚煜，赖琳玲. 网上自动估价系统在房地产评估机构的实践与运用 [C]// 中国房地产估价师与房地产经纪人学会 2011 年年会论文集. 北京：中国房地产估价师与房地产经纪人学会，2011.

作者联系方式

姓　　名：许丽萍

单　　位：浙江博大房地产土地资产评估有限公司

地　　址：浙江省绍兴市越城区人民东路 1051 号 3 幢 301 室

邮　　箱：758849438@qq.com

顺应智能化变革　走进估价新时代

吕玥涵　杨 诺

摘　要：在信息化高速发展的当下，自动化、数字化、智能化正在影响着我们的生活和工作方式，互联网的蓬勃发展所蕴藏的巨大潜力也正在被挖掘，直接带动了网络上虚拟场景与实体场景的融合，给整个社会带来了变革的力量。我们的估价工作也随之面临变革，更多的人力已经从估价基础工作中解放出来，互联网与数据信息化带动了新估价技术、新估价模式的发展。

关键词：房地产评估；估价技术；估价模式；资源共享

互联网时代已经对许多传统行业进行了颠覆和冲击，那是因为与传统方式相比，互联网信息传播速度更快、范围更广、成本更低，这些优势势必会延伸并影响到各个行业，我们估价行业也不可避免。近几年，我们已经深刻感受到估价的生态链上，一些层级和环节已经进行了互联网信息化，因此我们更应当顺应变革，在估价产品形式、估价服务逻辑以及估价平台资源等方面进行调整、优化和更迭，使估价生态链上的产品布局越来越丰沛、服务场景越来越广泛、平台营造越来越完善。

一、产品形式多元化

提高技术研发能力是未来最核心的竞争力，而我们估价行业的长期深入研究和积淀是产品技术创新的硬核基础，在传统估价产品上融合互联网信息收集上的优势，针对客户需求进行个性化产品设计，现阶段已经衍生出数据系统、系统衍生、多模块结合等多种产品形式，使得客户在产品选择上更具有自主性。

（一）数据系统产品

评估行业在中国自 20 世纪 90 年代起萌芽，至今已有将近 30 年的时间，评估的数据积累是很可观的，从手工撰写的纸质材料保存到扫描版的电子档案归集，在理论上已经有了一个小型的数据库。很多评估公司已经开始着手将这部分数据进行信息化处理，再加上后续不断录入的评估信息，以及通过一些爬虫软件有目的的定向爬取，进而形成了数据系统产品的雏形。雏形产品有数据库做后备支撑，前端展示上基于基础物业信息可定向查询，一键出结论，方便快捷。

同时在产品细化上还要把握大数据的关键：数据准备、数据存储与管理、计算处理、数据分析和知识细节展现。通过大数据分析挖掘和构建形成最终有效的数据库沉淀，并且还要将雾计算、边缘计算运用于后台科技处理，满足技术数据化，将敏捷连接、实时业务、数据优化、应用智能、安全与隐私保护等方面的需求进行关联，才能最终实现估价产品的服务能力，提高终端产品的市场竞争力。

（二）系统衍生产品

自有数据与外部数据是数据获取的两个主要渠道。在自有数据的基础上，评估公司本体可以提供具有查询功能的服务产品，但是对于很多客户端，在其固有的系统之上加入外部数据，才是真正的需求点。现阶段外部数据的获取方式比较简单，绝大多数都是基于 API 接口的传输，也有少量的数据采用线下交易以表格或文件的形式线下传输。直接通过 API 接口进行数据传输比简单地运用外部系统进行信息查询，会提高用户端的工作效率和数据使用率，对客户和产品供应商都是共赢的。

另外，除了 API 接口模式外，在普通的数据系统产品的基础上直接按照客户需求进行系统开发和页面设置也是现阶段比较新兴的服务产品。部分客户群体由于自身不具备配备科技团队，业务模式也相对单一，直接在固有的数据系统上增加对方的需求模块，重新进行页面设计进而生成客户公司的新系统，也是系统衍生产品的一种模式。

（三）多模块结合产品

评估公司的主要客户群体对估价服务也提出了新的服务需求，比如金融机构对于押品价值监测、贷后批量复估、贷前系统化审批的需求，税务部门对于房产课税税基评估的需求，保险公司对于资产的租金使用水平评估的需求，物流企业对于网点选取的评估需求等。对于市场上的不同需求，可以分门归类，在结合人工进行市场调研模块的同时，运用数据库中的有效数据进行数理统计分析模块，配合加入地图展现、小系统展现、动画展现等多种包装展现模块，实现多模块选取、链条性结合的综合产品来满足客户群体的需求多样化、定制化。

二、服务模式定制化

现在客户需要的是单纯的估价服务吗？不是，是在创新产品的基础上提供更多维的估价服务，工作节奏日益加快，时间成本不断增加，我们的客户更希望在有限的时间内实现更"高效""优质""可实施""能落地""有体验""多维度"的服务，甚至是"有意境""定制式""突显独特"的新服务模式。

（一）团队型销售服务模式

很多公司最前端的销售人员，是心理学方面的专家，是标准化产品介绍的演讲家，却不是产品使用、设计的核心技术人员，在面对客户的非标准需求的时候，往往不能理解到需求点，也不知道自己的产品是否可以衍生成为符合客户需求的非标准产品，最终导致的是业务的流失，产品创新的屏蔽。

团队型销售服务模式，是销售人员和技术人员配备成团队形式，一起去理解客户的需求点，挖掘客户价值，从市场和技术两个方面整体去引导客户、满足客户，不遗漏每一个客户，真正地做到服务落地，可实现。

（二）跟踪型销售服务模式

很多市场上的数据产品被购买以后，后期并没有人员进行数据的持续维护，而且客户端的采购部门和使用部门往往还不相同，有问题或者意见反馈环节比较多，时间比较长，效率不高，会降低产品的市场评价。

对于这种现象，要采用跟踪型销售服务模式。在产品被采购后，直接有一系列的后续服务，比如和使用部门建立微信群，出现问题随时沟通；或者按照一定的时间周期进行问题反馈和修复进度反馈，不但客户对于产品的使用评价有良好的反馈，同时可对自己的产品更新和维护起到良好的推动作用。

三、平台开发衔接化

提升科技创新的支撑力，不仅需要研发平台规模的适度增长，更关键的是要提升研发平台的科技创新能力；不但要做到覆盖"面"，以优化结构、完善研发平台体系为目标，加强分类指导与管理，而且要将实际的需求和平台开发相结合，功能定位明晰，才能完成从产品、服务、平台的生态布局；信息知识共享，利用平台优势为同业及客户群体打造灵活性强、多层级、多方位的一体化发展模式。

（一）智能开发平台

智能开发平台是基于架构，面向业务应用并与OA实现无缝集成的管理软件开发平台，是一个图形界面化的应用开发平台。开发出来的功能模块包括：数据录入、修改、删除、导入、导出、查询统计、图表分析，并可以通过和工作流引擎集成支持强大的业务流程。

智能开发平台同时还可以提供丰富的界面字段定义、图形化的页面布局配置、强大的用户视图定义、用户自定义的查询、专业的图表分析等功能。在基于之前大数据积累的基础上，智能平台可以使得企业通过数据直接实现一些过去只有人能够做的事情，把人从简单的劳力劳动中解放出来。

（二）公共资源服务平台

公共资源服务平台是以各个分支机构拥有的独立特殊的资源为基础，通过有效整合使其发生交互作用以提高资源的配置使用效率的平台，其主要目的是实现独立私有资源的整合优化以及开发共享。

评估企业作为创新主体，是资源共享体系中最重要的利益主体，在主体之下的各个分支机构分别拥有大量的地域化、政策分类化、项目特殊化的私有资源数据，是平台的重要资源供给者；企业研究团队在资源的分门别类、有效筛选上具有自己独特的优势，在前两者的基础上又需要集团的科技团队将两个主体的资源演化进行系统归集和展现，在服务平台中发挥着链接作用。

通过上述方式建立有效的公共资源服务平台，不但在实际作业过程中可以随时调取相关信息，提高工作效率，还能将信息前置，在业务获取阶段即与客户建立信息互通，节省沟通成本，使得企业形象更加专业化。

（三）创新研发平台

所有的产品所有的研发并不是一劳永逸的事情，为了强化公司的自主创新能力，提升公司整体研发水平和核心竞争力，推动人才、技术、资本等创新要素向公司聚集，实现公司的可持续发展，就要实施"大众创业、万众创新"的理念方案。

很多公司都有自己的研发团队和研发部门，现阶段的弊端就是研发人员只是根据销售团队和技术团队的反馈来进行产品研发。首先，效率低，经常要组织所有团队进行会议，耗费时间；其次，研发人员是经由公司内部人员的表述来制定产品，对于市场没有身临其境的切身感受，在产品维护阶段这种方式尚可实行，而研发产品时还是有一定的弊端。

建立集团的创新研发平台，任何一个公司成员都可以出谋划策，随时留下意见和建议，集思广益，才能有突破性的创新。新产品研发成熟后，也可以通过平台进行试运行，销售端和技术端都可以操作运行,才能发现问题,修正后正式运营,尽量减少在投放市场后发现问题再修复时对企业形象造成的不良影响。

四、结语

我们应当积极借助互联网、新信息、智能化,使估价打破固有思维,使之为我们打造更具竞争力的产品和服务,勇于拥抱新变革,为估价需求者也为我们估价自身创造更大的价值。行业前景可期,有待我们后辈探索,我们共同携手,以积极的态度齐力共享、广泛合作、思辨创新,为估价行业走向更广阔的舞台贡献力量。

参考文献:

[1] 张旭东. 从 1 开始——数据分析师成长之路 [M]. 北京:电子工业出版社,2017.

[2] 张楠,汪秀婷. 科技公共资源平台资源共享研究 [J]. 现代商贸工业,2017(02).

作者联系方式

姓　　名:吕玥涵　杨　诺

单　　位:深圳市世联土地房地产评估有限公司北京分公司

地　　址:北京市朝阳区建国路甲 92 号世茂大厦 C 座 14 层

邮　　箱:lvyh@worldunion.com.cn

浅析中小型房地产估价机构大数据的建立及应用

丁春荣　刘国凌

摘　要：在大数据背景下，现阶段仅有少量大型房地产估价机构已建立及应用大数据，而中小型估价机构还停留在数据的建立及人才的培养阶段，中小型房地产估价机构如何培养数据型人才，如何搭上大数据时代的末班车？本文给出了浅显的建议，分析了中小型房地产估价机构如何在大数据的时代下建立自身的大数据框架、运用及培养数据型人才。

关键词：大数据；数据建立；数据应用；数据型人才

随着信息技术的不断进化，在"互联网+大数据"的渗透下，房地产估价行业的传统评估业务逐步走向没落，传统的人工估价逐渐转变为大数据时代下的批量模拟价格估价，而许多中小型估价机构受困于人力、物力、财力，一直停留在以传统评估为主的业务之中，缺少属于估价机构自身数据库以及专业的数据处理人才，使得难以获取大数据时代的红利。如何让中小型公司跟上时代的脚步，也是这几年来老生常谈的话题。

一、数据库及数据基本框架的建立

房地产估价行业与其他的数据行业不一样，不能仅靠几个变量就得出结果，除了要考虑到估价对象本身能量化的参数外，还要综合考虑类似房地产的市场状况。所以，房地产估价行业的数据库往往都是从市场价格搜集开始，然后通过模拟对估价对象市场价格的影响因素，修正得出估价对象的最终价值。

现行的房地产估价行业数据库大多数都是从网上的挂盘价、估价人员的历史估价数据综合得来，而中小型估价机构缺乏获取数据的专业能力，一般通过购买第三方公司的数据库来获得。数据库建立后，还需估价人员的及时维护更新，才能逐渐完善。

除了数据库，还需要建立数据的基本框架。所谓的数据基本框架，对房地产估价行业来说就是估价对象价值的影响因素分析及提炼因素因子，例如住宅房地产，影响因素主要有楼层、朝向、居住氛围、自然环境、人文环境、公共设施完善度、基础设施完善度、片区发展前景、楼盘规模、建筑面积、层高、户型、实用率、装修标准、景观、噪声、通风采光、成新度、物业管理等。而商业房地产，除了楼层、建筑面积、层高、实用率、装修标准、成新度、物业管理外，影响因素还包括距商业中心的距离、临街状况、昭示性、人流量、宽深比、经营业态等。

数据基本框架修正体系需要的是估价师日积月累的估价经验，结合不同房地产性质、政策等因素，通过大量的模拟修正，从不同的影响价格因素得出能够量化的参数，最终得出最适合房地产估价机构的数据处理框架。

数据库及数据基本框架的建立，是所有房地产估价机构跟上大数据时代的必要基础。有了数据库及数据基本框架，除了应对大数据的时代发展外，还能够提升估价人员的专业水平。估价人员在建立数据库及数据基本框架的时候，能够把所掌握的估价专业知识应用到实际中，间接性地提高了估价人员的技术水平。

二、专业数据人才的建立

估价机构通过与第三方公司合作实现数据库的建立及应用，虽然简便快捷却让估价人员缺乏数据处理的能力，而时代发展的要求恰恰就是要让估价人员专业的估价理论技术结合一定的信息技术数据处理能力，因此需要培养估价人员中的专业数据处理人才。

房地产估价行业的专业数据处理人才需要掌握两种基本的专业技能：一是专业估价技术能力，通过专业搜集整理数据，分析数据；二是信息处理专业能力，对已搜集整理的数据进行分析，建立价格模型并转化为数据库。

搜集整理数据是估价师的必备能力，不仅要求估价人员按照估价规范去搜集各类用途的房地产售价、租金等参数，而且要求搜集估价对象的所有价格影响因素数据，包括房号、面积、位置、楼层、朝向、采光等，估价人员要做的不仅是传统的现场查勘，还需要搜集到与估价对象相关的价格参数。所以，大数据时代对估价人员提出了更加详细的调研要求。

有了从房地产估价角度去搜集、整理、分析的数据，还需要结合信息处理技术，剔除与该估价对象无关的参数，通过市场价格模拟建立估价对象的价格影响因素，批量得出数据库的价格。分析处理数据需要估价人员非常熟练地掌握各种数据信息处理软件，例如掌握 Excel 宏、VB 代码的运用，对估价人员办公软件的操作能力提出了更高的要求。在新时代下的房地产估价中，估价机构必须拥有一定规模的专业数据处理人才。仅有房地产基础数据，没有一定的数据处理能力，是没法对大批量数据进行模拟运算的，所以专业的数据处理人才是建立大数据估价的重中之重。专业的数据处理人才除了能够应对大数据的建立，还能对日常估价进行反哺，尤其是对办公软件的操作，能够增加估价人员对数据的敏感性，提升估价人员的估价技术水平，增强工作效率。

三、大数据估价的应用

大数据的估价应用有两个方面，一方面是客户询价的独立运营的房地产估价系统，另一方面是帮助估价人员对动态估价进行分析。

现阶段，许多大型的估价机构都有独立运用的房地产估价系统，无论是与第三方合作还是独立开发，都已经有一定的规模，主要开发的端口是面向银行、政府单位、社会等。房地产估价系统的运用，是大数据时代最基本的应用，银行、政府单位正在逐渐采用估价系统的数据应用进行价格咨询。

房地产估价系统的运用并不是仅有房地产估价行业才能开发运营，近几年来，淘宝、京东等商贸行业也开始建立房地产估价系统，对银行、政府单位进行服务。大数据时代行业与行业的竞争越来越激烈，如何让估价行业在估价系统上面发挥自己的优势呢？房地产估价行业所拥有别的行业没有的优势就是多年来建立的房地产估价经验。房地产估价行业除了搜集建立数据库及基础数据框架外，还需要对数据进行实时更新维护，关心政策的变化，对市场具有高度的敏感性，时刻调整房地产估价系统里面的价格参数，做到实时更新，满足客户的要求。

近年来，银行逐步提出了对动态估价的服务需求，而动态估价是建立在大数据前提下进行的给出多个价值时点的动态价值，给予客户时刻防范房地产变现所带来的时间风险。大数据下的房地产估价本质上就是动态估价，估价人员所要做的就是运用房地产的实时动态数据，根据政策、市场的因素，给出估价对象一定时间区间的预测价值，从而满足客户的需求。动态估价不仅是对客户服务，还能让估价人员对估价对象进行实时监测，对客户的房产进行保值增值，并发掘机会为客户创造无限价值。

四、房地产估价大数据的趋势及应对

近年来，银行的传统抵押业务逐步由估价系统进行作业，这就要求估价机构要尽快建立房地产自动估价系统。

法院委托的评估，以往是需要出具正式评估报告，而最高人民法院于2018年8月28日发布的《关于人民法院确定财产处置参考价若干问题的规定》(法释〔2018〕15号)，在保留委托评估这一传统的确定财产处置参考价方式的基础上，又新增了当事人议价、定向询价、网络询价三种确定财产处置参考价的方式。大数据时代的下的房地产评估，已经从传统的人工询价、出具评估报告，变成了大数据价格咨询，所以房地产估价行业需要尽快搭上大数据时代的末班车，获取时代带来的红利。

大数据估价是时代发展的必然，现阶段已有多家大型房地产估价机构能够对大数据进行分析并建立独立的估价系统。而中小型房地产估价机构不应原地踏步，回避大数据的发展，应该抓紧时间建立数据库及数据型人才的培养，跟上时代步伐，顺应时代的发展。

作者联系方式

姓　　名：丁春荣　刘国凌

单　　位：深圳市世鹏资产评估房地产土地估价顾问有限公司

地　　址：深圳市福田区沙头街道天安社区泰然五路8号天安数码城天济大厦五层F4.85A

邮　　箱：sp22211203@163.com

第三部分

估价业务深化与拓展

历史建筑经济价值评估方法实例研究

徐进亮

摘　要： 本文提出了具体的历史建筑经济价值评估方法，包括技术思路、评估程序，并结合实践案例苏州东山镇裕德堂的测算，全面深入阐述历史建筑经济价值评估计算的特殊性与操作流程，以合理科学显化历史建筑经济价值，给决策层、社会民众直观的呈现，也为历史建筑保护、修缮及再利用提供经济参考依据。

关键词： 历史建筑；经济价值；评估方法

2018年中房学年会，笔者提交《历史建筑经济价值研究》一文，重点分析了历史建筑经济价值的定义与特征，说明其与历史建筑传统综合价值体系、使用价值的关系，阐述了主要的特殊影响因素，从理论上说明了历史建筑经济价值的特殊性。但由于篇幅所限，未详细阐述历史建筑经济价值评估方法。借本次年会，对此进行重点说明。

一、历史建筑经济价值评估方法分析

历史建筑首先是一种特殊的房地产，具有房地产的基本特性；历史建筑更是一种历史文化产品，拥有稀缺资源的典型特征，属于资源性的资产；历史建筑也是影响其周边环境协调性的一种环境产品，具有环境效益，因此，历史建筑评估理论上可以运用传统的房地产评估方法、资源与环境经济学的评估方法及目前较为先进的模型评估法。传统的房地产评估方法包括市场比较法、收益法、成本法、假设开发法等；资源与环境经济学的评估方法包括条件价值法、旅行费用法、机会成本法等；模型评估法主要有特征价值法、灰色聚类法等。这些评估方法具有各自的技术路线和适用范围，应根据评估对象历史建筑的实际情况进行适用性分析。无论采用什么评估技术思路，一定要充分全面反映出历史建筑经济价值的特殊性，做到特征分析清晰，技术逻辑严谨。

经济市场中，历史建筑经济价值形成包括两个途径：一是基于特征信息产生的综合价值的效用形成的经济价值；二是基于空间属性产生的使用功能的效用形成的经济价值。前者是基于人们对于历史建筑蕴含的特征信息的喜好或其他直接或间接的积极意义，希望或实际获得历史建筑全部或部分产权（哪怕是观察权）愿意付出的成本；后者是人们通过利用建筑空间，达到实际消费或功能使用（也是一种权利）支付成本与谋求收益。前者并不考虑实际消费或利用，正如收藏一些可移动文物，更多地是用于观察、鉴赏甚至研究等。后者是基于实际使用，无论是消费还是用于经营。影响前者价值量的主要是历史建筑综合价值因素（包括历史价值、艺术价值、科学价值、环境价值、社会价值、文化价值因素[①]），影响后者价值量的主要是使用价值特殊因素、历史建筑保护限制条件。基于原理，本文在此推荐两种实用的历史建筑经济价值评估方法。

（一）成本法

成本法是通过地价加上重建成本减去折旧，并进行特殊影响因素修正，计算得出历史建筑经济价值的评估方法。成本法适用于近期修复过的历史建筑。

公式：历史建筑经济价值 =［普通建设用地价值 ×（1+ 历史价值、环境价值因素修正系数 +（历史建筑重建成本 - 折旧）×（1+ 科学价值、艺术价值因素修正系数）］×（1+ 社会价值、文化价值因素修正系数）+ 使用价值特殊因素修正 - 保护限制条件修正

1. 测算历史文化增值修正系数、使用情况与保护限制的修正系数，即分析评估对象历史文化特征、特殊价值属性、使用情况特殊因素、保护限制等影响因素，编制因素修正体系，得出评估对象的历史文化增值修正系数、使用情况与保护限制的修正系数；

2. 测算历史建筑用地地价，并进行土地的历史文化增值修正；

3. 测算建筑物重建成本；并测算建筑物折旧，并进行建筑物的历史文化增值修正；

4. 计算历史建筑物成本价值，考虑社会、文化价值因素增值修正；

5. 进行评估对象使用情况、保护限制修正。

历史建筑重建成本是指采用与历史建筑相同的建筑与装饰装修材料、建筑构配件及建筑技术与工艺，还原所有的建筑细节，在价值时点的国家财税制度和市场价格体系下，重新建造与历史建筑完全相同的全新建筑的必要支出及应得利润。历史建筑的折旧包括物质折旧、功能折旧和经济折旧。

（二）调整法

调整法是指依据比较、替代和均衡原理，在视为普通房地产的价格基础上，对历史建筑的历史价值、艺术价值、科学价值、环境价值、社会价值、文化价值等历史文化因素、使用价值特殊因素和保护限制条件进行修正，计算得出历史建筑经济价值的评估方法。市场调整法适用于特征信息不突出、特殊影响因素表现不明显的历史建筑，以及适用于单纯的历史建筑用地经济价值评估。

公式：历史建筑经济价值 = 普通房地产价格 ×（1+ 历史文化因素修正系数 × 使用价值特殊因素修正系数 × 保护限制修正系数）

1. 测算普通房地产经济价值，即假设历史建筑用地为普通房地产，测算现状利用条件下的普通房地产经济价值；

2. 测算历史文化增值修正系数、使用情况与保护限制的修正系数，即分析评估对象历史文化特征、特殊价值属性、使用情况特殊因素、保护限制等影响因素，编制因素修正体系，得出评估对象的历史文化增值修正系数、使用情况与保护限制的修正系数；

3. 计算历史建筑经济价值，即将普通房地产经济价值与特殊因素修正系数进行修正，得出历史建筑经济价值。

特殊因素修正体系与系数修正区间范围多是采用德尔菲法（专家打分法）的应用。两种

---

① 有些估价师在研究历史建筑经济价值评估时，经常会对传统价值体系进行分析。需要注意的是，估价考虑的传统价值体系应与文物管理系统的价值体系相对保持一致，切莫使用一些研究文献或自创的价值名称，如情感价值、本底价值、政治价值等。

方法的修正体系基本可以通用。

二、历史建筑经济价值评估的实践案例

由于篇幅有限，本文仅以成本法应用于苏州东山古镇一处历史建筑——裕德堂——进行具体阐述。

估价对象古建筑为吴中区东山镇人民街 2 号裕德堂一部分，此宅属于清代道光丁酉年建筑。房屋建筑总面积为 572 平方米，土地使用权面积为 694 平方米。估价对象目前为一处独立宅院。内为一路三进，有前、后两个院落。附之传统门楼、照壁、天井等，构成了一处典型苏式宅院（图1、图2）。

图1　门楼

图2　院落

前院南有照壁，西有门楼直通街巷。院落东南角以一丛竹林，加以二、三太湖石堆砌，简洁的布局，给人一种清秀之感。而后院则小巧玲珑，鹅卵石铺地，布以石栏，置以石桌、石凳，秀丽憩静。

估价对象古建筑现存一路三进格局，前后庭院，布局完整。现有照壁砖雕（新增）装饰，结构细部有木雕（部分为原物修复、部分新增），精细雅致。目前的正厅为抬梁式构架，排架承重，各桁屋架间搭以纵向的承重桁条，桁条上架以椽条，添补望砖，上置防水层，面铺苏式小瓦，檐口设滴水瓦。正厅格局大气，裕德堂大匾高悬厅中，石墩木柱，青砖铺地。经过房屋业主前些年的细心修缮，基本恢复原有主体建筑风格，修旧如旧（图3、图4）。

图3　正厅外观

图4　正厅构架

二进为一幢二层住楼，三开间两厢房。扁作梁。底楼层高 3.5 米，二楼层高 2.6 米。屋顶按厅堂屋面法则铺设，走水当、盖瓦垄垂直均匀，纹头脊。硬山顶上覆瓦。二楼扁作梁架刻有雕镂，精巧细致。中间开间统宕海棠菱角式落地长窗 14 扇，后窗为同式短窗。东西次间与正间则以板壁隔断，对子门开关。新装中央空调设施，有卫生设备与照明设施（图 5、图 6）。

图 5　二进院落中的二层住楼

图 6　二进院落

本次评估采用成本法，在建立特殊影响因素修正体系时，引入了德尔菲法（专家打分法）的应用。德尔菲法又名专家咨询法，是依据系统的程序，采用匿名发表意见的方式，团队成员之间不得互相讨论，不发生横向联系，只能与调查人员发生关系，以反复地填写问卷，以集结问卷填写人的共识及搜集各方意见，用来构造团队沟通流程，应对复杂任务难题的管理技术。选择各方面的专家，采取独立填表选取权数的形式，然后将他们各自选取的权数进行整理和统计分析，最后确定出各因素、各指标的权数，集合了专家的智慧和意见，并运用数理统计的方法进行检验和修正。从专家调查权重法可以侧面看出采用德尔菲法确定指标值的时候，可以通过专家三轮打分确定指标上下限值。

计算公式为：

$$\bar{x} = \frac{\sum x_i f_i}{\sum f_i}$$

式中：$\bar{x}$——某指标或因素权重系数；x_i——各位专家所取权重系数；f_i——某权重系数出现的系统。

成本法的计算技术过程如下：

（一）历史建筑用地的地价估算

历史建筑用地蕴含着普通土地所不具有的历史、环境文化等信息因素，产生额外的效用价值。缺乏这种额外价值，人们仍然会去选择价格低廉的普通土地。在普通建设用地地价的基础上，将这些额外价值另行单独修正，作为计算历史建筑用地地价的方法。首先将历史建筑用地假设为普通建设用地，通过评估方法计算出在现状利用条件下的普通建筑用地地价，在此过程中需要充分考虑估价时点、市场情况和成本等因素影响；其次，通过分析评估对象的历史文化内涵特征、价值属性和影响因素等，编制因素修正表，得出评估对象土地历史文化因素修正指标；再次，将普通地价与修正指标结合得出最终地价结果。

1. 普通建设用地地价计算

采用假设开发法计算取得，详见表1：

普通建设用地地价计算表　　　　　　　　　　　　　　　表1

	测算过程			备注		
房屋价格计算	单位价格	10000.00		东山单体房屋（普通别墅类）均价按10000元/平方米计		
	建筑面积	572.00				
一、市场总价		5720000.00		市场总价＝单位价格×建筑面积		
建筑物开发成本计算	①前期工程费	6%	68640.00	规划、设计、可行性研究、勘察、测绘等费用，按建安费的6%计		
	②建安费	2000.00	1144000.00	单体房屋（别墅类）的建安成本按2000元/平方米计		
	③宗地内开发费（后九通）	900	514800.00	公共基础设施费后九通和配套设施费（水、电、气、有线、电话、污水、雨水、网络、路、路灯、绿化及相关小区配套设施费，后简称"后九通费用"），单体房屋后九通按900元/平方米计		
	④管理费用	55	31460.00	按吴中区标准（按每平方米建筑面积计）		
	⑤销售费用	3%	171600.00	别墅类的销售费用按总价的3%计		
	⑥财务费用		52253.70	利息支出的基数以上述①～③及总地价之和的30%计；利息采用中国人民银行一年期贷款利息4.35%，计息时间同开发年限		
	⑦基础设施费	201.00	114972.00	待估宗地位于吴中区东山镇，按201.00取值		
二、开发成本合计		2097725.70		开发成本合计＝拆迁补偿费＋前期工程费＋建安费＋内部开发费＋管理费用＋销售费用＋财务费用＋基础设施费		
	利润	20%	800823.01	利润的提取基数为①～③及总地价之和，详见剩余法利润率取值说明		
	税金	8.33%	476476.00	详见剩余法税金取值说明		
三、地价计算	总地价	2276675.04		总地价＝销售总价－开发成本－利润－税金/1.03		
	土地面积	694		容积率	0.82	开发年限	1
	单位地价	3281		总地价/土地面积		
	楼面地价	3980		地价/容积率		

2. 建立土地历史文化因素修正体系表

采用德尔菲法（专家打分法）来取得该区域内的评估对象同类历史建筑用地的历史文化因素修正指标，详见表2。

土地的历史文化因素修正指标体系（德尔菲法）　　　　表2

历史价值因素修正指标

因素项	因子项	总修正系数区间范围（%）	选项	修正系数区间范围（%）	备注
历史价值因素	始建年代	5%～28%	明代及以前	20%～28%	
			清代	18%～22%	
			清末与民国前期	12%～16%	
			民国中后期	10%～15%	
			新中国成立后	5%～10%	
	历史修缮情况	-5%～10%	经过翻建、改建	-5%～5%	
			经过重大修缮	-5%～10%	
			经过重大装饰装修	-5%～5%	
	重要历史事件与历史人物的关联程度	3%～15%	全国知名人与事	10%～15%	
			地方知名人与事	5%～10%	
			一般人与事	3%～5%	
	反映建筑风格元素特征与地方历史发展背景程度	2%～3%		2%～3%	

环境价值因素修正指标

因素项	因子项	总修正系数区间范围（%）	选项	修正系数区间范围（%）	备注
环境价值因素	地理区位	0%～10%	历史地段核心地段	6%～10%	
			历史地段重点地段	4%～6%	
			历史地段一般地段	2%～4%	
			历史地段边缘地段	0%～2%	
	历史建筑与周边环境的协调性	-3%～5%	较为协调	3%～5%	
			一般协调	2%～3%	
			略不协调	-1%～0	
			明显不协调	-3%～-2%	

估价师根据德尔菲法（专家打分法）的系数分值修正体系，针对评估对象的历史价值因素、环境价值因素的实际情况，综合确定各影响因子的修正指标，详见表3。

3. 计算历史建筑用地地价

通过分析评估对象的历史价值因素、环境价值因素等，编制因素修正表，得出评估对象

历史价值因素、环境价值因素情况说明表　　　　表3

因素项	因子项	情况说明	修正指标	备注
历史价值因素	始建年代	东山裕德堂始建于清代道光丁酉年	18%	
	历史修缮情况	5年前主体建筑经过重大修缮。部分建筑进行改建	5%	
	重要历史事件与历史人物的关联程度	原主人为江淮盐官周氏,不属于重要历史人物	4%	
	反映建筑风格元素特征与地方历史发展背景程度	建筑风格元素特征属于传统江南民居,但未体现出当地古镇突出的特征与社会发展背景	2.5%	
环境价值因素	地理区位	评估对象位于人民街,属于东山镇核心区域	6%	
	历史建筑与周边环境的协调性	评估对象作为传统地方民居风格,与周边古镇环境相互协调	2.5%	
	小计		38%	

的历史文化增值修正指标;再次,将普通建设用地地价与修正指标结合得出最终地价结果,详见表4。

历史建筑用地调整法计算工作表　　　　表4

项目	内容	修正指标	金额(元)
普通建筑用地地价 V1			2277014
影响因素	历史价值因素修正	29.5%	
	环境价值因素修正	8.5%	
修正指标 R		38%	
评估对象总地价 V	V=V1×土地面积		3142279.32

(二)建筑成本计算

历史建筑重建成本包括直接成本、间接成本和利润。本次评估专家组进行了谨慎估算,参照《古建筑修建工程质量检验评定标准(南方地区)》分部分项标准以及苏州市吴中区古建筑修复与重建的市场信息资料,结合评估对象的实际情况,得到价值时点的评估对象历史建筑的重建总成本(直接成本、间接成本等),详见表5。同时,根据近几年当地历史建筑的投资回报率,反复推算确定该项目的成本回报率为20%。

东山堂重建总成本一览表　　　　表5

(单位:元)

分项		分部	建筑成本(重建成本)
一、直接成本			3760.00
建筑主体	土方、地基与基础工程	包含土方、人工地基、台基、基础工程	350.00

续表

分项		分部	建筑成本（重建成本）
建筑主体	大木工程	包含大木构架中柱、梁、川（穿）、枋、桁（檩）、椽、木基层、横披、吊柱、楼梯等的制作、安装	550.00
	砖石工程	包含修建工程中的砖石（细）加工，风火墙砌筑、漏窗、台阶、照壁等制作及安装	420.00
	屋面工程	包含望砖、小青瓦、筒瓦、屋脊，檐口、饰件工程	320.00
	地面与楼面工程	包含基层、墁砖工程、墁石地面、木楼地面等	200.00
	水装修工程	包含木门窗、隔扇、坐槛，栏杆、挂落、天花（藻井），檐厦顶等小木作构件的制作和安装	600.00
	其他	包括特殊工程、加固补墙工程、化学保护工程、防腐、防潮处理工程	80.00
	雕塑工程	包含各类木雕、砖雕、石雕等	320.00
	装饰工程	包含室外、室内粉刷、油漆、彩绘（包含照壁上的彩绘、水粉）、泥塑、门楼等	250.00
	脚手及安装工程	包含内外满堂脚手架、木制斜道及安全网、平移、顶升工程等	120.00
庭园	庭园	包括庭园花台、水井、天井铺地等	300.00
附属设施	水	供水、下水及雨污分流管道铺设	200.00
	电	供电线路的铺设、电增容及照明设施	
	消防	消防设施及消防水管道铺设	
	空调、安保等	空调设施、安全系统等其他附属设施	
二、间接成本			925.00
1.勘察设计费用		包含地质勘察费、方案设计费、建筑设计费、景观设计费、监理费用等	400.00
2.建设规费及基础设施费		包含白蚁防治费用、有线电视费用及市政公共基础设施配套费用	105.00
3.投资利息（财务费用）		包括土地取得成本、开发成本和管理费用的利息	300.00
4.管理费用		为组织和管理房地产开发经营活动所必需的费用	120.00
三、成本投资回报率			
		直接成本和间接成本总和值的20%	937.00
单位建筑单价		建筑面积572平方米	5622.00
总建筑成本（重建成本）			3215784

（三）折旧计算

1.物理折旧

评估对象历史建筑的建筑结构与附属设施的使用寿命有很大不同，必须分开考虑。根据《苏州市房屋重置价格评估办法》规定：短寿命项目主要指附属设施，包括电力、给排水、空调、安全系统等，经济寿命为15年，残值率5%；评估对象设施设备有效使用年期为3年；评估对象历史建筑认定为砖木一等，长寿命项目的经济寿命为40年，残值率6%，评估对象建筑装修有效使用年期为5年。所以，计算所得短寿命项目折旧率为20%，长寿命项目折旧率为13%。项目总物理折旧额详见表6。（长寿命主要指的是建筑物、构筑物、装修等；短寿命主要指的是设施设备等。）

项目物理折旧计算表　　　　　　　　　　　　　　　　　　表6

项目	子项	折旧率	年限	金额总值（元）
	建筑直接成本			2679820
	短寿命项目成本			1430000
短寿命项目物理	有效年龄		3	
	经济寿命		15	
	短寿命项目残值率	5%		
	短寿命项目折旧率	67%		
	短寿命项目物理折旧额			27170
	长寿命项目成本			2007720
长寿命项目物理折旧	有效年龄		5	
	经济寿命	砖木结构	40	
	长寿命项目残值率	6%		
	长寿命项目折旧率	25%		
	长寿命项目物理折旧额			235907.1
	总物理折旧额			263077.1
	重置总成本			3215784
	功能退化（折旧）	3%		96473.52
	外部退化（折旧）	0%		0
	总折旧			658182.58
	建筑物剩余价值			2560505.42

2. 功能退化

功能退化是指建筑物在结构、材料或设计等方面的缺陷所引起的功能、效用和价值的减少。这种缺陷是相对于价值时点的最高最佳使用和效益减去成本最优化而言的。当然针对历史建筑，这种缺陷还要考虑市场的认可度，而对于历史建筑人们会认为是理所当然的，反而成为魅力所在。当然中国传统建筑的实用性比较缺乏，如传统厅堂开阔高敞、木制门窗雕刻精美，这也是吸引公众的亮点，但实用性体现在空间与形式的相互合理搭配，有时厅堂过大、木制门窗密封性不够，会造成空调设施功能不足，需要改造空调设施或是在木制门窗内添加现代无缝玻璃门窗；无论哪种改良方式，都会带来成本增加，这就是功能退化。

由于评估对象建筑（东山裕德堂）修缮后已经空置3年，部分设施略见损坏，同时建筑内部存在木雕装饰，需要对消防系统进行关注与改造，在建造初期建筑内部也未充分考虑。

如果建筑物要开始实际使用的话，增加消防与安全设施，以及设施维修的成本。所以综合考虑确定功能退化率为3%。

3. 外部退化（经济折旧）

外部退化是指不动产本身以外的各种消极因素所造成的价值减损。消极因素可能是经济因素、不良市场状况或是区位环境恶化等。历史建筑的外部主要体现在环境的外部性，如果历史建筑与周边建筑环境和谐统一，将为彼此带来增值；反之，如果相互冲突，价值则必然会受影响。这些外部退化因素往往不是产权人或使用人能够消除的，例如历史建筑被现代楼宇所包围（永久性外部退化），又如幽雅肃穆的寺庙旁边正在开山炸石（暂时性外部退化）。外部退化的估算需要从市场资料去提取，通常会是通过市场销售收入的减少或租金收益的损失去剥离和衡量。

评估对象历史建筑位于苏州东山古镇保护核心地区，与周边建筑环境风貌相互协调统一、相得益彰，对历史建筑整体环境并无负面影响，所以综合考虑确定经济折旧率（外部退化）为0。

（四）建筑物剩余价值计算

建筑成本扣除折旧额等于建筑物剩余价值（表7）。

建筑物剩余价值计算表　　　　　　　　　　　　　　　　　表7

项目	子项	金额（元）
总成本		3215784
总折旧		359550.62
	总物理折旧	263077.1
	总功能退化	96473.52
	总外部退化	0
建筑物剩余价值		2856233.38

（1）通过分析历史建筑建筑物本身的文化内涵特征、价值属性和影响因素等，编制因素修正体系，并确定各指标基础权重范围，详见表8。

（2）估价师根据德尔菲法（专家打分法）的系数分值修正体系，针对评估对象建筑物历史文化因素方面的实际情况，综合确定各影响因子的修正指标，详见表9。

建筑物的历史文化因素修正指标体系（德尔菲法）　　　　表8

艺术价值因素修正指标

因素项	因子项	总修正系数区间范围（%）	选项	修正系数区间范围（%）	备注
艺术价值因素	艺术史料代表性	0～6%	具有特殊代表性	4%～6%	
			具有重要代表性	2%～4%	
			代表性一般	0～2%	

续表

因素项	因子项	总修正系数区间范围（%）	选项	修正系数区间范围（%）	备注
艺术价值因素	建筑实体的艺术特征	0～10%	艺术特征明显、具有较高的艺术美感	8%～10%	
			具备一定的艺术特征	5%～8%	
			艺术特征一般	0～3%	
	建筑细部及装饰的艺术特征	0～8%	艺术特征明显、具有较高的艺术美感	5%～8%	
			具备一定的艺术特征	3%～5%	
			艺术特征一般	0～2%	
	园林及附属物的艺术特征	0～8%	艺术特征明显、具有较高的艺术美感	5%～8%	
			具备一定的艺术特征	3%～5%	
			艺术特征一般	0～2%	

科学价值因素修正指标

因素项	因子项	总修正系数区间范围（%）	选项	修正系数区间范围（%）	备注
科学价值因素	完好程度	0～7%	完整	8%～10%	
			基本完整	4%～7%	
			仅余单体	1%～3%	
			基本无原有风貌	0～1%	
	建筑实体的科学合理性	0～7%	科学合理性较高	5%～7%	
			有一定的科学合理性	3%～4%	
			科学合理性一般	0～2%	
	建筑构件、材料与装饰的科学合理性	0～6%	科学合理性较高	5%～6%	
			有一定的科学合理性	3%～4%	
			科学合理性一般	0～2%	
	施工工艺水平	0～5%	工艺水平较为突出	4%～5%	
			有一定的施工工艺水准	3%～4%	
			工艺水平一般	0～2%	
	建筑技术史料价值	0～5%	具有特殊史料价值	3%～5%	
			具有重要史料价值	1%～3%	
			史料价值一般	0～1%	

艺术价值因素、科学价值因素情况说明表　　　　　　　　　　表9

因素项	因子项	情况说明	修正指标	备注
艺术价值因素	艺术史料代表性	属于当地普通江南村落古建筑作品，略有一定的艺术史料意义	5.0%	
	建筑实体的艺术特征	评估对象历史建筑保留了当地传统建筑风格，砖木结构，有一砖雕门楼，但较为简单，艺术特征一般	1.5%	
	建筑构件及装饰的艺术特征	普通砖木结构，普通砖雕，保留部分木雕，艺术特征一般，保存完好。	1.5%	
	园林及附属物的艺术特征	评估对象前设天井，后有小庭园、半亭、鹅卵石铺园，整体环境协调性一般。	2.0%	
科学价值因素	完整性	一路三进，现存建筑布局与主体结构保存基本完整，为适应利用，略有改造	4.0%	
	建筑实体的科学合理性	评估对象保留了传统江南建筑风格，梁架结构及门窗大部分沿用了原有建筑材料，尽量保留原有风格。	3.0%	
	建筑构件、材料与装饰的科学合理性	属于典型砖木结构，装修等未见明显破坏	2.0%	
	施工工艺水平	保留传统建筑施工艺，未进行大规模改造	1.0%	
	建筑技术史料价值	传统建筑风貌元素保留良好，但没有特殊的传统建筑技术代表性。	0.5%	
	小计		17.5%	

（3）建筑物历史文化因素计算

通过分析评估对象的艺术价值因素、科学价值因素等，编制因素修正表，得出评估对象建筑物的历史文化增值修正指标；计算得出价值指标，详见表10。

建筑物的历史文化因素计算结果表　　　　　　　　　　表10

项目	修正比例	金额（元）
建筑物剩余价值	—	2856233.38
艺术价值因素修正	7%	
科学价值因素修正	10.5	
修正值	17.5%	
修正后建筑物价值		3356074.22

（五）房地综合价值计算

按照历史建筑适用的成本法原理，不同价值因素影响对象与影响范围不相同。历史价值因素、环境生态因素偏重于土地，艺术价值因素、科学技术价值因素偏重于建筑物实体。而社会文化价值因素、使用价值特殊因素、保护限制条件等更偏重于精神领域与法规层面，直接作用于房地产整体方面。因此，对于社会文化价值因素、使用价值特殊因素、保护限制条件修正应基于房地综合价值更为合理。因此，东山裕德堂房地综合价值计算详见表11。

房地综合价值计算表　　　　　　　　　　　　　　　　　　表11

项目	说明	金额（元）
建筑物剩余价值	建筑重建成本扣除折旧，经过历史文化因素修正后的结果	3356074.22
土地价值	普通建设用地地价经过历史文化因素修正后的结果	3142279.32
房地综合价值	成本法原理，两者相加	6498353.54

（六）社会文化价值因素修正

（1）运用德尔菲法，专家组为该区域的历史建筑的社会文化价值因素各指标的基础权重进行打分，确定其修正范围，详见表12。

社会文化价值因素修正指标体系（德尔菲法）　　　　　　　表12

社会价值因素修正指标

因素项	因子项	总修正系数区间范围(%)	选项	修正系数区间范围（%）	备注
社会价值因素	教育旅游功能	2%～3%		2%～3%	
	保护等级	5%～20%	市县级文物保护单位	15～20%	
			历史建筑（控保单位）	10～15%	
			一般不可移动文物	5～10%	
	社会知名度	0～10%	全国知名	7～10%	
			区域知名	5～8%	
			本地知名	2～5%	
			一般知名	0～2%	

文化价值因素修正指标

因素项	因子项	总修正系数区间范围(%)	选项	修正系数区间范围（%）	备注
文化价值因素	真实性	3%～7%		3%～7%	
	完整性	3%～6%		3%～6%	
	反映文化传承（代表作品）	0～10%	典型代表作品	7～10%	
			代表作品	3～6%	
			一般作品	0～2%	

（2）估价师根据德尔菲法（专家打分法）的系数分值修正体系，针对评估对象的社会文化价值因素方面的实际情况，综合确定各影响因子的修正指标，详见表13。

社会价值因素、文化价值因素情况说明表　　　　　　　　　　表 13

因素项	因子项	情况说明	修正指标	备注
社会价值因素	教育旅游功能	属于古镇村落的老宅，略有文化教育意义	2%	
	保护等级	属于一般文物，但本体纳入控制保护建筑保护范围内	8%	
	社会知名度	位于古镇村落中心地段，原宅在本地略有一定的名气，但评估对象只是其中的部分院落	2%	
文化价值因素	真实性	评估对象资料与本体真实性保存较好	4%	
	完整性	但相关的文献资料略有一定缺失，不够齐全	3%	
	反映文化传承（代表作品）	评估对象建筑不属于当地代表作品	1%	
	小计		20%	

（3）计算社会文化价值因素修正值。通过分析历史建筑本身的社会文化价值因素，编制因素修正体系，并确定各指标基础权重范围。根据评估对象建筑物本身的社会文化价值因素，综合确定相关的修正指标，将房地综合价值与修正指标结合得出社会文化价值因素值，详见表14。

社会文化价值因素计算结果表　　　　　　　　　　表 14

项目	修正比例	金额（元）
房地综合价值	—	6498353.54
社会价值因素修正	12%	
文化价值因素修正	8%	
修正率	20%	
社会文化价值因素修正值		1299670.71

（七）使用价值特殊因素修正

（1）运用德尔菲法，专家组为该区域的各级别的保护建筑的使用价值特殊因素各指标的基础权重进行打分，确定其修正范围，详见表15。

使用价值特殊因素修正指标体系（德尔菲法）　　　　　　　　　　表 15

使用价值特殊因素修正指标

因素项	因子项	总修正系数区间范围(%)	选项	修正系数区间范围(%)	备注
使用价值	历史建筑保存现状	−10% ~ 10%	原貌基本保存完好	5% ~ 10%	
			改造后保存完好	5% ~ 9%	
			建筑损坏较大	−7% ~ −5%	
			濒临坍塌	−10% ~ −8%	

续表

因素项	因子项	总修正系数区间范围(%)	选项	修正系数区间范围(%)	备注
使用价值	历史建筑使用现状	-2% ~ 5%	正常使用、现有功能合适	2% ~ 5%	
			正常使用、现有功能不宜	-4% ~ -2%	
			空置	-2% ~ 0	
	停车状况	-10% ~ 8%	多个停车位	4% ~ 8%	
			一个停车位	0 ~ 5%	
			无停车位	-10% ~ -8%	
	规划使用功能	-3% ~ 2%	修正使用功能	-3% ~ 0	
			保留原有功能	1% ~ 2%	
			改为展示功能	0 ~ 1%	

（2）估价师根据德尔菲法（专家打分法）的系数分值修正体系，针对评估对象的使用价值特殊影响因素方面的实际情况，综合确定各影响因子的修正指标，详见表16。

评估对象的使用价值特殊因素计算结果表　　　表16

因素项	因子项	情况说明	修正指标	备注
使用价值因素	历史建筑保存现状	目前仍保留一路三进，基本保存完好	7%	
	历史建筑使用现状	目前空置	0%	
	停车状况	至少有一个停车位，没有停车限制	0%	
	规划使用功能	正常的居住、展示功能均可以	1%	
	小计		8%	

（3）使用价值特殊因素修正值。通过分析历史建筑本身的使用价值特殊影响因素，编制因素修正体系，并确定各指标基础权重范围。根据评估对象建筑物本身的使用价值特殊影响因素，综合确定修正指标，将房地综合价值与修正指标结合得出使用价值影响因素值，详见表17。

使用价值特殊影响因素计算结果表　　　表17

项目	修正比例	金额（元）
房地综合价值	—	7798024.25
使用价值因素修正	8%	
使用价值影响因素值		623841.94

（八）保护限制条件修正

（1）运用德尔菲法，专家组为该区域历史建筑的保护限制各指标的基础权重进行打分，确定其修正范围，详见表18。

历史建筑保护限制条件修正指标体系（德尔菲法） 表 18

保护限制条件修正指标

因素项	因子项	总修正系数区间范围(%)	选项	修正系数区间范围(%)	备注
保护限制条件	历史地段保护规划限制	−6%～−2%	历史地段整体保护限制对其影响	−3%～−2%	
			环境风貌限制	−3%～−2%	
	保护等级	−6%～0	市县级文物保护单位	−6%～−5%	
			历史建筑	−5%～−4%	
			一般不可移动文物	−2%～0	
	历史建筑保护限制	−7%～−4%	建筑实体保护限制	−7%～−4%	
	产权与使用限制	−7%～−2%	使用功能限制	−3%～−2%	
			产权人或使用人的相关限制	−4%～−2%	

（2）估价师根据德尔菲法（专家打分法）的系数分值修正体系，针对评估对象的保护限制条件的实际情况，综合确定各影响因子的修正指标，详见表 19。

评估对象的保护限制条件修正计算结果表 表 19

因素项	因子项		情况说明	修正指标	备注
保护限制条件	历史地段保护规划限制	历史地段整体保护限制对其影响	评估对象位于古镇村落范围内	−2.5%	
		环境风貌限制	古镇村落有一定建筑风貌环境要求	−2%	
	保护等级	县区级文物保护单位	属于一般文物，纳入控制保护建筑保护范围内	−4%	
		控制保护建筑			
		一般不可移动文物			
	古建筑保护限制	建筑实体保护限制	要求符合苏州市古建保护要求	−5%	
		使用功能限制	属于居住用途，没有明显限制	−2%	
	产权与使用限制	产权人或使用人的相关限制	允许转让，但不得改建	−2%	
	小计			−17.5%	

（3）保护限制条件修正值。通过分析历史建筑本身的区域保护规划、建筑保护限制、利用限制因素，编制因素修正体系，并确定各指标基础权重范围。根据评估对象建筑物本身的保护限制条件因素，综合确定保护限制条件增值的修正指标，将房地综合价值与修正指标结合得出保护限制影响值，详见表 20。

成本法的保护限制修正计算结果表 表20

项目	修正比例	金额（元）
房地综合价值		7798024.25
保护限制条件修正	−17.5%	
保护限制影响值		−1364654.24

（九）成本法计算结论

上述计算过程已经取得历史建筑用地地价、建筑重建成本、折旧总额、各种特殊价值因素修正、使用价值特殊因素、保护限制条件等，成本法估算结果详见表21。

成本法工作表 表21

项目	大项	子项	修正指标	总价金额（元）
建筑物价值	建筑成本	直接成本（重建成本）和间接成本		2679820
		成本投资回报值	20%	535964
		重建总成本		3215784
	折旧	总物理折旧		263077.1
		总功能退化		96473.52
		总外部退化		0
		总折旧		359550.62
	建筑物剩余价值			2856233.38
	建筑物历史文化增值修正			3356074.22
土地价值	普通地价			2277014
	土地历史文化增值修正			3142279.32
房地综合值				6498353.54
社会文化影响修正值				1299670.71
使用价值特殊因素修正值				623841.94
保护限制修正值				-1364654.24
成本法计算价值				7057211.95

通过成本法工作表，最终计算价值结果为7057211.95元。正如前文所述，成本法运用于修复不久、不偏重于历史价值的历史建筑的结果更加接近准确，重建成本的内涵和折旧的损耗较易判断。评估对象作为清代后期的建筑作品，虽然不是当地典型的传统建筑风貌代表，但也凝聚了本地传统技术工艺，体现了较好的文化传承。因此，综合考虑评估方法计算结果和咨询专家组意见，最后确定在价值时点2019年7月30日现状条件下的东山裕德堂的市场价值为7060000元。

三、结论

本文以经济价值评估研究角度入手，依据基本原理，分析经济价值评估的技术思路，建立可行的历史建筑经济价值评估技术体系，再结合具体案例，对历史建筑经济价值予以显化，给决策层、社会民众提供经济参考的直观呈现，体现了不断完善历史建筑保护利用模式的必要性、重要性和迫切性。

作者联系方式

姓　　名：徐进亮

单　　位：苏州天元土地房地产评估有限公司

地　　址：苏州市姑苏区十全街吴衙场东吴饭店4号楼

邮　　箱：xjl@tybdc.cn

浅谈城市有机更新中历史保护建筑的价值评估
——以乔家路旧城改造地块为例

周玮杰 周 翌 钱诗洁

摘 要： 我国开始进入多元化、综合化的城市更新快速发展阶段。此阶段既需要城市物质的环境更新，还需要具备一定的社会和人文内涵。但是，当前城市建设为了发挥土地现有和潜在价值，把重建作为一种主要更新手段，往往需要重新调整城市土地的利用结构与所有权。当前很多建设过程仍片面追求经济利润，容易造成城市历史风貌特色丧失等问题。因此，应该变革城市更新机制与治理模式，实现城市有机更新综合目标。本文将以乔家路旧城改造地块为例，通过探讨历史文物资源在城市有机更新中的保护状况，分析其蕴含的珍贵历史文化价值。同时通过分析在影响旧城区发展的制约因素，根据相关法律、法规及估价技术提出评估建议。

关键词： 城市有机更新；历史保护建筑；价值评估

一、政策背景

（一）新时期转型发展背景下，城市有机更新已成为共识

近几十年来，上海的城市更新取得了巨大的成效，城市面貌日新月异，居住品质得到改善，商业价值得到提升，并聚集了大量全球知名企业，但是对标世界先进城市，有些方面还存在短板：部分居民居住条件有待改善；部分商业办公品质较差、服务配套水平较低；社区公共空间和服务设施（文化、体育、养老、医疗、绿地等）紧缺；以步道、自行车道为主的城市慢性系统有待改善；城市历史风貌保护和风貌塑造不够。在新形势下，传统的大规模开发式的旧城改造难以为继，内生长式的城市有机更新成为社会共识。有机更新这一概念来源于著名建筑学家吴良镛先生提出的"城市是一个有生命的机体，需要'新陈代谢'"，城市的更新就像细胞一样，应该是一种"有机"的更新，而不是生硬的替换，研究城市有机更新具有重要意义。

（二）上海城市更新方式从"拆、改、留"转换为"留、改、拆"

上海旧区更新改造经过多年的实践，发现传统的以"拆"为主的更新方式有诸多弊端，城市的原住居民被排斥出局，享受不到更新成果，这将引发社会矛盾，为城市的发展埋下了隐患。近年来，上海开始逐步转变更新模式。2015年，市政府颁布了《上海市城市更新实施办法》，提出城市更新的主要目标是建立科学、有序的实施机制，倡导多方共赢、共享共建的有机更新。2017年初，提出以全新理念推进城市更新，要从"拆、改、留并举，以拆为主"转换到"留、改、拆并举，以保留保护为主"。2018年6月，强调坚持"留改拆"并举，深化城市有机更新；积极探索创新方式方法，坚持"政府主导、市场运作"；立足城市整体品质提升和未来长远发展，不断满足人民群众对美好生活的向往。城市更新方式的改变，必将对原有体系和政策做出相应调整。因此，研究新模式下可行的政策体系来指导城市更新具有重大意义。

（三）上海城市有机更新方式对历史文化的保护与升华

历史文物见证了城市生命历程和时代变迁，城市化的过程不应只是城市经济社会发展和经济结构升级、现代化城市景观和建筑拔地而起的过程，更应是在历史文脉延续、城市多元文化互动交融的过程。在快速的城市化进程中，只有城市历史文化不断积淀，历史城区的发展潜力才会迸发，城市记忆才不会消失。

二、城市有机更新与积淀历史文化的矛盾

在城市发展进程中，由于受历史、社会、经济和技术等综合因素的影响与制约，使不同时代遗留下来的旧城与当前人们的生活需求存在着不同程度的不适应。一方面，旧城历史街区机能衰退，传统建筑年久失修，生活条件恶化，生活服务配套设施严重不足；另一方面，旧城区却面临居住人口密度较高的问题，所以各类违章搭建严重，许多街巷和传统建筑因被挤占和拆改，存在严重的安全隐患。与此同时，随着各种新城市功能的引入，旧城区内原有的交通布局也难以适应城市发展需求。

有鉴于此，黄浦区文化和旅游局发布《关于做好黄浦区乔家路地块文物保护工作的函》（黄文旅〔2019〕10号），明确指出："该征收范围内共有8处不可移动文物、1处遗址，另已发现5处共7块老城厢遗存的较有价值的石碑。文物建筑及石碑作为老城厢地区的文脉遗存，是老城厢七百年城区发展的重要见证。文物建筑和石碑今后将作为老城厢地区历史文脉展示的有机组成部分。"

三、乔家路旧城改造项目特点

老城厢位于黄浦区环人民路、中华路以内区域，总占地面积约199公顷，是黄浦四大历史风貌保护区之一，具有悠久的历史文脉和深厚的文化底蕴，是上海本地文化的"摇篮"，保留了小街、小巷以及小尺度建筑等上海最传统的居住生活形态，但也呈现出老旧住房密布、空间狭窄、商居混杂的空间特征，是黄浦居住条件最差、居住密度最高、各类隐患最突出的区域。

近年来，老城厢区域始终是黄浦旧改推进的重点地区，结合成片征收、旧住房综合修缮、拆落地重建等不同渠道，先后实施了露香园旧改地块、福佑地块、亚龙地块、聚奎新村等一批民生工程，超过1.6万户居民的居住条件已经得到改善。但从现状情况看，老城厢环内仍有各类旧住房居民2.4万余户，其中无卫生设施家庭1.7万余户。

2018年上海市政府高度关注老城厢地区的旧改推进工作，并明确提出了"必须下大决心、花大力气加快推进旧区改造"的工作精神；同时，市政协也开展了"老城厢历史风貌保护与旧区改造对策研究"重大课题调研。在此基础上，黄浦在市住建委、旧改办、规划资源局等市相关部门的大力支持下，围绕老城厢规划形态、功能定位、改造实施路径以及资金筹措等方面进行反复研究，明确通过这几年的持续推动，真正实现老城厢地区居民居住生活条

件根本性改善，真正实现城区面貌根本性转变。

乔家路旧城改造项目就属于老城厢待改造区域中房屋条件最差的地区，该项目东至巡道街、中华路，南至俞家弄、黄家路，西至河南南路、南梅溪弄、凝和路，北至蓬莱路、西唐家弄、梅家街，共有居民权证数超5800证，涉及小东门、老西门两个街道，范围内以成片二级以下旧里房屋为主，建造年代久远、结构老化严重、生活设施简陋，居民要求改造的呼声非常强烈，项目前期总投入预计将达到360亿～380亿元，将按照"市区联手、政企合作"的新模式，探索一条加快本市旧区改造的新路子，是践行和探索变革城市更新机制与治理模式，实现城市有机更新综合目标的创新案例。本次以乔家路旧城改造项目中书隐楼作为研究对象。

四、初探历史保护建筑的征收补偿价值评估——"书隐楼"

书隐楼位于原南市区天灯弄77号，其前身为号称拥有"沪上三十六景"的明代日涉园内殿春轩。

（一）书隐楼介绍

书隐楼建于清乾隆二十八年（1763年），现有近230年的历史，与宁波天一阁、南浔嘉业堂并称"明清江南三大藏书楼"。

据史料记载，该宅本为明后期陈所蕴私宅，明末清初，陈氏家道中衰，住宅及日涉园均被浦东陆深的后代陆明允收买。陆氏对旧宅进行改建，并增建"传经书屋"作为书房和藏书楼。陆明允的曾孙陆锡熊曾任《四库全书》编纂，陆锡熊的好友沈初应邀为传经书屋题匾曰"书隐楼"。书隐楼也被周边的人称为"九十九间楼"，共五进，实际有房70余间。宅院可分为前后两大部分。前部有轿厅、七梁正厅、船厅、话雨轩、十字墙和戏台；船厅原是三面临水，建有形象逼真的船篷轩。大厅的地基是大型条石基，十分稳固。正南中间为石库门，两扇大门前后都贴有磨平的方砖，木门藏于中间，是鲜有的中国式防火门。两幢古典式走马楼成"开"字格局，雕梁画栋，精美绝伦。四周有大青砖砌起的厚二尺、高三丈六尺的封火墙围合，比上海老城墙还高出一丈二尺。大门、侧门均为石库门，木质门上都用方砖遮盖，可见其防火措施之严密。此外，书隐楼的砖雕木刻，堪称江南一绝，鬼斧神工，是江南宅居建筑装饰中不可多得的精品之作。

书隐楼虽然"隐士"风采犹在，但是从其沧桑破败的外观可以感受到它在这百年风雨中所经历的动荡。1980年书隐楼落实政策，全部返还给产权人，但此时的书隐楼已是遍体鳞伤。

1987年，上海市文物管理委员会认定书隐楼的文物价值，书隐楼被认定为市级文物保护单位。书隐楼的价值体现在它的唯一性、艺术性和可追溯性。

它是上海市区内仅存的大型江南苏式宅院，也是唯一被列入上海市级文物保护的私宅，更是明代名园"日涉园"仅存的风采，它的存在是上海老城厢的幸运，是研究上海县城自清中晚期以来住宅建筑的绝佳实例，填补了上海历史研究中这一时期的实例空白，其价值是不容置疑的。这些代表着中国建筑艺术特色的精美砖雕、木雕、砖雕仪门、漏窗等文化雕镂工艺，就这样被隐没在高墙荒草之中，在岁月中默默地塌落腐朽，令人扼腕叹息，也给后续的评估和保护工作带来了挑战。

（二）历史文物保护建筑相关政策法规

针对此类历史文物保护建筑的评估，需结合国家层面法律法规、上海市市级层面法律法规以及上海市估价行业相关法规，进行科学权威的评估。

国家层面法律法规包括：《中华人民共和国文物保护法》（2017年修正）、《中华人民共和国文物保护法实施条例》（2016年修订）、《中华人民共和国城乡规划法》（2008）、国务院《历史文化名城名镇名村保护条例》（2008）、国务院《关于进一步加强文物工作的指导意见》（2016）。

上海市级法律法规包括：《上海市文物保护条例》（2014）、《上海市历史文化风貌保护区和优秀历史建筑保护条例》（2003）、《关于本市公有优秀历史建筑解除租赁关系补偿安置指导性标准的通知》（2003）、《上海市人民政府关于进一步加强文物工作的实施意见》（2017）、上海市《关于推进本市历史文化名镇名村保护与更新利用的实施意见》（2016）、《上海市城乡规划条例》（2016）。

上海市估价行业相关法规包括：《上海市国有土地上房屋征收评估管理规定》（2018年）、《上海市国有土地上房屋征收评估技术规范》（2018年）。

（三）困惑与思考

从历史的角度看，书隐楼记载着上海文明的发展沿革；从物理角度看，书隐楼已经残垣断壁，濒临灭失；从权利与义务的角度看，产权是私人的，历史文化价值是全人类的。随着上海旧城改造"留改拆"政策的推进实施，随着乔家路基地的征收成功生效，以往困扰书隐楼的种种修缮障碍问题，有望得到梳理和解决。

从评估的政策法规要求来分析，根据《上海市国有土地上房屋征收评估技术规范》（2018年）第十九条（房屋分类）规定，房屋分类需参照《关于调整本市房屋建筑类型分类的通知》的规定，结合房屋用途、类型、建筑结构、式样、建造年代等特征，合理划分确定房屋类别。那么，书隐楼因是日涉园中的一幢楼，独立地看，其房屋分类的确存在不同的看法。

但是，从历史人文角度来看，"留改拆"或者说对特殊物业的保护性开发工作，必须尊重其历史沿革，提高分析问题的视角，要站在历史文明发展的高度，全局性地看待其"价值"。只有人类文明从总体上得到了保留和延续，才是保护性文物价值的最高最佳利用。

为此，评估单位在进行书隐楼的评估之前，通过协会组织专家进行了评估研讨。在研讨的过程中，各方面的专家均提出了建设性意见，比如有的专家提出，考虑到书隐楼原是日涉园的一部分，可以在书隐楼现状周围的一定范围内，恢复原先中式园林的环境，并对书隐楼进行修复，不仅能够体现书隐楼的价值，还能提升周边的整体价值；也有的专家提出，应当建立一套关于此类房屋类型的鉴定、评判的规则和机制，用于更广泛的历史建筑的甄别和评估。

（四）当前政策法规背景下针对书隐楼的评估思路

在当前的政策法规背景下，以征收补偿为估价目的，综合了专家研讨给出的建设性意见，我们初步确定了针对书隐楼这一历史建筑的评估思路，供同行参考以及批评指正。

1.准确确定房屋的基础数据

根据实地初步勘察，发现该房屋的主要建筑物损毁严重，其现状所记载的建筑面积等数据已不能反映其应有的房地产规模。建议通过征收部门协同文物部门的基础数据调查，重新核实该房地产的基础数据，为评估工作的开展提供详实依据。

2. 实地查勘时详尽记录房地产的现状

邀请文物专家、古建筑专业人员一起参与实地查勘，主要工作包括房屋特征的记录、房屋布局的记录、房屋毁损情况的记录、毁损构件的记录，特别是对其中具有文物价值的建筑工艺、建筑构件、建筑式样等，应由文物方面专家进行甄别鉴定并记录在案。

3. 进行房地产现状价值评估

考虑到征收评估目的下对于房地产价值内涵的规定，首先应按房地产现状进行评估，求取现状条件下的房地产市场价值。主要采用成本法，通过房地分估的模式进行评估。另外，也可以采用剩余法，估算重建修复后的市场价值扣除重建修复成本，得出现状房地产价值。其中的建筑物尽量采用房屋的重建成本，以最大限度地接近其客观造价。

4. 评估房地产的文物、历史价值

历史建筑的文物历史价值是依附于历史建筑的特有价值构成，书隐楼作为历史建筑的代表，其价值也体现在它的唯一性、艺术性和可追溯性。此项工作由文物专家协助进行，主要采用专家咨询法对其中的文化价值、历史价值、艺术价值等进行量化处理。在集合了专家智慧的基础上，运用数理统计的方法得出最终结果。结合估价对象实际情况，以房地产价值的百分比确定其价值。

5. 分别给出房地产现状价值和文物、历史价值，供征收部门参考

房地产现状价值（市场价值）作为征收评估的分户结果提交征收部门，作为征收补偿依据；文物、历史价值作为附加价值的咨询意见提交征收部门，作为征收补偿协商参考标准，进行征收补偿商谈。这样，既保证了征收补偿评估的价值标准一致性，也兼顾了对此类特殊房地产进行补偿的灵活性。

五、结语

历史建筑的价值评估是一项比较难以把握的工作，具有相当大的政策性、唯一性、可变性，如何在政策框架内进行创新性的评估探索是行业内必须持续关注研究的问题。希望通过本文让行业内的各位同行对历史建筑的价值评估有更深层次的思考和探索。

作者联系方式

姓　名：周玮杰　周翌　钱诗洁
单　位：上海联城房地产评估咨询有限公司
地　址：上海市康定路979号
邮　箱：zhouyi@uvaluation.com

军队房地产停偿项目评估应关注的主要问题

刘长虹　史源英　贾　畅

摘　要：房地产评估在军队全面停偿整改中发挥了重要的作用。本文在总结租赁停偿评估报告审核工作的基础上，比较系统地阐述了停偿租赁评估报告存在的普遍且影响重大的问题，这些问题暴露了评估机构在面临新型业务时，对政策把握和技术研究不够、价格影响因素考虑不全、评估风险预判不足。虽然停偿租赁评估暂告一阶段，但随着军队停偿所涉房地产置换评估服务，及需向军队资产管理公司移交项目的开始，军队房地产评估业务需求强劲，同时军队方面与国家协会密切协作，健全专家审核机制，加强了对评估报告的审核力度。因此，本文尝试从报告审核角度，对日常报告审核存在的主要问题及建议等方面进行探究，以提供有益参考。

关键词：军队房地产评估；报告审核

根据中共中央办公厅、国务院办公厅、中央军委办公厅印发《关于深入推进军队全面停止有偿服务工作的指导意见》，军队于2018年停止一切有偿服务活动全面展开，其中"对已融入驻地城市发展规划，直接影响社会经济发展和民生稳定，合同协议期限较长、承租户投资大，有潜在军事利用价值，确实难以关停收回的项目，可以实行委托管理"，这类项目简称托管项目。委托管理项目移交受托方管理运营前，必须完成专项整治，价格评估是十分重要的一个环节，为此众多房地产土地评估机构和估价师参与了此专项评估工作，为停偿整改发挥了十分重要的作用。笔者作为军队专家组成员参与了部队组织的报告审核工作，切身感受到军队主管部门和审计机关对此项停偿任务的关注程度，估价报告质量保障及合规性成为项目是否过关的必备选项，很多估价机构及估价师也经历了面对军队审核、审计部门质询，乃至对报告的修改完善，甚至个别机构成为反面典型，进入部队的黑名单。虽然军队房地产租赁停偿评估暂告一段落，但军队评估业务量陡然提升，已成为评估行业的主流业务之一。为此，结合参与军队的审核工作，对项目评估及风险把控提几点认识。

一、停偿项目评估的主要类型

根据评估对象范围和内容主要分为以下几种类型：

1. 出租房地产

部队将空余房地产出租，承租人一般会重新装修或改造，评估内容是基于现状房地产使用条件下，评估原出租房地产状况的租金。

2. 出租土地上建设房屋

部队出租土地，承租人投资建设。评估内容是基于现状房地产条件下，评估土地的租金。

3. 出租房地产，承租人拆除部分后重建、加建

这类情况比较多见，评估内容是基于现状房地产利于条件，评估部队保留房地产的租金。这类评估报告主要难点是界定部队保留的房屋和范围。

4. 其他

如农副业基地承包出租经营期间进行非农开发项目建设、利用军队设施设备如铁路线周转物流、油库油罐仓储等。

二、评估报告审核原则和要点

评估报告是指专业机构和专业人员根据委托要求对房地产或其他经济权益进行评定估算后出具的报告。估价报告分为鉴证性报告和咨询性报告。鉴证性报告，给第三方看，起着证明或公证作用，意味着出具的报告要承担一定的法律责任。咨询性报告，只提出专业性咨询意见，不具备法定效力，责任由报告使用人承担。专项整治的估价性质决定了租赁停偿估价业务为鉴证性估价报告。为此，专家组审核实践中把握了以下原则和要点：

（一）报告规范性和完整性

报告须是专业房地产评估机构出具的房地产估价报告，符合规范格式，估价机构符合规定资质。报告完整，包括结果报告、技术报告及必备附件，附件包括项目估价委托书、位置示意图、现场照片、项目权属和利用等资料，评估机构营业执照、机构资格证和估价师资格证。报告有评估机构盖章、注册估价师签字和法人代表签字。

（二）估价对象界定清晰准确

估价对象房地产用途主要以现状用途确定，军队房地产或土地出租的初始条件明确，土地面积、建筑面积准确，承租方投入建设的内容明确，项目权属情况明确，经营状况、租赁权益、租赁约定期限等明确。这部分内容决定报告评估思路和方法选择是否合理、军队房地产收益范围是否遗漏、承租方成本测算范围是否扩大、房地产总租金收益是否客观、成本回收是否合理等。

（三）评估条件和价值内涵准确

评估条件主要包括用途、容积率等利用条件，以反映房地产现状利用为主，审核以租赁合同约定、项目情况说明、报告照片为依据审核判定。价值内涵主要审核价值类型、价值标准和租金构成。权属认定以项目情况说明和估价委托书为准。

（四）评估思路清晰合理

租赁评估报告思路主要有三种：一是先评估军方出租房地产价值，进行年金化，再扣除因压缩租期承租方未回收的成本，余额为军队房地产租金收益；二是先评估房地产总体收益，再扣除承租方经营费用、经营成本和收益、承租方未收回成本，余额为军队房地产租金；三是评估房地产净收益，再以出租方和承租方资产比例分配后，扣除因压缩租期承租方未回收的成本，余额为军队房地产租金收益。审核一般都建议至少两种思路相互佐证较好。

（五）评估方法选择合理应用完整

评估方法主要有租金案例比较法、价值倒算法等。重点审核评估方法的适用分析、案例信息的完整性和内涵、应用的现实性、完整性、重要参数依据充分或合理性分析，基本数据取值在大数据的范围内。

报告大部分采用了静态方式，但也有的估价师采用现金流方式，两种方式比较而言，现

金流方式评估更直观明了，合理性更有说服力。

（六）重要参数有依据

土地出让金、房产税不合理计取判定。不少评估机构认为军队土地为划拨土地使用权，在价值内涵定义中界定为划拨土地使用权，评估结果中也扣除了相当于土地出让金的部分，实际上是减少了军方相应部分的收益。房产税由产权人交纳，国家政策明确军队房产税可以减免，评估报告如果不能提供地方收取房产税的依据，即视为不合理计取。

（七）承租方投入成本摊销和收益判定

严格讲，关于成本投入判定，应采用经过造价审计部门或出租方认可的投入成本，但受原始资料、作业时间、承租方配合等因素影响，在本次评估报告中很少见。审核时，报告以造价指标或成本计算完整、在合理范围内的，可作为承租方投入成本的依据；但对于成本构成超过了建筑和装修投入的内容，或明显不合理的，审核时给予指出；投资利润、销售税费等参数的计取也采用同样的审核方式。关于承租方确未收回的成本和摊销方法，鉴于项目建设年代、租约长短、原租约条件、背景等情况复杂，审核时没有一概而论，对没有考虑租约因素的、成新率偏高的、摊销方式不合理的报告，审核时给出了提示意见。

（八）报告的整体逻辑性

主要针对：估价基本事项与委托内容一致；计算收益的范围与估价对象实际情况一致；计算收益内容与评估条件一致；收益与成本计算口径一致；计算过程与价值内涵一致；案例租金内涵和交易信息与修正过程一致；重要参数取值理由基本充分；估价思路与设定条件一致；估价方法与价值类型和评估条件一致；评估结果与设定条件、价值内涵和评估方法及市场水平一致。

三、评估报告的主要问题及原因

从对百余个项目评估报告的审核来看，一审通过率较低，90%以上报告存在问题，经过修改才得以通过，其中至少1/3经过第三次审核甚至四审，最终基本符合了房地产估价规范要求。正是由于专家审核组的严谨、务实、较真，坚守评估基本准则，用规范和标准衡量，指出毛病到位，切中要害，对评估机构产生了较大触动。对审核前后报告结果分析对比，约有1/4以上的项目租金有了大幅提高，有的甚至翻倍。审核暴露的评估问题概括有三方面：

（一）大多数评估机构对停偿政策不熟悉不了解或一知半解

地方常规房地产租赁项目是产权人将房地产在公开市场上出租形成房地产租赁价格，随行就市，较少进行租赁价格评估。而本次军队房地产租赁停偿整治项目特征，是部队作为甲方出租原有房地产或场地、乙方投资改扩建或新建，本质上讲是双方合建项目对外出租，或约定由乙方承租经营若干年期并向军方缴纳一定数额租金，到期后地上物无偿交付军方。因军队全面停止有偿服务工作，大部分租赁停偿整改项目涉及压缩租期、调整租金，尤其是两项整治前后阶段投入资金大、开张营业时间短的项目，确实难以收回成本，需考虑承租方投入成本之因素。停偿有关政策要求"原则上以当前时间为评估时点，以房地产现状为评估对象，综合考虑原始合同协议、出租房地产初始条件、周边市场发展、租期调整变化、承租方建设投入等因素，依法依规、实事求是评估租金价格"，因此，停偿租赁项目评估的特点具有法规性、时限性、强制性、补偿性等，不同于地方常规租赁项目评估。很多估价师对上述政策要求不了解或不熟悉，没有理解"房地产现状""初始条件""租期变化""承租方建设投入"的含义和关系，对本次整改项目租赁价格评估的技术难度估计不足、重视度不够、研究不透，致使估价对象界定不准、评估思路不合理、不该扣减的扣减，最终导致评估结果偏离客观，如仅一项扣减土地出让金就导致土地租金减少了40%等。因此，多数评估机构对此开展得并不顺利。

（二）评估思路或重要环节失误甚至错误，导致估价报告结果不成立

一是对军地双方资产界定、项目边界不清楚，没搞清估价对象初始条件状况，评估中在军方建筑物基础上进行改扩建项目，一股脑儿地全部作为承租方投入，忽视了原军方建筑物价值；二是有的报告仅评估部队原出租房地产，忽视承租方新增建筑物所使用的军方土地的收益价值，军方收益出现漏项；三是计算采用双重标准，明显低估部队房地产价值，不合理加大承租方建设投入成本；四是剩余年限租金测算运用了递增公式，估价结论的年租金却未递增提示；五是承租方建设投入从军方租金收入中抵扣不合理等。

（三）对估价对象描述不清，案例信息披露不全，价格影响因素缺项较多等

估价对象要素界定不清晰，如对出租什么、初始条件、租赁期限、现状条件、租期何时结束等阐述不清，从前看到后，如不辅以其他材料或情况介绍，就看不懂报告评估什么。报告从一开始暴露了估价师工作基础不扎实，这类报告的评估思路和测算过程基本都存在比较多的漏洞。

有的评估报告界定评估对象为房地产，但评估成本摊销范围不仅包括房屋建设成本，还将项目经营设施设备也计入在内，在租期到期时，收回的就不仅仅包括固定资产，也要考虑其他资产内容。报告界定的估价对象范围前后矛盾。报告应当提示收回资产与评估的成本核算范围不一致，存在后期审计风险。

估价目的和价值类型表述不清，有的报告对价值类型仅表述为"估价对象公开市场租赁价格"，脱离了项目评估的特定条件；有的报告表述为"估价对象初始条件下的市场租金"，脱离了现状使用状况。价值内涵表述不清晰，导致评估思路不合理和混乱。

评估报告中所选案例真实性对评估结论合理性、准确性是极为关键的数据，主管部门对专项整治项目的后续检查评价中，可能会针对其所选市场案例真实性核实，因此，报告审核特别关注了案例问题。所选可比案例信息披露不完整、缺项较多，尤其缺少信息来源和位置图。在与估价师沟通案例时，也确实发现案例租金应修正未修正等诸多问题。

此外，很多报告比较粗糙，租金影响因素缺项较多，或文不对题，只是报告的一项摆设；重要参数取值缺乏依据或缺少分析过程，如评估要求的是考虑"承租方建设投入"因素，报告按照开发项目测算全部成本价值，包括投资利润、销售税费等，放大了建设投入的内容，反映出估价师没有考虑特定条件下的评估要求；甚至有的报告以咨询报告形式报审，规避估价责任的做法更不可行。

四、工作建议

（一）建立一支高水准的专项服务机构队伍

目前，全国房地产估价机构5000余家，其中二级以上机构3000余家，一级机构近600家。队伍庞大，但估价水平参差不齐，依据评估机构资质等级、实力信誉、执业水平、社会责任等建立一支评估机构队伍，围绕军队建设发展大局，做精、做专、做细部队估价的专业服务。

（二）做好专项评估研究和技术准备

服务军队的评估是一项长期的工作，停偿租赁评估虽然暂告一段落，但停偿置换等军队业务在 2019 年评估需求强劲。从近一年的置换报告审核看，问题很多，特别是评估目的、估价条件设定、评估思路等不符合土地置换评估原则。很多机构对工作的难度预计不足、评估结果的风险隐患缺少预判，评估报告在反复修改中出现难以自圆其说的矛盾等，导致置换工作周期拉长，影响军地双方的建设速度。因此，准备参与到军队评估业务的机构和估价师应充分研究有关政策和评估要求，尽早做好技术准备。

（三）高水准做好军队评估业务管理

军队评估对评估机构来说是一项新业务，对项目管理要求应高于其他业务。因各方面的原因，评估工作跨度时间长，从介入评估到通过专家审核，往往在 2-3 个月或更长，如果加上后续的专项审计，可能需要 2-3 年时间。评估机构要有长期服务的思想准备，派出的估价师不仅要专业技术经验丰富，更要求职业素养高、敢于承担责任，在公司发展稳定；还要做好档案工作，评估工作过程文件、调查材料、报告修改记录等都要存档备查等。此外，保密性要求更高，拍照前要询问、材料保管要专项、人员培训要强调、项目信息不公开等，养成适应军队评估业务的工作习惯。

最后，建议行业协会联合部队主管部门，开展专项业务评估培训，以更高的标准要求满足军队建设的评估服务。

作者联系方式

姓　　名：刘长虹
单　　位：中国人民解放军联保部队第五储备资产管理局

姓　　名：史源英
单　　位：北京华信房地产评估有限公司

姓　　名：贾　畅
单　　位：北京华信房地产评估有限公司
地　　址：北京市朝阳区建国门外永安里中街 25 号 3 幢二层
邮　　箱：syy99xh@163.com

军队房地产评估中
关于租户清退协议补偿评估案例分析

林启山

摘　要：中央军委分步骤停止军队和武警部队一切有偿服务活动，对于承担国家赋予的社会保障任务，纳入军民融合发展体系。全面停止军队和武警部队有偿服务活动，是一项事关军队建设发展全局的重大政治任务。本文从笔者参与的一项部队停止有偿服务活动的实际评估案例切入，阐述评估机构在军队房地产评估中所提供的专业服务。

关键词：房地产评估；军产房；租户清退；价值评估

一、军队房地产含义及出租存在的问题

（一）军队房地产含义

军队房地产，是军队管理、使用的土地，房屋及附属设施、设备，以及林木等的统称。一般情况下，军事用地都是划拨的。据1990年实施的《中国人民解放军房地产管理条例》规定，军队房地产的权属归中央军委，其土地使用权和建筑物、构筑物以及其他附着物的所有权，由总后勤部代表行使。军队房地产管理的业务工作由各级后勤（联勤）机关营房管理部门归口管理。军队房地产按其用途分别由有关单位和业务部门具体负责使用和管护。

（二）出租存在的问题

目前，军队房地产从管理角度主要分为部队自管空余房地产和房管部门管理储备房地产两大类。

军队自管空余房地产多用于租赁，是军队单位将其管理的空余房地产出租给承租人并收取租金的行为，是一种特殊的军事经济活动。但在实际中也存在着一些问题，如承租人的经营建设可能会影响军队的日常运行、与政府规划部门对片区规划不协调；另外，军队出租空余房地产虽然充分利用了闲置资源弥补了国防经费，但军队从招租、筛选承租意向人、确定合同内容到订立合同以及后期管理，需投入较大的精力，势必会分散部队建设的核心注意力等。

二、政策背景

2016年中央军委印发了《关于军队和武警部队全面停止有偿服务活动的通知》（以下简称《通知》），军队和武警部队全面停止有偿服务工作正式启动。中央军委计划用3年左右时间，分步骤停止军队和武警部队一切有偿服务活动。对于承担国家赋予的社会保障任务，纳

入军民融合发展体系。自《通知》下发之日起，所有单位一律不得新上项目、新签合同开展对外有偿服务活动，凡已到期的对外有偿服务合同不得再续签，能够协商解除军地合同协议的项目立即停止。《通知》还强调，全面停止军队和武警部队有偿服务活动，是一项事关军队建设发展全局的重大政治任务。

三、租户清退协议补偿评估案例分析

（一）项目概况

海军驻上海某部队为执行《关于军队和武警部队全面停止有偿服务活动的通知》的要求，需对未到期的军地合同协议进行协商解除，对部队租户清退并协议补偿，清退后的土地交由区政府房管部门管理储备。未到期军地合同的剩余租期在3～15年不等，均为部队出租土地。租户承租土地后建造房屋，房屋类型有钢结构的4S店、厂房，钢混结构的商住楼、商场、酒店，砖混结构的平房，简易结构的临时简易房以及其他构筑物等，房屋建筑面积合计约24万平方米。体量大、房屋结构类型繁杂，因此评估工作由两家评估公司同时进行，其中一家评估公司作为领头公司并协商统一技术思路、测量标准、定价标准等。

（二）实地查勘

委托人部队后勤部门提供了租赁合同等资料，但其中约定的面积、界止与实际状况有差异，根据部队与租户的协商，补偿范围按实地查勘数据为准，这就使得估价师实地查勘显得格外重要，不仅增加了估价师工作量及还要保证测量数据的精度。工作小组历时3个月，通过使用电子测距仪逐一完成房屋面积、层高测量，数据整理导入电脑，计算数据并与部队及租户复核数据等现场工作。现场工作中，必须保持与部队及租户及时、有效地沟通，快速、准确地了解项目的情况，这是提高评估工作效率的重要途径。

（三）价值时点

根据后勤部门对上报材料的要求确定价值时点，非实地查勘之日，假设估价对象在价值时点的状况与在完成实地查勘之日的状况一致。

（四）评估依据

有关法律法规、政策文件：

（1）《中华人民共和国物权法》（主席令第六十二号）；

（2）《中华人民共和国土地管理法》（主席令第二十八号）；

（3）《中华人民共和国城市房地产管理法》（主席令第七十二号）。

军队房地产评估项目尚需依据的法律法规、政策文件：

（1）《中国人民解放军房地产管理条例》（〔2000〕军字第26号）；

（2）《国土资源部、财政部、解放军总后勤部关于加强军队空余土地转让管理有关问题的通知》（国土资发〔2007〕29号）；

（3）《军队房地产租赁管理办法》；

（4）《关于进一步从严规范空余房地产租赁管理有关问题的通知》；

（5）《关于军队和武警部队全面停止有偿服务活动的通知》；

（6）《关于从严规范军用土地管理有关问题的通知》；

（7）《中华人民共和国军事设施保护法》；

（8）《中国人民解放军保密条例》。

技术规程及有关技术文件：
（1）《房地产估价规范》GB/T 50291—2015；
（2）《房地产估价基本术语标准》GB/T 50899—2013；
（3）《上海市建筑和装饰工程预算定额》（上海市建筑建材业市场管理总站）；
（4）《上海房屋拆迁中建筑物建安重置清单单价清册》（上海市房地产估价师协会）；
（5）近期上海市市场行情调查资料。

（五）确定评估思路

评估范围是建筑物（含附属物、租赁合同外房屋）、建筑物室内装饰装修，不包含土地。评估价值类型为房屋建筑物建安重置价，装饰装修重置价。测算过程主要依据《上海市建筑和装饰工程预算定额》《上海房屋拆迁中建筑物建安重置清单单价清册》《造价与交易信息》《上海市征地财物补偿标准（2017）》及市场行情等资料，通过工程建设定额计价法及工程量清单计价法确定建筑物及装修的重置成本价。值得注意的是，在工程量计算时要分部分项从建筑物的基础到屋面按顺序计算，避免遗漏、重复；定额计价法计算价格时，应根据评估对象实际所用的材料合理选取相同或类似的可对比材料，再通过市场询价确定可比材料价格，避免脱离实际导致评估价格出现大的偏差。成新率由部队后勤部门与租户协商确定，主要根据建筑物、装修使用寿命与剩余租期的关系来计算，部分租户同时结合了建筑物、室内装修实际使用状况。

（六）评估过程中需注意的问题

（1）上述评估实操案例中主要工作量是现场实地查勘、整理测量数据及与部队后勤部门、租户的沟通，实地查勘的数据精确度直接影响评估结果，因此除了要使用精度较高的测量仪器（如YHJ激光测距仪、BOSCH激光测距仪）外，还需要测量人员规范测量，各评估机构统一测量标准；同时，测量结果应及时与部队、租户进行沟通，确认后三方均应在查勘表上签字。

（2）对于大规模房屋测量，可向测绘院寻求帮助，根据需要测量的房屋区域范围，向测绘院购买该区域的遥感图纸及建筑面积的初步测量数据，这样既有助于了解需测量区域内建筑物的分布以及覆盖情况，也便于判断工作量，有利于工作计划的制订及开展。

（3）评估对象多位于部队所在的军事基地周围，因此需要遵守保密协议，工作中需注意不可进入军事管理区域，不可拍摄或记录有关军事设施、装备等，同时对于部队提供的图纸、文件应妥善保存，使用后原件归还，项目评估过程中的电子文档或材料不可外泄或上传网络。

四、结语

部队为执行《关于军队和武警部队全面停止有偿服务活动的通知》的相关规定，委托评估机构为其确定协议清退租户补偿价格提供参考，这是评估机构顺势而为、与时俱进的具体表现。在国家出台新的政策、规定时，评估机构应及时挖掘新政策、新规定带来的机会，不断调整、更新评估技术思路，发现和挖掘物业价值，运用专业的知识技能解决国家及人民群众面临的问题，促进房地产市场的健康发展。

参考文献：

[1] 罗远桂，邢东升，陈继斌. 军队房地产管理存在的问题及对策 [J]. 军事经济研究，2014（07）.

[2] 贾畅. 军队房地产评估浅析 [EB/OL]. [2016-10-28/2019-09-18]. http：//www.dedns.cn/caijin/1455105.shtml.

作者联系方式

姓　名：林启山

单　位：深圳市世联土地房地产评估有限公司上海分公司

地　址：上海市万荣路777号H座602室

邮　箱：linqs@worldunion.com.cn

军队房地产估价基本事项问题初探

王学发 肖家捷 沙美丽

摘　要： 军队房地产具有特殊性，更加要求军队房地产估价明确估价的基本事项，只有这样才能将军队房地产估价做好，为军队决策提供可靠、有效的参考。

关键词： 军队；房地产估价；基本事项

近年来，随着军队房地产管理的不断完善，军队建设与地方建设互相支持，也涉及军队房地产价值问题。军队房地产属于特殊房地产范畴，与地方房地产相比有其特殊性，包括房地产估价基本事项确定的特殊性。

一、房地产估价基本事项回顾

房地产估价基本事项是房地产估价工作在具体估价前要明确下来的。根据估价实践，估价基本事项确定明晰与否，是房地产估价的关键所在。脱离了明晰的估价基本事项，估价就像是在黑暗中摸索，无的放矢。

（一）估价目的

估价目的就是估价所服务的用途。也就是说估价必然是为特定的目的服务，为某个经济行为或者活动提供价值参考依据。估价目的是确定其他估价基本事项的基础，不同的估价目的，估价对象的范围、价值类型、价值时点都可能不同。所以说确定估价目的是房地产估价的重要事项。通常分国家法律法规规定的法定评估和估价报告使用人自愿委托的非法定评估。常见的估价目的有房地产抵押估价、房地产税收估价、房地产征收、征用估价、房地产拍卖、变卖估价、房地产分割、合并估价、房地产损害赔偿估价、房地产保险估价、房地产转让估价、房地产租赁估价、建设用地使用权出让估价、房地产投资基金物业估价、为财务报告服务的房地产估价、企业各种经济活动涉及的房地产估价、房地产纠纷估价、其他目的的房地产估价

（二）估价对象

是指估价对象的财产范围，包括构成、物理及经济权益边界、约束条件等内容。估价对象是由估价专业人员根据估价目的界定的，描述清楚估价对象的范围是进行分析测算和判断的基础，同时便于估价报告使用人清晰了解估价对象。

对估价对象的界定是保证估价质量的基础条件之一。在估价实践中，由于估价师的经验和知识广度的不同，对估价对象的界定会出现一定的偏差，造成估价技术路线选择的偏差，影响估价工作效率，也影响估价机构的声誉。

(三)价值类型

是指估价对象价值或价格的名称,反映估价结果的价值属性。不同的价值类型从不同角度反映估价对象价值的属性和特征。主要的价值类型有市场价值、抵押价值、投资价值、清算价值、残余价值,除了以价值或价格表现的价值类型以外,还有以租金表示的价值类型。

价值类型的确定要依据估价目的综合确定。在估价实践中,也会经常出现价值类型错误的情况。如将抵押价值误定为市场价值;将本应该做地役权价值评估的误定为临时用地价值评估等。

(四)价值时点

是估价对象价值或价格所对应的时间。房地产估价为特定的估价目的服务,估价结果是在特定时间点的价值或价格。价值时点由估价委托人确定,估价专业人员可以提供相关专业建议,重点考虑估价结果有效服务于估价目的;是否有利于现场调查和资料收集;法律、法规有专门规定的,从其规定。价值时点可以是现在、过去和将来,但是务必要结合估价目的。

二、军队房地产估价的特点

(一)军队房地产覆盖面广

军队房地产覆盖地广、类型繁多,既有北京、上海、广州、深圳等大城市,也有很多位于偏远小镇、乡村。可以说,只要非军队房地产有的类型,军队房地产都有,即使非军队房地产没有的类型,军队房地产也有。既有陆地权益,也有海洋权益;既有单纯的土地,也有房地合一的房地产;既有居住用地,也有商业、办公、工业、农用地。

(二)军队房地产估价对象复杂

由于历史原因以及军队房地产管理的特殊性,军队房地产估价对象情况复杂。有的没有办理产权登记,有的与地方存在边界不清晰,有的出资方性质和权属复杂,有的具体定性非常困难,有的属于回顾性评估。比如,一家评估机构将纳入军队房地产管理、实际经营为酒店的被地方利用的部分土地按照工业用地评估,就是没有充分分析该地块的复杂性。简而言之,估价对象的边界、权属、定性都非常复杂。

(三)军队房地产管理的特殊性

军队房地产管理,尤其是土地管理,自成体系,既要符合国家土地管理一般法的规定,也要符合军队房地产管理的特殊法的规定。如军队房地产转让估价,不熟悉军队房地产管理的特殊性,就会落入划拨土地需要扣除土地出让金(土地增值收益)的误区,这从估价专业角度来看属于技术路线错误。为此,需要估价人员从事军队房地产估价时,必须熟悉军队房地产管理的政策、法规。

三、军队房地产估价基本事项的重要性

军队房地产由于其具有的特殊性,合理确定军队房地产估价基本事项尤为重要。

(一)军队房地产估价基本事项确定难度大

军队房地产估价目的通常为法定评估,为军队或军地两方决策提供参考。军队土地取得方式为国有划拨,用途往往登记为军事设施等,估价对象具有明显的特殊性。这种特殊性造

成了军队房地产估价基本事项确定的难度要比一般房地产估价基本事项的确定大。

（二）估价基本事项确定准确与否影响的是项目的进度

估价的基本事项在估价委托合同或估价委托函中明确，有利于估价活动的开展和估价报告的使用。如果估价的基本事项不能够结合军队房地产的特殊管理规定准确确定下来，其结果就是不能准确根据估价服务的具体行为确定估价目的，确定估价对象，也就不能正确确定价值类型、价值时点，不能运用适宜的估价技术方法，无法按时完成估价报告，其最终结果就是影响项目的进程。

（三）估价师应为引导确定估价基本事项的主导

一般认为，估价的基本事项，包括价值时点、价值类型、估价目的、估价对象，是依靠估价委托人通过委托函确定，责任由委托人承担。但是根据笔者的估价经验，估价基本事项需要估价师结合自己对项目的了解、估价师的专业知识，引导委托人通过委托函形式确定下来。由于军队管理的流动性特征，管理者对房地产估价的认识存在很大的差异，依靠军队管理者确定估价基本事项难度比较大。这更凸显了专业的估价师在引导确定估价基本事项中的作用。

四、军队房地产估价基本事项的确定难点和重点

军队房地产估价常见的以转让、租赁为目的的估价，在估价操作的过程中除了遵守《房地产估价规范》外，还应考虑军队房地产性质的特殊性，如《中国人民解放军房地产管理条例》等文件要求。根据笔者的经验，将军队房地产估价目的分为如下几种类型，并确定不同类型估价目的的难点和重点。

（一）为以房地产转让为目的的房地产估价

军队房地产转让包括经营用地转让和公益事业用地转让两种情况。其中：

（1）经营用地转让的房地产估价的重点和难点在于确定转让的条件。一般来说，经营用地转让的条件可以将土地设定为出让，年限设定为最高出让年限，容积率设定为规划容积率或参照周边的平均容积率。

（2）用于公益事业用地转让的条件可以参照征收估价，其中用途参照现状用途与经营用途的接近程度确定为办公、居住、商业、工业等不同用途。

（二）为以土地置换为目的的房地产估价

土地置换按照价值对等原则，采用置换土地的对应条件进行设置。一般来说，军队土地置换出后参照置换后的用途设定，其中：

置换后用于经营或接近经营的按照经营用途设定；用于公益的，按照军队房地产的原用途设定条件进行评估。

（三）为房地产租赁服务的房地产估价

为房地产租赁服务的房地产估价，均设定为经营用途，按照市场租金的评估方法进行评估。

（四）为土地占用为目的的房地产估价

土地占用要注意重点区分是单纯的土地补偿价值还是地役权评估。其中，占用全部土地的为土地补偿价值评估；占用部分土地的要分析占用前、后军队房地产价值的差异，分析后再确定是否包括损害赔偿价值评估；占用地下部分归还地面土地的不仅要评估临时用地补偿

价值，也要评估地役权。

总之，军队房地产评估是一个复杂的工程，需要估价师多研究、多分析，合理确定估价基本事项，不断提高估价水平。

作者联系方式
姓　　名：王学发　肖家捷　沙美丽
单　　位：宝业恒（北京）土地房地产资产评估咨询有限公司
邮　　箱：zhangliu_dream@126.com

估价机构如何在军队房地产方面积极发挥作用

贾 畅

摘 要：随着军队全面停止有偿服务和军民融合深度发展的推进，有关军队房地产评估事项成为一项重要工作。本文从军队房地产评估的类型、特点、评估原则和思路、注意事项四个方面，提出了估价机构及估价人员在军队房地产评估过程中的作用，以供讨论。

关键词：估价机构；军队房地产；评估

经中央军委主席习近平批准，从 2015 年 6 月至 2016 年 1 月，在全军开展工程建设项目和房地产资源管理专项整治；专项整治结束之后，总部将深化固化经验做法，研究出台加强全军工程建设项目与房地产资源管理的若干规定，推动有关条例和规章制度的完善配套，建立系统完备的长效机制。从 2016 年开始，总部每年进行重点督查，推动军队工程建设项目和房地产资源管理走上正规化、法治化、制度化轨道。2018 年，随着军队全面停止有偿服务和军民融合深度发展的推进，有关军队房地产评估事项更成为一项重要工作，估价机构在军队房地产评估方面，可积极发挥作用。

本文主要从军队房地产估价的类型、特点、原则及思路出发，提出军队房地产估价中需要注意的地方，以期估价机构在未来军队房地产估价方面发挥积极作用。

一、军队房地产评估的类型

（一）土地置换价格评估

党的十八大以来，习主席高度重视军用土地资源管理，强调土地置换大有可为，要求军地双方强化大局观念，推动资源优化组合、高效利用，实现军地双赢。中央和国务院《关于支持海南全面深化改革开放的指导意见》《海南地区军地土地置换整合实施意见》构建了军民用地融合保障新模式。估价机构可以为军地土地置换和资源优化组合，实现军地双赢提供技术支持，在军地双方沟通中搭建桥梁，在土地置换中发挥作用。

（二）土地转让价格追溯性评估

2014 年，总后勤部发布《关于从严规范军用土地管理有关问题的通知》，提出要严控土地转让。总后勤部要求除保障战备训练、新组扩编部队建设、干休所改造以及地方政府规划占用等涉及的土地转让项目外，其他以筹措经费为目的的项目一律停止，因此，目前经营性土地转让项目已停止。在军队房地产资源整治过程中，因某些项目的历史遗留问题，需进行追溯性评估，追缴土地价款或复核原项目合理性。

（三）房地产停偿追溯性评估

根据中共中央办公厅、国务院办公厅、中央军委办公厅印发《关于深入推进军队全面停止有偿服务工作的指导意见》，到2018年年底前全面停止军队一切有偿服务活动，房地产评估在军队停偿整改中发挥了重要作用。目前，停偿租赁评估项目已完成阶段性任务，但亦存在少量追溯性评估服务的需求。

二、军队房地产评估的特点

（一）评估需求的复杂性

军地房地产评估与常规评估项目有一定区别，军队房地产是以保障为目的，不具备市场替代性、流通性和变现性。在政治和军事需要的大背景下，如果采用一般的市场经济行为和标准，可能对评估目的和解决问题的大方向有所偏离，不利于评估结果的合理和应用。在评估价值的把握上，衡量的尺度不只是经济利益最大化，而是多点平衡，"政治、军事、经济和社会效益多赢局面"，要把握好经济效益与其他目标的匹配度。

（二）评估技术的挑战性

军队房地产普遍存在利用情况差异大、位置偏远、规模大、地形复杂等情况。评估类型不仅是价值评估，征地费、土地使用费、租赁费等价值形态都可能在评估中出现，对评估机构和估价师都是一个高难度的挑战，对评估工作组织、技术路线、现场处理、沟通协调、后期跟踪服务等方面要求更高，在评估思路上需要有创新，更需要估价项目负责人具备较高的评估理论水平和丰富的军队项目评估实践经验。

（三）审计要求的严格性

军队土地置换项目均需经军委审计，因此在工作程序、报告标准、技术路线、重要参数、估价依据等方面都需从审计的角度，多维度把握好评估工作的质量。要达到审核标准，评估报告应做到：严格按照《城镇土地估价规程》《房地产估价规范》等技术规范完成，从技术规范层面上保证评估报告质量；评估技术路线要符合军队房地产土地管理的要求，正确理解估价目的、准确界定价值内涵、合理应用估价原则、科学把握评估结果等；重要技术参数、标准依据体现地方规定和市场情况。

三、军队房地产评估原则及思路

（一）评估原则

军队房地产评估除估价技术规程要求的原则外，还应考虑以下原则：

1. 技术规程与评估技术思路创新理念相结合的原则

《城镇土地估价规程》和《房地产估价规范》是为了规范和指导估价专业技术，统一土地或房地产估价程序和方法，保证估价质量而制定的标准。房地产土地评估要严格执行技术标准，包括估价程序、估价对象界定、价值内涵界定、估价原则和方法、结果确定、报告撰写等，这是合法评估的必要技术条件。

评估技术思路则在技术规程的基础上，针对具体的评估项目需求提出解决路径或方案。评估技术思路需要创新主要体现在：地块评估条件设定思路、多种技术路线综合运用思路、政治军事经济社会因素综合分析判断评估结果。

2. 估价理论与军队房地产评估实践经验相结合原则

《城镇土地估价规程》和《房地产估价规范》规定了土地和房地产评估的基本概念、估价基本技术原则、技术路径和评估技术要点、价格影响因素等，在具体评估时，还应结合估价目的或评估报告应用的方向、解决的问题，结合相应的市场条件、价值类型，再确定具体的评估思路。

3. 土地评估与区域相关规划相衔接的原则

军队房地产是以保障为目的，在"军事设施"的属性下，其价值是隐性的。土地评估应坚持与区域相关规划相衔接的原则，合理体现军队土地价值。根据城市规划、土地利用总体规划以及所在区域规划，分析地块特点和周边土地利用方向，遵照土地最高最佳利用、集约节约利用和可持续利用原则，做出合理的评估设定。

4. 保密原则

严格防范与评估服务相关信息外泄，妥善保管委托方提供的各种文件资料，未经委托方的书面许可，不得向第三方泄露相关信息和估价报告内容。

(二) 评估技术思路

1. 土地置换价格评估思路

在对军队政策和技术研究、全面考虑价格影响因素、对评估风险进行预判的基础上确定评估思路。对于军队置换出的土地，评估思路既要考虑地块规划条件和最高最佳利用下的价值，也要考虑换出土地社会效益及再开发利用的市场风险和成本；对于地方置换给军队的土地，既要考虑土地征收拆迁的成本投入和市场发展潜力，也要考虑变更为军事设施用地后，土地价值隐性化的特点，以及关联的政策和社会效益，应该是多因素综合分析确定评估思路。

1) 房和地分估为主，房地产整体评估为辅

军队土地一般存在分散、现状利用情况复杂、置换后大部分将融入区域发展规划重新开发利用的特点，因此，宜采用房和地分估的思路，将土地和房屋及地上物等分别独立评估，有利于合理体现地价。但可能有个别的宗地现状利用较好，与周边区域总体利用比较吻合，符合最佳利用和可持续利用的条件，适合采用房地产整体评估。

2) 土地利用条件设定与区域规划衔接

宗地的评估条件可能各不相同，评估在与区域规划衔接的基础上，不同宗地采用的技术路线也随之不同，换出土地一般主要有以下三种类型：

（1）明确规划条件的，按规划条件评估，评估方法主要有市场比较法、假设开发法、基准地价系数修正法、成本逼近法。

（2）有区域规划，但无宗地详细规划的，参照区域规划条件，结合宗地现状条件评估。评估方法主要有市场比较法、假设开发法、基准地价系数修正法、成本逼近法。

（3）无区域规划的，参照土地利用总体规划和城市总体规划，结合现状条件和周边主要用途利用条件评估。主要有市场比较法、基准地价系数修正法、成本逼近法。

3) 其他用地评估

评估范围内涉及现状农业用地、建筑物、林木等评估时，依据《房地产估价规范》《农用地估价规程》等相应的评估技术标准，评估方法主要采用市场比较法、收益法和成本逼近法等。

4) 评估方法选择

土地评估方法应至少选择两种或两种以上。具体评估时，应再结合估价对象用途选择最

合适的评估方法。

2.房地产停偿租赁评估思路

军队房地产租赁价格评估与传统的价值评估业务相比，具有一定的特殊性，但在深入理解《土地估价规程》和《房地产估价规范》的前提下，灵活应用各种估价方法，思考经济行为的客观性和合理性，理论结合实践，也能提供高质量的估价报告，满足客户的实际需求。

思路一般有三种：一是先评估军方出租房地产价值，进行年金化，再扣除因压缩租期承租方未回收的成本，余额为军队房地产租金收益；二是先评估房地产总体收益，再扣除承租方经营费用、经营成本和收益、承租方未收回成本，余额为军队房地产租金；三是评估房地产净收益，再以出租方和承租方资产比例分配后，扣除因压缩租期承租方未回收的成本，余额为军队房地产租金收益。

在评估过程中，至少两种思路相互佐证较为适宜。

四、军队房地产评估注意事项

军队房地产评估具有保密性的要求，因此在评估过程中，需要注意以下几点：

（1）不得进入军事管理区域，不得拍摄记录有关军事设施、装备等。

（2）对于军队提供的文字及图表资料，做好保管，项目结束后及时归还。评估过程中及评估结束后，不得发表及讨论有关情况和评估结果。

（3）评估的电子文档和材料注意保密，不可上传至网络。

作者联系方式

姓　　名：贾　畅

单　　位：北京华信房地产评估有限公司

地　　址：北京市朝阳区建国门外永安里中街25号3幢二层

邮　　箱：jiachang@163.com

拍卖物业状况评价在司法拍卖实践中的应用初探

崔永强

摘　要：法院通过网络拍卖房屋，可以提高司法执行效率，降低交易成本；但同时由于房屋不可移动、独特性、价值量大的特点和交易过程的复杂性，使得买受人在拍卖房屋时，因专业知识有限，对房屋缺乏全面系统的了解，有可能会支付更多的竞拍成本，对司法拍卖缺少信任，造成社会不和谐因素。房地产估价师可以利用其专业知识，创新业务类型，接受委托对拍卖物业进行状况评价，对拍卖物业的全面状况进行调查、描述、分析和评定，给买受人提供相关专业意见，提示和防范风险。

关键词：拍卖物业；评价；业务创新；专业化

一、一起天价个税法拍案

2017 年 11 月，郑州市的杨女士从法院网络拍下一套住宅，花费 230 万元，这个价格和市场价格相比，节省了几十万元，以为捡到了便宜。拍卖结束后，在相关部门办理过户手续时，被税务局告知，本次过户须缴纳 46 万元的个人所得税，原因是该房屋上一次交易系"直系亲属过户"，上次过户时所申报的房屋成交价是 500 元。根据郑州市的相关税收政策：直系亲属过户房产不必按照税务系统的核定价格交税，可以自行申报价格，该房屋若 5 年内再次交易，需缴纳房屋总价差价 20% 的个人所得税。

杨女士认为，法院未将直系亲属过户的瑕疵告知买受人，属法院对拍卖标的物疏于调查，在拍卖公告中将缴纳全部税费义务强加给买受人，有违民法公平原则，显失公允，因此向当地法院提出异议，请求撤销该房屋的网络司法拍卖结果。

经法院审理认为，网络司法拍卖公告中的第七条已明示："标的物过户登记手续由买受人自行办理，所涉及的一切税费、维修基金及其可能存在的物业费、水、电等欠费，经济适用房、房改房等类型的房屋在办理过户时产生税、费、差价等费用均由买受人承担。"在司法拍卖实践中，为保证被执行的标的物快速变现，对于拍卖房产过户时涉及的有关税费、水电费、物业费等费用，由买受人承担并不违反法律禁止性规定，竞买人决定参与竞买的，应视为对拍卖财产完全了解。

最终，杨女士提出的撤销该房屋司法拍卖结果的理由因不符合法定撤销的情形，其异议请求审理法院不予支持。

二、参与各方究竟谁之错

（一）网拍法院

网拍法院认为，根据《最高人民法院关于人民法院网络司法拍卖若干问题的规定》第十四条第五项的规定，法院在拍卖公告中已明示，竞买人参与拍卖，应视为对拍卖财产全部了解，理应承担可能存在的各项风险。

杨女士报名参与本次拍卖活动，应视为其对拍卖房产全部了解，并接受一切已知和未知的瑕疵，以法院未将直系亲属过户的瑕疵告知买受人为理由，撤销该房产的网络司法拍卖结果为理由不应得到支持。

（二）买受人

杨女士认为，在法院拍卖时，拍卖公告没有显示房屋存在直系亲属过户这一状况，自己并非房地产方面的专业人士，没有专业能力和途径辨别拍卖标的物是否存在"直系亲属过户"的瑕疵，自己也没有权力向不动产登记部门查询房屋以往的产权交易信息，导致误判，错不在自己，另外根据规定，个人所得税纳税义务人为所得人，46万元个人所得税理应由原房主承担。

三、关于此起案件的思考

根据郑州拍卖市场行情，法院拍卖住宅房屋一般会低于市场价格20%～30%，在限购政策的影响下，法院拍卖的住宅因不受限购政策的影响，吸引了众多没有购房资格的人群关注。由于住宅房屋取得方式复杂，政府有很多关于交易限制的规定，房产在拍卖前，无法准确计算税费种类和数额。因此，法院在拍卖公告中大多会显示"标的物过户登记手续由买受人自行办理，所涉及的一切税费由买受人承担"的字样，因不了解拍卖物业存在的瑕疵，无法预测拍卖过程中所缴税费的种类和数额，致使拍卖过程中存在一定的隐患。

本起案件的标的物是一套住宅，若是一座商场、一幢写字楼，或是一家工厂，买受人对拍卖物业的了解程度到底如何？有很多问题值得我们思考和关注，买受人是否应该对拍卖物业有充分的了解？拍卖物业的现状如何？能否顺利地执行？买受人如何才能获悉拍卖物业的瑕疵？拍卖物业过户登记手续如何办理？

当然，关于司法拍卖规则我们无权指责，但是如果这起案件中，有估价师参与的话，凭着估价师的专业素养，履行调查职责，勤勉谨慎执业，那么就不会出现上述案例了。

四、律师尽职调查的借鉴意义

在一些案件中，经常会有律师尽职调查这项法律服务，律师尽职调查的首要目的在于，为委托方提供评价目标公司有关项目的法律资格以及相关项目的各种事项是否符合法律规定，尽职调查最终目的在于防范风险，避免无谓的失误和损失。律师做完尽职调查后，要给当事人一个真实的、全面的、可靠的结论。律师会将可能存在的法律风险充分地向当事人予以披露，所进行尽职调查的目的不是为了极力促成交易，是为了提示与防范风险。

房地产估价师因了解国家金融政策和税收政策，熟悉房地产市场和房屋交易规则，是房地产高端服务业中的专业人士，所以在涉及房地产的法院拍卖案件中，可以借鉴律师尽职调查的思路，创新司法拍卖领域的业务类型，以"为人谋利"的思维，充分发挥房地产估价师的专业价值作用，解决司法拍卖过程中买受人对拍卖物业不了解的"痛点"，接受买受人的委托出具咨询报告，进行拍卖物业状况评价，对拍卖物业状况进行全面的调查、描述、分析和评定，对拍卖物业存在的瑕疵给予充分的披露，给买受人提供相关专业意见，提示和防范风险。

五、拍卖物业状况评价的内容

全面系统地了解房地产需要从实物、权益、区位、使用状况等方面展开，因此，拍卖物业状况评价当以照片或者文字方式，全方位记录拍卖物业的实物状况、权益状况、区位状况和最高最佳利用方式，对于可能影响交易或使用的严重缺陷和瑕疵，应当在咨询报告中特别说明。

（一）实物状况评价

拍卖物业实物状况评价，应通过查阅拍卖物业的有关资料，询问拍卖物业的租户、周围邻居、物业公司等，实地观察、检查拍卖物业的新旧程度、结构、平面布置、空间布局、设备设施、装饰装修、公共配套完备程度因素，对可能影响使用的实物状况因素进行披露。

（二）权益状况评价

拍卖物业权益状况评价，应通过查阅拍卖物业的相关权属证书或者不动产登记簿和租赁合同，引用法律意见书中有关拍卖物业权益的法律意见等方法进行。

拍卖物业权益状况评价特别要关注产权的合法性、瑕疵和交易受限情况，要对土地所有权状况、土地使用权状况、房屋所有权状况、抵押权及地役权等他项权利设立情况进行调查。着重调查土地使用权、房屋所有权是否不明确或者归属有争议，土地取得、房屋开发建设等手续是否齐全，房屋租赁情况及租约合同是否已依法公告列入征收范围、使用是否受限制等。

（三）区位状况评价

拍卖物业区位状况评价，应当对拍卖物业的位置、交通、外部配套设施、周围环境以及未来规划等进行调查、分析和评价。拍卖物业为学区房的，应关注未来学区的划分；周边未来有规划的，应关注未来规划是不利因素还是有利因素。

（四）最高最佳利用方式

拍卖物业有可能处在查封状态闲置多年，或因用途限制不合理使用，往往不是最高最佳利用状态，拍卖成交后如何最大限度地利用拍卖物业，使其价值最大化，达到保值增值的目的，也是房地产估价师专业价值的体现。

拍卖物业的最高最佳利用方式包括最佳的用途、规模和档次，估价师应在调查及分析其利用现状的基础上，对其最高最佳利用做出下列判断：维持现状、继续利用最为合理的，应选择维持现状为最高最佳利用；更新改造再予以利用最为合理的，应选择更新改造为最高最佳利用；改变用途再予以利用最为合理的，应选择改变用途为最高最佳利用；改变规模再予以利用最为合理的，应选择改变规模为最高最佳利用；重新开发再予以利用最为合理的，应选择重新开发为最高最佳利用；上述的某种组合或其他特殊利用最为合理的，应选择上述的某种组合或其他特殊利用为最高最佳利用。

六、拍卖物业状况评价是估价专业化的体现

"中房学"副会长兼秘书长柴强博士多次强调,房地产估价是房地产领域的高端专业服务,企业在经营过程中,任何时候都不应离开"专业"这个根基,只有比客户更专业,用心为客户解决问题,才会有真正的估价需求。因此,估价机构要始终把"专业化"作为立足之本。

房地产估价不仅仅是对房地产的价值或价格进行分析、测算和判断,在新形势下,还要为客户提供相关专业意见,帮助客户进行房地产方面的专业判断,解决客户遇到的问题。对拍卖物业状况评价是房地产估价专业化的体现,足不出户,便对可能影响交易或使用的严重缺陷和瑕疵了然于心,使客户对拍卖物业有全面的认知,内行指导外行,提高交易效率,降低交易风险。

七、房地产估价专业化在法拍业务中的社会意义

(一)满足客户需求

通常意义上,服务是为了满足客户的需求,估价服务中把客户的需求作为首先要确立的方向和目标,是高质量估价服务的核心。不断了解客户需求,提供个性化的服务,为客户创造价值,才能使估价机构具有持续的生命力。估价服务能力的提高,不仅体现在估价业务数量上,更主要表现为服务质量的提高、客户满意度的提高。

(二)增加业务收入

近几年来,传统的房地产估价业务萎缩严重,业务收入越来越少,对于房地产司法拍卖领域衍生出来的拍卖物业状况评价业务,是房地产咨询业务的拓展,可以给估价机构带来一定的业务收入。

(三)提高品牌效应

目前我国房地产估价机构的业务比较单一,估价机构业务同质化严重,执业质量偏低,估价收费竞争白热化,机构内部管理传统,很少有客户是根据估价机构的品牌来委托估价的,因此,整个行业的品牌意识淡薄。当发生产品竞争、价格竞争、质量竞争、营销竞争、市场资源竞争时,转为品牌经营和品牌竞争就势在必行了。

客户迟早是要看品牌的,如目前的房地产资产证券化估价,客户就比较看重品牌,这种估价业务是高端化、品牌化的典型具体表现。因此,估价机构从现在起就要有品牌意识,重视品牌培育,建立良好口碑。

(四)化解社会矛盾

实践证明,完善的市场经济,需要完备的中介服务体系,市场经济越发达,中介服务体系就越完善,目前,我国的中介服务行业已成为政府管理社会事务的重要手段之一。房地产估价机构作为经济鉴证类中介服务机构,通过运用专业的知识和智力劳动提供特定的社会服务,发挥其沟通、公证、鉴证的作用。

上述案例中,如果估价机构能发挥其有效作用,用专业知识服务于估价利害关系人,"说服他人"或"为人谋利",就会降低矛盾发生的概率。

八、结语

最高人民法院《关于人民法院确定财产处置参考价若干问题的规定》中,将委托评估放在当事人议价、定向询价、网络询价后,作为人民法院第四种方式确定财产处置参考价,对房地产司法鉴定估价业务产生了挑战,对整个估价行业的业务数量、委托方式、评估程序、异议处理、收费模式等方面产生了影响。

在法院网络拍卖中,房地产估价机构可以利用专业优势,在拍卖前接受买受人委托进行拍卖物业状况评价,可以促进房地产交易公平、维护司法公正、保障社会稳定,体现房地产估价的核心价值。

现阶段我国经济发展正从原来的高速度发展向高质量发展的转变,专业化又是高质量估价的重要体现。唯有适应社会的转变,以高质量的估价服务为前提,体现估价行业的专业化水平,才能实现房地产估价行业的转变,才能在社会变革中不被社会淘汰。

作者联系方式

姓　　名:崔永强
单　　位:河南省中地联合房地产资产评估有限公司
地　　址:郑州市紫荆山路方圆创世商务楼 A 座 1603 室
邮　　箱:1498442800@qq.com

司法评估中房地产损失类估价探讨与实践

余秀梅 吴 军 李 英

摘 要：近年来，房地产损失类案件呈不断上升趋势，且情况各异、错综复杂，缺乏具体的评估标准可循。笔者通过多年从事司法类项目评估所积累的工作经验，从实例出发，对房地产损失类估价业务从实地查勘到评估方法的选择进行综合分析，希望能够对该类案件开展估价有一定的借鉴和帮助。

关键词：估价需求演变；房地产估价；损失赔偿

近年来，评估机构司法类项目估价需求变化趋势明显。一方面执行案件的估价需求呈下滑趋势。2018年8月28日，最高人民法院下发《最高人民法院关于人民法院确定财产处置参考价若干问题的规定》（法释〔2018〕15号）文件后，打破了原由人民法院确定房地产处置参考价方式，即只通过委托评估机构评估确定参考价，增加了可以采取当事人议价、定向询价和网络询价方式，且委托评估一般是在上述三种方式均无法确定价格或确定的价格存在异议的情况下才走的路径，所以导致执行案件委托评估需求显著下降。另一方面，民事诉讼类案件估价需求增长趋势明显，特别是房地产损失类案件估价。随着我国房地产行业的不断发展，房地产作为普通老百姓最重要的财产，无论是持有数量还是在总资产中占比，均越来越大，由房地产损失导致的估价需求也逐步增多。我公司近三年受理的房地产损失类案件评估数量就以每年约10%的速度递增。此外，从我市人民法院近几年受理的房地产损失类案件增长情况看，同样也反映出该类估价需求明显增长。所以对评估机构来说，在新形势下做好房地产损失类估价服务显得尤为重要。由于房地产损失类案件情况复杂，且可循案例较少，本文拟通过两个案例，就如何开展和拓宽房地产损失类估价的思路和方法做一些探讨。

一、房地产损害的类型

房地产损害的分类可以有各种分法，就实际工作来看，最常见最基本的分类通常有两种，即按照是否可修复，分为可修复的损害和不可修复的损害；按照受损害的形态，分为实物损害、权益损害和区位损害。

实物损害是指对房屋的实体、该实体的质量以及该实体组合完成的功能等方面的损害，包括影响主体结构、维护结构、装饰装修、设施设备等的损害以及房屋层高、建筑高度等发生改变从而对房屋功能产生的负面影响等。

权益损害是指损害事实的发生影响了对房地产权利的行使，从而造成经济损失的损害，包括异议登记不当，造成房地产权利人的损害，非法批准征收、使用土地，给当事人造成损失，对房地产权利行使不当限制，给房地产权利人造成损失等。

区位损害是指损害事实的发生间接影响房地产的外部环境，从而减损房地产价值的损害，包括环境污染带来的损害、小区周边规划修改、变更导致的房地产价值损失等。

从近几年接触的损害类型来看，占损失类赔偿案件比重最大的为实体损害类赔偿案件。

二、引起房地产损失的因素分类

引起房地产损失有各种因素，把实际工作中常见的类型进行归纳，主要有如下几种：一是房屋设计问题造成的房地产损失，如室内设有承重墙、消防管道等形成的对房产的价值贬损；二是房屋漏水造成的房地产损失，如房屋质量问题造成的房屋漏水、邻居使用不当造成的房屋漏水、物业不作为造成的室内返水等；三是失火引起的房地产损失，如房屋质量问题引起的火灾、邻里使用不当引起的火灾等；四是房地产开发商未按规划建设引起的房地产损失，如开发商未按规划设计条件建设车位，导致车位配比不足，引起房地产价值贬损；五是自然灾害带来的房地产损失；六是不动产登记部门的登记错误带来的房地产损失；七是环境污染带来的房地产损失；八是房屋采光、日照受影响的房地产损失。其中不动产登记部门的登记错误为权益损害导致的房地产损失，环境污染及房屋采光、日照受影响为区位损害导致的房地产损失，房地产开发商未按规划建设引起的房地产损失属于功能性损失，其余均为实物损害引起的房地产损失。

三、损失类评估通常的估价方法及其适用范围

根据《房地产估价规范》，通行的房地产损失估价方法有修复成本法、损失资本化法、价差法和比较法。估价方法的选择应按照房地产估价的技术规程，根据房地产市场发育情况并结合估价对象的具体特点及估价目的等，在遵循估价原则的前提下，采用科学、合理的方法进行估价测算，具体方法的原理及适用范围如下：

修复成本法是求取修复房屋质量缺陷所必需的各项费用之和作为房屋质量缺陷损失的方法，主要适用于可修复的房地产价值减损评估。

损失资本化法是求取房屋质量缺陷所引起的未来收益损失的现值作为房屋质量缺陷损失的方法，主要适用于不可修复的房地产价值减损评估。

价差法是求取类似的无质量缺陷房屋和有质量缺陷房屋市场价值之差作为房屋质量缺陷损失的方法，主要适用于不可修复的房地产价值减损评估及房地产价值增加评估。

比较法是与类似房屋质量缺陷进行比较，对其损失补偿金额进行修正、调整来求取房屋质量损失的方法，主要适用于市场上有类似损失补偿案例的房地产价值减损评估。

无论是修复成本法、价差法还是损失资本化法，本质上都是房地产估价三大基本方法的变形，其估价基本原理是不变的。

四、如何对房地产损失类项目进行估价

（一）估价前提

房地产损失类项目能否开展评估，或者说能否受理此类业务委托，要看被损害房地产是否能够满足估价所需要的基本条件，比如首先看能否调查到被损害房地产在损害发生前后的

状况；其次看能否收集到估价人员所需的材料；最后看能否通过已有的估价方法对其进行评估测算，若无法采用现有的估价方法进行评估，估价师能否拓宽思路和方法，探索出其他适用的估价方法。

（二）案例分析与运用

案例一：

因房屋设计问题造成的房地产损失案例：对某院审理的原告××诉被告××有限公司房屋买卖合同纠纷一案中涉及的原告××购买的位于××6幢商109/商109上有无承重墙○3×（○K-○M）市场价值差额进行评估。

1. 案例背景

本案为原告购买了××6幢商109/商109上一套商业用房，原告认为其在买房时，被告未将室内有承重墙告知原告，被告存在欺瞒行为，且室内存承重墙与没有承重墙其市场价格存在较大差异，所以要求被告赔偿损失。

2. 案例分析

对该案件开展评估，首先我们应判断房地产开发商在销售房产时，是否对有无承重墙的房产采取差异化定价，而判断其是否已采取差异化定价，主要是看原被告是否能够提供估价对象及估价对象相邻相似且销售日期相近的至少三个商业用房《商品房买卖合同》及其施工图纸，通过施工图纸判断其是否存在承重墙，再将原被告提供的《商品房买卖合同》显示的销售价格进行对比，如果估价对象与可比实例的销售价格相同或差异很小，可以初步判断，房地产开发商在销售房产时未实行差异化定价；其次结合房地产估价师实地查勘，判断承重墙存在的影响程度。

在该案例中，根据施工图纸与实地查勘，承重墙位于房屋内部中间靠西位置，将房屋内部空间一分为二，利用程度降低，导致商业价值减损。

3. 估价方法选用与理由

根据估价对象具体情况和收集材料，应选用评估方法及理由：

（1）修复成本法不适用。修复成本法主要适用于可修复的房地产价值减损评估，而本案属于不可修复评估，故修复成本法不适用。

（2）损失资本化法不适用。损失资本化法主要适用于不可修复的房地产价值减损评估，而本案虽为不可修复房地产价值减损评估，但因周边无类似的房屋对外进行出租，房产贬损后的收益难以确定，故损失资本化法不适用。

（3）价差法不适用。价差法主要适用于不可修复的房地产价值减损评估及房地产价值增加评估，而本案周边无类似贬损的案例，贬损后的房产价值不易确定，故损害前后价差法不适用。

（4）比较法不适用。比较法主要适用于市场上有类似损失补偿案例的房地产价值减损评估，而本案周边无类似补偿案例可循，比较法不适用。

（5）选用德尔菲法的理由。德尔菲法主要是由调查者拟定调查表，按照既定程序，以函件的方式分别向专家组成员征询调查，专家组成员又以匿名的方式交流意见，经过几次的征询和反馈，专家组成员的意见将会逐步趋于集中，最后获得具有很高的准确率的集体判断结果。因上述四种方法均无法使用，根据委托方委托的内容及本估价对象的实际特点，以及我市拥有多名评估此类案件的专家，故本次选用采用德尔菲法进行评估。

4. 测算过程

1）确定贬值率

本次采用德尔菲法主要是确定房地产贬值率，本案贬值率的确定主要从以下因素进行考虑：

类别	因素	贬值率（%）
面积	因承重墙的存在导致实际可使用面积减少而产生的价值减损	**
使用功能	因承重墙的存在导致实际使用功能下降而产生的价值减损	**
心理	因承重墙的存在导致心理受到排斥而产生的价值减损	**
其他		**

2）确定基数

确定基数应明确价值时点，从案件本身分析，本案确定《商品房买卖合同》签订日期为估价对象价值时点，故基数确定为《商品房买卖合同》签订金额。

3）损失金额确定

损失金额＝商品房买卖合同总价值 × 贬值率。

案例二：

因房屋漏水造成的室内装饰装修及物品损失：对某院审理的原告××诉被告××有限公司财产损害赔偿纠纷一案，原告申请对位于××G5-1304室房屋因泡水造成的屋内财产损失金额进行评估。

1. 案例背景

本案是因××有限公司员工操作失误，将原本不是给××G5-1304室供暖的，错误的给其进行供暖，因××G5-1304室管道改造且阀门尚未关闭，供暖的水从厨房位置流出，导致整个房屋均被热水长时间浸泡，造成室内装饰装修及物品受损。

2. 案例分析

本案的难点：首先是如何确定损失范围、损失前后状况。从房产被水浸泡到人民法院立案再到评估，需要经过数月时间，所以如何确定损失范围、损失前后状况难度较大。我们采取的办法是将损失范围分为两部分，第一部分为原被告共同认可的部分，第二部分为被告不认可但原告申请的部分，最终将两部分结果提交给法院裁决。

其次是如何确定价值时点。我们知道价值时点不同则评估价值不同，通常确定的价值时点为实地查勘日或漏水发生日，然而本案实地查勘日不应作为价值时点，原因是实地查勘日与漏水发生日相距时间较长，市场价格可能波动较大，折旧率也不相同，且实地查勘日状况为损害后状况。我们应该评估的是漏水发生时间前后的价格差异，故价值时点选择在漏水发生日更为合适。

3. 评估方法选用

本案损失涉及装饰装修及物品损失两部分。

（1）装饰装修部分选用修复成本法。根据上述评估方法适用条件及选用理由，本案装饰装修部分为可修复价值减损评估，故选用修复成本法对其进行评估测算，即：

$$V=C_1+C_2+C_3+C_4-C_5$$

式中，V 为漏水引起的室内装饰装修损失值；C_1 为拆除工程费用；C_2 为修缮工程费用；

C_3 为恢复工程费用；C_4 为直接经济损失；C_5 为被拆除物残值。

注：本案直接经济损失一般仅考虑房屋使用人周转安置费用及垃圾清理费用，但房屋使用人周转安置费用因具体周转时间无法确定，所以该部分内容一般不予考虑，法院会根据当事人提供相关证据给予一定补偿。

（2）物品损失金额分为两类，即可修复的为修复金额，不可修复的为物品在价值时点时的市场价值扣除残值后的金额。

修复金额采用修复成本法对其进行评估，涉及的费用主要为搬运费、运输费用、修理费用和更换零部件费用。

不可修复的物品适用成本法评估，通常是求取其在价值时点正常使用条件下价格扣除其被水浸泡导致物品完全损害后残值。

五、结语

新形势下，房地产损失类估价需求增多，此类业务的特点是损失原因多种多样，损失情况错综复杂，对于估价技术上的要求普遍较高，客观上需要估价机构和估价师提高认识，勇于创新，不断学习，善于分析；同时要充分发挥估价师的团队力量，利用集体智慧，以严谨、专业的工作态度，科学、准确的估价方法，为司法机关等需求部门提供高质量的评估报告；同时，鉴于目前房地产损失类估价可循案例较少，希望行业协会等相关部门针对较为典型的房地产损失类估价出台估价指导意见，以进一步丰富估价师的估价理论与实践。

对于估价机构来说，随着大数据的应用和发展，估价需求在不断发生变化，较多新的软件和系统代替了传统的评估行业，估价机构能否保持持续发展，是横亘在每一个估价机构面前的课题。我们认为，首先是估价机构需要加强复合型人才队伍的培养，重视估价理论的研究，不断丰富估价理论与实践经验，努力做到专业专注；其次是估价机构和估价师要勇于创新，主动迎接估价需求的发展变化，以高质量的估价服务赢得客户；最后是估价机构需要形成多元化发展战略，以满足目前形势下较多综合性项目的估价需求。

参考文献：

[1] GB/T 50291—2015，房地产估价规范 [S].

[2] 最高人民法院. 最高人民法院关于人民法院确定财产处置参考价若干问题的规定 [Z]. 2018-08-28.

[3] 河南省房地产估价师与经纪人协会. 河南省房地产司法鉴定估价指导意见 [Z]. 2018-04-08.

[4] 四川省住房和城乡建设厅. 房地产司法鉴定评估指导意见 [Z]. 2011-03-22.

[5] 北京市建设委员会办公室. 北京市房屋质量缺陷损失评估规程 [Z]. 2005-11-28.

作者联系方式

姓　名：余秀梅　吴　军　李　英
单　位：安徽中信房地产土地资产价格评估有限公司
地　址：安徽省合肥市蜀山区潜山路与淠河路交口帝豪大厦15楼
邮　箱：1036787601@qq.com

集体建设用地入市及抵押评估探讨

裴 蕾

摘 要：自 2013 年《中共中央关于全面深化改革若干重大问题的决定》发布以来，集体建设用地同地、同权、同价的理念逐渐为社会所接受，有关部门也积极出台相关配套政策，集体建设用地的活力得以激活、释放，全国各试点城市不断开展集体建设用地入市。金融机构是集体建设用地发展必不可少的助力机构，自银监会、国土资源部印发《农村集体经营性建设用地使用权抵押贷款管理暂行办法》以来，各金融机构陆续开展支持集体建设用地融资的活动。房地产估价机构一直是金融机构控制抵押风险的重要合作伙伴，在集体建设用地抵押环节提供专业评估意见尤为重要。但是集体建设用地使用权的评估体系还在研究和探讨之中，尚未完善。本文抛砖引玉，希望引起更多的探讨。

关键词：集体建设用地；抵押；评估

一、综述

2013 年 11 月 12 日，中国共产党第十八届中央委员会第三次全体会议通过《中共中央关于全面深化改革若干重大问题的决定》（以下简称《决定》）。《决定》第 11 条提到：1. 建立城乡统一的建设用地市场。在符合规划和用途管制前提下，允许农村集体经营性建设用地出让、租赁、入股，实行与国有土地同等入市、同权同价。2. 完善土地租赁、转让、抵押二级市场。《决定》是推动集体建设用地使用权入市的纲领性文件，可以说《决定》提到的上述两点引发了市场对于集体建设用地使用权极大热情和关注。这之后各种配套文件陆续推出。金融作为市场发展的重要配套支持，银监会、国土资源部印发了《农村集体经营性建设用地使用权抵押贷款管理暂行办法》等金融信贷配套政策。自 2016 年至今，全国各地如北京、上海、成都、浙江等地均成功推动集体建设用地入市，集体建设用地入市试点城市由 15 个增加到 33 个。北京市明确提出在 2017-2021 年，将新供应各类住房 150 万套以上，其中租赁住房 50 万套，主要在集体建设用地上建设。国家开发银行北京分行、农业银行北京分行、建设银行北京分行、华夏银行等第一批 4 家银行作为首批试点，已确定具体的贷款方案，贷款金额最高可达项目总投资的 80%。

2018 年 12 月 31 日，在第十三届全国人民代表大会常务委员会第七次会议上，国务院关于农村土地征收、集体经营性建设用地入市、宅基地制度改革试点情况的报告指出：截至 2018 年底，全国 33 个试点县（市、区）集体经营性建设用地已入市地块 1 万余宗，面积 9 万余亩，办理集体经营性建设用地抵押贷款 228 宗、38.6 亿元。在试点实践中，试点地区普遍参照国有建设用地交易制度，建立了集体经营性建设用地入市后的管理措施。可以预见，随着人民对集体建设用地使用权价值的认可、管理的日趋规范，未来集体建设用地使用权市场将充分发挥活力,抵押融资将会是非常频繁的业务。

二、集体建设用地涉及的法律法规梳理

近年来,集体建设用地受到广泛关注,从上到下各级部门积极推动集体建设用地入市,推出相应配套政策。从建立城乡统一的建设用地市场、同地同权同价,到金融信贷支持,再到险资可投资试点城市的集体建设用地长租市场等(表1)。

近年来关于集体建设用地使用权法律法规梳理　　　　　　　表1

发文时间	发文部门	文件名	主要内容
2013年11月	中国共产党第十八届中央委员会第三次全体会议	中共中央关于全面深化改革若干重大问题的决定	1.建立城乡统一的建设用地市场。在符合规划和用途管制前提下,允许农村集体经营性建设用地出让、租赁、入股,实行与国有土地同等入市、同权同价。2.完善土地租赁、转让、抵押二级市场
2014年12月	中央全面深化改革领导小组	关于农村土地征收、集体经营性建设用地入市、宅基地制度改革试点工作的意见	1.建立集体经营性建设用地入市制度。2.建立城乡统一的建设用地市场
2015年1月	国务院办公厅	关于引导农村产权流转交易市场健康发展的意见	以坚持和完善农村基本经营制度为前提,以保障农民和农村集体经济组织的财产权益为根本,以规范流转交易行为和完善服务功能为重点,扎实做好农村产权流转交易市场建设工作
2015年1月	财政部	农村集体经营性建设用地入市土地增值收益调节金征收使用管理办法	1.农村集体经济组织通过出让、租赁、作价出资(入股)等方式取得农村集体经营性建设用地入市收益,以及入市后的农村集体经营性建设用地土地使用权人,以出售、交换、赠予、出租、作价出资(入股)或其他视同转让等方式取得再转让收益时,向国家缴纳调节金。2.调节金分别按入市或再转让农村集体经营性建设用地土地增值收益的20%～50%征收
2016年5月	银监局、国土资源部	农村集体经营性建设用地使用权抵押贷款管理暂行办法	1.规范推进农村集体经营性建设用地使用权抵押贷款工作。2.允许开展抵押贷款的农村集体经营性建设用地仅限于国家确定的入市改革试点地区。3.以农村集体经营性建设用地使用权作抵押申请贷款的,应当满足的条件。4.银行业金融机构受理借款人贷款申请后,调查评价意见包括内容要求。5.银行业金融机构应当建立农村集体经营性建设用地使用权价值评估制度。可采用外部评估或内部评估的方式对用于抵押的农村集体经营性建设用地使用权进行价值评估
2016年11月	银监局、国土资源部	关于扩大农村集体经营性建设用地使用权抵押贷款工作试点范围的通知	由15个试点县(市、区)扩大为33个试点县(市、区)

续表

发文时间	发文部门	文件名	主要内容
2016年12月	国务院 中共中央	关于稳步推进农村集体产权制度改革的意见	1.全面加强农村集体资产管理。2.开展集体经营性资产产权制度改革
2017年7月	住建部、发改委等九部门	关于在人口净流入的大中城市加快发展住房租赁市场的通知	超大城市、特大城市可开展利用集体建设用地建设租赁住房试点工作
2017年8月	国土资源部、住建部	《利用集体建设用地建设租赁住房试点方案》的通知	确定北京、上海等13个城市开展利用集体建设用地建设租赁住房试点
2018年5月	中国银行保险监督管理委员会	中国银行保险监督管理委员会关于保险资金参与长租市场有关事项的通知	险资可以参与集体建设用地建设租赁住房试点城市的长租市场投资
2019年8月	全国人大	土地管理法	1.土地利用年度计划应当对本法第六十三条规定的集体经营性建设用地做出合理安排。2.土地利用总体规划、城乡规划确定为工业、商业等经营性用途,并经依法登记的集体经营性建设用地,土地所有权人可以通过出让、出租等方式交由单位或者个人使用。3.集体经营性建设用地的出租,集体建设用地使用权的出让及其最高年限、转让、互换、出资、赠予、抵押等,参照同类用途的国有建设用地执行

三、集体建设用地抵押及处置程序

1.集体建设用地使用权抵押范围

根据《农村集体经营性建设用地使用权抵押贷款管理暂行办法》(以下简称《办法》),可供抵押的集体建设用地范围如下:

(1)可供抵押的城市或区域。《办法》提到:"允许开展抵押贷款的农村集体经营性建设用地仅限于国家确定的入市改革试点地区。"但2019年8月26修订将于2020年1月1日正式实施的《土地管理法》提到,通过出让等方式取得的集体经营性建设用地使用权可以转让、互换、出资、赠予或者抵押,参照同类用途的国有建设用地执行。因此未来集体建设用地使用权抵押范围将会取消区域限制。

(2)可抵押的集体建设用地用途限制。《办法》提到:"农村集体经营性建设用地是指存量农村集体建设用地中,土地利用总体规划和城乡规划确定为工矿仓储、商服等经营性用途的土地。"

(3)须是已入市或具备入市条件的集体建设用地。《办法》提到:"在符合规划、用途管制、依法取得的前提下,以出让、租赁、作价出资(入股)方式入市的和具备入市条件的农村集体经营性建设用地使用权可以办理抵押贷款。农村集体经营性建设用地使用权抵押的,地上的建筑物应一并抵押。"具备入市条件是指,尚未入市但已经依法进行不动产登记并持有权属证书，符合规划、环保等要求，具备开发利用的基本条件，所有权主体履行集体土地资产决策程序同意抵押，试点县（市、区）政府同意抵押权实现时土地可以入市的情形；尚未入市但改革前依法使用的农村集体经营性建设用地，依法进行不动产登记并持有权属证书，按相关规定办理入市手续，签订土地使用合同，办理变更登记手续的情形。

2. 集体建设用地使用权抵押及处置程序

1995年，国土局发布了《农村集体土地使用权抵押登记的若干规定》，2016年，银监会、国土资源部发布了《农村集体经营性建设用地使用权抵押贷款管理暂行办法》。两个文件的出台相隔时间较长，也存在有些不一致的地方。异同点见表2：

两个关于集体建设用地使用权抵押文化的异同　　表2

文件名称	农村集体土地使用权抵押登记的若干规定	农村集体经营性建设用地使用权抵押贷款管理暂行办法
发文时间	1995年9月	2016年5月
发文部门	国土局	银监会、国土资源部
抵押所需要件	1. 被抵押土地的集体土地所有者同意抵押的证明； 2. 抵押登记申请书； 3. 抵押人和抵押权人身份证明； 4. 抵押合同； 5. 经土地管理部门确认的地价评估报告； 6. 土地使用权属证明； 7. 土地管理部门认为应提交的其他文件	（一）抵押登记申请书； （二）贷款合同和抵押合同； （三）集体建设用地权属证书； （四）登记机构规定的其他资料
处置程序	因处分抵押财产转移乡村企业集体土地使用权的，应当由土地管理部门依法先办理征地手续，将抵押土地转为国有，然后再按抵押划拨国有土地使用权的办法进行处置	1. 因处分抵押财产转移乡村企业集体土地使用权的，应当由土地管理部门依法先办理征地手续，将抵押土地转为国有，然后再按抵押划拨国有土地使用权的办法进行处置。 2. 可以通过折价、拍卖、变卖抵押财产等合法途径处置已抵押的农村集体经营性建设用地使用权。3. 土地所有权人在同等条件下享有使用权优先购买权
对评估的要求	抵押当事人应当委托具有土地估价资格的评估机构对其抵押土地使用权进行地价评估，其评估结果需报经土地管理部门确认	银行业金融机构应当建立农村集体经营性建设用地使用权价值评估制度。可采用外部评估或内部评估的方式对用于抵押的农村集体经营性建设用地使用权进行价值评估

四、集体建设用地评估方法分析

集体建设用地适用的评估尚未有明确的估价规程或估价指引，但是评估理论体系是一样的，因此国有土地使用权的评估方法同样适用于集体建设用地的评估。常用的评估方法有市场法、成本逼近法、假设开发法、收益法、基准地价系数修正法等。集体建设用地尚在试点阶段，处于起步期，评估方法也在摸索之中。在此笔者简单介绍其中几种方法，以供探讨：

(一)市场法

如果存在较多的可比实例,市场法是首选。就住宅租赁用地而言,目前市场上交易的相对多一些。如果条件适用,而且案例搜集方便,可以采用市场法。工业园区的集体建设用地出租或是出让的也不少,但是很少公开出让,市场存在,但是透明度较低,目前需要多做案例搜集。相信未来集体土地会和国有土地一样,交易是公开透明的。那么市场法必定是评估集体建设用地的首选方法。

(二)基准地价系数修正法

在有公布集体建设用地基准地价的城市,此方法是适用的。比如浙江义乌市公布了2018年集体建设用地基准地价;广东佛山,公布了南海区、禅城区的集体建设用地基准地价及修正体系;湖北钟祥市也公布了2018年集体建设用地基准地价。

(三)假设开发法

笔者认为,假设开发法有两种方式可以采用:

第一种方式是假设将集体建设用地进行征收、土地整理、开发,形成国有建设用地,再通过招拍挂市场进行公开出让。因此其技术路线是首先测算国有建设用地使用权下的价值,扣除相应的政府净收益、土地开发成本、开发利润及征转等费用。根据《农村集体经营性建设用地入市土地增值收益调节金征收使用管理办法》,最后还需要扣除调节金,调节金分别按入市或再转让农村集体经营性建设用地土地增值收益的20%~50%征收,最终测算出集体建设用地使用权价格。

第二种方式是测算集体建设用地及其地上建筑物的开发完成后价值,然后扣除尚需投入的建设成本、管理费用、销售税费等,最终求取集体建设用地使用权价格。

五、结语

可以预见,未来集体建设用地将是土地市场的新生补充力量,将会扮演越来越重要的角色。但是集体建设用地入市的一个前提是需要不动产登记机构做好集体建设用地使用权的确权登记工作。这项工作目前进展不一。另外一个前提就是要尽快激活二级市场,完善集体建设用地的流转程序,提高集体建设用地的流动性,使得金融机构无后顾之忧。对于估价机构而言,尽快研究集体建设用地的评估指引,配合国家大政方针、金融机构以及社会各界提供专业指导意见,也是当务之急。

作者联系方式

姓　　名:裴　蕾
单　　位:中国建设银行股份有限公司天津市分行
地　　址:天津市河西区南京路19号增1号
邮　　箱:13512436867@126.com

沿街店铺标准租金网格化批量评估方法探究

许 军 田蓉泉 耿后远 李媛媛 郭雨薇

摘 要： 在即将到来的存量地产时代，商业房地产将会有更广阔的舞台，当市场对于商业地产的判断标准从原来的"地段、地段、地段"上升为"人流、运营、品牌"的新常态后，对于商业的评估体系也将产生新的影响。在"人工智能+"的时代背景下，此次研究将以房地产估价理论为基础，结合地理信息技术及大数据手段，通过建立新的商业影响因素体系及对应的算法模型，对商业房地产中沿街店铺的创新批量评估技术进行初步的探索和研究。

关键词： 沿街店铺；网格化；批量评估

2019世界人工智能大会于2019年8月29日在上海世博中心开幕。在世界人工智能大会展览馆里，人工智能+金融、医疗、交通、安防、工业、城市治理……几乎每个赛道都在带来全新的深度应用。人工智能作为智能时代一个新的开端，将重新定义人和城市的关系。

简·雅各布斯曾说："城市人的这种自由的丰富多彩的选择和对城市的使用，正是大多数城市文化活动和各种特色行业和商业的基础，因为这些活动能够从很多地方为城市带来技术、物质、顾客，而且形式特别多样……使用这些城市的资源，也增加了城市人面对的工作、商品、娱乐、思想交往和服务的选择。"商业发展也同样如此，单一化服务已无法满足人们日益增长的消费需求，未来商业发展趋势必将以创新为核心，以人工智能+运营全生命周期智能化新模式作为崭新的驱动力。所以此次研究将对不同特点的商业房地产进行分类定义和特征识别后，以房地产估价基本理论和方法为基础，尝试从当前的城市发展更关注人本需求的角度，结合更丰富的数据来源，运用适合的信息技术和数据分析方法，对沿街类别的商业房地产租金批量评估技术进行一次创新的方法探究。

一、商业房地产批量评估研究意义

依据国际估价协会（IAAO）、国际评估准则（IVS）和专业评估执业统一准则（USPAP）等三方对批量评估的定义，可将批量评估技术界定为：在给定时间对大批量而非单宗房地产，使用标准的方法和共同的数据借助计算机辅助评估，并对评估结果进行统计检验和分析的技术方法。我们对商业批量评估定义为：基于同一估价目的，利用标准的方法和共同的数据，借助计算机辅助，并经过统计检验，对批量、相似的商业房地产在同一价值时点的价值或价格进行评估。

我国批量评估技术的研究起步较晚。据中国知网统计，从全国层面来看，2006年起共有40篇涉及住宅批量评估，商业的批量评估仅13篇。在这些研究中，针对住宅批量研究多侧重于不同模型的应用与结合，而对商业批量评估多探讨的为实际应用及方法浅析。从研究主体来看，该类研究以高校研究成果为主，对于模型的讨论较深刻严谨，但少于重复实证检验。公司研究成果较少，已有成果主要侧重于应用层面。但对于商业批量评估而言，目前不论是高校或公司虽都提出过一些商业批量评估的方法，但主要是基于收益法，多用于批量评估商业房地产的价格，目的是服务于税基评估，少有批量评估商业房地产的租金，且与大数据、信息化技术结合度并不深。总体而言，我国商业批量评估技术仍处于起步阶段。

在过去几年中，住宅批量评估技术在广泛实践的基础上日臻完善，但商业房地产的批量评估技术进展缓慢，一方面是由于商业业态多样性，价格形成机制较为复杂，即便是在同一楼层的商铺，处于不同的位置，其租金、价格差距甚大；另一方面也由于与商业价格形成机制的影响因素的数据难以获取，无法规模化，更不谈形成大数据了。但随着信息技术和数据技术的更新迭代，我们发觉可以以房地产估价理论为基础，通过结合信息技术及大数据技术，有望突破原有的商业批量评估技术。而由于商业房地产的价值往往主要体现在其未来的收益能力，因此租金对商业房地产的影响最为显著。所以我们认为对商业房地产价值的批量评估可以先从商业房地产的租金批量评估入手做尝试。

二、大数据技术下，商业房地产租金批量评估的流程

（一）商业房地产分类

商业房地产的物业类型及经营业态较复杂。要对商业房地产批量评估，应先从物业类型、经营业态等方面，对相似物业进行划分，并合理分组。从物业类型来看，商业房地产可分为小型店铺、大型商业房地产。从经营业态来看，可分为餐饮、娱乐休闲等。

小型店铺，通常指沿街商铺及可进行产权分割的商铺；其特点主要为：①少交易案例，多租赁案例；②数量多，分布广，以"线状"呈现；③可按"套"分割出售。

大型商业房地产，通常指商业街、专业店铺、购物中心等以整体经营为主的商业地产，其特点主要为：①长期收益为主，极少交易，即便交易，也以整体出售为主；②规模档次差异较大；③商品结构种类多，经营业态丰富。

相对于商业房地产较复杂的业态构成，以上分类也属粗糙，比如，大型商业房地产中，购物中心与专业店铺属于两种不同的经营方式，理应进一步细分（见表1）。不同种类商业

商业分类表　　　　　　　　　　　　　　　　表1

商业分类	描述
购物中心商场	柜台销售或自选，以流动人口为主。2000平方米以上，商品结构种类多。综合商场
1 商业街 2 专业店铺	以流动人口为主，以小店铺或柜台聚集为主，零散分布在一个集中区域
写字楼底商	写字楼内裙房的店铺，能独立分割，或不独立分割。一般以服务于该幢写字楼为主
沿街店铺	总高低楼层，楼上非住宅。一般一个开间60-100平方左右，基本1-3层
住宅底商	低层配套店铺，楼上为住宅。一般一个开间60-100平方左右，基本1-3层，以社区配套为主
酒店式商业	规划用途商业，楼层7层以上，一层多户，以居住为主，有普通层及loft为主。面积一般50平方米左右

房地产其影响因素差异颇大。此次研究对象先以小型店铺中的沿街店铺为主。假设前提：作为研究对象的沿街店铺均持续经营。

（二）大数据技术下的沿街店铺租金批量评估流程设计

利用大数据进行沿街店铺租金批量评估的基本思路为前期进行沿街店铺租金的影响因素指标体系设计，中期进行数据采集和模型选择与评估，后期进行运算、测试、验证与结果的反馈、模型调整。前期工作的主要目标是明确研究对象、指标设计，中期则是确定算法模型，后期是根据算法结果与市场结果对比、专家反馈机制对模型进行调整与优化。（见图1）

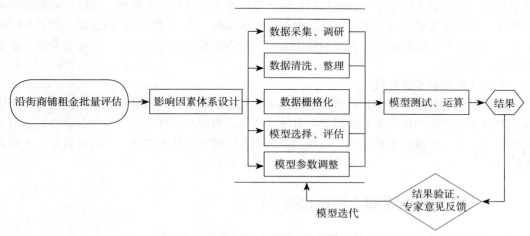

图1 沿街店铺租金批量评估的基本思路

1. 沿街店铺影响因素指标体系搭建

商业房地产租金影响因素较多，数据源也较复杂，需要根据数据的可获取性及适用性进行判别，再根据所选的研究对象进行指标分析、从影响商业房地产租金价格的因素中找出对沿街店铺租金价值产生显著影响的因素，然后进行数据源的调研与筛选，搭建研究对象影响因素指标体系。

1）数据采集与获取

数据来源以联城数库为基础结合其他数据来源，将获取的数据进行清洗，导入已设计的分析数据库中。

2）数据清洗整理

通过组合或统计属性判定剔除异常值、对缺省值进行补齐或抛弃案例等方法，对不同渠道的数据进行清洗，将原数据与清洗数据分别导入已设计的数据库中。

3）数据网格化

将清理过的数据赋予地理信息使其空间化，置于已分割完成的上海渔网内部，分网格进行数学统计及插值分析，寻找网格内沿街商铺在空间分布中与周边相关数据的关系。

4）模型选择与评估

对于四级及以下各影响因子指标，分不同情形构建不同子模型，以确定其量化分值、标准化分值或权重系数。包括：人工方法 - 德尔菲打分法；模型方法 - 基于Logistic分布、Z分布的指标标准化模型，基于控制变量法或多元回归分析模型、IDW的权重系数确定模型等。

对于沿街店铺租金批量评估的主模型此次拟采用回归模型（GBDT+SVR+RF）+Kriging

空间插值。第一步,网格租金模型的搭建;首先选定标准房,对样本点进行实物等因素的标准化,然后运用 SVR+GBDT+RF 机器学习模型进行训练,寻找网格平均租金和区位影响因子指标之间的关系,这样就建立了"网格平均租金—各区位影响因子"模型,再评估模型性能。第二步,网格内空间位置的标准租金模型;建立 Kriging 空间插值模型拟合网格内目标空间位置的租金值,并评估模型性能。

2. 结果测试与验证

由于算法模型的搭建,并不能完美反映出商业房地产租金价格的特征,算法模型得到的结果如何,要与输入模型中进行测算的店铺市场租金水平进行对比分析,用以判断模型的可靠程度,同时还需要通过专家的审核。根据这两项指标,考察模型得出的结果与两者不同的地方,并分析不一致的原因及相应的解决方案。最后根据专家意见,调整模型与参数,确定最终的算法模型。

3. 算法模型的更新迭代

随着电商的驻入、新生代消费理论的逐步变化,商业房地产市场也风起云涌,与此对应的是影响商业房地产租金水平的因素也将随之变化,所以对于算法模型而言,也将要做出相应的调整,并可能面临更新迭代。总体而言,商业批量评估技术将是一个动态更新、不断完善的过程。

三、沿街店铺标准租金网格化批量评估

(一)沿街店铺标准租金影响因素体系搭建

传统评估中,对沿街店铺影响因素主要有区位因素、实物因素与权益因素。从沿街店铺的特点来看,权益因素的影响相对较小,实物因素主要基于沿街店铺的特点,采用路线价或比较法进行价格修正。因此本次研究尝试将重点放在确定影响沿街店铺价值的区位因素上,通过对"人流"情况的分析进行批量评估。因此,在设定标准沿街店铺后,主要需要找到对租金价格有影响的区位因素。传统估价方法中的区位影响因素见表2。

传统估价方法中的区位影响因素 表2

区位因素	距区域中心的距离
	商业繁华度
	临街状况
	人流量及密度
	楼层
	道路等级
	交通便捷度
	交通管制情况
	基础设施
	外部配套设施
	周边环境和景观

从表 2 来看，大部分指标，如人流量及密度、基础设施、外部配套、商业繁华度、周边环境和景观等因素一般都会用估价师的经验结合实地勘察情况作为判断依据。特别是人流量指标，对于商业房地产影响甚大，在传统的评估中却无法用有效的手段定量化，较多要依赖估价师根据自身的经验，在实地勘察后，观察与之有关的因素，比如：店铺的所在位置是否在人流量较大的区域，诸如电梯口、拐角处等，再将之定量。大数据时代带来多样化的数据维度及技术手段，在此次建立影响因素体系前，我们通过地理信息将沿街店铺空间化，置于已分割完成的上海渔网内部，将全市分为若干个 1km×1km 的网格，让此次研究对象变为 1km×1km 网格内持续经营的沿街店铺。再基于国内外房地产估价理论、沿街店铺自身的特点，结合不同维度的数据，建立新的区位影响因素体系，具体见图 2。

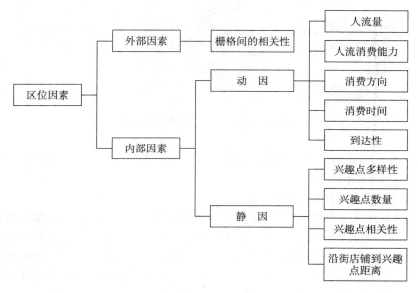

图 2　网格化沿街店铺区位影响因素

我们将影响网格内沿街店铺租金的区位因素分为外部因素与内部因素，外部因素考虑较多的是栅格之间的相关性，内部因素又分为动因和静因。动因为：

人流数据：更精准的说法是人流的质量。所谓人流的量，即单位时间内人群经过的数量；然而光有人流量仍无法判断出人流的有效性及消费频次，由此产生了另一个概念，即人流的质。所谓人流的质，也就是人群的消费能力。包含两层意思：第一层是有效人流，即会在店铺中产生消费的人群；第二层是消费能力，即在店铺中消费额度的大小。图 3 为上海某一时段的人流分布图。

消费方向：消费发生的频次是单次偶发型或是多次常规型；

消费时间：消费发生时间是否白天晚上都会发生；与兴趣点的多样性有一定的相关性。如：一个店铺周边仅存在办公，则该店铺的消费时间主要是白天，晚上客群数量会大幅减少，且即便晚上发生的消费也是偶发型消费，并非常规型。

到达性：指达到该店铺是跳跃性的还是漫延性的，与消费方向也有一定的相关性。到达性为跳跃性的店铺一般为地标性或具有市级影响力；该类店铺的消费人群一般为特定人群，到达该店铺有一定的目的性，消费发生频率为偶发型。到达性为漫延性的店铺一般为区域或

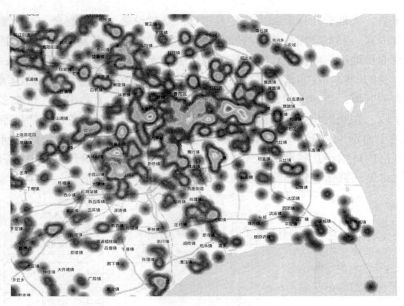

图3　上海商业人口聚集度热力图

局部性店铺，影响力偏弱；该类店铺的消费人群一般为非特定，步行距离在周边一定范围的人群，消费发生频率为常规型。

影响网格内沿街店铺租金的静因为：

兴趣点即POI点多样性：网格内POI点功能类型多样性指标。所谓的POI（Point Of Interest）在地理信息系统中指兴趣点。狭义的POI指公交站、轨道交通车站、超市等可能对商铺产生影响的位置点，而这里的POI定义是广义的，除了包含狭义的POI类型，还囊括了住宅、办公、工业等可能对商业产生相互影响的或对网格内位置点的城市规划类型多样性起贡献作用的房地产类型。

POI点数量：网格内POI点的个数。

POI点相关性：网格内POI点之间互相的关联性，可能存在正相关，也可能是负相关。正相关性具体表现为商业业态的互补性，例如：在办公楼或医院周边开设餐饮店或便利店等。负相关性具体表现为商业业态的互斥性。

网格内沿街店铺到POI点的距离：网格内所存在的各个沿街店铺到POI点的空间距离。

（二）网格化沿街店铺租金批量评估模型设计

本次所研究的网格化沿街店铺租金批量评估，从指标量化、分指标权重系数确定到直接结果模型构建，分为子模型和主模型两大类，下面分别阐述。

1. 子模型

1）Logistic分布

Logistic分布的概率分布函数为

$$F(x) = (1 + e^{-(x-\mu)/\sigma})^{-1}, -\infty < x < \infty$$

特别的，取 $\mu=5$ 以及 $\sigma=2$ 时其图像如下图所示，可以看出 x 值输入经过函数作用，都被压缩至0到1之间，因此可运用于一些指标的标准化过程。

本次研究中，一些 POI 因素，如轨交站点、公交站点、医院等对沿街店铺的影响，可假设为二者距离的 Logistic 分布，当然这里做了一定处理，即影响（EFFECT）与距离（DIST）满足：

$$\text{EFFECT} = 1 - F(\text{DIST}), \quad \text{DIST} \geq 0$$

可以看出随着距离的增加，POI 对沿街店铺的影响打分由 1 逐渐减小趋于 0，且减小的幅度逐渐减缓，这是与人们的认识相符合的。

对于 POI 的影响机制，此次将进行更为细致化的处理。

首先，POI 与沿街店铺距离的计算采用步行距离。由于 POI 对沿街店铺影响特殊，很大程度上可认为 POI 通过人流量对周边商铺产生影响，而衡量较近距离人流量可达性的正是"步行距离"，故步行距离相对于直线距离，能更好地反映 POI 对沿街店铺的影响机制。

其次，POI 的影响中考虑了路网道路等级的影响。这里的道路等级是指道路对其沿街店铺的价值等级，并综合考虑了道路的便捷性、道路状况、道路长度等可能影响沿街店铺价值的多种因素；可以认为道路等级是对分布其上的沿街店铺，除却实物因素、权益因素、POI 相关区位因素的影响外，依据与道路自身有关因素的对沿街店铺影响，而得到的道路的分等定级。根据 POI 到沿街店铺的步行路径所经过的不同路网等级道路所占的距离比重，对影响分值进行修正（见图 4）。

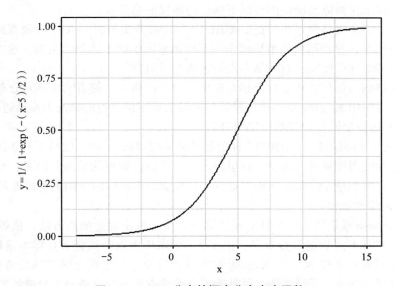

图 4　Logistic 分布的概率分布密度函数

2）控制变量法

控制变量法，通过对已知量的了解来减少对未知量估计的误差，属于 Monte Carlo 方法中减少方差的一种技术方法。

在此次研究中，用控制变量法来确定某些指标与其标准之间的比价关系。当某指标与其标准之间比价关系不能确定时，寻找两个相似的沿街店铺，控制除该指标外的其他指标相同或处于相同的水平上，那么两个沿街店铺租金价格的差异即该指标的比价关系反映；该指标的不同水平取值应寻找不同的沿街店铺进行比较。重复上述过程 n 次，然后取均值，得到的比价关系结果更具有稳健性。

应用举例：沿街店铺的开间和进深，有的水平取值缺少比价关系，可在同一路段上选取其他实物因素和区位因素都相近的两个沿街店铺，采用控制变量法进行确定。

3）其他子模型

Z 分布指标标准化。由于不同指标的数值量级差别较大，且样本的指标值存在统计意义上的异常值时，可采用 Z 分布的指标标准化。

IDW（Inverse Distance Weighted）反距离权重法。属于空间插值方法的一种。以插值点与周边样本点之间的距离为权重，对插值点的指标进行加权平均，离插值点越近的样本点权重越大。一次反距离权重加权公式如下：

$$x_{Inter} = \sum_{i=1}^{n}\left(d_i^{-1} \Big/ \sum_{j=1}^{n} d_j^{-1}\right) \cdot x_i$$

其中，x_{Inter} 指插值点指标值，x_i 指第 i 个样本点指标值，d_i 指插值点到第 i 个样本点的距离。

2. 主模型

主模型的搭建此次大致分为两个步骤：网格平均租金模型（GBDT+SVR+RF）和网格内 Kriging 空间插值模型。

首先选定标准房，对样本点进行实物等因素的标准化，然后运用子模型系列方法，对指标进行量化、标准化，以及确定四级以下指标的加权汇总系数。

然后运用 SVR（支持向量机回归）+GBDT（梯度提升决策树）+RF（随机森林）融合机器学习模型进行训练，寻找网格的平均租金和区位因素影响因子之间的关系，建立"网格平均租金—区位影响因子"模型，对网格平均租金值进行拟合。

最后对网格内空间位置建立标准租金模型。由于网格内沿街店铺在空间分布上有很强的相似性，因此可应用 Kriging 空间插值模型对网格内指定位置点的标准租金值进行拟合。

1）网格平均租金模型（GBDT+SVR+RF）

SVR（支持向量机回归）、GBDT（梯度提升决策树回归）、RF（随机森林）都是属于回归方法，可对连续性因变量进行建模，这里融合二模型进行模型的训练和预测。与传统的多元回归模型相比，模型稳定性和泛化能力更强，且也能给出指标因子的重要性度量。

2）Kriging 空间插值

Kriging 空间插值是基于地统计的插值算法，是一种不确定插值方法，依赖于数学模型和统计模型，对样本点数量和分布有一定要求（要求样本点随机分布且样本量较大 - 平均 1 公里网格至少具有 6 个样本点）。Kriging 空间插值能反映标准租金随空间位置变异的趋势，因此能一定程度识别并修正异常值，另外能拟合非样本点符合价格分布趋势的拟合值。

四、实例验证

（一）主模型一：网格的平均租金模型

1. 成果展示

首先计算网格的平均租金，然后对影响网格租金的四级及其以下级别的指标进行量化，并确定分指标到四级指标的汇总权重。这样就得到构建模型的：①相应变量 - 网格的平均租金；②特征变量（分为两类）- 四级指标（获得方式：直接量化、明细指标加权汇总）、四级以下各级别指标。示例网格的部分四级指标见表3。

上海市网格内区位影响因素分值表 表3

	人流量 （Visit Flow）	人流消费 能力（Csum Power）	人流量变化 （Csum Vari）	消费时间 （Csum Tm）	到达性 （Attaina bility）	POI 多样性（POI Dvsty）	POI 数量（POI Quantity）	POI 相关性 （POI Rlv）
网格1	0.553192	0.592568	0.487500	1:Time_M	0.515801	0.705882	0.565377	0.760000
网格2	0.632818	0.270445	0.410694	1:Time_M	0.385838	0.588235	0.407287	0.900000

注："消费时间"指标是类别变量，"1:Time_M"代表消费时间段为早上。

然后使用 SVR、GBDT、RF 三类模型分别建模，再用 Stacking 方式进行模型融合，得到最终的融合模型。

指标重要性对比如图5，可以看出栅格的位置指标、人流量变化以及POI数量三个指标对栅格平均租金的贡献最大。

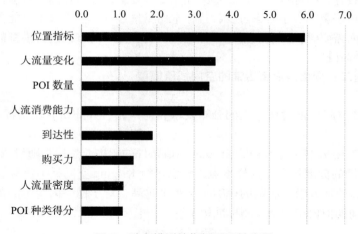

图5 融合模型的指标重要性度量

为了展示不同栅格租金水平的横向对比，把栅格的实际租金和模型预测租金按照相同规则划分4个档次水平，然后根据预测租金的水平与实际租金水平是否相等，作为预测结果是否准确的度量。经过计算，模型在测试集上泛化准确率为8/11（73%）。

栅格平均租金模型的实际租金水平及训练测试样本集的划分（训练集比例约85%）如图6（左）；模型预测租金水平如图6（右），在同一租金水平意义下，模型在测试集上准确率为73%。

2. 数据验证

从模型指标评价角度来看，部分评价指标如下：R2（R方）—0.62，RMSE（均方误差）-2.2890，MAE（平均绝对误差）-1.98890，MAPE（平均绝对百分比误差）-10.704%。可以看出，模型R方拟合度为0.62，还有需要提升的空间；RMSE和MAE均在2左右，说明模型表现能力使得栅格平均租金的模型拟合值与实际值相差2元左右；MAPE为10.704%，说明栅格的平均租金的模型拟合值与实际值平均偏离10.704%。

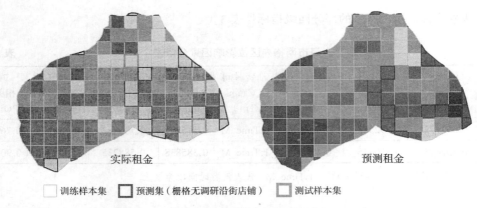

实际租金　　　　　　　　　　　　　　预测租金

□ 训练样本集　　□ 预测集（栅格无调研沿街店铺）　　□ 测试样本集

图6　上海内环内栅格实际租金与预测租金对比图

从模型结果偏离的角度来看：栅格平均租金的拟合值与实际值比较，误差10%及以内的样本栅格占比为62%，误差15%及以内占比为79%。此处是训练集和测试集的综合的表现。

因此，综合各评价指标可以看出，模型能比较好地给出样本点的拟合值，并且在测试集上表现良好；但由于影响因子考虑过少，且样本栅格量过少，使得模型可能出现一定程度的过拟合，因此后面需要寻找更多的指标，并且调研更多样本的方式进行模型的重新训练，使得模型有更强的健壮性。

（二）主模型二：栅格内沿街店铺的空间插值模型

1. 成果展示

由于Kriging空间插值对样本点的分布要求相对严格，并非所有栅格都满足Kriging插值条件。

我们先从所有栅格中筛选出满足Kriging插值条件的栅格，然后再随机选取其中的四个，以其中的沿街店铺的标准租金作为样本点，分别进行Kriging空间插值测算，插值效果如图7所示，颜色越深的地方沿街店铺的标准租金水平越高，对于栅格内给定的落点，均可通过拟合的Kring空间插值模型给出预测标准租金。

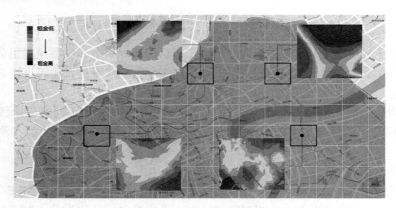

图7　示例栅格内的沿街店铺标准租金Kriging空间插值效果展示

2. 数据验证

对上面筛选的4个栅格的Kriging空间插值拟合值与沿街店铺的标准租金进行对比，平均效果如下：误差 10% 以内的占比为 40.5%，误差 15% 以内占比为 61.5%。

由于沿街店铺的实物因素、区位因素调研考虑得不彻底，或者调研数据中离群值过多，或者指标的标准选择不合适，或者指标的修正体系选择不完善，都造成沿街店铺的标准租金与实际相差甚远，这也在一定程度上对空间插值的效果产生了负面影响。

后续应该从沿街店铺的调研指标体系的完善、指标修正体系的完善上下功夫，这样能够得到相对准确的标准租金值，从而使 Kriging 空间插值的性能得到提升。

（三）沿街店铺批量评估的数据来源

本研究的数据来源主要有：联城行的联城数库、腾讯位置大数据、部分地铁人流数据、长三角协调会大数据应用专委会（复旦）等。

五、结论与展望

此次将沿街店铺进行网格化处理实质上是进一步地缩小同类商业房地产的匀质区域。通过对网格内标准租金影响因子的量化分析，找出隐含的量价关系，从而批量求取网格内不同沿街店铺的标准租金。而网格与网格之间的平均租金在空间分布上也必然存在一定的规律性。在完成全市范围内的沿街店铺网格化批量评估后，可提炼出由粗到细的网格化沿街店铺平均标准租金分布规律。

城市因人群而生，也必然回归于人。城市也必将随人群的需求而不断地更新迭代。商业地产亦是如此，已从单纯仅对"地段"的追求，上升为对商业整体的综合考评。"需求端"的迭代将推动"供给端"发生变革，加之外部条件变化的驱动，如算法技术、GIS、大数据等相关技术的驱动力，将为商业批量评估提供更多维度的研究方法与技术。本次的研究团队集合了房地产估价、数据采集、数据算法、市场分析、课题研究等方面的综合专业人才，还仅仅是运用新技术在房地产估价中重要的、有待突破的领域所进行的一次探索，我们相信通过多维度大数据的积累，算法的研究与估价技术的深化，在学习国外先进国家的相关经验的基础上，一定能够探索精准度更高的商业批量评估技术方法，呈现出更多有价值的研究成果。

参考文献：

[1] 简·雅各布斯. 美国大城市的生与死 [M]. 金衡山, 译. 南京：译林出版社, 2006.

[2] 中国房地产估价师与房地产经纪人学会. 房地产估价理论与方法 [M]. 北京：中国建筑工业出版社, 2011.

[3] L. Breiman. Random forests. Maching Learning, 45（1）：5–32, Oct. 2001.

[4] J. Friedman. Greedy function approximation：a gradient boosting machine. Annals of Statistics, pages 1189–1232, 2001.

作者联系方式

姓　　名：许　军　田蓉泉　耿后远　李媛媛　郭雨薇

单　　位：上海联城房地产评估咨询有限公司

地　　址：上海市康定路 979 号

邮　　箱：xj@uvaluaion.com

农村集体经营性建设用地价格评估方法研究

汪志宏　胡思远　汪姜峰

摘　要：随着改革开放和经济全球化的不断进步与发展，我国在社会不断进步、经济不断发展的同时，农村集体经营性建设用地的开发与利用也有了很大的发展，尤其体现在相关价格评估方法的应用与完善方面。但是由于我国国情的特殊性，在农村土地资源方面就存在较大的特殊性。所以从这个角度来看，对农村集体经营性建设用地的价格评估问题进行系统的重视，显得尤为重要。因此本文主要从农村集体经营性建设用地的相关概述入手，对具体的价格评估方法以及相关因素的考虑进行系统的分析与论述，从而更好地促进我国农村土地资源利用的科学化和合理化，推动我国社会经济的长效健康发展。

关键词：农村土地资源；集体；经营性；建设用地；评估方法

一、农村集体经营性建设用地的概念和特点

农村集体性建设用地主要指的是属于农村集体的具有生产经营性质且在符合政府的土地利用规划和土地用途管制的基础上允许进入建设用地市场进行出让、租赁、入股等的建设用地。农村集体经营性建设用地具有如下特点：

1. 经营性

对于农村经营性建设用地来讲，其与非经营性建设用地有着本质的区别。从其表面来看，我们就可以清晰地发现，由于该建设用地具有经营的性质，所以其主要指的是具备一定生产经营性质的土地资源，不仅包括我们通常意义所讲的商业、餐饮旅游业等，还包括新兴的旅游业、娱乐服务业等具有经营性质的服务产业。所以，从这个层面来看，农村经营性建设用地是不包括相关的农村宅基地以及公共设施土地资源的，并且其自身的经营性质也具有非常鲜明的特征。

2. 可转让性

对于农村集体经营性建设用地来讲，其具有很强的可转让性，也就是说，在实际对相关用地进行开发与使用的过程中，很多类型的经营性建设用地可以为建设公益性事业提供重要的动力。因此，从这个角度来看，农村集体经营性建设用地在实际使用的过程中具有很大的可转让性。

3. 集体协商性

由于农村集体经营性建设用地在实际规划与利用的过程中，通常是放置于集体之中的，并且相关权益的处理是需要一些社会主体的协商来完成的。因此，从某种意义上来讲其具有集体性。很多情况之下，相关的建设用地也是置于集体之中使用的。

二、农村集体经营性建设用地入市

在十二届全国人大常委会第十三次会议上，全国人大常委会拟授权国务院在33个试点地区暂时调整实施土地管理法的相关规定，目前全国33个试点地区集体经营性建设用地入市情况有了新进展，官方近期披露了一些相关数据。2019年8月26日，十三届全国人大常委会第十二次会议审议通过《中华人民共和国土地管理法》修正案。集体经营性建设用地入市作为此次修法中最大的亮点和创新。

（一）集体经营性建设用地入市的概念

在原有土地管理法的框架下，集体建设用地与国有建设用地的法律地位是不平等的，集体土地在很多情形下不能直接作为建设用途，必须征收为国有土地之后由地方政府来统一供应，这便是地方政府高度垄断建设用地一级市场的征地供给模式。集体经营性建设用地入市，就是赋予集体建设用地与国有建设用地在同一市场上的同等权能，使得作为土地所有者的农民集体可以像城镇国有土地所有者一样直接向市场中的用地者以出让、出租或作价出资入股等方式让渡一定年限的集体经营性建设用地使用权并获取对价收益，而不再需要先行征收为国有土地；同时，依法入市的集体经营性建设用地使用权享有与国有建设用地使用权同等的权能。农业部部长韩长赋指出需要注意一点：农村的集体建设用地分为三大类：宅基地、公益性公共设施用地和集体建设经营性用地，此次拟入市的是集体经营性用地，不包括宅基地、公益性公共设施用地，更不是原来建设用地之外的其他耕地。

（二）集体经营性建设用地入市的原因

1. 集体经营性建设用地入市会极大壮大集体经济、强化集体所有权的行使

集体经营性建设用地入市，使其成为落实集体所有权、巩固集体所有制、丰富公有制实现形式的创新举措。

集体经营性建设用地入市，丰富了土地公有制的实现形式，是中国特色社会主义土地管理制度的重要创新。1982年国家将"土地的使用权可以依照法律的规定转让"写入《宪法》，国有建设用地有偿使用制度在全国铺开，从而开启了通过"两权分离"途径实现土地公有制与土地市场化有偿使用制度相结合的伟大尝试。27年后《土地管理法》进一步允许集体经营性建设用地入市，则是在深化市场经济体制改革的背景下，进一步在更广阔的范围内深入探索"坚持土地公有制"与"坚持市场化配置土地资源"相结合，是社会主义土地公有制下土地利用"两权分离"实践的深化。

2. 集体经营性建设用地入市，是健全城乡融合发展体制机制、推进新型城镇化的关键举措

改革开放40多年来的征地过程，实际上是一个城市接受农村不断输血的过程，农村向城市供地帮助城市基础设施快速发展，但却没有促进农村的发展。同时，政府在快速城镇化的过程中"重地不重人"，政府通过低价征收农民土地和高价垄断出让而获取土地价差，同时通过投资于城市基础设施建设经营城市而进一步提升地价，但却没有解决失地农民和进城务工人员的住房安居等问题，这种城镇化模式虽然带来了城市的快速发展和城市自身的现代化，但也加剧了城乡发展差距。据此，通过集体经营性建设用地流转打破建设用地征地供给模式，让原本属于农村的资源和财富更多地留在农村，让农村和农民更多更好地分享发展过程中的土地增值收益，是破除城乡融合发展体制机制障碍、推进新型城镇化、实施乡村振兴战略的基本要求。

3. 集体经营性建设用地入市，是优化土地资源配置、保护耕地的必然要求

鉴于目前我国土地征收的范围几乎不受限制，且长期以来实行较低的补偿标准，城市建成区低成本粗放扩张，优质耕地被大量征占，取而代之的是大规模的开发区的这种与集约节约用地的标准相违和。所以，集体经营性建设用地入市通过为农村建设用地配置引入市场机制的方式，有利于促进建设用地的节约集约利用，提高土地资源配置效率，减轻耕地保护压力。

（三）集体经营性建设用地入市的开展过程

集体经营性建设用地入市经常被媒体通俗地描述为"农民也可以卖地了"，当然，同国有土地一样，这里"卖"的是土地使用权而不是土地所有权。但"卖地"必须合法有序，只有把握好四大关键环节才能最大限度释放改革红利。首先，入市的法定主体是集体经营性建设用地的所有权人。按照法律规定，集体建设用地的所有权可能存在三种情形，即乡镇农民集体所有、村农民集体所有、村民小组农民集体所有。总之，土地所有权主体是"农民集体"。农民集体是很多农民组成的一个集合体，这个集合体怎么有效行使权力呢？《土地管理法》明确规定，集体经营性建设用地出让、出租等应当经本集体经济组织会议三分之二以上成员或三分之二以上村民代表同意，从而在落实集体土地所有权的同时切实保障农民成员的知情权、参与权、表决权。其次，对于已经入市的集体经营性建设用地，其使用权人可以再行以转让、出租、抵押等方式流转。

三、农村集体经营性建设用地的价格评估方法及其关键因素

中华人民共和国成立以来，我国实施了一系列的土地政策，对农村土地资源的利用与分配产生了非常良好的影响，取得了较大的发展。集体建设用地是建设用地潜力很大的供应来源。在这种情况之下，为了更好地利用农村的土地资源，积极推进城镇化的建设与发展，促进社会经济的繁荣进步，积极对接农村经营性建设用地进行有效的规划与利用就显得尤为重要。而为了更好地完成这一发展目标，首先要做的就是对农村经营性建设用地的相关内涵与要素有清晰的了解和把握，这样可以帮助我们更加清晰地了解农村经营性建设用地的相关内容，从而更好地促进农村经营性建设用地评估方法使用的科学化与合理化。

在现代社会制度下，我国农村有了很大的发展，在土地资源的开发与利用方面也取得了重大的突破，尤其体现在农村经营性建设用地方面。而从我国目前的发展状况来看，由于各个地区的发展情况不同，在实际进行农村经营性建设用地价格评估工作开展的过程中也存在着巨大的差异，要积极结合区域的发展状况，并根据实际的市场情况，选择合适有效的价格评估方法，从而更好地促进农村经济建设用地价格评估方法使用的合理性，推动农村土地资源利用的有效性。虽然在农村经营性建设用地的评估方法方面，我国已经开发了非常丰富的类型，但是在适应性方面还存在着较大的不足，本文主要采用市场比较法和受偿意愿法两种评估方法进行系统的分析研究。具体来讲，主要有以下几个方面的内容。

四、市场比较法及其关键因素

（一）市场比较法的方法原理

目前由于市场比较的方法出现得比较早，并且在应用方面也比较广泛，我国在对农村经

营性建设用地进行价格评估的过程中已经达到了一个相对成熟的状态,其也可以为相关地区建设用地的价格评估提供丰富的经验。需要注意的是,在实际对土地资源评估方法进行应用的过程中,要在中央"同权同价"思想理念的积极指导下进行有效的评估,在区域选择与相近因素选择的过程中,也要对各种影响因素进行系统的考虑,从而更好地促进其价格评估的合理发展。

市场比较法依据的是替代原理,采用比较和类比的思路进行评估。要求要有公开的市场和可以拿来比较的资产及其交易活动。充分利用可比实例的价格信息,并以此为基础判断和评估待评估对象的价值。因为我国已经存在很多农村集体经营性建设用地流转的案例,所以对于农村集体经营性建设用地价格的评估可以采用市场比较法。

农村集体经营性建设用地估价市场比较法公式:

$$V_{估}=(V_{比}1+V_{比}2+V_{比}3)/3 \tag{1-1}$$

$$V_{比}=V \times A \times B \times C \times D \tag{1-2}$$

其中:$V_{比}$——可比实例比准价格;V——可比实例交易价格;A——交易情况修正系数;B——交易日期修正系数;C——影响因素修正系数;D——年期修正系数

市场比较法的关键因素。采用市场比较法对农村集体经营性建设用地进行价格评估时,需要考虑两个关键因素:

1. 土地市场化程度

从土地市场化下的角度来看,我国处于社会主义市场经济的发展条件之下,必然要遵循一定的市场运行规律才能更好地推动相关活动的顺利进行与发展。落实到农村集体经营性建设用地价格评估之中,相关部门在对具体区域的土地资源进行开发与利用的过程中,要积极与市场的发展情况相结合,不仅对土地资源获取的发展状况进行有效的了解,也要在此基础上结合相关因素以及报告的分析,对土地资源未来的发展状况进行有效的预测,比如土地资源在地理位置、交通运输状况方面的优势性是否可以更好地促进集体经营性建设用地的开发。

2. 市场偏好差异

市场的偏好差异在农村集体经营性建设用地价格评估过程中是重要的影响性因素,其主要是对风险可承受程度的一种表现。在与农村集体经营性建设用地价格评估方法相结合的时候,主要是对土地资源未来发展过程中可能遇到的风险进行系统的考量。比如在对一些山区的土地资源进行有效的开发与利用的过程中,由于地形地势的不确定性,风险承担方面也有着巨大的差异。因此,在实际对该地区的集体经营性建设用地进行价格评估的过程中,要积极对市场偏好的差异因素进行有效的考量,以确保更好地促进该地区土地资源开发利用的科学化与合理化,促进我国社会经济的长效健康发展。

(二)受偿意愿法及其关键因素

1. 受偿意愿法的方法原理

受偿意愿的方法与市场比较方法存在着很大的差异,主要表现在相关考虑的主体方面,这里所讲的意愿主要针对的是农村集体经营性建设用地中占用土地资源、对土地资源流转进行。意愿接受的补偿意愿,不仅包括接受补偿的方式,在补偿价格方面也有很大的讲究。对于补偿方式来讲,主要分为货币补偿方式和非货币补偿方式两种。对于意愿补偿价格来讲,主要是农民对于补偿的期待值,意愿本身的主观性比较强。在实际对该方法进行应用的过程中,不仅要对当地的农民的价值观念等进行有效的考量,对农民收入水平、市场发展状况等方面也要进行系统的考虑,从而充分发挥意愿选择在农村进行建设用地价格评估方面的作用。并积极对农村建设用地失地农民的意愿进行有效的调查与分析，根据实际的分析报告，制定有效的土地补偿比标准与方案，从而更好地促进我国农村集体经营性建设用地价格评估水平的不断提升。

我国是一个农业大国，但由于人口基数较大，土地所承载的人口压力较大。很多农民祖祖辈辈依靠土地生活，而农村集体经营性建设用地的流转会使很多农民失去赖以生存的土地，所以纯农户往往是土地流转的反对者，而兼业农户一般不会反对土地的流转。对于待流转的农村集体性建设用地，如果农户的分歧较大，农民的受偿意愿就显得尤为重要，所以采用受偿意愿法对于农村集体经营性建设用地价格进行评估的作用可见一斑。

农村集体经营性建设用地估价受偿意愿法公式：

$$WTA = \sum E_i \times P_i T ; i=1, 2 \cdots \cdots \tag{2-1}$$

其中，WTA——受偿意愿；E_i——第 i 组受偿意愿额；P_i——第 i 组人数的比例；T——被调查总人数

2. 受偿意愿法的关键因素

采用受偿意愿法对农村集体经营性建设用地进行价格评估时需要考虑一个关键因素：土地权利保障损失。

土地资源的权利保障损失主要针对土地资源使用权人而言，也就是通常意义上的土地资源持有人——村民。在对农村的集体经营性建设用地进行开发与利用的过程中，必然会对农民的相关经济权益等造成一定的影响。因此，出于合法权益保护的角度，在具体对农村集体经营性建设用地进行价格评估的过程中，要对土地权利保障损失系数进行系统的重视，并从相对的发展情况入手，在最大程度上保障村民的合法权益，从而更好地促进农村经营性建设用地开发与利用的有效性。

五、农村集体经营性建设用地价格评估方法的应用分析

集体经营性建设用地不仅包括试点地区以合法程序入市的集体经营性建设用地，还包括存量的乡镇企业用地、以隐性流转方式取得的集体经营性建设用地，各种情况的集体经营性建设用地使用权权益并不相同，不能一概而论。因此，积极对其评估方法进行系统的分析才能使其在使用的时候更加明确。具体来讲，主要有以下几个方面的内容：

（一）基于市场比较方法的应用分析

1. 市场比较法数据的获取及应用

运用市场比较法对农村集体经营性建设用地进行估价前，应在待评估对象所在区域寻找至少三例可靠、正常、合法的已成交案例，保证待评估对象与可比实例间地点、物质的同一性，时间的接近性和交易情况的正常性。通过统一面积、货币、单价、付款方式等方面建立起两者之间的比较基础，进而提取可比实例的交易价格、交易日期、年期、交易情况等因素，通过百分比率法或差额法对提取因素进行修正，求出可比实例修正后的可比价格。最后通过公式 $V_{估}=(V_{比}1+V_{比}2+V_{比}3)/3$ 求出待评估对象的评估价格。

2. 市场比较法应用的注意事项

大部分地区的集体经营性建设用地市场尚处于不规范范畴。采用市场比较法在具体对农村经营性建设用地进行价格评估的时候，要积极对相关土地资源的成交条件、区域因素以及个别因素的数据资料进行有效的分析与研究。在对相关影响因素进行系统分析的基础上，以

数据量化的形式对实际的土地资源进行有效的价格评估。在此过程中，也要积极对相关的因素进行有效的修正，利用合理的公式模型，并参照相关国有经营性建设用地价格标准确定具体区域中农村土地资源的价格。

（二）基于受偿意愿方法的应用分析

1. 受偿意愿法数据的获取及应用

运用受偿意愿法对农村集体经营性建设用地进行估价前，应以待评估对象所属集体中的村民为选取样本，通过调查提前设计好有针对性的通俗易懂的调查问卷并邀请村民进行问卷填写，保证调查结果的真实性、可靠性，及时获取村民的受偿意愿。通过问卷调查出农民对土地的认知、受偿意愿、收入与支出、社会经济特征等因素；再根据选取样本的性别、职业、文化、收入进行排序分组，计算出不同分组的受偿意愿额和人数比例。最后通过公式 $WTA=\sum E_i \times P_i T$ 计算出待评估对象的评估价格。

2. 受偿意愿法应用的注意事项

意愿是个体某种偏好，而偏好的产生取决于效用的高低。对于受偿意愿法来讲，其对土地资源持有人——村民的主观意愿有着很高的影响。但是其还有一个前提，就是对土地资源进行开发与利用的过程中，要相关政府部门批准之后方可进行土地征收。所以，从这个角度来讲，在具体对受偿意愿法进行应用的过程中，要积极对开发区域的经济发展状况、土地资源利用情况等因素进行系统的考量，并在此过程中对村民意愿进行有效的调查与分析，在最大限度上满足村民自身的意愿，并结合土地资源开发利用成本以及一系列的管理费用等，从而更好地促进受偿意愿法应用的科学合理化发展。

六、相关地区的案例分析

在前面的论述中，我们对农村经营性建设用地价格评估的方法以及相关概述进行了系统的分析与研究，从其基本内容中，我们可以清晰地发现，在具体对农村的土地资源进行价格评估的过程中，其评估方法实用的有效性是非常重要的。而从我国目前的发展状况来看，主要是对市场比较法、受偿意愿法的应用比较适宜。在基本理论的基础之上，对其相关的案例进行有效的分析也是非常重要的。

（一）市场比较法案例分析

本文选取北流市的试点案例，北流市的试点改革是从 2015 年开始，截至目前，已取得初步成效。下面以北流市四块已成交的农村集体经营性建设用地为例，运用市场比较法以其他三个交易案例为可比实例，计算出平政镇六合村大桥组所出让的集体经营性建设用地的价格，具体操作如下：

交易案例表　　　　表1

地块名称	地块位置	总面积	容积率	建筑密度	绿地率	出让用途	出让年限	开发程度	土地价格（万元）	交易日期
BJ〔2016〕48号地块	清水口镇旺冲村大陂组	16408	≥1.0且≤2.7	≤45%	≥15%	住宅用地、商服用地	住宅70年、商服40年	现状供地	616	2018.3.5

续表

地块名称	地块位置	总面积	容积率	建筑密度	绿地率	出让用途	出让年限	开发程度	土地价格（万元）	交易日期
BJ〔2016〕54号地块	平政镇平政村11组	16075	≥1.0且≤2.2	≤38%	≥15%	住宅用地、商服用地	同上	现状供地	603	2018.3.22
BJ〔2016〕42号地块	新丰镇观南村大坡山组	67800	≥1.0且≤2.4	≤42%	≥15%	住宅用地、商服用地	同上	现状供地	2346	2018.4.11
BJ〔2016〕51号A地块	平政镇六合村大桥组	27689	≥1.0且≤2.5	≤40%	≥15%	住宅用地、商服用地	同上	现状供地		2018.4.26

由表1可以得出可比实例的出让单价分别为：375.43元/平方米、375.17元/平方米、346.12元/平方米。

估价对象与可比实例基本状况表 表2

估价对象与可比实例 比较因素	估价对象	可比实例1	可比实例2	可比实例3
地块位置	平政镇六合村大桥组	清水口镇旺冲村大陂组	平政镇平政村11组	新丰镇观南村大坡山组
土地级别	一类区域	二类区域	一类区域	二类区域
交易时间	2018.4	2018.3	2018.3	2018.4
交易方式	拍卖	拍卖	拍卖	拍卖
交易情况	正常	正常	正常	正常
土地用途	住宅、商服	住宅、商服	住宅、商服	住宅、商服
土地使用年限	70年、40年	70年、40年	70年、40年	70年、40年
容积率	≥1.0且≤2.5	≥1.0且≤2.7	≥1.0且≤2.2	≥1.0且≤2.4
建筑密度	≤40%	≤45%	≤38%	≤42%
绿地率	≥15%	≥15%	≥15%	≥15%
开发程度	现状供地	现状供地	现状供地	现状供地
交易价格		375.43元/m²	375.17元/m²	346.12元/m²

估价对象与可比实例系数修正表 表3

估价对象与可比实例 比较因素	估价对象	可比实例1	可比实例2	可比实例3
地块位置修正	100/100	100/120	100/116	100/113
土地级别修正	100/100	100/80	100/100	100/80

续表

估价对象与可比实例 比较因素	估价对象	可比实例1	可比实例2	可比实例3
交易时间修正	100/100	100/99	100/99	100/99.5
交易方式修正	100/100	100/100	100/100	100/100
交易情况修正	100/100	100/100	100/100	100/100
土地用途修正	100/100	100/100	100/100	100/100
土地使用年限修正	100/100	100/100	100/100	100/100
容积率修正	100/100	100/106	100/91	100/97
建筑密度修正	100/100	100/115	100/94	100/106
绿地率修正	100/100	100/100	100/100	100/100
开发程度修正	100/100	100/100	100/100	100/100
比准价格		324.06	381.91	374.25

由表3可得知三个可比实例的比准价格分别为：324.06元/平方米、381.91元/平方米、374.25元/平方米，根据公式 $V_{估}=(V_{比1}+V_{比2}+V_{比3})/3$ 可算出 $V_{估}=(324.06+381.91+374.25)/3=360.07$ 元/平方米。360.07×27689=9969978.23元，即平政镇六合村大桥组所出让的集体经营性建设用地的价格约为997万元。

（二）受偿意愿法案例分析

本文以安徽省金寨县全军乡熊家河村所出让的集体经营性建设用地为例，采用受偿意愿法对该地块进行价格评估。本次问卷调查的核心问题如下：如果出让集体经营性建设用地，每年需要补偿0、50、100、150、200、250、300、350、400元才能弥补对您造成的损失。本次问卷调查以该村100个农民为总样本，发放100份问卷，有效回收96份，占问卷总数的96%。

村民对土地的认知情况　　　　　　　　　　　　　表4

认知情况		清楚知道	不太清楚	不清楚	总数
	人数	13	71	12	96
	比例	13.50%	74%	12.50%	100%

由表4可以看出熊家河村村民对土地的认知程度并不高，所以笔者以该村村民的不同类型为分组进行受偿意愿调查。

不同类型村民人数百分比　　　　　　　　　　　　表5

	自然捕捞渔民	水产养殖者	畜牧业者	农业者	非农业者	总数
户数	1	2	5	57	31	96
比例	1.04%	2.08%	5.21%	59.38%	32.29%	100%

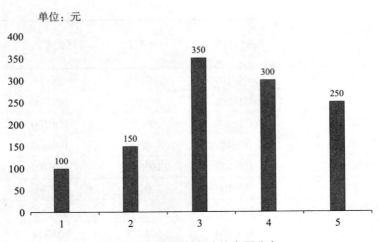

图 1　不同类型村民补偿意愿分布

根据公式 $WTA=\sum E_i \times P_iT$ =100×1.04%+150×2.08%+350×5.21%+300×59.38%+250×32.29%=281.26元。即安徽省金寨县全军乡熊家河村所出让的集体经营性建设用地的价格约为 281.26 元/平方米。

参考文献：

[1] 杨盈盈. 基于房地产估价风险的研究 [J]. 科技与企业，2014（05）.

[2] 陈章体，周东鸣. 加大土地流转力度，促进现代农业发展 [J]. 中国农业资源与区划，2010，31（01）.

[3] 赵旭. 集体经营性建设用地使用权权益及价值评估研究 [D]. 北京：首都经济贸易大学，2017.

[4] 刘金国. 集体建设用地流转价格评估理论与方法研究 [D]. 长春：吉林大学，2011.

[5] 阮韦波. 农村集体经营性建设用地使用权流转影响因素与流转机制分析 [D]. 杭州：浙江大学，2010.

[6] 王欣. 我国公共管理与公共服务用地价格评估研究 [D]. 焦作：河南理工大学，2010.

[7] 郑和园. 集体经营性建设用地入市收益分配制度研究 [D]. 合肥：安徽大学，2016.

[8] 赵旭. 集体经营性建设用地使用权权益及价值评估研究 [D]. 北京：首都经济贸易大学，2017.

[9] 李茗薇. 集体经营性建设用地流转及价评估研究 [D]. 长春：吉林大学，2017.

[10] 牟琳琳. 农村集体建设用地流转价格评估方法研究 [D]. 天津：天津大学，2016.

[11] 钱畅，徐泽欢，彭建超. "入市"农村集体经营性建设用地的价格评估研究 [J]. 江南科技信息，2015，36.

[12] 汪洪倩. 集体经营性建设用地入市风险防范法律制度研究 [D]. 重庆：西南政法大学，2016.

[13] 张悦凯. 长兴岛建设用地使用权出让价格评估研究 [D]. 大连：大连理工大学，2013.

[14] 李栓，王红梅，刘媛媛. 农村集体建设用地流转问题分析 [J]. 中国人口·资源与环境，2011，21（03）.

作者联系方式

姓　　名：汪志宏
单　　位：安徽中信智力房地产评估造价咨询有限公司安庆分公司
地　　址：安庆市迎江区绿地启航社1号楼9层
邮　　箱：94003727@qq.com

姓　　名：胡思远
单　　位：安徽中信房地产土地资产价格评估有限公司安庆分公司
地　　址：安庆市迎江区绿地启航社1号楼9层
邮　　箱：aqzxpg@163.com

姓　　名：汪姜峰
单　　位：安徽中信房地产土地资产价格评估有限公司安庆分公司
地　　址：安庆市皖江大道迎江世纪城LOFT1号写字楼九层
邮　　箱：1449348908@qq.com

城市化进程中集体土地征收问题初探

——以天津市为例

徐艳红

摘 要：本文从集体土地征收中依据的法律法规及评估现状入手分析，阐述了笔者的观点和认识，以期引起行业内的探讨，为制订相关技术规范提供参考，保障集体土地征收工作的顺利开展。

关键词：集体土地；征收；评估

一、集体土地征收依据的法律法规

国有土地上的房屋征收以《国有土地上房屋征收与补偿条例》《天津市国有土地上房屋征收与补偿规定》为法律依据，但是至今关于集体土地上的征收补偿，国家还没有统一的立法，天津亦无相关法规出台。立法不够完善、相关配套法律法规缺失，使得集体土地征收缺乏上位法的依据。

（一）集体土地征收主要的法律法规依据

目前，我国有关集体土地上房屋征收的法规，主要分散在《宪法》《物权法》和《土地管理法》中，表述较笼统。例如，我国《土地管理法》规定的主要是对土地补偿，并未规定房屋的补偿。集体土地上房屋在法条的表述上为"附着物"。《土地管理法》第47条第3款规定：被征收土地上的附着物和青苗的补偿标准，由省、自治区、直辖市规定，即农村集体土地上的房屋是作为附着物与青苗一起，其补偿标准由各省、自治区、直辖市各自规定。

1. 天津市征收的主要法律法规规章依据

（1）《国务院关于严格规范城乡建设用地增减挂钩试点切实做好农村土地整治工作的通知》国发〔2010〕47号；

（2）《天津市以宅基地换房建设示范小城镇管理办法》；

（3）《天津市城乡建设用地增减挂钩试点管理办法》（津国土房规〔2009〕2号）；

（4）《天津市人民政府办公厅关于进一步加强征地管理工作的通知》2017年3月7日发布；

（5）《房管局市发展改革委关于公布实施天津市征收土地地上附着物和青苗补偿标准的通知》2014年发布；

（6）《天津市被征地农民社会保障试行办法》及《关于被征地农民养老保险与城镇企业职工养老保险等制度衔接问题的通知》。

2. 天津市征收实践中的主要政策类型

在实践中，天津当地根据规划建设的需要，结合自己的实际情况，制定的政策方案主要三种类型：

第一类是由市人大、市政府颁布的地方性法规、规章和规范性文件，在全市范围内适用；如天津市人民政府办公厅于 2017 年 3 月 7 日颁布的《天津市人民政府办公厅关于进一步加强征地管理工作的通知》。

第二类是由市辖区政府颁布的规范性文件，在全区范围内适用，如宝坻区人民政府于 2016 年 4 月 13 日发布的《宝坻新城房屋置换实施方案》。

第三类是乡镇政府制定的补偿安置方案，如津南区八里台镇人民政府制定的《八里台示范小城镇建设（二期）项目拆迁补偿安置方案》。

（二）天津市集体土地征收实践中的安置方式

在实践中，各地结合自己的实际情况制定安置方案，安置方式多种多样。

1. 同一辖区实行不同的补偿方案

如天津市西青区精武镇的陈台子村，与杨柳青镇的十二街、十四街虽然同在西青区，但补偿方案不同。精武镇的陈台子村补偿标准为每宅 3 间正房（包括配房）一个院置换 1 个偏单，每宅 2 间正房（包括配房）一个院交 2 万元置换 1 个偏单，每宅一间正房（包括配房）一个院交 4 万元置换一个偏单，偏单约 90 平方米。杨柳青镇的十二街、十四街主要补偿标准有还迁安置采取按主房建筑面积拆一还一，减去主房建筑面积之外的土地使用面积按 50% 给予安置的办法，除主房之外的一切房屋不予还迁安置。

2. 同一镇域不同村庄实行的补偿方案都不尽相同

如津南区双港镇，三合村与何庄子均属于该镇，但是征收政策不同，三合村依据人口政策进行还房面积安置，何庄子依据主房面积进行还房面积安置。

无论是按房屋面积补偿，还是按人口补偿，无非都是"人"与"地"的组合问题。凡事利弊共存，各有特点。如按人口补偿，在实际情况中，会出现无房有户的情况，且人的流动与生老病死是确定补偿人数的难点。如按房屋面积补偿，在实际情况中，会出现"外来户"补偿问题，"外来户"即非本村人员购买的本村房屋，且在此居住。

二、集体土地征收评估的现状

（一）评估的估价委托人及相关当事人较多

在集体土地征收过程中，估价委托人及相关当事人不统一。在目前的现实情况中，评估公司的估价委托人为×××拆迁中心/拆迁有限公司，而有关权属界定、评估基本事项的沟通商榷，一般是镇政府组织监督、村委会成员或村民代表组成界定小组来行使此职能。征收主体多样化，有的为所在村村委会，有的为街道办事处。

（二）权属界定困难

集体土地征收过程中，没有明确权属界定的主体。且由于农村各地房屋权属登记工作差异较大，这就造成了集体土地上房屋征收时权属界定困难，主要存在以下问题：

（1）部分《房屋所有权证》或《土地使用权证》未记载具体地址，地址栏只记载××村，没有详细的门牌号，且权利人名字存在同音字等不规范现象，给确权工作及评估工作带来一定的困难。

（2）存在有些房屋未经实地测量，就进行了权属登记的现象，登记的面积与实测面积差距较大。

（3）农民办证意识淡薄，改扩建房屋后未办理登记相关手续。

（4）非集体经济组织成员购买宅基地房屋，其行为的合法性有待考究。

（5）对于私占建设用地的，界定相关部门由于各种原因，也予以认定为宅基地，给予宅基地征收的相应补偿，有失公平性。

（三）评估范围复杂多样

集体土地征收过程中，涉及的评估项目复杂多样，最常见的房屋有砖木结构、砖混结构、混合（彩钢顶）结构、混合（石棉瓦顶）结构、轻钢结构、彩钢结构等多种结构，建造标准不一，施工工艺各异。此外还有门楼、牌坊、化粪池、水池、地面、围墙、鸡窝（狗窝）、地下涵管等多种地上附着物。这些附着物材质多样，质量参差不齐。评估人员造价知识缺乏，很难做出客观合理的价格体系。

（四）补偿标准存在不统一的现象

目前集体土地上征收具体补偿的标准都是由各地方政府制定的。各地根据自身的经济发展情况制定补偿标准，各地区之间必然存在差距，事实上存在相对过高和相对过低的情况。有的项目存在先签协议与后签协议补偿标准不一致的情况，比如有的被征收人强势或有某种关系，签约期迟迟不签协议，动迁人员为了尽快完成签约任务，会许诺增加补偿金额。有的地方甚至出现时间和空间上相邻的两个项目，补偿标准差异过大的情况。建议各地政府应根据实际情况予以规范，尽量避免补偿标准不统一的问题。

（五）停产停业损失补偿评估存在困难

停产停业损失的补偿主要包括两个方面，一方面是经济损失，即因停产停业使被征收人失去获得利润的机会；另一方面是因征收导致的费用支出，如停产停业期间职工的工资、福利费、各种保险等社会基金，企业因征收倒闭、解散后职员的安置费用等。这些费用应当由被征收人提供证据，征收方根据这些证据与被征收人共同协商确定，或委托评估机构进行评估。但是在实践中，由于集体土地上的企业大多为非正式企业，对于补偿内容与损失认定，征收方与被征收人存在分歧。评估公司接受委托后，由于缺乏上述相关证据，使得停产停业损失补偿评估存在一定困难。

（六）苗木、特殊种植物评估对象的补偿评估较为复杂

树木补偿评估，苗木种类的复杂、苗木的高度、冠幅、胸径、地径、生长状况、生长年限等不同，补偿评估难度加大。又由于抢栽抢种现象急剧增多，而且抢栽、抢种树木方式多样，既有每亩土地种植成千上万棵，"密不透风"的树木、苗木种植方式，也有留存一定株距行距的抢栽、抢种树木方式。这些现象既增加了征地补偿财政支出和建设项目的投资负担，也阻碍了集体土地征收工作的顺利实施，如何认定、如何补偿评估也是一道难题。

另外，最近随着农业发展的多元化，在集体土地征收过程中会遇到各种比较特殊的种植物，如名贵中药材、新兴物种、国外引进的特殊植物等等。该类型种植物共性是稀缺、种植要求严格、价值量大、价格区间按品质划分后浮动量较大。在面对此类问题评估中，因种植物的稀缺，导致在相关政策法规及评估规范中没有相应的参考，也无法对其产量及价格区间进行正确的认定。

三、集体土地征收评估的心得体会

（一）尽快出台上位法，使得集体土地征收业务有法可依

农村征收领域是官民利益博弈最典型、最常见也最激烈的领域，由于被征收人对征收补偿政策的不满，加之其本身与征收人利益的对立，导致双方之间的矛盾较深，往往被征收人对房屋征收有很大的抵触和不满情绪，所以房屋征收争议解决就显得十分必要。目前集体土地上征收中的补偿决定和行政裁决都是效仿的国有土地房屋征收，缺乏真正属于集体征收的上位法依据。

建议尽早建立全国统一的集体土地上房屋征收制度，规范集体土地上房屋征收的行为，克服地方立法的恣意，使各地集体土地上房屋征收的乱象得以遏制。

（二）厘清估价委托人及相关当事人关系

与相关当事人充分沟通，认真细致地了解其真实的估价需要，及各自在估价业务中的作用。厘清各自的关系，按照科学、严谨、完整的评估程序，有条不紊地开展估价工作。

（三）有关权属界定

在长期评估实践工作中，各区根据自身情况也都制定了相应的权属界定的规定，经总结有以下几种类型：

（1）根据《房屋所有权证》《土地使用权证》《建房规划许可证》及《户口本》等证件，综合确认房屋权利人。

（2）以之前的房屋普查登记资料、建设审批手续为依据，结合证据保全资料及航拍图，由土地所属村两委会及相关职能部门，采取综合确认的方法，认定被拆迁房屋的权属及使用性质。

（3）根据被征收村的村委会、权利人、估价委托人相关工作人员及评估公司工作人员多方参与的实地测量面积与证载面积进行比较，确定补偿面积。

（四）有关评估范围确认

集体土地征收业务中，评估内容多而复杂。评估专业人员实地查勘时，采用多种测量设备，除普通照相机、皮尺之外，还采用测距仪、全站仪、无人机等。为了规避评估风险，遵循客观、公平的原则，对于建筑物面积及地上附着物种类、数量等现状的测量及清点，一般采取被征收村的村委会、权利人、估价委托人相关工作人员及评估公司工作人员多方签字的方式确认。对于建筑物面积，采取现场张贴方式公示。

（五）有关评估测算

集体土地上征收，多采用成本法进行评估。成本法估价中，评估专业人员根据房屋结构的具体情况，按照农村房屋建筑结构类型进行测算。建筑物重置成本中的建设成本，一般采用单位比较法、工料测量法、分部分项法、指数调整法等求取，或通过政府确定公布的建筑物重置价格来求取。

评估专业人员实地查勘中，对各种建筑结构的墙厚应该进行仔细的观察和查看，针对现场查勘的具体情况进行实物因素修正和调整，参照《农村房屋建筑设计导则》或聘请专业造价人员提供帮助。如发现估价对象的结构、围护墙、承重墙等与《农村房屋建筑设计导则》要求不符的，应当进行相应的修正和调整。

（六）有关停产停业损失的计算方法

（1）按照企业经营面积一次性给予停产停业损失补偿，一般都是由区或区以上的政府确定标准，然后按照企业的生产经营面积给予一次性的停产停业损失补偿，只要能确定企业的生产经营面积，就可以计算出停产停业损失。

（2）根据纳税情况、经营收入、利润等指标确定。参照类似企业的纳税情况、经营收入、利润等指标，推算出被评估企业的基本利润，从而给予停产停业损失补偿。

（3）参照《北京市国有土地上房屋征收停产停业损失补偿暂行办法》规定，非住宅房屋停产停业损失补偿评估的计算公式为：停产停业损失补偿费＝（用于生产经营的非住宅房屋的月租金＋月净利润 × 修正系数＋员工月生活补助）× 停产停业补偿期限

（七）苗木、特殊种植物评估对象的补偿评估

对于征地征收过程中遇到的各种比较特殊的种植物，如名贵中药材、新兴物种、国外引进的特殊植物等评估，本着评估规范中的谨慎原则，建议由项目实施方聘请相关植物研究机构和专家对种植物的类型、品相、产量、价格等方面进行鉴定和论述，最终依据专家意见结合实际情况确定产量及补偿价格。

应建立树木、苗木价格信息系统。评估公司可以通过比较、分析国家相关部门公布的市场价格、权威部门的造价信息，以及调查得来的市场价格信息等资料，建立一套能够准确及时反映树木、苗木市场价格的信息系统，以此为依据对符合栽植密度的树木、苗木进行补偿。

参考文献：

[1] 杨斌、贾明宝. 房屋征收中停产停业损失评估初探 [J]. 中国房地产估价与经纪，2013（01）.

[2] 刘婧娟. 土地征收补偿款分配的两难困境分析及对策研究 [J]. 浙江学刊，2014（01）.

[3] 卓锴化、施冀. 完善集体土地上房屋征收补偿标准确定机制的思考 [J]. 中国财政，2018（21）.

作者联系方式

姓　　名：徐艳红

单　　位：天津博成房地产土地资产评估有限公司

地　　址：天津市河西区友谊路与平江南道交口东南侧大安大厦 A 座 1703、1704

邮　　箱：xuyanhongtj@163.com

新形势下农村集体土地上房屋征收评估服务的转变

雷智军　黄　迪

摘　要：2019年8月26日，第十三届全国人大常委会第十二次会议审议通过了关于修改《中华人民共和国土地管理法》的决定，新修订的土地管理法自2020年1月1日起施行。此次《中华人民共和国土地管理法》修订，明确了规范农村集体土地征收程序，实施农村集体土地征收制度改革，强化对农民利益的保护。顺应中华人民共和国成立70周年以来的社会经济发展历程，土地立法修订改革以及市场化服务需求升级的新形势，房地产估价机构在农村集体土地上房屋征收评估工作中面临新的机遇与挑战。在新形势下如何顺应时代政策与市场需求的转变，提供高质量估价服务、专业增值服务，是房地产估价机构在行业持续发展之路上需要思考的重要问题。

关键词：新形势；政策转变；集体土地；房屋征收；机遇与挑战

一、引言

《中华人民共和国土地管理法》修订，坚持土地公有制不动摇，坚持维护农民利益，依法保障农村土地征收、集体经营性建设用地入市、宅基地管理制度等改革在全国范围内实行，对促进乡村振兴和城乡融合发展具有重大意义。此次土地立法修订规范农村集体土地征收程序，为农村集体土地上房屋征收工作制定相关条例、规章、规范、工作程序奠定法律基础。此次土地立法修订允许集体经营性建设用地直接入市，农村集体土地市场化程度逐步放开，城乡建设一体化推进，对农村房地产的价值有明显的正向影响，农村集体土地上房屋征收评估工作也将面临新的技术难题。本文将通过总结农村集体土地上房屋征收工作现状，以"城中村"房屋征收为切入点，分析集体土地上房屋征收市场新需求，寻找房地产估价机构在新形势下的机遇，探讨房地产估价机构在新形势下的思路转变。

二、农村集体土地上房屋征收评估工作现状

（一）相关法律法规

《物权法》第四十二条规定"征收集体所有的土地，应当依法足额支付土地补偿费、安置补助费、地上附着物和青苗的补偿费等费用，安排被征地农民的社会保障费用，保障被征地农民的生活，维护被征地农民的合法权益"，《物权法》明确农村集体土地的征收应支付相关补偿费用。

现行《中华人民共和国土地管理法》第二条规定"国家为了公共利益的需要，可以依法对土地实行征收或者征用并给予补偿"，明确实施土地征收的必要前提条件。

从现行相关法律分析，农村集体土地的征收更侧重的是以地为中心，随土地一并被征收的"物"被定义为"地上附着物及青苗"。在现实农村集体土地征收评估工作中，地上附着物的评估对象主要包括村民居住的房屋、生活生产使用的建（构）筑物、无法拆卸移动的机器设备等。

现行相关法律对农村集体土地上被征收的房屋通常被视为地上附着物，在实施征收补偿时，农民利益难以得到充分保障。

（二）地方补偿方案

根据被征收的农村集体土地上房屋的区域位置，农村集体土地上房屋征收分为"城中村"的集体土地上房屋征收、城市近郊的集体土地上房屋征收以及偏远乡镇的集体土地上房屋征收。

"城中村"是指经济快速发展、被划入城区规划范围内的农村，在地域上已经属于城市的一部分，但土地权属、户籍、行政管理体制仍然属于农村模式的村落。"城中村"周边的房价市场化高，但在开展该类房屋征收补偿工作中，地方安置补偿方案一般是选择参照国有土地上房屋征收相关规定执行，缺乏对被征收房屋针对性的安置补偿方案。

地方制定的集体土地征收补偿一般由土地补偿费、安置补助费、青苗补偿、房屋及配套建（构）筑物补偿组成。土地补偿标准通过征地区片价或是年产值确定，房屋及配套建（构）筑物补偿一般根据当地建筑物重建成本确定。城市建成区的"城中村"征收采用房、地分开补偿的方式，在住宅房地产商品化程度高的区域，不足以充分体现集体土地性质的被征收房地产的经济价值，容易引发被征收人对征收补偿的不满，农民切身利益得不到保障，不配合征收拆迁工作开展，导致征收补偿工作难以进行。

（三）评估技术规范

现行法律中缺少对农村集体土地上房屋征收的国家立法，在实际农村集体土地上房屋征收评估工作中，征收人一般参照《国有土地上房屋征收与补偿条例》的规定执行房屋征收决定程序及确定补偿内容，估价机构参照《国有土地上房屋征收评估办法》的规定执行房屋征收评估工作程序，开展评估工作，依据《房地产估价规范》提供被征收房屋征收补偿价格的估价服务。

《房地产估价规范》规定"房地产征收估价，应区分国有土地上房屋征收评估和集体土地征收评估"。《规范》缺少对集体土地上房屋征收评估的估价技术要点的说明。

农村集体土地与国有土地在权利性质上有本质的区别，在集体土地上房屋征收评估工作中，如何处理土地性质差异对被征收房地产的征收补偿评估价格的影响，是农村集体土地上房屋征收评估工作中需要解决的重要技术问题。

三、新形势下集体土地上房屋征收

（一）土地立法新形势

1. 农村集体土地征收制度改革

新修订的《中华人民共和国土地管理法》第四十七条规定"国家征收土地的，依照法定程序批准后，由县级以上地方人民政府予以公告并组织实施"，法条细化土地征收实施主体以及土地征收申请的法定程序，包括开展拟征收土地现状调查和社会稳定风险评估、征收范围、土地现状、征收目的、补偿标准、安置方式和社会保障等征收补偿重要事项的公示范围及时间。

土地立法修订改革,明确了规范农村集体土地征收程序,深化了农村集体土地征收制度改革,强化了对农民利益的保护。

2. 农村集体经营性用地入市

新修订的《中华人民共和国土地管理法》第六十三条规定"土地利用总体规划、城乡规划确定为工业、商业等经营性用途,并经依法登记的集体经营性建设用地,土地所有权人可以通过出让、出租等方式交由单位或者个人使用,并应当签订书面合同,载明土地界址、面积、动工期限、使用期限、土地用途、规划条件和双方其他权利义务",法条规定为农村集体土地入市奠定了法律基础。

农村集体经营性用地入市流转许可,破除集体经营性建设用地进入市场的法律障碍。《北京日报》报道,农村集体土地入市试点地区北京市大兴区瀛海镇最新成交的集体建设用地区级统筹地块,将建设共有产权住房,销售均价2.9万元/平方米,与周边产权商品房项目销售价格相当。

农村经济建设发展,城乡一体化建设工程推进,农村基础配套设施、公共配套设施将日趋完善,农村集体经土地入市的立法许可,农村集体土地使用权价值与国有土地使用权价值将日趋接近,集体土地性质的房地产的经济价值日益凸显,保障农民合法利益不受损害,农村集体土地上的房屋征收补偿形式将趋向于城镇国有土地上房屋征收补偿,更侧重于以整体不动产为中心,重视对被征收不动产的整体经济价值损失补偿,而不是单纯地进行土地征收补偿及房屋重建成本的补偿。

(二)市场需求新形势

1. 政府主导需求

《中国共产党第十九届中央委员会第三次全体会议公报》指出,转变政府职能,优化政府机构设置和职能配置,是深化党和国家机构改革的重要任务。落实政府职能转变"放管服"的深化改革,强化专业咨询服务机构参与行政辅助工作。借用专业力量深度研究课题,支持专业服务参与前沿政策、技术标准、操作规范的规划设计制定,是政府工作在农村集体土地上房屋征收改革的新需求。

2. 开发商主导需求

农村集体经营性用地入市许可,在构建新型农业经营体系,建设用地市场城乡统一工作中,一定程度上会缩减以政府为征收主体的农村集体土地的征收,民营企业(开发商)与农村集体经济组织的合作开发模式会站上农村集体用地开发建设的主舞台,以农村集体土地上房屋征收估价服务为切入点,协助民营企业(开发商)制定农村集体土地上房屋征收专项规划合作计划,开展项目收购价值咨询与可行性研究,为民营企业(开发商)提供拆迁改造全程咨询服务,是民营企业(开发商)在土地立法改革新形势下对咨询服务机构提出的新需求。

3. 被征收人需求

集体土地上房屋征收被征收人都为农民,普遍知识水平不高,对土地征收法定程序不了解,在被征收过程中通常处于弱势地位,新土地立法改革明确了规范农村集体土地征收程序,实施农村集体土地征收制度改革,强化对农民利益的保护。在土地立法改革的新形势下农村集体土地被征收,集体土地上房屋征收被征收人为维护自身利益,需要借助专业的第三方服务机构的力量,需要咨询服务机构提供相关征收法律、补偿政策以及法律救济途径等援助,是集体土地上房屋被征收人在土地立法改革新形势下对咨询服务机构的新需求。

（三）新形势下的"城中村"房屋征收

1."城中村"明显的区位优势

"城中村"是指经济快速发展、被划入城区规划范围内的农村，在地域上已经属于城市的一部分，也被称为"都市中的村落"。在区域位置上与国有土地上的住宅小区共享城市基础配套设施、公共配套设施、商圈、教育资源带来的生活与工作的便利（图1）。

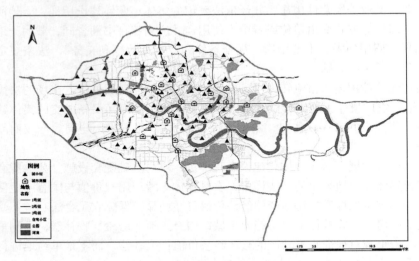

图1 南方某市"城中村"分布图

2."城中村"房屋经济价值

"城中村"作为中国城镇化进程的产物，伴随城镇化建设进程推进，"城中村"村民赖以生存的耕地被征收，"城中村"没有耕地、没有农业，农民收入来源主要依靠房屋出租、集体分红、外出务工，房屋成为"城中村"村民生活生存的主要依靠。

在广州、深圳这样人口流入大的一线城市，得益于"城中村"明显的区位优势，"城中村"拥有巨大的房屋租赁市场需求。"城中村"房屋租赁市场的活跃给"城中村"房地产带来巨大的经济价值增值。通过对比南方某市"城中村"房屋与周边老旧房改住宅小区租金水平可以看出，靠近城市中心建成区、房屋规划有序的"城中村"与周边老旧房改住宅小区的租金水平相差不大，租金收益反映"城中村"房地产收益价值与周边老旧房改住宅小区价值相差亦不会太大。在开展"城中村"集体土地上房屋征收工作的时候，应平衡考虑周边棚户区改造、危旧小区拆迁案例的安置补偿方案，制定专项征收补偿方案（图2）。

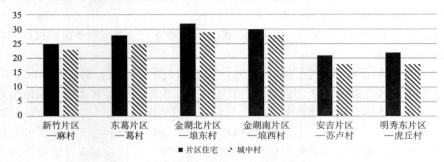

图2 南方某市"城中村"房屋租金水平对比

房地产估价机构结合"城中村"房屋的区位特点、经济价值特点，向征收主体、被征收人提供有价值的估价服务、咨询服务，协助国家行政管理部门，给予被征收人公平、合理的补偿，保障被征地农民原有生活水平不降低、长远生计有保障。在土地立法改革与市场需求变化的新形势下，房地产估价机构在新形势下迎来新的机遇与挑战。

四、新形势下估价机构的机遇

（一）传统价值评估服务

提供价值评估服务是房地产估价机构的传统业务板块，利用房地产估价的专业知识理论，结合新形势政策法规，评估集体土地上被征收房屋的价值，为房屋征收部门与被征收人提供征收补偿参考，是房地产估价机构把握新形势转变机遇，深度参与新形势下农村集体土地上房屋征收工作的敲门砖。

（二）升级咨询服务内容

针对新形势下农村集体土地上房屋征收立法不完善、地方政策缺位、技术规范缺失的现状，房地产估价机构借助参与国有土地上房屋征收工作的经验，升级咨询服务内容，提供多元化征收咨询服务，是房地产估价机构深度参与新形势下农村集体土地上房屋征收工作的业务窗口。

1. 社会稳定风险评估

新修订的《中华人民共和国土地管理法》规定，国家征收土地应开展拟征收土地现状调查和社会稳定风险评估。房屋征收社会稳定风险评估的基本目的是有效预防、控制可能发生的社会稳定风险，维护社会稳定，保障房屋征收项目的顺利实施。

房地产估价机构作为国有土地上房屋征收补偿工作的重要参与者，在大量的入户查勘工作中积累丰富的一线工作经验，能够准确识别征收工作中的风险与矛盾，通过建立以风险内部控制和风险外部合作为主的社会稳定风险管理体系，房地产估价机构开展农村集体土地上房屋征收的社会稳定风险评估具有项目经验优势。

2. 参与地方征收补偿方案研究与制定

征收补偿方案是房屋征收项目的指导性文件，征收补偿方案的关键是要解决重要问题和矛盾。制定完善的征收补偿方案要求做好前期调研，了解民情，加强与被征收人的民意沟通，充分听取民意，将征收工作的问题与矛盾前置。房地产估价机构凭借国有土地上房屋征收估价现场查勘积累的与被征收人打交道的工作经验，以第三方服务机构的身份，深度参与征收前期调研工作，开展"人、地、房"的调查工作，细化到征收范围内的土地利用现状、房屋权属认定、被征收人社会关系、户籍情况等专项调查，分析被征收人的补偿意愿、安置形式期望，将征收工作的重要问题前置，协助地方政府编制与优化征收补偿方案。

3. 主导区域环境研究，协助制定补偿标准

房地产估价机构发挥对城市房地产市场的估价经验优势，利用传统估价业务中积累的房地产基础数据、区位数据、价格数据，进行以"城中村"房地产为中心的数据调查与研究分析。参照国有土地上房屋征收的有关规定，对被征收房屋价值的补偿不得低于房屋征收决定公告之日被征收房屋类似房地产的市场价格，建立农村集体土地上房屋征收补充片区价，与征地片区价互相补充，在开展征收程序前，为征收部门因地制宜地制定符合房地产市场行情

的补偿标准提供参考依据，为政府部门制定征收计划及预算提供参考。

4. 提供项目调研与策划服务

在成熟的国有土地上房屋征收与补偿工作体系中，房地产估价机构提供的传统的征收估价服务内容较为单一，在实际征收与补偿工作扮演项目协作者、执行者的身份，更多的是被动地接收指令、完成工作。尚未完善的农村集体土地上房屋征收工作，给房地产估价机构提供了更多可以发挥与拓展的空间。新土地立法改革，允许集体经营性用地入市，民营企业（开发商）、集体经济可以组织成除政府行政部门以外的拆迁改造的实施主体。民营企业（开发商）、集体经济组织在农村集体土地上房屋拆迁重建、农村改造工作中普遍缺乏分析、策划、实施的经验，房地产估价机构借鉴国有土地上房屋征收补偿估价工作经验，向民营企业（开发商）、集体经济组织提供农村集体土地上房屋拆迁重建、农村改造工作提供项目可行性研究分析、投资方案预算等咨询服务。在此过程中，估价机构可以改变传统估价工作单一、被动的情况，转向多元化、全局化的项目调研与策划工作。

五、新形势下估价机构的挑战

（一）服务意识转变

党的十九大报告提出，我国经济已由高速增长阶段转向高质量发展阶段。在全国经济转向高质量发展阶段的过程中，房地产估价机构作为社会经济建设工作中的重要参与者，凭借自身的行业地位与技术积累优势，在国家立法缺位、地方政策不完善、技术规范缺失的农村集体土地上房屋征收工作中大有可为。农村集体土地上房屋征收工作对专业咨询服务机构提出的服务内容升级的要求，是房地产估价机构服务角色转变的重要机遇，这要求房地产估价机构升级服务内容，房地产估价师、专业估价人员转变服务理念，改善服务态度，从传统被动接受的单一征收估价工作主动向征收工作的前置环节发展，将征收工作的行政服务转变为征收工作的市场化服务，提高征收事前、事后的服务意识，积极开拓在征收方案制定、征收全程管理咨询服务中的业务。

（二）政策知识积累

房地产征收估价作为法定评估业务，要求房地产估价师、估价专业人员既要掌握行业规范，又要熟悉专业政策，政策和法规是房地产估价机构开展农村集体土地上房屋征收估价工作的两条双实线。充分掌握现有的法律法规与技术规范，是以征收估价为原点拓展政策研究、区域研究、项目调研与策划、全程化管理咨询等咨询服务的基本前提。

（三）技术人才储备

人才储备是企业发展的原动力，建立科学的人才培养体系，提高房地产估价师、估价专业人员的专业素质和专业能力是适应社会经济发展新形势、满足新型业务开展的重要需求。在农村集体土地上房屋征收补偿与估价业务尚未完善的现实状况下，通过成熟的国有土地上房屋征收补偿与估价实践工作，挖掘与培养综合型估价人才。开展专业技能培训与相关政策法规的学习，顺应新形势下市场对专业咨询服务机构的业务需求，强化估价专业人员在估价专业知识、法定征收程序、征收方案研究、谈判心理学、房地产数据分析等技能的学习与培训，为提供高质量增值服务、升级的服务内容组建技术团队，开展农村集体土地上房屋征收服务产品的专项研究与开拓，完善农村集体土地上房屋征收估价工作的技术规范。

（四）软硬件系统升级

"兵欲善其事，必先利其器"，伴随信息技术的快速发展、大数据服务产品日益成熟以及5G时代的来临，顺应科学技术发展，武装科技软件、技术硬件，是房地产估价机构在新形势市场环境下开疆拓土的重要利器。运用无人机、360°全景相机辅助征收房屋调查，运用征收管理系统，建立被征收人信息档案，运用移动设备开展征收前期调研、中期评估查勘、后期签约谈判工作，信息实时回传、数据全局共享（图3）。

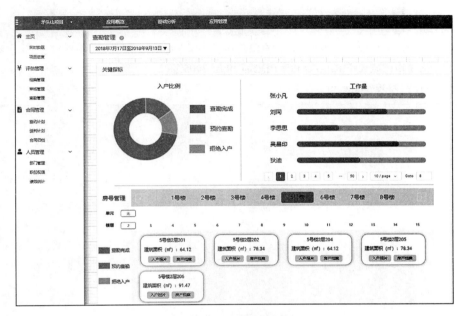

图3　征收工作项目管理系统

六、结语

新土地立法修订改革，是土地管理制度的一次突破，农村集体经营性建设用地可以直接进入市场流转，将有望促进城乡一体化发展，农村集体土地上房屋征收工作将成为城乡整体规划的重要环节之一，房地产估价机构作为房屋征收工作的重要参与者，改变传统的估价思维，升级服务内容，适应时代转变，将有助于实现从估价到咨询的华丽转身，走上可持续发展之路。

参考文献：

[1] 金俭. 农村集体土地上房屋征收补偿现状与完善 [J]. 中德法学论坛，2013（10）.
[2] 柴强. 房地产估价理论与方法 [M]. 北京：中国建筑工业出版社，2017.
[3] 曾坚. 城乡一体化背景下的农村集体土地征收补偿安置制度研究 [J]. 东方法学，2013（04）.
[4] 陈迎. 集体土地征收补偿行为之合法性审查 [J]. 法律适用，2019（07）.
[5] 方成胜. 城中村旧城改造中存在的问题及对策研究 [J]. 规划与涉及，2018（03）.

作者联系方式
姓　　名：雷智军
单　　位：广西广证房地产土地资产评估有限公司
地　　址：南宁市民族大道 82 号嘉和南湖之都 29 层 2905 室
邮　　箱：271231936@qq.com

姓　　名：黄　迪
单　　位：广西广证房地产土地资产评估有限公司
地　　址：南宁市民族大道 82 号嘉和南湖之都 29 层 2905 室
邮　　箱：115979239@qq.com

从租金评估到咨询服务的实践探索
——以上海新场古镇开发经营咨询为例

杨 斌 刘广宜 张英飞 李景泉

摘 要: 本文以上海新场古镇开发经营咨询项目的实践为例,介绍了项目中房地产调查、房地产SWOT分析、项目定位和业态规划、租金定价策略和租赁制度建议等开发经营咨询的主要内容,以期为房地产估价机构在商业房地产开发经营领域拓展服务提供借鉴参考。

关键词: 房屋调查;SWOT分析;项目定位和业态规划;租金定价;租赁制度建议

近年来随着房地产市场由增量转为存量、开发转为运营,房地产估价机构的租金评估业务逐渐增多,但是仅仅提供类型单一的房地产租金估价报告,有时不能解决客户的全部问题,也无法体现出房地产估价机构的综合专业能力。近年来,我们一直努力在租金评估中探求综合服务的方向,在上海市新场古镇的租金评估中尝试了开发经营的综合咨询服务,积累了经验。

一、项目背景

2018年下半年,新场古镇的开发经营单位(以下简称"古镇公司")因5套房屋拟出租或到期续租委托我公司评估房屋租金。古镇公司一方面需要了解客观的租金水平,另一方面也是履行国有企业管理中的必要程序。在沟通中我们了解到,除了需要租金评估以外,古镇公司对于古镇的开发经营存在许多困难。

(一)租金难以提高,与上级公司的考核要求差距大

古镇公司管理的房屋中,除了主要街道两旁的餐饮和零售商户能够承受较高的租金外,其他类型如文创、民宿等商户的租金承受能力普遍较低。我们调查发现以下现象:文创等业态的商户除了前期投入,还需要逐步培育市场和客户;新场古镇是近年来新开发的古镇,对外地游客的吸引力不及其他名镇;古镇地处上海郊区,本地客流集中在周末。上述情况使商户的经营收益能力并不高,导致租金承受能力较低。

另一方面对于古镇的开发建设,近几年上级公司在收购房地产和改善市政基础设施方面投入了较多资金,希望古镇公司在经营上能快速提升和改进,所以较低的租金收入无法完成业绩考核的目标。

(二)房屋面积总量大、来源多样,情况有待进一步梳理

古镇公司现有的房屋总面积约有9万多平方米,有自建、收购、租赁、托管等多种来源，公司相关部门各管一块，没有一份完整的清单，对所有房屋的状况也没有进行调查登记，所以对能够出租的房屋数量没有概念和计划。

（三）做过许多规划或方案，但缺乏清晰和整体的运营规划与策略

古镇公司先后完成了新场古镇的控规、修建性详规、风貌保护规划，对这些城市规划需要有完整的落实和实施计划方案。之前有咨询机构给古镇公司提供过商业定位和业态策略，但缺乏整体性和实施性，就没能继续深入。

在对新场古镇初步踏勘，与古镇公司相关人员交流沟通数次后，我们拟定了一份以租金定价为核心的开发经营咨询服务方案，希望发挥估价机构的专业优势和综合服务能力。古镇公司向上级公司汇报后，认可了我们的方案。

二、新场古镇开发经营咨询方案的主要内容

（一）房屋状况调查

做好房地产的权益、区位和实物状况的调查是提供优质估价和咨询服务的基础。在新场古镇项目中，房屋状况调查是一项繁重的任务，我们对分布在古镇各处9万多平方米的建筑物进行了逐一核对和勘查。

1. 新场古镇基本情况

新场古镇位于浦东新区南部，古镇区域总面积1.48平方公里，核心保护区0.48平方公里，包含成片明、清及民国时期古建筑，十字街、井字河等江南水乡风貌。根据古镇道路分隔，将新场古镇分为北区、中区、南区及外围四个区域，目前开发最成熟、游客最集中的是北区，中区次之，南区和外围还有待开发改造（图1）。

图1　新场古镇区域划分

2. 房屋整体情况

根据对古镇公司房屋资产数据的整理和经现场查勘核实，古镇公司拥有现存房屋总建筑面积 95807.33 平方米，其中自建房产 2 处，建筑面积 620.6 平方米；收购房产 508 处，建筑面积 67850.01 平方米；租赁房产 108 处，建筑面积 19623.02 平方米；托管房产 6 处，建筑面积 7713.7 平方米。调查时发现有 4 处登记的房屋已灭失，建筑面积 106.64 平方米（表1）。

古镇公司房屋分布及来源情况汇总表　　　　　　　　表 1

坐落	自建面积	收购面积	租赁面积	托管面积	合计
北区	50.6	1619.71	9088.53	4681	15439.84
中区		9765	238.5	2742	12745.5
南区	570	44183.01	9952.99	290.7	54996.7
外围		12282.29	343		12625.29
总计	620.6	67850.01	19623.02	7713.7	95807.33

北区房屋以租赁来源为主，中区以收购房屋为主，南区和外围收购房屋的面积占古镇公司房屋总建筑面积的 59%，但却是开发最滞后的区域，因此经营难度较大。

另外我们对房屋的临街状况进行了统计，发现临街房屋面积仅占古镇公司房屋总面积的 13.6%，所以要想提高租金收入亦是有难度的。

3. 房屋实物情况

根据实地查勘，我们将房屋的可利用情况分为可直接利用房、整理维护后可利用房和大修后可利用房三类（图 2）。

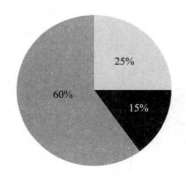

■ 可直接利用房　■ 整理维护后可利用房　■ 大修后可利用房

图 2　房屋可利用状况比例示意图

图 2 显示，75% 的房屋需要修缮整理和维护，这需要较大的投入或者从租金上给予优惠。

4. 基础设施状况

古镇公司提供了基础设施建设的情况，部分区域完成了路面改造、地下管线敷设、河道整治，大多在北区，因此后期还需陆续投入资金。

（二）竞争项目调查和开发经营 SWOT 分析

在制定租赁运营方案前，我们对上海周边有知名度的 10 个古镇进行了调查，分析出新场古镇开发经营的优势、不足、机遇与威胁（SWOT 分析），见表 2、表 3。

表 2 周边古镇特点总结

	朱家角	七宝	枫泾	召稼楼	周庄	同里	角直	西塘	乌镇	南浔
产业结构	以第三产业为主,进一步扩大第三产业规模,提升第三产业占比	二、三产业共同发展,大力发展以房地产业和商业为主的第三产业	以园区工业为主的第二产业和古镇旅游等第三产业共同推进	古镇旅游、农耕休闲度假、民宿等第三产业	以旅游业和高新技术(传感器)产业为两翼,旅游是古镇经济的一大支柱	电子资讯业、农业、基础设施、休闲娱乐、旅游三产等行业	旅游业作为古镇经济的最大来源,发展休闲娱乐等第三产业	以旅游业推动整个经济的发展,镇区居民参与到经济发展,食、住、购、娱等第三产业大力发展	以旅游业为支柱产业,发展基础设施、休闲等三产行业	旅游业为支柱产业,发展以蚕桑业为主,多渠道、多门类的经济
开发模式	经营权转让模式	政府主导项目公司模式	经营权转让模式	政府主导项目公司模式	政府主导模式	政府主导模式	政府主导的项目公司+社区参与模式	政府主导的项目公司+社区参与模式	经营权转让模式	经营权转让模式
旅游特色	以水乡为基点,打造集观光、娱乐、休闲、体验、度假、居住为一体的综合型、多元态、国际化"度假范"	以七宝老街和万科广场为中心,辐射周边,新老商业结合	古镇景区和金山农民画村有机结合,利用古吴越交界地区位优势,深度开发旅游资源	突出上海农耕文化起源地和地方名人典故文化解读	以高科技产业区、旅游区为重点,扬起吴风民俗的旗帜,打造中国第一水乡文化旅游品牌	以寺兴庙、以庙兴镇,结合镇区寺庙众多的特色,发展旅游,使成为旅游发展中吴国宫殿的遗址、镇区利用古建增强文化内涵	作为神州水乡第一镇,古镇有2500年的悠久历史底蕴,还拥有吴国宫殿的遗址、镇区利用古建增强文化内涵	生活着的千年古镇,不以旅游为核心,追求文化价值和人居环境,通过古镇文化张力促进周边新区开发	以原汁原味的江南水乡为理念,采取灵活多样的手段发展博物馆式的古镇,没有原居民,保持古镇原始风貌	具有700余年历史的深厚文化底蕴,是江浙文化重镇和工商业重镇,重振江浙古镇的雄风
主题	度假假古镇	商业古镇	人文古镇	文耕古镇	商业古镇	居住古镇	宗教古镇	生活西塘	诗画乌镇	财富南浔

新场古镇开发经营 SWOT 分析　　　　　　　　　　　表 3

优势	劣势
1. 古镇风貌保存完整 2. 原住民留存 3. 距市中心近，处于上海国际旅游度假区辐射范围内，野生动物园、桃园等景点集聚 4. 非遗传承	1. 景区景点分布分散，各区域客流量差别较大 2. 景区业态同质化严重，地方特色不突出 3. 景区公共活动空间较少
机会	威胁
1. 近郊短途旅游增长，周边农家乐发展较快 2. 文化消费兴起 3. 政策支持	1. 上海本地及江浙一带古镇密集，发展迅速 2. 古镇现代建筑对风貌的破坏 3. 古建筑的维护、修缮等 4. 商业化对古镇生态的侵蚀

（三）经营业态规划

1. 项目定位

通常商业房地产项目的定位包括主题定位、功能定位、客群定位、业态及档次定位等内容，定位是招商和运营管理的基础。

根据对新场古镇的房地产状况、竞争项目和 SWOT 分析，我们提出新场古镇主题定位为以古镇文化为特色，古镇文化创意为主题，带动古镇商业升级的休闲文创小镇。区域功能分别为：北区为古镇商业游览街区；中区为古镇文化风貌创意体验区，以工坊、非遗传承场所和展馆等为主；南区为度假休闲区，利用民居和原厂房旧址建设民宿、园林、养老项目。

2. 业态定位

根据定位和旅游服务的需要，确定新场古镇的商业业态以游客服务和文创为主，主要包括餐饮类、零售类、民宿客栈类、文创产业类、休闲娱乐类和服务配套类六大类。

为了确定古镇项目较为合理的业态配比，我们调查了新场古镇沿街商铺业态，走访调研了商户及消费者，并选取朱家角古镇、周庄和甪直古镇三个古镇业态进行分析，提出新场古镇业态以零售（30%）和餐饮（25%）为主，辅以文创、客栈业态（各 15%），少量服务配套（5%），见图 3。

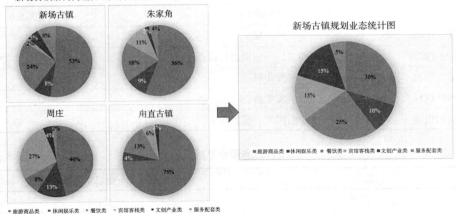

图 3　新场古镇业态图

结合当前古镇各区域的开发成熟度和商业集聚度现状,以及开发定位要求,形成了以下业态布局(表4)。

新场古镇各区功能定位及业态布局　　　　　　　　　　表4

	北区	中区	南区	外围
功能定位	古镇特色商业游览街区	古镇文化创意体验区	古镇度假休闲区	休养基地或单一属性的园区基地
布局业态	新场大街:特色零售、轻餐小食;洪东街、洪西街:特色餐饮、民宿;洪桥下塘街:特色餐饮、咖啡厅、茶室	集聚效应的工坊、手作、画室、书店、科技体验场所等,沿街搭配轻餐、饮品店、咖啡厅、文创商品小站等	包桥街和包桥下塘街:民宿以及酒吧、游艺厅、私人影厅、健身房、桌游室等休闲配套业态;新场大街:民宿、轰趴馆及与之配套的生活服务类业态	影视制作基地、会议接待场所、绘画基地、艺术展厅等;水泥厂因面积较大,业态规划为大型户外拓展基地或影视基地

(四)租金定价策略与租赁制度建议

1. 租金定价策略

1)市场租金的评估

我们按照新场古镇的区片划分,对各街道的零售类商铺评估了标准房屋租金,标准房屋设定为第一层沿街商铺,开间约3米,进深约8米。

制定个别因素修正系数和业态调整系数,以此评估每套房屋的市场租金(表5、表6)。

个别因素修正表　　　　　　　　　　表5

项目	特征	修正系数
商铺面积	≤200m²	1
	200-500m²	0.95-1
	>500m²	0.9-1
商铺的楼层	一层	1
	二层	0.7-0.8
	三层及以上	下一层的0.8-0.9
商铺的层高	按实修正	—
商铺的宽深比	参照四三二一法则进行修正	—
商铺的位置	按实修正	—
商铺的外观档次	按实修正	—
商铺的租期	与业态相关,按实修正	—

各业态租金系数表　　　　　　　　　　表6

业态	业态系数
餐饮类	1.1-1.2
旅游商品类	1.0

续表

业态	业态系数
服务配套类	0.8-0.9
休闲娱乐类	0.7-0.8
宾馆客栈类	0.6-0.7
文创产业类	0.5-0.6

2）基于经营策略的租金定价

在实际运营中，不同经营阶段应选择不同的租金策略。在开发前期，在保障招商品质的前提下，用较低租金来聚集人气，倡导商户维护装饰房屋，提升形象，突出特色，体现差异。在稳定时期，可以逐步建立租金与业绩挂钩的机制，通过租金政策来调整商业布局和业态配比，逐步优胜劣汰，提升整体运营水平和租金水平。

目前新场古镇的北区开始进入稳定时期，建议租金水平以市场租金为主并与业绩挂钩；中区和南区则需要扶持和培养，因此租金水平不宜高，而且鼓励租户在保护风貌的前提下对房屋进行修缮维护、装饰装修，可以从租金和租期方面给予一定优惠。

2. 租赁制度建议

古镇公司的房屋租赁制度还在不断地完善中，我们从租赁合同的主要要素提出了租赁制度改进建议。

第一，关于起始租金定价。采用专业房地产评估机构评估的市场租金为基础，在此基础上可考虑租赁条件和租赁策略。

第二，关于租期。各业态的投资回收期不同，商户对租期的要求会有所差异。零售、餐饮类业态的租期要求相对较短，民宿客栈、文创、休闲类业态回收期较长，商户要求的租期较长，且希望优先续租。所以建议对租赁面积大、前期资金投入较大的商户，租期可以按投资回收期适当延长，以鼓励其长期经营。另外，短租期会产生到期后的房屋空置期、换手期、后续租赁的免租期等租赁损失，因此短租可提高起始租金，具体幅度视租期而定。对于免租期的确定则与业态和租期相关，前期房屋改造、装修投入较大的免租期可延长，零售、餐饮类一般为1～2个月，文创、休闲类业态一般为2～3个月，民宿客栈类为3～4个月。

第三，关于租金增长率。租金增长率与起始租金水平相关，在整个租赁周期内，达到相同总收益可选择高起始租金低增长率模式，亦可选择低起始租金高租金增长率模式；在业态培育初期，建议选择低起始租金高租金增长率模式，以增加租户的积极性。

第四，关于续租。相对新租而言，续租避免了房屋空置导致的收益损失，因此对于续租商户，可以给予一定的租金优惠。经营状况良好、无违反国家法律和相关管理规定行为、按时交纳租金及物业费的商户，可以与其优先续租，以促进稳定经营。

第五，关于监测与统计。建议古镇公司做好租金的动态监测、商户经营业绩的定期统计与分析，为持续经营积累数据和经验。

第六，关于租赁管理系统。建议上级公司和古镇公司引进或开发房屋租赁管理系统，将所有房屋位置、实体状况、租金评估、租赁合同、租金支付、管理费缴纳等管理需要的要件和信息数据能够综合和可视化反映，以提高管理效率。

三、体会与启示

通过新场古镇开发经营咨询项目的实践，让客户认识了房地产估价机构的专业能力，也给我们开展专业咨询服务带来启示。

（一）房地产估价的专业技能是估价机构开展咨询服务的核心能力

房地产估价师系统地学习了房地产开发经营、估价理论与方法、房地产相关法律法规，在长期的估价工作中培育了房屋实地查勘、市场调查的能力，在报告撰写中锻炼了对估价对象全面分析、逻辑推理和评估测算的能力，这些都是房地产估价师从事专业服务的核心技能，是其他咨询专业人员不具备或不擅长的，所以我们开展专业服务时要充分发挥自身的优势，结合项目的特点灵活运用。

（二）注重学习，积极拓展知识面

咨询服务不同于估价服务，价格意见只是其中的内容之一，房地产估价师要善于抓住价格问题产生的原因，根据不同项目要求需提供工作流程、营销、经营策略、规划、工程管理等方面的建议。所以在核心技能的基础上，还要拓展学习管理、营销、工程等各方面的基本知识，丰富技能，拓展解决问题的能力。

（三）努力在市场中发掘咨询服务的机会

长期的工作习惯会使房地产估价师养成只做评估的惯性，除了法定的鉴证性评估以外，很多时候客户的难题却并不仅仅在于房地产价格。估价师如果能从专业角度发现问题、提供多方面解决问题的方法，就能在市场中不断发掘提供综合咨询服务的机会，加上适当地做好宣传和服务，实现从房地产估价向房地产综合咨询跨越。

在当前城乡一体化、房住不炒、商业房地产持有经营等一系列促进房地产健康发展的新形势下，市场对于专业服务的新需求和新要求应运而生。房地产估价机构和估价师们应立足于自身特长和优势，学习和吸收相关知识，增强服务意识，共同努力开拓房地产估价业务，推动行业的持续和健康发展。

参考文献：

[1] 浦东新区规划和土地管理局.新场历史文化风貌区重点地段修建性详细规划[Z].2012.

[2] 陈思雨，曾刚.我国大都市郊区古镇保护性开发模式探索[J].世界地理研究，2017，26(01).

[3] 杜佳佳，方田红.上海新场古镇旅游资源的评价分析[J].旅游纵览（下半月），2016(06).

[4] 卞显红.江浙古镇保护与旅游开发模式比较[J].城市问题，2010(12).

作者联系方式

姓　　名：杨　斌

单　　位：上海百盛房地产估价有限责任公司

地　　址：上海市浦东新区民生路600号船研大厦8楼

邮　　箱：bin.yang@shbrea.com

姓　　名：刘广宜

单　　位：上海百盛房地产估价有限责任公司

地　　址：上海市浦东新区民生路 600 号船研大厦 8 楼
邮　　箱：guangyi.liu@shbrea.com

姓　　名：张英飞
单　　位：上海百盛房地产估价有限责任公司
地　　址：上海市浦东新区民生路 600 号船研大厦 8 楼
邮　　箱：yingfei.zhang@shbrea.com

姓　　名：李景泉
单　　位：上海百盛房地产估价有限责任公司
地　　址：上海市浦东新区民生路 600 号船研大厦 8 楼
邮　　箱：jingquan.li@shbrea.com

为客户提供多元化高质量的房地产租金评估服务
——新形势下房地产租金评估技术处理

陈 平 李 韧

摘 要：在"房住不炒""租购并举"的房地产调控政策背景下，全国各地相继出台了大力发展住房租赁市场的政策租购同权，这些政策的落实为房地产估价机构带了大量的租金评估业务机会。如何运用估价专业知识，解决租金评估中的技术问题，为客户提供多元化高质量的专业服务，是估价专业人士应当思考的问题。本文结合相关案例分析了租金评估中的常见技术问题，从租金评估的特殊性和技术处理方面提出了针对性的意见，有助于为客户提供多元化高质量的租金评估服务。

关键字：房地产估价；高质量租金评估；技术处理

建立房地产市场调控长效机制是我国房地产宏观调控思路的重大转变，是推动"稳地价、稳房价、稳预期"，促进市场平稳健康发展的战略部署。"稳"是房地产宏观调控的前提要求，为了稳定房价和地价，相关部委和地方政府密集出台的房地产市场调控措施，整体上贯彻了国家关于"要坚持房子是用来住的，不是用来炒的"的总体要求，体现了"落实城市主体责任，改革完善住房市场体系和保障体系，促进房地产市场平稳健康发展"等宏观调控要求。围绕建立租购并举的住房制度和房地产调控长效机制，许多试点工作正在全国各地有条不紊地推进之中。北京、上海开展共有产权住房试点，广州、深圳等12个人口净流入大中城市正在开展住房租赁试点，全国13个城市启动集体土地上建设住房租赁试点。同时，目前广州、厦门、上海等城市都出台了"租购同权"政策。

在"房住不炒"的新形势下，随着全国各地住房租赁政策和租购同权政策的落实推动，必定会带来更多的房地产租金评估相关业务。租金评估服务是估价服务中的相对独立的一类业务模块，介于传统常规业务和新型咨询顾问业务之间。由于租金评估需求日益增多，这次我们通过租金评估业务机会，谈谈租金评估中涉及的一些技术问题处理。

一、新形势下的租金评估业务机会

（一）政府公租房、廉租房建设中涉及的租金定价带动租金评估业务需求

近年来，地方政府为进一步改善人民群众的居住条件，促进房地产市场健康发展，大力发展保障性住房建设。各地方政府相继推出了许多政策性住房，如公租房等多种社会福利性住房。不同地段、不同户型和新旧程度的房地产其租金必然是有差别的，如何合理确定这些公租房的租金，才能既保证市场公允性又能解决人民群众住房需求，这需要专业的评估机构

提供租金评估服务，在不同程度上给评估机构带来了业务机会。

（二）长租公寓的发展带动了租金评估服务

2015年开始，中央及各地方政府相继出台租购并举、商改住、租赁税收优惠等一系列政策，旨在为长租公寓在我国的发展提供良好的政策环境，促进租赁市场的发展和推动房地产开发企业转型升级。2016年6月3日，国务院办公厅发布《关于加快培育和发展住房租赁市场的若干意见》，对住房租赁问题做出了明确的指示，进一步对未来租赁市场的快速发展带来政策上的保障。近年来，全国一二线城市越来越多的出让建设用地设置了建成物业自持比例的要求，也为长租公寓提供了潜在的市场空间，各地长租公寓的迅速发展，带动了租金评估服务需求。

（三）军队全面停止房地产有偿服务工作带来租金评估服务机会

2018年6月，中共中央办公厅、国务院办公厅、中央军委办公厅印发《关于深入推进军队全面停止有偿服务工作的指导意见》，其中把军队全面停止有偿服务活动定位为政治任务、国家任务、强军任务，明确了包括房地产租赁在内的15个行业有偿服务活动全部停止，明确开展有偿服务的项目，合同协议已到期的应予终止，不得续签，合同协议未到期的，通过协商或司法程度能够终止的项目应提前解除合同协议，确需补偿的按照国家法律规定给予经济补偿。对已融入驻地城市发展规划，直接影响社会经济发展和民生稳定的项目，在保持军队房地产可能性不变的前提下，可以参照国有资产管理模式，实行委托管理。一部分施行委托管理的房地产租赁项目，需要根据房地产租赁价格估价结果，重新核定租金，房地产租赁期限过长的，需要调短租期，重新签订租赁合同。

从上述文件要求来看，军队停偿工作要涉及房地产租金评估。全国各大中城市军队物业分布较广，很多物业都在进行有偿出租等经营活动，结合《指导意见》的要求，军队物业在近几年要全面停止有偿服务，军队与承租方需对出租物业的租金调整、租期缩短以及结束出租收回物业进行协商谈判，这也为评估机构带来了租金评估业务。

（四）政府机构和国有企业房地产租赁管理需要

部分政府机构和国有企业辖下有些自持物业，由于资产管理和运营的需要，闲置的物业需要盘活，出租的物业要评估其公允市场租金以招徕承租方，这就需要专业的评估机构为其提供租金服务，在租金的确定、递增率、租期合理性等方面为政府机构和国有企业提供专业帮助。

（五）由租金评估而带来高附加值的衍生租金相关顾问服务

在新的经济形势下，行业分工越来越细化，面对不同层面的客户需求以及不同的估价需求演变，有时单纯的租金评估服务已不能满足客户的需求，在进行某项投资经营决策的时候，他们需要更专业更有针对性的服务，从而衍生出一些高附加值的租金评估顾问服务。如长租物业投资可行性研究建议或投资回报周期测算、承租（出租）物业租金平衡点测算、租期内递增率或报酬率的测算等衍生服务。

二、房地产租金评估的特殊性

房地产有买卖和租赁两种交易方式，因此，房地产同时有两种价格：一是买卖价格；二是租赁价格，通常简称租金。房地产的价值其本质是一种权益价格，是房地产在一定时间内的使用权、收益权、处置权等各项权益的价值体现。房地产价值评估时更多的是要关注估价对象的用途、权益状态、剩余年限、出租使用情况等方面，而房地产租金可以说是房地产价值构成的一部分，也是房地产价值的另外一种表现形式。

租金评估有别于房地产价值评估，在进行租金评估时除了对估价对象的用途、剩余年限、权属状况、使用情况等方面做了解外，还要重点关注租金内涵、租期长短、租金支付方式、税费承负方式等因素对租金的影响。

租金评估除房地产价值评估需要考虑的一般事项外，在以下几方面还应充分考虑其特殊性：

（一）关于租金评估目的

租金评估目的与房地产价值评估目的有很大不同，通常都是为特定目的的需要而确定租金水平，和上述提及的业务机会相对应。常见的房地产抵押、转让、处置目的的评估在租金评估中基本不涉及。

（二）关于租金评估的价值内涵

房地产租金评估，通常是为了确定合理的租金水平，一般应考虑房地产的出租状态（毛坯还是带装修，是否含其他附属设施设备如家具、电信、网络、电视等）、租期、押金、到期后由租客的投入形成的资产的归属、租金支付方式（一次性、按月、按年）、是否含其他附属条件等，这些因素都会影响到租金水平。

建议租金评估的价值内涵可以表述为：为委托人用于××的需要评估估价对象在（毛坯/带装修）状态下租期×年需缴纳×月押金按（一次性、月、年）支付租金的方式，到期后租客投入的资产归属（出租方/承租方）条件下的市场租金水平。

（三）关于评估方法

租金的评估通常选用市场法，也可以运用房地产价值评估技术先评估房地产市场价值，然后运用收益法倒算租金。市场法选择的可比实例应比评估房地产价值考虑的因素更多。上述价值内涵中所提及的因素在可比实例和估价对象间应充分考虑并做合理修正。

三、实证分析房地产租金评估服务中涉及的一些特殊问题的技术处理

案例：甲公司拟将其拥有的物流仓储用地出租给乙公司作为集装箱堆场使用，租期20年，宗地面积共90万平方米。由于闲置多年，宗地内长有植被与灌木丛，局部有小山坡和小面积低洼积水。为了确定租金，甲乙双方分别委托A和B两家估价机构对该宗地进行租金评估，结果A、B两家机构租金评估差异较大，A机构租金结果为11元/平方米，B机构租金结果为5元/平方米。甲乙两家公司对租金争持不下，另外共同聘请了C机构对该结果进行仲裁，在仲裁中发现在评估过程中A、B两家机构对租金内涵、价值定义、案例可比性、租金支付方式、税费承付等方面的技术处理不一样，导致了结果差异较大的情况，分析发现：

（一）评估的租金内涵不明确

乙方拟租地做集装箱堆场使用，要求甲方将宗地内的植被和灌木丛进行清理，同时由于堆场用地对地质承重要求较高，甲方负责将土地平整和硬化处理后交付乙方，费用由甲方垫付，乙方承担。另外该宗地距离市政公路有约2000米的距离，目前该区间路段路况较差，路面坑洼不平，集装箱车辆通行不便，乙方要求甲方负责修缮该路段。根据乙方的要求，甲方估计植被清理费、土地平整硬化费、道路修缮费等共需24000万元。导致A、B两评估机

构租金评估结果的巨大差异的原因之一是估价对象的内涵不一致。既然土地平整费用由乙方承担，那么甲方出租的实际是毛地，评估时应就毛地的租金内涵对该宗地进行租金评估。而A机构在进行租金评估时结合甲方提供的这些费用资料和要求，在进行租金测算时先求取估价对象正常租金，又根据甲方提供的这几项工程费用24000万元进行分摊，对租金结果做了技术处理，这样求取的租金实际上非毛地租金，而是包含了清理费、硬化费和道路修缮费的租金内涵；而B估价机构在进行租金评估时没有考虑这几项工程费用，实质上评估的是正常平整条件下的土地租金水平。这样一来，双方内涵不统一，必然造成租金结果的差异。

因此进行租金评估时对其内涵的理解很重要，在洽谈和承接业务时需要与委托人进行充分沟通，正确理解客户的诉求，达成一致意见，以避免产生分歧。

（二）价值定义不准确

在这次租金评估中，A机构在结合甲公司宗地内平整硬化、宗地外道路修缮等工程的基础上，设定地价定义为"五通一平"；而B机构根据现场查勘日了解到的宗地实际情况，设定地价定义为"五通未平"。另外，对于几项工程费用24000万元的处理在价值定义中没有界定，尽管A机构结合24000万元工程费用对租金结果的影响做了技术处理，但并不完整，没有了解租期及乙方承担方式，而是按总价值扣减后再换算成租金水平扣减，没有考虑租期20年的价值的影响。价值定义是估价结果走向的重要依据，不同的价值定义必然出现不同的估价结果。因此，在评估时需明确价值定义，应结合评估目的与委托人进行沟通确定价值定义。同样的在房地产租金评估时，如果出租物业带装修、水电和家具家电等设施设备配套齐全，那么在明确价值定义的前提下应对租金做正向加值修正；若出租物业为毛坯、水电和家具家电等设施设备配套不齐，那么对应的租金评估应做负向减值修正。

（三）所选可比实例的可比性及修正错误

A机构选取了三个位于港口码头附近在用的集装箱堆场用地作为可比实例，三实例土地面积在15000～30000平方米，而B机构选取的是较偏远的三个10000平方米左右的未开发利用空地作为可比实例。估价对象宗地面积90万平方米，相对一般的土地案例来说，宗地面积较大，在比较法测算中应该充分考虑面积规模的影响并做出充分的修正，同时对于地理位置和区位因素也要做出修正，A机构选取的三个实例位于成熟的码头物流区域内，周边产业集聚度较高，区域交通便利；而B机构选取的三个实例较偏远，产业集聚度较低。由于两家公司对实例选取存在差异，同时在进行修正时对区位因素和面积规模因素考虑得不够充分，因此也导致了双方的租金结果差异较大。在租金评估中，我们要尽量选取与估价对象条件相似的案例，如果案例情况存在偏差，就应该结合估价对象与案例的情况，在面积规模、产业集聚度、区域交通、道路通达程度等方面做出充分的比较修正。如果是建成的房地产租金评估，还要对装修情况、家具家电配套情况、户型差异、楼层景观等方面因素进行相应修正。

（四）支付方式对租金的影响

租金支付方式不同，也会对房地产租金产生影响。上述案例的承租年限是20年，一次性支付20年租金和分阶段分期支付租金其价值肯定是不一样的。一般来说，承租方在承租初期一次性将租金全部付清而不是按月付租，这种情况下出租方会在租金方面相应做出让利，这道理如同买房时的一次性付款有优惠而分期付款（按揭付款）无优惠一样。所以在租金评估时，我们评估的租金应该对应租金支付方式下的价值水平，充分考虑资金的时间成本价值，根据租金支付时间节点选择采用不同的风险报酬率以及折现率来测算租金，一次性支付租金的应做相应的减值修正。

（五）特殊情况的技术处理

除了上述几个方面外，在日常工作中，我们还涉及有些客户在租金评估中提出的特殊要求。比如，在一次国有企业房地产招租评估中，由于估价对象在上一轮租客租赁期间尚余部分物业管理费和水电费未能付清（已无法追索），在新一轮招租中，委托人要求承租方一次性代缴上一轮租客拖欠的费用。在进行租金测算时，我们应根据所欠付费用进行承租面积分担，结合出租期限和递增率做出综合测算，最终使得承租方支付的物业租金和代缴费用合计金额与正常的房地产市场租金基本持平。此外税费承负问题也需要考虑。通常房地产出租都要求评估实收租金，也就是说本应由出租方承担的税费转嫁到了承租方。根据国家税务局的有关规定，不动产出租需缴纳增值税、城建税、教育费附加税、房产税、土地使用税、印花税和所得税等。一般来说，这些税费是由出租方承担，但如果双方约定由承租方承担，那么承租方的租金相对比出租方自行承担税费时的租金要低。因此，我们在进行租金评估时要考虑税费承负问题，对所求取的正常情况下的市场租金做相应的减值修正，以得出承租方负税时的租金。

四、结语

房地产租金评估相对于房地产价值评估来说，由于客户需求层面不同，可能面临的评估要求也不尽相同。对于一些特殊情况，应与客户充分沟通，了解客户经济行为的真实目的，运用我们掌握的估价专业知识，采取不同的技术处理方案，为客户提供多元化高质量的估价服务。

只有不断学习和提升自己的专业能力才能适应新经济形势下的估价需求演变，与时俱进，用专业武装自己，才能让估价服务到经济社会的各行各业中，从而带动估价机构可持续性发展。

参考文献：

柴强.房地产估价理论与方法[M].北京：中国建筑工业出版社，2018.

作者联系方式

姓　　名：陈　平　李　韧
单　　位：深圳市同致诚土地房地产估价顾问有限公司
地　　址：深圳市福田区侨香路裕和大厦 901
邮　　箱：334233134@qq.com

坚于操守 精于执业 勤于创新
——租赁价格评估新业务下的探索

孙鸣红 梁 伟 朱宇霏 陆丹丹

摘 要：房地产租赁价格评估，业已成为评估业务中的新秀，正确认识此类业务、精准把握价值内涵、灵活运用评估理论、精准满足委托需求，是房地产估价师完成此类业务所必须面临的问题。笔者做了尝试性的探索，旨在抛砖引玉。

关键词：房地产租赁；价值内涵；评估方法

随着我国房地产市场投机属性的弱化，租售并举，持有经营逐渐成为投资获利的主流，随之而来的是房地产租赁价格的评估成为近年来兴起的一项新兴业务。越来越多的业务，譬如公共租赁住房、房地产信托基金、现金流分析、BOT 开发、长租公寓经营等项目中面临客户租赁价格评估的需求。虽然国内外的估价理论体系早就对房地产租金评估明确了定义，但相对于我国经济转型时代的到来，早期的模型理论难以满足此类评估业务的需求。我们结合业务中形成的估价经验，汇成文字，以飨读者。

一、租金价值内涵

在目前的租赁价格评估中，最令人困惑的莫过于租赁市场房地产多样性、复杂性以及租赁双方的需求多样性，因此明确租金的价值内涵显然有着重要的意义。

首先，明确租金的价值定义。按照我们的专业理解，可以把租金的价值定义分为"市场租金"和"特定租金"两类。如果一个房地产租约的支付方式、税费承担义务、续租规则、免租期、维修责任等条件与该类房地产公开租赁市场大致相符，且租赁双方自愿达成协议，那么该租金应被定义为"市场租金"。但很多时候，情况没有那么简单，租赁双方签约的租约合同附加条款往往五花八门。在有的项目中，承租人承担了租赁房屋修缮、改建的工作，租赁价格需考虑这部分的成本；有时候，承租的对象除了房地产以外，还包含了一部分的固定设备；有时候，租赁双方需一次性签订长期租约；有时候，出租人除了向承租人出租房地产以外，还需要承租人无偿配合其相关商业活动。如果对这些情况一概而论，那就无法在现有的理论模型上找到合适的突破口，给出公正的评估结论。因此，我们将设定了的特定租赁条件的租赁价格定义为"特定租金"。

其次，与估价委托方核实租金的价值内涵。估价人员除了需要对房地产进行现场查勘外，还需要与估价委托人进行充分的沟通，充分了解需求，尤其当判断是评估特定租金时，为避免日后产生纠纷，应与估价委托人反复核实后，在估价委托合同中要把价值内涵完整表述，或要求估价委托人签写《租金评估事项说明》，明确房地产租金的评估范围、租金的表示形式、价值时点、租赁期、租赁用途、计租单位等 17 项影响租金价格的价值内涵因素。明确 17 项价值内涵因素后,另外还可以要求估价委托人提供其他相关资料,争取做到事无巨细。所有的价值内涵因素应在评估报告中予以说明,必要时,在估价假设与限制条件中进行披露。

租金评估事项说明表　　　　　　　　　　表 1

价值内涵因素	说明
评估范围	一般为房地产(建筑物与土地合一)、建筑物或土地。还可能包括内外装修、设备、建筑物标志特征、建筑物冠名权、管理团队及商誉等无形资产
租金表示形式	单位租金可以表述为日租金、月租金、年租金等;也可表述为平均租金、起始租金等。总租金通常有两种价格表示方式,一是出租房地产在租赁期内分期支付租金,按年度或月表示;二是设定租赁期内且在价值时点一次性支付租金,将分期支付的租金进行折算。货币单位一般为人民币
价值时点	可以是估价师现场查勘日期,也可以是租赁合同内租期起始点,宜具体到日,回顾性估价或预测性估价的价值时点也可到周或旬、月、季、半年、年等。应明确价值时点是否是租赁合同的起始日,估价师的现场查勘日与价值时点通常不在同一天,则需在估价报告"估价假设和限制条件"中对房地产状况予以说明
租赁期	可以用时间段表示。不得超过 20 年,租期一般不能超过土地剩余年限。无证建筑物、设定用途无合法依据的,属于不可持续经营,以半年或 1 年租期为宜
租赁用途	法定用途还是设定用途
计租单位	建筑面积、使用面积、柜台面积等,间、套等
层次	指估价对象位于建筑物的层数,特别关注垂直空间的交通形式
建筑结构	指建筑物本身的结构特征,注意层高、开间进深比、平面形状等
装修状态	是指室内毛坯还是带装修及成新度
设施设备	应明确配置的设施设备类型、档次及成新度
押金和租金支付方式	指租赁行为中的押金和租金的一种交付方式,包括租金与押金支付时间、数额等,可结合同类房地产市场情况而定
递增率	是指租赁期内租金是否变化
免租期	一般指出租方让渡给承租方的房屋装修期,可结合同类房地产市场情况而定,须明确是否考虑免租期,且明确免租期对租金是否有影响
增值税	是指租金中是否包含增值税
管理费、水电煤费	应明确该类费用由出租方还是承租方支付;管理费通常包括运营中的管理费及物业管理费
续租约定	是指租赁合同期满后租客是否续租及续租租金约定等
房屋维修责任	须明确租期内出租方、承租方各自对房屋结构、设施设备、室内装修等维修的职责范围

二、评估方法

除常用的比较法外,我们还可以采用收益法倒算、成本法和剩余法。收益法倒算适用于可收集类似房地产较多市场成交价格且同时存在租金案例的情况；成本法适用市场上很少有买卖以及租赁等交易行为的非经营性房产；剩余法适用于具有开发潜力且开发完成后房地产收益水平可以用比较法求取的经营性房地产，例如二次装修后转租、分租情况。

（一）关于收益法倒算

收益法倒算是一种通过求得房地产市场价值，再倒算出房地产租金的方法，可分别采取两种测算途径。采用收益乘数途径时，选用不少于3组与估价对象类似的房地产价格与房地产毛租金之比，得出收益乘数，再将估价对象的房地产价值除以收益乘数，求得估价对象的毛租金。采用直接资本化率途径时，选用不少于3个的实例，通过各自的已知房地产价格和租金计算直接资本化率，进而综合确定估价对象的直接资本化率。再将资本化率乘以估价对象的房地产价值，求得估价对象的净收益（图1）。

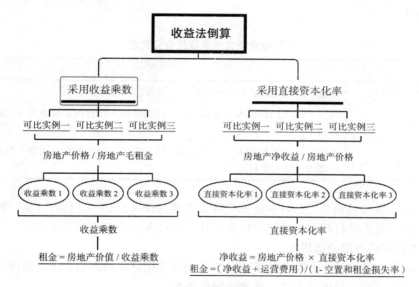

图1　收益法倒算示意图

其中的运营费用指维持房地产正常使用或营业的必要支出，包括维修费、保险费、管理费、房产税、租赁代理费用、租赁税费等。

该种方法适用于同时存在较多成交和出租情况的估价对象，要求对可比实例有比较全面的调查，尤其要注意可比案例租、售价格与估价对象价值内涵一致性，如面积类型、支付方式、税费情况、财产范围等。为使价值内涵一致，原则上每组的租金与售价集中在同一案例。

（二）关于成本法

成本法是对租赁价格成本构成因素进行分解的基础上，采用适当的方法确定各个成本构成因素价格水平以及应得的利润，然后累加，以其之和作为估价对象租赁价格的方法。公式：租金 = 地租 + 折旧费 + 维修费 + 保险费 + 管理费 + 利息 + 房产税（房产税、城镇土地使用税）+ 租赁代理费用 + 租赁税费（增值税、城建税、教育费附加）+ 利润。

此外，对于未经规划土地主管部门批准，未领取建设工程规划许可证或临时建设工程规划许可证，擅自建筑的无证建筑物和构筑物，可根据《最高人民法院关于审理城镇房屋租赁合同纠纷案件具体应用法律若干问题的解释》，表述为房屋占有使用费，并采用成本法进行评估。

使用成本法具体测算时,可先按照年为计量单位进行计算。其中,地租=土地使用权价值×资本化率,土地使用权价值由比较法求得,资本化率参照《上海市 2013 年基准地价更新成果》按不同用途相应确定。折旧费根据不同结构的建筑物重置成本在相应的耐用年限分摊,也不结合成新率,为全新的重置成本。另外,无证建筑耐用年限,根据估价委托人书面委托约定;如无约定,价值时点起按 1 年计算,最长不得超过临时建筑有效期 2 年。

该方法一般用于经营性商场、酒店以及特殊用途房地产的租金评估。

(三)关于剩余法

剩余法是以经营承租房地产所获得的收入扣除必要的经营费用以及承租方的合理利润,以其余额作为估价对象租赁价格的方法。对于不同的经营模式,求取租金的公式也不同,具体情况见表 2:

不同经营模式的求取租金公式表　　　　　　　　　　　　　　　　表 2

经营模式	公式
二次装修后再出租	租金=开发完成后的再出租收入-经营费用-经营者利润
商服经营型	租金=商品销售收入-经营成本-经营费用-经营税金及附加-管理费用-财务费用-经营者利润
生产型	租金=产品销售收入-生产成本-销售费用-销售税金及附加-管理费用-财务费用-经营者利润

用剩余法测算市场租金时,各项测算应以市场客观收入、成本及利润计算。如是特定租金,应与估价委托人进行商议,确定在什么条件下的收入、成本及利润计算。

(四)各种评估方法的适用性

对于不同类型的房地产和租金价值内涵,我们应选用适当的评估方法,条件允许时,鉴证性报告可采用至少 2 种评估方法,具体情况见表 3:

不同房地产类型适用的估价方法表　　　　　　　　　　　　　　　　表 3

房地产类型	适用估价方法
居住、办公、出租型厂房、地下车位	比较法、收益法倒算
出租型临街店铺、社区商铺等	比较法、收益法倒算
经营型商场、酒店等	剩余法、成本法
特殊用途(学校、医院、加油站)	成本法、剩余法
公租房、租赁住宅	比较法、成本法
建筑物	成本法

三、评估报告形式

有合法权证资料的房地产租赁价格评估,提交鉴证性报告,即估价报告;无证建筑物的租赁价格评估,提交非鉴证性报告,即咨询报告。若估价对象存在部分有权证资料、部分属于无证建筑，建议拆分为两个报告，即有权证资料的估价对象出具估价报告，属于无证建筑出具咨询报告；不可拆分的情况下，出具咨询报告。

比如，某房地产租金评估项目，出租房屋为原收储地块内的剩余土地及地上建筑物，已无相关权证，该房屋原为建造年代较早的厂房，由估价委托人（出租人）代管，现由承租人对其进行修缮、装修，用作艺术工作室，并无偿配合出租人不定期举办艺术展览活动。估价人员对估价对象进行现场查勘和测量后，在委托合同中与估价委托人确定了基本价值内涵，并要求出租人提供了代管出租房地产的证明文件和未来一年内展览活动的日程安排；要求承租人提供了房屋的修缮、装修资料以及承办展览的费用及收入状况资料。估价人员充分考虑了所有本应由出租人承担、现由承租人承担的成本后，获得了特定租金价值的结论，并出具评估房地产租赁价格的咨询报告。

四、案例分析

（一）项目背景

上海市宝山区某一地块涉及租赁价格评估。经了解，该块土地原为部队营房用地，2015年以出租土地使用权方式交由某民营企业开发建设并经营，租赁期为18年。承租方进行了为期2年的开发，建成后的房屋用途为商办综合楼，未办理上海市房地产权证。现场查勘发现，承租方将建成后的房地产转租给第三方经营连锁酒店、长租公寓及店铺。2018年部队完善租赁关系，需重新与承租方签订新的租赁合同，租期10年，并约定租约到期后，该土地上的建筑物无偿交于出租方。

（二）租金价格内涵的分析及确定

1. 评估范围

我们认为本身这个项目符合BOT模式。BOT是英文Build-Operate-Transfer的缩写，通常直译为"建设—经营—转让"。BOT实质上是基础设施投资、建设和经营的一种方式，以政府和私人机构之间达成协议为前提，由政府向私人机构颁布特许，允许其在一定时期内筹集资金建设某一基础设施，并管理和经营该设施及其相应的产品与服务。政府对该机构提供的公共产品或服务的数量和价格可以有所限制，但保证私人资本具有获取利润的机会。整个过程中的风险由政府和私人机构分担。当特许期限结束时，私人机构按约定将该设施移交给政府部门，转由政府指定部门经营和管理。

我们评估的项目模式是部队出地，承租方出资建设、经营，18年租期到期后承租方所建设的房屋归部队所有。

分析：符合BOT模式，BOT其特点是保证承租方（建设方）有获取利润的机会，部队认可承租方投入的资金成本及租金应以市场租金为奠定基础；承租方对投资建设的房屋具有经营权，无所有权。

结论：2018年重新签订租赁合同时，地上建筑物已经竣工且已经使用，评估范围不再是出租时的土地，而是土地与建筑物合一的房地产。

2. 价值定义

分析：该项目符合BOT模式，虽然是重新签订租赁合同，但我们不能忽略承租方前期投入的建造成本及经营期间的各项成本，这些成本显然会影响租金的价格。房地产市场租金一般由八项因素构成：折旧费、维修费、管理费、利息、土地使用费、保险费、税金、利润。若土地及建筑物为同一权利人投资，则租金由八项成本构成，但本项目中承租人进行了建筑物的投资建设，故折旧费、维修费、管理费、利息等所形成的一部分租金，转移至承租方，因此市场租金价格下扣减上述部分租金，差值才是部队新签租赁合同上的租金价格。

结论：本次评估的租金不是"市场价值"，而是特定租赁条件下的"特定租金"。

3. 价值时点

分析：部队需要重新与承租方签订新的租赁合同，租期10年，有明确的租期起始时间。另外，10年租期属于长租约，市场变化较大，不适合用一个时间点来表示价格。

结论：属于预测性估价，价值时点可以到周、月、季、年。根据本次项目的特点，价值时点自新租赁合同的起始点开始，以年表示比较合适。

4. 租金表示形式

分析：根据所提供的原租赁合同，双方认可的租金交付形式是一年一付。

结论：租金表示形式为总租金／年，以价值时点后的10个年段来表示每年的总租金。

5. 租赁用途

分析：根据《关于进一步加强军队空余房地产租赁管理工作的通知》和《上海×××坐落营区现状图》，项目所在土地为部队空余地产，无房地产权证。现场查勘发现，承租方将建成后的房地产转租给第三方经营连锁酒店、长租公寓及店铺，并签有租赁合同。与部队、承租方进行沟通，了解到重新签署的租赁合同只是对租期进行调整，部队对承租方再转租、使用用途不干预。

结论：根据估价委托人的委托要求，本次评估设定估价对象按现状可持续使用，设定用途为连锁酒店、长租公寓及店铺。

6. 装修状态

分析：承租方将建成后的房地产转租给第三方经营连锁酒店、长租公寓及店铺。经了解，出租时房屋是毛坯状态，装修由第三方自行装修。

结论：估价对象室内装修设定为毛坯，但包括承租方投资的设施设备。

7. 总结

通过上述影响租赁价格的主要因素分析后，我们确定了本次项目的估价目的及价值定义。估价目的：为估价委托人进行房地产托管项目租赁业务的市场租赁价格提供参考依据。价值定义：租赁价格为托管项目的市场租金收入扣减应由房地产权利人承担，现由承租人承担的相关成本的差值。

房地产市场租金收入是由市场供求状况决定的租金，是在商品租金的基础上，根据供求关系而形成的租赁价格。

相关成本包括房屋折旧费、维修费、管理费、财务成本、保险费、增值税及附加。

承租人为上海×××有限公司；承租人自2018年×月×日至2028年×月×日；支付方式为先付后用，年付；租金递增标准为每三年递增。

（三）评估思路

计算公式（采用现金流法测算）：

租赁价格（年）=市场租金收入－房屋折旧－维修费－管理费－保险费－增值税及附加－财务成本。

1. 确定市场租金收入

根据估价对象不同可出租部位的实际用途，选取与估价对象类似的三个可比实例，采用比较法，通过可比实例价格、交易情况修正系数、市场状况修正系数、区位状况修正系数、实物状况修正系数、权益状况修正系数等求取出估价对象的比准租金，即估价对象各用途的市场租金价值，继而求得估价对象的年租金。

根据市场情况，将估价对象的年市场租金进行一定比率的递增，求得估价对象未来10年的市场租金收入。

2. 确定成本费用

采用重置成本法，通过收集上海造价管理部门发布的类似工程造价指标实例，将类似工程与估价对象进行比较，根据其间的差异对可比实例造价指标进行适当的修正后得到估价对象的造价指标，加上必要的开发费用及利息利润等得到估价对象的重置成本，按租赁期分摊入10年租赁期内。

3. 测算各项费用

分别测算应由出租方承担、现由承租方承担的房屋折旧、维修费、管理费、保险费、增值税及附加和财务成本。

4. 确定租赁价格

估价对象的年租赁价格，为年市场租金扣减房屋折旧、维修费、管理费、保险费、增值税及附加和财务成本后的租赁价格。

（四）客户反馈

以上要点均与估价委托人进行了充分沟通，并写入业务委托合同，将出租方、承租方和估价机构的矛盾、争议和风险降到最低。在估价报告中，也清晰明了说明了价值定义及内涵，以及评估方法选择的依据，令报告使用者一目了然。

（五）体会

实际房地产租金价格评估业务中，我们应充分做好与估价委托人的前期沟通，对租赁价格的各项内涵因素与客户协商一致，不仅有助于我们明确估价的技术路线，而且能帮客户明确自己的需求，从而提升咨询服务的专业性，为委托双方规避风险。

五、结语

经济面临转型，转型形式多样，评估需求五花八门，房地产估价师应逐步适应这新形势，租赁价格的评估正显露出类型多样化、需求复杂化的趋势。这是挑战、也是机遇。坚于操守、精于执业、勤于创新，是新形势、新业务下房地产估价师应当具备的素质。本文旨在抛砖引玉，为房地产评估同仁交流此类题目，提供一个开头，如有不当之处，不吝指教。

作者联系方式

姓　名：孙鸣红　梁　伟　朱宇霏　陆丹丹
单　位：上海财瑞房地产土地估价有限公司
地　址：上海市长宁区延安西路1319号15楼
邮　箱：smhcairui@126.com

教育用途房地产整体租金评估思路及方法探讨

陈同文

摘　要：随着我国经济由高速增长阶段向高质量发展阶段转变，房地产估价行业也需要房地产估价机构提供高质量的估价服务。随着人工智能及互联网技术的不断发展，传统的房地产估价业务日益减少，而房地产咨询评估业务逐步增多，类似于学校教育用途的房地产转让与出租已经成为评估行业新的利润增长点。基于此，本文通过探讨教育用途整体租金评估的思路及方法，期望带给评估行业一些启发。

关键词：教育用途房地产；整体租金；评估思路及方法

伴随着城市化进程的逐步加快，大规模的国有土地上的房屋拆迁基本完成，房地产征收评估业务逐步萎缩。房地产估价机构为谋生存及持续发展，纷纷开拓新业务，探索估价新思路及新方法。房地产咨询评估业务出现并逐步增多。特别是学校教育用途房地产的转让与出租，已经成为行业发展新的增长点。

一、当前教育用途房地产现状

据搜狐河南高教网2017年统计，截至2016年年底，全省各级各类民办学校达17718所，占全省学校总数的30.98%，共有在校生566.27万人，占全省在校生总数的21.77%。据搜狐郑州小升初2019年记载：2012年，郑州民办初中只有12所，受政策影响各初中分校纷纷进行民办改制。根据2018年6月郑州教育局发布的市区小学毕业生升初中入学工作通知，民办初中已有61所。2018年郑州市公办初中招生学校为136所。民办初中相当于公办初中的50%。据调查，郑州市民办中学在办学初期因资金、生源情况等原因，大多没有固定的教学场地，大部分采用租赁教学楼方式办学。根据郑政办〔2015〕99号《关于印发省属高校老校区土地置换实施方案的通知》，为优化资源配置，郑州市人民政府将对郑州市内27所（38个校区）省属高校进行分批分期土地置换，在基本符合中小学服务范围的基础上，将规划中小学调整至省属高校老校区。同时，随着社会发展，高等教育普及化，高校规模日益扩大，招生人数越来越多，市内老校区远远满足不了日益扩张的学生规模，老校区因规划受限难以扩建、重建，为响应政府号召，中心城区高校积极进行土地置换，学校整体出租或转让，对房地产估价机构而言带来了新的发展蓝海，可以说是行业发展的大好机会。但是这对估价行业也是一种挑战，因为估价机构暂无成熟的估价方法及模板可参考，这需要我们在理念和方法上都要有所创新，才能应对行业发展的需求。

二、学校整体租金评估的特点

近期，我公司接受一项教育用途房地产整体租金委托评估。下面简单介绍一下我公司对学校整体租金评估的思路及方法，以资共同探讨。

学校整体租金评估不同于一般的房产抵押、课税评估。它不仅仅限于一套住宅、一栋办公楼、一块土地的单项评估，而是具有综合性、复杂性、创新性等特点。本次估价对象占地面积5.23万平方米，总建筑面积4.27万平方米，主要为4幢教学楼、3幢宿舍楼、1幢餐厅、临街房产底层商业服务用房，同时还涉及运动场、广场、锅炉房、仓库、门卫房等其他辅助用房。学校建筑物及构筑物用途种类繁多，规模较大，处理起来非常烦琐。而且，学校土地使用权性质一般是政府划拨用地，土地取得成本较低，在考虑学校整体租金时还要注意土地出让金情况。

学校对承租方使用的用途有一定的限制。首先，承租方签订租赁合同后，不可出租他用，仅能作学校、培训班或医院使用；其次，每个学校位置场所固定，仅能整体出租，不分拆出租；再者，承租方需有一定的资金实力，因前期投入较多（需装修改造）。由于上述限制，造成学校房地产的潜在承租方较少，其租赁价格会受区域内其他学校、医院数量等的影响。

众所周知，学校不同，其位置、规模、档次、布局也不同。有的学校地理位置优越，规模、档次较高，交通方便，附近基础设施及公共配套设施较好，适宜出租给学校及医院使用。如郑州铁路职业技术学院康复街校区出租给郑州大学三附院、郑州铁路职业技术学院铁英街校区出租给河南电子科技学校、郑州市卫生学校出租给郑州市第二人民医院等。有的老校区按照郑政办〔2015〕99号《关于印发省属高校老校区土地置换实施方案的通知》，积极进行土地置换。学校无论采取哪种方式，都为房地产估价行业提供了新业务。

针对上述学校整体租金评估的特点，如何做好为学校整体租金评估提供高质量估价服务呢？

我公司接受委托后，首先对估价委托人提供的资料认真分析，在现场查勘过程中调查了解学校当前的教学状况、师资力量、生源情况及周边相似物业的租赁情况等有关信息。后来又深入了解估价对象项目背景，整合有效的资源，多渠道搜集有关学校整体出租信息资料。

根据估价委托人要求及估价目的，学校整体租金评估价值类型采用房地产市场租金。参考房地产市场价值定义，房地产市场租金定义应为，在公开市场上，由熟悉情况且不受强迫的租赁双方，就租赁协议条款和限制条件（包括用途、费用与税金承担义务、使用限制、装修与设施、租赁期限、续租、优先购买）自愿达成的在价值时点的最可能的租金金额。不考虑抵押、查封等因素的影响。

估价结果是根据目前同等学校租赁价格水平评估出的客观结果，即学校的整体租赁价格，不包括租用学校涉及的物业服务费、水费、电费、气费、通信费等其他费用，涉及的租赁税费按照相关规定由租赁双方各自承担。学校最终租金由估价委托人根据估价结果结合区域市场状况、租金增长率、租赁期限、租赁方式等因素综合决策后决定。由于学校土地性质为国有划拨用地，其租赁价格的内涵应为房地产市场租金扣除土地收益金后的余额即房屋所有权所带来的租金收益。

三、学校整体租金评估采用的估价方法

学校整体租金评估对我公司估价技术提出了挑战，因行业协会及同行尚无可借鉴的成熟经验。接受委托后，公司技术骨干及估价总监多次协商研究，从技术路线确定、测算方法筛选、数据资料搜集到咨询报告形式调整，创新理念贯穿本次估价始终。最终确定采用比较法、收益法两种方法对其市场租金进行测算。

（一）比较法

估价对象房产规划用途为教育，估价师经过勤勉尽责的调查，市场上有一定数量的教育用途房地产对外出租实例，且交易价格透明，因此可采用比较法进行评估。再者比较法是房地产估价常用的估价方法，因其测算出的价值贴近市场、符合价值规律，往往成为房地产估价首选方法。运用比较法的关键是可比实例的选取。通过近几年的搜集与整理，公司数据库储存了部分交易实例可参考。估价师经过认真、细心地实地查勘，充分利用有效的人脉资源，结合近期教育用途房地产对外出租情况，按照位置相近、规模相当、布局相同、运营模式、配套设施等相同或相近原则选取 3 个可比实例。对上述房地产状况因素进行修正或调整时，学校整体规模及所处位置是重点影响租金价格高低的因素，可适当提高调整参数比率。另外，还要结合《中小学校设计规范》及相关部门对学校建设有关规定，如小学教学楼不应超过 4 层；中学、中师、幼师教学楼不应超过 5 层；中学、中师、幼师教师房间净高不应低于 3.40 米等限制条件。在认真、细致实地查勘可比实例的基础上，对上述因素结合估价对象自身条件进行调整。另外还要目前考虑市场状况、租金增长率、租赁期限、租赁方式及其他附属设施等因素对租金的影响。

采用比较法求取市场租金应注意事项：

比较法应用中要注意比较因素的选择应该与估价对象的比较因素相匹配。房屋租金对楼层的敏感性小于售价，通常分低、中、高区调整即可；装修与家具设备的完善程度对租金的影响大于对房价的影响；房地产权益状况对租金的影响远小于租赁合同中对承租人使用限制的影响。

（二）收益法

学校的规划用途大多为教育，当其对外出租时，可获得经济收入，因此可采用收益法进行评估。收益法的理论依据是预期收益原理，即房地产的市场价格不是取决于过去发生的成本，而是由该房地产未来预期能够获得的报酬所决定的。本次学校整体租金评估，我们打破传统的利用租金求房地产价值收益法模式，采取总收入减去总运营费用的返算方式求取租金。也可理解为，承租方愿意支付的租金与其承租的房地产的真实价值并无绝对的正比关系，而是假设承租方承租后能够获取的正常收益扣除承租方正常经营所发生的税费及合理利润后的余额。这部分余额称为承租方可支付租金，也是我们所求的市场租金。

本次估价采用收益法求取租金的公式如下：

市场租金 = 有效毛收入 - 总经营费用 - 合理经营利润

本次学校整体租金评估我公司采用了有效毛收入减去总运营费用测算。对有效毛收入的确定，估价师充分发动有关人脉，实地调查了解多所民办中学收费标准。因不同的学校由于办学目标、规模、方向、特点、质量、条件不同，对学生收取的费用也不同，最终结合估价对象的建筑规模、可容纳学生人数、宿舍间数等因素，采用比较法确定有效毛收入。学校房

地产在租赁运营初期，可能需要一段时间才能达到盈亏平衡，我们在评估时，不能因初期亏损而低估其有效毛收入。根据社会办学行业经验，学校要达到招生规模的70%左右，才能实现收支平衡。学校总运营费用包括人员工资、办公费、水电费用、维修管理费、固定资产折旧费、科研培训费、不可预见费等。其中教职工工资及福利费用所占运营费用比重较大，本次估价综合多所学校教职工工资及福利采用比较法确定其取值。水电费用、办公费用、维修管理费根据调查了解约占有效毛收入的2%。承租人承租后，初期会投入一定的装饰装修费用及配备部分设施设备，在扣除运营费用时，要考虑装饰装修及设施设备折旧。学校在经营过程中不可预见费一般包括过年过节活动的费用、学生意外等，这方面的费用一般为年有效毛收入的4%～6%。科研培训费用，根据学校相关规定，用于教育科研和培训研修，视学校的等级，可取有效毛收入2%～4%进行测算。经营利润参照同行业正常的客观平均利润。根据调查了解，社会办学的经营利润大多在15%～20%。

通过对比以上两种估价方法的测算结果，比较法测算出的租金较符合市场租金，我们对其赋予较高的权重。在出具本次估价报告时，我公司不但给估价委托人提供价值时点的租金，还根据目前社会经济及租赁市场状况，结合对历史数据分析、现行房产政策解读，对市场租金发展趋势做出了合理预测。

四、结语

随着我国经济由高速增长阶段向高质量发展阶段转变，评估行业也在发生大的变化，新的评估业务陆续出现，对评估行业的要求越来越高。作为房地产估价机构及房地产估价师，我们要与时俱进，从估价细节入手，精准解决实际问题，为估价委托人提供高质量的估价产品及专业化服务。

参考文献：

[1] 搜狐．河南高教．我省出台民办学校新政策，这类项目不得收费！[EB/OL]．http：//m.sohu.com/a/160313761_503494，2017-07-27.

[2] 搜狐．郑州小升初．郑州61所民办初中，2019择校这么选准没错！[EB/OL]．https：//www.sohu.com/a/296279057_681993，2019-02-21.

[3] 郑州市人民政府办公厅．《郑州市人民政府办公厅文件》（郑政办〔2015〕99号）[Z]，2015-07-27.

[4] 杨斌．提高质量深化服务——租赁住房租金评估探讨[J]．中国房地产估价与经济，2018（06）.

[5] 柴强．房地产估价理论与方法[M]．北京：中国建筑工业出版社，2017.

作者联系方式

姓　　名：陈同文

单　　位：北京高地经典房地产评估有限责任公司河南省分公司

地　　址：郑州市中原区建设西路187号泰隆大厦1803室

邮　　箱：553126586@qq.com

房地产估价咨询服务与数据的深度结合

郭 凡

摘　要：本文分析了大数据对估价及咨询服务的重要性和发展趋势，调研了当前估价及咨询行业数据建设与服务产品情况，分析了估价及咨询行业数据建设面临的问题，并提出了解决方案，探索了估价及咨询行业数据建设目标和发展方向。

关键词：估价；咨询服务；数据；数据资产；深度结合

一、大数据对估价及咨询服务的重要性和发展趋势

（一）数据建设已成为改变行业产品模式的新动力，是企业战略资源

数据浪潮已经迎面而来，每个人既是数据的生产者也是数据的使用者，大数据不仅改变既往的生活方式，也同时改变着行业运行模式，促使从业者纷纷投入到数据建设中，并结合现有业务提供更多增值改进服务。具体到不动产估价及咨询行业，自身行业属性决定其是通过搜集应用数据，完成估价工作并形成数据沉淀的过程，也更需要通过数据库建设，指引估价与咨询工作。数据建设已成为改变行业产品模式的新动力，更有可能成为核心竞争力，是影响企业战略布局的重要资源。

（二）不动产估价及咨询行业的数据建设带来工作和服务模式变化

不动产估价机构由于工作的需要，常年搜集交易、租赁、宏观经济、行业政策等信息数据，形成了大量的专业信息储备；同时估价工作涉及土地出让、抵押贷款、销售、转让、拆迁改造等从产生到灭失的不动产全生命周期，有条件形成不动产全生命周期数据积淀与整合，具有行业独有优势。在数据建设层面，不动产估价及咨询行业数据建设可分为数据库搭建和算法研究两个阶段，数据库建设一般是围绕不动产这一核心内容搭建，根据用途不同可细分为土地、住宅、商业、办公、工业等多个维度；算法研究是基于数据库，根据不同运用方向所进行的数据分析方法研发。不动产估价及咨询行业的数据建设也正在为我们的工作和服务模式带来新变化：

1. 更准确——统一标准，规范估价参数

在既有估价中，报酬率选取、变现率分析等多为行业经验值或估价人员根据调研情况测算，存在一定偏好和个体差异。通过数据建设，可以通过对租金、售价、变现难易程度等进行分析，得出客观数值，为估价师估价参数选取提供依据，统一参数选取标准。

2. 更高效——提升效率，提供数据参考

估价人员可以通过不动产数据库，迅速查询所需数据内容，提升估价效率。同时数据库建设只是完成初步数据建设内容，针对不同应用目的，通过算法研发，住宅自动批量估价、商业、办公等趋势分析，也将为估价人员带来更快速直观的呈现，在销售定价、现金流量预

测等多方面提供信息参考。

3. 更创新——服务迭代，新业务衍生

通过评估工作日常积累的不动产评估相关数据，结合外部数据资源，经由估价专业算法研发，估价及咨询行业可以对原有服务产品和模式进行更新迭代，如自动估价减少人员劳动量、批量估价提高效率、为特定业务服务的数据系统产品改变了原有的服务模式。

(三) 数据将是未来的核心竞争力

人类社会已经进入数据时代，数据将是未来的核心竞争力，但数据具有庞大、驳杂而门类众多的特点，很难由一家单独建设享有。新行业的发展总是经历"一家创新，多家跟上，几家整合到行业细分"的过程，未来数据世界也将遵循这个规律，由于数据门类众多，由专业的公司拥有专业数据并对数据进行专业应用将成为公司的核心竞争力。

同时数据也不是独立存在的，不同属性数据之间存在内在相关性，而不同的专业对这种相关性发现和应用的角度也不同，未来的数据世界将是专业数据与专业数据之间的合作，是专业人员运用自身的专业性对数据内在的发掘和外延相关性的研发。

二、估价及咨询行业数据建设现状与服务产品

估价及咨询服务是房地产领域中一项专业性非常强的细分行业，对从业人员专业性要求极高，同时对数据建设的要求也密切对应专业服务需求。

(一) 房地产数据分析中，算法研究和更新是关键

在房地产数据分析中，因数据涵盖土地、住宅、商业、办公、工业等多个维度，数据量庞大，首先应细分数据建设领域，一般在用途分类下再进行行业划分，如对投资类物业，可细分为零售、文旅、仓储物流等多个细分领域，并对不同领域进行影响因素分析，而这些领域中存在多种影响要素，且影响要素间往往相互影响。2015年新版房地产估价规范中，标准价调整法和多元回归分析法是较为适用的方法，同时随着数据技术和算法的更新，更多的分析方法也正在被应用在算法研究中，为剔除影响，减小误差以提高数据预测精度，基于回归模型，目前可运用岭回归及Lasso模型对已知数据自相关进行限制，Hedonic模型法也在尝试应用。

(二) 国内数据服务类型

随着服务升级、新型服务研发，估价行业通过数据建设正在衍生新的服务内容和产品，通过数据建设和算法研究，可以为客户提供更多增值服务，目前国内数据服务主要有"自动估价平台"和"应用于某类业务的系统或功能软件"，如不动产管理系统、征收拆迁管理系统、房地产估价报告作业系统等。

1. 自动估价平台

开发依托于房地产价格数据而形成的对行业内外的专业服务平台，目前主要功能是实现住宅的自动和批量估价，可以为银行、非银金融机构、司法拍卖以及未来的房地产税征收提供迅速快捷的自动估价和批量估价服务。

2. 应用于某类业务的系统或功能软件

本类服务是面对企业客户、政府管理机构等使用者的专项业务开发的独立项目系统或功能软件，基于ArcGIS平台全方位展示土地信息、项目信息、物业位置、周边案例及利用现状等，实现的主要功能是不动产信息的存储功能(电子档案)、地图展示功能(电子地图)、

统计功能、业务运行的管理功能、使用者权限分级的内部安保等。

目前存在的主要服务产品有：①不动产管理系统，②征收拆迁管理系统，③房地产估价报告作业系统等。

三、估价及咨询行业数据建设面临的问题与解决方案

估价及咨询服务是房地产领域中一项专业性非常强的细分行业，对从业人员专业性要求极高，同时对数据建设的要求也对应专业服务需求。面对数据时代浪潮的来临，估价及咨询行业体现了自身依赖数据、重视数据积累的行业特性，采取积极开放态度的同时结合专业工作，已经积累了众多产品和经验。但由于行业的特殊性和专业性要求，在不断探索的过程中，估价及咨询行业数据建设也同时面临着问题与挑战，这些问题与挑战来自内部和外部不同方向。

（一）外部数据建设挑战

1. 数据来源短缺、不够准确透明

房地产估价及综合咨询服务是结合宏观经济分析、政策研究、楼栋信息、金融财务、建设成本估计等领域的综合工作，所需要的数据也涵盖多个方面，而这些往往很难获取，其来源十分有限，或者没有一个有效的查询渠道，需要不断的建设积累。有些数据则存在统计口径不一致、互相矛盾或者不够准确与透明的问题，即使能够提供这些数据，也不能达到完全准确统一。这些都制约着数据建设和应用，给估价及咨询行业数据建设提出了挑战。

2. 来源众多、清洗困难

由于房地产行业是逐步发展与变化的过程，各种渠道积累的数据不但来源众多，且没有统一的标准，需要花费大量人力、物力进行数据清洗，才能达到数据应用的条件，在规范性和成本控制上给数据建设带来了挑战。

（二）内部挑战

估价和咨询行业数据建设除内部日常积累外，还需要外部大量数据，如楼栋物理信息数据、宏观经济信息数据、客群行为分析数据等，这些外部数据都不是在估价及咨询工作中自然产生的，都需要耗费大量人力和物力建设，尤其房地产行业信息数据，要达到使用效果，往往不是覆盖一城一地，而是全区域信息建设，这些基础工作投入多，见效缓慢而又不可或缺，如何平衡成本与产出的问题，使数据建设可持续发展，给估价及咨询行业数据建设提出了挑战。

（三）解决方案

1. 成为标准的制定者，数据标准化是数据建设的根基

无论在数据采集、数据清洗、数据库底层建设中都应首先进行标准化管理，提高数据库的建设质量，数据标准化是数据使用的根基。

同时，尝试破解不动产相关数据统计口径不一致、互相矛盾或者不够准确与透明的问题，估价及咨询行业跨越不动产全生命周期，涉及不同细分领域，有条件利用自身优势建立行业数据标准，成为标准的制定者。

2. 自建数据与数据合作相结合，确立不同属性数据之间相关性是数据建设的有效路径

数据具有庞大、驳杂而门类众多的特点，很难由一家单独建设享有，由专业的公司建设本专业数据并对数据进行专业应用将是未来的发展方向。同时数据也不是独立存在的，不同

属性数据之间存在内在相关性，而不同的专业对这种相关性发现和应用的角度也不同，未来的数据世界将是专业数据与专业数据之间的合作，是专业人员运用自身的专业性对数据内在的发掘和外延相关性的研发。

估价及咨询行业数据建设应结合行业特长，顺势而为，建设好本专业数据库并进行专业研发和应用将成为企业核心竞争力。对于所需的其他外部数据，如楼栋物理信息数据、客群行为分析数据等，可以联合其他专业数据库，共同研发数据产品，形成行业数据生态链，以有效控制数据建设成本。

3. 运用新技术，提高数据采集效率，自动化是数据应用的灵魂

在数据采集阶段可以依托高新技术，破解成本困境，提高数据建设效率，如OCR技术通过机器训练和学习，实现文字和图像的自动抓取识别，降低数据采集和录入成本。在数据分析阶段引入区块链、自动学习等新技术理念，通过研发适宜的模型实现AVM自动估价，建立在大数据基础上的人工智能是数据应用的灵魂。

4. 数据分析模型研发是关键，价格和趋势的预测是数据算法模型研发的方向

基础数据库是数据建设的根基，但如何更好地发挥数据库的作用，数据分析模型研发是数据应用的关键。同样的数据库，算法的不同，得出的结论也不同，高质量的数据库更需要先进的算法模型去应用，才能发挥数据最大的价值。

而在数据产品提供上，目前都是以基于当前时点的价格评估和管理服务研发的数据产品，但客户更为需要的是基于大量数据和专业知识而形成的对未来趋势的分析和预判，这才是估价及咨询领域更高质量服务的体现，同时也对估价机构数据建设工作提出了挑战，攻克预测难题，为客户提供高附加值服务，精准满足客户需求，需要靠数据算法模型研发来解决。

5. 符合客户需求的定制化产品和平台是数据产品研发的目标

数据建设的最终展现形式为各种数据产品、端口、平台；数据库建设应结合产品研发，做到能贴近客户需求，开发专项定制的数据产品，满足多种需求的数据使用平台，高效便捷的数据服务端口，是数据产品研发的最终目标。

四、估价及咨询行业数据建设目标和发展方向

数据建设既有挑战，也面临机遇，增加数据资产比重、成为专业化科技公司，已经成为企业顺应时代发展的必然选择。估价机构通过在数据领域的不断探索，正在以极大的热忱拥抱数据时代，估价人员秉持严谨而富于创新的精神为客户提供更高质量的服务，并在此过程中已形成了阶段成果，如各类数据产品。但时代的变革道路从来不是平坦的，通过探索与实践，估价行业在数据建设中不断寻找和调整着适宜自身发展的道路。目前的估价行业数据建设仍面临困难，存在工作成本高、数据稀缺、透明度不够的问题，但大数据建设是估价与咨询服务的未来方向，有志于此的机构更要充分利用数据并积极参与数据建设，体现行业担当。

（一）数据化趋势不可逆转，积极转型实现企业新定位成为估价及咨询企业发展的方向

对从事估价及咨询工作的企业来说，应采取接纳的心态，拥抱数据世界变革的来临，根据自身行业特点，进行数据建设，加重企业数据资产比重，积极转型成为专业化数据科技公司，以迎接数据化时代的挑战。

（二）专业细分的数据库建设将是估价和咨询行业数据库建设的目标和发展方向

估价和咨询行业数据建设应根据自身行业属性，作为专业的公司建设专业细分的数据库并对数据进行专业应用，形成公司的核心竞争力。

（三）数据合作与联合应用，发掘适用的算法模型是数据应用的有效路径

不同专业数据源拥有者之间合作，共同发现不同属性数据之间存在的内在相关性，创造新的数据应用角度和方式，是数据应用的有效路径。

（四）对于估价及咨询工作来说，自动估价和价格预测成为数据建设的目标和发展方向

估价及咨询工作将实现采集自动化、估价自动化、预测自动化，改变原有的传统估价模式，自动估价和价格预测成为数据建设目标和发展方向。

（五）专业人士的专业技术和服务是估价行业数据建设的灵魂，专业化并与数据建设相结合是估价及咨询服务人员职业发展方向

未来是数据与估价咨询业务的全方位结合，并由专业人员反馈信息以指引数据建设不断完善。估价人员集数据建设者、使用者、数据产品研发者多种角色于一身，需要更丰富的专业知识与更全面的自我学习，才能应对数据时代的挑战，行业组织和估价机构是否可以有引导地帮助估价从业人员转型和提升，数据和人工智能是工具和载体，估价人员应该能够普遍使用并掌握方向。

（六）研发贴合客户需求的数据产品，实现与数据结合的定制型综合咨询服务是数据产品研发的最高理想

未来是由传统估价业务向专项定制型综合咨询服务转变的时代，而实现估价咨询服务与数据的深度结合，是实现更高质量估价与咨询服务的必然，也是产品研发的最高理想。

（七）新的技术和作业方式对评估准则提出挑战

面对现场勘查、自动估价、批量复估等工作，在运用了数据辅助、移动采集、区块链、5G 等技术后，是否已经改变了原有的作业模式，评估准则是否应该进行相应修改；是否可以添加数据字段标准内容，以规范估价行业数据建设，打通数据壁垒；建立数据清洗指引，提升估价行业数据清洗质量等。

数据时代扑面而来，未来已经近在眼前，我们应该将数据作为一项最重要的资产去建设，以顺应时代需要，迎接数据世界带来的挑战与机遇。

作者联系方式

姓　　名：郭　凡
单　　位：仲量联行（北京）土地房地产评估顾问有限公司
地　　址：中国北京市朝阳区建国路乙 118 号京汇大厦 08 层 801 室
邮　　箱：706313571@qq.com

基于最高最佳利用原则下的更新改造类项目估价实践

穆春生　蒋炎冰　汤华婷

摘　要：随着中国城市化进程的不断放缓，房地产行业从新增市场向存量市场转变的趋势日渐清晰，存量市场中的更新改造类项目逐渐成为各方关注重点。如何准确判断存量项目是否具备更新改造的可能性、如何算好更新改造这笔经济账，是房地产估价师从事这一类型项目估价需要重点思考的问题。本文以最高最佳利用原则入手，就DCF模型中的估价要点进行分析，最后以近期市场热点东银大厦为例予以说明。

关键词：最高最佳利用；更新改造类项目；估价实践；东银大厦

根据《房地产估价规范》，最高最佳利用需同时满足四个条件：一是法律上允许，二是技术上可能，三是财务上可行，四是价值最大化。正确理解和运用这四个条件是做好更新改造类项目估价的关键。

一、完善的尽职调查是运用最高最佳利用原则的基础

尽职调查是近年来较为流行的词汇，多用于企业收并购过程中，其目的一般包括三方面：价值发现、风险识别和投资可行性分析，是减少信息不对称、规避项目风险的重要途径。

在运用最高最佳利用原则时，也可以参照尽职调查的做法分为法律尽职调查、业务尽职调查和财务尽职调查三大部分，但其侧重点相较企业收并购则有所不同。

（一）法律尽职调查

法律尽职调查主要解决法律上允许的问题，对于房地产项目而言，最高最佳利用并非无条件，而是在法律、法规、政策等允许范围内的最高最佳利用。可以从权利和义务的不同角度出发进行法律尽职调查。

从权利角度来看，项目作为不动产，其基本权能包括占有、使用、收益、处分，通常通过土地出让合同、权证等具法律效力的文件进行规定，在明确各项权利的过程中，应重点关注其所受限制情况。拟更新改造的存量项目一般需关注：

1. 改变用途的可能性

如传统住宅破墙开店目前是明令禁止的；经营不善的旅宾馆改建为办公楼或长租公寓则是鼓励的方向，也是近期热点，具体应根据出让合同约定和相应政策进行分析。

2. 改变样式的可能性

如拟更新改造的存量项目为优秀历史建筑则需特别慎重。根据上海市优秀历史建筑的保护要求，保护等级分为四类，对于允许适度开发类项目可进行更新改造，成功案例如思南公

馆等；而对于严格保护类则基本没有改造的可能性。

3.销售转让的可能性

对于以转售为目的更新改造类项目而言，业主应注意项目是否有自持要求，是否有股权转让约束等，这将对更新改造方案有较大影响。

4.租户清退的可能性

对于存量物业而言，大规模的更新改造需先对现状租户进行清退，如项目上有大量的租赁关系，尤其是长期低租金的租赁关系，则租户清退难度将大大增加。

（二）业务尽职调查

业务尽职调查主要解决技术上可能的问题，是尽职调查的核心，可分为项目和市场两个层面：

从项目的角度出发，首先需要在充分的实地查勘基础上做到对物业的"如数家珍"，具体到项目位置、周边交通、配套设施；项目内各种业态的分布、配比等。其次，应关注物业本身是否具备更新改造的可能性，如设备设施是否老化或落后、有效出租面积能否提升、层高高度是否足够等。

从市场的角度出发，应重点关注：①项目在区域中的位置及其档次定位；②从区域规划及供求关系看未来发展趋势；③从同类型项目成交情况看是否达到最有效利用；④从同类型出租情况看是否有租金增长空间等。

对于区域市场情况的调研需具有针对性和可比性，从项目本身特点出发，选取具有可比性的对标物业进行专项分析，对位于市级供求圈的物业可放大到整个城市进行对比。

（三）财务尽职调查

财务尽职调查主要是从项目公司层面研究更新改造的费用是否充足，是否有能力进行更新改造，因此需重点关注的是项目公司的财务业绩情况，评估企业存在的财务风险、可持续性和稳定性。

（四）最高最佳分析是对项目的完整认识

项目的最高最佳分析是建立在充分的尽职调查和市场调研基础上的对于项目的完整认识，是合法合规情况下资金的最有效利用，是进行项目估价判断的基础。

在项目改造方案仍不明朗时，可根据投资主体的性质，从项目最高最佳利用的角度进行不同方案比选，包括物业未来使用方式的比选、资金结构优化的比选、交易架构的比选等，从而选取最符合投资主体回报率要求和风险偏好的方案。简而言之，最高最佳分析是算好资金经济账下的最优解。

二、DCF 模型中的估价要点

一般来说，更新改造类项目可从房地产权利人或意向取得者角度出发。对于两者而言，立场不同，则估价结果可能存在差异。

判断现有房地产应更新改造的财务上可行条件是：（更新改造后的房地产价值－更新改造的必要支出及应得利润）＞现状房地产价值。因此，可通过改造前后对比的方式进行分析，而收益法中的 DCF 模型便是进行更新改造类项目评估的主要方法。

DCF 模型系 Discounted Cash Flow 的缩写，意为未来现金流折现估价，其广泛应用于财务和投资行业。此处 DCF 模型应用的目的是将项目未来多年的自由现金流折算出项目目前价值，其要点主要包括：

（一）更新改造方案及投入

一般说来，更新改造的主要方式包括：

1. 硬件品质提升

在对项目进行准确定位的基础上，对项目外立面、大楼公共空间、地下车库等进行硬件改造，提升物业硬件品质。

2. 设备设施提升

对电梯配备、空调新风、安防管理、节能管理进行提高，获取 LEED 等认证资格提高含金量。

3. 物业管理提升

提供更加专业化、定制化的物业管理服务，从而提高租户满意度和美誉度。

4. 运营管理提升

通过有效划分使用空间提高使用率、改善租户结构，提高运营管理水平。

在此基础上，需准确地预测改造期持续时间、改造期内的资金投入量及节奏等情况。

（二）更新改造完成后的租金收入

在进行市场调研的基础上合理预测更新改造后租金水平变化情况、出租率上涨情况，同时也要对风险因素进行充分考虑，这有赖于估价人员前期扎实的基础工作和丰富的项目经验。

（三）转售时收入的确认

就国内房地产而言，项目投资收益的主要回报是未来转售时的收入，这也是众多投资者看好这一领域的原因。因此，需对未来转售时收入进行准确预测，可采用直接资本化方式进行。

在对持有期收益准确预测的基础上，应根据当前的市场情况结合未来整体走势进行调整预测，当前数据来源可通过日常工作积累或参照行业内较为权威的经验数据，如某五大行统计数据显示 2018 年上海办公楼核心地段资产净回报率是 3.5%～3.8%，新兴区域资产净回报率是 4%～4.5%，同市场认知较为一致。当然，如果项目土地剩余使用年期过短则资本化率应适当提高。

（四）现金流出中的税费计取

在 DCF 测算中，成本、费用和税费支出构成了现金流出的主要内容，房地产类的成本、费用一般与建造成本或与收益相关，此处不再赘述；而不同项目涉及的税费种类和税率可能各不相同，税费计取得当是准确估算项目费用乃至净收益的重要因素。

1. 增值税

增值税的计算应根据投资主体的不同，区分一般纳税人和小规模纳税人。根据国家减税降费的总体原则，2018 年 5 月 1 日和 2019 年 4 月 1 日，我国已短期内连续两次降低增值税税率，应加以关注。

2. 房产税

在进行房产税的测算时，出租物业应依据出租收入的 12% 计；对于自用或暂未出租的物业，也应计算房产税，如上海按房产原值的 70% 乘以 1.2% 计算。

3. 土地增值税

土地增值税是针对产权交易行为而发生的，区分房地产开发企业和非房地产开发企业，应注意主体不同计算方式的不同。

不久前，财政部和国税总局就土地增值税立法征求社会意见，征求意见稿将集体土地纳入征税范围，应关注后续变化。

4.企业所得税

企业所得税是计算税前税后NPV时所用，除正常年份缴纳外，项目未来股权出售时应考虑其收益对企业所得税的影响。

根据中国现行法律规定，居民企业和非居民企业在所得税缴纳时有所不同，对于指依照外国（地区）法律成立且实际管理机构不在中国境内，但在中国境内设立机构、场所的，或者在中国境内未设立机构、场所，但有来源于中国境内所得的企业统称为非居民企业，其所得税来源和税率计算有所不同。

同时，对于以合伙企业形式存续的投资主体如私募股权基金角度进行测算时，其公司层面的企业所得税不计取。

三、以东银大厦为例的估价实践

2019年7月，浦发银行在上海联合产权交易所挂牌出让其总部东银大厦成为市场关注热点，转让底价20.68亿元，后历经一月挂牌、217轮竞价，由中财置业以23.51亿人民币拍得，笔者曾受某投资机构委托对该项目进行尽职调查、市场调研并出具估价意见，此处以该项目为例进行简单分析。

（一）项目认识

从房地产坐落和交通来看，东银大厦位于上海市中心的人民广场板块，东至顾家弄，南临牛庄路，西靠浙江中路，北抵北京东路，在北京东路、浙江中路及牛庄路上分别设有出入口（图1）。

图1 项目位置示意图

东银大厦是一幢地上总高28层、地下3层的商办综合建筑物，外墙为面砖及玻璃幕墙，钢混结构，竣工于2002年（图2）。

东银大厦地上1-5层为商业裙房，单层面积约为3000-4000平方米，沿北京东路及浙江中路交界处设有主要出入口；办公区域位于6-28层，主入口位于项目底层东南角面向牛庄路，办公标准层面积约为1500平方米，高层东眺苏州河和陆家嘴，景观较好，但设施较为老化。地下1-3层为停车库，总建筑面积为12406.42平方米，共设有224个车位，单个车

图 2　项目外观示意图

位面积较大。

笔者经梳理发现，出售的东银大厦非全幢使用，占据底层主要位置的 01 室商场（现状为五金专业市场）不在本次出售范围内，但该情况对项目价值有重大影响。公开文件和报道均未明示该问题，而发现这点风险因素需要进行完整并细致的业务尽职调查（图 3）。

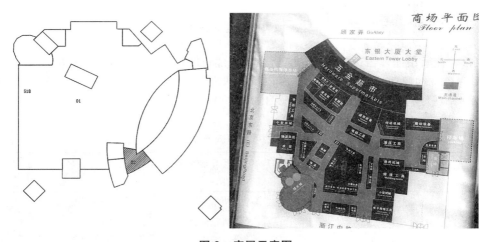

图 3　底层示意图

从财务层面看，投资机构具备较强实力，有充足的资金可以支持升级改造的进行。

从法律层面看，本次交易的物业共办理了两本权证，土地使用权来源为转让，用途为综合，其办公和车位等特种用途物业剩余土地使用年限为 31.86 年，其商业用途物业土地使用年限为 21.86 年，剩余年期相对较短，对价值有不利影响。该物业所在宗地土地面积为 6666 平方米，并非独用该宗地丘，与地上其他房屋共用，存在通行权影响。

同时，物业转让方要求该物业整体售后返租，返租期限为 "2+1 年"，返租价格拟定为 9963 万元 / 年。该要求对于以更新改造出售为目的的特定购买者而言并非利好，这意味着项目周期将被拉长，风险上升。

（二）市场调研分析

东银大厦地处上海市人民广场商圈，是上海最早发展起来的核心 CBD 之一。项目临近轨道交通 2 号线南京东路站、轨道交通 1、2、8 号线人民广场站以及轨道交通 8、12 号线曲阜路站，周边有 14 路、19 路、21 路、64 路、930 路等公交路线，交通通达度较好。

项目所在的区域人民广场 CBD 办公集聚度较高，主要集中于人民广场及南京东路地铁站附近，有来福士广场、华旭国际大厦、都市总部大楼、海通证券大厦、港陆广场、港泰广场等（图 4）。

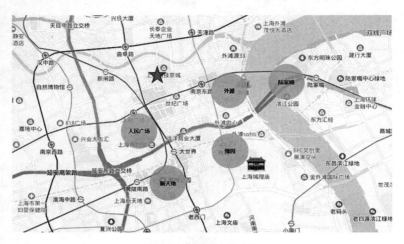

图 4　项目区位示意图

项目转让后由浦发银行整体租赁，折合地上建筑面日租金约 5.6 元/平方米，该日租金已包括了 30% 的商业用途面积在内。经市场调研发现，其租金水平对标区域优质办公楼和零售物业有较大差距，存在改进空间（表 1、表 2）。

对标办公项目情况一览表　　　　　　　　　　　　　　　　表 1

物业名称	东银大厦	1.来福士广场	2.华旭国际大厦	3.宏伊国际广场	4.恒基名人商业大厦	5.仙乐斯广场
竣工时间（年）	2001	2003	2007	2006	2010	2001
步行至目标项目（公里）	—	小于 1 公里	小于 1 公里	小于 1.1 公里	小于 1 公里	小于 1.5 公里
办公面积（平米）	34500	87833	20567	31000	36745	54000
平均有效租金（每天每平米）	—	10.5	10.3	8.0	9.5	8.5
出租率	100%	95%	98%	95%	98%	91%

对标商业项目情况一览表　　　　　　　　　　　　　　　表2

物业名称	东银大厦	1. 来福士广场	2. 华旭国际大厦	3. 宏伊国际广场	4. 恒基名人商业大厦	5. 仙乐斯广场
竣工时间（年）	2001	2003	2007	2006	2010	2001
步行至目标项目（公里）	—	小于1公里	小于1公里	小于1.1公里	小于1公里	小于1.5公里
商业零售面积（平米）	14471	45000	6335	22060	35450	82500
平均有效租金（每天每平米）	—	25	18	20	12	15
出租率	100%	95%	100%	95%	95%	95%

（三）更新改造方案及未来预测

根据投资机构的构想，收购后对项目进行更新改造，内容包括重新设计内部公共空间、升级机电等配套设施、提高现有办公净高度、挖掘可供出租面积等，但尚未制定细化方案。

笔者通过市场调研发现，项目位于上海市中心城区，区域办公楼普遍建成年代较早，存在较大的更新改造空间，且有较多成功案例，典型项目包括：

项目1：新茂大厦

新茂大厦位于淮海路商业街，毗邻新天地，为一幢楼高20层的甲级写字楼，地上总面积为32200平方米。

十余年间，通过更新改造，资产提升，新茂大厦平均日租金从9.5元/平方米上涨至14.5元/平方米，涨幅超过50%，物业出租率从70%上升至95%，历经四次转手交易，资产升值54%（图5）。

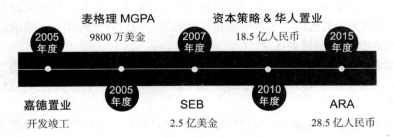

图5　新茂大厦交易过程示意图

项目2：腾飞元创大厦

腾飞元创大厦原名为宝龙大厦，地处九江路近金华路，位于人民广场商圈，周边配套成熟。项目总高14层，地上总建筑面积27850平方米。星桥腾飞于2017年3月全资收购项目后进行更新改造,后于 2018 年 11 月重新开幕。改造后,租金涨幅近 20%,出租率上升 30%,物业升值明显(图 6)。

改造前

改造后

图 6　腾飞元创大厦改造前后对比图

笔者通过研究,认为投资机构的更新改造构想具备可行性,但需把握几个要点:

1. 更新改造成本和周期

根据东银大厦的现状和拟改造提升方向,笔者预测其总体更新改造费用约 1.5 亿元,折合地上建筑面积改造单价约 3000 元/平方米。

更新改造预计将于租赁期结束后进行,周期约为 1 年。

2. 改造后效果

预测项目改造后将办公楼现有租金提升约 50%,做出这一判断有两个理由,一是更新改造使租金上升,二是改造完成最早也是 3 年后,市场租金本身也有一定上浮空间,则届时改造后日租金预计为 8.5 元/平方米,并随着一年期的招租结束后到达 9.0 元/平方米且基本满租。商业部分因底层商场不在范围内,2-5 层商业未来作为商业经营不乐观,预计定位其作为共享办公类业态,租金同办公楼保持一致。

3. 转售收益

根据方案,项目预计最快于 4 年后达到稳定期后考虑退出,根据经验并结合区域数据,目前核心区 CBD 具有良好收益的优质写字楼受到市场追捧,市场接受程度较高,如前文所述,净回报率在 3.5%～3.8% 之间,预计该情况在未来 5 年内不会发生大的变化,考虑到一定的风险补偿因素和转售时土地剩余使用年期较短,最终转售时净回报率确定为 3.7%。

(四)估价的预测和最终的结果

在综合考虑东银大厦本身的优劣势、区域市场发展、更新改造方案的前提下,假定底层 01 室商场对未来无负面影响的情况下,笔者团队预测东银大厦的合理估价在 23.56 亿元,与最终的成交价高度吻合。

虽委托调研的投资机构最终因风险偏好未最终参与拍卖,但对于笔者团队本次工作内容和估价成果给予了高度认可。

基于最高最佳利用原则、运用 DCF 模型的估价应用广泛,不仅在存量改造项目,还可以用于改变用途、改变规模和重新开发等方面的估价,诸如城市更新、旧城改造等将是房地产估价师可以努力挖掘和开拓的业务领域,前景十分广阔。

参考文献：

[1] 全国咨询工程师（投资）职业资格考试参考教材编写委员会. 项目决策分析与评价 [M]. 北京：中国统计出版社，2018.

[2] 全国咨询工程师（投资）职业资格考试参考教材编写委员会. 现代咨询方法与实务 [M]. 北京：中国统计出版社，2018.

作者联系方式

姓　　名：穆春生
单　　位：浙江禾信房地产土地评估有限公司上海分公司
地　　址：上海市黄浦区淮海中路200号1005室
邮　　箱：13817793377@163.com

姓　　名：蒋炎冰
单　　位：浙江禾信房地产土地评估有限公司上海分公司
地　　址：上海市黄浦区淮海中路200号1005室
邮　　箱：18939758610@163.com

姓　　名：汤华婷
单　　位：浙江禾信房地产土地评估有限公司上海分公司
地　　址：上海市黄浦区淮海中路200号1005室
邮　　箱：13818083663@163.com

局部房地产征收补偿评估的创新思考

陈炎晔 经 凌

摘 要：局部房地产征收补偿，即仅对整宗地内的局部房地产拆除，或仅对全幢房地产的局部拆除。本文基于几个征收项目的实证依据，采用局部房地产征收补偿分阶段评估工作的创新思考，用来弥补传统评估工作中的不足，探索更符合客观的补偿价值，且区别于传统征收，在测算阶段重点关注了房地产的功能性减损及暂时性停产停业损失两个方面。

关键词：局部房地产征收；房地产功能性减损；暂时性停产停业损失

一、局部房地产征收补偿评估问题的提出

2017 年 12 月 15 日，经国务院批准，《上海市城市总体规划（2017-2035 年）》正式实施，从规划用地平衡表中可以看出，上海市道路与交通、公共设施及绿化三项用地要占未来建设用地的 50% 以上，由此可见上海在未来仍然有大量的基础设施建设，同时必然伴随着大量的房地产征收（表 1）。

规划用地平衡表   表 1

用地类别		现状 2015 年		规划 2035 年	
		面积（平方千米）	比例（%）	面积（平方千米）	比例（%）
建设用地	城镇居住用地	600	21.5	830	26
	农村居民点用地	514	16.7	≤190	≤6
	公共设施用地	260	8.5	≥480	≥15
	工业仓储用地	839	27.3	320-480	10-15
	绿化广场用地	221	7.2	≥480	≥15
	道路与交通设施用地	430	14.0	640	20
	其他建设用地	147	4.8	200	6
	小计	3071	100	3200	100

在实际的征收补偿工作中发现，由于此类市政项目的特殊性，如道路拓宽、高架桥新建、轨道交通新建等，其征地范围多为条状，仅"切"到宗地或建筑物、构筑物的一小部分，但又必须因项目施工需要不可避免地对宗地或建筑物、构筑物进行征收。如在实施方案可行的情况下，摒除大开大合的征收方式，仅采用局部征收的方式，一方面可减少政府资金

投入，另一方面可减少被征收方的损失，既能保留地方财政税收的收入，又能符合优化土地利用的原则。由此催生了"局部房地产征收补偿"的评估问题，即仅对整宗地内的局部房地产拆除，或仅对全幢房地产的局部拆除。这就对估价行业提出了精细化估价的更高要求。如何完善局部征收估价操作体系？如何应对局部征收涉及的更复杂的问题？如何在工程立项的前期提供更专业的征收成本及价格咨询？在市场需求的大背景下，这是估价机构及估价师必须面对征收补偿评估的技术问题。

二、局部房地产征收补偿估价的技术关键

在实际工作中发现，局部房地产征收大致分为两种情况，即仅对整宗地内的局部房地产拆除或仅对全幢房地产的局部拆除，通过两个案例的实证操作，提出各种情况下局部房地产征收补偿评估的技术关键。

（一）对整宗地内的局部房地产拆除

因高架桥建设需要，需征收一宗地内西南角上多幢建筑物、构筑物的房屋建筑，该部分征收范围内还包括该厂区内唯一的污水处理站，由于该污水处理站的拆除，导致整个厂区不能投入正常生产，造成企业停产停业损失。如需恢复正常生产，需在厂区内另外新建一座污水处理站。

由此案例可以看出，除了需对拆除的建筑物、构筑物及相应的土地部分进行补偿，另外还需对因该部分建筑物拆除所导致的整个厂区的停产停业损失，及在厂区内另外新建一座污水处理站的合理造价进行估算，并对被征收人进行相应的补偿。

（二）对全幢房地产的局部拆除

某房地产因道路拓宽，需对一宗地上临街的一幢多跨仓库拆除其中一跨，该跨范围内涉及该幢建筑物的货运电梯。考虑到结构保护及改造，经协商，重建货运电梯并对建筑结构进行修复是最佳方案。由于货运电梯的拆除，导致该幢仓库原料运输上的不便。

从以上实证评估案例可以看出，除了需对拆除的建筑物、构筑物及相应的土地部分进行补偿，另外还需对因该部分建筑物拆除所导致的原料运输成本的增加，以及重建货运电梯和对该建筑物的修复的合理造价进行估算，并对被征收人进行相应的补偿。且该幢建筑物可能因为建筑面积的减少、建筑功能改变等因素导致整幢建筑物价值减损及潜在的生产经营价值减损。

依据现有的评估技术规程等规定，传统上征收补偿一般仅包括对被征收的土地、建筑物或构筑物的补偿，而局部征收后该企业仍然要继续经营，则补偿的思考就会集中在两部分，一是现有房地产局部征收后的价值减损；二是停产停业损失和其他间接损失等问题，而该部分补偿金额有时会远大于对被征收的土地、建筑物或构筑物的补偿金额。故房地产的减损价值、修复费用及相应的停产停业损失评估是局部征收补偿评估的技术关键。

三、局部房地产征收补偿分阶段评估的创新思考

基于几个征收项目的实证依据，采用局部房地产征收补偿分阶段评估工作的新思路，用来弥补传统评估工作中的不足，探索更符合客观的补偿价值：

(一)立项估算阶段

立项估算时,根据初步设计情况,先要分析涉及的企业是否有局部征收的必要性?即该地块近期规划上应无再次征收的可能;该企业的经营行业是否符合区域规划?即属于可保留的行业;征收涉及范围是否可修复?即修复后对生产流程没有实质性影响;估算的局部征收费用是否已包括停产停业费用?即局部征收费用应该远远小于整体征收的费用。

在此阶段,做好企业方的预估征询工作尤为重要,了解企业方的需求及心理预期,锁定这些问题后,就可以大致确定整个项目的补偿范围,确定其项目可行性及资金预算,为控制整个征收项目把好第一道关。

(二)接受委托阶段

与征收实施方需深入沟通,征收方案应该有针对性,包括对传统整体征收中不常见的费用做出预算。比如建筑物、附属物的修复费用;停产停业损失界定的方式,奖励措施;甚至还可以包括协助改建报批等政府行政备案;明确此阶段有各专业公司介入的,积极主动配合好测绘公司、物探公司等工作。

在此阶段,应根据实际情况分别列出此次征收补偿工作的各项补偿内容类别,避免缺项漏项,并协调各公司之间的初步工作计划,保证后续工作可以稳步推进。

(三)收集资料阶段

可以收集的资料包括:征收方案、土地定界测绘、房屋测绘、房地产权利证明、项目设计图纸、原企业厂区平面图、原企业造价审价资料、物探材料、设施设备原始数据发票、固定资产财务报表、改建修复方案等。

在此阶段,资料的真实性、完整性是保证后期补偿估价工作实施的依据保障。

(四)现场查勘阶段

局部房地产补偿估价的定点放线,与传统征收不同的是:现场查勘不仅需要对建筑物结构、附属物数量等作核对清查,还需要根据征收方案和工作计划,区分哪些在评估范围内、哪些为带拆部分。在委托方和被征收方确认后,更要关注被征收的部分在整体工作体系中的作用,以及对修复方案也要做现场查勘,分析其可行性和经济性。

在此阶段,现场查勘并辅以面谈、函证、说明等征询方式,保证全面细致的记录估价对象的状况,对修复方案做出必要的最后审核,避免在后续征收实施过程中引发争议,在三方确认后,拟定初步估价路径。

详见分阶段评估思考示意图(图1)。

四、局部房地产征收补偿估价测算阶段

经过上述四个阶段的评估工作,才能把握好估价对象整体的状况和补偿价值的测算。局部房地产征收补偿估价测算应重点在关注房地产的功能性减损及暂时性停产停业损失两大方面(图2)。

(一)房地产价值减损补偿

房地产价值减损补偿应分为两种类型,即物理性减损及功能性减损:

1. 物理性减损

因征收引起的宗地面积和建筑物建筑面积、装饰装修、附属设施等物理性数量减少。该部分价值减损比较直观,补偿主要采用成本法对无法修复的物理性减损进行评估并补偿即可。

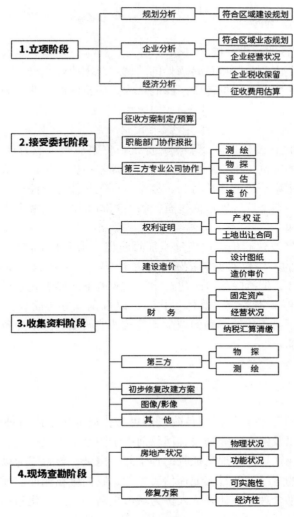

图 1 分阶段评估思考示意图

★ 局部征收评估创新思考重点

图 2 创新思考示意图解

2. 功能性减损

这部分指因征收引起的宗地面积和建筑面积减少、功能产生变化，导致整体价值受损。这部分的损失主要体现在功能性受损导致的房地产租金价值、房地产市场价值下降以及为恢复到征收前同样的功能水平需额外增加的成本上,即:为了恢复到征收前同样的功能水平需额外增加的成本。

(二)房地产停产停业损失补偿

停产停业损失的范围和时间确认是该处的关键。范围应在查勘中了解企业生产流程,分析被征收部分影响企业生产流程的范围。我们认为,应将停产停业分为暂时性停产停业及永久性停产停业。

1. 暂时性停产损失

暂时性停产是指仅在改建期间受影响,房地产修复后被征收方能恢复至征收前相同水平的正常生产经营。如案例 1 中,所拆除的污水处理站在整个生产环节中有着不可替代的作用,强行生产更是会污染环境的违法行为,故整个厂区只能完全停产,但只需在厂区内另外新建一座污水处理站,整个厂区即可恢复至征收前相同水平的正常生产。

2. 永久性停产损失

永久性停产是指经改建后仍无法恢复至征收前相同水平的正常生产经营所带来的损失。如案例 2 中拆除仓库的一跨仅对原料运输产生了影响,造成供料成本和原料储存成本的增加,并未影响产品生产,但拆除的该跨建筑物将永久地不能提供其原料储藏的功能。

由于该部分停产停业损失难以具体量化,可以根据双方协商或根据方案按照面积来补偿。其实际应该还包括由于建筑面积的减少、建筑功能改变等因素导致的人员遣散或生产流程改变造成的成本增加。

五、结语

通过对局部房地产征收补偿评估各阶段的思考,局部房地产所补偿的是整体房地产由于征收而产生减损值以及停产停业损失,而目前由于受制于传统理论、工作习惯、征收政策等因素,评估工作中往往局部房地产征收的补偿并不完全,导致成为该类征收中争议的焦点及影响征收工作推进的症结。通过实证评估后思考,我们应在保证被征收方和国家利益的同时,又依据评估的公平合理性,让评估人员为城市更新、土地优化利用,以及被征收者的安居乐业做出专业的贡献而努力。

参考文献:

[1] 紫强. 房地产理论与方法 [M]. 北京:中国建筑工业出版社,2017.6.

[2] 杨斌,贾明宝. 房屋征收中停产停业损失评估初探 [J]. 中国房地产估价与经纪,2013(01).

作者联系方式

姓　名:陈炎晔　经　凌
单　位:上海科东房地产土地估价有限公司
地　址:上海市浦东新区浦东南路 379 号金穗大厦 26 楼 A-D 室
邮　箱:chenyanye@kedongcn.com;jingling@kedongcn.com

城市更新视角下的房地产估价服务

韩艳丽

摘 要：作为当今中国城市发展的新理念，城市更新是一个极其复杂的系统工程，不同的城市更新方式拥有不同的估价服务需求，房地产估价机构如何为城市更新提供评估服务，发展新的业务增长点，是当前需要深入研究的问题。

关键词：城市更新；估价服务；业务增长点

一、引言

"城市更新"的概念最早源于1949年的美国住宅法 The Housing Act of 1949 中的 Urban Redevelopment。随着社会的进步、经济的发展，城市也会不可避免地逐步"老化"，有步骤的改造和更新成为必然。

在城市规模有限的背景下，我国大城市已从增量时代进入存量时代，这也意味着城市更新将成为城市发展的新增长点。2016年11月11日，国土资源部印发实施《关于深入推进城镇低效用地再开发的指导意见（试行）》。指导意见中"低效利用""再开发""历史遗留"等敏感词汇高频出现，作为国家顶层的城市更新政策，显现国家整体布局、有机更新已成为现实所趋。在这样的政策背景下，北京、上海、广州、深圳等中心城市的城市更新如火如荼地进行着。

城市更新是一个极其复杂的系统工程，需要对一定体量的城市空间和人口格局进行优化，其经济和社会效益都将是巨大的，涉及经济、社会、文化、政治等多方面因素，事关个人、集体、改造投资方、政府等多方面利益。不同的城市更新方式拥有不同的估价服务需求。房地产估价机构寻找其中不同阶段的业务切入点，做好评估、咨询服务，有利于保障各方利益，推进城市更新工作的规范化、标准化，使土地再开发利用健康有序地发展。

二、城市更新的方式

城市更新的方式一般可分为拆除再开发（redevelopment）、修旧复新（rehabilitation）及保护（conservation）三种。现阶段城市更新会结合城市的功能分区，包括旧工业区、旧商业区、旧住宅区、城中村、历史风貌保护区等的综合整治、功能改变或者拆除重建（图1）。

（一）拆除再开发（redevelopment）

适用于建筑物、公共服务设施全面恶化的地区，严重阻碍社会发展和人民生活品质的提高，必须拆除旧有建筑物。上海中心区域的旧区改造基本采用这一方式（图2）。

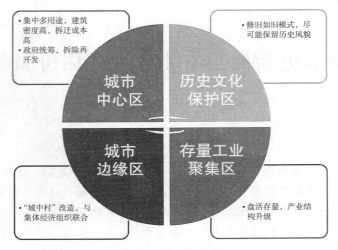

图 1　城市功能分区

图 2　上海市普陀区某旧改征收基地

（二）修旧复新（rehabilitation）

一般适用于建筑物、市政设施仍可使用，但因为缺乏维护造成设施老化、建筑物破损，通过维修、更新设备，增加或重新调整公共服务设施的配置与布局可以得到改善的地区。

与第一种方式相比，修旧复新的方式所需时间较短，阻力较小，安置费用较少，整体投入资金也相对较少（图 3）。

图 3　宝山区 park 文化产业园区（原上海光华印刷机械厂改造）

（三）保护（conservation）

一般适用于优秀历史建筑、历史文化风貌区、风貌保护街坊、风貌保护道路、风貌保护河道等拥有历史风貌保护对象的地区。

与前两种方式相比，保护的方式是能耗最低的更新方式。通过政策引导，鼓励在符合保护要求的基础上，使历史风貌保护对象功能得到调整、设施得以优化、环境得到改善（图4）。

图4　上海市黄浦区某历史保护建筑改造基地

城市更新的方式虽然归为三类，但在实际操作中，一般都会视实际状况（如城市中的功能分区重叠的区域），可能同时采用拆除再开发、修旧复新、保护等多种混合方式，从而寻求社会效益与经济效益的平衡点。

三、城市更新中的评估服务

不同的城市更新方式，对城市的改造程度不同，社会效益与经济效益不同，带给评估机构的业务机会不同，估价机构应该顺应大势，深度参与，一方面将"横向"业务面变"宽"，参与不同方式城市更新中涉及的房地产估价项目；另一方面是将"纵向"参与度变"深"，在传统估价服务的基础上扩展新型业务"蓝海"，为城市更新的各个阶段提供必要的咨询服务。

（一）社会稳定风险评估

以往项目评估，多是从经济、技术的角度论证可行性，没有从社会稳定的角度论证，易造成项目实施过程中维稳成本的增加。为了平稳、有序地推进重大项目工作，上海市制订了《关于建立重大事项社会稳定风险分析和评估机制的意见（试行）》（沪委办发〔2009〕16号）、《上海市重大决策社会稳定风险分析和评估实施方法（试行）》（沪委办发〔2009〕34号）。在与人民利益密切相关的重大决策、重点项目审批前，估价机构在前期可以接受政府委托，开展项目前期社会稳定风险评估工作。

我们知道重大项目实施过程中，最大的难题是施工用地困难，存在大量的补偿项目，尤以征收补偿项目居多。一般征收项目存在主要风险有：①征收补偿工作程序合法合规性方面引发的风险；②被征收人对于征收抵触心理引发的风险；③被征收人对房屋评估价值有异议引发的风险；④被征收人对补偿方案有异议引发的风险；⑤被征收人对产权调换房源有异议引发的风险；⑥被征收人不配合征收工作而引发的工期延误风险；⑦补偿价格与相邻地块不平衡引发的风险等。

由估价机构开展风险评估具有诸多优势，项目的主要风险因素的控制多数是估价机构擅长的专业领域。估价机构可以更容易采用定性与定量相结合、综合性与技术性相结合的方式，运用多种风险评估方法，估计各主要风险因素可能发生风险的概率、影响程度，分析评判项目的初始风险等级，研究风险防范化解措施，并根据决策事项的实施进程、受影响的相关利益方所提出的诉求及反对程度，进行动态跟踪评估。

（二）房屋征收类估价、咨询

以政府主导的旧区改造，估价机构不仅可以参与被征收房屋的评估工作，还可以积极参与小到前期"两清"资料的收集、现状摸底调查、确权，大到参与顶层征补方案设计、参谋政府重大决策、全局谋划重点项目、全程组织推进实施等工作中。估价机构不应将眼光仅仅局限于"被征收房屋评估"这一个环节，而应该向上游、下游进行拓展。

深圳的估价机构在这方面已经拥有了丰富的经验，形成了"评估督导""咨询顾问"的服务理念，值得业界学习。比如深圳格衡评估咨询公司所倡导的"麦肯锡"式品质化服务。

估价机构凭借丰富的实践操作经验、前瞻的政策理论研究优势，积极参与到顶层征补方案设计，这是高质量估价服务的最好呈现。估价机构以估价技术为支点，结合在政策、技术、经济、资源等方面的积累，形成"智囊团"，为政府提供更高层面、更宏观的策略谋划及参考，为征收项目提供全程咨询管理及谈判顾问服务，树立独立、客观、公正的公信力，在政策允许的范围内实现业务全面覆盖。

（三）产业升级转型估价

根据上海市新一轮土地管理要求，按照"总量锁定、增量递减、存量优化、流量增效、质量提高"新策略，上海陆续出台了《关于规划土地政策支持高新技术产业化，促进经济发展方式转变和产业结构调整若干意见部分操作口径的通知》（沪规土资综〔2010〕952号）、《关于增设研发总部类用地相关工作的试点意见》（沪规土资地〔2013〕153号）、《上海市城市更新实施办法》（沪府发〔2015〕20号）、《关于本市盘活存量工业用地的实施办法》（沪府办〔2016〕22号）等相关文件，为闲置、低效工业用地调整、升级提供了具体操作办法。

在这一过程中，除了传统的存量补地价或扩大用地补地价的土地评估业务，估价机构还可以作为政府或企业的参谋，按照零星地块存量补地价还是城市更新项目整体开发、按照原出让合同剩余年期还是重新起算出让年期等，按照转型升级的不同用途、不同方案，给出专业意见，充分发挥估价机构在新政策的技术理解、深度、执行沟通口径上的优势，结合市场地价趋势、企业资金占用情况，分析采用不同改造途径的利弊，为委托方决策提供参考。

（四）旧住房成套改造估价

根据《上海市旧住房综合改造管理办法》（沪府发〔2015〕3号），旧住房综合改造是指对城市规划予以保留、建筑结构较好但建筑标准较低的住房进行综合改造并完善配套设施的行为。

20世纪建造的旧里、新里、职工住宅等非成套房屋，其房屋质量和居住条件较差，一方面房屋结构不合理，厨卫合用，卫生环境和隔热效果差；另一方面房屋年久失修，墙面风化剥落，室内楼梯、走道损坏严重，设施陈旧、线路管道老化，存在安全隐患；此外小区环境"脏、乱、差"，配套设施不齐全，影响居民的正常生活。因此，在居民自愿的前提下，由政府出资扶持，通过旧住房成套改造，解决居民"如厕难、洗浴难、烧饭难"问题，改善居民的居住条件。

以上海市黄浦区对部分新里、旧里成套改造为例,通过对灶间、阁楼、亭子间、楼梯间等部位置换或"抽户",将原底层客堂、厢房、二层统楼等部位改造成拥有独立卫生、厨房的成套居住用房,这些部位经改造后将会产生居住面积的增加,需要评估的是使用面积上的使用权单价用于对增加的面积进行差价结算,故估价时价值内涵是公有房屋承租人在《上海市租赁居住公房凭证》中所记载的独用租赁部位的使用面积上的使用权单价。

目前关于房屋成套改造置换估价尚缺少相关的政策法规,也没有对应的估价技术规范,在实际操作上基本是参考征收估价的相关技术规范。在这一过程中,除了使用权价格评估业务,估价机构还可以作为政府的参谋,参与到顶层的置换方案设计中。

(五)历史保护建筑估价

历史保护建筑评估成为近年来估价机构的新兴业务。历史保护建筑评估相对于一般的估价对象而言,估价对象相对复杂,其自身的历史价值表现形式多种多样。以上海为例,有"新天地"中成片的旧里、新里,有外滩沿线的办公楼,还有众多名人故居、会议遗址。它们有些已经成为地标性建筑(如外滩沿线的办公楼),有些在地方政府试点支持下改变原证载用途(如"田字坊"内旧里、新里现在作为创意园经营使用),与一般房地产相比,历史保护建筑可替代性弱,通用性小,附加值高,变现能力差,且整体转让价值一般远高于分割转让价值。目前比较多的项目集中在各类经济活动中对历史保护建筑房地产市场价格的评估以及因违反《上海市历史文化风貌区和优秀历史建筑保护条例》而进行的建筑物重建成本评估。

此外,在一些风貌保护区域内,除一般经济活动中涉及的评估,还存在必须保留历史保护建筑地块的出让底价评估,根据上海市风貌保护项目的土地供应支持政策,经认定的历史风貌保护实施项目,所用土地可以按照保护更新模式,采取带方案招拍挂、定向挂牌、存量补地价等差别化土地供应方式,带保护保留建筑出让。在地价评估模型中可能涉及历史保护建筑的迁建、历史保护建筑的修复重建成本,在底价建议中可以将这部分费用作为代建工程费用予以扣除。

(六)"城中村"改造项目资金平衡评估

"城中村"改造牵涉多方利益,既要改善"城中村"居住环境,保障集体经济组织利益,同时引入社会资本与集体经济组织共同开发实现双赢。因此估价机构参与到资金平衡评估项目中,通过确定"城中村"改造成本及投资规模、核算土地收益,可以推进"城中村"改造项目工作的规范化、标准化;促进改造成本与资金平衡,使土地再开发利用健康有序发展。

根据2014年上海市政府发布的《关于本市开展"城中村"地块改造的实施意见》[9],明确提出"城中村"改造应"统筹兼顾、综合平衡","'城中村'地块改造以自我平衡为主,对部分成本收益无法平衡的地块,在符合城乡规划和土地利用规划的前提下,统筹考虑区域功能,适当给予政策支持,增强改造项目自身资金平衡能力"。由此可见,上海市政府对于"城中村"改造的资金平衡提出了一定的要求,并在政策口径上给予了支持。

"城中村"改造涉及一级改造成本与土地收益、一二级联动改造成本与土地收益的资金平衡。通过评估改造范围内的居、农民征收补偿、企业和工商户补偿、集体土地和资产补偿、征地劳力安置费及土地前期改造不可预见费和财务费用(如涉及引入基金,注意增加的财务成本),估算区域内土地一级开发的总成本;其他相关成本包括拆迁劳务费、评估费、拆房费、管线搬迁费等;土地出让收入扣除按国家、上海市规定上缴、计提部分及征地和拆迁补偿等相关成本外,剩余部分由区政府统筹用于"城中村"等旧改项目资金平衡及当地公建配套设施等项目建设，这部分即为"土地出让金返还"。

一级开发成本 = 直接征收成本 + 其他相关成本

一级盈利 = 土地出让金返还 − 一级开发成本

二级开发成本包含土地出让金、土地税费、房屋开发成本、公共配套设施建设费、基础设施费、代建工程费、管理费、财务费用、维修基金、物业质保金、税费、不可预见费等。

一二级联动盈利 = 土地出让金返还 + 销售收入 −（土地一级开发成本 + 二级开发成本）

相较于其他咨询机构或政府部门，估价机构进行"城中村"改造项目资金平衡评估优势明显，可以将传统的"局部"估价业务进行统筹、梳理，将"点""线"贯穿成全局，从专业的角度更好地平衡了政府与开发商、政府与村集体、开发商与村民之间的利益，最终实现村民得到实惠、村集体经济得到壮大、开发商得到利益、城市面貌得到改善的目的。

四、结语

城市更新视角下的房地产估价，业务更加多元化，估价机构参与到其中的业务模式也开始发生变化。笔者认为：

（1）以中心城市为主的"城市更新"，将给未来房地产市场带来重大的影响，将成为房地产市场未来十年乃至更长时间的下一个风口。城市更新是城市的又一次成长，也是参与其中业务的企业的又一次机遇与挑战。

（2）形式多样的改造开发模式，在不同阶段都有不同的估价、咨询需求。估价机构应利用专业优势，找到自身业务在城市更新中的核心价值点，从而发掘新的业务增长点。通过横向、纵向开拓，将局部点、线贯通，打造评估全链条服务。

（3）城市更新通过旧建筑更新、存量提升、功能改善，使城市功能结构得到更新，居民生活方式得到更新，城市发展理念得到更新。在估价服务的过程中，也应转换服务理念，从被动走向主动，从专业协助走向组织协同，与时俱进。

城市更新不仅仅是对空间利用效率的有效提高，同时也是对各种生态环境、文化环境、产业结构、功能业态、社会心理等软环境进行延续与更新。如何更好地让评估助力城市更新，让城市"优雅成长"，值得业界思考。

参考文献：

[1] 国土资源部.关于深入推进城镇低效用地再开发的指导意见（试行）[Z]，2016-11-11.

[2] 上海市委办公厅、市政府办公厅.关于建立重大事项社会稳定风险分析和评估机制的意见（试行）[Z]，2009.

[3] 上海市委办公厅、市政府办公厅.《上海市重大决策社会稳定风险分析和评估实施方法（试行）》[Z]，2009.

[4] 吴青，童款强.深圳拆迁中的"麦肯锡"式估价服务 [C]// 高质量发展阶段的估价服务：2018年中国房地产估价年会论文集.北京：中国城市出版社，2019.

[5] 上海市人民政府.上海市城市更新实施办法 [Z]，2015-05-15.

[6] 上海市规划和国土资源管理局.关于本市盘活存量工业用地的实施办法 [Z]，2016-03-25.

[7] 上海市住房保障和房屋管理局，上海市规划和国土资源管理局.上海市旧住房综合改造管理办法 [Z]，2015-01-12.

[8] 上海市人民代表大会常务委员会.上海市历史文化风貌区和优秀历史建筑保护条例[Z],2019-09-26.

[9] 上海市人民政府.关于本市开展"城中村"地块改造的实施意见[Z],2014-03-26.

作者联系方式

姓　　名：韩艳丽

单　　位：上海房地产估价师事务所有限公司

地　　址：上海市浦东新区南泉北路201号1005室

邮　　箱：48490388@qq.com

城市更新实践中的创新拓展和挑战

林 昕

摘 要：本文对城市更新概念之缘起、上海城市更新模式迭代和经典案例以及城市更新四大重点、未来设想展望，房地产估价机构在城市更新中涉及的估价咨询服务创新及其重点、难点进行了梳理和探讨，同时就房地产估价机构如何抓住拓展机遇应对挑战进行了分析，提出了对策。

关键词：城市更新；旧改留、改、拆并举；以保留保护为主；机构更新

上海城市更新现已从 20 世纪 90 年代起的"留、改、拆并举，以拆为主"的旧改模式逐渐提升为"留、改、拆并举，以保留保护为主"的城市有机更新模式。例如对市中心丑陋建筑物的改建、对历史优秀保护建筑的保留保护、对有价值的老房子进行修缮修复改造、对符合条件的商业用房和工业厂房改建为公共租赁住房等等，以使城市土地得到经济合理的再利用，使城市让生活更美好！

一、城市更新观念沿革

"城市更新"起源于 1949 年美国住宅法（The Housing Act of 1949）"城市再发展"（Urban Redevelopment），其目标为市中心区拆除重建，由联邦政府补助更新方案三分之二金额。实践中除极少数城市推进城市再发展有成就外，多数城市均因牵涉部门过多而不敢贸然尝试。因此美国城市更新政策已逐渐放弃市中心拆除重建而转向以邻里社区为实施目标。1954 年美国的住宅法法案中正式使用（Urban Renewal）"城市更新"这一名词，其主要内容是针对都市废旧区和颓废区进行住宅改造行动，其含义较"城市再发展"更积极、更具综合性。而后于发展过程中又逐渐加入"社区改善""示范城市"等元素，目标也由原来简单的住宅改造而慢慢融合社会福利、商业业态转型开发等内容。

1958 年 8 月，在荷兰召开的第一次城市更新研讨会上，对城市更新作了比较有权威的界定：对土地利用的形态或地域地区的改善、大规模都市计划的实施以形成舒适的生活与美丽的市容等活动，就是城市更新。

二、上海城市更新模式迭代及经典案例剖析

城市是一个不断经历新陈代谢过程的生命体，城市发展史同时也是城市更新史。上海城市更新第一阶段自 1843 年开埠至中华人民共和国成立期间，主要由外来殖民者主导，进行了类似于西方近代化的城市建设，改变了上海部分区域建筑的农耕风貌。原南市、原闸北和

虹口、杨浦等区大量已拆未拆的石库门、广式石库门老房旧屋大多是该阶段中后期的作品。第二阶段是中华人民共和国成立至20世纪90年代，该阶段城市更新以基础设施建设、居民住房改造为主。例如在棚户区旧址上建造的普陀区两万户小梁薄板多层新工房和原闸北区彭浦新村的大量多层新工房。第三阶段从90年代至今。该阶段前期仍主打"旧城改造"，大拆大建，例如浦东大开发、市区工业外迁、市中心人口外迁等；城市更新主要体现在旧工业区、旧商业街、旧居民区的改造和升级，以及浦东新区的改造建设等。大拆大建模式下比较典型项目有90年代早期从棚屋危房密集里弄狭窄曲折的"斜三基地"上拔地而起的海华花园海丽花园、90年代后期由街道小厂废弃仓库和石库门人家变身为创意店铺与里弄居民和谐共居的田子坊、太平桥石库门更新之新天地项目和由普陀区闻名遐迩的"两湾一宅"棚户区改造而成的超级小区中远两湾城等等。

与此同时，上海也在探索城市更新的其他途径。新福康里是90年代后期一处没有被列为历史保护区却蕴含丰富上海居住地域特色的静安区一个旧改项目和政府实施试点工程，改造原则是"就地改造，原地回搬，保持原有里弄风貌，提高人民居住水平"和"以居住建筑为主，商业服务设施配套为辅"。项目设计保留和发展了原基地内上海里弄的居住特点，保持了老城区的城市文脉和肌理。这种具有持续生命力的有机更新案例，对于今天提升城市能级和核心竞争力具有很大的借鉴意义。还有黄浦区思南公馆的成片保留保护案例，通过严谨的历史研究和价值判断、科学的保护规划、专业的历史建筑修缮和积极的活化利用等，使得原来衰败的历史区域变身为上海的一个新文化地标空间，获得了社会、经济、文化和环境效益。这些得以保留保护下来的海派石库门特色和历史文化环境因素，对所在小区房地产租售价值的提升作用，则非常值得房地产估价机构剖析和研究。

大拆大建的旧改模式在新世纪初逐渐走到了尽头。2015年5月上海市府发布《上海市城市更新实施办法》。2016年5月上海推出城市更新四项行动计划："共享社区计划""创新园区计划""魅力风貌计划"和"休闲网络计划"。2017年11月上海市府办公厅发布《关于坚持留改拆并举深化城市有机更新，进一步改善市民群众居住条件的若干意见》。2018年1月上海公布已获国务院批复的《上海市城市总体规划（2017～2035年）》，其确定的愿景是：至2035年基本建成具有世界影响力的国际卓越城市。

回顾城市更新模式迭代，可见其中有着从福利主义经由经济增长模式走向综合价值取向的时代背景（表1）。

城市更新模式迭代　　　　　　表1

模式	福利主义	经济增长取向	综合价值取向
参与主体	政府主导	政府与开发商合作	政府、开发商、社区
更新特征	1. 物质更新； 2. 关注城市效率。	1. 物质更新为主； 2. 以经济利益驱动。	1. 全面更新； 2. 综合考虑社会价值、各方利益及可持续发展； 3. 围绕城市职能发展。
模式特征	简单粗放单一	经济利益至上	社区参与

三、城市有机更新是未来上海建成全球卓越城市的唯一选择

随着近年来城镇化率快速飙升，一线二线城市发展的重点已然进入以存量资产的优化与

改造为主的有机更新期。

2010年全市规划曾提出2020年全市建设用地规模将控制在3226平方千米以内，而2013年统计数据显示已达3020平方千米，这意味着当时至未来十年，上海建设用地增量甚至需要缩减。另一方面，根据市人口总体规划，2040年常住人口将控制在2500万，而目前上海常住人口已达到2415万。

面临土地和人口双控压力的上海，未来要建成全球卓越城市，唯有走渐进、可持续的城市有机更新道路，才能够获得更多的发展空间和公共交流空间。可以说，2017~2035年城市更新总体规划是基于应对土地和人口双控压力下的上海城市发展战略决策。

根据总体规划要求，上海城市更新重点在四个方面：工业用地、老旧住宅区、历史文化风貌区和商业商务区。从规模上看，工业用地更新空间最为可观；从综合效益考虑，老旧住宅区如新福康里项目等改造影响更为深远。工业方面，"104工业园区"产业升级、"195集建区"发展现代服务业以及"198区域"减量化操作；风貌区和商务区及老旧小区改造、微改造和征收、收储一条龙事务中蕴涵的前端及后端新估价需求是重点难点，也是房地产估价机构当前及未来相当长时间内主要业务来源之一。城市更新模式迭代在减缩不少传统估价业务的同时，也提供或链接了不少城市有机更新的新业务、新路径。

四、城市更新实践中的创新拓展

创新拓展机遇主要包括两类估价业务：一类是传统业务的延伸扩展，另一类是城市更新自身内涵的业务，其中包括创新和对新行业、新领域的业务链接。

（一）传统业务的延伸扩展

城市更新模式迭代减缩和可能减缩的房地产估价咨询传统业务主要是征收、收储业务和个贷及司法执行类项目等。而城市更新模式迭代中蕴涵的拓展机遇首先是上述征收、收储业务的扩展或延伸，如老旧小区征收、收储项目预评估，项目前端如被征收、收储人员家庭状况调查、拆迁谈判、公共设施安排和拆迁补偿项目预算、补偿方案编制等可行性类研究及具体实务操作，项目后端如征收拆迁盈亏分析和审计等事项。能一条龙完成征收、收储业务的估价机构，不但执业范围得到了明显拓宽，机构跨行、跨界执业能力也都会有显著提升，显然创新也在其中。

（二）城市更新自身内涵或链接的新型业务

（1）上海现有工业用地面积逾1000平方千米，若工业用地转型更新以3.0容积率计，更新建筑面积可达约9000万平方米。其中必然蕴含着许多不同于传统的工业房地产估价业务，有待于房地产估价机构去争取、探索和创新。

（2）目前上海市中心城仍有旧式里弄和简屋共约1216万平方米；主要集中在黄浦、虹口等区的黄浦江沿岸、南北高架以东地区。旧里和简屋的容积率一般低于1，设更新后容积率为3.0，则更新后建筑面积逾3600万平方米。此外，上海城中村占地约68.95平方千米，共涉及12个区，总建筑面积约1164万平方米。其中肯定也会有类似新福康里这种在社区有机更新中所包含的创新拓展项目。

（3）历史文化风貌区是指历史建筑集中成片，建筑样式、空间格局和街区景观较完整地体现上海某一历史时期地域文化特点的地区。目前上海已确定了44片历史文化风貌区，其中中心城区12片27平方千米，郊区及浦东新区32片14平方千米，并分别制订了保护规划指导地区建设。

（4）商业区是指城市中零售商业聚集、交易频繁的地区。商业区一般在大城市中心、交通路口、繁华街道两侧、大型公共设施周围等。目前上海比较著名的商务区主要有南京西路、淮海中路、徐家汇、人民广场、陆家嘴、五角场、虹桥等等。此外，除了2017年复审入选的新天地、豫园老街、昌里路休闲街、绍兴路文化街、南翔老街等40个特色商业街区以外，还有2017年新认定的田子坊、思南公馆、1933老场坊等25个特色商业街区。

历史文化风貌区和商务区的更新改造所涉及的房地产估价咨询项目，一般由政府牵头、社区参与、开发商主导。如前述静安区新福康里和黄浦区思南公馆、田子坊项目。另一方面，上海在20世纪初就是远东国际大都市，现今被列为国家级、市级或区级的历史保护建筑往往都是具有异国风情或特征的建筑群，如外滩堪称"万国建筑博览汇"，如由匈牙利著名设计师邬达克设计的铜仁路333号远东第一豪宅绿房子、远东第一高楼国际饭店、大光明电影院和百乐门舞厅等等系列建筑物。

另从CRIC对关注度、更新度、创新力三个维度，测评新世纪迄今比较有影响力的上海十大城市更新项目，见表2：

上海十大城市更新项目　　　　　　　　　　　表2

序号	项目名称	前用途	现用途	关注度	更新度	创新力
1	K11	商务楼	博物馆零售购物中心	5	4.5	5
2	华侨城苏河湾	仓库厂房	商业综合体	4	4.5	4.5
3	红坊	创意园区	商业综合体	4	4	4
4	五角场	大型商圈	大型商圈	5	3.5	3.5
5	800秀	电机厂房	综合性创意产业园区	3.5	4.5	4
6	第一八佰伴	合资零售	新零售购物中心	4	3.5	3.5
7	和平饭店	五星酒店	世界顶级经典酒店	5	3	2.5
8	幸福里	科研用房	综合性创意产业园区	3.5	4	3
9	8号桥	老厂房	时尚创意园区	3	4	3.5
10	申报馆	申报馆旧址	新金融集聚办公空间	4.5	2.5	5

任一更新项目往往都可能会涉及不同层级的历史保护建筑，因此估价机构除了要面临相关政策和估价规范的双重规范和约束以外，在"留、改、拆并举，以保留保护为主"的城市有机更新框架下，还要对蕴涵在不同级别的保护建筑中的历史文化积淀和所涉及的人文类、文物类价值作出判断，房地产估价机构必须在专业性多面性方面有所突破，才有望取得进入相关业务领域的通行证。即在专业层面回答诸如国家级或市级或区级保护建筑的"壳资源"如何作价、现今已绝迹的建筑工艺、建筑材料怎样合理估值等问题。这是社会、经济、文化和环境效益最大的拓展机遇，也是专业、技术、理论和操作层面难度最大的挑战。

五、行业机构如何应对城市更新拓展机遇中的挑战

对行业而言，城市更新的蛋糕很大，其实践中蕴含的创新拓展机遇也很多。对机构而言，蛋糕能否取得、机遇能否抓住、挑战能否妥善应对，取决于机构的不同观念或战略及其

执行力。简单说就是抓好取得入门券、练好内功、引进人才三件事。

要抓住城市更新实践中的创新拓展机遇，首先必须更新观念，积极争取参与到城市更新实践中去。要主动与相关部门联系接洽沟通，以取得参与入场券。世界在变化，固守传统业务不思进取没有出路。因为传统业务在萎缩，新的估价需求在产生，各行业在进行新的震荡整合，迅猛发展的人工智能将逐步取代今天无以计数的中低端传统估价业务，明天需要能够完成新的估价需求的新估价机构，要想在变幻莫测的未来市场中存活下来，房地产估价机构在固守传统业务的同时，必须走出原有业务领域，去拓展开阔房地产估价的执业范围。城市更新模式迭代，机构必须随之变更攻略，要主动积极参与到征收、收储的前端、后端业务中去，因为其中蕴含着行业和机构的机遇。走出去或许面对的就是一片蓝海。

城市更新模式迭代压缩减少了房地产估价机构传统业务如征收、收储方面的容量和数量，人工智能已经或将要圈占房估传统业务的大块、超大块业务（如个贷和司法执行类项目等）。房地产估价机构相当部分房估师都非土建专业出身，在人文、历史、文物等专业方面也较少涉及，在拓宽执业范围的路途上这些问题都必然会在不同时机对机构的专业性、多面性提出挑战。行业和机构只有及早在城市更新可能涉及的，比如对凝聚于建筑物中的人文、历史积淀价值和不同级别保护建筑的建材、工艺诸方面，潜心学习研究或引进相关人才，以求尽早突破相关人文、专业、技术方面的瓶颈。一句话，练好内功。否则就会出现好不容易才争取到的业务，却因为不专业而得而复失。

城市更新实践中的创新拓展，大多伴随着主营业务多元和业务链的扩展延伸及开拓，其中人才缺乏必然是最大的挑战。机构必须以更开放的心态来应对拓展机遇中所面临的新专业人才不足的挑战和困境。对此房地产估价机构至少可以有自主培养和对外招聘两条路径。

1. 自主培养，发掘人才

房地产估价机构藏龙卧虎，有不少颇具前瞻意识、兼具相关行业职业资格、具有3证、4证或5证，能够跨行、跨界执业的人才，可以解决部分新的业务。机构还可以鼓励倡导机构成员积极参加相关新专业的执业资格考试，或者定向委培、合作委培以取得进入某些有门槛行业的通行证。

2. 社会招聘，吸纳人才

房地产估价机构内部人才不能满足要求的，可以面向社会招聘专业人士来完成。这种招聘可以是招入公司委以专任，也可以是跨界跨行的不同方式、不同程度、不同时间长度的合作。

人才缺乏是创新拓展面临的最大挑战。只有应对好人才缺乏的挑战，才有望在城市更新实践中获得有效创新拓展。同时，我们必须在上述实践中完成行业机构自身的更新、改造和转型，最终打造出一个业务来源多元、不同专业人才集聚、能够在未来激烈竞争中顺应城市有机更新、创新拓展路径、砥砺前行的行业和机构！

作者联系方式

姓　　名：林　昕

单　　位：上海富申房地产评估有限公司

地　　址：上海市徐汇区瑞金南路438号4楼

邮　　箱：18917970513@163.com

深圳城市更新前期阶段各节点项目价值初探

陈邵萍

摘　要：城市更新不仅带动了市场的活跃，同时催生了存量物业（包括城中村和旧工业区物业）的交易市场，城市更新项目的换手率也非常频繁。市场上开发商或者一些前期公司由于资金链或其他原因，在城市更新项目前期即将现有项目寻求合作方或者转让，便需要评估机构进行项目现状价值的咨询评估。本文从城市更新项目在前期各个关键节点的价值重要性出发，探讨此类项目的评估思路。

关键词：城市更新；前期阶段；价值评估

深圳的城市更新以2009年颁布的《深圳市城市更新办法》为标志，至今已走过了10多年的时间。城市更新制度作为制度创新，对推动城市发展和土地的集约节约利用发挥了重要作用。近3年以来，城市更新的市场逐渐趋于成熟和冷静，城市更新制度也发生了根本性的调整。2016年全面强区放权、2017年启动政府主导的棚改、2018年修订土地整备利益统筹制度，深圳存量土地开发市场形成了城市更新、棚改和土地整备利益统筹三驾马车并驾齐驱的格局，城市更新走到了新的十字路口。

在经历10年快速发展后，城市更新制度日趋完善，但在实施过程中也遇到了重重困难。据统计，截至2019年7月，深圳已列入城市更新计划项目近800个，其中已获得城市更新专规批复的项目约60%，完成实施主体确认公示的项目约37%，但真正进入开发阶段的项目仅仅占15%左右，大多数项目都未进入开发建设阶段，实现交付使用的项目则更少。城市更新不仅带动了市场的活跃，同时催生了存量物业（包括城中村和旧工业区物业）的交易市场，城市更新项目的换手率也非常频繁。市场上开发商或者一些前期公司由于资金链或其他原因，在城市更新项目前期即将现有项目寻求合作方或者转让，便需要评估机构进行项目现状价值的咨询评估。

城市更新因周期长，又涉及政府、开发商、被拆迁人等多方利益，且不同的利益主体有着各自的诉求，由此需要独立的第三方机构对各方的诉求进行客观评价，达到平衡各方利益的目的。房地产估价机构在相关项目价值分析、经济可行性分析、政策理解等方面具有专业优势，因此随着深圳城市更新的推进，房地产估价机构逐步扮演起城市更新专业咨询服务者的角色，为各利益相关方提供相应专业服务。

城市更新项目前期价值评估由于各节点价值难以量化，因此一直以来在业内并没有统一的测算方法，在此笔者通过对操作过的项目实例进行分析，力求探寻出相对合理的评估思路，供大家探讨。

一、城市更新的一般流程

从图 1 深圳城市更新主要流程来看，我们将拆除重建类城市更新项目前期阶段界定标准为确认实施主体之前阶段（含确认实施主体阶段）。具体来讲，主要包括前期信息权属核查、更新意愿征集、计划及立项申报审批、专项规划审批、拆迁补偿谈判、确认实施主体这几个方面。

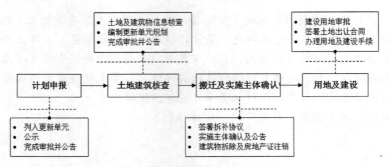

图 1　深圳城市更新主要流程

截至 2019 年 7 月在全市 790 个计划立项项目中，专项规划获批的项目 465 个，通过率 58.8%；实施主体确认（含分期开发仅确认一期的）项目 295 个，占全部项目的 37.3%。而在获批专项规划的项目中，成功实施的项目比例近 70%。鉴于当前市场情况，有相当一部分的城市更新项目还处于前期阶段工作，若在此阶段进行市场交易寻求合作方或者受让方，那么项目处于不同的阶段节点便存在不同的项目价值，需要估计机构按项目和市场实际情况进行咨询评估。

根据城市更新流程，我们确定了如下几个关键节点：

计划立项：政府会对所有申请城市更新的项目进行审批，通过审批的项目会在市规土委官网公示。成功立项说明了一个新的城市更新项目的诞生。

专项规划审批：专项规划是一个项目未来如何建设的蓝图。项目未来的建设用地面积、容积率、建筑类型等指标均由专项规划确定。

实施主体确认：城市更新的前提是拆迁。与项目范围内所有业主签订了《拆迁补偿合同》是成功拆迁的标志。政府会将项目未来的开发权确认给成功拆迁的企业，即实施主体。

土地获取：在缴纳土地价款后，政府会将土地协议出让给实施主体。允许土地的协议出让是深圳城市更新的重大政策优势，其他很多城市在拆迁完成后一般会将土地进行招拍挂。

二、项目价值定义

我们以城市更新中的拆除重建类项目为研究对象进行项目价值评估分析。

由于拆除重建类项目均位于建成区，因此用地现状属于毛地，即为尚未经过拆迁安置补偿等土地开发过程、不具备基本建设条件的土地。因此拆迁重建类更新项目前期现状价值属于毛地价，在更新项目现状价值评估时，需根据其开发程度、所处的开发节点进行修正，或扣减拆迁安置补偿等土地开发费用。

此类项目评估思路一般如下：

根据价值相等的原理，无论以何种方式获取土地，其在相同规划指标条件下的价值是相等的，则从市场上获取一宗"五通一平"土地的价值，毛地经城市更新后项目土地的市场价值与其是相等的。

毛地使用权价值 + 拆迁成本 + 应补政策地价 = 国有土地在更新规划条件下熟地价

从市场上获取一宗"五通一平"土地的价值通过假设开发法求取，城市更新项目土地的价值通过成本法求取，利用两者价值相等原则，求取在城市更新规划条件下的毛地价值。

国有土地在更新规划条件下熟地价 = 项目开发价值 − 项目开发成本 − 管理费用 − 销售费用 − 投资利息 − 销售税费 − 开发利润

毛地使用权价值主要计算公式为：

毛地使用权价值 = 国有土地在更新规划条件下熟地价 − 拆迁成本 − 应补政策地价

三、评估实例分析

（一）福田区××村片区城市更新单元项目前期阶段项目价值评估

评估目的：为委托方了解××村片区城市更新单元项目前期阶段项目价值提供参考依据。

项目分析：项目现处于意愿征集阶段，且意愿征集尚未达到100%；同时，本项目在进行申报立项，属于拆除重建类城市更新项目前期阶段中的计划立项节点。现委托方需了解本项目处于申报立项阶段的项目价值。根据调查周边同类型项目的容积率，我们判断委托方拟申报的15的容积率获批可能性非常小，且和委托方沟通之后，按容积率为8进行测算。另委托方介绍其进驻本项目已达5年，且5年时间里一直投入项目的前期工作，并已投入了资金1.27亿元。

在评估过程中，我们认为：项目前期的投资，可以按成本利润测算归委托方所有。

评估思路：首先采用假设开发法求取本项目位于前期阶段的项目价值，然后根据申报立项阶段于前期阶段的占比求取相应价值。同时也因委托方于申报立项阶段已投入了一定的资金成本，可采用成本法计算其成本利润。最终针对两部分的测算结果取权重值得出本项目处于申报立项阶段的项目价值。

评估方法：假设开发法、成本法。

评估结果：本项目于申报立项阶段的项目价值 = 假设开发法测算结果 × 权重值 + 成本法测算结果 × 权重值。

（二）福田区××村片区城市更新单元项目在设定的规划经济技术指标条件下于三个节点的市场价值评估

项目简介：本项目属于拆除重建类城市更新项目，更新范围共有12块土地，土地面积合计为94545.2平方米，现状建筑面积约105305平方米。其中9块宗地权属来源均为国有已出让用地，3块宗地权属来源均为国有未出让用地。项目正处于意愿征集和申报立项阶段，未申请专项规划，查询法定图则，该片区更新后用地性质为商业性办公用地 + 二类居住用地。根据委托方提供的初步规划指标，本项目初步规划容积率为15，计容建筑面积为1025000平方米（其中居住建筑面积250000平方米（含保障房），商业建筑面积195000平方米，办公建筑面积400000平方米，商务公寓建筑面积180000平方米）。

咨询目的：为委托方了解××村片区城市更新单元项目在完成立项、确认实施主体和开发完成三个节点的项目价值提供参考依据。

项目分析：因本项目现在还处于意愿征集阶段，而且意愿征集尚未达到100%，同时本项目也正在进行申报立项，属于拆除重建类城市更新项目前期阶段中的一个阶段。委托方需了解本项目顺利进行开发完成后的整体项目价值、项目获得立项审批节点的项目价值、项目确认实施主体后的项目价值。同时委托方要求以拟申报的15的容积率进行咨询评估。

在评估过程中，我们做如下考虑：本项目顺利开发完成后的整体项目价值体现在本项目毛地在城市更新设定条件下的增值部分和开发完成后的房屋进行租赁或销售带来的利润；项目到达确认实施主体这一阶段，表明整个项目的进度已经超过一半；立项审批属于在实施主体确认前的阶段，但之后的拆迁谈判才是前期阶段的最重要部分。

咨询评估思路：首先采用假设开发法求取本项目在城市更新设定的规划经济技术指标前提条件下的毛地市场价值，然后通过加上本项目开发利润得到整个项目的价值。之后按照项目确认实施主体于整个项目的占比、项目获得立项审批于确认实施主体的占比最终分别计算出其价值。

咨询评估方法：假设开发法。

咨询评估结果：本项目顺利开发完成后的整体项目价值 = 毛地价值 + 开发利润；

项目处于确认实施主体节点的项目价值 = 整体项目价值 × 权重值；

项目处于立项审批节点的项目价值 = 项目处于确认实施主体节点的项目价值 × 权重值。

通过以上两个评估实例的分析，我们认为在城市更新项目前期阶段应根据不同项目的实际情况采用合理的思路、方法对项目现状价值进行评估。

四、城市更新前期阶段各关键节点价值分析

城市更新项目前期阶段一般包括前期权属信息核查、更新意愿征集、申报立项审批、专项规划审批、拆迁谈判、确认实施主体这几个关键节点。项目处于不同的时间节点具有不同的项目价值。

在项目确认实施主体后，土地再经过拆迁及补交地价、签出让合同，即可列入熟地范畴，因此我们认为，在城市更新项目前期的前期权属信息核查、更新意愿征集、申报立项审批、专项规划审批、拆迁谈判、确认实施主体这几个阶段，项目现状价值可以利用该节点工作量及投入等在整个前期阶段的占比结合毛地价值进行界定。

据统计，一个完整的城市更新项目平均周期5～8年。其中，从列入计划到规划批复的平均审批周期需1.73年（较易审批项目）；从规划批复到实施主体确认的平均审批周期则需2.16年；从实施主体确认到拿地的平均周期则需1年。

截至2019年7月在全市790个计划立项项目中，专项规划获批的项目465个，通过率58.8%；实施主体确认（含分期开发仅确认一期的）项目295个，占全部项目的37.3%。而在获批专项规划的项目中，成功实施的项目比例近70%。

基于以上，我们发现：通过统计数据发现，成功取得专项规划审批后项目成功推进的可能性大大提升，因此我们认为城市更新项目推进的核心和关键点在于拆迁，拆迁工作的顺利推进是项目成功的关键所在，而谈判签约则是整个拆迁工作过程中的重点和难点环节。

五、初步研究结论

我们通过市场调查及咨询相关行业专业人士,并根据各节点的投入、工作量、平均用时及重要性等因素得出前期阶段各节点价值占比情况如下:

(一)前期权属信息核查

该阶段一般为城市更新项目的开始阶段,在前期阶段中的占比一般不是很高,初步应该为5%~10%。

(二)更新意愿征集

该阶段是在前期权属信息核查的前提下才开展的,该阶段需要和被拆迁方进行洽谈和开展宣传等,在前期阶段中的占比一般在10%~20%。

(三)申报立项审批

该阶段是在完成前期权属信息核查、更新意愿征集以及规划指标的设计等工作的前提下才开展的,该阶段需要对接政府部门、设计部门等相关单位,因此在前期阶段中的占比一般在20%~30%。

(四)专项规划审批阶段

该阶段是在完成前期权属信息核查、更新意愿征集、申报立项审批等工作的前提下才开展的,该阶段是确定整个项目的基本依据,也是确认拆迁补偿的依据及谈判底线的基础。该阶段需要就项目的规划指标审批与政府各相关部门进行大量沟通工作,因此在前期阶段中的占比一般在30%~60%。

(五)拆迁谈判阶段

该阶段是在完成申报立项审批、规划指标审批、编制补偿方案等工作的前提下才开展的,该阶段需要和被拆迁方面对面谈判,所花费的时间、人力、物力都很大,因此在前期阶段中的占比一般在60%~90%。

(六)确认实施主体阶段

该阶段是在完成拆迁谈判等工作的前提下才开展的,确认了实施主体相当于整个项目可以按照程序运作下去,因此在前期阶段中的占比一般在90%~100%。

城市更新项目各阶段节点价值难以量化,需要我们在工作中不断分析和总结。以上评估思路及价值占比仅为个人经验,供大家探讨。

作者联系方式

姓　　名:陈邵萍

单　　位:深圳市新永基土地房地产评估顾问有限公司

地　　址:深圳市福田区滨河路与彩田路交会处联合广场A栋A3008

邮　　箱:249048963@qq.com

浅论估价机构在城市更新中的业务实践

张伟龄

摘　要：以政策引领高速增长了二十多年的中国房地产已进入政策红利衰退期，估价机构业务增长遭遇瓶颈——专业门槛低，同业低价竞争，大数据平台冲击导致司法鉴定业务数量减少；经济增速趋缓、信贷政策谨慎，导致金融服务业务数量下滑；城市更新由增量进入存量时代，征收拆迁评估业务回款周期拉长。业务量少收费低，估价机构生存现状堪忧，如何寻求新业务的机会增长点？到底要做大做强还是做专做精，才能有所增长？本文探索房地产估价机构通过挖掘业务增长潜力，为推动城市更新发挥专业力量的积极作用。

关键词：房地产估价；城市更新；工程咨询；资产管理

一、经济转型期估价机构的业务增长难题

（一）政策红利衰退，企业如何维持增长

中国房地产估价机构从最早有注册房地产估价师开始已历经二十多年，这正是中国房地产行业腾飞的二十多年，我们赶上了好时光，在时代的洪流里我们创造过属于自己的价值。而今 GDP 增速放缓，这个吃政策红利饭的行业正面临着经济转型期来自整个行业发展的拷问：第三方服务业房地产估价机构如何寻求新业务的机会增长点？

我所在的房地产评估公司成立于 2002 年，正是整个中国房地产行业迈入高速成长期之初，借力于大趋势，公司很快在征收拆迁评估业务中打出自己的口碑，十多年来迅速成长为云南省房地产评估机构的一支中坚力量，2018 年成为云南省房协副会长理事单位，为推动行业发展承担着自己的一份责任。最近两年也面临着行业发展的共同痛点：同业低价竞争激烈，金融机构由于信贷谨慎导致业务量萎缩，原来占主导地位的司法鉴定业务被大数据分流，城市更新速度放缓导致工作和回款周期拉长。经济增速放缓，企业如何能维持增长，是摆在每一位企业带头人面前的难题。

做企业总喜欢说要做大做强，民企资源人才条件有限，能一门专精做好已属不易，从何做大缘何做强？我们的业务发展方向到底是要做大做强还是做专做精，才能有所增长？

（二）寻找企业增长不变的要素

我想，对一个行业一定要敬畏，一定要研究本质，一定要去寻找自己作为从业者能创造什么价值。以房地产第三方服务提供者角度研究房地产，就一定要研究消费者、研究资本、研究系统和价值。因此，我给自己定了一个目标：一定要创造条件使别人对你有所需要。体现在两个方面：为客户创造一个经济价值；为资产和资本创造一个增值未来。落实到工作中就是两个价值：一是为客户需求创造的价值；二是为资产本身创造价值。把这两个价值做了

之后,别人需要你,自然有护城河,自然就有未来。

亚马逊创始人贝索斯说:"我经常被问到一个问题:'未来十年,会有什么样的变化?'但我很少被问到:'未来十年,什么是不变的?'我认为第二个问题比第一个问题更重要,因为你需要将你的战略建立在不变的事物上。"于是亚马逊20年,把战略建立在不变的事物上:提供无限的选择、顶级的购物体验和最低的价格。

由此我们需要思考:房地产估价业务开展这20年有哪些要素是不变的呢?

我的答案是:产品力。

以城市更新中的拆除重建类评估业务为例,我们熟悉政策、掌握当地房地产市场状况、出具房产和土地评估报告的能力已成熟,具备经济测算的能力,因此从征收拆迁房地产评估和土地评估报告拓展到土地整理开发的经济测算报告就可以顺理成章,再从在建项目的房地产评估报告拓展到建设项目可行性研究报告。能力圈逐层放大,业务量才能增长,就这样通过外延拓展工作能力打造新业务产品力,进而形成了我们的工程咨询业务板块。如图1所示:

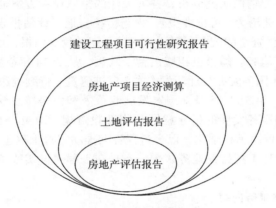

图1 工程咨询业务板块图

(三)城市更新分类

中国城市现在发展得更有活力,商业有大CBD、新商业模式、联合办公空间,住宅有刚需、改善、投资多层级选择,中国房地产业正在走向"低端有保障,中端有选择、高端放飞自我"的新时代产业格局。房子多了,就面临运营管理问题,由此派生出城市更新中的综合整治类业务。同时,很多20世纪中后期建盖的老居住小区面临停车难、道路拥堵、户型差、雨天下水道漫灌、冬天太阳能管爆裂、片区绿化和文体设施欠缺等难题,这就是"人民群众日益增长的物质文化需求和美好生活需要不平衡不充分发展的矛盾"。因此,城市更新包括了综合整治和拆除重建两个大类,经由产品力视角切入,我们在拆除重建类旧城改造业务中拓展出工程咨询业务板块,在综合整治类业务中拓展出资产管理业务板块。

二、工程咨询业务——全产业链端服务

(一)最小可行性产品验证试错

针对拆除重建类业务,我们在保有原主流征收评估业务的同时,能力升维开拓另一个战场,从原主营业务主流用户的主流需求入手,在征收拆迁估价过程中寻找潜在需求,从

一个拆除重建类项目的经济测算切入，围绕拆迁成本、旧城改造成本、新建规划指标成本，主动寻求产品提升，测算土地成本和预期投资回报，在工程咨询业务中用 Minimum Viable Product ——最小可行性产品试错，以最快时间完成一至两个项目的短期闭环实践验证后，定位后续产品方向从征地拆迁前的项目投资研判分析开始，为制定征收拆迁方案提供测算依据；为土地整理开发提供决策依据；为调整规划建设方案提供经济分析；为项目建设过程中目标成本变动时同步对标预期投资回报进行跟踪测算分析，作为实施精准工程项目管理的依据；为运营管理提供项目建设环节中的过程跟踪数据服务；为房地产企业提供全过程投资管控集团化流程再造。经年累月，这样的产品服务方向能形成项目和产业的数据库，融入新时代新经济中。正如复星国际董事长郭广昌所言："做对的事、做难的事、做需要时间积累的事。"

以前工程咨询企业主要依托于设计院生存，产品主流方向是为取得建设项目立项批复而做可行性研究报告，在中国房地产行业高速成长期，此类型报告以围绕规划设计方案为主、项目社会经济环境效益为辅做研究分析，各方关注的是以设计方案通过规划审批为核心要务，可行性研究报告逐渐沦为"可批性报告"，与传统房地产评估报告一样变得模板化、低价值化。现在市场更关注资金的流向、财税收入和预期的投资回报，所以针对投资管控为目标的工程咨询业务成为趋势。国家也相应出台了政策，从 2014 年鼓励开展 PPP 模式开始，再转战 EPC，到 2017 年国务院办公厅印发《关于促进建筑业持续健康发展的意见》（国办发〔2017〕19 号）后，2019 年 3 月 15 日，国家发展改革委和住房城乡建设部共同发布了《关于推进全过程工程咨询服务发展的指导意见》（发改投资规〔2019〕515 号），建议"以投资决策综合性咨询促进投资决策科学化，以全过程咨询推动完善工程建设组织模式"，鼓励开展项目全生命周期全过程工程咨询业务，无一不是在工程建设实践领域做提质增效的探索与引导。

（二）定位工程咨询服务内容

我们经过主动提升产品力和市场选择，发现工程咨询类业务主要服务于以下方向：

（1）可以充分发挥政府的控制和导向作用，合理引导投资方向和土地利用方式。

（2）为城市规划、土地利用总体规划、供地计划等制订提供依据，进而达到合理配置城市土地，最大限度地发挥土地的经济、社会、环境综合效益。

（3）为政府土地招标、拍卖与收购储备提供实施方案依据。

（4）为城市规划建设服务。城市规划的核心是搞好城市布局，合理利用土地。建设项目可行性研究通过对城市布局、合理用地、项目规划指标的经济反映，以社会效益、环境效益、经济效益的合理发展，对城市规划产生引导作用。

（5）为投资人服务。就城市更新中的投资判断而言，旧城改造与新城建设之间的选择主要考量标准在于成本与回报，选择新城是以更便宜的成本去投资一个更有成长空间的未来。而靠什么来实现回报？这可能又是工程咨询服务提供者向细分市场进阶的下一个护城河级产品：在项目策划阶段就注入资产运营管理方案，在投资决策阶段引入全过程成本管控第三方服务者，在规划设计阶段与运营商签订战略合作协议，提前为项目建成实施运营提供精准对标预期回报，运用前瞻性思维为客户提供最大可能的投资回报选择。

综上所述，我们通过最小可行性产品试错，寻找到产品类型，通过产品和服务匹配市场和客户需求，进而定位工程咨询服务内容：以打造全产业链端服务为目标，在征收拆迁前期介入工程咨询服务，梳理项目适配政策并结合测算分析，为政府和投资人寻找项目破局点提供专业支持，形成自身新的业务机会增长点。

三、资产管理业务——打造共享合作生态经济圈

（一）寻找城市更新主流方向

通过房地产估价和工程咨询服务中对土地和物业价值的发掘，包括对客户的洞察，我们进一步寻找定义产品的能力。

讨论转型升级时期的新消费、新居住，其实需要认清所有升级的背后是人，人靠什么引入？靠就业的机会、靠产业。2019城市更新资管高峰论坛分析当前中国房地产发现，近几年每年增量市场大约有十几万亿规模，沉淀下来的存量大概250万亿元左右，每年还有十几万亿在转成存量。中国最大的房产交易平台链家以及贝壳网判断，基于这个250万亿元基数并不断增长的存量市场，至少会衍生出三块市场：存量资管（以公寓为代表）大约1万亿元，存量交易（按2%换手率估算）大约5万亿元以上；存量更新（按更新率2%～3%）大约5万～6万亿元，这样加起来是十几万亿元的市场，与增量相当。不同的是，增量市场随着人口红利和城市化进程的减缓也已见顶，在看得见的未来呈明显下滑趋势，而存量市场会越来越大，越成熟的市场存量就越会成为主流。而在存量市场为主的区域，人类追求美好生活的需要永无止境，所以综合整治类城市更新在不远的未来将成为主流。

（二）打造自身能力圈

拆除重建类城市更新的第二阶段是资产运营管理阶段，此阶段各细分专业市场上有专业的运营管理公司。我们有房地产评估和工程咨询的测算背景，多年来与金融机构合作有资金渠道优势，可以一方面融合市场上的专业公司，同时结合自身资源优势，围绕客户的基本需求帮助他们打造建筑生态空间，通过运营价值提升服务体系，开发自己的资产管理运营系统。这时候我们更多的是要挖掘并打造自己的能力，可以通过多年深耕产业链集合的装饰设计施工一体化平台建立合作经济体，打造细分物业类型产品供应链组织生态圈，丰富项目区域内产品线，更好地提升物业价值，为建筑赋能；还可以立足于分享经济创造更大市场原则，建立共享办公空间租赁业务，利用社交网络或移动互联网平台解决供需矛盾，既延长了商办类建筑空间的使用时间，又充分利用闲置资源为客户创造了便利性。同时，以上述两项业务为基础打造自己的运营体系——包括运营标准的收集、制定、推广、实施、监督、考核、人员培养、梯队建设、职业通道的打通等综合能力，进一步通过资本的力量——譬如运用众筹经济体系连接金融和技术，让金融系统在寻求各细分品类和管理输出中发挥最大价值。

这样就可能在一个城市更新改造项目中通过投资与成本管控，从项目概念性设计前端介入城市更新拆除重建阶段，同步调动更多专业资源加入到经济活动中，以精准投资回报为预期目标，在项目不同阶段整合专业精细度，各专业提早介入，分阶段由粗至细进行技术支持配合，利用新技术提高效率、增加服务频次，给供需方带来方便，最终将市场做大形成共享经济模型，一直跟踪服务到项目建成交付使用后端的资产管理运营，尽可能地完成一个全过程工程咨询的服务闭环，为综合整治类城市更新提供预期更精准、计划更可控、服务更有保障的专业技术支持体系，既解决了以往项目第三方服务商各自独立交付工作成果可能导致的建设单位管理风险，又扩大了自身业务规模，实现业务增长。

四、创造价值创造未来

当企业用"我是做什么的"来定义自己的时候，就已经把自己给圈死了！而当企业问"客户需要什么？"以及"为什么需要"时，我们才能看见未来。

如今，互联网和物联网的突飞猛进正在重塑着现有的行业版图，行业的边界正在日益模糊，全新的行业将会诞生，庞大而难以定义的"新物种"也会层出不穷。所以，重新定义行业边界、重新定义公司产品必将成为我们重启企业增长引擎的源头。在互联互通的新世界，企业战略扩张的主逻辑将沿着"客户为什么需要"进行连接，紧紧围绕客户需求进行有机衍生，打造共生繁荣的生态系统。

房地产里有那么多类别，不同类别派生出不同的投资领域，住宅、长租公寓、产业园区、商业……产业地产能细分出近年火爆的文旅、科创、创投园区，商业地产可以做酒店、社区商业、精品底商、新零售，哪个领域相对还是蓝海，竞争还没有足够激烈？这些问题都促使我们去思考去探寻。我想，关键是要知道这片区域这块地能做出什么样的物业，有哪些方法能让它变得更精彩，引来更多人流，产生更好的互动，为投资人创造最高的坪效。这就是我们做房地产第三方服务商最大的价值：把土地和投资中间连接端的事做好，让土地和资本经由我们的服务连接，形成有效资产，形成价值。

所以我们还是有未来的，就是要看能否沉下心来踏踏实实地去做立足于服务客户需求、创造资产价值的事情。回归客户价值、回归产品力，真诚会变得更为有价值，而真诚体现在"产品"上，体现在"服务"上，体现在"价格"上。

由房地产评估业务拓展出工程咨询和资产管理业务，是我们能否由专业化公司走向平台型公司，形成共享、合作、跟踪、众筹型经济服务体，跟上未来发展趋势的一个大课题。房地产第三方服务业将迎来最有产品力的时代，这是我们再创业的一个极佳机会，坚持价值理念，坚持开拓创新，我们将通过在城市更新中发挥的积极作用迎来房地产第三方服务业的下一个辉煌！

参考文献：

[1] 吴军. 见识[M]. 北京：中信出版集团，2018.

[2] 陈方勇. 百万亿级"住"的存量市场，为何有人正在着急断臂求生？——陈方勇视点[EB/OL]. [2019-06-13]. https://mp.weixin.qq.com/s/rN0u7zt_8Ub2dHLKfVg2Aw.

作者联系方式

姓　　名：张伟龄

单　　位：昆明滇信房地产评估有限公司

地　　址：云南省昆明市老海埂路 219 号五层

邮　　箱：993005845@qq.com

估价机构如何在城市更新方面积极发挥作用

陈嘉禧　黄兴章　杜　康

摘　要：现阶段中国城镇化高速增长，各城市大力推进城市更新，积极优化城市产业结构，推进土地集约利用。在此背景下，估价机构在城市更新业务板块中积极转型，除深化传统评估业务外，进一步拓展服务领域，为行业提供高质量的城市更新全流程专业综合顾问服务。

关键词：城市更新；估价机构；积极作用；综合顾问服务；发展趋势

一、背景

现今一线城市的增量用地越来越少，各一线城市逐渐将重心放在城市更新或土地整备等存量开发模式上，积极推进存量用地改造再开发。例如，深圳于2019年8月发布的《深圳市2019年度城市建设与土地利用实施计划》便提出严格控制新增建设用地规模，积极推进存量用地开发等内容。

随着城镇化加速发展，目前城市中部分老破旧建筑已明显不符合城市现行规划，现有土地利用率低，城市基础设施及公共服务设施亟待完善。而通过城市更新中的多种改造方式，城市用地结构进一步调整，城市空间潜力增加。在城市更新大力推进的背景下，估价机构为更新项目各参与主体提供高质量的专业综合顾问服务，助力项目推进与城市发展。

二、服务产品体系

估价行业现已进入一个新的发展阶段。目前估价机构在城市更新项目中主要承接国有或集体资产评估、拆迁征收房屋评估、协助更新开发企业审计、搬迁补偿方案设计、谈判估值、项目经济分析等业务，为政府、开发商、业主、银行、非银行金融机构、设计或建筑等各类专业机构提供服务，在更新项目中起重要推进作用。

随着更新项目逐步实施、更新经验逐步累积、相关政策逐步完善细化，行业的服务对象越来越广，估价范围与业务种类越来越宽，客户需求也越来越高，对从业人员的要求逐渐提高，行业服务趋向综合化、咨询顾问化方向发展。现阶段估价机构在城市更新类项目中提供的服务主要包括以下几类：

（一）前期计划阶段服务

（1）开发（改造）建议；

（2）机会研究；

（3）房地产更新价值咨询；

(4)项目经济分析、效益分析；
(5)市场分析（更新行业市场、房地产市场等）；
(6)产业研究；
(7)前期定位分析、前期策划；
(8)可行性研究；
(9)为设计院、律师所等各类专业机构提供第三方专业意见。

（二）拆迁与信息核查阶段服务
(1)现状信息核查；
(2)意愿调查分析、意愿征集；
(3)拆迁征收房屋评估、国有或集体资产评估；
(4)社会稳定风险评估；
(5)搬迁补偿方案设计；
(6)拆迁谈判估值；
(7)拆赔比咨询；
(8)项目拆迁实施过程中的项目管理。

（三）规划及建设等后续阶段服务
(1)为各类规划专业机构提供规划设计意见；
(2)产品开发研究设计；
(3)运营方案分析建议；
(4)项目资金监管；
(5)城市更新项目价值评估（融资或抵押等用途）；
(6)项目后评价。

（四）其他服务
(1)批量项目服务、专项服务（批量城市更新项目经济分析、拆迁驻点服务等）；
(2)协助更新开发企业审计工作；
(3)政策咨询顾问；
(4)项目全流程顾问；
(5)项目推介；
(6)城市更新信息资源平台。

三、估价机构如何在其中积极发挥作用

相较于传统房地产评估业务，城市更新类的项目往往具有服务范围广、服务链条长、服务周期长、服务对象多且复杂、项目个性化强、要求专业性强、重视实操经验等特点。

根据现阶段估价机构在城市更新方面提供的服务产品与服务特点，建议各机构可以从以下几个方面着手，以充分发挥估价机构的积极作用，为客户提供更高质量的城市更新项目服务。

（一）积极组建城市更新项目专业团队，多方参与，各专业队伍充分发挥各自专业优势，协同工作

在更新计划申报或专项规划申报阶段，可以由开发商与设计院作为主持单位，协同建筑

设计专业、交通专业、物理环境专业、生态专业、海绵城市专业、估价机构经济分析专业等单位，由多学科服务人员共同组成项目专业申报团队，全面展开项目分析。

估价机构可充分利用其经济测算分析等方面的优势，参与项目经济可行性分析。此外，估价机构也可利用自身熟悉房地产市场及丰富的更新项目经验，为设计院规划设计工作及建筑单位户型排布工作提供专业意见；或为项目各规划方案进行效益分析比对工作。

将更新项目外包给各专业团队，可合理利用各专业队伍技术特长，相互协助工作，更有利于项目进行规划突破申报，有效提高项目申报效率与研究工作质量。

（二）严格遵循独立性、公正性等原则，充分发挥估价机构第三方专业评估的特点

估价机构具体可以从两个方面来发挥其第三方专业评估这一特点。

其一，在城市更新项目中协助政府或开发者进行拆迁谈判。估价机构可以利用自身的独立性、专业性与权威性等特性，在拆迁谈判的过程中向被拆迁业主解释说明赔偿标准与程序，在其中起到引导作用，保障更新项目中被拆迁群众的利益，合理分配项目各参与方利益。

其二，在城市更新项目收并购或融资进行估值时，为客户提供专业意见，降低项目投融资风险。估价机构对项目的估值往往与开发商或融资机构存在差异。开发商或融资机构通常采用有效成本溢价法进行估值，即根据项目实施情况，分阶段对项目进行修正打分；支付对价为当前阶段有票成本加上当前阶段溢价（当前阶段溢价对应项目当前阶段的剩余价值，为项目整体剩余价值的阶段性修正值）。而估价机构则是站在项目整体角度，综合考虑项目自身剩余开发周期与剩余应付支出及该阶段合理利润等因素，采用传统静态假设开发法进行估值。与开发商或融资机构乐观积极的投融资态度相比，估价机构基于现行城市更新行情与政策得到的估值往往更为谨慎客观，可以有效降低项目投融资风险。

（三）积极提供高质量全流程综合顾问服务

自2016年7月《资产评估法》发布以来，房地产估价行业便积极探索高质量发展之道，不断拓展服务领域，提升行业服务品质，提高自身竞争力。

目前，估价机构在城市更新业务板块中，除了承接传统的资产评估备案业务外，还积极介入到更新项目前期阶段的机会研究、前期策划、产业研究；项目拆迁过程中的信息核查与意愿调查分析、搬迁方案设计、拆迁项目管理；项目后评价；政策咨询顾问；项目推介等工作。行业服务趋向综合化、顾问化方向发展。

估价机构首先可以借由现状老破旧房地产进行现状估值；然后，通过对估价对象的上位规划研究，为企业设计更新改造方案。后续估价机构亦可参与到项目申报与实施阶段的各类服务中，并可以利用自身客户资源进行项目推介服务，从而形成城市更新项目的全流程综合服务。估价机构可利用行业自身专业优势、客户资源与信息资源，积极沿着城市更新项目开发链进行产品设计，拓展服务种类与客户群，积极提供高质量服务与全流程专业综合顾问服务。

（四）结合GIS技术，构建城市更新项目信息整合平台

城市更新项目具有保密性强、重视实操经验等特点，故估价机构进行的每一个城市更新服务所得到的项目信息都极为有价值。以这些项目信息为基础，结合GIS（地理信息系统），构建估价机构自身的城市更新项目信息整合平台，实现平台内信息的空间与属性信息集成管理，达到信息可视化效果。

利用数据信息与GIS技术构建的城市更新项目信息整合平台，能帮助估价机构服务人员

进一步了解城市更新市场行情，丰富自身实操经验，提高估价机构后续服务的效率与质量。

四、未来发展趋势

（一）自动估价系统进一步发展，服务重心转变

目前，传统的房地产估价已基本可通过周边同类市场租售情况进行后台数据演算，实现初步自动估价功能。

而现阶段在城市更新板块中亦有部分服务机构实现项目城市更新初步可行性研判系统。该系统通过计算机后台叠加规划图、交通图、法定图则等资料，对项目的区位、实施更新的可行性、未来开发方向等方面进行初步研判，后期再通过人工细化服务提供更详尽的项目解析。

相信随着城市更新数据越来越丰富，市场逐渐透明化，计算机与互联网等智能工具进一步发展，自动估价服务系统将越来越完善。未来，估价机构在城市更新业务板块的服务重心将转向为客户提供高质量、差异化的项目全流程或专项研究等综合顾问服务。

（二）行业服务规范化，注重服务效率与质量

城市更新项目往往由于历史遗留、拆迁难等问题，使得项目进展缓慢，进而导致估价机构的服务周期被迫延长或业务被迫搁置。未来随着城市更新相关政策逐渐完善与细化，针对历史遗留和拆迁难等复杂问题将逐步出台解决政策，城市更新行业将越来越规范。

同时，随着估价机构项目实操经验逐渐丰富，城市更新平台信息逐步完善，估价机构的服务流程将更加规范化，机构将继续深化传统评估业务，并进一步延伸服务链，开拓高附加值服务产品。针对城市更新业务板块，将形成系列产品与服务标准手册，提供整合"评估、工程咨询、房地产策划"等方面的综合服务产品；比如，基于现状房产或土地评估业务，拓展到更新改造项目方案设计、产业方案设计、信息核查、拆迁管理等业务，进一步发现项目的潜在价值。未来激烈的市场竞争中，估价机构的服务效率和质量将成为客户选择的关键因素。

（三）强化企业品牌建设，完善客户管理体系，培养高素质复合型服务人员

自从房地产估价机构脱钩改制后，估价行业逐步迈向市场化发展，行业竞争加大，城市更新业务也自然成为各估价机构争抢的重点业务。由于城市更新项目复杂化、多样化等特点，估价机构在承接更新业务时应更注重项目经验，树立企业更新业务品牌，构建客户资源平台，培养复合型人才。

一方面，经验和品牌是估价机构市场竞争力的综合体现，是参与市场竞争的重要资源。因此，估价机构只有做好品牌建设与发展工作，重视产品质量管理，加大企业创新力度，重视自身典型更新项目案例宣传工作，进一步提升机构的城市更新估价品牌认知度，才能在未来的更新市场中抢占更多业务资源，站稳脚跟。

另一方面，估价机构在未来市场的发展中应构建起自身的客户资源平台，对所拥有的城市更新客户资源进行系统梳理，全面布局城市更新客户关系网络。而在企业人才培养方面，随着行业向综合化、顾问化方向发展，更新业务对机构服务人员的综合性提出了更高的要求；故在人员需求方面，估价机构应更偏向选择拥有多学科知识与丰富项目实践经验，了解规划、建筑设计、项目管理等其他方面知识并能够独立进行项目分析决策的复合型人才。

五、结语

在城市更新业务中,估价机构已积极参与到项目开发建设的各阶段。估价机构在深化传统评估业务的同时,积极向估价行业上下游业务拓展,服务方向逐渐向综合化、专业顾问化转变,对更新项目的实施起到有效推进作用。

参考文献:

[1] 赵欣. 我国城镇化与城市更新 [J]. 现代管理科学,2019(03).

[2] 陈磊. 城市更新诉求的复杂性与体制完善——城市更新 [J]. 智库时代,2017(03).

[3] 吴闽. 城市更新下伦理价值的再思考 [J]. 建筑与文化,2019(04).

[4] 是飞舟. 城市更新:中国房地产业高质量发展的新方向 [J]. 上海房地,2019(04).

[5] 王天应. 城市更新改造基础数据调查模式研究及实践 [J]. 工程勘察,2018(06).

[6] 中国指数研究院. 城市更新,探索城市未来发展新契机 [J]. 城市住宅,2016(04).

作者联系方式

姓　　名:陈嘉禧
单　　位:深圳市国策房地产土地估价有限公司
地　　址:广东省深圳市福田区新闻路 59 号深茂商业中心 16 层
邮　　箱:garrcy@126.com

姓　　名:黄兴章
单　　位:深圳市国策房地产土地估价有限公司
地　　址:广东省深圳市福田区新闻路 59 号深茂商业中心 16 层
邮　　箱:83200291@qq.com

姓　　名:杜　康
单　　位:深圳市国策房地产土地估价有限公司
地　　址:广东省深圳市福田区新闻路 59 号深茂商业中心 16 层
邮　　箱:576022951@qq.com

城市更新之征收拆迁全流程管理服务探讨

蔡鹏辉　周志刚

摘　要：随着城市化进程的快速发展，城市人口不断增加，土地资源紧缺，加之20世纪中后期的老旧小区亟待改造，大量城市房屋征收拆迁工作即将开展。房屋征收拆迁工作涉及利益群体及服务机构众多，由于缺乏统筹管理，各单位、机构只关注自身工作，项目实施过程中各方配合协调不够，难以形成合力，整体效率不高。笔者从武汉市征收拆迁现状出发，探讨房地产评估机构承担征收拆迁全流程管理服务的可能性与可行性。

关键词：武汉市城市更新；征收拆迁全流程管理服务

一、武汉市房屋征收拆迁现状分析

（一）武汉市房屋征收拆迁现状

1. "三旧"（棚户区）改造计划与目标

2018年中心城区共计划完成"三旧"（棚户区）改造征收拆迁规模为1157.07万平方米，其中，旧城、旧厂房屋征收规模为637.07万平方米，旧村（城中村）房屋拆迁规模为520万平方米；纳入年度绩效目标的征收拆迁总规模不低于1000万平方米，其中，旧城、旧厂房屋征收规模不低于480万平方米，旧村（城中村）房屋拆迁完成520万平方米。到"十三五"期末，基本完成全市现有城镇棚户区、"城中村"和危房改造工作，计划改造规模约7800万平方米，其中征收拆迁约5100万平方米、综合整治约2700万平方米。

2. 现行政策分析

征收拆迁工作的推进离不开政策指导，除国务院590号令、省政府380号令外，自2016年以来，武汉市先后出台了一系列征收拆迁政策，包括武汉市征收与补偿实施办法、加快推进城市更新暨"三旧"（棚户区）改造工作的意见、申请强制执行的规定、涉及历史遗留未经登记建筑补偿指导意见、征收与补偿操作指引等。同时，各区政府积极响应，相关政策陆续出台，法律体系愈发完善，有效提高了政府工作效率。

3. 项目实施现状分析

1）参与主体众多，缺乏统筹管理

征收拆迁是一项专业性强、流程复杂的工作，参与主体有政府、征收办、开发商、居委会、拆迁公司、评估公司、测绘公司、审计公司、被征收人（公房承租人）等，各单位、机构的自身管理制度、人员素质参差不齐，由于缺乏统筹管理，各单位、机构只关注自身工作，项目实施过程中各方配合协调不够，难以形成合力，整体效率不高。

2）传统拆迁深入人心，被征拆人抵触情绪大

自20世纪90年代至今，房地产开发持续高速发展20年，同时孕育了蓬勃的征收拆迁

市场。多年的传统拆迁模式，让绝大部分老百姓深信一个道理，那就是先走先吃亏，同时被征收人对预期补偿款存在过高的估计，待评估结果公示后，大部分被征收人大所失望，极力抵触征收拆迁工作。

3）拆迁失信于民，上访、群访事件时有发生

房屋征收拆迁工作讲求的就是公平、公正，然而大部分项目难以做到这一点，项目推进困难就通过开口加钱走户，补偿不公平，支持工作先签约的反而吃亏，百姓怨声载道；另外，安置房源不足，大部分居民趋向于产权调换房屋，然而计划的安置房多年无法落地，久而久之，拆迁失信于民。被征拆人思想认识也存在偏差，过高的预期难以进行有效的沟通，征收拆迁的不公平、不透明极易引发群体事件，导致集体上访，严重影响了社会秩序、政府形象和各相关单位的正常工作。

（二）当前房屋征收拆迁中的主要矛盾

城市房屋征收拆迁是一项关系千千万万老百姓切身利益和社会和谐稳定的民生工程，随着我国经济发展和城市建设的需要，城市大面积拆迁改造越来越多，由此引发的各种矛盾，已成为城市发展过程中极其尖锐的社会问题，"拆迁难、难拆迁"已成为影响城市经济发展和社会稳定的重要因素。通过长期与政府相关部门、实施单位、拆迁公司及第三方机构的接触和交流，以及在征收拆迁评估执业过程中了解到的实际情况，我们发现目前房屋征收拆迁过程中主要存在以下矛盾：

1. 征收拆迁工作的统筹性与专业管理机构不到位的矛盾

征收拆迁工作的参与主体众多，牵涉社会生活的方方面面，是个整体工程。在当前社会的征收拆迁形势中，政府部门主要关注项目风险与社会稳定等因素所产生的社会效益，投资方重点关注项目进度和征拆成本所产生的经济效益，各类服务机构专注处理其业务范围内的事务，而被征拆人对自身权益的重视程度达到了前所未有的高度。各方关注点的显著差异，以及征拆项目的合法性、工作方法的合规性、补偿方案的合理性等多方面因素决定了征拆项目的实施是一项重大的复杂工程，所以特别需要有一个统一协调、统筹管理征拆相关事宜和各部门的专业机构。武汉市目前尚无此类机构，也没有主管拆迁工作、能够实时跟踪项目的领导者，各部门、各机构对项目实施的配合力度不够，难以形成合力，促使项目工作高效开展。

2. 正常补偿额与被征拆人过高预期的矛盾

目前武汉市城市房屋征收拆迁，多为市中心的老旧小区、单位房改房或公房，绝大部分小区基础设施较为落后，配套不健全，比如排水系统落后，雨天大量积水难以排放，各种电线电缆随意牵接，房屋通风采光效果极差，小区路面破损严重，小区出入人员混杂等，既存在较大的安全隐患，又影响市容市貌。而大部分被征收人对征收评估价格存在片面理解，往往对比附近的新建商品房，因而对被征拆房屋补偿存在过高的预期。一旦公示价格与被征拆人的预期价格相差甚远，势必产生抵触心理。

3. 宏观理性管理与微观感性操作不规范的矛盾

征收拆迁工作流程复杂、专业性强、涉及的利益群体广，因而也出台了一系列征收拆迁的政策条文，规范征收拆迁实施过程中各执业机构的行为。然而征收拆迁工作是灵活变幻的，尽管出台一系列规范性文件，仍不可能做到面面俱到。在具体项目的实施过程中，很难做到公平、公正、公开，各服务机构只关注自身的利益及服务范围，甚至钻法律规章的漏洞、串通相关人员或者暗箱操作，损害征收人或被征收人的切身利益来牟利或便于自己的工作。

4. 拆迁安置房需求结构与市场商品房销售结构不合理的矛盾

武汉市旧改项目多位于市中心的老城区，而目前在老城区居住的多为中低收入阶层居民。由于拆迁补偿金额有限加之自身积蓄不多，拆迁后只能购买小户型、低价位住房。但由于开发商一味追求利益，当前整个商品房市场结构的不合理现象突出，适合大多数拆迁户的小户型、中低价位的商品房很少，而政府建设的保障性住房远远满足不了需求，致使被拆迁人认为拆迁后将无法安居。

5. 正面宣传不足与负面舆论误导的矛盾

在当今高速发展的信息化时代，各类关于征收拆迁的舆论新闻广为传播，各利益相关的被征收群体对征收拆迁极为关注，被征拆迁人总希望能通过各种方式争取更多的补偿。随着城市化进程的发展，城市更新已成为必然，而目前武汉市征收拆迁工作正面宣传的力度远远不够，被征收人对征收拆迁工作不理解，加之负面舆情的误导，被征收人的从众心理，各种不利因素严重阻碍了征收拆迁工作的开展。

二、征收拆迁全流程管理服务模式概述

（一）征收拆迁全流程管理定义

征收拆迁全流程管理，从广义角度讲，就是征拆项目的"大管家"，全面负责项目的规划、统筹协调及执行，高效地推进项目开展；从狭义角度讲，征拆项目管理从实际出发，结合区域特色及项目自身的特点，量身定制征拆项目实施方案，合理、有效把控项目风险和项目进度，确保项目达到最佳实施效果，为政府部门、开发公司等实施主体提供专业、规范、智能的全方位解决方案及顾问服务。

（二）征收拆迁全流程管理服务的内容

征收拆迁全流程管理设计的主体单位众多，流程复杂，服务内容主要体现在以下几个方面：

1. 全流程咨询顾问服务

服务对象主要包括政府、开发商或实施主体等，服务内容有项目定位策划、项目可行性研究、项目资金平衡方案、经济分析、政策咨询、土地储备供应计划、项目实施方案、征收补偿方案、其他咨询顾问服务等。

2. 项目实施管理

主要包括流程管控、风险管控、质量管控、进度管控等。

3. 项目执行与实施

主要包括前期调研、入户登记、风险评估、房屋土地资产评估、动迁服务、选房服务等。

（三）征收拆迁全流程管理服务案例简介

笔者通过走访、调研及深入项目实施过程发现，目前在北京、深圳、浙江等多个省市已率先推行征拆全流程管理服务，尽管实施过程中各具特色，但整体服务模式相同，即同一个项目有且仅有一个专业机构对项目进行统一协调、统筹管理，实施效果都较为明显。北京重在项目的统筹协调与执行，深圳重在项目的全程咨询顾问。北京有多个项目采用征收拆迁全流程管理模式，如通州区小圣庙棚改项目、顺义区仁和镇临河村棚改项目、顺义区仁和镇沙坨村市政道路和重点工程拆迁项目、密云区王各庄棚改项目等均取得了优异的业绩，得到当地政府、开发主体及被征拆人的一致认可。

三、城市房屋征收拆迁全流程管理服务的必然性

随着城市化进程的快速发展，城市人口不断增加，土地资源紧缺，为进一步有效整合土地资源，城市土地供应将逐步由增量供应转变为以"城市更新"为主的存量供应，但在城市更新项目的实施过程中，由于涉及政策性强，利益群体广泛，流程复杂，同时对项目本体、周边居民、融资条件等方面引起不同程度的影响，项目的实施可能存在各方面的风险，这就需要一个专业的服务机构对项目进行统一管理，统筹协调，现从以下几个方面进行阐述：

（一）规范执业人员行为、提高政府公信力的需要

目前大部分征收拆迁项目，尤其是国有土地上房屋征收项目，政府作为征收主体，在项目开展过程中，每一个工作人员的行为均代表着政府的形象。虽然国家、省、市及各地区出台了一系列规章条例，但征收拆迁是一项民生工程，关系成千上万老百姓的切身利益，同时征收拆迁工作具有高度的灵活性，规章制度难以做到细节的规定，若没有全流程统一管理，没有具体的项目实施方案，各个工作岗位的权、责、利没有得到有效的分工与监管，就难以避免诸如暗箱操作、营私舞弊、贪污受贿等不法行为的出现，征收工作也难以做到公平、公正，久而久之，政府将失信于民。

（二）提高征收拆迁工作效率的需要

征收拆迁工作参与主体众多，流程复杂，各服务机构首先从自身的服务范围考虑，若没有统一管理，项目实施过程中，各个环节的衔接不到位，项目计划的工期安排难以得到有效的控制。同时，各服务机构仅从自身的效益出发，执业人员仅遵从机构内部的监管与指令。正因为如此，同一个项目有着同一个目标，却没有同一个指令，项目开展难以形成合力，征拆工作效率必然低下。

（三）规避项目风险、保障项目顺利开展的需要

征收拆迁项目的实施，涉及的项目风险有政策风险、资金风险、拆除风险、社会稳定、管理风险等，如不能提前预测，及时调整项目实施策略或应急方案，则容易引起项目主体运行问题、群众集体上访、人员伤亡等不良事件。征收拆迁全流程管理，对项目进行实时监控，对可能产生的风险进行提前预测，编制应急预案及具体措施，对项目突发情况及时进行处理。在项目前期编制项目实施方案、资金平衡方案，对立项报批、开发建设等内容程序合法性、合理性进行分析，在项目实施过程中，编制各类安保方案、应急预案，对公众舆情进行实时监测、引导，在房屋腾退拆除过程中，对项目进行秩序维护，对交通、环境影响进行有效控制。

四、估价机构承担征收拆迁全流程管理服务的优势与积极作用

（一）估价机构承担征收拆迁全流程管理服务的优势

征收拆迁工作涉及的利益群体广泛，且各方在法律法规、项目管理、实际操作等方面经验欠缺与信息不对称，致使各方在利益协调与项目协作上难以达成共识，需要相关专业机构提供帮助。与此同时，房地产评估机构在相关项目价值分析、经济可行性分析、政策理解等方面具有专业优势。随着武汉市城市更新的推进，目前部分较有实力的房地产评估机构已开展城市更新相关咨询顾问服务，但在征拆项目管理及征拆全流程管理方面仍未有所突破。

笔者认为房地产评估机构承担征收拆迁全流程管理服务具有天然的优势，首先，房地产评估机构长期从事房地产征收拆迁评估工作，熟悉征收拆迁流程及相关法律法规，对征收拆迁相关群体接触较多，熟悉征收拆迁其他相关群体的业务要求；其次，房地产评估师都是经过严格的职业资格考试才获得房地产估价师称号的，具有建筑、经济、规划、管理等多方面的知识优势，综合能力强；最后，房地产评估人员整体执业素质较高，从严于律己出发，做到规范整个项目人员的行为。

（二）估价机构承担征收拆迁全流程管理服务的积极作用

估价机构承担征收拆迁全流程管理服务，不管对于政府、开发商，还是对于被征拆人或其他利益相关方，均能发挥积极的作用，笔者从以下几个方面进行分析：

1. 全面负责项目的规划、管控与执行，保障项目的顺利开展

估价机构承担征收拆迁全流程管理服务，在项目实施过程中全流程监管，根据项目特点及不同时间节点，量身定制各类管理方案，为项目顺利开展保驾护航。

2. 有效进行项目风险规避

征收拆迁牵涉的利益群体广泛，涉及的项目风险颇多，房地产估价机构可作为顾问单位对项目推进的各时期节点可能遇到的问题进行分析，并给出相应解决方案，避免各类风险及群体性事件的发生，以免对社会造成不良影响。

3. 加快项目推进，为实施主体排忧解难

通过对项目的深入调研，对政策的充分解读，为项目订制一套切实可行的实施方案，有效化解征收拆迁各方的矛盾，提高签约走户率，缩短项目工期。

4. 改变民众对征收拆迁的看法，提高行业口碑

近二十年的传统征收拆迁模式深入人心，"暴力拆迁""拆爆户"等词已熟为人知，部分人害怕拆迁，部分人抵触拆迁，部分人等待拆迁后一夜暴富。要改变民众对征收拆迁的看法，首先得从广大人民的利益出发，从规范工作人员的行为开始，评估机构秉着"公平、公正、公开"的原则，承担征收拆迁全流程管理服务，不断革新、创新，从而提高行业口碑。

五、估价机构开展征收拆迁全流程管理的可行性

上述提到城市房屋征收拆迁全流程管理服务的必然性及估价机构承担征收拆迁全流程管理服务的优势与积极作用，那么估价机构开展征收拆迁全流程管理工作是否可行？在此，笔者通过以下三个方面进行分析与论证：

1. 政策资质方面

从政策方面看，目前国家、省、市及行业均尚未出台征收拆迁全流程管理类的文件，从行业自律角度考虑，征收拆迁全流程管理服务属第三方咨询顾问服务，故有房地产咨询顾问相关资质的机构即可开展此类业务活动。

2. 执业能力方面

一般能从事房地产征收评估的估价机构，对征收拆迁流程及政策都较为熟悉，然而仅熟悉征收拆迁评估业务远远不够，城市房屋征收拆迁全流程管理工作需要我们站在管理者的角度，需要有熟练的业务技能及实操经验方可执业。

3. 当地政府、各服务机构及利益相关方的认同

政府作为征收项目的征收主体，同时也是各类规章、条例的制定者和决策者，是项目中

不可或缺的角色，政府对征收拆迁全流程管理的认同是评估机构能否开展此类业务的前提条件。征收拆迁全流程管理工作的开展离不开各服务机构及利益相关者的全力配合，没有各服务机构及利益相关方的认同，征收拆迁全流程管理工作同样不能顺利开展。

综上所述，对于具有房地产咨询顾问相关资质的房地产评估机构，足量配备具有熟练业务技能及征拆全流程管理实操经验的技术人员，在当地政府、各服务机构及利益相关方的认同下，开展征收拆迁全流程管理工作是可行的。

六、结语

我国城市化的趋势不可阻挡，城市更新是一个漫长的过程，涉及房屋征收拆迁工作量大，征收拆迁参与主体众多，流程烦琐，由于缺乏统筹管理，各单位、机构只关注自身工作，亟待需要一个专业的服务机构进行统一管理。通过分析论证，笔者认为征收拆迁全流程管理服务势在必行，符合条件的房地产评估机构承担征收拆迁全流程管理服务是可行的，征收拆迁全流程管理服务将在城市更新领域发挥着积极作用。

参考文献：

世海.房屋征收理论与实践[M].上海：上海交通大学出版社，2017.

作者联系方式

姓　　名：蔡鹏辉　　周志刚

单　　位：首佳集团·武汉国佳房地资产评估有限公司

地　　址：武汉市中央商务区淮海路中段泛海国际 SOHO 城 2 号楼 14 层

邮　　箱：286582176@qq.com

估价机构在城市更新利益博弈中的作用
——以深圳市为例

邵丽芳　花　松

摘　要：城市更新中各利益主体之间的利益分配是城市更新工作的重点，也是推进城市更新工作健康有序发展的关键。本文以深圳市为例，结合深圳市城市更新涉及的主要利益主体，重点对各利益主体之间的利益冲突进行分析。估价机构作为第三方评估咨询机构，扮演着城市更新专业评估咨询服务者的角色，为各利益主体提供专业的服务，协助解决各利益主体之间的利益平衡问题。

关键词：城市更新；利益博弈；深圳

经过四十多年的高速发展，深圳城市规模和人口密度都高度增长，现有的建设用地几乎消耗殆尽，为破解深圳市土地资源紧缺及空间缺乏的问题，2009年深圳市发布了《深圳市城市更新办法》，标志着深圳市城市更新的开始。

深圳城市更新主要有三种开发模式：综合整治类城市更新、功能改变类城市更新及拆除重建类城市更新。目前，深圳城市更新主要指拆除重建类城市更新，即推倒重来式的城市二次开发建设。一般的拆除重建类城市更新项目，大多位于建成区域，地上有大量的建筑物，拆除重建会及涉及多方利益相关者，如私人业主、原农村集体经济组织（以下简称"股份公司"）、政府机构、开发商等，各利益相关者之间的利益冲突形式和程度也会有所不同。如何平衡各利益相关者之间的利益，是开展城市更新工作的重要任务。

一、城市更新中的各利益主体

深圳市现阶段的城市更新项目，大多是股份公司集体用地参与城市更新，与开发商进行合作开发，主要涉及政府机构、股份公司、开发商之间的利益协调平衡。

（一）政府

如何保障社会公共利益是城市更新工作的首要任务，也是政府单位作为监管机构在推进城市更新工作中保障公共利益落地的底线。为此，政府机构出台了《深圳市城市更新办法》《深圳市城市更新单元规划制定计划申报指引（试行）》《深圳市城市更新项目保障性住房配建比例暂行规定》《关于加强和改进城市更新实施工作暂行措施的通知》等政策，以确保公共利益在城市更新拆除重建中得到保障。

政府机构监管集体资产，保证集体资产参与城市更新能够保值增值。股份公司将其拥有的集体土地、非农指标及集体物业等参与城市更新是当前股份公司经营集体资产的重要经营形式，也是实现集体资产保值增值的重要途径。但目前深圳市股份公司对城市更新相关政策不够了解，在与开发商进行利益博弈过程中缺乏经验，大都不占据主导地位。因此，政府机构需指导股份公司并进行监管，保证股份公司的利益。

（二）股份公司

在深圳快速城市化过程中，股份公司大量集体土地被政府通过征转地的形式获取，另有部分集体土地被"以租代售"的形式外卖给私人或企业，这造成股份公司可支配的集体土地资源越来越稀缺。股份公司集体土地现状利用率总体偏低，普遍表现为用地规模小、布局不合理、产出效益低下等问题，这与土地节约集约利用的原则相矛盾。

在城市更新的大背景下，股份公司集体土地和物业参与城市更新成为大趋势。通过城市更新可以更加合理高效地利用土地资源，提高股份公司集体土地利用价值，成为股份公司的愿景。保证股份公司集体资产参与城市更新能够保值增值，获得更高的利益及物业，保证股份公司后续可持续发展，是股份公司及股民最关心的事情。因此，股份公司与开发商之间需要进行利益博弈，为股份公司争取更多的权益。

（三）开发商

开发商是城市更新项目的主要参与者，是项目具体的开发建设者。开发商作为市场参与者，获得利益是其从事各种生产经营活动的最终目的。自深圳市开展城市更新工作以来，各类拆除重建类城市更新项目利润都非常可观，这激发了开发商对城市更新项目开发建设的积极性。

城市更新中规划指标的类型及体量都直接关系到开发商的预期收益，因此开发商在进行城市更新专项规划申报时，对规划指标的经济可行性进行充分的考虑。城市更新项目中的贡献率会直接影响开发项目未来的开发体量，因此开发商在进行专项规划指标申报时会尽量避免贡献过多，以最大限度地减少自身的开发成本。

城市更新拆除重建项目地上覆盖有大量的私人及股份公司的建筑物，涉及地上私人物业及集体资产回迁。开发商需要与私人业主及股份公司进行拆迁谈判，以保证既能满足私人业主及股份公司的需求，又能保证自身利益最大化。

二、不同利益主体之间的利益冲突

随着深圳市城市更新的不断推进和深圳市土地二次开发的不断深入，股份公司集体土地参与城市更新，与开发商进行合作开发，涉及股份公司、政府及开发商，三者互为联系，又存在着利益冲突。

政府与开发商之间的利益冲突主要是规则性冲突，主要体现在开发商开发行为与社会公共利益、城市整体规划等方面的矛盾。一方面，政府为了保证公共利益、保证城市整体规划，会根据政策，通过一定的行政手段，来引导和限制开发商的行为；另一方面，开发商为了实现自身利益的最大化，希望能够突破城市规划的限制，尽量降低项目的贡献率。

开发商与股份公司之间的利益冲突主要是交易性冲突。主要体现在股份公司集体土地、集体物业参与城市更新，股份公司希望集体资产能在保值的基础上增值，增值率越高越好。开发商则希望满足集体资产保值即可，不希望释放额外过多的利益给股份公司。在实际双方谈判过程中，股份公司很难平等地与开发商谈判获得应有的利益。

政府与股份公司之间的利益冲突主要集中在公共利益分配上。政府作为城市更新项目的监管者，希望从全局出发，考虑片区公共利益的需要。股份公司是项目的直接参与者，更多的是希望从项目本身分得项目公共利益。同时，政府作为监管机构，还担负着集体资产监管的责任，在城市更新项目中，政府机构要保证集体资产保值增值。

三、估价机构在城市更新博弈中的作用

在城市更新项目中，如何寻找一个较为合理的利益平衡点，解决政府、股份公司及开发商之间的利益冲突，继而达成共识，成为开发商、政府和股份公司都关注的重点。这就需要第三方估价机构，本着客观、公正的原则，运用专业的技能，为各利益主体提供专业的评估咨询服务。

在深圳，估价机构作为第三方咨询服务机构，深入参与了市场上众多的城市更新项目，对城市更新政策、更新流程及相关业务均比较熟悉，可以为政府、开发商及股份公司提供多思路、多角度、多方案专业的服务，为政府开展城市更新管理，监管开发商开发及集体资产、开发商推进项目、股份公司规避利益风险、集体资产得到增值保值等层面提供参考方案。

（一）政府与开发商

城市更新是一项耗费时间长、涉及利益主体多、开展难度大的大工程项目。在推进项目的过程中，政府希望在推动更新项目的过程中，能符合城市的整体规划、远期发展、满足社会公共利益；开发商则希望获得更低的贡献率、更高的容积率、更多的利润。

如何平衡政府和开发商之间的利益，这就需要专业的第三方评估咨询服务机构从前期就介入项目，利用自身丰富的项目经验，从专业的角度对项目定位、规划指标、可行性等进行客观、公平、公正的分析，在实现双方共赢的基础上，为政府及开发商提供专业的服务，更好地推进项目。

（二）开发商与股份公司

一般的城市更新项目会涉及股份公司的集体资产，涉及开发商与股份公司就集体资产回迁利益进行谈判。开发商希望赔偿只需满足股份公司集体资产保值，越低越好；股份公司希望赔偿越多越好。

在城市更新项目拆迁谈判过程中，股份公司和开发商都希望实现自身利益最大化。一方面，股份公司人员专业技能比较薄弱，对政策不熟悉，缺乏对集体资产价值的深入认知，处于弱势地位；另一方面，开发商担心股份公司不顾市场"漫天要价"，对开发项目造成巨大的压力。在这种情况下，第三方估价机构可以提供专业的服务，协助双方解决利益平衡问题。第三方估价机构可以依托自身项目服务经验，结合市场，对参与城市更新项目的集体资产进行评估咨询，得出公平、公正、合理的价值结果，为双方平衡各自的利益提供专业帮助。在既能满足股份公司集体资产保值增值的基础上，又能实现开发商利润最大化，实现双方共赢。

（三）股份公司与政府

在深圳，虽然城市更新工作已经开展十余年，但股份公司仍对城市更新政策、流程不熟悉、不了解。股份公司作为城市更新项目的参与者，希望从项目中获得更多的物业及公共利益。而政府考虑得更多的是整个城市及片区的总体规划，不只是个别项目中股份公司的利益。这就需要政府聘请第三机构对股份公司进行城市更新政策的解读，帮助股份公司了解城市更新项目规划，以减少股份公司因不熟悉政策造成双方的矛盾。

此外，政府机构作为监管机构，还担负着集体资产监管的责任。在城市更新集体资产备案过程中，政府需保证参与城市更新的集体资产保值增值。这就需要第三方估价机构作为政府的服务机构，对股份公司提交集体资产评估报告进行专业的复核，以保证股份公司集体资产保值增值，为政府机构提供专业的意见，实现政府监管集体资产的目的。

四、结语

深圳是全国率先进行城市更新工作的城市，但深圳城市更新工作依然任重而道远。城市更新工作涉及的利益主体众多，通过对城市更新中各利益主体进行分析，为各利益主体提供服务，既有利于平衡各主体之间的利益，又有助于城市更新工作的推进。房地产估价机构在城市更新中的评估、咨询服务，在城市更新工作推进中发挥了积极的作用，推进了深圳市城市更新工作的开展。

参考文献：

[1] 深圳市人民政府. 深圳市城市更新办法 [Z]，2016-12-06.

[2] 宗传宏，胡钰波. 公共利益视野下的城市更新与理性诉求 [J]. 上海城市管理，2014（05）.

[3] 刘成明，李贵才，仝德. 权地分离的集体建设用地入市路径研究——以深圳市非农建设用地入市为例 [J]. 城市发展研究，2018，5（07）.

[4] 任绍斌. 城市更新中的利益冲突与规划协调 [J]. 现代城市研究，2011（01）.

[5] 岳隽，陈小祥，刘挺. 城市更新中利益调控及其保障机制探析——以深圳市为例 [J]. 现代城市研究，2016（12）.

作者联系方式

姓　　名：邵丽芳　花　松

单　　位：深圳市世鹏资产评估房地产土地估价顾问有限公司

地　　址：深圳市福田区车公庙天安数码城泰然五路 8 号天安数码城天济大厦五层 F4.85A

邮　　箱：1025641938@qq.com

房地产估价在城市更新中的作用及发展趋势研究

王世春　王浩淳

摘　要：房地产估价面临传统评估业务下滑的窘境，如何实现从单一估价业务向综合型咨询业务的转型，如何把房地产估价自己的专业优势在综合型业务中发挥出来，是估价行业亟待要解决的问题。在城市化发展的大潮中，征收、棚改与城市更新提供的市场空间非常巨大，给房地产估价带来了非常大的契机。房地产估价如能做好自身，完善自我，在助推城市更新的过程发挥重要作用，为客户提供更高质量的服务，方能获得市场认可，才会获得更大的生存空间。

关键词：房地产估价；城市更新；专家型服务；征收拆迁

一、国内外城市更新的实践回顾

在城市更新进程中，诸多国家、城市的实践做了很好的借鉴作用，其中以英国、美国、法国以及中国的广州、深圳和上海较为突出。

（一）国外城市更新实践

英国在城市更新过程中，城市更新"自下而上"的社区规划方式逐渐取代了"自上而下"的方式，与此同时，也注重政府与市场并重的资金来源渠道。在老城文物保护方面，采用整旧如旧的方法，将对历史建筑物的破坏程度降到最低，同时配合建筑物独有的风格和特色，建造与其相匹配的建筑，使其自然和谐地融入环境，不仅创造了城市更新中老城更新的先河，也创造了旧建筑改造利用的典范。

美国为了改善贫民窟，促进城市合理化用地和社会正常发展，推出了《住房法》。城市更新的模式是将得到的土地，重新投入进市场进行出售，同时通过税收奖励的手段推动城市进行更新改造。

法国城市更新进程中，主要方式是对衰败地区大规模推倒重建，并重新组织、调整居住区域空间结构。城市更新过程中，法国也非常注重对旧城区的保护性更新、通过规划协议发展区和延期发展区以控制土地控制问题，同时政府资金完全或部分投资城市更新，私人投资比例则取决于公共部门的决策。

（二）国内城市更新实践

广州市在城市更新建设中走在前列，在当时成立了中国第一个城市更新机构——城市更新局。实施路径采用审批控制和多主体申报，具体为在"1+3+N"的体系下，编制年度计划，明确各年度要完成的项目和任务，针对项目和任务出台对应的实施方案，并按照程序进行审批和审查，最终落实到用地与建设上。

深圳市城市更新中主张法制化管控。城市更新中坚持以《城市更新办法》为核心的法制化管控思路，即以政府引导的同时加之以市场运作。规划控制原则包括整体引导和城市更新单元，在具体实施中，实施的办法仍然是坚持审批管控，通过城市更新单元来明确城市更新的运作方式，从而成为深圳城市更新管控的主要手段。

上海市在城市更新进程中设立了专门的领导组织——城市更新工作领导小组，强调规划引领的作用。在改造模式上坚持规划引领、有序推进，注重品质、公共优先，多方参与、共建共享三个原则。"规划引领"确定了政府在城市更新中的作用，"公共优先"表现为在城市更新过程中，提供更多的公共服务设施可以得到不同的奖励。此外，上海还推行"多方参与"和"共建共享"的模式，更有利于城市更新项目达成共识，从而加快项目落地。

二、房地产估价在城市更新中的作用分析

城市更新工作在综合性、复杂性、平衡多方利益等方面均有非常高的要求，除了要政府协调以外，还需要评估、法律、劳务等方面的协助。从房地产估价的角度来看，房地产估价可为城市更新提供片区发展定位研究、项目收购价值咨询及可行性研究、集体资产备案、制定补偿方案等专业服务。对于政府、开发商、原业主三方的不同需求，估价机构所提供的服务产品也不尽相同。此时，具有专业优势的房地产估价机构将能更好地为房地产开发、决策咨询以及征收棚改等城市更新中所涉及的工作提供更好的专业服务。

（一）城市更新中房地产估价现状

这些年经济的高速发展，速度优于质量，导致了发展不均衡的现象：城市之间的发展不均衡、城市内不同区域之间的发展也不均衡。一线城市、沿海城市、省会城市大幅领先于内陆城市、三四线普通城市，中心区远比老城区、工业区、城中村繁华。征收、棚改与城市更新的市场空间巨大，给评估机构带来了非常大的契机，同时也出现了许多新的问题。

从房地产拆迁评估的对象特殊性、市场特殊性、原则特殊性、利益均衡性及时间紧迫性不难看出，估价机构本身存在着房屋拆迁评估秩序混乱、估价方法的选用及测算结果难以服众；评估对象和被拆迁人存在实地勘测难度高、评估结果难提交；政府方面，房屋拆迁评估政策执行不到位、公共利益需要难以界定、评估机构难以获得相应的报酬等许多问题。

城市更新主要涉及政府、开发商、被拆迁人等多方利益，且各方在法律法规、管理、实务等方面经验的欠缺与信息的不对称，致使各方在利益协调上难以达成共识，需要具有相关专业的房地产估价机构提供帮助。房地产估价机构在相关项目价值分析、经济可行性分析、政策理解等方面具有专业优势，因此随着城市更新的推进，需要房地产估价机构逐步扮演起城市更新专业咨询服务者的角色，为各利益相关方提供相应的专业服务。

（二）房地产估价在城市更新中的角色定位

1. 房地产开发咨询

房地产开发是指从事房地产开发的企业为了实现城市规划和城市建设（包括城市新区开发和旧区改建）而从事的土地开发和房屋建设等行为的总称。其具有高投资量、回收期长、低流动性、高风险性、涉及的专门法规多、相关法规地方差异大等特性。近年来，土地取得成本的提高、人工费及材料费的上涨、融资难度的提升等因素，使得房地产开发行业的"暴利时代"成为过去式，迫切需求以专业化的服务、正规化的经营来填补市场空白。房地产估价师具备建筑造价知识，具备经济理论基础，熟悉房地产相关的法律法规并且对房地产市场的变化具有敏锐度，完全可以为房地产开发提供专业的咨询服务，从最初的投资决策到项目

销售完成，实现项目选址、土地评估、可行性研究、成本控制、项目市场定位及营销、项目定价、融资咨询、税务咨询等一站式服务，甚至可以利用房地产估价机构熟知国土规划建设等部门办事流程的专业优势，为房地产开发企业提供报建、分户验房等特色代理服务，如何将房地产估价的专业优势在房地产开发领域充分发挥出来，将成为房地产估价领域能否拓展估价业务的关键。

2. 大宗物业的投资决策咨询

大宗物业交易涉及的金额大，价格信息难以取得，投资回报周期长，期间涉及的问题复杂，因此投资者往往需要专业的咨询服务方能做出决策。首先，房地产估价能够帮助投资者充分了解一个项目从取得土地到建造房屋到房地产交易的过程中，是否符合城市规划的要求，各个环节是否合法合规，相关手续是否齐全，应缴的税费是否缴清，是否拖欠工程款，是否存在法律所规定的禁止转让的情形，可能存在哪些法律风险，物业交易后投资者需要承担哪些义务；其次，房地产估价师能够准确评估物业的市场价值，分析房地产区域市场背景及细分市场背景，分析影响房地产价值的因素，为投资者提供价值参考依据；最后，房地产估价师能够根据城市格局的演变及经济发展预测房地产市场走向及政策导向，提示未来可能出现的风险。

3. 城市更新中评估咨询服务

城市功能区的建设对城市发展有着重要意义，其涉及社会风险评估、城市规划、土地征收、市政工程及基础设施的建设、土地出让等多个环节，建设周期长、资金需求庞大、涉及部门繁多，在项目前期进行投入产出分析能够有效控制成本、把控风险、实现效益最大化。房地产估价师熟知土地征收的各项政策法规、补偿标准，能够预算征拆成本；具备建筑造价知识，能够预算建设成本；熟知土地一、二级市场状况，对土地市场发展趋势有着敏锐的判断，能够预测土地出让所能获得的收益，为相关部门编制土地供应计划提出合理建议。因此，房地产估价机构完全有能力利用其专业优势为城市功能区投入产出分析项目提供咨询服务。

政府不但希望加快更新进度，同时又需要减少或避免因拆迁引发的群体性事件，故需要第三方机构在项目审查、批复流程中提供协助，针对政府需求，估价机构主要提供的服务产品包括片区发展定位研究、项目利益平衡咨询服务、社会稳定性风险评估以及全流程综合服务。即不仅简单要求房地产估价机构出具可行性研究等单项报告，还需要对项目审核过程中涉及的历史遗留问题、拆迁谈判问题等提供建议，以减小政府工作的风险。

（三）房地产估价为征收、棚改提供高质量专家型服务

征收的专家型服务，是指完全覆盖征收整个流程，帮助客户快速、高效、合法合规完成征收工作的服务。专家型征收服务必须具备全流程覆盖、信息化、专业化的特点。依据《国有土地上房屋征收与补偿条例》，将征收的工作流程拆分为前期调查、确权确户、评估作业、协议签约、安置补偿、财务结算6大基本步骤，并为每个步骤制定翔实的工作流程，如《调查登记流程》《签约流程》《结算流程》等，并制定标准的产出清单，如《征收意见调查表》《征收意见汇总表》《资金预算分析报告》《项目征收补助方案》《入户查勘表》《房屋测绘表》《确权确户表》《房屋评估清单》《装修物附属评估清单》《评估报告》等。同时在进行征收作业过程中，利用云计算、移动互联网技术，采用信息管理系统、移动查勘设备的方式，提高征收服务工作的效率，节约成本。因此，专家型征收服务将彻底解决目前征收、棚改、城市更新中常见的痛点难点问题。

房地产估价依托估价师专业理论知识和丰富经验，以及大量房地产数据资料，发挥自身

得天独厚的专业、人才和身份优势,在征收、拆迁的高质量服务过程中,无论是入围阶段投标方案的专业性、入户调查阶段对各种评估信息的提取收集,还是评定估算阶段对被征收房屋及附属物进行专业评估,房地产估价机构无疑是征收、棚改高质量估价服务的不二选择。

三、房地产估价在城市更新中的发展趋势分析

(一)城市更新中的估价服务新类型

随着房地产的深入发展,在城市更新中出现了如限价商品房、廉租房、共有产权住房等新的房地产物业形态。对这类政策性住房的评估服务也提上了日程,日前北京市推出了《北京市共有产权住房价格评估技术指引(试行)》,对共有产权住房土地上市前、房屋销售前等情况的评估进行了规定。其中以共有产权住房为例,共有产权住房评估包含对共有产权住房销售均价评估、共有产权住房项目同地段、同品质普通商品住房价格评估、对共有产权住房回购价格评估、对共有产权住房再上市价格评估等,评估方法的选取与评判标准也与以往房地产物业评估有所不同。

共有产权住房的评估内容多,情况较复杂,对估价机构和估价人员除要求具备基本评估专业素质外,还应该密切关注共有产权住房相关政策和评估技术指引的更新;评估机构应建立共有产权住房周边成交案例数据库、价格指数数据库、商品房成交价格数据库,并定期更新,提高评估服务效率。总之,共有产权住房评估属于新兴评估领域,在各个方面还存在很多尚需探讨的问题,需要房地产估价机构和估价人员研究政策走向,以提高估价服务的质量。

(二)城市更新过程中房地产估价的发展趋势研究

1. 政策主导作用明显,需加强政策研究

近两年来城市更新政策出台频率较高,不仅规范了房地产市场行为,同时也对房地产估价机构提出了更高要求,需要在短时间内完成政策研究,向客户提供指导意见。

2019年上半年,全国房地产市场出台的调控政策超过了250次。相比2018年上半年上涨幅度超过30%,苏州等地因短期房价上涨较快,调控力度不断加大,赣县等地表现欠佳的小城市则发布了"限跌令"等放松政策。从人才争夺到政策步步收紧,从争抢拿地到因城施策,从楼市"小阳春"到回归理性,2019年上半年楼市调控政策呈现出多元化和精细化的特征。

城市更新离不开政策指导,但一系列城市更新政策为房地产估价增加了限制和难度。特别是近年来,政策出台越来越密集,法律体系越来越完善,这对城市更新中的房地产估价提出了更高、更严格的要求。在城市更新过程中,房地产估价必须在主导政策的合理范围内,加强政策研究,从而保证房地产估价对房地产市场走向判断的准确性。

2. 房地产估价机构亟待提高服务品质

现有经济体系下的服务业,对房地产估价行业提出了更多的挑战。城市更新市场竞争日益激烈,使得传统评估行业已不能满足现有城市更新背景下的市场需求,城市更新进程对房地产估价提出了更高、更严格的要求,在城市更新市场快速发展且趋近饱和的趋势下,只有不断提高房地产估价的专业技术服务水平,提高自身竞争力,才能立足于市场并获得生存空间。

技术上,加快技术研发。不断改进现有产品中存在的问题,同时针对客户需求对产品进行升级研发,紧跟行业发展,提高附加服务。GIS技术为房地产估价提供了无与伦比的便

利,其通过收集、整合数据,可直接进行前期研判工作,诸如直接在地图查看项目片区法定图则、工业区块线、基准地价等,极大地提高了工作效率。通过研发估价管理系统及自动估价系统实现项目流程可查、公共资源共享及自动估价服务,为客户提供优质高效的服务。

业务拓展上,业务人员第一次给客户留下的专业印象至关重要,将直接影响客户对业务人员的认可程度,专业人员则可以保证提供针对性的产品服务,避免重复沟通,因此可以节约时间,极大地提高工作效率。同时,制作极具特色的公司简介及产品说明,通过更加直观的特色简介让客服更轻松地了解企业的相关信息,以便尽快达成合作协议倾向,也可以让客户快速选择更具针对性的服务。

管理上,可通过开设分公司、驻点办事处等途径,扩大服务范围,从而提高服务效率。加强团队专业技术体系建设,除加强培训本公司估价工作人员外,也可通过聘请外部专业团队联合开展项目。根据城市更新市场的业务和专业需求,房地产估价机构需要及时调整组织架构,以便快捷有效地解决与客户的沟通对接问题。例如采用项目经理制,由技术人员作为项目经理,直接与客户对接,减少信息沟通过程中理解的偏差。

(三)城市更新中房地产估价业务转型——征收拆迁全程管理服务的探索

从单一估价业务向综合型咨询业务转型,并在综合型业务中发挥房地产估价的专业优势,同时使房地产估价在城市更新进程中起到更大的作用,让房地产估价参与到更多的城市更新工作中去,是每一个估价机构在城市更新中都必须尽快解决的问题,其中首佳顾问在征收拆迁全程管理服务上的探索很值得借鉴。

首佳征拆管理业务自 2012 年开始,累计进行全程管理的征拆项目上百个,成功探索出一套切实可行且行之有效的征收拆迁全程管理业务模式,能够为政府部门、开发公司等实施主体提供专业、规范、智能的全方位技术和业务解决方案。

首佳征拆管理,一方面是实施主体的智囊团,起着"军师""智囊"的作用,致力于结合区域特色及项目自身的特点量身定制征拆方案,合理、有效把控项目风险和项目进度,确保项目达到最佳的实施效果;另一方面是征拆项目的大管家,起着"管家"和"执行"的作用,全面负责项目的规划、管控执行,从而保证项目的顺利开展。

首佳顾问在开展征收拆迁工作中,通过专业化、模块化分工,进行专业策划、专业实施,以达到预期效果。同时逐步总结出党建引领征拆、专业指导征拆、宣传贯穿征拆、科技助力征拆四大服务体系,并形成了相关服务体系的配套措施和机制流程。尤其是科技助力征拆上,首佳顾问自主研发征拆管理信息平台——E征拆全程信息系统,与征拆管理服务完美契合,相辅相成地开展工作。E征拆全程信息系统既有宣传引导属性,又有监管规范的属性,通过设置合理的工作流程、审批流程达到监管、宣传的目的。主要作用包括作业过程全部留痕、有效控制项目成本、宣传公开公平公正、沟通协作提高效率。

首佳顾问 2017 年并购重组后,华东和华中区域在嘉兴、武汉两地开展多个项目的征收拆迁全程管理服务,均取得了不错的成绩。在城市更新进程中,首佳顾问在征收拆迁全程管理服务业务上的探索,还是很值得其他机构借鉴的。

四、结语

城市化发展必然会伴随着城市更新,城市更新不仅要满足人们对于城市功能的新需求,同时也要通过产业升级促进城市经济发展,从而改善营商环境,提高宜居度。参与到城市更新进程中，并在城市更新进程中扮演重要的角色，不但是房地产估价机构的目标，同时也是房地产估价人员的追求。

房地产估价推动着城市更新的发展与变革，而城市更新的发展与变革亦促进了房地产估价机构的不断进步。房地产估价机构单一的估价服务已经不能满足市场需求的综合化和多样化要求，在城市更新的背景下，向客户提供高质量的估价服务和评估、咨询、现场执行等多元化产品的综合服务，为城市更新提供专业化服务、创造更高附加价值方向发展将是房地产估价未来主要发展的方向，也是房地产估价行业对自身的要求。

参考文献：

[1] 赵文华.房地产开发与工程项目实施过程管理之浅见[J].城市建设理论研究（电子版），2012（05）.

[2] 黄丽云，江萍，张方艳.估价师专业应在房地产投资领域中发挥积极作用[C]//2007年"估价专业的地方化与全球化"国际估价论坛论文集[出版信息不详]，2007.

作者联系方式

姓　　名：王世春　王浩淳
单　　位：首佳顾问
地　　址：北京市海淀区紫竹院路116号嘉豪国际中心B座7层
邮　　箱：wangshichun@bjshoujia.com.cn

深圳城市更新中估价机构面临的新问题与新机遇

邵丽芳 宋 娟 黄鹤昆

摘 要：估价机构在城市更新中遇到诸多新困难，也面临着新的机遇。本文从城市更新概念出发，先介绍了城市更新对于深圳市土地改革的重要性，不仅解决了深圳市土地历史遗留问题，而且完善了城市公共配套设施等，对深圳市未来发展具有重要的意义。然后引出估价机构在城市更新中的作用，无论是社区股份合作公司，还是房地产开发商，抑或是政府，估价机构都起到了重要的作用。但由于城市更新项目复杂性、耗时长久性，估价机构也在其中面临着诸多问题。估价机构在城市更新中的业务越来越少，项目也更加难做，同时传统评估遇到瓶颈期。因此，急需通过新的机遇摆脱困境。

关键词：城市更新；估价机构；咨询顾问；大数据

一、城市更新内含

城市更新，是指对不适应现代化城市社会生活的旧城区进行必要的、有计划的更新改造。城市更新是挖掘存量用地潜力、破解城市空间资源不足的重要途径。通过城市更新，可以优化城市空间、提高城市承载能力、提升居民生活水平、完善片区公共配套设施等。城市更新起源于美国，20世纪六七十年代，联邦政府补贴地方政府对贫民窟进行土地征收，而后低价售给房地产开发商进行改造，继而引发出现代意义上大规模的城市更新。我国城市更新概念起源于20世纪90年代，由陈占祥先生将城市更新概念引入国内，并定义为城市"新陈代谢"的过程。

深圳市作为经济特区、全国性经济中心城市和国际化城市，在城市更新模式探索与实施中走在全国最前端。尤其自2009年10月，深圳市政府颁布了《深圳市城市更新办法》，自此，城市更新成为深圳存量土地二次开发的重要途径之一，标志着深圳市城市更新进入了快速发展阶段。为了完善城市更新政策细则、加快城市更新实施进展，截至目前，深圳市政府不断出台城市更新相关政策，促成城市更新项目大幅增加。同时，为了满足市区以及片区良好的规划发展、增加社区公共配套设施，政府严格把控城市更新项目的要求，拟将深圳市存量土地带来最大利益化，城市更新对深圳市的重要性不言而喻。

《深圳市城市更新办法》中包含了3种城市更新方式：拆除重建、综合整治、功能改变。其中以拆除重建类城市更新最受青睐，本文余下部分城市更新是指拆除重建类城市更新。

二、估价机构在城市更新中的作用

城市更新过程复杂，涉及的市场主体多样化，其中政府引导着整个城市更新发展过程，房地产开发商推动项目进展并对土地进行开发建设，社区股份合作公司作为权利主体提供土地。除此之外，还涉及多个第三方机构，如测绘公司、估价机构、律师事务所、招标代理公司等，各个第三方公司都扮演着一定的角色，其中估价机构在城市更新当中起着举足轻重的作用。

1. 城市更新项目需要对集体资产进行传统评估备案

拆除重建类城市更新项目具有过程复杂、耗时长久的特点，从流程上主要分为四个步骤：更新计划立项、专项规划编制、实施主体确认、土地手续办理。其中在更新计划立项阶段，政府要求股份合作公司对计划实施的项目进行可行性分析并形成可行性研究报告，对项目的社会风险性进行分析并形成社会稳定性风险评估报告；在专项规划编制阶段，需要对专规进行编制；同时，政府要求股份合作公司聘请估价机构对股份合作公司的集体资产（包括集体土地、集体物业、非农指标等）进行评估并形成资产评估报告。此外，政府会另外聘请估价机构对此评估报告进行复核。从中可以看出，在城市更新当中，估价机构是其中的第三方中介公司，为股份合作公司、政府提供可行性研究、资产评估、复核等服务，但同时也是城市更新中不可或缺的一份力量，并带有着一定的行政色彩。

2. 估价机构可以提供房地产咨询服务

正是由于城市更新过程的复杂性，每个流程上又细分着多个步骤，从更新计划立项的拆除用地范围划定、意愿征集、可行性研究、更新计划立项申报等，到专项规划编制的建筑物信息核查、土地权属确认、城市更新单元规划草案编制、集体资产评估、拆赔方案分析等，再到实施主体确认阶段的股东会议召开、集资平台交易、实施主体确认等，以及最后土地手续办理的投融资、开发贷等，整个城市更新全流程都存在着诸多疑难疑问。而估价机构可以凭借着其丰富的城市更新经验、良好的社会资源、专业的技术团队在城市更新当中给政府、股份合作公司以及房地产开发商提供第三方咨询服务，充当军师的作用。

3. 估价机构在城市更新中的润滑剂作用

城市更新是政府引导、市场运作的开发方式，与传统的政府运作、市场参与的方式有所区别。市场运作的方式需要面临的一个问题就是利益分配问题，这也是城市更新中的重点、难点。利益分配问题其实是房地产开发商与股份合作公司两大主体之间利益互相博弈的过程，股份合作公司以及房屋私人业主想从房地产开发商中获取更多利益，而房地产开发商为了赚取一定利润，严格控制着赔给股份合作公司或私人业主的利益，这个矛盾自城市更新开始一直持续至今。而估价机构作为城市更新的第三方服务机构，本着公平公正的原则，设计出最合理的利益分配方案，为股份合作公司争取最大利益的同时，也保证了房地产开发商的一定利润。估价机构不仅是公平公正的代表，更起到了房地产开发商与股份合作公司润滑剂的作用。

三、估价机构在城市更新中遇到的问题

估价机构在城市更新中起到了非常重要的作用，同时，也遇到了一些问题。由于城市更新项目的复杂性且项目逐渐减少，导致估价机构业务更加难做，且业务也相应减少。

1. 由于城市更新项目逐渐减少，导致估价机构业务减少

深圳市土地面积为1997.47平方千米，可建设用地面积已经达到975.50平方千米，距《深圳市土地利用总体规划（2006—2020年）》要求的2020年规划控制目标976.00平方千米

仅有 0.50 平方千米的净增建设用地指标，城市的快速发展让可建设用地增量近于耗尽。并且，城市更新从 2009 年发展至今，房地产开发商大量开展城市更新，难度小、利益大的项目几乎被挖掘殆尽。目前城市更新项目存在着存量用地少、项目逐渐减少的问题，而深圳拥有高达 91 家估价机构，这就使得在仅存的城市更新项目中，估价机构在其中的竞争愈加激烈。各估价机构为了夺得业务，出现了收费低、恶性竞争等问题。而其他第三方服务机构同时也看中了城市更新这块大蛋糕，也想方设法从中分一杯羹，出现了很多咨询服务机构，这就使得估价机构的业务进一步锐减。

2. 伴随着城市更新项目的复杂性，估价机构业务愈加难做

深圳市政府为了实现土地全部国有化，分别在 1992 年和 1994 年对土地进行统征统转，但在征转过程中，村民纷纷抵制，掀起了一阵抢建加建的高潮。深圳土地名义上是国有，土地所有权归国家所有，但实际上还是属于集体，村民享有土地使用权。这造成了深圳土地存在着一系列的历史遗留问题，加大了城市更新项目的困难性。对于估价机构来说，在资产评估过程中，由于其复杂性而增加了评估难度，进而导致估价机构业务愈加难做。

3. 传统评估遇到瓶颈

现今深圳市城市更新日渐成熟，多数城市更新项目可借鉴片区其他城市更新项目情况，深圳市地价房价也日趋透明，房地产开发商、股份合作公司结合市场情况，可自行解决部分城市更新咨询问题。而咨询服务是估价机构的一个业务板块，这导致了咨询业务的减少，因此，多数估价机构在城市更新中主要发挥传统评估的作用，估价机构在城市更新中遇到瓶颈，业务难以拓展。

四、估价机构在城市更新中的新机遇

估价机构在城市更新中遇到了诸多困难，但同样也面临新的机遇。城市更新涉及的领域众多，包括投融资、规划、产业、造价、工程等，估价机构除传统评估外，还可积极从中拓展新业务，寻找新机遇。

1. 以咨询为主、评估为辅的模式开展城市更新工作

传统评估在城市更新中处于瓶颈期，并且传统评估给估价机构带来的利润也有限，因此，估价机构急需拓展城市更新中其他相关业务。尽管目前城市更新项目日渐成熟，但不同项目也有其特殊性，不能一概而论。整个城市更新流程复杂，从最前期房地产开发商拿地需要进行可行性研究分析咨询，到土地手续办理阶段开发贷款咨询，整个流程中房地产开发商、股份合作公司以及政府部门都有咨询业务的需求。通过咨询服务，估价机构可以给房地产开发商节约时间成本，带来更多经济效益，给股份合作公司出谋划策，获取更多的利益。因此，咨询服务仍是估价机构在城市更新中需要重点布局的一项业务，估价机构可以通过咨询为主、评估为辅的模式开展城市更新工作。

2. 估价机构可在城市更新中提供与产业相关的服务内容

在深圳市空间资源约束的背景下，为保障产业发展空间，优化空间资源配置，提升土地集约节约利用水平，深圳市出台了相关政策，要求科学优化和布局产业发展空间，加快产业转型升级。在政策的要求之下，城市更新对项目内产业空间布局、产业运营管理、产业发展态势等有了一定的需求。估价机构可在城市更新中提供产业前期咨询、产业规划研究、产业投融资、产业开发建设管理等相关服务。

3.建立房地产估价机构的大数据库

在如今高速发展的互联网时代，互联网信息化已经渗透到各行各业，而大数据是互联网高科技时代的产物。大数据在当今社会中具有重要的作用，大数据是信息产业持续高速增长的新引擎。因此，可以将大数据应用到房地产估价当中，不仅可以改进传统估价业务，提高估价结果的专业说服力，提升估价服务质量，还可以拓展市场空间，挖掘大数据下潜在的商业价值，并且带动整个估价行业数据链的发展，建立估价机构之间的数据共享机制。

如何将大数据应用到房地产估价当中？首先，各估价机构在信息化、透明化的信息时代对数据进行采集，建立数据库；其次，筛选出有用的信息，对其进行系统性的分析与管理，将筛选出来的数据应用到估价当中，形成针对性的解决方案；最后，估价机构应发挥行业的整体力量，整合数据资源，建立数据共享机制，进而可以提供更完善、更全面的服务。目前市场上已经出现了多个数据系统，比如城市更新投资决策系统、拆迁管理系统、云征收系统等，但由于数据获取渠道有限、对数据库的建设与管理不足、市场推广缓慢等原因，造成没能形成一个完整的数据供需市场。因此，估价机构在数据库的运用方面前景很大。

五、结语

面对新机遇，估价机构必须提升自身能力，才能提供高效的、全面的、专业的、精细的服务。首先，估价机构需要有大量的专业人才储备，他们必须具备较高的专业技能以及职业素养，由于房地产估价行业涉及的领域广泛，这势必要求估价机构拥有综合型人才，不仅要拥有丰富的估价经验，对财务、法律、建筑、规划等相关专业有一定了解，而且需要具备良好的沟通协调能力；其次，估价机构需要拥有良好的市场资源，在长期的估价服务过程当中必须不断积累客户资源，加强与其他机构、客户之间的人际关系，从中积极拓展业务领域，丰富服务类型；最后，估价机构需要有良好的营销手段，自身实力过硬是估价机构的必要条件；除此之外，估价机构还需要把自己的专业实力推销出去，让更多的机构、企业清楚自身的实力。

参考文献：

[1] 柳荣，王颖.深圳城市更新发展困境及对策研究[J].住宅与房地产，2019（14）.

[2] 宋娟.关于城市更新问题的探讨[J].特区经济，2015（08）.

[3] 孙云龙.浅析大数据对房地产估价机构的影响及对策[J].经济研究导刊，2018（34）.

[4] 郭彬，尹文秀.房地产估价机构咨询业务发展趋势探讨[J].中国房地产估价与经纪，2018（03）.

作者联系方式

姓　　名：邵丽芳　宋　娟　黄鹤昆

单　　位：深圳市世鹏资产评估房地产土地估价顾问有限公司

地　　址：深圳市福田区车公庙天安数码城泰然五路8号天安数码城天济大厦五层F4.85A

邮　　箱：307156416@qq.com

以《房地产估价规范》为纲探讨管线排迁补偿价值测算

——发挥估价在城市更新发展中的作用

辛彦波

摘　要： 城市更新发展建设中，涉及大量管线排迁（永迁）工程，继而衍生管线排迁补偿的估价工作。与一般意义上的征收补偿估价不同，排迁评估对象名义上是在役管线，但在被征收人自建新管线的补偿方式下，决定了估价对象实质替换为拟建的管线。本文充分运用《房地产估价规范》GB/T 50291—2015（下文简称《规范》），阐述如何遵循替代性原则，利用产权单位（被征收人）提供的工程预算，做好预算口径与估价口径衔接，替代性地确定拟建管线更新重置价值；查勘在役管线状况并与拟建管线进行功能比对，确定综合成新率，继而确定管线排迁的公平补偿价值。

关键词： 管线排迁；替代原则；估价对象替换；工程预算；价值口径衔接

一、管线排迁与估价的关联

现代城市发展建设尤其是地铁修建，不可避免地对市政管线产生影响，建设前期工作的重要内容就是将埋在地下的给水、雨污水、电信、输油等管网、管线进行科学地排设、迁移，因此形成大量管线排迁工作。如何处理好城市更新与市政管线的协调，确保城市更新顺利、安全进行，是建设现代城市必须解决的一个问题；作为构筑物的管线，其排迁工程的补偿价值测算相应成为估价人员面临的一个课题。

（一）管线排迁种类

管线排迁包括永迁管线和临迁管线，本文探讨管线永迁补偿估价问题。永迁管线，就是对于城市雨水、污水、自来水等大型管道，经规划批准，由产权单位一次迁移到位，不再迁回；临迁管线就是对于小型管线，由产权单位临时迁出，待地下工程施工完成后迁回原线位。

（二）管线排迁准备工作

管线排迁涉及自来水、热力、雨水、污水、路灯、天然气、电力、通信、军用线缆等多家产权单位，协调难度大，技术含量高，在制定管线排迁方案之前，要根据勘测单位、管线产权单位提供的管线资料将地下管线的种类、规格、材质、埋深等情况整理清楚，并根据规划管线的情况不断完善方案。管线改迁时，要准确掌握管线与地下工程的平、剖面位置关系，以重力流、热力管道、电缆沟等大型管线为首因，来制定初步的排迁方案，尽可能不发生二次临时改移。每条管线排迁既应满足管线产权单位的要求，也要符合相关规范规定。上述工作计划全面、详细，才能为排迁补偿估价提供成熟的工作条件。

（三）管线排迁的补偿方式

管线排迁的前提是迁移后必须保证管道的使用功能不受影响。补偿方式有两种，一种是政府在符合城市的总体规划，同时紧密结合施工组织计划的原则下，重建后无偿移交给产权单位，这种建设—移交的方式，在建设过程中完全由政府组织勘查、规划设计、工程预算、招投标、组织施工、检测、工程决算、验收、移交，程序复杂，周期长，在运营中易出现管线资产质量问题或运营事故（跑冒滴漏、爆炸、污染等），造成责任不清的弊端，多数城市采取第二种方式即政府规划、补偿，产权单位自建。如长春市政府出台的《长春市人民政府办公厅关于市政基础设施工程涉及管线排迁问题的通知》（长府办明电〔2016〕6号），明确要求：产权单位负责勘查、规划设计、工程预算工作，然后提交给征收单位作为补偿价值的基础。实践证明，此法既有利于地铁建设，又能有效地保护产权单位的权益和生产安全。

在此通知要求下，排迁工作传导到评估环节的工作实质是：评估人员如何以产权单位提交的工程预算资料为基础，客观公允地提供补偿价值。

二、评估关键点和技术路线

（一）首先明确排迁估价的基本事项

管线迁移首先保证管道的使用功能不受影响，并符合城市的总体规划、尽量考虑永临结合，同时紧密结合地铁的施工组织计划。估价前要认真研究《管线排迁征收补偿方案》（下称《补偿方案》）、《会议纪要》、设计说明、图纸及相关资料，积极主动访谈产权单位，尽可能全面收集在役、拟建管线的资料，并且指派专人对拟建管线进行勘测调查，绘制拟建管线查勘图；对在役管线查勘，精确获得在役管线使用状况、物质折旧、功能折旧等信息，作为估价中管线拆迁补偿的估算依据。在此过程需要关注下述问题：

（1）估价对象如何确定？在役管线作为估价对象还是拟建管线作为估价对象？一般征收评估的特点是"拆此补此估此"，估价对象固化；排迁的实质是在役管线被动拆除作废，重新修建类似功能管线，拟建管线与在役管线相比，除功能相同或相近外（本文不探讨功能差异较大的状况），管线路径、工艺、材料、经济寿命等均发生变化，排迁补偿估价就变成对拟建管线进行价值测算，估价特点也衍变为"拆此补彼估彼"，即产生"估价对象替换"。

（2）管线排迁补偿估价不是严格意义上的估价，而是价值咨询。《规范》明确的估价程序第5个步骤为"实地查勘估价对象"，而估价对象已经被替换且拟建设，无法进行查勘程序，需要根据《规范》要求，启动"背离事项假设"，重点披露此事项后完成价值测算。

（3）直接使用产权单位提交的工程预算资料还是审核后使用？如需审核，审计主体、审计深度如何？根据财政部令第81号《基本建设财务规则》要求，财政投资项目必须经过预算审计，以此作为拨付工程款的依据；据此工程预算必须审计，最理想的审计深度是做到二次审核。

（二）需要关注的衍生问题

（1）替代原则如何具体应用？由"拆此补彼估彼"引致的估价对象范围、施工材料、施工工艺等变化，估价过程必须以拟建管线图纸为依据，确定重置全新成本。且根据替代性原则，采用更新重置成本，即采用新型材料、现代建筑或制造标准、新型设计、规格和技术等，以现行价格水平购建与在役管线具有同等功能的全新资产所需的费用。

（2）工程预算价值口径与估价价值口径不一致，估价过程如何进行衔接？预算口径为工程成本造价，评估补偿口径为资产价值，是在成本造价口径基础上的价值延伸，估价时应利用《规范》成本法公式内涵进行价值调整、衔接。

（3）折旧率如何确定？根据替代性估价原则和公平补偿的征收补偿原则，应该按照旧管线的使用情况、在役管线与拟建管线功能差异等因素测算综合折旧率。

（4）在役管道的排空损失、过渡期运营损失、管线清理损失如何处理？应根据《管线排迁征收补偿框架合同》约定内容确定。

（三）估价技术路线

经过上述分析，形成如下管线排迁估价技术路线：

（1）深度熟悉《补偿方案》《会议纪要》《征收补偿框架合同》等文件，以明确管线排迁种类、价值时点、估价对象、价值类型等估价要素。

（2）提请产权单位（被征收人）聘请专业设计部门根据规划设计说明、图纸编制管线工程预算。

（3）评估机构指派或聘请专业工程审计人员对预算进行深度审计，获得审减后的预算价值。

（4）对专业审计结果进行分析，确定审计结果的价值内涵，保证以此为基础调整后的评估结果在重置成本内容上"不重不漏"。

（5）补充各层级未包含在预算中的费用，并将成本费用资产化。

（6）确定项目投资管理费用、资金成本、投资利润，做好工程预算价值口径与估价价值口径的衔接。

（7）确定被排迁管线综合折旧率。

（8）评估测算排迁管线本体的补偿价值。

（9）根据《征收补偿框架合同》，测算或披露在役管线排空损失、排迁过渡期运营损失、在役管线清理损失计算方式。

三、管线排迁实务示例——输油管线排迁案例

某地铁建设涉及输油管线排迁，并进行永迁补偿价值估算。在役管线近似直线，拟建管线为 L 形，起点坐标为：X=−5787.689，Y=−13985.638，终点坐标为：X=−5124.637，Y=−14376.141，改线前管道长度为 870.3m，改线后管道实长 1106.62m。拟建管道采用 D508×7.1、L415M 直缝埋弧焊钢管，高温型三层 PE 加强级防腐。

（一）明确排迁估价的基本事项

根据《补偿方案》《会议纪要》《征收补偿框架合同》等资料，明确该排迁补偿方式为"货币补偿—产权人自建"，补偿价值类型为市场价值（结合在役管道的新旧程度），由此明确了估价目的、价值时点、估价对象、价值类型基本事项，因此选用成本法的技术路线测算拟建管线价值具备合理性。

（二）提请产权单位提供合法合理工程预算

管线排迁的估价实质替换为对拟建管线的价值分析，估价人员敦请编制精准的工程预算是必要的。工程预算编制基本要求：一是法律上允许。拟建管线设计须符合城市规划并获得批准；编制单位须具备相应的专业资质及等级；签字人员须具有专业资质。二是保持技术可

能、财务可行的均衡。在财务允许的前提下，设计路径、施工工艺、工程材料是先进的、有前瞻性的，同时尽可能节约成本。估价人员介入此工作环节的必要性是保证施工图纸、预算效力合法，达到估价要求的法律允许前提；编制内容具体，包括敷设路径、深度、核定压力、工程特征描述、工程材料、分部分项工程数量、现行材料价值或定额等，保证技术与财务的均衡；敦促工程预算编制客观，杜绝刻意增加无效支出内容，减少下一步审核工作量。

按照上述要求，产权单位提交工程预算为680.55万元（明细略）。

（三）借助专业帮助

1.《规范》提供了估价难点的救济途径

是否寻求专业帮助是估价人员自选程序，管线工程的专业性和复杂性决定估价机构应当聘请专家提供专业帮助。《规范》3.0.9"在估价中遇有难以解决的复杂、疑难、特殊的估价技术问题时，应寻求相关估价专家或单位提供专业帮助……"《规范》3.0.10"……应建议估价委托人聘请具有相应资质资格的专业机构或专家先行鉴定或检测、测量、审计等，再以专业机构或专家出具的专业意见为依据进行估价，并应在估价报告中说明。"

2.管线工程预算编审专业性强

产权人（被征收人）编制工程预算，可能是站在补偿价值最大化的角度妄加无效内容，评估人员不能直接使用。①评估人员须了解施工图预算所采用的定额。根据施工图预算编制说明，了解编制该预算所采用的定额是否符合施工合同规定或工程性质。②了解预算包括的内容范围。收到工程预算后，应该根据编制说明或内容，了解本预算所包括的范围。例如某些配套工程、室外管线、道路、技术交底等，是否包括在所编制的预算中。③熟悉有关规定。预算审核人员应熟悉国家和地区制定的有关预算定额、工程量计算规则、材料信息价格以及各种费用提取标准的规定，既要审核重复列项或多算的工程量，也应审核漏项或少算的工程量，还应注意工程量计算单位是否和预算定额一致。上述内容都超出了评估师的执业能力和范围，只有借助造价工程师，实事求是地提出专业意见，夯实工程预算的质量，确保工程预算合理。

造价人员审减后价值为625.37万元，审减价值55.18万元，并以《审计报告》形式提交估价公司（审减过程略）。

（四）工程预算口径与评估价值口径衔接

工程预算口径与评估价值口径的逻辑关系如表1，工程预算口径为下表的①+②+③，评估价值口径为①+②+③+④。

《规范》4.4.3规定：成本法下，全新重置成本＝建设成本＋管理费用＋投资利息＋销售税费＋开发利润。本次预算按照更新重置成本要求编制，成本内涵符合估价要求。

工程预算价值为①+②+③，内涵等同于公式中的建设成本；评估价值口径为假定产权人以正常、合法方式取得，评估中采取成本、费用项目"不重不漏"的原则，并将应计入资产完全价值的费用资本化，价值为①+②+③+④。明确两种口径的逻辑关系，即可完成工程预算口径与评估价值口径的衔接，继而测算拟建管线全新重置成本。

经计算管理费用＝62.53万元，利息费用＝18.75万元，开发利润＝150.36万元（过程略），则全新重置成本＝625.37万元＋62.53万元＋18.75万元＋150.36万元＝857.01万元。

（五）折旧费用

根据《征收补偿框架合同》和替代性原则的应用，折旧率采用在役管线折旧率，且充分考虑在役管线、拟建管线功能差异形成的功能性折旧。

工程预算口径与评估价值口径　　　　　　　　　　　　　　　　　　表 1

建设项目总投资	固定资产投资—工程造价	建设投资	①工程费用	设备及工器具购置费	
				建设安装工程费	直接费
					间接费
					利润
					税金
			②工程建设其他费用	建设用地费	
				与项目建设有关的其他费用	建设管理费、可行性研究费、研究试验费、勘察设计费、环境影响评价费、劳动安全卫生评价费、场地准备及临时设施费、工程保险费、特殊设备安全监督监测费、市政公用设施费
				与未来生产经营有关的其他费用	
			③预备费	基本预备费	
				价差预备费	
		建设期利息			
构成资产完全价值项目	④管理费用、利息费用、销售税费、开发利润				

1. 物质折旧

经咨询输油管道设计建设公司，在役管线经济寿命为 25 年，尚可使用 17 年。资产经济寿命应自资产竣工时起计算，根据资产结构、用途和维护情况，结合市场状况、周围环境、经营收益状况等综合判断，残值率为零，则：

物质折旧率 =1-（尚可使用年限/经济寿命）×（1-残值率）×100%
　　　　 =1-17/25 × 100%= 32%

2. 功能折旧

功能折旧是指资产在功能上的缺乏、落后或过剩造成的价值减损。在役管线设计较科学合理，未发现明显的上述情形；但现役管线增加了更加高效的智能监控系统，可减少生产故障率，提高运营效率，由此引起在役管线功能减值，确认功能折旧为 7%。

3. 外部折旧

外部折旧是指资产以外的各种不利因素造成的价值减损。委估标的物在区位因素、经济因素等方面不存在永久性的和暂时性的损失，在估价时点未发现外部折旧因素。

（六）确定管线排迁工程本体补偿价值

排迁工程本体补偿价值 = 重置价值 ×（1-折旧率）
　　　　　　　　　　 =857.01 万元 ×（1-32%-7%）= 522.77 万元

（七）其他补偿项目

包括在役管道的排空损失、排迁过渡期运营损失、在役管线清理净损失。《征收补偿框架合同》约定："管线清理专业性强，由产权人自行清理，清理净收入抵偿排空损失、过渡期运营损失"，所以其他补偿项目不做估价，并在估价报告披露该事项。

四、结语

城市在社会进步中发展，作为服务于经济社会发展的房地产估价行业，必须提供与时俱进的估价服务；2015 版的《规范》具有全面性、现势性、前瞻性、专业性特点，是规范和引导估价技术工作的"百宝箱"，只要估价人员能精深研读《规范》，精准地汲取其精髓，必会获得相应的技术工具并能动地创建工具组合，解决诸如"管线排迁"等新兴的、特殊的估价问题，彰显估价行业在社会经济发展、城市更新中发挥的专业作用。

参考文献：

[1] GB/T 50291—2015，房地产估价规范 [S].
[2] GB/T 50459—2017，油气输送管道跨越工程设计标准 [S].
[3] GB 50253—2014，输油管道设计规范 [S].
[4] 中国房地产估价师与房地产经纪人学会.房地产估价理论与方法 [M].北京：中国建筑工业出版社，2018：125-136.
[5] 张允宽.建设工程造价管理 [M].北京：中国计划出版社，2013.
[6] 章积森.房地产估价钥匙 [M].北京：中国建筑工业出版社，2016.

作者联系方式

姓　　名：辛彦波
单　　位：吉林融创房地产估价有限责任公司
地　　址：吉林省长春市东南湖大路 518 号鸿城国际大厦 B 座 6F
邮　　箱：xinyanbo@126.com

估价机构如何做好城镇老旧小区改造项目的前期工作

——以海口市美兰区某老旧小区更新改造项目为例

郑作贤

摘　要：李克强总理在2019年政府工作报告中指出："城镇老旧小区量大面广，要大力进行改造提升。"这既能提高居民的居住品质、完善社区的功能、提高城市的形象，更是稳投资、稳就业的重要途径。海口市的老旧小区存在脏乱差、配套设施不全、安全隐患日益突出等问题，进行更新改造显得极为重要和迫切。本文从估价机构角度出发，讨论估价机构如何发挥自身优势，为项目开发建设单位做好城镇老旧小区更新改造建设项目的前期工作，实现项目既定的建设目标。估价机构和估价人员在提供服务的过程中，既提高了自身的执业水平，同时拓宽了业务范围，最终实现房地产估价行业的长远发展。

关键词：城镇老旧小区更新改造；前期工作；业务拓宽

一、海口市老旧住宅小区现状及存在问题分析

城镇老旧小区指的是用地性质为国有建设用地，以居住功能为主，因建筑使用年限久、管网设施老化、建筑质量差、存在较大安全隐患、基础设施缺失严重、宜居条件较差且地块相对独立、产权清晰的城市居住区。海口市现存的老旧住宅小区大多建于20世纪90年代初期，至今已经过多年，建筑物陈旧、设施老化、功能落后，无法满足现代生活的需求。主要问题表现在以下几个方面：

（一）功能层面

城镇老旧小区建设于20世纪90年代初，现状破旧，房屋屋面及墙体出现裂缝，渗水严重，安全隐患无法根除。由于建设时间较早，套型设计落后，已不能满足当前的生活需求。

（二）基础设施层面

城镇老旧小区建设标准低，基础设施不够完善，场地内排水设施不足；没有人车分流，人车混杂现象严重，对步行居民的安全造成威胁；停车位不足，机动车辆沿路停放，导致住宅小区内道路不能满足消防要求，存在极大的安全隐患。

（三）居住环境层面

城镇老旧小区在建造之初，采用的绿化标准偏低，绿化景观不足，进而影响公共活动空间的质量和生活品质。小区内公共活动空间缺乏，邻里间缺少聊天、谈心的场所。

以上存在的诸多问题，严重影响住户的生活质量及人身、财产的安全，但这些问题是可以通过老旧住宅区更新改造而得以改善，并且这种改善也将是立竿见影的。

二、老旧小区改造的对策

海口市委、市政府高度重视老旧住宅区改造工作，将其作为改善民生的一个重要抓手，不断加大投入和整治力度。《海口市老旧住宅区自主改造试点工作指导意见》的出台，将进一步推进老旧住宅区自主改造，促进城市更新。

但城镇老旧住宅小区在改造工作中常常遇到资金短缺的问题，因此政府鼓励社会资本参与到老旧住宅小区改造当中，以市场化方式运作，进行高效的改造，取得效益最大化。引入社会资本参与改造，市场建设主体单位需要中介服务机构提供项目效益分析、意愿征集、项目申请报告、可行性研究报告及前期阶段相关手续的办理等服务，为估价机构介入城镇老旧小区改造项目的前期工作带来了契机。本文结合笔者所在公司参与海口市美兰区海甸岛五西路某住宅小区的老旧小区改造经验，谈谈估价机构应如何参与到城镇老旧小区改造项目的前期工作中去。

三、案例分析和操作流程

（一）案例概况

2019年上半年，笔者所在的房地产评估公司接受海南某房地产开发有限公司（市场建设主体单位）的委托，为海口市美兰区海甸岛五西路某老旧小区更新改造项目的前期立项审批工作提供全程服务，从改造意愿征集到该项目取得建设工程规划许可证为止。委托方已与业主委员会签订了《初步意向合作书》。根据委托方提供的资料，该小区用地面积 $11500m^2$（折合17.25亩），地上现有6栋楼房（A、B、C、D、E、F栋），总建筑面积 $20265.44m^2$，总户数为202户。该小区建于1992年，现状较为破旧，部分房屋出现墙体裂缝、墙体及顶面渗水严重，安全隐患无法根除，严重影响住户的生活质量，达到了认定为老旧住宅小区的标准。

（二）实施步骤

首先我司成立了前期阶段工作的项目小组（以下称"项目小组"），并组织工作人员开展业务培训，使工作人员熟悉、掌握旧住宅小区自主改造的法律法规、法定程序和相关业务知识，为下一步开展工作打好基础；接着与委托方和小区业委会进行多次交流沟通，充分了解项目的具体情况；最后开始实施，具体如下：

1. 老旧住宅小区自主改造项目前期尽职调查

旧住宅小区更新改造是一项复杂的系统工程，应事前进行一定的风险防范工作，在项目前期开展尽职调查是最有效的一种防范风险的手段。尽职调查工作由项目小组负责具体实施，涉及一些专业领域的尽职调查，外聘律师事务所、会计师事务所共同完成。项目前期的尽职调查工作主要包括以下内容：调查项目土地的相关情况、调查项目范围内的建筑物及其物权人情况、调查项目与搬迁安置补偿有关的其他事项。调查的内容大部分属于房地产估价师专业知识范围之内，由房地产估价师进行调查更加专业。

2. 宣传动员

在小区业委会的协助下，项目小组通过在小区内悬挂横幅、张贴海报等形式，宣传小区自主更新改造的意义，营造良好的舆论氛围，得到广大业主的充分理解与支持。宣传动员环节跟棚改征收估价项目中的动迁一样,也是房地产估价师熟悉的工作。

3. 入户意愿征集

在业委会的授权和协助下,项目小组挨家挨户进行旧住宅小区更新改造意愿征集,在征得100%业主同意后,即获得了计划申报改造的主体资格。意愿征集过程中应做好更新改造政策法规的解释工作,注重对投资方实力形象的宣传,了解小区内业主的改造意愿,并要求业主在改造意见书上做出同意的意见以及签字等。入户意愿征集跟棚改征收估价项目中的摸底调查大同小异,也是房地产估价师熟悉的工作。

4. 老旧住宅小区认定申请与核实

申请改造老旧住宅小区的申报主体为小区业主委员会,由业主委员会授权项目小组工作人员代为申报。在广泛征求业主意见后,向海口市美兰区住建局提出老旧住宅小区界定申请,由区住建局组织项目所在辖区街道办、居委会一起核实。核实后,区住建局出具了《某某老旧住宅小区项目改造意见书》。

5. 老旧住宅小区改造规划条件申请与确定

(1)项目小组向海口市规划主管部门咨询拟改造宗地的规划条件,并附上拟申请容积率条件下的成本和收益平衡测算报告。

(2)海口市规划主管部门在受理拟改造项目的规划咨询申请材料后,组织现场踏勘,并将拟改造项目土地的规划条件答复申请单位。

(3)项目小组按规划要求进行初步项目策划,提出旧住宅小区更新改造的三种实施模式供业主选择:自改模式、合作改造模式、市场开发建设主体单独改造模式。最终选定市场开发建设主体单独改造模式。

在这一环节中,拟改造宗地的规划条件申请报告、拟申请容积率条件下的成本和收益平衡测算报告、初步项目策划报告的编制、向业主介绍更新改造实施模式的特点等工作,房地产估价师完全可以胜任。

6. 老旧住宅小区改造计划申请与审批

(1)在征得100%业主同意后,业委会授权项目小组持意愿征求证明材料向海口市美兰区住建局提出列入老旧住宅小区自主改造年度计划申请。

(2)申请材料经海口市美兰区人民政府审查,报海口市政府审批后,列入区政府老旧住宅小区年度改造计划,并享受海口市老旧住宅小区改造的相关优惠政策。

7. 老旧住宅小区改造项目改造开发建设主体确定

本项目选择引入市场建设主体单独改造模式。项目小组协助业委会组织业主开展市场开发建设主体的选定工作,经专有部分占改造范围内建筑物总面积三分之二以上且占总产权人数三分之二以上的业主同意,确定项目改造开发建设主体为海南某房地产开发有限公司。

8. 老旧住宅小区改造项目合作开发协议签订

(1)项目小组在开发建设主体的授权下依照规划条件、改造意见书,组织开展拟改造项目的策划和规划方案编制,征求业主意见。

(2)策划方案由项目小组编制,内容包括:拟改造项目土地、房屋现状、产权情况、项目改造必要性分析、规划可行性分析、项目成本和收益分析;拆除和安置的内容和安置条件;权属业主、改造主体应承担的责任和义务;同时制定项目合作改造协议书、房屋搬迁补偿安置协议书和项目合作改造建设征求意见书。

(3)规划建筑设计方案(含户型方案)由开发建设主体海南某房地产开发有限公司委托

乙级以上规划设计资质单位编制。

（4）项目小组针对策划和规划方案广泛征求业主意见，其中涉及拆迁和安置、各方应承担的责任和义务内容的，应取得100%业主的同意。规划设计方案涉及总平面布局、户型设计的，应取得专有部分占改造范围内建筑物总面积三分之二以上且占总产权人数三分之二以上的业主同意，并组织开发建设主体和业主签订项目合作改造协议书和房屋搬迁补偿安置协议书。协议涉及规划、建筑设计方面内容的，应明确以规划行政主管部门最终审核的结果为准。

在这一环节中，策划方案的大部分内容属于房地产估价机构正常的业务范围。房屋拆除和安置等内容，参与过棚改项目的房地产估价师均可胜任。规划建筑设计方案涉及规划设计专业，需另行委托规划设计资质单位完成。

9. 老旧住宅小区改造项目规划许可及土地手续办理

（1）策划方案及相关事项在取得业主同意后，项目小组协调规划设计单位完成项目规划建筑设计方案，并向规划主管部门申请审查、审批。规划主管部门核发项目规划建设设计方案预审通知书，并依法向社会和相关权益人进行规划批前公示。

（2）取得规划预审通知书后，项目小组依照预审通知书、相关法律法规的要求，代表海南某房地产开发有限公司会同业主向不动产登记中心申请注销需要改造拆除房屋的不动产权证。同时协助开发建设主体按规定补缴地价款，完善用地手续。

（3）在完善土地手续、规划建筑设计方案预审通知书要求事项后，项目小组向规划管理部门申请办理建设工程规划许可证。

（4）开发建设主体在取得建设工程规划许可证后，按策划方案确定的拆迁安置和建设计划，依法开展拆迁和建设。至此，项目小组的前期阶段服务工作全部完成。

在最后的环节中，完善土地手续涉及的土地用途调整、容积率增加、土地使用年限延长补缴地价款的评估，属于房地产估价机构传统的估价业务。综上，城镇老旧住宅小区改造项目与房地产估价的联系十分密切。

四、结论与后续工作建议

（一）结论

城镇老旧住宅小区改造工作在我国社会发展中占有重要的地位，合理改造居民现有老旧住宅小区，使他们的居住条件明显改善，的确是一件利国利民的事情，有着巨大的社会效益和积极的现实意义。在城镇老旧住宅小区的改造工作中，房地产估价机构应积极介入，成为投资方和业主的重要协助伙伴，为委托方解决问题的同时，房地产估价机构也拓宽了业务范围，在市场中取得了更大的进步，最终实现房地产估价行业的长远发展。

（二）后续工作建议

本文仅介绍了城镇老旧住宅小区改造项目前期阶段的服务工作，在项目的后期还有不少业务是房地产估价机构可以承接的，如代为办理分房、抵押、办证等手续，房地产估价机构应深度挖掘客户的需求，为客户提供优质的专业化服务，方可在市场竞争中立于不败之地。

参考文献：

[1] 海口市住建局.海口市老旧住宅区自主改造试点工作指导意见 [Z].2019-9-24.

[2] 贺倩明，刘敏，赖轶峰，王鸿科，等.城市更新改造项目法律实物和操作指引 [M].北京：法律出版社，2014.

[3] 石铁矛，哈静，李超等.旧城区改造与更新 [M].大连：大连理工大学出版社，2015.

作者联系方式

姓　名：郑作贤

单　位：海南思马特房地产评估咨询有限公司

地　址：海口市龙华区海秀东路 33 号瑞宏大厦 A2 单元 1203 室

邮　箱：77814580@qq.com

探索引领型咨询 深化驱动力作用
——以深圳市福田区南华村棚改项目全程咨询顾问为例

吴 青 童款强

摘 要：随着深圳估价机构在拆迁改造领域中咨询顾问服务模式的日渐成熟，委托方对估价机构的服务需求，从技术研究、政策咨询拓展到项目管理、统筹协调等外延范畴。面对深圳拆迁改造项目规模大、参与单位多、时间进度紧、实施难度高等特点，估价机构参与项目流程设计、协助全局掌控的角色定位越发明显，挖掘、探索、发挥估价机构的驱动力作用，提供引领型咨询，成为未来咨询服务的趋势，也是估价机构专业价值与社会地位再次跃升的良好机遇。

关键词：棚户区改造；估价机构；引领型咨询；驱动力

一、南华村棚改项目的基本情况

（一）项目概况

福田区南华村建成于1984年，是深圳最早的公务员福利房小区之一，占地面积约16.19万平方米，建筑物70栋、房屋2727套。房屋现状质量较差，配套设施严重不足。南华村作为深港科技创新合作区的重要配套区域，未来将集聚高端人才，提升片区产业活力和发展动力，对打造国家自主创新平台、大湾区国际科创中心平台、深化深港紧密合作关系平台具有重要意义。基于此，福田区委、区政府于2019年正式启动南华村棚户区改造（以下简称棚改），成为深圳本年度最大的棚改项目。

（二）工作难点

南华村前期推进过程中遇到了较大的阻力，主要表现在以下几个方面：

1. 政策层面，补偿标准与业主预期差距较大

福田区在2017年启动华富村棚改项目，到2018年，市政府出台了《深圳市人民政府关于加强棚户区改造工作的实施意见》（深府规〔2018〕8号），2019年南华村启动，成为适用深府规〔2018〕8号文件的第一个项目。与2017年华富村项目相比，本项目补偿安置标准更低。以增购安置房建筑面积为例，华富村可按照9000元/平方米增购13平方米安置房，而本项目需按照39192元/平方米进行增购，且最高不超过10平方米。作为同一辖区内由政府主导的同类型项目，南华村补偿标准严重低于业主预期，极大地增加了实施难度，部分业主一度抱团抵制改造。

2. 管理层面，参与主体多，组织协调难度高

本项目采取政府主导、企业实施的模式，福田区政府搭建了"1+1+13"的组织架构

（区、现场两级指挥部，13个工作组），从全区抽调40名处级、科级干部脱产工作，另有项目实施主体、公证处、3家签约服务机构（其中1家兼任全程咨询）、2家法律顾问机构、规划设计团队、签约系统开发团队、社区等众多单位，在短期内组建成立一个大组织，且许多工作人员没有类似项目经验，组织协同、实施管理的压力很大。

3.技术层面，历史问题多，流程指引不明确

南华村历史久远，属于深圳第一批福利房小区，存在很多不完全产权房屋，原来的产权登记资料缺失，导致产权办理、房屋套内建筑面积确认等工作面临很大的困难。另外，南华村是深圳棚改新政（深府规〔2018〕8号）发布后实施的第一个项目，在具体操作时面临很多指引空白，例如回迁安置房税费承担、办证登记价等，需要率先开展研究。

二、估价机构引领型咨询的现实需求

不同于常规估价业务，棚改项目涉及几千户业主的大宗资产，大量的行政、人力、物力资源集中投放，特别是南华村存在一系列遗留问题，在推进过程中若考虑不周，极有可能引起群体性社会稳定风险事件，或造成各类资源的浪费，甚至导致项目烂尾。

为快速推进项目，政府作为主导方，导入行政力量，引入各类专业机构，但如何有效地整合各方资源，依然迫切需要一个融汇政策、技术、管理、沟通等各方面技能的专业单位，主动谋划、全局统筹、宏观把控，协助政府积极策动项目向前稳妥推进。深圳估价机构凭借多年来在拆迁改造项目咨询过程中积累的丰富经验，成为这一角色的最佳选择。对估价行业而言，原来跟从式的咨询服务模式也已经难以满足发展需求，引领型咨询成为行业迭代的必然趋势。

三、估价机构引领型咨询的探索实践

针对南华村的现状特点与实际难点，作为本项目咨询顾问机构，格衡公司积极协助项目指挥部设置规则、优化流程、统筹推进，通过引领型咨询，发挥驱动作用。

（一）依托政策沉淀，驱动顶层设计方案落地

本项目启动时，业主对标2017年实施的华富村改造项目标准，但市棚改新政出台后，本项目补偿安置标准受到政策限定。与华富项目相比，按照现状价值计算，每套房屋补偿差异在40万元左右，如考虑未来回迁安置房价值，每套房屋差异超过100万元，因此，本项目补偿安置方案征求意见稿发布后，遇到了巨大的阻力。补偿安置方案成为项目能否成功的第一关键要素。

1.挖掘可补偿项目，减少与对标项目的差异

为减少与华富项目的差异，咨询机构在市棚改新政的政策刚线下，深入挖掘在操作层面可细化实施的补偿项目，既不突破政策规定，又能接近业主预期。研究过程从查找依据、论证分析、报会研讨到修改完善，持续了整整六个月，修改数十稿。最后通过提高回迁安置房交付标准（满足基础使用功能）、优化回迁安置房户型选择（无刚好匹配户型允许上跳一档）、新设租赁补偿、上浮过渡期租金等方式，使整体补偿标准接近华富项目，并通过了市主管部门的备案审查，也为后续棚改项目补偿安置方案的制定提供了参考，预计将成为未来一定时期内的棚改模板。

2. 加强与业主对话，组织多轮次面对面座谈

业主抵触的苗头出现后，咨询机构协助项目现场指挥部及时采取应对措施，连续召开十多场大型政策宣讲和座谈会，由咨询人员负责政策宣讲、问题解答，面对面交谈，参与业主超过1000人次。刚开始时，座谈的氛围并不友好，很多业主无法理解同一辖区政府主导的项目差异如此之大，对工作人员抱有怀疑甚至敌对的态度。经过连续半个月的化解，这一状况得到了很好的转变。笔者对此也感触颇深，从估价到咨询，我们的工作环境、面对的客户已变得更为复杂和多样化。

（二）依托经验储备，驱动项目全程高效推进

深圳市棚改新政发布后，福田区制定了《深圳市福田区棚户区改造实施办法（试行）》，对组织实施做出了原则性规定，但本项目作为新政后第一个正式实施的棚改项目，并无先例可循。

1. 全局把控，规范操作指引

棚改实施步骤多，对程序合法、合规性的要求很高，但逐项依次开展必然导致进度滞后，在此情况下，咨询机构会同法律顾问协助项目现场指挥部进行全局推演，对必经的程序严格落实，以应对后续可能出现的行政诉讼，对可同步推进的环节合理搭接。例如：本项目在签约之前临时开发签约系统，咨询机构会同各方对签约流程、前置条件、审核层级、签批主体、系统模块等规则提出建议，区分不同权属类型房屋设定差异化的签约程序（权属清晰的可在签约后马上领取甲方盖章的协议，不清晰的则需留置），并据此提前做出预收权属资料的安排，提前扫描、存档，在系统正式上线后第一时间生成协议，极大地提高了签约效率。

在规范实施程序的同时，咨询机构会同法律顾问对各环节的格式范本予以明确，统一发放给各签约小组，并进行培训，保障各项工作在既定的规范框架下运行。

2. 实时推演，做出任务提示

在项目开展过程中，经常出现各类突发情况，与原先预想的计划发生偏移。咨询机构全程进行实时推演，预先做好计划，发出任务提示，并根据具体情况快速修正。例如，2019年7月10日，区政府会议确定项目21日启动集中签约，但此时补偿安置方案尚未通过市主管部门备案，一系列前置条件均未具备。在此情况下，咨询机构一方面持续提示区棚改办协调市主管部门完成备案手续，另一方面及时对相应机构发出任务提示、跟进协调，做好各项搭接程序：7月13日，发布补偿方案征求意见情况通告、补偿方案通告；7月15日，发布选房规则通告、签约启动通告；7月16日，发布货币补偿价格通告；7月17日，发布增购面积价格通告；7月21日，发布关于产权调换、选房规则、规划等问题的说明通告。各节点环环相扣、严丝合缝，既要符合政策规定的先后次序，又要满足实际工作要求，对咨询机构的政策、协调能力要求极高。

（三）依托资源积累，协请职能部门有机联动

棚改涉及众多职能部门，例如住房保障、产权登记、规划自然资源、城市更新和土地整备、教育、规划土地监察等。与各部门的沟通存在很多技巧，需要确保去文回函程序方面的规范，更重要的是提前对去文回函的内容做好沟通，避免各职能部门回复的内容不是现场实际工作所需，甚至制约现场实际操作，这就要求咨询机构与各部门建立良好的关系。例如，由于历史遗留原因，项目范围内存在部分一人两套保障性住房（俗称双绿本）的情况，根据规定，当事人必须退还一套房屋，因此，是否去函、如何成文、如何回复均需要

做好沟通；又如，项目范围内存在部分房屋产权证载建筑面积与不动产登记查档面积存在差异，占比达到整体项目的 10% 左右，最终补偿时如何认定面积，也需要与不动产登记部门做好对接沟通。咨询机构在处理这些情况时，需要积极协请各职能部门提出操作可行的处理方式。

（四）依托技术延展，驱动疑难问题及时化解

棚改是一个系统性的工程，估价技术在整个项目体系中应用的比例并不高，作为咨询顾问机构，需要更为宽阔的技术积累和专业延展，才能满足实际工作需求。

1. 扩展跨域专业知识，促进信息准确传递

在本项目集中签约期间（15 天），业主诉求的相关问题集中爆发，且绝大部分超出了估价技术范畴，例如回迁安置规划、车位归属、地价及税费承担、登记价、办证时间等问题。咨询机构作为统筹单位，必须全面地了解各问题的内涵及政策规定等，才能准确地做好信息传递，并应用通俗的语言，在业主与专业之间搭建一座顺畅的沟通桥梁。

在此过程中，最具代表性的是被搬迁房屋套内建筑面积问题。该问题导致的矛盾极为尖锐，历史缘由也极其复杂。根据市棚改政策规定，按照套内建筑面积 1:1 或不超过建筑面积 1:1.2 的比例确定安置标准。但是，南华村小区建成年代久远、产权登记情况复杂、资料缺失，被搬迁房屋房地产权证书及房地产登记簿记载均未记载套内建筑面积，且不动产登记部门留存的原始档案资料中也没有关于套内建筑面积的直接记载数据，仅在查丈原图、房屋建筑面积汇总表中有记载使用面积。该使用面积的定义与套内建筑面积基本一致，但适用的测绘规范并不相同，使用面积是旧的测绘规范下的结果，而套内建筑面积目前适用新的测绘规范，两者差异主要在于外半墙。为研究解决该问题，咨询机构协助现场指挥部多次到不动产登记中心调研，与市地籍测绘大队等单位进行座谈，对产权登记政策、测绘相关知识进行了深入研究，目前已提报市级层面决策。对此笔者的体会是咨询服务早已超出了估价的边界，需要不断跨域拓展相关知识。

2. 协助公众宣传对话，及时化解舆情危机

棚改工作归根到底是"人"的工作，信息对称、信息交互尤为关键。目前，微信公众号是一个非常好的对话沟通平台，咨询机构在信息发布方面需要积极参与素材整理和总体把控，对文案写作、舆情应对方面的能力提出了很高的要求。本项目签约启动后，各种问题、诉求和言论都集中爆发，咨询机构会同法律顾问协助现场指挥部形成快速反应机制，实时收集、当天研究、当晚发布。在 15 天集中签约期内，累计发布了 15 篇微信公众号说明，日均一篇，字字斟酌，针对性强，有效地解答业主疑问、平息谣言、化解舆情危机，对促进签约发挥了积极作用。

四、估价机构引领型咨询的实践体会

凭借各方共同努力，南华村项目取得了亮丽的成绩。在 15 天集中签约期内签约率达到 99.6%，签约套数 2500 套，创造了深圳棚改的新速度、新样板。

在项目过程中，格衡公司对新形势下的咨询顾问服务模式进行了一些思考和探索。自 2005 年介入征地拆迁工作以来，深圳估价机构业务边界不断扩展，从评估服务转型到咨询顾问，经过十多年的探索，已基本完成了 1.0 时代的咨询发展历程。随着外部环境的变化，咨询顾问的服务内容更为多元，服务对象更加广泛，服务模式也需要顺势而变。咨询顾问

2.0时代已经到来,其最显著的特征是由从动转为引领,由辅助转为驱动,由技术扩展到管理,由估价扩展到多元……一切都在不断演进变化,对估价机构而言,唯一不变的是保持改变,探索向前!

作者联系方式
姓　　名:吴　青　童款强
单　　位:深圳市格衡土地房地产评估咨询有限公司
地　　址:深圳市罗湖区红岭中路2068号中深国际大厦19楼
邮　　箱:514993900@qq.com

浅谈估价机构如何在棚户区改造中积极发挥作用

唐瑞举

摘　要：在经过30余年的城市快速发展和迅猛扩张后，我国的城镇化已经从高速增长转向中高速增长，进入以提升质量为主的转型发展新阶段，城市更新日益成为我国当代城市发展的重要主题。棚户区改造（以下简称棚改）估价服务作为房屋征收估价类型的一种，对估价机构及评估专业人员综合服务能力提出了更高的要求。在棚改估价的实际工作当中，作为评估专业人员既要掌握房屋征收评估的基本要求，又要重视并积极提升自身的综合服务能力，为进一步提供高质量的估价服务发挥作用，从而实现长期可持续发展。

关键词：棚改；积极；持续发展

一、引言

在我国城市建设及城市更新改造的过程中，房屋征收补偿已经成为一个引人关注的社会问题，尤其是《国有土地上房屋征收与补偿条例》（以下简称《征收条例》）和《国有土地上房屋征收评估办法》（以下简称《评估办法》）发布实施之后，棚改评估更为大家所关注及重视。本文以估价机构如何在棚户区改造中积极发挥作用为主题，着重从前期准备工作、估价工作的实施等方面进行探讨，为估价机构在棚改过程中提供高质量估价服务发挥积极作用提供参考。

二、前期准备工作

棚改过程中的征收补偿，是指在房屋征收过程中，作出房屋征收决定的市、县级人民政府依照房屋征收补偿方案，给予被征收房屋所有权人以及被征收房屋有法律上利害关系人一定补偿的行为，而补偿是棚改过程中所面临的核心问题。纵观土地及房屋征收的各种矛盾，绝大多数被征收人所关心的并不是征收本身是否符合公共利益的需要，而是征收补偿过程中的标准和补偿的公平性、合理性问题，这就要求估价机构在房屋价值评估的过程及其结果必须是客观、合法、全面的。为做好棚改评估工作，需要积极做好以下几点准备工作：

（一）充分了解房屋征收补偿范围及补偿方式

根据《征收条例》第十七条的规定，房屋征收补偿的范围包括：被征收房屋价值的补偿；因征收房屋造成的搬迁、临时安置的补偿；因征收房屋造成的停产停业损失的补偿等三个方面。房屋征收在补偿方式上可以采取货币补偿，或者房屋产权调换的方式。无论是实行货币补偿还是产权调换，从价值量来衡量，二者是一致的，均体现了等价原则。为了提高工作效率，笔者建议估价机构可以提前与估价委托人沟通，在正式入户查勘估价前，评估专业人员可以提前结合房屋征收部门在前期入户调查摸底阶段登记的调查登记表，初步了解拟评估区域内被征收房屋的基本情况，例如房屋大概结构、面积、院落大小、楼层及被征收人的安置意愿等情况，以便为后续的入户查勘、市场数据调查、拟定估价作业思路等工作做好准备。

（二）熟悉房屋征收补偿的讨价还价要素

房屋征收补偿讨价还价涉及几大要素，主要包括房屋本身和自然景观等方面。

1. 自然要素

（1）建筑年代。普通建筑物（构筑物）建造时日越早，已使用时间越长，房屋的价值越低；相应的，房屋征收补偿数额越少。但对于特殊建筑，比如带有历史纪念意义、人文理念和环境的房屋，其价值反而随着时间的久远而使价值增加。因此，在征收和补偿年代较长的房屋时，不能一概认为破旧的房屋价值肯定低、补偿数额肯定少，而应充分听取被征收人及利益相关者的倾诉，科学合理地征询文物、历史学专家的建议，做出客观、公正、合理和充分的补偿，保护被征收人和社会公众的合法权益，保护具有历史纪念意义的建（构）筑物。

（2）建筑面积。房屋的大小对于既定的房屋单价，建筑面积越大，相应的房屋价值越大，补偿额也就越大。同时，对于某种特定用途的建筑，比如结构、装修等一致的情况下，面积不一定越大单价越高，而是应区分具体的用途。例如，居住房屋，对于特定的人群，变现难度的大小不一样，其单价遵循倒U形曲线。在某个面积临界点可能单价最大，小于临界点面积，房屋的单价随着面积的增加而增加，临界点面积达到极值，随后再增加面积，流通的难度增加，单价可能反而会有所降低。因此，估价机构及评估专业人员应注意面积的临界点问题。

（3）建筑成新。同等条件下，成新率越高，房屋价值越大，补偿额也就越大。

（4）建筑结构。在其他条件一定的情况下，砖木结构比简易结构价值高，砖混比砖木结构价值高，钢混结构又比砖混结构价值高，特殊结构执行特殊结构的价值评估规则。在建筑结构的认定过程中，要充分调研，由评估专业人员和专家做出房屋的结构认定。

（5）自然景观。被征收房屋的自然环境，包括地形、地质构造，地形越平坦，地基越稳定，越适合在其上建造建筑物，从而提高房屋的价值。周围的自然景观越秀丽，特别是对于居住、旅游和高档酒店等用途的房屋，就有可能使房屋价值提高。在补偿这些房屋时，应允许被征收人及利益相关者叙述其房屋的自然环境，评估专业人员应到实地进行勘验并做好记录，并在评估结果中体现出来。

2. 经济要素

从影响房屋价值的经济因子方面来完善讨价还价机制，主要有以下几方面：

（1）地段。房屋的经济地理位置，即距离商业网点、交通基础设施、金融配套服务网点等的距离。居住、商业用途的房屋，对交通、商业等基础设施和配套设施的要求较高，工业用途的建筑，对道路通达性（包括对内通达性和对外可及性）的要求较高，对于劳动力资源的丰富程度也有一定的要求。因此要考虑到被征收人房屋的区域位置的优劣，让被征收人拿出相应的证明文件证明其房屋的合法用途，根据被征收房屋的合法用途进行充分合理的评估。

（2）生产生活便利性。对于居住和商业用途建筑，要充分考察房屋征收对被征收人造成的生产和生活损失，如对就业的影响、购物的影响、对生产成本的影响等，应细心倾听被征收人关于房屋被征收对其生产生活的影响，要根据被征收房屋的合法用途给予被征收人合理的评估。

3. 其他影响要素

主要指房屋征收补偿标准动态更新。

现实征收补偿实践中存在房屋征收决定做出后，很长时间才开始征收的情况。在这期间，房价涨幅可能很大，但征收人做出的补偿却依然依据前几年的标准制定，此时被征收人得到的房屋征收补偿没有得到同等幅度的提高。随着《征收条例》的出台，房屋征收补偿标准也应动态更新，使其符合变化了的市场实际情况，达到加快征收进度，减少纠纷上访的目的。

（三）明晰房屋征收补偿价值的内涵

依据对房屋征收补偿内涵的阐述可知，国有土地上房屋征收补偿的市场价值除了搬迁补助费、临时安置费和奖励及补贴之外，还包括以下几个方面：

（1）房屋与土地本身的价值、被征收人被迫增加的社会成本、房屋及土地的未来发展权收益等。房屋与土地本身的价值即按照当前的市场状况分析得出的房地产价格，在这里不再详细阐述。而被征收人被迫增加的社会成本，对不同被征收人而言，由于各自经济状况等条件不同，在现有房屋被征收之后所被迫增加的社会成本可能存在不同表现，在此着重阐述被征收人保障居住权的成本。所谓保障被征收人的居住权，即要使得被征收人在征收活动前后能够保持同样的生活水平，也即重新获得房屋时所付出的代价与所获得的房屋价值的补偿金额是相同的，即应该给予被征收人以价值时点与获得补偿款这两个时点内房屋价值增长这一被迫可能增加的成本补偿。

（2）房屋及土地的未来发展权收益。在现实的征收补偿中，更多的是考虑被征收房屋的当前用途的经济收益或类似房屋的经济收益来预测其未来的收益价值，而极少考虑因其他因素可能导致的收益的增值部分，为此房屋及土地的未来发展权收益这部分的价值，应在剔除房屋及土地本身价值的评估中已经考虑到的未来收益部分的价值基础上，再结合自身性能转变、外部环境改善等因素综合分析其所产生的增值收益价值。通过以上对房屋征收补偿价值内涵的进一步明晰，以使后续测算、分析的估价结果更加客观、合理。

三、估价工作的实施

依据《评估办法》规定，注册房地产估价师应当对被征收房屋进行实地查勘，做好实地查勘记录，拍摄反映被征收房屋外观和内部状况的影像资料。同时结合《房地产估价规范》（以下简称规范）的要求，对被征收房屋估价的实施，可以分为四个方面：

（一）实地查勘

由估价机构指派的评估专业人员，对棚改范围内被征收房屋观察、询问、检查、核对、验证估价委托人提供的有关文件和资料，调查该房屋的变化及过程，拍摄反映棚改范围被征收房屋内部状况、外部状况和周围环境状况等影像资料。总而言之，与具体的补偿密切相关，需做到准确无误，将被征收房屋基本情况做好真实、客观、准确、完整、清晰的记录。

（二）核实、确认被征收房屋基本情况

在实际工作过程中，建议对以下几点情况需要着重查清：

1. 被征收房屋是否在征收范围之内

根据《征收条例》的规定，只有在征收范围内的房屋才可以征收，不在征收范围之内的房屋不能征收。因此，审查被征收房屋是否在征收范围之内是明确估价对象及估价范围的前提。审查该问题时，首先应当确定被征收房屋所在的具体位置，而后再与征收范围红线图进行比对，确定是否在红线图纸之内。特别是红线图边缘地带的房屋，除了与红线图对比，应当到实地进行查勘，进行最终确认。

2. 被征收房屋是否合法

即被征收房屋是否合法存在的房屋，是否是所有权人合法所有的房屋。另外，被征收的附属设施，是否是合法存在的，其被征收房屋附属设施的设置在法律上是否存在瑕疵，及其来源和制作安装等方面是否合乎法律规定，是否影响其他相邻房屋的安全和使用等情况，这些都需要核实、确认。

（三）确定市场价值

《征收条例》明确规定，应当根据被征收房屋的区位、用途、建筑面积等因素，确定评估价值。由于房地产是实物、权益和区位三者的结合，需要评估专业人员根据现场查勘及搜集的相关资料，综合前述所提的讨价还价要素及其他各种因素等对评估房屋价值的影响，进行综合评定、测算，进而确定其价值。例如前述提到的被征收人保障居住权的成本，估价机构可以根据调查、筛选出的相关参数、基础数据等制定出相应的指标选取准则，结合影响被征收房屋的各种因素，选择市场上类似二手房的价格增长率来核算被征收房屋价值的增长程度，从而反映保障被征收人居住权所被迫付出的成本。另外关于前述所提的房屋及土地的未来发展权收益，结合《中华人民共和国物权法》，不仅仅要考虑剩余使用年限内的收益，还要考虑土地使用年期届满时，住宅自动续期后可能产生的收益。这里笔者建议，估价机构可以在深度学习大数据的基础上，借助人工智能并结合评估专业人员的逻辑类推来进一步对所确定的市场价值进行验证，进而确定出更为准确的估价结果或专业意见。

（四）初步结果公示及现场解释

依据《评估办法》第十六条"分户的初步评估结果应当包括评估对象的构成及其基本情况和评估价值。房屋征收部门应当将分户的初步评估结果在征收范围内向被征收人公示。公示期间，房地产价格评估机构应当安排注册房地产估价师对分户的初步评估结果进行现场说明解释。存在错误的，房地产价格评估机构应当修正"，在这里笔者建议，对评估过程中涉及的一些通用的、共性的问题，进行统一培训。通过培训，使参与项目的各个评估专业人员在估价过程中遇到通用的或共性的问题，以及被征收人或房屋征收部门可能提出的焦点、热点问题，进行充分讨论，交换意见并统一认识，避免解答时出现自相矛盾、解释不一致的现象。

四、结语

城市的生命在于其不断更新并持续迸发的活力。城市的更新是持续不断的常态化的生命活动，因此城市更新本来就是城市永恒的主题。棚户区改造作为城市更新的一种展现形式，其本身是一个非常复杂的系统工程，是国家的民生工程，也是经济发展的重要支撑，关系到群众的生活和城市建设的永续发展。估价机构积极的探索并提供高质量的估价服务工作是顺利完成棚改评估工作的重要步骤。估价机构及评估专业人员能够积极在棚改过程中对高质量服务进行一些探讨，可以充分发挥估价机构和评估专业人员在房屋征收工作中应有的积极作用，不仅展现评估专业人员的专业技术能力和专业形象，更能提升房地产估价行业的口碑和社会认知度,实现长期的可持续发展。

参考文献:

[1] 柴强.房地产估价理论与方法[M].北京:中国建筑工业出版社,2015.

[2] 史笔,顾大松,朱嵘.房屋征收与补偿司法实务[M].北京:中国法制出版社,2011.

[3] 廖俊平,陆克华,唐晓莲.房地产估价案例与分析[M].北京:中国建筑工业出版社,2015.

[4] 赵海云,等.房屋征收补偿实质公平与市场价值[M].北京:中国社会科学出版社,2015.

作者联系方式

姓　　名:唐瑞举

单　　位:河南省豫建房地产评估咨询有限公司

地　　址:郑州市管城区紫荆山路东、陇海路北世纪联华超市广场 A 座 1 单元 16 层 1608 号

邮　　箱:1017252520@qq.com

房地产估价机构现金流预测助力资产证券化发展

吴俊强　王秀波

摘　要：可以产生独立、可预测的现金流是资产证券化项目的核心重点，前期合理预测现金流的覆盖倍数和后期现金流归集、分配的履约实现与否直接决定资产证券化项目的成败。对于涉及不动产类的基础资产，房地产估价机构可承担未来现金流预测和不动产估值两类专业中介工作。

关键词：资产证券化；现金流预测；不动产；收益法

一、资产证券化业务方兴未艾

当下房地产融资受到政策极大的限制，房地产融资市场中传统的银行贷款、债券融资、变通的信托、资管计划、银行理财及嵌套金融产品都受到了严格的筛查和监管，房地产企业的资金来源也已严重缩水。从房地产融资市场的走向来看，传统的融资方式将逐渐往权益类融资产品转化。

作为释放不动产流动性的极佳方案以及资产退出的重要渠道，资产证券化受到房地产企业的广泛关注。近几年，从传统的住宅开发商，到实体企业和产业地产运营商，只要拥有适宜的资产，都开始尝试不动产的证券化。此外，政府土地出让要求和开发商运营策略的转变，对于开发商从增量向存量转变、自持物业的比例不断提升，而资产证券化又是提高自持物业流动性的重要手段。

二、资产证券化的核心

什么是资产证券化？资产证券化是指以基础资产所产生的现金流为偿付支持，通过结构化等方式进行信用增级，在此基础上发行资产支持证券的业务活动。

资产证券化涉及的基础资产是其重点，是指符合法律法规规定，权属明确，可以产生独立、可预测的现金流且可特定化的财产权利或财产。基础资产可以是企业应收款、租赁债权、信贷资产、信托收益权等财产权利，基础设施、商业物业等不动产财产或不动产收益权，以及中国证监会认可的其他财产或财产权利。

可以产生独立、可预测的现金流是资产证券化项目的核心重点，前期合理预测现金流的覆盖倍数和后期现金流归集、分配的履约实现与否直接决定资产证券化项目的成败。

三、房地产估价机构如何参与资产证券化

现金流是由基础资产产生的，按照底层基础资产的不同，我们可以将涉及不动产类证券化产品分为酒店、商业、办公、产业园、长租公寓等几大类型，主流房地产资产证券化的产品主要为 CMBS 商业房地产抵押贷款支持证券、类 REITs "资产支持专项计划 + 私募基金"模式。

对于涉及不动产类的资产证券化产品能否发行成功，取决于两方面：一是实施主体的信用评级，企业实力是否雄厚；二是基础资产的物业品质和经营现金流预测并由此产生的项目整体风险是否可控。

同时对于不同的资产证券化类别，有不同的组合形态，比如 CMBS 抵押类侧重"强主体 + 弱现金流"，类 REITs 更关注"弱主体 + 强现金流"，这里的强弱是相对比较而言，如果都是"强主体 + 强现金流"的组合更容易获得投资人的青睐，更快取得无异议函。

不管组合如何，现金流合理预测都是重中之重，后续的不动产估值也是基于现金流的合理预测，结合折现率、增长率、收益年限等综合计算所得，而且两者在数值上必须要完全匹配。

资产证券化是一项多方参与的项目组合，其中对于涉及不动产类的基础资产，房地产估价机构可承担未来现金流预测和不动产估值两类专业中介工作，这两块业务也是未来房地产估价机构参与资产证券化项目、体现自身专业化的重点发展方向之一，其中以前的现金流预测工作由会计师事务所来完成，未来涉及不动产类的现金流预测将逐渐由更加专业的房地产估价机构来替代完成。

四、资产证券化涉及不动产类的文件指引

对于资产证券化项目底层基础资产为不动产类的评估、现金流预测工作，需要依据相关政策文件规范、指引文件来进行，房地产估价机构对于现金流预测和不动产估值应按照此指导文件来进行评估、预测。

（一）中国房地产估价师与房地产经纪人学会

2015 年 9 月 10 日，中国房地产估价师与房地产经纪人学会发布《房地产投资信托基金物业评估指引（试行）》（中房学〔2015〕4 号）文件，文件中指出信托物业或者其同类物业通常有租金等经济收入的，应当选用收益法作为最主要的估价方法，并优先选用报酬资本化法。

（二）上海证券交易所

2016 年 10 月 28 日，上海证券交易所对《资产证券化业务指南》发布了修订版本，涉及不动产修订内容摘录如下：现金流预测报告应详细披露现金流预测方法、基准、假设前提、假设依据和预测结果。

（三）深圳证券交易所

2017 年 3 月 3 日，深圳证券交易所（简称深交所）固定收益部发布《深圳证券交易所资产证券化业务问答》最新修订稿，将《房地产投资信托基金物业评估指引（试行）》作为物业资产证券化评估的准则，建议出具不动产评估报告的评估机构应具备住建部核准的房地产估价机构一级资质，并建议选用收益法作为最主要的评估方法。

（四）中国证监会、住房和城乡建设部

2018年4月25日，《中国证监会、住房和城乡建设部关于推进住房租赁资产证券化相关工作的通知》（证监发〔2018〕30号），摘录如下：房地产估价机构对住房租赁资产证券化底层不动产物业进行评估时，应以收益法作为最主要的评估方法，严格按照房地产资产证券化物业评估有关规定出具房地产估价报告。

（五）中国证监会

2019年4月19日，证监会发布《资产证券化监管问答（三）》，进一步明确了未来经营收入类资产证券化的有关事项。摘录如下：

管理人、现金流预测机构应当对专项计划存续期内维持基础资产运营必要的成本、税费等支出进行合理、谨慎的测算，并在计划说明书、现金流预测报告中披露相关测算的假设及结果。

综合以上几部门、机构文件要求，资产证券化项目涉及不动产类的房地产评估、现金流预测工作，应选择专业力量强、声誉良好且具备住建部核准的房地产估价机构一级资质的机构来完成，同时所评估物业通常有租金等经济收入的，应以收益法作为最主要的评估方法，并优先选用报酬资本化法。

五、估价机构提供现金流预测服务

（一）什么是现金流预测

基础资产的现金流预测，是根据原始权益人提供的数据和前述相关假设，对基准日后物业在各预测期的经营净现金流进行预测，汇总得出全部计划资产支持计划存续期间各期现金流。

资产证券化专项计划产品，其收益和风险主要依赖于基础资产收益状况和风险水平，评估物业产生现金流及其稳定性，并由此进行物业估值，是判断其还款能力的关键。

（二）现金流预测的作用

1. 偿债能力和风险能力的评估前提

房地产估价机构就底层不动产未来现金流进行预测并出具报告，以供投资人、管理人以及评级机构进行偿债能力分析，准确的未来现金流分析预测是项目风险评估的前提。

2. 后续不动产估值的前提

对于相关文件指引的要求，不动产类的房地产估价要求以收益法作为最主要评估方法，故准确、科学的现金流预测决定了估值的准确性，专项计划产品发行规模一般不超过标的物业评估价值的60%。

现金流预测之所以重要，是因为它关系到能否对不动产物业进行合理定价，更关系到能否有效保障投资者权益，因此是不动产证券化业务的重中之重。

（三）现金流预测的影响因素和计算方法

现金流预测的方式、方法是根据委托方及资产占有方提供的现实租金情况、出租率、租金给付方式、租期等情况，利用评估对象既往的运营数据分析租金变化情况、租金增长率、物业空置率、租金给付方式、租期、运营成本等历史数据，再结合预测人员对区域内类似物业的市场调查，预测评估对象在未来一段时间内的租金水平、空置率、租金增长率、运营成本、未来资本性支出等，通过测算最终完成评估对象的现金流预测。

经营净现金流＝经营收入－费用－资本性支出

（四）现阶段现金流预测出现的问题

（1）部分资产证券化项目存在现金流预测的假设不审慎，以基础资产现金流覆盖倍数为进行评级上调的依据不充分等情形。

（2）现金流预测与后期现金流归集实际情况出现较大偏差。

（3）存在倾向于通过夸大现金流的方式吸引投资者。

（4）对现金流的预测过于乐观，低估了现金流的波动性，从而过分低估了现金流下滑的风险。

（5）由于宏观及行业周期的影响，模型及预测的假设出现较大变化，原假设已经不能很好地模拟当前的情况，致使现金流预测准确度下降，产生重大差异，从而导致项目风险产生。

（6）部分中介机构的执业水平较差，不能很好地对项目进行评估分析，尽调不充分，出具的现金流预测报告及评估报告专业水平低，给投资者带来较大风险。

（五）现金流预测的重点关注事项（以商业物业为例说明）

1. 租金水平

根据权利人提供的《租赁台账》《租赁合同》、财务审计等资料，分析对象物业配套、所处商圈、地址位置、公共交通、功能规划、经营水平、装修布局等要素以及对象目前所在区域的主要竞争对手租金水平，利用市场比较法，经过量化差异计算确定评估对象的客观平均租金水平。对于商业类地产来说，要注意主力通道与次级通道不同位置的租金差异情况和抽样占比，以及区分会存在物业统一出租和个体产权单独出租金额的差异情况，同时分辨核实租赁合同的真实性，还要注意出租面积的内涵、租约内外的租金标准区别。

在实践中，国内的商业不动产，由于供给过剩、运营水平较低等原因，租金普遍处在较低的水平，投资回报较低，现金流预测应能够客观反映物业的真实租金水平，不能夸大租金水平。

根据全国 15 个重点城市典型购物中心商铺样本调查数据，以重点城市 100 个典型购物中心商铺为样本标的，构成了百大购物中心（百 MALL）商铺租金指数。2019 年上半年，百 MALL 商铺平均租金为 27.0 元／平方米·天，环比上涨 0.62%。

2. 租金增长率

租金增长率的选取，应根据宏观经济发展、城市功能规划、行业发展趋势、市场需求变化、竞争对手以及预测对象的发展阶段来综合确定增长率，应根据预测对象现在所处阶段，来完整模拟从初创、成长、成熟、调整优化、衰退等阶段的发展路径，分阶段提出准确合理的租金增长率。

租金增长率是不动产证券化业务中最核心的参数。在实践中，租金增长率可以说是调整空间最大的一个参数，很多估价机构因为租金水平过低，就必须通过设置一个高增长率，才可以保证未来现金流规模和现金流覆盖倍数，这种做法违背了客观、真实、准确性的评估原则，会给后续运营带来极大的风险。

从商圈层面看，2019 年上半年，在租金环比上涨的商圈中，杭州湖滨商圈、上海淮海路商圈等 10 个商圈租金环比涨幅较大，其中杭州湖滨商圈租金环比涨幅最大，达 2.83%；其次为上海淮海路商圈，涨幅为 2.70%；杭州滨江商圈、上海川沙商圈等 5 个商圈租金环比涨幅在 2.0%～2.5%（含）之间；深圳东门商圈、苏州观前街商圈、成都建设路商圈环比涨幅在 1.7%～2.0% 之间。在租金环比下跌的商圈中，北京朝外大街、天津劝业场等 5 个商圈租金环比跌幅在 0.5%～1.0% 之间；北京鲁谷、北京远大路等 5 个商圈环比跌幅在 0.5% 以内（图 1）。

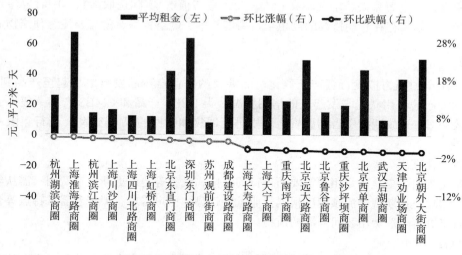

图 1　2019 年上半年租金涨跌幅较大的商圈

（数据来源：CREIs 中指数据）

3. 空置率

空置率的选取，将物业历史和目前的租用率（租用率 =1- 空置率）与市场同类房产数据进行比较，以确定长期可持续的租用率水平，并根据市场需求趋势变化、城市功能总体规划的调整、行业发展特点、未来同类型房地产供给竞争、历史商户群体的租用率趋势、主力商户的占比及变动趋向、租约年限以及结合租金增长率来分阶段综合考虑空置率数值的选取（图 2）。

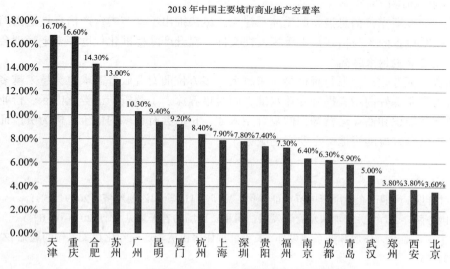

图 2　2018 年中国一二线城市商业地产空置率

（数据来源：艾媒数据中心）

4. 参数选取

上述租金收入、空置率、租金增长率等几个参数是互相高度关联的：核心商圈的成熟物业的特点：租金高、空置率低、增长率低（3%～5%参考值）；非核心商圈的成长型物业的特点：租金低、空置率高、增长率高（5%～8%参考值），实际选取参数匹配时要注意应用物业的特点，如果存在长期持续的高租金、高增长率、低空置率，就需要注意预测物业适用的可行性。

5. 预测年限

现金流预测期为拟发行资产证券化产品涉及的物业自产品发行之日起至产品到期日，根据基础资产的信用状况与发起人的信用状况，类REITs产品和CMBS产品一般每3年设一次开放期（在开放期投资者与融资人可以进行回售和赎回的双向选择），发行年限一般为12～24年。

6. 资本化支出

资本化支出主要是满足租户需要而进行的装修、设备等定期更新改造费用，需从经营净现金流中扣除，长期现金流预测应根据行业发展趋势、租户需求、消费者需求特点等合理考虑后期装修更新改造费用和间隔周期预测。

7. 与各方协作

在整个现金流项目测算中，需要协调权益人、管理公司及中介服务公司，现金流测算的数据的合理、客观，是需要评估机构与原始权益人、管理公司及各中介机构进行多次沟通协调，在全面掌握历史数据的构成之后方可成型。

六、资产证券化涉及不动产类未来趋势

针对不动产类重点关注底层物业出租率和估值变动等指标，未来会要求管理人及评估机构定期跟踪评估物业估值，相关指标明显异常的，则要求管理人补充披露具体原因、对收益分配的影响及风险应对措施等信息。

证监会会逐渐完善信息披露制度体系建设，尽快推出不动产类资产信息披露指南、资产支持证券临时报告内容与格式指引等规范性文件，提升产品标准化程度，未来管理会越来越严格，专业要求也越来越高。

未来资产证券化产品发行规模会越来越大，多方位的专业服务需求也会越来越多，房地产估价机构需要练好内功、提升专业水准，同时培养深入了解资产证券化内涵、行业发展趋势、掌握会计知识和商业运营知识的复合型人才，相信会有更多的估价机构为资产证券化的繁荣发展提供全方位的房地产专业咨询服务。

参考文献：

[1] 叶样明. 房地产企业融资中资产证券化应用研究 [J]. 全国流通经济，2019（15）.

[2] 国务院办公厅. 关于加快培育和发展住房租赁市场的若干意见 [Z]，2016-06-03.

[3] 中国证监会，住房和城乡建设部. 关于推进住房租赁资产证券化相关工作的通知 [Z]，2018-04-25.

[4] 中国房地产估价师与房地产经纪人学会. 房地产投资信托基金物业评估指引（试行）[Z]，2015-09-10.

[5] 深圳证券交易所.资产证券化业务问答（2017年3月修订）[Z]，2017-03-03.

作者联系方式
姓　　名：吴俊强　王秀波
单　　位：河南世纪天元房地产资产评估有限公司
地　　址：河南自贸试验区郑州片区（郑东）和光街10号东方陆港G栋4层7号
邮　　箱：hntypg@163.com

资产证券化助力养老产业发展

曹亚琨　张晓颖　张　勇　丁　一

摘　要：随着多项养老产业新政策推出，如养老产业用地出让限价、扩容，社区养老免征房产税，鼓励多渠道、多种资本模式进入养老产业等，将使养老产业迎来高质量发展和新机会。我国资产证券化业务近几年发展迅速，在多个领域创新了融资与运营模式，养老产业资产证券化有望成为新亮点。本文将从估价师的角度分析和探讨养老产业资产证券化。

关键词：房地产评估；养老地产；资产证券化；现金流分析

一、养老产业资产证券化背景研究

（一）天时——养老产业资产证券化的机遇

1. 利好政策频出台，养老地产发展新契机

一是"十三五"规划（2016～2020年）为养老服务体系、市场化运作指明了方向。"十三五"规划提出，在"十三五"时期发展目标全面建成小康社会的基础之上，要积极开展应对人口老龄化行动；建立以居家为基础、社区为依托、机构为补充的多层次养老服务体系；推动医疗卫生和养老服务相结合；探索建立长期护理保险制度。"十三五"规划还提出全面放开养老服务市场，通过购买服务、股权合作等方式支持各类市场主体增加养老服务和产品供给。

二是国务院印发《国务院办公厅关于推进养老服务发展的意见》（国办发〔2019〕5号），在政策上鼓励商业银行探索向产权明晰的民办养老机构发放资产（设施）抵押贷款和应收账款质押贷款。探索允许营利性养老机构以有偿取得的土地、设施等资产进行抵押融资。大力支持符合条件的市场化、规范化程度高的养老服务企业上市融资。支持商业保险机构举办养老服务机构或参与养老服务机构的建设和运营，适度拓宽保险资金投资建设养老项目资金来源。

三是国家发展改革委、民政部、国家卫健委联合发布《普惠养老城企联动专项行动实施方案（2019年修订版）》（发改社会〔2019〕1422号），文中指出：在做好"保基本、兜底线"的基础上，继续推动增加普惠养老服务有效供给，充分发挥中央预算内投资示范带动作用和地方政府引导作用，进一步激发社会资本参与养老服务积极性，促进养老产业高质量发展。

回溯过往，自2006年2月国务院发布《关于加快发展养老服务业意见》（国办发〔2006〕6号）以来，我国充分认识和理解加快发展养老服务业的重要意义，党的十九大报告、《国家十三五战略规划》和《健康中国2030规划纲要》分别明确了发展养老产业、大健康产业的国家战略地位，各省市相继发布发展规划、行动计划、综合改革试点城市，提出建设和放开养老服务市场。

一系列相关政策出台,伴随养老需求升级、服务机构融资问题的推动,以及各类社会资源逐渐参与其中,高度资本化运作的养老产业发展将为我们提供专业估价咨询服务提出新的需求。

2. 养老需求爆发式增长

我国65岁及以上人口占总人口比例在2014年首次超过10%,逐年增长,2018年达到11.94%;此外在总人口增长乏力的形势下,我国65岁及以上人口呈波浪式快速增长态势,养老需求爆发,并且出现多层次、多结构的差异化需求(图1、图2)。

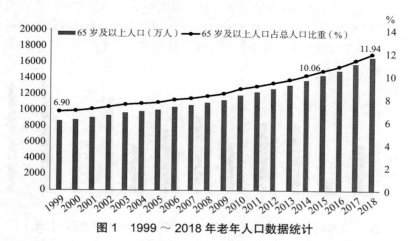

图1　1999～2018年老年人口数据统计

数据来源:国家统计局

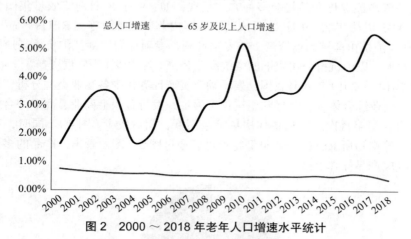

图2　2000～2018年老年人口增速水平统计

数据来源:国家统计局

3. 我国公募REITs持续推进

2019年2月,全国政协委员、证监会原主席肖钢撰文《制约我国公募REITs的五大因素和破解路径》。3月媒体爆出上海证券交易所鼓励机构准备上报公募不动产信托投资基金REITs的试点项目。同月末,国务院发展研究中心证券化REITs课题组秘书长王步芳表示,"公募REITs首批试点的一批产品近期将推出,公募REITs采取公募基金+资产支持证券（ABS）运行模式，试点城市包括北京、上海、深圳、广州以及雄安新区和海南等"，5月的中国资产证券化论坛，国务院发展研究中心资产证券化REITs课题组组长孟晓苏和秘书长王步芳再次为REITs发声，分别做了关于"中国REITs的脚步"大会主旨演讲和"呼之欲出，公募REITs交易结构与监管要求"主旨演讲；公募REITs连续引发关注，外界纷纷猜测公募REITs将会破冰，2019年将可能成为我国公募REITs元年。

（二）地利——养老地产资产证券化发展的环境

1. 中国资产证券化发展的特征及趋势

截至2019年8月，2019年资产证券化市场已发行800单，同比去年大幅增加80%，发行金额达到1.27万亿，同比去年增加23%，资产证券化市场持续稳步增长。其中8月共计发行85单，同比增长23%，发行金额1381亿，同比下滑1%。8月份涉及房地产类的资产证券化发行2单，处于较低水平，房企融资渠道持续收紧（图3）。

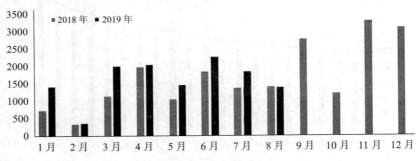

图3　2018～2019年8月资产证券化市场发行金额月度图（亿元）

多样化的资产证券化产品将会多种方式呈现，如：9月20日海南农垦集团首单土地承包金收益权ABS成功获批，9月24日成功发行国内首单基础设施类REITs产品——中联基金-浙商资管-沪杭甬徽杭高速资产支持专项计划，专项计划以浙江沪杭甬高速股份有限公司为原始权益人，以沪杭甬公司旗下的徽杭高速公路（安徽段）为底层资产。

通过对2014～2019年4月我国已发不动产资产证券化中各物业类型分析，目前发行数量上以商业、商业综合体、写字楼和租赁住房为主；发行金额上商业、商业综合体单笔金额大，总量最多，写字楼次之，租赁住房单笔金额低，相对较少（图4）。同时，笔者研究了新加坡、日本等交易所REITs物业类型特点可以通过图5、图6看出，产品的多样性，均有医疗健康REITs产品挂牌上市。

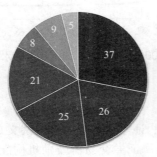

■商业　■商业综合体　■写字楼　■租赁住房　■酒店　■物流仓储　■产业地产

图4　2014～2019年4月不动产资产证券化物业类型分析

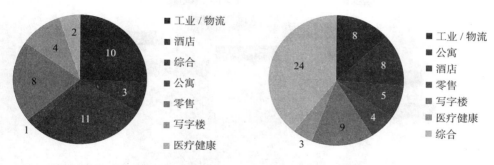

图 5　新加坡交所 REITs 各物业类型　　　　图 6　日本交易所 REITs 各物业类型

2. 美国养老地产 REITs 经验对我国的启发

美国养老地产的主流投资商是 REITs。养老、医疗地产类的 REITs 公司大多成立于 20 世纪 70~80 年代，大型 REITs 公司拥有的物业数量可达 600 多处，其中 80%~90% 的物业都是自有的，其余物业通过与运营商或其他投资人合作发起的私募基金平台持有。总资产规模可达百亿美元以上，但员工却只有一两百人，属于典型的资本密集型企业。REITs 公司主要通过两种方式来运营旗下物业，一是净出租模式，二是委托经营模式。在净出租模式下，REITs 公司把养老、医疗物业租赁给运营商，每年收取固定租金费用（养老社区的毛租金收益率通常为物业价值的 8%~12%，根据 CPI 指数向上调整），而所有直接运营费用、社区维护费用、税费、保险费等均由租赁方承担。在委托经营模式下，REITs 公司将旗下物业托管给运营商，运营商每年收取相当于经营收入 5%~6% 的管理费，但不承担经营亏损的风险，也不获取剩余收益；所有的经营收入都归 REITs 公司所有（美国养老社区每单元的经营收入约为 3000~4000 美元，是租金收入的 3~4 倍），所有的经营成本也由 REITs 公司负担，相应的 REITs 公司获取租金及经营剩余收益，承担大部分经营风险。

在我国目前各地鼓励发展养老租赁型公寓的情势下，美国 REITs 模式如他山之石，定能对我国养老地产 REITs 运行模式研究有所启发；但同时也需注意的是，目前国内的类 REITs 产品虽能部分衔接养老地产的资金需求，但由于其开发和培育期较长的特点导致收益和证券化期限要求未能完全契合，具体操作还需进一步研究。

（三）人和——养老产业资产证券化发展的关键

笔者通过对不同类型的养老地产项目——重资产持有类型、轻资产运营型、轻重资产结合模式——分别进行调研访谈，大多养老项目的盈利模式还不明确，存在着融资渠道缺乏、无法获得长周期和低成本资金的支持，在政府多项政策利好大力推动养老产业发展的同时，资产证券化对运营 3~5 年成熟后的养老地产项目提供资金支持或使原投资人安全退出，将是一种重要模式。

随着我国资产证券化的快速发展，以"券商+律师+会计师+评级人员+评估师"为核心的专业服务团队，经过多个项目的磨合及探讨，在服务水平上和服务质量上都有长足的进步，已具备为养老产业证券化项目提供服务的能力（图 7）。

二、养老地产的特征

按照项目针对的不同群体进行划分，我国目前的养老服务机构可划分为高端、中高端和

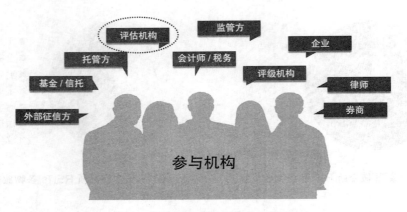

图 7 资产证券化参与机构示意图

中低端客户三类,其各自的特点如下(表1):

从盈利模式看,养老地产可分为重资产模式、轻资产模式、轻重资产结合模式。目前多数良性运营的项目均为轻重资产结合的模式。(见表2)

养老服务机构客户端分类 表1

	中低端	中高端	高端
收费水平	收费标准较低,多在3000元以下	收费标准较高,月费在4000~8000元	收费标准高,多在每月8000元以上
软硬件情况	软硬件配套设施并不齐全,服务人员较少	软硬件设施侧重老年人居住舒适性	硬件、软件配套"高大上",多数为别墅等
入住率	入住率较高,多数住满	入住率高,大部分在90%以上	入住率较低,大约在30%左右
其他特点	公办养老院居多,数量较为庞大,整体处于小而散的格局	部分已形成良好的口碑,品牌效应显著,一床难求	主要分布于一线、新一线城市和热门康养地产聚集区
典型代表	北京寸草春晖,汇晨老年公寓等	上海亲和源	北京乐成恭和苑,泰康之家燕园

养老地产常见盈利模式 表2

盈利模式	核心	特征
重资产	产权销售	养老主题老龄社区
轻资产	以运营变现为主	服务咨询,输出管理及培训回收运营成本
轻重资产结合	重资产:产权销售 轻资产:运营服务	使用权销售回收开发成本;收取服务费,实现长期运营

三、养老地产资产证券现金流分析重点及难点

笔者根据养老地产的特点，按照资产证券化评估的要求，将养老地产资产证券现金流分析之重点列举如下：

（一）现金流预测分析要点

1. 一般计算公式

$$净现金流 = 现金流入 - 现金流出$$

现金流入包括

$$R = \sum S_i \times UP_i \times (1 - VR_i)$$

其中：

R——现金流入

S_i——数量（如：面积、房间数等）

UP_i——单价（含税）

VR_i——空置率

现金流出包括与项目相关的日常付现支出，主要包括税金和附加及其他日常运营费用等。

2. 预测分析关注点

净现金流不完全相同于估价师收益法中净收益预测的确定，分析主要历史数据、合理预测未来收入构成及费用组成，由于费用的构成内涵及税费考虑不同，净现金流与净收益不一定相同，现金流预测分析包括以下五个关注点：

关注一：历史财务数据中收入的构成、变化趋势，各项费用的组成及变化趋势，各期数据异常变动的原因及未来持续性可能；

关注二：同行业的收入及费用水平，预测对象数据与同行业数据的匹配性；

关注三：成本构成中是否都为合理费用，非合理费用剥离（部分费用集团承担、政府补贴等）；

关注四：区域经济数据变化趋势，预测对象未来数据合理性的外部支撑；

关注五：预测对象在同区域的竞争水平及可持续发展的分析。

3. 养老公寓资产证券化现金流特点

（1）现金流入的复杂性、不同的运营模式不同的收入：养老公寓服务现金流入 + 医院现金流入 + 老年度假酒店现金流入 + 配套商业租赁收入 + 销售卡转卡现金流入 + 其他收入

（2）现金流出：主要包括医疗、酒店成本及费用、运营成本、养老公寓成本及费用、物业费、人员工资及福利费；水电能耗费、养护及维修费、管理费、销售费、财产保险费；人员意外险及产生的相关税费、税收减免等。

（3）分析内容复杂：产权用途多样性（居住用途、特种用途公寓、管理用房、老年活动室、福利用途医院、配餐室、特种用途商业等）、服务运营模式轻重资产相结合、收费方式及合理性、老龄化水平、消费水平、服务设施等。

（二）养老产业资产证券化的难点

1. 养老产业资产证券化产品类型现阶段存在的问题

2019年4月证监会发布《资产证券化监管问答（三）》，对于电影票款、不具有垄断性和

排他性的入园凭证等未来经营性收入，不得作为资产证券化产品的基础资产现金流来源，物业服务费、缺乏实质抵押品的商业物业租金（不含住房租赁）参照执行。那么养老产业重资产和轻重资产相结合的模式因原始权益人拥有资产产权相对不受影响，但还需要判断土地性质是否为福利性划拨用地，产权转让受限；从具体项目而言，该项目的轻资产运营方式能否作为养老产业收费收益权资产证券化产品还需要进一步实地调研、分析和论证。

2. 养老产业发展初期，盈利模式有待考验

目前万科、恒大、远洋、万达为代表的地产开发企业、泰康保险等纷纷试水养老地产，由于土地成本较高、投入资金大以及资金回收周期长等因素制约，"重销售轻服务"的现象较为普遍，同时国内养老运营机构尚未形成规模化、连锁化发展，盈利模式仍需较长时间的探索。

3. 养老产业现金流预测难点

在评估养老产业资产证券化项目估值以及现金流分析时：①涉及产权复杂性，收益部分是否与不动产权证书登记面积相一致？②现金流收入归集与预测难度大，养老服务公寓现金流入预测因素主要考虑房间数量、收费标准、使用率；医院医疗现金流入预测因素主要考虑就医人数、收费标准、使用率等影响因素确认；销售卡现金流入主要考虑不同种类、卡的有效使用期、销售情况等；是否存在政府补贴收益？③现金流出预测专业性要求高，如医护医疗、养护成本、设施设备的再投入成本等。

四、养老产业资产证券化的展望及对估价师的要求

根据《房地产投资信托基金物业评估指引（试行）》（中房学发〔2015〕4号）、中国证监会、住房城乡建设部《关于推进住房租赁资产证券化相关工作的通知》（证监发〔2018〕30号），承担房地产资产证券化物业估值的机构，应当为在住房城乡建设部门备案的专业力量强、声誉良好的房地产估价机构，作为一名估价师，不断提升专业服务能力、丰富知识结构，抓住发展机遇是我们终身追求的目标。

估价师们在产权判断、资产价值定价、严谨的调研方式、多维度的访谈方面为养老产业资产证券化提供综合性专业化的服务，尤其现金流分析为产品评级分层、未来产品成功发行起着重要的决定性作用，坚持高质量、高标准服务客户是估价行业持续发展的方向。

参考文献：

[1] 国务院办公厅. 关于推进养老服务发展的意见国办发 [Z].2019-04-16.

[2] 陈忠平. 养老房地产中的高质量估价服务探讨 [J]. 中国房地产估价与经纪，2019（01）.

作者联系方式

姓　　名：曹亚琨　张晓颖　张　勇　丁　一
单　　位：深圳市世联土地房地产评估有限公司；世联评估价值研究院
地　　址：上海市静安区万荣路777号大宁音乐广场H座602室
邮　　箱：caoyk@worldunion.com.cn

估价机构如何在资产证券化方面积极发挥作用

隗晶月　沈书媚　杜　康

摘　要：随着我国房地产行业进入"存量时代"，房地产企业融资模式迎来重大变革，从传统的直接或间接银行信贷模式正在向"私募基金等资产管理机构+CMBS/类REITs"的资管分离商业开发模式转变。伴随货币政策的收紧，房地产市场调控呈常态化趋势，传统融资渠道获得资金的难度增大，资产证券化作为金融领域最重要的创新工具，受到房地产企业的青睐，并吸引越来越多的参与者加入，房地产估价机构作为众多参与者之一，能够提供哪些服务？能够在哪些方面积极发挥作用是我们应当考虑的问题，也是本文研究的重点内容。

关键词：资产证券化；估价机构；发挥作用；提供服务

资产证券化是近50年来世界金融领域最重大和发展最迅速的金融创新工具，最早起源于美国，20世纪90年代开始在我国萌芽，经历五个阶段的发展，现已进入快速发展时期。作为亚洲最大的资产证券化市场，2019年上半年，资产证券化市场继续保持快速增长的态势，全国共发行资产证券化产品9474.64亿元，同比增长38%。可以说在利率市场化稳步推进的大背景下，资产证券化有利于有效盘活经济存量、拓宽企业融资渠道、提高经济整体运行效率，是我国新常态下缓解经济增速下滑、缓释金融机构与企业财务风险、提高直接融资占比和构建多层次资本市场的有效工具，可以预见其未来发展潜力巨大。在这种背景下，估价机构能否进入资产证券化市场，能否获得资产证券化业务，对估价机构的发展有重大的现实意义。

一、资产证券化的概念及流程

（一）资产证券化的概念

资产证券化是指以基础资产未来所产生的现金流为偿付支持，通过结构化设计进行信用增级，在此基础上发行资产支持证券（Asset-backed Securities，ABS）的过程。它是以特定资产组合或特定现金流为支持，发行可交易证券的一种融资形式。

（二）资产证券化的流程及参与者

作为一种新的金融工具，资产证券化产品从发行到结束大概需要经过七大流程，其发行过程相对复杂，需要众多中介服务机构参与，见表1：

资产证券化的流程及参与者   表 1

	流程	主要内容及目的	主要参与者
1	构造证券化资产	发起人根据融资需求，确定证券化资产，组建资产池	发起人、计划管理人、中介机构
2	成立特殊目的机构（SPV）	组建以运营资产证券化为唯一目的的特殊目的机构。实现资产的权属让渡，风险隔离	计划管理人
3	资金和资产托管	确定托管银行并签订托管合同，与银行达成必要时提供流动性支持的周转协议，与券商达成承销协议	发起人、计划管理人、托管人
4	完善交易结构、进行信用增级	通过完善交易结构、风险重组、额外的现金流来源对可预见的损失进行弥补，降低风险，提高证券化产品的信用等级，降低融资成本	发起人、计划管理人、信用增级机构、中介机构
5	资产证券化的信用评级	对未来资产能够产生的现金流以及对经过信用增级后的拟发证券进行评级，为投资者提供证券选择的依据	信用评级机构
6	证券发行与销售交易	经过信用评级后，SPV作为发行人通过各类金融机构或证券承销商向投资者销售资产支持证券，发起人达到筹资目的	计划管理人、托管人、承销商、投资者
7	挂牌上市交易及到期清偿	证券发行完毕后申请挂牌上市，实现资产的流动性；SPV对资产池进行管理，对资产产生的现金流进行回购或分配	计划管理人、托管人、承销商、投资者

二、估价机构在资产证券化方面可发挥的作用及意义

（一）估价机构在资产证券化方面可发挥的作用

1. 协助发起人确定可证券化资产

从资产证券化的流程我们可以看出，估价机构是较早参与资产证券化过程的中介机构之一，估价机构可利用自身专业优势，对发起人拥有的能够产生未来现金流的资产进行清理、估算、考核，协助发起人根据自身融资需求，选择现金流稳定、可靠且风险较小的资产进行证券化，组建资产池。

2. 协助发起人及计划管理人合理确定融资规模

发起人的融资规模一般是基于证券化资产的市场价值确定的，基于基础资产的不同，资产证券化产品也丰富多样，对于房地产估价机构，主要关注的是与房地产有关的基础资产，评估房地产的市场价值是估价机构的主营业务，可以利用自身专业优势，协助发起人及计划管理人合理确定融资规模。

3. 为投资者选择证券提供参考依据

资产证券化产品是否安全，投资收益是否能够得到保障，证券化资产的现金流是关键，估价机构通过资料收集、市场调查，可对证券化资产的现金流进行分析，对现金流的压力测试进行把关，从而为投资者选择证券提供重要的参考依据。

4. 协助特殊目的机构（SPV）对资产池进行监管

证券发行完毕后到证券市场申请挂牌上市，实现了资产的可流动性，SPV则需对资产池进行管理和处理，估价机构可协助SPV对资产池进行监管，对证券化资产进行跟踪评估，确定资产价值及现金流是否发生变化，是否需要采取增信措施，从而保证资产证券化产品的

安全。

（二）估价机构积极参与资产证券化的意义

1. 有利于估价机构拓展新的业务品种、寻找新的业绩增长点

当前估价机构众多，行业内竞争激烈，传统业务日益萎缩，且受房地产市场、房地产政策调控的影响较大，为了机构的生存与发展，保持市场上的既定份额，机构必须主动寻求新的业绩增长点，开拓新的业务渠道。随着国内资产证券化的快速发展，资产证券化产品越来越丰富，发行规模越来越大，对基础资产的评估需求也越来越多，势必会成为估价机构新的业绩增长点，也必然会受到估价机构的青睐。

2. 有利于估价机构专业能力的提升，促进机构向高质量发展

资产证券化的流程比较复杂，对参与的中介机构要求也比较高，需要估价机构具备一级资质，拥有较专业的业务和技术团队，熟悉资产证券化的相关政策、流程，能够提供专业的意见，解决资产证券化发行过程中的实际问题。这就需要机构专业人员不断学习新的知识，努力提高技术水平，需要机构不断升级及完善公司资质，提高机构专业服务能力，从而促进机构向高质量发展。

3. 有利于促进资产证券化的快速发展

由于资产证券化市场前景广阔，这种新的业务为中介机构带来巨大商机，中介机构通过承担其中的设计、评估、评价、承销、交易等活动赚取稳定可观的服务费收入。市场参与主体的不断增加，正在推进资产证券化市场从最初的试点范围向全国不断扩大，促进产品的不断改进升级，促进资产证券化的快速发展。

三、估价机构在资产证券化方面可提供的服务及内容

（一）资产池的筛选

实行资产证券化的基础资产应当符合《证券公司及基金管理公司子公司资产证券化业务管理规定》等相关法规的规定，且不属于负面清单范畴。基础资产的筛选应当符合合法合规性标准及抗风险标准。需要注意的是负面清单实行"适时调整"制度，基金业协会至少每半年对负面清单进行一次评估，因此估价机构需关注最新的负面清单。

（二）房地产物业状况评价

资产证券化过程中的物业状况评价根据《房地产投资信托基金物业评估指引（试行）》（中房学〔2015〕4号）第二章的相关要求，主要包括物业的实物状况、权益状况和区位状况评价以及运营费用分析与预测四部分内容。

（三）房地产物业市场调研

资产证券化过程中的物业市场调研根据《房地产投资信托基金物业评估指引（试行）》（中房学〔2015〕4号）第三章的相关要求，主要包括物业所在地区经济社会发展状况、物业所在地区房地产市场总体状况、物业所在地区同类物业市场状况、物业自身有关市场状况四部分内容。

（四）房地产物业价值评估

资产证券化过程中的物业市场调研根据《房地产投资信托基金物业评估指引（试行）》（中房学〔2015〕4号）第四章的相关要求，价值类型应当为市场价值，且应当根据估价对象及其所在地的房地产市场状况等客观条件，对收益法、比较法、成本法等估价方法进行适用

性分析后，选择适用的估价方法。基础资产或者其同类物业通常有租金等经济收入的，应当选用收益法作为最主要的估价方法，并优先选用报酬资本化法。基础资产的同类物业有较多交易的，应当选用比较法作为其中一种估价方法。

（五）现金流预测

目前，资产证券化过程中的现金流预测尚未出台相关指导性文件，根据评估实践，其操作流程如下：①分析营利模式是出租型还是自营型，从而选择不同的计算模型；②分析现金流预测的主要影响条件，包括违约率及违约后的回收率、退租及早偿情况、空置率、租金递增率等；③现金流预测及压力测试，对累计损失率、提前退租率、空置率、递增比率等变动进行情景分析，计算基础资产现金流量；④计算现金流覆盖倍数，判断资产支持证券本息回流的可靠性。

（六）股权质押评估、房地产抵押评估

基础资产现金流稳定性和运营主体密切相关，在实际操作中，一般要求提供相应的外部担保，包括原始权益人提供差额支付承诺、由第三方提供外部担保等以及部分抵质押担保项目等，为专项计划提供有效增信，会涉及股权质押评估、房地产抵押评估。因股权质押评估、房地产抵押评估为估价机构较成熟的产品，故本文不再赘述。

四、结语

资产证券化是一种新的业务品种，流程复杂，参与者众多，对估价机构的资质、估价专业人员的能力要求较高，目前仅有少数大型的估价机构在参与，行业内除《房地产投资信托基金物业评估指引（试行）》外，暂无其他技术规范及指导性文件，对该类业务的服务，大部分估价机构尚在摸索中，随着资产证券化业务的发展，笔者希望行业内有更多讨论和交流的机会，也期待更多技术指导性文件的出台。

参考文献：

[1] 360 百科 . 资产证券化 [EB/OL]. https：//baike.so.com/doc/222801-235710.html.

[2] 中国债券信息网 .2019 年上半年资产证券化发展报告 [EB/OL]. [2019-07-24]. https：//www.chinab-oncl.com.cn/cb/cn/yjfx/nb/20190724/152127599.shtml.

作者联系方式

姓　　名：隗晶月　沈书媚　杜康

单　　位：深圳市国策房地产土地估价有限公司

地　　址：广东省深圳市福田区新闻路 59 号深茂商业中心 16 层

邮　　箱：6453457@qq.com；840832501@qq.com；576022951@qq.com

收益法在资产证券化领域的应用探讨

董 洁 徐莉娜

摘 要： 资产证券化作为一种筹资的创新手段产生于20世纪70年代的美国，中国最早的尝试可追溯到90年代初期，于2005年开始发行试点。之后受市场与基础资产、参与主体以及监管政策环境等各方力量的推动，2014年证券会落实"放管服"要求，取消资产证券化业务行政审批、实施发行备案机制和基础资产负面清单管理，自此资产证券化产品的规模得以迅速扩大。估价机构是房地产资产证券化过程中主要的服务机构之一，在资产证券化产品迅速扩大的同时我们调整常规抵押项目的作业习惯，采用新型的作业方式和作业习惯，为资产证券化产品的发行提供有力的保障。如何使评估的市场价值更加贴近市场，更加符合投资者的行为，是我们在资产证券化评估过程中的需关注的重点问题。笔者认为：一、持有加转售的模型在估价过程中，更加贴近市场；二、收益法相关参数的准确获取，是估价结果合理的前提条件。

关键词： 估价机构；资产证券化；收益法

一、背景起源

（一）收益法原理

收益法是预测估价对象的未来收益，利用报酬率或资本化率、收益乘数将未来收益转换为价值得到估价对象价值或者价格的方法。

根据《房地产估价规范》GB/T 50291—2015，根据未来收益转换为价值的方式不同，或者说资本化类型的不同，收益法分为报酬资本化法和直接资本化法。直接资本化法是预测估价对象未来第一年的收益，将其除以资本化率或收益乘数得到估价对象价值或价格的方法。报酬资本化法是预测估价对象未来各年的净收益，利用报酬率将其折现到价值时点后相加得到估价对象价值或价格的方法，它实质上是一种折现现金流量分析，即房地产的价值或价格等于未来各年的净收益的现值之和。采用收益法估价时，应区分报酬资本化法和直接资本化法，并优先选用报酬资本化法。

（二）收益法在资产证券化评估领域的适用性

1. 我国资产证券化简述

资产证券化是指金融机构以可特定化的基础资产所产生的现金流为偿付支持，通过结构化等方式进行信用增级，在此基础上发行的金融产品。

我国资产证券化最早的尝试可追溯到20世纪90年代初期，于2005年开始发行试点。之后受市场与基础资产、参与主体以及监管政策环境等各方力量的推动，2014年证监会落实"放管服"要求，取消资产证券化业务行政审批、实施发行备案机制和基础资产负面清单管理，自此资产证券化产品的规模得以迅速扩大。

我国的资产证券化产品类型及其对比情况见表1：

我国的资产证券化产品类型及其对比情况表　　　　　　　　　　　表1

	企业资产证券化资产支持证券（CMBS）	企业资产证券化资产支持票据（CMBN）	信贷资产证券化（ABS）
主管部门	证监会	交易商协会	央行、银监会
原始权益人	企业	非金融企业	银行业金融机构
投资者	合格投资者，且合计不超过200人，主要为券商、基金、银行等投资者	公开发行面向银行间市场所有投资人；定向发行面向特定机构投资者	银行、保险公司、证券投资基金、企业年金、全国社保基金等
基础资产	企业应收款、租赁债权、信贷资产、信托受益权等财产权利，基础设施、商业物业等不动产财产或不动产收益权及中国证监会认可的其他财产或财产权利	企业应收账款、租赁债权、信托受益权等财产权利，以及基础设施、商业物业等不动产财产或相关财产权利等	银行信贷资产（包括不良资产）、租赁资产、汽车贷款资产、消费金融资产等
SPV	资产支持专项计划	可为特定目的信托、特定目的公司、发起机构等	特定目的信托
信用评级	由具有资格的资信评级机构，对资产支持证券进行初始评级和跟踪评级	公开发行需要聘请有资质的资信评级机构进行评级	需要双评级，且鼓励探索多元化信用评级方式，支持采用投资者付费模式进行信用评级
交易场所	证券交易所、股转系统、报价系统、证券公司柜台	全国银行间债券市场	全国银行间债券市场
登记托管机构	中证登等	上海清算所	中债登
审核方式	事后备案制	注册制	事前备案制

2. 法律法规

目前我国针对资产证券化方面的法律法规主要有：

（1）中华人民共和国住房和城乡建设部、中国证券监督管理委员会于2018年4月24日发布的《关于推进住房租赁资产证券化相关工作的通知》（证监发〔2018〕30号），明确优先和重点支持的领域。

①鼓励专业化、机构化住房租赁企业开展资产证券化。支持住房租赁企业建设和运营租赁住房，并通过资产证券化方式盘活资产。支持住房租赁企业依法依规将闲置的商业办公用房等改建为租赁住房并开展资产证券化融资。优先支持项目运营良好的发起人（原始权益人）开展住房租赁资产证券化。

②重点支持住房租赁企业发行以其持有不动产物业作为底层资产的权益类资产证券化产品，积极推动多类型具有债权性质的资产证券化产品，试点发行房地产投资信托基金（REITs）。

③房地产估价机构对住房租赁资产证券化底层不动产物业进行评估时，应以收益法作为最主要的评估方法，严格按照房地产资产证券化物业评估有关规定出具房地产估价报告。

承担房地产资产证券化物业估值的机构,应当为在住房城乡建设部门备案的专业力量强、声誉良好的房地产估价机构。资产支持证券存续期间,房地产估价机构应按照规定或约定对底层不动产物业进行定期或不定期评估,发生收购或者处置资产等重大事项的,应当重新评估。

(2)中国房地产估价师协会于2015年9月10日发布《房地产投资信托基金物业评估指引(试行)》(中房学〔2015〕4号),主要对估价过程中各项事宜做出规定:

①信托物业价值评估应当根据估价对象及其所在地的房地产市场状况等客观条件,对收益法、比较法、成本法等估价方法进行适用性分析后,选择适用的估价方法。

②信托物业或者其同类物业通常有租金等经济收入的,应当选用收益法作为最主要的估价方法,并优先选用报酬资本化法。信托物业的同类物业有较多交易的,应当选用比较法作为其中的一种估价方法。

③采用收益法评估信托物业价值,应当在评估报告中说明估价对象至少近3年的各年收入和运营费用,并在估价对象至少近3年及同类物业的收入和运营费用水平的基础上,合理预测估价对象未来10年以上的各年收入和运营费用。其中,出租型物业应当在评估报告中说明估价对象至少近3年的各年租金水平、空置率以及租金收入和其他收入,并在估价对象至少近3年及同类物业租金水平、空置率的基础上,合理预测估价对象未来10年以上的各年租金水平、空置率以及租金收入和其他收入。

3. 大宗物业的定价逻辑

(1)大宗物业的内涵。大宗物业是一个相对概念,主要是指1个项目、1宗或几宗土地、1栋或几栋建筑物等在物业的体量和价值量上比较大的物业,被称为大宗物业。

(2)大宗物业的特性:①大宗物业买卖交易较少,个案性强;②通用性差;③流动性弱。

(3)大宗物业的定价逻辑。大宗物业的特性,决定大宗物业的投资者关注的是其所持有物业在整个投资期内的投资回报。当房地产价格快速上涨或预期价格水平会有较大幅度提升时,出售收益高于租金收益,投资者会选择先持有几年,然后在房地产价格上涨达到预期目的后再出售获利,这种先持有再出售的模式已经成为现实房地产投资尤其是大宗物业的主要模式。故,持有加转售模型更加适合大宗物业的定价。

二、收益法模型

在资产证券化估值的过程中通常使用报酬资本化法,使用报酬资本化法估价时,应区分全剩余寿命模式和持有加转售模式。

(一)全剩余寿命模式

1. 原理

全剩余寿命模式的基本原理是利用报酬率将估价对象每年的净收益折现到价值时点后相加得到估价对象价值或价格的方法。

2. 适用性

全剩余寿命模式由于其研究结果成熟广泛被采用,一般适用于"只租不售,永续经营"的项目或者是收益期内每年的净收益能较为准确预测的项目的评估。

3. 模式介绍

选用全剩余寿命模式进行估价时,收益价值应按下式计算:

$$V = \sum_{i=1}^{n} \frac{A_i}{(1+Y_i)^i}$$

式中：V——收益价值（元或元/m²）；
　　A_i——未来第 i 年的净收益（元或元/m²）；
　　Y_i——未来第 i 年的报酬率（%）；
　　n——收益期（年）。

（二）持有加转售模式

1. 原理

持有加转售模式基本原理是房地产的价值或价格等于持有期各年的净收益的现值之和与期末转售收益的现值的和。

2. 适用性

当收益期较长、难以预测该期限内各年净收益时，宜选用持有加转售模式。

3. 模式介绍

选用持有加转售模式进行估价时，收益价值应按下式计算：

$$V = \sum_{i=1}^{n} \frac{A_i}{(1+Y_i)^i} + \frac{A_t}{(1+Y_t)^t}$$

式中：V——收益价值（元或元/m²）；
　　A_i——未来第 i 年的净收益（元或元/m²）；
　　V_t——期末转售收益（元或元/m²）；
　　Y_i——未来第 i 年的报酬率（%）；
　　Y_t——期末报酬率（%）；
　　t——持有期（年）。

三、模型的应用及建议

（一）两个模型实例测算

笔者举例将收益法两种基本方法做一下对比分析，估值中的关键因素和估值结果详见表2：

两个模型实例测算表　　表2

序号	项目名称	持有加转售模式	全剩余寿命模式
1	每年净收益（A_i）（万元）	100	100
2	净收益增长率	2%	2%
3	持有期（年）	10	—
4	收益期（年）	30	30
5	报酬率	6%	6%
6	持有期增长率	3%	—

续表

序号	项目名称	持有加转售模式	全剩余寿命模式
7	交易税费扣除比例	10.75%	—
8	价值（万元）	1612	1141

注：本次估价对象及市场的状况均为虚构；案例中只展示了主要因素和指标，为了说明两种估值模式在估价结果上的差距。

（二）影响结果的核心参数

1．收益期

预计在正常市场和运用状况下估价对象未来可获取净收益的时间，即自价值时点起至估价对象未来不能获取净收益时止的时间。

2．持有期

预计正常情况下持有估价对象的时间，即自价值时点起至估价对象未来转售时止的时间。

3．报酬率

将估价对象未来各年的净收益转换为估价对象价值或价格的折现率。

4．净收益增长率

主要指净收益每年的增长幅度。

5．持有期增长率

持有期内估价对象价值或价格的增长幅度。

（三）核心参数的获取路径

收益法的主要影响因素的获取路径：

1．收益期

收益期主要是根据物业的法定年限和经济使用年限确定，二者根据孰短原则确定合理的收益期限。

2．持有期

持有期应根据市场上投资者对同类房地产的典型持有时间及能预测期间收益的一般期限来确定，并宜为5～10年。

3．报酬率

报酬率确定的基本方式主要有：

（1）市场提取法：选取不少于三个可比实例，利用其价格、净收益等数据，选用相应的收益法公式，测算报酬率。

（2）累加法：以安全利率加风险调整值作为报酬率。安全利率可选用国务院金融主管部门公布的同一时期一年期存款年利率或一年期国债年利率；风险调整值应为承担额外风险所要求的补偿，并应根据估价对象及其所在地区、行业、市场等存在的风险来确定。

（3）投资收益排序法：找出有关不同类型的投资及其收益率、风险程度，按风险大小排序，将估价对象与这些投资的风险程度进行比较，判断、确定报酬率。

在估价作业过程中常用的方式主要是累加法，在确定风险调整值时除了考虑估价对象所在区域、市场等因素，可以查询估价对象所在的行业，根据行业的平均风险水平，考虑估价对象的实际情况确定。

4. 净收益增长率

净收益的递增率需要考虑成本费用的逐年提升、通货膨胀等因素。估价对象的租金会在 CPI 物价指数的基础上，随着成本费用、通货膨胀等因素波动。因此，CPI 物价指数对于估价对象的租金递增率具有一定的参考意义。

5. 持有期增长率

持有期房地产价格的增长率，可以采用市场提取法，选取与估价对象具有可比性的物业历年的成交价格的众数、中位数、平均数，求增长率。

四、结语

对于现实中的投资者来说，投资房地产关注的是其所持有物业在整个投资期内的投资回报。当房地产价格快速上涨或预期价格水平会有较大幅度提升时，出售收益高于租金收益，投资者会选择先持有几年，然后在房地产价格上涨达到预期目的后再出售获利，这种先持有再出售的模式已经成为现实房地产投资的主要模式。持有加转售的模式更加贴近市场，在资产证券化评估中更能准确地模拟普遍的市场投资行为，测算出的收益价值更加准备合理。

参考文献：

杨威，贾莉. 持有加转售模型的使用及转售收益确定方法的探讨 [J]. 中国房地产估价与经纪，2016（05）.

作者联系方式

姓　　名：董　洁　徐莉娜

单　　位：北京首佳房地产评估有限公司

地　　址：北京市海淀区紫竹院路 116 号嘉豪国际中心 B 座七层

邮　　箱：dongjie@bjshoujia.com.cn；xulina@bjshoujia.com.cn

REITs 在我国长租公寓领域的应用研究

蒋炎冰

摘　要：在旺盛需求及政策红利的驱动下，近年国内住房租赁市场发展迅猛，但目前租赁行业面临着发展阶段较为初级、缺乏创新金融支持等方面的困境。本文通过整理美国长租公寓的发展实践，论证对于REITs等金融工具的运用是其实现高效融资、扩张市场并提高专业运营能力的有效手段。同时，文章梳理了国内长租领域金融创新的相关尝试，并以"旭辉领昱1号资产支持专项计划"为例，分析其创新及不足，为国内长租行业的金融创新提出相关建议。

关键词：REITs；长租公寓

一、我国长租公寓发展现状

（一）长租公寓的发展背景

1. 供需矛盾突出、租赁市场前景巨大

城镇化所带来的人口流动是驱动租赁需求快速上涨的重要因素，2018年底我国的城镇化率为59.58%，预计未来十余年仍将迅速提升；目前国内住房租赁人口占全国总人口的12%，远低于欧美等成熟市场35%以上的水平；上海租赁人口占比为40%，北京、深圳均为34%；同期东京、洛杉矶及纽约的数据则分别为60%、54%以及57%[①]。预测至2025年，我国租赁市场有望成为全球第二大住宅租赁市场[②]。

2. 政策利好频出

近年中国房地产市场逐渐由增量向存量过渡，针对住房租赁领域的政策红利也趋于丰富。2015年伊始住房城乡建设部发布《住房城乡建设部关于加快培育和发展住房租赁市场的指导意见》，首提"购租并举"；2016年则将其写入"十三五"规划；党的十九大报告强调"加快建立租购并举的住房制度，让全体人民住有所居"，将"租"至于"购"之前……各类国家及地方层面的住房租赁政策密集出台都为未来中国住房市场变革奠定了发展基础。

旺盛的租赁需求、频出的政策利好叠加现阶段的消费升级都使长租公寓行业得以"好风凭借力，送我上青天"。目前即使是在北京、上海等重点城市，机构化长租公寓占比仅为9%，而该数据在纽约、东京分别为60%、90%，故国内市场远未达到饱和。但即便如此，国内长租公寓行业仍面临着不可忽视的困境。

[①] 参见《2018年中国住房租赁行业分析报告——市场深度分析与发展前景研究》，中国报告网，2018-04-18。

[②] 参见《金融视角看长租公寓发展现状与未来》，当代金融家，2019年01期。

（二）国内长租公寓的发展困境

目前，我国长租公寓行业主要以收益扣减成本倒挤利润的方式维持运营。在上述模式下，收益的提高以及成本的控制便成为最终影响利润率的关键因素。

1. 收益水平有待提高

长租公寓的经营收益主要包括租金收入（或租金差价）以及衍生服务费用等。根据中国产业网统计，2018年我国以2.43亿的租赁人口实现了15088亿元的租赁规模，人均贡献度为6209元/年·人，较上一年度上涨9.8%（图1）。

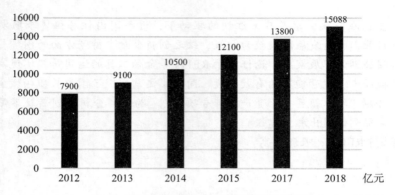

图1 近年中国住宅租赁市场规模走势图

（数据来源：中国产业信息）

对比美国及日本人均30000元/年·人及21100元/年·人的租金贡献度，国内当前水平并未处于高位。

在增值服务方面，目前国内运营商主要通过提供定期打扫、衣物清洁、健身设施等服务取得增值收益；或在聚集人气后以配套餐饮、零售等业态间接丰富收入来源，未形成行业核心竞争力，可复制性较强，对于出租率的提升作用也不明显。

2. 运营成本居高不下

出于扩大市场份额、提高知名度的考虑，长租公寓运营商不仅需要在房源改造、装修以及配套等方面投入资金，在营销渠道、社群营造等运营管理的各个阶段同样需要资金支持。而融资成本高企以及经营过程中税费繁多则进一步蚕食了利润（图2）。

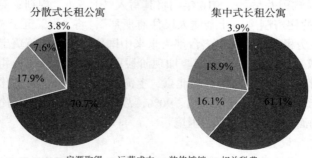

图2 分散式及集中式长租公寓成本构成

（数据来源：贝壳研究院）

1）资产可得性较低且价格较高

随着近年来几乎遍及全国范围的房价上涨，资产价格与市场收益间的矛盾短期内难以调和。根据相关机构统计，通过购置或自建方式取得房源的运营商，其资产取得成本占总成本的 60% 以上。加之长租公寓对于交通、配套等因素的准入限制，致使市场上满足条件的房源更为稀缺，从而进一步推高房源的取得成本。

2）融资成本高且渠道窄

目前国内长租公寓运营商主要通过风险投资以及债权或股权方式进行融资。风险资本股权融资虽单次融资规模较大，但受制于行业营利模式仍未完全走通，近两年来融资热度有所下降。传统的举债模式主要适用于重资产模式运营商，银行贷款一般融资规模有限且大多向大型国企、央企倾斜；若采用公司债券则门槛更高，难以惠及大多数的长租公寓运营商。我国苛刻的股票制度安排也束缚了中小长租公寓企业的上市道路。

3）市场同质竞争严重，营销成本高企

根据《长租公寓市场大数据分析报告》(2017)[①]，国内分散式长租公寓占比为 74.56%，集中式则为 25.44%。市场仍处于抢占份额的阶段，尚未出现寡头；而同质化的服务也导致品牌竞争力减小，推广及获客成本居高不下。

4）税收环节多且税率较高

长租公寓在经营环节需缴纳的税种主要包括增值税及附加、房产税、企业所得税等，若采用收购方式获取房源则还涉及土地增值税、契税以及印花税等。上述税费进一步加重了长租公寓企业的经营负担，导致行业利润持续位于低位。

二、中美长租公寓发展对比

（一）美国长租公寓发展背景

1. 市场需求旺盛

19 世纪 70 年代到 20 世纪初美国的工业化及城市化致使人口集聚，而扩大的住房需求与房价高企的矛盾自然催生了租赁需求。20 世纪末的经济危机则使美国住房自有率逐步下降。据美国住房和城市开发部估算，美国住房自有率每降低 1%，就约有 120 万人进入租房市场。

2. 融资渠道的丰富

美国强大的金融系统以及丰富的衍生品市场均对长租公寓领域起到了有力的支持作用。尤其是美国租赁公寓龙头企业 AVB、EQR 等，通过对金融工具的灵活运用实现了高效融资、规模扩张，从而推动了行业的可持续发展。

3. 法律、税收等政策完备

从美国的实践经验来看，配套税收法律及制度的建立及修订是推动 REITs 诞生、调整及发展的最根本因素。美国对于 REITs 的立法发端于 1960 年《国内税收法》，该法律赋予了 REITs 税收中性的特点，增加了其在投资市场中的竞争力；《房地产投资信托法案》的推出则标志着 REITs 制度的正式成立；1967 年美国开放抵押型 REITs；1986 年《美国税收改革法》

---

① 参见中国饭店协会公寓委员会、迈点研究院（MTA）联合发布的《长租公寓市场大数据分析报告》，2018-04-10。

大幅修改税收,至此权益型REITs的比较优势得以凸显,从而推动了该类REITs产品进入快速增长期(图3)。

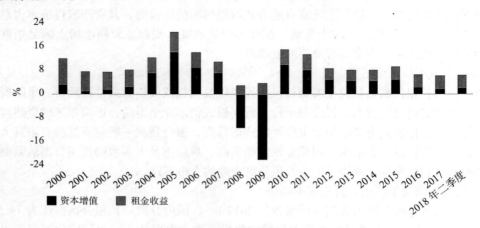

图3 美国长租公寓REITs市场收益率及其组成

(资料来源:仲量联行)

(二)中美长租公寓发展对比

近年来美国长租公寓REITs的收益率基本维持在8%~10%,从而为行业的良性循环奠定了基础。中美长租公寓的发展特点见表1。

中美长租公寓发展特点对比　　　　　　　　　　　　　　　　　表1

	美国	中国
操作方式	注重金融类的操作方式,侧重于资本运作,兼并收购,大量直接持有物业	以包租或自建为主,也通过少量收购控制房源,为房地产运营操作方式
发展阶段	高级阶段,利用REITs等金融手段,逐步形成寡头运营商	初级阶段,营利模式未完全走通,收入主要为租赁现金流,来源单一,退出渠道不畅
融资成本	金融工具丰富,REITs退出渠道通畅	融资渠道有限,资金成本高
租金回报率	8%~12%	2%~4%
物业质量及分布	物业质量较高,且多为集中式分布	物业稀缺且质量参差,获取难度大;房源的分散特点增加了标准化及管理难度
互联网改善	寡头企业65%租约由网上完成,带看成本大幅下降	网络端交易比例正在提升,但对中介推介的依赖度仍较高
增值服务	搬家服务、试住体验服务、转移计划、租金抵扣购房款等	管理费、清洁费、商品零售等

资料来源:作者整理

三、中国长租公寓REITs的本土化实践

美国长租公寓行业对于REITs等资产证券化工具的成熟运用成功展现了其在高效融资、盘活企业资产等方面的积极作用,是国内行业可借鉴的融资样板。

目前,国内行业收益率偏低、成本高企且融资困难的现状推动市场不断尝试租赁物业证券化。截至2018年底,我国市场上已成功发行或已获证券交易所审批通过的住房租赁资产证券化产品共15单,融资规模合计836.40亿元;其中类REITs产品占比最高,市场份额为61.3%,受到市场青睐。

(一)REITs的定义

根据《新编经济金融词典》的定义:房地产投资信托基金(Real Estate Investment Trust,REITs)是一种以发行收益凭证的方式汇集特定多数投资者的资金,由专门投资机构进行房地产投资经营管理,并将投资综合收益按比例分配给投资者的一种信托基金[1]。

(二)国内的类REITs尝试

1. 国内框架下对标准REITs模式的束缚

尽管国内企业自2006年起就开始尝试在中国香港以及新加坡等离岸资本市场发行REITs,但囿于国内《证券法》尚未将其纳入国务院认定的证券范畴,致使其无法实现公开发行;而以公司模式运营REITs则难以避免双重征税问题,从而摊薄了可分配的利润总量、降低REITs在市场上的竞争力。故现行法律税收框架下,国内难以简单复刻国际标准REITs模式,而是需要逐步探索符合中国国情的实践经验。目前国内已出现了以ABS为载体发展起来的"类REITs"市场。

2. 类REITs的概念

根据国内实践,可将类REITs的概念总结为:由具有客户资产管理业务资质的证券公司(或其资产管理子公司)或基金管理公司子公司担任专项计划管理人,以目标物业作为底层资产,以其产生的现金流作为偿付支持,发起并设立资产支持专项计划,将专项计划的资产支持证券向合格投资者发行,并在证券交易所挂牌流通转让[2]。

可以说类REITs是REITs在我国本土化的产物,是以ABS产品为载体发展起来的"私募REITs"市场。

3. 类REITs与REITs的异同

类REITs与国际标准REITs两者在底层资产和收益分配上已经趋于一致:底层资产为现金流稳定、可预测的优质房地产;在收益分配上则以最大化为目标。

避免双重征税的方式不同是当前两者最大的差异所在。相较于标准REITs通过税收政策来实现税收中性的情况来看,类REITs则主要是通过结构化安排来规避双重征税(表2)。

境外成熟REITs与境内类REITs对比表　　　　表2

	境外成熟REITs市场	境内类REITs(私募REITs)
发行方式	一般为公募发行	私募发行
二级市场流动性	较强	较弱
产品属性	权益型为主,抵押型及混合型为辅	固定收益产品为主,权益型与混合型为辅
入池物业	通常为多个物业,强调分散,产品存续期内入池物业可新增或出售	目前主要为单一物业,存续期内物业为静态,资产构成不发生变化

---

[1] 参见《新编经济金融词典》,中国金融出版社,2015年。
[2] 参见林华《中国REITs操作手册》,中信出版集团,2018:176。

续表

	境外成熟 REITs 市场	境内类 REITs（私募 REITs）
资产管理	对物业进行主动管理，可以新增投资或出售物业	对物业以被动管理为主
投资范围	物业资产、地产相关股票、债权贷款、其他 REITs 或 CMBS	项目公司股权及债权、监管部门规定的合格投资
融资方式	银行贷款或发债	产品本身不融资，可分级
期限	永续	有存续期，且有效期相对较短
投资者退出方式	以二级市场证券交易为主	到期通过主体回购或物业处置收益退出；也可通过二级市场交易退出，但市场流动性较弱
增信措施	极少部分产品具有对期间租金的差额补足增信	多为租金差额补足增信，大部分产品还通过主体回购作为本金偿付增信

资料来源：作者整理

境内类 REITs 的诞生是在标准 REITs 问世的法律及市场条件不成熟而市场需求巨大的情况下的阶段性产品。经过市场的多年探索，类 REITs 不仅适应了市场需求，同时也为公募 REITs 的推出提供了经验储备和市场预热。

四、高和晨曦—中信证券—领昱 1 号资产支持专项计划案例分析

（一）案例介绍

1. 基本情况

2017 年 12 月 26 日，高和晨曦—中信证券—领昱系列资产支持专项计划（以下简称"旭辉领昱类 REITs"）获得上海证券交易所审议通过，开创了全国民营企业长租公寓资产证券化的先河。

旭辉领昱类 REITs 由晨曦基金及高和资本担任管理人，采用储架发行模式，总额度 30 亿元，整体将涉及约 10～15 个项目，获准在 2 年内分期发行完成。首期产品规模为 2.5 亿元，设置 3 年固定期 +2 年处置期，优先 A 级 9000 万元，利率 5.9%，优先 B 级 6000 万元，利率 6.5%。

2. 交易结构与流程

旭辉领昱类 REITs 糅合了保利租赁的储架发行模式以及新派公寓的权益型结构，并通过资产支持专项计划控制私募基金的"双 SPV"结构达到构建基础资产、实现风险隔离以及税收穿透的多重效果（图 4）。

3. 基础资产及底层资产

1）基础资产

在产品结构设计中，基础资产是原始权益人（旭辉领昱）作为初始的基金份额持有人转让给计划管理人（中信证券股份有限公司）的契约型私募基金的全部基金份额。

2）底层资产

本单产品底层资产则分别为博乐诗服务公寓浦江店及柚米国际社区浦江店，均位于上海市闵行区浦江镇，均于 2017 年正式开业，为不同细分市场下的长租公寓产品，具体情况见表 3。

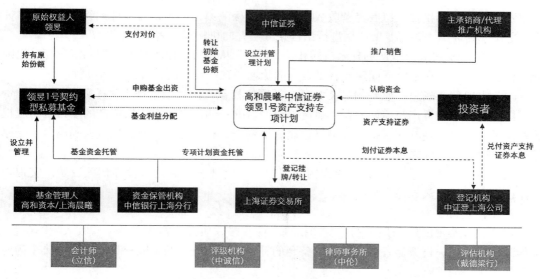

图 4　旭辉领昱类 REITs 交易结构及流程示意图

（数据来源：专项计划说明书）

底层资产运营状况明细表　　　　　　　　　　　　　　　　表 3

底层资产	博乐诗服务公寓浦江店	柚米国际社区浦江店
可租面积	8 048.58m²	4 480.32m²
租赁方式	包租	包租
租期	自包租合同生效日（含该日）起至高和晨曦-中信证券-领昱1号资产支持专项计划设立日满十年之日（不含该日）止	自包租合同生效日（含该日）起至高和晨曦-中信证券领昱1号资产支持专项计划设立日满十年之日（不含该日）止
租金水平	1.5 元 /m²·天 无免租期	1.5 元 /m²·天 无免租期
客房数量	142 间	105 间
客房平均出租率	55.73%	91.29%
客房平均房价	195 元 / 间·天	138 元 / 间·天
评估总价	205 300 000 元	100 300 000 元
评估单价	25 508 元 /m²	22 387 元 /m²

数据来源：专项计划说明书

（二）案例分析

1. 核心环节分析

1）双 SPV 结构

本单产品采用经典的双 SPV 结构，第一层结构是高和资本 / 上海晨曦设立私募投资基金，并由该基金向 SPV（上海高堃）增资以获得项目公司（上海勇然和上海勇堃）的股权及其所拥有的底层资产产权；并向其发放委贷间接持有标的资产的股权和债权，项目公司则以底层资产作为抵押担保、以其经营收入作为质押担保。第二层则是专项计划管理人（中信证券）受让基础资产，并将专项计划进行结构化分层并向机构投资者募资。

通过双 SPV 将底层资产的现金流转化为"债权"从而实现以利息形式的稳定分配，也因此其优先级产品可在上交所固定收益平台定向流通，在一定程度上提高了流动性。

（1）实现破产隔离。旭辉领昱类 REITs 的原始权益人向计划管理人"真实出售"基础资产，以此达到基础资产与原始权益人财产隔离的目的；通过对持有底层资产的项目公司股权收购及债权投资，使其间接持有并最终控制底层资产，充分将其与原始权益人隔离，不受原始权利人财务风险的影响。

（2）税收穿透。通过双 SPV 形式构建债权，可以规避企业所得税等相关税费，实现现金流以利息形式足额、稳定分配。

2. 增信安排

旭辉领昱类 REITs 采用了物业资产抵押、应收账款质押、物业资产运营收入超额覆盖、证券结构化分层、设置储备金科目和储备金的补足以及义务人的差额补足等增信安排来为专项计划提供流动性支持。

（三）案例创新点与不足

本单产品是国内首单民企储架发行 REITs，开启了租赁住房资产证券化新篇章，对于加快推进租赁住房市场建设具有非常积极的示范效应。

1. 创新点

1）采用储架结构，间接实现了公募 REITs 的扩募功能

旭辉领昱类 REITs 承袭了保利租赁一号类 REITs 产品"一次审批、分期发行"的储架发行方式。

可根据基础资产的形成情况、市场利率及原始权益人或融资方的资金需求较为可灵活地选择发行窗口期，实现分期发行及备案，从而间接实现了公募 REITs 的扩募功能。

2）打破主体信用的过度依赖，回归资产支持证券的本质

REITs 信用评级的初衷是以基础资产的质量及其未来的收益来确定，而不是依靠主体信用。旭辉领昱类 REITs 由于未实现全额增信，故不依赖强主体兜底，是逐步脱离主体信用的一种尝试，使资产证券化回归本质，这也与目前新出台的资管新规要求相契合。

3）退出机制对接公募 REITs

2015 年后中央和地方各级政府出台的相关政策文件中多次提及推动公募 REITs 的试点，长租公寓这一重点发展产业则无疑是公募 REITs 最好的试验田之一。旭辉领昱类 REITs 在设计退出机制时，拟将持有主体所持物业 100% 的权益出售给交易所上市的 REITs 以实现退出，从而真正实现轻资产运营，为对接公募 REITs 留下接口。

2. 不足之处

1）募资对象有限

受制于《证券法》的相关规定，目前类 REITs 产品仍以私募形式发行，主要参与者为银行及险资等；而以社会公众募资的对象的公募发行方式还需法律、税收等多方面的配套政策出台，其推出仍有待时日。

2）未实现资产的多元化

本单产品的底层资产均为位于上海市浦江镇的长租公寓项目，区位相同、物业类型相近、产品特点类似，其所面临的行业、地域及宏观风险相同，无法形成风险的对冲。

在以后各期资产池的配置中则需尽量选取不同区域、不同周期、不同类型的长租公寓资产，通过多元化的资产组合降低配置风险。

3）流动性不足

该产品虽然已实现了优先级在上交所固收板块上的流通，但权益端的发展仍不足；虽规划了公募退出机制，但其是否可以实现仍存在不确定性，若最终仍以回购方式由长租公寓运营商获取底层资产，则资产退出渠道依旧未打通，轻资产的运营模式仍难以实现。

4）系统风险较大

以旭辉领昱类REITs产品为代表的长租公寓类REITs受政策红利影响而得以快速发展，对于项目的审批以及底层资产的稳定运营要求也走了"绿色通道"，本单产品中底层资产运营期较短、收益稳定性有待验证等问题依旧值得关注。另外，长租公寓本身也是新兴行业，受到行业大环境的影响，成本投入大、投资回报期长、收益率低等问题难以通过当前的类REITs全盘解决，且其运营模式、收益来源等方面也仍需进一步完善。

五、案例启示

租赁住房REITs作为租赁市场金融化的操作手段之一，是资本市场服务长租公寓，拓宽融资渠道、提高融资效率的一种尝试；本次旭辉领昱类REITs产品的成功落地验证了在当前的国情之下，以本土化的类REITs模式实现高效融资的可能性及可行性，对利用金融化操作推动租赁行业的探索和发展积累了经验。

但受国内现状的制约，REITs在增强流动性、促进长租公寓资产循环、增强运营商管理能力、丰富经营收益以及实现轻资产等方面的作用则尚未完全呈现。若需要充分利用金融化操作、以REITs推动行业商业模式闭环的形成则需要借鉴国际经验，对我国当前的法律、税收等宏观环境进行进一步完善。

（一）法律定位和法规框架需要逐步完善

目前，我国对REITs产品（类REITs产品）在投资期限、投资范围、收入来源、信息披露、关联交易、分配方式等诸多方面仍没有明确及统一的制度安排，针对REITs的专项法律仍然缺位，这也在一定程度上限制了REITs的供给与投资。

（二）税收优惠制度有待建立

我国针对REITs的专项税收优惠迟迟未出台是导致当前发行的产品采用更为复杂的设计以尽可能规避税收的重要原因。但近期出台的委贷管理办法以及资管新规相关内容则可能导致现行的"股债"结构难以为继。因此，税收优惠政策的出台以及实施迫在眉睫。

（三）规范市场、提高透明度

目前国内的信息透明度低，信用体系仍不成熟、定价机制不完善，导致包括住房租赁在内的各项REITs发展缺乏基础，因此需要进一步建立合理成熟的定价机制、估值体系等，创造良好的REITs交易环境，降低道德风险，提高REITs流动性；同时对于长租公寓行业的监管制度也有待完善，避免类似鼎家的暴雷事件再次发生。

（四）专项政策支持、提高运营商利润空间

虽然房源取得难度大、成本高的现状难以在短期内改变。但通过出台专项政策或制度安排则可以有效降低长租公寓运营商的成本，如推出价格相对低廉的租赁土地、降低集体土地以及闲置工业或商办转租赁住房的申请门槛，简化流程、针对长租公寓行业的专项税收减

免、定向补贴等，以此提高市场积极性，有效增加租赁住房供应的同时留给运营商合理的利润空间。

（五）提高运营管理能力实现行业良性发展

长租公寓行业目前作为政府扶持的"风口"行业，除了灵活运用 REITs 以缓解资金压力、实现资产盘活外，也需要通过人才培养提升管理能力；创新服务内容以获取多元收益；综合运用大数据、互联网等形式以降低营销成本，多管齐下以实现租赁住房产业的良性发展。

参考文献：

[1] 林华.中国 REITs 操作手册 [M].北京：中信出版集团，2018.

[2] 周以升，张志军，万华伟.CMBS 国际经验和中国实践 [M].北京：中信出版集团，2017.

[3] 丁小飞.REITs 在我国长租公寓融资中的应用研究——以新派公寓为例 [D].北京：北京交通大学，2018.

[4] 孙巧.资产证券化及其在我国房地产领域的应用研究 [D].重庆：重庆大学，2011.

[5] 王茜萌.我国住房租赁 REITs 市场发展探析 [J].新金融，2018（03）.

[6] 闫伟婷.魔方公寓信托受益权资产证券化案例分析 [D].保定：河北金融学院，2018.

作者联系方式

姓　　名：蒋炎冰

单　　位：浙江禾信房地产土地评估有限公司上海分公司

地　　址：上海市黄浦区淮海中路 200 号 1005 室

邮　　箱：18939758610@163.com

REITs资产证券化中房地产估价应用并结合区块链的探讨

肖 峰　童 玲

摘　要：资产证券化中底层资产的评估属于新兴房地产估价业务，近年来利好的政策为REITs带来广阔前景，作为配套服务的房地产估价要抓住时机相应提升执业水平，发挥估价行业的专业优势，服务于REITs的所有参与者。区块链符合证券化的要求，其特性为估价报告的真实性及专业水平提供了展示的空间与场景。区块链与证券化的结合对估价提出了更高要求，本文从实际出发提出将三者结合应用的一些设想。

关键词：REITs资产证券化；房地产估价；区块链

一、引言

资产证券化的痛点在于底层资产真伪难辨，各参与方之间流转效率不高，无法监控资产的真实情况。而底层资产价值的确认则来源于准确、公开、透明的评估，通过区块链技术，底层资产的相关重要数据得到验证，为现金流收入等指标的量化及预测提供真实原始的第一证据数据，由此得出的评估结论经得起市场检验。

二、REITs底层资产评估的市场需求

（一）房地产投资信托基金（REITs）的概念

房地产投资信托基金（Real Estate Investment Ttrusts，REITs）是一种以发行收益凭证的方式募集特定投资者的资金，由专门投资机构进行经营管理，并对投资者给予收益分配的一种信托基金制度，通过持有并运营如公寓、购物中心、商业零售、酒店、办公楼和仓库等在内的非住宅类房地产资产获取收入。REITs购买和投资的是一个物业资产池，通过这样的资产组合分散投资，能显著降低非系统性风险，而且长期来看，REITs与股市、债市的相关性较大，是一种很好的风险分散手段，也为普通人提供了灵活投资房地产的新型投资渠道。

（二）国外REITs的发展历程

1961年，美国出台《房地产信托投资方案》允许REITs设立，1965年，全球首家REITs在纽交所上市交易。1961-1968年属于REITs的产品初创期，市场发展极为缓慢，历时7年仅发展10家左右的REITs。

抵押贷款型REITs的爆发期是1969-1974年，REITs数量和规模急剧膨胀，为当时美国的房地产开发、建设企业提供了大量贷款，并推动了美国房地产建设的热潮。数据显示在此期间，REITs的资产规模也从不足10亿上升到210亿美元。

1975-1999年，属于REITs发展的转折阶段；前半段因美国经济出现衰退以及房地产市场的供给过剩，引发了大量房地产商因违约而破产，这些破产使得REITs的发展近乎停滞。1986年税收改革方案使REITs拥有了税收上的优势，伴随着经济增长和房地产业的复苏，REITs进入第二个高速发展期，其总市值从87.4亿美元发展到了1400亿美元。

2000年REITs被纳入标准普尔500指数，行业迎来了第三个高速发展时期，以2008年金融危机为分水岭，REITs走出了一个先降后升的态势。目前，REITs规模最大的仍然是美国，已达到万亿，其行业总市值已经远超传统的房地产开发企业。

至今有30个国家发行过REITs产品，我国近年来也发行了类REITs。越来越多的法规中，也出现了REITs的身影。

（三）我国REITs的发展历程

2008年12月，国务院发布《国务院办公厅关于当前金融促进经济发展的若干意见》和《国务院办公厅关于促进房地产市场健康发展的若干意见》，明确提出要开展REITs试点，拓宽房地产企业融资渠道，并决定选取北京、天津、上海的部分优质房地产项目进行试点。目前国内REITs有两套方案：一套是人民银行、银监会设计的、债权型的REITs产品，未来在银行间市场交易；一套是证监会主导设计的、股权型的REITs产品，未来在证券交易所交易。

2013年7月，国务院发布《关于金融支持经济结构调整和转型升级的指导意见》，要求逐步推进信贷资产证券化常规化发展，盘活资金支持小微企业发展和经济结构调整。意见指出，进一步完善信息披露制度，提升市场化风险约束机制的作用，明确信托公司、律师事务所、会计师事务所等各类中介服务机构的职能和责任，提高证券化专业服务技术水平和服务质量。

以作者所在的武汉市为例，武汉市公积金个人贷款资产证券化融资的"脚步"已迈开，2014年发行全国首单资产证券化产品，2015年首次挂牌交易了以公积金个人贷款为基础资产的资产支持证券产品（ABS），融资额度4.75亿元；2016年3月15日，在银行间市场发行当年首单公积金贷款资产证券化产品，募集资金17.6亿元，发行利率仅3.95%，创利率新低。武汉推行公积金贷款资产证券化，盘活了公积金存量资产，彰显了住房公积金在解决职工基本住房保障中的作用。

国内监管部门和各市场主体一直在探索不动产证券化的道路。一方面，中国在境外市场（港交所、新交所）发行以国内资产为投资标的的REITs产品；另一方面，在中国现有监管法律框架下推出"类REITs"产品。中国境内"类REITs"主要包括两种模式：一种是以鹏华前海万科REITs为代表的公募类REITs，另一种更主流、更具规模的是以中信启航REITs为代表的私募类REITs产品。

（四）REITs的评估需求

在党的十九大报告中，习近平总书记指出应"深化金融体制改革，增强金融服务实体经济的能力"。在金融产品创新领域，业内普遍认为最适合推出公募REITs。首批公募REITs试点的城市和地区有北京、上海、广州、深圳、雄安和海南等地，底层资产将包括长租公寓、基础设施资产、公共服务设施资产、经营性物业资产等多种类型。

深交所自2014年推出全国首单类REITs"中信启航专项资产管理计划"以来，已建立资产类型丰富（囊括商业、工业地产、酒店、长租公寓、公共人才房、物流仓储、产业园等）、创新效应显著、评审挂牌高效（截至2019年5月，深交所累计发行类REITs产品26只，总发行规模541.48亿元）的深市特色REITs市场。

上交所也于 2019 年新年表示，将进一步发挥债券市场直接融资功能，推动公募 REITs 试点，已召集多家基金开会，鼓励上报公募 REITs 方案。根据北大光华管理学院 REITs 课题组预测，如果用 REITs 规模占 GDP 的比例，以及 REITs 规模占股票市值比例作为参照，取美国、新加坡、澳大利亚和中国香港市场的平均值或中位数，中国如果达到成熟市场的水平，标准化公募 REITs 市场规模可达 4 万～12 万亿元的庞大规模，这一市场掀起帷幕只待政策东风。

随着 REITs 在我国的兴起并发展，中国房地产估价师与房地产经纪人学会按照"提供服务、反映诉求、规范行为"的要求，秉承"服务会员、服务行业、服务社会"的理念，与时俱进地于 2015 年 9 月 10 日发布了《房地产投资信托基金物业评估指引（试行）》，此指引的发布有利于房地产投资信托基金发展，规范房地产投资信托基金物业状况评价、市场调研和价值评估活动，保证评估质量，保护投资者合法权益，满足相关信息披露需要。此举系房地产估价行业为 REITs 评估服务保驾护航的重要举措，同时也是房地产估价行业服务于 REITs 的评估过程中的专业执业经验的总结和专业发展方向的预判举措。

（五）REITs 资产证券化中房地产估价应用

对于 REITs 的评估不同于传统的非住宅用房市场价值评估，投资方更关注的是未来的现金流量，而非不动产的现时市场价值。《房地产估价规范》GB/T 50291—2015 第 5.11 房地产投资基金物业估价中指出"宜采用报酬资本化法中的持有加转售模式"，《房地产投资信托基金物业评估指引》（中房学〔2015〕4 号）第三十条"为房地产信托投资基金财务报告服务的价值评估，市场价值一般可以等同于会计准则的公允价值"，第三十一条指出"信托物业或者其同类物业通常有租金等经济收入的，应当选用收益法作为最主要的估价方法，并优先选用报酬资本化法。信托物业的同类物业有较多交易的，应当选用比较法作为其中一种估价方法"，可见最适用的评估方法是收益法。在此类业务中，房地产估价师需加强财务管理和资产投资方面的知识，熟悉各项成本费用、税收政策，运用且改进传统的房地产估价方法，对于收益法的深入、科学研究已迫在眉睫，房地产估价行业对于 REITs 的评估理论基础与评估方法均已做好了准备，在非住宅物业评估中对租金的组成及内涵、空置期、空置率等数据资料的调查分析，也是房地产估价师的专长。

《深圳证券交易所资产证券化业务问答（2017 年 3 月修订）》中关于"何种情况下需要由专业资产评估机构对基础资产的价值出具评估报告？"的解答为：底层资产涉及不动产评估的，建议出具不动产评估报告的评估机构应具备住建部核准的房地产估价机构一级资质，并建议选用收益法作为最主要的评估方法。专项计划存续期间，建议对底层不动产进行定期重新评估；发生收购或者处置等影响基础资产价值的重大事项时，也应当进行重新评估。

2018 年 3 月，中国人民银行广州分行行长王景武在全国两会提出议案《加快推进我国不动产投资信托基金公募试点助力金融市场稳定健康发展》，建议强化基金管理人专业任职资格。因投资对象不同，公募 REITs 与现有以股票、债券作为主要投资标的的证券投资基金存在明显区别，公募 REITs 上市以后的市场表现依赖于不动产经营性现金流（租金收入等）的支撑，对于物业的价值发现和价值提升将成为基金管理公司的核心竞争力。因此，与现有证券投资基金的重要不同在于不动产基金的成功运作，既需要有金融运作经验的人员，又需要有丰富房地产投资管理经验的人员。建议在公募基金管理公司现有的人员任职资格要求上，额外增加对于从业人员在不动产相关投资管理方面的经验及专业资质要求。公允价值对公众的披露构成了会计责任、审计责任、评估责任的三维体系，而前两者的工作已包含在 REITs

上市工作之中，房地产估价机构作为专业机构有着市场信息客观公允披露的天然主动性需求，大有可为空间。服务的客户有资产的持有人、金融机构、监管机构、产品投资人，服务内容有项目前期进行房地产尽职调查，期初期末进行标的物价值评估，期中各节点进行项目运营情况调查和价值复估，分析房地产市场状况、市场趋势，并对物业的处置价值进行压力测试。

三、评估利用区块链技术构成新价值的设想

（一）区块链的相关介绍

狭义来讲，区块链是一种按照时间顺序将数据区块以顺序相连的方式组合成的一种链式数据结构，并以密码学方式保证的不可篡改和不可伪造的分布式账本。

广义来讲，区块链技术是利用块链式数据结构来验证与存储数据、利用分布式节点共识算法来生成和更新数据、利用密码学的方式保证数据传输和访问的安全、利用由自动化脚本代码组成的智能合约来编程和操作数据的一种全新的分布式基础架构与计算方式。

（二）区块链用于证券市场的特点

区块链去中心化、共识机制、不可篡改的特点，增加数据流转效率，减少成本，实时监控资产的真实情况，它能够让区块链中的参与者在无须建立信任关系的前提下实现统一的账本系统，保证交易链条各方机构对底层资产的信任，这对证券市场来说意义重大。

参与区块链实验最积极的当属主要股票和大宗商品交易机构。比如美国纳斯达克于2016年发布了区块链交易模型，程序名为Linq，是区块链技术扩大主要股票交易范围乃至新资产类别范围的早期试验。全球数十家主要股票和大宗商品交易所纷纷在不同的领域表示出了对于区块链技术的兴趣。

目前，我国央行及多家商业银行已纷纷在国内业务领域试水以区块链技术为基础的数字交易系统。2017年1月，邮储银行与IBM合作推出了采用Hyperledger Fabric架构的资产托管系统；2017年2月，中国人民银行宣布其基于区块链技术的数字票据交易平台测试成功。基于区块链技术搭建的业务平台，有民生银行与中信银行合作上线的国内信用证信息传输系统一期；浙商银行推出的针对企业用户的签发、承兑、支付应收款以及使用应收款进行采购支付或转让融资的"应收款链平台"；农业银行上线的涉农互联网电商融资系统。

2019年8月28日，中国证券业协会发布了《中国证券业发展报告（2019）》，在报告中着力提到了要紧紧抓住以大数据、云计算、人工智能和区块链为代表的新一轮信息技术变革的机遇，积极提高证券科技应用水平，推动传统业务转型，创新业务模式，提高管理效率，形成创新驱动发展新格局。

（三）区块链用于证券市场的技术优势

区块链是一个分中心化的数据库，可以允许股票或者债券实时交易并且将交易记录在一个几乎不可能篡改、难以摧毁的链数据库上，将其中繁重的处理成本和长时间的结算时间和人为的错误等风险在理论上根除，它能通过技术支撑保证信息的准确，没有中间驳杂的信息链条和中间商、清算机构及利益体的参与，通过算法保证交易方信息数据安全，每一个交易信息都被程序化记录、储存、传递、核实、公开，可以随时得到完整的交易行为和信用状况，安全性极高。另外，信用的建立和维护成本极低，只需要通过全网记账来建立信用。信用维护也只是系统的消耗，与传统依赖征信机构不同，使用信息只需要调取区

块链的数据信息，并且因为其信息是公开透明的且无法篡改，极大程度上节省了围绕信用产生的消耗。

中国证券业发展到今天已经有30年了，从无到有，从小到大，成绩显著，但依然存在成本高、效率低的问题。请看下面我国证券交易结算流程图，就知道有多复杂了（图1）。

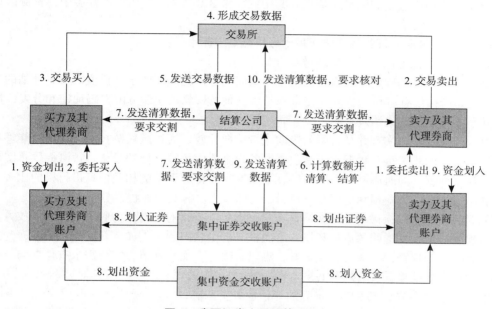

图1 我国证券交易结算流程图

另外安全性上也不是无懈可击。除去技术层面的因素之外，管理上的风险也是很大的。那么多环节任何一个地方信息不对称，就容易被人钻空子。区块链在这里面能起到的作用就很明显了：

因区块链节点账本相同，可通过节点在点对点的基础上连接起来直接进行交易和结算；区块链技术允许结算参与方各自拥有不同的权限并发挥不同的作用，如发行新资产、验证交易、将交易历史更新到分类账或仅限阅读、发送和接收现有资产的权限与结点都可以针对不同参与者进行分发；区块链的分类账可存储资产的所有权，能溯源追踪所有交易历史和当前所有权状态，证券资产的所有交易历史和当前的权利归属都有据可查；区块链技术协议可定义资产转移过程所需的程序，并依靠智能合约技术自动执行交易，省去了结算过程并保证了交易的执行；区块链技术结算系统意味着在没有任何中央数据管理系统的介入下，金融机构可以共享同一种证券资产的数据，并对不在其原有的私有数据库内的证券的执行、清算和结算进行持续追踪，信息数据安全、高效，堵住信息不对称的风险并保证了监管合规。

REITs在我国从私募正走向公募，即将开始使用。房地产估价机构若能伴随着这一步一起跨入区块链，将给行业内的先行者带来经济与名誉上的多重利好。

（四）区块链的发展前景

根据腾讯研究院分析，数字化程度每提高10%，人均GDP可增长0.5%～0.62%。区块链技术作为数字经济领域的新兴技术，未来将推动互联网数据记录、传播及存储管理方式变革，降低信用成本，简化业务流程，提高交易效率，重塑现有的产业组织模式、社会管理模式，提高公共服务水平，推动数字经济持续稳定发展，实现互联网从信息传播向价值转移的转变。

区块链是价值互联网的内核，除了记录金融业的交易，几乎可以记录任何有价值的、能以代码形式进行表达的事物，能应用到整个社会的需求领域。区块链技术目前发展阶段：金融价值期、信用价值期和治理价值期。其中区块链 3.0 与 4.0 都在飞速发展中，预测区块链技术将有一波大变革。

（五）将对 REITs 证券的评估应用于区块链的设想

1. 对 REITs 证券的评估与区块链结合的方向探讨

首先，就评估基础数据而言，区块链因其安全性而立即证明了其价值。所有评估的基础数据（例如产权信息、租金合同及租金水平、其他特殊情况）都可由密码加密和分发，所以个人几乎不可能伪造或销毁它们。

其次，区块链将实现评估过程的纵向或者横向比较，通过区块链技术，评估将能够自动验证底层资产的相关重要数据，为底层资产的现金流收入等指标的量化及预测提供真实原始的第一证据数据。同时亦可对不同地区、不同 REITs 证券评估的相关信息进行横向比较，为投资者尽可能提供风险预判信任基础材料，为估价人员客观执业提供数据支持。

同时我们也可以探讨基于区块链分布式账本机制搭建的平台，为底层资产的产权方和承租方等建立一个公开透明的流通环境，解决核心的信任问题。例如，登记溯源服务，为房地产持有者进行物权登记，信息真实公开，难以篡改；在交易环节，实行需求有偿参与，公开透明，确保最终结果真实有效和底层资产的最大收益。

2. 分步实施，先试点 REITs 证券的评估业务生态链

我国首批公募 REITs 试点的覆盖城市和地区选择了北京、上海、广州、深圳、雄安和海南，笔者认为评估在区块链领域的探索也要进行综合对比，选择适合的产品类型先做试点，评估公司目前还不能一股脑把所有业务、OA 等都搬上区块链，应分步作业，原因有三：

1）基础数据缺乏支持

我们评估所使用的市场法和收益法的案例数据来源很多是在网上找寻的二手房或房屋出租的挂牌价格，并非成交价格，对于仅能收集到的少量的成交案例对其交易背景也知之甚少；淘宝、京东上的司法拍卖成交案例的成交价格带着有序清算的影子，不是完全意义上的市场价格，其交易情况的修正较难把握，作为案例并不十分合适，且数量有限，即使想用，也未见得能找到近期成交的；互联网上各中介公司 APP 里房屋挂牌价的审核并不严格，挂牌价里就可能有一定水分，而数据的可靠性是评估价格可信度的基础，这个痛点不解决，后续撰写出的报告难有底气，经不起仔细推敲，更不敢在区块链上公开并可追溯。目前中介机构的房屋成交数据并不会提供给评估机构，就算评估机构能达成一两家中介的数据交换协议，成交量和覆盖面也不够大，不足以反映市场全貌。我们希望能在中国房地产估价与房地产经纪人学会这个层面，利用对两个行业的同时管理，出台有实际意义和可操作性的方案，帮助评估机构获取有效的数据。这个点解决了，评估机构才敢于在精准测算后把大量的个贷、交易报告上传至区块链，笔者认为这些传统业务的上链时点要往后推。

2）基于法律风险的考虑

不具名性是区块链技术的附属性特征。鉴于区块链构建了一个"去信任"的交易系统，各方参与交易并非基于对交易其他方的信任，而是基于对区块链系统的信任而参与交易，因此交易各方无须进行事实身份验证，实现不具名性的交易，从而一方面提高了交易效率，另

一方面也保护了交易各方的隐私，但这带来的问题是私钥的发放。一般而言，我们的评估报告是针对特定的客户提供的服务，不是面向所有人，那么就不像一般的智能合约那样无须验证交易对手的身份。简言之，即不能为了透明性而牺牲保密性。复杂的区块链技术并非评估机构所擅长，例如，一个参与者可能会因为以下原因而受到损害：底层技术中的漏洞、一个节点的问题、一个参与者未能保护其私钥，或者涉及外部系统与区块链集成或操作方式的问题，一旦报告主体客户资料信息错配或外泄，评估机构要承担法律责任，而针对区块链的相关配套法规并不完善，责任后果是多大目前并不知道，所以试点的业务应该是类似在线数据库，比如可供公开查询的"各支公募证券产品底层资产概览"才是首选的产品。

3）市场的有效需求方向

评估公司面对的客户群体间有较大的区别。传统业务技术含量低，报告使用的途径单一，流程简陋，收费低，低成本和省事是客户最大的选择砝码，那么从这里找到超额利润和认可是非常困难的。

REITs证券的评估肩负着底层资产价值评估的重大责任，特别是公募，发行阶段，监管方、潜在投资人有了解资产价值的需求；项目存续期间，监管方动态监管，广大投资者也有对信息披露的诉求，评估报告这种信息应该公开可查，可放在公共链（通常也称为非许可链）。资产占有方需评估的资产价值量大，且评估行为逐年或多次发生，对评估机构各方面的要求都较高，费用支付的绝对值大。在执业的过程中房地产评估师与会所、律所人士的工作沟通频繁，也可扩大评估师的专业知识面，并获得多学科综合实际运用、提升软实力的外部效应。评估机构拥有大量高素质人才，提供的报告越专业、透明，机构的知名度、公信度越高，获得业务的机会就越多。

REITs资产证券化中首先是进行底层资产的现金流预测，目前这部分工作大多是会计师事务所基于业主方提供的报表和物业租金现状进行分析后预测，而预测模型的适用性和评估参数的选择在很大程度上也是从会计计量的角度和经验出发，对于基础资产的市场价值未作考虑，亦非会计师所擅长。从房地产估价的角度来考虑，底层资产的市场价值实际上是证券产品的备用还款来源，相当于抵押担保的性质，其估值的高低可能还涉及税费问题。利用区块链技术可将合约期内的合同租金与合约期外的市场租金预测逐年进行比对、复盘、修匀，随着区域商业氛围与商业模式的演变，结合收集到的横向、新的信息与反馈进行REITs证券产品存续期内的底层资产现金流及市场价值的动态监测。

对此类评估业务的承接也可充分利用区块链开发：业务承接、资料传递、确认、合同签署、发票开具、完成支付等，为其他业务在区块链的全面展开做好先行试点。

REITs资产证券化中房地产估价应用从现阶段来看已有比较成熟的结合模式，REITs资产证券化过程中重要的参与者——估价人员如何树立估价行业在REITs资产证券化中的良好品牌和认知，是全体房地产估价从业人员共同努力的方向。同时区块链的发展，为估价人员及行业提供了一个巨大的机会，特别是为行业的基础数据真实、项目风险可把控提供了一个有力的潜在保障措施，数据真实可靠了，投资者的投资风险可控了，必然会促进REITs资产证券化产品的需求，反过来又推动REITs资产证券化的发展，从而带动估价需求和行业的发展。

参考文献：

[1] 中国房地产估价师与房地产经纪人学会. 房地产投资信托基金物业评估指引 [Z]，2015.9.

[2] 林华. 中国 REITs 操作手册 [M]. 北京：中信出版社，2018.

[3] 闫佰义、潘博. 基于区块链技术的代维支付平台的研究与设计 [J]. 信息通信技术与政策，2018（07）.

[4] 王澜. 数字经济崛起 [J]. 国企管理，2018（01）.

作者联系方式

姓　名：肖　峰
单　位：深圳市鹏信资产评估土地房地产估价有限公司湖北分公司
地　址：武汉市汉阳区翠微路特 1 号 14 层 7 室
邮　箱：50377680@qq.com

姓　名：童　玲
单　位：武汉阳光房地产估价有限责任公司
地　址：武汉市汉阳区翠微路特 1 号 1521 室
邮　箱：592217196@qq.com

估价机构在宅基地"三权分置"改革中的作用

——以湖北省改革试点为例

潘世炳　刘小方　贺燕子

摘　要： 自"三权分置"改革逐步推进以来，农村土地流转规模日益扩大，在实施过程中，第三方估价机构的服务需求也随之上升。通过构建"宅基地'三权分置'改革对估价机构的要求—估价机构发展现状—发展中存在的问题—相关建议"的逻辑演进过程，论证在宅基地"三权分置"改革中估价机构的作用，结合估价机构发展现状并提出相应的政策建议，以期更好发挥估价机构助力乡村振兴的作用。

关键词： 乡村振兴；宅基地；三权分置

一、前言

为深入贯彻落实党中央、国务院关于实施"乡村振兴"战略的决策部署，准确把握自然资源部、湖北省自然资源厅的具体要求，湖北省多地积极响应，开展宅基地"三权分置"改革。明确宅基地"三权分置"，一是优化城乡土地资源配置的重要路径。可以发挥土地资源的要素功能，促进节约集约用地，有利于重塑城乡土地权利关系，构建城乡统一建设用地市场。二是显化农村土地资产价值的必然选择。统筹解决了宅基地使用权稳定与放活的矛盾，突破了"流转范围"的制度障碍，丰富完善了"流转形式"，拓展了宅基地用益物权权能，充分显化了宅基地财产价值。三是实现乡村振兴战略的重要引擎。有助于构筑乡村振兴战略实施的基础平台，打通城乡要素流动的"中梗阻"，促进农村劳动力转移就业和农民增收。随着宅基地"三权分置"改革的逐步推进，改革利好政策深入人心，而高水平的"三权分置"改革实施方案的制定是保障改革顺利进行的关键，丰富的业务实践是推进改革的基石，土地经营权的流转也需要合理的价值评估。从湖北省实践来看，宅基地"三权分置"改革工作多委托第三方估价机构进行，估价机构已经成为当前"三权分置"改革中不可或缺的要素，是改革的深入参与者。

二、宅基地"三权分置"改革对估价机构的要求

（一）前瞻性是评估机构执业的本质要求

改革是要有个过程的，农村宅基地"三权分置"改革时长少则 1 年，多则 10 年，甚至更长，这就要求估价机构对农村宅基地"三权分置"改革有全面、系统的认识。虽然各地的情况不一样，资源禀赋不一样，但是地方实践的一些制度设计、制度安排是可以借鉴的，改

革不能直接照搬其他地方的经验、做法，需要熟悉宅基地相关改革前沿，预判未来发展方向，制定切实可行的计划方案。

（二）系统性是评估机构执业的竞争手段

农村宅基地"三权分置"改革覆盖面较广，既涉及法律法规方面的内容，比如土地管理法、物权法、房地产管理法、土地承包法等；也涉及社会学相关理论，比如农村劳动力转移等；又覆盖了估价相关知识及系统平台开发建设等，如集体建设用地流转平台搭建等。对评估机构从业人员而言，除以传统的土地资源管理专业人员储备外，还需配备社会学、计算机、经济学、土地管理、信息管理、项目管理、资产评估、经济、财务、审计、法律等各类专业和具有综合素质的人才。

（三）专业性是评估机构生存的基本要求

新常态下评估机构的执业风险加大，作为防范执业风险的根本手段，专业化是新常态下评估机构生存与发展的基本要求。熟悉集体经营性建设用地入市相关政策文件，做好政策解读工作，拥有丰富的集体经营性建设用地入市评估的相关经验，及集体土地流转评估的相关经验。其专业性、独立性和非土地利益的享有性能够使土地流转中的定价保证相对公平，促进市场在资源配置中的决定性作用，保障利益合理分配，实现土地适度规模化经营，有效减少土地流转纠纷，增加农民收入，提升农民的安全感，有利于促进正处于转型期的我国社会稳定和谐发展。

三、当前估价机构发展现状及存在的问题

近年来，湖北省估价行业不断发展壮大，根据湖北省土地估价与登记代理协会公示可知，截至2019年10月，评估会员有181家单位，其中土地评估师1231人，房地产估价师60人。根据中国土地估价师与登记代理人协会发布信息可知，全国土地估价职业机构4309家，职业估价师27751人。总体来看，湖北省土地估价机构和土地估价师在全国占比4%左右。

此外，湖北省不断践行高质量发展精神，打造具有湖北省特色的估价行业。一方面，不断加强国家相关改革与政策的学习。定期举办土地估价师继续教育培训及技术研讨会，如2017年主要围绕公示地价体系、地方政府土地储备专项债券的若干思考和地方政府土地储备专项债券等进行了培训。新一轮基准地价评估背景下，公示地价体系的探索与构建，同时结合农村土地制度改革理论与实际探索，不断探究农村集体建设用地、农用地基准地价评估方法，特别是"三权分置"下当前估价机构评估权利类型。另一方面，不断夯实估价行业估价信用和估价质量。湖北省不断加强省内土地估价行业信用评级工作，建立诚信档案，包括资信等级、不良记录和诚信记录等；在估价质量方面，不断加强土地估价报告抽查评审工作，评审规则主要分专家初审（第一轮、第二轮）、主审专家复审和会审三个环节，2017年的抽检情况结果显示，估价报告在三等和四等的占比97%以上，抽检情况良好。

然而，随着市场竞争及政策环境的变化，估价机构作为公司主体，由于其质量较低，难以适应政策环境的变化。近年来，国家不断探索各项改革，比如2013年不动产登记试点、2015年农村"三块地"改革试点、2018年乡村振兴战略的布局、"增存挂钩"、农村土地承包法修正、土地管理法修正等。湖北省2018年启动了宅基地"三权分置"试点，促进宅基地所有权、资格权和使用权的探索与实践，政策改革力度较大。政策风险是土地估价中最重要的风险之一，政策变化主要包括税收、金融、产业和城市规划等方面，政策变动难以预

期，影响着估价方法，同时也影响着估价业务范围。首先，处于改革期的部分业务服务期略长，本次宅基地"三权分置"试点服务期为一年，由于相关法律法规修正和机构改革的原因，可能会出现服务期延迟的情况，然而因企业内部风险大或经营不善，部分企业生命周期较短，会影响到企业在行业的信誉甚至是项目中断。其次，当前估价机构内在问题主要表现在从业门槛低、人员结构不合理、综合性人才欠缺、技术人员培育不足等方面，在估价风险增加的情况下，估价机构未来发展堪忧。最后，企业专业性有待强化，部分公司仅涉及单纯估价业务，纵向和横向业务略少，在行业的优势不突出，如在宅基地"三权分置"试点投标中，许多要求都不符合。

四、相关建议

当前，国家处于高质量发展背景下，各行各业急需转型升级。而土地估价机构是价格咨询的主要团体，随着机构改革的深入，及国内形势和政策变化，应顺势而为。为促进湖北省及全国估价机构的可持续发展，促进估价机构在各行各业，尤其是宅基地"三权分置"领域的深入，提出以下几点建议：

（一）丰富估价机构行业准入资格评估方法

当前，各地已有成熟的估价协会，湖北省有土地估价与登记代理协会和湖北省房地产业协会等协会，对估价机构的管理起着重要的作用。根据《房地产估价机构管理办法》，估价机构准入主要评估其业绩、注册房地产估价师数量、企业内部健全的管理制度等。在此基础上，建议各地结合自身情况丰富估价机构准入的评价指标和方法。如减少硬性评价指标，委托估价协会参与资质评价；采用综合评价法等。此外，在行业准入的情况下，还应增加约束条件，加强估价机构执业监督，比如完善资信评级制度、信用公布制度、加强社会监督。在业务采购中，也应加强执业资格与类似业务所占比重，比如宅基地"三权分置"业务应增加在乡村振兴领域的业绩，以降低服务风险。

（二）加强从业人员知识和技能培训

当前土地估价行业的从业人员主要分估价师和从事估价行业的其他人员，在企业加强人才队伍建设的过程中，应进行不同方式的能力提升，做到各有侧重，各有优势。对于具有执业资格的土地估价师和房地产估价师等，应加强继续教育培训，及时学习行业中的新技术和新方法，不断提高职业质量和效率。对于估价从业人员，一方面可以鼓励其学习估价相关知识，考取估价师执业资格证书，以增加企业软实力；另一方面，可对其进行高级业务培训，加强课题研究和探讨，主要向政策咨询方向靠拢，为企业拓展业务范围及保障估价现势性提供后盾，比如宅基地"三权分置"政策咨询需要对当前我国法律法规以及当地政策环境熟悉，因此可以增加该方面的培训。此外，在机构人力资源战略中，还应丰富多样化的专业领域，不仅是土地管理专业，还应增加经济学、法律学、财税学等，从而助力乡村振兴。

（三）创新企业执业范围

随着政府层面基本完成机构改革，湖北省各地级市及县（区）与估价相关的业务部门主要有自然资源和规划、农业农村、生态环境、水利和湖泊、住房和城乡建设、财政、司法、文化和旅游等。政府层面业务板块的划分，尤其是自然资源板块中山水林田湖草部署，各类资产评估业务也是目前各估价机构关注的热点。当前，政府咨询业务采购范围增加，不仅是单宗地评估，也有评估的依据，如基准地价制定、政策文件编制、课题研究等。湖北省宅基地"三权分置"试点咨询服务属于新型业务，国家层面的宅基地制度改革试点也仅在 33 个试点地区进行了约 5 年的实践，相关实践经验还不够，未来各评估机构应夯实自身实力，拓展纵向和横向业务，以增加自身竞争力，助力乡村振兴。

参考文献：

[1] 宋生华.举办土地估价师继续教育培训暨技术研讨会 [Z].武汉：湖北省土地估价与登记代理协会，2017.

[2] 宋生华.关于开展 2017-2018 年度湖北省土地估价行业信用评级的通知 [Z].武汉：湖北省土地估价与登记代理协会，2018.

[3] 宋生华.2017 年土地估价报告抽查评审工作（第一批）顺利完成 [Z].武汉：湖北省土地估价与登记代理协会，2017.

[4] 高清.浅谈房地产估价风险 [C]// 国际房地产估价论坛——估价与财产保护论文集（第一册）[出版信息不详]，2008.

[5] 王慧瑶，李青芃，田露.构建第三方估价机构 积极推进土地流转——以安徽宿州为例 [J].现代商贸工业，2018，39（11）：136-138.

[6] 张生文.浅谈目前房地产估价领域存在的几个问题 [J].现代经济信息，2016（14）.

[7] 彭富桂.我国土地估价行业发展对策探讨 [J].学术论坛，2014，37（04）.

作者联系方式

姓　　名：潘世炳　刘小方　贺燕子

单　　位：永业行（湖北）土地房地产评估咨询有限公司

地　　址：武昌区三角路村福星惠誉水岸国际 6 号地块第 1 幢 2223 室

邮　　箱：894694309@qq.com

让估价更具有解释力

——市场决策角度的估价实务探讨

韩顺鹏

摘　要：现阶段，满足人民日益增长的物质文化需要，亦是我们房地产估价行业要努力的方向。越来越多的委托方要看案例，看收益，看测算，甚至要看完整的技术报告，但他们的专业能力水平参差不齐。尽管我们的估价理论、公式和参数较完善，但与市场决策实际模型的差异可能导致委托方的质疑。而从市场决策角度出发，可以让估价更具有解释力。

关键词：估价；市场决策角度；解释力

一、思考的起点

估价实务分享：某酒店，位于天津市蓟州区，建筑为中国风庭院，低容积率，密林、钓鱼湖、地下画室，盘山5A级风景区5公里范围内，酒店的客源主要是去盘山风景区的游客，而盘山每年10月初开始封山，直至来年春暖花开，加之客房数量限制和位置偏远，商务会议和餐饮的客源数量亦不多。三年经营数据显示，客房入住率极低，部分月份的净现金流为负，也有某年度整年现金流净值为负。笔者测算时采用成本法和收益法，收益法估值只有成本法的一半价格。假设酒店要出售，测算的成本价格对买方来说则意味着极低的投资回报率和较长的投资回收期，收益价格则意味产权人没有合理的开发利润甚至亏本，哪个价格更合理？笔者当时以收益法测算的价格与客户沟通，并解释了成本价格在市场上无法被接受，客户也表示了理解。虽然业务没做成，却也引起笔者的思考。

"劳动二重性"提出的社会必要劳动时间决定商品价格，是从生产角度来考虑的，估价中有成本法与之对应；"效用理论"提出的商品价格由人的主观效用大小决定，是从使用角度来考虑的，估价中有收益法与之对应；而"供求决定价格"所说的价格随着供求关系波动达到均衡，则体现了供需双方的议价过程，而最终形成市场价格，成交案例则是估价中比较法可以运用的前提。房地产的成交，同样是市场参与者各自的决策逻辑下讨价还价的结果。估价理论源于市场经济行为的成交逻辑，若不同估价方法测算结果差异较大，是不是估价实务中采用的估价模型或参数等因素与实际市场决策逻辑有差异？笔者从市场交易双方的决策角度对估价实务做了一些考察。

二、市场参与者的特点与决策角度

（一）理性的市场参与者

商场里星巴克和隔壁店铺租金单价相近？根据"蛋解创业"的调研，星巴克的租金可能要低一半。星巴克靠着强势品牌，获得房租议价权，与一般品牌相比，可以将房租所占经营成本至少降低15%左右。星巴克意味着档次，人流量，定位，犹如十几年前麦当劳与肯德基。商场运营方看中的是外部效应，提升其他铺位的租金和整体的人流量，星巴克则得到了品牌溢价。如果从供需来看，"品牌"是供不应求的，品牌的供给方星巴克议价能力较强，"商铺"则是相对供大于求，最终的租金水平的确定是双方博弈的结果，商场获得了流量，星巴克通过低租金成本获得了高利润，租赁双方有各自的决策逻辑。类似的品牌效应很多，比如无印良品要求房租成本必须控制在15%以下才能开店，再比如常见的免租期、装修补贴和经营流水提成等等。而前面分享的案例，酒店是按当地政府要求的标准建设，是举办某全国性活动的场所，同时也是该地产商开发周围住宅用地的附属条件，该地产商的决策逻辑在于通过开发住宅用地的收益，覆盖酒店的损失，从而实现整体盈利。市场参与者都是理性的"经济人"，有着各自的决策角度，所追求的目标都是利益最大化。

值得思考的是，估价实务中经常遇到的长租约、低租金的超市、影院，我们认为类似的物业有租约损失。而租金最终是出租方与承租方作为"经济人"理性议价的结果，那租约损失是否真实存在？而这些物业通常位于地下1层或者建筑顶层，如果超市或者影院是规划所必需，而且又要符合周边区域的需求，就如"商场起码有个星巴克才上档次"，那么在用途限定、层次位置和面积规模结构特定的情况下，其租金价格也应当是市场租金价格。我们经常说"超市""影院"租金通常偏低，租约又长，实则体现了特定用途下的供求关系，"偏低的租金"可能就是市场租金。当然实际估价实务中则应当分析具体情况，比如是否关联方交易，以及周边房地产市场的成熟度和签约时间。

（二）有限理性

然而，并不是每个市场参与者都是理性的，也不是时时事事都做着理性的决定，而是"有限理性"。即便我们记忆中最热衷买房的群体——温州人，在2008年之后选择投资办公楼，套牢了大量现金，以至于我们再也听不到温州人的故事。"有限理性"的每个人做的决策和判断都是基于自己的有限能力、认知和资源。比如买商铺的阿姨，看重的是售楼小伙灌输的一铺养三代、20年回本、回报比国债高、保值增值之类的理由，或许还有包租返租。在我们估价从业人员专业的理性判断中，近几年商铺受电商冲击，价格未必坚挺，而且国债的回报是保本金的，商铺到了40年是要补土地出让金或者无偿收回或只补少量残值，一次投资未必保得了三代。即便我们认为相对理性的开发商，也有决策失误的时候，比如现在不好过的地王们，以及会听到"不拿地会死和拿了地死得慢"的调侃。而对于住宅的价格，多年前我们都觉得不会大涨了，然而事实总是打脸，我们估价从业人员也是有限理性。

大部分情况下，估价从业人员只是做了"市场价格的搬运工"，我们采用的比较法案例可能源自"阿姨"和"温州炒房团"的有限理性决策。市场价格未必全是理性决策的结果，而我们的专业性会不会导致估价结果偏离理性？比如对成熟地段的商铺，理论上当土地剩余年限越短，价值降幅应当就越大。而从目前交易案例来说，实际交易价格要略高于评估的理论价格。这是不是一场击鼓传花？而我们评估的标准应当是市场价？还是理论价？或是理性价？

（三）决策角度

卖东西总要赚钱，买东西总得划算。市场参与者从各自角度出发去议价，考虑成本和收益，尽可能抢占更多的"剩余"。使得消费者剩余和生产者剩余，两者至少同时不小于零时才会成交。而谁剩余的多，就是讨价还价的结果了，这取决于议价能力，而另一种表现形式则是供求关系。供大于求，卖方利润少，消费者性价比高；供不应求，卖方利润高，消费者肉疼。而真金白银是"剩余"，养三代也是"剩余"，养老也是"剩余"，奢侈品的精神胜利也是"剩余"。市场参与者的决策角度纷繁复杂，各自认可的"剩余"内涵不尽相同，未必能完全货币化衡量。同样房地产的市场价格中包含的"剩余"对市场参与者双方的内涵也多种多样。不过好在房地产标的量比较大，大部分情况都是相对理性的经济行为。所以一般房地产的成交价，是在有限理性的市场参与者在各自的"剩余"逻辑下受供求影响的议价结果。

即便定价权在卖方，卖方也不能无限提高价格，要在买方承受范围之内。法制社会没有强买强卖，而从买方来看，利润则是买方愿意给的。反倒是卖方有时候不得不"亏本挥泪大甩卖"。而估价实务中，我们通常说开发商"应当"有开发利润，投资者"应当"有回报，这个"应当"是否合理？而前文提到的亏损酒店，产权人也"应当"有利润的话，利润"应当"在哪里？

三、"平均""合理""应当"的内涵

亏损酒店的利润在周边住宅用地的开发所得，这是产权人的有限理性决策，而假如从市场决策角度单独分析该酒店，未必有利润。若从卖方成本角度考虑要有利润，而从买方角度考虑要有合理投资回报，但从测算结果来看，买卖双方的"剩余"无法同时满足。不会成交还是会有一方让步？需要看议价能力。从买方角度考量，投资标的物酒店一般不会是必需的经济行为，投资者必然有更优的替代方案，也就是酒店作为"投资品"一类，"投资品"是供大于求的，买方不会接受极低的投资回报甚至亏本的。而假如要成交，让步的只可能会是卖方，因为酒店自身的成本已经属于沉没成本，如果卖方也不愿意亏本，则不成交，再高的沉没成本，也只是账面价值，无法回收则无意义，而且会计上要做减值测试，最后还是要调整到收益价格，意味着接受买方的价格。所以此时从卖方的成本角度采用成本法评估是不符合市场参与者的最终决策的。酒店功能过剩，供大于求，客房价的实际定价权在买方，收益水平低。若想用成本法测算出理性买方接受的价格，那么其"合理的利润率"是负的。

成本法失效了吗？笔者以为问题出在议价角度和对"平均""合理""应当"的理解上。

笔者测算时，成本法的重置成本考虑了亭台楼阁，考虑了钓鱼台、地下室，考虑了建筑的中国风和密林，其实质接近于采用产权人的"个别成本"，议价角度在卖方，重置成本体现了"物理效用"的重置；而买方角度，若从成本考量，理性决策重置成本的标准必然是相同的"经济效用"，且以最小成本投入达到相同的经济效用，这是买方认为"平均""合理""应当"的重置成本。若对前文酒店案例，若采用经济功能效用相同的重置成本，再取合理的行业平均利润，理论上则可以评估出与收益法近似的结果。而如果用物理功能相同，其实质接近于采用产权人的"个别数据"，再采用"合理的行业平均利润"，成本和利润内涵不一致，得出的估价结果则无实际意义。

而估价实务中由于估价目的、假设的限制和估价对象的界定，我们通常以估价对象的现状为前提，前文提到的亏损酒店个案属于少见极端情况，实务中遇到的物理功能效用和

经济功能效用相对匹配的情况更为多见。而理性的市场决策者所考虑的"平均""合理""应当"是从经济效用的角度考量，而不是物理效用相同；同样由供求关系决定大小的利润，"平均""合理""应当"的利润实则是在特定的无法由个别市场参与者改变的"供求关系"条件下的利润，比如"盘山冬季封山"，假如不论哪个投资者来投资相同"估价对象现状酒店"，利润都是负的，那"平均""合理""应当"的行业利润就是负的。成本法公式的表象上对功能过剩或空置并没有具体体现，本应当取低利润率或负利润又被我们"本能"地拒绝，所以成本法失效。

四、买方的"不耐"

成本法的模型表象上看是以出售获得利润的模型，是卖方的角度议价，但市场交易中卖方实际决策的成本角度是历史成本，而估价实务中房屋、土地重置成本用价值时点的价格水平，更符合从买方角度考虑重建同样的房地产所需的成本，买方议价也可考虑成本角度。

实务中遇到需要采用成本法时，通常估价对象房地产交易不频繁，无成交价参考或价格不透明，其交易目的更多不是为了短期出售而是持有经营。以酒店为例，A产权人要卖酒店，B投资人要投资酒店。而B可以有两个方案：方案一，购买A的物酒店；方案二，拿地自建酒店。若执行方案一，B与A讨价还价的时候可以说：自己重建酒店的成本（方案二）比你这个价格要便宜得多。这也是成本法评估模型的思路，需要注意的是方案二是实际的建设成本价款，是不含评估意义上"开发利润"的实际投入成本。买方用这个成本价格与卖方去议价，当然也不意味着超出这个成本，就无法成交。

方案一和方案二还存在时间上的差异，即一个是现房成本，一个是期房成本。现房意味着可以直接经营收益或者稍加改造即可产生现金流，而期房则需要等待，等待则产生了"不耐"。不耐（impatience）的概念最早由经济学家欧文·费雪提出，不耐源自未来的不确定性，不耐的程度决定了风险的偏好，不耐产生了利率。不耐在某些方面又与"损失厌恶"相似，人总是想着落袋为安。酒店的投资者可能看好旅游业和商务给酒店带来的潜在机会，马上投资取得标的酒店，取得投资收益，而市场化竞争的行业若干年后必定趋向低平局利润，晚投资会少收入，即有损失。所以期房到现房，可以做"不耐系数"的修正，意即与拿地建设酒店相比，可以马上取得"现房"开始经营，为此愿意多付出价款的修正，而"不耐"的程度，则取决于投资人B等待期间的长短和等待期间取得相同经济效用酒店可获得的净收益，而不是酒店产权人A的开发利润。

卖方也有不耐。例如多套同类物业，卖给不确定多个投资者，需要较长的去化周期，资金的时间价值即也是"不耐"，或者整体打包出售给某一方，其愿意让利的程度也体现了不耐，而估价实务操作中，经常缺少"不耐"的修正。

五、决策的"锚"与报酬率差异

报酬率的确定方式可采用无风险报酬率加风险报酬率，估价规范建议无风险利率采用一年期银行存款利率或国债利率。但与市场决策者的决策模型还是有出入的。例如对于有限理性的小投资者，其投资商铺的理由可能是投资回报比三年期国债利率高或者比某刚性兑付的理财产品利率高，小投资者其并不具备能力来考量商铺风险与一年期存款利率或国债利率的差异所应当获得的回报率补偿程度。有限理性的人在做决策时通常有一个"锚"。笔者认为用"最高机会成本报酬率"加"相对风险报酬率"更为合适。这里的"最高机会成本报酬率"是指投资者除目标房地产的其他各种投资机会中，认为相对安全的最高报酬率，"相对风险报酬率"则是标的房地产投资风险比"最高机会成本报酬率"对应的投资风险差异所应当获得的报酬率补偿。"最高机会成本报酬率"就是有限理性投资者做投资决策的"锚"。标的房地产的报酬率高于"最高机会成本报酬率"，投资者才会投资，而"最高机会成本报酬率"因投资主体的投资机会差异和对风险、收益的偏好的差异而不同，比如资金实力强的投资者面对的机会多，通常其"最高机会成本报酬率"高，而小投资者可能机会只有国债和理财产品。

而从资本构成考量，投资房地产的资本来源可分为权益资本和债务资本。而真正做决策的是权益资本控制人，其关心的最终是权益资本的回报率，对于房地产投资回报率要扣除债务资本剩余的回报才是权益回报，权益资本的回报足够高，理性的决策者才会投资标的房地产。所以房地产投资的资本构成中债务资本比例和利率大小，同样影响着报酬率的高低。所以从资本构成角度看，债务资本是"锚"。

不同的市场决策者有着不同的"最高机会成本报酬率"和"相对风险报酬率"以及不同的资本构成，其投资房地产的报酬率也不同。而估价实务中，我们遇到的物业在体量、运营特点、现金流特点等方面有着明显的差异，比如全自持物业与可售物业，潜在的投资者特点必然有较大的差异，投资回报率也应当有明显的差异。近几年建设用地全自持或部分年限自持成了土地出让合同中常见的条款，估价实务中也越来越常见。全自持物业报酬率的取值，也成了估价从业人员研究的重点，尤其对于租赁住宅。而全自持物业不允许直接转售，股权转让价格或者资产证券化或者能够体现其价值，却不是我们定义的"产权价格"，市场提取存全自持物业报酬率在数据上存在难度，而没有市场交易价格验证，其报酬率量化准确程度难以保证。不过从市场决策者的角度出发，至少有助于我们把控估价参数取值的合理差异，以得到相对准确的区间值。

六、市场决策模型与常用估价模型的差异

对剩余法（土地评估）的思考，源自笔者最近与公司同事的讨论，即全自持物业的土地价值测算是否应该取利润。自持的特点决定了拿地理性决策的核心在于衡量未来现金流价值对现在来说是否"划算"，即投资回报率是否足够高，回收期是否足够短。理性市场决策者来衡量，即采用其资本要求的回报率进行折现，现金流入不小于现金流出，是项目成立的基本要求，且预测的回收期可以忍受，而现金流入折现值会比现金流出折现值大多少，则是市场供求议价的结果，可看作超额回报部分，也可看作可承受的地价浮动金额。当然假如有途径股权转让或自持证券化，则决策模型决策角度就会有所不同。

而争议的存在正是因为对完工后房地产实现经济收益方式的决策角度不同。剩余法测算全自持土地价格时，对完工后房地产的经济收益途径假设：方案一，股权转让，投资者对短期变现考虑的决策点是开发利润的大小，利润是价格减成本的剩余概念，完工后的房地产价格可以用收益法估算或者股权交易案例比较法修正求取；方案二，全自持经营，投资者对长期持有的决策点是投资回报率的高低，即收益法测算完工后的自持物业报酬率应当足够高，测算中不考虑开发利润，因为自持意味着开发利润是从现金流回报的途径取得。

我们在估价实务中很少考虑市场决策模型对估价模型和参数内涵的影响。比如市场决策者确定投资回报率时，对标的实际成本很可能包含了买方税费或者有卖方的转嫁税费，而不单单是房地产成交价，那理论上收益法我们算出来的价格应当是含税价。再比如前文提到的从买方决策成本法的不耐修正而不是开发利润。而剩余法中利息的计算基数涵盖了所有建设资金，理由是认为资金是有时间价值的，却忽视了资金的时间价值最终的回收方式是获得利润或投资回报。资金的时间价值是资金经过一段时间获得的回报，是资金的持有者的投资回报。从投资决策者（开发商）角度看，债务资本的时间价值是成本，权益资本的资金时间价值是利润，而两者的回报率通常不一致，将所有的资金的时间价值都归到成本是不合适的。所以从市场决策的角度看，剩余法的计息方式和用同一个利率，会显得不伦不类，利率水平采用银行贷款利率的理由也很牵强。对利润内涵的界定，笔者认为最合适的是权益资本利润，其本身也可以认为是资金的时间价值，因为从理性决策角度看，项目是由权益资本决定是否可行，应当是除去了债务成本的利润是否足够高。上市房地产公司年报说的利润率具有参考意义，而直接拿来用是不合适的，又或者我们可以把估价模型调整到与市场决策逻辑一致。

七、土地的政策价格

一级土地交易非自由，频率低，供应短缺，供应非完全市场化。"你不买，有人买；你不卖，有人卖"的情形在土地市场并不存在，土地招拍挂的同时，并不是有可替代土地的选择，没有"货比三家"，土地市场严重供不应求，定价权应当在出让方，然而近些年较多的土地流拍则意味着相对供大于求，实则是因为土地是生产资料，"面粉"再贵，最终买面包的人经济实力有限或者"面包限价"。土地使用价值的利用形式是通过作为生产产品的房地产实现的。房地产的价格可以准确量化，才会有成熟的房地产交易市场，作为生产资料的土地才会有市场价。

而工业房地产价值从某种意义上来说，难以完全货币化衡量，市场交易价格内涵也复杂不透明，不像商品房销售收入可以预期。究其原因在于产业具有头部效应，20%的企业占有了产业80%的份额，理论上头部企业可以承受更高的地价，但毕竟是少数，行业特点千差万别，不会扎堆到同一区域。这意味着同一区域的工业用地对不同的企业坪效有较大的差异，头部企业能承受的土地市场价格，会高出大部分企业的承受能力，所以只能"低价"出让，以免把可能的日后百强企业拒之门外，而其决策角度则是产业带来的税收对地租等待补偿，但补偿难以量化，所以工业用地价格只能是政策价。而如果从供求关系来看，招商引资的各种优惠政策实则意味着土地的供大于求，而头部企业的议价权，则体现了可以实现高坪效的企业供不应求。所以即便是政策性强的土地价格决策，也是受供求和土地受让方的承受能力影响的。

部分特定用途的土地"政策价格"理性决策在于税收或其他综合效益，但收益量化困难，而常用的估价方法是以理性决策和收益可量化的计算为核心的估价方法，可量化和不可量化存在的矛盾该如何解决？笔者认为并不是估价技术能解决的。

八、意义和建议

估价理论本就是市场决策模型的高度概括和抽象总结，其源自实践又与实际情况有一定的差异。前文提到的一些差异长久以来对估价实务并没什么影响，一方面是因为我们估价从业人员有着丰富的实务操作经验，另一方面估价实务本身也是对估价参数市场提取的一个过程，不过这个市场要区别来看。有市场成交价做参考，我们以市场价为准，其他估价方法提取的参数相对较准，虽然可以计算到市场价，但内涵未必清晰；没有成交实例作参考，我们也可以算是在市场提取，不过这个市场的标准可能是客户市场，值得商榷。然而只问价格的时代已经过去，越来越多的委托方要看案例，看收益，看测算，甚至完整的技术报告，但他们的专业能力水平参差不齐。尽管我们的估价理论、公式和参数较完善，但与市场决策实际模型的差异可能导致委托方的质疑。而从市场决策角度出发，可以让估价更具有解释力，这也是笔者想倡导的。由此，有一些建议：

（一）考虑市场决策逻辑对估价实务的影响

一是关注市场决策者群体的差异对确定房地产估价参数内涵和可能取值区间的影响。我们评估的是房地产，但买卖双方是经济行为人，不同特点的房地产的潜在买受群体通常不一样，有着不同的特点，而估价中的房地产参数实则是市场参与者的参数。二是采用的估价模型要符合市场决策的逻辑。理论本就应当与实践相结合，估价模型也要到实践中去验证，与现实模型契合度高，采用的参数内涵与市场决策一致，更容易被广泛的相关方读懂，对估价实务的顺利开展有助益。三是重视供求关系对估价角度的选择。实务中我们常用"要求的回报率"、"应当有利润"实则是站在了卖方的角度，而成交是供求议价的结果，也一定符合买方的决策逻辑的。若供大于求定价权在买方，前文提到买方的成本法笔者认为也是合理的估价模型，而其中决策关键的参数内涵则不是卖方的利润，而是买方的不耐；同样供大于求时，如前文提到的亏损酒店，从卖方考虑的成本法则不适用。考虑供求关系并从买卖双方决策角度出发，对于估价模型和参数的选择以及估价方法的取舍有着重要的参考意义。

（二）估价结果呈现市场决策

比较法被公认最为准确，即便非专业人员也容易理解，那我们采用比较法和其他任意一种评估方法加权取值，实则降低了估价结果的准确度。建议适合用比较法时，用比较法确定估价结果即可，但并不是说评估只用一种方法。比较法具有说服力是因为采用的案例是市场决策者议价后的结果，但其缺陷也在于计算过程本身没有具体体现买卖双方的市场决策过程。在使用比较法的同时，可从其他评估方法的角度去提取估价关键参数，以体现市场决策。例如商铺评估，以比较法结果为准，同时给出此价格水平意味着在价值时点认可的租金水平、回报率、回收期、合理持有期，而且并不一定是确定值，可以是参考区间值。

对不适合比较法的估价对象，也可以采用一种最恰当的方法确定评估结果，而对于不适用的评估方法，从市场决策的角度进行定性和定量的说明。比如前文提到的亏损酒店，以收益法结果为准，同时以预测的合理现金流与成本法估算的成本价对比分析，确定投资回报率极低不合理，以及超长的投资回收期，市场无法接受，成本法不适合。

（三）结合政策评估

房地产收益的可量化程度和土地出让决策角度，决定了土地价格是市场价还是政策价。比如划拨用地产生的原因本就在于政策及其综合收益难以量化。改革开放进入深水区就是要进一步让市场的归市场，政府的归政府。估价技术解决不了的政策价格评估应当求取政策支持，而不应让估价为政策背书，证明政策的合理性。

九、结语

新制度经济学的鼻祖罗纳德·哈里·科斯（Ronald H. Coase）在接受中国记者访谈时谈到对中国经济学人的期望，希望中国经济学人关注真实世界中的经济学，而不是黑板经济学，并认为经济学未来的希望在中国，西方的经济学已沉溺在完美的公式和理论中。估价实务操作也需要更关注真实世界的市场决策逻辑，在此与各位同行共勉。

参考文献：

[1] 马仁杰，王荣科，左雪梅. 管理学原理 [M]. 北京：人民邮电出版社，2013.

[2] 高鸿业. 西方经济学（微观部分）[M]. 北京：中国人民大学出版社，2018.

[3] [美] 丹·艾瑞里. 怪诞行为学 [M]. 赵德亮，夏蓓洁，译. 北京：中信出版社，2013.

作者联系方式

姓　名：韩顺鹏

单　位：上海城市房地产估价有限公司

地　址：上海市黄浦区北京西路 1 号新金桥广场 16 楼

邮　箱：hsp@surea.com

房地产估价机构专业服务的延伸
——产业咨询服务

黄丽云　贺　伟

摘　要： 世界经济的发展过程，产业集聚对于城市的发展起了重要的作用，是城市发展的加速器，产业的升级与迭代同样也是城市更新的核心。房地产估价机构可以通过城市更新这个契机，在产业咨询服务领域进行突破，运用自身专业优势在产业咨询服务领域中发挥积极作用。

关键词： 房地产估价；城市更新；产业咨询服务

随着城市的发展，产业面临转型升级，产业空间需求也在扩大和发生变化。从近年的一系列更新及产业政策可以看出，深圳越来越重视产业发展，深圳"十三规划纲要"中指出要提升产业创新发展水平，深圳城市更新"十三五规划"中提到要巩固产业空间基础、加强创新型产业空间供给、推动产城互促融合发展。此外，还出台了《深圳市工业及其他产业用地供应管理办法》《深圳市工业楼宇及配套设施转让管理办法》等多个政策来保证产业发展和空间需求等。

2019年6月，深圳市出台《关于深入推进城市更新促进城市高质量发展的若干措施》，更是明确指出："强化产业升级城市更新项目全流程监管。产业升级城市更新项目应在计划申报阶段提供产业发展专题研究报告，并取得产业主管部门意见。"可见产业的重要性。

城市更新作为目前解决产业空间的一个重要途径，房地产估价机构已经为城市更新提供了拆迁赔偿、项目报建、税务筹划等方面的服务，产业作为城市更新重要的一环，同样需要专业的咨询服务。房地产估价机构基于原有业务的开拓和创新发展需求，自身的专业服务经验、企业资源的积累和专业优势，能在产业领域中发挥积极的作用，产业咨询服务已经成为房地产估价机构拓展创新业务的范畴，深圳世鹏集团已在这一领域进行了尝试并开展了咨询服务工作。

一、房地产估价机构为何可以从事产业咨询服务

产业作为非常专业的领域，要想为企业提供专业服务，需要我们练好内功。

（一）从业人员具有产业咨询所需的基本专业知识和工作经验

产业是指由利益相互联系的、具有不同分工的、由各个相关行业所组成的业态总称。要做好产业咨询服务，需要熟悉产业、熟悉行业，包括行业的发展、行业与行业之间的关系，行业政策、产业政策、产业链、产业经济、产业规划等等。

优秀的房地产估价人员，为更好地完成估价工作，须熟悉政策、规划、市场等。以深圳工改类城市更新项目的研究报告为例，需要估价人员熟悉项目所在区域的城市规划、产业规划、深圳对产业项目在规划上、交易上的政策规定，对行业或入驻企业的要求等，需要对产业或行业在空间需求进行分析，以便合理进行产业空间的布局分析，了解项目周边的产业基础，产业对交通的要求、产业在空间上的要求、行业间的关系，方能合理分析项目的具体经济指标、规划项目的总平面布局，做到项目的规划及经济等多方面的最高最佳使用，可见完成此项可研报告，除了需要投资估算、经济效益分析等专业知识，还需要产业规划、产业经济等专业知识。房地产估价机构从业人员是经过严格的职业资格考试获得从业资格证书的，在工作中积累了大量的经验，可以对项目就产业政策、空间规划、业态配比、规模配比等方面提出有效的建议。

当然，要完成对产业项目的咨询服务，现有的知识是远远不够的，如对产业发展定位的研究，方法论有区位熵理论、偏离份额理论、城市发展理论、波特钻石理论等，同时还需要进行企业战略发展研究、行业竞争发展研究、产业价值链研究、利益相关者研究，这些对于估价从业人员而言，多是新颖的知识点，这就需要想从事产业咨询的人员及机构更加深入地了解产业，完善知识结构。

（二）搭建资源平台，实现产业信息共享

产业价值的实现，离不开产业资源。在招商引资过程中，信息和资源的不对接往往是牵制招商的关键，招商过程中常遇到的问题有：企业不容易找到合适的产业空间，产业项目缺乏寻找好企业的渠道，产业项目一直在寻找实现资源的有效嫁接途径。房地产估价机构自身的资源优势，可以通过搭建资源平台，实现产业信息资源的互通。

房地产估价机构在评估业务中，会接触大量的企业，积累了企业资源并掌握企业需求，估价机构在具体项目的服务过程中，能够知悉项目的工程进度、产业要求、项目对产业资源的需求等信息。估价机构可以利用这一优势，搭建企业与项目的链接桥梁。如我司为某项目提供产业咨询服务时，在产业市场调研、企业调研中，收集与项目相匹配企业对厂房规划要求、对园区配套的需求，形成了企业实际需求与园区的链接，为项目的后期招商提供了意向企业资源。基于对项目的了解，成功地将我司服务的另一项目中有生产厂房需求的企业进行了匹配，起到了牵线搭桥的作用。

由此可见，房地产估价机构及从业人员的专业知识、资源优势，是能够在产业领域提供专业咨询服务的。

二、房地产估价机构在产业咨询中的服务内容

产业咨询服务包含了产业发展研究、企业调研、园区调研、产业资源导入、产业经济效益评价等，每一项内容都会影响产业的价值。产业服务的内容广泛，作为房地产估价机构应结合自身特点，选好细分的服务领域。

（一）房地产估价机构在产业发展研究中的服务内容

1. 城市发展规划和城市产业规划的研究

城市发展规划和城市产业规划对城市发展目标、战略定位、功能定位、建设规划、产业发展方向等做了明确的要求，推动城市的空间发展和产业升级，影响到具体更新项目的更新方向和产业发展方向。例如深圳市宝安区的城市空间规划为"三带两心一谷"，"三带"中的

中部黄金发展带是以科技创新、中小企业总部、特色商贸及城区综合服务等功能为核心的科技创新服务带；东部生态休闲带是以休闲、健身及文化为主题，主要的绿色核心和休闲活动区域。两者的定位发展是截然不同的，中部黄金发展带主要适用于科技创新类，东部生态休闲带则适用于生活休闲环保类，因此这两个区域的项目无论是项目定位、产业定位方面都不同。可见产业的咨询服务离不开对城市发展规划和城市产业规划的研究；同时，为何这两个区域的定位是有差异的，如何实现产业在片区间的关联，是近年来政府一直在研究的课题，也是产业研究的重要领域之一。

2. 产业政策的研究

政府为了实现经济和社会目标，颁布了一系列政策促进产业的发展，涉及土地开发、空间保障、产业规划、产业资源导入、产业发展与扶持等内容，每个环节都将影响到产业项目价值的实现。产业政策往往会牵制很多方面，做好产业调研，制定产业政策也是近年来政府非常重视的产业研究的课题之一。

另一方面，对现行产业政策的研究并将研究成果运用到项目中也是非常重要的。例如深圳在第一轮的《深圳市工业楼宇及配套设施转让管理办法（征求意见稿）》中提出：工业楼宇建筑面积（不含按规定移交政府的创新型产业用房）不超过65%的部分可分割转让，其余部分不得转让。虽然在其后对这一条款有新的变化，但作为产业研究人员，可以从中看出政府对工业楼宇政策的导向，就项目做出相应的预判，为项目方提供有价值的参考建议。

3. 产业发展定位研究

产业发展定位是产业项目的重要环节之一，明确了项目的产业发展方向，对于项目的规划、建设及招商都有重要的指导作用。例如A、B两个产业项目，A项目产业发展定位是现代金融业，B项目产业发展定位是高端制造业，那么A项目将会依据金融业的特性来制定相应的规划方案，B项目需要依据高端制造业产业链的不同环节，考虑到生产、研发等对空间的需求进行规划的设计。现代金融业和高端制造业的定位对于项目在物业载体、外立面风格打造、物业装修档次上不同，在租金策略、招商策略等方面也不同，可见项目的产业定位的重要性。

4. 产业功能分区研究

产业功能分区研究主要指产业功能分区时运用系统观点按项目总体规划具体布置，尽可能结合项目地形地貌特征、产业间关系，合理分区突出其特点。在各功能分区内，要使土地得到充分利用，土地价值得到充分体现，结合产业在产业链的位置、产业间的关系，对交通的要求等，将产业功能在平面上进行合理布置，并强调就地平衡。在产业功能分区上，可以从多种不同的角度进行划分，比如按照产业链的思路划分，产业功能分区可以分为研发区、生产区及配套区等；按照在产业中所起的作用进行划分，如物流区、展示区等；按照不同产业进行功能分区，如生物医药区、医疗器材区等。可以采用以上混合模式进行功能分区的划分。无论是哪种模式，都应考虑到土地价值的利用、产业间的联系、影响主要产业发展的配套产业、交通、环境、物业载体等，合理的功能分区，对项目建设方案、建造成本、物业价值、产业经济等方面都有很大的影响。

5. 产业空间规划研究

产业空间规划不仅包括所定位的产业在立体空间上的分布，也包括产业对建筑物的规划要求。不同的产业对于单套物业的建筑面积、建筑层高、建筑楼板承重、套内的长宽等均有要求。如一般情况下，同一产业的研发功能与生产功能，前者对产业空间规模、楼板承重的要求较小，但对室内洁净程度、环境的要求较高。对于不同产业而言，如金融业和制造业，从事金融的单个企业对产业空间的需求规模、楼板承重一般小于制造业，但对建筑形象要求远高于制造业。对于产业类项目均需要研究产业的空间需求，以此来设计建筑方案。不同城市工业建筑在设计上也有相应的要求，如投资强度、单套建筑面积的要求等，深圳市2019年7月出台的《深圳市宝安区工业上楼工作指引（试行）》中对高层厂房的建筑设计提出"平面设计应充分考虑生产工艺要求，宜将货梯、楼梯、卫生间、设备房、管井等交通和辅助空间靠外墙边布置"等10条要求，在消防、供电环保等方面也提出了明确的要求，可见产业类项目的空间规划更为复杂。早期有部分产业项目在进行建筑设计时，多只考虑规范的要求，导致在招商时不能较好地满足产业的需求，影响招商效果，现在深圳许多产业项目已经意识到这一点，并开始开展产业空间规划研究，以便更好实现产业需求与空间规划相结合。

（二）房地产估价机构在产业调研中的服务内容

目前产业调研除了前面为产业空间规划进行的产业调研外，还包括了企业调研、产业园区的调研，这也是产业研究的基础性工作。

1. 企业调研

企业调研主要是了解企业现有情况和发展需求，包括所属行业、生产经营的情况、主要产品、年产值、企业人数、企业资质、需求面积、价格要求、优惠政策要求、园区服务要求、企业面临解决问题等。

企业调研有项目的企业调研，也有泛企业调研。不论是哪种企业调研，都是更好地了解企业，把握企业需求，为项目规划、招商等提供依据。如我司为某深汕项目提供企业调研，从企业入园需求、企业生产需求及企业发展需求三个角度进行调研，调研中发现，企业对入驻深汕的主要担忧是高端员工流失问题、生活娱乐问题、员工回深问题、小孩上学问题等，对入驻园区关心的是政府扶持政策、企业租赁政策，在生产方面关心的是能源保障、空间规划与生产工艺流程配合性等，这些问题在进一步的梳理后，与项目空间规划、园区配套规划等相结合，并为项目招商运营提供针对性建议。

2. 产业园区调研

产业园区调研主要包括产业园区的位置、交通情况、建筑面积、园区定位、功能分区、物业形态与配比、配套设施、入驻企业类型与数量、企业人数、租售情况、入驻优惠条件、招商策略、运营模式和运营内容以及园区现运营状况等。这些信息不但能了解市场上现有产业园区的情况，还能为新项目的功能定位、物业配比、招商运营等方面提供参考依据。

（三）房地产估价机构在招商引资方面的服务

房地产估价机构既然掌握了产业供需双方的需求数据和信息，可借助网络信息技术，建立企业的数据库、项目数据库，将有产业空间需求的企业和项目方通过服务平台有效对接，实现"项目—产业—空间"的无缝嫁接。与一般房地产中介不同，估价机构在产业资源的嫁接上并非简单的租赁，而是利用自身对产业知识的掌握，结合对企业调研、园区调研的基础，为有需要的企业寻找适合的产业空间。

当然，房地产估价机构在产业领域可以服务的内容还有很多，如产业投资强度的分析、产业经济效益的分析等。

目前深圳、东莞、广州等城市在城市更新规划中均要求先做产业规划，产业先行，除了城市更新项目外，政府出让的工业类项目，同样也要求产业先行。国家在各个行业均出台了关于行业的发展政策，可见国家对产业的重视。产业的重要性使得这一领域的前景广阔，房地产估价机构应充分结合自身工作经验，加强专业知识学习，充分发挥资源平台优势，在这一新的领域中发挥作用。

作者联系方式

姓　　名：黄丽云　贺　伟

单　　位：深圳市世鹏资产评估房地产土地估价顾问有限公司

地　　址：深圳市福田区沙头街道天安社区泰然五路 8 号天安数码城天济大厦五层 F4.85A

邮　　箱：334907588@qq.com；1054206213@qq.com

产业园区商业定位的咨询顾问服务

黄丽云　陈碧红

摘　要：园区商业的特殊性在于其消费人群的特殊，园区商业业态的配比与园区产业息息相关；对园区商业的定位除了应考虑一般商业定位的因素外，还需关注园区产业发展对商业配套的要求，实现商业与产业的融合发展。

关键词：产业；商业；定位

习近平总书记指出："中国如果不走创新驱动发展道路，新旧动能不能顺利转换，就不能真正强大起来。"旧工业区产业的升级更新，是实现习总书记新旧动能转换的重要推手。

产城融合是现阶段产业发展的新思路，要求产业与城市功能融合、空间整合，"以产促城，以城兴产，产城融合"。产业园区要实现产城融合，自然离不开园区配套商业与产业的融合发展的问题。

深圳市出台了《深圳市综合整治类旧工业区升级改造操作规定》《深圳市老旧工业园区整合改造升级工作方案》等政策，来推动旧工业区的升级改造，要求园区的升级改造按产城融合的发展思路进行，即除了产业升级、环境升级外，配套商业也要升级。

那么园区商业该如何升级改造呢？笔者认为，首先要明确园区商业的特殊性，做好园区商业的定位分析。

一、园区商业的特殊性分析

根据工业园区对外的开放程度，我们将园区分为开放式园区、封闭式园区及半开放式园区。如果是开放式园区，其商业属性与一般商业接近程度较高，而另两种类型园区的商业与一般商业的区别在于：消费人群主要以园区产业人员为主，商业受产业影响较大。

园区产业定位的不同，其商业业态、商业档次等随之变化，如文化创意产业的华侨城文创园、南海意库创意园，以有浓郁文化的特色餐饮、创意设计、艺术展示为主，新一代信息产业的软件产业园则以展示、餐饮为主。在具体商家选取上，还需考虑是生产性园区还是研发性园区。

深圳某旧工业区已完成产业的升级定位，现对园区的商业需重新定位，下面，我们将以此项目为例，分享如何对园区商业进行定位。

二、园区商业的定位分析

(一)园区现状分析

在对园区商业定位前,先对园区的现状进行分析,包括对园区现有产业、现有商业业态及商业的分布、园区升级改造后的产业定位,产业空间布局,同时还需要对园区周边的工业园、住宅、商业、交通条件等深入分析。

1. 园区现状产业、商业业态及商业布局情况

经过调查,园区现状产业以电子、服装服饰、五金塑胶模具、印刷、眼镜制造等产业为主,园区入驻企业均为生产性企业,企业职工以蓝领为主,月工资多在5000元以下。

园区的建筑物情况为:生产厂房约70%,宿舍约25%,商业约3%,公寓及经济型酒店约2%。宿舍的人员以园区内企业职工为主,即园区消费人群以园区产业人员为主。

园区现状商业业态以员工食堂、快速餐饮、配套生活超市、便利店为主,商业档次低,主要分布在入园主干道生产厂房及宿舍的首层。

在商业调研中发现,多数人认为现有商业能基本满足其需求,希望增加休闲娱乐、体育活动场所。

园区现仅有一条道路进入园区,现状商业对园区处人员入园消费的吸引力差,属于封闭式园区。

2. 园区升级改造后产业定位,产业空间布局分析

园区升级改造后产业定位为兼具中试研发与生产的新一代信息人工智能产业。

产业空间布局上,园区主干道及临近主干道区域以研发为主,园区东侧以宿舍为主,西侧及其他区域以中试生产为主。

3. 园区周边环境分析

商业情况为:各旧工业园区自身配有少量的餐饮类商业,业态单一,规模小,档次低,住宅区业态为餐饮及日常生活配套,写字楼商业业态为餐饮及汽车展销中心,整体而言,周边的商业规模小,业态单一且档次不高。

交通情况:项目周边有高速公路、城市快速干道,可方便快捷地到达市及区的中心处和大学城,距离规划地铁站点约1公里。

4. 未来规划分析

现状园区三面临山,经调查,有规划显示,项目周边现高速公路将调整为市政道路,计划在园区北侧打通园区至区中心城区隧道,将大大拉近了园区与中心城区及大学城的直线距离,缩短通行时间。

(二)产业园区商业市场调研

他山之石,可以攻玉。了解项目本体情况后,我们对该园区的商业进行实地调研,了解类似园区商业的规模、业态及分布,寻找可借鉴的成功经验。

根据园区商业辐射范围,将园区商业分为自给自足型园区商业、外溢型园区商业、承接型园区商业。

调查的IOT物联网产业园的商业属于自给自足型,园区的特征为:园区周边没有居住区、商业区,周边工业园区人员外出消费少,园区以工业厂房为主,产业定位为物联网产业,研发为主的孵化(加速)园区,其商业只服务于本园区,商业规模小,业态单一,以餐

饮、便利店、小型咖啡吧、图书馆、健身房为主。对本项目的参考意义不大。

调查的中粮（福安）机器人智造产业园的商业属于外溢型商业，园区的特征为：园区周边的商业配套成熟，工业园本身位于商业的核心商圈内，以工业厂房为主，产业定位为人工智造产业，中试生产及研发的孵化（加速）园区，除员工食堂、小型生活超市外无其他商业，园区的商业需求外溢至周边商圈。对本项目的参考意义不大。

调查的科兴科技园商业属于承接型商业，园区的特征为：园区产业定位为高科技，以研发为主，园区的对外交通便利，商业业态丰富，有特色餐饮、休闲娱乐、金融服务、健康医养、体验展示等，园区的商业规模大，具有特色，客群消费力较强，园区商业能满足自身及周边园区的需求，甚至可以辐射更广。结合项目自身情况的描述，此类产业园的商业对本项目有较好的借鉴意义。

（三）商业企业需求市场调研

针对调研园区中入驻商业的分析，我们有针对性地对餐饮类、休闲娱乐、体育健身类等商家进行调研，分析其入驻本园区的意愿，租金店装、合作模式、位置需求、店铺规模等要求，细化不同商业业态及商家对本项目的需求、要求。

如在餐饮类商业调研中发现，连锁品牌的商家希望店铺规模在200～400平方米，希望园区方提供店装，并采用合作利润分成模式经营。

而知名品牌的休闲餐饮，对于在现阶段入驻园区的意愿并不强烈。

休闲娱乐商家对于楼栋位置及所在楼层要求不高，对店铺规模及楼层层高、垂直交通要求较高。

多数商业对园区改造后的环境要求较高。

（四）园区商业定位分析

1. 项目商业规划定位分期思考

项目为产业升级类，对现有企业的梳理及新企业的引入都需要时间，规划的落地也需要时间，园区的商业消费人群也呈现动态变化，因此对项目分近期与远期进行商业规划。

2. 园区辐射范围分析

在现阶段，项目只有一条道路进入园区，园区外部的消费需求不强烈，在没有特色商业引导的情况下，外部消费引入园区的可能性小，园区现有的商业辐射范围有限，仍以园区内的产业人员为主。

随着高速公路市政化、隧道打通，交通条件的改善，园区商业的辐射范围扩大，远期商业规划应将这部分因素考虑进去，从而调整园区商业的辐射范围。

3. 消费客群及消费人数分析

消费客群与产业相关，与交通、周边环境等均有关。在现有产业未升级时，现有商业已经是在市场机制作用下形成的符合园区的商业布局、业态及商业体量。根据产业升级的定位与功能分区可知，产业的升级为分期实施，园区产业人员由生产蓝领向研发白领转变亦将在一定的时间段完成，随着交通条件的改善，园区的消费客群将新增外部有车一族、地铁人群及高校师生等消费客群。

随着项目产业升级的进展，园区消费人群对消费的要求也在提升，将增加对文化类、精神类、高端娱乐、健康休闲的消费需求，追求品质、潮流、个性化的商业。

明确消费客群后，我们在此基础上，进一步分析园区消费客群的人数。

根据《党政机关办公用房建设标准（2014）》、类似园区人均面积的分析，结合项目的产业定位，分析园区的产业人员数量。

参照《深圳市人才安居办法》，类似园区宿舍配比、结合项目的周边情况，推测产业升级后园区需求的宿舍情况，结合对现有园区中宿舍人群的分析，推测园区内宿舍区将新增外部人员。

经分析，确定项目区产业升级后的消费客群约 2.5 万人，交通改善后，进一步分析，消费客群预计增加约 2 万多人。

4. 商业体量分析

项目现状商业体量占比约为 3%，调研的科兴科技园等产业园的商业体量占比在 8%～12%。在分析本项目产业升级后的商业体量时，我们有以下考虑：

根据《深圳市产业空间布局规划》与《深圳市商业网点规划》对人均商业面积的需求分析，项目人均商业量约 0.6～1 平方米/人，调查的车公庙、龙岗天安数码城、科兴科技园等产业园，人均商业服务规模约 1.2 平方米/人～2.5 平方米/人。

结合园区消费客群人数的分析、交通改善后可导入的人数分析，不同园区内消费人群消费习惯及消费力的分析，商家调研分析等，考虑到项目产业定位中对产业展示、体验商业空间的需求，最终确定本园区商业的总体量、近期商业规模及远期的商业规模。

5. 商业业态及配比分析

在分析商业业态组合，增加现有园区需求的业态如健身房、KTV、图书馆等休闲娱乐；根据对类似产业园区调研中，补充园区产业升级后有需求但目前没有的业态，如中高端商务酒店、中高端餐饮及休闲娱乐等；根据项目产业定位，补充产业展示需求的业态，如南山医疗器械产业园、珠海金湾智造大街等园区提供企业进行最新产品展示的空间。

在不同业态的具体配比方面，考虑项目为综合整治项目，现有商业规模及业态配能满足现有园区的需求，再结合对产业升级后消费人群改变而对消费需求的变化，案例园区不同业态的配比情况，对现有业态及新增业态的比例进行重新调整，从而得到本项目的业态配比。项目的大餐饮类占比约 48%～62%，生活服务类占比约 18%～22%，休闲娱乐类占比约 13%～15%，其余为其他业态。在此基础上，再进一步细化各细分业态的比重。

6. 商业平面布局分析

商业布局由多方面因素影响而成，在分析本项目的商业平面布局时，有以下考虑：

第一，结合园区产业业态布局、产业空间布局等进行布局。本项目在产业空间布局为一轴两带三中心，研发、生产、生活功能分区的分界线较分明，如将食堂在园区分 3 个位置布局，主要布局在中试生产区与宿舍区联系较紧密处，以避免员工就餐的路程过远及人员集中的情况出现。

第二，结合园区内交通动线、主干道、活动广场、景观节点等进行布局。项目内形成人车分流，入园主干道为主要的景观轴、商业轴，主要布局能承受较高租金水平的商业业态及与园区产业紧密相关的体验展示性商业。

第三，商业布局考虑商业业态之间的关联度。如对于休闲咖啡等主要布局在研发区，中式餐饮等尽量分区集中布局；与生活相关的业态，如生活超市、药店、便利店等紧邻宿舍区分布；与产业相关的商业业态，如快印店、物流、广告等，临近中试区、研发区布局。

第四，商业布局尽量考虑不同商业对位置的需求。如对于主力店，布局在主干道两侧或近主干道，加强主力店对园区人流的吸客能力；对于 KTV、健身房等休闲娱乐业态，分布在二楼以上楼层。

第五，商业业态随着园区产业升级迭代、产业分期建设、交通情况的完善等逐步布局及提升。保留现有优质商业，对商业的形象、店装、VI等重新包装，提升商业品质，补充产业升级需增加的商业业态，再结合环境提升的进度，进一步优化商业业态配比。

7. 其他分析

除了上述分析外，我们还对商业的情景主题打造、导视系统、智慧运营系统等方面进行分析，以实现园区商业的可持续运营。

三、结语

园区商业定位具有特殊性，园区类型、消费客群等都将影响园区的商业定位。要想做好园区的商业定位，要求估价人员有较高的专业能力、对各类园区商业、产业熟悉，对产业及产链的特性有较深的了解。本文用具体案例来分析我们对园区商业定位的思考，仅供大家参考并共同探讨。

作者联系方式

姓　　名：黄丽云
单　　位：深圳市世鹏资产评估房地产土地估价顾问有限公司
地　　址：深圳市福田区车公庙天安数码城泰然五路天济大厦五层 F4.8.5A
邮　　箱：334907588@qq.com

姓　　名：陈碧红
单　　位：深圳市世鹏资产评估房地产土地估价顾问有限公司
地　　址：深圳市福田区车公庙天安数码城泰然五路天济大厦五层 F4.8.5A
邮　　箱：799673123@qq.com

浅析不动产年度咨询顾问服务

李 佳

摘 要：随着近年国有企业改革工作的进一步深化，大型央企、国企针对自身企业在生产经营和改革发展中所涉及的土地使用权转移、土地用途或使用权类型变更、股权变动涉及土地使用权调整、单位自有经营性物业资产管理、对外租赁经营（出租/承租）土地或房地产等大量的资产整合、盘活、处置工作日益增多。本文正是在此背景下，针对该类型由专业机构提供整体性专业咨询顾问服务工作的服务对象、服务目的、服务政策依据、服务内容、服务程序、顾问咨询服务费用等方面进行解析、探讨。

关键字：国有企业改革；专业咨询顾问服务

随着近年国有企业改革工作的进一步深化，大型央企、国企针对自身企业在生产经营和改革发展中所涉及的土地使用权转移、土地用途或使用权类型变更、股权变动涉及土地使用权调整、单位自有经营性物业资产管理、对外租赁经营（出租/承租）土地或房地产等大量的资产整合、盘活、处置工作日益增多。

在上述工作中不仅涉及企业深化改革的相关法律、法规及规章要求，更涉及关于土地、房地产专业领域相关政策的研析及应用，因此在上述背景下专业机构运用其专业技术知识参与项目的前期论证、可行性分析以及同利益相关方的商榷谈判等工作，为企业资产盘活利用提供更专业、更多元化的服务，正成为一大趋势。

一、服务对象

结合近年来针对服务渠道对象的梳理情况来分析，对房地产（土地）年度咨询服务需求的服务对象根据自身单位属性可分为三大类：第一类是政府单位（国家、省、市属机关单位及下属事业单位）；第二类是以央企、省市属企业为主的国有企业；第三类是单位规模较大的民营企业（其中以房地产开发类企业为主）。

二、服务目的

结合多年来提供年度咨询服务的服务内容及服务对象来分析，由于涉及委托方服务需求的差异，不同委托方甚至同一委托方不同年度咨询服务的目的均可能不同，但无论服务内容如何变化，其服务目的的本质都是通过专业公司在合法、依规、公平、合理的基础上运用专业的科学知识以及在相关专业政策把握上的研析运用，在实现委托单位自身资产保值增值的基础上将其资产利益最大化。

三、服务政策依据

结合不动产年度咨询服务对象及服务目的，其服务的工作政策性较强，其中主要涉及的相关政策文件依据如下：

（一）企业深化改革相关法律、法规及规章

《国务院关于深化改革严格土地管理的决定》《国务院关于加强土地调控有关问题的通知》《国务院关于促进节约集约用地的通知》《国务院办公厅关于印发中央企业公司制改制工作实施方案的通知》《自然资源部职能配置、内设机构和人员编制规定》等。

（二）不动产专业领域相关法律、法规及规章

《中华人民共和国土地管理法》《中华人民共和国城市房地产管理法》《中华人民共和国物权法》《中华人民共和国资产评估法》《国有土地上房屋征收与补偿条例》《关于调整工业用地出让最低价标准实施政策的通知》等。

四、服务内容

根据不同委托单位的各类型服务需求，在年度服务内容上存在诸多类情况，结合近年来提供咨询服务的经验，可根据不同维度将其分为二大类、五小类。

其中二大类服务内容分为基础服务及专项服务。第一类为基础服务，主要是根据委托单位需求向其提供日常所需的基本服务。这一类型服务会以月度或季度形式提供月报或季报，其内容可能涵盖房地产（土地）市场信息、房价或地价变动指数、房地产动态监测数据、相关政策解析以及意向性项目市场情况等，其内容可以基本满足委托单位数据积累、政策积累，满足其对经济行为做出基本判断。第二类为专项服务，专项服务通常是在基础服务基础上，委托单位由于具体立项经济行为需要，须进一步深化研究并开展具体的、实质性的单项项目工作，其就此专项项目的服务需求进行委托。

五小类服务内容主要是根据专业机构提供的服务类型归结确定，具体情况如下：

第一小类：委托单位土地、房地产类资产档案梳理以及信息系统建立咨询工作。

第二小类：委托单位土地、房地产类资产盘活处置咨询工作（包括但不限于资产内部划转、对外租赁及转让、资产置换、联合开发模式等）。

第三小类：委托单位土地、房地产类资产分割或转移过户手续、流程以及办理《不动产权证书》政策梳理咨询工作。

第四小类：委托单位土地、房地产类资产涉及租赁、转让、置换等经济行为过程中交易税费筹划咨询工作。

第五小类：涉及土地、房地产类资产政策的相关培训工作以及协助委托单位审核专业类业务文书。

五、服务程序

结合上述服务对象、服务目的、服务内容等情况，年度咨询顾问服务程序一般分为前期、中期、后期三个服务阶段，各阶段具体情况如下：

（一）前期工作阶段

年度咨询顾问服务由于其咨询顾问的工作特征，使得委托单位的服务需求成了决定服务程序、服务方式的主导因素，因此从流程上来讲专业机构前期同委托单位交流以明确其服务需求及服务目的沟通极为关键，尤其是在同委托单位首次合作的情况下，因此前期工作阶段专业机构需做好同委托单位的充分沟通，通过交流让委托单位了解专业机构的服务范围与专业胜任能力，专业机构结合沟通内容确认委托单位的服务需求，最终双方签署咨询顾问委托协议，明确双方责权利。

（二）中期工作阶段

中期工作阶段也是专业机构提供咨询顾问服务的核心阶段，专业机构根据签署协议约定的服务范围提供咨询顾问服务，此阶段工作不仅限于向委托单位提供其实时所需的专业意见、价格估算、政策解读、方案设计等咨询顾问工作，还包括定期（以月度或季度）向委托单位提供月度或季度报告书（报告书内容不仅是对该周期阶段工作的总结汇报，还会包括如当期更新地价动态监测数据、房价数据、市场信息及产业政策等相关内容）。

（三）后期工作阶段

后期工作阶段主要分为两个部分，第一部分是对全年度的顾问咨询工作进行总结，需向委托单位提交《年度顾问总结报告书》；第二部分则是根据委托单位对专业机构年度咨询顾问工作一年来的反馈进行总结，就总结情况同委托单位进行沟通，并就沟通结果进行相应整改或调整，为下一年度服务工作奠定基础。

六、顾问咨询服务费用

年度顾问咨询工作实行有偿服务，其顾问咨询服务费用标准需根据同委托单位约定的服务目的及服务内容最终确认，且通常情况下顾问咨询服务费用采取年度包干价格，此外还需结合上述两大类服务内容（基础服务及专项服务）情况，由于专项服务的委托在年度咨询服务中具有一定的不可确定性，且其研究服务深度及投入人员工作量情况也会根据项目具体情况不同存在较大差异，因此在同委托方签署年度服务协议过程中，如委托方需要专项服务，则会约定根据专项服务的服务内容单独签署补充协议，并另行约定咨询服务费用。

综上所述，随着政府单位、国有企业改革工作的进一步深化，其针对整体顾问咨询服务的要求及涉及内容也会随之细化、延伸，进而与之相匹配的服务内容也在逐年不断更新、调整，随着咨询顾问工作进一步开展，我们也会根据工作开展过程中遇到的情况，持续完善服务内容、服务程序等相关工作，为服务需求方提供更全面、科学、高效及准确的咨询顾问服务。

参考文献：

[1] 中华人民共和国国务院.国务院关于深化改革严格土地管理的决定[Z]，2004-10-21.

[2] 中华人民共和国国务院.国务院关于加强土地调控有关问题的通知[Z]，2006-08-31.

[3] 中华人民共和国国务院.国务院关于促进节约集约用地的通知[Z]，2008-01-3.

[4] 中华人民共和国国务院办公厅.国务院办公厅关于印发中央企业公司制改制工作实施方案的通知[Z]，2017-07-18.

[5] 中共中央办公厅，国务院办公厅.自然资源部职能配置、内设机构和人员编制规定[Z]，

2018-08-1.

[6] 全国人大常委会（第十三届全国人大常委会第十二次会议）.中华人民共和国土地管理法 [Z]，2019-08-26（修改日期）.

[7] 全国人大常委会（第十一届全国人大常委会第十次会议）.中华人民共和国城市房地产管理法 [Z]，2009-08-27（修改日期）.

[8] 全国人民代表大会（第十届全国人民代表大会第五次会议）.中华人民共和国物权法 [Z]，2007-03-16.

[9] 全国人大常委会（第十二届全国人民代表大会常务委员会第二十一次会议）.中华人民共和国资产评估法 [Z]，2016-07-2.

[10] 中华人民共和国国务院.国有土地上房屋征收与补偿条例 [Z]，2011-01-21.

[11] 中华人民共和国国土资源部.关于调整工业用地出让最低价标准实施政策的通知 [Z]，2009-05-11.

作者联系方式

姓　　名：李　佳
单　　位：北京华信房地产评估有限公司
地　　址：北京市朝阳区建外永安里中街 25 号 3 幢
邮　　箱：lijiastingview@163.com

房地产权益损害赔偿估价案例初探

丁元元

摘　要：本文结合《房地产估价规范》及笔者实际工作中遇到的房地产权益损害赔偿估价案例，对案例中遇到的房地产价值减损的原因、损害类型、价值类型、价值减损指标等特殊问题及关键技术要点进行了综合分析探讨，并对本案估价对象所适应的估价方法和技术路线进行研究分析。

关键词：房地产估价；损害赔偿；权益损害；房地产价值减损

近年来随着房地产市场价格的不断攀升，房地产已成为中国城镇居民最主要的财富。根据《中国家庭财富调查报告（2018）》，在全国城镇家庭财富中，房产净值的占比为69.70%。随着《物权法》的出台和实施，人们保护财产的意识越来越强，尤其对因各种原因引起的物业贬损变得特别敏感。随着经济的发展和法律的普及，人们的法律意识增强了，近几年司法和仲裁机关受理的关于房地产损害的索赔和诉讼案件逐渐多起来，同时关于房地产损害方面的估价也开始出现在估价公司的业务中。

一、案件背景

2016年7月我们公司接受苏州市××区人民法院的委托，对位于苏州市××路××号××商务广场×幢×室作为"商务金融用途"的房地产价格进行估价，为估价委托人审理谢某某与苏州市某某地产有限公司房屋买卖纠纷一案提供参考，价值时点为2013年×月×日（买卖合同签订之日）。

（一）估价对象概况

估价对象所在的××商务广场共由三幢建筑物组成，建筑总楼层为地上15层、地下2层，建筑结构为钢混结构。其中1～3层为商业综合体，总体布局呈"E"字形，分为南北两个组团，分设南北内庭院，2～3层以上设外走廊（回廊）。4～15层为商住用房，地下室为停车库及附属公共设施。

估价对象位于××商务广场2幢的第1层，合同约定的建筑面积为37.56平方米，东临一楼广场天庭，开间3.6米，进深8.05米，为一套可独立使用的外铺。

（二）项目背景介绍

2013年下半年××商务广场商业项目开盘销售，当时的商业地产市场特别火爆，短短3个月475套商铺全部销售一空。2014年12月31日项目交付，2015年上半年业主陆续领取了产权证。这时商业地产市场已变得冷清，市场价格开始走下坡路，很多业主发现商铺在市场上挂牌许久都无人问津，而且该商业项目只有少数为独立商铺，而大部分多为分割销售的内铺，建筑面积多集中在 15～50 平方米，独立出租已不现实，只能业主抱团出租，但是他们在出租中又遇到了出租率低、因消防行政审批限制产生的很多业态无法经营的问题。

××商务广场所在的商业大楼土地法定用途为商务金融用地，规划局批准项目用途为写字楼，而开发商实际的建筑形态 1～3 层为商业综合体，4 层以上为商务用房。在项目销售时，开发商对外宣传称 1～3 层为"商铺"，销售价格也与当时的商铺市场价格接近。根据委托方提供的《建设工程消防验收意见书》，该项目 1～15 层均按照"写字楼"的标准进行了消防验收，与实际开发的"商业综合体"的建筑形态有差异。

（三）成立估价技术小组

在我公司接受上述案件委托估价的同时，苏州市另有十几家房地产估价机构接到了同一法院类似标的司法评估委托，估价对象分别为该商业广场的不同商铺，原告分别为购买该商业广场的不同业主，被告同为某房地产开发公司。

因为评估标的和案件的相似性，我们十几家房地产估价机构迅速成立了"××商务广场估价技术小组"，共同商讨该案在房地产估价过程中存在的疑难问题。

二、估价过程中几个关键问题的确认

（一）房地产价值减损分析

根据委托方苏州市××区人民法院提供的案卷资料，本案原告以被告开发建设、销售的××商务广场房屋土地性质为商务金融用地，不能作为大型商业综合体经营，与被告销售时对前述项目性质宣传不符，被告存在误导、欺诈情形为由，主张按不能用作商业经营的房屋价格变更合同价款。本次估价目的为房地产损害赔偿估价。

根据《中华人民共和国消防法》第七十三条第（三）项规定，公众聚集场所是指宾馆、饭店、商场、集贸市场、客运车站候车室、客运码头候船厅、民用机场航站楼、体育场馆、会堂以及公共娱乐场所等；第（四）项规定，人员密集场所是指公众聚集场所，医院的门诊楼、病房楼，学校的教学楼、图书馆、食堂和集体宿舍，养老院，福利院，托儿所、幼儿园，公共图书馆的阅览室，公共展览馆、博物馆的展览厅，劳动密集型企业的生产加工车间和员工集体宿舍，旅游、宗教活动场所等。由于估价对象的土地登记用途为商务金融用地，该项目建设工程消防验收意见书认定的使用功能为办公楼，不属于消防法规定的公众聚集场所和人员密集场所，因此估价对象因其土地用地性质为商务金融用地，在开办包含零售、餐饮、娱乐等项目在内的商场项目时存在消防审批的行政障碍。由此，我们得出这样的结论，消防审批受限是估价对象房地产价值减损的主要原因。

（二）房地产损害类型的确认

通过现场查勘，估价对象所在的××商务广场三幢 1-3 层整体呈开放式商业广场布局。现因其土地性质为商务金融用途，消防审批存在一定限制，会对房屋的利用产生影响，具体表现在经营业态的限制（如公共娱乐场所、商场等）和利用方式的限制（如房屋的合并出租利用），会导致适宜的承租客户群减少，租金下降，空租率提高，进而导致房屋价值的减损。

房地产损害的分类按照房地产受损的部位划分，可划分为三种类型：实物损害，权益损害，区位损害。经过分析，估价对象房地产的损害属于权益损害而非实体损害和区位损害，不可修复。本次估价从消防审批限制对房地产价值的减损进行评估。

（三）关于价值类型的定义

价值类型是所评估的估价对象的某种特定价值或价格，包括价值或价格的名称、定义或内涵。

在价值时点，估价对象为预售商品房，买卖双方签订了《商品房买卖合同》。由于双方存在合同纠纷，纠纷争议的焦点是估价对象消防审批受到限制对房屋的利用产生不利影响，从而影响房地产价值。因此，本次估价以成交的合同价为基础，从消防审批受限对房地产价值造成的损失角度进行评估，作为变更合同价款的参考依据，估价对象价值类型的内涵为：估价结果＝已成交的合同价款－因土地法定用途导致消防审批受限对房地产价值造成的减损。

（四）房地产价值减损指标的确定

通过现场调查，由于土地法定用途的限制导致消防审批受限，会对房屋的利用产生影响，具体表现在经营业态的限制（如公共娱乐场所、商场等）和利用方式的限制（如房屋的合并出租利用），会导致适宜的承租客户群的减少，租金的下降，空租率的提高，进而导致房屋价值的减损。因此，估价师主要从租金损失、达到稳定经营时间、稳定经营后出租率三个指标分析并确定消防审批受限对房地产出租的影响。

三、估价方法及技术路线的确定

（一）评估方法的确定

本次估价目的是房地产纠纷评估，是对有争议的房地产交易价格进行鉴别和判断，提出客观、公平、合理的鉴定意见，为解决纠纷提供参考依据。本次估价合同双方当事人纠纷争议的焦点是估价对象消防审批受到限制对房屋的利用产生不利影响，从而影响房地产价值。因消防限制对房地产价值造成的减损的实质是权益的损害，同时也是不可修复的损害。针对不可修复的房地产权益损害的评估方法主要有损失资本化法、损害赔偿比较法和价差法。

1. 不宜选用损害赔偿比较法和价差法的理由

损害赔偿比较法是选取一定数量的可比房地产损害赔偿实例，将它们与估价对象进行比较，根据其间的差异对可比房地产损害赔偿实例赔偿价格进行处理后得到估价对象价值减损额的方法。苏州市类似于本次估价目的房地产纠纷诉讼尚属首次，估价师难以寻找到适宜的可比实例，故不宜采用损害赔偿比较法进行评估。

价差法是分别评估房地产在损害之前和损害之后状况下的价值，将两者之差作为房地产价值减损额的方法。在价值时点，估价对象为预售期房，本次估价以成交的合同价为基础，从土地法定用途导致消防审批受限对房地产价格造成的损失角度进行评估，作为变更合同价款的参考依据，与价差法的估价基础有所区别，故不宜采用价差法进行评估。

2. 宜选用损失资本化法的理由

损失资本化法是预测未来各年的净收益减少额或收益减少额、运营费用增加额，在净收益损失年限内的折现值之和，或测算经济耐用年限内无质量缺陷房地产正常净收益现值和与有质量缺陷房地产正常净收益现值和之差，从而评估房地产价值减损额的方法。结合本次估价目的和价值定义，本次估价以成交的合同价为基础，从消防审批限制对房地产价格造成的损失角度进行评估，宜采用损失资本化法进行测算。

（二）技术路线

（1）采用市场比较法确定估价对象房地产在无消防审批限制下的市场客观租金。

（2）利用德尔菲法确定估价对象在有消防审批限制下对房地产租赁情况影响程度的参数。

（3）计算估价对象在收益期内因消防审批受限导致的房地产年租金收益的损失额，通过一定的资本化率计算估价对象收益价值的损失。

（4）估价结果的确定。

估价结果＝已成交的合同价款－因土地法定用途导致消防审批受限对房地产价值造成的减损

四、本案例的启发与收获

（一）"新奇特"业务不惧怕

损害赔偿估价业务相对于抵押、税收、司法拍卖等业务本来就在日常工作中较为少见，权益损害赔偿估价更是鲜有碰到，可以说是一种"新奇特"业务。说实话，笔者在收到此案件委托后，也是非常困惑，因为从业十几年从来没有碰到过类似评估案例。接到委托后，作为主要负责估价师，笔者马上与委托法院法官进行当面沟通，了解案件情况及背景。最后经过我们十几家估价公司组成的估价技术小组的共同努力，评估中存在的疑惑（诸如房地产价值减损原因）像拨云见日一样，变得清晰明了，技术难点（诸如价值类型、房地产价值减损指标等）也在估价技术小组的共同努力下一一攻克。

（二）为客户提供专业意见，做客户的鉴定顾问

在本案中，我公司在收到法院司法鉴定委托书时，委托书仅要求鉴定机构对估价对象作为"商务金融用途"的房地产价格进行评估，一般的估价师可能拿到委托后，按照"商务金融用途"的委托要求，调查一下周边商务用房的市场价格后便可出具报告，一份司法鉴定评估很简单就完成了。

但是我们估价技术小组的估价师有专业和尽职的精神。我们先后几次到委托法院找法官当面沟通，了解案情，又对估价对象商业广场的商铺承租情况进行摸底调查，对苏州市区类似商业综合体商铺的出租运营情况进行调查，了解估价对象商铺价值减损的原因。我们还到消防部门调查估价对象商业大楼消防审批受限的原因。通过我们估价技术小组的专业调查及估价师的专业判断，我们在评估过程中给予了委托法院很多专业意见，评估报告出具后双方当事人也没有太多异议，在我们估价公司的专业建议下该案件后来有了比较理想的解决方案。

参考文献：

[1] 柴强. 房地产估价理论与方法 [M]. 北京：中国建筑工业出版社，2017.

[2] 河南省房地产估价师与经纪人协会. 关于修订《河南省房地产司法鉴定估价指导意见》的通知 [Z]，2018-04-08.

[3] 柴强. 中国房地产损害赔偿估价的理论与实践 [J]. 中国房地产估价与经纪，2008（06）.

作者联系方式

姓　　名：丁元元

单　　位：苏州天元土地房地产评估有限公司

地　　址：江苏省苏州市沧浪区十全街东吴饭店四号楼

邮　　箱：dyy@tybdc.cn

房地产估价机构积极开展不良资产处置中的专业服务

阮宗斌　骆晓红　蔡庄宝

摘　要：截至2018年年底，商业银行不良资产规模已达2万亿，逼近2003年的历史高位，市场上存在大量的不良资产评估需求。随着不良资产市场竞争的日益激烈和市场细分，处置方式也更加多样化，处置手段从最早的买-催收-清收-转让模式演变成不良资产重组、不良资产证券化、债转股等模式。商业银行、资产管理公司对于房地产估价机构的专业要求逐渐提高。不良资产评估有自身特殊性，一些项目历史久远、资料的完整性差、项目量大且分布分散、时间紧等等，与传统的评估业务存在较大的区别。估价机构需要积极研究不良资产的评估，为委托方提供更为专业的评估服务，使得不良资产评估成为估价机构新业务补充。

关键词：估价机构；不良资产；评估；专业服务

一、不良资产评估综述

随着经济周期下行，商业银行不良资产率持续攀升。截止到2018年年底，商业银行不良资产规模已达2万亿，逼近2003年的历史高位。不良资产收购及处置一直是四大国有资产管理公司的核心业务之一。鉴于近年来不良资产率的持续走高，为拓宽不良资产处置渠道，2016年银监会新增了30家地方AMC牌照，并取消了对地方AMC收购不良资产不得对外转让的限制。截至2018年，共有近60家地方AMC。此外，还有一些外资投资公司进入不良资产领域，使得不良资产市场出现激烈的竞争。对于不良资产的收购及处置也发生了极大的变化，各家资产管理公司逐渐从最早的买-催收-清收-转让模式演变成多种处置方式并存，比如不良资产重组、不良资产证券化、债转股等模式。

不良资产包含范围相对较广，有厂房、商铺、土地等不动产，也有机器设备、商标、股权等动产或无形资产，但是核心资产以不动产为主。因此，房地产估价机构在不良资产评估中占有明显优势。在实际操作过程中，随着不良资产市场竞争的日益激烈、市场的逐步细分、处置方式的多样化，商业银行、资产管理公司对于房地产估价机构的专业要求逐渐提高，房地产估价机构在不良资产评估领域的作用越来越凸显。

二、不良资产评估业务来源

（一）不良资产的分类与商业银行委托

根据《贷款分类指导原则》，商业银行通常将贷款分为五类，即正常、关注、次级、可疑、损失，后三种为不良贷款。当出现不良贷款后，需要进行不良资产债权转让时，商业银行需要发起转让不良资产的评估委托。

商业银行是不良资产评估的主要源头。但是，在接受委托时需要注意，并不是所有不良资产都可以转让。如果不能转让，也就不能进行评估。根据财政部、银监会关于印发《金融企业不良资产批量转让管理办法》的通知（财金〔2012〕6号）"第二章　转让范围"：

第七条　金融企业批量转让不良资产的范围包括金融企业在经营中形成的以下不良信贷资产和非信贷资产：

（一）按规定程序和标准认定为次级、可疑、损失类的贷款；

（二）已核销的账销案存资产；

（三）抵债资产；

（四）其他不良资产。

第八条　下列不良资产不得进行批量转让：

（一）债务人或担保人为国家机关的资产；

（二）经国务院批准列入全国企业政策性关闭破产计划的资产；

（三）国防军工等涉及国家安全和敏感信息的资产；

（四）个人贷款（包括向个人发放的购房贷款、购车贷款、教育助学贷款、信用卡透支、其他消费贷款等以个人为借款主体的各类贷款）；

（五）在借款合同或担保合同中有限制转让条款的资产；

（六）国家法律法规限制转让的其他资产。

根据"第三章　转让程序"：

第十一条　资产估值。金融企业应在卖方尽职调查的基础上，采取科学的估值方法，逐户预测不良资产的回收情况，合理估算资产价值，作为资产转让定价的依据。

第十二条　制定转让方案。金融企业制定转让方案应对资产状况、尽职调查情况、估值的方法和结果、转让方式、邀请或公告情况、受让方的确定过程、履约保证和风险控制措施、预计处置回收和损失、费用支出等进行阐述和论证。

根据上述要求，商业银行在不良资产转让之前，需要进行不良资产尽调及估值测算。由于专业分工和专业性的要求，这方面一般都是估价机构负责完成。

（二）资产管理公司委托

根据财政部、银监会关于印发《金融企业不良资产批量转让管理办法》的通知（财金〔2012〕6号）"第三章　转让程序"第十五条规定，"资产管理公司通过买方尽职调查，补充完善资产信息，对资产状况、权属关系、市场前景等进行评价分析，科学估算资产价值，合理预测风险。对拟收购资产进行量本利分析，认真测算收购资产的预期收入和成本，根据资产管理公司自身的风险承受能力，理性报价"，资产管理公司也需要进行买方尽调以及估算资产价值，这方面同样也需要估价机构的专业服务。资产管理公司委托又分为收购不良资产委托和处置不良资产委托。对于四大资产管理公司而言，上述两种委托同时存在，而对于新持牌的资产管理公司，更多的是收购委托。

（三）非银贷款机构转让委托

此类机构一般为小贷公司、基金公司，在信贷过程中发生了较多的不良，需要将该不良资产进行转让，回笼资金，从而发起评估委托。

（四）司法委托

此类业务对于金融机构而言，属于清收环节的传统方法，一般由司法机构发起委托，也是大多数估价机构的传统业务之一。

（五）不良资产证券化需要引起的委托

通常情况下，资产包转让的难度较大，转让价格较低。随着我国资产证券化的兴起，自2016年至今，不少金融机构试水不良资产证券化。他们将一定量的不良资产进行组合，把本来流动性较差、现金流不稳定的多笔不良资产组合成资产包，使得该资产包能产生相对稳定的现金流，并在市场上发行。此类业务的委托方通常为商业银行或资产管理公司，目前主要为商业银行。

三、不良资产评估与常规业务的区别

当一项贷款产生不良，信贷双方心态、配合度等等都会发生很大变化，也就导致不良资产的评估与常规业务的区别非常大。

（一）评估程序受限

不良资产评估，通常情况下债务人配合度很低，资料更多依赖于债权人当年留存的授信资料。而且在查勘时，很多时候抵押物被他人占有或是抵押人妨碍评估程序的进行，导致无法入户查勘。如果是债权人/转让方委托，协调起来相对容易一些，如果是收购方委托，基本依赖于转让方的协调能力。因此评估程序受限的情况比较常见。

（二）时间急迫

多数情况下，项目时间都比较紧张。项目开展时，委托方内部尽调、法律尽调以及估价机构同时进行，互相交叉配合。如果是转让方委托，因为启动得早，还涉及内部决策，时间相对充裕一些；如果是收购方委托，基本上给估价机构的时间都很短，甚至法律尽调都来不及做。

（三）评估项目多且分散

单户不良资产转让的情况比较少见。通常情况下都是批量不良债权转让，比如十几户，甚至几十户，多的几百户。因此评估项目可能分布在同一个城市，或是多个城市；抵押物类型通常涵盖住宅、工业、商业、在建等。

（四）评估要求不同

不同的委托方根据内部管理的不同，对于评估的要求不尽相同。

对于评估结果的要求：有些委托方要求估价机构评估抵押物市场价值，有些委托方要求估价机构提供快速变现价值。

对于评估格式的要求：有些委托方要求估价机构出具评估报告，有些委托方要求估价机构出具咨询报告，甚至有自己的格式要求。有些委托方还要求估价机构提供技术测算的完整过程。

（五）内外部审核

通常情况下，委托方需要对不良资产评估进行内部审核，有些委托方还聘请了外部专业评估机构进行外部第三方审核。

（六）不良资产证券化评估项目的特殊要求

不良资产证券化项目相对比较复杂，评估报告中除了需要给出估值建议、快速变现价值，还需要预测预计回收价值和预计回收时间，并给出回收率。根据委托方要求，还需要考虑时间价值。

（七）假设前提不同

通常评估，估价师索要的资料都容易获取。但是不良资产评估不同，首先委托方是债权人，主要依据借款合同、抵押合同等债权资料，基本上很难见到权属证件原件；甚至由于不同商业银行管理规范性层次不同，连完整的权属证件复印件都无法提供，而那些历史年代久远的不良资产，更是问题重重。另外，在不良资产评估中，经常出现一些常规评估中很少碰到的比如低价长期租约、以货抵租、恶意占房等现象。这种租约在尽调时只能获取到情况，但是无法取得租赁合同，最终是否被认可需要法官介入，在评估环节都可能还没最终确定。以上种种，都是需要估价师根据实际获取的资料情况在假设条件中合理假设，以规避自身风险。

四、结语

不良资产评估涉及金融机构的债权价值，动辄几千万、数亿甚至数十亿的债权资产转让，从启动到出售，整个过程时间又是极其短暂，评估作为债权转让决策的环节，是非常重要的一环。近几年经济形势严峻，不良资产持续增加，此类业务越来越多，但是相应的评估操作指引却处于缺失的状态。如果是涉及不良资产证券化业务，因为证券化业务本身的尽调非常复杂，对于入池资产的要求非常高，可以参照《房地产估价规范》GB/T 50291—2015、《房地产投资信托基金物业评估指引（试行）》《不良贷款资产支持证券信息披露指引（试行）》进行评估操作。

对于不良资产收购或转让业务，由于存在种种问题，估价指引是非常必要的。2017年中国资产评估协会曾印发《金融不良资产评估指导意见》，但在实际操作层面没有给出明确的指导。不良资产评估中房地产是债权的核心资产，也是影响整体受偿的核心因素。因为缺乏更具体的指引，因此现行不良资产评估暂时只能依照《房地产估价规范》GB/T 50291—2015的要求进行操作。

考虑到不良债权评估的实际困难和责任重大，建议有关部门对该类业务进行研究并出具相应指导性意见，最终形成标准化业务，成为房地产估价机构的一个新型业务补充。

作者联系方式

姓　　名：阮宗斌
单　　位：深圳市国策房地产土地估价有限公司
地　　址：天津市南开区环球置地广场2401室
邮　　箱：ruanzongde@126.com

姓　　名：骆晓红
单　　位：深圳市国策房地产土地估价有限公司
地　　址：深圳市福田区新闻路59号深茂商业中心16层
邮　　箱：1532885286@qq.com

姓 名：蔡庄宝
单 位：深圳市国策房地产土地估价有限公司
地 址：北京朝阳区远洋国际中心 D 座 2705
邮 箱：648399253@qq.com

房地产不良资产处置过程中的评估服务

钱 敏　王 戎　杨 斌

摘　要： 房地产不良资产处置过程中，由于房地产权益、实物、区位状况存在的瑕疵，造成处置能力减弱。本文主要分析常见问题和估价方法中如何考虑减值因素，并探讨了该类房地产的评估技术思路，说明专业估价如何为不良资产处置提供服务，以供参考。

关键词： 房地产；不良资产；处置；评估

一、房地产不良资产简述

（一）不良资产定义

不良资产通常是指实际价值低于账面价值的资产，包括金融机构和企业的不良资产。金融机构的不良资产指银行业金融机构和金融资产管理公司经营中形成、通过购买或其他方式取得的不良资产。金融机构在经营中形成的不良资产，其中最主要的是不良贷款，是指借款人不能按期归还本息的贷款。企业的不良资产是企业在生产经营中由于经营管理不善，其负债达到或者超过所占有的全部资产，不能清偿到期债务，因破产财产清算产生的不良资产。

以房屋或土地作抵押担保的不良贷款是当下最受关注的不良资产。

（二）房地产不良资产产生的原因

房地产不良资产产生的原因有自身状况缺陷、经营管理不当、外部环境与政策的影响。

房地产自身状况缺陷包括权益缺陷、实物缺陷和区位缺陷。权益缺陷是房地产的权益较小或者权利受到过多限制，如土地剩余期限较短、地役权、租赁权、产权不明确、权属有争议、违法建筑等。实物缺陷是指房地产的实物状况受损，或与使用功能和用途不匹配，如形状不规则、地质承载力较差的土地、受污染的土壤、建筑工程质量有缺陷（如开裂、渗水、日照或采光受限、室内空气质量不合格等）、设备设施老旧影响使用的房地产等。区位缺陷是指房地产位置、交通、外部配套设施、周围环境等较差，对房地产产生减值因素，如处于闭塞的街巷、郊区僻野、大气和水文环境受污染等。

经营管理不当主要指经营决策失误和管理混乱，外部环境与政策的影响包括市场需求变化、金融和信贷政策变化等。如对自身的开发能力和市场影响力估计过高，对市场需求分析预测发生偏差等原因，在市场定位时的目标客户群不明确或错位，不能形成有效客户群和有效供给，或因信贷政策变化，导致产品滞销，无法清偿到期债务，从而导致不良资产产生。

（三）房地产不良资产市场规模

近年来，受经济环境的影响，全国商业银行不良贷款余额一直呈现逐年上升趋势，但增速已放缓，2018年全国商业银行不良贷款余额2万亿元，不良贷款率1.89%，至2019年二季度末，全国商业银行不良贷款余额2.24万亿元，较上季末增加781亿元；商业银行不良贷款率1.81%，较上季末增加0.01个百分点。现有商业银行的押品中房地产押品占比超过50%，预计短期内由于信用风险仍将继续释放，以及房地产调控政策持续影响，房地产市场将承受一定压力，房地产不良贷款规模也可能增加。

另根据浙商研究院数据显示，2019年上半年淘宝和京东全国司法拍卖房地产共计207092次，同比增长41%，其中一拍房地产共计117584次，同比增长27%，占总拍卖次数的57%。一拍房地产数量反映的是网络拍卖房地产市场规模，一拍的比重则反映了房地产的流动性。

（四）处置方式

目前银行业金融机构和金融资产管理公司不良资产处置的方式主要包括直接追偿、资产转让、破产受偿、债转股、资产重组、资产置换、资产托管、资产证券化等。司法处置不良资产的方式为拍卖、抵债。

房地产不良资产处置过程中需经过价值评估，即通过合理评估确定房地产价值，让房地产快速变现或重新整合，追加投资等。通过处置不良资产可以"变废为宝"，实现其投资价值。投资者可以在不良资产价格处于低位时购买，待经济周期上升时出售，实现盈利。

二、房地产不良资产评估特点

（一）实物形态多，地域分散

房地产不良资产通常以批量打包形式进行处置，其中涉及房地产的实物形态不同，有纯土地、建成的房地产、在建工程、房地产中的局部等。且地域比较分散，分布在不同省市的各个地方。

（二）委托评估资料不全、现场调查受限、不确定性因素多

房地产不良资产形成原因较多、使用状况也较复杂，很多情况下估价委托人提供的资料不全，缺乏完备的产权资料（如部分在建工程抵押的具体部位、室号等），致使评估机构难以确定评估对象的部位、面积等。或由于相关当事方不配合以及其他原因，估价师可能存在现场调查受限、无法进行实地勘察和资料核实等情况，不确定因素较多。

（三）作业期限短、市场资料收集难

限于资产处置流程的时间要求，评估作业期限通常较短，估价委托人对评估时效要求较高，加之部分房地产所处区域偏僻，房地产市场不发达，获取资料信息困难。

（四）后续服务要求高

评估报告出具后，估价委托人通常会对评估报告提出疑问并要求书面回复，涉及问题较为广泛，除估价结果、评估案例、评估参数取值、市场分析外，还包括评估资料的来源与解读、评估程序的完整性、不动产登记和转让相关法律法规的解释等。

三、评估中应关注的问题及专业服务

不良资产的特殊性导致其评估业务比一般评估复杂得多，虽然不良资产并非都是"坏"资产，但房地产不良资产中"问题"较多，评估中应关注的问题如下：

（一）欠缴税费及其他费用

评估报告需说明评估对象欠缴税费、拖欠物业费、供暖费、水电气费等情况及金额，详见下表。

房地产类型	可能存在的相关债务及转让限制
尚未开发的出让土地使用权	① 土地出让金及相关税费 ② 土地闲置费、违约金、滞纳金、罚息等
已进入开发建设的在建工程	① 土地出让金及相关税费 ② 应付未付工程款 ③ 违约金、滞纳金、罚息等
旧有房地产	① 共有产权房、房改房、安置房等非完全商品房 ② 划拨土地使用权 ③ 物业费、维修基金、水电煤等费用

土地出让合同一般会约定开发期及竣工期，闲置两年需缴纳土地闲置费及滞纳金，土地闲置费率为20%，滞纳金通常约定根据银行利率计算，由此会产生一笔较大的未付费用，需要特别关注。

非完全商品房评估，应当关注该类房地产处置的合法性、办理不动产登记的可行性等，并充分考虑限制交易对价格的影响，包括受让人资格限制、未来上市交易相关费用、资金时间价值、交易风险等因素。

划拨土地使用权应关注在转让时是否需补交土地出让金，若转让时需缴纳，评估结果应不包含需缴纳的土地出让金。

（二）交易税费负担方式

不良资产处置过程中，交易税费的负担方式会影响房地产的变现能力。

例：某商办综合项目，该项目由1-4层的裙房商业及2幢办公塔楼构成，竣工于2010年。估价对象为101室商业房地产，建筑面积为2154.01平方米的房屋所有权及其占用范围内的土地使用权，经测算房地产市场价值为9529万元，当交易税费全部由买受人负担时，按原始购入价3360.26万元计算，买受人需负担的卖方税费包括土地增值税、增值税及附加、个人所得税，由买受人承担税费的房地产市场价值为9529万元-2701.89万元=6287.11万元，税费占比约为28%。

预测不良资产投资回报率时，相关税费尤其是土地增值税的影响甚为关键。

（三）土地剩余期限较短

土地使用期限越短则相应的房地产价值越小。例：某国有土地使用权处置，至价值时点，土地剩余使用期限为城镇住宅44.91年、商服14.92年，按该地区住宅土地还原利率 r 取6.95%，商服用途土地还原利率 r 取6.5%，根据年期修正公式 $K_j = \dfrac{1-1/(1+r)^n}{1-1/(1+r)^m}$，则：

住宅用地年期修正系数 $= \dfrac{1-1/(1+6.95\%)^{44.91}}{1-1/(1+6.95\%)^{70}} = 0.9598$；

商服用地年期修正系数 $= \dfrac{1-1/(1+6.5\%)^{14.92}}{1-1/(1+6.5\%)^{40}} = 0.6626$；

由于商服剩余年限仅余 14.92 年，年期修正系数为 0.6626，对商服地价的影响很大；完工后商业用房的销售价值也会因为剩余使用年限较短受到较大影响。商品房预售时，开发商若未明示土地剩余年限，也会由此产生购买法律纠纷。由此我们对委托方告知土地剩余期限过短的瑕疵，以及由此产生的价值影响，为其合理决策提供了参考依据。

（四）租赁权

租赁权是房地产权益中收益权的直接体现，租金是收益权的货币化。带租赁权的不动产处置评估时不应低估原有租赁权、用益物权及占有使用对评估结果的影响。

例：某房地产处置评估，根据租赁合同自 2015 年 11 月 13 日至 2035 年 11 月 12 日止，租金为 0.5 元 / 天，租金每五年环比增长一次，增长幅度为 5%。当前估价对象客观市场租金在 1.3 元 / 天左右，剩余租赁期限较长约 16 年，分别计算不同租金支付方式下的房地产价值。

首先测算出无租约下的市场价值约为 13318 万元，设定为租金分期正常支付情况，承租人权益测算约 6114 万元，约占 46%；设定为租金一次付清（或抵债）情况，承租人权益测算约 9265 万元，约占 70%。

由此可见，低租金长租约以及一次性支付租金的方式对房地产价值影响甚大。估价师从估值的角度，量化租赁合约对房地产价值的影响，为不良资产处置定价提供专业支撑。

（五）地役权、通行权等

地役权是指房地产所有权人或土地使用权人按照合同约定利用他人的房地产以提高自己的房地产的效益的权利。上述他人的房地产为供役地，自己的房地产为需役地。最典型的地役权是在他人的土地上通行的权利，这种地役权有时被称为通行权。

地役权的评估技术思路为供役不动产供役前价值减去供役后的价值，或受益的需役不动产价值增加或收益增加的部分。

（六）未登记房地产

未经登记或者缺乏合法建造文件的房地产评估时，应当与委托人确认用途、面积等相关事项，并结合评估对象相关建造手续的具体办理情况等进行评估。

例：某宗地签署了土地出让合同，但只缴纳了一部分土地出让金，并办理了该部分的土地权证，根据调查了解，通过缴纳地价款，可以办理剩余土地的登记，但存在违反土地出让合同约定，需要缴纳违约金和滞纳金。评估结果为总宗地地价扣减需补交的地价款，并在报告中列明需补交的违约金和滞纳金。

（七）用途不一致

评估对象的实际用途与登记用途不一致的，一般应当按照登记用途进行评估；委托人要求按照实际用途进行评估的，应当考虑登记用途调整为实际用途需要补缴的土地使用权出让金和相关税费。

例：某房地产登记用途为工业房地产，实际已改建为旅宾馆，工业房地产价值为 8500 元 / 平方米，旅宾馆房地产价值为 15000 元 / 平方米，委托人要求按照实际用途评估，需扣减登记用途调整为实际用途补交的土地使用权出让金和相关税费为 3250 元 / 平方米，则评估对象设定为实际用途的评估结果为 11750 元 / 平方米。

（八）整售与散售

评估对象为大宗房地产，且可分割为独立使用的若干小宗处置的，应当向委托人征询评估对象是整体处置还是分割处置，并考虑不同处置方式对评估结果的影响，不应低估整体处置方式对评估结果的减价影响。

例：某大宗商业房地产，共计 400 套，可分套转让，总建筑面积 29498.2 平方米及相应土地使用权，经向委托人征询，先以整体处置，若难以变现，则采用分割处置方式。首先按单套评估，散售总价为 2.58 亿元，经过市场调查，在紧缩的融资环境下，整体大宗交易量仍然保持活跃，挂牌价与成交价相差约 5%～10%，根据评估对象所在区位和实物状况，下浮 10%，整售价格为 2.32 亿元。

（九）在建工程

不良资产收购重组等业务过程，大量涉及在建工程的抵押。根据我国"房随地走、地随房走"的原则，以在建工程已完工部分抵押的，其占用的土地使用权也一并抵押；以土地使用权抵押的，地上在建工程已完工的部分也一并抵押。但由于工程不断施工，在建工程设立抵押权时和实现抵押权时的工程完工程度不同，其价值也有所不同，同时对于已预售部分是否列入评估范围，应根据项目具体情况和当地法律法规规定，与估价委托方充分沟通后确认。

1. 正常在建工程

正常在建工程是指已取得《建设工程施工许可证》，正在建设中的在建工程，估价方法为成本法和假设开发法。考虑资产处置目的，应采用被迫转让前提进行估价，充分考虑转让税费、重复投入的成本费用、开发期限延长等因素；采用成本法评估时，也应当充分考虑被迫转让所导致的价值减损。

2. 停建在建工程

停建在建工程，是指已取得《建设工程施工许可证》并进行了部分建设，但已停工，项目主体未办理规划核验和竣工验收的工程项目，也是俗称的"烂尾楼"，由于形成原因复杂，也是估价中的难点问题。

估价思路：首先查明停建原因，根据已建部分的工程质量和规划设计条件判定是采用续建方式还是拆除重建的方式。

续建方式的在建工程：估价思路同正常建设中的在建工程，但根据停建原因，确因工程的产、供、销及工程技术等原因而停建的，要考虑在建工程的功能性及经济性贬值。同时对已建部分的工程质量进行调查，若需进行修复和加固，还应扣除相应的成本费用。

拆除重建方式的在建工程价值 = 土地价值 - 拆除成本费用

例：某停建 10 多年的在建工程，经实地勘察后发现，房屋设计式样老旧，土建施工至地面二层停工，因停建时间较长，地面层的钢筋已经出现不同程度的腐蚀，框架梁钢筋表面已经出现零星红褐色的锈斑，预留的钢筋表面已经出现严重的腐蚀甚至脱落现象，有的混凝土钢筋根部出现了麻坑，存在续建安全隐患。若按照原有方案续建，因式样陈旧，建成后的房地产比同类房地产价值明显偏低，同时需要增加检测和加固成本，经测算，续建后价值低于拆除重建，最终经分析测算，按拆除重建方式进行评估。

综上，评估中应关注的问题主要从影响房地产价值的权益、实物和区位因素进行研判，通过估价专业人士的尽调和评定估算，可以明晰房地产瑕疵问题产生的原因及产生的影响，优化处置方案，进而为不良资产处置提供合理的、操作性强的意见和建议。

四、结语

未来几年随着供给侧改革深化，受经济形势影响，预计房地产不良市场规模将持续走高，商业银行处置不良贷款的紧迫性更强，司法拍卖对不良资产的流动性和变现能力要求更高。另外，随着经济纠纷的复杂化，不良资产处置方式的变化，单一的估值服务难以满足市场要求，估价师在不良资产处置估值服务中要从提供"精准定价"转为"价值提升"，发挥所长，合作共进！

参考文献：

[1] 柴强. 房地产估价理论与方法 [M]. 北京：中国建筑工业出版社，2017.

[2] 涉执房地产处置司法评估指导意见内部研讨稿 [Z]. 2019-02-27.

[3] 中国银监会财政部. 关于印发不良金融资产处置尽职指引的通知 [Z]. 2005-11-18.

[4] 中国银监会. 关于规范金融资产管理公司不良资产收购业务的通知 [Z]. 2016-03-17.

作者联系方式

姓　　名：钱　敏
单　　位：上海百盛房地产估价有限责任公司
地　　址：上海市浦东新区民生路 600 号船研大厦 8 楼
邮　　箱：min.qian@shbrea.com

姓　　名：王　戎
单　　位：上海百盛房地产估价有限责任公司
地　　址：上海市浦东新区民生路 600 号船研大厦 8 楼
邮　　箱：rong.wang@shbrea.com

姓　　名：杨　斌
单　　位：上海百盛房地产估价有限责任公司
地　　址：上海市浦东新区民生路 600 号船研大厦 8 楼
邮　　箱：bin.yang@shbrea.com

关于违法加建建筑行政处罚评估的解析

李 婷 李华勇 田 慧

摘 要：随着国家对违法建设行为监督和查处力度的加强，政府在查处违法加建商品房项目时需要通过评估确定处罚金额。估价师对违法建筑评估思路的不同理解，会造成评估结果的巨大差异，进而影响违法建筑行为的处罚工作。笔者根据违法建筑相关处罚政策规定，结合实际工作中的理解和应用，对违法建筑行政处罚评估思路进行梳理。

关键词：违法建筑；违法收入；违法所得

一、概述

随着《深圳市建筑设计规则（2015版）》实施，深圳市对商品房项目露台、错层阳台等违法加建行为坚决杜绝和遏制。该政策出台前，政府对商品房加建行为并未明令禁止，因此早期房地产项目都不同程度存在违法加建行为。随着《关于做好没收违法建筑执行和处置工作的指导意见》（深规土规〔2018〕10号）等政策出台，深圳加大对违法建筑查处力度，如何为违法加建行为开出合理的罚单，达到既不影响社会稳定，又能起到处罚和警示作用，对政府相关执法部门来说显得尤为重要，因此如何准确把握违法建筑评估结果对评估师而言是个挑战。由于违法建设行为呈现多样化、复杂化的特征，因此本文仅就一手商品房涉及的违法加建行为进行研究，从违法建筑概念、违法建筑处罚标准、违法收入（所得）界定等几方面入手，重点研究违法加建建筑的评估思路，最后结合实操案例对违法建筑评估进行阐述。

二、违法建筑的概念

违法建筑是个广义的概念，就像小产权房一样，没有产权的就叫小产权，不合法的就叫违法建筑，目前我国法律法规及相关政策对违法建筑并无明确清晰定义，但从法律法规对违法建筑认定依据的角度可窥一斑。

《中华人民共和国土地管理法》第七十七条"未经批准或者采取欺骗手段骗取批准，非法占用土地的"，第七十八条"农村村民未经批准或者采取欺骗手段骗取批准，非法占用土地建住宅的"；《中华人民共和国城乡规划法》第六十四条"未取得建设工程规划许可证或者未按照建设工程规划许可证的规定进行建设的"，第六十五条"在乡、村庄规划区内未依法取得乡村建设规划许可证或者未按照乡村建设规划许可证的规定进行建设的"。

综合上述分析，违法建筑一般是指在城乡规划范围内，未取得建设工程规划许可证或者违反建设工程规划许可证的规定进行建设，严重影响城乡规划的建筑。从严格意义上来讲，违法建筑是违反《中华人民共和国土地管理法》《中华人民共和国城乡规划法》《村庄和集镇规划建设管理条例》等相关法律法规的规定建造的房屋和设施。

三、违法建筑的处罚规定

《中华人民共和国城乡规划法》第六十四条规定："未取得建设工程规划许可证或者未按照建设工程规划许可证的规定进行建设的，由县级以上地方人民政府城乡规划主管部门责令停止建设；尚可采取改正措施消除对规划实施的影响的，限期改正，处建设工程造价百分之五以上百分之十以下的罚款；无法采取改正措施消除影响的，限期拆除，不能拆除的，没收实物或者违法收入，可以并处建设工程造价百分之十以下的罚款。"

综合以上规定，对违法建筑的处罚分为四个层次：第一层次，如果项目还处于建设阶段，则由相关主管部门责令停止建设；第二层次，如能采取改正措施的，限期改正，并处工程造价 5%～10% 的罚款；第三层次，如无法采取措施消除影响的，限期拆除；第四层次，不能拆除的，没收实物或者违法收入。目前一手商品房一般在项目通过竣工验收后，再进行后期搭板搭墙等加建工程，根据《广东省城乡规划条例》第八十条"有下列行为之一的，应当认定为前款规定的无法采取改正措施消除影响的情形：（六）在已完成规划条件核实的建设工程用地范围内擅自新建、搭建建筑物、构筑物的"，因此一手商品房搭建行为属于无法采取改正措施消除影响情形，实际拆除存在两种情况，一种是不适宜拆除，即拆除违法建筑对建筑结构安全性产生影响，一种是适宜拆除，即拆除违法建筑对建筑结构安全性没有影响，但实际拆除行为很难实施，因为违法加建建筑连同合法建筑整体已出售给业主，往往刚拆完又被重新搭建，采取拆除或者没收实物相当困难，因此对于一手商品房违法加建部分，实际执法中采取没收违法收入更具有现实可操作性。

四、违法收入的界定

目前全国各地对于违法收入的理解存在三种意见：第一种意见认为违法收入就是违法建设工程的销售收入，如《广东省城乡规划条例》第八十条第四款"本条第一款规定的违法收入，按照该建设工程的销售平均单价或者市场评估单价与违法建设面积的乘积确定"；第二种意见认为违法收入应以房地产价格评估机构评估的违法建设工程的价格来确定；第三种意见认为违法收入应为违法建设工程的销售收入与工程成本差，如《北京市城乡规划条例》（2019 年 3 月 29 日修订通过）第七十五条"本条第一款所称的违法收入，按照违法建设出售所得价款计算。违法建设未出售或者出售所得价款明显低于周边同类型房地产市场价格的，执法机关应当委托评估机构参照委托时周边同类型房地产市场价格进行评估确定"，根据该条例规定违法收入即违法建设出售所得价款，按笔者理解，所得即净收入，即扣除项目开发过程中的成本及税费等。

根据全国人大常委会法制工作委员会向住房和城乡建设部办公厅提交的《关于对违法建设进行行政处罚计算违法收入的请示》（吉建文〔2010〕86号文）复函，全国人大常委会法制工作委员会和住房和城乡建设部均倾向于第一种意见，即追究违法建设行为的法律责任，应当坚持提高违法成本、让违法者无利可图的原则，以达到惩戒违法行为、有效遏制违法建设的目的，即违法收入即违法建设工程的销售收入。

综合以上政策对于违法收入评估的规定，笔者可以梳理出两种思路：第一种违法收入即违法建设工程的销售收入,由于一手商品房加建部分是留存于房屋主体的外部空间,不能单独销售,需同合法建筑整体销售考虑,违法建筑如露台、错层阳台等能带来房屋价值的提升,因此违法建筑的收入应从房地合一的价值角度考虑,扣除市场地价后剩余部分即为违法建筑工程的价值;第二种违法收入即违法工程的违法所得即违法净收入。

五、违法收入(违法所得)的评估要点

(一)评估对象

违法建筑评估对象即违法加建部分,由于加建部分是留存于房屋主体的外部空间,加建部分不能单独销售,未来不能获得房屋产权证,其与合法房屋部分是融为一体整体销售,因此其价值往往包含在合法建设工程的销售价值中。

(二)评估原则

房地产评估的估价原则有独立、客观、公正原则,合法原则,价值时点原则,替代原则,最高最佳利用原则。违法收入(违法所得)评估适合独立、客观、公正原则,价值时点原则和替代原则。

独立、客观、公正原则要求站在中立的立场上,实事求是、公平正直地评估出对各方估价利害关系人均是公平合理的价值或价格。违法建筑评估是基于行政处罚的目的,在现行国家和地方法律法规政策规定、委托方提供的合理项目资料基础上,对违法建筑的罚款提供客观、公正的评估结果。该类处罚项目评估结果的实施,一是影响后续类似项目的处罚标准,从而影响社会和谐发展,二是该处罚结果体现政府对违法建筑的处罚决心及对其他项目的警示作用。

价值时点原则要求评估价值是在根据估价目的确定的某一特定时间的价值或价格,即强调评估价值与特定时间的对应性。价值时点多为某个特定的时点,但在回顾性估价、预测性估价等特殊情况下可以是特定的时间段。违法加建建筑评估同样遵循价值时点原则,评估已售部分的销售价格采用的是项目实际销售价格,即实际销售是一个持续的过程,如项目的销售收入和投入成本的发生是在某个特定时间段,而未售部分的销售价格是基于价值时点,即具体的时间点。

替代原则要求评估价值与估价对象的类似房地产在同等条件下的价值或价格偏差在合理范围内。在违法加建建筑评估中,项目开发完成后物业价值的评估同样遵循替代原则。

(三)评估思路及测算要点

1. 违法建筑的违法收入

商品房的违法加建部分比如露台、错层阳台等,能有效提高户型使用率,提升项目整体可实现价值,因此其价值往往包含在合法建筑的销售价值中。由于违法加建部分未缴纳地价,并与合法建筑融为一体整体销售,因此评估思路是基于项目在未考虑加建条件下的市场价值扣除应缴纳市场地价后剩余价值即为违法建设工程的违法收入,即该违法收入中包含了项目开发的利息、利润、工程价值的增值等。

1)未考虑加建条件下的市场地价

未考虑加建条件下的市场价值是评估工作的难点,直接影响到违法收入。以住宅为例,住宅物业市场价值一般采用比较法,比较法中户型赠送率需重点考虑。根据《深圳市建筑设计规则(2015版)》,凸窗、阳台等属于可赠送的面积,即基于住宅在政策允许赠送面积条件

下的市场价值。另需重点考虑装修因素，由于开发商对加建部分的装修标准已经确定，如能提供合法有效的装修标准的合同或其他依据，应酌情考虑。

2）应补市场地价

应补市场地价采用假设开发法等估价方法，开发完成后的价值为未考虑加建条件下的市场价值，由于评估对象可能是规划物业功能中的一种或几种，其他功能物业于价值时点未售，如项目为更新项目，可能涉及回迁房、保障房等物业，因此采用假设开发法时可仅就违法建筑物业进行测算，公共配套、地下车库等建设成本在配套及车位外的其他各类物业之间进行合理分摊。

2. 违法建筑的违法所得

违法建筑的违法所得即违法净收入，即在销售收入基础上扣除项目开发成本及应缴纳税金。其中销售收入、项目开发成本及应缴纳税金均为项目考虑加建条件下和不考虑加建条件下之差。

1）销售收入之差

即项目实际销售收入与不考虑加建条件下的市场评估收入之差，由于项目实际中存在未销售物业或者持有物业，如土地出让合同约定该部分物业可销售，但企业因客观原因暂时未售的，该物业收入应按市场评估收入考虑，如土地出让合同约定该部分物业由企业自持的，虽然自持未产生实际收益，但实际使用中仍享受了违法加建建筑带来的便利，仍需考虑该物业市场评估收入，只是自持时物业价值相对销售情况时价值低。

如城市更新项目涉及回迁房、保障房，回迁房是按开发商和被搬迁户双方约定的价格确定登记价，保障房由住建局或者其他相关部门成本价回购，保障房和回迁房的收入也需按登记价进行确定。

2）项目开发成本之差

即项目加建部分导致的成本增加，如项目加建部分搭板、装修等建安成本及导致的其他费用的增加，由于项目实际中可能存在拆了又搭、搭了又拆的反复搭拆现象，评估时搭建成本只能按搭建一次的建安成本及相应费用考虑。

3）应缴纳税金之差

应缴纳税金之差为项目实际销售税金与市场评估收入条件下的销售税金之差。可售但未售物业由于实际未缴纳税金，需结合其市场评估收入、开发商提供的成本数据等进行测算。

应缴纳税金包括增值税、城建税、教育费及附加、印花税和土地增值税，其中增值税、城建税、教育费及附加和印花税按税费相关政策计算即可，土地增值税涉及实际清算，一般房地产项目按整体进行清算，但由于部分物业未售，无法按项目整体进行测算，因此需要将可售但未售的物业收入、成本、税金等在已售物业中进行分摊。对于土地增值税涉及的抵扣成本，需要开发商提供相应的合同、票据等依据。

六、案例解析

下面笔者就以深圳市福田区某写字楼为例，阐述违法建筑加建建筑评估的过程。

某开发商获准开发建设37层的某办公大楼。2013年该项目通过规划验收后，开发商未经批准擅自加建了第38层，并在第1至37层每层都进行了扩建。经现场测绘，加、扩建的建筑面积合计近1万平方米，根据规划管理部门的意见，该加、扩建建筑属于无法采取改正措施消除对规划实施影响的情形。2015 年深圳市规划土地监察部门向该公司做出《行政处罚决定书》，责令其在三个月内自行拆除擅自加建、扩建部分，并处以罚款。但开发商迟迟未缴罚款，其中约 2 千平方米物业已于 2016 年被拆除，2017 年政府决定对剩余无法拆除的约 8 千平方米的违法建、构筑物实施没收处罚，后因没收实物执行困难，2017 年政府部门撤销原决定并重新作出决定没收违法收入。

该写字楼建成后由开发商自持，因此开发商并没有实际违法收入，但根据处罚决定，政府部门决定没收违法收入，即采取第一种评估思路，违法建设工程的违法收入按违法建筑房地合一的市场价值扣减应补市场地价，最终政府相关部门对开发商执行罚款约 2 亿元。

七、结语

评估公司对违法加建建筑评估结果的客观和合理性，直接关系到政府执法部门执法工作的开展，估价师应充分理解政府执法部门的处罚目的、违法加建建筑的特性，准确把握加建建筑对合法建筑价值的影响，选择合理的评估思路和方法，保障评估结果的客观和合理性。

参考文献：

[1] 中华人民共和国住房和城乡建设部 .GB/T 50291—2015 房地产估价规范 [S]. 北京：中国建筑工业出版社，2015.

[2] 中华人民共和国住房和城乡建设部 .GB/T 50899—2013 房地产估价基本术语标准 [S]. 北京：中国建筑工业出版社，2013.

[3] 柴强 . 房地产估价理论与方法 [M]. 北京：中国建筑工业出版社，2017.

作者联系方式

姓　　名：李　婷　李华勇　田　慧
单　　位：深圳市国房土地房地产资产评估咨询有限公司
地　　址：广东省深圳市福田区莲花路北公交大厦 1 栋 12 层
邮　　箱：25644927@qq.com

土地增值税扣除项目中旧房及建筑物评估问题探讨

孟祥君

摘　要： 根据《中华人民共和国土地增值税暂行条例》，转让旧房及建筑物的，应采用重置成本法评估旧房及建筑物的价格，并按取得土地使用权所支付的金额、旧房及建筑物的评估价格以及与转让房地产有关的税金作为扣除项目金额计征土地增值税。本文就旧房及建筑物的评估问题进行探讨，指出核定土地增值税目的下的旧房及建筑物的评估与其他估价目的下评估的不同点，并尝试对其价格内涵进行分析探讨，给出相应的结论建议，以期对土地增值税扣除项目的合理评估有所帮助。

关键词： 土地增值税；扣除项目；法定评估；旧房及建筑物评估

为了规范房地产市场交易秩序，合理调节土地增值收益分配，维护国家权益，促进房地产市场的健康发展，1993年12月13日国务院发布了《中华人民共和国土地增值税暂行条例》（国务院令第138号，以下简称《条例》），自1994年1月1日起在全国范围内对转让国有土地使用权、地上建筑物及附着物的单位和个人征收土地增值税。1995年1月27日，财政部根据《条例》第十四条的规定，制定并印发了《中华人民共和国土地增值税暂行条例实施细则》（财法字〔1995〕6号）（以下简称《细则》）。按照党的十八届三中全会决定关于落实税收法定原则要求，以及健全地方税体系改革方案有关内容，财政部、国家税务总局联合起草了《中华人民共和国土地增值税法（征求意见稿）》，并于2019年7月16日面向社会公开征求意见，其基本延续了《条例》的规定，保持了现行税制框架和税负水平总体不变，对不适应经济社会发展和改革要求的个别内容进行了适当调整。由于土地增值税税种本身的复杂性，长期以来普遍认为正在酝酿中的房地产税制改革，将会对房地产行业相关税种做出统筹安排，有可能会取消土地增值税。管窥土地增值税这一立法举动，基本可以确定，土地增值税短期内不但不会取消，而且还会加强，将《条例》上升为法律，无疑会增强土地增值税税收征管的权威性和执法刚性，势必也将为土地增值税课税价格评估带来更多的市场机遇。

一、土地增值税主要税制要素

根据《条例》，土地增值税是以纳税人转让国有土地使用权、地上的建筑物及其附着物所取得的增值额为征税对象，依照超率累进税率征收的一种税。增值额为纳税人转让房地产所取得的收入减除条例第六条规定扣除项目金额后的余额。纳税人转让房地产所取得的收入，包括货币收入、实物收入和其他收入。计算增值额的扣除项目包括：①取得土地使用权所支付的金额；②开发土地的成本、费用；③新建房及配套设施的成本、费用，或者旧房及建筑物的评估价格；④与转让房地产有关的税金；⑤财政部规定的其他扣除项目。

二、旧房及建筑物评估的法律依据

《条例》第六条、第九条明确,在征税中发生下列情况的,需要进行房地产价格评估:①出售旧房及建筑物的;②隐瞒、虚报房地产成交价格的;③提供扣除项目金额不实的;④转让房地产的成交价格低于房地产评估价格,又无正当理由的。

根据《中华人民共和国资产评估法》法定评估的概念界定,上述四种情形下的房地产价格评估属于法定评估,其中就包括旧房及建筑物的评估,这为评估机构参与旧房及建筑物评估提供了法律依据。

三、旧房及建筑物评估的现状

国家标准《房地产估价规范》GB/T 50291—2015(以下简称《规范》),对房地产税收估价涉及内容较少,评估理论和方法等阐述也不甚详尽,实务中评估机构涉足土地增值税课税价格的评估也并不充分。分类看,后三种法定评估情形一般难以形成稳定有效的评估业务源,但对于旧房及建筑物转让来说,除免税、不征税房屋外,房地产二、三级市场的房屋转让均需依法进行旧房及建筑物评估,潜在评估市场十分广阔,但现实中由于《条例》《细则》规定过于宽泛,加之评估费用、扣除项目筹划等方面的问题,纳税人基本没有主动要求评估的动机,使得评估机构在旧房及建筑物评估领域业务开展得并不多,税收实践中对转让旧房准予扣除项目的计算基本按照《财政部、国家税务总局关于土地增值税若干问题的通知》(财税〔2006〕21号)的要求,对纳税人转让旧房及建筑物,凡不能取得评估价格,但能提供购房发票的,以发票所载金额并从购买年度起至转让年度止每年加计5%的方式予以计算扣除。但伴随着房地产市场由增量走向存量时代,在可以预见的未来,土地增值税课税目的的旧房及建筑物这一法定评估业务市场潜力将现,这亟待评估机构去布局拓展,争取市场机会。

四、旧房及建筑物评估的要素

1. 旧房及建筑物的界定

根据《土地增值税一些具体问题规定的通知》(财税字〔1995〕48号)第七条,新建房是指建成后未使用的房产。凡是已使用一定时间或达到一定磨损程度的房产均属旧房。

2. 旧房及建筑物的评估主体

《细则》第七条第四款规定,旧房及建筑物的评估价格,指在转让已使用房屋及建筑物时,由政府批准设立的房地产评估机构评定的重置成本价乘以成新度折扣率后的价格。2016年12月1日,《中华人民共和国资产评估法》正式实施。《资产评估法》第三章规定,"评估机构应当依法采用合伙或者公司形式,聘用评估专业人员开展评估业务";"设立评估机构,应当向工商行政管理部门申请办理登记。评估机构应当自领取营业执照之日起三十日内向有关评估行政管理部门备案"。按照专业领域划分,旧房及建筑物属于房地产范畴,评估事项应由房地产评估机构、房地产估价师依法开展,因此,土地增值税扣除项目旧房及建筑物评估的适格主体只能是房地产评估机构,评估专业人员只能是房地产估价师,这从法律上确立了专业房地产评估机构以及房地产估价师在土地增值税课税价格评估中的主体地位。

3.旧房及建筑物的估价目的

按照《条例》的规定，估价目的应为为转让旧房及建筑物，向税务主管部门申报计算土地增值税扣除项目提供参考依据而评估旧房及建筑物价格。

4.旧房及建筑物评估的价值时点

《条例》明确，土地增值税按照纳税人转让房地产所取得的增值额和《条例》规定的税率计算征收。因此，理论上，增值额＝转让房地产收入总额－取得房地产所支付的金额＝转让房地产收入总额－（取得土地使用权所支付的金额＋取得房产所支付的金额）

考虑到如果按取得房产时的成本价作为扣除项目金额，不尽合理，因此税法规定，取得房产所支付的金额可以按照旧房及建筑物的评估价格予以扣除，以相对消除通货膨胀因素的影响。因此，按照土地增值税立法精神，增值额计算公式可以进一步变形为：

增值额＝转让房地产收入总额－（取得土地使用权所支付的金额＋旧房及建筑物的评估价格）

经分析推导，不难发现，上述公式中的转让房地产收入总额、旧房及建筑物评估价格的时点均为现在，即房地产转让日；取得土地使用权所支付的金额的时点则为过去，即土地取得日。

因此，原则上旧房及建筑物评估的价值时点应为房地产转让合同的签订之日。实务中，可在此基础上，以税务部门认可的时间来确定。

5.旧房及建筑物的评估方法

旧房及建筑物评估应采用的评估方法，《细则》在第七条第四款给予了明确，规定旧房及建筑物的评估价格应按重置成本价乘以成新度折扣率后的价格评定，即应采用重置成本法评估。在现行税制框架下，基于合法原则，在做土地增值税扣除项目的旧房及建筑物评估时，应采用的评估方法有且仅有一种，即重置成本法。

五、旧房及建筑物评估价格的成本构成分析

下面将围绕土地增值税课税情形下旧房及建筑物评估的重置成本法与一般情形下重置成本法的异同展开探讨。

1.成本构成分析

1）房地产二级市场

（1）一般情形下，根据《房地产估价基本术语标准》（GB/T 50899—2013）及《规范》，建筑物重置成本＝建设成本＋管理费用＋销售费用＋投资利息＋销售税费＋开发利润

这里成本法中的成本不是通常意义上的成本、费用（不含利润），而是价格（包含利润）。这个价格可以是含税价格或不含税价格。

（2）土地增值税课税情形下，根据《条例》《细则》及《国家税务总局关于修订土地增值税纳税申报表的通知》（税总函〔2016〕309号），在确定成本扣除项目时，如是新建房，应按其实际发生的成本、费用，如是旧房及建筑物则按其评估价格。通过对比新建房和旧房及建筑物的土地增值税纳税申报表异同，不难发现，房地产转让涉及的取得土地使用权所支付的金额以及与转让有关的税金是独立的扣除项目，申报表中旧房及建筑物的评估价格只对应于新建房的房地产开发成本和房地产开发费用两个成本项。从成本角度出发，基于对等原则，

新建房和旧房及建筑物的成本内涵应是一致的,即旧房及建筑物评估价格应也包括房地产开发成本和房地产开发费用两部分内容(图1)。

图1 新建房和旧房及建筑物纳税申报表对比

进一步对比新建房土地增值税扣除项目构成与建筑物重置成本构成的异同,可以发现:

A. 新建房土地增值税扣除项目中房地产开发成本和房地产开发费用的成本构成项除土地征用及拆迁补偿费用外,基本对应建筑物重置成本的建设成本、管理费用、销售费用、投资利息四项。

B. 新建房土地增值税扣除项目的各成本项指企业实际发生成本,建筑物重置成本为客观成本,而非个别企业的特定成本。

C. 利息:新建房土地增值税扣除项目中的利息支出指纳税人进行房地产开发实际发生的利息支出,仅指借款部分,而不包括自有资金。建筑物重置成本中的投资利息是指房地产开发完成或实现销售之前发生的所有必要费用应计算的利息,不仅包括借款部分,还包括自有资金部分(图2)。

由于《细则》是1995年印发的,那时的土地征收还不完全是政府行为,存在大量企业征地现象,因此将土地征用及拆迁补偿费用归为房地产开发成本有一定的合理性。但在现行的土地制度下,土地征收基本只能是政府行为,发生的土地征用及拆迁补偿费用应包含在土地成本中。因此,现时条件下计算土地增值税扣除项目时,旧房及建筑物的成本原则上不应包含土地征用及拆迁补偿费用,而只应包括建设成本、管理费用、销售费用和投资利息四项,即旧房及建筑物评估价格等于建设成本、管理费用、销售费用、投资利息四项之和。

按照实质重于形式的原则,项目实施中所发生的除建设成本、管理费用、销售费用、投资利息以外其他合理必要支出,也应根据实际情况加以计算。如单独选址项目企业实际发生

土地增值税扣除项目构成		
项目		说明
1. 取得土地使用权所支付的金额		纳税人为取得土地使用权所支付的地价款和按国家统一规定交纳的有关费用
2. 房地产开发成本		开发土地和新建房及配套设施的成本
其中	土地征用及拆迁补偿费	包括土地征用费、耕地占用税、劳动力安置费及有关地上、地下附着物拆迁补偿的净支出、安置动迁用房支出等
	前期工程费	包括规划、设计、项目可行性研究和水文、地质、勘测、"三通一平"等支出
	建筑安装工程费	指以出包方式支付给承包单位的建筑安装工程费，以自营方式发生的建筑安装工程费
	基础设施费	包括开发小区内道路、供水、供电、供气、排污、排洪、通讯、照明、环卫、绿化、工程发生的支出
	公共配套设施费	包括不能有偿转让的开发小区内公共配套设施发生的支出
	开发间接费用	指直接组织、管理开发项目发生的费用，包括工资、职工福利费、折旧费、修理费、办公费、水电费、劳动保护费、周转房摊销等
3. 房地产开发费用		开发土地和新建房及配套设施的费用，是指与房地产开发项目有关的销售费用、管理费用、财务费用。不能按转让房地产开发项目计算分摊利息支出或不能提供金融机构证明的，房地产开发费用按本条(一)、(二)项规定计算的金额之和的百分之十以内计算扣除
其中	利息支出	凡能按转让房地产项目计算分摊并提供金融机构证明的，允许据实扣除，但最高不能超过按商业银行同类同期贷款利率计算的金额
	其他房地产开发费用	按地产开发费用的规定的金额之和，按本条(一)、(二)项规定计算的金额之和的百分之五以内计算扣除
4. 与转让房地产有关的税金等		包括转让房地产时缴纳的营业税、城市维护建设税、印花税。因转让房地产交纳的教育费附加，也可视同税金予以扣除
其中	营业税	
	城市维护建设税	
	教育费附加	

房地产重置成本构成		
项目		说明
1. 土地成本		购置土地的必要支出，或开发土地的必要支出及应得利润
2. 建设成本		在取得的土地上进行基础设施建设、房屋建设的必要的费用
其中	前期费用	如市场调研、可行性研究、项目策划、环境影响评价、交通影响评价、工程勘察、规划设计、工程造价咨询、工程监理、工程招标，以及项目通水、通电、通路、场地平整和临时用房等开发前期前期工作的必要支出
	建筑安装工程费	包括建筑物及附属工程所发生的建筑工程费、安装工程费、装饰装修工程等费用
	基础设施建设费	指建筑物2m以外与项目红线范围内的道路、给水、排水、电力、通信、燃气、供热、绿化、环卫、室外照明等设施的建设费用，以及各项绿地与市政干道、干管、干线等的接口费用。若项目用地为生地，基础设施建设还应包括城市规划要求配套的项目红线外的道路、给水、排水、电力、通信、燃气、供热等设施的建设费用
	公共配套设施建设费	包括城市规划要求配套的教育、医疗卫生、文化体育、社区服务等非营业性设施的建设费用
	开发期税费	包括有关税收和地方政府、政府有关部门收取的费用
	其他工程费	包括工程监理费、工程检测费、竣工验收检费等
3. 管理费用		组织和管理房地产开发经营活动的必要支出，包括工资及福利费、办公费、差旅费等
4. 销售费用		预售或销售开发完成后的房地产的必要费用，包括广告费、宣传资料制作费、售楼处建设费、样板房建设费、销售人员或销售代理费等
5. 投资利息		房地产开发完成前发生的所有必要费用应计算的利息，而不是借款部分的利息加上抵扣利率余款
6. 销售税费		预售或销售开发完成后的房地产应由卖方缴纳的税费
其中	增值税	
	城市维护建设税	
	教育费附加	
	印花税	
	开发利润	

图2 新建房土地增值税扣除项目和房地产重置成本构成项目对比

的土地征用及拆迁补偿费用、以毛地方式取得建设用地使用权所发生的房屋征收补偿等费用。因此，旧房及建筑物评估价格的成本构成应为：

旧房及建筑物评估价格 = 建设成本 + 管理费用 + 销售费用 + 投资利息 + 其他成本费用

这里的旧房及建筑物评估价格实际就是旧房及建筑物本身的成本，不包含利润，更不含地价。其成本构成与新建房不同点在于，旧房及建筑物评估价格是从估价角度出发的，其成本构成项对应的是客观成本，而非实际成本，利息也应是按发生的所有必要费用计算的利息，而非仅借款部分。

2）房地产三级市场

实际上，通过对比新建房、旧房及建筑物的土地增值税纳税申报表以及建筑物重置成本，所做的成本构成分析是基于房地产二级市场展开的，但在实务中，纳税人转让旧房及建筑物时因计算纳税的需要而对房地产进行评估往往涉及房地产三级市场的情形。

房地产三级市场的转让方也就是房地产二级市场的买受方。在房地产二级市场，买受方通过购买显化了房产价值，使得买受者取得房产时所付出的成本不仅表现为房地产开发时房产本身的成本费用，还包含了相应的开发利润。买受方通过房地产三级市场再转让，核定土地增值税时，如果扣除项目仅考虑旧房及建筑物不含利润的成本费用，不甚合理。基于土地增值税立法本意，笔者认为，处于房地产三级市场的旧房及建筑物评估价格的成本构成还应包括开发利润，即：

旧房及建筑物评估价格 = 建设成本 + 管理费用 + 销售费用 + 投资利息 + 开发利润 + 其他成本费用

3）成本构成项含税分析

根据《财政部国家税务总局关于营改增后契税房产税土地增值税个人所得税计税依据问题的通知》（财税〔2016〕43号），土地增值税纳税人转让房地产取得的收入为不含增值税收入，土地增值税扣除项目涉及的增值税进项税额，允许在销项税额中计算抵扣的，不计入扣除项目，不允许在销项税额中计算抵扣的，可以计入扣除项目。因此，理论上，成本构成项的成本费用额应为包含不允许在销项税额中抵扣的进项税额的金额，但考虑到房地产开发涉及的增值税进项税额允许在销项税额中抵扣的是大多数，在实务中，基于简化处理，土地增值税扣除项目涉及的增值税进项税额可以全部不计入扣除项目，即旧房及建筑物评估价格的各成本构成项为不含增值税的成本费用额，其评估价格是不含税价。

2. 成新度折扣率分析

成新度折扣率是指旧房及建筑物的新旧程度折扣率，基本等同于成新率的概念。但不同的是，一般情形下的成新率应考虑各种原因造成的建筑物全部价值减损，包含物质折旧、功能折旧和外部折旧等，而按照土地增值税立法精神，土地增值税扣除项目关注的主要是成本费用，而非价值，即便因某种原因造成价值大幅减损，也是按合理成本费用计算扣除项目金额，从这个角度上看，确定成新度折扣率考虑的应主要是成本摊销的物质折旧因素，而非价值减损的功能折旧和外部折旧因素，即仅考虑因实体老化、磨损或损坏等物质折旧方面的影响。

六、结语

综上，土地增值税课税情形下，计算土地增值税扣除项目涉及旧房及建筑物评估，无论是成本构成、价格内涵，还是估价结果上，与转让、征收等其他估价目的有较大差异。单就估价结果而言，不考虑地价因素，仅因不含销售税费、开发利润两项，与转让目的的估价结果就至少有 10% 以上的差异。在实务中，估价人员应注意土地增值税课税目的的特殊性，如果不加以分析、判断，简单类比旧房及建筑物成本直接评估出成本价格，这样无疑虚增了扣除项目，造成土地增值额减少，导致土地增值税税款流失。这就要求评估从业人员应该在执业过程中不断深入研究，完善土地增值税课税价格评估的理论研究，促进税收公平正义。

作者联系方式

姓　　名：孟祥君

单　　位：陕西华地房地产估价咨询有限公司

地　　址：陕西省西安市经开区未央路 170 号赛高广场 3 号楼 27 层，710021

邮　　箱：liminxiangzi@qq.com

精耕细作：中小型房地产估价机构在传统业务中的重生之路

谢小秋

摘　要：当前，伴随着中国经济的不断发展，互联网、大数据、云平台等新技术在各个领域融合运营，房地产估价行业的发展开始逐渐地进入瓶颈期，行业发展面临前所未有的困境。对此，许多在传统业务领域有着先天优势的大型一级估价机构已开始了企业的转型升级，在新型业务领域探索前行、开疆辟地。受地域和市场开放度限制，散落在全国中小城市的二三级估价机构还在传统业务领域苦苦挣扎：新业务领域，画饼充饥；传统业务，困难重重。中小型估价机构如何冲出困境，保持企业的可持续发展，是摆在大家面前的重大课题。

关键词：房地产估价；传统业务；困境；可持续发展

一、中小型房地产估价机构在传统业务领域面临的三大困境

（一）行业高质量要求的困境

首先，新的经济发展形势对整体房地产估价行业的倒逼。随着经济形式的不断发展，各经济领域对房地产估价行业的要求越来越趋于实用性而非仅仅用于参考，形式性和强制使用的估价报告用途越来越窄，甚至被弃用，这是大趋势，不可逆转。原来大量依靠这种简单的业务形式赖以生存的小型估价机构将面临业务大幅度缩水的困境。

其次，企业粗放型发展模式的终结将加大中小型房地产估价机构的投入成本。长期以来，伴随着中国经济的高速发展，大量中小型房地产估价机构也随着经济的需求应运而生，并得到粗放型的发展。于是，各种行业乱象也逐渐凸显，"只要有利可图，就没有不能做的估价报告"就是企业粗放型发展的突出表现。企业粗放型发展的终结，转型升级是必然的选择，而企业转型升级的再次成本投入也将增加企业的生存危机。

最后，行业高质量、高标准的管理要求将进一步加大中小型估价机构在人才培养、设备更新方面的成本投入。随着全国各省市房地产估价协会的相继成立和行业信用评价体系的建立，中小型估价机构在人才的引进和人才的培养上将不得不投入更多的成本；工作效率的提升要求也将加大中小型估价机构在新技术、新设备方面的投入成本。

（二）传统行业市场环境萎缩的困境

首先，传统银行业务环境的萎缩。10多年来，银行在市场上的快速扩张，抵押贷款业务需求为房地产估价带来了大量的业务，很多房地产估价机构就是在该市场需求的支撑下发展壮大的，它现在依然是估价机构的主要业务来源之一。随着市场趋于饱和，同样作为企业的银行已经停止了快速扩张的步伐，转而开始了精细化市场运作，为了节约成本和留住优质

客户,对依附在该业务上的大量中小型估价机构进行了有选择性地合作,有条件地选择评估机构把大量中小型估价机构挡在了门外。新增贷款业务的减少也让估价机构倍感困惑。

其次,传统司法评估业务的萎缩。司法评估业务也曾是许多中小型房地产估价机构的主要业务来源之一,但随着《最高人民法院关于人民法院确定财产处置参考价若干问题的规定》的出台以及司法网络询价平台的建立,大量中小型房地产估价机构在这一传统业务领域上将一无所获。即便少量估价机构可以参与司法评估,同质化估价业务的消失,也使其业务量大幅度缩水。

最后,作为传统三大估价业务之一的房地产征收评估也会在不久的将来大量萎缩。现在,全国各级政府正在如火如荼进行的旧城改造征收工作,尤其是全国性的棚户区改造征收工作,给大批中小型估价机构带来了海量的估价业务,估价机构因此得以生存和发展。但是,政府征收工作的时效性也会在2020年底开始显现,首先停止的就是全国性的棚户区改造征收工作。国家政策的方向性调整将会给许多过分依赖征收业务的中小型估价机构带来生存的危机。

(三)中小型估价机构自身管理不足的困境

1. 企业自身技术能力的不足带来的困境

在企业长期的粗放型发展过程中,很多中小型估价机构往往只注重追求经济利益,忽视了企业自身在技术能力上的提升,给估价机构的后期发展造成了很大的障碍。

(1)估价师数量不足,造成机构资质等级上升的困境;

(2)估价师质量不足,造成估价机构不能承接大型的、复杂的估价项目;

(3)后备人才培养的投入不足,造成估价机构难以留住人才的困境。

2. 企业自身管理能力的不足带来的困境

很多中小型估价机构在追求企业经济利益的同时,往往忽略了企业管理能力的提升,也给机构自身甚至整个估价行业造成了恶果。

(1)降低收费标准,参与同行价格战,造成恶性竞争,扰乱市场;

(2)不按《房地产估价规范》要求出具估价报告,降低估价报告质量,造成估价结果无底线,损害估价技术的权威性;

(3)通过"回扣"方式获取业务量,扰乱市场公平竞争,造成行业整体服务质量下降。

3. 企业自身服务效率不足带来的困境

由于多年来的粗放型发展,许多中小型估价机构往往忽视了新技术、新设备在传统业务领域中给企业带来的效率提升,无形中增加了企业的运作成本。

(1)所有的估价报告依然停留在千篇一律的操作模式上;

(2)所有的征收业务依然是依靠在大量的人力上;

(3)现场勘察依然是停留在几把皮尺上。

"我们回不到过去,等不了未来,只有抓住现在。"对于广大中小型房地产估价机构而言,我们回不到粗放型发展的"过去",也等不来新兴业务领域发展的"未来",唯有抓住传统业务领域的"现在",不断深挖传统业务领域,在传统业务领域中"精耕细作",不断提升自身的技术能力、服务质量、服务效率,不断提高自己的整体水平,才是走出目前困境,保持企业可持续性发展的法宝。

二、中小型房地产估价机构的脱困之路

（一）行业高质量要求的脱困之路

行业高质量要求是每一个房地产估价机构都必须跨越的门槛，我们没有退路，只有前行。

首先，要求自己要有高质量的估价报告。一份高质量的估价报告是一道银行不良贷款的"防火墙"；一份高质量的估价报告是一份执法单位维护当事人合法权益的权威保障；一份高质量的估价报告是一座征收人和被征收人心中的天平。行业对估价机构的高质量要求只会提高估价机构的信誉、拓展估价机构的业务范围、加强估价机构与银行的全面合作关系，而我们估价机构需要付出的仅仅是一份应有的责任心。

其次，要求自己要有精细化的服务质量。客户对估价机构的要求不再仅仅停留在一份估价报告上，越来越多的配套服务要求也是估价机构巩固传统业务的有效手段：银行对房地产行业的数据和信息要求；执法单位对处置资产成交的可行性判断；征收单位对征收过程的全程综合性服务要求。在传统业务领域为客户提供上述精细化的高质量服务将是估价机构的工作重点。

最后，要求自己要建立一套高标准的服务体系。高标准的服务模式可以大幅度提高为客户服务的时效性，缩短服务时间。如针对不同的估价标的物建立不同的操作模式，可大量缩短估价报告的操作时间，为客户提供及时有效的服务。高效率的运作模式可以大幅度缩减企业自身的运作成本，减少不必要的成本支出。如引进新技术、新设备可以减少大量的人力成本。

（二）传统业务萎缩的脱困之路

在房地产估价的传统业务领域，业务萎缩是客观存在的，但该领域的业务并非完全消失，广大中小型估价机构依然可以在传统业务上大有作为。

1. 在银行业务领域

虽然国有大型银行提高了中小型估价机构的准入门槛，且缩减了抵押贷款业务，但大量地方性商业银行的崛起同时为中小型估价机构提供了另一条出路，尤其是地方性商业银行在二手房按揭贷款等小额信贷业务数量的增加，给我们带来了业务上的增量。

2. 在传统司法评估领域

司法财产的处置通过网络询价平台的运作，的确对众多中小型估价机构在司法评估业务上关上了大门，但它仅限于同质化估价项目——住宅，异质化司法评估业务依然存在。"自动估价不能代替估价师"这句话不无道理。

3. 在传统征收评估领域

房地产征收评估业务的确在未来2年后会出现大量萎缩，但同时给中小型估价机构转型升级提供了宝贵的时间，而且全国性的棚户区改造征收项目结束之后，各级地方政府的商业性改造征收项目将会凸显，只不过是提高了对估价机构的服务要求而已。因此，全流程综合性服务的征收评估才是广大中小型估价机构在该领域的脱困之路。

（三）企业自身管理上的脱困之路

1. 企业技术能力的提升

估价师数量不足影响企业的资质等级，估价机构的兼并是可行之道；估价师质量不足使企业缺乏竞争力，采取和一级大型估价机构合作是较好的解决方法，通过复杂项目的运

作提高估价师的能力;加大对后备人才培养的投入是中小型估价机构提升总体技术能力的有效途径。

2. 企业管理能力的提升

中小型估价机构不能改变外部环境,但可以改变自身以适应环境,而自身的改变就在于管理能力的不断提升。

建立健全的内部管理制度,如完善的档案管理制度、高效的质量管理制度等;加强机构的内部行为管理能力,如参与行业协会的建设、接受行业协会的监管、维护行业权威、不参与企业的恶性竞争、依托行业协会拓宽业务范围等;加强机构的内部质量管理能力,这不仅能得到行业的认可,也能得到客户的认可,同时也能提高机构的业务竞争力,促进行业的健康发展。

3. 企业自身效率的提升

加大企业内部新技术、新设备的投入,是提升企业运作效率的有效手段。

云估价软件的运用,可以提升同质化估价的效率;便携式平板操作系统的运用,可以提升征收项目的估价效率;无人机数字化测绘系统的运用,可以提升大型项目的数据梳理能力。

三、结语

全国中小型房地产估价机构既要面对严峻的外部形式,如新技术发展的挤压、行业整体业务的萎缩,又要面对自身的管理不足,如业务单一、服务质量不高、工作效率低。唯有立足本土,在传统业务领域精耕细作,不断提高自身的抗压能力,才是目前中小型估价机构最有效的脱困之路。唯有尽快完成企业的转型升级,进一步跨入房地产估价业务的新领域,才是中小型估价机构的可持续发展之路。

作者联系方式

姓　　名:谢小秋

单　　位:新余广泰房地产评估咨询有限公司

地　　址:江西省新余市劳动北路 1088 号新东方大厦 9 楼

邮　　箱:xiexiaoqiu01@163.com

投资性房地产减值测试评估探讨

张 涛 张彦淳

摘 要： 资产减值测试评估具有相当的复杂性，本文根据会计准则对资产减值测试可回收金额的要求，通过具体案例技术难点的处理，对投资性房地产减值测试评估进行了分析、研究和探讨。

关键词： 投资性房地产；减值测试；评估；探讨

一、投资性房地产的概念、特征

投资性房地产，是指为赚取租金或资本增值，或两者兼有而持有的房地产，包括已出租的土地使用权、持有并准备增值后转让的土地使用权、已出租的建筑物。投资性房地产应当能够单独计量和出售。自用房地产、作为存货的房地产不属于投资性房地产。在投资性房地产的类别划分上，会计准则将建筑物按固定资产科目核算，土地使用权按无形资产科目核算。房地产市场中，办公楼、商铺、标准厂房等以房地产的形式出租，产生的现金流量既无必要、也很难按建筑物、土地使用权区分，因此投资性房地产在公允价值、现金流量的估计上，应按房地合一进行评估。

二、资产减值测试评估的目的、作用

资产减值，是指资产的可收回金额低于其账面价值。企业在经营过程中，受经济、技术、法律、市场等影响，资产账面价值可能发生减值，为真实反映企业的资产状况和经营业绩，企业应当在资产负债表日判断资产是否存在可能发生减值的迹象，资产存在减值迹象的，应当估计其可收回金额。

三、评估对象、评估范围及技术难点

投资性房地产可以单独产生收益，在减值测试评估中，一般以单项资产（包括附属设备设施）的形式出现，评估对象与评估范围一致。而固定资产、无形资产一般以资产组或资产组组合的形式出现，评估对象与评估范围不一致。

投资性房地产减值测试的评估，涉及多个技术难点，如租约期外收益增长率、报酬率（折现率）、现金流量预测期的确定，以及采用何种指标计算未来现金流量等。本文通过具体案例技术难点的处理，对投资性房地产减值测试评估进行探讨。

四、评估技术参数

评估技术参数主要有账面价值、公允价值、处置费用、预计未来现金流量现值、可回收金额，每项参数应按相关会计准则要求确定，本文逐项进行分析。

（一）账面价值

根据《企业会计准则第3号——投资性房地产（2006）》，投资性房地产应当按照成本进行初始计量，确认取得成本。

后续计量有成本、公允价值两种计量模式。采用成本模式，按固定资产、无形资产计提折旧或摊销，账面价值是资产取得成本扣除累计折旧或累计摊销以及累计减值准备后的金额。采用公允价值模式，以资产负债表日投资性房地产的公允价值为基础调整其账面价值，不计提折旧或进行摊销。

（二）公允价值

公允价值，是指市场参与者在计量日发生的有序交易中，出售一项资产所能收到或者转移一项负债所需支付的价格。在符合会计准则计量属性规定的条件下，公允价值一般等同于资产评估准则下的市场价值；同时，会计上的公允价值与房地产估价上的市场价值相当。

（三）处置费用

公允价值减去处置费用后的净额计算中涉及的处置费用，包括与资产处置有关的法律费用、相关税费、搬运费以及为使资产达到可销售状态所发生的直接费用等。投资性房地产主要为诉讼费、律师费、评估费、拍卖费用、相关税费等。

资产使用寿命结束时，处置资产涉及的处置费用，则是在公平交易中，熟悉情况的交易双方自愿进行交易时产生的销售税费，主要包括评估费、房地产代理费、广告宣传费、相关税费等。

（四）预计未来现金流量现值

资产预计未来现金流量的现值，是指资产在持续使用过程中和最终处置时所产生的预计未来现金流量，选择恰当的折现率对其进行折现后得到的价值。

（五）可回收金额

资产的公允价值减去处置费用后的净额与预计未来现金流量的现值进行比较，择其高者为可回收金额。

（六）判断资产是否发生资产减值损失

将可回收金额与资产账面价值进行比较，如低于账面价值，则表明发生了资产减值损失，应调整资产账面价值，计提相关资产减值准备。

五、评估案例分析

案例：2015年12月，甲公司购入成都市一栋按酒店功能设计修建的商业楼，地上7层地下1层，建筑面积6018.55平方米，占地8亩，剩余土地使用年期37年，酒店经营的设备设施配置齐全。该项资产购买价款及过户税费为3710.66万元，其中1000万元系银行贷款，贷款期限10年，利率4.9%。甲公司拟长期持有该项资产。

2016年初，甲公司与乙公司订立《酒店租赁合同》，将商业楼租赁给乙公司作为酒店经营。公证机构对签约行为、租赁合同进行了公证。合同有如下重要约定（为计算方便，本案例不考虑免租期）：

①租赁期限：15年，2016年1月1日至2030年12月31日。

②合同签订日乙公司支付310万元保证金，租赁到期甲公司不计息退还。初始年租金310万元，每3年在上阶段基础上增长8%。租金每年末支付。

③乙公司自负盈亏，自筹资金进行酒店内部装饰装修，购置工器具、低值易耗品等。甲公司负责建筑物、设备设施维护保养并承担费用。

2018年，受宏观经济形势、民宿发展冲击等影响，酒店入住率、执行房价下降，租金支付延迟，甲公司认为出现资产减值迹象，委托某资产评估公司进行资产减值测试评估。

（一）账面价值确定

甲公司会计处理将商业楼按投资性房地产科目核算，采用成本模式进行初始计量，成本包括购买价款及过户税费，入账价值为3710.66万元。

会计处理采用成本模式进行后续计量。因资产取得成本难以在建筑物与土地使用权之间合理分配，故全部作为固定资产计提折旧，确定折旧年限30年，预计净残值率10%，采用直线法折旧。至减值测试日，已计提折旧3年，累计折旧=3710.66×（1-10%）/30×3=333.96万元。

评估对象产权明晰，可单独计量和出售，资产分类、折旧计提符合相关会计准则及应用指南规定，未计提减值准备，账面价值=3710.66-333.96=3376.70万元。

（二）公允价值减去处置费用后的净额评估

1. 评估思路

评估对象作为酒店持续利用系其最佳用途，以《酒店租赁合同》约定、市场数据中取得的可观察输入值计算收入、费用，以恰当的报酬率对净收益折现后减去处置费用，得到公允价值减去处置费用后的净额。

2. 评估方法

经调查，酒店物业市场的活跃程度不高，缺乏类似资产的交易信息，从相关市场亦不能获得足够的交易案例，难以采用市场法。

《酒店租赁合同》约定租金、租期、费用承担等明确，租约期外客观收益能够以合同租金为基础加以调整后确定，适用收益法。具体为报酬资本化法的全剩余寿命模式。

根据《以财务报告为目的的评估指南》，在适用收益法评估的情况下，不采用成本法。

3. 评估基准日（减值测试日）

资产负债表日，即2018年12月31日。

4. 价值类型

会计准则规定的计量属性可以理解为相对应的评估价值类型，故价值类型为公允价值减去处置费用后的净额。

5. 假设前提

持续经营假设。

6. 公允价值评估

《国有建设用地使用权出让合同》载明，土地使用期限届满，出让人收回地上建筑物及附属设施，并对其残余价值给予土地使用者相应补偿，因此，公允价值为按收益期计算的价值与建筑物残余价值的折现值之和，即：

公允价值＝按收益期计算的价值＋建筑物残余价值折现值   公式（一）
（1）按收益期计算的价值
基本公式为：
$$V=A_1/(1+r)+A_2/(1+r)^2+A_3/(1+r)^3+\cdots+A_n/(1+r)^n \quad 公式（二）$$
式中：V——按收益期计算的价值；
A_1，A_2，$A_3\cdots A_n$——年净收益额；
r——报酬率（假设长期不变）；
1，2，3$\cdots$n——收益年数。

①求取年总收益（年有效毛收入）
总收益有如下计算式：
有效毛收入＝潜在毛租金收入－空置和收租损失＋保证金利息收入

租约期内，合同约定租金数额、增长率等为公平交易中销售协议价格，保证金利息归甲公司所有。租金收缴率、有效出租率均为100%。

租约期外，不存在销售协议和资产活跃市场，以可获取的最佳信息为基础确定收入。分析国家统计局发布的2009-2018年居民消费价格指数（CPI），经数据处理后，CPI年均环比增长率为2.22%。假设5年为一个租金段，最后7年为一个租金段，每个租金段在上一个租金段基础上增长5%（租金段内年租金不变），经计算（计算过程略），潜在毛租金收入每租金段增长5%低于CPI年均环比增长率2.22%，根据减值测试目的，应以较低的租金增长率计算潜在毛租金收入，故确定每租金段增长率为5%。

考虑空置损失，确定有效出租率为95%，租金收缴率100%。假设出租方式、保证金收取数额等不变，保证金利息收入受空置影响。总收益计算见表1。

总收益计算表   表1

项目	单位	计算说明	租约期内				租约期外			
			2019-2021	2022-2024	2025-2027	2028-2030	2031-2035	2036-2040	2041-2045	2046-2052
增长率			8%	8%	8%	8%	5%	5%	5%	5%
年潜在毛租金收入	万元		334.80	361.58	390.51	421.75	442.84	464.98	488.23	512.64
有效出租率	%		100%	100%	100%	100%	95%	95%	95%	95%
租金收缴率	%		100%	100%	100%	100%	100%	100%	100%	100%
年保证金利息	万元	保证金（310万）×存款利率1.5%×有效出租率	4.65	4.65	4.65	4.65	4.42	4.42	4.42	4.42
年有效毛收入	万元	年潜在毛租金收入×有效出租率×租金收缴率＋保证金利息	339.45	366.23	395.16	426.40	425.11	446.15	468.24	491.43

②求取运营费用
运营费用是维持评估对象正常使用或营业的必要支出，主要包括以下几项：
a.管理费用：包括人员工资、福利、差旅费等，按有效毛收入的1.5%估算。

b. 房屋保险费：根据 2016-2018 年成都市类似项目的工程造价概（预）算资料，建筑物建筑造价取值为 2200 元/平方米，保险费按建筑造价估算，保险费率 0.2%。

c. 维修费：租约期内、租约期外甲公司均负责建筑物、设备设施维护保养并承担费用，维修费按建筑造价 2% 估算。

d. 房地产税：包括房产税、城镇土地使用税。

房产税按年征收，以房产租金收入为房产税的计税依据，税率为 12%。

城镇土地使用税：根据《成都市人民政府关于调整城镇土地使用税年税额标准的通知》，评估对象所处区域税额标准为 6 元/平方米。

e. 租赁税费：主要包括增值税、城市维护建设税、教育费附加。

评估对象为营改增前取得，系不动产经营租赁，可以选择适用简易计税方法，按照 5% 的征收率计算应纳税额，增值税应纳税额 = 含税租赁收入/（1+5%）× 5%。

城市维护建设税、教育费附加以增值税为计税基数，税率分别为 7%、3%。

③求取年净收益

根据出让合同，土地使用期限届满，出让人无偿收回土地使用权，并对地上建筑物及附属设施残余价值给予补偿。该补偿款系土地使用者将土地使用权归还给土地所有者而得，符合《营业税改征增值税试点过渡政策的规定》中的"土地使用者将土地使用权归还给土地所有者"免税项目，无须缴纳增值税，且不产生其他成本费用，故将残余价值作为净收益的一部分。

a. 收益期的净收益

基于租赁收入测算净收益的基本公式为：

$$年净收益 = 年总收益（年有效毛收入） - 年运营费用 \quad 公式（三）$$

b. 建筑物残余价值

残余价值是指建筑物在非继续利用情况下的价值。建筑物钢混结构，建筑造价取值 2200 元/平方米，经济耐用年限 60 年，至土地使用权期间届满使用 37 年，残值率为 0，成新率 $q=(1-37/60) \times 100\% = 38.33\%$，残余价值 $= 2200 \times 38.33\% \times 6018.55 = 507.52$ 万元。

因计算报酬率的需要，将 2016-2018 年的净收益一并计算出，按收益期计算的价值求取不包括这一阶段净收益。

净收益计算见表 2。

④求取报酬率

报酬率也称为回报率、收益率，是将评估对象未来各年的净收益转换为评估对象价值或价格的折现率。

甲公司在有序交易中购入商业楼，取得成本 3710.66 万元系评估对象购入时所投入的资金，其在数额上等于评估对象在收益期（37 年）内各年净收益的现值之和。净收益已计算出，可以对报酬率进行试算。

根据公式二、表 2，有如下计算式：

$3710.66 = 223.36/(1+r) + 223.36/(1+r)^2 + 223.36/(1+r)^3 + 243.52/(1+r)^4 + 243.52/(1+r)^5 + 243.52/(1+r)^6 + \cdots + 367.02/(1+r)^{37} + 507.52/(1+r)^{37}$

采用试错法和插入法，计算出 $r = 7.04\%$。

该报酬率能否作为公允价值评估的折现率，还需要进一步分析。

从本质上来讲，报酬率是投资者在投资风险一定的情况下对投资所期望的回报率。研

表 2

净收益计算表

序号	项目	单位	取值（费率）	计算说明	租约期内					租约期外				2052年残余价值
					2016-2018	2019-2021	2022-2024	2025-2027	2028-2030	2031-2035	2036-2040	2041-2045	2046-2052	
一	年有效毛收入	万元	/	年潜在毛租金收入×有效出租率×租金收缴率+保证金利息	314.65	339.45	366.23	395.16	426.40	425.11	446.15	468.24	491.43	507.52
二	年运营费用	万元	/	管理费+保险费+维修费+房地产税+增值税及附加	91.29	95.93	100.95	106.38	112.24	111.99	115.93	120.07	124.41	0
1	年管理费用	万元	1.50%	年有效毛收入×费率	4.72	5.09	5.49	5.93	6.40	6.38	6.69	7.02	7.37	0
2	年保险费	万元	0.20%	建筑造价2200元/m^2×保险费率	2.65	2.65	2.65	2.65	2.65	2.65	2.65	2.65	2.65	0
3	年维修费	万元	2.00%	建筑造价2200元/m^2×费率	26.48	26.48	26.48	26.48	26.48	26.48	26.48	26.48	26.48	0
4	年房地产税	万元	/	房产税+城镇土地使用税	40.96	43.93	47.15	50.62	54.37	54.21	56.74	59.39	62.17	0
4.1	房产税	万元	12%	按有效毛收入计	37.76	40.73	43.95	47.42	51.17	51.01	53.54	56.19	58.97	0
4.2	城镇土地使用税	万元	6元/m^2	按土地面积计	3.2	3.2	3.2	3.2	3.2	3.2	3.2	3.2	3.2	0
5	增值税及附加	万元	/	增值税+城市维护建设税+教育费附加	16.48	17.78	19.18	20.70	22.34	22.27	23.37	24.53	25.74	0
5.1	增值税	万元	4.76%	年有效收入×税率[5%/(1+5%)]	14.98	16.16	17.44	18.82	20.30	20.24	21.25	22.30	23.40	0
5.2	城市维护建设税	万元	7%	以增值税为税基	1.05	1.13	1.22	1.32	1.42	1.42	1.49	1.56	1.64	0
5.3	教育费附加	万元	3%	以增值税为税基	0.45	0.48	0.52	0.56	0.61	0.61	0.64	0.67	0.70	0
三	年净收益(A)	万元	/	年有效毛收入-运营费用	223.36	243.52	265.28	288.78	314.17	313.13	330.22	348.17	367.02	507.52

究理论认为，在完善的市场中，报酬率与投资风险正相关，风险大的，报酬率就高，反之就低。以上求出的报酬率7.04%，反映了评估对象的特定风险，如通货膨胀（租金增长）、经营风险（空置和收租损失）、管理负担风险（管理费、保险费），但仍有部分风险未能涵盖，如利率风险（市场利率或者其他市场投资报酬率提高）、行业风险（行业竞争加剧）、变现风险（城市规划调整、变现难度）等。

更重要的是，全剩余寿命模式下，假设持有期长达37年，而合同租期是15年，出租人考虑持有期末转售带来的增值收益，可能忍受租期内较低的报酬率。另外，基于资产减值测试评估目的，租约期外租金按较低增长率（每5年租金增长5%）估算，一定程度上也拉低了"正常"的报酬率。

由于以上原因，应对求出的报酬率做出调整。目前国内对于酒店类物业的投资风险研究较少，报酬率影响因素量化难度较大，本文对部分风险的量化主要依靠经验判断。在充分了解国民经济态势、酒店行业发展前景、市场竞争状况的基础上，确定调整值为1%，即报酬率=7.04%+1%=8.04%。

⑤确定收益期限

至评估基准日，土地剩余使用年期为34年，建筑物剩余经济寿命37年，根据孰短原则，收益期限为34年。

⑥求取按收益期计算的价值

根据有限年公式：$V=A/r[1-1/(1+r)^n]$，计算见表3。

按收益期计算的价值计算表　　　　　　　　　表3

序号	项目	单位	计算说明	租约期内				租约期外			
				2019-2021	2022-2024	2025-2027	2028-2030	2031-2035	2036-2040	2041-2045	2046-2052
一	年净收益（A）	万元	年有效毛收入—运营费用	243.52	265.28	288.78	314.17	313.13	330.22	348.17	367.02
二	收益期（n）	年		3	3	3	3	5	5	5	7
三	报酬率（r）	%		8.04%	8.04%	8.04%	8.04%	8.04%	8.04%	8.04%	8.04%
四	折现期	年		0	3	6	9	12	17	22	27
五	按收益期计算的价值（V）	万元	$V=A/r \times [1-1/(1+r)^n]$	627.12	541.71	467.60	403.38	493.76	353.73	253.36	236.51

据表三，按收益期计算的价值为3377.18万元。

（2）建筑物残余价值折现值

建筑物残余价值507.52万元，报酬率8.04%，折现期34年，折现值=$507.52/(1+8.04\%)^{34}$=36.61万元。

需要指出，建筑物残余价值作为净收益组成部分，参与了项目报酬率的计算，求出的是评估对象使用寿命期（37年）内全部净收益对应的报酬率；而求取建筑物残余价值折现值，采用的是经调整后的报酬率。同样是对残余价值折现，但两个报酬率的内涵是不同的。

（3）公允价值确定

根据公式一，公允价值=3377.18+36.61=3413.79万元。

7. 处置费用

处置费用计算见表4。

公允价值减去处置费用后的净额涉及的处置费用　　　　　　表4

序号	项目	计费基数或依据	费率或税率	费用金额（万元）	取费依据
1	诉讼费	3413.79	累进费率	21.25	《诉讼费用交纳办法》（国务院令第481号）
2	律师费用	3413.79	1%	34.14	《律师服务收费管理办法》（发改价格〔2006〕611号）
3	评估费	3413.79	累进费率	收费标准打八折，9.56万元	川评协〔2017〕23号、市场议价
4	拍卖佣金	3413.79	累进费率	82.276	《最高人民法院关于人民法院民事执行中拍卖、变卖财产的规定》（法释〔2004〕16号）
5	增值税及附加	营改增前取得的不动产，以取得的全部价款和价外费用减去该项不动产购置原价或者取得不动产时的作价后的余额为销售额，按照5%的征收率计算应纳税额	征收率5%	（3413.79-3710.66）/（1+5%）×5%=-14.14万元，未发生增值，无需纳税	《营业税改征增值税试点有关事项的规定》
6	土地增值税	公允价值-扣除项目		3413.79-3710.66（取得成本）-处置费用，结果为负值，未发生增值，无需纳税	《土地增值税暂行条例》
7	印花税	3413.79	0.05%	1.71	《中华人民共和国印花税暂行条例》
	合计			148.936	

公允价值减去处置费用后的净额=3413.79-148.936=3264.85万元，小于账面价值3376.70万元，根据会计准则规定，需要估计预计未来现金流量现值。

（三）预计未来现金流量现值评估

1. 假设前提

以资产的当前状况为基础，不应当包括与将来可能会发生的、尚未做出承诺的重组事项或者与资产改良有关的预计未来现金流量。

2. 价值类型

会计准则规定的计量属性可以理解为相对应的评估价值类型，故价值类型为资产预计未来现金流量的现值。

3. 技术参数

预计资产未来现金流量的现值，应当综合考虑资产的预计未来现金流量、使用寿命和折现率等因素，主要涉及以下参数：

（1）现金流量预测期

会计准则规定，建立在预算或者预测基础上的预计现金流量一般最多涵盖 5 年。本案例中，评估基准日至租赁合同到期（2030 年末）尚有 12 年，租赁期内双方按约定履行合同，这一期间不应拘泥于 5 年预测期的规定。合同到期之后的 5 年应作为预测期，即假设评估对象使用寿命至 2035 年末。

（2）现金流入

①资产持续使用过程中预计产生的现金流入。本案例主要为租金收入、保证金利息收入。

②资产在简单维护下的使用寿命结束时转售资产所收到的净现金流量。该现金流量是在公平交易中，企业预期可从资产的处置中获取或者支付的、减去预计处置费用后的金额。

假设 2035 年末评估对象转售（处置），以 2036-2052 年的净收益折现值与建筑物残余价值折现值之和为评估对象在转售时点的公允价值。计算见表 5。

转售时点的公允价值计算表 表 5

序号	项目	单位	计算说明	2036-2040	2041-2045	2046-2052	2052 年残余价值
一	年净收益（A）	万元	年有效毛收入—运营费用	330.22	348.17	367.02	507.52
二	收益期（n）	年		5	5	7	
三	报酬率（r）	%		8.04%	8.04%	8.04%	8.04%
四	折现期	年		0	5	10	17
五	收益价值（V）	万元	$V=A/r \times [1-1/(1+r)^n]$	1317.08	943.36	880.60	136.31
	转售时点的公允价值			3277.35			

甲公司在转售时点正常转售商业楼，处置费用（销售税费）详见表 6。

转售涉及的处置费用 表 6

序号	项目	计费基数或依据	费率或税率	费用金额（万元）	取费依据
1	评估费	3277.35	累进费率	收费标准打八折，9.34	川评协〔2017〕23 号、市场议价
2	房屋代理费	3277.35	2.5%	81.93	《房地产经纪管理办法》
3	广告宣传费	3277.35	2%	65.55	类似项目一般费用水平
4	增值税及附加	营改增前取得的不动产，以取得的全部价款和价外费用减去该项不动产购置原价或者取得不动产时的作价后的余额为销售额，按照 5% 的征收率计算应纳税额	征收率 5%	（3277.35-3710.66）/（1+5%）×5%=-20.63，未发生增值，无需纳税	《营业税改征增值税试点有关事项的规定》

续表

序号	项目	计费基数或依据	费率或税率	费用金额（万元）	取费依据
5	土地增值税	公允价值－扣除项目		3277.35－3710.66（取得成本）－处置费用，结果为负值，未发生增值，无需纳税	《土地增值税暂行条例》
6	印花税	3277.35	0.05%	1.64	《中华人民共和国印花税暂行条例》
	合计			158.46	

则：转售资产所收到的净现金流量=3277.35－158.46=3118.89万元。

（3）现金流出

指为实现资产持续使用过程中产生的现金流入所必需的预计现金流出，包括以下五项：

①营业成本：乙公司自负盈亏，甲公司未发生营业成本。

②营业税金及附加：指增值税、城市维护建设税、教育费附加。

③管理费用：指企业为组织和管理生产经营活动而发生的各种管理费用，本案例主要为人员工资、福利、差旅费、房产税、城镇土地使用税、维修费、保险费等，与"公允价值评估"中管理费用内涵不一致。管理费用计算见表7。

管理费用计算表（单位：万元） 表7

序号	项目	2019—2021	2022—2024	2025—2027	2028—2030	2031—2035
1	人员工资、福利、差旅费等	5.09	5.49	5.93	6.40	6.38
2	房产税	40.73	43.95	47.42	51.17	51.01
3	城镇土地使用税	3.20	3.20	3.20	3.20	3.20
4	维修费	26.48	26.48	26.48	26.48	26.48
5	保险费用	2.65	2.65	2.65	2.65	2.65
合计		78.15	81.77	85.68	89.90	89.72

④财务费用：指企业为筹集生产经营所需资金等而发生的费用，甲公司向银行贷款1000万元，贷款期限10年，利率4.9%，至2025年年利息49万元。

⑤销售费用：指企业在销售商品和材料、提供劳务过程中发生的各项费用，包括营销费和广告费等，乙公司自负盈亏，甲公司未发生销售费用。

（4）折现率

折现率是反映当前市场货币时间价值和资产特定风险的税前利率。该折现率是企业在购置或者投资资产时所要求的必要报酬率。资产减值测试评估的折现率是对应资产（包括单项资产、资产组、资产组组合），不是对应企业，与企业价值评估时采用的折现率应当有所区别。

企业价值评估中折现率的确定方法主要有资本资产定价模型（CAPM）、风险累加法、加权平均资本成本（WACC）。CAPM求得的折现率为股权资本成本或被评估企业所在行业的风险报酬率，WACC为根据股权资本成本和债务资本成本计算的加权平均资本成本，风险累加法则主观性较强，粗略性明显。显然，以上方法求取的折现率用于投资性房地产预测现金流量现值评估并不适合。

在公允价值评估中,经调整后的报酬率反映了市场货币时间价值和投资性房地产特定风险,可以作为预计未来现金流量的折现率,即折现率为8.04%。

(5)息税和折旧摊销前的利润

资产的未来现金流量应与折现率的口径保持一致。折现率为税前利率,现金流量也应为税前,即在预测未来现金流量时,不扣除所得税。

分析企业经营业绩的时候,若企业负债经营且利息费用负担较大,加上缴纳所得税,往往表现为净利润低下甚至亏损。但是利息和所得税真正来源于企业经营成果,只不过从利息支付和税收方面对经营成果进行了分割。为正确评价企业的经营业绩,可以用息税前利润(EBIT)排除债务利息和税收对经营业绩的影响。息税前利润公式为:

$$EBIT= 净利润 + 所得税 + 利息费用 \qquad 公式(四)$$

另外,现金流量应包含计算净利润时扣除的折旧摊销等非现金性支出。折旧和摊销是会计上对已发生资本性支出的回收安排,作为非付现项目归集在企业的成本费用之中。但被其抵减的收入实际已归属企业,并成为企业可自主动用的资金,将其作为企业预期收益的一部分具有合理性。

综上,本文采用息税和折旧摊销前的利润(EBITDA)计算现金流量,计算公式为:

$$EBITDA= 净利润 + 所得税 + 利息费用 + 折旧 + 摊销 \qquad 公式(五)$$

公式表明,EBITDA 是在 EBIT 基础上加回折旧摊销额而得。从现金流入中扣除各项成本费用和所得税,得到净利润,净利润再加回税后利息费用、所得税、折旧摊销,即得到EBITDA。

(6)资本性支出、营运资金预测

资本性支出预测包括维护资产正常运转或者正常产出水平而必要的支出,或者属于资产简单维护下的支出,不包括设备设施的更新、改良或建筑物改扩建等的资本性支出。营运资金主要组成为存货、应收账款和应付账款等,评估对象账面构成中不含营运资本。本案例资本性支出、营运资金均为0。

(7)预计的资产未来现金流量

根据以上分析,预计的资产未来现金流量公式如下:

$$预计的资产未来现金流量 = EBITDA - 资本性支出 - 营运资金 \qquad 公式(六)$$

根据公式六,预计未来现金流量计算见表8。

经计算,预计未来现金流量现值为3307.56万元。

(四)可回收金额确定

评估对象的公允价值减去处置费用后的净额(3264.85万元)低于预计未来现金流量的现值(3307.56万元),则可回收金额为3307.56万元。

(五)资产减值损失确定

计算结果表明,可回收金额低于投资性房地产账面价值(3376.70万元),发生资产减值损失69.14万元。

本案例减值测试评估,评估对象账面价值与其可回收金额口径(空间范围)一致,现金流量与折现率均为税前。评估计算模型、技术参数与执行审计业务的注册会计师作了详细沟通,认为租约期外租金增长率、折现率的确定依据较充分,建筑物残余价值的处理方式合规,预测期之后的公允价值确定合理,评估结论较为可信,能够为会计的计量、核算及披露

预计未来现金流量现值计算表

表8

序号	项目	2019	2020	2021	2022	2023	2024	2025	2026	2027	2028	2029	2030	2031	2032	2033	2034	2035	2035年末转售
一	经营活动总收入	339.45	339.45	339.45	366.23	366.23	366.23	395.16	395.16	395.16	426.40	426.40	426.40	425.11	425.11	425.11	425.11	425.11	3277.35
1	租金收入	334.80	334.80	334.80	361.58	361.58	361.58	390.51	390.51	390.51	421.75	421.75	421.75	420.70	420.70	420.70	420.70	420.70	
2	保证金利息收入	4.65	4.65	4.65	4.65	4.65	4.65	4.65	4.65	4.65	4.65	4.65	4.65	4.42	4.42	4.42	4.42	4.42	
二	经营活动总成本	256.25	256.25	256.25	261.27	261.27	261.27	266.69	217.69	217.69	223.56	223.56	223.56	223.31	223.31	223.31	223.31	223.31	158.46
1	营业成本	0	0	0	0	0	0	0	0	0	0	0	0	0	0	0	0	0	
2	营业税金及附加	17.78	17.78	17.78	19.18	19.18	19.18	20.70	20.70	20.70	22.34	22.34	22.34	22.27	22.27	22.27	22.27	22.27	
3	折旧与摊销	111.32	111.32	111.32	111.32	111.32	111.32	111.32	111.32	111.32	111.32	111.32	111.32	111.32	111.32	111.32	111.32	111.32	
4	管理费用	78.15	78.15	78.15	81.77	81.77	81.77	85.68	85.68	85.68	89.90	89.90	89.90	89.72	89.72	89.72	89.72	89.72	
5	财务费用	49	49	49	49	49	49	49	0	0	0	0	0	0	0	0	0	0	
6	销售费用	0	0	0	0	0	0	0	0	0	0	0	0	0	0	0	0	0	
三	营业利润	83.20	83.20	83.20	104.97	104.97	104.97	128.47	177.47	177.47	202.85	202.85	202.85	201.80	201.80	201.80	201.80	201.80	3118.89
	营业外收支	0	0	0	0	0	0	0	0	0	0	0	0	0	0	0	0	0	
四	利润总额	83.20	83.20	83.20	104.97	104.97	104.97	128.47	177.47	177.47	202.85	202.85	202.85	201.80	201.80	201.80	201.80	201.80	3118.89
	所得税	20.80	20.80	20.80	26.24	26.24	26.24	32.12	44.37	44.37	50.71	50.71	50.71	50.45	50.45	50.45	50.45	50.45	779.72
五	净利润	62.40	62.40	62.40	78.73	78.73	78.73	96.35	133.10	133.10	152.13	152.13	152.13	151.35	151.35	151.35	151.35	151.35	2339.17
	(+)固定资产折旧	111.32	111.32	111.32	111.32	111.32	111.32	111.32	111.32	111.32	111.32	111.32	111.32	111.32	111.32	111.32	111.32	111.32	
	利息（1-25%）	36.75	36.75	36.75	36.75	36.75	36.75	36.75	0	0	0	0	0	0	0	0	0	0	
	所得税	20.80	20.80	20.80	26.24	26.24	26.24	32.12	44.37	44.37	50.71	50.71	50.71	50.45	50.45	50.45	50.45	50.45	779.72

续表

序号	项目	2019	2020	2021	2022	2023	2024	2025	2026	2027	2028	2029	2030	2031	2032	2033	2034	2035	2035年末转售
六	EBITDA	231.27	231.27	231.27	253.04	253.04	253.04	276.54	288.79	288.79	314.17	314.17	314.17	313.12	313.12	313.12	313.12	313.12	3118.89
	(-) 资本性支出	0	0	0	0	0	0	0	0	0	0	0	0	0	0	0	0	0	
	营运资金支出	0	0	0	0	0	0	0	0	0	0	0	0	0	0	0	0	0	
七	预计现金流量	231.27	231.27	231.27	253.04	253.04	253.04	276.54	288.79	288.79	314.17	314.17	314.17	313.12	313.12	313.12	313.12	313.12	3118.89
	折现年期（年）	1	2	3	4	5	6	7	8	9	10	11	12	13	14	15	16	17	17
	折现系数（8.04%）	0.9256	0.8567	0.7930	0.7339	0.6793	0.6288	0.5820	0.5387	0.4986	0.4615	0.4271	0.3954	0.3659	0.3387	0.3135	0.2902	0.2686	0.2686
八	预计现金流量现值	214.06	198.13	183.39	185.71	171.89	159.10	160.94	155.56	143.98	144.98	134.19	124.21	114.58	106.06	98.16	90.86	84.10	837.65

提供专业意见。

甲公司会计处理将账面价值减记至可回收金额，减记的金额确认为资产减值损失，计入当期损益，同时计提资产减值准备 69.14 万元。减值资产的折旧费用在未来期间作相应调整。

六、结语

投资性房地产减值测试评估，是以财务报告为目的的评估，对投资性房地产是否发生减值提供专业意见，为会计计量服务，所起作用十分重要。

此种类型评估需要遵循会计准则、资产评估准则、房地产估价规范、税法的相关规定，依据企业财务报表、销售协议、市场数据等确定技术参数，而不同准则、规范的相关概念、原则之间既有联系又有区别，使得评估具有相当的复杂性，对评估专业人员的专业知识、实践经验提出了较高的要求。提高以财务报告为目的评估执业水平，发挥专业特长，利用资产评估的价值发现功能来开展各类新型评估业务，是评估专业人员的努力方向。

参考文献：

[1] 财会〔2006〕3 号，企业会计准则第 3 号—投资性房地产（2006）[S].

[2] 财会〔2006〕3 号，会计准则第 8 号—资产减值（2006）[S].

[3] 财会〔2014〕6 号，企业会计准则第 39 号—公允价值计量 [S].

[4] 中评协〔2017〕45 号，以财务报告为目的的评估指南 [S].

[5] GB/T 50291—2015，《房地产估价规范》条文说明 [S].

[6] 财会〔2006〕18 号，《企业会计准则第 6 号—无形资产》应用指南 [S].

[7] GB/T 50291—2015，房地产估价规范 [S].

[8] 中评协〔2017〕45 号，以财务报告为目的的评估指南 [S].

[9] 财税〔2016〕36 号，营业税改征增值税试点有关事项的规定 [Z].

[10] GB/T 50899—2013，房地产估价基本术语于标准 [S].

[11] 柴强主编. 房地产估价理论与方法 [M]. 北京：中国建筑工业出版社，2017.

[12] GB/T 50291—2015，房地产估价规范 [S].

[13] 中国资产评估协会. 资产评估基础 [M]. 北京：中国财政经济出版社，2017.

作者联系方式

姓　　名：张　涛

单　　位：四川大友房地产评估咨询有限公司

地　　址：成都市二环路南四段 51 号莱蒙都会 2 幢 7 楼 705-707

邮　　箱：491225696@qq.com

姓　　名：张彦淳

单　　位：上海财经大学会计学院 2016 级美国会计班

地　　址：上海市杨浦区国定路 777 号上海财经大学 21 号宿舍楼 613 室

邮　　箱：18701786252@163.com

"平衡"是房屋征收评估的艺术体现

王泽利 马 琳 孙广云

摘 要： 自2015年3月1日《山东省国有土地上房屋征收与补偿条例》实施以来，从省内看，各地住宅房屋最低价格补偿标准一般设定为新建普通商品房市场价格的90%。而在房屋征收中，尤其是大批量住宅房屋征收中，房屋新旧、结构、质量、设施设备、占地面积等千差万别，统一按一个价格补偿又无法体现公平公正原则，而这不到10%的差额在统筹平衡区域房产之间价格时让很多估价师都感到非常棘手，笔者认为这恰恰是房地产估价师应该掌握的一门艺术。

关键词： 房屋征收评估；最低补偿标准；基准房价格；容积率修正

一、背景与问题

2018年，本公司有幸被征收人选为某地块房屋征收项目的征收评估机构，该地块占地面积约3.5万平方米，共涉及164户住宅房屋、15户商业房屋，在估价师实地查勘和调取相关资料时不禁倒吸一口凉气：这些住宅房屋从形式上看有平房，有楼房，有筒子楼，有将军楼，有带院落的，有不带院落的；从成新度上看最新的是2002年建成的，有20世纪六七十年代建成的，还有破得无法居住的；从产权上看有双证齐全的，有仅有土地证或仅有房产证的，还有老集体土地上继承的无任何手续的；有100%产权的，有部分产权的；从结构上看，有混合结构的，有砖木结构的……估价对象可谓多种多样，千差万别！

技术上存在问题吗？2015年3月1日实施的《山东省国有土地上房屋征收与补偿条例》第19条：对被征收住宅房屋价值的补偿，按照房屋征收决定公告之日被征收房屋所处区位新建普通商品住房市场价格，由房地产价格评估机构评估确定。没问题！但根据德州市中心城区城市建设指挥部《关于加快推进中心城区城中村、旧住宅区和棚户区改造工作的指导意见》（德城建指发〔2012〕号）文件第四条第一款：被征收房屋评估价格不得低于同区位新建普通商品房价格的93%。而房屋权益、新旧、结构、质量、设施设备、占地面积等千差万别，统一按一个价格补偿又无法体现公平公正原则，自古以来人们"不患贫而患不均，不患寡而患不公"，因为有被征收人说了："张三李四那一九七几年的破房子和我这双证齐全的新房子价格一样啊，不公平！我的价格应该更高！"那么，被征收房屋的市场价格比新建普通商品住房市场价格高怎么办？而这不到7%的差额，如何平衡被征收人的房屋价格呢？

二、从法律法规上的解答

《中华人民共和国城市房地产管理法》规定"国家实行房地产价格评估人员资格认证制

度",2014年以来,国务院取消了有关评估师的执业资格,或改为"水平评价类职业资格",只有房地产估价师仍然保留为"准入类职业资格"。这是因为房地产估价具有很强的专业性,一个合格的房地产估价师不仅需要熟练掌握估价专业知识,还应掌握法律法规、工程造价、财务统计、金融、建筑等方面的专业知识;一个优秀的估价师还应有丰富的执业经验、较强的执业能力和良好的职业道德。

第一个问题,的确存在,比如中心城区内一些将军楼、别墅的市场价格就是远高于新建普通商品房,若按新建普通商品房价格补偿,被征收人肯定不能接受,而有些征收部门的工作人员觉得若高于新建普通商品房价格就没有依据。我们认为是可以高于新建普通商品房价格的,根据《国有土地上房屋征收补偿条例》(第590号国务院令)第19条明确规定:对被征收房屋价值的补偿,不得低于房屋征收决定公告之日被征收房屋类似房地产的市场价格。《天津市国有土地上房屋征收与补偿规定》第二十条第二款更是明确指出:被征收住宅房屋的价值,由房地产价格评估机构按照被征收房屋类似房地产的市场价格和其所处区位的新建普通商品住房市场价格分别评估,并按照较高的评估结果确定。天津的规定明确地解答了我们第一个问题,就是可以高于新建普通商品房市场价格,所以对将军楼、花园洋房、别墅等明显高于新建普通商品房市场价格的住宅房屋征收评估就按比较法评估其市场价格即可。

2014年11月28日,山东省政府法制办孟富强主任和建设厅李力副厅长在介绍《山东省国有土地上房屋征收与补偿条例》和答记者问时提到:"该补偿标准高于国务院条例确定的补偿标准,确定了住宅房屋拆旧补新的补偿标准,目的就是确保被征收群众在同区位能买到不少于原征收面积的新房,保证被征收人居住条件不降低,有改善。"这样估价师就可以回答上面被征收人的第二个问题了:你的房子补偿的公平合理、张三李四的破房子和你的新房子补偿相同或相近也符合省政府条例等法律法规。

三、从技术角度的解决方案

经过近一天的讨论,我们确定了测算同区位新建普通商品住房的市场价格、通过比较归类确立基准房、通过新建普通商品住房市场价格调整基准房价格、通过基准房价格调整被征收住宅房屋补偿价格的技术路线,并制定了相关参数处理意见等相关问题解决方案。

(一) 基准房或样本房的选定

在基准房的选定上,我们认为宜粗不宜细,尤其是批量房屋征收评估。我们注册房地产估价师通过实地查勘、比较、归类,在该区域确定了带院平房、二层筒子楼(非成套住宅)、将军楼、成套住宅楼等四种基准房,这四种基准房能代表这个区域的大多数房屋类型。

(二) 基准房价格的确定

基准房价格的确定相当于是在征收区域内房屋价格初步分等定级,而基准房价格的确定需要考虑成新、结构、套型和其他因素。

1. 成新度调整

在该区域内由于房屋建成年代跨度近40年,若按实际成新度的调整可能一步就会低于最低补偿标准93%了,那如何体现房屋价格的差异呢?从近10年来看新建房屋的外墙保温、地暖、电梯、中空玻璃、隔热断桥窗等新材料都有安装使用,可以认为具备这些条件的房屋按全新房屋状况,为适当体现房屋成新度差异,以5年为一个档次1%,年限上大于40年的也就是1980年以前建成的房屋统一按93%核算(表1)。

房屋成新度调整系数　　　　　　　　　　　　　　　表1

建成年份情况		调整系数
10年以内	2009年以后	100%
10～15年	2005年（含）以后	99%
15～20年	2000年（含）以后	98%
20～25年	1995年（含）以后	97%
25～30年	1990年（含）以后	96%
30～35年	1985年（含）以后	95%
35～40年	1980年（含）以后	94%
40年以上	1980年（含）以前	93%

2. 结构调整

我们以新建普通商品房钢混结构为基准100%，以砖混结构为99%，一级砖木结构和普通砖混为98%，其他等级结构平房为97%作为调整参数。

3. 套型调整

套型分为成套住宅和非成套住宅，成套住宅是指由若干卧室、起居室（或客厅）、厨房、卫生间等组成的供一户使用的房屋，非成套住宅是缺少上述一项或多项的住宅房屋。我们以成套住宅为基准100%，每减少一个组成部分下调1个百分点作为调整参数，比如没有卫生间的为99%，既没有卫生间又没有厨房的为98%，没有客厅、没有厨房、没有卫生间的筒子楼为97%（表2）。

不同基准房划分情况　　　　　　　　　　　　　　　表2

基准房划分	新建普通商品房价格	最低标准	最低价格	结构调整		套型调整		成新度调整		其他调整		基准房基准价
楼房区	8660	93%	8054	混合	100%	成套	100%	2001年以后	97%	正常	0	8400
二层楼区	8660	93%	8054	混合	100%	非成套	98%	1990年以后	95%	复式	100	8162
平房区	8660	93%	8054	砖木	99%	非成套	99%	1990年以后	95%	正常	0	8063

（三）分户估价对象价格的确定

由于分户估价对象千差万别，除了结构、新旧、套型之外，还有权益、楼层、配套设施设备、装饰装修及是否带独立院落等等需要考虑。

1. 装饰装修

有的估价师认为装饰装修应该包含在房屋征收价值内，应采用合适的系数调整修正被征收房屋单价，而不单独体现装修价值，理由是在《山东省国有土地上房屋征收与补偿条例》第十七条：被征收房屋价值中包含房屋装饰装修以及附属于该房屋的国有土地使用权价值。我们认为，真正决定房屋价值的是市场，在用比较法测算房屋征收价值时，即便1%的调整系数也可能会对被征收房屋价值造成比较大的差额，在结果公示环节就会有很多异议。为减少不必要的麻烦，装饰装修应作为附属物单独体现，在做评估时应和《征收补偿方案》相对应，比如置换房屋为简单装修的，评估范围应该是精装修和简单装修的差额或简单装修没有的那一部分，用成本法评估装饰装修对征收部门和被征收人都容易接受，可以有效减少在结果公示环节的异议。

2. 权益状况调整

在该被征收区域房屋有双证（房屋所有权证和土地使用权证）齐全的，有仅有房产证或仅有土地证的，或者什么证都没有的，有自建房，有房改房，而房改房又分为有100%产权的，也有部分产权的。在房屋征收时，房屋征收部门提请市县人民政府相关部门依法对未经权属登记房屋进行了认定和处理。对认定为或视同为有产权证的合法建筑，理论上应和双证齐全房屋同房同价，但为平衡被征收区域范围内类似房屋征收价格时应有价差体现。因为双证齐全房屋和没有产权证的房屋在市场上价格相差很大，双证齐全房屋有完全的占有、使用、收益和处分权，而无产权证或产权证不全的房屋限制情况较多，比如不能抵押贷款、无法办理产权交易过户登记等。所以我们在本次征收评估中进行权益状况修正时以双证齐全房屋为基准，对仅有房产证或土地证房屋下调0.5个百分点，对无证房屋下调1个百分点。

3. 楼层修正

在现实房地产市场中，多层楼房价差比较明显，以德州市中心城区为例，2～3楼的好楼层单价一般比1层或4层高1000多元/平方米，比顶楼高3000多元/平方米也正常，而在高层房屋中价差就小得多，每层可能仅100多元或几十元。完全按市场来调整会与最低"不低于新建普通商品住房价格的93%"的标准相抵触，我们参照高层房屋楼层的价差，价差控制在100元/平方米以内（表3）。

楼层调整系数表   表3

层次\总层数	二	三	四	五	六
一	0	0	0	0	0
二	−20	100	100	100	100
三		−30	50	50	50
四			−50	0	0
五				−80	−50
六					−100

4. 配套设施设备调整

这里的配套设施设备调整主要指集中供暖和管道燃气，我们以《德州市中心城区城市基础设施配套费征收使用管理办法》（德政发〔2017〕10号）为依据，没有管道供气设施按建筑面积每平方米27元扣减，没有集中供热设施按建筑面积每平方米72元扣减。

5. 容积率修正

有被征收人提出，我的房屋补偿了，剩余院落也应该补偿。我们一般估价师的回答可能是房屋征收价格包含了你们的土地价格，也包含了你们剩余院落的补偿。有的被征收人很不理解，并且拿出了依据：《山东省国有土地上房屋征收与补偿条例》第十七条被征收房屋价值中包含房屋装饰装修以及附属于该房屋的国有土地使用权价值。2013年5月15日《最高人民法院关于征收国有土地上房屋时是否应当对被征收人未经登记的空地和院落予以补偿的答复》(2012)行他字第16号"国有土地上房屋征收补偿中，应将当事人合法享有国有土地使用权的院落、空地面积纳入评估范围，按照征收时的房地产市场价格，一并予以征收补偿"，被征收人问："你的报告是如何体现我剩余院落土地价值的？"

我们认为根据合法原则，估价师们在做报告时应考虑以下几点：

（1）现状符合规划设计条件，已经达到最高最佳使用的，比如别墅、将军楼就按其现状、采用比较法评估别墅或将军楼的市场价值，比较高（比同区位新建普通商品住房价格）的房屋单价就包含了空地的土地价值。

（2）现状符合规划设计条件，但未达到最高最佳使用的，比如分期开发的项目，有房屋部分就按同区域类似普通商品房价格评估确定，剩余空地按规划设计条件评估土地价值。

（3）对历史遗留比如城中村内带院落房屋，空院部分不允许再建设的，我们的做法是对这种房屋先评估其假设在没有征收的情况下的房地产市场价值（包含院落），再和新建普通商品房价格进行比较，若高于新建普通商品房价格就按其市场价格作为补偿，若低于新建普通商品房价格就按新建普通商品房价格进行修正。

这里的修正主要是进行容积率修正，首先是标准容积率的确定。有条件的，可通过不动产登记部门利用其电子档案库大数据，采集统计所在行政辖区内有代表性的城中村、单位宿舍等平房区域的容积率，没条件的最少要采集本征收区域内类似房屋的容积率，根据其中位数、众数或其算术平均数，确定其标准容积率（比如我们初步调查德州市中心城区城中村合法产权房屋容积率众数为0.50），然后采用德尔菲法对容积率影响房产价格的修正系数幅度进行打分，结果是对容积率低于0.50的独立院落房屋，以容积率0.50为基准，一般每降低0.01，被征收房屋的评估价格增加1%。

6. 应用举例

（1）本征收区域某某街第某某号房屋，砖木结构平房，双证齐全，集中供暖，无天然气，证载土地面积241平方米，证载房屋面积为126平方米，容积率为0.523。

被征收房屋价值＝基准房价格8063元/平方米－27元/平方米＝8036元/平方米，但该价格小于最低补偿标准8054元/平方米（新建普通商品房价格的93%），那就应该按8054元/平方米补偿。

（2）本征收区域某某宿舍三排6号房屋，砖木结构平房，仅有土地证，暖气天然气等齐全，证载土地面积145平方米，政府相关部门认定房屋面积为55平方米，容积率为0.38。

被征收房屋价值＝基准房价格8063元/平方米×99.5%（权益状况调整）×［1+（0.5－0.38）容积率调整］×100%=8985元/平方米。

（3）本征收区域住宅楼1单元502号房屋，共6层，所在层5层，83.7平方米，混合结构楼房，双证齐全，暖气天然气等设施齐全。

被征收房屋价值＝基准房价格8400元/平方米－50元/平方米（楼层修正）=8350元/平方米。

案例1容积率高于标准容积率，其单价低于基准房价格，是因为没有天然气而进行的减价修正。

案例2价格比基准房价格高了不少，就是因为其容积率较低，进行容积率修正后的价格，这个高出来的价格就是对其剩余空地或院落的补偿体现。

四、结语

随着互联网的普及，人们维权意识和法律意识提高很快，甚至有律师为被征收人出谋划策，从程序上、估价方法、比较实例及参数选用等问题上提问题，这要求估价师以更专业、更谨慎的态度提供高质量的估价服务。笔者认为没有绝对的公平，公平也不是平均数或统一的最高值，房地产估价师应该利用自身的专业优势，在估价结果上体现出不同住宅房屋的补偿差异，平衡不同住宅房屋的补偿价格，哪怕几元、几十元每平方米的价差，也可以从心理上体现征收补偿的公平公正。最后这个项目顺利完成，得到了征收部门及被征收人的认可，让被征收人舒心，让领导放心，让我们估价师安心。

平衡，征收评估的艺术体现！

参考文献：

王同勇，赵明. 大型批发市场多种用途和多种产权类型房屋征收估价技术思路的探讨与应用 [J]. 中国房地产估价与经纪，2019（03）.

作者联系方式

姓　名：王泽利　马　琳
单　位：德州正元土地房地产咨询评估有限公司
地　址：山东省德州市德城区天衢天衢路南华腾·丽晶大厦17A层20、21、23号
邮　箱：wxs0618@126.com

姓　名：孙广云
单　位：山东农业工程管理学院
地　址：山东省德州市齐河县齐晏大街699号（山东农业工程学院齐河校区）

浅议房地产估价师在房屋征拆"第四方力量"中的专业地位

周志刚

摘　要： 随着城市更新、棚户改造等房屋征拆工作的力度加大，创新房屋征拆管理工作模式，提升房地产估价师执业空间成为一个课题。房屋征拆引入管理创新模式，成为管理第三方的"第四方力量"，目前已经在国内初见成效。本文通过对一些机构在房屋征收工作中的实践进行调研，对房地产估价师基于自身专业素质和能力参与其中的可能性和专业性进行了探讨。

关键词： 房屋征收拆迁全过程管理；房地产估价师；房屋征拆"第四方力量"

房屋征拆工作一直被业内认为是一件不可控的难事，但随着城镇化工作和城市更新工作的推进，业内一些估价专业机构在大量的征收工作实践中，先知先觉，总结摸索出一些创新的工作模式，其中对于借助房地产估价师专业认知来提升其未来行业定位给出了充分的想象空间。

一、房屋征拆工作"第四方力量"的提出

（一）房屋征拆管理工作角色现状

首先我们对房屋征拆工作中各个层面做一个梳理，也就是归纳一下征拆工作这个"战场"上都有哪些"部队"。

我们调研了湖北省武汉、襄阳、宜昌、荆州乃至全国一些典型地区的房屋征收项目，发现在房屋征拆中的工作流程模式大同小异。如果按照征收工作角色进行分工：征收人为第一方，被征收人为第二方，参与其中的中介服务机构为第三方。其中征收项目中第三方服务机构主要如图1所示：（备注：许多地方在国有土地上房屋征收实施工作开始后，拆迁公司更名为房屋征收服务机构，以下同）

征收人作为第一方参与项目的管理模式，主要以项目实施成立项目指挥部，其中一些地区指挥部负责人以政府部门官员兼任，其职责是对所有第三方进行组织和协调。

在房屋征拆工作中，因为多方的参与就会涉及各方利益，因站位不同而诉求不同，如图2所示。不同的诉求，加上不同的团队管理模式和文化形态，对征拆管理提出了高要求。

（二）房屋征拆管理工作现状

目前征拆项目管理架构中存在的焦点问题是专业性、执行强度和目标不匹配。图3选取较典型的目前征拆项目进行分析。

如图3所示，征收人基于依法治国的理念最直接体现在聘请律师上。从目前律师参与征

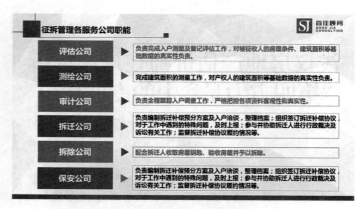

图 1　征收项目中第三方服务机构

图 2　征收拆迁中各参与方的诉求

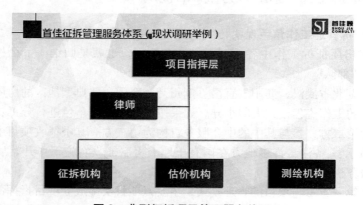

图 3　典型征拆项目管理服务体系

收项目的效果看主要有两类：一类是滞后型，就是只对项目提出的文书方案进行条款格式法理审查和建议，解决问题的效率不理想，效果不可控；另一类是延伸型，就是项目的指挥层非专业人士，对第三方提出的各种方案和解决办法不能有效沟通，往往求助律师介入第三方专业建议，但是律师对其他专业实践经验在于自我学习探讨，最后因人而异的律师咨询模式落地效果还需慎重考量。

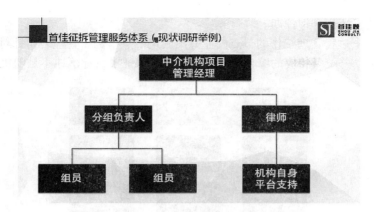

图 4　第三方参与征拆项目的基本组织架构

图 4 选取的是第三方参与征拆项目的基本组织架构图。从实际执行效果看，对于问题的描述基于机构单方内部，容易形成内循环，单向思维处理问题，反馈效率和执行力度的效果不可控，甚至发现有些项目问题产生的直接原因来自项目缺乏有效规划和执行管理，比如一些项目中"钉子户"的产生，很多都是前期调研和方案做得不细致，各环节没有专业化和标准化而产生的问题。

（三）征拆项目中"第四方力量"应运而生

我们在调研首佳顾问集团参与的房屋征拆管理项目后认为：专业指导和全过程逻辑管控是房屋征拆管理工作的生命线，征拆全过程管理是征拆项目中可依托的"第四方力量"。

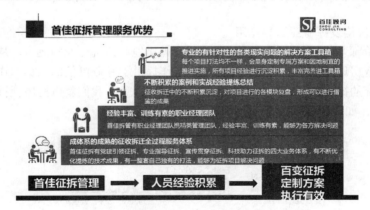

图 5　首佳顾问征收全过程管理模式的优势

图 5 展示的是调研机构首佳顾问征收全过程管理模式和传统征拆管理模式的优势比对。

简单概括，就是征拆"第四方力量"会将基层的任何拆管问题有效快捷公正地还原到指挥平台，同时将"智囊和管家"的应对指令和动作迅速下沉到基层，类似每个战斗岗位配备了"指导员"，摒弃传统单向内循环员工汇报可能失真的行政管理模式，放大一线及时解决问题和防范风险的能力，将问题尽可能消灭在萌芽状态。

我们从房屋征拆全过程管理的逻辑出发，就有必要创建与之匹配的管理模式和执行团队。我们调研了全国最先提出征拆全过程管理服务模式并付诸实践多年的首佳顾问集团城市更新团队，从大量项目案例来看，征收方对运作效果一致认可，因为专业和全过程直接贴身管理，目标可控，达到合理预期。

图 6 是征拆全过程管理工作的节点内业方案制定节点举例。管理公司针对所有第三方环节派员随队参加，并配备相应的综合专业管理团队，保证了目标落地不是随机的。

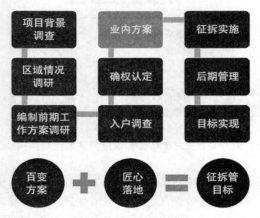

图 6　征拆全过程管理内业方案制定节点

对于征拆全过程管理的执行团队，在执行中为区别于征拆项目中的其他第三方机构，我们称之为房屋征拆工作中的"第四方力量"。

二、房地产估价师成为征拆管理"第四方力量"的优势

（一）围绕价格发挥专业引导作用

房地产估价师与征拆工作的渊源要追溯到我国房地产估价行业的诞生，从房屋拆迁到房屋征收都活跃着房地产估价师的身影，为征拆工作提供了专业可信的依据。作为房地产估价师，他们和传统的征拆公司人员在实操实践上有何区别呢？我们就以房屋征拆工作中遇到的"钉子户"为例，如图 7 所示。

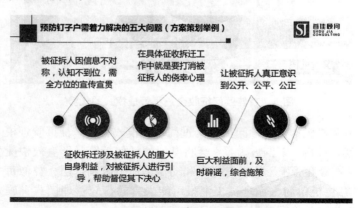

图 7　预防"钉子户"需着力解决的问题

从图中看出，被征收人的诉求和理念往往容易被道听途说信息误导，以及对征收工作人员的随机非专业沟通有疑惑。房地产估价师从专业的角度，依托被征收房屋价格产生依据过

程的逻辑演算,比以前传统征拆劳务人员的操作模式更容易令被征收人信服。

(二)围绕制定合理征拆方案体现估价师的格局管理力量

在我们的工作调研中,对征拆项目容易出现的问题进行了归类,如图8所示:

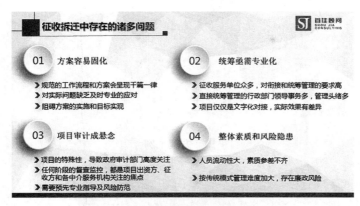

图8　征拆项目容易出现的问题

我们用简洁的话语总结就是专业的力量和支撑往下传导减弱和断层,这里就需要专业身份的人员用专业的数据和依据来搭建畅通的沟通平台。如图9所示,房地产估价师在信任搭建平台上的优势一目了然。

图9　房地产估价师在信任搭建平台上的优势

根据房地产估价师这个职业对价格的敏感度和从业要求,如果赋予他们征拆项目格局管理的职责,他们借助专业素质对各级政府确定的征收补偿政策进行细化,那将是房屋征收管理工作创新的一大亮点。

图10中以湖北省、武汉市举例,我们罗列了从国家到地方都出台了不少关于房屋征拆工作的文件,从我们学习和调研实际执行情况来看,传统征拆管理模式偏重行政管理模式,一个征拆工作模式或者征拆补偿方案被大量复制,完全没有不同项目的差异化方案体现,如果是管理公司介入细化,就会发现很多的个性操作空间。

图11是武汉市房屋征拆补偿方面的文件节选举例,其他城市应该基本类似,里面有大量条款提到具体标准由各区人民政府制定字样,也就是房屋征收实施单位制定。

图 10 方案举例

图 11 武汉市房屋征拆补偿文件节选

图 12 是举例武汉市房屋征收补偿文件细则中常常有按照不超过多少的标准给予奖励，各地的征收补偿条款应该都有类似的描述。

我们在多地方征拆工作调研中发现，即使目前各地政府的征收补偿方案不错，给被征收人的实惠也很到位，但在实施的时候方案制定比较粗线条，都是按照文件顶格一刀切来制定具体补偿方案，例如地方文件注明某个补助项不超过 2%，就直接制定一个 2% 标准，如果不论何种情况都顶格按此补偿，则会导致很多被征收人即使获得超量补偿也不认可政府惠民

第五十六条 征收个人住宅房屋，按期签约、搬迁的被征收人、公有房屋承租人选择货币补偿的，可按照不超过被征收房屋价值10%的标准给予奖励；被征收人、公有房屋承租人选择产权调换的，可按照不超过被征收房屋价值2%的标准给予奖励；征收非住宅房屋以及单位住宅房屋也可以对被征收人、公有房屋承租人给予适当奖励。奖励的具体标准由区人民政府制定。

图12 武汉市房屋征收补偿文件

补偿方案的力度——一句话，好的政策没细化反而让自己工作被动，好事没办好。

我们在对首佳房屋征拆管具体项目调研中发现，如果依托政府的相关补偿文件，将比例细化，采用累进形式，对征收双方是公平有利的。

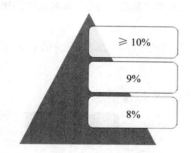

图13 延迟征拆和奖励递减关系

请看图13举例说明，如果被征拆人每延迟一天签约，在征收人无过错情况下，奖励就递减。比如按期签约奖励是不超过房屋补偿款的10%，那么每延迟签约搬家一天，奖励就降为9%，后面与此类推。

在上述方案的细化过程中，无疑房地产估价师的参与增加了累进细化制定的科学性和逻辑性，房地产估价师对市场和价格的职业敏感度和执业技能对累进模块的科学制定将起到可以预期的推动作用，而补偿方案等细则往往是项目成败的关键。房地产估价师利用专业知识细化方案，提升项目方案的预判深度和结果前瞻，促使项目管理可控预期提升。

（三）估价师用专业经验预判风险，助推项目实施方管理有效

任何一个房屋征拆项目实施结果都要经过审计，不管是项目跟踪审计还是项目后续的各级审计，都是各级征管部门担心和防控的重点，其中征拆审计焦点之一就是被征收房屋、构筑物、资产等的项目价格依据和真实性。房地产估价师有着多年征拆现场经验，他们不光具备房地产估价的经验，更是对前期调查中权属认定、测绘、征拆流程等都有很深的专业体会，所以房地产估价师参与到征拆管全过程管理，即作为征拆工作的"第四方力量"，房地产估价师参与到与第三方机构如评估机构、测绘机构、审计机构的交流与管控工作中来，可以使这种专业对话的传导性更直接、更有效率。

（四）房地产估价师作为房屋征拆工作的"第四方力量"，更能展示政府在房屋征收中的惠民情怀

如图14，图中展示的是征拆工作中"第四方力量"参与后的指挥层工作架构图。图中征拆管理公司作为项目指挥层的"大管家"囊括了各方专业力量，让项目整体专业风险可控。

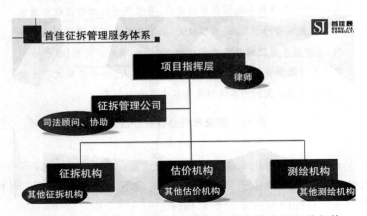

图 14　征拆工作中"第四方力量"参与后的指挥层工作架构

图 15 展示的是征拆管理"第四方力量"参与后的第三方层面工作架构图。

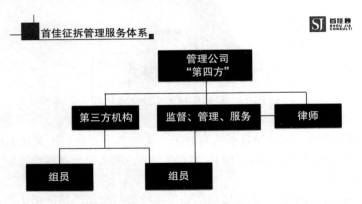

图 15　征拆管理"第四方力量"参与后的第三方层面工作架构

从房屋征拆"第四方力量"工作结构图可以看到房地产估价师的参与，让专业伴随，让专业下沉，有利于征拆指挥层对征拆项目的风土人情、征收诉求、市场环境的了解不走形、不延迟、不误判。如果管理公司的管理枝节延伸到征拆各个环节，那么估价师的专业作用从征收项目落地那天就开始，征拆"第四方力量"对项目的监督管理服务目标从某些方面说也离不开估价师的专业参与。

三、房地产估价师参与房屋征拆"第四方力量"的基本要求

房屋征拆管理，一方面是实施主体的智囊团，起着"军师""智囊"的作用，致力于结合区域特色及项目自身的特点量身定制征拆方案，合理、有效把控项目风险和项目进度，确保项目达到最佳实施效果；另一方面"第四方力量"是征拆项目的大总管，起着"总管"和"执行"的作用，全面负责项目的规划、管控与执行，为项目的顺利开展保驾护航。那么作

为一名房地产估价师把估价的从业经验作为一种配色,而更多的是围绕补偿原点充实自己更多的征收相关专业政策和操作技能,特别是工作中切忌纸上谈兵,因为"第四方力量"是要动脑也要动手的力量。

四、房地产估价师参与房屋征拆"第四种力量"的切入点

资深专业的房地产估价师依托于多年来主导和参与房地产征收拆迁、土地一级开发和棚户区改造项目经验和专业服务团队,经受了诸多项目检验,可以在征管的全程服务中发挥重要作用(图16)。

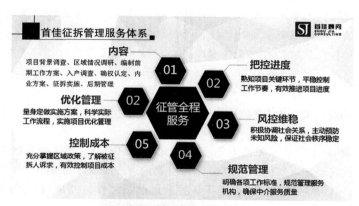

图 16　征拆管理全程服务体系

另外,从内容、优化管理、控制成本、把控季度、风控维稳、规范管理上,房地产估价师可以把项目当作一个超级大报告去策划开篇,按照预评、正式报告的节奏去出具可控合理的结果。

参考文献:
"三公为首,零势为佳",首佳顾问"征拆全过程管理"背后的逻辑[N]. 中国建设报,2019-07-25(6).

作者联系方式

姓　　名:周志刚

单　　位:武汉国佳房地资产评估有限公司

地　　址:武汉市江汉区淮海路泛海国际 SOHO 泛海国际城 2 栋 14 楼

邮　　箱:25097296@qq.com

浅谈棚改政策下的征收评估

吴 敏 唐森华

摘 要：随着近几年棚户区改造及大数据时代的来临，传统的房地产征收评估面临着巨大的挑战，不管是评估人员、评估设备、评估技术还是评估机构服务的方式、服务的对象和服务的范围都应与时俱进，并提供征收全流程服务。

关键词：棚改征收；征收全流程服务；评估机构全面升级；业务拓展

一、大量征收评估业务的背景——棚户区改造

2008年，中共中央启动保障性安居工程，并将国有林区（场）棚户区（危旧房）、国有垦区危房、中央下放地方煤矿棚户区改造作为重要内容，加快了改造步伐。

2010年，中央全面启动城市和国有工矿棚户区改造工作，并继续推进国有林区（场）棚户区（危旧房）、国有垦区危房、中央下放地方煤矿棚户区改造。

2012年，国家不断加大对棚户区改造的支持力度，重点对资源枯竭型城市、独立工矿区和三线企业集中地区棚户区进行了改造。

2014年，国务院办公厅印发《关于进一步加强棚户区改造工作的通知》，部署有效解决棚户区改造中的困难和问题，推进改造约1亿人居住的城镇棚户区和城中村。

2018年，国务院计划再改造各类棚户区，按照3年内基本完成改造的目标，优先安排改造城市棚户区、国有工矿棚户区、国有林区（场）棚户区（危旧房）、垦区危房。

伴随着棚改政策的逐步落实，全国各地都在棚户区改造，按照国家有关规定制定具体安置补偿办法，依法实施征收，维护群众合法权益。在征收过程中，房地产评估机构扮演了技术专业者、亲民沟通者、参谋顾问等多种重要角色。鉴于角色的重要性，给评估机构也提出了更高的要求。

二、传统征收评估中评估公司的职责

根据《国有土地上房屋征收与补偿条例》（国务院令第590号）第十九条"被征收房屋的价值，由具有相应资质的房地产价格评估机构按照房屋征收评估办法评估确定"，第二十条"房地产价格评估机构由被征收人协商选定；协商不成的，通过多数决定、随机选定等方式确定，具体办法由省、自治区、直辖市制定"，分别肯定了评估公司的参与。

根据《国有土地上房屋征收评估办法》（建房〔2011〕77号）第二条"评估国有土地上被征收房屋和用于产权调换房屋的价值，测算被征收房屋类似房地产的市场价格，以及对相关评估结果进行复核评估和鉴定，适用本办法"及第十四条"被征收房屋室内装饰装修价值，

机器设备、物资等搬迁费用,以及停产停业损失等补偿,由征收当事人协商确定;协商不成的,可以委托房地产价格评估机构通过评估确定。"评估公司在参与征收评估过程中,主要职责就是测算被征收房屋类似房地产的市场价格及市场装饰装修价值。简单地来看一下××社区棚户区改造征收补偿方案中的征收程序(图1):

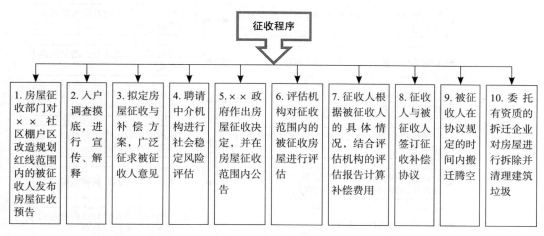

图1 ××社区棚户区改造征收程序示意图

一般情况下,房地产评估机构只做了征收程序中第6项的业务,在其他环节几乎没有参与,仅仅是作为一个普通的评估业务来做,参与感和存在感很弱,未能完全体现出一个专业评估公司和估价师应有的水平和实力。

三、棚户区改造高质量发展下的征收评估——征收全流程服务

众所周知,棚户区改造时间紧、任务重,各部门必须各司其职,分工明确,其中专业的事情需要更专业的人来做。那么,评估机构在整个征收过程中可以当仁不让地来承担征收过程中绝大部分事情。这个时候评估机构不仅是充当评估的角色,而是提供全方位的征收服务。如图2所示:

在整个征收过程中,评估机构的征收服务贯穿全程,正所谓征收全流程服务。征收全流程服务是指整个征收过程中,评估机构利用自身的专业知识、智能化技术、信息化管理系统等,对征收各个环节进行全方位的一条龙服务。形成一套先进、高效、规范的征收服务体系,极大地提升征收项目管理品质和工作效率,协助解决征收过程中所遇到的困难,从而让征收决策变得相对简单。

征收全流程服务覆盖流程如图3所示:

四、征收全流程服务的具体要求

征收全流程服务是在整个征收过程的全面覆盖,对服务机构的要求更高。

(一)机构资质等级全面

服务机构在拓展业务的同时,各业务的硬性资质条件一定要具备。要实现征收全流程服

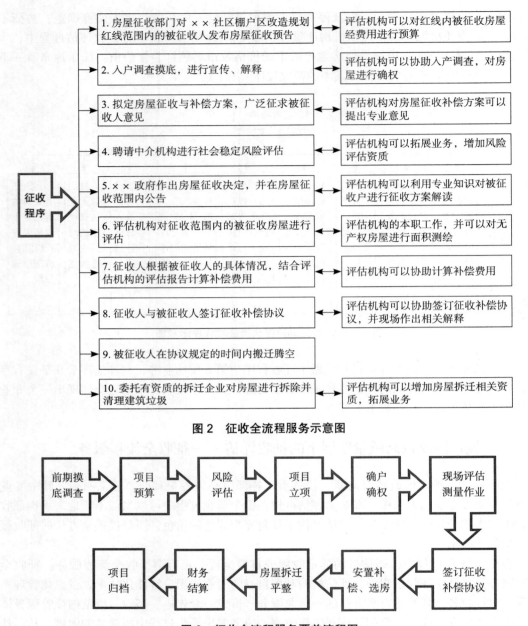

图 2　征收全流程服务示意图

图 3　征收全流程服务覆盖流程图

务，机构常常需具备房地产、土地、资产评估和房屋面积测绘、房地产规划等资质，甚至有些还需注册社会稳定风险评估公司及房屋拆迁公司等。具备资质等级全面的机构，才能最大广度和深度解决征收中碰到的各种各样的问题；才能为征收主管部门当好参谋，提供决策依据；才能在征收项目中提升中标的可能性。

（二）机构人才的"专"和"精"

专，在于征收评估是个细之又细的专业活，来不得半点马虎，否则，征收评估工作进展受阻，而且后患无穷。所以专业的事情要由专业的人去做，做到万无一失，征收部门满意，老百姓开心。精,在于征收现场工作细致、细心和精明老道,沟通有亲和力,说话有分寸,该说的话说清楚,不该说的话,滴水不漏。否则,说了不该说的话,留下把柄,工作推动起来,困难重重。服务机构需储备大量这样专和精的相关专业技术人才,建立与各级征收主体单位的联系,当好他们的参谋。

（三）现代化征收设备齐全

与传统评估相比,征收全流程服务需要引进先进的设备及相关系统,比如绘图系统、无人机拍摄设备、电子丈量设备、便携式移动电脑平板、云数据评估系统等。使用现代化征收设备,既可以确保征收数据准确无误,又可以提高工作效率,做到事半功倍。

（四）新技术新观念转型升级

随着大数据时代的来临,传统的评估模式已无法满足征收全流程服务,必须引进新技术,接受新观念,与时俱进,全方位满足现实征收评估要求,确保任务圆满完成。

五、征收全流程服务面临的困境

（1）征收主管部门短期内存在一个认知和接受的过程。全面棚改征收工作是最近几年动作比较大的政策,一方面是响应国家到2020年全面消灭贫困的目标,另一方面让一些贫困群体享受到改革开放四十年发展成果,同时也是城市改造发展的契机。在这高速发展时期,难免一些征收部门及官员抱着原有的一些思路及做法,很难在新时期把征收工作顺利推进,需要及时接受新技术,新观念。征收全流程就是一个可以解决征收工作当中常常碰到的一些问题,并提出解决方案,提供有效决策依据的技术因子。

（2）征收全流程服务收费低廉,在一些地方将成为阻碍推广征收全流程服务的原因之一。有些征收单位接受征收全流程服务的理念,苦于经费问题,又不能提供全流程服务的资金;机构要提供全流程服务,需要上设备、上技术、上人才,却又不能拿到全流程服务的费用,面临两难困境。这些现象经过一段时间的磨合,机构与部门之间的壁垒,逐步在打破。部门在征收工作中越来越顺,机构在业务上越来越强,百姓得实惠越来越开心,项目进展越来越快。

（3）对目前处于瓶颈期的评估机构发展不利,党的十九大报告指出"我国经济已由高速增长阶段转向高质量发展阶段"。房地产估价机构应适应经济高质量发展、推动经济高质量发展、实现自身高质量发展,所以评估机构都在转型升级。如果评估机构利用征收全流程作为自身高质量服务的出发点,在征收全流程服务中一旦遇到很大的阻力,无疑是对评估机构的转型升级泼了一盆冷水,对评估机构拓展业务等方面产生消极影响,不利于评估机构的长期发展。

六、征收全流程的前景

征收全流程服务的前期端的全面调查,图文并茂,数据齐全,为征收部门制定征收方案提供可靠的依据。中期端的现场工作,专业过关,服务到位;晓之以理,动之以情;对政府负责,对人民贴心;孜孜以求把各方面的工作做好。后期端的海量数据计算、统计、备份、归档及总结,一方面送达到征收部门存档备查,另一方面还可以提供给拆迁户随时查找,最关键的还是机构从中可以汲取更多的经验和教训,争取把下一个项目做得更好。

征收全流程服务的前期端、中期端及后期端全流程服务逐步深入到征收部门及拆迁户的心里，逐步得到他们的认可和信赖，可谓前景广阔。

七、结语

棚改政策下的征收评估，是新时代赋予评估机构发展转型升级的契机，越来越多的机构在尝试使用征收评估全流程服务系统及设备，越来越多的征收部门也与时俱进，解放思想，接受全流程服务新理念。假以时日，征收全流程评估服务，在以后的征收工作中，将会发挥越来越大的作用。

作者联系方式
姓　名：吴　敏　唐森华
单　位：新余广泰房地产评估咨询有限公司
地　址：江西省新余市渝水区劳动北路 1088 号（新东方大厦九楼）
邮　箱：314707551@qq.com；1278543527@qq.com

金融担保视角下的房地产估价业务探讨

王洪昌

摘 要：伴随供给侧结构性改革的深入和金融业的日益丰富与发达，金融担保视角下的房地产估价将越来越多。但目前站在金融担保视角下去评估基于被抵押房地产的"净担保能力"的研究却不多，本文首先解析了金融担保视角下的房地产估价业务来源，其次对估价业务的基本事项进行了详细分析，最后对房地产估价思路及其应用作了一些探讨。

关键词：金融担保视角；净担保能力；房地产估价探讨

金融业日益丰富与发达，除传统的银行、担保机构、信托机构、证券公司、保险公司等外，大量的互联网金融行业、小额贷款机构、租赁机构、各种基金等也应运而生，不论这些金融行业如何演变，其本质都是需要抵押品的，只不过是像房地产一样的实物，还是像人品之类的信用而已。不难发现，占 70% 以上的抵押品还是房地产。那么，站在金融担保业的视角下又该如何进行类似房地产的估价呢？

一、金融担保视角下的房地产估价业务来源

随着中国经济转型升级及供给侧结构性改革的深化，大量传统行业相继出现了产能过剩，甚至逐步走向衰退，出现了很多违约、断供等事件，大量担保抵押品也成了大家关注的焦点。

央行徐忠在《从金融视角看房地产税的重要地位》一文中指出，我国目前居民财富超过 60% 配置于房地产，远高于发达国家。

樊畅在《债务违约频发，危机是否风雨欲来》一文中指出，2018 年非金融体系债务占 GDP 比例高达 328%，远远超过一般认知的 250% 的警戒线，"去杠杆"伴随着流动性的收缩，整个社会的资本大退潮，可能才是刚刚开始。

笔者近期陆续接到很多关于金融债权评估和金融债权项下的抵押品特别是房地产的估价事项，有一些是金融风险预警评估，有一些则是直接触发风险，涉及担保行业代偿债务而进行抵押品估价，这是估价行业的新兴业务，这些业务主要包括下面几种情况：

（一）抵押品足值

抵押品足值，但债权已发生断供、违约时，对足值的抵押品评估是最常见的一种估价业务。这种业务主要包括两种，一种是由法院委托估价机构进行拍卖评估，比如重庆根据《重庆市高级人民法院关于执行工作中司法评估的规定（试行）》操作估价业务，这类业务与我们常规估价没有多大区别，都是按《中华人民共和国资产评估法》《房地产估价规范》及《资

产评估执业准则》等进行的以公开市场价值标准为主的执业操作，这类业务已成为我们行业的日常业务。另一种是金融行业诸如机构兼并、风险判断、管理决策等所进行的一种估价，这类估价业务本文将着重探讨。

（二）抵押品不足值，但继续还款

对某些中长期融资担保事项，尽管债务仍在按月还款，但有某些迹象表明还款不具有持续性，或抵押品市场明显大幅下跌，需要对抵押品进行检验或估价。随着房地产市场拐点临近，市场波动加大，类似业务将会大幅增加。

（三）风险发生

笔者也接触到一些风险已经发生的项目，即债务人已经实质性断供或违约，通过法院裁决或和解，甚至有一些达成债务重组，此时的抵押品就显得特别重要。有一些债务人可能会增加新的抵押品，但很多债务人是无法增加新的抵押品，只能增加相应的担保人。为评估金融债权的可回收额度提供相应的决策参考，相应的估价业务既包括原抵押品，也包括新增抵押品。

二、金融担保视角下的房地产估价业务分析

金融担保视角下的房地产估价有很多特殊性，下面从估价业务需要确定的一些基本事项进行探讨。

（一）估价对象

估价对象是什么，常规金融担保项下的抵押品包括房地产、土地使用权、机器设备、宅基地、林地林权及公司股权等，本文仅对抵押品中的房地产进行探讨。表面上看，我们就是对"房地产"这一抵押品进行的估价，实则不然。金融担保视角下的房地产估价对象应是金融担保机构作为债权所有者对房地产这一抵押品一旦处置后所能获得的"净担保能力"。即公开市场价值标准扣除抵押品处置时可能带来的诉讼成本、交易税费、中介费用、法定优先受偿款等后的净额，实质就是基于被抵押房地产所对应的"净担保能力"。

（二）估价目的

估价目的主要是为金融担保机构或金融兼并、债务重组、管理决策甚至不良处置时针对担保抵押品处置变现后可能实现的财产净额提供价值参考依据。

笔者曾接触过一些金融兼并、债务重组或管理决策为估价目的的项目，通常来讲，估价目的是"纲"，其他则是"目"，所谓纲举目张。很多项目在面对上述估价目的时，其实很多担保风险已经发生，最典型的就是断供和债务违约，但往往估价对象为一个"资产包"，该"包"中有一些业务可能仍处于正常履约中，因此需要根据不同的估价路径与方法，同时做出使用者能理解的估价报告。

（三）相关当事人

与常规估价业务不同，类似项目的相关当事人很多，除正常的委托方（金融担保机构）或产权持有者（房屋业主）之外，还包括估价目的对应的其他当事人、使用抵押品的债务人、抵押品现有居住者等，这些相关当事人很少直接影响估价结果，但也不排除部分当事人会影响抵押品处置甚至估值。笔者曾遇到一个抵押品，该套房屋为债务人在某企业改制处置时购得，取得后即抵押，该房在改制前就居住着一对70多岁的失独老人，改制处置后尽管通过法院清退，老人与该房也没有经济关联，但就算到债务人断供由司法拍卖后老人也一直

不愿腾退，直到补偿3万元并给老人寻得适当住所后了事。这个故事告诉我们两点：一是估价需要勤勉尽责；二是房地产的其他相关人对其处置或价值结论可能会有影响。

（四）价值时点

价值时点通常为估价目的实现接近日，比如以债权权利变动为目的的金融兼并、债务重组等，与不以权利变动为目的的管理决策等的估价就有所不同，前者之变动比较确定，后者则需要去模拟判断。

以决策管理的估价目的为例，其评估结论通常要求模拟处置时的极限所得净额，价值时点与模拟处置时点就需要做两方面的处理：一方面估价时需要通过债务总时长、债务人持续偿债能力及断供违约的可能时点进行辨识和修正，但这种努力总是力有不逮；另一方面则可以在报告中予以恰当披露，供报告使用者参考。

（五）评估价值类型考量

《房地产估价规范》GB/T 50291—2015 在"6.4.2 房地产抵押价值评估"中规定应采用公开市场价值标准，可参照设定抵押权时的类似房地产的正常市场价格进行，但应在估价报告中说明未来市场变化风险和短期强制处分等因素对抵押价值的影响。

笔者在《抵押评估究竟采用什么价值类型》一文中也提出抵押价值应采用公开市场价值，认为债权方决定贷多少款，那是债权方自己的事，评估师能够且只能够提供的是市场价值，评估师不能替代债权方决策。

从相关的规范或文献来看，抵押房地产估价更多地应采用公开市场价值标准或价值类型，而且同样也是站在金融机构的立场或角度来使用报告的，那么是不是由此可以推论出本文所探讨的"金融担保视角下的房地产估价"也应该采用公开市场价值标准呢？

让我们先看看公开市场价值标准之外还有哪些价值标准（类型）。《资产评估价值类型指导意见》（中评协〔2017〕47号）在第四条、第五条规定价值类型包括市场价值及投资价值、在用价值、清算价值、残余价值等类型。

靳双喜在《浅析房地产估价过程中价值类型的选择与使用》一文中根据估价目的与市场环境等不同，罗列了市场价值类型、投资价值类型、在用价值类型、快速变现价值类型、清算价值类型、抵押价值类型等。

朱晓强在《从美国"次级抵押贷款危机"看抵押估价中的"价值类型"选择》一文中围绕抵押评估的价值类型选择提出了市场价值、抵押价值和可变现价值，并详细分析了三种价值类型的内涵。文中提到价值类型选择应考虑三点，即评估特定目的、评估对象的自身条件（内在条件）、评估时的市场条件（外部环境）。

我们再来看看"金融担保视角下的房地产估价"的价值类型选择或判断，首先是包括金融兼并、债务重组、管理决策甚至不良处置时针对担保抵押品处置变现等特定估价目的，都是基于当前债权或债务关系在难以为继或可能中断时所采取的特殊决策。其次，作为房地产这一抵押品存在价值量大、不可位移等特点，加上交易手续复杂、税费较多等原因，甚至可能还存在房地产调控等政策环境。而金融担保视角下的房地产估价只是在匹配"净担保能力"，快速变现后处置净额才是客户最关心的问题。从这个意义来看，采用公开市场价值标准就没有现实意义了。笔者以为，"金融担保视角下的房地产估价"的价值类型应选择"快速变现价值标准"或《资产评估价值类型指导意见》中对应的"清算价值类型"。

三、评估思路及其应用

根据《规范与银行信贷业务相关的房地产抵押估价管理有关问题的通知》(建住房〔2006〕8号),在其后附的《房地产抵押估价指导意见》第四条,房地产抵押价值为抵押房地产在估价时点的市场价值,等于假定未设立法定优先受偿权利下的市场价值减去房地产估价师知悉的法定优先受偿款。

前有述及,对被抵押房地产所对应的"净担保能力"的估价,并不是对应的被抵押房地产公开市场价值标准,而是以扣除房地产估价师知悉的法定优先受偿款后的所谓公开市场价值为基础,考虑其他因素最终估算出该房地产所对应的"净担保能力"。那么,该考虑哪些因素呢?笔者认为主要应该考虑四点:

(一)与价值时点对应的处置市场条件

与价值时点对应的处置市场条件存在很大的关系,这些条件至少包括模拟性交易、强制性执行、程序性处置等。

首先,估价就是去模拟其交易,买卖双方信息并不是特别对称,尽管通常会采取公开竞卖、公开拍卖等形式,但买卖双方是被这种特殊的处置模式所扭曲的市场参与者,对估价对象了解不够,竞争也不充分,因此会给估价结论带来一定的扭曲。

其次,事涉金融担保所对应的债务人断供或违约,有包括《合同法》等法律法规约束,存在法定性与强制性,因其有强制性也难有公开市场标准下的自愿卖方存在,这一点与前有论及的价值类型有很大的吻合性。当然,本文所指的估价与司法拍卖时的抵押物估价有很大的区别,二者视角完全不同,通常法院一般会在司法评估机构对抵押品估价结论的基础上下降20%作为起拍价或竞卖底价,在法定时期内无法撮合交易时,还可继续下降拍卖底价。在对该抵押品的"净担保能力"估价时其实很难预知拍卖情况,因此必须将其作为一个修正因素考虑在估价结论之中。

最后,金融担保视角下的抵押房地产一旦处于断供违约状态时,其最初设定的抵押就发挥作用了,应按相应的程序进行。程序性处置过程通常包括司法诉讼、司法(拍卖)评估、抵押品处置、交易过户等,这一系列过程都有成本或费用,这些成本费用也必将影响相应的估价结论,即所谓的"净担保能力"。

(二)与估价对象处置有关的所有税费等

与估价对象处置有关的税费相对容易估计。

首先,诉讼过程的中需要管理费、诉讼费、执行费和律师费用等,正常情况下,管理费考虑1%,诉讼费5‰左右,执行费一般为1‰,律师费1‰左右,合计约为2%。司法拍卖一般在1%,评估费一般在1%,合计2%。

其次,交易环节的税费各有不同,比如住宅交易税费:卖方(个人所得1%,不足两年的增值税及附加5.6%,两年以上的增值税及附加免征),买方(契税1%~3%,印花税0.05%),除不足两年疑似"炒房"的,正常税费约为4%左右;商业房产交易税费:卖方(增值税及附加5.6%,个人所得税3%,土地增值税6%,印花税0.05%),买方(契税3%,印花税+5元),合计交易税费17.7%左右。

最后,法定优先受偿款根据《合同法》等规定,在本次抵押权实现时,法律规定优先于本次抵押担保受偿款的款额,包括拖欠的工程款、已抵押担保的债权,以及其他法定优先受偿款。

（三）快速变现的考虑

《房地产抵押估价指导意见》第二十四条，房地产变现能力影响因素主要包括抵押房地产的通用性、独立使用性或者可分割转让性，还有在估价时点拍卖或者变卖时最可能实现的价格、变现的时间等。

邵华琦在《浅谈房地产抵押估价中的变现能力分析》一文中指出影响变现能力的因素主要包括：处置方式、房地产宏观状况、区域发展情况、价值量大小及抵押房产自身优劣等。

至于如何量化估价对象的变现系数，相关研究还很少。但实务界很多人士也给出了一些参考：

1.《抵押估价指导意见》第二十四条，根据抵押房地产的通用性、独立使用性或者可分割转让性，以此为基础来判断快速变现能力。结合具体的估价对象进行分析。

2. 目前金融机构对房地产抵押担保融资额度来看，一般住宅在70%左右，一般的工业厂房、商业、办公、在建工程等在50%～70%；

3. 目前法院对抵押房地产拍卖底价设置通常在80%左右，如果在法定期限内不能变现，可以再降20%进行公开竞卖。

以上分别代表着估价行业、金融行业及司法部门等不同行业在抵押房地产处置中针对快速变现积累出的一系列经验或数据，我们在具体估价实务中可以较好地参考。

（四）其他变现因素

其他因素主要包括抵押品处置中的捡便宜习惯、全款交易、房屋风水、债务人信用等因素。

抵押品处置的买受者本着捡便宜而参与市场，在拍卖时就自然比正常房价低一些；由于抵押品处置的特殊性，一般都要求全款，房地产本来交易价值较大，对于常规按揭买房的市场参与者而言只能望而却步。还有传统观念中的风水，典型的如所谓"凶宅"，类似变现折扣应该大幅下折。还有诸如债务人的信用、估价对象所对应的担保价值及估价对象的一些特殊因素等，这些都将加速或延缓风险的爆发，影响着抵押品的处置时间、方式、成本等变现能力。

四、结语

未来已来，伴随着供给侧结构性改革的发力，与金融业的日益丰富与发达，金融担保视角下的房地产估价将越来越多。过去，我们更多的是站在直接的抵押估价视角去考虑公开市场价值标准，去考虑法定优先受偿款，甚至详细地进行抵押房地产的变现能力分析。但这些不过是以公开市场价值标准的"以物论物"式的直接估价。

今天，当我们从在金融担保视角去观察房地产的价值时，就会发现，房地产的金融属性更加凸显，我们似乎已经远离被抵押的房地产这个"物"的价值，而是站在金融担保行业的立场，在考虑其基于被抵押房地产价值的"净担保能力"。

参考文献：

[1] 徐忠. 从金融视角看房地产税的重要地位 [Z]. 华尔街见闻，2018-04-25.

[2] 樊畅. 债务违约频发，危机是否风雨欲来？[Z]. 英才杂志微信公众号.

[3] 重庆市高级人民法院关于执行工作中司法评估的规定（试行）[S]，2012.
[4] 中华人民共和国资产评估法 [S]. 中华人民共和国主席令（第四十六号）.
[5] 房地产估价规范（GB/T50291-2015）[S]. 中华人民共和国住房和城乡建设部，2015.
[6] 王洪昌. 抵押评估究竟采用什么价值类型 [J]. 中国资产评估，2008（01）.
[7] 资产评估价值类型指导意见 [S]. 中评协〔2017〕47号.
[8] 靳双喜. 浅析房地产估价过程中价值类型的选择与使用 [J]. 中国房地产估价与经纪，2009（01）.
[9] 朱晓强. 从美国"次级抵押贷款危机"看抵押估价中的"价值类型"选择 [J]. 中国房地产估价与经纪，2008（69）.
[10] 邵华琦. 浅谈房地产抵押估价中的变现能力分析 [J]. 城市建设理论研究（电子版），2015（09）.

作者联系方式

姓　　名：王洪昌
单　　位：重庆银努资产评估房地产土地估价有限公司
地　　址：重庆市黔江区城西六路450号（黔江区审计局院内）
邮　　箱：slcf06@qq.com

融资担保项目中的估价需求

卢家荣　郭宝欣

摘　要：评估作为一种现代金融服务活动，在实际工作中需要与其他的各类行业进行多元接触，了解融资担保过程中产生的评估需求、业务关注点，以为社会提供更高质量的服务。

关键词：融资担保；反担保；抵押物；反担保措施；评估

目前在金融领域，融资担保公司充当银行的"保险公司"角色，往往在贷款中起着"兜底"作用。寻找融资担保的企业往往由于各方面的原因导致不能从银行直接获取贷款，例如标准抵押物不足、成立时间等因素。在这种情况下，如何控制未来可能发生的代偿风险，是一家融资担保公司的核心竞争力。其中，反担保措施涉及的抵押物评估是风险评估的重要一环。

本文希望加深评估行业对融资担保行业的了解，同时希望评估界中的同行能更多地了解到其他行业的运转，拓宽视野。评估作为一种现代金融服务活动，在实际工作中需要与其他的各类行业进行多元接触，融资担保行业作为金融行业中的一环，加深对融资担保行业的认识，了解融资担保过程中产生的需求，对评估行业是有益的。

一、研究意义

一是有利于提高行业的风险评估能力。融资担保行业的核心竞争力是风险把控，了解到融资担保行业的风险控制手段，提高评估机构和房地产估价师的执业水平，为社会提供更高质量的服务。

二是有利于推动评估的新业务拓展。目前社会环境在快速变化，传统的评估业务日益受到各种新型技术手段的挑战。传统的合作企业，例如银行业，本身内部也在快速调整当中。在业务链中处于下游的评估行业，如何开拓新业务，保持行业的活力，是评估行业发展的重中之重。融资担保行业中涉及的评估，既区别于传统的评估报告又与传统的评估路径相关，更偏向咨询需求。选择该主题，是希望能为评估行业提供一个可能的方向。

二、融资担保中反担保措施及涉及的房地产抵押物种类

（一）反担保措施的含义
1. 标准反担保措施
主要指保证金担保和标准抵押物反担保。保证金担保，顾名思义，是以缴存现金或现金

等价物的形式进行担保,此处不作展开。而标准抵押物反担保措施是指债务人或其他人在不移转对其特定财产(标准抵押物)占有的情况下将该财产作为本担保人追偿权的担保。债务人不履行被追偿的债务时,本担保人有权依法以该财产折价或者以拍卖、变卖该财产的价款优先受偿。标准抵押物主要是指产权明晰的房地产、土地使用权、车辆等,房地产主要包含住宅、商业类物业、工业物业。

2. 非标准反担保措施

内涵同标准抵押物反担保,但提供作反担保的资产,是指相对变现处理能力较差、控制能力较弱的租地自建物业和集体土地上物业以及应收账款、存货、股权、金融资产、机械设备等。目前主要是租地自建、集体土地上物业、开发商自留未办证房产。

3. 加强型反担保措施

主要为保证反担保措施,又称信用反担保。是保证担保方式在反担保中的适用,即债务人之外的保证人与本担保人约定,当本担保人取得对债务人的追偿权而债务人不向其履行债务时,由保证人按照约定向本担保人履行债务或者承担责任的反担保方式。可能涉及其他的房地产物业。

(二)反担保措施中所涉及的抵押物

标准抵押物的一般特点是能办理抵押登记,但标准抵押物的评估需求一般较少,因为标准抵押物多的企业一般多直接寻求银行贷款,以获取更低的资金成本。其中在项目贷前阶段,因多种原因不能进行抵押的有证房产,都归并为标准抵押物处理,在后续确定不能抵押后,方可从标准抵押物清单中剔除。

三、融资担保中评估的需求分析

(一)贷前调研阶段

贷款发放前均需要对借款人的状况进行尽职调查分析。目前,贷前尽职调查的主要着力点集中在项目本身,企业的业务收入作为第一还款来源,运行状况是否良好直接影响到企业的还款能力。相比传统银行业对抵押物极为看重,在相当长的时间里,抵押物作为第二还款来源未能得到足够的重视,融资担保行业迟迟没能建立起行之有效的独立抵押物评估体系,往往是与尽职调查合并进行。而业务人员,往往缺乏专业的评估经验,多为主观估值,对整个业务后期带来一定的隐患。

(二)贷后跟踪阶段

贷后跟踪一般需要对企业进行定期的拜访。抵押物的变化情况是其中需要关注的一个方面,实物状况一般变化不大,主要应关注抵押物(尤其是非标准抵押物)权益方面的变化情况,可以运用贷后跟踪的检查或者了解到的其他资讯、地区变化因素量化等,对贷后抵押物状况进行分析判断,了解抵押物的变化情况。

(三)风险发生阶段

风险发生阶段主要对发生风险的项目处置变现价值进行判断,充分披露处置抵押物中应该注意的风险点,尽量模拟处置的流程,需要提高评估机构和房地产估价师的法律水平(房地产、税务、民事诉讼等),提供更加贴合市场的服务,减少风险损失值。

四、融资担保中评估的特点

（一）精简性

由于项目评审的时间较为有限，所以要在短时间内集中发表对抵押物的判断，故而应先对项目抵押物总体进行大概分析，例如总体抵押物的市场价值、总体快速变现或折价系数、快速变现价值，主要抵押物的价值权重，其中可办理抵押登记的数量有多少等。

（二）注重合规性和法律风险

需要对企业抵押物信息进行充分的披露，了解抵押物抵押登记、处置变现时存在的风险点。了解抵押物是否有违规建设的问题，是否有违法使用土地，非法变更土地用途的问题，对存在瑕疵的情况需尽量量化，最终反映在抵押物的快速变现价值上。

（三）真实性

因为抵押物作为第二还款来源，在第一还款来源（借款项目或企业）运营出现风险的情况下，能起到减轻融资担保企业代偿资金压力的作用，故而能真实准确地提供抵押物的价值。给贷款决策机构提供有效信息至关重要，要始终把握实质重于形式。

（四）复杂性

复杂性主要体现在两个方面，一个是资产的数量大，另一个是资产的种类多。通常一家企业及其实际控制人，名下的资产数量不少，但符合抵押登记要求的只占其中的一小部分，所以要求在短时间内对项目的全部资产进行评估，涉及的实际工作量大，需要兼顾效率性。

（五）效率性

目前融资担保中涉及的多为中小微企业提供贷款服务，解决借款企业的流动性问题，补充流动资金，业务的开展需要稳定质量，同时需要兼顾效率。需要结合技术手段，提高效率。

（六）关注资产的可变现性

在业务开展的前期，就需要考虑到预期可能发生坏账的风险，对抵押物的可变性进行充分的分析和论证，对各种折价的因素进行量化，对处置税费进行分析。

五、融资担保中评估需要注意的事项

充分关注可变现价值和处置风险。目前融资担保中涉及以非标准抵押物为主，例如租地自建物业，仅拥有转租权的情况下其价值认定的问题。需要注意其中的可实现价值，例如业务前判断发生坏账时是否可以转租，是否可以对物业进行有效控制，在业务中期租金是否稳定、是否能够覆盖利息和部分本金、是否可以提前变现等。与其说需要价值判断，更不如说是需要更加专业的咨询服务。

融资担保评估报告的展示上应重点突出风险提示。应在报告前列重点突出估价对象的合规性审查，资料的完备程度，处置风险及未来变现能力的分析，相关财产线索的状态等风险因素，突出报告中的要点，为报告使用者提供有价值的服务。

六、评估行业展望

未来的评估更加偏向于咨询性质的服务。从业人员在掌握本专业技术的前提下，应更加注重法律、会计、统计、计算机技术水平的培养。统计、计算机技术可以做到数据的批量处理，法律、会计、评估可对数据的信息进行有效呈现，提供有效的咨询内容。

参考文献：
本社. 担保纠纷实用法律手册 [M] 北京：中国法制出版社，2007.

作者联系方式
姓　　名：卢家荣
单　　位：广东中盈盛达融资担保投资股份有限公司
地　　址：佛山市顺德区乐从镇岭南大道南 2 号中欧中心 D 栋 5 楼
邮　　箱：lujiarong001@hotmail.com

姓　　名：郭宝欣
单　　位：深圳市国房土地房地产评估咨询有限公司佛山分公司
地　　址：佛山市禅城区创意产业园 29 号楼 610 室
邮　　箱：lujiarong001@hotmail.com

浅谈教育用地地价评估

吴松丹

摘　要：2017年7月，国土资源部办公厅《关于加强公示地价体系建设和管理有关问题的通知》（国土资厅发〔2017〕27号）要求市、县人民政府依据当地土地取得成本、市场供需、产业政策以及其他用途基准地价等，制定公共服务项目用地基准地价。2018年5月，住房和城乡建设部办公厅发布了《城乡用地分类与规划建设用地标准GB 50137（修订）（征求意见稿）》，该征求意见稿进一步完善了教育用地的归类。本文试着分析不同类型教育用地的用地特性，在此基础上探讨不同类型教育用地的供应方式及地价评估体系。

关键词：教育用地；地价评估；供应方式

一、教育用地的概念及分类

根据《土地利用现状分类》GB/T 2010—2017，教育用地隶属于公共管理与公共服务用地，包括高等院校、中等专业学校、中学、小学、幼儿园及其附属设施用地，聋、哑、盲人学校及工读学校用地，以及为学校配建的独立地段的学生生活用地。

根据《城市用地分类与规划建设用地标准》GB 50137—2011，作为公共管理与公共服务用地的二级用地，教育科研用地指高等院校、中等专业学校、中学、小学、科研事业单位等用地，包括为学校配建的独立地段的学生生活用地。

根据《上海市控制性详细规划技术准则（2016年修订版）》，教育用地分为基础教育设施用地和教育科研设计用地，其中，基础教育设施用地包括完全中学、高级中学、初级中学、小学、九年一贯制学校、幼托等，隶属于居住用地；教育科研设计用地指高等院校、中等专业学校、职业学校、特殊学校等各类教育设施以及各类科学研究、勘测及测试机构的用地，不包括高中、初中、小学和幼托用地，隶属于公共设施用地。

根据《城乡用地分类与规划建设用地标准 GB 50137（修订）（征求意见稿）》，将教育用地与科研用地分列，其中教育用地指高等院校、中等专业学校、中学、小学及其附属设施用地，包括为学校配建的独立地段的学生生活用地，属于公共管理与公共服务设施用地的二级类。将城市建设用地中的幼托用地归为居住用地中服务设施用地。另外，将营利性教育用地列为商业服务业设施用地中的其他服务设施用地，其他服务设施用地指非公益性的业余学校、培训机构、医疗机构、养老机构、宠物医院、通用航空、汽车维修站等其他服务设施用地。

综上，从教育用地是否营利的角度，可将教育用地分为公益性教育用地和营利性教育用地，其中公益性教育用地主要隶属于公共管理与公共服务用地；营利性教育用地隶属于商业服务业用地。从用地性质的角度可将教育用地分为以下三类：一是商业服务业设施用地中其他服务设施用地，主要包括非公益性的业余学校和培训机构。二是公共管理与公共服务用地中教育用地，指高等院校、中等专业学校、中学、小学及其附属设施用地，包括为学校配建的独立地段的学生生活用地。三是居住用地中服务设施用地，主要为幼托用地。

二、教育用地的供应方式及评估体系

由前文所述，教育用地分为公益性教育用地和营利性教育用地。其中，公益性教育用地根据公共产品理论即是否具有非排他性和非竞争性又可分为纯公益性教育用地和准公益性教育用地。详见表1：

教育用地分类表格　　　　　　　　　　　　　　　　　　　　　　　　　　表1

	排他性	非排他性
竞争性	私人产品： ①营利性教育用地（非公益性的业余学校、培训机构）；居住用地中服务设施用地（营利性幼托用地）	—
非竞争性	准公共产品： ②公共管理与公共服务用地（高等院校、中等专业学校）	纯公共产品： ③公共管理与公共服务用地（基础教育，中学、小学）；无偿移交幼托用地

根据不同类型教育用地的特点、收益模式等，对教育用地的供应方式及价格水平探讨如下：

1. 第①类用地

具备完全的竞争性和排他性，主要为营利性教育用地（非公益性的业余学校、培训机构）和居住用地中服务设施用地（营利性幼托用地）。考虑到其业态与办公用地的相似性，在供应方式上应与办公用地相同，即采用招拍挂出让方式（对于只有一个意向者的，可采用协议出让方式），价格水平应以办公用地为参照，并进行用途修正。

具体方法可选用基准地价系数修正法、市场比较法、剩余法、用途转换法。

（1）基准地价系数修正法：营利性教育用地（非公益性的业余学校、培训机构）有办公用地特征，建成后产生收益。根据《上海市基准地价更新成果》，"教育、医疗卫生和养老用地基准地价不低于同级别办公基准地价的60%"。故营利性教育用地可采用基准地价系数修正法评估。

（2）市场比较法：可选用营利性教育用地案例，若该类用途案例较少，亦可选用办公用地案例，最后做用途修正。主要影响因素包括区位、人流量、交通条件等。

（3）剩余法：采用剩余法时，可先将租金通过收益还原的方式得出开发完成后的房地产价值再扣除开发成本、利润等剥离出地价。其中，租金可采用业余学校、培训机构的租金水平，若此类租金可比案例较少，基于营利性教育用房与办公用房出租时有替代效应，亦可采用办公用房的租金水平。当然，亦可搜集同一供需圈内类似规模和档次的营利性教育类不动产的运营收入、运营成本以及合理运营利润来测算开发完成后的房地产价值。

（4）用途转换法：有学者借鉴日本游乐场等地的用途转换法，认为对于特殊用地，可转化为最可能的用途，比如高尔夫球场最可能转换为居住用地，再扣除居住用地的开发费用，得出高尔夫球场的地价。即特殊用地价格＝可转换用途土地价格 × 价格比例－可转换用途土地的开发成本，其中价格比例一般为 60% ～ 90%。落实在经营性教育用地上，经营性教育用地价格＝办公用地价格 ×80%－办公用地的开发成本。笔者认为这不失为一种验证方法。

2. 第②类用地

为准公共产品，主要包含公共管理与公共服务用地（高等院校、中等专业学校），适用于俱乐部理论，可推行市场配置的方式，以协议出让方式供应。由于高等院校、中等专业学校等学府集中的文教区往往又是高新技术产业园区，比如美国的硅谷、北京的中关村都是以大学为中心，以高科技产业群为基础形成产学研的科技发展基地。依托同济大学的上海赤峰路建筑设计一条街，依托东华大学的长宁区天山路时尚产业园亦是如此，故根据公共管理与公共服务用地（高等院校、中等专业学校）的业态及经营模式，可参照产业科研用地地价水平。

具体方法可选用市场比较法、剩余法、成本逼近法。

（1）市场比较法：上海市近些年有此类教育用地协议出让的案例，故可采用市场比较法进行评估。考虑到高等院校、中等专业学校等教育用地与产业科研用地、新闻出版用地、机关团体用地具有一定的相似性，亦可选用产业科研用地、新闻出版用地、机关团体用地作比较案例并进行相应分析。

（2）剩余法：技术思路同第①类用地，其租金水平建议采用产业科研用房的租金水平。

（3）成本逼近法：包括土地取得费、土地开发费、相关税费、利息、利润、土地增值收益，并进行区域个别因素修正（可考虑教育用地的社会效益）。其中，利润率可参照国务院国资委财务监督与考核评价局编制的《企业绩效评价标准值》中科研设计行业的利润率。

笔者认为，该类教育用地不适合用途转换原则，因为政府土地利用的目的是实现经济效益、社会效益和生态效益的最大化，而不是单单经济利益至上，高等院校、中等专业学校是一个城市不可缺少的，兼备社会效益，所以土地用途不会转向具有较高经济利益的类型。

3. 第③类用地

具备非竞争性和非排他性，是纯粹的公益性教育用地，主要为中学、小学等基础教育。这类公益性教育用地一般在居住用地中捆绑供地，即居住用地受让人需配建小学、幼儿园等公益性教育用地，建成后无偿移交给政府部门使用。理论上，教育用地影响的一定半径范围内的土地价格的增量，即为教育用地的价格，即公益性教育用地具有正的外部性，公益性教育用地会带动当地的人口流入，吸引人才、资金，但是，一是因为该外部性效益一般不能有效地核算在收益内，二是该类用地的价值应只考虑其社会效益，不适合使用市场经济价值规律，即国家应对于其土地开发投资的外部经济价值、社会价值和生态环境价值进行合理补偿，故而建议继续保留划拨方式供应。

具体方法可选用成本逼近法，其土地增值收益应与第②类用地有所区分。

三、结语

本文在对教育用地细分的基础上，提出可采用不同的供地方式，对于经营性教育用地采用招拍挂方式，对于公共管理与公共服务用地（高等院校、中等专业学校）采用协议出让方式，对于基础教育用地仍保留划拨方式，并探讨了不同类型教育用地的评估方法和价格水平。

采用上述思路或可建立教育用地基准地价体系、研究不同类型教育用地的最低出让价标准。

参考文献：

[1] 上海市规划和国土资源管理局. 上海市控制性详细规划技术准则（2016年修订版）[Z]. 2016-12.

[2] 国土资源部办公厅. 国有建设用地使用权出让地价评估技术规范 [Z]. 2018-03-09.

[3] 刘西锋. 公共物品理论在公共服务用地供应和评估中应用刍议 [J]. 中国房地产业（理论版），2013（05）.

[4] 高峰，唐琳. 公共服务用地分类及估价方法探讨——基于公共产品理论的分析 [J]. 价格理论与实践，2018（07）.

作者联系方式

姓　　名：吴松丹

单　　位：上海城市房地产估价有限公司

地　　址：上海市黄浦区北京西路1号新金桥广场16F（200003）

邮　　箱：270567849@qq.com

大型经营性房屋征收中装饰装修评估问题探讨

徐志革　沈宏亮　成　鹏

摘　要：大型经营性房屋征收中装饰装修评估，由于涉及征收人、被征收人、承租人三方利益主体，因而情况相对复杂，容易产生矛盾纠纷。本文从实际案例出发，探讨了大型经营性房屋征收中装饰装修评估的特点，以及评估过程中面临的争议问题，并针对性地提出了解决办法。

关键词：经营性房屋；装饰装修；征收；评估

在城市房屋征收中，大型经营性房屋征收极易产生矛盾纠纷，而其中关于装饰装修补偿的争议尤为突出。所谓大型经营性房屋，主要是指那些面积规模远超一般临街商铺的酒店、餐厅、商场、休闲娱乐场所等商业用房，这类房屋的装饰装修（含设备设施）具有工程量大、定制项目多、工艺复杂等特点，其征收评估往往相对复杂，争议较多。最近，我们承接了几例类似的评估工作，遇到许多问题，下面选择两个代表性案例进行分析，以供大家参考。

一、案例基本情况

案例1：某家居广场装饰装修评估。承租人租赁被征收人所有房屋用于经营建材家居。政府征收时委托A评估机构进行了房屋评估（不含装饰装修），与被征收人达成房屋征收补偿协议。该房屋被征收后，承租人因无法与征收人、被征收人就房屋装饰装修补偿等事宜协商一致，向法院提起行政诉讼，认为房屋征收人剥夺了其知情权、参与权及被征收主体资格。期间，承租人自行委托B资产评估公司对装饰装修进行评估，以其评估结果3000多万元作为证据向法院起诉。在诉讼过程中，法院通过协调征收人、承租人三方共同委托C评估公司对房屋装饰装修进行重新评估，评估结果为2000万元左右，最终法院判决采信了C评估公司的评估结果。

案例2：某高档酒店装饰装修评估。承租人共租赁房屋5层，主要经营餐饮、住宿、洗浴、休闲、娱乐等，建筑面积近10000平方米（其中加建面积约4000平方米）。因棚改项目纳入房屋征收范围内，委托D评估机构进行了房屋评估（不含装饰装修），并与被征收人达成房屋征收补偿协议。承租人租赁的房屋装饰装修价值因协商不成，征收人委托D评估公司对承租人装饰装修进行房屋征收评估。虽然经征收人、承租人和D评估机构三方反复沟通协调，但承租人对评估范围内几千项工程项目、工程量及评估单价始终有较大争议，拒绝接受评估机构出具的评估报告结果，一直未能达成征收补偿协议。

二、大型经营性房屋征收中装饰装修评估的特点

从上述两个案例的情况来看，与一般房屋装饰装修征收评估相比，大型经营性房屋装饰装修征收评估的特点主要表现为以下几点：

（一）矛盾争议更易发生

大型经营性房屋装饰装修征收评估一般涉及征收人、被征收人、承租人三方利益主体，利益关系更为复杂。根据《国有土地上房屋征收与补偿条例》第二条规定，房屋所有权人是法定的被征收人，承租人并没有明确界定为被征收人。对于出租的普通住宅，涉及承租人出资装修的情况较少，但大型经营性房屋装饰装修，主要由承租人出资承担，投入成本高，租赁期较长，且一般会在租赁合同中约定征收时装修补偿归承租人所有，承租人成为实际上的被征收对象，是征收过程中不可回避的利害关系人，在大型经营性房屋征收中如果不考虑这一具体情况，那么就很容易引发矛盾争议。

根据《国有土地上房屋征收评估办法》第十四条规定，对于被征收房屋室内装饰装修价值、机器设备等补偿，由征收当事人协商确定，协商不成的，可以委托房地产价格评估机构通过评估确定。在实际征收过程中，征收人处理租赁房屋装饰装修补偿有以下三种方式：一是直接补偿给被征收人，由被征收人与承租人协商分配；二是只对被征收房屋装饰装修进行补偿，不认同承租人的装饰装修补偿，由被征收人与承租人协商处理；三是把承租人视为被征收人，征收人与承租人协商补偿，协商不成的，再由评估机构评估确定进行补偿。对于大型经营性房屋装饰装修征收补偿，前两种处理方式征收人都回避了承租人，忽视对承租人的利益保障，在案例1中，正是由于征收人一开始就避免与承租人协商补偿问题，导致了征收人和被征收人对承租人补偿要求相互推诿，从而激化了矛盾，最终只能诉诸法律。案例2采取了第三种处理方式，实际上是认同承租人的被征收人主体资格，这样有利于协商解决问题，但同时也增强了承租人的讨价还价能力。

（二）装修复杂程度更大

大型经营性房屋装修复杂程度要远高于普通住宅，其显著特点表现为装修成本高、工程量大、施工工艺复杂、隐蔽工程多等。首先，大型经营性房屋装修面积大，为了满足商业经营性用房的需要，有时还需要对建筑结构或空间进行改造，装修工程项目多，投入成本大，本文两个案例的装饰装修评估价值都达几千万。其次，为满足营业功能，或者实力展示需要，大型经营性房屋装修一般比较豪华，需要采取特殊施工工艺，或定制非标准件进行装修。如案例1的家居广场装修了多间高档原木展示样板间，工艺专业度要求极高；案例2的酒店中有大量的定制造型吊灯、艺术吊顶及玻璃墙面等。最后，为保证经营环境和消防安全需要，大型经营性房屋的设备设施系统复杂，隐蔽工程多，一般包括暖通系统、空调通风系统、消防系统、安控系统等。

（三）评估工作要求更高

大型经营性房屋装饰装修评估工作，对估价师提出了更高的要求，主要体现为以下几个方面：

一是大型经营性房屋装饰装修情况本身比较复杂，常出现承租人改建、加建及违建的情况，附属建筑物、构筑物及隐蔽工程较多，这就要求估价师具备一定的建筑工程、装修工程、设备安装等相关专业知识；二是对于一些特殊装修工艺或者定制装修，估价师若没有相

应的装修施工图纸、预算资料、采购凭证对价格和工程量进行判断，则需要花更多的时间和精力进行市场调研或者聘请专家进行咨询，来保证其评估结果的客观性、合理性；三是由于缺乏一般性的评估技术规定和价格指导，估价师在具体操作中，对评估范围选择、评估单价确定，往往容易招致征收人或者承租人的异议，承担了更多的执业风险。

（四）评估结果难以让人信服

在一般房屋征收评估中，估价师可以依据公开的市场案例和数据进行技术处理，评估结果客观公正，相对而言，大型经营性房屋装饰装修评估由于评估范围争议大、评估依据不足等原因，评估结果往往难以让人信服。

首先，大型经营性房屋装饰装修工程量难以确认认可，评估范围争议大。案例 1 中共涉及装修大类有近 20 类，子项目共计有 800 多项，由于当事人在项目工程量上的分歧很大，进入司法诉讼程序后，法院首先解决的是工程量清单确认问题；案例 2 中房屋装饰装修工程项目清单有近 5000 多项，每一项都需要实地查勘丈量，存在当事人不断要求重复核验、反复查漏补缺的情形。其次，大型经营性房屋装饰装修评估法定依据缺乏，也难以找到市场案例数据支撑。面对复杂的装修工程，单凭依靠评估师经验判断，或通过市场询价、网上查价等方式调查，难以准确把握市场价格，特别是针对非标准制造、特殊工艺制造的装修工程，更是无法找到参考依据，这样得出的评估结果难以让人信服。

三、大型经营性房屋装饰装修征收评估的争议及解决办法

大型经营性房屋装饰装修征收评估的上述特点，使得我们在实际评估工作中，常常会碰到以下问题争议，这些争议也促使我们不断思考，寻求解决办法。

（一）评估机构选择争议

按照征收法规，评估机构由被征收人协商选定或者其他方式确定，然后由房屋征收部门进行委托。但大型经营性房屋装饰装修补偿对象——承租人，并非法定被征收人，没有参与评估机构选择权利，这样就会带来一个问题，即承租人很可能以没有参与权和知情权为由，不认同被征收人选择的评估机构及其评估结果，案例 1 中承租人就是因为上述理由而提出行政诉讼。此外，征收法规规定，当事人协商不成再委托评估机构评估，但不论委托的是原评估机构还是选择新的评估机构，同样也存在承租人参与权问题。

解决办法：评估机构选择争议的产生，实际上是关于是否应当赋予承租人被征收主体资格的问题，解决办法：一是要把承租人纳入征收评估机构选择程序中，赋予其征收参与权，再由征收人对评估机构进行统一委托，从而增加承租人对评估机构的信任，减少矛盾纠纷的发生；二是针对大型经营性房屋装饰装修评估，单独选择评估机构并进行委托，可先征得承租人书面同意，委托已选定的评估机构，或者由征收人、被征收人及承租人三方共同协商选择评估机构并进行委托评估。在地方法规上，委托的评估机构一般为原评估房屋价值的同一评估机构。

（二）评估范围界定争议

除了门窗、地面、墙面、顶棚等装修工程外，大型经营性房屋装饰装修评估范围要宽泛得多，通常还包括设备设施移装、附属设施、基础配套工程（如消防系统）等，征收人与承租人也常常对某个项目是否应当纳入评估范围进行博弈。本文的两个案例，承租人与估价师对装饰装修价值评估之所以存在上千万的价格差异，主要原因还是对估价对象范围界定有争

议，这些争议包括：①承租人自建、改建的建筑工程是否应该纳入评估范围，比如装修改造的已拆墙体、新砌墙体、抹灰工程等；②装修前期费用（如设计费、可研费、监理费等）等是否应包含在装饰装修评估范围内；③隐蔽工程如何纳入评估范围，因为现场查勘无法确定项目清单及工程量，比如智能化弱电系统、新通风系统等；④对一些项目是属于移装还是重置存在争议，比如定制灯具、配电设备等。

解决办法：装饰装修评估范围要界定清楚，实际是要取得征收人、承租人的一致确认。按照《房地产估价规范》第3.0.3条有关规定，估价对象应在估价委托人指定及提供有关情况和资料的基础上，根据估价目的依法确定，并应明确界定其财产范围和空间范围。对于大型经营性房屋装饰装修评估范围确定，评估机构应委托方提供的《评估委托书》及相关资料，由专业估价师现场查勘记录，并经有关委托方、承租人（或第三人见证）确认，对于整理好的装饰装修项目明细表清单，应通过三方一致签字确认，若在评估过程中还有异议的，可以通过书面函进行沟通确认，作为证据保留，以免出现反复变动的情况。

（三）评估单价定价争议

评估单价是决定评估结果的一项关键变量，常见装修项目评估综合单价可以参考房屋装修定额获得，一般包括主材、人工、辅材、施工及施工工艺、机械台班费、损耗及措施费等相关费用，定额中没有的，还可以通过比较法定价。但对于采取高档材料或者品牌定制的装修项目，承租人与估价师确定的评估单价可能产生非常大的争议，比如，在案例1中，在关于"酒窖原木定制品"定价中，承租人认为需要采取成本法定价，应为319.3万元，而估价师根据比较法评估价为105.9万元。

解决办法：装饰装修重置成本是指根据现行施工规范、采用现有建筑及装饰材料和施工技术，按照价值时点的价格水平，重新完成具有同等功能效用的全新状态下的装饰装修项目的正常成本。承租人与估价师对评估单价产生争议，实际上是承租人以自己的历史成本价格来对比估价师以比较法计算的重置成本价格，因此要在评估报告中特别注明这一区别。此外，当某些定制装修无法通过比较法获得综合单价时，则需由承租人出具装饰装修合同以及相关发票，经核查情况属实可按发票标明的价格进行定价，无发票资料的，则需要采取工料测量法，来测算其重建成本。

（四）评估折旧取值争议

根据征收相关文件，房屋装修评估结果是必须要扣除折旧的，至于折旧如何取值，在实际操作中弹性较大。地方上一般规定统一折旧取值，如长沙市规定，对于非住宅房屋装饰装修第1年不予折旧，第2~5年每年折旧20%，使用5年以上的，补偿10%的残值。但统一折旧取值并不合理，首先，该规定把折旧年限统一为5年，没有考虑众多分部分项装修工程折旧年限的不同，因为它们在材质损耗上可能不一样，比如瓷砖、玻璃材料装修与木结构材料装修损耗不一样，折旧年限相差比较大；其次，5年以上取10%残值太低，承租人在心理上难以接受。

解决办法：大型经营性房屋装饰装修的折旧可以按照整体装饰装修状况评定综合成新率，也可以按照各子项目分别评定分项成新率。成新率一般根据装饰装修的耐用年限、已使用年限以及维护、保养等情况综合确定。此外，估价师还可以依据委托方或承租人提供的部分装修合同、付款凭证、发票等资料来确定完工年限，为折旧取值提供参考依据。为减少矛盾争议，实际操作中，评估机构几乎都没有按照地方出台的文件考虑折旧取值，征收部门也基本上也接受这个事实，这说明在扣除折旧上，更多的是征求征收部门的意见。

四、结语

大型经营性房屋装饰装修征收评估是一项相对复杂且业务难度较高的工作,在涉及三方利益主体及缺乏明确技术规范指引下,容易产生矛盾争议。如要减少此类争议发生,第一,需要从法律上确立承租人被征收的主体地位,从而保障其在征收中的参与权和知情权;第二,政府应出台装饰装修评估技术规范及价格指导,使得估价师在业务操作中有规可循,减少对评估范围、评估单价确定的争议;第三,加强评估机构自身专业能力的提升,评估师应具备装修材料、施工工艺、工程造价等多个领域知识,以应对估价业务工作中复杂情况。

参考文献:

[1] 湖南省房屋室内装饰装修估价指导意见 [J]. 中国房地产估价与经纪,2011(01).

[2] 刘柏森. 合理评估装修剩余价值,构建和谐社会关系 [J]. 法制与经济(中旬),2012(07).

[3] 廖凡幼,骆晓红,艾利刚. 从深圳的实践看室内装饰装修价值估价 [J]. 中国房地产,2013(11).

[4] 焦和平. 城市经营性租赁房屋征收中承租人的利益保护 [J]. 江汉论坛,2016(09).

作者联系方式

姓　　名:徐志革　沈宏亮　成　鹏

单　　位:湖南志成房地产评估有限公司

地　　址:长沙市雨花区井莲路 397 号红星紫金国际 2 栋 1701 房

邮　　箱:30104930@qq.com;shl1860@163.com

探究大宗物业交易 提供高质量咨询服务

穆春生 蒋炎冰

摘　要：随着中国经济的不断发展，房地产业也发生了深远的变化，引人关注的便是近年来大宗物业交易的快速增长。本文试从大宗物业交易的界定入手，回顾近年来市场发展趋势，探究其交易蓬勃发展背后的原因。房地产估价机构和估价师在准确理解和认识大宗物业交易的基础上，应主动出击，发展专业优势，提供高质量的咨询顾问服务。

关键词：大宗物业交易；发展趋势；高质咨询服务

一、大宗物业交易的界定

谈及大宗物业交易的发展并进行分析、判断，首先需要对大宗物业交易这一名词作出准确界定。大宗物业交易不等同于大宗交易，两者不可混用。

根据《管理学大词典》记载：大宗交易（block trading）又称为大宗买卖，是指达到规定的最低限额的证券单笔买卖申报，买卖双方经过协议达成一致并经交易所确定成交的证券交易。具体来说，各个交易所在其交易制度或大宗交易制度中都对大宗交易有明确的界定，而且各不相同。如上交所所指大宗交易包括 A 股交易数量在 50 万股（含）以上，或交易金额在 300 万元（含）人民币以上。

对"大宗物业交易"业界目前尚未有统一的界定，在综合各方认识的基础上，笔者认为其可定义为：大宗物业交易是指通过股权、产权等形式发生的房地产交易行为，参与方以机构为主，交易对象主要为经营性物业，交易金额一般在 1 亿元人民币以上。

二、大宗物业交易的发展趋势

（一）全国大宗物业交易量价逐年上升

近年来，大宗物业交易数量和金额呈现逐年上涨的态势，尤其是 2016 年后，中国内地大宗物业交易金额已连续三年维持在 2000 亿元人民币以上的水平。

大宗物业交易金额的上升一方面有赖于交易单数的增加，同时物业价值的持续上涨也是原因之一（图 1）。

（二）办公楼持续成为成交主力军

从交易的房屋类型来看，办公楼及以办公为主的综合体物业始终是市场接受度最高的类型。以上海为例，办公楼为主物业连续三年占比超过 50%（图 2）。

（三）多点开花的市场分化趋势明显

从全国的成交区域分布来看，虽然大宗物业交易有从一线逐渐向二三线蔓延的趋势，但北上广深四大一线城市仍然占据绝对主力位置（图3）。

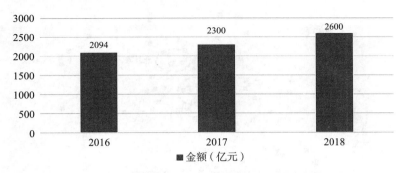

图1 近三年中国内地大宗物业交易总量走势图

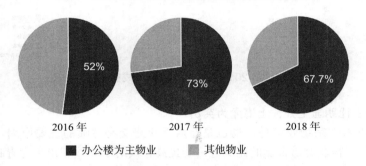

图2 近三年上海大宗物业交易物业类型比例分布图

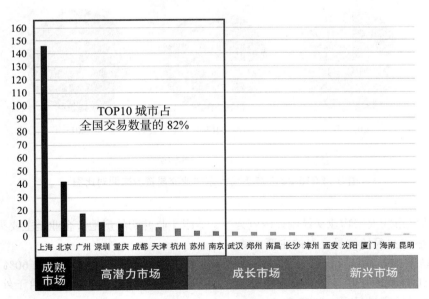

图3 2017-2019年上半年中国内地大宗物业交易前20名城市排行

以成交量最高的上海为例，在2016-2018年间大宗物业交易成交金额均超过1,000亿元人民币，在全国占比约五成。成交区域也呈现多点开花的态势，在传统中心城区持续高热的同时，非核心区域如大虹桥、北外滩等成为新的亮点（图4）。

· 657 ·

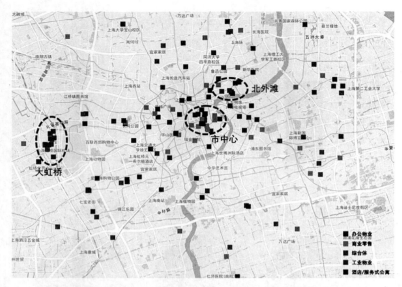

图 4　2016-2018 年上海大宗物业成交案例分布图

（四）外资占比明显上升，上海尤为突出

外资大量进入大宗物业交易市场也是造成近年来交易井喷的主要原因。经统计，2018年外资资金占大宗物业交易金额的比例进一步提高，其对于一线城市更为青睐，如凯德、黑石等在上海动作频频（图 5）。

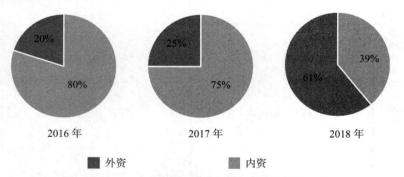

图 5　2016-2018 年上海大宗物业交易资金来源对比图

二三线城市的大宗物业交易则以内资为主，着眼于收并购的房地产企业是主要买家之一。

（五）股权交易始终是交易的主要方式

从交易方式上看，股权交易仍占大宗物业交易的多数，稳定在交易量的 60% 左右，通过 SPV 转让的形式可以有效规避相应税费，始终受到资本方欢迎；同时，由于外资的大量参与，境外股权交易呈现上升态势。

（六）物业出售原因更加多样化

2016-2018 年大宗物业卖家出售原因多样，其中资产出售为最主要原因，又分为投资盈利后的择机退出或企业危机下的断尾求生；排名第二的是新建商品房的销售，证券化产品的退出和城市更新等成为近年来物业出售的新原因（图 6）。

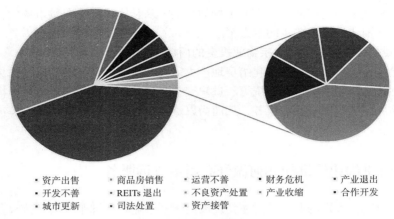

图 6 资产出售原因分析

（七）更多购买者看重物业升级改造增值

根据购买目的划分，超过 80% 的购买行为以投资为目的，其中"购买-改造-升值-转售"产业链占比更加突出，目前市场成功案例如北京的盈科中心，上海的腾飞元创大厦等。

需要指出的是，正是因为越来越多的专业投资者的进入，其更加看重后续的租金增长空间和转售收入，从而对当期租金持较高的"容忍"态度，造成了现状回报率较低的情况发生。

三、大宗物业交易活跃原因剖析

（一）银根缩紧、市场低迷、金融管控下的抛盘增加

2016 年年底中央经济会议提出"房住不炒"定位；2017 年 10 月十九大重申定调，开启了持续性房地产资金收紧和全面的市场管控周期，房企融资难成为普遍情况，市场抛盘有所增加，房企收并购更加踊跃，头部效应进一步凸显。

不仅仅是中小房企，头部大企业也面临着自己的难题，金融管控、脱虚向实的背景下黑天鹅事件不断：万达文旅和酒店资产包的抛盘、海航大量资产出售、中民投的壮士断腕、新城的危机自救等。

有卖才有买，近年来抛售的大量增加是大宗物业交易持续火爆的首要原因。

（二）整体经济发展放缓，资金避险诉求增加

近年来，随着全球经济的不景气，保护主义的兴起，中国经济发展进入新常态，固定资产投资下降，而 P2P 的暴雷，金融去杠杆更造成了投资渠道的减少，热钱增加。

在这种情况下，大宗物业尤其是一线城市的优质物业基于其收益的稳定性、稀缺性和抗跌性，受到了市场的追捧。

同时，大量外资为主的基金公司在 2014-2015 年集中收购物业现已完成退出，但由于中国政府的资金管控无法流出，"被迫"进入到买方市场也是资金的来源之一。

（三）城市化进程的减缓，从新增到存量的转变

中国的城市化进程已进行了超过 20 年，快速增长已见顶部，新增建设持续缩减，存量市场不断增加，开发建设量不足。而土地资源进一步减少，头部企业的进一步集中造成大量企业的转型,从住宅市场向商办、产业市场的转变,从新增市场向存量市场的转变。房企的收并购和转型逐渐成为市场购买的主力军。

(四)专业化咨询服务造成大宗物业投资的门槛降低

现代社会,专业分工的不断细化给房地产大宗物业投资带来了便利,从购买物业的机会选择、尽调估价、交易谈判、资金统筹、过户交易,到升级改造、招商出租、择机退出等均有专业的公司和团队提供专业的服务,从而为以资本运作为主的基金、保险等进入该领域提供了便利条件。

四、估价机构和估价师如何做好高质量咨询服务

正如前文所言,大宗物业交易的蓬勃发展离不开专业化咨询服务的支持和参与,同时也给相应咨询行业的发展带来了新的机遇。房地产估价行业作为国内房地产中介行业的重要组成部分,参与大宗物业交易领域发展前景广阔,可在做好传统估价服务的同时,从以下几个方面做好相关高质量咨询顾问服务。

(一)加强与其他专业公司的横向交流联动

由于大宗物业交易价值量大、持续时间长、参与方众多,故其对于细致专业分工及团队配合提出了很高的要求。作为专业的房地产估价机构,在发挥专业特长的同时可主动出击,加强与律所、审计、税务、中介等机构的横向联动,提供更加全面的一揽子解决方案。

(二)提供多形式咨询顾问服务

估价机构应从自身特点出发,不局限于单纯的估值服务,而是要更加了解并领会大宗物业交易行为,为客户提供多样化的咨询顾问服务,具体可包括:

1. 投资机会寻觅和交易居间

在为银行提供押品估价服务、为法院提供司法鉴证服务、为税务提供课税服务的同时,估价机构可在遵守保密条款的前提下寻觅具有交易可能性的大宗优质物业并向潜在购买者进行推荐。同时,可与相关市场专业机构合作,促成大宗物业交易,开展交易居间业务。

2. 业务尽职调查和市场调研服务

估价机构可发挥自身在房地产领域的专业优势,提供业务尽职调查服务,就拟交易大宗物业进行调查并就潜在风险予以提示;同时可提供包含区域分析、经济分析、房地产业发展分析、区域市场调研、竞品调研等内容在内的市场调研服务,为投资购买、资产证券化、项目升级改造等提供佐证依据。

3. 投资可行性分析

估价机构可提供包括投资估算、资金筹措、财务分析、风险分析等内容在内的投资可行性分析;同时,可对多种交易方式进行比选分析,出具最优投资方案建议。

4. 投后项目监管

对不具备资产管理能力的购买者,估价机构可自行或联合工程咨询等机构,为项目提供投后管理服务,包括资金监管、方案把关、投资控制等工作,解决其后顾之忧。

5. 以财务报告为目的的资产评估

《资产评估法》出台后,为房地产估价机构从事资产评估业务提供了方向。机构可为企业提供股权交易模式下的合并对价分摊,为收购项目进行商誉减值测试,对长期资产进行减值测试以及投资性房地产进行公允价值评估等。

（三）重视培养估价专业人才

人才是估价行业的第一资源和生产力，要做好大宗物业交易咨询顾问服务，具备复合能力的高素质房地产估价师是根本。房地产估价师应从自身专业角度出发，认真学习诸如资产评估、财务会计、法律法规、投资金融、工程咨询等相关知识，不断拓展业务领域，积累相关工作经验，提高综合竞争能力，以期为客户提供更加优质、更具综合性价比的服务。

（四）积累租售数据资料

"中房学"副会长兼秘书长柴强博士在"上海市房地产估价师协会 2019 年换届大会"演讲时指出：搞数据要立足于做好估价本业，即从主要靠经验估价转向主要靠数据估价，而不是都去玩数据、指望数据赚大钱。

数据建设应是长期积累的，同时也是全方位的，除了基于住宅自动估价的 AVM 系统，以大宗物业交易为应用方向之一的经营性物业租售数据资料也应是关注重点。

通过搜集历年大宗物业交易数据，对成交记录理清各自价值内涵，逐个核实记录（如图 4 所示），建立大宗物业交易数据库；通过日常传统评估服务积累商业、办公、厂房、研发等经营性物业租赁信息，并建立相应数据库，行业协会可在其中发挥积极作用。

参考文献：

[1] 世邦魏理仕.中国区市场研究报告 [EB/OL]. https：//www.cbre.com.cn/zh-cn/research-reports，2019.

[2] 高力国际中国房地产市场研究及报告 [EB/OL]. https：//www.colliers.com/zh-cn/china/insights，2019.

[3] 戴德梁行.行业视角 [EB/OL]. https：//www.cushmanwakefield.com.cn/research-report/p1.html?expert=0,2019.

[4] 乐居财经.2019 年上半年大宗交易市场超 2000 亿朗诗青杉资本表现抢眼 [EB/OL]. [2019-09-02]. https：//baijiahao.baidu.com/s?id=1640725128519133572&wfr=spider&for=pc.

作者联系方式

姓　　名：穆春生
单　　位：浙江禾信房地产土地评估有限公司上海分公司
地　　址：上海市黄浦区淮海中路 200 号 1005 室
邮　　箱：13817793377@163.com

姓　　名：蒋炎冰
单　　位：浙江禾信房地产土地评估有限公司上海分公司
地　　址：上海市黄浦区淮海中路 200 号 1005 室
邮　　箱：18939758610@163.com

房地产估价在物业管理中的新机遇

李菁菁　钱　俊

摘　要：本篇论文重点讨论房地产评估如何协助物业管理走向现代化经济体系，通过在物业管理行业中引入估价相关知识和专业经验，以设法解决物业管理费更新、成本控制、租金管理、房产保值增值等方面问题，在推动物业管理行业发展的同时，也为行业自身发展打开空间，从而步入现代国家治理体制高质量发展阶段。

关键词：物业管理；高质量发展阶段；现代化服务业

中国经济已由高速增长阶段转向高质量发展阶段，进入提质增效的新时代。新形势下，各行业发展将更多地采用精耕细作、融合互助的方式，房地产评估以专业形象，将更多走入其他房地产相关行业。本文重点讨论房地产评估如何协助物业管理走向现代化经济体系。具体而言，就是在物业管理行业中引入估价相关知识和专业经验，在设法解决物业管理费更新、成本控制、租金管理、房产保值增值等方面问题，推动物业管理行业发展的同时，也为行业自身发展打开空间，从而步入现代国家治理体制高质量发展阶段。

据悉上海已备案首批住宅物业服务评估机构和执业人员，在实际工作中我们如何发挥专业优势，为物业管理提供客观合理有价值的服务，进而能从哪些方面提供更高质量衍生服务，本文将对此做一些讨论分析。

一、估价行业切入物业管理领域大背景

十九大报告提出要"加快发展现代服务业""建设现代化经济体系"，标志着中国经济已由高速增长阶段转向高质量发展阶段，进入提质增效的新时代。我国经济正在向形态更高级、分工更复杂、结构更合理的阶段演化。发展高附加值的现代服务业将成为经济发展新的增长点。评估具有独立、客观的价值发现和鉴证功能，是维护经济秩序、优化资源配置的重要手段。国家经济转型和重大发展战略为估价行业带来了新空间。助推我国经济高质量发展，首先要做到自身的高质量发展。在继续做好传统存量房地产主营业务的同时，一些新的领域中出现了评估行业可以运用自身专业优势提供服务的新机遇。

各国在房地产发展经历中，大致会经历大规模开发建设阶段、存量房经营阶段和房地产证券化阶段。近年来开发商已经从疯狂拿地频现地王的只要拿地建造就能赚钱的高速拓展期，转向了理智拿地期，这也间接验证了大规模开发建设用地阶段已接近尾声，将迎来存量房经营和证券化发展阶段。

《2018全国物业管理行业发展报告》指出，作为现代服务业的组成部分，物业管理行业在经济新常态下呈现出新的发展趋势，得到各方面的关注。总体来看，物业行业现阶段总体

还处于低水平运行状态。所以引入新业态、新技术、新方法，提高物业管理的技术含量和产品附加值，实现从传统服务业向集约型现代服务业的转变，是物业管理科学发展的必然选择。

在加强社会保障体系建设的过程中，国家坚持住房不炒定位，是以人民为中心的理念在房地产业中的具体表现。在这样的宏观政策背景下，在物业管理行业中引入估价的专业知识和经验，就成为行业发展方向的重要一环。房地产评估以专业理论和价值判断，可以有效解决物业管理费更新、成本控制、租金管理、房产保值增值等问题，在改造物业管理传统业务的同时，更进一步提供物业管理新的发展方向，从而提升行业附加值。

二、房地产评估对物业管理传统业务的改造

(一)合理确定物业管理中公共设施使用费收取标准

根据《住宅物业服务价格评估规范》对价格评估的定义，价格评估是指具有独立法人资质的社会专业机构和专业人员基于住宅小区产权所有人或管理人的聘请（或委托）关系，根据特定目的，对住宅物业管理区域内物业服务价格在特定时间点的成本进行分析、测算和判断，并提供专业报告的市场服务行为。

上海很多在20世纪八九十年代建造的小区已经多年没有经历过物业管理费的更新。从改制为委托物业管理公司经营小区物业以后，物业公司参差不齐的服务也间接产生了很多具体的矛盾，比如停车位管理、电梯维修、占用公共走道、公用部位设施维护等与居民日常生活息息相关的问题。中介机构的一个社会职能就是客观提供咨询建议。

物业服务价格评估的委托方通常为房屋所有人和管理人，包括房屋建设单位、房屋业主或业主委员会、国有资产管理人、业务服务企业。物业管理费的收取方和支付方都可以作为这项评估的委托人。这要求价格评估的细化类目要经得起解释、客观、合理。在特殊情况下，地区政府部门为开展物业管理达标奖励等工作而成为价格评估的需求方。这已在一些地方政府部门开展过类似的工作案例，城市政府对旧楼区进行升级改造，由政府出资进行物业管理。为了客观评估工作成效，委托估价机构作为第三方进行监理。估价机构根据实际管理成效，为政府决策提供依据。政府根据物业管理效果支付物业管理服务费。

住宅小区物业服务价格，在单一类型建筑状况情况下，由该小区规划范围内为达到既定的管理目标、提供相应的服务内容和对应标准所发生的费用总额，除以专用产权部分可收费的总面积所得出的单位金额。根据住宅性质区分原则，一般情况下对多层、高层、商业等混合类型项目，各类不同房屋性质的局部公用部分的价格标准有所不同。按"谁享用、谁承担"的原则，某一类型房屋的物业服务价格应为其应分摊的全部共用费用加部分共用费用之和，再除以该类型可收费面积。例如，上海有大量物业类型多种混合的小区，如何做好其中某一特定类型房屋分摊特定物业是价格评估中的一个难点。比如高层住宅小区里，电梯费用该如何合理界定，对于低楼层的业主，如何根据其使用频率和数量，确定相应的分摊物业管理费用。这种情况也适用小区内其他公共设施，包括会所设施、商业配套设施等。对于这类项目，可以考虑实际效率，将之量化，综合应用绩效评估方法和收益法评估其实际设施使用价值，从而为合理确定物业管理费提供科学的依据，由此也会减少一些不必要的争议。

比如，设定小区公共设施（如电梯）采购安装价值为 V，公共设施的有效使用时间为 n，报酬率为 R，采用基本公式：$V=a/r(1-(1+r)^n)$，进行倒推，从而求取 a（每个计费周期的使

用费)。

式中：未来第i个收益期的预期收益额，收益期有限时，还包括期末资产剩余净额；n——收益年期；r——折现率。

同样的情况，也适用于停车位等其他小区内公共设施的合理取费和定期调整。

在第一批物业服务价格考试中，估价公司对住宅小区进行了实际案例小区的物业服务价格评估报告撰写分析。在报告中主要体现的是物业服务费用分项测算以及特殊情况下物业费用在不同业主或楼幢之间的分摊。

就物业服务费用而言，传统的物业管理公司比评估公司具有更多的从业经验，各类服务科目汇总后，根据不同物业类型所占面积进行分摊。

特殊情况下物业费用在不同业主和楼幢之间的分摊，案例中涉及了两个点：一个是高层1楼核算单价中去除了电梯运行等相关费用，一个是增设岗亭所产生的某个楼幢业务管理费的增加。除了案例中提到的这两种情况外，实际工作中是否还存在各种类似的需要重新分摊的情况。比如有些小区会所本该让小区居民享受的场地，租给了一些健身工作室对外开放，需要增设保洁岗位应该分摊在会所所在楼幢，带来的综合管理服务也可以通过测算方式量化成会所物业管理费的增加值。

（二）对于物业管理的传统成本控制观念的改造

按照现代化经济管理要求，物业管理行业要提高附加值，就需要控制成本在收益中所占的比例，比例越低则附加值越高，物业管理企业的效益也由此得以提高。

传统物业管理行业，通过对社区公用设施的维护、保洁保安、停车收费及提供有偿服务来实现物业管理收费，于是合理辨识和控制成本就成了追求效益的重要途径。

但传统物业管理的成本控制存在以下误区：

1. 只看到显性成本

对于传统物业管理企业，虽然也重视成本控制，但效果却不彰显，其原因就在于他们只看到各类显性成本，即有资金流动的成本，如物料、人工、消耗等，却忽视了数量更多、影响更大的隐性成本，即没有直接的账务信息的成本，如管理层决策失误造成的巨额成本增加，组织机构不合理造成的信息失真，流程设计缺陷导致的效率低下等。

2. 只强调成本节省

传统管理者认为，成本控制就是进行成本节省，这种观念使得物业管理行业的成本控制绩效都仅仅以节省的费用开支为评判标准，但其实这是不对的，主要因为：

（1）成本节省所涉及的空间有限。由于边际效益递减的原则，随着程度深入，成本节省将越来越小。

（2）成本节省治标不治本。如果没有宏观全局的概念，先辨识再实施，所有的成本节省往往会捡了芝麻丢了西瓜。

（3）降低成本并非所有的成本都要降低。有些成本是不能降低的，一旦缩水，就可能影响服务品质。例如，预防性成本是提升服务质量的重要成本，如果一味降低预防成本，就会使得突发性事件防范能力下降，进而带来不好的业主服务体验。

3. 依赖财务部门控制成本

在传统物业管理行业的成本控制中，最常见的就是让财务部门承担改善成本绩效指标的重任，其实财务部门对成本的管控力度是非常有限的。具体原因如下：

（1）财务部门不清楚真正的成本在哪里。财务部门只与数据打交道，并不了解整个业务过程和价值核心，因此无法确定成本如何发生、什么是真正冗余，哪些成本比例最高。

（2）这是典型的重事后算账、轻事前评估预测和过程控制的做法。当数据呈报至财务经理面前，已经是既成事实，他只能从数字增减中下功夫，做一些"头痛医头脚痛医脚"的工作，往往代价很大，效果很差。

要解决上述问题，我们认为可以借鉴评估方法和思路，运用收益法的基本思路，建立物业管理工作的价值综合评估体系，将整体服务品质设定为最终目标 V，将所有日常工作中的收益和成本计算求得净收益，设定为各种变量 A_n，具体量化（量化体系可根据现实情况进行调整），工作周期设定为收益期 N，根据存款利率和风险补偿综合确定报酬率 Y_n。然后运用基本公式

$$V=A_1/(1+Y_1)+A_2/(1+Y_2)(1+Y_3)+\cdots\cdots A_N/(1+Y_2)(1+Y_3)\cdots\cdots(1+Y_N)$$

求得最终目标，由此，每个变量对于总体服务品质的影响一目了然，这样可以准确了解各个变量对于成本控制的权重比例，也可以将工作重心放在最值得投放的地方，以期达到理想目标。

(三) 房地产评估对物业管理新业务的开发和引导

1. 实时物业价值服务

房地产评估对于物业价值的探索和反应会比较及时和准确，而物业管理的未来发展，除了传统的设施维护、保洁保安、有偿维修等业务之外，如何通过有效到位的物业管理工作提升小区的整体品质，从而推动服务小区房产物业的保值升值，这方面也将日益得到更多物业管理公司的重视。

在房价整体单边上行的状态下，会掩盖一些由于物业管理瑕疵带来的损益。但是在房价平稳或小幅上下波动的时候，就会对物业管理提出更高的要求。比如混合型的小区，有商铺、办公、住宅的小区，我们可以在最高最佳利用原则下，运用专业评估方法，实时给出专业物业价值意见，包括对店铺招商、租金定价分析、租金调整、房价动态监测等方面，分别给出咨询意见。

由此可见，现代经济环境下的物业管理，可以给业主和其他投资者提供更专业到位的增值服务，而不仅是传统管家的角色，而是房产综合方案提供者，这才是顺应时代发展的现代化服务业。

2. 智能时代下的增值服务管理

随着互联网的迅速发展，现代家居环境越来越智能化，例如去百果园买水果，店员都会让你加入一个由附近居民组成的果粉社群。未来的世界就像一个个集群微社会，通过大数据连接起人与人、人与社会的关系。自 2016 年起，阿里巴巴和腾讯开始布局智慧社区，而智慧物业是其中重要的一环。智慧物业会为物业管理带来科技力量和新的活力。对于大趋势，我们需要不断学习以适应不断更新的新变化。如京东布局的"京东帮智慧社区店"已在全国开设了数家，为客户提供家电清洗、水电维修、家政保洁、快递收发、地暖安装、托管宠物等服务。

与传统评估业务由线下转到线上评估类似，在各种数据线上留档正确输入的前提下，住宅的物业服务费用构成能在线上实现报告生成、数据监控、财务分析、异动提示等。作为集群化智慧物业重要环节，对一些现在看来还有些不太好推断的地方也可以运用大数据手段。比如，谁享用谁承担的原则。小区智慧停车系统能分辨高层业主、多层业主、租户、商户的每年停车量占比，作为计算分摊类服务价格的依据。

三、结语

国外成熟国家泛地产服务的年收入中，以美国为例，物业租赁服务收入约为总物业服务收入的4成左右。中国物业在住宅租赁经营服务中体现出的管理价值有很大的增长空间。

将房地产评估融入物业管理行业，运用房地产评估专业知识和模式，结合物业管理的专业经验，既能对传统业务进行改造和提升，又可以提供新的观念和思路，为物业管理提供新的发展方向，与此同时，房地产评估行业也可以由此得到更好的行业发展机会，相互学习，相互借鉴，共同实现向现代服务业的转型，才能真正实现行业双赢的局面。

参考文献：

[1] 马海军. 物业公司成本控制与精细化管理 [M]. 北京：化学工业出版社，2015.

[2] 苏宝炜，李薇薇. 互联网+：现代物业服务 4.0[M]. 北京：中国经济出版社，2016.

[3] 邵小云. 公共物业·商业物业·工业物业管理与服务 [M]. 北京：化学工业出版社，2015.

作者联系方式

姓　　名：李菁菁　钱　俊

单　　位：上海八达国瑞房地产土地估价有限公司

地　　址：上海市虹口区东长治路 701 号 A308-310 室

邮　　箱：103322561@qq.com

用途多元化发展下农村房屋估价浅析

余青山　万　婷

摘　要：农村经济日趋多元化，已由单纯农业向农业、工业、商品、教育、旅游等多方面发展，农村房屋用途也呈现多元化特征，农村集体土地入市的试点实验正在有序推进，农村房屋估价需求越来越大，但是，为农村房屋征收、抵押、买卖、参股、核算等进行的估价还没有尊重多元化的事实，有必要在农村房屋估价中考虑不同的实际用途。

关键词：农村房屋；用途；多元化

使市场在资源配置中起决定性作用和更好发挥政府作用，是我国社会主义市场经济的发展方向。随着乡村振兴战略实施，农村城镇化、城乡一体化建设深入推进和农村经济市场化深入发展，农村资产资源市场化和农村集体土地入市已成为必然趋势，对农村房屋土地进行征收、买卖、抵押、参股、核算等成为必然。但是，笔者也了解到，目前农村房屋土地的估价市场还没有形成，特别是政府征收农村房屋，通常只按照农村住宅这种单一用途进行征收和补偿，而没有根据实际情况，按照不同的实际用途对农村房屋进行评估、征收和补偿，这不仅侵害了农村居民的合法权益，也造成了诸多的社会矛盾和问题。随着国家对农村越来越重视，农村经济社会结构发生了巨大的变化，农村经济多元化、农村资源资产化、产业化、市场化、非农化是必然，体现在农村房屋上，就是农村房屋的实际用途已由过去单纯的住宅用途发展到了今天多种生产经营方面的用途。本文以农村房屋用途多元化为例进行分析。

一、农村房屋用途

根据笔者所观察到的情况，农村房屋至少有如下几个方面的用途：
（一）居住性用途
也就是可以满足人的起居、生活的功能。一般农民除了外出进行生产劳动，主要就是在自家的房屋内外进行生活活动。农村房屋的关键用途还是供农村居民自己居住，这是不容否定的。
（二）非居住性用途，主要是生产经营性用途
除了居住用途外，许多农村房屋在实际的使用中，还兼有非居住的用途。据我的观察，主要有如下非居住用途，主要是生产性用途。
1. 农业生产用途
1) 储藏功能
主要是储藏农产品及农具等。农村土地实行家庭承包经营后，农民家里有了大量的农产品,以及为进行农业生产而置备的农具,这些农产品及农具主要存放在家里,也就是农民自己的房屋里。有些农产品及农具还需要占据大量的房屋面积和空间。比如,在粮食和棉花主产区,棉花、粮食、菜籽、化肥、农具等,一般就占据了农民房屋较多的面积。以我对湖北东部某村观察了解到的情况看,这方面的面积约占房屋面积的一半以上,真正用于农民居住的面积不足一半。例如,棉花上市时,农民需要把收获的棉花存放在家里一段时间,把农产品从田间运输到家里,需要有运输工具,运输工具需要占据房屋的面积和空间。由于棉花是"泡装货",需要在房屋内占据相当大的面积。棉花收回家后,还需要趁晴天对棉花进行适当的晾晒,而晾晒又需要有晾晒的工具,这些工具又需要占据许多建筑物的面积。除了棉花,稻谷、菜籽、化肥以及其他农具、储藏工具、运输工具等,都需要单独以及共同占据相当多的建筑物面积。而农村居民通常不会为存放农产品、农具、运输工具建设单独的建筑物,往往是自己的居住与存放农产品、农具等是"混居"的,例如,有的家庭床面前就放着谷囤、谷仓,便于驱赶老鼠以及进行安全管理等;当然,有的也是分间的、有间隔的,例如这一间用于居住,那一间用于存放农产品、农具等。无论如何,都会占据农村居民房屋的一定面积。农民都会腾出适当的面积和空间用于储藏农产品、农具、农产品运输工具等。

2)种植功能

室内种蔬菜,用于出售。这种情况在农村虽然不普遍,但也不少见。有的把所种的菜用于自己消费,有的把多余的用于出售。

室内种花卉,主要是种一些名贵的花卉,有的用于自己欣赏,也有部分用于出售,这种情况在一些地方还较为普遍,收入也不错。比如,有的种名贵兰花,价格相当高,收入可观。

室内种粮食。如种水稻、玉米等。这种情况虽然比较少,但是也有,中央电视台对此还报道过。

室内种药材。一般也是一些较为容易种植的、名贵的中药材,如人参、天麻、冬虫夏草。种植名贵药材需要掌握相应的技术,技术好,才能成功。

室内种蘑菇。这种情况较为多见,因为室内适于保温和管理的条件有利于菌类种植,可以有效地提高种蘑菇的效率。

3)养殖功能

禽类养殖。在房屋里养鸡、鸭、鹅、鸽、孔雀、鹌鹑、山鸡等,既方便管理,又可以节省投资。

畜类养殖。主要是一些贫困户在屋里养猪、养羊、养兔,人与畜混居。当然,这类情况正在减少。

水产养殖。浙江有些地方的农村居民有在自家厅堂里挖池养鱼的传统,这是一种文化、传统、风俗习惯。

特种养殖。如养蝎、蛇、黄粉虫、土元虫等。这种情况也不少。

2. 第二、三产业用途

1)工业功能

加工业。如碾米、磨粉、制茶、榨油、缝纫、做糕饼馒头、烫豆粑等作坊。在一般的自然村落里,都会有一两家从事这类加工业的农户。他们往往以自己的房屋为厂房,开展加工业活动,提高了房屋的利用率,服务了周边居民,也增加了自己的家庭经济收入。

维修业。随着农村家用电器、家用机具、交通运输车辆等的增加,农村的维修业也随之兴起。电器坏了要维修,机械化的农具坏了要维修,摩托车坏了要维修,运输用的三轮车坏了要维修。而农村的维修店基本上是以房为店、下店上宿、前店后宿、前店后厂式的。

手工业。如竹编产品、苇编产品等。

2）商业功能

小商店。有的把自家房屋的一面墙开个口子，向外开个小商店、小卖部等，方便村民们购买小商品。一些在路边的房屋，基本上都开了小商店。

小吃店。早餐、中餐都卖，红案、白案都有，方便居民或路人。

小仓库。有的粮贩子、棉贩子、油料贩子、鱼贩子等，把自家的房屋当商品仓库，从外面收购回来的棉花、粮食、花生、芝麻、茶叶、果品、黄鳝、甲鱼等，先暂时存放在自己的家里，等量、价合适时，再出货、出售。

小电商。越来越多有新文化、新技能的农村青年回乡、回家创业，他们中有的掌握了电商技能，在家帮助乡亲们把新鲜、优质的农产品卖到世界各地，又从世界各地购买回乡亲们喜爱的商品。

3）居民服务业

理发。农村的理发店不需要很大的面积，装修也不是很豪华，只是为了方便村民们理发。

洗浴。有的村民用自己家的房屋开公共洗浴室，无论夏天还是冬天，村民们都可以来此洗个舒服的澡。

缝补。帮助村民们缝补衣裳、衣边等。

修理。如修自行车、修锁、修高压锅、修煤气灶等。

4）教育用途

有的农村教师在自己的家里开展课外教学活动。他们在自家房屋里专门腾出部分面积，开办托管班、兴趣班、补习班、补课班、培训班等，如搞音乐培训、美术培训、电脑培训等。特别是在农村中心学校附近，这种情况较为多见。

有的农村非物质文化遗产传承人在自己家里开办非物质文化遗产培训班，开展技术、信息、市场等方面的交流活动。比如，有农村剪纸艺人，在自家里开办剪纸艺术培训班；有绣花传承人，在自家开展绣花传承培训班等。

5）文化用途

图书馆。有的开办农家书屋，供村民们阅读、查找资料、休闲之用。

网吧。农村的网吧很兴旺，上网的不只有年轻人，还有年长者。他们通过网络，了解世界信息，与世界沟通，进行网上购物、消费。

剪纸艺术。农村的剪纸艺术传人一般是在自己的家里进行剪纸艺术创作，而不是到其他地方进行艺术创作。

绣花产品。一些地方的绣花产品很受市场欢迎，成为农民增收、特别是妇女们就业创业、增加收入的重要方式。

娱乐场所。如开办营业性的棋牌室。

6）医疗服务

主要是村医用自家房屋开办诊所，服务周边百姓。有些村医掌握了一定的中药材加工和使用技术，他们自己上山采摘中药材、自己在家加工成中药，并用之为村民服务。

7）民宿旅游

民宿旅游是这几年兴起的，主要是一些城乡居民看到有些农村的山美水美、环境好、空气好，为增加收入、开拓旅游市场，纷纷把农民的房屋改造成小旅馆，供来此休闲、旅游的人居住，收入还不错。

总之，农村居民房屋的用途已相当丰富和复杂，不同的用途会有不同的收益，不能简单地把农村的房屋看成只用于人居住的单一用途。

二、对农村房屋用途的思考

农村房屋是我国房屋的重要组成部分。随着农村土地、房屋确权、登记工作的全面展开，农村土地、房屋与城镇同权、同价将是必然趋势。从现行的一些情况看，对农村房屋功能、用途的认定，似乎既没有政策性规定，也并不客观、全面、细致、精准，存在笼统、粗略的观念和作法。1997年，我国开展了第一次全国农业普查工作，要求对农村房屋的功能用途做出较为细致的、符合实际的区分，不能把农村房屋统一按照单一的住宅用途进行统计，而应当根据实际情况，区分农村房屋中用于人居住的住宅面积和用于生产经营的经营性用房面积，例如，要有用于存放农具、农产品，以及开展农业养殖、种植等的房屋建筑面积。对不同的功能、用途，要进行现场调查、观察、测量、估算等，根据实际情况，合理判断和确定相应的面积，不能笼统地把农村的房屋面积全部看成是农民的住宅面积。

就现实看，随着农村经济多元化发展，作为独立生产经营单位的农户，其房屋的实际用途也是多种多样的。其一，农村家庭是一个相对独立的生产经营单位，在这个生产经营单位中，有多种多样生产经营活动，客观上存在对自己的房屋进行多样化使用的情况，既有可满足人居住需要的住宅用途，又具有一定的生产资料、生产工具的属性，而非单纯的住宅属性；既可以用于农业，又可以用于第二、三产业。特别是对于一些种植大户、农民专业合作社领头人等，他们通常有较多的农机具和设施设备，更不能将其视作单纯的住宅。其二，同国有土地上房屋的多样性用途相同，农村房屋本身具有的"用途多样"的特性，也为农村房屋多种多样的实际使用提供了可能。国家并没有从法律或其他规章制度上对农村房屋的实际用途进行限制。对于农村房屋的实际用途来讲，在确保使用安全的条件下，实际用途"法无禁止即可为"。其三，现在农村居民也能快速地从电视、网络上接收到各种新的信息，他们也能了解到许多致富信息，学到一些致富技术，特别是利用小本钱进行创业致富的信息和技术。其四，农村房屋的面积通常都比较大，为提高房屋的利用率，农民会利用自己的房屋这个自己最大也是最主要的资产进行致富探索。他们愿意在自己的房屋里开展合适的生产经营活动，这可以降低生产经营的投资成本和投资风险。

三、准确区分和评估农村房屋不同用途下不同价值的重要意义

尊重事实是科学准确评估的依据，是确保公平正义的重要条件。准确区分和按照农村房屋的不同用途进行征收、抵押、买卖、参股、核算估价，才能为公平、合理、高效地开展征收、抵押、买卖、参股、核算等创造良好条件。

（一）有利于扩大估价市场

农村房屋土地征收、抵押、买卖、参股、核算等方面的估价是个庞大的市场，但是，这个市场目前还只是个处女地，有待开拓。只有尊重事实，实事求是，估价工作才能科学、顺利开展，估价市场才能有更大的拓展，否则农村房屋土地估价市场很难拓展。

（二）有利于推进顺利拆迁

目前，对农村房屋进行估价的主要目的就是为了征收拆迁。不尊重实事，不按照不同的实际用途进行征收估价，会造成群众不接受，甚至造成社会不安定，引发社会矛盾。事实上，不公平的征收拆迁评估是引发社会矛盾的重要因素，消除了不公平的评估，就可以在很大程度上消除引发社会矛盾的隐患。

（三）有利于保障农村居民合法权益

按照实际用途进行估价，最主要的还是有利于保障农村居民的合法权益。现在，有不少城镇居民到农村去居住和发展，"逆城市化"正在发展。只有按照实际用途进行估价，才能更有效地促进城乡一体化、均等化、市场化发展，才能有利于培育和壮大农村资产资源市场，使农村财富得到增值，才能有利于保护农村发展后劲，才能有利于农村发展。

（四）有利于社会主义市场经济制度的全面建立

农村经济是我国经济的重要组成部分，农村房地产市场是我国房地产市场的重要组成部分，农村生产要素市场是我国生产要素市场的重要组成部分。建设城乡一体化的市场是中国特色社会主义市场经济改革和建设的重要方向和目标，城乡一体、全国统一、竞争有序的市场格局正在逐步形成。只有按照实际用途对农村房地产进行评估，才能有效地建设和完善中国特色社会主义市场经济制度，为实现乡村振兴战略创造良好条件。

作者联系方式

姓　　名：余青山　万　婷

单　　位：江西开元房地产土地资产评估咨询有限公司

地　　址：南昌市红谷滩新区红谷中大道1376号红谷经典505室

邮　　箱：1879531833@QQ.com

二手房涉税估价业务中核价新模式的思考

胡新良

摘　要：二手房涉税成交价格申报中隐价、瞒价等行为层出不穷，严重损害了国家利益。在传统操作模式下，二手房涉税估价业务面临挑战，房地产估价机构也存在被动执业行为，不但无法缓解现有房地产交易纳税的征纳矛盾，也不利于房地产估价行业的发展。随着放管服改革进入深水区，我们需要多维度思考、探索新发展时期的估价业务模式。

关键词：估价需求；新模式

一、引言

二手房交易价格评估是房地产估价行业的传统评估业务，其本质是房地产转让价值的评估，是房地产交易交纳税费的计税依据的价值评估。而现实中，对于房地产转让的成交价格大部分由买卖双方多次商谈而形成，也有一部分因满足某种需求而必须由房地产评估机构提供专业的房地产估价报告作为出售底价的参考依据，是一种特殊条件下的公允价格。但在房地产交易登记交纳税费时，还需房地产估价机构出具的房地产课税估价报告或由房地产估价机构提供技术支持的存量房批量评估系统计算的结果来提供参考意见，从而来判断申报价格是否存在明显低于市场价格的情形，这也成为一种常态。房地产交易双方对税务机构提供的这种服务也认可，特别是在价格标准的判断上。这种做法也符合税收法治原则，确保了国家利益不受损失，维护了税法权威性和严肃性。房地产评估机构在这种房地产转让成交价格申报核价业务中如何反映客观的市场价格，以便充分发挥中介机构协税护税作用，协助纳税人准确计算税款，为客户提供高质量服务。

二、现有模式及政策分析

根据《中华人民共和国城市房地产转让管理规定》第七条房地产转让程序的办理要求，房地产转让当事人在房地产转让合同签订后 90 日内向房地产所在地的房地产管理部门申报成交价格；房地产管理部门按规定核实申报的成交价格，并根据需要对转让的房地产进行现场查勘和评估，再以房地产管理部门核实的结果缴纳有关税费。

目前，房地产管理部门对现有房地产交易未参与成交价格核实工作，但房地产管理部门核实的结果并不意味税务机关就不能行使应纳税额核定权，另行核定应纳税额也并非否定房地产管理部门核价行为的有效性。保障国家税收的足额征收是税务机关的基本职责，税务机关对作为计税依据的交易价格采取严格的判断标准符合税收征管法的目的。而现行是由税务机关主导，在房地产交易税收审定中由评估机构出具评估报告或核价结果。按照《税收征管法》第三十五条规定，纳税人申报的计税依据明显偏低，又无正当理由的，税务机关有权核定其应纳税额。《土地增值税暂行条例》第九条规定，转让房地产的成交价格低于房地产评估价格，又无正当理由的，税务机关可以按照房地产评估价格计算征收。《契税暂行条例》第四条规定，前款成交价格明显低于市场价格并且无正当理由的，或者所交换土地使用权、房屋价格的差额明显不合理并且无正当理由的，由征收机关参照市场价格核定。由此看出，法律赋予了税务机关对征税对象价格进行评估的权利，但也不是没有限制，征税必需兼顾效率与成本，评估的前提是纳税人申报的价格明显低于市场价格，且无正当理由，也就是说当纳税人申报的价格明显低于市场价格且提出的明显低于市场价格的理由不成立或不被税务机关认可的前提下，税务机关才可以开展房地产价格个案评估核定计税依据。

现行对房地产转让实施的价格管理模式是房地产成交价格申报制度，一方面保证了房地产转让双方当事人的正当权益，有利于国家对房地产转让的监测与指导，有利于公平、公开和正当的交易；另一方面有利于国家对房地产业的宏观调控，保证国家的税费收益，同时有利于制止隐价、瞒价等行为，减少不必要的社会矛盾。但现实中因利而制权的现象出现让这种价格管理效果大打折扣，部分存量房交易的"阴阳合同"引发的社会问题和税收风险引起了政府相关部门的重视。

2007年3月21日，国家税务总局发布《关于个人转让房屋有关税收征管问题的通知》，提出建立房屋交易最低计税价格管理制度，明确提出对不具备直接制定最低计税价格条件的，可由信誉良好的房地产价格评估机构进行评估，这也符合我国实行的房地产价格评估制度。2008年4月8日，国家税务总局发布《关于应用评税技术核定房地产交易计税价格的意见》，提出引入房地产评估技术应用到计税价格的工作方案。2009年7月6日，国家税务总局联合财政部发布《关于开展应用房地产评税技术核定交易环节计税价格工作的通知》，及2010年11月15日发布《关于推进应用房地产评估技术加强存量房交易税收征管工作的通知》，明确要求自2012年7月1日起全面推行应用房地产评估技术加强存量房交易税收征管工作。2011年7月13日发布《关于推广应用房地产估价技术加强存量房交易税收征管工作的通知》，要求于2011年7月1日后，逐步推广应用房地产估价技术加强存量房交易税收征管工作，达到自2012年7月1日起对纳税人所申报的存量房交易价格进行全面评估的目的。政府部门出台的相关政策目的在于降低房地产交易申报价格与市场价格的差异程度，降低存量房交易阴阳合同引发的税收风险，提升税收征管的质量和效率。

三、价格与价值背离逻辑分析

税收是政府凭借国家强制力参与社会分配、集中一部分剩余产品的一种分配形式，也是国家公共财政最主要的收入形式和来源。房地产交易税收审定是房地产交易的一个重要环节，税赋高低影响着房地产交易价格，受交易收益、成本和时间的边际效益影响，以及资金回流所带来的机会诱惑，交易双方会综合评判后议定出一个有利于各自利益的、合理的公允价值，同样这种考虑税赋成本的议价方式也会给其相似类型的房地产的交易提供一个定价样本，比如说买家承担卖家的应缴税费。

房地产是商品，具有商品的价值和使用价值两大属性，是满足人们某种需要的、用来交换的劳动产品，遵循着商品交换的价值规律。市场上商品的供给与需求恰好相等的情况是极其偶然的，多数情况是商品有时供过于求，有时供不应求。当某种商品的供给不能满足需求时，商品的购买者为了获得那种商品，也不得不互相竞争，在市场上抬价收购，导致商品的价格上升到价值以上。但是，当商品价格高于价值的时候，必然导致那种商品生产的扩大和供应量的增加。而随着市场上商品供应量的增加，商品的价格就要下跌，逐渐与价值接近。反之，当某种商品供过于求，商品价格低于价值，必然导致生产缩小和供应减少，促使价格回升，逐渐与价值接近。这种价格受供求关系的影响自发地围绕着价值而上下波动的现象，正是私有制商品经济中价值规律强制贯彻其作用的表现。恩格斯在阐述马克思的价值规律理论时说："商品价格对商品价值的不断背离是一个必要的条件，只有在这个条件下并由于这个条件，商品价值才能存在。只有通过竞争的波动从而通过商品价格的波动，商品生产的价值规律才能得到贯彻，社会必要劳动时间决定商品价值这一点才能成为现实。"在市场经济条件下，任何商品的价格都是由市场形成的，以商品的价值为基础，依靠价值规律、供求规律和竞争规律来调节。

房地产价格和其商品价格一样，除了受供求关系影响外，还与其所处的区位、权益状况、未来预期及交易双方个别情况等有关联。在我国城镇化进程中，未来预期对房地产价格的影响十分明显，包括规划、政策、金融、税收等方面因素，市场价格等同于市场价值的情况是十分偶然的。这也就从另一个方面来表达市场价格与市场价值存在差异属于正常现象，对于税法中提出的"价格明显偏低"的说法所传导出来的计税价格低于市场价值，或计税价格高于市场价格，税务机关在房地产交易审核计税价格的过程中也是认可计税价格不一定等于市场价格这种观点。两者之间的差异只要在合理的范围内还是可以作为计税依据，这个与税法规定的"价格明显偏低，又无正当理由"所折现的税收精神保持一致。

四、开拓业务模式创新与精准计税服务

2016年5月9日，国务院召开全国推进放管服改革电视电话会议。提出持续推进简政放权、放管结合、优化服务，不断提高政府效能。以敬民之心，行简政之道，革烦苛之弊，施公平之策，开便利之门，推动双创深入开展，加快发展新经济，培育壮大新动能，提高全要素生产率，使中国经济的无限活力充分迸发。要相忍为国，让利于民，计利当计天下利，一切以国家和人民根本利益为依归。转变政府职能，减少政府对市场进行干预，将市场的事推向市场来决定，减少对市场主体过多的行政审批等行为，降低市场主体的市场运行的行政成本，促进市场主体的活力和创新能力。

税务机关在政府职能从管理型向服务型转变过程中所面临的一个新问题就是严格执法与优质服务的矛盾。但是，在旧有的习惯思维中，税务机关是国家税收执法部门，严格执法是对税务机关的最基本要求，而严格执法就是必须秉公执法，严肃执法，严格按照法律规定和程序办案，真正做到以事实为依据，以法律为准绳，决不允许和纳税人走得过于亲近。在这个意义上，受习惯思维影响，严格执法容易冲淡优质服务，优质服务又容易冲淡严格执法，尤其是在纳税人依法诚信纳税意识没有完全形成的情况下。

二手房交易涉税估价业务的产生原因是因为房地产交易双方申报的成交价格明显偏离了其正常的市场价格，而以"价格明显偏低，又无正当理由"的判断标准又没有一个可量化的指标，虽然各地税务机关对偏低值及正当理由给出了一定的参考，对税务机关与纳税人之间的征纳矛盾起到了一定的缓解，但还需从根本上去分析问题并找到解决问题的方法。

（一）探索估价机构为精准纳税提供服务

房地产成交价格是交易双方之间的公允价格，而并非完全是市场价格。单凭交易双方申报的成交价格明显低于市场价格且提出的理由不在税务机关规定的理由范围内就对其采用核定征税，必然会引起征纳矛盾。而现行的做法是引进房地产估价机构对其进行市场价格评估，这也符合国家实行的房地产价格评估制度要求，但评估结果并非真实的成交价格，二者之间存在一定的差异。房地产税收估价应兼顾公平、精准、效率和成本原则，而实际估价中估价机构对涉税业务的协税护税的参与力度还不够深入，无法有效、针对性地对真实的申报成交价格与评估价格进行差异性评判，房地产估价机构也从未开展个性化综合涉税估价服务业务，纳税人对其即将交易或正在交易的房地产所缴纳税费具体金额有事先知情需求，提供精准服务也是纳税人应该享有的权利。

目前，房地产估价机构在房地产交易涉税业务中对业已网上备案的交易行为所对应的价格进行评估，在申报的成交价格与评估结果之间取高值作为计税依据，而这种量化的价格只是估价结果的一部分，专业意见才是评估结果核心，特别是对两种不同价值类型的价格比较。若评估价格与申报价格相近，则申报价格未明显偏低或偏离市场价格，采用核价结果作为计税依据，不符合税法立法精神和税收原则，容易增加征纳之间的矛盾。故在现有模式下，放开对评估结果约束，以科学测算为基础，增加评估专业意见作为计税依据。同时，改变现有房地产交易纳税审核模式，引入房地产估价机构作为房地产交易税务代理协作方，让有具体良好社会资信的房地产估价机构从事房地产交易税收核算业务，并接受税务部门和房地产管理部门的双监管。

房地产估价机构作为房地产市场的专业机构，对房地产价格的判断有着专业性、合法性和权威性，引入房地产估价机构代理核税，进一步深化放管服改革，改变现有税收征管模式；充分发挥注册房地产估价师的专业技能；协调征纳双方的关系，打造市场化、法治化、国际化营商环境；提高税收效率，降低征纳成本；维护纳税人的合法权益，提高公民的纳税意识。

（二）设立房地产权利人独立涉税账户

针对当前房地产交易纳税申报价格隐价、瞒价等行为损害国家利益，及"阴阳合同"引起的社会矛盾，其本质均为对房地产交易价款监控的缺失。为保证交易双方诚信纳税，设立房地产权利人独立涉税账户。由交易双方在申报纳税时提供交易涉税关联银行账户，并签署真实成交价格承诺书，以供交易期后对该次交易行为的核查，同时也是对房地产估价机构在涉税业务中勤勉尽责的隐性监督。

设立房地产交易涉税账户，借助大数据技术，可以有效掌握房地产交易资金的流向，归集房地产交易双方的纳税信息，从源头上缓解征纳之间的矛盾，回归税费负担法定的交易环境，提升为国纳税的成就感。

（三）完善诚信体系，加强纳税意识宣传

国家税务总局 2017 年 1 月 4 日印发《房地产交易税收服务和管理指引》，强调税务机关应当加强对房地产中介机构的管理和引导，规范中介机构的涉税服务。应当积极配合房地产管理、工商行政管理等主管部门建设社会信用管理平台，及时将纳税人的纳税信用记录和中介机构的涉税服务信用记录传递至信用管理平台。会同有关部门对于守法房地产中介实行联合激励；对于诱导、唆使、协助纳税人签订"阴阳合同"和伪造虚假证明骗取税收优惠的不法房地产中介，实行联合惩戒。房地产估价机构应主动承担协助房地产交易纳税人办理纳税的工作，并协助纳税人准确计算税款，提供高质量服务。加强税法宣传，提高纳税意识，增强依法纳税的责任感和光荣感，做一个合格的纳税人，为国家多做贡献。

五、结语

我国改革经过 40 多年，已进入深水区，需要房地产估价机构参与的机会也越来越多，我们需要从多角度、多维度出发，立足现有传统评估业务，充分理解国家政策，领悟时代发展的需求，不断思考新的估价增长点，结合现有大数据技术，探索新的服务模式，提供更高质量的精准服务。

参考文献：

[1] 柴强. 房地产估价理论与方法 [M]. 北京：中国建筑工业出版社，2017.

[2] 张晓慧. 浅议税务代理制度 [J]. 中国乡镇企业会计，2007（02）.

[3] 姜涛. 第三方信息的获取与利用是个人所得税征管的必由之路 [J]. 税务研究，2015（02）.

[4] 剧宇宏、王洁. 二手房交易中避税行为的法律思考——以张某滥用职权、受贿案为视角 [J]. 犯罪研究，2012（02）.

[5] 王海强. 加强存量房交易税收征管的举措 [J]. 经营与管理，2010（09）.

[6] GB/T 50291—2015. 房地产估价规范 [S].

作者联系方式

姓　　名：胡新良

单　　位：上海城市房地产估价有限公司

地　　址：上海北京西路 1 号 15-18F

邮　　箱：huxin9685@163.com

吉林省国有农用地基准地价评估工作路径研究

许崇娟　王胜斌

摘　要： 国有农用地基准地价评估的工作路径与国有建设用地基准地价评估有很大不同，需要准确把握国有农用地的经营方式和生产能力，厘清国有农场和农工的权益关系，进而明确国有农用地基准地价的价值内涵和服务方向。文章在对吉林省国有农场经营状况进行研究分析的基础上，提出国有农用地基准地价评估可选工作路径，希望能对吉林省乃至其他与吉林省情况类似省份的国有农用地基准地价评估工作有所帮助。

关键词： 吉林省国有农用地基准地价；评估；工作路径

一、国有农用地基准地价评估的特殊性

土地价格是其权利的购买价格，国有农用地基准地价亦是特定土地权利的购买价格。国有建设用地使用权以地上物开发利用决定价值，地价权利单一无负担，制定土地使用权完整权益的基准地价即可，评估工作路径是单一的。集体农用地农户承包经营权在三权分置体制下，虽然评估工作路径可能会有所变化，但权利清晰，容易剥离，选择并制定集体土地某一权利状态下的基准地价也并不困难。

国有农用地经营方式多样，权益关系复杂且不稳定。在不同的经营方式下，国有农用地权利主体、权利类型、权利期限等均有所不同，从而使得评估国有农用地基准地价的土地权益配置与国有建设用地和集体农用地明显不同，具有特殊性。如果简单地以农用地投入产出纯收益资本化价格定义国有农用地基准地价，无法诠释所释放地价信号的经济意义。《农用地估价规程》GB/T 28406—2012将农用地基准地价的土地权利状况界定为农用地使用权价格，这一界定应用于国有农用地基准地价体系建设，概念的外延有些过大，使得基准地价的价值内涵、价值影响因素、评估方法、评估技术路线较模糊，评估结果因释放的地价信号不清、应用方向不明而难以使用。为克服这个问题，国有农用地基准地价体系建设需要从国有农用地复杂的权益关系中，寻找一束具体明确、合理恰当的土地权利来加以界定基准地价的权利状况。这个寻找过程，就是评估工作路径选择的过程。由于农用地的权利状况是由其经营方式决定的，国有农用地基准地价评估工作路径可根据农用地经营方式进行选择。

二、吉林省国有农用地经营基本情况及基准地价评估难点

吉林省将绝大部分国有农用地土地使用权确权给国有农场，实行农垦管理，仅有少部分零散分布的土地由集体经济组织实行家庭承包经营。农垦管理的国有农用地经营管理方式实行两田制，即责任田和机动田。其中，责任田约占82.4%，职工与农场原本为劳动合同关

系，但近些年来基本上都已实行职工承包租赁经营；机动田由未发包土地和职工退休收回土地构成，约占17.6%，没有权利负担，可由农场独立支配。机动地按照市场价格单年对外发包，发包土地耕种收益及其农业补贴都归承包人拥有。可见，吉林省国有农用地经营方式主要有农场职工承包租赁经营、机动地对外发包经营、将国有农用地交由集体经济组织承包经营三种。

其中，作为最主要经营方式的农场职工土地承包租赁经营，农场职工分享了大部分土地收益，归属于国家的收益较小。职工家庭承包租赁经营就其本质来说，属于农场土地租赁制度。这个制度有三个主要特征：一是职工承租责任田需要缴纳租赁费；二是租赁的土地只能自己种，不能转包；三是租赁期限为职工退休之日止。正是这三条，使国有农场职工承包租赁经营权与农村集体土地的农户土地承包经营权在体制上区别开来。理论上，以国有农场职工承包租赁经营权某一特定权利类型价值为基础制定国有农用地基准地价最为恰当。然而，国有农用地运营的现状却是：职工承租责任田很少缴纳甚至是不缴纳租赁费；职工租赁的土地大部分都已经转包；租赁期限到职工退休之日大都没有交回，由职工占有自己耕种或对外转包获取收益。由于这些与承包租赁制本身不一致的行为未被禁止，使得农场职工土地承包租赁经营衍生出了一系列的附加权益，如职工承包租赁土地转让与互换权、职工土地转包权、转包土地再转包权、土地长期使用权等。这些权益已根植于农垦的现实社会，它们瓜分了土地收益且互相牵制，形成了多种土地权益价值。然而，事实上这些权利并没有被现行法律所认可，处于不稳定状态，难以恰当地将其权益价值合理剥离，用于定义农用地基准地价的权利形态。如果不加甄别，简单地以承包租赁经营权某一特定权利类型价值为基础制定基准地价，将会导致地价信号失真、失实。因此，国有农用地基准地价仅以国有农场职工土地承包租赁经营权或某一特定权利类型价值为基础制定是有缺陷的，基准地价评估的工作路径需要在各种国有农用地的生产经营方式间权衡。

三、国有农用地基准地价评估可选工作路径及其利弊

制定农用地基准地价，不仅要弄清楚其价值内涵是什么权益状态下的价格，还要符合制定基准地价的目的，搞清楚基准地价的应用方向和服务范围。分析制定国有农用地基准地价的利与弊，主要是围绕这些内容进行判断。就吉林省国有农用地的三种经营方式，评估基准地价可有三个工作路径：评估农场职工土地承包租赁经营权价值、评估政府出让土地使用权价值、评估模拟农户土地承包经营权价值。现就各个路径及其利弊，分述如下：

（一）评估农场职工土地承包租赁经营权价值

吉林省现在普遍实行的农场职工土地承包租赁经营，农工分享了大部分土地权益，土地承包租赁经营权价值主要体现的是农工的权益价值。以农工土地承包租赁经营权价值为对象制定国有农用地基准地价，更多的是服务于农场职工的经营行为，是承认、包容职工既得利益的价格，符合农垦现实情况。理论上，以其专门作为国有农用地基准地价，最为贴近农垦经营现实。

然而，前已述及，职工家庭承包租赁经营权所衍生的各种权益如职工土地转包权、土地长期使用权等权益虽然显示出一些用益物权的特征，但并没有被现行法律所认可，是没有法律保障的权益。可如果评估农场职工土地承包租赁经营权价值，就必须对这些复杂而尴尬的权益关系以现实的态度给出说法，予以固定。由于政策法律支撑不足，以农场职工土地承包

租赁经营权价值为对象制定国有农用地基准地价不确定性因素太多,处理难度大,面临法律风险。

(二)评估政府出让国有农用地土地使用权价值

此处定义的政府出让国有农用地土地使用权价值是指不再交给农场职工承包租赁经营,由政府收回进行有偿处置的土地使用权价值。

《中共中央国务院关于进一步推进农垦改革发展的意见》(2015年11月27日发)明确提出:"对农垦企业改制涉及的国有划拨用地和农用地,可按需要采取国有土地使用权出让、租赁、作价出资(入股)和保留划拨用地等方式处置。"可见,从满足扩大土地有偿使用范围的改革需求看,以出让国有农用地土地使用权价值作为国有农用地基准地价最合适。

吉林省国有农用地普遍实行的经营方式是农场职工土地承包租赁经营,只有少量的机动地没有权利负担,农场掌控农用地完整权益,能够以净权益出让土地使用权。因而机动地是出让国有农用地土地使用权价值的主要对象。

评估出让国有农用地土地使用权价值并以其作为基准地价存在的问题是:

1. 由于吉林省土地承包租赁经营权几乎已经成了永佃权,政府要出让这部分国有农用地,首先要将农工家庭承包租赁经营权收回。这相当于对农工既得大部分土地收益权的强制去除,而这种强制去除不可能是无偿的,需要通过支付农工安置费用才能实现。然而,农工安置吉林省目前没有实践,比照征地安置,改制成本很大。

2. 以出让国有农用地使用权作价出资入股等进行改制,时机尚未成熟,目前全省没有一家,评估的基准地价应用于实际,还有待时日。

3. 以出让国有农用地使用权制定的基准地价主要适用于少量的机动地,使用范围很窄,没有发挥基准地价本身应有的普适性地价信号的作用。

(三)评估模拟农户土地承包经营权价值

目前,吉林省有少量的国有农用地交给了农村集体经济组织承包经营,这符合《土地管理法》第十五条、《土地承包法》第二条、《物权法》第一百三十四条的规定。对于交给农民集体使用的国有农用地,农户享有的权益与集体农用地没有区别,故国有农用地基准地价可以以农户承包的国有农用地为对象,评估农户承包经营权价值。农户承包经营权价值是农用地资产性管理的代表性价值,以其制定的国有农用地基准地价虽然显示的是少量国有农用地的价格,却能发挥普适性地价信号的作用,应用范围可以扩展到集体农用地,为集体农用地转让、流转所参照,因而实用性强,更具现实意义。

然而,吉林省的国有农用地基本实行农场职工土地承包租赁经营,所评估的农户承包经营权价值对于吉林省大多国有农用地来说,并不具有代表性,这是以模拟农户承包经营权价值定义国有农用地基准地价的主要缺陷。

四、对吉林省国有农用地基准地价体系建设的建议

政府对农用地基准地价体系建设的方向定位,决定了农用地基准地价的价值内涵及其评估的工作方向。通过以上分析发现,采用何种工作路径都有利有弊,需要权衡选择,寻找一个最大公约数。

《吉林省委省政府关于进一步推进农垦改革发展的实施意见》(2016年12月26日发)要求,坚持和完善以职工家庭经营为基础、大农场统筹小农场的农业双层经营体制。规定可根

据实际选择作物承包、土地承包、土地股权承包三种方式完善家庭承包经营。可见，出让国有农用地使用权并不是吉林省农垦改革的主要方向。鉴于农场职工土地承包租赁经营权亦面临许多政策法律风险，吉林省国有农用地基准地价评估工作着眼点放在土地承包方式改革上，以模拟评估农户承包经营权价值制定国有农用地的基准地价相对较为合理。出让国有农用地使用权价值、农工土地承包租赁经营权价值作为特定价值，可纳入农用地基准地价修正体系之中。此类宗地评估可通过农户转让土地承包经营权价值及其修正体系测算得出。至于农工土地承包租赁现实状态所面临的法律问题，不必刻意承认，也不必全盘否定，根据评估目的灵活处理。这样做，可以解决出让国有农用地使用权价值适用范围过窄问题，还能回避农场职工土地承包租赁经营权价值存在的各种弊端。与此同时，可以将所建设的国有农用地基准地价体系的应用范围扩展至集体农用地，发挥普适性地价信号作用，服务于社会大众。

国有农用地基准地价制定既要深刻认识农用地的社会保障功能，确保农户（农工）利益在土地流转中不受损害，也要为土地的规模化经营留下空间，减少交易成本，推动农用地高效利用。平衡两者之间的关系，需要针对国有农用地的权利形态多样，利用水平差异较大问题，对评估的农用地基准地价的农用地利用前提和土地承包经营权价值种类做出选择。因此，在国有农用地基准地价的土地权利内涵明确之后，需要进行国有农用地基准地价的权利形态细分和利用水平定位，同时处理好农业支持保护补贴与基准地价的关系。

参考文献：

[1] 杨瑞杰. 吉林农垦改革专题调研报告 [J]. 吉林农业，2016，33（15）.

[2] 桂华. 土地制度、合约选择与农业经营效率——全国6垦区18个农场经营方式的调查与启示 [J]. 政治经济学评论，2017，8（04）.

[3] 贺雪峰. 国有农场对农村经营体制改革的启示 [J]. 华中农业大学学报（社会科学版），2017，（03）.

作者联系方式

姓　　名：许崇娟　王胜斌

单　　位：长春银达房地产土地估价有限责任公司

地　　址：吉林省长春市朝阳区融诚担保大厦7楼

邮　　箱：wangshengbin66@163.com

为押品管理提供房地产估价专业数据分析服务的探讨

张 杰 霍丽娟

摘 要：2018 年 8 月，深圳市政府出台了《关于深化住房制度改革加快建立多主体供给多渠道保障租购并举的住房供应与保障体系的意见》（下文简称《意见》）。《意见》中提出深圳市将在 2035 年前新增建设筹集 170 万套住房，其中市场商品住房 70 万套，占 40% 左右。供应商品房的占比从"十一五"规划的 79.71% 下降至 40%；未来深圳的商品房市场向存量房转换。2019 年 2 月粤港澳大湾区发展规划纲要公布，2019 年 5 月至 8 月密集出台新的资管组合拳的系列规定出台，预示着下一步金融机构会密切关注存量押品变现及价格波动检测这项工作。在存量押品市场中，估价机构和估价师如何为金融机构提供更高质量的服务？

关键词：估价数据化；押品管理；图层因素地理信息系统

一、数据分析在商业银行押品市场中的作用

2019 年不良资产行业半年报统计结果显示，排在不良贷款余额前三位的行业依旧是制造业（3548.90 亿）、批发和零售（1911.71 亿）、个人贷款（1397.54 亿）。押品表现是金融体系的关键和核心，估价在金融环境中尤为重要，而数据分析又在估价领域占据重要地位。"中房学"副会长兼秘书长柴强博士在学会 2019 年换届大会上也指出，要重视培养估价专业人才，积累估价所需数据资料，定期或不定期开展相关专业研讨。搞数据要立足于支撑做好估价本业，即从主要靠经验估价转向主要靠数据估价。

就现状来看，虽然押品管理贯穿银行信贷业务的贷前、贷中、贷后、不良资产处置等不同阶段，但数据化程度并不高，且面临以下问题：①缺乏大数据支持，数据格式不规范；②压力测试考虑因素不全面；③押品估值效率低且估值不准确；④缺乏押品风险动态监管自动预警；⑤缺乏有效的市场分析。因此，就银行的需求及发展趋势来看，为银行押品提供服务时，需从以下几个方面入手：

（一）基础数据规范化

主要包括：①押品名称、地址标准化，押品地址坐标定位，产权地址校验和押品合规合法性分析；②对原始数据进行检查，将缺少因素（例如缺少贷款利率、贷款金额、当时评估价等因素）的数据进行补充。

（二）压力测试

主要包括：押品分类、押品价值重估、押品整体状况分析、押品不同层面风险分布分析，重点关注贷款分析、压力测试。

（1）将规范化后的数据进行分类，分为普通住宅、公寓、宿舍、商业、办公等。

（2）①自动估价：对普通住宅二手房数据进行自动批量估价；②人工核价：对自动估价系统已给出价的二手房价格进行人工核验；对其他类存量房（商业、办公等）进行人工给价。

（3）对整理核价后的数据进行整体测算，包括贷款笔数、贷款总额、贷款余额、现值总额、违约贷款笔数、违约贷款余额、违约贷款所占比重、风险状况等。

（4）对整理核价后的数据进行不同层面的分析测算，包括贷款种类、抵押物用途、贷款人年龄、时间段、行政区、贷款成数、总价、单价、建筑面积等，分析其风险状况、违约情况。

（5）对整理核价后的数据进行涨跌幅情况测算，筛选出需重点关注物业名单。筛选出最新评估价与发放贷款时评估价下跌在10%以上的贷款作为重点关注贷款物业，并就具体原因进行分析。

（6）基于压力测试模型，分别给出正常、房价下跌10%（利率上浮10个基点）、房价下跌20%（利率上浮20个基点）、房价下跌30%（利率上浮30个基点）情况下，各贷款种类的预期违约贷款笔数、预期违约率、预期违约贷款余额。

（三）价格偏差分析

主要包括：押品增减值分析，评估价格合规分析。在押品管理过程中，最核心的工作就是准确评估押品的价值。但在实操中，估价不仅是重点，更是难点。这是因为影响准确估值的因素众多，银行对押品的有效管理必须充分考虑这些因素。在估价的过程中，估价师需要充分了解标的物业所在地区的房产价格、成交情况、周边环境配套等，再依据适合的估价方法，确定不同的要素指标，最终形成房价指数体系，为准确估值提供计算依据。

（四）动态预警

主要包括：价值波动、流通性波动（变现能力分析）、集中度、黑名单（重点关注楼盘）的预警。建立房价动态监控预警系统，监控房价临界涨跌幅率（例如10%），超过这一阈值，就会触发警报器，引起相关部门的关注，从而提高风险管理水平，减少由于人为因素造成的不必要损失。

（五）市场指针

主要包括：政策资讯，区域分析（文章）、趋势预测和市场总量及趋势分析。包括宏观经济分析、宏观政策分析、2019年房地产市场分析及2020年楼市展望（包括新房住宅、存量房住宅、商业、办公、城市更新市场分析）等。

二、商业银行押品市场变化的分析

据深圳某银行风险部透露，近期个人住房贷款不良率有所增加，尤其是近一年个别片区不良比例上升较快。眼下，政府在一手市场上的限价给投资客造成很大的压力，二手贵过一手的现象在深圳比比皆是。一旦较多投资客断供，二手楼市将遭受更大的压力。

我司数据中心通过数据比对和监控此类物业及其背后相关因素分析发现，主要的不良共性有以下几种：物业或为投资客持有，或因位置偏远单价或总价低、配套落后，户型与政策不符或因近期供应大幅攀升等原因导致。另外，物业的位置、配套规划、教育资源因素是影响未来房价的重要指标，也是购房者考虑是否继续持有物业的重要因素。以下我们通过影响押品市场变化的几个核心因素对于房价前后变化的对比，通过数据化分析来做更直观展示。

（一）教育资源因素

针对教育资源因素对于深圳存量房市场的影响，我们做了数据监控和分析，下面列举了各片区学位价格对比（表1）。

深圳各片区学位价格对比　　　　　　　　　　　表1

行政区	深圳典型初中学区房价格（元/平方米）			
	学区	2018年均价水平	2019年上半年均价水平	涨幅
福田	深圳实验学校初中部	92000	107117	16.43%
	深圳高级中学	110000	121602	10.55%
	红岭中学园岭初中部	75000	83486	11.31%
	石厦学校	80000	88303	10.38%
罗湖	深圳中学	72000	78415	8.91%
	桂园中学	50000	56673	13.35%
	翠园中学	58000	64012	10.37%
	东湖中学	54000	59626	10.42%
南山	南山实验麒麟中学	80000	90712	13.39%
	南山第二外国语学校	100000	117857	17.86%
	育才三中	89000	97320	9.35%
	育才二中	92000	100447	9.18%
宝安	宝安中学	70000	74987	7.12%
	宝安实验学校	70000	76300	9.00%
	松岗中学	35000	37807	8.02%
龙岗	龙岗实验学校	42000	46263	10.15%
	龙岗外国语学校	48000	53962	12.42%
	龙城初级中学	38000	40003	5.27%
盐田	田东中学	48000	54128	12.77%
	盐田外国语学校	70000	78115	11.59%
	盐田实验学校	42500	48247	13.52%
光明	公明中学	42000	44696	6.42%
	光明中学	42500	47336	11.38%
	光明高级中学	42500	46511	9.44%
坪山	坪山实验学校	38500	43785	13.73%
	坪山中学	33500	35014	4.52%
	中山中学	30000	32419	8.06%
龙华	龙华实验学校	62500	70646	13.03%
	民治中学	52000	56681	9.00%
	观澜第二中学	32000	35818	11.93%
大鹏新区	葵涌中学	45000	51454	14.34%
	华侨中学	30000	32720	9.07%
	南澳中学	42500	47763	12.38%

好学位配"高房价",深圳的学位如此"火爆",主要因为求学人数太多,但好的学校却太少,由于学校优劣带来的附加值大相径庭,家长们对名校的追逐导致深圳学区房价格非一般的高昂。

(二)其他部分因素

交通和规划配套也很重要,例如,前不久售罄的"华强城",位于宝安区福海街道,属于11号线塘尾站地铁口物业,一路之隔还有鸿荣源、中粮立新湖两个超大型旧改项目,开车到规划2018年建成的深圳国际会展中心约4公里,坐地铁到机场3个站,项目位置比较有优势。由于交通和规划都比较好,购房者对这一楼盘预期价未来会上升,导致楼盘的大卖。

租金是房价上涨的又一推手。租金和房价的关系不只是租客或是购房者关心的话题,更是房产投资者关心的话题。在宏观调控之后,房价没跌,但市场中的房租反而上涨了。很多租房的人一看租金涨了,与其每月交房租,还不如交月供,于是纷纷去买房,更加推动了房价的上涨。而更为准确的说法应该是"租金上涨能推动房子市场价值的上涨"(房价是受供需制约的,不一定能反映房子的市场价值)。房价是房子的"价格",租金其实也是房子的"价格",而且租金更能反映在市场上房子的真正价值。以下是典型地铁站点租金水平及房价(表2)。

深圳典型地铁站点租金水平及房价　　　　　　　　　　表2

片区	租金(元/平方米)	2018年均价	2019年均价	涨幅
侨香	156.41	125000	135000	8%
香蜜	130.94	120000	130000	8%
安托山	123.06	105000	120000	14.29%
高新园	108.37	100000	115000	15.00%
侨城北	125.91	70000	78000	11.43%
华侨城	156.41	75000	82000	9.33%
红树湾	174.73	120000	130000	8.33%
世界之窗	107.21	60000	65000	8.33%
大学城	98.18	75000	85000	13.33%
海上世界	150.62	135000	145000	7.41%
宝中	109.78	68000	78000	14.71%
宝体	93.11	72000	82000	13.89%
西乡	83.66	60000	67000	11.67%
深圳北站	96.13	80000	90000	12.50%
上塘	76.75	65000	72000	10.77%
坂田	69.95	58000	65000	12.07%
鹿丹村	123.7	80000	90000	12.50%
翠竹	105.95	58000	65000	12.07%

从以上数据可以看出,估价数据化将是估价机构在服务于存量房估价市场时,可以深度参与到银行押品管理中来,并在押品管理中发挥应有的作用。如何让押品有变现能力的量化

分析，是市场对于估价深度和广度的迫切需求。

且有别于银行押品的压力测试业务，更加回归到物业价值本身，结合大数据、通过估价师的专业判断，运用大数据，形成估价数据化精准有效为金融机构提供更有专业性的服务。

三、数据，互联网+估价的发展之路

柴强博士在"2019房地产金融科技高峰论坛"上发表了题为"服务于商业银行的房地产估价创新发展"的主题演讲，要完成上面的构思，我们可以通过"大数据+估价师"结合的思路来实现。其中大数据层面，可以通过建立图层因素地理信息管理系统来实现。

（一）图层因素地理信息管理系统

1. 整体架构

整个系统的架构共包含三层，即应用层、服务层、数据层。

（1）应用层：通过IE、FireFox、Chrome等客户端浏览器展现由前端框架ArcGIS API for JavaScript开发的楼盘地图查询演示系统，该层与用户直接交互，呈现出系统页面的最终效果，用户在该层中可以对系统进行一系列操作，包括地图的漫游、显示或者隐藏图层等。

（2）服务层：服务层包括ArcGIS Server以及Tomcat服务器，系统通过ArcGIS Pro将地图数据发布到ArcGIS Server中，并通过Tomcat应用服务器与ArcGIS Server服务器响应空间地理数据以及关系属性数据并对这些数据进行分析；与此同时，应用网关、远程服务与关系数据库进行交互，对业务数据进行查询操作。

（3）数据层：作为系统的最底层，数据层主要负责空间地理数据和关系属性数据的存取机制以及维护不同种类数据之间的关系；同时，数据层还会对数据进行备份，并保证数据的安全，为系统的数据源提供保障。

2. 制作技术

数据库是按照数据结构来组织、存储以及管理数据的仓库。确定需要使用的数据库平台，导入制作好的各个楼盘的矢量数据，包括与之关联的学区，交通轨道等矢量数据。设计科学的数据库结构，便于日后扩展。

1）空间数据

空间数据是用来表示空间实体的位置、形状、大小及其分布特征等诸多方面信息的数据，用户都是基于完整的、确切的空间数据来进行空间分析。在ArcGIS中空间数据都是通过图层的形式进行编辑，每一个图层会有其对应的一个数据集，同时ArcGIS还会规定利用符号和文本标注绘制数据集的方法，系统能够通过用户选择的缩放比例来确定哪个图层应该显示，同时也显示相对应的空间数据，从而实现对楼盘的空间数据的查询、筛选、高亮等基本操作。在进行系统的数据库设计时，需要比较详细地搜集楼盘的信息数据，以此来建立楼盘信息数据库。需要行政区、片区、楼盘、学校、公交、地铁、医院、公园、物业公司、停车位、道路等信息。

2）属性数据

属性数据是描述空间实体的基本特征数据，也是组成地理数据的重要部分。某个楼盘的属性具体包括楼盘的名称、建成时间、房型、目前单价、住房性质、地理位置、附近学区、交通数据等。

3. 应用

1）数据标准化应用

图层因素地理信息系统可以解决楼盘精确定位问题，并有效地识别楼盘是否是同一楼盘问题，也可以有效地解决一个楼盘又有多个项目的问题。该系统不仅可以直观地看到一个项目或者楼盘的具体地理位置，还可以清楚地反映楼盘的周边环境。

2）估价更高效准确

图层因素地理信息系统和楼盘的结合，可以为系统应用带来质的飞跃，还可以更准确地判定房屋的区域价格，为决策者提供更直观的价格走势，也能帮助银行更好地化解相关风险。

3）变现能力分析

结合图层因素地理信息系统，从楼盘的通用性（结构、质量、价值大小、区位、开发程度、市场状况）、独立实用性、可分割转让性以及可实现价格与评估价格之间的差异程度来进行变现能力分析。

4）重点关注楼盘

建立房价动态监控预警系统，监控房价临界涨跌幅率（例如10%），超过这一阈值，就发触发警报器，并设置超过阈值的楼盘为重点关注楼盘，随时关注其价格变化，从而提高风险管理水平，减少由于人为因素造成的不必要的损失。

（二）租金自动评估系统

由于估价师在实践中发现"租金上涨能推动房子市场价值的上涨"，另外深圳市政府发布的《关于进一步加强房地产调控促进房地产市场平稳健康发展的通知》，将商品住房转售期限限制为3年，商务公寓转售期限限制为5年，大大延长了房产持有时限，房产收益不再受限于房产本身的市场价格变动，在持有期内房产本身的租金收益也成为衡量房产价值的关键因素。

为了更好地服务于市场，让客户更轻松便捷地了解每个物业的租金市场情况，我司对市内各楼盘租金数据进行收录、校准及匹配，推出租金评估系统，该系统数据覆盖深圳市90%的常用楼盘，可实时查询近180万套物业的租金价格。同时，根据市场租金变化，实时更新系统租金评估数据，保持系统租金价格的准确度。

通过将图层因素地理信息系统、租金自动评估系统的完美结合，可以提供如房屋交易量、房价变化情况、房屋基准价、成交价、租金分析报表，对房价变化走势、异常变化、压力测试、价格偏差分析、动态预警、市场指针，提供更直观的数据，辅助估价师及银行风控部门严格把关，强化估价风险意识，特别是从今以后要把防风险放在首位，把风险扼杀在摇篮之中。

（三）关于后市的一点提示

（1）房价评估的主场其实是存量房市场，那么估价师将在230万套存量商品房中挥洒才华。在大数据环境中，做好风险控制显得更为重要。这就需要估价机构与银行、理财机构等无缝协作、相互配合。具体来说，需要：①系统自动采集数据与估价师现场核验、补充双管齐下，对数据标准化进行多渠道交叉验证，确保建立完善的大数据仓库；②系统自动导出被评估物业信息与估价师实地查勘，并保证拍照、录像的质量相结合，确保房地产估价的准确无误；③利用图层因素地理信息系统、租金自动评估系统、自动估价系统，通过对历史数据、未来趋势变化的分析，估计房地产价格，估价师据此进行精细化审批，为风险控制部门提供依据，更好地控制风险；④估价机构努力做好为商业银行服务的估价，商业银行也重视和发挥估价的真正作用,才会迎来估价机构和商业银行的互利共赢。

(2)根据《关于深化住房制度改革加快建立多主体供给多渠道保障租购并举的住房供应与保障体系的意见(征求意见稿)》,到2035年将新增住房供应量170万套,其中40%为商品房,而这将是我们需要深耕的下一战场。对此,我们要提前做好部署:①及时收集物业相关信息,做好前期数据准备工作;②这批物业均属于商品房和保障性住房混搭在同一小区,这是否会给商品房估价造成困难,是需要估价师思考的。如果保障性住房也是影响商品房估价的因素,那么如何将其纳入图层因素地理信息系统?作为先行示范区的一分子,我们将为完善房地产市场平稳健康发展贡献一臂之力。

四、结语

本文从分析估价数据化在押品管理方面的投入后的作用,结合近期深圳商业银行押品的市场表现,在此基础上提出了建立图层因素地理信息系统、租金自动评估系统以及估价数据化在估价及银行押品管理方面的作用,最后根据现在的市场状况,做了关于后市的一点提示,探索未来估价机构及估价师结合估价数据化及数据分析等提供给金融机构更创新的专业化估价服务。

参考文献:

[1] 柴强.服务于商业银行的房地产估价创新发展,2019房地产金融科技高峰论坛[EB/OL].[2019-04-19]. https://sz.focus.cn/zixun/0753b7ccbcf85014.html.

[2] 厉保全.房地产估价机构的风险预防与控制研究[J].中国市场,2017(02).

[3] 郑冲.银行押品风险管理研究[J].北方金融,2016(10).

[4] 朱晓强.银行押品变现能力分析[J].中国资产评估,2008(07).

[5] 王子骏,初松峰.基于GIS视角下城市中学对房价的影响分析——以厦门市为例[J].中外建筑,2016(05).

[6] 牛德利,张孝成,梁启学,王彦美.重庆市商品房房价动态监测体系建设研究[J].价值工程,2010(12).

作者联系方式

姓　　名:张　杰　霍丽娟

单　　位:深圳市同致诚土地房地产估价顾问有限公司

地　　址:深圳市福田区侨香路裕和大厦九层901室

邮　　箱:398076268@qq.com

关于住宅用地上办公用房评估方法的探讨

赵 伟

摘 要：在办公用房估价工作中，经常会碰到一种特殊情况：规划用途和实际用途不一致，如住宅用地上办公用房，虽然国家没有明令禁止这类情况，但是这种办公用房在政策上还是会受到一些限制，比如有部分公司不能在这种房屋地址上注册等。对于这类办公用房，无论从内外部的装饰装修还是实际用途上看，其与普通商业办公用房基本没有差别，但由于其在本质上区别于普通商业办公用房，所以在估价过程中也就不能简单地运用普通商业办公用房的评估方法直接测算价值。本文就这种特殊办公用房的现象及评估进行初步探讨。

关键词：住宅用地上办公用房；评估方法

一、写字楼的分类

写字楼按建筑面积可以分为大型、中型、小型写字楼；按功能不同可以分为单纯写字楼、商住写字楼、综合写字楼；按所处位置、自然或质量状况和收益能力可将写字楼分为甲、乙、丙三个档次；还可以按土地的规划用途分为商业地上的写字楼、工业地上的写字楼、住宅地上的写字楼。

商业地上的写字楼即是普通的商业办公用房，从城市发展规划已经明确土地用途为商务，或后经合法途径将土地用途变更为商务，到建筑设计及其配套设施都是为商务办公服务的一种常见的商业地产。这类办公用房产权合法，可以进行正常交易，从事商事活动。

工业地上的写字楼大多是地方政府采取了优惠的扶持政策，基本都存在于高新技术、文化创意、产业园及大学生创业等地方。工业用地上写字楼的本质是属工业性质的，在转让时一般都是整体转让。其产权证也与一般工业用房相同，即以幢为单位办理产权证，无法办理单套或者单层的产权证。此类物业在交易时其一般为整个厂区及办公区整体交易，市场上工业用地写字楼成交实例较少。由于其自身为工业性质的特殊性，一些企业入驻无法注册，这从一定程度上影响了其通用性。

住宅用地上写字楼的特殊之处在于其实际用于办公，而产权登记上却是住宅。这类物业规划之初就是从办公用房的角度进行图纸设计、报批，包括一些基础配套设施都是为后期的办公服务的，但其交易是以住宅性质进行的，唯独其使用和管理都是办公用途。

工业用地上的写字楼和住宅用地上的写字楼都属于特殊办公用房，这种特殊主要体现在权利性质上，本文想要探讨的属于后者。

二、住宅用地上建设办公用房出现的原因分析

1. 开发商变更土地用途

我国的现实情况是土地实行出让制度,政府作为土地出让的垄断方,对于土地出让的价格具有据对主导地位。一般情况下,同一个城市同一供求圈内同样面积大小的商业用地出让金是高于住宅用地出让金的。尤其是 21 世纪初,经济开始腾飞,商业地产也在此时迎来开发的高峰期,地产开发商为了节省土地出让金,于是就以住宅用途去取得土地,然后在规划设计时实现其商业地产的目的。

2. 政府默许

开发商取得土地后在进行申请建筑工程规划许可和建设工程施工许可时都离不开政府相关部门的图纸审查。无论是从图纸设计还是工程基础配套设施上都可以看出这类房产从设计伊始都不是为住宅而进行的,设计用途已经偏离了土地的规划用途。政府相关部门可以要求开发商对这种情况作出纠正,但是这种情况得以继续,则可能是政府出于对商业的扶持而默许其存在,因为这有助于减轻地方企业的营运成本,提高企业的存活率,促进地方经济的发展。

总而言之这是一举三得的事情,开发商减少土地出让金有助于减轻企业的资金压力,政府有助于打造良好的营商环境,对于租房或者购房的企业来说减轻了企业的运营成本。所以才会出现住宅地上建设办公用房的现象。

三、住宅用地上办公用房的特点

(一)大量节省交易成本

不同于普通商业办公用房,住宅用地上的办公用房本质上是属于住宅性质的,在交易时都是按照住宅进行交易,相较于目前动辄 30% 以上的商业地产税费,这种住宅性质的办公用房能够合理地节省大量的交易成本。

(二)建筑物使用期限时间较长

由于我们国家的土地政策的原因,商业用地的出让年限最高只有 40 年,因此也就意味着商业地上的办公楼在满 40 年土地使用期限后,要么被政府收回,要么补缴土地使用权出让金后继续使用。无论是被政府收回还是补缴土地使用权出让金,对于业主来说都是一种损失。而对于住宅用地上的办公用房,除了使用期限达到 70 年外,在土地使用权期限届满后可以无偿自动续期。

(三)容易受地方限购政策影响

虽然建筑物从规划设计到配套设施都是为办公用房准备的,而且实际使用中也是用于办公,但是我们国家实行的是登记制。房地产管理部门认定这类建筑物属于住宅性质,那就只能按照住宅性质去交易。在一二线城市住宅的交易一直都比较活跃,尤其是 2018 年政府为了促进房地产市场健康平稳的发展,也为了贯彻落实房住不炒的政策,会出台一些相关配套的政策来限制住宅交易。因此这类特殊的办公物业也会受到政策的限制而影响其交易。

四、住宅用地上办公用房估价方法的适用性分析

目前我国房地产估价方法主要采用国际上比较通行的估价方法，尽管我国专家学者们也根据国内房地产行业的实际情况对理论和方法进行不断地改善和研究，引入模糊数学、层次分析法、回归分析法、灰色预测等各种估价理论方法，但是在现实工作中，受困于传统的作业方式和客户不断要求加快出具报告速度以及估价作业时间成本和估价人员的整体素质，仍然以比较法、收益法、成本法和假设开发法较为常用。

2016年12月1日施行的《中华人民共和国资产评估法》第四章第二十六条要求评估专业人员应当恰当选择评估方法，除依据评估执业准则只能选择一种评估方法的外，应当选择两种以上评估方法。因此住宅用地上办公用房的评估也应该选用两种估价方法。

（一）比较法

比较法是估价中使用较为普遍的一种方法，但它适用于同类数量较多、有较多交易且具有一定可比性的房地产。住宅用地上建造的办公用房无论是从其住宅性质还是商业用途来讲，都可以采用比较法进行估价。本人认为在使用比较法时应尽量搜寻其周边相似的办公物业作为可比实例，如果这种可比实例较少，可参考周边的商业办公用房作为可比实例。而对于住宅用地上的办公用房在使用年限上的优势、交易成本上的节省和合法用途上的限制可以在实物、区位和权利的因素中进行相应修正。

此类办公用房的比较法在选取周边商业办公用房作为可比案例中，住宅用地上的办公用房由于规划的限制，其与商业办公用房在档次和配套设施上会有较大区别。因此实物因素中的外观形象因子，可增加的空间布局因子；区位因素中的区位规划因子；权益因素中可增加的土地使用期限因子、规划用途限制因子等，可根据实际的优劣状态进行赋值。最后在统一税费负担时，可根据商业办公用房税费负担的实际情况对可以实例的相关系数进行负向修正得出比较价值。

（二）收益法

住宅用地上的办公用房基本都是出租给企业办公用的，具有收益性，故适合采用收益法。但是由于这种物业的住宅属性限制，在收益上与传统的办公用房会有一定的差距，因此在确定租金时不能直接采用周边商业办公用房的收益，需要权衡一下特殊因素对客观租金的影响，并参考周边类似物业的租金综合确定市场客观租金。

需要注意的是在使用收益法时为了体现住宅地上办公用房在使用期限上的优势，可以直接按照商业房地产的收益公式计算。收益期限按照土地使用期限和建筑物剩余经济寿命根据孰短原则进行计算；参考持有加转售模式中不考虑维修费、管理费、增值税及附加；其中房产税率和报酬率应该按照住宅的标准进行取值；收益逐年递增率根据同类物业的市场客观情况确定，最终可以得出房地产的收益价值。

（三）成本法

成本法的基本思路是测算估价对象在价值时点的重置成本或重建成本和折旧，将重置成本或重建成本减去折旧得到估价对象价值或价格。而对于住宅用地上的办公用房，土地取得成本、开发利润等重要数据不易搜集掌握，故不适合采用成本法进行估价。

（四）假设开发法

假设开发法适用于评估具有开发或再开发潜力的房地产，住宅用地上建设的写字楼多为

近些年开发完成，成新率普遍较好，此类物业不宜使用假设开发法进行评估。

综上，在评估住宅用地性质的办公用房时，可以使用比较法和收益法这两种方法。最后如何确定加权系数进而确定评估结果时，可以根据当地的市场环境和物业自身的特点来确定具体权重。以本人工作的城市郑州为例，在郑州办公用房供过于求的市场环境下，住宅用地上的办公用房和商业办公用房的价格差别主要体现在税费负担上，其他方面差别不大，使用比较法具有较高的代表性。因此建议比较法和收益法的权重分别取值 0.6 和 0.4。

五、结语

在特殊的历史阶段，住宅用地上建设写字楼的情况比较常见，虽然现在依然也会有这种情况出现，但是随着经济的发展和法律法规的完善，这种情况会越来越少。对于这种已经存在的特殊物业该如何评估其价值是应该认真对待的。这类物业的评估难点在于把其当作住宅评估是不妥当的，从其设计和配套设施来说也很难实现住宅用途。而直接把其当作商业办公用房评估也是不妥当的，从土地使用期限、交易环节和合法用途来讲其与普通商业办公用房有较大差别。如何把这两种物业之间的差别因素化、可比化，是其评估的关键。以上是本人在实际工作中碰到的问题以及一些思考，在此抛砖引玉，希望各位同仁能够进一步研究和发现，共同完善此类物业的评估工作。

作者联系方式

姓　　名：赵　伟
单　　位：河南开源房地产估价有限公司
地　　址：郑州市金水区经六路 26 号豫发大厦 B 座 407 室
邮　　箱：625666640@qq.com

浅谈新形势下估价如何更好地为国有土地使用权出让服务

汪 丹 汪学锋

摘 要：由于我国房地产行业近十几年的快速发展，以及与之带动的房地产相关行业的发展，导致政府对土地主管部门土地规划利用的职能性、对房地产估价机构评估的准确性提出了更高的要求。国有土地使用权出让评估是土地出让过程中的一个重要环节，作为估价师，如何做到合理科学地开展这一评估工作呢？本文从国有土地使用权出让评估工作中常见的几大难点与风险等浅谈土地使用权评估。

关键词：国有土地出让评估；市场价格；风险；估价师

对于评估公司来说，国有土地使用权出让评估，在业务上是一种机遇，在技术上面临的又是风险。国有土地使用权出让评估是土地出让过程中的一个重要环节，那么作为一名估价师，如何做到合理科学地开展这一评估工作，一直是我公司乃至整个估价行业面临的问题。根据《招标拍卖挂牌出让国有土地使用权规范》（国土资发〔2006〕114号），"市、县国土资源管理部门应当根据拟出让地块的条件和土地市场情况，依据《城镇土地估价规程》，组织对拟出让地块的正常土地市场价格进行评估。地价评估由市、县国土资源管理部门或其所属事业单位组织进行，根据需要也可以委托具有土地估价资质的土地或不动产评估机构进行"。故评估市场价格的高低直接影响到拍卖底价，过高可能导致土地流拍或者开发烂尾，过低则又可能造成国有资产的流失。那么估价师如何做到勤勉尽责、科学合理地评估土地使用权呢？

一、土地出让评估经常遇到的难点与风险点

（一）规划方案的不完整

在接受出让评估委托时，委托单位往往提供的只有《规划设计条件》《规划红线图》《复核测绘图》，而规划中提供的指标是常见的如容积率上下限、商业配比区间、建筑密度、绿地率、限高、物业配套面积等。估价师在测算中，要想做到更为精确的评估，以上参数是远远不够的，比如商业配套的层数、商业类型、住宅的户型等都是影响房地产价格的因素。大多数土地出让评估都是根据规划条件中的指标结合地块周边的相关因素进行估算，我公司常常采取估价师小组现场走访调查的方式，以相对合理有效的方式进行测算。因此，规划方案的不完整是估价过程的第一大难点。

（二）执业风险与资质风险的博弈对抗

在土地出让评估过程中，估价师根据《城镇土地估价规程》和4号文的规范要求，选择合适的方法、周密的测算，对土地市场价格进行分析，得到相应的结果，且结果是符合市场的。此时估价师认为在执业风险上做到了万无一失。但是与此同时，安徽省土地估价专家需

要对土地报告进行评审打分,其中在评审中的重要环节,即估价方法的选用中,各专家的见解有所不同,相应地影响报告整体的分值,故一个估价机构的土地报告的整体分值会影响企业资质、某项资质入库等相关业务。因此,当执业风险与资质风险相抗衡时,势必要加以权衡,如何去调整是评估中常常遇到的难题。

（三）政策倾向性无法用数据来衡量

国有土地使用权出让是国家以土地所有者的身份将土地使用权在一定的年限内让与土地使用者,而土地使用者则向国家支付土地出让金的行为。

从现阶段来看,房地产业对于我国来说是支柱产业之一,作为房地产开发的最基本元素——土地,其价格的高低对于房地产的开展更具有举足轻重的作用。政府为了招商引资促进当地经济的蓬勃发展,在土地利用上给予一定的优惠政策,那么在其他未得到政策扶持的土地出让中,该项政策倾向性如何用数据来修正,才能使结果更为准确,更有参照性,这同样是评估中的大难点。

（四）土地用途多种多样,模棱两可

评估接触的土地用途多种多样,但根据最新《土地利用现状分类》(2017版),一般可概括为以下内容:

1. 商服用地

含商铺、加油站、加气站等的零售商业用地;有以批发功能为主的市场用地;有以餐饮为主的餐饮用地;有含宾馆、度假村等的旅馆用地;还有以办公、金融活动、信息传媒为主的商业金融用地;还有娱乐、其他商服用地。

2. 工矿仓储用地

含以加工生产制造为主的工业用地;用于物资储备、中转物流的仓储用地;少量其他出让用地。

3. 住宅用地

这一项以城镇住宅较为普遍。

4. 公共管理与公共服务用地

这一项近年以教育用地居多。

还有当下流行的农家乐越来越多,土地实际用途属于多元化的,估价在设定用途上如何判断,需要估价师反复斟酌。

（五）涉及补缴出让金的土地较多

近年来国家大力整治违章违规使用土地的现象,对超规、擅自改变用途的现象严加整治,对符合整体规划的,可以采用补缴出让金的方式。对此国土资源部于2018年3月9日正式发布了《国土资源部办公厅关于印发〈国有建设用地使用权出让底价评估技术规范〉的通知》(国土资厅发〔2018〕4号)(以下简称"4号文"),因此补缴出让金的业务近年也处于稳步上升的趋势。估价师一方面兼顾沟通,另一方面努力用最合理的方法来求取补缴地价款,争取做到公平公正。此项业务的风险点在于平衡国有资产和土地使用权人之间的利益。

二、新形势下国有土地使用权价格评估工作对估价师的新要求

（一）对房地产开发过程有充分的了解

土地出让尤其挂牌出让是一群有经验、有实力的开发商进行价格比拼最终获得成交的市

场行为，估价师应充分了解开发模式，对开发商的利益获取点、成本支出点都应有清楚的分析，相当于土地评估的剩余法。首先土地开发用途多种多样，那么对每种用途的开发使用，实际测算中使用的参数是不一致的，这就要求估价师要做充分的调研，因为现实规划条件中的指标相对有限，如何遵从最高最佳利用原则以及最佳开发方式，要求估价师对数据的取舍要有充分的依据。比如不同的房地产，工业用房和住宅房，其建造成本、成本利润率、销售费用等都是有区别的，不可千篇一律地选择参数。

（二）对市场和房地产政策有一定的前瞻性

在我们所处的四五线城市，房地产市场基本达到了抛物线的顶峰值。近年，政府为了稳住房价，不断出台"双限房""房票购房""限房价竞地价"等多种模式的政策，每一项政策的出台都对房地产市场产生了一定的影响，对土地出让市场也产生了相应的较大影响。因此估价师若没有一定的前瞻性，那么对土地的评估价格就会影响土地的成交，或者导致土地收益的流失。

（三）有丰富的估价经验及钻研精神

在土地估价过程中，经常遇到的是未曾碰到过的难题，其中有诸多历史因素，不可改变的原因，还有前面提到的政策倾向性的干扰，无法用数据来衡量等等。那么如何做到合理地解决呢？首先是与国土部门做充分的沟通，了解历史遗留问题的始末，找到解决问题的点，再从技术手段来攻克，遇到有政策倾向的因素，有经验的估价师想必是从调研入手，综合分析，在估价方法上合理选择。

（四）对执业道德有更高的要求

主要体现在补交出让金的协议出让过程中，虽然涉及补缴出让金的土地业务较难，但是作为估价师，切不可与利益人沆瀣一气，为了个人利益而违背执业道德，触碰法律红线。

三、结语

国有土地使用权出让评估，其涉及面广，涉及金额大，受到社会的关注度较高，其价格易受非市场变化及政策因素的多方面影响，且会随着社会的发展不断出现新问题、新难点。作为服务于土地出让价格评估的中介机构，我们应该始终铭记"独立、客观、公正"的基本原则，扎实打好理论基础，不断学习，提高估价技巧，不忘职责，为国土的保护尽一份力。

作者联系方式

姓　　名：汪　丹
单　　位：安徽中信房地产土地资产价格评估有限公司
地　　址：安徽省安庆市皖江大道启航社1号九层
邮　　箱：295435811@qq.com

姓　　名：汪学锋
单　　位：安徽中信房地产土地资产价格评估有限公司
地　　址：安徽省安庆市皖江大道启航社1号九层
邮　　箱：aqzxpg@163.com

第四部分

执业风险防范与估价机构持续发展

引进新技术　规避估价执业风险
——论地面三维激光扫描技术在实地查勘中的应用

张弘武　高藕叶　张建光　苑　娜　丁钦伟

摘　要：由于执业环境的改变，对房地产估价的实地查勘工作提出了更高的要求，迫使房地产估价师不得不开始探索引入新的技术。目前，三维激光扫描技术已应用于多个领域，可以实现估价对象三维数据的完整采集，而且还能快速重构实体目标的三维模型，成为价格评估和今后备查的依据。实地查勘工作中应用三维激光扫描技术，无疑可以规避房地产估价活动中的执业风险。

关键词：房地产估价；实地查勘；三维激光扫描

最近几年，在房地产估价行业内陆续出现一些估价师受到法律制裁的案例。究其原因，并非所估的房地产的价格不够精准，也不是测算过程的逻辑关系有问题，而是实地查勘时基本信息的确认有误。估价师依据不真实的信息制作报告，其结果就构成了虚假证明文件，必然受到法律制裁。要想规避执业风险，除了提高专业技术和职业道德水平，也应该考虑引进一些新的技术。

实地查勘是房地产估价过程中的重要环节，其目的是了解认识估价对象、核查验证相关信息作为评估依据，并存留反映估价对象实际状况的影像资料备查。以往实地查勘的手段大多是用肉眼观察估价对象，并用传统工具度量，记录实物状况的工具多用照相机和录像机。随着执业环境的变化，原有的查勘技术已经满足不了估价工作的客观需要，一些新技术正在逐渐引入到实地查勘工作。本文主要介绍地面三维激光扫描技术如何应用于实地查勘之中。

一、实地查勘引入新技术是十分必要的

长期以来，房地产估价师一直采用传统的手段、工具和方法进行实地查勘，并未感到不便和不妥。之所以现在开始探讨引进一些技术辅助实地查勘，是因为执业环境发生了很大变化，原有的技术已经不能适应现在的需要。另外，提高工作效率和压缩生产成本，也是促使估价师寻求新技术的动力。

（一）《资产评估法》对估价工作提出了新的要求

按照《资产评估法》第二十五条的规定："评估专业人员应当根据评估业务具体情况，对评估对象进行现场调查，收集权属证明、财务会计信息和其他资料并进行核查验证、分析整理，作为评估的依据。"也就是说，法律要求估价师对于当事人所提供的资料进行核查验证、分析整理，确认无误后才能作为评估的依据。《资产评估法释义》（以下简称《释义》）对

该法条做了进一步诠释。"现场调查"是"确保评估对象真实、合法和评估资料真实完整的有效手段和基础工作"。这里所说的现场调查包含实地查勘,现场调查方式中就有勘查、询问、核对和检查。查勘和勘查含义相同,估价的实地查勘也要询问、核对和检查。"释义"强调:"对评估资料的分析,是指对资产信息资料的合理性、可靠性的识别","要对失真的材料进行甄别和剔除"。据此,"核查验证"是评估师的法定义务和责任,要通过实地查勘澄清模糊的信息、纠正虚假错误信息和补充完善不足的信息,否则就要承担相应的违法责任。估价对象的基本信息虚假不实,则出具的估价报告必然是虚假报告。出具虚假证明文件是要追究刑事责任的,除了提供信息的当事人要被追责以外,核查验证并出具报告的评估师也必然要被追责,而且目前已经出现了相关案例。

过去我们只要求估价师"勤勉尽责",在估价师的能力范围内尽最大努力,"搜集合法、真实、准确、完整的估价所需资料"即可。但《释义》要求的是"要对失真的材料进行甄别和剔除",否则当事人和司法机构有权依法追究估价师的法律责任。在实地查勘时,用传统的工具和方法核实信息的真伪,有时是很难做到的。这就有必要引进一些新技术,来辅助实地查勘工作规避执业风险。

（二）估价对象的变化

随着城市建设的发展,使市区不断向外延伸,越来越多的估价对象出现在城市郊区。估价范围也不仅仅是原来我们熟知的房屋和土地,还有许多其他构筑物、附着物和定着物,其中包括变电站、烟囱、门楼、猪圈、池塘和树木等。许多估价对象都没有进行过权属登记,无处查找这些估价对象的实物和权属信息资料。虽然在《不动产登记暂行条例实施细则》中要求"房屋等建筑物、构筑物和森林、林木等定着物应当与其所依附的土地、海域一并登记,保持权利主体一致。"但由于此项工作刚刚开始,构筑物、林木和水体等绝大多数均未登记,估价师不能利用现有的权属资料作为评估依据来规避执业风险。

以往房地产估价对象大多是房屋,相关信息在不动产权属登记部门都有详细的记载。实地查勘时,估价师拿着登记部门提供的信息,在现场核对一下估价对象的区位状况和实物状况即可。信息的合法性、真实性和可靠性都毋庸置疑,没有必要进行甄别。而现在估价对象中非房屋的构筑物、附着物和定着物逐渐增多。即使估价对象是房屋,如果坐落在集体土地上,其权属信息也未必准确清晰。也就是说,评估师手中除了当事人提供的信息以外,并无可以佐证的依据。而当事人为了自身利益各怀鬼胎,提供虚假信息的概率非常大。实地查勘时,估价师必须认真核实确认无误,而且还要留下充分的证据证明其真实性方可使用,否则将可能会因为虚假报告受到法律制裁。

（三）传统技术无法量化估价对象实物状况

面对当事人可能虚报的信息,对估价对象实物状况的查勘是必需的。但有时传统的技术无法量化实物状况,也不能对当事人提供的信息进行核准,又不能事后证明采用信息的真实性,如：堆放的砂石料体积、水体的容量以及林木中每株树的胸径（乔木主干离地表面1.3米处的直径）等。对于树木的胸径,人工利用传统工具只能测量周长换算成胸径,但因树干的截面不是圆形,所以算出的结果肯定存在争议。另外,对于杂乱无章栽种的林地,漏数和多数现象时有发生。即使是经过几遍测量计数核实无误的结果,由于没有证据证明其真实性,大多数当事人并不认可而是要求多报。如若迁就当事人,按照当事人虚报的信息评估,肯定会涉嫌造假,将被追究刑事责任。此时,呈现给当事人一份无可辩驳的铁证,已成为必需的选项。孔子说:"工欲善其事,必先利其器。"（《论语·卫灵公》）这些问题要想解决,必须引进先进的技术和辅助工具。再有，引进某些工具除了能解决查勘中的技术难题以外，还可以提高工作效率，降低估价工作的生产成本。

二、借助三维激光扫描技术优化实地查勘工作

经调研，能够辅助估价人员完成实地查勘工作的技术有很多种，但有些技术成本过高，估价机构不堪重负不宜采用，比较适用的是三维激光扫描技术。该技术"是一种通过发射激光获取被测物体表面三维坐标、反射光强度等多种信息的非接触式主动测量技术"。（见《地面三维激光扫描技术规程》）这项技术是利用激光测距原理，通过记录被测物体表面大量密集点的三维坐标信息和反射率信息，将各种实体或实景的三维数据完整地采集到电脑中，进而快速复建出被测目标三维模型及线、面、体等各种图件数据。目前该领域有各种应用软件，可以利用专业软件对所建模型进行处理，得到查勘工作所需要的结果。

（一）三维激光扫描可以解决的技术难题

1. 林地树木查勘

在城郊接合部，林木已成为主要的估价对象，估价目的以土地征收的补偿价值为主，间或也有一些其他目的的估价。其价值的多少，与品种、树干直径（胸径或地径）以及数量有直接关系。品种问题比较容易识别，无论是用人工还是仪器均可轻而易举的解决，在此不予赘述。树干的直径与单株价格相关性非常大，有时相差一两厘米而价格相差千元。因此，当事人非常关注直径的大小，估价人员对每株树木都要用尺测量，还要征得当事人确认，进度缓慢工作效率很低。但用三维激光扫描仪测量速度就很快，而且十分准确。只要预先设定好直径的分档，将处理好的数据输入专用系统，立即输出不同直径树木的株数。扫描的结果还能给出每株树不同高度、不同角度的剖面图，既能免去不必要的争议，也能存档备查，规避了执业风险。

2. 水体查勘

集体土地征收补偿评估经常会遇到水体，包括水田、沟渠和池塘等。水体容量大小的计量应该与水面面积、水体深度以及水体形状有直接关系。但用传统的测量工具，很难测知水面下水体的形状，更无法算出体积。为此，有些地区在征收补偿时，只按水面面积大小进行补偿，而不考虑水体体积。对于水田和沟渠，这种测算方式当事人可以接受，但涉及鱼塘肯定会引起争执。此时如果采用舟载三维激光扫描仪，很容易描绘出水体形状并测出水体的容量。

3. 堆料场查勘

无论是集体土地征收还是国有土地征收，都会遇到堆料场搬迁费用补偿评估问题。《国有土地上房屋征收与补偿条例》规定："对被征收人给予的补偿包括……因征收房屋造成的搬迁、临时安置的补偿。"因此，估价师在评估补偿费用时，必须将堆料场堆放的灰、砂、石、土、煤等材料搬运费用包含在内。不同材料的单方运费很容易询到，关键是各种材料都是不规则堆放，其体积的大小很难测出。但用三维激光扫描仪获取点云数据，然后用配套专用软件进行数据处理，很快就能建立模型并测算出体积的大小，而且测算结果十分准确。

4. 房屋损坏程度查勘

因房地产损害赔偿的需要，估价师经常会遇到房地产价值减损评估的业务。按照《房地产估价规范》的规定："被损害房地产价值减损评估，应符合下列规定：1.应调查并在估价

报告中说明被损害房地产在损害发生前后的状况……"被损害房地产在损害发生前的状况，完全凭借历史档案资料展示；被损害房地产在损害发生后的状况，必须通过实地查勘获得。观测估价对象损坏状况的方法和手段固然有许多种，但三维激光扫描不失为一种非常精准有效的方法。它可以捕捉到建筑物细微的变形，而且还能如实地记录下来供修复和估价使用。

5. 证据保全

在集体土地征收补偿价值评估中，不止一次遇到这种案例。当地上物拆除一段时间以后纪检部门接到举报，内容是某人虚报地上物而且得到补偿。纪检部门必然要找估价机构调查核实取证，而此时地上物已拆除，机构手中的照片都是从某一角度拍的局部影像，很难说清是谁家的、在哪儿照的，以及该地上物是否坐落于此处。但如果用机载三维扫描仪，查勘时在空中全景扫描并用数据建模，就留下了永久的证据，完全可以证实当时地上物是否存在。

（二）利用三维激光扫描技术辅助查勘的优点

1. 为实地查勘留下确凿证据

由于利益的驱动，对于估价对象的实物状况，各方当事人的认识和观点各不相同。估价师如果没有可以服人的证据，当事人将会不予认可并拒绝签字，估价工作无法继续进行。而采用三维激光扫描技术，可以建立非常直观的立体模型，实物状况一目了然无可辩驳。查勘时扫描的结果，可以作为估价对象时点状况的证据，以此作为估价依据应该是无懈可击的。对于不拟拆除的地上物，如果当事人需要保存相关资料，扫描的结果可以给出立体图、平面图、立面图和剖面图。

2. 可以完成传统工具难以测量的工作

由于三维扫描技术属于无接触测量，所以对于环境不允许触及目标的查勘工作照样可以完成。前面我们说过的池塘，因为水体的遮挡而无法窥见水底深度和形状，测算不出水体体量。但激光可以穿透水、玻璃和低密度植被，不用抽干池水就能测出水体的深度、形状和体积。

3. 测量结果精准

由于三维激光扫描的采样点的速率非常高（百万点/秒），可以对估价对象高密度采样，密集的海量数据可以按照估价对象的几何形状形成模型。依照所建模型测算出来的结果，准确程度可达95%以上，其准确度居于行业领先水平。

4. 不受作业时间和光线的限制

三维扫描仪可主动发射扫描光源，通过自身发射的激光回波信号获得估价对象的数据信息，不受外界光线和气候的影响。所以，采用三维激光扫描技术辅助查勘，可以全天候作业，有效工作时间长。

5. 实地查勘成本低、效率高

按照《房地产估价规范》的规定，房地产估价师必须到实地进行查勘。现在人工费用比较高，而且对每株树木都要测出胸径并计数，进展缓慢，查勘成本大。若用三维激光扫描，外业时间很短，其余可以用专用软件在电脑上很快给出结果，而且还能提供比较直观的图片和报表。如果用于林地查勘，即使考虑到仪器设备的折旧，加上人工成本总和，也比单纯用人工的成本低50%以上。

（三）引入三维激光扫描技术的运行模式

1. 购买设备，培训作业员自行操作

三维激光扫描的设备有扫描仪、标靶、专用软件以及承载扫描仪的工具等。按照国家测绘地理信息局发布的《地面三维激光扫描作业技术规程》的规定，"扫描作业时，一台设备不应少于三名作业员"，因此，有了硬件以后还应培养操作人员，但技术难度并不是很大，经过培训就能上岗。如果估价机构的实力较强而且相关业务量较大，可以自己配置软硬件，自行操作。但不建议过多企业购置设备，按照目前情况，一个城市有一家机构有设备就足以够用。因为设备比较昂贵，有些大城市有租赁设备的机构，也可以租用设备自行操作。

2. 寻求专业帮助

《房地产估价规范》规定："在估价中遇有难以解决的复杂、疑难、特殊的估价技术问题时，应寻求相关估价专家或单位提供专业帮助，并应在估价报告中说明。"现在社会上有专门从事三维激光扫描的专业服务机构，可以委托专业服务机构协同估价师一起查勘，并出具专业技术报告。估价师可依据三维激光扫描报告给出的结果估价，并将该报告作为佐证材料附在估价报告之后。

三、三维激光扫描技术操作过程简介

三维激光扫描是一项专业性很强的技术，实地查勘中只是借助于这项技术认识估价对象的实物状况。估价人员没必要深究其原理，只要了解扫描的操作过程，知道如何操作即可。按照《地面三维激光扫描作业技术规程》的规定，该项工作总体流程应该包括"技术准备与技术设计、数据采集、数据预处理、成果制作、质量控制与成果归档"五个环节。为了表述方便，本文从某林地中截取了一小部分，以此为例，简单介绍中间三个环节的主要操作过程。

（一）数据采集

三维激光扫描仪按照搭乘的载体不同，可以分为星载、机载、车载和舟载等多种形式。但对于林木的测量，不必搭乘任何载体，适用于直接在地面扫描。数据采集是通过扫描仪和标靶来完成的，如果林地面积较大，扫描时必须采用多测站、多方位对目标实体进行数据采集。为了保证点云数据的完整，使拼接与建模精度更高，站与站之间要保证一定的重复率。为了满足拼接的需要以及精度要求，在相邻两站之间应设一定数量的标靶。数据采集工作包括控制测量、扫描站布测、标靶布测、点云数据采集、纹理图像采集、外业数据检查和导出数据备份等。

（二）数据预处理

在数据采集过程中由于无法屏蔽干扰，海量的原始电云数据中并非都是有效数据，甚至还会有一些噪点。如果用这些未经处理的数据重建，将很难体现模型的准确性，达不到理想效果，所以必须对原始数据进行预处理。数据预处理工作包括点云数据配准、坐标系转换、降噪与抽稀、图像数据处理、彩色点云制作等（图1、图2）。

（三）成果制作

三维激光扫描的成果主要有三维模型构建、DEM制作、DLG制作、TDOM制作、平面图制作、立面图制作、剖面图制作、表面面积和体积计算。实地查看所需要的成果是三维模型、平面图、立面图、剖面图、表面面积和体积计算等。通过软件构建的三维模型，根据需要可以是单株树木，也可以是成片树林（图3）。但对于实地查勘，我们所要的是每株树的胸径和不同胸径树木的数量。为此，我们在距地面1.3米的高度做了一个剖面，剖掉了1.3米以上的树干和树冠并进行了计算。图4是林地1.3米高度的剖面图，这种剖面图可以根据需要选择任意角度。表1是林木中不同胸径树木计数测算的结果。

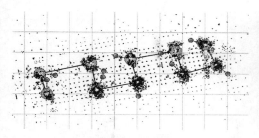

图 1　点云数据配准图

图 2　图像数据处理模型图

图 3　成片树林三维模型图

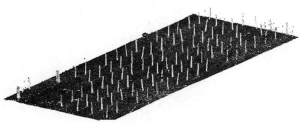

图 4　林地1.3米高度剖面图

林地查勘结果统计表　　　　　　　　　　　　　　表 1

胸径	2～4cm	4～6cm	6～8cm	8～10cm	10～12cm	12～14cm	14～16cm	16～18cm	18～20cm	≥20cm	总计
数量（株）	57	37	52	59	40	22	10	6	2	7	292

参考文献：

[1] 谢宏全. 地面三维激光扫描技术与应用 [M]. 武汉：武汉大学出版社，2016.

[2] 刘萍. 地面三维激光扫描技术在工程测绘中的应用 [J]. 包钢科技，2015（04）.

作者联系方式

姓　　名：张弘武

单　　位：天津市房地产估价师学会

地　　址：天津市南开区卫津南路 78 号 F-7232

姓　　名：高藕叶

单　　位：天津博成房地产土地资产评估公司

地　　址：天津河西友谊路 41 号大安大厦 A 座 17D

姓　　名：张建光

单　　位：天津天成华海科技公司

地　　址：天津市空港经济区东区 B611 室

姓　　名：苑　娜
单　　位：天津国土资源和房屋职业学院
地　　址：天津市大港学苑路 600 号

姓　　名：丁钦伟
单　　位：天津博成房地产土地资产评估公司
地　　址：天津河西友谊路 41 号大安大厦 A 座 17D

房地产证券化物业评估及现金流预测报告的技术研究与风险控制

唐晋文　郑凯翔　龙　昆

摘　要：资产证券化是对基础资产的未来现金流进行分割并重组，然后基于其未来现金流在金融市场上发行有价证券从而获得融资目的的过程。房地产证券化，就是将房地产投资直接转变成有价证券形式。房地产证券化项目中无论是发行规模、股权置换、资产收购与退出，都需要对房地产证券化的资产进行估值。房地产证券化的兴起对估价行业的发展既是机遇又是挑战。依据《上海证券交易所资产证券化业务指南》（2016年10月修订），资产支持证券拟在本所挂牌转让的，管理人应当在资产支持证券发行前向本所提交挂牌转让申请文件，申请材料包括现金流预测报告，若基础资产涉及不动产，需提供房地产评估报告或资产评估报告。本文旨在该指南要求的基础上研究资产证券化的评估及咨询业务，为该类业务提供技术思路、风险把控及规范建议。

关键词：资产证券化；技术思路；风险把控；规范建议

一、房地产证券化物业评估的技术要点

（一）评估方法的选取

资产证券化业务均是以基础资产未来所产生的现金流为偿付支持，对于各类资产证券化目的下的评估，截至现阶段，在技术上具体提出明确要求的主要有以下两个文件：《关于印发〈房地产投资信托基金物业评估指引（试行）〉的通知》(中房学〔2015〕4号）及中国证监会、住房和城乡建设部于2018年4月25日联合印发的《关于推进住房租赁资产证券化相关工作的通知》。

依据上述两个文件的要求，我们在评估房地产信托投资基金类及住房租赁资产证券化类估价报告时，必须严格按照上述文件进行评估方法的选取，以收益法为主要评估方法，优先选用报酬资本化法。对于非房地产信托投资基金及住房租赁资产证券化类业务（如CMBS、ABN等产品）的估价报告，由于其最终形成产品的本质与房地产信托基金及住房租赁资产证券化类似，因此也建议参照上述两个文件的要求进行评估。

（二）不同评估方法下的要点分析

1. 比较法

采用比较法评估房地产价值的，尽量选用周边类似物业的成交价格作为比较案例。应当选取不少于3个可比实例，并且在评估报告中说明可比实例的名称、位置及附位置图和外观照片。

对于大型综合型物业，小面积成交的单套交易案例不适宜选为可比案例，如选用该类小

面积交易案例，应重点考虑物业规模修正。实际租约对房地产价值有正面或负面影响的，均应在比较法测算中进行考虑。土地使用权剩余使用年期应相应修正。

2. 收益法

对于已出租的房地产，应当进行租赁状况调查和分析，查看估价对象的租赁合同原件，并与执行财务、法律尽职调查的专业人员进行沟通，核实其实际收付情况，从不同的信息来源交叉检查委托人提供的租赁信息的真实性和客观性。

1）收益模式的选取

全剩余寿命模式的报酬资本化收益法和持有加转售模式的报酬资本化法在收益模式上的侧重点略有不同，前者更侧重在收益年期里未来的各期预期收益，租金选取的合理性与未来收益期内租金的变化情况成为影响该模式合理性的重要因素。租转售模式较多地建立在未来5~10年内房地产价值变现可实现的基础上进行的收益预测，房地产在未来5~10年间的市场变化预测对该模式最终结果起决定性作用。两个模式均能反应估价对象未来可实现的收益现值情况，考虑到资产证券化类业务均是以基础资产未来所产生的现金流为偿付支持，其本质还是以未来可实现收益作为还款来源，且发行资产支持证券的物业较多为大型物业，该类物业的市场交易案例较少且不透明，多为股权交易模式，其不确定因素较大，对未来售价较难确定，因此在做资产证券化类业务的房地产估价过程中，更建议选用全剩余寿命模式作为收益法评估的模型。

2）收入的确定

出租型物业应当在评估报告中说明估价对象至少近3年的各年租金水平、空置率以及租金收入和其他收入，并在估价对象至少近3年及同类物业租金水平、空置率的基础上，合理预测估价对象未来10年以上的各年租金水平、空置率以及租金收入和其他收入。对于证券化物业竣工年限不足3年的，数据可选用自竣工日期以来开始进行计算。

对于一二线城市的大型商业物业，目前较多的模式为与承租户签订保底租金加收入分成，估价人员在测算收益的过程中，除计算保底租金外，不应遗漏该块收入分成带来的收益价值。对于已成熟商业物业，应查看至少前3年各年的收入情况并整体判断收入分成带来收益的合理性。对于尚在商业培养期的物业，需谨慎考虑其收益价值。

实际租约对房地产价值有正面或负面影响的，均应在收益法测算中考虑。

3）空置率、租金损失率及租金递增率

对于大型新开物业，空置率及租金损失率应根据物业实际情况，并结合物业周边市场的平均空置率合理考虑。

对于新开物业的装修期、免租期、租金递增情况应结合实际情况酌情考虑；对于已成熟物业，空置率、租金损失率及租金递增率可参照该物业以往数据整体判断。

4）成本费用

需要考虑的成本支出主要有管理费用及运营费、维修及保养费、保险费、房产税及增值税税金等与收入对应的相关支出。

5）报酬率

报酬率或者资本化率的求取方法和有关计算过程应当在评估报告中说明。

报酬率或者资本化率采用市场提取法求取的，建议选取不少于3个可比实例，并在评估报告中说明可比实例的名称、位置及附位置图和外观照片。

二、现金流预测报告的要点分析

现金流预测报告的预测思路为：首先分析物业的营利模式，然后结合物业的历史数据、市场的近期状况、周边物业的经营状况等数据，预测未来物业的现金流量。

通常完整的现金流预测报告应包含：项目背景、物业介绍、预测思路、预测原则、预测期限、预测的前提假设、历史数据分析、市场状况分析、竞争性物业分析、现金流预测的测算结果、重要事项提示等。

现金流预测的技术要点主要是了解基础资产及底层资产物业的现金流入、流出的组成部分，整理、分析物业经营历史数据、已签订的经营协议，调查物业所在地的市场状况、同商圈内类似竞争性物业的经营情况，以下对其作详细阐述：

（一）预测分析指标

目前主要采用 EBITDA（息税折旧摊销前利润）作为现金流预测的主要分析指标，也可与委托方协商仅预测现金流入。采用 EBITDA 作为分析指标，将财务报表管理费用中的折旧、摊销剥离出来，是因为折旧、摊销未实际产生现金流出，减少总现金流量，并不影响物业的实际收益。不将财务费用算入现金流出，是因为《证券化业务管理规定》，通常情况下，基础资产不得附带抵押、质押等权利负担。

（二）预测原则

现金流预测报告遵循的基本原则可参照估价基本原则中的独立、客观、公正原则，价值时点原则，替代原则，谨慎性原则，以及另外3个特用原则，分别是全面性原则、灵活性原则、合作原则。

（三）预测期限

预测期限一般为整个项目存续期，但对于某些项目存续期较长的，可以适当与委托方协商缩短预测期。

（四）现金流入及现金流稳定性分析

与房地产相关的现金流入可分为出租型物业的现金流入与自营型物业的现金流入。出租型物业的现金流入主要包括固定租金收入、抽成收入等；自营型的物业以酒店业为例，主要包括客房收入、餐饮收入、销售商品的收入、其他服务产生的收入等。

对于已经签订了租赁协议的物业，在剩余租期内，应以合约内的收益作为未来年限的现金流入，并考虑其可能发生的租赁损失；特别要注意的是，在资产支持证券结构较复杂的时候，除对基础资产作现金流预测时，估价师应穿透至项目的底层资产，同时对底层资产进行现金流预测，例如酒店权利人将酒店整体出租给酒店管理公司，以该租赁合同作为基础资产时，估价师同时应对酒店自身的经营状况进行现金流预测分析，判断该租赁合同理论上是否可以实现，如无法实现，则应以底层资产的现金流作为该资产支持证券的现金流。

对于现金流稳定性分析可以从现金流入总量、现金流入稳定性、租约的合理性、与租户之间的关系等方面进行分析。

（五）现金流出

现金流出包括营业成本、管理费用、销售费用、税金。营业成本主要为轻资产运营的房屋租入租金成本，类似酒店业自营物业的客房周转成本、餐饮成本等。管理费用主要为管理人员工资、维修费、工会费、咨询费等。销售费用主要为广告费、保险费等。税金主要为增值税、房产税等。

（六）物业现状的介绍

主要介绍预测物业的资产范围、总建筑面积、可出租面积、已出租面积（如物业为商场应按层分别介绍）、运营模式、主要的租赁商户等，租赁商户的介绍应主要包括承租人的名称、位置、租赁期限、租赁面积、租赁固定租金、租赁抽成收入、物业管理费收入等，主要的租赁商户应按租赁面积较大、租赁收入较高、租赁期限较长等多个角度选取。

（七）历史数据分析

通过企业的利润表、现金流表、物业租赁情况表等资料，分析物业过去的经营状况，主要包括物业营业收入的变化、出租率的变化、平均单位租金的变化、租金收缴情况的变化、物业管理费的变化、营业成本及各项费用的变化等，当出现变化较大的情况时，需要详细分析并阐述其原因。

（八）竞争性物业分析

应当对与基础资产物业构成竞争性的物业的名称、坐落、规模（土地面积、建筑面积、可出租面积等）、用途、建成年份、市场定位、物业特征、配套设施、承租人构成、价格、租金或者经营收入、出租率、物业服务费、运营管理服务公司等进行调查，并与基础资产物业的相应状况进行比较分析，说明物业的市场竞争力等。

（九）市场状况分析

基础资产及底层资产物业所在地区房地产市场总体状况调研，应当对所在城市的房地产开发投资、土地供应量、物业供应量（新开工面积、施工面积、竣工面积）、成交量、价格水平、租金水平、空置量或空置率及其变化等进行调查和分析，并判断房地产市场趋势。

基础资产及底层资产物业所在地区同类物业市场状况调研，应当包括同类物业的存量、新增供应量、价格水平、租金水平或者经营收入水平、空置量或者空置率、客户构成等状况调查，供给和需求影响因素分析包括未来的供给、需求、价格、租金或者经营收入、空置量或者空置率等变化趋势预测。

对基础资产及底层资产物业为出租型物业的，应当重点进行房地产租赁市场状况调研。

基础资产及底层资产物业自身有关市场状况调研，应当包括基础资产及底层资产物业区位状况评价、租赁状况调研、商圈调研和竞争性物业对比分析。

基础资产及底层资产物业区位状况评价，应当对基础资产及底层资产物业的位置、交通条件、周围环境和景观、基础设施和公共服务设施、区域人文历史、未来规划等进行调查、分析和评价。

（十）现金流未来趋势分析

结合市场状况分析、竞争性物业分析，分析判断物业目前的经营状况及历史经营状况的变化是否符合正常情况，包括物业租金单价、年递增情况、空置率与周边类似物业的差异等。如符合正常情况，可按照历史数据的变化确定未来的趋势；如不符合正常情况，例如开业不久的物业前几年处于一个爬坡期，历史的空置率情况会有相对较大的变化，物业租金也会因运营初期的招商期而相对较低，此时就需要结合市场客观的平均水平与物业实际情况对未来的变化作相应调整。对于新开业的物业没有或者仅有少量的历史数据时，则需要根据竞争性物业分析及市场状况分析对未来的现金流作审慎的预测。

（十一）重要事项提示

对于现金流分析报告，我们在设定假设和限定条件时，需特别关注，当物业的运营成本由原始权益人另行承担时,需要进行详细的披露。

三、房地产证券化估价及咨询业务的风险把控及规范建议

(一)房地产证券化估价及咨询业务的风险及控制

(1)目前市场上房地产相关的资产证券化业务的产品均为私募形式,随着该类业务的发展和成熟,未来可能会逐步开放公募形式,投资方将不仅限于合格的机构投资者,社会公众人员也将参与其中,对于产品存续期间存在兑付问题的,估价公司作为产品发行过程中的一个重要环节,可能会受到投资者或相关责任机构的起诉,面临赔偿因估价造成的损失等相关后续责任。

(2)对于现金流预测报告,预测年期通常会根据产品发行周期确定,但周期普遍较长(15~20年期不等)。该长周期下的现金流预测结果,受国际金融环境、国家宏观经济、相关法律法规政策、货币政策、财政政策、税收制度等因素的影响,不确定性较大,建议可以与委托方协商并缩短预测周期,控制预测年份不超过5年。

(3)无论是估值报告还是现金流报告,资产证券化都较为注重物业的历史状况,根据历史状况判断该项目的履约能力,因此其递增率、空置率及租金损失率应更多地结合历史情况进行判断。

(4)现金流分析报告对于已出租物业,应取得物业目前所有已出租部位的租赁信息及相应的租赁合同,包括承租户名称、租赁面积、租赁期限、租赁价格、递增情况、支付方式、抽成比例等,如租赁合同较多的物业,应至少取得60%以上的租赁合同及租金支付凭证并予以核对。

(5)现金流分析报告对于已出租物业,应至少对3年的审计报告、物业租赁信息进行历史数据分析。

(6)风险提示中需披露整租及关联交易情况。

(7)分析人员应详尽地整理与企业管理人员、财务人员的访谈记录,并予以归档保留。

(8)信息保密风险,在从事房地产证券化业务过程中,估价人员会接触到大量的客户信息,涉及商业机密,部分委托人有信息保密要求,要求签署保密协议。估价师的保密职责,由职业性质决定。估价师如果违反了保密义务,给委托人造成名誉损失或经济损失,需承担相应的赔偿责任。

(二)房地产证券化估价及咨询业务的规范建议

(1)首先完备估价行业的相关法律法规,以我国为例,目前估价行业的相关法律法规有2016年12月实施《中华人民共和国资产评估法》、GB/T 50291-2015年版《房地产估价规范》,2015年发布的《房地产投资信托基金物业评估指引(试行)》,但尚未出台专门规范房地产证券化行为的法律。

(2)与相关监管部门确定业务范围,哪些项目必须由专业的房地产估价公司出具估价报告或者咨询报告。

(3)明确报告的目的、内容、方式、流程、时间、参与人员、机构等要求。

(4)制定相关技术标准,确定相关责任制度。我国尚未出台关于房地产证券化资产估值的技术标准等,对技术路线、参数选取、信息披露等未做明确规定。

(5)建议成立房地产证券化方面的专家委员会,由估价、工程、会计、审计等方面的专

家组成，对外协调各部门，对内加强房地产证券化方面的技术研究和指导。

（6）估价师在房地产证券化过程中全程参与，特别是底层物业跟踪，建立完善的跟踪估价制度，至少每年进行底层物业的评估，防范房地产证券化产品的风险。

（7）加快信用体系的建立和基础数据的收集，只有完备的基础数据，估价才能做到准确和客观；加快信用体系的建立，也加快估价行业监管的步伐，使得房地产证券化更加持续、健康、快速地发展。

参考文献：

[1] 柴强. 房地产估价 [M]. 北京：首都经贸大学出版社，2008.
[2] 刘媛. 浅谈房地产投资信托评估咨询服务 [Z]. 房地产咨询论文集，2011.
[3] 吴晓娇. 关于房地产投资信托基金的融资方式探讨 [J]. 经济研究，2016（01）.
[4] 王丽霞. 基于REITs的公共租赁住房融资模式研究 [J]. 现代商贸工业，2015（07）.
[5] 张亦春，郑志伟. 房地产信托投资基金发展的中式框架构建 [J]. 山东社会科学，2016（08）.
[6] 中国房地产估价师与房地产经纪人学会. 房地产投资信托基金物业评估指引（试行）.2015.
[7] 陈慧中. 探讨当前房地产业融资问题现状 [J]. 经贸实践，2017（23）.
[8] 吴星. 我国房地产开发企业融资模式、现状及对策研究 [J]. 财经界（学术版），2017（01）.

作者联系方式

姓　　名：唐晋文　郑凯翔　龙　昆
单　　位：上海东洲房地产土地估价有限公司
地　　址：上海市长宁区延安西路726号6G
邮　　箱：tjw_4321@163.com

新技术环境下估价风险的改变与应对

凌 祥

摘 要：近十年来，估价行业快速发展。估价机构数量越来越多，规模越来越大，高速发展下的风险也越积越多。过去由于信息传播工具不发达，传播形式也比较单一，风险后果的影响面较窄，影响时间也较短。随着互联网技术、数据分析技术的快速发展，信息和数据的传播方式发生了较大的改变，过去被隐藏的风险问题暴露的机会越来越大，引发的后果也越来越严重。本文将从新技术环境下估价风险的改变出发，探讨估价机构在新技术环境下的风险应对。

关键词：新技术；估价；风险；应对

人工智能的发展已经改变了人们的工作和生活方式，还在持续影响着社会生活的各个方面。习近平同志在主持中共中央政治局第九次集体学习时强调，人工智能是新一轮科技革命和产业变革的重要驱动力量，加快发展新一代人工智能是事关我国能否抓住新一轮科技革命和产业变革机遇的战略问题。因此，未来人工智能的健康发展是不可逆转的必然趋势，将对各行各业产生深远的影响。近年来，我国估价行业受人工智能，特别是信息技术和软件服务行业的影响越发明显，这类外部环境改变了估价行业的原有发展状态，影响到估价行业的稳定发展，带来未曾遇见的新问题，放大了估价机构的相关估价风险，值得专门研究。

一、新技术环境的特点

技术环境是指企业或某一行业所处的社会环境中的科技要素以及与该要素相关的各种社会现象的集合，它是影响经营过程及其效率的重要外部因素。近十年来，伴随着大数据分析和5G技术的迅猛发展，以移动互联网和人工智能为代表的新技术环境对众多行业带来了颠覆性的变化。从信息传播的角度分析，上述新技术环境至少有以下三方面特点：

（一）信息平台由小变大

在互联网尤其移动互联网未广泛普及之前，信息传播的范围较窄，多在区域内进行传播。信息的生产者多为区域内少数的"权威声音"，信息的生产、传递是严肃的、专业性的，影响的范围也较小。随着移动互联网的普及和各种资讯APP、公众号的传播，信息的传播早已突破传统的界限，延伸至互联网能触及的所有地方。随着互联网时代的进一步发展，互联网企业的兼并收购也成为趋势，使得互联网寡头时代已经到来，大家已经同处于一个广义上的互联网大平台。

（二）信息传播大众化与精准化

现代互联网的特征是去中心化，谁都可以发声，这种"广收博采"的方式造就了一个巨大的信息数据库,为信息传播提供源源不断的信息源。同时,互联网技术将信息的传播边际成本几乎降至为零,一个事件从发生到传播至千里之外仅需零点几秒;直播的流行将每个事件实时、清晰、完整地传播到每个普通观众的眼前已经成为现实。数据分析技术已经可以将纷繁复杂的海量信息根据用户的兴趣和习惯分门别类地精确递送到它的需求者面前,我们打开今日头条、抖音等,发现里面所呈现的往往正是我们需要的,这就是信息传播精准化的典型案例。

(三)信息接近透明,蝴蝶效应增强

数据存储及挖掘技术的提升使各类信息的可识别性大大提高,信息透明度不断增强,信息公开的成本自然越来越低,这将倒逼我们进入一个"透明、裸露"的时代,我们所有的行为痕迹像被摆在透明的"互联网橱窗"里面一样。信息透明往往会使社会热点事件产生连锁反应,突发事件的爆发不再是终点,往往会变成起点。很容易造成以这个事件为线索,快速搜寻这个事件的上游事件、关联事件、相关信息的局面,形成几何级数爆炸性增长的社会效应,产生不可估量的影响度。所以,信息接近透明,关联信息发酵会引发强烈的蝴蝶效应,将事件后果无限扩大。从这个层面讲,过去人们主观上追求"严于律己"和"慎独"的人生目标,现在随着科学技术的快速发展,倒逼我们在日常生活和工作中不得不"认认真真"和"谨言慎行"。

二、新技术环境下估价风险的变化

(一)隐藏风险暴露的机会越来越大

由小平台到大平台,估价成果面对的使用者、访问者范围越来越广,受关注的程度越来越高,被扫描的次数越来越多,问题被发现的概率也越来越大。以人民法院确定财产处置参考价评估项目为例,最高人民法院建立了全国性的人民法院司法评估机构名单库。2019年全国有773家房地产评估机构在机构名单库中,大家都处于中国执行信息公开网询价评估系统这一大平台中,未来委托、递交资料、提交评估报告也都会在这一大平台上进行操作。当前司法拍卖工作大部分也集中在了阿里拍卖、京东拍卖等网络司法拍卖平台上,很多人民法院为了向潜在竞买者充分介绍拍卖标的物的具体情况会将标的物的评估报告作为附件上传至标的物信息。这样一来,估价机构至少会增加两个方面风险暴露的机会。

其一,程序不合规风险。《人民法院委托评估工作规范》中对时间、程序、评估收费等都做了具体的规定,并对违规行为做了较为严厉的处罚规定,比如无正当理由拒绝进行司法评估的,未按照在所属全国性评估行业协会报备的收费标准计算评估费用的,最高人民法院都会将其从名单库中除名,5年内不得再推荐该评估机构入选名单库。估价机构在以往的评估过程中,忽视程序上的合规性,只要人民法院或案件当事人未进行追责,一般不会产生项目上的风险。现在在一个平台上进行项目操作,项目操作时间、估价师现场查勘记录、评估收费标准等做得不够完善,在系统上都会留下痕迹,在人民法院监管和行业组织自律管理时所有的不合规之处都将暴露。过去可能影响不大,或者仅在一段时间、一定区域产生的不良影响,将会变成5年之内全国范围都不能再承担此类评估业务的严重后果。

其二,估价报告质量风险。估价报告是标的物意向竞买者了解标的物的一个重要渠道,网络司法拍卖制度的设立打破了原来司法拍卖在时空上的限制,释放了众多的潜在竞买者,拍卖平台上公开的估价报告将接受千万双眼睛的审查,大家都可以在报告中发现和挖掘拍卖

标的物的卖点和瑕疵。估价报告如果不严谨客观，标的物介绍与实际不符或者范围不一致等，可能使潜在竞买者放弃竞买机会，也可能使竞买者做出错误的竞买决策。未来，这些情况都很有可能给估价机构带来法律风险。

虽然此类法律责任在司法鉴定评估中一直存在，但是以前主要是由标的物买卖双方提出来的。在大平台的背景下，公开的信息一直存在且可随时查阅，许多潜在购买者作为利害关系人，如果发现由于估价报告的原因导致其丧失了竞买机会，也可以追究估价机构的法律责任。这种经受不住检查与审视的估价报告质量问题，作为隐藏的风险未来暴露的机会将会越来越大。

（二）风险影响传播面广，传播速度快

处于移动互联网中的人们不仅有"千里眼""顺风耳"，还有"火眼金睛"，能准确地获取他们想要的信息。更加值得警惕的是，人工智能数据分析算法技术能将信息精准地推送到它的需求者面前。就如同每个人都有一个贴心的"秘书"，能随时随地猜透你的心思，将你感兴趣的信息及时传递到你的面前。因此，今后估价机构风险事件一旦发生，与之相关的各方都能及时接收到这个信息，覆盖面之广是过去难以比拟的，影响力之大也是过去不能想象的。

过去从风险事件发生到被社会公众知晓，会存在一定时间的真空期，事件当事人还可以应付准备，能采用传统危机处理的方式进行公关，在一定程度上给予化解。当前的移动互联网技术使信息的传播时间接近为零，而且传播的边际成本也接近为零，估价机构发生突发风险事件时，估价机构及其估价师只能被动接受。面对风险的这种快速传播可谓毫无招架之力，只有在全盘接受风险后果的前提下，设法减轻风险带来的影响。风险事件的快速传播是估价机构今后风险管理不可回避的又一难题。

（三）蝴蝶效应造成的传播风险后果极其严重

新形势下估价机构的风险传播和发展的蝴蝶效应愈发明显。风险事件的发展存在很大程度的不可预测性，能带动巨大的连锁反应，事件后果也难以预料。一个普通的事件经过网络传播和发酵后引发的后果是无法估计的。以注册会计师行业为例，某上市公司涉嫌严重财务造假，负责审计的会计师事务所被推到了风口浪尖，经过互联网的传播与发酵，证监会对该事务所进行立案调查，该事务所所有的资本市场业务接近停滞状态，同时对该事务所过去出具的审计报告及底稿进行复查，虽然最后结果尚无定论，但该事务所的发展受到了巨大的影响。

估价机构同样也可能遇到与上述会计师事务所类似的问题，估价需求的演变使估价的价值承担更多的社会担当，伴随着资产证券化、不良资产处置、集体建设用地入市等新兴业务的开展，估价的咨询属性与价值参考属性越来越得到重视，估价成果将会越来越多地服务于不特定的对象或群体，披露的广度与深度也将会加大，影响的范围也将错综复杂。风险事件发生的概率必将大大增加，引发的后果也会无法预测。当前估价机构规模相对较小，抗风险能力还较弱，风险传播造成的蝴蝶效应往往会叠加多个风险事件的影响，对估价机构必将是致命的打击，后果的严重性也会超出预期，这需要广大从业者警醒。

三、新形势下估价风险的控制

新技术环境给估价风险发生的概率和影响程度都带来了前所未有的改变，无限放大了相应的风险量。估价机构必须在充分掌握新技术环境特点的基础上，顺势而为，不忘初心，以人为本，在强化风险意识的基础上，提高评估专业人员的专业素养，持续控制估价风险。

（一）静心估价，强化风险意识

近年来，估价机构都热衷于业务的快速增长和机构规模的壮大，忽视了估价风险的防范，缺乏对评估专业人员的风险教育，这就使得一线评估人员风险意识不强，将业务的承揽放在首位，不主动识别各类风险，更没有制定有效的防范措施。随着新技术环境的变化，过去被高速增长所掩盖的风险问题会逐渐暴露出来。从现在开始，大家都要静下心来，回到估价的原点，将做好每一个估价项目、发掘每一个估价对象的客观价值作为估价工作的重中之重。只有这样才有可能发现估价中的潜在风险。

估价机构未来的可持续发展应当将风险的防范放在首位，而风险防范的核心是认清形势，摆正位置，增强风险意识，全员灌输风险知识，从风险识别、风险评估、风险处理、风险监控几个方面对全员进行风险教育，这样才能早日实现全员敬畏风险、了解风险、规避风险的良好局面。

（二）强化内部控制，一切为制度让路

风险的管理分为风险的评估、执行、监督三个阶段，风险是无法消除的，因此首先是要认识风险、评估风险。在进行风险评估时，要对估价机构所面临的风险领域进行划分，对于高风险领域要予以重点关注。

执行是内部控制的重中之重，缺乏有力的执行，无论多么合适的风险管理措施都不能起到风险防范的作用。执行首先需要将风险防范措施制度化，所有估价活动的执行要以风险管理制度为准绳，一切为制度让路，估价风险防范作为估价活动的底线，决不可突破。

风险的监督与考核是要对风险防范的过程进行监督与考核，监督是要看风险防范的措施是否执行到位，执行过程是否流于形式。考核是对风险防范的成果进行考核，目前大多数估价机构员工考核体系特别是薪酬考核体系大多没有将风险防范纳入考核，多以估价业务业绩、回款收入作为关键考评指标。这就使得风险防范头重脚轻，没有抓手。因此，估价机构应将员工的风险防范执行情况纳入考核体系，特别是薪酬考核体系中，以员工利益的约束倒逼其履行好风险防范措施。另外，风险事件的发生具有滞后性与不确定性，风险防范需要未雨绸缪，估价机构应采取从业务收入中提取风险基金，为评估专业人员购买执业责任保险等措施予以防范。

（三）善用互联网工具，科学把控风险

互联网是一把双刃剑，一方面会加大估价机构的风险暴露机会，扩大风险的严重后果；另一方面，如果运用好互联网工具，科学管理估价流程，则能很好地控制估价风险。估价流程复杂，从接受委托、现场查勘到档案归档，中间经历很多流程。过去依靠人进行管理，往往会出现标准不一致，审核流于形式的情形。基于互联网的流程工具大多以SAAS模式为主，可以根据不同估价机构的特点进行定制。特别是针对易于忽视或重视程度不够的流程进行重点关注，将评估机构的三级审核制度落到实处，同时将估价过程中的所有痕迹进行记录，为风险预防和控制提供参考和抓手。

（四）专注估价品质，体现估价的价值

一些不良的社会风气伴随着经济持续发展而出现，估价行业重结果轻过程，估价工作长期被视为一种程序性工作，估价报告品质不被社会关注，评估价格往往迎合委托方需求。估价机构之间的竞争不是报告质量的竞争，而是相互压价的恶性竞争。这种粗劣估价服务无形

中埋下了无穷的估价风险，更使估价行业形象受到较大影响。未来诸多新兴业务需要的是高品质估价服务，仅依靠低价竞争难以大行其道。高品质的估价服务，能够体现估价的价值，不仅能发现估价对象的客观价值，还能彰显估价工作所应具备的社会价值，促进社会的公平正义，体现市场在资源配置中的决定性作用。因此，从估价机构的长远发展来看，控制风险，回归估价对象价值这一估价本质是估价机构可持续发展的必由之路。

估价中可控风险主要有技术风险、管理风险和报告使用风险等，可控风险的发生主要源于对估价质量的不重视，重业务轻质量。报告模板化，估价师不签字或者只盖章不签字的情况屡见不鲜。正是对估价报告产品的不重视才导致估价报告漏洞百出，经不起审查。这种做法不仅将估价机构、估价师置身于风险的风口浪尖，更是贬损了估价的价值，置估价于一种可有可无的境地。因此，防范风险的本质和基础要以人为本，评估专业人员要从"什么都能做"向"什么做得好"转变，估价机构要专注于某一领域或某些领域深入研究，不断积累总结经验；不一味追求成为估价领域的巨无霸，要致力于成为某某估价领域的专家。

四、结语

我国估价行业发展时间虽然不长，但发展速度迅猛。估价服务的领域从原来的抵押、征收、司法鉴定到现在的资产证券化、不良资产处置、军队房地产评估等，未来对估价的需求将更加广泛。当然，伴随着新技术的快速发展和不断更新，估价必然会遇到新问题和新风险，我们估价人要与时俱进，更要不忘初心，牢记估价的本质，提供高质量估价服务，专注高品质估价，充分体现估价的价值。用最正确的工作方法，控制估价风险，规避估价风险，促进估价行业健康发展，适应新一代人工智能快速发展对估价行业带来的变化。

参考文献：

[1] 马妍妍．风险的社会放大框架下风险事件的媒体表征与整合路径 [J]．浙江树人大学学报，2017，17(05)．

[2] 周声琼．微媒体时代网络信息传播风险及防范策略 [J]．新闻研究导刊，2018，9(20)．

[3] 柴强．静心做好估价有效防范风险．https://mp.weixin.qq.com/s/EmxRSsi4j87nABAoJC2tjA．

作者联系方式

姓　名：凌　祥

单　位：安徽中安房地产评估咨询有限公司

地　址：合肥市经济开发区百乐门广场尚泽国际 1109 室

邮　箱：356130938@qq.com

房地产资产证券化物业组合风险模型研究

姜潇莉

摘　要： 随着近年来对社会融资结构的调整，房地产资产证券化产品的市场模式已形成，并在产品设计上从资产内容、交易结构、信用保障等方面均有突破。借鉴国外该类产品资产组合化的实际情况，并运用现代投资组合理论，本文提出了房地产物业组合风险模型。该模型通过将不同物业的价值影响因素量化，得到不同物业间的相关程度，形成组合资产的风险量化结果，为房地产资产的组合配置提供参考。

关键词： 资产证券化；房地产；资产组合；风险模型

一、物业组合配置研究的实际需求

（一）我国房地产资产证券化业务整体情况

我国（特指中国大陆地区）至今发行的 REITs 产品从产品交易结构、承担税费、收入来源及方式、收益分配方式等方面均与国外标准化 REITs 有所差异，因此定义为"类 REITs"。该类房地产资产证券化产品主要以房地产收益权及产权作为底层资产，通过原始权益人出让项目公司股权取得融资，其项目收入来源于基础物业公司的运营收入与产品到期退出时的物业资产处置收入。根据中国房地产业协会金融专业委员会与戴德梁行联合发布的《2018 年亚洲房地产投资信托基金研究报告》，我国至 2018 年 10 月底共发行资产证券化产品 93 支，其中类 REITs 产品 39 支。为适应相关制度、市场趋势等宏观条件的变化，同时通过金融、地产等相关行业对该类业务上进行摸索创新，国内资产证券化产品不断进化发展。本文从底层资产的角度分析其变化情况包括以下几个方面：

1. 物业类型出现细分

由于国内类 REITs 产品多为专项计划 +Pre-REITs 产品，即通过私募基金实现基础资产的收购，在计划设立时明确的基础资产在产品存续期内不会变化。以上 39 支产品主要以特定区域范围、单一类型物业作为基础资产，物业类型包括公寓、商业门店、社区商业、购物中心/百货、写字楼、综合体、专业市场、酒店、工业物流，其中租赁住宅成为近年发行热点。结合国内整体资产证券化产品（包括 CMBS、CMBN 产品）底层物业情况来看，传统物业类型近年来有所细分，包括科研办公、产业园、专业市场等业态。

2. 逐渐关注资产质量

2017 年发行了首单无主体增信、完全基于资产信用的 REITs 产品——"中联前海开源-勒泰一号"资产支持专项计划。该产品的基础资产位于非一线城市核心商圈的商业中心，原始权益人对当地商业具备成熟的运营能力，基础资产租金收益处于增长期，业态组合优势突出，客流量稳定，房地产未来现金流入乐观，资产保值增值能力较强。该产品基础资产的突出表现使其在脱离主体增信及担保的情况下，获得了资本市场的认可，实现成功发行。

（二）亚洲 REITs 市场产品基础资产分析

纵观亚洲 REITs 市场，新加坡 39 支 REITs 产品中综合类产品有 11 支，占比 28%；日本 59 支 REITs 产品中综合类产品有 23 支，占比 39%。通过收集在中国香港上市的 10 支 REITs 产品的底层物业配置情况，可知综合类产品占了多数，具体信息请见表 1：

在中国香港上市的 10 支 REITs 产品的底层物业配置情况表　　　表 1

序号	证券名称	物业类型	物业数量	底层资产物业类型	分布区域
1	冠军产业信托	综合	3	商办综合体、写字楼、购物中心	香港
2	置富产业信托	零售	16	商业广场与门店等不同业态商业物业	香港
3	汇贤产业信托	综合	5	综合型物业（含购物广场、写字楼、服务式公寓、酒店等）、酒店	北京、重庆、沈阳、成都
4	领展房地产投资信托基金	综合	131	商业广场、写字楼	香港、北京、上海、广州、深圳等
5	开元产业投资信托基金	酒店	7	酒店	杭州、宁波、长春、开封、荷兰埃因霍温
6	泓富产业信托	综合	7	综合型物业（含购物广场、写字楼、服务式公寓、酒店等）、工商综合物业、工业物业	香港
7	富豪产业信托	酒店	9	酒店	香港
8	春泉产业信托	综合	85	写字楼、零售商业	北京、英国各地
9	阳光房地产基金	综合	16	写字楼、零售商业	香港
10	越秀房地产投资信托基金	综合	8	写字楼、商业综合体、零售商业、批发商场	广州、上海、武汉、杭州

标准 REITs 产品均进行房地产投资组合，通过在物业类型、区域位置等方面进行差异化配置，达到分散投资风险的目的。诸多产品在经营期间通过不断调整基础资产优化投资组合、物业改造、调整运营等方式，实现资产增值与风险管理策略。

（三）市场展望及行业服务

1. 国内房地产资产证券化发展困境与展望

在供给侧改革的战略背景下，各行业以"三去一降一补"作为工作基本目标。基于"去杠杆"及发展实体经济的要求，2019 年上半年房地产资产证券化业务受到行业监管限制。从房地产市场的长期宏观调控来看，房地产开发行业面临着整体市场转型，营利模式将以资产运营实现长线增值为主。同时部分企业将采用"轻资产"模式，通过市场完成融资并与投资人共享运营与增值收益，整体向国外成熟房地产市场靠拢。伴随市场转变的客观需求，房地产资产证券化产品内容及形式将不断丰富，参考证券投资基金的操作模式，通过持有分散化的物业组合来获得价值增值。

2. 估价行业的服务角色与内容

房地产资产证券化过程中的第三方参与机构有评级机构、法律顾问、会计事务所、评估机构等。其中评估机构参与的工作内容包括物业尽职调查、物业价值评估、现金流分析预测等。据《房地产投资信托基金物业评估指引》（中房学〔2015〕4号），估价机构在其过程中提供的服务包括市场调研、物业状况分析、价格评估等内容。

从国内REITs业务的长远发展来看，房地产资产证券化产品将逐步进化为通过对房地产底层资产进行物业组合、持续调整提升整体价值的方式实现项目营利。由于底层资产情况受到关注，估价行业应充分发挥房地产市场研究的专长，对各类物业的未来现金流状况、价值影响因素、各物业间价值变动的关联性做深入分析，为资产配置及产品设计提供专业支持。本文提出房地产资产证券化物业组合配置模型，研究各类型物业间的相关性，为实现最优资产配置提供一种技术思路。

二、物业组合配置模型理论及模型

（一）物业组合配置模型的理论基础

该模型以现代投资组合理论、资本市场理论为基础，将其运用到房地产资产证券化的底层资产配置过程中。

由于房地产市场是半强势有效市场，房地产的市场价值反映了所有的公开信息。受到宏观政策、经济整体情况、物流贸易状况、区域发展现状及规划、产业调整、周边环境及配套、产业相关行业及对应区域的发展情况等影响，不同房地产对影响因素的反映程度有所差异，即意味着应对外界环境变化的风险敞口不同。通过研究不同房地产应对变化的关联程度并合理量化，在项目管理中运用现代投资组合理论，将有限资源在不同类型、不同区域间有效配置，在一定的风险承受情况下，实现最大效用即资产价值最大化。

（二）物业组合配置模型构建

1. 尽职调查及资产配对

明确备选房地产的实际状况及定位情况是模型构建的基础。据《房地产投资信托基金物业评估指引》，应对备选物业开展全面、深入调查，如物业的区位、实物及权益等状况，包括目前经营、租赁状况，租户所处产业及经营状况等；同时，开展市场调研，包括经济社会发展状况、房地产市场状况及物业自身有关市场状况等。在调查中应对可能引起物业价值变化的各种因素保持高度敏感性，全面把握可能影响房地产未来收益及风险的所有因素。

通过对备选物业进行两两配对，求取两物业间的相关系数来识别其价值关联性。不同类型物业价值关联情况较小，相同类型不同物业也存在一定差异。一般以一项物业作为单位资产，也可根据实际需要对单项物业再细分。

2. 价值影响因素确定及量化

物业价值影响因素的确定及量化是本模型的核心，合理地判断及量化外部因素对资产价值的传导机制才能保证模型结果的准确度。

1）影响因素确定

明确所有影响两物业价值的要素，并预计一定期限内（对应证券持续期限）影响因素的变化情况。由于本模型考察两物业的相关性，将量化后对两物业影响程度完全相同的因素去除实现模型简化；同时，对于影响程度不同的因素要求遍历不遗漏。

2）影响程度量化

将要素在不同变化状态对备选物业的影响程度运用科学的方式将影响程度量化。目前诸多因素多采用定性分析、分层分析的模式，未实现量化（且应具有连续性）。在调查阶段完整地收集资料的过程中，应完成对各因素数量分析统计及模型量化的工作。

3）价值影响因素变化及影响程度概率表

见表2。

价值影响因素变化及影响程度概率表 表2

影响因素			物业A	物业B
影响因素	因素变化情况	变化概率（%）	对应变化率（%）	
因素I		k_{ij}	a_{ij}	b_{ij}
……	……	……	……	……
求和		$\sum k_i=1$		

其中：因素I——影响两物业价值变化的第i种因素；k_{ij}——第i种因素发生第j种变化的概率；a_{ij}——对应k_{ij}概率变化下物业A的变化率；b_{ij}——对应k_{ij}概率变化下物业B的变化率。

例一：周边公共配套设施等级

一般居住类房地产对区域公共服务设施情况、周边整体环境等因素有所要求。除周边菜场、公共开放空间、公交便捷程度等基本要求外，区域内配置的学校排名、医院等级、商业引进品牌热销程度等情况均是需要细化考虑的因素。相较住宅而言，周边配套对商业、工业等类型物业的影响程度较小。

如目前两项基础资产为公寓、工业，据规划来年将在区域内新建一所重点学校的概率为80%，则公寓与工业对应价值变化率分别为10%、0，即k=80%，a=10%，b=0。

若再对不同物业对象细分，若区域内规划新建一所国际学校，扩大了该区域中高端住宅的市场需求，则同样是住宅房地产，别墅小区与老公房小区的对应价值变化率分别为10%、3%，即k=80%，a=10%，b=3%。

例二：行业集中度与区域关联度

如目前两项基础资产均为工业物流，经调查后，物业A为煤矿业的上流产业，物业B属于医疗产业，则在资产价值影响因素中应包含"煤矿产业整体情况"。根据对煤矿业来年整体行业趋势的判断，行业变化-5%、0、5%的概率分别为30%、60%、10%。在行业走势下降5%的情况下，物业A、B的对应价值变化率分别为-20%、-2%，即k=10%，a=-20%，b=-2%。

如目前两项基础资产均为商办综合体，物业A服务于全市范围、物业B服务于临港地区，则在资产价值影响因素中应包含"目标区域发展状况"。若据战略导向近年将重点发展临港地区，实现概率为90%，则物业A、B的对应价值变化率为15%、1%，即k=90%，a=15%，b=1%。

（三）物业资产组合风险公式及结论

1.《联合概率分布表》及资产相关系数

假设模型中存在n项价值影响因素，各因素变化可能分别为P_1、P_2……P_n种，则该存在$N=\prod_{h=1}^{n}P_h$（h=1……n）种可能，每种可能的累积概率为1。

第h种可能发生的概率为$\prod k_{ij}$，此时物业A的累积对应变化率为：

$A_1 = \prod(1+a_{ij})-1$，物业 B 的累积对应变化率为 $B_1 = \prod(1+b_{ij})-1$。整理 N 个 A_h、B_h 数值，将相同数值下的 k_{ij} 累加，得到两物业的《联合概率分布表》，见表3：

联合概率分布表　　　　　　　　　　　　　　　　　　表 3

发生概率（%）	A_1	A_2	……	A_H
B_1	r_{11}	r_{21}	……	r_{H1}
B_2	r_{12}	r_{22}	……	……
……				
B_G	r_{1H}	……	……	r_{HG}
求和		$\sum r_{ij}=1$		

上表中，r_{ij} 为 A_i、B_j 发生的概率累计值。由于 N 种可能中 A_i、B_j 存在相同取值的情况，实际 A、B 的取值可能为 H、G 种。

物业 A、B 的预期回报及方差分别为：

$$E(R_A) = \sum r_{ij} \times A_i \quad \delta_A^2 = \sum_{i=1}^{H}\sum_{j=1}^{G} r_{ij} \times [A_i - E(R_A)] \quad (i=1\cdots\cdots H, j=1\cdots\cdots G)$$

$$E(R_B) = \sum r_{ij} \times B_i \quad \delta_B^2 = \sum_{i=1}^{H}\sum_{j=1}^{G} r_{ij} \times [B_i - E(R_B)] \quad (i=1\cdots\cdots H, j=1\cdots\cdots G)$$

两项资产的协方差 Cov（A，B）及相关系数 ρ_{AB} 为：

$$Cov(A,B) = E\big[(A_i - E(R_A))(B_i - E(R_B))\big]$$

$$\rho_{AB} = \frac{Cov(A,B)}{\delta_A \times \delta_B}$$

根据以上方法，求得所有备选资产两两间的协方差 Cov 及相关系数 ρ。

2. 最优资产配置比例确定

假设该证券化产品有 m 项备选基础资产，每两项资产的权重设为 w_i、w_j（$i, j=1\cdots\cdots m$，$w_1+w_2+\cdots\cdots+w_m=1$），则据现代投资组合理论，该资产组合方差 δ_P^2 为：

$$\delta_P^2 = \sum_{i,j=1}^{m} w_i w_j Cov_{ij}$$

运用拉格朗日乘数法，求取该资产组合方差最小值，各项资产权重 w_i 的取值。并计算在此情况下，产品的预期收益 $E(R_P)$ 为：

$$E(R_P) = \sum_{i=1}^{m} w_i E(R_i) \quad (i=1\cdots\cdots m)$$

（四）模型使用案例

下面以两项物业资产组合为例，求取最小资产组合方差下的两项资产配置权重。

假设两项资产尽职调查的大致结果如下：

资产一：物业类型为住宅——中档公寓小区；

资产二：物业类型为商业——服务半径为整体区域的综合购物中心。

为简化模型说明构建方法，本案例中假设两物业无对其房地产价值产生影响的特殊状况，选取三项价值影响因素分别为：区域环境情况、区域人口、商办聚集度。将该三要素对

两项资产价值影响进行量化,具体方式为:

1. 区域环境情况

指包括人文、社会环境(配套)、自然要素等各类环境要素,本案例中参考相关量化研究方法,采用综合指数法对该要素进行量化。

2. 区域人口情况

指将未来一定时期内的预计区域人口数量与当前人口数量进行比较,得到区域人口变化指数。该要素在本案例中设定始终未达到饱和状态,即区域人口数量的增加对区域内所有类型房地产边际效益为正。

3. 商办聚集情况

指该区域内商办物业分布及对应建筑面积等情况,本案例中参考相关量化研究方法,采用 Huff 模型对该要素进行指数量化。该要素在本案例中设定为未达到饱和状态,即区域内商办建筑量的持续增加对区域内所有类型房地产边际效益为正。

假设未来一定时期内区域环境综合指数不变、提升 3%、提升 6% 的概率分别为 10%、50%、40%;区域人口数量不变、增加 5%、增加 10% 的概率分别为 60%、30%、10%;该区域商办聚集指数不变、提升 10%、提升 20% 的概率分别为 20%、70%、10%,则以上三项因素的影响量化结果见表 4:

因素变化及影响程度概率表　　　　　　　　　　　表 4

影响因素	影响因素		住宅	商业
影响因素	因素变化情况	变化概率(%)	对应变化率(%)	
区域环境情况	保持不变	10%	0%	0%
	综合指数提升 3%	50%	5%	2%
	综合指数提升 6%	40%	10%	4%
区域人口情况	保持不变	60%	0%	0%
	增加 5%	30%	2%	3%
	增加 10%	10%	4%	6%
商办聚集情况	保持不变	20%	0%	0%
	指数提升 10%	70%	2%	5%
	指数提升 20%	10%	4%	8%

本案例存在 27 种可能情况,列举其中一种情况下两项资产的累积对应变化率,见表 5:

情况 23 两项资产的累积对应变化率　　　　　　　表 5

情况 23	变化情况	变化概率	住宅变化率	商业变化率
区域环境情况	综合指数提升 6%	40%	10%	4%
区域人口情况	增加 5%(未饱和)	30%	2%	3%
商办聚集情况	指数提升 10%	70%	2%	5%
累计变化率			14%	12%

该情况的发生概率为三种因素变化概率的连乘，即 40%×30%×70%=8%，在该概率下住宅的累积变化情况分别为（1+10%）×（1+2%）×（1+2%）-1=14%；商业的累积变化情况分别为（1+4%）×（1+3%）×（1+5%）-1=12%。

整理 27 种情况下两项物业的累积变化率，见表 6：

联合概率分布表 表 6

发生概率		住宅价格增长率												
		0%	2%	4%	5%	6%	7%	8%	9%	10%	11%	12%	14%	17%	19%
商业价格增长率	0%	1.2%													
	2%				6%										
	3%		1%												
	4%								5%						
	5%		4%			3%									
	6%			0.2%											
	7%					21%					2%				
	8%			3%				1%							
	9%										17%				
	10%							14%				1%			
	11%					1.0%									
	12%											10.8%			
	13%								2%						
	14%						0.1%		4%						
	16%												4%		
	17%											1%			
	19%												0.4%		

据上表，两项资产价值均不发生变化的概率为 1.2%，住宅价值增长 5%、商业价值增长 2% 的概率为 6%，以此类推，所有时间发生概率之和为 100%。

经计算得到，住宅预期增长率为 9.24%、方差为 0.14%；商业预期增长率为 9.61%、方差为 0.13%；两项资产协方差为 0.099%，相关系数为 0.716。

设住宅配置比例 w_1、商业配置比例 w_2，两项物业组成的资产方差公式为：

$$\delta_P^2 = 0.14\% \times w_1^2 + 0.13\% \times w_2^2 + 2 \times 0.099\% \times w_1 \times w_2 \quad (w_1 + w_2 = 1)$$

经计算得到，当 w_1=43%，w_2=57% 时，以上资产组合的方差最小。

三、产品风险控制方法分析

本文论证的模型仅针对通过资产组合配置降低产品非系统性风险提供了参考模型。针对通过物业增值实现收益的产品设计，由诸多风险影响的控制方法综合形成了产品风险控制体系，包括：

（一）基础资产质量情况

对于基础资产为债权的房地产资产证券化产品，在尽职调查中应着重分析债务人的信用水平及所处行业、地区的分散情况，对债务人的未来偿还能力有准确判断。对以运营收入及资产增值实现收益的权益类房地产产品，如收入来源为商办物业租金收入的产品，应重点分析原权利人的持续运营能力及资产管理水平，判断其是否有足够的偿债能力及现金流状况。对于目标实现长期资产增值的产品来说，应关注房地产未来市场价格上涨的潜力，重点分析该地区经济、规划等宏观情况、物业市场定位、周边客流量、商户租金稳定性等各类情况，通过介入资产的管理、运作实现价值增值。

（二）交易结构设计情况

基础资产为债权类的产品能通过 SPV 方式实现破产隔离。收益权类产品涉及原始权利人的资产运营等原因，无法实现完全风险隔离，依然通过对主体的信用分析、参与资产运营、外部增信等其他手段进行风险控制。

（三）外部增信情况

由原始权利人或关联公司作为义务人提供差额支付承诺，即当产品现金流难以偿还当期债务时，由义务人完成差额部分支付。国内某些产品设计了业绩补偿机制，由原始权利人开立保证金账户并维持一定限额保证金，若当地产品净收入低于预期收益率的，则由该保证金账户对低于预期部分进行支付。

四、结语

本文提出的资产组合风险分散模型通过量化各类物业的关联性，求取房地产资产证券化产品中风险最小情况下的物业资产配置情况，为基础资产组合提供一项理论依据。需指出的是，资产组合不以最小风险为目标，而应在预设一定风险承受范围后达到投资者追求的最大效用。因此，在房地产证券化产品设计时，资产组合的最终配置需要将风险与收益综合考虑。

对于资产组合多元化的房地产资产证券化产品，在产品设计中针对房地产市场的研究分析要求很高。通过深入研究引起其价值变化的本质原因，将显化的客观事件通过模型分析得到各项物业资产的价值与风险特性，为产品的资产配置提供参考。

参考文献：

[1] 中国房地产估价师协会. 房地产投资信托基金物业评估指引[Z]. 2015-09-10.

[2] 中国房地产协会金融专业委员会，戴德梁行. 亚洲房地产投资信托基金研究报告（2018）[R], 2018.

[3] 林华. 中国资产证券化操作手册（上）（第二版）[M]. 北京：中信出版集团，2016.

[4] 戴维·帕克. REITs 人员、流程和管理[M]. 北京：机械工业出版社，2015.

[5] 陈珂斯. 将综合指数法应用到城市居住区环境评价中的构想[J]. 法制与社会，2008（19）.

[6] 张金亭，殷军，孙雪佳. 基于 Huff 模型的商服中心繁华度量化方法[N]. 国土资源科技管理，2017（04）.

作者联系方式
姓　　名：姜潇莉
单　　位：上海城市房地产估价有限公司
地　　址：上海市黄浦区北京西路 1 号新桥广场 16-18 楼
邮　　箱：awakingnewworld@163.com

农村土地承包经营权估价需求与风险防范

祝华军 楼 江 徐 峰

摘 要：农村土地承包经营权流转和抵押贷款对估价的需求日益增加，但由于农业生产经营的净收益波动大，土地经营权估价的风险较大。建议以规范的形式明确农村土地经营权抵押贷款估价方法和土地年纯收益测算方法，并通过协会加强与农业农村部门和金融机构的协调，推动地方政府采购基础性土地经营权估价业务，规范市场化商业性的土地经营权评估业务。

关键词：农村土地；承包经营权；估价；风险

一、农村土地承包经营权估价需求凸显

（一）服务于流转双方的土地经营权流转价值评估

农村承包耕地流转在20世纪90年代便已存在，2005年农业部出台《农村土地承包经营权流转管理办法》，将民间自发的土地流转行为纳入规范化轨道，截至2017年底全国家庭承包耕地流转面积5.12亿亩，占家庭承包耕地面积的37%。土地经营权流转价值是形成土地经营权流转价格的基础，2019年全国已有2万多个承包土地流转服务中心，为流转双方提供价格指导等服务。从各地土地经营权流转和估价的现实状况看，主要有三种情形：一是农户之间零星的土地流转，通常自由协商确定价格；二是农户耕地直接流入村集体、合作社、家庭农场或农业企业，通常按照当地的指导价，再结合农户土地情况上下浮动；三是规模化集中连片流转，由于面积较大，即便单价的细微差别也会引致总价格的巨大差异，流转双方对土地经营权估价存在需要。如在上海市土地经营权经过一次流转已集中到村集体经济组织或合作社，进行二次流转时多为规模化流转，需要通过估价来确定流转价格（或竞标底价）。但总体而言，土地流转双方缺乏估价支付意愿和能力，还不是有效需求。

（二）服务于金融机构的土地经营权抵押贷款价值评估

为了缓解农业经营主体的资金困难，推进农业适度规模经营，2015年国务院发布《关于开展农村承包土地的经营权和农民住房财产权抵押贷款试点的指导意见》（国发〔2015〕45号），并在232个县（市、区）开展农村承包土地经营权抵押贷款试点。而确定抵押物价值，即农村承包土地经营权价值，是银行确定授信贷款额度的基础，2016年中国人民银行联合多部委发布《农村承包土地的经营权抵押贷款试点暂行办法》，该法第二条界定了"农村承包土地的经营权抵押贷款"的含义，第十二条规定"借贷双方可采取委托第三方评估机构评估、贷款人自评估或者借贷双方协商等方式，公平、公正、客观、合理确定农村土地经营权价值"。这一类估价是办理抵押贷款业务的必备要件，是一种有效估价需求。

（三）服务于政府部门的土地经营权价值评估

地方政府农业农村主管部门对土地经营权流转负有引导和规范职责。若土地经营权流转价格过低，则不利于保护流出方农户的利益，这种情形在经济欠发达的农业区比较常见，土地流转价格普遍不足500元/亩，农户宁可抛荒也不流转；若土地经营权流转价格过高，又会抬高土地经营者的生产成本，这种情形最近几年在大中城市郊区比较常见，如上海市远郊区县2013年稻田的流转价格约为750元/亩，2018年已超过1300元/亩，生产成本上升蚕食了收益，一些家庭农场和合作社考虑退回流转土地。政府部门期望制定合理的价格区间，引导土地经营权流转行为。这类估价是否构成有效需求，与地方政府的年度工作计划和财政预算有关。

此外，随着我国各地土地流转数量的增加和农业生产经营活动范围的不断延展，与土地经营权有关的各类矛盾纠纷也呈现增长态势，如农业企业的生产基地受损害需要价值评估、土地经营权因纠纷变动也需要评估价值。为了公正有效地化解矛盾，需要公平、合理、客观地评估涉案土地经营权价值。这已经成为一种有效估价需求。

二、农村土地承包经营权估价现状及突出问题

（一）可开展土地经营权价值评估的机构多样

土地估价机构是土地流转市场中不可或缺的要素。《国务院关于开展农村承包土地的经营权和农民住房财产权抵押贷款试点的指导意见》（国发〔2015〕45号）要求建立"两权"抵押、流转、评估的专业化服务机制。中国人民银行、银监会、保监会、财政部和农业部联合发布《农村承包土地的经营权抵押贷款试点暂行办法》（银发〔2016〕79号）规定："借贷双方可采取委托第三方评估机构评估、贷款人自评估或者借贷双方协商等方式，公平、公正、客观、合理确定农村土地经营权价值"。根据各级各类有关土地经营权流转的法规政策，可开展土地经营权估价的机构类型众多，除了土地估价师、房地产估价师、资产评估师等执业的专业评估机构，即使没有任何资质的土地流转双方当事人也可自评估。也就是说，房地产估价机构只是土地经营权流转估价业务的竞争者之一，必须面对众多其他类型机构的竞争。

（二）实际估价操作与法定估价规程差异较大

从依法依规评估的要求看，当前农村土地承包经营权流转价值评估的法定标准是《农用地估价规程》GB/T 28406—2012，为叙述方便后文简称《规程》。该《规程》借鉴城镇土地和房地产估价规程的范式，明确了农用地估价有收益还原法、市场比较法、成本逼近法、剩余法、评分估价法和基准地价修正法6种估价方法，并对各种参数设定、影响因素修正有着严谨细致的规定。而在现实中考虑到估价收费和委托方对估价精度的要求，通常采用简化快速估价方法。如《浙江丽水市缙云县农村承包土地经营权抵押物价值认定评估办法（暂行）》规定计价方法为：已流转的承包土地经营权价值＝贷款期限内已支付的流转费用＋贷款期限内农作物预期纯收入，其中农作物预期纯收入由农业局定期发布参考标准。又如江西省《贵溪市农村承包土地的经营权价值评估办法（试行）》规定评估小组可以选择以下任何一种评估办法：①承包土地的经营权价值＝近三年该宗地块已获平均净收益（正常年份）×经营期限×土地面积＋地上（含地下）附着物价值；②承包土地的经营权价值＝未来三年该宗地块预期平均净收益（正常年份）×经营期限×土地面积＋地上（含地下）附着物价值。而山西省长治市潞城区对土地经营权抵押贷款价值评估值采用《山西省人民政府关于调整全省

征地统一年产值标准的通知》中的标准法、农经和物价部门出具的实际年均产值法，减少了工作环节，降低了评估成本。

农业经营活动受到自然再生产和社会再生产的交织影响，生物资产的价值具有波动性和不稳定性，尽管《企业会计准则第5号——生物资产》界定了生物资产的概念、类型、初始计量和后续计量，但未就生物资产在不同生长阶段的价值计量做出规定。即便严格按照《规程》，花费大量时间和成本做到尽职调查，也难以获得确定性的数据，评估结果的稳定性和可靠性也不一定得到提升。

（三）开展土地经营权价值评估的专业机构和专业人员不足

从一些土地经营权抵押贷款试点地区的研究报道看，估价大多参考政府发布的指导价或借贷双方自评估，而专业房地产估价机构很少参与。以土地经营权抵押贷款估价为例，金融机构通常对贷款金额低于100万元的业务内部自行评估，超过100万元的才委托第三方专业机构评估。具有农村资产评估业务资质的评估机构本来就极少，而且不一定能被金融机构选上。如上海市以金山区作为市级试点出台了《上海农村土地经营权抵押贷款试点实施办法》，并成立了农村土地流转评估中心，但由于专业的承包土地经营权价值评估机构和具有专业资质的评估人员仍缺乏，只得由镇农业技术推广站和镇经济管理事务中心联手出具估价建议书。导致这一结果的原因是我国农村产权交易平台缺乏专业资质的评估人员，缺乏公允的行业评估标准等。而从估价技术规范的角度看，症结是农业生产经营的未来收益难以测算，案例匮乏或可比性不高，最后表现为估价收费水平同估价工作量和风险水平极不相称，估价机构缺乏积极性。

三、完善农村土地承包经营权估价体系的对策建议

建议契合农村实际情况，对《规程》加以适当地调整完善，或者另行编制《农村土地承包经营权估价规程》，主动预防估价风险，优化工作程序，降低估价成本，使之达到估价需求方的承受度，从而调动估价机构承接土地经营权流转估价业务的积极性。

（一）明确农村承包土地年纯收益测算方法

大量学者认为收益还原法是最适宜农村土地估价的方法。收益还原法是估算未来各年经营土地预期获得的正常净收益，并按照一定的还原率折算为评估基准日收益。按照《规程》对其适用范围的表述"是在正常条件下有客观收益且土地纯收益较容易测算"，但农业生产有别于城市房地产经营的一大特点正是农业生产经营的净收益波动大，农业生产存在多重风险，受到生产不确定性等诸多因素的制约。农村承包土地以种植业居多，虽不大可能发生类似"扇贝跑了"之类的情况，但因自然灾害而减产是常发生的事件。近几年粮食生产成本刚性上涨、市场订单和价格不稳，而蔬菜瓜果等农业生产的波动幅度更大，这种状态与"纯收益较容易测算"的要求相去甚远。从防范估价风险的角度看，建议《规程》对未来收益测算方法和测算依据作出说明，廓清估价责任边界。可考虑将国家发展和改革委员会价格司编辑出版的《全国农产品成本收益资料汇编》作为参考基准，再根据估价地块所在地区同期的农产品价格水平、单位面积产量和复种指数等因素予以修正。

（二）明确农村承包土地经营权抵押贷款估价方法

《规程》中明确了承包农用地估价、转包农用地估价、农用地租金评估、荒地拍卖底价评估和荒地抵押价格评估的价格内涵、适用方法和有关注意事项。但尚未规定农地经营权抵

押贷款的价格内涵和估价方法,建议抓紧修订《规程》,增补农地经营权抵押贷款估价。其一,将土地经营权作为抵押债权与荒地作为抵押债权有着本质差异,土地经营权抵押贷款的内在逻辑是以未来农业生产性收益偿还,而荒地基本不产生收益,因此不可简单套用荒地抵押估价的方法,收益还原法应该是适用于土地经营权抵押价值评估的一种重要方法。其二,贷款期限以3~5年的中短期贷款居多。对于正常生产经营的土地,由于涉及地上生物资产,收益还原法和市场比较法估价结果往往是成本法估价结果的3~4倍。而对于流转后尚需进行土地整理的地块,由于基础设施建设投资较高,而且短期内缺乏收益,成本法估价结果将显著高于收益还原法。其三,从银行办理土地经营权抵押贷款业务的实际看,基本上都要求在土地经营权上叠加其他抵押资产,如住房、农业装备等,因此还应明确价值构成并分别采取适宜的估价方法。

(三)支持专业机构开展农村承包土地经营权估价

农村土地经营权抵押贷款试点地区的农业农村主管部门和金融机构为了做好这项工作,呼吁建立农地承包经营权价值评估管理与支持机制,引进专业估价机构,提升农村土地价值评估的专业化水平,提高评估结果的权威性。建议各地估价师协会加强与所在地农业农村局和金融机构的沟通,创造条件,鼓励引导估价机构开展农村土地承包经营权估价工作。一是推动政府采购基础性估价业务,为形成合理的土地流转价格服务,如农村承包土地经营权转让交易价格指数编制、高标准粮田(菜田、果园等)流转指导价评估等;二是培育和规范市场化商业性评估业务,定期公布涉农评估业绩优良的评估机构名录,供估价需求方选择估价机构参考。

参考文献:

[1] 2017年农村家庭承包耕地流转情况[J].农村经营管理,2018(10).

[2] 王慧瑶,李青芃,田露.构建第三方估价机构积极推进土地流转——以安徽宿州为例[J].现代商贸工业,2018(11).

[3] 李秀川.探索土地经营权抵押贷款有效办法[J].农村经营管理,2019(07).

[4] 窦笑晨.农业类上市公司审计风险防范研究[J].中国注册会计师,2018(06).

[5] 陈清源.推进农村承包土地的经营权抵押贷款业务的思路[J].福建金融,2019(07).

[6] 黄国勇.对广西农村承包土地经营权抵押贷款工作的思考[J].南方国土资源,2017(12).

[7] 王丽媛,马佳,马莹,等.上海承包土地抵押贷款试点推广问题研究[J].上海农村经济,2019(07).

[8] 王丽英,王勇.农村土地价格评估存在的问题及对策研究[J].中国集体经济,2017(08).

[9] 郝志伟.河北省玉田县农村土地承包经营权抵押贷款中的问题与对策[J].河北金融,2019(07).

[10] 曹冉,母赛花.农业企业董事长职业背景对盈余管理水平影响研究——基于沪深A股农业上市公司的经验证据[J].浙江金融,2019(04).

[11] 赵永平,朱隽,王浩,郁静娴.调优结构,让种粮更赚钱——对黑皖湘粮食主产区百家经营主体的调查(上)[N].人民日报,2019-1-4(18).

[12] 荣凤云,王丰山,冯钊,潘小艺,张程.生物资产价值评估问题研究——基于差异性比较的案例分析[J].中国农业会计,2017(10).

作者联系方式

姓　名：祝华军
单　位：上海同信土地房地产评估投资咨询有限公司
邮　箱：zhuhj@mail.tongji.edu.cn

姓　名：楼　江
单　位：上海同信土地房地产评估投资咨询有限公司

姓　名：徐　峰
单　位：中鉴房地产评估咨询（上海）有限公司

房地产估价执业风险成因分析及防范对策

曾卓君

摘　要：近年来随着《资产评估法》的贯彻实施，以及《注册房地产估价师管理办法》进一步落实，在不断规范房地产估价的同时，以往未进行规范化处理的问题也逐步暴露出违规现象。本文就近年出现的不合规情况进行总结，重点对估价执业风险成因进行分析，并对估价执业风险防范提出建议措施，为估价机构的可持续发展提供参考。

关键词：房地产估价；风险成因；风险防范；可持续发展

一、当前房地产估价机构抽查出现的问题

随着《资产评估法》的贯彻实施，以及《注册房地产估价师管理办法》进一步落实，各省、市监管机构对其监管范围内的房地产估价机构进行了现场检查，并随机抽取上一年度完成归档的估价报告，通过各省、市监管机构公布的检查情况通报，可发现当前房地产估价机构主要存在以下几个问题：

（一）估价机构内部管理问题

存在的内部管理问题主要有：①部分估价机构内部管理制度不健全、估价档案管理不规范，例如：个别机构存在无固定位置存放档案，评估报告无纸质存档，未建立业务台账等问题；②未能提供委托合同；③委托合同条款内容不完善；④部分机构的估价报告存在审核流程不严谨；⑤因离职或变更等原因专职注册房地产估价师人数未达到备案要求。

（二）估价机构资质、营业场所等基本情况问题

存在的基本情况问题主要有：①部分估价机构在办理备案时未按规定经市住建委初审；②个别机构实际经营场所发生变化后，未及时办理注册地变更手续；③个别估价机构资质证书、注册估价师执业资格证书有效期已届满，未及时办理延续。

（三）估价报告质量问题

存在的报告质量问题主要有：①部分估价报告在专业术语、估价师声明、价值定义、估价方法、估价假设和限制性条件等各部分描述未完全按规范要求撰写，其描述内容不完整、不到位，漏项较多，例如：对建筑物状态和标的物权益描述不清晰；②部分估价报告存在单位公章及资质印章使用不规范，缺少估价原则、估价依据等重要内容的情况，例如：估价报告未加盖房地产估价机构公章，估价师未签字或他人代替估价师签字；③估价方法选择不合理，方法适用性分析陈述的理由不充分，例如：收益法测算未按《房地产估价规范》GB/T 50291—2015 选用相应模式并进行分析和说明，比较法案例说明不全面和因素修正依据不充分；④估价测算个别因素分析不完整，参数选取依据不充分，修正幅度不合理；⑤部分用于抵押的估价报告缺少合法性分析、变现能力分析和风险提示，或者估价对象变现能力

分析、变现风险提示缺乏针对性；⑥部分报告缺少专业帮助意见说明、可比实例位置图和外观照片等规定附件；⑦未遵循合法原则进行估价，例如：将国有农用地作为国有建设用地进行评估，将出让工业用地按照商住用地评估等。

（四）其他有重大影响的问题

存在的其他问题有：①在执业过程中，索贿、受贿或者谋取合同约定费用外的其他利益；②同时在两个或者两个以上房地产估价机构执业；③以个人名义承揽房地产估价业务；④超出估价机构业务范围从事房地产估价活动；⑤严重损害他人利益、名誉的行为；⑥允许他人以自己的名义从事房地产估价业务；⑦法律、法规禁止的其他行为。

二、房地产估价执业风险成因

（一）估价机构内部管理制度缺失或不完善

现行《资产评估法》第十七条明确规定："评估机构应当依法独立、客观、公正开展业务，建立健全质量控制制度，保证评估报告的客观、真实、合理。评估机构应当建立健全内部管理制度，对本机构的评估专业人员遵守法律、行政法规和评估准则的情况进行监督，并对其从业行为负责。评估机构应当依法接受监督检查，如实提供评估档案以及相关情况。"从成因上考虑，估价机构发展规模、人员素质、公司结构等方面各不相同，因而估价机构各自制定的内部管理制度参差不齐。首先，部分估价机构对内部管理制度重视程度较低，造成了评估档案无固定位置存放，评估报告无纸质存档，未建立业务台账等问题；其次，部分估价机构管理人员安排不合理，造成了机构实际经营场所变更后，未及时办理注册地变更手续，以及估价机构资质证书、注册估价师执业资格证书有效期已届满，未及时办理延续手续等问题。

（二）估价从业人员从业水平不足

现行《房地产估价规范》GB/T 50291—2015 第2.0.1条确定了估价的基本原则，第2.0.6条明确指出："当估价对象的实际用途、登记用途、规划用途之间不一致时，应按下列规定确定估价所依据的用途，并应作为估价假设中的不相一致假设在估价报告中说明及对估价报告和估价结果的使用作出相应限制：1. 政府或其有关部门对估价对象的用途有认定或处理的，应按其认定或处理结果进行估价；2. 政府或其有关部门对估价对象的用途没有认定或处理的，应按照系列规定执行：1）登记用途、规划用途之间不一致的，可根据估价目的或最高最佳利用原则选择其中一种用途；2）实际用途与登记用途、规划用途均不一致的，应根据估价目的确定估价所依据的用途。"需特别指出，本文所指的估价从业人员为直接对房地产进行估价的技术人员，而非参与房地产估价活动的所有参与主体。从成因上考虑，部分估价从业人员从业水平不足，造成估价报告质量低下。首先，估价从业人员对《房地产估价规范》的"合法原则"认识不充分，估价从业人员出现了将国有农用地作为国有建设用地进行评估，将出让工业用地按照商住用地评估等原则性错误。其次，近年来随着国内经济的平稳发展以及供给侧结构改革，原有估价理论知识无法满足新的业务发展需求。最后，由于我国估价行业发展较晚，估价从业人员的主业技术水平和实践经验有待提高，在面对实际业务中处理错综复杂的估价对象经常会不知所措，造成执业风险上升。

（三）其他执业风险成因

一般情况下，参与房地产估价活动的主体为委托方、估价机构，若委托方不是估价对象的权利人,那么存在估价对象的权利人参与估价活动。与此同时,部分市场存在另一主体参与房地产估价活动,即估价机构中的"业务员"。"业务员"顾名思义介于委托方与估价从业人员之间的沟通联系人,该主体的主要功能为委托方与估价从业人员传递信息,由此可见该参与主体的重要性。那么,该参与主体也会对房地产估价执业风险产生重大影响,可能造成执业风险的成因如下:

1. "业务员"专业能力不足

由于"业务员"需要传递委托方与估价从业人员之间的沟通信息,那么,从工作能力要求考虑,既要求该参与主体具备较强的理解表达能力,又具备扎实的估价专业能力。首先,如果该参与主体理解表达能力不足,在向估价从业人员表述委托方需求时,可能导致估价从业人员对项目理解出现偏差,对项目价值类型判断出现失误,从而造成执业风险。其次,如果该参与主体估价专业能力不足,在向委托方表述估价从业人员专业估价意见时,可能导致委托方未能准确理解估价结果,对估价结果使用不恰当,从而造成估价机构的执业风险。

2. 为达到高项目价值要求,"业务员"故意表述不当

在按市场价值类型进行估价时,为了达到远高于市场价值的要求,"业务员"可能会对项目既有事实情况进行不实转述,比如夸大项目预期规划和隐瞒不利于项目事实等情况。上述情况不仅会造成估价从业人员对项目判断失误,而且会对估价行业造成极为不好的影响。

三、房地产估价执业风险防范

(一)完善估价机构内部管理制度

建立健全的估价机构内部管理制度是降低房地产估价执业风险的有效途径。随着《资产评估法》的贯彻实施,房地产估价机构应当结合自身条件,建立一套同时具有实操意义和能够有效内部管理控制的管理制度。该制度应包括但不限于估价报告质量控制制度、估价程序控制制度、估价档案控制制度等管理制度。

(二)提高估价从业人员的专业能力和执业道德

提高估价从业人员的专业能力和执业道德是降低房地产估价执业风险的基本要求。估价机构应当严格遵守《资产评估法》《房地产估价规范》《房地产估价基本术语标准》等法律法规和行业标准,以认真负责的态度对待每一次估价,以保证房地产估价原则能够落到实处。

(三)加强估价机构信息化平台建设

加强估价机构信息化平台建设是降低房地产估价执业风险的发展要求。在互联网资源和社会信息高度发展的时代,估价机构应当有效利用当代科技成果,重视估价专业数据库的建设和信息化平台的建设。通过信息化平台的建设,减少工作中人为因素的影响,提高工作效率以及降低房地产估价执业风险。

四、结语

房地产估价执业风险防范是房地产估价机构和行业发展不可避免的普遍现象,执业风险防范与估价机构可持续发展则是估价行业永恒的课题。《资产评估法》颁布实施以来,估价行业愈发重视执业过程中的风险防范措施,各个估价机构只有严格把控执业风险,加强执业过程中的防范措施,才能保证估价机构的可持续发展。

参考文献：

[1] 全国人民代表大会常务委员会.中华人民共和国资产评估法[Z].北京：法律出版社，2016.

[2] GB/T 50291—2015.房地产估价规范[S].

[3] 俞明轩,刘传耀.法治化视角下资产评估机构执业风险及防范[J].中国资产评估，2017，(9).

[4] 汪灏.浅谈房地产估价执业风险防范[J].中国房地产估价与经纪，2018(03).

[5] 吴少珊.浅谈《资产评估法》实施后房地产估价师的执业风险与防范[C]// 新估价服务大市场——迎接《资产评估法》施行后时代2016中国房地产估价年会论文集.北京：中国城市出版社，2016.

[6] 朱莹政.中国房地产估价师执业风险的研究[D].上海：上海交通大学，2007.

作者联系方式

姓　　名：曾卓君

单　　位：深圳市国策房地产土地估价有限公司

地　　址：深圳市福田区新闻路59号深茂商业中心

邮　　箱：3070815008@qq.com

论房地产评估公司分支机构的风险防范

苏 凡　张莎莎　沈 丹

摘　要：我国的房地产评估行业成立于20世纪80年代，进入21世纪以来，随着估价机构的快速发展，市场竞争愈演愈烈，导致了行业内外的恶性竞争，风险无处不在。而随着评估应用的范围越来越广泛，大中型房地产评估公司又大多设立了分支机构，由于受地域和管理上的限制，风险的类型和环节增多，风险防范措施的制定和落实就显得尤为重要。本文通过对房地产评估公司分支机构（下称"分支机构"）风险的分析，结合工作实际，提出一些有效的防范措施。

关键词：分支机构；风险；防范

一、存在的风险及原因

风险，是指某一特定危险情况发生的可能性和后果的组合。从广义上讲，只要某一事件的发生存在着两种或两种以上的可能性，那么就认为该事件存在着风险。风险仅指损失的不确定性，这种不确定性包括发生与否的不确定、发生时间的不确定和导致结果的不确定。

分支机构可以直接从事业务经营活动，但不具有企业法人资格，无独立的法律地位，不独立承担民事责任，所以分支机构一旦出现不可控的风险，结果将可能由总公司买单，其他分支机构也受其影响。评估机构所接洽的业务类型繁杂，不确定因素数不胜数，风险自然也就无处不在。估价的过程复杂而繁琐，涉及面广，特别是随着房产课税评估、损害赔偿评估、财产损失评估、房屋征收评估、民事纠纷司法评估、企业重整及破产清算、国有资产处置等评估业务范围的扩大，加之房地产评估行业发展前期存在着一定的盲目性，有的过于追求利益，有的追求发展速度，从而导致房地产评估机构风险出现的频率越来越高。对于有着众多分支机构的总公司，分支机构的风险主要来自于分支机构负责人的风险意识，公司内部管理制度是否完善，日常经营中执行力度的大小，监督考核机制是否合适。下面列出一些分支机构面临的主要风险：

（一）分支机构企业管理上的风险

分支机构不具有企业法人资格，是在总公司统一领导下，按照国家法律、法规及公司的各项管理制度开展经营业务，执行总公司制定的内部管理制度。鉴于估价行业的自身特点，总公司建立的管理机制从表面上来看似乎能确保各个方面的正常运转，现实中往往由于整个公司内部可能存在着权责不明晰，管理框架结构不够合理，有的分支机构管理者缺乏风险意识，自身管理能力有限等，造成公司的管理力度不够，把控风险能力不足，看似风平浪静，实则暗流涌动，风险点层出不穷。

（二）分支机构人员执业过程中的风险

房地产评估工作是一项专业性、技术性、政策性、灵活性要求很强的工作，要想得出一个高水准的评估结果，就要求评估人员必须具备良好的职业素养，一定的专业知识及实践经验，熟练应用行业规范，谙熟估价系统的相关法律法规和政策文件，对于评估活动中使用的有关证明资料的真实性、准确性、完整性有核查和验证的能力，敢于担当，对于自己签发的报告承担相应的责任。总公司难以及时了解分支机构所在地评估对象的市场行情，如果分支机构受到委托方利益驱使，职业道德缺失，违反了公平公正的原则，就会给评估人员及其从业机构带来潜在的风险。在司法赔偿案件中，因受自身能力限制可能会尽职调查不够深入，收集资料不齐全，勘查过程中敷衍，不作细致详尽的调查，从而造成评估结果没有足够的支撑。另外，有的估价人员对于估价方法的选择不当，参数选择不合理，都会影响报告结果，从而带来质量风险。《资产评估法》对于评估程序给出了明确的规定，房地产估价程序对接受委托、搜集资料、实地查勘、制订评估方案、最终出具评估结果均作了明确的规定，在具体执行过程中可能还会存在一些细节上的风险：

（1）提供虚假产权资料：委托方以各种理由拒绝拿出产权证原件，只提供复印件要求进行评估，复印件存在与原件不一致的可能，甚至提供虚假购买合同及发票，误导评估人员的判断。

（2）估价对象证载与实物不在同一地点：如估价对象证载为一层商业房，实际为地下负一层商业房，根据产权证附图也难以判断实际所在楼层，勘验现场时被指认为地上一层；或者估价对象为背面不临路商业房，而勘验现场时被指认为临主干道的商业房。

（3）实物已经灭失：比如一些商业银行存在3年或者5年循环贷款项目，需每年对抵押物进行复评。一些抵押物在循环贷期间已被征收或者拆除，而评估公司未到场实地查勘继续出具报告。

（4）在业务收费情况方面，尤其是司法评估方面，没有按照相关的收费标准进行合理收费等。

（三）分支机构财务管理上的风险

财务管理风险是房地产评估公司运营的主要风险之一，分支机构财务核算方式有独立核算和非独立核算，本文仅列举独立核算方式下分支机构存在的财务风险。

（1）人员风险：分支机构管理者重业务轻财务，为了节省人力，将财务外包给代账公司或是安排非财务专业人员从事财务工作。面对千变万化的外部环境，尤其是不断变化的税务政策，以上人员只能完成基本记账报税工作，不能从根源上去寻找解决新环境下企业的应对措施。

（2）税务风险：独立核算方式下的分支机构应在当地开发票、当地报税，有些分支机构为了减少纳税，将客户不需要发票收取的款项或本已发生纳税义务的业务收取的预收款，长期挂账于"预收账款"贷方，"应收账款"贷方或"其他应付款"贷方，以达到延迟纳税或者不缴税的目的。事实上以上情况都具备纳税条件，不论是否开票均需申报缴款。如果故意不缴纳增值税，将面临违反税收征管法"逃避税款"的处罚。此外，有的分支机构为了尽可能少交增值税、企业所得税，采用所谓"合理避税"，实则触碰红线的方法，如无原则的虚列成本，抵扣不合法的进项税等，造成一系列异常数字，非常容易引起税务系统的"关注"。

（3）社保风险：分支机构人为控制参保人员数量，如果税务局发现参保人员名单与申报个税名单不匹配，分支机构没有合法、合理理由，将面临被社保局、税务局双重处罚。

（4）资金风险：分支机构资金管理能力薄弱，未实行预算管理，有可能存在资金体外循环或是存在公司股东、高管占用公司资金，长期挂往来账，面临补交个人所得税风险。

（5）核算风险：由于分支机构独立核算，每家分支机构的财务对业务理解不同，账务处理起来也不同，体现在原始凭证的要求、做账科目的设置、成本归集的口径等方面。以上的不同，容易给外单位造成公司整体管理不规范、不严格等不良印象。

（6）评级风险：各分支机构财务能力水平参差不齐，纳税信用评级也不尽相同。如有分支机构被税务局评为C级以下，总公司将不予评为A级，而信用评级体现了公司信用体系的建设水平，对企业的招投标、经营、投融资、资质审核等方面都发挥着极其重要的作用。

二、分支机构风险防范措施

（一）合理合规成立分支机构，从源头避免风险

分支机构配备一定数量的专业人员，以保证分支机构具备良好的执业能力；可以统一企业形象，统一使用公司的品牌和标识，包括标志图标、名称、员工名片、报告格式（含封面）、宣传材料（公司简介）等，各分支机构共同维护公司品牌；各分支机构可以在总公司核定的经营范围内合法经营、承揽业务，在业务上接受总公司的技术指导与监督。

（二）总公司设立专门的分支机构管理部门

在总公司设立专门的职能部门——分支机构管理部，日常负责分支机构的报告输出以及人员管理，严格审核分支机构出具的报告，对报告质量和报告附件进行专业把控，严进严出；针对分支机构一些比较复杂的项目，事先可以及时沟通，给予技术指导，理清技术路线，避免后期重复修改报告；建立健全公司内部沟通交流机制，如建立学习QQ群，随时纠偏，保证质量，及时分享具有代表性的评估案例，发布行业内最新的法律法规及技术规范文件；部门之间联动合作，可以对分支机构日常工作进行不定期抽查，严格规范经营管理，尽可能地降低风险。

（三）加强总公司和分支机构的制度建设

为保障机构的正常运转，可以制定切实可行的内部管理制度。从成立分支机构初始期，到设立分支机构试运行期，比如：给予达标的分支机构正式成立，而试运行期不达标的予以取缔；引导分支机构自律管理，提高风险管理意识；也可由分支机构每年交纳一定的风险保证金，促使分支机构相关人员在日常运营过程中保持高度的风险意识；总公司与分支机构有效沟通，充分发挥团队的主导作用，在制度规范下引领各个分支机构健康发展。

（四）加强分支机构的人员管理和培训

分支机构员工所学专业应与公司经营业务相关并具有相应的专业文化程度；业务部门应配备具有相应执业资格的人员，分支机构员工接受总公司的人事管理；鼓励各分支机构员工积极参加国家各类执业资格考试，并按规定给予技术补贴；可以适时开展业务评比，激励内部专业人员不断学习与提高；加强员工思想品德教育，在接洽业务时做到公正、廉洁、客观并依法开展工作；各分支机构可以不定期组织员工进行岗前和在岗业务培训，总公司根据业务发展需要，定期组织分支机构人员集中进行业务培训，具体措施如下：

分支机构拟录用人员可以到总公司参加短期或长期的实习培训，培训内容包括国家相关法律法规、行业规范、业务技能、操作流程等；总公司根据需要，每年组织分支机构各类业务人员开展实际操作的交流学习培训；总公司也可以组织分支机构负责人及核心技术人员到

业务开展得较好的分支机构学习、交流；带领技术人员走出去，向优秀估价机构人员学习，提升处理复杂项目和棘手问题的能力；总公司每年按照有关部门的要求，组织安排各分支机构具有执业资格的人员参加行业内的学习及继续教育培训工作等；分支机构之间可以自发组织横向学习交流活动，使分支机构之间各类技术人员充分对接，技术共享。

（五）制定分支机构监督考核管理制度

总公司成立分支机构工作考核小组，由总公司管理层及相关部门负责人组成，考核小组领导、组织、协调分支机构的考核工作；分支机构每季度进行自我考核，季度末由总公司风控委员会对报告质量进行季度考评，财务部对财务管理进行季度考评，总公司管理层对分支机构的综合管理进行全面考核；每年年终，可以由考核小组组织相关人员开展对各分支机构的年度考评。考核内容包括质量考核与财务考核，质量考核重点关注在整个报告形成的全过程监控，财务方面主要侧重考核是否严格按照国家的法律法规开展财务工作；而综合管理考核重点为考核任务绩效及分支机构的管理框架。考核结果形成分值，根据不同的分值，对应不同的评级，分层次进行管理，总公司可给予不同的激励政策。如果分支机构连续两年被评为最低等级的，可暂停该分支机构业务并责令整改，或视情况撤销该分支机构，由总公司收回经营权。

三、结语

通过以上举措，不仅可以建立良好的风险管控机制，防范分支机构运营中可能产生的风险，还能实现对分支机构的有效管理，提升总公司管理水平，促进房地产评估行业健康和可持续发展，不断增强评估机构的核心竞争力，这也是未来行业发展对房地产评估机构的切实要求。

作者联系方式
姓　名：苏　凡　张莎莎　沈　丹
单　位：安徽中信房地产土地资产价格评估有限公司
地　址：安徽省合肥市潜山路与淠河路交口帝豪大厦15楼
邮　箱：462599997@qq.com

房屋征收估价中的难点、风险及对策探讨

宋焕玲

摘　要：房屋征收估价在房屋征收与补偿活动中具有重要作用，主要在于房屋征收估价的结果决定或影响了补偿的标准，与征收人和被征收人的利益息息相关。在实践中，房屋征收估价存在的问题与争议仍然较多，本文从现阶段房屋征收估价工作的现状入手，全面分析了房屋征收估价中的难点及存在的风险，并在此基础上结合工作实践，依托专业估价中的估价原则、估价师的职业道德，提出了解决方法，供各位同仁参考、指正。

关键词：房屋征收估价；估价难点及风险；解决方法

房屋征收估价是一项常规的估价业务，但也是被称为"天下第一难"的估价业务。随着国家棚改政策以及城镇化建设的快速推进，征收估价业务量逐年上升，其中凸显出的问题及风险也越来越多。

一、征收估价中评估机构及估价师定位发生变化，由原来的房屋征收补偿价值评估向征收全程管理服务转变

《国有土地上房屋征收与补偿条例》第三章第十九条规定，被征收房屋的价值，由具有相应资质的房地产价格评估机构按照房屋征收评估办法评估确定。该条款奠定了评估机构参与征收估价的法定地位，同时也让评估机构成为征收人与被征收人都依赖与信任的第三方中介机构。笔者在参与了多个征收项目后，能深切地感受到征收人与被征收人对评估机构及估价师的专业性的认可及依赖。如何利用评估机构的专业水平及估价师的专业素养更好地为征收估价服务是目前的难点之一。

首先，作为征收方需要的是一个不仅懂估价，更要懂法律法规、熟悉征收流程、能解决实际问题的团队。就目前的市场需求来看，大多数征收方需要的是征收全程管理服务。我国南方沿海地区如深圳已在这方面走在前列。但是国内大多数地区及城镇，目前的征收工作仍是由各个政府单位抽调人员组成临时指挥部来实施，且一般征收项目都体量较大、时间紧、任务重，所以还存在忽略法律法规、不按照流程征收或者缺失某些流程征收的现象，群众上访及起诉至法院的情况时有发生。例如，未按法定程序选择评估机构、未对征收范围内的房屋进行权属认定、一个征收项目多次或分几次下达征收决定造成价值时点不同等。千头万绪时，不但征收方工作受阻，评估工作也很难开展。所以，仅仅是收集资料、评估被征收房屋价值、提供补偿依据是远远不能解决征收估价中的难点及风险的。作为专业的评估机构及估

价师要全程参与到征收项目中来，熟悉掌握与征收及征收估价相关的法律法规，掌握征收流程，帮助征收方制定征收补偿方案，提出合理化建议，为合法、合理、合情及按照工期完成征收项目做好全程咨询服务。这样不但提升了社会对评估机构及估价师的认可，拓展了评估机构的业务范围、提升了评估机构及估价师的专业素养，且有效地防范了征收估价中容易出现的程序不规范、价值时点不一致等风险。

其次，作为被征收人需要的是能公平公正地保证他们得到合理补偿的估价服务。传统征收估价评估机构及估价师的工作是，依据征收评估办法对被征收房屋的补偿价值进行评估，提供补偿依据。但是对于被征收人来说，他们需要的不仅仅是一个数据，因为房子及土地是他们祖祖辈辈赖以生存的祖业、是他们一辈子的心血。大多数的被征收人并不是不切实际、盲目地要求虚高评估，而是要求合理、公平、公正、公开。因为从工作实践中看，好多被征收人关注点不在自己家获得多少补偿，而是关注：他家为什么比我家多、你家为什么比我家少；确实比我家好的房子就应该补偿比我多，但是房子不如我的比我补偿多就是不行。作为专业评估机构的估价师，除了遵循估价原则，依据估价理论，采用合理的估价方法给出的补偿价值的同时，还要严格遵守估价师的职业操守，勤勉尽责，客观公正，保证每一个被征收人的合法利益不受侵害。避免出现补偿标准不一致，甚至是计算错误等问题而造成被征收人的利益受到损失，引发签约不顺利甚至是上访、钉子户等问题，并且给估价工作带来风险。

综上所述，在征收估价中最难的就是让征收方和被征收人都满意，如果不坚持立场失去原则，不但使工作难以推进，其中隐含的估价风险亦是如影随形。所以说，房地产估价既是科学也是艺术。在征收估价中，我们不但要讲科学拥有过硬的技术还要掌握估价的艺术。这个"艺术"在征收估价工作中主要表现为沟通能力，作为征收方及被征收人都依赖及信任的专业机构及专业人士，我们就是上传下达的一个沟通桥梁。对上要沟通法律法规及流程问题，保证征收项目依法依规、按照流程实施；对下要透明公开，给老百姓讲政策讲依据让老百姓心中有底。站在征收方的立场考虑民生问题，保证国有资金的合法利用；站在被征收人的立场考虑安身立命的根本问题，保证被征收人自身合法利益不受损失。以专业素养及职业道德为依托，充分发挥沟通能力，才能破解征收估价中的难点，化解征收估价中存在的风险。

二、征收估价的方式发生变化，融合新技术、提升效率、降低难度，有效解决征收估价难点、规避风险

房屋征收估价涉及方方面面，估价对象复杂且一般数量较大，少则几十户，多则成千上万户。从工作实践中看，一般项目启动后，留给评估机构的作业时间都很紧张，所以短时间内评估机构要动用大量的人力、物力，加班加点地进行作业。以千户项目为例，从实地查勘到基础数据提交，高强度的人工作业至少需要一个月的时间。尽管反复校核，但还是不可避免地出现很多低级错误，如错项漏项、小计合计错误等，甚至有的项目由于补偿政策及标准的变动数据要反复调整，造成最终数据混乱，看似不大的问题，其实会对整个征收项目的推进及评估机构的声誉造成严重影响。如何避免在简单重复的工作中出现问题，解放劳动力，提升工作效率，规避估价风险，也是征收估价的难点之一。

随着互联网大数据及移动设备的兴起及普及，估价技术不断地改革创新，工作方式也在

发生着变化。目前很多估价机构利用新技术，开发出各类估价产品，其中面向征收估价的产品经过实践，凸显出现代技术在征收估价中的优势，解决了实际问题，减少了估价风险的发生。主要体现在以下几方面：

1. 工作效率及减少错误率方面

传统征收估价入户调查环节缺乏信息化工具，还是纸张录入房屋信息，容易出现涂抹不清、保存麻烦、易丢失等问题。内业环节需要人工把每一条数据录入电脑，核对价格制作测算表，汇总数据制作调查表或分户报告，每户的报告都是人工生成。依靠人工完成不但效率低，而且因简单重复容易出现不易察觉的错误。

运用信息化系统进行入户调查环节，外业使用 iPad 移动查勘被征收房屋情况，获取数据，内业无需数据录入，系统自动匹配，智能生成测算表，自动汇总数据，智能生成调查表和分户报告。补偿协议更是如此，按配置的协议模板智能化生成，效率提高，且因数据一次性生成极少出现错误。即便是征收补偿标准或者补偿政策发生变化，只需要调整系统中匹配的标准，分户测算表及汇总数据即可一键生成，避免混乱且数据易保存、易对比。

2. 降低征收估价服务成本，解放劳动力方面

传统征收估价服务，工作项目繁多，需要投入大量人力成本，各种报表、数据汇总、报告、协议生成耗费估价师大量时间精力且容易出错，一旦出错需要反复查找原因。例如工作实践中，经常会遇到征收方需要根据各种汇总数据调整补偿政策及补偿标准的情况，由于征收项目一般数量较大，逐户修改、汇总、汇报，服务成本较高。

运用信息化系统工具，服务可覆盖征收全过程，只要前期进行项目匹配，征收数据就可实现自动汇总统计，大大减少人力成本、时间成本。征收方、决策方可利用移动设备，实时接收汇总信息，提高工作效率，避免了估价师反复进行汇报说明的工作，解放劳动力。

3. 征收档案规范管理方面

《资产评估法》第四章第二十九条规定，评估档案的保存期限不少于15年，属于法定评估业务的，保存期限不少于30年。

征收项目不但数量庞大且周期较长，跨年推进的征收项目亦不在少数。传统征收档案收集缺乏信息化工具，每个环节人工收集容易出现差错、丢失。档案的扫描、分类、归档不及时，也不规范。归档上架的纸质档案查询更是不方便，一个项目少则几百份多则上千万份，查询一个档案经常需要较长时间。即使查询档案扫描件，也无法做到字段检索查询。纸质档案查阅、借出、利用，缺乏科学管理。

运用档案数字化系统，全程多环节信息化收集，可提供给征收项目涉及的各方使用。档案数字化系统实现了数字化流程：档案著录、档案扫描、档案挂接、档案归档、档案查询、档案借出。档案查询检索可以按字段简单、模糊、组合查询检索，查询高效。归档完成后，即使项目未完成，需要反复调档，只需要查阅电子档案即可，避免了纸质档案的丢失、存档混乱等问题。

以上几点是运用征收信息化技术后的切身感悟，一些估价机构及现代技术开发企业还开发了征收项目地图 GIS 服务、人文关怀服务等，为征收估价提供了更加高效、人性化的服务，提升及拓宽了评估机构的业务范围及业务能力，提升了征收估价的品质。

三、结语

随着我国经济的发展，征收估价业务发展空间会越来越大，可能会由棚户区改造逐渐成为城市更新，但不论是棚户区改造还是城市更新，征收估价的难点和风险不会减少，所以评估机构及估价师除了改变老旧观念，与时俱进，运用新技术外，还应静下心来，恪守估价师职业道德及估价原则，提升自身素养，才能解决征收估价中的难点，有效规避征收估价中的风险。

参考文献：

[1] 中国房地产估价师与房地产经纪人学会.房地产估价理论与方法[M].北京：中国建筑工业出版社，2017.

[2] 袁杰，等.中华人民共和国资产评估法释义[M].北京：中国民主法制出版社，2016.

[3] 世海，等.房屋征收理论与实践[M].上海：上海交通大学出版社，2016.

作者联系方式

姓　　名：宋焕玲

单　　位：山西智渊房地产估价有限公司长治分公司

地　　址：山西省长治市保宁门西街世纪城写字楼1109

邮　　箱：1585210978@qq.com

浅论房地产估价师执业风险防范与估价机构持续发展

匡 雅

摘 要：随着经济的发展，房地产估价市场需求越来越大，大量房地产估价机构应运而生，越来越多的人从事房地产估价行业，但房地产估价师的执业风险依然存在，防范越来越重要，否则就有可能影响房地产估价师的个人声誉和职业发展，进而影响估价机构的持续发展，只有提前加以防范，才能有助于我国房地产估价机构的持续发展。本文从房地产估价从业人员的角度，浅谈房地产估价师所面临的风险、防范风险的对策以及如何实现估价机构的持续发展。

关键词：房地产估价师；风险防范；估价机构；持续发展

房地产估价作为一种中介服务活动，其出具的估价报告直接影响到报告使用者做出正确判断。房地产估价和其他行业一样面临着风险，但房地产估价风险具有其特殊性。在一般经营活动中，其风险主要是指经营收益的不确定性，而房地产估价行业不仅会给估价机构和房地产估价师带来风险，还会给与其经营活动相关的各方带来风险，比如说依据估价报告发放贷款的银行机构、进行拆迁补偿的政府、作出判决的法院等，因此提前做好风险防范有着重要意义，有助于促进我国房地产估价行业稳步健康发展。

一、房地产估价师执业过程中面临的风险

（一）房地产估价师执业风险来源

估价风险主要是估价结果与房地产真实价值偏差的程度及发生较大偏差的可能性。而这些偏差，即是风险的来源。从房地产估价从业人员的角度出发，笔者认为风险主要来源于以下几个方面：

1. 估价机构和从业人员

部分估价机构和从业人员法制观念不强、估价技术不高、职业道德低下、对市场信息把握不准等都会导致最终估价结果背离房地产的真实价值，出现较大偏差，最终埋下风险隐患。

2. 估价活动参与者

估价活动的参与者主要是委托方和受托方，委托方包括政府、企事业单位和个人，如果在估价过程中，委托方提供资料的真实性、完整性存疑，甚至是虚假资料，将会使估价结果严重背离房地产的真实价值。特别是一些直接利益相关者，比如说拆迁评估中的被拆迁人、抵押评估中的被抵押人等，如果他们提供的与估价相关的资料出现造假问题，将会严重损害

国家的利益，其风险可想而知。

3. 估价技术水平

估价活动的风险同样受估价师估价技术水平的影响。房地产估价的许多技术参数需要估价师的主观判断能力，如果估价师经验匮乏，技术水平欠缺，无法准确把握和辨别市场信息，就很有可能导致估价结果背离标的物的实际价值。

（二）房地产估价师面临的风险

房地产估价师面临的风险主要有以下几种：

1. 政策风险

房地产市场受政策影响非常大，因此从某种意义上讲，房地产市场是一个"政策市场"。国家宏观政策的变动如税收政策的变动、金融政策的变动以及产业政策的变动等，都会对房地产的价格产生或多或少的影响。例如，近期中国人民银行出台政策规定，从2019年10月8日开始实行以LPR利率为基准的房贷利率，这项政策的出台，直接影响购房者按揭贷款的利率，必然会影响房地产市场。但是政策的变化属于不可抗力因素，一般估价人员是无法预测的。

2. 技术风险

在房地产估价过程中，很多参数需要估价人员基于经验的基础上作出主观判断，如果估价人员经验匮乏，力所不能及，或者说估价人员的理论水平有限，无法深入了解待估房地产实际情况，最后作出的判断必将偏离实际。比如：房地产估价方法中的收益法，在确定报酬率和租金增长率时，如果对市场缺乏了解，经验欠缺，给出的参数判断将会直降影响最终的估价结果，也会带来一定的风险。

3. 信息风险

房地产市场受区域因素影响严重，不同级别城市房地产价格相差甚远，如果估价人员对估价对象所处区域的信息了解不充分，或者信息资料缺失、掌握的信息不完整等，都会通过估价结果而导致估价风险。

二、房地产估价师执业风险防范对策

房地产估价中的风险虽然不可预知，不能完全避免，但是我们可以通过采取科学的防范对策，有效将风险降至最低，控制在合理范围之内。

（一）提高房地产估价师的专业技术水平

我国已于1995年在全国实行统一的房地产估价师执业资格考试，对通过房地产估价师考试人员实行注册制度，确定了房地产估价师的准入制度。通过房地产估计师考试确实能够使估价人员具备一定的估价理论知识，但是在实际工作中，对市场的精准把握、估价技术方法的灵活运用以及估价技术参数的选取，仍然需要房地产估价师在实践中不断积累、总结经验。因此，房地产估价师需要保持不断学习的精神。在实际工作中，可以将房地产估价师分等级，例如以取得估价证书后出具房地产估价报告的数量为标准，达到一定标准可以确认为相应的等级，以此来促进估价师在实践中积累经验，提高估价技术水平。

此外，行业内部应开展合理有效的后续教育。近年来，协会确实每年都在组织继续教育，但是由于房地产估价行业地域性差异很大，因此针对房地产估价师的后续继续教育应有针对性，不能千篇一律，可以分省进行。同时，为确保继续教育的效果，对于参加继续教育的房地产估价师，应举行结业考试，达标者才能拿到继续教育学分，否则应重新参加培训；此外，对于成绩优异者应适当给予奖励。只有这样，才能实现继续教育的初衷，保证继续教育的效果，有效提高房地产估价师的专业技术水平。

（二）定期学习政策法规，及时更新知识储备

从某种意义上讲，房地产市场是一个"政策市场"，受宏观政策影响巨大。如果房地产估价人员不能及时了解相关新出台的政策，必将不能精准把握市场，导致评估结果出现较大偏差。因此，房地产估价师应及时学习新出台的相关政策，了解行业动态，更新知识储备，深入洞悉政策对于房地产市场的影响，只有这样，才能很好地把握市场信息，对于估价过程中的技术参数作出合理的判断。

（三）加强房地产估价师职业道德素养

房地产估价活动涉及各方利益，面对利益能否守得住底线、经得住诱惑，需要房地产估价师具备良好的职业道德素养。但是，如何提高个人的职业道德素养是一个长久需要解决的问题。近年来，国家大力倡导诚实守信，并且正在建立国家诚实信用体系，对于纳入黑名单的个人，其生活将受到严重影响。笔者认为，对于房地产估价师，甚至是估价机构，一旦出现违反职业道德的行为，也应纳入国家诚信体系。加强房地产估价师职业道德素养不仅需要个人自律，也需要采取相应的强制措施。

（四）房地产估价机构内部管理与外部监管并行

降低房地产估价师及估价机构的风险，不仅需要加强内部管理，同时需要社会各界的监督。目前，房地产估价市场竞争日趋激烈，因而出现许多估价机构重业务拓展、轻质量管理，导致风险增加。因此，估价机构要想长远发展，建立严格的报告质量管理和审核制度、处理好房地产估价师个人利益与估价机构长远发展的关系势在必行。此外，也应该呼吁社会各界加强对房地产估计机构的监督，促使房地产估价行业这艘巨轮行稳致远。

三、房地产估价机构如何实现持续发展

（一）顺应时代潮流，发展多元业务

政府深化改革的力度和决心前所未有，房地产估价机构也应积极顺应时代潮流，拓展多元化业务，否则就有可能因业务过于单一而退出历史的舞台。随着"互联网+"、大数据行业的迅猛发展，未来银行很有可能不再需要单套住宅、商业用房的估价服务，或者采用自动估价，这对于一些单纯依靠银行抵押类估价业务的估价机构来说，无异于灭顶之灾。此外，京东正在建立房地产行业大数据库，该数据库一旦建成，或许未来除了银行以外，政府部门、法院等对估价服务的需求也将大幅减少。因此，估计机构要寻求长远发展，必须居安思危，尝试发展多元化业务，比如金融机构估价报告的复评业务、为房地产开发商提供咨询和顾问服务等类型的全新业务，只有这样，估价机构才能不被时代所淘汰。

（二）树立品牌意识，冲破区域壁垒

纵观各行各业，大家谈论得更多的是百年老店、某某品牌，对于一些默默无闻的小商家，人们更愿意相信自己听说过的品牌，这就是品牌效应。因此，房地产估价机构要树立品牌意识，努力打造属于自己的品牌。正所谓酒香不怕巷子深，把估价机构做成大众熟知、口碑良好的品牌，自然能够留住现有客户，并吸引更多的新客户。打造属于自己的品牌归根结底是要做好估价服务，提升自己的业务能力。此外，很多估价机构的业务范围仅限于某一个

区域，这同样不利于发展，估价机构应该尝试承接其他区域的业务。当然，这也需要政府、招标公司的共同努力，各方应积极打破地方壁垒，使估价机构能够公平竞争，促进行业有序发展。

（三）依法承接业务，避免恶性竞争

无规矩不成方圆，任何一个参与社会经济活动的行业，只有做到有法可依、有法必依、执法必严、违法必究，才能让这个行业稳健发展，房地产估价行业同样如此。任何一家估价机构的发展都离不开整个行业的发展，估价机构之间除了竞争关系以外，他们都有责任维护整个行业的发展。然而，估价机构争相压低收费价格、同行之间互相诋毁拆台等恶性竞争现象屡有发生，给整个行业造成了极其恶劣的影响，阻碍了整个行业的良性发展，同样也阻碍了自身的发展。为此，估价机构应该积极执行财政部、物价局的收费标准，维护行业的声誉，让行业乱象回归正常，才能让估价行业持续发展，让身处其中的估价机构稳步前行。

参考文献：

[1] 魏凯. 我国房地产评估行业存在的问题及对策 [J]. 科技情报开发与经济，2010（20）.

[2] 孙月明. 房地产估价师执业风险识别与防范策略研究 [J]. 房地产导刊，2018（29）.

作者联系方式

姓　　名：匡　雅

单　　位：安徽中信房地产土地资产价格评估有限公司六安分公司

地　　址：安徽省六安市梅山北路天盛大厦十楼

邮　　箱：626535975@qq.com

房地产估价机构可持续发展策略研究

汪姜峰　胡朝伟

摘　要：本文旨在研究房地产估价机构在经济高质量发展阶段如何可持续发展。房地产估价机构可持续发展的路径是要不断调整和创新发展方式，要在业务渠道拓展方面创新，以便更好地服务于经济建设，应创新服务模式、解决用户痛点、创造客户黏性、体现价值服务，要在管理模式上调整与创新，注重制度建设、人力资源管理、企业文化建设，为估价机构可持续发展奠定管理基础。

关键词：房地产估价机构；可持续发展；创新发展方式

房地产估价行业在我国经历了 20 多年的发展与壮大，房地产估价机构随着行业的发展和市场化的竞争，已经在数量上得到了充分发展，但目前房地产估价机构大部分仍处于同质化竞争，局限在传统业务领域提供服务。在中国经济高速发展阶段，估价机构的传统业务模式有一定的生存机会，然而随着我国经济发展的转型升级，已由高速增长阶段转向高质量发展阶段，估价机构如何适应经济发展模式的转变，如何更好地服务于经济高质量发展，实现可持续发展，笔者结合十几年的从业管理经验分析，估价机构只有顺势而为，及时调整和创新服务模式、业务渠道、管理理念，回归估价服务的本质属性，为市场和客户提供有价值、高质量的产品和服务，方能实现机构可持续发展。

一、调整创新业务渠道，实现业务可持续

估价机构传统业务渠道主要在金融机构、司法机关、征收部门等领域，也就是提供三大传统服务——抵押评估、司法评估、征收评估，这三大传统业务至今仍然是估价机构的核心业务。随着机构数量的日益增加，服务水平参差不齐，三大传统业务领域已经成为一片红海，低价竞争、迎合客户高估冒算等行业乱象时有发生。估价机构在这些传统领域的过度无序竞争，将会对行业的美誉度、估价机构的专业性、估价人员的行业信心等带来不可估量的负面影响。估价机构在新时代面临新的挑战，要认真分析新时代经济发展的规律，研究国家的发展战略、产业政策，创新拓展业务渠道，寻求市场的蓝海，方可决胜千里，持续健康发展。

（一）服务于基础设施建设，开展投资估算咨询等业务

估价机构要充分挖掘人才优势在投资估算咨询领域开展业务。国家近几年对基础设施的投入逐年增加，高速公路、高铁、机场、港口码头、水利设施等领域投资量巨大；我们在为项目提供传统的抵押估价、征收估价时，应关注项目的投资估算咨询业务，往往项目融资评估、征收估价都是在项目的前期，作为估价机构在这些项目中先期已经为项目提供过估价服

务，只需将业务的渠道进一步延伸，即可比较顺利地拿到投资估算、咨询类的业务。

（二）服务于乡村振兴，开展农村要素资源估价咨询服务

党的十九大报告提出实施乡村振兴战略，国务院出台了《乡村振兴战略规划（2018-2022）》，估价机构应认真研究国家的战略规划，抢抓机遇，积极服务于乡村振兴。乡村振兴领域涉及的估价咨询服务点多面广，市场前景广阔，估价机构可以参与各个地区的乡村振兴战略规划编制中，提供规划编制及评审服务，开展农房经营权评估、宅基地流转评估、农村资产作价入股评估、集体土地及房地产价值评估、特色小镇建设的咨询服务等。

（三）服务于房地产租赁市场，开展房地产租金估价服务

随着中央确定的房地产"房住不炒""租售并举"重大决策出台，未来中国房地产市场会呈现租赁市场与销售市场并驾齐驱的局面，中国房地产市场正在迎来租赁时代，估价机构要积极为政府国有产权房屋、公租房、保障性住房、不动产证券化等涉及租金价格的提供专业估值服务。

（四）服务于"一带一路"，开展国际市场估价咨询服务

"一带一路"倡议涉及60多个国家，投资规模空前，既有要素的输出同时又有人才的输出，估价机构如何服务于"一带一路"，是新时代提出的新课题。随着中国走向"一带一路"国家，对咨询服务类的机构和人才有很大需求，具备条件的大型估价机构应培养国际型专业人才，为国内的企业走出去做好服务，同时估价机构依托服务的企业走向"一带一路"国家，为"一带一路"提供国际市场的估价咨询服务。走出去的机构及时总结经验、形成模式，带动估价行业共同走向国际化；中小型机构可以采取合作、兼并重组的方式做强做大，为国际化服务蓄力，为走出去打好基础。

二、调整创新服务模式，实现服务可持续

（一）由阶段服务向全程服务转变

房地产估价服务应由为客户提供阶段性服务向全程服务模式转变；投资开发类项目应在项目投资估算、可研咨询、方案比选、户型分析、价值对比、客户分析、收益分析、社会效益分析等服务上发展；征收估价应探索提供征收方案的制定、人员培训、制度设计、社会风险评估、入户调查、征收评估、协议谈判、动迁服务、决算审计等全流程服务。估价机构要充分发挥智力、专业、服务的优势，为客户尽可能提供一站式服务，解决用户痛点，创造客户黏性，用良好的服务模式争取用户超值的体验感。

（二）由价格服务向价值服务转变

估价机构通过技术服务最终产生评估报告显性产品，绝大部分评估结果向客户直接反映的是房地产的价格。无论是抵押评估、司法评估还是征收评估，关注的重点就是评估的价格，如何将客户关注的价格服务转变为价值服务，这也是估价机构高质量发展的核心。估价服务的本质是为客户创造价值，只有让客户对服务产生物有所值、物有超值的感觉，才能体现估价机构和估价人员的价值所在；估价机构及估价人员应转变服务的理念，我们不仅是为客户评估价格，更重要的是要用专业知识和方法为客户提供专业的咨询和帮助，价值服务的关键靠专业能力、沟通水平、知识广度，要求估价机构具有复合型人才，能与客户换位思考，洞悉服务的价值本质，更多的是要发挥专家咨询的作用。

(三)由传统服务向创新服务转变

估价机构应立足专业本质，创新服务方式，为客户提供更高效快捷的服务。信息化时代，估价机构要利用好互联网工具，在大数据处理、自动估价、云计算、GIS、AI等领域做出新的探索，寻找既能体现专业能力又能提升服务效率的好模式服务于客户。目前已有很多估价机构建有自己的数据库，为银行等金融机构提供估价数据化服务，这是一种很好的创新方向。在征收领域借用GIS、无人机等技术和手段助推征收评估，这些将对行业的高质量发展发挥引领作用。

三、调整创新管理模式，实现组织人才可持续

估价机构是人才集聚、智力密集的现代服务业企业，企业的发展管理是关键，管理模式的好坏直接关系到企业的生命力。估价机构要想规范发展、可持续发展，应在机构的制度建设、人力资源管理、企业文化建设等方面探索创新模式。

(一)组织建设的创新

估价机构应根据自身规模、人员数量、专业要求建设一整套行之有效的、充满活力的管理制度。

首先，要建立良好的组织架构体系，估价机构的组成部分大都是专业执业人员，只有充分发挥专业人员的潜能，机构才有活力。组织架构若采取有限公司形式，应将综合素质高、专业能力强、职业操守好的执业人员发展为公司股东，成为组织核心成员（合伙企业应发展为合伙人）。要建立股东会、董事会等议事机构，制定合适的股权激励方案，让所有股东成为共同担责、共享成果的主体。

其次，要建立有效的沟通机制，重大决策可以通过股东会、董事会、中层会议进行商讨，关键技术问题通过审核委员会、资深估价师委员会进行探讨，员工沟通可以采取年度总结会、表彰大会、技术交流会、培训会的形式进行，做到沟通无障碍，营造严谨、开放、活泼、政通人和的良好氛围。

(二)人力资源建设的创新

估价机构的发展关键是人的发展，具有一定规模的估价机构应设置专门的人力资源管理部门，专门从事人力资源管理工作，负责人才招聘、培训、考核等工作。人才的进出应制定科学的机制，要利于引进优秀人才、留得住人才、淘汰不合格人员、培养后备人才。可以建立估价人员师徒制、传帮带，让资深估价师、业务能手当好师傅带好徒弟；与相关专业高校建立校企合作模式，采取引进来送出去的方式，为估价机构人才招聘提供平台，为专业人员理论提升提供导师帮助；可以与高校建立实习基地，资深专业人员参与高校专业课程的编订、实践课程教学，行业课题研究，拓宽估价专业人员的专业视野。估价机构对估价专业人员应强化学习培训工作，开展包括估价专业知识、经济金融知识、法律知识等学习培训，丰富员工的知识结构。

(三)企业文化建设的创新

企业文化是企业之魂，优秀的企业文化能更好地激励员工成长、成才，促进企业更规范的发展，让企业充满生机和活力。估价机构属于提供智力服务的平台，良好的企业文化，有利于产生更多的创新成果，提供更高质量的服务。新时代估价机构在文化建设方面应形成科学的制度文化、凝聚人心的团队文化、常态化的学习文化、精益求精的工匠精神文化、健康

愉快的健身娱乐文化、至善大爱的公益文化、诚信为本的职业文化等，依托这些企业文化，塑造员工良好的品格、规范的行为、健康向上向善的心智，为客户提供最优服务，为企业创造最佳的品牌。具备条件的估价机构应积极建立党组织，打造具有鲜明特色的党建文化和统战文化，靠党建引领员工及企业发展，用统战凝聚人心，参与社会服务，提高估价机构的政治站位。

（四）创新思维模式，弘扬企业家精神

作为估价机构的负责人，新时代要具有新思维，机构负责人不仅要具有较高的专业水平、理论功底，更应具备企业家的各种条件。估价机构的发展既要抓好业务拓展、市场开发等经营工作，同时还要规范好员工行为，理顺企业内部流程，搞好企业管理工作。机构负责人要具有更广的视野、更高的站位、更宽阔的胸怀，方能引领企业更好的发展，要将估价作为毕生追求的事业去奋斗，用企业家的精神统领机构的发展；要始终有行业全局的意识，为行业的健康可持续发展多做贡献，要有"立足自身本业、胸怀天下大业"的使命感和责任感，做一个有道德、有水平、有情怀、有担当的企业家，引领行业做强做大、做精做专。

房地产估价机构在中国经济高质量发展阶段，唯有审时度势，调整和创新发展方式，方能更好地服务于经济建设和社会发展；新时代赋予估价机构新使命，同时也面临新的挑战和诸多不确定因素，估价机构应不忘专业服务初心、创新管理模式，以客户为中心、以价值创造为目标、以创新为动力、以人才为根本，为实现中国梦贡献专业力量。

参考文献：

[1] 聂竹青. 房地产估价机构发展战略研究——世联评估的战略地图构建 [D]. 北京：北京交通大学，2013.

[2] 徐莉，熊朝旭. 论塑造企业文化对提升企业核心竞争力的重要性 [J]. 决策与信息（下旬刊），2013（12）.

作者联系方式

姓　　名：汪姜峰

单　　位：安徽中信房地产土地资产价格评估有限公司安庆分公司

地　　址：安徽省安庆市皖江大道迎江世纪城 LOFT1 号写字楼九层

邮　　箱：1449348908@qq.com

姓　　名：胡朝伟

单　　位：安徽中信房地产土地资产价格评估有限公司

地　　址：安徽省合肥市蜀山区潜山路帝豪大厦 15 楼

邮　　箱：290231287@qq.com

浅谈中小城市估价机构的持续发展

杨云龙

摘　要：随着网络大数据的不断完善，中小城市更新改造步伐的不断放缓，各种政策的连续出台，中小城市的估价机构面临着严峻的考验，传统业务萎缩，行业竞争加剧，专业人员不足，行业公信力不足，估价机构难以为继，如何提供中小城市估价机构持续发展的动力成为刻不容缓的难题。

关键词：中小城市；房地产估价机构；持续发展

一、中小城市房地产估价机构概况

根据 2018 年中国中小城市科学发展指数研究成果，截至 2017 年底，全国共有中小城市（广义范围，包括含乡镇的市辖区）2811 个，中小城市直接影响和辐射的区域、行政区面积达 934 万平方公里，占国土面积的 97.3%；总人口达 11.77 亿人，占全国总人口的 84.67%；目前全国共有房地产估价机构 5000 多家，其中一级机构 500 多家，注册房地产估价师接近 6 万人，绝大部分一级机构总部均设立在大型、特大型城市，房地产估价师也集中于这些城市。而各地的中小城市仅有少量的相对较大型的房地产估价机构与少量的注册房地产估价师，但均有大量的小型估价机构与一级机构的分支机构，大量的中小城市支撑着绝大部分中小型估价机构的生存发展。

二、中小城市房地产估价机构面临的问题

近年来随着城市经济的发展与城市建设的不断推进，房地产估价机构迎来了发展的高速增长时期，传统的三大类估价业务——抵押、房地产征收、司法鉴定，在中小型城市中促生了一大批估价机构，但是中小城市的体量是相对固定的，因而很难形成大的估价机构，均以中小型机构为主。随着国家经济发展的转型升级，尤其是党的十九大报告提出"我国经济已由高速增长阶段转向高质量发展阶段"，由此估价机构的高速发展时期已经过去，估价市场已经日趋平稳。以淮北市为例，淮北市总面积 2741 平方公里，常住人口约 225.4 万人，其中市区常住人口约 50 万人，与之相对的是房地产估价机构数量，截至 2018 年底，不计其他类型评估机构，淮北市共有备案房地产估价机构 26 家，从业人员近 200 人，均为小型机构或一级机构的分支机构，从 2010 年的不足 10 家到 2018 年的 26 家，9 年中淮北市估价机构的数量增加了 160%，估价机构的数量在迅速增加，但随着近两年估价业务的相对萎缩，形成或凸显了中小城市的估价机构面临的各种问题。

（一）在中小城市中估价行业面临的市场问题

1. 业务萎缩竞争加剧

随着社会经济发展的变缓，城市改造的基本完成，城市拓展步伐的变慢，抵押类银行付费的模式不断形成，"互联网+""大数据"的不断冲击，司法鉴定类除法定业务外，增加了当事人议价、定向询价、网络询价三种确定财产处置参考价的方式。传统的三大类业务已经日渐萎缩，而由于中小城市的体量及估价机构自身的技术人员等相关问题，新型业务的拓展也受到很大的限制。随着业务来源减少，评估机构的竞争加剧，"高评低估"、恶意竞争、压低收费也随之而来。在按单收费、价值倒算等各种恶意竞争的同时，必将带来的是行业整体信誉的不断下跌，当整个行业带给别人的印象只是简单的凑数字、收费用，那么行业的发展也就无从谈起，估价机构的持续发展也就得不到保证，当把估价单纯地视为一种"生意"，劣币驱逐良币现象也将不足为奇。

2. 外部机构进入抢占市场

外部机构有两种，一种是其他行业的机构：如中介、互联网企业，其中中介机构以中介带评估，已经渐渐形成估价机构是为中介机构服务的关系，而不是合作关系，其不仅收取中介费用，更收取评估费用，损害了估价机构的利益；互联网企业更是抢占了网络询价业务与自动估价业务，中小城市的估价机构由于技术、人员、资金的不足，往往很难在当地开展此类业务；另一种是外部其他评估机构，中小城市外的大型估价机构也在向中小型城市扩展业务，凭借其雄厚的资本与技术力量，中小机构往往很难与其竞争，造成了当地估价机构市场份额的逐渐减少。

（二）评估机构自身的问题

1. 评估机构的专业技术人员不足

行业快速的发展促使大批的中小机构与分支机构的设立，而相对同质化的工作，促成了简单"套模板"这一现象的大量产生，与相同的工作所不同的是：一边是经过简单培训就能上岗的工作人员与相对较低的人员薪酬，另一边是要经过长期培训的估价专业人员与较高的人员薪酬，在都能完成工作的情况下，估价机构的选择可想而知。而恰恰是这种看似简单的选择造成了大量的中小估价机构不愿意花费金钱与精力去培养专业人才，而绝大部分人才又不愿去从事估价这门看似简单收入又低的工作。最终形成恶性循环，估价机构缺少专业的估价人员，只能去做简单重复的业务，人才又不愿去从事简单的估价工作或者进入估价行业。随着传统业务的减少，部分估价机构更不愿花费较大的代价去培养专业人才，但是为了机构的生存，只能采用迎合客户"高评低估"、压低收费等不正当竞争手段去争取业务。

2. 评估机构自身的风险把控不够

《资产评估法》的出台已明确地把评估与法律相关联，在有法律明确规定的情况下，估价机构出了风险问题就不单是技术、报告或者业务问题，而是法律问题。估价行业属于技术密集型行业，如果没有专业的技术人员，则风险把控就无从谈起；而且即使有了专业的技术人员，如果机构管理人员忽视风险只重业务，则风险将更加严重。重业务轻风险在评估工作中时有发生，不把控风险则估价机构难以可持续发展，所以要重视风险问题。

3. 对新型业务无所适从或不愿参与

在估价行业高速发展的昨天，传统的估价业务能满足大部分估价机构的生存发展，而在传统业务大量萎缩的今天，大量新型的业务也在悄然出现，如城市更新、投资顾问、资产证券化、系统估价等，但受限于城市状况新型业务的出现总是具有偶然性与特殊性，从而造成部分估价机构不愿或不能接触新业务，也不愿花费资源去培养做新业务的专业人员，新业务只能沦为镜花水月。

三、如何保证中小城市房地产估价机构的持续发展

（一）维护市场，发挥优势，合作共赢

1. 把估价行业维护好

从行业角度出发，只有当一个行业在社会上具有公信力，能很好地为社会做贡献，才能更好地维持行业的发展；而只有行业发展，作为这一行业的组成部分才能去谈发展，离开了行业的机构其发展是无从谈起的，只有各估价机构自觉维护行业的形象，把估价这一工作当成事业来做，才能把行业做大，当一个行业做大了，机构无形中就取得了利益。但是只靠机构自身的自觉是不够的，随着《资产评估法》的出台与中国房地产估价师与房地产经纪人学会及各省地方协会的加强管理，估价机构只会越来越规范，但是由于各种因素，法律与国家和省协会只能在大的方面去约束机构向好的方向发展，而无法兼顾细节所在，因此以城市或地区为基础的地方协会就有存在的必要性。每个城市有自己的特色，有自己的政策，大量的中小机构存在于全国各个中小城市之中，而对自己城市行业的有序竞争是每家机构都希望的，只有竞争有序，合作共赢，在一些问题上一致对外，才能给机构带来更多利益，地方协会就有存在的可行性。当行业一致时，行业的信誉度、话语权就会相应增加，蛋糕也会越来越大。

2. 发挥优势合作共赢

房地产市场是区域化的市场，每个地区的房地产均有自己的显著特色，由于房地产的不可移动性，其一旦形成就不可变化，但是其所处的区域因素在变，政府规划在变，城市经济发展在变，对于这些改变只有当地的估价机构才能准确把握其变动规律，外部机构很难去把握或者要花费很大代价去把握，因此充分挖掘自己本地化服务的优势是本地企业立足的根本，本地化服务不是单纯地只看本地，也不是单纯的排外，而是要以自己的专业知识以及对区域市场状况的充分了解为基础，在原有业务的基础上与外部机构充分合作，外来机构的进入不可避免，我们不能回避只能积极面对，对中介机构我们可以帮助他们对客户出具更具专业的意见，而不是简简单单出具评估报告；对互联网企业我们可以以自身的优势去帮助他们完善各种数据基础，提供专业意见，参与他们的数据建设，帮助他们的区域推广。而对于外部估价机构的进入我们要积极应对，发挥自己对区域因素更加了解的优势主动沟通联系，可以提供政策信息、业务帮助，进行业务与信息的共享，也要积极吸取成功经验，努力充实自身，实现合作共赢。

（二）提高机构自身实力积极开拓新型业务

1. 注重人才培养提高机构自身实力

估价行业是技术密集型行业，在"互联网+""大数据"快速发展的今天，紧靠过去的拉业务，出报告的简单模式是不能维持机构的良好发展的。在社会日新月异的今天，人才是保证机构存在发展的第一要素，而如何培养人才与留住人才是关键。只有人才在，机构才能适应今天的快速发展，也只有愿意培养人才的机构才能留住人才，才有更多的人愿意投身估价机构。对人才进行培养只是第一步，如何保证人才不流失、提升人才对机构的归属感才是关键一步。中小城市的估价机构人员少，流动性大，不能单纯的靠制度管理，更多的应是人性

化的管理，让员工能看到实实在在的关切，这样才能留住人才。估价行业又是服务行业，在提升自身内部实力的同时也需要提供更好的服务，好的服务是估价机构的软实力，这就要求机构平时注意培养全体人员的服务意识，可以进行相关的培训。但是，更好的服务不意味着一味迎合，更好的服务除了礼仪方面，更多的是体现在技术方面，一份合格的报告比一个微笑更重要，在提升自身技术水平的基础上提供更好的专业服务是对每一个客户负责，也是机构持续发展的有力保障。

2. 规范机构管理，提高风险管控意识

管理是机构发展的基础，只有好的管理才能保证机构的正常运营与发展。中小型城市的估价机构往往是作坊式结构，即人员少，业务种类少，一人多职，管理较混乱，要进行规范管理，不能既管理业务又管理技术，要进行一定程度的细分；而对于一级机构设立的分支机构而言除了自身加强管理外，一级机构也应加强对分支机构的管理，设立退出机制，当分支机构不能达到要求时应撤销该分支机构，具体应从专业技术人员、报告质量、审核制度、工作流程全方面进行考察，如有不合格应要求其整改，如不能整改，则应撤销该分支机构。

估价机构在规范管理的同时也要注意提高风险管控意识，估价行业的风险时时存在，这就要求估价机构要加强自身风险管控。风险管控有两个方面：一是在技术方面，要建立专门的审核部门，实行专人审核制度，层层审核不能流于形式，要严格把控技术风险，在技术方面大型估价机构往往做得很好，中小型估价机构由于估价专业人员的不足或者意识不到位，技术风险时有发生；二是在业务方面，仅靠技术人员的技术风险把控是不够的，更重要的是管理人员的业务风险把控，不能只重视业务轻视风险，要同时兼顾业务和风险，不能为了一时的业务而承担较大的风险，更不能为了业务"高评低估"刻意忽视风险，只有加强风险管理，估价机构才能长期有序地发展下去。

3. 重视新型业务

新型估价业务的出现代表着一个大的趋势，在社会快速发展的今天，社会对于估价的需要只会越来越多而不会变少，而新型业务的出现不仅代表一种现象还代表一种趋势。上海市实行的垃圾分类促进了整个环保行业的发展，充分证明新事物是可发展的，是有潜力的，但新业务不是一蹴而就的，是一个长期过程，估价行业是技术密集型行业，技术是不断进步的，在不断进步的过程中要培养更精细化的专业人才，且应该加强区域机构之间的合作和人才之间的交流，当把新业务变成了一个传统业务那就是行业发展的成功，也是机构自身发展的充足动力。

四、结语

由于中小城市自身条件的限制，很难形成大的估价机构，但大量的中小估价机构存在于中小城市，在传统业务不断萎缩、竞争不断加剧的市场状况中如何保证机构自身的存在与发展是困扰每一个中小机构的难题，中小机构存在有其必然性与合理性，但是在社会不断进步的今天，在距离不再局限于空间的今天，在信息化不断发展的今天，中小机构如何更好地生存下去，如何整合资源对当地估价需求进行更好的满足，需要我们整个行业的共同努力。

估价机构的发展离不开估价行业，更离不开人才，愿我们每个估价机构都能为行业发展做出自己的贡献，愿我们每个估价机构都能有更好的发展前景，愿我们每个估价人员都有更好的未来！

参考文献：

2018 年中国中小城市科学发展指数研究成果发布（一）[N]. 人民日报，2018-10-08（12）.

作者联系方式

姓　　名：杨云龙
单　　位：安徽中信房地产土地资产价格评估有限公司
地　　址：淮北市相山区古城路相王国际商住楼 1 幢 902 室
邮　　箱：939301382@qq.com

第五部分

估价机构人才、内控、品牌、文化等自身建设

试论房地产估价新需求下估价机构内控制度的发展与完善

何 哲 刘洪帅

摘　要：伴随着估价新需求的不断出现，估价机构的发展迎来新的历史机遇，同时也面临着执业风险加大的问题。如何通过内部控制制度的完善和发展提高估价机构内部管理水平，规避执业风险，是房地产估价行业需要认真思考的问题。本文从分析当前估价市场新需求、估价机构内控制度现状分析入手，提出当前内部控制工作存在的问题和解决建议，希望能够为估价机构内部控制制度的建设提供一些有益的参考。

关键词：估价新需求；高质量估价；内部控制；完善和发展

一、房地产估价需求的变化与分析

（一）房地产估价行业发展的新情况

党的十九大报告提出了要加快发展现代服务业，随着房地产市场发育的不断完善，估价行业监管的不断加强，在房地产大数据广泛应用的背景下，我国房地产估价行业作为高端服务业，迎来了新的历史发展机遇，也出现了许多新问题、新情况。

1. 房地产政策变化对房地产估价行业发展提出了新要求

在"坚持房住不炒，不将房地产作为短期刺激经济手段"的调控主基调下，各地房地产调控形成了因城施策、一城一策、城市政府主体责任的长效机制，产生了如政策性住房定价等估价服务的新需求。在现有调控政策背景下，如何更好地服务于当前房地产市场的调控和发展，是房地产估价行业需要重点考虑的问题。

2. 房地产大数据的发展对估价行业产生了深远影响

房地产大数据的应用，一方面对传统房地产估价业务造成了较大的冲击，例如在个人住房抵押估价业务方面，互联网上出现的一些信息交易平台与传统个人抵押估价业务争夺市场份额；但在另一方面，估价人员也可以利用大数据类型多、数据量大、处理速度快、时效性高的特点，及时准确地完成一些复杂的估价业务，为客户提供高附加值的咨询服务。

3. 估价风险逐年加大，风险点增多

随着《资产评估法》的实施，政府监管力度的加大以及利益相关方法律意识的增强，房地产估价的执业风险愈来愈大，各类和估价有关的法律诉讼案件时有发生。除了在传统的拆迁评估、抵押评估领域，资本市场和国有资产评估方面产生的一系列风险应引起估价行业的高度重视。

4. 混业经营成为新常态

传统房地产估价业务已是一片红海，而新型估价业务和咨询顾问业务还是蓝海，混业经营的估价机构逐渐发展起来。有同一控制人下设立子公司模式，也有在估价机构内部增设部门等方式开展业务的。混业经营促进了估价行业的壮大和可持续发展，但也对估价机构的市场开拓、内部控制、技术人员储备以及服务质量提出了更高的要求。

（二）房地产估价的新需求

我国经济正处在高速增长转为中高速增长、经济结构不断优化升级的转型阶段，市场经济的纵深发展，导致新的估价需求不断产生，客观上要求房地产估价提供更高质量的估价服务。

早在2017年中国房地产估价年会上，中国房地产估价师与房地产经纪人学会副会长兼秘书长柴强博士就说过："提高经济发展质量，对我国房地产估价行业而言，关键要走精细化发展道路，不求速度而求质量，提高服务的附加值。"通过这几年的发展也证明，房地产估价业务已逐步扩展到更深、更广的经济活动中，接触到的新型业务层出不穷，如军队停偿业务、信托计划资金监管服务、政策性住房定价、私募股权基金（PE）、资产证券化（ABS）、大宗房地产交易顾问、投资项目评价相关参数研究、房租价格指数咨询等，专业评估也正逐渐成为政府行政决策的智囊团，为政府在棚户区改造、拆迁项目管理、城市规划、土地整理等方面提供一系列的专业服务。

房地产估价的新需求具有估价精度要求更高、涉及的技术领域更广泛、政策性更强、项目效益较好、项目风险较大等特点，需要房地产估价机构不断地加大专业技术研究投入，关注国内外最新估价技术成果，重视信息平台的建设发展，提高估价结果的公允性和估价报告的权威性，更多地为客户提供增值服务。

（三）估价需求演变对估价内部控制提出了新要求

良好的信誉和高质量的服务是估价行业的生命线，信誉的崩塌对行业和机构的打击往往是致命的。纵观行业发展史，因未履行勤勉尽责义务导致的低质量估价服务时有发生，造成了估价机构倒闭、估价人员受到刑责等严重后果，而建立和发展完善的内控体系是估价机构持续健康发展、避免重大质量事故、高效完成估价工作的有力保障。

二、估价机构内控制度现状

内部控制贯穿于企业经营管理的全过程，是衡量现代企业管理的重要标志。建立健全内部控制体系，必须先建立与健全内部控制制度。对于房地产估价机构而言，会计核算工作相对简单，会计风险较小，内部会计控制制度的执行相对容易，以下主要讨论内部管理控制制度。

我国房地产估价行业经过三十多年的发展，建立了基本的房地产估价师执业资格制度，经过注册的房地产评估机构逐渐步入正轨，建立了符合企业自身特点的内部控制制度。完善的内部控制制度能够促进估价机构实现既定的战略目标，保护估价利益相关方的合法权益，最大限度地防范估价执业风险，有利于树立估价行业客观公正的社会形象。

房地产估价机构内控制度建设是估价行业管理中的一项重要内容。2005年10月12日，建设部发布《房地产估价机构管理办法》中明确要求各资质等级房地产估价机构的估价质量管理、估价档案管理、财务管理等各项企业内部管理制度健全。《房地产估价规范》作为房地产估价质量标准的纲领性文件，对受理估价委托、审核估价报告、保存估价资料等各个方面做了较为详细的规定。

房地产估价机构内部控制可由组织结构、人员管理及业务程序三部分组成。根据房地产估价机构面临的法律监管环境、市场特点，内控工作的重点应是业务流程的内部控制。这是因为内部控制的许多方面是体现在业务层面上的，从业务流程入手设计内部控制有利于加速提高企业内部控制整体水准。估价机构的流程管理通常包括房地产估价程序规范、项目立项流程管理、现场工作制度、价格信息采集技术规定、项目重大问题处理流程、房地产估价报告书质量管理、报告签发流程管理、业务档案管理等内容。在组织结构设计上，基本上以市场、业务、审核、财务、行政等部门为主架构，建立起各部门各司其职、各负其责，部门间既互相促进又互相牵制的组织结构。在人员管理上，对从业人员的执业资质要求、人员的聘用和离职、项目负责人安排等都制定了具体的制度。虽然估价机构已建立了内部控制制度，但仍然经常出现因内控不到位而产生的执业风险事件。究其原因是部分房地产估价机构在意识上并未认识到内部控制会给公司带来利益，已建立的内控制度缺乏科学性和有效性，内控制度的执行流于形式化，业务流程关键环节控制不够，机构人员素质尚待提高等。

三、面对估价新需求，机构内部控制需要解决的问题

估价机构内部控制制度的设计和执行不是一蹴而就的事情，需要根据市场情况、监管要求、估价技术的发展做出相应的调整和完善。当前估价新需求的不断出现，估价机构面临着一些新的待解决的内部控制问题。

（一）报告质量控制跟不上估价技术发展的步伐

估价机构原有报告质量控制工作的重点是审核估价程序是否符合相关规范要求、估价方法的选择是否合理、计算公式是否正确、主要参数来源依据是否充分、估价结果是否公允等方面，没有系统地针对估价技术的变化及时制定新的技术标准和审核标准。例如在批量评估的运用上，批量评估虽然遵循一般的估价方法原理，但在计算模型的设计上和传统评估有很多不同，因此需要在报告质量控制方面单独制定审核标准。在大数据技术的运用上，很多价格参数信息可以直接利用房地产大数据技术获得，可能并不需要估价师在现场搜集市场数据，报告审核工作就由过去对现场数据采集的合规合理性审核变为对所利用的房地产大数据来源的可靠性、客观性、充分性审核。

（二）风险管理相对粗糙

房地产估价新型业务扩大了估价机构的执业范围，增加了行业收入，壮大了行业力量，但同时也提高了估价的执业风险。在国家对资本市场、国有资产管理日趋严格的监管环境下，以ABS资产支持证券、上市公司重组类项目为代表的证券类评估项目，国有资产转让、国有企业收购非国有企业资产等涉及国有资产评估的项目，都属于较高风险的估价项目，一些估价机构及人员因未履行勤勉尽责义务而受到相关处罚。事实证明，以抵押、拆迁补偿等传统业务为重点的风险管理已经不适用机构的可持续发展，需要对项目风险实行更加精细化的管理。

（三）估价机构内部控制框架的构建不适应估价的新需求

估价机构内部控制制度应该是由控制原则、控制主体、控制要素所构成的完整的内部控制系统，系统中各要素之间相互影响、相互制约以达成控制目标的实现。目前估价机构内控框架构建未能根据估价新需求及时作出反应，比如控制原则中的重要性原则就是要求内部控制应当在全面控制的基础上，关注重要业务和高风险事项。一些估价新业务具有较高的风

险,但在原有风控制度设计上,对这些业务很少或没有予以考虑。还有在控制要素中的内部环境方面,如一些混业经营机构,非估价执业人员不顾能力、水平所限,承担无力承担的估价项目,导致评估的资产价值扭曲。

(四)人力资源管理不能满足估价的新需求

房地产估价机构作为典型的人才型企业,房地产估价师是其最核心的"资产",因此做好人力资源管理显得尤为重要。相对于新业务、新技术的不断出现,市场上对估价高质量服务的迫切需求,人力资源管理工作还有很多不到位的地方,具体体现在机构人员继续教育力度不够,人员知识结构老化,估价新技术掌握得不及时,招收高学历、高技术人才的能力有限,导致估价人员难以胜任估价新业务。

四、估价新需求下完善内控制度的途径

(一)内部控制制度的动态化调整

房地产法规政策的调整和估价新技术的出现,会对房地产估价活动产生较大的影响,估价机构应紧盯这些变化,适时完善内部控制制度,保证机构各项业务工作在合法性原则下开展。如《土地管理法》的新修订条款中,规定了经依法登记的集体经营性建设用地,土地所有权人可以通过出让、出租等方式交由单位或个人使用。未来集体建设用地的入市,必然会产生很多相关的房地产估价业务,估价机构应针对此类新业务,对项目立项管理、估价技术规范、报告审核等方面的内控制度进行适当的调整。

(二)实行风险控制的精细化管理

风险控制是内部控制的一项重要目标,提升风控管理水平的有效手段之一就是实行精细化管理。有些大型估价机构已经探索出一些风险管理精细化的工作经验,根据估价目的、资产所有权归属、行业监管要求等情况,设计出项目的高、中、低不同的风险类别,然后按照不同风险等级,在立项审批、合同审批、现场工作制度、内部审核人员安排等方面作出相应的制度规定。

(三)人力资源管理的专业化

提高房地产估价的工作质量,规避执业风险,估价人员的素质起着主导作用,高素质的员工也为内部控制的有效实施提供保障。建立优秀的估价师队伍,人员培训是非常重要的一个部分,估价机构应当注重员工的后续教育,结合新政策新需求,提供有关专业知识方面和职业道德教育方面的培训,以提高员工的道德水准和估价技术水平,使估价师的知识能够得到不断的更新。除此之外,评估机构还应采取措施,如设立考试假,鼓励员工报名参加各种资格考试,提升自身专业素质。

(四)加快内部控制与信息化技术的融合

就目前的宏观经济环境和估价行业的实际发展情况来看,传统的内部控制方法已经不能满足信息化时代估价机构的发展需求。内控管理的信息化是支持管理理念与方法落地、支撑内控制度的功能发挥和价值实现的重要手段及推动力量。随着大数据和互联网的发展,信息资源进一步开放和共享,机构与外部环境之间、机构内部各部门之间的信息沟通更加广泛和快捷,业务信息与会计信息之间融合加快,内控管理要想真正发挥作用,必须推进信息系统建设。当前很多估价机构已经建立了企业OA管理系统,在内控方面发挥了积极作用。

（五）混业经营下建设好内部防火墙

当前很多估价机构的业务已经延伸到登记代理、房地产测绘、贷后资金监管、城市规划、不动产交易顾问等领域，各个业务之间的利益诉求有时是不同甚至是相左的。例如抵押估价和贷后资金监管是上下游关系的两类业务，金融机构贷款业务成立后才会形成贷后资金监管业务，抵押估价正是贷款业务风险控制的一部分，不能为获得贷后资金监管业务而放松抵押估价的报告质量。为解决好此类问题，建设好部门之间、业务之间的防火墙是重要手段，在具体制度建设上可考虑诸如信息保密、人员独立、业务部门分离、加强审核部门权威性、建立报告质量一票否决制等措施。

五、结语

在估价新需求不断涌现的当下，内部控制作为提高估价机构竞争力、有效规避执业风险的一项重要手段，需要不断地加强和完善，这不仅对估价机构的健康成长至关重要，也对整个房地产估价行业基业长青有着重要的现实意义。

参考文献：

[1] 关海霞，李淑娟.关于建立我国房地产估价机构内控机制的一些设想[J].商业经济，2008（01）.

[2] 隋玉明，王雪玲，姜春碧.我国房地产估价机构业务流程内部控制设计研究[J].陇东学院学报，2009（11）.

[3] 刘玉平.强化内控制度建设，推进评估机构做优做强做大[J].中国资产评估，2010（09）.

作者联系方式

姓　　名：何　哲　刘洪帅

单　　位：北京中企华房地产估价有限公司

地　　址：北京市朝阳区工体东路18号中复大厦三层

邮　　箱：hezhe@chinacea.com

从传统管控到创新协同
——中型估价机构组织模式优化路径探索

廖 旻 张丽燕 余 丽

摘 要：估价行业经历了二十多年的发展，近年来在人工智能、大数据等新技术大力发展的背景下，许多中小型估价机构的生存与发展遭遇了前所未有的挑战，估价机构需在更新发展理念、加强自身组织建设方面进行探索。本文通过韦斯伯德六个盒子模型对问题进行诊断，并提出扁平化的组织发展模式，为中小型估价机构的发展提出相关建议。

关键词：估价机构；组织模式；扁平化；韦斯伯德六个盒子模型

一、背景

我国估价机构诞生于20世纪80年代末与90年代初，均为党政机关直属企业。1998年，根据党中央、国务院《关于中央党政机关与所办经济实体和管理的直属企业脱钩有关问题的通知》(中办发〔1998〕27号)的文件精神，全国估价机构开始实施脱钩改制，估价机构正式走向市场化。

乘着改革开放的春风，估价行业经历了二十多年的发展，估价从业人员队伍日益壮大，机构数量创历史新高。随着我国改革开放的不断深化以及供给侧结构性改革的要求，为估价服务创造了新机遇，同时对估价机构、估价从业队伍也提出了新要求，估价机构及从业人员队伍在新经济发展阶段是否能适应与顺应经济发展的需求，提供多样化的全方位服务，在竞争中发展与壮大，估价机构急切需要转型升级。

二、现阶段估价机构发展中的问题剖析

(一) 管理水平低下

现存的估价机构中大部分原为党政机关直属企业改制成立，机构创始股东均为原党政机关人员，在改制大潮中被推向市场。在改制后近十年期间，由于改制机构的原背景加持以及估价行业的设立特性（从业人员的数量要求等），估价服务市场处于垄断竞争市场的状态，由估价机构创始人组建的管理团队，在无专业管理知识背景以及垄断竞争市场的影响下，管理团队的管理意识及管理知识水平均处于初级阶段。

自2006年至2016年期间，随着我国房地产行业的快速发展，估价机构经历了快速发展，在此十年间由于业务发展的需求，在原始管理团队的基础上，也新生了一代中层管理团队。

该中层管理团队同样由估价师队伍转变而来，由于行业特性，估价师队伍均为技术型人才，知识背景均为专业技术领域（土地资源管理、测绘、规划、资产评估、财务）方向，中层管理团队的管理内容多为项目管理为主导，在公司管理、薪酬、体制等方面建设相对偏弱。

（二）管理机制僵化

由于以上历史沿革原因，大部分估价机构的管理模式是所有权与经营权的高度统一，管理手段与方式大多停留在较低的水平，制度建设薄弱，人治代替法治，管理手段原始化、简单化，现代管理手段与营销方式还只停留在理论宣传上，与市场经济发展方式有一定的距离。

在管理体系中，组织架构也要相应变革来适应组织的发展，估价机构现行发展阶段中服务创新是重要的发展手段，而旧有的组织架构下，不具备创新的机制与氛围，创新人才容易被"同化"或离开。

（三）薪酬体制不健全

现有的薪酬体系制度不健全，未能达到激励及吸收人才的效用，部分公司的薪酬体系甚至还停留在基本工资上，奖金收入看领导心情进行分配；或者有薪酬激励制度，但该制度仅与收入或工作量挂钩，未结合公司经营的目标（利润、培训、质量）进行多维度的考核。在此制度体系下，不利于公司的经营发展，优秀的人才无法识别，也无法对"劣币"建立良好的淘汰机制。

（四）人才吸引缺乏竞争力

随着互联网大数据对传统估价行业的冲击，近年来，估价行业频繁出现人才流失的现象。而房地产开发行业产业转型需求，也频繁向周边产业链机构"挖墙脚"，导致估价机构人才的流失较为严重。在旧有的管理体制模式下，更难以吸引优秀人才进入，从而形成不良的循环体系。

三、估价机构组织效能优化的解决思路

（一）全局思维

"不谋全局者，不足谋一域。"当我们在谈组织效能的时候，首先要从企业经营管理的全局出发。这就意味着对于估价机构的负责人来说，不仅仅要关注估价技术的提升，而应从全局出发，同时关注管理水平和业务资源的补充。这三个方面将同时成为估价机构的核心竞争力的组成部分，缺一不可。

如何培养估价机构领导者和管理层的全局思维？这里介绍一个经典的组织诊断工具——韦斯伯德六个盒子模型，其于1976年基于组织发展经验总结提炼而成，为管理者提供一种简单而实用的持续审视、检验组织内部问题并进行调整的方法（图1）。

六个"盒子"分别为：

1. 目标/使命

企业存在的目的就是企业的使命和目标。对于估价机构而言，机构的成员（包括管理者和员工）是否对于本机构的使命和目标达成一致，并致力于支持和实现使命和目标？是否全员都清楚公司为谁创造什么样的价值？

2. 组织结构

组织结构需要支撑战略目标的达成，公司内部是如何分工的？是否能够作为一个整体促进目标的实现？

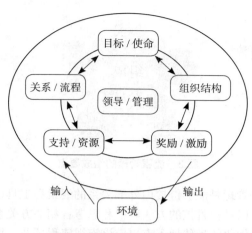

图 1　韦斯伯德六个盒子模型

在估价机构组织架构中，扁平化是趋势，尤其是中小型机构。对于知识型组织，层级越多越容易造成人员冗余、结构臃肿。扁平化的关键是拓宽管理幅度，管理幅度指的是一个人直接有效地管理下属的人数，一般来说直接管理人数越接近6人越有效率。对于中型估价机构的管理层，如果划分为高层管理者、中层管理者、基层管理者，在执行操作层面再设置一个潜力后备人员，建议可以为这四个层级设置7人、6人、5人和3人的管理幅度，即，总经理可直接管理7个部门或组织（包括各业务部门、职能部门、管理小组、委员会、工会等），超过此幅度可设副总经理再分工管理；再往下如下图2所示：部门经理作为中层管理者可设置6个项目组，配备6个项目经理（等级水平可存在差异）；项目经理以下管理5个技术员（等级水平可存在差异）；技术人员作为培养人才可各配置3个助理。以上，并将其培养下属的能力列入考核。

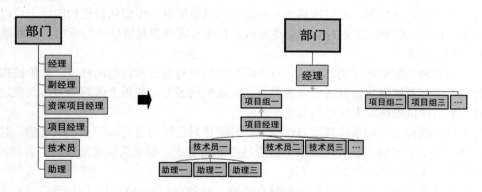

图 2　从传统部门结构到扁平型部门结构

3. 关系/流程

部门与部门之间的关系如何？部门和员工之间的关系如何？员工和工作是否匹配？是否建立了支持业务运作的工作流程，并且定期审视实用性并及时调整？

如果说上一个盒子所述的组织结构在组织模式中体现的是垂直的组织观，即纵向的组织管理，那么同样不可忽略的，需要一并抓好跨部门管理，并以流程进行工作业务链接，体现水平的组织观。只有垂直和水平的管理有机结合，才能做到有效的管理。

图 3　流程管理的组成要点

从图 3 可看出，流程管理是能够链接内外部关系的线索和工具，正确的流程能够有效地串联起各业务作业全局，以过程管控的方法审视和思考各相关方关系和链接的有效性。中型估价机构要实现组织模式优化的最佳切入点更应该审视流程环节，思考目前机构内的现有流程是否定期检视和更新，是否顺应时代要求以客户为导向，文件和行为是否一致贯彻执行。

4. 支持 / 资源

纵向和横向组织管理以外，还存在管理和责任的空白区域。此时，中型估价机构内部是否存在灵活的协同程序，管理者是否提供足够的资源去支持和鼓励有强烈责任心和组织荣誉感的个人或团队，就是现阶段估价机构组织优化的价值源泉。

估价行业和传统生产制造行业有本质的区别，更易于打破规模不经济的传统管理模式，在组织范围内去进行更深刻、更及时、更有效的合作，避免大公司病，以及制度为王的后置式管理思路。

除了机构内部协同，估价机构也应该关注客户关系网络的协同效应。京东、腾讯都开始跨界踏入估价业务领域的今天，估价机构如果还停留在改革开放之初的故步自封、依靠国家政策、不主动进行市场化建设的阶段，就无法带动整个机构和行业进行价值创新。

协同是一种合作机制，可以理解为一种全新的竞争机制。中型估价机构实际上可以用更高的效率，在更大的范围去进行更深刻更有效的合作，实现和延展估价行业的价值和魅力。

5. 奖励 / 激励

在谈到奖励和激励的区别的时候，首先联想到的是对功劳和苦劳的肯定。估价机构的来源和背景不可避免地影响到有的团队成员强调应该奖励苦劳，如果个体的动力体现在鼓励苦劳上面，那么估价机构就无法得到改革和发展。

对于组织机构中，如果管理者自己都无法分清楚对怎样的行为和结果予以奖励、对怎样的行为和结果给予鼓励，并且说服员工接受这种界定方式，那么无疑是危险的。吉姆·柯林斯在其著作《基业长青》中有给出建议。

做好奖励和激励也是一门学问，而且有各种方式和空间可以发挥。例如谁应该被奖励？是估价师个人或是团队？奖励的原则和游戏规则应该如何设置？是否能够达到激励"良币"的效果？奖励和激励多长时间考核一次并给予？如何把个人或团队激励和估价机构整体目标相结合？都是值得思考的方向。

6. 领导 / 管理

管理能力和领导力也是目前估价机构管理者需要加强的范畴。如何做正确的决定，令机构成员接受正确的指令做正确的事，这也是前文所述及的估价机构管理水平低下并急切需要提升管理者个人素质的方面。

提升管理能力和领导力的文章、培训课程有很多，在韦斯伯德六个盒子模型中，这个盒子对于其他5个盒子所带来的作用是连贯相成的：

对第一个盒子"目标/使命"来说，管理者具备领导力能够为机构指明方向，令机构成员充满信心；

对第二个盒子"组织结构"来说，管理者具备领导力能够排兵布阵、分工明确、运筹帷幄；

对第三个盒子"关系/流程"来说，管理者具备领导力则有把握建机制、造土壤，打通关系网络，发挥机构最大价值；

对第四个盒子"支持/资源"来说，管理者具备领导力才能够协调各方资源，扩大机构和行业的影响力；

对第五个盒子"奖励/激励"来说，管理者具备领导力才能够做到赏罚分明，鼓舞士气，激活个体。

可以说，领导者或管理者个人思维和能力的局限，直接影响中型估价机构的发展和变革。无论从帮助员工个人成长的角度，还是对于估价机构整体发展的角度，中型估价机构管理者领导力和全局观的提升和修炼都是一门重要的课程。

根据这个模型的思路，估价机构可以将本机构的资金、人员、思维方法进行输入，经过系统中六个"盒子"的内容审视，输出产品和服务，分析之后就能看出公司的核心竞争力，与组织能力打造的方向。

（二）战略协同

上述对全局观的全盘检视过后，中型估价机构需要将检视结果落实到行动中。机构全员共创愿景、统一目标、定期复盘，是行动开始的三个步骤。

如何构建机构全员共同的愿景并统一全员的目标？以思远的操作经验为例，去年思远内部通过OKR工作法培训，明确目标设置的原则，全员共同为思远的中长期目标和愿景出谋划策，最后将全员总结的思想提炼为思远目前的核心战略目标（图4）。

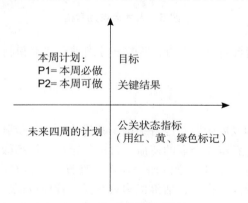

图4　如何运行OKR

思远的共同目标和理念：愿景——打造具有社会"公信力"、行业"影响力"、人员"发展力"的一流评估企业；使命——致力于提供价值发现、价值诠释、优化自然资源利用的专业服务；核心价值观——专业引领、开放分享、知行合一；经营理念——源清流洁、本盛末弘。

(三)人才盘点

人才盘点是标杆级的干部梯队管理工具,对于中型估价机构而言,目前真正做到完整的人才管理体系的凤毛麟角。所以,不可避免地造成近年来估价机构人才严重流失并遭遇被跨行业"挖墙脚"的痛点。尤其对于中型估价机构而言,其经济实力对于人才的吸引力远不如实力强大的国企、开发商,甚至互联网独角兽企业,如果仍然不重视干部和人才梯队的培养体系,则无法扭转人才流失,甚至面临招聘困境。

那么,人才盘点的工作应该如何开展呢?首先要从三个层面去进行:

(1)公司层面。盘点整体结构各个维度的分布数据和关键业务人才现状。例如机构内部各层级、职能、年龄、性别、学历、估价师人数等统计和分布。

(2)部门层面。制作人才盘点九宫格,甄别有潜力的人才,部署培养计划(图5)。

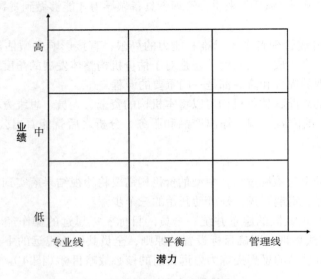

图 5 人才盘点九宫格

(3)个人层面。从绩效表现、潜力、匹配度分别进行评价和制订培训计划。

四、结语

我国经济进入了新的发展阶段,经济结构不断优化,对估价服务提出了更高的需求。在此背景下,估价机构应重新审视企业的使命、目标与定位,提高效率及市场化意识,构建机构全员共同的愿景和目标,搭建科学的薪酬体系,吸收、培养并留住复合型人才共同发展。随着供给侧结构性改革的深入推进,估价机构只有提升管理意识、优化组织模式,以提高自身的服务能力及服务质量,才能为我国经济长期健康、稳定地发展提供相匹配的专业服务。

参考文献:

[1] 托马斯·彼得斯,罗伯特·沃特曼. 追求卓越 [M]. 北京:中央编译出版社,2001.

[2] 大前研一. 思考的技术 [M]. 北京:中信出版社,2008.

[3] 罗伯特·西奥迪尼. 影响力 [M]. 沈阳:万卷出版公司,2010.

[4] 吉姆·柯林斯，杰里·波勒斯.基业长青[M].北京：中信出版社，2002.
[5] 彼得·德鲁克.卓有成效的管理者[M].北京：机械工业出版社，2009.
[6] 陈春花.激活个体·互联时代的组织管理新范式[M].北京：机械工业出版社，2015.
[7] 霍洛维兹.创业维艰：如何完成比难更难的事[M].北京：中信出版社，2015.
[8] 许正.与大象共舞：向IBM学转型[M].北京：机械工业出版社，2013.

作者联系方式

姓　　名：廖　旻　张丽燕　余　丽
单　　位：广东思远土地房地产评估咨询有限公司
地　　址：珠海市香洲区九洲大道中1082号中电大厦301B室
邮　　箱：seeing3331038@126.com

关于房地产估价机构内部管理的思考

毛胜波　戴　泽　陆　萃　翁荔敏

摘　要：新市场形势的发展对估价机构的内部管理有着新的要求。本文立足于估价机构，从内外部环境、客户与业务、人员管理、风险管理等方面对估价机构应如何做好企业内部管理进行分析和阐述，为估价机构的内部管理工作提供参考。

关键词：新市场形势；估价机构；内部管理

杰克·韦尔奇说过："管理就是把复杂的问题简单化，混乱的事情规划化。"

一、管理概述

管理是指在特定的环境条件下，以人员为中心，对组织所拥有的资源进行有效的决策、计划、组织、领导、控制（执行），最终达到目标的过程。管理也是目标、环境资源、人员、执行四个要素的组合，最终目标是实现利润。管理是一门大学科，可以比喻成一棵参天大树（如图1所示）。

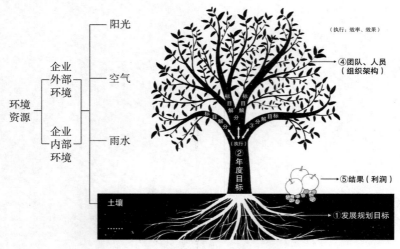

图1　管理之树

说明：1.企业的现状内外部环境是制定目标的基础条件；2.目标包括发展规划目标与年度目标：发展规划目标具有指导性，年度目标具有可执行性；3.实现目标还需要不断改善企业的内外部环境；4.目标需要分解成为可具体执行的小目标，即计划；5.组织架构、岗位设置与绩效考核是实现目标的基本元素；6.人员适应组织架构与岗位要求；7.执行是实现目标的过程，关键是效率与效果，最终要实现利润；8.企业制度是规范底线、企业文化是发展方向；9.企业宣传的目的是最终建立企业品牌。

估价机构主要是由评估专业人员组成,因此对人的组织管理是估价机构管理的重点。估价机构整体上规模较小,但管理的架构必须清楚。估价机构管理主要分为四个方面:增加收益、降低成本、加快效率、专业建设。这是进行管理的目标,也是管理的作用。

本文择其要点对估价机构的管理进行思考分析。

二、估价机构内外部环境分析

企业内外部环境是制定与实现目标的前提条件。2016年《资产评估法》公布以来,传统评估行业已经出现深层次的变化,估价机构面临新的机遇和挑战。

(一)外部环境

1. 业务、客户与市场背景变化

一方面,传统评估业务呈现明显下降趋势:银行、法院开始控制入围机构数量,住宅类业务转为批量评估。国土部门传统评估引入机构招标环节,费用降低。征收业务竞争增加、风险增大等。

另一方面,新兴咨询业务也不断涌现:贷后监管、国土(自然资源)部门的新业务、征收管理的延伸服务、国资平台(资产管理公司)资管的专业诉求等。

前者是传统业务,具备"舒适区"特性,产品竞争力弱,不断萎缩或集中于少数机构;后者需要较强专业服务能力与品牌效应。这对原有的估价机构的生存格局产生重大影响。

2. 行业管理发展背景

一是行业管理职能逐步从政府部门向行业协会转移,自律管理、资信等级、品牌效应是行业发展的趋势;二是估价机构管理模式的调整:取消机构资质限制、分公司估价师人数规定、法人股等;三是专业咨询市场的进一步开放,原本非估价行业的机构进入咨询市场竞争,如批量数据应用、房地产市场分析、资产交易管理等专业咨询服务,估价业务逐步成为专业咨询服务的组成部分。

(二)内部环境

1. 客户资源与业务点梳理

业务是机构生存的根本。通过机构交流、业务学习、自我剖析等方式,机构需要认真做好客户资源、客户运营流程与业务点梳理,全面了解传统评估延伸的业务点以及新兴业务点。

2. 机构业务拓展能力

知道机构能做什么业务是前提条件,是否能做起来也取决于很多因素:如当地客户资源、市场需求以及机构专业能力等。有些可以通过第三方支持或机构互助推动,有些要靠机构自己的资源能力。

3. 专业服务能力

有了业务,也要具备相应配套专业服务能力。服务能力至少包括机构资质与专业人员。对于资质,机构可自行争取,或借助其他机构。

4. 内部管理能力

许多机构内部管理不足,缺乏组织结构与绩效考核等。为了适应新的市场竞争与业务要求,机构内部管理要注意调整,包括财务成本控制、人员的竞争观念的转变、目标制定、组织结构、岗位设置、绩效考核、执行管理、专业提升与企业文化建设等。

原有传统评估业务萎缩、新兴业务市场竞争对手增加,给估价机构带来实际的挑战,也是一次转型调整的机遇期。应当看到,"价"作为传统产品,其价值量越来越小;"估"代表着专业思维,它的应用是变革之道。

(三)不同层次估价机构的挑战与机遇

全国各地不同层次的机构生存与发展有各自的特点与诉求。根据市场形势、行业管理的发展趋势,再结合发达国家的市场情况,估价机构的发展整体上可能呈现几个方向:

(1)对于地方城市的中小机构来说,或是作为小微机构存在,以少数客户与业务点满足生存。或是先行精简成本、整合内部,结合当地客户特点,增加延伸多元业务点,培养多类专业人员。其机会在于如何充分发挥客户资源优势,形成机构在本地的专业特点与核心竞争力,而后谋求竞争市场的主动整合或被整合。

(2)对于省会城市或一线城市的大机构来说,专业延伸服务、资产管理服务等需要新技术支持,但是线上工具要跟线下服务相结合。虽然今后许多业务主要以省作为单位,大机构也要提供地方城市的高品质服务与执行,需设立分公司(分部)或与当地城市机构合作,快速整合资源,业务向省级客户发展,向地方城市发展,多元化业务延伸发展,专业高资质、高品质服务发展,服务范围尽量覆盖全省区域。

(3)对于直辖市和部分省会城市机构来说,不仅要整合所在城市资源,还要关注一些企业总部与重要经济体的咨询服务诉求,谋求跨省跨区域的总部综合咨询业务。

三、客户分析

客户分析就是根据各种关于客户的信息和数据来了解客户需要,分析客户特征,评估客户价值,从而为客户制定相应的营销策略与服务产品。

有效的客户细分是深度分析客户需求、应对客户需求变化的重要手段。通过合理、系统的客户分析,企业可以知道不同的客户有着什么样的需求,分析客户消费特征与商务效益的关系,使运营策略得到最优的规划;更为重要的是可以发现潜在客户,从而进一步扩大商业规模,使企业得到快速的发展。

估价机构的客户是机构发展的原动力,作为专业性较强的咨询服务公司,其业务类型具有专业性、复杂性、唯一性、重复率低、客户类型多的特点。不同于传统服务公司,机构客户多为专业客户,对其管理也不同于传统服务行业。估价机构客户分析应重点注意:如何开发新客户;如何建立客户的信任度、实现客户高满意度、锁定客户的高忠诚度;如何在老客户中挖掘新业务等。

(一)科学分类客户资源

将客户科学分类是客户管理的基础,机构的客户类型多,按照开发程度可以分为潜在客户、目标客户、合作客户;按照客户的来源分为金融、国土、司法、企业、中介、个人等。当然还存在其他分类方式,以适合本企业的分类方式为准。

(二)精细化管理客户资源

善于管理客户资源,将客户基础资料整理成册,对潜在客户特征进行分类、分析,将以往客户情况进行对比分析,以方便持续跟进客户,并利用各种方式增加与客户的黏合度,例如向政府部门多提专业建议;对银行等金融性客户,多提供所需资源;对于国有企业提供高效盘活资源建议等。另外,在建立的客户资源库上有条件地分析客户之间的关联程度,找到其中的契合点,挖掘新业务。

（三）在老客户中挖掘新业务

据统计，开发新客户的成本是维系老客户的5～6倍，用于服务老客户的成本会随时间的延长而降低。将老客户变成新客户，运用新制度新政策增加客户的黏合度，除老客户本身会产生更多的需求外，还会介绍新客户。

（四）建立客户信任度、实现客户高满意度、锁定客户忠诚度

首先，沟通是联系客户与机构的桥梁，许多业务更注重于沟通，例如征收评估中的与被征收人的答疑，而我们的客户由于对专业知识的匮乏，对自己的问题或委托事项并不太清楚，这需要我们用专业知识帮其梳理，让机构所有接触客户的专业人员与其深度沟通，充分理解客户的需求，运用专业知识为客户解决问题。其次，当机构客户是政府机关、国有大型企业的重要客户时，让"技术是为政治服务的"不要成为空话，只有帮客户解决问题，让客户充分享受到科学决策的优势，才能让客户依赖于专业技术人员，才能锁定客户的忠诚度。

四、业务分析

就大多数房地产评估企业而言，目前抵押估价不管是业务量还是利润空间都已明显萎缩，司法评估业务进入下降通道，征收评估长远来看也难以持久。传统业务越来越少或利润空间收窄的同时，网络询价、自动估价、批量估价兴起，不少没有评估资质的科技企业甚至购物平台也参与其中。这一方面是行业资质弱化带来的冲击，但更多的是以前估价师赖以生存的现场调查能力及专业测算能力，也可以被大数据和高科技替代。以司法评估为例，最高人民法院建立全国统一评估机构名单库，建立业务分发与报告传送平台，推行"网络询价"等做法对行业的发展，尤其是传统估价业务领域有示范作用。我们认为机构应分层次做好以下几方面工作：

（一）单一市场纵向深度发展——专业化

估价行业发展遇到瓶颈，进入高质量发展阶段，从主要依靠经验估价，转向主要依靠数据估价；从鉴证性估价为主，转向咨询性估价为主。互联网、大数据、人工智能等高科技对传统估价的冲击不可避免，但是不意味着传统评估业务会消失。做好传统业务，继续纵向深挖业务需求，巩固传统业务领域，做好机构入围工作，寻求稳定的业务合作伙伴，增加固定优质客户，仍是估价机构需要做好的基础工作。

（二）上下游行业横向发展——多元化

目前房地产估价业务面临的主要问题，一言以蔽之：可替代性太强。银行抵押业务萎缩、收费逐年下降，传统业务领域受到冲击，单一提供简单"估值"服务已无法满足客户需求。估价机构应在传统估价的基础上，提升与客户的黏合度。如抵押评估的服务面应从贷前的价值把握，延伸到贷前获客、尽职调查、贷中提供担保、抵押登记，贷后抵押价值监控、市场风险预警等全项目流程领域，为客户提供一条龙服务。此外，估价机构还可渗透进房地产经纪及金融行业，提供贷款代办、抵押登记代办等服务。

评估行业的入行门槛有所放宽，同时规划、工程咨询、环评等行业的资质也被弱化，入行门槛也有降低，估价机构除传统土地、房地产、资产评估三大块业务范围外，可以整合以上行业资质和业务能力，在传统业务领域做精，在其他业务领域做广，以此应对当前的行业发展趋势。

随着市场经济的发展，估价机构由原来的法定评估类即指令性业务、评价类业务转为多方位多角度多领域的咨询业务。

市场的需求就是我们的发展方向。党的十八大以后，各级政府加强政务管理职能产生了许多第三方业务，例如民政部门的贫困、低保户调查、群众满意度调查等；住建委老旧小区提升改造后的准物业管理的评价调查等，新成立的应急管理部门对其各类应急管理预案也需要第三方深度研究和执行。

五、估价机构人员管理

（一）人员管理

1. 存量人才分类管理

针对现有员工，根据公司发展战略，结合员工自身情况，在项目安排、学习机会、薪金激励等各个方面进行差别化的梯队式分类管理，保证人才结构的合理性。

2. 增量人才有的放矢

新进员工存在犹豫期，缺乏稳定性，这就要求公司更加注重对新进员工的全方位锻炼和观察，对符合公司储备人才标准的重点关注和培养，对鸡肋型的建议尽早做出决定，人才可遇不可求，质量重于数量。

3. 基本技能全员具备

包括专业知识、专业技能和综合能力。专业知识指与公司各类业务相关联的专业知识体系的建立，建议以国家相关资格考试教材、优秀专业类图书、公司经典案例库、项目操作手册、各类培训活动资料、平台分享的专业文章等作为学习专业知识的素材来源。评估机构在快速发展阶段时，要多招收人员进行储备，以便于遴选，注意人员的能力平衡。在发展较为平稳时，可以通过调整岗位或淘汰人员来实现人员更新。

4. 提高员工积极性、责任感和工作热情

①充分尊重员工，重视员工在机构中的价值和地位，平等地对待员工，满足员工的基本需求，尽量把员工放在他所适合的工作岗位上；②为员工树立标杆，管理者都是下属的镜子，要让员工充满激情地去工作，管理者要做出模范来，管理者也应关心员工的进步和成长，尽力帮其向上发展；③做到知人善用，充分赋权，把适宜的权利真正交给员工，以最大的限度挖掘利用其能力，发挥积极性、创造性；④搞好团结，营造机构和谐氛围；⑤制定合理的激励机制和惩罚机制，根据各机构的特点采用灵活多样的激励方式，物质激励与精神激励并重；⑥加强公司培训，通过集中培训、专题分享、内部研讨等形式提高员工的工作素养和工作效率。

5. 思想上鼓励、制度上要求、政策上激励

通过日常例会、总结会等途径进行思想意识培养，包括社会历史发展规律、职场个人发展规律，都需要勇于接受新事物或新项目，顺应发展，立足于不被淘汰，同时新项目可拓展思维，多维发展；新项目或没有受理过的项目应在业务安排中制度化，以制度化要求安排受理，并辅以管理强制手段及作为员工升职的重要考核；鼓励大家做没做过的项目特别是未涉足的业务领域，在奖金体系上与常规项目予以区别。最后公司管理层一定要对新的业务领域和新的业务加以总结思考，这是一突发业务还是今后可能形成常规业务可以推广和复制，作为业务线重点发展，对于带头参与人员予以激励，鼓励能带头的新建部门拓展新业务领域。

（二）人员培训

1. 建立有效培训模块

一是适用于所有部门岗位的通用技能模块，二是针对各部门业务的专业技能模块。

2. 建立以师带徒模式

每一位新员工匹配一位师傅，由师傅带着徒弟作项目，并分别对师傅和徒弟进行科学考核评价。

3. 创建标准培训模式

建立固定培训时间，确定培训方案，让新员工再次进行零距离的实操培训；同时，机构与机构之间建立友好合作关系，可以互派员工参与到对方的优势项目中去，这样新员工的专业水平会得到快速提高，解决培训最后"一公里"的问题。

（三）增加凝聚力

1. 增加员工间的凝聚力

定期组织员工集体活动，包括年会、业务研讨、旅游、志愿服务、徒步、骑行等各类企业文化活动，员工生日、生育等组织祝贺、慰问。

2. 增加部门之间员工的凝聚力

定期举行跨部门业务培训、各部门主管会议及部门间交流活动，及时沟通、解决各部门间出现的矛盾，并通过组织跨部门集体活动促进沟通交流。

3. 增加部门内部员工的凝聚力

定期组织部门团建活动，部门主管不定期与员工进行一对一面谈，关注员工工作、生活状态。

六、估价机构风险管理

评估机构是以提供独立、客观、公正的价值估算为主要内容的社会中介服务组织。自20世纪90年代以来，我国的评估机构不断发展壮大，特别是脱钩改制以后，已经形成自负盈亏、自主经营、自我发展的独立经济实体。评估机构的数量也不断增多，评估机构间的竞争越来越激烈，与前几年相比，评估市场环境发生了巨大变化。其内部管理机制的合理性和有效性，直接决定着机构的生存能力；机构内部管理机制的整体水平，直接影响到行业形象和发展。加强内部管理机制的建设、提高内部管理水平的标准是评估机构生存和发展的永恒主题。

近年来，评估公司积极推进管理创新，探索建立适应市场经济要求的内部管理体系，机构整体水平明显提高，但是仍然容易出现下面的风险点：

一是对于公司的发展战略研究缺乏重视，缺乏明确具体的战略规划，战略设计流于表面化，加之评估市场严峻，业务量下降，业务拓展和转型是公司持续发展所面临的课题之一，同时需要制定科学的决策机制和约束机制，重视公司发展又不盲目发展。

二是内部机构设置不完善，经理层、决策层和监督层的职责交叉，部门设置简单，管理手段少，管理层次低，管理效率不高，没有建立监督机制和激励机制，财务管理、业务档案管理、内部控制制度不健全，执行不到位，从制度上严重影响了机构的发展。应建立"权益清晰、决策科学、管理严格、和谐发展"的内部治理机制。

三是加强风险防范。对内部质量控制制度建立的意义缺乏充分的认识，虽然有风险防范制度却并没有按照制度一一执行，使制度成为一种摆设。应建立科学规范的执业质量控制体系，切实执行三级复核制度，形成执业质量预警机制，通过提高执业质量来提升机构自身的竞争力。

四是缺乏规范有效的人力资源开发、使用和激励机制，各部门人员工作内容分布不均，缺乏人才培养计划，使得各类人才的积极性难以得到充分发挥。应建立与质量控制制度相结合的岗位责任制度、能上能下的晋升制度、能进能出的人才流动制度、公开透明激励惩戒制度等，使机构内部管理有章可循、有据可查；建立公平合理的分配制度，形成"对内具有公平性，对外具有竞争力"的分配体系。

五是企业文化建设缺失，缺少企业品牌打造。企业品牌是整个企业立体化的呈现方式，它会从多个维度去展示该公司，告诉客户及同行该企业是什么样的，包括企业的定位、社交媒介形象、工作模式、人员组成、沟通方式等。应注重树立企业品牌形象，通过品牌战略的效应，开拓市场，吸引客户，并以此增加企业的综合实力。

作为评估机构，第一，要加强估价师的风险培训，让估价师对估价业务存在何种风险要有充分的了解，培训其评价风险的方式方法，并对相应的风险采取何种措施可以规避和降低。同时机构内部也应建立质量管理和风险评价机制，减少估价师的担忧和顾虑。

第二，在承接业务时，机构及估价师要合理分析委托方的需要以及委托方提出的要求，委托方合理合法的需要估价师要予以满足，其他的需求不能满足时，要告知委托方以及不能满足的原因；要针对机构的专业能力及估价师的胜任能力来承接和分配任务，不应从事专业能力所不能胜任的业务，这种行为需要的是对自身素质的真实判断，并非以风险为由的推脱。

第三，估价机构要加强委托合同的管理，提高估价委托合同的质量及相关事项、估价前提的约定，明确双方的责任和义务。

第四，机构内部要建立相关的工作流程和制度，要求估价师要坚守职业道德，做到独立、客观、公正地开展估价业务，就会杜绝以客户要求为导向这一情形的出现。

第五，在执业过程中还可能因为政策、环境等其他因素的影响使估价结果失实而出现执业风险，这时机构内部的估价质量管理风险评价机制就是帮助估价师正确识别风险、应对风险的有力保障。

七、结语

管理涉及企业的方方面面。目标制定、人员招聘、企业宣传推广、企业文化建设等方面也非常重要，但并不是所有企业都需要做到"面面俱到"的管理。估价机构所处的发展阶段对管理内容的选择起着关键作用。

管理是科学，也是艺术！不同地域、不同规模、不同业务模式下的估价机构均存在各自的特点，管理没有"模版"，不能生搬硬套。如何科学进行管理，找到适合自己机构的管理模式，需要估价机构用"心"发现！

作者联系方式

姓　　名：毛胜波　戴泽　陆萃　翁荔敏

单　　位：上海智讯信息科技有限公司（智地平台）

地　　址：江苏省苏州市姑苏区十全街东吴饭店4号楼

邮　　箱：maoshengbo.123@163.com

房地产估价文化建设的实践与思考

谢红峰

摘　要：文化是一个国家、一个民族的灵魂，是维系国家统一和民族团结的精神纽带。文化对于企业最显著的作用就是对内凝聚人心，对外传播形象，不断提升员工人文素养和精神境界，形成实现企业目标、愿景的强大驱动力和精神支柱，提高企业的核心竞争力。正确理解估价文化内涵，对估价文化的现状、存在问题和发展途径进行全面、系统的思考研究，梳理和弘扬估价文化精神和文化资源，是提升估价行业价值，为估价行业持续健康发展提供思想保证、精神动力、智力支持的重要途径之一。

关键词：房地产估价文化；估价机构；实践与思考

一、房地产估价文化的内涵

文化是人类的思想、智慧、信仰、情感和生活的载体、方式和方法。房地产估价文化是社会主义核心价值体系在房地产估价机构的体现，是房地产估价行业历史发展中传承下来的独具行业特色的宝贵精神财富和物质形态。是指房地产估价行业执（从）业者在房地产估价活动中逐步形成的、为整个团队所认同并遵守的价值观、职业道德、经营理念和估价精神，以及在此基础上形成的行为规范的总称。估价机构专业性强，兼具学术型和服务型。其发展的核心是估价技术，如何精益求精锻造估价"工匠精神"；如何为估价委托人和估价报告使用人提供更多有用的信息和专业意见，提高估价品质；如何把追求专业精神转化为估价执（从）业者的一种"生活习惯"和"工作行为"，是估价文化建设的核心要义。

二、房地产估价文化的现状及存在问题

自20世纪80年代房地产估价专业产生以来，广大估价机构在履行房地产估价职责的过程中，通过估价实践不断丰富发展估价文化。特别是2003年以来，在中国房地产估价师与房地产经纪人学会的倡议下，全国各地的估价机构不断加强房地产估价执（从）业人员执业道德建设，有力地推动了估价文化的发展，共同维护了整个行业的信誉，提高了行业公信力，促进了行业健康、可持续发展。例如河南正恒房地产评估咨询有限公司的经营理念是：诚信、专业、创新、持续、责任；核心价值观是共创、共建、共赢、共享。链家的核心价值观是：因团队而强大；因做足功课而专业；因郑重承诺而有信誉；因为客户挖掘价值；降低交易成本而解决中国房地产问题。还有国众联诚信、专业、协作、共赢的核心价值观等。

房地产估价是一项新兴的产业，从总体上来说，估价文化建设还没有沉淀成自身特色，应该正处于探索与总结、提升阶段。目前估价文化建设还存在着认识误区和亟待解决

的问题。

一是认识不足,存在思想上的拒绝化和排斥化。对估价文化的内涵、本质、内在规律,尤其是重要性认识不够,认为估价机构重在研究估价专业技术、发展业务,承揽项目,文化建设是务虚的,是形式主义。

二是浮躁,急功近利,估价文化商业化。把估价文化等同于"销售"文化,把"估价报告"视同"产品"推销,一味追求商业价值,片面追求数量,不惜低价竞争,迎合人性中普遍存在的低层次欲望,导致估价报告模式化、重复化,严重降低估价品质,影响估价行业声誉。

三是估价文化建设简单随意,参与度低。认为估价文化是领导层倡导的,员工只是被动地接受,而不是主动的参与;或认为估价文化建设是行政部门的事情,使估价核心业务部门游离于估价文化建设之外,估价文化建设得不到全体员工的响应、认同和支持。估价文化元素与具体估价业务工作融合度不高,"两张皮"。

四是估价文化建设层次不高,表象化,未能形成体系。只注重文化建设的外延和表象,使估价文化建设浮于表面,成为"墙上的口号",缺乏明确的目标和方向。对估价文化内在规律、理论体系、成果转化等深层次的研究还处于初级阶段,缺少对优秀文化元素的挖掘、提炼和总结。未能形成有效成果转化,缺乏持久的动力和发展后劲。

三、房地产估价文化对推进估价工作的重要作用

中南财经政法大学慕课《内部控制与风险管理》之"企业文化概述"一节,形象地把企业的材料、厂房、设备等物质比喻为石子、沙子、水泥,把制度和流程比喻为制作混凝土的模板,而把道德、文化比喻为制作混凝土的水,企业的人力资源、物质资源和道德文化等有机结合,便可形成坚不可摧的核心竞争力。该比喻形象、传神,企业文化对企业发展的作用可谓是重之又重。

(一)估价文化建设是解决目前估价行业存在问题的重要途径

当前,我国估价机构数量增长较快,同质化竞争严重。一些估价机构不拼估价质量拼"估值"、拼"收费",造成估价委托人"讨价还价",房地产估价行业的专业性被质疑;一些估价机构"唯业务员至上",估价业务全靠业务员"跑、争、要",甚至出现业务员以估价委托人意图干扰估价报告结果,曲意迎合估价对象不合理要求等不良现象。由此也带来了更不利的现象,比如,有的银行一份房地产抵押报告交与四五家估价机构去做,最终以银行个人的意愿价格选取一家。这样一来,估价机构谈何专业?谈何尊严?谈何发展?这种养痈遗患的行为如不根除,势必造成估价报告"模式化",估价师"低能化",必将带来估价机构的灾难。要想扭转这一局面,保持估价行业的可持续发展,就必须以提高估价专业水平为重点,实现估价管理制度和估价文化之间的有效融合,把估价机构价值观渗透到估价机构经营管理的各个方面、各个层次和全过程,用美好的愿景鼓舞人,用大家共同认可的精神凝聚人,用文化的功能、文化的力量,倡导学术之风,遏制不良风气,促进估价行业整体素质、管理水平、服务质量和经济效益的提高。

(二)估价文化对估价工作将产生的四大作用

房地产估价文化贯穿在估价业务全过程中,通过估价文化建设,可以产生以下重要作用:

1. 导向作用

在估价文化长期实践过程中,逐渐形成科学的思维方式和处理问题的法则、确定了正

确的价值取向和工作理念，使员工对事物的评判达成共识，有着共同的价值目标、共同的理想，可培养估价执（从）业人员的专业意识、法制意识、责任意识、诚信意识，逐渐形成科学的思维方式和专业严谨、正直诚信、勤勉尽责的估价精神，铸造估价之魂，把估价执（从）业者引导到公司确定的最高奋斗目标上，为社会提供高品质的估价服务。

2. 凝聚和激励作用

自我价值的实现是人的最高精神需求的一种满足。估价文化以人为本，尊重估价执（从）业者的感情，着力为他们营造良好的工作、生活条件，搭建展示才华和长远发展的平台。必将增强员工的归属感、对估价机构的信心和认同感，在估价机构形成强大的凝聚力和向心力。有效消除估价机构内部的矛盾和摩擦，拆除部门壁垒，营造团结友爱、相互信任的和睦气氛，从而激励全体人员把个人的发展与估价事业发展紧密结合起来，迸发估价事业发展的强大合力。

3. 规范和调适作用

制度约束是估价文化建设的重要内容，可有效约束员工的行为；估价道德则是从伦理的角度去约束规范员工行为。估价职业道德以诚实、正直、诚信、公正为主要内容。比如说员工违反了道德规范的要求，就会受到舆论的谴责，心理上便会内疚不安。调适就是调整和适应。一个估价机构就是一个小社会。各部门间、领导与员工、员工与员工难免产生一些不和谐、不适应的因素，估价道德规范可使领导层和普通员工科学地处理这些矛盾，自觉地约束自己，激发"自律意识"。

4. 辐射和提升作用

估价文化实质上就是内聚合力，外树形象。良好的内部环境催生内生动力，并将产生积极的作用，使员工互相支持、互相协作、互相配合，推动估价人员综合素质的提高、估价品质的提升、服务质量的飞跃，并通过估价活动的各种渠道对公众产生影响，向社会辐射，从而推动估价机构树立良好的声誉。

四、建设房地产估价文化的发展阶段、途径和载体探析

（一）从估价文化建设的宏观角度分析估价文化渐进的发展阶段

估价文化是从估价机构经营管理过程中积淀出来的，其培植、发展和提升有一个长期的渐进过程。是从实践到理论，进而理论指导实践的一个过程。从其建设的宏观角度分析，可分为以下几个阶段：

1. 初期阶段：不加干预，自然而然发生的文化创造

房地产估价机构在创立和发展过程中，其领导层的运营理念和发展思想会逐渐被全体员工认可，进而形成一套具有鲜明个性特征的运营理念和发展思想。在这一阶段，估价机构将面临一些利益的冲突和矛盾，并发生一些令估价行业难忘的重大事件。这种冲突和矛盾下估价机构的选择正是估价机构价值观的具体体现。

2. 中期阶段：自觉的文化梳理与提炼

估价机构经过一段时间的发展，在估价项目和业务范围不断扩大、取得一定进步的时候，就需要及时地总结和提炼其成功的核心要素有哪些，对估价文化进行梳理与总结。广集全体人员的智慧，对企业的核心价值观进行发掘与研究，在共同的使命和愿景的引领下确定价值共识。

3. 发展阶段：文化落地，理论指导实践

如何让员工认同估价机构的文化，并转化为自己的工作行为，是文化建设中的关键部分。估价机构人员更新较快，前期形成的价值理念体系如何得到更大范围内员工的认同是这一阶段最为重要的事情。需要通过制度约束和道德规范的引导，做好新入职员工价值观甄选以及机构内部员工的价值观培养与矫正等工作。促进文化落地，引导各项工作的健康开展。

4. 提升阶段：文化的更新与提升

估价文化建设只有起点，没有终点。只要估价机构存在，文化建设将不断创新、完善、提升。估价机构的领导层要在估价文化共同价值取向下，不断总结、思考，并根据机构内外的环境与发展的需要进行文化的更新，甚至是再造、重塑。

（二）估价文化的途径和载体探析

估价文化的培植和建设不仅是一项意义深远的系统工程，更是一项探索性的建设工程。其培育与形成，发展与提高都需要长期的努力与积累。因估价机构成立时间，以及领导理念和工作作风的不同，估价文化建设不可能有统一的标准和固定的模式。以下仅从估价文化理念、制度、行为、物质等层面的建设进行探析。

1. 理念层面：塑造专业估价精神，培育核心价值观

理念层面是指估价精神和价值观的培育，是估价文化的核心，反映了估价机构的信仰和追求。估价精神指估价执（从）业者所具有的共同内心态度、思想境界和理想追求。它表达着估价机构的精神风貌和风气。核心价值观通常是指估价机构必须拥有的终极信念，它是解决估价机构在发展中如何处理内外矛盾的一系列准则，如对市场、对客户、对员工等的看法或态度等。

（1）以社会主义核心价值体系为引领。习近平总书记2019年9月27日在全国民族团结进步表彰大会上讲："要以社会主义核心价值观为引领，构建各民族共有精神家园。"房地产估价精神文化是践行社会主义核心价值观的重要途径，要把社会主义核心价值体系的基本要求融入估价机构执业的全过程，强化爱国、敬业、诚信、友善意识，善于运用中华优秀传统文化中凝结的哲学思想、人文精神、道德理念来明是非、辨善恶、知廉耻，自觉作为为政以德、正心修身的模范。在估价机构形成思想共识，指导估价机构的实际行为。

（2）不忘初心，始终明晰估价机构的社会存在价值及估价机构对社会的承诺。"为房地产交易、征收补偿、抵押贷款、司法鉴定、损害赔偿以及税收等提供价值参考依据，促进房地产公平交易、维护社会稳定、防范金融风险"，是估价行业存在的社会价值；要依据估价职责，弄清"我们是谁""我们要做什么""我们的目标是什么"，确定估价机构的"核心价值观""估价使命"和"战略愿景"。

（3）充分发挥政治引领作用，在估价机构涵养良好政治生态。近年来，许多估价机构相继成立了党组织，党员的队伍也在不断壮大。要以党的宗旨与党的精神激活企业发展的内生动力，调动党员的积极性，提升党员意识，强化担当作为，锤炼忠诚干净担当的政治品格，发挥党员先锋模范作用。

（4）培育估价职业道德。道德是法律制度的一种补充，是一种潜在的约束力，能够引导人们由被动的遵循规章制度到主动的自觉行动。员工正直诚信，具备良好的道德标准和职业操守，对估价机构健康发展至关重要。习近平主席希望我们秉持"贵和尚中、善解能容，厚德载物、和而不同"的宽容品格，达到"自然与社会的和谐，个体与群体之间的和谐"。在日常生活工作中，要遵循道德的要求，正确处理个人与他人、与单位、与社会、与自然的关

系，作为房地产估价执（从）业人员，要以"独立、客观、公正"原则为基础，遵循估价职业道德要求，正直诚实，不作虚假估价；要勤勉尽责，对估价对象进行实地查勘；要保守秘密，不泄露客户个人隐私；要维护估价行业声誉，不迎合估价委托人的不当要求，不以恶性压价、支付回扣、贬低同行、虚假宣传等手段招揽业务；不索贿、受贿，或利用开展估价业务之便谋取不正当利益。

2. 制度层面：建立约束制约机制，摒弃不良行为，实现从"他律"到"自律"

文化的自然演进是缓慢的。估价文化亦是有意识地、自觉地规范管理的结果。缺乏有效的约束机制，估价精神就很难推广、很难触及估价人员心灵深处，转化为日常行为。制度化的过程是估价文化相对固化的过程，体现估价行业核心理念的制度可以强化企业文化，经过长期反复的实践与完善，成为员工共同认可的思想、行动，甚至成为习惯。

（1）把企业文化理念作为企业制度制定的指导思想，建立一套有利于估价机构实现目标的纪律约束机制和行为规范，将估价理念贯穿到制度、纪律与行为规范中，引导约束每一名估价执（从）业人员，在实践中不断强化，促进估价人员正确价值观的形成，良好学习习惯的形成，努力转变员工的思想观念及行为模式。不断涵养估价执（从）业人员正直、向上、善良、廉洁自律的职业操守，做好高品质估价。

（2）坚持"以人为本"，刚柔相济，使估价精神、价值观的"柔"与制度化管理的"刚"有效结合。让员工知情、参政、管事，重视各项制度执行中的反馈意见，鼓励员工参与到各项制度的制定工作中来。达到既使估价机构领导层的意愿得以贯彻和有力支撑，又使员工个人的活动得以合理进行，同时又可有效维护员工的共同利益。

（3）从自身做起，从估价机构长远发展的大局考虑，依据核心价值观和行为准则，对哪些是估价机构倡导的，哪些是估价机构禁止的都做出明确的规定。修正或废弃与估价文化不相容的制度，使任何违背制度，与估价行业发展目标、价值观和经营理念"背道而驰"的行为都受到相应的惩戒，在潜移默化中使员工从他律到"自律"，形成共同的价值观和行为规范。

3. 行为层面：丰富实践载体，凝聚发展的强大力量

估价文化的行为层面，也可称作行为文化，是指估价执（从）业人员学习态度、工作作风、精神风貌、人际关系的动态体现。估价机构应遵循国家标准《房地产估价规范》GB/T 50291—2015 和房地产估价若干指导意见，结合本机构的核心价值观和估价精神，从估价执（从）业人员的行为举止、语言用词、外在形象以及内部管理、专业发展等方面进行引导。

（1）加强估价执（从）业人员综合素质教育。估价文化实质是"人的文化"，人才是估价机构的立足之本，是估价机构的主体。估价人员的思想素质、学识水平是估价文化建设的重要标识。要建立学习型估价机构，注重搭建知识交流平台，加强对估价核心价值观和估价精神的学习培训，使其转化为自觉行动，做到修身慎行，怀德自重。要抓好科学文化知识和估价专业技能培训，开发员工技能潜质，实现员工的价值，树立精干高效的估价队伍形象。

（2）举办估价师拜师仪式，弘扬估价工匠精神，打造专业之师。传承中华民族尊师重教的优良传统，实行现代师徒式估价师拜师学习，使估价新人在估价师的带领下，不断提高专业技能、职业素养。河南正恒房地产评估咨询有限公司年年举办估价师"拜师仪式"，通过庄严的拜师仪式，使资深估价师感受到肩上的责任，乐于将知识传授给新人，也使新入门的估价从业者通过"精准教导"尽快掌握相关知识，学习到更多宝贵的工作、社会经验，同时也学会感恩，建立起深厚的师生情谊，把房地产估价技术的传承推向一个新的高度。

（3）树立身边榜样，凝聚道德力量。把那些估价经验丰富、道德品行好、潜心钻研估价技艺、无私奉献、爱企如家的，能体现估价机构价值观和估价精神的某个方面的人物树立为"估价工匠""先进个人"。并通过估价机构年会，举办"估价工匠"表彰仪式，通过形象墙进行展示，以身边事感染身边人，感染、教育和激励广大估价执（从）业者，使员工学有榜样、干有示范。用正确的价值观、行为规范教化、统一员工的行为。

（4）建立礼仪行为规范。房地产估价业务兼具专业性和服务性。比如说，估价委托人委托估价机构对某一估价对象进行估价。如果估价师在接听电话时，言语生硬；在查勘环节举止欠佳，不能圆满解答估价委托人相关问题。那么，你给估价委托人的第一印象肯定是素质低下，不能胜任估价工作。估价行业要以仪表、仪容、仪态礼仪为基础，对估价人员的个人形象、工作状态、待人接物、实地查勘时的服务动作进行规范，让专业化、人性化、标准化的礼仪规范渗透到工作的每一个细节中，有效沟通情感，化解矛盾，赢得理解和信赖。

（5）积极承担社会责任。房地产业的大发展为估价行业带来了良好的发展机遇。估价机构的今天，得益于广大估价人的艰辛努力，更得益于伟大的时代、伟大的事业、伟大的党。衡量企业家自身价值，最重要的是看你对国家、对社会贡献的大小。公益是企业家承担社会责任，积极回馈社会、造福人民的重要途径。一个没有爱心的企业，是难以承担大任、难以走远的。估价机构热心公益，积极参加爱心救助等社会活动，自然会赢得社会对估价行业更多的认同与支持。

（6）关爱员工，培养员工的主人翁意识，倡导团队精神。缺乏团体意识和主人翁精神，员工就有可能分拨、拉帮结派。如果小团体主义盛行，员工只顾小团体利益，只顾保地盘，就缺乏执行力，可能导致舞弊事件的发生，造成企业损失，影响企业信誉。估价机构要真心关爱员工，为全体员工提供发展的环境条件，帮助员工实现自己的人生价值。在给员工提供良好工作环境的同时，通过健康体检、节日福利、文娱活动等促进员工的情感交流，搭建成长的舞台，温暖的平台，使大家充分感受到企业的温暖，爱企如家，抱团发展。

4. 物质层面：打造估价机构品牌文化，扩大估价机构的知名度和影响力

品牌本身就是一种文化现象，是估价机构所提供的估价报告和服务标识区别于其他估价机构的显著标志。房地产估价机构缺乏品牌意识，就像一个没有个性和激情的人一样，没有辨识度，没有影响力，客户对该估价机构印象模糊，将极大影响估价机构可持续发展。

（1）基础设施建设。基础设施是高质量工作的保证，更是估价机构实力的展现。房地产估价机构最基本的就是要拥有固定的办公场所，并根据情况配备员工活动室、健身房、图书室、荣誉室、小食堂、水吧等，不断改善估价执（从）业人员的工作生活条件，丰富员工的业余文化生活，打造整洁规范、秩序井然、拴心留人的工作环境。

（2）标志设计，建立 CI 视觉识别系统。标志具有象征功能、识别功能，是估价机构形象、特征、信誉和文化的浓缩。代表着估价机构的经营理念、价值取向以及文化特色等。可以根据估价机构名称、图案记号、或者两者相结合，设计估价机构的 LOGO；可以根据估价机构的名称、特点，用高度凝练、精辟的语句，提炼出估价机构的标志性语言和视觉识别"颜色"。

（3）规范运用标志。估价机构的标志是无形资产，在形象传递过程中，是应用最广泛、出现频率最高，同时也是最关键的元素。要广泛应用在估价执（从）业人员工牌、工装，估价报告，相关宣传彩页、宣传板块，机构网站，以及水杯、信笺上，在客户心灵深处形成潜在的文化认同和情感眷恋，把品牌人格化，塑造估价机构良好形象，赢得社会各界的认同和

信赖。

（4）提高估价报告质量。估价报告的制作质量、技术含量、完成速度以及估价结果是否科学，是打造估价品牌的核心。在制作质量上，每一个估价机构的报告要统一规范，有自己的标识。比如估价报告封面使用估价机构自己的"企业色"，并在封面标注 LOGO；在技术质量上，要潜心研究估价技术，尽可能多地为估价委托人提供更多的有用的和有价值的信息，提高估价"含金量"，提升估价服务品质。

五、结语

习近平主席 2019 年 9 月 16 日至 18 日在河南考察调研时讲，"要推动文化繁荣兴盛，传承、创新、发展优秀传统文化"。房地产估价文化应是中国优秀传统文化的一部分。估价行业应该加强对其重要性的认识，从早着手，及早抓起，使其真正在估价机构落地生根，达到外化于行、内化于心，不断提升估价机构的凝聚力和核心竞争力，推进估价事业长远、健康、可持续发展。

作者联系方式

姓　　名：谢红峰
单　　位：河南正恒房地产评估咨询有限公司
地　　址：河南省洛阳市西工区七一路九州大厦 916 室
邮　　箱：hongfeng698@126.com

房地产估价机构的进化与变异

——信息化助推传统估价服务升级

陈 烨

摘 要： 我国自建立房地产估价师执业资格制度以来，已经经历了二十多年的发展，房地产估价行业在促进房地产市场的稳定繁荣、交易公平等方面做出了重要的贡献。与此同时，在日趋激烈的行业竞争和信息化浪潮的冲击下，传统房地产估价陷入核心业务式微、竞争恶化、创新转型乏力的困境。在当前我国经济已由高速增长阶段转向高质量发展阶段的大背景下，估价机构如何能够"活下去"？如何能够通过自我更新得到可持续发展？是估价机构面临的难题。本文将从传统估价业务信息化的视角来探寻房地产估价机构调整和创新发展方式，从而提高机构的核心竞争力。

关键词： 困境；估价机构调整和创新；信息化

《资产评估法》的施行推动了行业向健康有序的方向发展，同时也冲破了行业管理部门与地方保护的藩篱，促使行业向更为市场化和专业化的征程演化。当然不可避免的是同业、跨界的竞争也趋于激烈，机构之间跨区域的合纵连横、传统评估业务的大数据化、京东与各级法院签署网评合作等事件引发了估价机构对未来生存环境的焦虑和思考，激发了估价机构重新审视自己的市场定位和社会价值。笔者将尝试以信息化为切入点，通过改造传统估价业务的作业方式和与用户的连接方式，提升用户体验。

一、调整和创新发展方式面临思维迭代

（一）估价机构业务转型是大势所趋

过去二十多年，房地产估价机构伴随中国经济的高速增长，经营业绩逐年增长，企业得到壮大和发展，行业总体上是健康平稳的，但近年传统业务板块业绩下滑较快、自动估价技术投入应用对市场的冲击等原因，业内普遍有"转型是找死，不转型是等死"的忐忑。从长远发展来看，房地产估价机构的转型是大势所趋，这个过程是渐变的、缓慢的，所以需要机构能多开阔视野，深入客户，储备一些高素质的人才，持之以恒地进行数据搜集和积累，为最艰难的时刻做好资源积累。

（二）房地产估价公司本身就是数据公司

2018年7月13日，联合国秘书长古特雷斯宣布世界正在进入DT时代（数字经济时代），英特尔也预测，到2020年全世界产生的数据总量将达到4ZB（1ZB=1万亿GB），毋庸置疑，人类正以大踏步的姿态迈入信息时代，各行各业都在信息化浪潮中不断适应新形势，追求新

变革，房地产估价企业也应顺应时代大势。

其实，房地产估价公司本身就是数据公司，房地产估价机构提供给客户的商品表面上是实体的估价报告，而实质上提供的是非物理化的产品——数据。估价报告只是载体，估价机构接受委托后将房地产估价相关数据（房屋实物、权益、区位、估价结果等）记录在估价报告上，提交给客户去使用报告上的数据。在这个交易过程中，如果剥离掉所有表象需求，估价报告形式将变得多余，不仅是报告中的数据甚至包括盖章和签字也是可以网络传输给客户的，这还只是传统估价业务的信息传输方式的改变。如果利用批量评估技术和自动估价系统，那么估价作为一种经济交易行为的成本将大大降低，效率得到极大的提高，即时的服务与用户反馈所带来的便捷、高效的用户体验是传统估价报告无法比拟的，因此房地产估价的这种数据属性很适合进行信息化转型。

（三）何谓高质量的服务

1. 高效率

高效率有三种表现形式，时间的节约、成本的降低和客户体验的提高，任何一种形式的改善和突破都可被称之为高质量的服务。

2. 新技术

高质量的服务源于创新，创新很大程度上源于新的知识、新的技术。在实践中，将新知识和新技术转化为产品与服务，并说服客户进行尝试应用是非常重要的，技术进步的步伐往往要快于市场需求的速度，有时说服市场接受新技术比研究新技术还重要。

3. 高黏性

如果提供给用户的服务和产品始终可以处于在线状态，在这种交互状态下，供应商可以即时得到对产品的反馈。

（四）合作力的唤醒

社会发展史就是一部合作史。农耕文明时代，人们只要通过家庭的合作就可以完成自给自足；工业时代，机器和分工合作产生了商品的繁荣和大城市的出现；在全球一体化和互联信息时代，让人与人、组织与组织的跨区域、跨行业的合作成为可能。

1. 与其他行业合作

如果以某一家估价机构的力量来研发、维护内部管理系统、外勘系统、自动估价系统以及大数据、人工智能等信息化产品是不现实的，所以通过与第三方信息技术服务公司建立长期的战略合作，获得专业而低廉的信息产品，提升企业竞争力是估价机构提供高质量服务的一种途径。

2. 与同行业合作

业内一些志同道合的估价机构以数据、信息系统为纽带，组成跨省、市地域的信息合作联盟，组建信息技术公司，相互抱团取暖，携手共进，获得发展。这里需要指出的是，信息技术公司作为独立的法人，需要以高投入、高风险的思维模式来运营，而实际的管理经营往往由共同推举的评估公司负责人兼任。两类完全不同的商业模式、发展思维和价值网的公司兼营发展，可能会给两类公司都带来很大的经营风险。

还有一类的同行业合作是与跨国或全国性的评估集团结盟，整合品牌、管理、技术进行全方位的合作，提高竞争力，做大做强市场。

单打独斗的时代已经过去，合作共赢应该是一个发展趋势。

二、用信息化调整和创新传统估价业务发展方式

房地产估价信息化是以现代通信、网络、数据库技术为基础,对工作流程、估价技术及参数进行标准化的过程。房地产估价信息化可以极大地提高效率,为推动房地产估价服务的进步提供极大的技术支持。

根据服务对象不同,房地产估价信息化可划分为内部信息化和外部信息化。内部信息化指估价机构通过实现信息化提高自身的管理和作业效率,外部信息化指估价公司利用信息技术为外部用户提供专业的相关服务。本文阐述的主要是指利用外部信息化来连接客户,为用户提供高质量的服务。

(一) 金融业务板块的信息化

1. 房地产批量估价技术等信息化技术在金融领域的应用

《房地产估价基础术语标准》对批量估价的定义是:"基于同一估价目的,在利用共同的数据,采用相同的方法,并经过统计检验,对大量相似的房地产在给定日期的价值或价格进行评估。"

国内基于批量估价技术的自动估价研究起步于21世纪初,财政部、国家税务总局为防范存量房交易的"阴阳合同"所形成的税收风险,推动和促进了自动估价在房地产估价行业的研究和应用。

通过十余年的发展,自动估价不仅在课税领域得到广泛的应用,在金融领域的实践也逐渐得到普及。目前国内一些大中城市估价机构的先行者和专注于此的互联网信息公司均能为金融机构提供贷前的押品估值、贷中贷后的复估、压力测试、风险评级等决策支持。

从发达国家经验看,像英国的评估公司Hometrack向银行提供即时的住宅房地产自动估价服务已有多年,这使得银行能够提供更快的抵押贷款决策,从而削减成本并改善了客户服务。而在美国,由于受金融评估监管制度制约,抵押贷款评估业务都需要州"注册评估师"或"许可评估师"评估,但是在互联网技术及共享经济的推动下,自动估价技术的应用也在不断扩展。2018年6月7日,美国评估促进会(The Appraisal Foundtion)召开全国性的论坛会议,讨论并通过了房利美和房地美在某些贷款业务中不再需要进行传统评估,而仅依赖于自动评估模型就可以完成估值。

在上述金融业的估价信息化服务之外,服务于估价机构的第三方信息技术公司也应运而生,如国内的深圳房讯通、美国的FNC和英国的LANDMARK采用平台主导下的业务、技术连接模式,为估价公司提供业务导流、现场勘察、估价作业、业务管理等服务,从而使估价机构给金融业带来高速、便捷的房地产估值服务。笔者2015年拜访LANDMARK公司时,该公司CEO向我们展示了为估价师打造的一款类似Ipad的手持移动设备,这款设备软、硬件均为自主研发,集成了现场勘察、GIS、信息回传、信息查询(数据库里储存着房地产历史交易数据、不同年代的房地产历史图文、水文、环境等信息,这些信息由LANDMARK公司出资购买)等功能,大大提高了估价师的效率和专业边界,提升了专业服务的能力。

2. 估价机构提升信息化能力的路径

(1) 定位:估价机构通过合作或加盟形式选择一套适合自身发展的信息化系统,先可以从实现内部信息化开始,逐步培养有房地产估价基础的信息化人才,积累经验。

(2) 数据建设:持续采集、积累房地产基础信息和市场价格信息、GIS信息,先从住宅

起步，逐步延伸到办公、商业和工业领域（也可以专注于某一类数据），如果所在城市的数据建设已经比较完善，可以与先行者、第三方信息技术公司合作维护，以此形式介入，成本较轻，也避免重复投入。如果数据建设尚在初期，同城中的估价公司可以分区共建共享数据。

（3）推广：产品形成后，可以先向有公信力的机构推广使用，积累品牌和影响力，较佳的方式是取得税务部门的服务合同，之后再延伸到金融、公证处、公积金等潜在需求机构。

（4）挖掘：房地产估值数据和信息系统是与客户建立交易关系的新方式，这种即时的连接能帮助估价机构得到快速的用户反馈，在频繁的交互中，估价机构能感知到客户的深度需求，让估价机构不断改进和研发产品来满足客户要求，而传统的评估报告版本有可能几年都不会去修改。

在四大传统业务中，金融业的抵押评估业务是最具有普遍性的业务板块，无论在北上广深，还是偏远小城，均有估价机构从事此项业务。从学会公布的数据看，估价机构的银行抵押评估业务占到总营业收入的 50% 以上，根据美国房地产估价行业协会的数据，2014 年美国房地产估价行业总收入的 70 亿美元中来自抵押估价业务的占比也高达 58%，因此，在金融业中的估值相关业务始终是估价机构的核心业务，失去这项业务，将失去与金融行业用户的连接，将失去金融业用户进行其他类型合作的可能。估价机构应积极面对挑战，根据所在地区的市场竞争格局和信息化发展水平，建立具有差异化优势的信息化服务能力的护城河。

（二）征收（拆迁）业务板块的信息化

房屋征收工作流程漫长，从征收入户调查开始，经历项目立项、采样评估、方案制定、资金测算、社会稳定风险评估、征收决定申请、权属确认、房屋动迁、征拆评估、征拆签约、同步审计、房源安置抽签、资金结算发放、权证注销，到档案管理阶段也不一定能完全结束。作为征拆实施主体，虽然将一部分工作进行了外包，但仍留有许多痛点，如阳光征收实施、协调管理混乱导致政策把握不一致、数据统计总难准确。房地产估价机构在从事征拆评估过程中，比较了解征拆过程的全部流程，作为企业多元化发展，从事征收服务业务是一条上下游产业链业务延伸的方向，具体可从为委托方提升征拆管理信息化、透明化入手：

（1）通过外部合作开发或购买征拆估价作业系统，改造传统征拆评估工作流程，现有市场上的征收评估信息系统对于批量大、同质性强的住宅类的房产，已经可以做到现场估价（测量），现场打印核对单，实现外勘内业一体化，能提高征拆估价效率、减低差错率。

（2）通过外部合作开发或购买征拆管理信息系统，提升征拆实施单位的信息化水平；同时，配备一定的系统管理和操作人员，协助实施单位做好征收信息系统管理、信息录入、协议生成等辅助工作。现有市场上也可以找到很多同类产品，考虑到不同区域的征拆政策差异大、同一地域的政策变动频繁的特点，信息系统可选择可自行配制模版的 saas 模式的软件产品。

相对而言，政府部门的组织文化不太鼓励创新，说服影响征拆实施单位和征拆主管部门使用征拆管理信息系统是一项艰难的工作，早在 2013 年，住房和城乡建设部就下发了《进一步加强国有土地上房屋征收和补偿信息公开工作的通知》，要求在征拆过程中，逐步从信息公开、信息查询到推行实现网上签约，实现信息公开、阳光征收。但从全国的征拆信息公开现状看，一些政府部门的征拆信息公开只做到了补偿方案、征拆区域范围信息公开，能实现征拆信息线上查询的项目寥寥无几，至于网上签约，只有极个别城市能实现，因此，估价机构把为征拆实施单位推动阳光征收、实现征收信息化作为目标，有较大的发展空间。

（3）打通上下游，延伸征拆服务产业链，成为政府征拆项目的全流程供应服务商。

（三）课税业务板块信息化

因国家税务总局的"金税三期"税收管理信息系统不包含存量房交易计税征管信息系统，国内各省级税务局通过内部信息中心自主开发和委托专业软件开发公司两种方式开发存量房交易计税征管信息系统。在各市、县地税局的存量房数据建设初期，房地产估价公司通常是作为数据供应商的角色为税务部门提供房产批量价格和基础数据；建设完成后，房地产估价机构往往担任新增房屋信息的补充和数据维护、技术培训工作。这项工作虽然收费较低，但因价格数据维护工作已嵌入到政府行政中心前台征管流程，具有长期性、高黏性，也能为估价机构分析、研究该地区存量房交易市场带来丰富的数据。

（四）司法业务板块的信息化和市场变局

房地产估价机构为司法部门提供的传统估值服务，主要集中在司法执行阶段的拍卖底价评估，在估值的信息化服务上鲜有尝试，这不代表司法部门没有信息化服务的需求。2018年12月6日，东莞市第一人民法院与京东宣布签署互联网+战略合作协议，京东建设的大数据评估系统针对住宅类房产，为法院的评估提供参考性服务。系统通过引入当地优质房地产中介机构和价格认定部门的数据，为标的物价格的评估提供数据参考，并通过引入过往房产成交数据等对房产确定初步参考价格。

2019年8月28日最高人民法院下发了《关于人民法院确定财产处置参考价若干问题的规定》，规定中明确，在人民法院确定财产处置参考价时的优先顺序是：当事人双方议价、定向询价（计税基准价、政府定价或政府指导价）、网络询价、委托评估机构评估。同时还规定了司法网络询价平台的入库条件，必须符合"具备能够依法开展互联网信息服务工作的资质""能够合法获取并整合全国各地区同种类财产一定时期的既往成交价、政府定价、政府指导价或者市场公开交易价等不少于三类价格数据，并保证数据真实、准确"，上述规定意味着估价机构无缘网络询价机会，互联网公司抢占了司法估值业务的入口后，委托评估业务中的估价业务将大幅萎缩。当然，现在这种模式还只是开始，未来估价公司利用自身的线下服务和估价专业经验优势与互联网公司构建司法估值的O2O生态圈也不无可能。

三、结语

达尔文的生物进化论告诉我们，生物无不是通过对环境巨大适应之后逐渐地进化和变异而存活下来的，房地产估价机构作为经济丛林中的一个物种将在数据信息化时代的新环境中如何调整、创新和发展，我们拭目以待。

参考文献：

[1] 柴强.中国房地产估价业务多元化的进程与未来[C]// 房地产估价业务多元化与国际化——第二届中韩日估价论坛暨2015年房地产估价年会论文集.北京：中国城市出版社，2015.

[2] 约翰·桑希尔.房产估价师会被机器取代吗[N].英国金融时报，2018-10-05.

[3] 克莱顿·克里斯坦森.创新者的窘境[M].北京：中信出版社，2014.

[4] 彼得·德鲁克.创新与企业家精神[M].北京：机械工业出版社，2009.

[5] 崔太平，徐长林.房地产估价行业变革与重塑[C]// 房地产估价业务多元化与国际化——第二届中韩日估价论坛暨2015年房地产估价年会论文集.北京：中国城市出版社，2015.

[6] CVI. 美国评估行业对市场最新出现的"评估豁免"和"混合评估"等进行热议 [J]. 中国资产评估，2018（07）.

作者联系方式
姓　　名：陈　烨
单　　位：浙江博大房地产土地资产评估有限公司
地　　址：浙江省绍兴市越城区人民东路 1051 号 3 号楼三楼
邮　　箱：724436009@qq.com

房地产估价行业现状分析及展望
——以江苏省为例

赵 华

摘 要：我国房地产估价行业随着房地产市场的迅猛发展而逐渐成长起来，房地产估价行业也成为社会经济发展中必不可少的一环。本文从江苏省房地产估价行业的发展现状和发展价值的角度，深入分析房地产估价行业所存在的问题，并最终给出相关对策建议。

关键词：房地产估价；估价机构；估价师；未来发展

一、引言

房地产估价，就是对所选定的房地产标的物的价值进行综合评估。从专业角度来讲，房地产估价是指专业估价人员根据估价目的、遵循估价原则、按照估价程序、选用适宜的估价方法，在综合分析影响房地产的价值影响因素的基础上，对房地产在价值时点的客观合理价格和价值，进行估算和判断并提出专业意见的活动。

二、房地产估价的发展价值

房地产业在现阶段作为中国经济发展的支柱行业，随着国家宏观政策指导以及在各城市居民住房的刚性需求的推动下，一直保持着较稳定发展的趋势。而房地产估价行业作为房地产中介服务业，在社会经济服务中起着不可替代的重要作用。

（一）房地产在社会财富比值中占比大

在一个国家或地区的全部财富中，房地产一般占社会总财富的50%~70%，在我国城镇居民住房资产占家庭总资产占比已超过50%。即其他各类财富之和也不及房地产一项之多，这就导致了房地产估价的需求之多。

（二）房地产市场是不完全市场

房地产作为一种商品，其最明显的经济属性是其价值或价格。由于房地产价格影响因素较多，且人们的购买频率较低，所以难以形成普通人可以识别的适当价格，从而就需要专业的房地产估价师、评估专家来对房地产价格和价值进行市场估价。

（三）房地产估价目的较多

房地产估价除了传统的房地产抵押估价、房地产司法鉴定估价、房地产征收估价、房地产税收估价外，还普遍发生房地产租赁估价、房地产转让估价、房地产保险估价、房地产损害赔偿估价、为财务报告服务的房地产估价等诸多目的房地产估价。

（四）需要多元化服务机构和技术能力强的专业人才

房地产估价需要多元化服务机构和知识水平较高、专业技术强、具有社会责任心的评估专业人员。

三、江苏省房地产机构的发展现状

江苏省处于长三角经济区，近年来国家对房地产业实施宏观调控政策，房地产业处于平稳发展阶段。2018 年全省国内生产总值为 9.26 万亿元，同比增长 6.7%，房地产市场也蓬勃发展，2018 全省房地产投资同比增长 14.1%。随着房地产市场平稳发展和《资产评估法》的实施，房地产估价市场也处于高速度发展阶段，助力本地区的社会经济发展。

（一）江苏省房地产估价机构设立情况

截至 2019 年 6 月 30 日，江苏省有房地产估价机构 973 家（含未备案分支机构 413 家），其中备案等级一级房地产估价机构有 68 家，占比 6.98%；二级房地产估价机构有 171 家，占比 17.2%；三级房地产估价机构有 77 家，占比 7.9%；暂定三级房地产估价机构 14 家，占比 1.4%；普通合伙机构 5 家，占比 0.5%；已备案分支机构 225 个，占比 23.1%，未备案分支机构（备案一级直营的办事处、联络处等）413 个，占比 42.5%。具体情况见表 1 和表 2：

江苏省房地产估价机构界定条件　　　　表 1

备案等级	从事房地产估价连续年限	注册资金	股东占比人数	注册房地产估价师人数	近 3 年平均完成估价标的建筑物面积（万 m²）	近 3 年来平均毛收入（万元）	相对类型
一级	≥0.6	≥500	≥3	≥15	≥420	≥1000	大型
二级	≥1	≥200	≥3	≥8	≥150	≥800	中型
三级	≥1	≥50	≥3	≥8	≥60	≥200	小型
暂定三级	≥1	≥50	≥3	≥8	≥20	≥200	小型
已备案分支机构	≥1	—	—	≥8	≥50	≥300	小型
未备案分支机构	≥1	—	—	—	—	—	小型

江苏省各级房地产估价机构数量及占比　　　　表 2

	一级	二级	三级	暂定三级	普通合伙	备案分支机构	未备案分支机构
数量	68	171	77	14	5	225	413
占比	6.98%	17.2%	7.9%	1.4%	0.5%	23.1%	42.5%

（二）江苏省房地产估价机构分布情况

江苏省有 13 个设区市，江苏省依照位置划分为苏南、苏中、苏北三个片区，由于各区域经济和房地产发展水平不同，房地产估价行业规模、经营项目、营业收入等存在差距。其中苏南片区的南京、苏州、无锡、常州房地产估价机构在机构行业规模、经营项目等方面有着明显的优势，苏中片区的南通、泰州、扬州次之，苏北片区的徐州、盐城市位于第三。全省房地产行业发展从苏南到苏中至苏北也呈现一个递减的趋势,而且苏中和苏北的大部分经营情况较好的机构是由苏南片的房地产估价备案一级机构所设立的分支机构经营者,具体情况见表3:

江苏省房地产估价机构分布情况　　　　表3

片区	城市	一级	二级	三级	暂定三级	普通合伙	备案分支机构	未备案分支机构
苏南	南京市	26	20	2	2		23	32
	常州市	5	20	5			16	31
	无锡市	6	18	5	1	2	22	28
	苏州市	16	36	19	1		32	48
	镇江市		2	6			18	32
苏中	扬州市	2	9	4	4		12	28
	泰州市	1	15	12	2	1	22	35
	南通市	3	8	10		1	12	48
苏北	徐州市	4	18	3	2		25	32
	连云港市		4	1			18	28
	淮安市		3	3			10	21
	宿迁市		5	2			9	22
	盐城市	2	13	5	2	1	6	28
合计		68	171	77	14	5	225	413

(三)江苏省房地产估价机构备案数量变化情况

1.江苏省房地产估价机构备案数量

自2016年12月1日《资产评估法》实施后,房地产估价机构资质审批转为行政备案,江苏省房地产估价机构的初始申请、延续、备案等级升降等审批部门从原来江苏省住房和城乡建设厅行政审批中心变更到江苏省住房城乡建设厅房地产市场监管处负责。2016—2018年江苏省房地产估价机构数量变化情况见表4:

2016—2018年江苏省房地产估价机构备案情况一览表　　　　表4

	2016	2017	2018	备注
第一批	8	6	11	
第二批	3	8	10	
第三批	8	4	15	
第四批	3	6	7	
第五批	3	5	5	
第六批		6	6	
第七批	5	9	12	

续表

	2016	2017	2018	备注
第八批	9	4	9	
第九批	5	6	6	
第十批	5	5	6	
第十一批	7	6	6	
第十二批	5	3	12	
第十三批	3	2	8	
第十四批	4	10	13	
第十五批	2	7	12	
第十六批	3	8	13	
第十七批	3	3	12	
第十八批	2	4	11	
第十九批	2	3	9	
第二十批	8	12	7	
第二十一批	6	3	19	
第二十二批	1			
第二十三批	5			
第二十四批	1			
第二十五批	5			
第二十六批	4			
第二十七批	0			
第二十八批	1			
第二十九批	2			
第三十批	1			
第三十一批	6			
第三十二批	1			
小计	126	120	209	

注：根据江苏省住房和城乡建设厅网站当年度公布数据整理

2. 江苏省房地产估价机构备案数量分析

自 2016 年至 2017 年为《资产评估法》实施的过渡阶段，江苏省房地产估价机构在初始申请、备案延续方面数量情况没有明显变化，只在原备案等级二级升一级方面由原 8 家二级机构升为一级；2018 年审批批次有明显增加，除原备案到期机构备案延续外，新增初始申请备案机构近 20 家，新升一级备案等级机构多达 12 家。2016 年 3 月至 2018 年 12 月原房地产估价机构经营范围新增资产类别的估价机构多达 83 家（图1）。

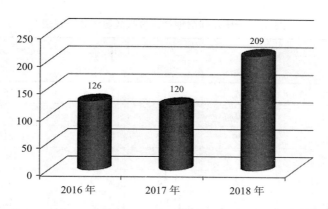

图 1　2016—2018 年通过江苏省备案审批的房地产估价机构数量对比图

3. 江苏省房地产估价分支机构备案数量分析

江苏省根据《资产评估法》规定，设立分支机构的评估人员为 8 人，大部分分支机构因诸多原因无法满足，2017 年审批批次锐减。又由于江苏省房地产估价市场的活跃，备案等级为一级的房地产估价机构为了保住原抢占的估价市场，克服了种种困难，根据江苏省房地产估价情况在各区市设立分支机构，2018 年分支机构的新设、延续多达 129 批次，即 129 家（图 2）。

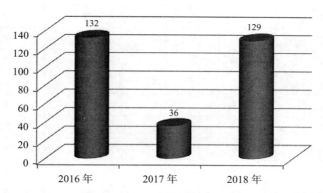

图 2　2016—2018 年通过江苏省备案审批的房地产估价分支机构数量对比图

注：根据江苏省住房和城乡建设厅网站当年度公布数据整理

四、江苏省注册房地产估价师从业人员数量状况

（一）注册房地产估价师数量情况统计

自 2016 年 12 月 1 日《资产评估法》实施以来，随着房地产估价机构资质审批制度的改革，按照要求房地产估价机构从行政审批转变为备案申报，人员为 8 名评估专业人员。由于《房地产估价机构管理办法》至今尚未发布，注册房地产估价师人员仍按原办法实施，且江苏省估价机构所需注册房地产估价师按 8 名专业评估人员（即国家批准认可的专业评估人员房地产估价师和资产评估师两类）。2016—2018 年全国注册房地产估价师数量情况见表 5～表 7 和图 3～图 5：

2016 年全国注册房地产估价师数量统计一览表　　　　表 5

序号	地区	分类				合计
		初始	变更	延续	注销	
1	北京市	56	126	353	15	550
2	天津市	20	31	210	3	264
3	河北省	129	125	359	21	634
4	山西省	33	34	230	5	302
5	内蒙古自治区	52	56	172	3	283
6	辽宁省	70	201	540	12	823
7	吉林省	59	83	406	3	551
8	黑龙江省	70	151	314	5	540
9	上海市	41	95	330	6	472
10	江苏省	239	497	1021	26	1783
11	浙江省	184	289	681	9	1163
12	安徽省	89	180	315	14	598
13	福建省	96	118	399	13	626
14	江西省	50	92	205	7	354
15	山东省	252	410	667	59	1388
16	河南省	164	213	399	2	778
17	湖北省	67	155	341	14	577
18	湖南省	58	116	277	4	455
19	广东省	239	502	1014	21	1776
20	广西壮族自治区	66	100	263	9	438
21	海南省	18	47	61	6	132
22	重庆市	59	112	365	5	541
23	四川省	113	177	831	3	1124
24	贵州省	60	105	155	2	322
25	云南省	88	143	223	0	454
26	西藏自治区	1	3	9	0	13
27	陕西省	55	72	145	6	278
28	甘肃省	26	15	57	4	102
29	青海省	13	9	12	1	35
30	宁夏回族自治区	7	33	50	0	90
31	新疆维吾尔自治区	11	90	162	1	264
32	新疆建设兵团	0	0	0	0	0

续表

序号	地区	分类				合计
		初始	变更	延续	注销	
33	香港	0	0	0	0	0
34	澳门	0	0	0	0	0
35	台湾省	0	0	0	0	0
	合计	2485	4380	10566	279	17710

注：根据中国房地产估价师房地产经纪人网站当年度公布数据整理

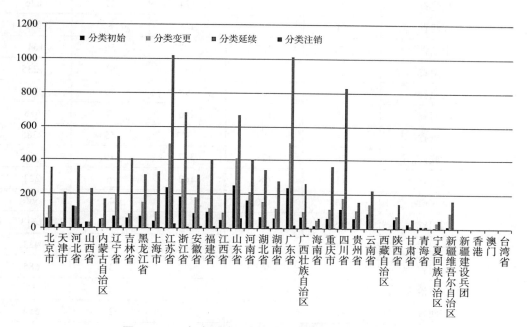

图3　2016年全国注册房地产估价师注册情况对比图

2017年全国注册房地产估价师数量统计一览表　　表6

序号	地区	分类				合计
		初始	变更	延续	注销	
1	北京市	79	247	653	29	1008
2	天津市	19	65	239	24	347
3	河北省	140	245	579	18	982
4	山西省	52	53	253	4	362
5	内蒙古自治区	43	47	327	5	422
6	辽宁省	74	248	581	12	915
7	吉林省	52	158	382	16	608

续表

序号	地区	分类				合计
		初始	变更	延续	注销	
8	黑龙江省	67	185	585	10	847
9	上海市	39	94	474	65	672
10	江苏省	377	866	1225	55	2523
11	浙江省	163	377	842	16	1398
12	安徽省	66	167	471	22	726
13	福建省	113	167	524	22	826
14	江西省	54	106	428	8	596
15	山东省	251	417	917	56	1641
16	河南省	157	275	742	61	1235
17	湖北省	84	165	598	70	917
18	湖南省	38	167	446	7	658
19	广东省	200	603	1527	55	2385
20	广西壮族自治区	56	128	347	19	550
21	海南省	17	38	162	6	223
22	重庆市	46	100	371	43	560
23	四川省	109	249	944	11	1313
24	贵州省	51	93	282	7	433
25	云南省	75	163	412	35	685
26	西藏自治区	6	7	4	0	17
27	陕西省	86	116	324	28	554
28	甘肃省	26	22	96	0	144
29	青海省	4	12	23	3	42
30	宁夏回族自治区	6	14	78	1	99
31	新疆维吾尔自治区	19	94	317	22	452
32	新疆建设兵团	0	0	0	0	0
33	香港	0	0	0	0	0
34	澳门	0	0	0	0	0
35	台湾省	0	0	0	0	0
	合计	2569	5688	15153	730	24140

注：根据中国房地产估价师房地产经纪人网站当年度公布数据整理

第五部分 估价机构人才、内控、品牌、文化等自身建设

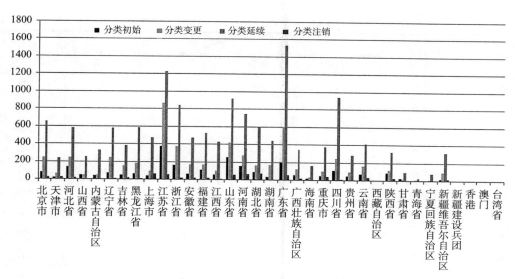

图4 2017年全国注册房地产估价师注册情况对比图

2018年全国注册房地产估价师数量统计一览表 表7

序号	地区	分类				合计
		初始	变更	延续	注销	
1	北京市	86	232	467	32	817
2	天津市	17	94	156	8	275
3	河北省	133	230	525	33	921
4	山西省	46	81	238	2	367
5	内蒙古自治区	68	115	233	4	420
6	辽宁省	97	391	458	8	954
7	吉林省	51	145	261	3	460
8	黑龙江省	56	219	233	25	533
9	上海市	53	111	247	15	426
10	江苏省	407	1253	1084	93	2837
11	浙江省	230	598	761	33	1622
12	安徽省	97	260	342	42	741
13	福建省	114	293	378	45	830
14	江西省	56	261	228	3	548
15	山东省	258	554	688	205	1705
16	河南省	219	376	545	47	1187
17	湖北省	94	254	379	21	748
18	湖南省	66	190	259	6	521
19	广东省	283	94	1175	5	1557

· 795 ·

续表

序号	地区	分类				合计
		初始	变更	延续	注销	
20	广西壮族自治区	77	396	246	9	728
21	海南省	27	74	92	1	194
22	重庆市	71	84	273	27	455
23	四川省	142	484	581	15	1222
24	贵州省	52	167	234	10	463
25	云南省	86	201	255	18	560
26	西藏自治区	0	2	21	1	24
27	陕西省	61	178	233	5	477
28	甘肃省	43	66	132	6	247
29	青海省	16	12	40	2	70
30	宁夏回族自治区	13	28	51	3	95
31	新疆维吾尔自治区	19	108	161	9	297
32	新疆建设兵团	0	0	0	0	0
33	香港	0	0	0	0	0
34	澳门	0	0	0	0	0
35	台湾省	0	0	0	0	0
	合计	3038	7551	10976	736	22301

注：根据中国房地产估价师房地产经纪人网站当年度公布数据整理

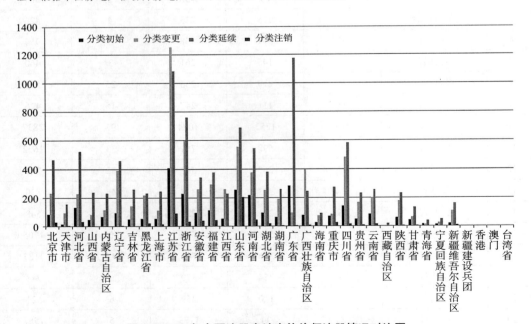

图5 2018年全国注册房地产估价师注册情况对比图

（二）注册房地产估价师学历情况分析

截至 2018 年 12 月，江苏省注册专职房地产估价师 3800 余人，按照学历划分，江苏省在职的估价师硕士学历的比例仅为 10% 左右，且多为主管、经理及以上的较高职位；除此以外，专业估价师拥有本科学位的比例不到 60%，专科的比例为 30% 左右，低学历的比例还是占了较大的一部分。另外，地域之间的估价人员学历情况整体差异较大，在本来就缺少房地产估价机构的苏北，低学历的估价行业从业人员又占了较大一部分，而苏南的整体情况优于苏中、苏北，本科及以上学历的从业人员所占比例高于苏北，苏南高学历（本科及以上）的估价师占了全省的大部分。在专业性方面，江苏省从业估价师均存在非相关专业出身的情况，全省的房地产估价师是相关专业（房地产经营、房地产经济、土地管理、城市规划等）从业的比例不足 40%，而非专业出身的从业人员占了绝大多数。具体情况见表 8。

江苏省房地产估价行业人员学历占比　　　　　　　　　　表 8

	大专	本科	硕士及以上	相关专业	其他专业
苏南	22.3%	69.4%	8.3%	41.5%	58.5%
苏中	40.4%	49.5%	10.1%	35.3%	64.7%
苏北	31.2%	56.7%	12.1%	34.0%	66.0%

五、房地产估价机构的未来发展

从全国房地产估价行业情况来看，存在房地产估价机构数量过多，估价业务单一，低价竞争甚至是恶性竞争现象严重，品牌意识不强、服务质量不高，规模化、多元化、集团化机构不多，房地产估价师专业技术水平良莠不齐、整体素质偏低等诸多问题。全行业要以《资产评估法》为契机，充分发挥房地产估价行业的专业优势，为社会经济建设做出应有的贡献。

（一）发挥专业优势，提高社会公信力和认知度

从整个评估行业情况分析来看，房地产评估约占全评估行业的 60%。从评估从业人员来看，房地产评估具有执业房地产估价师约 6 万人，土地估价师具有执业资格 2 万余人，资产评估师具有执业资格 3.5 万余人。根据江苏省房地产估价行业市场和注册房地产估价师统计结果，不管是从市场规模还是从业人员数量，房地产估价行业都是评估行业的重中之重。首先，房地产估价行业要从整个行业利益出发，充分发挥房地产评估行业自身优势，重点发展规模化、多元化、集团化大型机构；其次，树立品牌意识，培养专业高精尖中型机构；再次，要以点带面，养育具有一定市场的小型机构；最后，提高从业人员专业技术能力和整体素质，增强服务意识和服务质量，全面提高房地产估价行业社会公信力和认知度。

（二）建立自身优质数据库，提高快捷、精准专业服务

当今社会互联网、大数据、云计算等技术不断发展，时时刻刻改变着人们的思维方式，带来高效快捷的工作效益。房地产估价机构要抓住机遇，积极拥抱大数据。一是主动为互联网公司承担采集、整理、分析数据和数据更新任务，同时为大数据公司提供土地、房地产现场勘查报告及前期策划分析报告，推介土地、房屋转让等提供专业精准服务，并共享房地产大数据。二是加强与各数据平台良性合作互动，同时加快、加强开发区域性乃至全国性房地产估价信息数据库建设，利用其专业优势并将其数据按房地产估价项目或房屋用途等其他有

利于房地产估价快捷、精准的要求进行分类,有效提高房地产估价报告质量和效率,为委托方提供更加高质量的快捷服务。

(三)加强队伍建设,培训专业人才

提高房地产估价师整体素质,加强队伍建设。目前房地产估价师职业资格考试门槛较低,仅仅是工作年限的要求,而对学历基本上没有要求。为了提高房地产估价师整体的素质,一是应当降低工作年限或学历、所学专业与工作年限相结合,同时提高学历要求,如学历大专(非房地产专业和房地产经济管理专业)加工作年限;大专学历,所学专业(房地产专业和房地产经济管理专业),本科学历以上可直接参加房地产职业资格考试;二是加强注册执业房地产估价师继续教育工作,积极提高业务素质,在理论研究、实务分析、政策法规、学术与国外动态等方面进行培训和学习,并与房地产估价师资格认证和注册结合起来,促使房地产估价师不断地充实新知识、新规定、新技术,把估价行业培育成学习型行业;三是建立资深房地产估价师制度,实行房地产估价师等级制,树立行业领军人物,有效培养和使用房地产估价行业高精尖人才,使房地产评估行业始终走在评估领域前列。

六、结语

随着《资产评估法》实施的不断深入,长远来看,房地产评估行业前途光明,专业优势明显,但目前存在评估门槛较低、房地产评估机构整合频繁、注册房地产估价师的专业水平和人员素质需要提高、全行业的服务程序和服务质量仍需提升等问题,亟须全行业不断努力,使房地产评估行业真正成为全评估领域的有生力量,为我国社会经济服务建设做出更大的贡献。

参考文献:

[1] 杨斌,刘广宜. 房地产估价机构服务多元化的方向 [J]. 上海房地,2015(12).

[2] 李四美. 我国房地产咨询业现状及发展思路探讨 [C]// 房地产咨询业论文集. [出版信息不详],2011.

[3] 罗晓生. 房地产咨询代理企业战略联盟初探 [J]. 中国房地产,2006(02).

[4] 中国房地产估价师与房地产经纪人学会. 房地产开发经营与管理 [M]. 北京:中国建筑工业出版社,2015.

[5] 江苏省房地产估价与经纪协会. 江苏省房地产估价行业发展报告 [R]. 南京,2016.

作者联系方式

姓　名:赵　华
单　位:江苏省房地产估价与经纪协会
地　址:江苏省南京市建邺区万达商务区福园街 129 号 1110 室
邮　箱:2451836889@qq.com

国外大型房地产机构对我国房地产估价机构发展的启示

袁东华　秦　云

摘　要：中国房地产估价还处于行业发展的初级阶段，企业的知名度有待提升。历史悠久的"五大行"在百年的发展中树立了企业品牌美誉度，如何在经营理念、核心价值观等方面向他们学习，寻找适合中国国情的企业发展道路，是国内机构不容忽视的问题。

关键词：借鉴经验；机构发展

我国房地产估价行业起步较晚，从20世纪80年代才开始推广，受我国独特的基本国情所影响，整体房地产估价行业在发展前期一直都是由政府主导的。近年来，随着我国社会经济的快速发展，房地产开发、经营、交易等活动与资本市场得到了充分融合，房地产估价业务得到了广泛的应用，服务对象、服务形式也日趋多样化，房地产估价服务日渐成为涵盖房地产开发交易融资、司法课税、征收等经济活动中不可缺少的重要一环。

同时，随着经济全球化程度的不断提高，越来越多的外资企业进入我国，投资的多样化及投资主体的多元化使我国房地产估价行业市场扩大、业务领域拓宽。而外资评估机构的进驻，也带来了先进的管理模式、经营理念和国际化的服务意识。借鉴境外机构的先进经验，修炼内功提升竞争力，是内资机构不容回避的任务。

一、"五大行"机构发展历程

（一）世邦魏理仕（CBRE）

1. 机构概况

世邦魏理仕（CBRE）总部位于美国加利福尼亚州洛杉矶，是《财富》500强和标准普尔500强企业。公司拥有员工超过9万名（不含联营公司），通过全球450多家办事处（不含联营公司）为地产业主、投资者及承租者提供服务。

2. 发展历程

1773年，William Ellis 于伦敦创办。

1906年，Colbert Coldwell 成立 Tucker, Lynch & Coldwell。

1995年，收购 Westmark Realty Advisors，扩充投资管理能力。

1996年，收购 LJ Melody & Co.，成为美国商务按揭的主要创始及服务机构。

1997年，收购 Koll Real Estate Services，成为物业及设施管理的翘楚。

1998年，收购 Richard Ellis 在英国以外的分支，并更名为 CB Richard Ellis；收购

Hillier Parker。

1999 年，CBRE 与日本 Ikoma 成立合资企业。

2003 年，收购 Insignia，重整 CB Richard Ellis 全球品牌名称。

2004 年，CBRE 于纽约证券交易所正式上市。

2006 年，收购 Trammell Crow Company。

2011 年，CBRE 收购 ING 在欧洲、亚洲的房地产投资管理分支及上市证券业务，并更名为 CBRE 集团。

2013 年，CBRE 收购英国领先建筑技术工程服务商 Norland Managed Services Ltd。

2015 年，CBRE 收购江森自控"全球工作场所解决方案"。

（二）仲量联行（JLL）

1. 机构概况

仲量联行（JLL）是全球领先的房地产专业服务和投资管理公司，是《财富》500 强企业，截至 2019 年 3 月 31 日，仲量联行业务遍及全球 80 多个国家，员工总数超过 9.1 万人，2018 财政年度收入达 163 亿美元。

仲量联行在亚太地区开展业务超过 50 年。公司目前在亚太地区的 16 个国家拥有 96 个分公司。根据监测全球房地产交易量的独立机构 Real Capital Analytics 的数据显示，仲量联行连续六年蝉联亚太区房地产投资顾问公司榜首。

2. 发展历程

1783 年，Jones Lang Wootton 成立。

1968 年，LaSalle Partners 成立。

1997 年，LaSalle Partners 完成公司普通股的首次公开招股。

1999 年，LaSalle Partners 与 Jones Lang Wootton 合并成立 Jones Lang LaSalle。

2008 年，收购美国租户代表领域的领先者 The Staubach Company。

2011 年，收购 King Sturge。

（三）戴德梁行（DTZ）

1. 机构概况

戴德梁行（DTZ）是全球领先的房地产服务商，遍布全球 70 多个国家，设有 400 多个办事处，拥有 4.8 万名专业员工。

2. 发展历程

1784 年，其中一家参与合资组成 DTZ 的 Chesshire Gibson 公司于英国伯明翰正式开业。

1853 年，Frank Gissing Debenham 及 Edward Tewson 于伦敦 Cheapside 创立了 Debenham &Tewson。

1913 年，与 Chinnock，Clarke&Chinnock 合并为 Debenham，Tewson&Chinnocks。

1987 年，DTZ 集团母公司 Debenham，Tewson&Chinnocks Holdings plc 在伦敦交易所上市。

1988 年，与 Chesshire Gibson Limited 合并。

1993 年，与 Bernard Thorpe & Partners 合并，成功扩大了在英国的办事处网络。

1993 年，梁振英测量师行在香港创立。后梁振英测量师行分别与法国的 Jean Thouard 及在德国和荷兰的 Zadelhoff Group 组成合资公司，重新取名 DTZ。

1997 年，收购了英国顾问公司 Pieda plc。

1998 年，购入商用物业顾问 Sherry FitzGerald 的部分股权。

1999年,DTZ与位于亚洲的梁振英测量师行和Edmund Tie & Co交换股权,DTZ戴德梁行正式成立。

2001年,DTZ Corporate Finance Limited正式成立。

2006年,收购Rockwood Realty 50%权益,成立DTZ Rockwood。

2006年,DTZ控股公司完成收购北亚公司全部股权。

2007年,收购独立房地产顾问公司Donaldsons。

2007年,收购加拿大最大型的商用房地产服务公司之一JJ Barnicke。

2011年,DTZ被UGL收购。

2015年,TPG及PAG财团收购美国商业房地产服务公司Cassidy Turley,并将其业务与DTZ合并,组成一家以DTZ为名的环球公司。DTZ与Cushman & Wakefield合并。

（四）第一太平戴维斯

1. 机构概况

第一太平戴维斯总部设在英国,是世界领先的房地产服务提供商。拥有全球经验和专业知识,在美洲、欧洲、亚太地区、非洲和中东设有650家分公司。

2. 发展历程

1855年,公司成立。

20世纪50年代,公司与评级测量师和商业地产投资专家顾问Rees-Reynold and Hunt合并。

20世纪70年代,公司改名为"Savills"。

1988年,Savills成为一家有限公司,并在伦敦证券交易所上市,同年,Savills集团成立。

1997年,Savills与First Pacific Davies Limited合并,成立FPD Savills公司。收购了前Weatherall Green & Smith的西班牙、德国和法国公司的多数股权。

2000年,在伦敦证券交易所上市。随后收购了First Pacific Davies Limited,以及韩国资产顾问和必和必拓韩国50%的股权。收购爱尔兰的Hamilton Osborne King。收购Hepher Dixon,一家规划和再生公司。

2011—2013年,收购德国的IPAM GmbH有限公司、Gresham Down（投资顾问）、London Planning Practice（规划）和Thomas Davidson（零售）。

2014—2016年,收购个人租赁经纪公司Studley Inc,并在缅甸和印度尼西亚开设分公司。

2017年,收购西班牙独立房地产咨询行业的龙头公司Aguirre Newman。

（五）高力国际

1. 机构概况

高力国际总部位于美国华盛顿州西雅图市,在全球63个国家拥有485家分公司,致力为客户提供最优质的服务。在中国,高力国际在上海、北京、广州、成都、南京、杭州、天津、深圳、武汉及沈阳设有10家分公司,驻场办事处覆盖全国超过65个城市,旗下拥有5000位专业人士,物业管理面积超过4900万平方米。

2. 发展历程

1898年,名为Macaulay Nicolls的代理公司于加拿大温哥华成立。

1976年,高力国际物业顾问于澳大利亚成立。

1985年,美国及加拿大地产公司加入高力国际集团。

1986年,高力国际进驻亚太地区20个国家及地区。

1990年,高力国际扩大其在中欧及拉丁美洲等新兴市场业务。

2001 年，年营业收入首次突破 10 亿美元。

2004 年，FirstService 公司首次投资高力国际。

2007 年，高力国际通过收购 PKF 酒店研究机构、MHPM 酒店项目管理及 Roberts Weaver 集团，全面提升其在酒店与项目管理等方面的服务。

2010 年，高力国际与 FirstService Real Estate Advisors 结合环球服务平台，成为世界第二大房地产服务公司。

2015 年，高力国际集团在纳斯达克证券交易所（CIGI）和多伦多证券交易所（CIG）上市交易。

"五大行"都有着一两百年的悠久发展历史，相比而言，国内的估价机构只能算是"小学生"了。看到差距，也就看到了前进的方向。如何打造"百年老店"，我们可以借鉴境外机构的发展经验。

二、"五大行"机构经营特点

1. 多元化经营（表 1）

"五大行"多元化经营表

表 1

公司名称	业务范围	核心业务（营收占比前三）	2018 年营收
世邦魏理仕	设施、交易及项目管理，不动产管理、投资管理、评估与估值、物业租赁、战略顾问、物业买卖、按揭融资和开发服务等	租赁 15.3% 承租人外包服务 13.1% 资本市场 12.4%	213 亿美元 （人均营收 160 万人民币/年）
仲量联行	租赁、物业及设施管理、资本市场、项目及开发服务、房地产投资管理、评估、咨询及其他	物业及设施管理 54% 项目及开发服务 16% 租赁 15%	163 亿美元 （人均营收 123 万人民币/年）
戴德梁行	策略发展顾问、资本市场、估价及顾问服务、资产服务、项目管理服务、商业地产、写字楼代理、企业服务、综合住宅服务、产业地产	物业、设施及项目管理 59% 租赁 23% 资本市场 12%	82 亿美元 （人均营收 109 万人民币/年）
第一太平戴维斯	办公楼业主咨询及代理、出租和经纪、租户代理及租务管理、商场项目前期顾问、租赁代理及经营管理、房地产投资、住宅销售、住宅租赁、国际地产、酒店式服务公寓顾问服务及营运管理、综合地产销售及顾问、项目及开发顾问、物业及资产管理、策略顾问服务、评估及专业顾问服务、项目管理服务、产业地产、酒店咨询与评估、投资于销售等	商业交易 36% 物业及设施管理 33% 咨询 17%	17.61 亿英镑 （人均营收 41 万人民币/年）
高力国际	估价及咨询服务、资本市场及投资服务、研究、住宅服务、项目销售及推广、物业及资产管理服务、零售房地产服务、企业咨询顾问服务、项目管理、办公楼服务、产业及工业地产服务、零售房地产服务	租赁经纪 32% 销售经纪 28% 物业管理 16%	28.25 亿美元 （人均营收 138 万人民币/年）

其实，严格说起来，"五大行"并不是单纯的房地产估价机构，他们是房地产综合咨询服务的提供商。各机构的经验业务范围都很广泛，核心业务也主要集中于租赁、交易、物业管理等领域。但有一点不容忽视，多元化的业务领域，可以使机构内部共享各种专业资源，促进业务和知识融通交流，提高服务质量和效率，降低成本，让企业的发展不断壮大；而延伸至房地产业链的综合咨询服务，让企业的发展历久弥新。

再来看看成立于1966年的日本大和不动产估价公司，这是一家东亚地区知名的房地产估价机构，公司业务范围包括不动产评估、资产证券化评估、固定资产税评估、补偿顾问、建筑工程、不动产咨询、土地污染调查、市场报告、房屋中介、讲座分享、大和私塾等。2018年，公司营业收入37亿日币（人均营收93万人民币/年），核心业务是资产证券化（32%）、其他评估业务（22%）、系统评估（16%）。从中也能看出，多元化经营的成果。

城市测量师行自2001年成立以来，紧跟中国改革开放的发展步伐，一直在业务创新和创新业务的探索上不断努力。比如以最传统的征收业务为起点，向前走一步就是成本核实，向后走一步就是成本认定；比如围绕产业用地，从利用现状调查、利用绩效评价、产业综合转型策划咨询、片区整体转型、零星工业用地更新、产业用地管理系统开发，业务领域不断向纵深发展，形成闭环。争做有行业影响力的公司，正是在这样一种使命感的驱使下，城市测量师行对标英国皇家测量师专业领域，以估价业务为基石，先后成立了五家机构，涉及工程造价、规划咨询、测绘调查、资产评估、信息技术等专业领域，提高了公司的综合实力和发展潜力，"不动产综合一体化咨询服务商"的专业形象和品牌逐步得到了树立和塑造。

2. 全球布局、人才吸引

全球布局的"五大行"，分支机构和人员数量都很庞大。国内的估价机构虽然目前未必会走出国门，但亦可以在人才的引进、培养、使用等方面借鉴国际先进经验。毕竟，咨询服务行业，是智慧密集型行业，人才是最强的竞争力。

城市测量师行，以"不动产综合一体化咨询"为战略，需要的核心人才具备快速学习、高效应用和协作协调的能力。其中学习能力是基础，是指必须具备动态、快速学习"不动产/产业经济/规划/策划等相关行业的最新政策法规/行业趋势/技术发展"的能力。应用能力是关键，是指将学习得到的知识/技能有效转化为实际工作的生产力（包括对政策法规的深度解读，满足客户不同需求的针对性策划和实施方案等）。协调能力是纽带，是指必须具备迅速融入不同项目团队，与不同项目团队同事有效分工协作，发挥团队协同最大价值的能力。

修炼内功，我们在相对固化的招聘、培训、绩效等人力资源管理环节精益求精，同时学习先进管理理念，进行了全员核心胜任力模型、专业胜任力模型、领导力模型搭建，并进行人力资源盘点，为专业人员量身设计职业发展的通路。除了内炼，也要拓宽眼界走出去，城市测量师行先后多批次派出员工去往英国、日本等知名机构进行长期的学习交流，既学习先进技术，也学习管理经验，更注重学习国际型公司的前瞻性战略布局。员工走出去，开阔了视野、提高了能力，学成归来也成了公司的骨干力量。

三、核心价值观

"五大行"的核心价值观见表2。

"五大行"的核心价值观 表2

公司名称	核心价值观
世邦魏理仕	尊重、正直、服务、卓越
仲量联行	团队协作、坚守道德、精益求精
戴德梁行	正直、得体、严守道德标准
第一太平戴维斯	为我们所做的一切而倍感自豪、以企业家的精神经营业务、帮助员工发掘他们的最大潜力、坚持诚信为本
高力国际	进取精神、团队意识、诚信投入、精研业务、精诚服务

截至2018年底，城市测量师行共有近300名员工，人均营收60多万元人民币。与"五大行"相比，从时间跨度、机构规模、业务种类、地域范围等方面差距十分明显。但有一点是相似的，那就是企业所具有的核心价值观。

合抱之树生于毫末，不管是参天大树还是刚栽种的树苗，它们之所以能健康成长，都离不开深扎于大地的根系，而一个企业的核心价值观，就是树的根系。一旦失去了它，就会成为无源之水无本之木。

世界上没有完全相同的两片叶子，我们不会也不能复制别人走过的道路。但国际知名机构的成功经验，始终可以作为我们前进路上学习的标杆和榜样。相信假以时日，中国的房地产估价机构，也会成为享誉全球的国际知名专业咨询机构，只是在探索奋进的前行路上，我们要始终坚持公司的核心价值观，那就是：专业、诚信、创新、合作。

参考文献：

[1] 尹文秀.房地产估价行业发展存在的问题及对策研究[J].黑龙江科学，2018（06）.

作者联系方式

  姓 名：袁东华
  单 位：上海城市房地产估价有限公司
  地 址：上海市黄浦区北京西路1号新金桥广场15-18F
  邮 箱：ydh@surea.com

  姓 名：秦 云
  单 位：上海城市房地产估价有限公司
  地 址：上海市黄浦区北京西路1号新金桥广场15-18F
  邮 箱：qy@surea.com

砥砺前行　践悟学思
——长三角一体化房地产评估业发展的思考

梁　伟

摘　要： 长三角区域一体化，给区域内各行各业发展带来新思维。房地产评估行业，作为活跃在经济领域的先行行业，如何迎接这个时代，笔者围绕着"一体化""高质量"进行了若干问题的思考，并提出相应的建议。

关键词： 长三角区域；一体化；高质量

长三角有着几十年发展历史的沿革，40余年的改革开放，长三角一体化进程大体经历了36年的"长跑"过程。

一、什么是长三角区域

1982年，提出"以上海为中心建立长三角经济圈"的观点。上海、苏州、无锡、常州、南通、杭州、嘉兴、湖州、宁波9个城市被划为"上海经济区"，但时隔6年后的1988年6月1日，成立不久的"上海经济区"规划办公室就在机构改革中被取消了。

1992年，"长三角城市群"概念横空出世，以上海为中心的江浙沪地区16个城市逐步形成了长三角城市群的主体形态。到了2010年，国家发展改革委发布"长江三角洲地区区域规划"，并将苏北的徐州、淮阴、连云港、宿迁、盐城和浙西南的金华、温州、丽水、衢州等25个城市纳入规划当中。2016年，长三角城市群发展规划发布，范围扩充到安徽的合肥、芜湖、马鞍山、铜陵、安庆、池州、宣城等，总共26个地级市。2018年11月5日，习近平总书记作出"关于长三角要实现更高质量的一体化发展"的重要批示。意味着，长三角区域发展进入"经济、社会、管理和政府治理等"一体化的新时代。

二、新形势、新思考

2018年6月1日长三角区域联合办公室正式成立，同时《长三角一体化发展三年行动计划》发布实施。随后，各领域就高质量地开展一体化，进行了试水性的尝试，譬如长三角异地医保门诊结算开通试点城市；又如支付宝技术支持下的长三角地铁"通票"成功面世；再如，跨界税务初步交流了12个方面的协助意向，并在税务信息共享互认方面达成共识。

房地产评估行业，如何"高质量"地迎接"一体化"？作为长期耕耘于这个行业的归宿者，试着提出一些肤浅的看法。

"高质量""一体化",没有现成答案。所谓高质量,笔者的理解就是高效率、低成本、智慧型、便利性;所谓一体化,就是共同体,统一规划、统一政策、统一机制。归根到底,就是在一盘棋下改善营商环境。

（一）提出问题

1. 缺乏长三角区域行业内评估机构与人才发展规划研究

区域各地或多或少地根据自己实际情况,探索过符合自身发展的相关主题研究,比如,上海市房地产估价师协会2016年就立题研究过行业发展"十三五"规划,并取得了不小的成就;另外,一些大型综合评估机构,也研讨过类似的发展规划,但步入2019年,放眼三省一市区域,"高质量""一体化"的发展规划尚属空白,地方协会、评估机构的未来规划如何更好地融入长三角区域的良性发展规划,接轨区域的发展蓝图,这是从业机构、从业人员、行业协会、管理部门认真共商的大事。

2. 缺乏区域内行业信息化共建平台建设

可以肯定,三省一市区域内估价行业有着各自的管理平台,服务着各自的评估机构,管理运行各自为政、相安无事,但着眼于三省一市这个大区域,目前无该类平台,区域内现有的各地平台能否统一?信息能否共享?数据能否对接?对标"高质量",迫切需要各方大力共建"一网通"平台,唯有共建才能共享,共享方能共赢。这需要打破传统的狭隘区域发展思维,在制度上给予保障,在技术上予以支持。

3. 缺乏区域内行业法规、规定的统一

目前,三省一市对估价业务涉及的地方性法规、实施细则、技术标准、技术指引等存在差异。比如,各地对地上、地下容积率的规定存在不一致;再比如,跨境相邻土地征收的政策也不一样等,这些不一致,直接导致跨境接壤的土地使用权价值的价差缺乏合理性,体现在跨境接壤的房价接近,土地使用权价值存在相当的差价,一些敏感的开发商已经捷足先登。"一体化"下的各地房地管理部门,可以携手并肩、高屋建瓴,梳理相应的法规、细则、标准,力求合理、统一。

4. 缺乏区域内行业统一经商活动机制

虽然,三省一市区域内房地产估价师均有自己的行业协会,但各地协会对估价师的管理,仍然局限于行政区域内,缺乏长三角区域内各地协会的"一体化"建设,管理过程难以体现"高质量"。比如,估价师继续教育参加异地继续教育,地方学时不互认,能否在外出差,就近参加地方协会组织的继续教育提供机会,减少商务成本;再比如,各地方协会干部无交流任职机制,能否建立类似三省一市行业协会联席工作制度,成立相应的工作委员会,共商统一经商活动机制,在"一体化"机制下,"高质量"地开展一系列工作,甚至包括论坛、课题、评选、文体等活动。

（二）如何实施

1. 组建联席小组

尽快建立长三角区域内房地产估价行业的联席工作制度,及时解决一体化建设中出现的矛盾与问题。为保障各项工作有力有效开展,可考虑在更高层面上建立领导协调机制,成立类似的"工作委员会"的常设机构,常设机构可以分设在省会城市,也可以设在网络平台,接纳业内从业人员的良言,共商"高质量""一体化"发展大计。

2. 强化规划引导

应着眼于房地产估价领域统筹制定建设规划。可以采取"先粗后细"的规划编制模式,即对长三角区域房地产估价行业发展制定纲要性规划,对基本目标、总体原则、重点任务和主要路径提出要求,同时,以"区域一体化"发展规划纲要的要求,按区域行政区为板块,彼此分工,分别制定较为具体的发展规划。

3. 制定落实方案

在"工作委员会"领导下,依据相关规划制定推进"一体化"的操作方案,对推进每一个板块的相关事项进一步明确任务表、路线图和时间节点,相应建立指标考核体系和督促评估机制。

4. 提升法规效力

梳理并废除一切不利于深入推进"一体化"的法律法规,按照必要的法定程序协商建立有利于推进一体化的法律法规体系。为便于加快推进"一体化"进程,在当前可通过已有的协调机制协商形成"类法规"的共同行为准则,同时相应建立违规惩戒机制。

5. 探索共享模式

为有力实施"高质量""一体化"的举措和平衡相关利益关系,应基于"共建共赢""资源共享"的原则,视具体情况建立利益分享和补偿机制。例如信息共享、数据对接、标准交流等。

6. 建立交流机制

建立"一体化发展基金",立足于强化、促进"一体化"发展的责任担当和自我约束,以此探索一条可持续发展的路径,摸索建立具有"一体化发展"特色的举措和特殊的机制。包括建立各区域协会干部交流交叉任职的机制,以推进"一体化"成效为主要考核内容的政绩评价体系。

三、结语

长三角区域高质量一体化发展,如何解读?怎么拥抱?是这个时代留给世人的一道重大命题。因笔者受认知局限,以上观点尽显浅薄,权作给各位同仁思考此类问题增加一个维度、一个视角,其宗旨只有一个,那就是我们应当主动拥抱"长三角区域高质量一体化",携手共进,同时"不忘初心"地积极提高估价人员的执业"幸福感""满意度",为行业良性发展、社会贡献,建言献策、添砖加瓦。

参考文献:

[1] 范恒山. 对建立"长三角一体化示范区"的若干思考[N]. 上海证券报,2019-05-10.

[2] 赵红军. "长三角高质量一体化有哪些内涵". 第一财经,2019-06-26.

[3] 九三学社上海市委:关于加强长三角空间规划统筹的建议[EB/OL]. [2019-02-19]. http// : www.shszx.gov.cn

作者联系方式

姓　　名:梁　伟

单　　位:上海财瑞房地产土地估价有限公司

地　　址:长宁区延安西路 1319 号 15 楼

邮　　箱:liangwei@cairui.com.cn

房地产估价行业发展回顾、分析与思考

高彬彬

摘　要：房地产估价行业经过20多年的发展，经历了初始、粗放、高速、集中发展，到现在的瓶颈期，我们房地产估价行业人员一直在不断地对行业的现状问题进行积极的分析，寻找答案，并且在思考未来我们的行业该如何上一个台阶，该如何突破，让整个行业及从业人员都有更好的发展，在高速发展社会当中，能有一席之地……

关键词：行业发展历程；行业现状；行业未来发展

一、房地产行业的发展历程

（一）行业的起步阶段

房地产估价行业发展20余年以来，经历了非常快速的成长和发展阶段，也为中国社会经济的发展做出了应有的贡献。在20世纪90年中后期，房地产估价行业开始慢慢成形，有的机构从政府单位直接脱钩而来，也有有胆识有闯劲的人才借着机会，从单位辞职下海，成立房地产估价公司。在此阶段，主要是这两种来源，形成了房地产估价行业最初始的力量和雏形。那个时候，整个行业都处于起步阶段，行业的特征是：①业务来源单一，由于当时社会经济发展的特点以及人们思想相对保守，房地产评估市场比较单纯和简单，业务来源比较单一，多为当时的房管局委托、二手房中介机构委托、银行委托等，社会企业及人员委托非常之少。②业务种类单一，多为二手房买卖、抵押等。③业务人员单一，主要都是政府部门脱钩、辞职出来的人员，甚至当时的一些房地产估价师都是管理部门直接评审出来，后来才有了房地产估价师考试。

（二）行业的高速、集中发展时期

进入21世纪以后，随着经济的高速发展，服务行业遍地开花，房地产估价行业也迎来了快速、爆炸式的发展。特别是在内陆城市，前期去沿海城市捞金的人员，见识了沿海城市房地产估价行业的发展和模式，开始将此运营模式引入，成立自己经营的房地产估价机构。同时，由于社会经济的发展，对房地产估价服务的需求大大增加，二手房买卖、银行抵押贷款等行业的繁荣，给房地产评估行业的发展带来了契机。原有的估价机构数量已不能满足需要。这时，在原机构中的骨干人员，看到了机遇，开始出来单干，估价机构开始大量增加。行业从业人员都对行业信心满满，干劲十足，整个行业充满生机，茁壮发展。

（三）行业的繁荣期

2010年左右及之后，由于全国棚户区改造，二、三线城市地铁建设，各类拆迁、征收项目的推行，司法鉴定业务的增多，给原本就形势一片大好的房地产估价行业添了一把火，整个行业呈现出家家有业务，家家有钱赚的良好局面，行业到达了繁荣时期。

(四)行业的瓶颈期

但是近几年,由于经济形势的变化,银行抵押业务量开始缩小,棚改项目、拆迁征收项目减少,特别是由于大数据时代的到来,司法鉴定业务实行网络询价、二手房自动评估系统的推行等,传统的评估模式,一夕之间,地位岌岌可危。同时因为对外委托后,出现一些不良贷款,引起银行的不满和不信任,有些银行利用自身优势,从各大机构挖走不少优秀的估价师,成立自己附属的估价机构。而在评估行业内部,经过了前期的起步、高速发展和繁荣期,估价机构数量已经相当之多,特别是第二和第三个阶段,估价机构的数量简直是爆炸式增长,导致评估机构过多,出现僧多粥少的现象,让业内人士大呼狼来了的同时,感叹业务不好做,生存都有危机,整个行业的发展进入一个瓶颈期。与此同时,行业协会、行业各大机构及从业人员都开始不断思考和探索问题出现的原因及打破这种现状、瓶颈的可行之道。

二、房地产评估行业出现的问题及反思分析

(一)出现的问题

纵观整个房地产估价行业,目前存在的问题大多如下:

1. 收费乱象

随着行业的发展,从业机构的增多,一些知名度较低的小机构和新成立的机构,为了快速地抢占市场,采用的最有效、最快速的方法就是低价竞争。而很多对服务质量、技术要求不高的项目,往往就是他们中标。长此以往,整个市场就变得杂乱无章,恶性循环。除了一些较为复杂、技术难度大,小机构、新机构难以胜任的项目,如司法量刑、鉴定、大型国企改制等项目,其他很多是"价低者得",导致技术力量雄厚的机构反而处于不利地位。且由于收费较低的原因,必须压缩成本,那些中标的估价机构也没有更多的人力、物力、财力投入,最后出具的房地产估价报告都是粗制滥造,漏洞百出,不利于行业的健康成长。可以说,收费乱象问题,是阻碍行业发展的万恶之源。

2. 门槛低,开设分公司条件低,机构数量爆炸式的增长

近几年,各种机构如雨后春笋,不断冒出,隔一段时间,就有新机构出现。据了解,在某地一个全市户籍总人口500万人,其中,城镇人口不到300万人的二三线城市,房地产评估机构却将近50家。各类省外机构的分公司大量成立进入本地执业,导致当地机构过多,市场竞争异常激烈,不利于行业的生态环境健康。

3. 业务式机构占很大比例,机构报告质量差,风险意识不强

仔细分析新增的评估机构,有较大一部分是以前的业务人员或对房地产行业比较熟悉的人员,拉着几个估价师或者借着外省评估机构的牌子成立一个评估机构,这个机构的掌舵人就是这个业务人员或对房地产行业比较熟悉的人员,并不是估价师。这类估价机构以业务打头,在机构内部,估价师地位和工资不如业务人员,出具估价报告的工作时间、评估价格都是业务人员说了算,有时估价师还要迎合业务人员,机构内部管理不完善、不合理,这种情况下出具的评估报告,就是迎合客户的要求和口味,报告质量和评估风险往往搁置一边。

4. 业务面缩小,生存机遇受到挑战

正如前面讲到,经济形势的变化,银行抵押业务量的缩小,棚改项目、拆迁征收项目减少,特别是由于大数据时代的到来,司法鉴定业务实行网络询价、二手房自动评估系统的推行等,都导致业务面萎缩,估价机构的生存遭遇挑战。

5. 客户对服务质量的低要求、无差别，大机构面临更大压力

在很多的项目当中，客户对评估项目的质量意识不强，要求不高，反而只在乎评估收费高低，他们通常认为，选哪家机构都一样，只要评估报告有效，能办成事就行，哪个优惠选哪个。这样就给估价师人数多、技术力量强、成本高的大机构运行和发展造成了不利影响，形成了更大的经营压力，不利于行业的正常健康发展。

6. 在市场中的被动地位，制约了机构的主动式发展

在我们整个行业的发展过程当中，似于评估机构一直处于被动地位，被委托方挑选、收费价格多少、怎么评估、什么时候完成，都是委托方说了算，评估机构一直处于被动的地位，并没有体现专业机构的优势。特别是机构多、竞争激烈之后，这种现象表现得尤为明显。这样的形势让从业机构和人员，一直底气不足，不敢让委托方补充材料，特别是需要去有关部门调取材料时，不敢因为成本加大而要求增加评估费用，不敢因为项目难度大而增加作业时间等，制约了评估机构的主动式发展；不能对评估项目、评估报告精益求精，也就制约了报告质量的提升，制约了评估机构的发展。

7. 大数据大形势的挑战，进一步挤压了行业生存空间

前面讲到，评估行业业务面逐渐缩小，而大数据时代的到来，对评估行业的冲击尤为明显，挑战也更加严峻。

8. 银行等金融机构内部成立评估机构，对现有评估机构产生直接冲击

由于前几年的一些不良贷款的产生，银行等金融机构对有些评估机构的专业性和信任度产生了质疑，同时基于经济利益的考虑，有些银行等金融机构成立了自己的评估机构。金融机构自己的评估机构在业务来源、评估收费等方面有得天独厚的优势，如果其他行业如法院、军队等参照这种模式，对我们现在的评估机构来说，又是一次重大冲击。

（二）对于现状的反思和分析

笔者对以上问题进行了反思和分析，得出以下两个原因：

首先是内因。①历史的粗放型发展导致的结果。整个行业发展时间不长，扩充太快，在发展过程当中，受到的监管和监督力度不够，导致整个行业法律意识、规矩意识、风险意识不强。总是侥幸的认为，评估行业是整个项目流程当中的一个小环节，评估值只作参考用，不会出事，要出事也是使用评估报告的人先出事，不会轮到我们等，致使大多数从业人员的法律意识、规矩意识、风险意识非常淡薄。但是大家可以感受得到，最近几年来，随着法律法规的健全，社会大众法律意识的增强，以及评估报告使用后续效应的开始显现，评估机构及估价师受到法律等处罚的案例已不断增多。②评估机构及评估从业人员责任心和社会责任感不强、职业道德缺乏，眼前利益至上，出现恶性低价竞争，不注重本机构估价质量、风险的控制，不注重人才的培养和专业技能、专业知识的提高，业务来源第一，报告质量第二，不以行业发展为己任，影响了整个行业的健康、有序和稳定发展，也影响了其他行业对房地产评估行业的观感。③行业协会、行业自律、监管部门起步较晚。房地产评估行业在较长时间内，属于较自由式发展，缺少约束、监管和监督。行业协会等起步较晚，在最近几年发挥了积极的作用，但有些问题已然形成，不是一时半会儿能够马上解决的。

其次是外因。①社会经济的快速发展，评估行业的需求大量集中，导致评估行业的前期快速粗放式发展。②大数据等时代的到来，冲击了评估行业的业务面等。

三、行业的未来

（一）现状治理，规范和理顺目前的行业环境

（1）加大监管力度。行业协会及政府监管部门要加大监管力度，提高准入门槛，引导行业健康稳定成长和发展。

（2）强化行业自律。行业协会与评估机构共同努力，强化行业自律，用强烈的责任心，严格的自律性，加强自我管理，做到打铁还需自身硬。

（3）加强行业教育，增加社会责任感。团结一心，提高行业从业机构和从业人员的思想认识，以社会发展为己任，摒弃眼前利益。

（二）力求突破，谋求发展新思路

（1）服务产品从传统单一评估转型为咨询建议、策划等开放型、多元化方向发展。

（2）充分利用专业知识，渗透进房地产行业的各个领域。比如：土地开发前期可行性研究、开发过程中的成本控制、土地收储成本平衡分析等，都可以体现房地产评估行业的专业知识。

（3）参与大数据的发展，顺应潮流。利用自身优势，开展新业务。

很多的房地产评估机构，一直都有收集成交案例建立案例库的好习惯，而且与当地二手房中介机构有长期合作的关系，有很多收集的历史案例资料，这是优势；同时，利用自身专业知识，对过去、未来等估价时点的价值评估，是大数据目前较难达到的。所以，房地产估价机构可以与大数据机构合作，充分发挥自身专业优势，参与利用大数据进行评估，也可以补充大数据所不能完成的评估空缺，顺应形势的发展，开拓和发展业务来源。

（4）迎接新型业务，把握新的发展机遇。

随着社会的发展，同时也出现了新的业务类型，比如：新建房屋装修价值评估、小型企业改制评估、集体建设用地入市评估、各类纠纷鉴定评估、对其他机构已评估项目评估报告的鉴定等，同时对评估机构的评估技能、专业知识、评估质量提出了更高的要求。评估机构只有增强自身实力，迎接新型业务，才能把握好新的发展机遇，实现自身的突破和可持续性发展。

社会发展不可逆，更不可相向而行，大势所趋，只有顺势而为。房地产评估行业从业机构及从业人员只有不断增强自身修养、提高执业水平，开阔思路，善于发现新的发展机遇，才能够在社会发展的大潮流中取得一席之地，并实现更大、更高的突破和发展。

作者联系方式

姓　　名：高彬彬
单　　位：江西地源土地房地产评估规划测绘有限公司
地　　址：江西省南昌市红谷滩新区红谷中大道1376号红谷经典1711室
邮　　箱：460868167@qq.com

审时度势　勇于创新　多元发展
——论房地产估价机构的发展与创新

张灿枝

摘　要：本文通过对房地产估价机构的发展现状及面临发展瓶颈情况的描述分析，阐述估价业务创新的重要性及估价机构如何调整和创新发展等问题，提出了整个估价行业需紧跟时代发展趋势，把握行业发展契机，勇于自主创新，搭建多元化平台，从而获得更大的生存发展空间。

关键词：估价机构；房地产咨询；创新发展；多元发展

中国房地产估价行业是房地产业和现代服务业的重要组成部分，是知识、科技和信息密集型的高端专业服务行业。伴随着社会主义经济与房地产经济的飞速发展，房地产估价也随着房地产行业的发展而蓬勃发展，业务量、机构规模、专家人数、专业水平都不断提高。由于企业之间的过度市场竞争，整体估价行业普遍存在业务种类单一、经济效益低、操作替代性强、专业人员缺乏、社会公信力日益弱化、抗政策风险能力较低等特点。尤其是发展到今天，各机构在传统业务的竞争上已趋于同质化及白热化，业务含金量较低，恶性竞争越演越烈，整个行业面临着生存发展的瓶颈。在全新的市场形势下，整个行业都在思考如何调整业务战略布局，如何搭建多元技术平台，如何加强企业运营管理，如何开展创新科技研发等迫切需要解决的问题，同行们都在寻找适合自身可持续发展的新道路。

一、房地产估价机构的现状及特点

目前社会主义经济需要进行房地产估价的经济行为有：房地产抵押、租赁、转让、房屋征收（拆迁）评估、司法鉴定、课税、国有企业改制、企业上市评估、企业资产重组等。其中估价机构与开发企业、金融机构、银行、政府等业务合作较多。估价机构大多数为有限责任制公司，一部分企业仅有房地产土地估价资质，专职于房地产土地估价相关业务，一部分企业除房地产土地估价资质外，还有资产评估、土地规划、物业代理、工程造价、财务会计、税务鉴证等多项资质的综合性机构。目前大部分估价机构的现状有以下特点：

（一）传统估价业务市场竞争激烈，评估收费存在低价竞争，导致传统业务产生经济效益较低

一些小机构为了获取业务就会迎合客户的需求，压低评估收费价格，造成了公司估价数量虽多，但边际收益较低。同时传统估价服务无法差异定价收费，估价报告批量化生产，导致报告质量也相对下降。由于小机构数量占据多数，这种低价竞争情况愈演愈烈。另外，有

些估价机构为了获取业务，在评估价值上迎合客户，低值高估或者高值低估。这些行为违反了估价师职业道德准则。估价结果的客观、合理、公正是我们估价机构生存的重要法则。一旦丧失这条准则，估价机构的公信力将不复存在。

（二）传统估价的专业技术含量较低，操作的可替代性强

例如，随着我国城镇化水平的不断推进，房屋征收业务量的增长，国家法律法规的不断完善、社会整体法制意识的提高，房屋征收对评估机构的评估资质、项目经验、技术水平、职业道德都提出了更高的要求。估价人员对征收市场案例的熟悉程度，对项目风险把控程度，估价质量的高低都直接影响项目征收进度及成败。然而目前大多数估价机构普遍存在人员力量薄弱、征收评估经验缺乏、资质单一，涉及装饰装修价值、停产停业损失补偿及物资的搬迁费等评估核算，缺乏市场经验，脱离了市场真实需求。征收补偿评估并不完全按照政策要求给予相应补偿，应根据政策法律要求，结合市场案例及市场需求给予相对合理公正的补偿价值。而大部分估价人员则完全套用政策标准进行估价，最后估值未能完全反应项目市场价值。这样套用测算模板套用政策的工作完全可以用计算机来完成，计算机的效率高而成本低，自然会替代估价师的工作，使得对估价师的需求和支付报酬降低。

（三）估价业务类型单一，服务空间狭窄，服务产品有待优化

目前大部分估价机构的估价服务范围有限，未能为客户提供全方位多样化服务。服务产品大多模板化、套路化、格式化，未能给客户提供有价值的专业化的估值咨询意见。另外，服务的对象有限，获取业务的形式大多为老客户，对客户依赖性较强。同时客户的满意度直接影响估价结果，估价服务很难起到客观、公正的作用。

（四）个别估价机构的运营管理，流程管理及风险管理存在管理不到位的问题

市场上存在一些估价企业为加盟制或多股东合伙制，而加盟制企业对各分公司的管理存在管理不到位的问题，导致无法直接监控日常管理工作及项目质量审核工作。报告质量参差不齐，评估价格偏离市场价格的情况屡屡出现。

（五）加强信息化、数据化、智能化等科技创新研发，不能低估新技术正在改变估价行业的发展

众多新技术对评估行业的冲击是明显的。例如，互联网价格数据共享、数据库的更新提炼、网站在线评估、微信租金评估等都提高了物业评估的效率及精准度，同时降低了相关的评估成本费用。新技术的应用对未来实现电脑全智能化估价、市场价格跟踪预测具有重要深远的影响。虽然数据库和新技术的运用大大降低了评估成本，但是很多复杂的物业评估需要现场查勘才能获得具体的基础数据。另外，成本的降低并不代表评估风险的降低，而且评估准则中规定物业评估需要现场查勘。目前看来，新技术暂时并不能取代估价师的工作，只能帮助估价师提高估价工作效率。

综上所述，房地产估价业务现状主要是传统估价业务过度竞争、业务同质化严重、经济效益低、替代性强、业务类型单一、机构管理疏松、创新能力不强等特点，严重影响着估价行业的形象及生存发展。

二、发展模式调整及创新的重要性

如今市场经济的飞速发展和激烈竞争的环境下，需要企业与时俱进，使企业发展目标和方向符合市场经济的需求和社会发展的要求，企业改革和创新的重要性是衡量一个企业能否

在多变的市场环境中生存下来的重要依据，也是一个企业社会竞争力的重要体现。整个估价行业都在思考着改革、调整、创新，就是要在多变的经济环境中求生存、谋发展。以下简单描述几个方面的调整创新及其重要性。

（一）科技创新

科技创新的最主要目的就是要实现企业价值的提升，使用不同方式的创新手段培养企业核心竞争力和经营水平，从而达到降低生产成本提高企业经济效益，开拓市场的作用。房地产估价机构在现阶段要逐步调整批量化生产模式，要以科学技术带动批量化生产再加上人工审核的模式进行转变。只有不断创新研发新估价数据平台，不断把数据进行积累、整理、提炼，为我所用，才能在估价行业立于不败之地，才能实现经济效益最大化、估价作业高效化、估价数据精准化。

（二）体制创新

体制创新要求估价机构引入新型企业制度管理理念，有效地运用企业资源，合理地分配和调用，形成高效决策机制、快速实施机制、严谨的审核机制及完善的流程管理，不断通过体制创新，对外适应市场的需求，对内加强技术管理。要想做大做强，必须弱化人治，崇尚法制。改变以往的人治观念，加强法治建设。以法治企，虽欠缺灵活性，但有效防止人为出错。以人治企，晓之以理动之以情，但人治总有犯错的时候。体制创新有利于企业形成内部竞争优势，这种优势将源源不断地加强企业的组织实施能力、运营管理能力、风险监控能力等，最后将体制创新落实到企业的生产经营发展中去。

（三）思维创新

主动研究市场、争取市场和挖掘市场。市场中出现了新的需求或新的产品服务，就应该迎难而上，大胆创新，不断发掘新的有价值的咨询意见提供给客户。这样才能培育企业高质量、高附加值的新型服务产品，提高企业新的经济增长点。

三、如何进行创新发展

在寻找创新发展模式的过程中，不同的估价机构应结合自身的特点及优势，在充分分析自身资源和面临的机遇的前提下，选择自身可拓展的优势领域，创造和提升具有独特的、可持续为机构创造超额利润的核心竞争力。作为企业的领导者眼光必定要高瞻远瞩，作风必须是实事求是，准确地进行市场定位，把握市场发展的机遇，要从被动跟着市场走转为主动开拓市场。而发展成熟的大机构就可考虑扩大业务经营范围，提高企业综合服务能力。从估价行业长远发展的角度来看，树立一个公司在行业中的品牌，提高认知度和信誉度，提升客户满意度，注重质量提升和业务创新才是持续发展的关键。

（一）加强科技创新，提高业务增长点

目前，房地产估价行业大数据建设及科技创新可谓是群雄并起，行业联盟有中估联行；行业联合进行大数据建设有中房评（深圳中房评数据技术有限公司）、云房数据（北京云房数据技术有限责任公司）；第三方服务商有房讯通（深圳房讯信息技术有限公司）等，大数据及科技的发展对整个房地产估价行业的整合起到一个强有力的推动作用。数据技术的创新也在帮助传统的估价业务增强竞争力，互联网企业通过不同的估值模型为用户提供房屋价格变化、周边可比房屋信息、租金价格、租金与按揭对比信息等，用户只需输入地理位置、房屋大小等具体参数，便可获取相对准确的房屋估价信息。在目前现实调查当中，目前数据库估值与最终成交价之间的误差都控制在正负10%以内。这对于估价机构提高估值效率与估值准确度,从而提高业务增长点确实起到重要的意义。

(二)拓展房地产咨询业务

房地产咨询业务是目前估价机构主要的业务拓展领域和发展方向,尤其是人员规模较大、技术实力较强的房地产估价机构。由于传统业务的同质化严重,服务优势较弱,而人力成本却逐渐增加,边际经济效益降低,拓展房地产咨询业务是必然的选择。房地产咨询服务具有技术含量高、经济效益好、服务范围广、操作沟通时间较长、市场自主需求旺盛等特点,能够较好地规避低层次的恶性竞争,提高企业经济效益。

参照国外及我国香港房地产估价机构的服务领域,房地产咨询业务可以划分为房地产开发的前、中、后期不同业务。前期包括房地产市场调研、项目可行性研究、最高最佳利用分析、资产管理、投资顾问等,后期包括房地产营销策划、经纪代理、物业管理等。从世界著名五大行、仲量联行、戴德梁行、高力国际等业务情况来看,他们都是以专业的知识经验为政府、开发商、投资者提供综合性全流程的房地产咨询服务。结合国内实际情况,国内开展房地产咨询服务的内容也十分广泛,估价机构可提供有关房地产政策、法规、专业技术等咨询服务,也可以对房地产资产经营管理、房地产投资顾问、城市更新服务、旧城改造咨询、投后管理等提供服务。

此外,估价机构在拓展新业务范围的时候,需谨慎考虑几个问题:第一,在公司所在地是否有相关法律规定企业禁止兼营?第二,在搭建多元业务平台时,该类型业务市场环境是否成熟?第三,拓展该类型业务是不是具有新的利润增长点,还是平白无奇的常规业务?

在房地产多变的形势下,经过多年锤炼的估价机构,凭着对房地产市场的敏锐洞察和分析,完全有能力充分利用自己积累的专业优势,为房地产开发企业、国有资产管理机构、大型企业集团、银行金融投资机构、政府主管部门及个人投资者开展高附加值的综合服务。

(三)搭建综合发展平台

从专业化向多元化发展,可以充分利用已有资源,在巩固传统的估价业务的基础上,整合服务平台,大力拓展经营范围,包括拓展土地规划、财务会计、税务筹划、工程造价咨询等多种资质下的经营范围。只要客户有咨询服务的需求,就可以在房地产咨询服务方面提供一条龙服务。企业资质齐全,服务齐全,信誉好,创建了自己的服务特色,取得了良好的经济效益和社会效益。

四、创新发展需要注意的问题

(一)企业需明确目标,精准定位

企业的长久可持续经营,取决于长远的战略发展眼光。对行业、自身的清晰认识,准确的市场细分与定位,不断提升自己的核心竞争力。对战略实施实行长期的监控与管理,需要评估机构持之以恒的努力。

(二)吸纳优秀人才,培养人才

未来需要不仅能够在专业领域,还有跨界领域都能以客户为导向的新型人才。估价行业在招募员工时,不妨多考虑吸纳不同背景的人才。在员工培训方面,不仅培养其专业技术能力,还要培养其领导能力、谈判能力、团队精神能力等综合能力,使其成为完善的高等技术人才。

（三）注重市场信息的收集，基础数据的整理

专业房地产顾问必须保持对市场敏锐的洞察力。如果在房地产咨询行业中开展业务，就必须加强与市场的接触，不断收集市场信息，这需要不断坚持的努力积累。例如城市更新市场信息、更新项目的审批情况、更新项目的市场拆赔案例等数据，都需要日常不断积累。

（四）培养创新能力，注重创新精神

房地产咨询业务可能会面临诸多问题，每个项目都有独特之处，因此需要很强的创新精神和随机应变的能力，以往的经验只能用于参考，不能生搬硬套在现有的项目上面。很多时候思考问题，有经验的不如没有经验的。跳出问题本身看问题才能看得更清楚。这也给从事房地产咨询业务的估价机构提出了新的挑战。

五、总结

房地产估价机构是为客户提供高智商的服务，这种服务必须要根据市场的需求和变化，大胆作出创新和调整，通过在工作中不断反复实验归纳总结，为客户提供有价值的信息，通过提供多元产品服务组合来满足客户个性化需求，所以说在全新的市场环境下，创新发展和多元发展极具积极的现实意义和深远的战略意义。此外，房地产咨询业务的特点及优势就决定了它成为主要的拓展领域和发展方向。估价机构应根据企业自身优势，合理规划发展进程，不断加强内部管理，注重自身专业队伍建设，进一步提升公司品牌和形象，才能更好地满足高端产品和服务的需求，形成企业长久发展的良性循环，促进有实力的估价机构做大做强，形成有较强市场竞争力的行业龙头企业，促进房地产估价事业的蓬勃发展。

参考文献：

[1] 郑思齐、李文诞.房地产估价机构应努力实现业务多元化拓展生产空间 [R].北京：清华大学房地产研究院，2010.

[2] 赵锦权.房地产估价机构如何实现创新多元化可持续发展 [J].中国房地产估价与经纪，2016（06）.

[3] 高玉荣，杨德志.浅谈房地产估价机构业务拓展和发展趋势 [Z].2014年国际房地产评估论坛，2014年10月.

[4] 温靓靓，王晨，赵英娜.房地产估价行业的创新与发展 [Z].2014年国际房地产评估论坛，2014年10月.

作者联系方式

姓　　名：张灿枝

单　　位：深圳市世联土地房地产评估有限公司

地　　址：广州市越秀区东风东路 761 号丽丰中心 23 楼 01-03 单元

邮　　箱：zhangcanz@worldunion.com.cn

房地产估价基础数据库建设的困境及对策
——以太原市房地产估价数据库建设为例

刘秋爽　郝俊伟

摘　要： 近年来，房地产估价行业发展迅速，面对行业激烈的竞争和估价需求的变化，估价机构需要依靠完备的数据支撑，逐步提升执业水平，向专业化、高质量估价转型。本文结合太原市房地产估价基础数据库建设经验，分析了当前数据库建设中遇到的困境，探讨了数据建设中的要点及问题解决对策，为构建专业化、高质量的估价数据提供参考，助力行业转型升级。

关键词： 房地产估价机构转型；基础数据库建设；困境；对策

自 2000 年前后估价机构脱钩改制以来，房地产估价行业经历了一个快速发展的阶段，近年来，随着互联网的介入及批量评估技术的不断发展，传统评估业务受到冲击，原有的估价模式已不能满足现有的估价需求。为适应新形势，各地估价机构均在不断尝试、探索，期望构建一个完备、精准的基础数据库作为数据支撑，逐步改善业务结构，实现转型升级。

一、房地产估价基础数据库建设的必要性

（一）行业需求变化的推动

1. 传统评估业务由个案转向批量

从抵押评估、税务评估、司法评估这些占比较大的传统业务类型来看，大量的个案评估业务逐渐被批量评估所取代：金融机构陆续引入了线上评估系统，替代了现场评估；各地批量评税范围逐渐由普通住宅扩展至别墅、写字楼、公寓等类型，需要个案现场评估的业务减少；人民法院确定财产处置参考价增加了当事人议价、定向询价、网络询价等方式，分流了原委托评估业务。

随着市场价格的公开透明及批量评估技术的不断发展，对于差异性较小的房地产，采用批量评估是一个必然趋势。为适应行业转变，估价机构不仅需要进行大量房地产市场的交易情况储备，以保证评估结果与市场相吻合，还需进行更加细化的个别因素存储，以保证税基评估中的横向公平。所以，建立一个完善、精准的房地产估价基础数据库（以下简称基础数据库）就成了提供优质批量评估服务的基础。

2. 咨询估价业务逐渐增多

近几年，企业咨询服务、房地产投资咨询服务、征收补偿咨询服务等新型咨询业务有所增加，相较于因行政要求而产生的传统业务，其潜在业务量更大，但通常所涉及的项目复

杂、技术难度大，对于数据的广度及精度要求更高，如项目可行性研究、房地产市场调研等业务就对估价机构在区域房地产的时间、空间分析能力方面提出了更高要求。因此，构建一个覆盖面广、精细化程度高、可靠性强的基础数据库迫在眉睫。

综上，行业需求的转变对数据提出了更高的要求，也推动了估价机构的基础数据库建设工作。

（二）估价机构转型升级的需要

就自身发展而言，估价机构也需要建设一个完善、精准的基础数据库，来提升整体执业水平，增强机构核心竞争力。

1. 提升工作效率，节约人力及时间成本

通过应用端对房地产基础数据的调取分析，一方面，可简化办公流程，实现各环节之间的有效衔接，降低沟通成本；另一方面，在现场查勘、选取案例、估价测算等环节，采用计算机调取数据，可节约大量人力及时间成本。

2. 通过数据共享实现估价经验传递，加快人才培养

估价经验是估价师多年执业实践的积累和总结，估价经验的无法复制是估价机构在人才培养中面临的一个难题。构建基础数据库，可以记录所有历史项目的基础信息，形成一部区域城市的"房地产百科全书"，提供估价经验传递和学习的共享平台，缩短估价师的成长周期，助力估价机构完善人才培养机制。

3. 防范执业风险

估价机构要实现可持续发展必须强化风险防范意识，除加强机构管理、完善监督体系外，还需要防范技术风险，真实可靠、精准的基础数据有助于估价师得出更加科学、准确的估价结果，可以在一定程度上防范执业风险。

二、估价机构基础数据库建设的困境

（一）数据库架构缺乏前瞻性

基础数据库建设过程中，部分估价机构在建设初期未充分考虑未来应用情况，仅满足了短期需求，导致出现构建的数据库架构不够合理、存储内容不齐全、兼容性不强、无空间定位等问题。在后期数据的不断完善中，原有数据库无法满足数据存储及应用的需求，需更换或频繁更新数据库，导致了数据库重复建设、资源浪费等情况。

（二）建设流程冗余，整体效率较低

估价机构基础数据库建设流程一般分为数据采集、整理、入库等环节，数据采集及整理大多在线下进行，需要现场采集数据、内业整理，随后由数据管理人员审核、绘制地图、数据入库。从整个建设流程来看，数据采集、内业整理、审核、绘制地图、数据入库等工作是对同一数据的多次操作，每次均需对数据重新梳理，导致了大量的重复性工作，整体效率较低。

（三）资金、人力投入量大，难以持续建设及更新

基础数据库建设中数据库开发、数据建设均需要投入大量的资金、时间和人力，但作为日常估价的辅助数据支撑，其收益实现的周期较长，短期内难以实现收支平衡，导致部分估价机构出现数据库开发工作中断，或是数据建设后无法及时更新等情况，难以持续建设。

三、太原市房地产估价基础数据库建设的探索

（一）基础数据库的建设及应用目标

2009年，为完成太原市存量房交易计税的评估工作，笔者所在机构开始首次系统性地开展太原市基础数据库建设，数据内容主要以普通住宅的幢数据为主；随后，数据覆盖范围由普通住宅逐渐扩展至商铺、办公、公寓等各种类型。2016年，随着估价业务的拓展，原有数据库逐渐不能满足估价需求，我们对建库需求重新进行了梳理，确定短期规划期内利用已有数据配合外业调查初步建立全部覆盖至幢数据、部分覆盖至户数据的基础数据库，随后依靠日常估价工作持续完善户数据。基础数据库应与应用端互联互通，实现手机查勘、计算机辅助估价等功能，提升工作效率。中长期规划期内基础数据库应能够兼容VR识别、地图精准定位等新兴技术，创造更多的应用可能；同时还可探索数据的共建共享机制，促进数据在整个行业内的应用。

2016—2018年，根据数据库的建设规划及应用目标，针对以往数据建设中的困境，我们开发了九台数据平台，现已开发完成并投入使用（图1）。

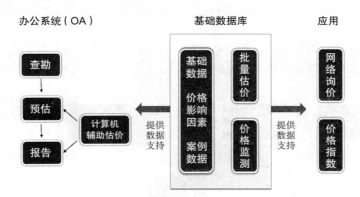

图1　数据库短期应用目标示意图

（二）九台数据平台总体架构

九台数据平台是一个面向估价师的基础数据库，采用办公系统（OA）管理流程进行数据建设，存储层级可精准至户，存储内容主要包括基础信息、价格影响因素、案例数据及空间地理数据等，其存储架构具体如下：

1. 九个层级

为了能够精准、清晰的存储到户，参照住房和城乡建设部颁布的《房地产市场基础信息数据标准》，基础库采用了九层级纵向存储结构，分别为省、市、区县、街道（区）、楼盘、自然幢、逻辑幢、层、户，可承载每一户的不动产权属信息，以及精准到户的价格影响因素及案例数据（图2）。

2. 三大子库

为了保证数据存储及调用的效率及安全性，根据数据的类型及特点，将数据库划分为三个相对独立的数据子库：基础库、调查库、案例库，其中基础库用于存储房地产的物理属性等核心数据；调查库用于存储针对不同用途的价格影响因素；案例库用于存储房地产经济活

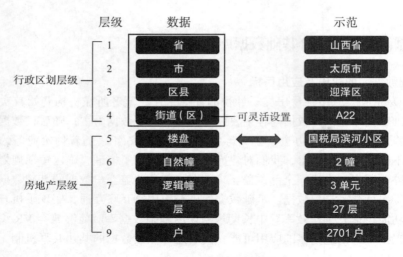

图 2　九层数据结构图

动中产生的各类型的案例数据。

三个数据子库的关系：基础库是数据库的核心框架，决定了数据库的立体存储结构；调查库是对房地产分用途的信息补充；案例库是在调取基础库和调查库信息的基础上，通过补充交易信息构建的各类型案例数据，是对房地产全生命周期的价格数据记录；调查库及案例库通过基础库实现了与地图空间位置的关联（图3）。

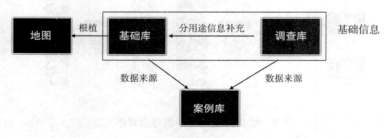

图 3　数据子库关系图

3. 案例分层存储

案例存储结构采用分层级存储方式，将不同获取渠道、不同类型、不同可信度的案例全部存储，依据案例可精确到的基础库数据层级（楼盘、自然幢、逻辑幢、户）进行存储，并在此基础上由调查人员进行可信度判断，形成一个兼顾案例容量、区分案例质量的案例库，为案例的筛选、应用提供了更多的选择。

（三）采用多数据来源

为了详尽存储估价工作涉及的各类型房地产数据，数据平台可兼容多渠道的数据，基础信息及价格影响因素可采用现场采集、日常积累、抄录房屋预销售信息等方式完善数据；案例数据可存储包括评估中涉及的现时案例、历史案例、网络挂牌案例、现场调查案例、中介机构的成交案例以及生活中遇到的各类型的案例数据等。数据来源的多样化可使数据库涵盖内容更丰富，更好地为精确化、定量化的房地产评估提供数据支撑。

（四）利用在线地图、手机调查等技术，使操作简易化

1. 采用在线地图，简化地图编辑工作

考虑到估价机构在数据建设中对于地图软件功能的使用相对有限，同时 ArcGIS 等软件使用门槛高，而在线地图经过近年的发展可以满足需要，平台采用在线地图提供的 API 接口构建房地产基础数据与空间位置的关联，所有估价师均可在数据平台上绘制图形，利用平台空间分析功能提取分析相关地理数据，提高效率（图4）。

图4　空间定位示意图

2. 采用手机调查方式，提升数据采集效率

平台开发了"九台调查"手机端作为数据库外业调查的辅助工具，使手机端与数据库无缝对接，实现了调查成果即审即入，提升了数据采集效率（图5）。

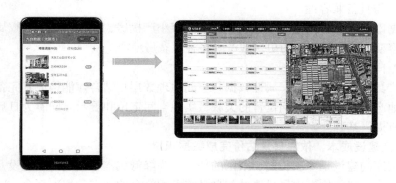

图5　手机调查与数据库连接示意图

（五）采用全员共建模式，将数据库建设融入日常估价

九台数据平台采用了面向估价师、办公流程式的建设模式，即把数据平台作为一个数据库的OA系统，实现估价师与数据库的多对一连接，保证了估价师可即时实现数据的录入和提取，将数据库建设工作融入日常估价及生活，实现全员共建共享，降低数据建设及更新的成本（图6）。

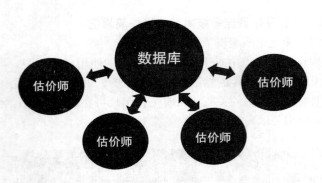

图 6　全员共建共享模式示意图

四、房地产基础数据库建设的要点

（一）明确建设目标、合理确定总体架构

估价机构需根据自身的具体情况制定符合实际需要和力所能及的目标、合理地确定数据库总体架构，数据库结构的设计要兼顾近期使用的方便性和远期的可扩展性，具体要点建议如下：

1. 采用统一的数据标准，因地创新

数据建设应尽量采用国家标准及行业内标准规范，为实现行业内估价机构间的共享、跨行业数据的对接、不同区域数据库软件的推广应用奠定基础；但对于不同地域，其房地产建筑类型、价格影响因素等存在特殊情况时，可因地创新，单独设定存储内容。

2. 数据精准到户

为满足行业需求，数据库存储层级应精准到户，数据范围除房地产基本信息外，应涵盖估价所需要的价格影响因素、案例数据、地理信息等。

3. 数据库需具备兼容性

基础数据库需兼容各用途的房地产，并能兼容小产权房、农村住房等各权属状况的房地产，同时兼容期房、存量房、历史房地产等多种状态房地产。

4. 构建空间地理数据

因房地产具有不可移动性，属性数据与空间地理数据相结合才能构成其完备信息，数据库需构建房地产属性数据与空间位置的关联，实现空间定位和展示，同时为日后基于空间位置的数据分析提供基础。

（二）降低建设成本，依靠日常估价完成数据积累

基础数据库的建设是一项长期、艰巨的任务，为降低成本，实现持续建设及更新，在数据库平台方面，建议估价机构尽量选择与自身需求相符合的现有数据库平台，减少前期开发投入，避免开发过程中的不确定性；在数据建设阶段，建议采用多样化数据来源，将数据建设融入日常估价中，使估价师可以将工作、生活中收集到的权属信息、案例数据一一进行存储，实现估价数据的碎片化整合、精耕细作，并通过日常的现场查勘工作实现数据的不间断更新，替代批量更新模式，减少数据建设成本，打好基础数据库建设的持久战。

（三）应用新技术，提升工作效率

充分利用已有的新技术和平台提高效率和系统的兼容性，如在线地图、微信小程序、批

量数据处理工具等，解放劳动力，实现高效率的数据建设。

五、结语

面对激烈的竞争、行业的变革，决定估价师和估价机构能否走得长远的因素始终是执业水平和估价质量的优劣，虽然现阶段行业内仍存在进入门槛较低、执业水平良莠不齐、劣币驱逐良币等现象，但是随着市场需求的变化，估价行业将会迎来新的模式，能否提供专业化、高质量的咨询估价服务将会成为新的行业门槛，依靠精准的数据分析提供高质量的估价服务将是估价机构的主要发展方向，也是真正实现估价师自身价值的领域。

参考文献：
[1] 畅泽宇，左庆乐．不动产统一登记对房地产评估的影响[J]．不动产评估，2015（09）．
[2] 江楠．税基评估价值类型及评税模型的探讨[J]．中国资产评估，2009，（05）．
[3] JGJ/T 252—2011，房地产市场基础信息数据标准[S]．

作者联系方式
姓　　名：刘秋爽　郝俊伟
单　　位：山西瑞友房地产评估测绘有限公司
地　　址：山西综改示范区太原学府园区南中环街 426 号第 3 幢 A 座 1007 号
邮　　箱：1249553021@qq.com

房地产估价机构精细化管理探析

刘智敏

摘　要：中国现有的房地产估价机构经历了二十多年的发展成长，已基本实现规范化管理，但是精细化的应用还很不够。借鉴精细化管理的理论和方法，房地产估价机构在规范化管理的基础上，推行精细化管理，把内部管理工作做精做细做实，才能获得更大的生存和发展空间。本文从业务管理、专业管理、人力资源管理、信息化管理四个方面对估价机构精细化管理进行了探索。

关键词：房地产估价机构；精细化管理；生存和发展

我国房地产估价行业从萌芽到现在不过二十几年的时间，在 2000 年之前大多数的房地产估价机构还是事业单位，依赖于原来隶属的政府机构；在 2000 年 6 月之后国务院提出了经济鉴证类社会中介机构脱钩改制的要求，原有的房地产估价机构经过脱钩改制成为由注册房地产估价师出资设立的有限责任公司或合伙制企业。在高速增长的房地产业的带动下，估价行业也取得了蓬勃的发展，从数量上、质量上、行业自律上、相应法律法规的配套上，都有了实质性的提高。但随着国家经济发展的增速变缓，估价行业竞争的日益激烈，势必要求房地产估价机构拓宽市场研究，加强内部管理，提升专业素养，才能确保企业的可持续健康发展。

现代管理学认为，科学化管理有三个层次：第一层次是规范化，第二层次是精细化，第三个层次是个性化。中国现有的房地产估价机构经历了二十多年的发展成长，已基本实现规范化管理，但是精细化的应用还很不够，更谈不上第三层次的个性化管理。精细化管理是一种理念，一种文化。它是源于日本的一种企业管理理念，是社会分工的精细化以及服务质量的精细化对现代企业管理的必然要求，是建立在常规管理的基础上，并将常规管理引向深入的基本思想和管理模式，是一种以最大限度地减少管理所占用的资源和降低管理成本为主要目标的管理方式。中国房地产估价师与房地产经纪人学会副会长兼秘书长柴强博士曾说过："提高经济发展质量，对我国房地产估价行业而言，关键要走精细化发展道路。"随着房地产估价的业务范围日趋细分化和企业管理日趋规范化，房地产估价机构的管理也应与时俱进，在规范化管理的基础上，推行精细化管理，把内部管理工作做精做细做实，才能获得更大的生存和发展空间。笔者认为房地产估价机构现阶段的精细化管理可从四个部分入手：业务管理、专业管理、人力资源管理、信息化管理。

一、业务管理

当前大部分房地产估价机构规模都不算大，更多的重视业务发展而忽视内部管理是一些机构的通病。要提高房地产估价机构的竞争力，就要根据房地产估价行业的特点，创新开拓业务渠道，优化估价业务流程，构建全面完整的精细化业务管理体系。

（一）实施对业务渠道的精细化管理

企业经营的核心首先是要生存，房地产估价机构也不例外。《资产评估法》第十五条规定：公司形式的评估机构，应当有八名以上评估师和两名以上股东；按照之前的《房地产估价机构管理办法》规定：原有的一级、二级、三级资质分别必须有15名、8名、3名以上专职注册房地产估价师；因此对于原三级资质估价机构而言，如果通过增加估价师来符合《资产评估法》的要求的话，成本的增加可能导致其无法继续经营；对于原一级、二级资质估价机构而言，也应有与其机构规模相称的业务量才能够发展壮大。如今传统的估价业务如抵押估价、涉税估价、征收征用估价等，由于受到市场状况和政策等外部环境的影响，其中部分估价业务在逐渐萎缩中，如抵押估价和征收征用估价，涉税估价前景尚不明朗，单一化的估价机构面临转型的巨大压力甚至关闭的风险。但随着国家经济发展方式的转变，也带来不少新的业务机会，例如城市更新领域的前期成本核算及风险评估、不动产证券化等。由于市场竞争越来越激烈使得估价业务渠道的价值在不断上升，估价机构应抓住机遇开拓多元化业务渠道，实现对估价业务渠道的深度开发。不同的估价业务渠道其管理方式也不尽相同，估价机构应根据自身发展的特点对不同的估价业务渠道实施精细化管理，将估价业务的渠道管理架构向扁平型发展，对不同渠道的管理方式进行细化和创新，由静态管理转为动态管理，永续精进。

（二）建立科学合理的业务流程

实施精细化管理，必须建立科学合理的业务流程，把凌乱无章的管理变成具体化的可操作的次第有序的流程。估价机构在业务流程管理中要精耕细作，既要有横向的部门协作流程，也要有纵向的管理流程。首先，必须明确各个环节的规则、要求和职责，做到每个环节都能按章办事，及时发现纠正错误，提高工作效率和质量；其次，每一项估价业务，最好能分配给相互制约关系的两个以上不同的部门或人员分别完成并留有记录，做到有据可查，这样不同部门或人员之间相互衔接、相互制约，避免出现一言堂的局面。例如部分房地产估价机构的业务取得和专业估价由两个部门的人员前后台操作，这样估价人员可以不受当事人和利益方的影响，业务人员也无法对估价结果过多干预。同时，机构需要设置良好的沟通渠道，以便将发生的问题能够及时反馈和解决。

（三）优化部门和岗位职责制度

实施精细化管理，要细化整个业务流程的各个落实环节，优化部门和岗位职责制度。房地产估价机构要建立合理的授权分责制度，在合理分工的基础上设置不同的工作岗位，针对各部门的工作性质、人员的岗位职责，赋予相应的工作任务和职责权限，理顺各部门间的关系，相互配合协调监督，每个岗位都清楚地知道自己的责权利，做到事事有人管和人人有专职，提高工作质量和效率。

例如在司法鉴定的项目中，估价机构可以由专人根据项目的难易程度分派任务，在实地查勘的过程中业务人员和估价人员共同到场，与法院等估价利害关系人的事务沟通和估价相关事宜分别由业务人员、估价人员负责，法院出庭质证时业务人员和估价人员一起参加。这样整个过程环环相扣，每位员工对自己的岗位负责，既有分工又有合作，互相监督，能够最大程度避免出现管理上的漏洞。

二、专业管理

近几年来，不时会有估价机构因估价报告质量出问题（如高估抵押价值、低估计税价值），有的被金融机构剔除入围名单，有的被主管部门通报批评，不仅使估价机构的声誉下跌、业务锐减，更严重者甚至被追究刑事责任。

《资产评估法》第十七条规定："评估机构应当依法独立、客观、公正开展业务，建立健全质量控制制度，保证评估报告的客观、真实、合理。"房地产估价报告是房地产估价机构的产品，产品的质量过低势必会降低估价机构的信誉度和市场竞争力，因此估价报告的质量直接关系着估价机构的生存和发展，房地产估价机构必须在专业方面加强精细化管理，重细节、重过程、重质量，专注做好每一份估价报告。

（一）严格遵守执业规范

为了规范房地产估价行为，统一房地产估价程序和方法，使房地产估价结果客观、公正、合理，1999 年 2 月 12 日，建设部会同国家质量技术监督局发布了国家标准《房地产估价规范》。后又进行了修订；2013 年 6 月 26 日，住房和城乡建设部、国家质量监督检验检疫总局联合发布《房地产估价基本术语标准》，2015 年 4 月 8 日发布《房地产估价规范》。为了规范资产评估行为，2016 年 7 月 2 日颁布《资产评估法》，并于 2016 年 12 月 1 日开始实施。

根据《房地产估价规范》，房地产估价工作应按一定程序进行，少数估价机构或从业人员为节约成本或者贪图方便等各种原因，故意违反规范要求，导致估价报告出现质量问题。如：不到实地对估价对象现场查勘，只上网查查信息、看看图片、打打电话，甚至虚构可比实例；为了迎合估价委托人的要求，高估或低评估价结果，在进行测算时编造一些估价基本数据和重要参数。估价人员应实事求是地反映估价对象的实际情况，以执业规范为准绳，这是保证房地产估价工作合法进行和估价结果客观准确的重要前提。

（二）严格实行三级审核制度

《房地产估价规范》规定在交付估价报告前要"审核估价报告"；《资产评估法》第二十六条规定："评估机构应当对评估报告进行内部审核。"房地产估价机构要坚持严格实行估价报告的三级审核制度，即初审、复审和终审。其中初审包括估价人员的自审和互审，检查估价报告的同时也有利于估价人员互相学习，共同成长；复审为部门经理审核；终审为总估价师审定。初审对估价报告技术报告全文和所有估价资料进行全面检查，如估价对象的权属证明是否真实和收集齐全，估价技术思路和估价方法是否正确，计算是否正确，对有关重大问题是否进行披露，并对初审中发现的问题认真考虑和改正；复审是进一步对估价报告技术报告全文和估价资料进行全面检查；终审是对估价报告的最后把关，确保估价报告符合房地产估价规范及相关技术标准，特别要对可能出现估价风险的问题进行分析判断和审核，最终决定是否出具报告。

机构要细化三级审核的要求和侧重点，明确每级审核的责任。各级审核人员虽然侧重点有所不同，但是均应按照合法、合理、合规三个准则尽心尽职地进行审核。合法性准则，是指从法律法规和现行政策的角度，评判房地产估价报告是否合法，如权属是否合法；合理性准则，是指应在独立、客观、公正地进行房地产估价活动的基础上，得出合理的估价结果；合规性准则，是指房地产估价报告从形式到内容，都应该符合国家法律法规、行业规范的要求。例如，估价结果应详细说明对采用的不同估价方法测算出的结果是如何进行分析比较，并考虑价格影响因素，最终合理确定估价结果。

（三）完善估价人员培训体系

房地产估价是一项涉及多学科多领域的活动，要求房地产估价人员不仅具有多维度的理论知识，还要具备丰富的实践经验，估价人员的专业素质决定了估价报告的质量和估价行业的形象。估价人员仅仅参加行业协会每年举办的继续教育是远远不够的，估价机构应该采用更加灵活和创新的培训方式，区分对象、因需培训，建立精细化的培训体系，提高估价人员的专业胜任能力和职业道德水平，以严谨科学的专业服务满足外延不断扩展的房地产估价需求。

估价机构综合运用研究小组、讨论法、案例教学法等多样化的培训方法，有助于激发估价人员的学习兴趣，提高估价人员的专业技能。如：聘请业内专家、相关行业专业人员等来公司讲课，使估价人员及时了解行业政策法规动向、最新的技术成果；定期举办专业能力知识竞赛，提高估价人员学习的积极性；组织技术讨论会，探讨和分享在估价过程中遇到的疑难问题，为估价人员提供学习和交流的平台；同时开展职业道德培训，加强自律管理。

（四）建立重大房地产估价案例专家会审制度

对影响较大、估值较大、技术难度较高的重大房地产估价案例或新的创新型估价业务，建立由机构资深估价师组成的专家小组会审制度。所谓"术业有专攻"，房地产估价的涵盖范围广，每位估价人员都会有自己细化的专业方向和擅长经验，比如有的擅长于在建工程房地产估价，有的擅长于酒店类房地产估价，专家小组会审可以集众家之长，发挥每一位专家的聪明才智，充分利用各种有利因素，避免出现重大失误。估价专家小组对重大房地产估价案例进行技术探讨，剖析估价难点，对估价程序和技术规范提供专业审议意见和技术指导，确保估价结果客观合理，为客户提供高水平的估价服务。

三、人力资源管理

人才是第一资源，房地产估价师是专业化程度较高的知识型人才，是房地产估价机构核心的人力资源部分，机构的发展离不开优秀的核心人才。因此，估价机构要实施人力资源的精细化管理，遵循精益求精的原则，对人力资源的内容进行合理分析、规划以及定位。

（一）优化薪酬福利和绩效考核管理

人往高处走，一般情况下估价人员离职的原因往往是后者提供的条件要比前者好，而薪酬福利和绩效考核是其中最直接和最重要的方面。好的薪酬福利和绩效考核管理可以充分调动员工的积极性、主动性，估价机构要留住现有的优秀人才，就要从最重要的薪酬福利和绩效考核制度着手。

房地产估价机构既要考虑机构自身的经营情况，又要考虑行业的平均水平和竞争对手的情况，遵循对外具有竞争力、对内公正公平并有激励性的原则，实时调整公司的薪酬水平，同时还要制定公平合理的绩效考核制度并予以切实落实。公正合理地向每一位为估价机构发展做出贡献的人员支付报酬，能给他们带来自我价值的实现感，增加归属感和对公司发展的认同和支持。

（二）构建员工职业规划

构建精细化的员工职业发展计划，充分发挥估价机构激励管理效能的作用。首先针对管理、业务、专业等不同岗位人员的职业发展，要有不同的职业发展规划，为每个岗位制定明确的发展目标和发展路径，无论是在技术岗位还是管理岗位，都有前进的方向和发展的目标；其次要有切实可行的人才培养机制，按照公开公平的原则晋升机制，对员工加强培训，提高自身能力，帮助他们成为优秀的人才。估价机构要为估价人员提供更多的发展方向和机会，为发展不合意的员工提供转方向的机会，确保机构的职业发展通道能够实现公平流动和高效配置。

例如房地产估价人员属于运用自己的专业知识为客户提供咨询鉴证服务的技术类人才，发展路径一般是：估价员、估价师、资深估价师、机构技术负责人/部门负责人、机构高层管理者，估价人员可能一直专注于技术层面，最终成长为机构的技术骨干或者技术负责人，也可能转变方向为管理职务，成长为机构的高层管理者。

（三）重视企业文化，提高估价机构凝聚力

一个企业区别于同行业其他的企业，很重要的方面在于企业文化。积极向上的企业文化能为估价机构吸引和留住人才，尤其针对大部分估价人员是知识型人才的特点，对实现自身的价值十分重视，也极为看重机构和社会对自己的评价，要营造估价机构尊重人才，重视优秀员工的氛围，真正地做到人尽其才。

强调团队合作精神，提高凝聚力。估价工作尤其是复杂的大型项目需要各个不同专业人员的共同合作，发挥各自的专业优势，有时可能还需要外聘专业人员的支持，只有发扬团队协作精神，才能超越单个个体的局限，更好地完成估价工作。同时通过举办各种活动，积极参加行业组织的各类团队比赛等，营造一个团结融洽的集体，让机构员工及时了解估价机构的远景发展战略，能够主动融入其具体实施过程，实现估价机构和估价人员的共同发展。

四、信息化管理

伴随着社会的进步和科技的发展，我们已步入了信息社会，网络信息技术的不断普及和广泛应用，将现代化信息技术融入企业内部管理中，其发挥的作用是有目共睹的，信息化管理已成为现代企业管理的一项重要工具。房地产估价机构应该在过去经验的基础上，加上信息技术的支持，以精细化管理为主要发展方向，提升机构的工作效率以及管理质量。信息化管理所起到的不是单一的作用，而是对估价机构整个管理系统有全面持续的协调和提升作用，通过信息系统管理的高效运作，精细化管理将具有更加坚实的基础和未来。对房地产估价机构来说，不可或缺的有以下四个内容：

（一）构建基础数据库

房地产估价机构需要大量的具有完整性、有效性和及时性的基础数据资源，不夸张地说，基础数据已经成为房地产估价行业内最重要的资产之一。估价机构可以结合市场调研和互联网技术，充分采集楼盘的基础信息和交易信息等相关信息，并整合机构估价人员多年来在估价工作中沉淀积累的大量数据，借助当前先进的互联网数据库技术、网络技术对其进行统计分析，构建完整的数据系统，为估价人员和客户提供规范高效的数据服务，实现基础数据的充分共享。

（二）估价报告辅助生成系统

由于房地产估价报告具有一定的共性，如基本格式、估价方法的计算公式都是固定的，根据估价报告的目的和方法的不同，把估价师的专业技能和信息技术融合在一起，设置估价报告辅助生成系统，减少估价报告中的一些低级错误，降低估价工作中的一些人工操作，让

估价人员在整个估价过程中,能够分出更多的注意力去关注如估价对象的价值和价格影响因素等更具个性化更重要的内容,从而提高估价报告的质量。

(三)估价报告管理系统

对从业务分配开始到完成估价报告并收费中的各个环节实行信息化管理,可以理顺和规范估价业务流程,对估价报告的数量、审核流程、作业时间、收费情况等如实进行记载,实时跟踪各个项目的估价作业进度,提高工作效率和准确性。

(四)自动询价系统

自动询价系统是基于信息技术和数据的集合,构建有效的数据处理和价格模型,可对单套住宅的房地产价格进行评估,方便客户随时查询房地产价格信息和其他综合信息,同时还可以为客户在原有估价业务的基础上,进行业务延伸和售后服务,例如对金融机构的抵押担保物进行定期的价值跟踪监测。估价机构通过提供这项服务既可以减少估价人员的询价工作量,又可以扩大机构的品牌影响力。

五、结语

房地产估价机构的管理是一项长期而系统化的工程,没有一个现成的管理模式可以直接套用,随着房地产估价行业竞争的不断加剧,精耕细作将成为房地产估价机构生存和发展的基本条件,房地产估价机构只有不断深化精细化管理,加强探索,持续提升应变能力,最终构建与自己企业实际情况相适应的个性化的管理模式,才能在未来的竞争中立于不败之地!

作者联系方式

姓　　名:刘智敏
单　　位:上海国城土地房地产估价有限公司
地　　址:上海市虹口区黄浦路 99 号上海滩国际大厦 22 楼
邮　　箱:amy1500@126.com

浅议房地产估价机构的颠覆式创新

戴志华

摘　要：本文从驱动企业增长的力量——红利、管理、创新三个方面分析估价机构的困境和产生根源，提出了在把握企业底层基因（文化、价值观、发展的关键原理）的基础上，摆脱原有固化的管理思维和理念，进行新业务的发展，并通过市场选择变异，分形创新，将新的某一业务发展为主营业务，从而获得再次腾飞。

关键词：困境；创新；第一曲线；第二曲线

一、引言

远古时代，熊猫和熊都是杂食动物，较凶猛。后来熊猫找到了无穷多竹子作为食物，就很少杂食了，活得很滋润；再后来环境变化，竹子死亡，熊猫大量灭亡。现在，熊的数量远比熊猫多，熊猫濒临灭绝。

——太依赖你的优势，或许就是你灭亡的原因。

二、估价机构的困境

在国民经济出现较大变化的时期，房地产估价机构生存的外部环境发生了很多变化。

（1）传统主流业务是金融类业务，但目前，金融类估价已非法定估价业务，银行压价、采购大供应商、轮流分派业务等导致金融类业务大大减少，一家独大难上加难。

（2）司法鉴定：司法拍卖中评估仅仅是第四选择，不再是必备条件，且需要抽签决定评估机构，僧多粥少。费用大幅度下降，收入断崖式下滑。

（3）大规模棚改政策已经逐渐停止，旧城改造与每个城市的政府态度密不可分，估价机构难以影响和推动。

各种招投标的限制取消，业务来源越发变得不可控。

三、困境的根源

估价行业以前由于政策红利而蓬勃发展，是信息不对称、诚信系统不健全的市场经济初级阶段诞生的产物。近年来，国民经济增速放缓，民营企业融资难，迫切需要降低融资成本，简化手续。在国民经济转型升级过程中，互联网深入地改变生活和商业模式，无论是政府、企业的内在需求均趋向于获得更为方便、便宜、快捷的估价服务；

在占比50%以上的传统金融业务种类面前，估价技术报告依然较复杂，且不能很好地控制价值风险,报告厚而无用,更多作为甩锅工具备查。面对不同的应用目的,行业评审还在精益求精,纸上雕花,与市场需求背道而驰。

我们为了在行业竞争中胜出,快捷高效出现场,出报告,接送客户,比拼服务,市场、管理、学习培训竭尽全力,但是,增长极为有限,大量的机构依然业绩下滑,不确定性依然是市场上最确定的状况。

四、我们为什么要创新

作为估价企业,活下去是所有机构的基本目标,让企业保持超过通货膨胀、同行的增长,才能在行业内站稳脚跟。企业增长是任何企业带头人的首要战略目标。

我们认为,一般来讲三种力量驱动企业增长:一是红利;二是管理;三是创新。本文从这三方面分析,我们为何要创新。

(一)红利

从行业诞生之初,我们就不停地追逐行业政策红利,金融业务、公积金贷款、各种法定业务、房产税评估,都是我们期待的行业红利。但我们可以预估:随着国家简政放权,能给予我们的政策性红利已经越来越少。例如最近,某些国有银行发放了贷款白名单,基于金融业的大数据分析,白名单企业,不需任何抵押,可贷款几十万甚至几百万,年化利率仅为4.5%,办理时间仅为1天。随着大数据助推国家信用体系的建设,我们这种在信用极不健全的时代产生的第三方鉴证业务还能走多远?

一个又一个政策红利丧失,而且评估费越来越低。

当然,我们也还在努力找红利,如基础设施建设所涉及的征收评估、房产税评估、政府各种第三方采购服务等,但是可预见的是,寥寥可数,方向未明。常规业务市场需要方便、便宜、快捷的服务;而政府业务采购,招投标日益严格规范,越来越多的库被打破,限制跨地域竞争的护城河将进一步消失。

依赖红利再获得企业增长,很难做到长期持续且不确定性很大。

(二)管理

提升管理能力通常能较好帮助企业发展,促使企业实现既定方向的增长。

我们的主流估价业务以金融类、司法鉴定类、征收类、交易过户类为主,大部分时间里,我们都在努力使自己的评估报告更好,沿着既定的技术轨道进步,这属于微创新、连续性创新,服务于主流客户、主流市场,企业大部分利润也都来源于此。

管理水平高,能够促进企业的渐进性的创新,不停地提升原有领域的技术水平,这依然是需要我们行业继续去努力的。但这仅仅是针对市场环境变化不大的情况而言。

当整个行业都到达天花板,企业的增长难以抵消通货膨胀,表明我们估价企业的发展遭遇了极限点,也就是失速点。不仅是我们行业,历史上任何技术、任何行业、组织都会遭遇极限点。在遭遇失速点之后,只有4%的企业能够重启增长!

(三)创新

由上文可见,红利基本耗尽,管理也到极致,只有创新,才是我们新的增长动力。

这也契合了我国现有经济环境,在祖国成立70年、改革开放41年、贸易战胶着进行的今天,对现代服务业已经提出了更高的要求,那就是以市场需求为导向,专业、高效、便捷、便宜,这几乎是所有类别的消费者的共同需求,包括我们自己。我们不能一边乐滋滋地看微信去颠覆电信,新的支付模式去颠覆银行,又一边死守以前的做法,幻想自己不被颠覆。

再按以前的方式去经营,我们必将被市场抛弃。行业的创新已被倒逼着进行了 5 个年头,如果现在还拒绝创新,却指望更好的发展,无异于缘木求鱼。

目前,对中国增长最大力量是创新。每一个行业都在科技发展、互联网发展、外资企业进入等多重因素影响下发生深刻的变化。我认为未来社会发展,行业发展,还有很大一片天地。

国家已把老百姓的真实需求放在了第一位,互联网大数据的兴起,也倒逼我们深刻认识消费者真正需求什么?再寄希望于拼凑字数加厚报告来增值自己的业务,希望各部门、各区域加上门槛拦住其他竞争者,无异于螳臂挡车。

与其在一个单一平面竞争、死守,我们为何不跳出这个平面,站在更高更多的维度,去思考如何发展?

五、什么样的创新能够救赎估价机构

(一)惯常的渐进性创新已经不能维系企业的增长

由于路径依赖,过多强化原有业务的管理,过于轻视和抵触那些看起来不怎么高大上(或不够复杂)且利润不高的新业务(或者新技术手段),即便是以前的领军企业,原有主业(第一曲线)做得越好,越难以跨越鸿沟到达新的主业增长点(第二曲线),如图 1 所示。就像大熊猫一样,有竹子就不愿意吃其他食物。

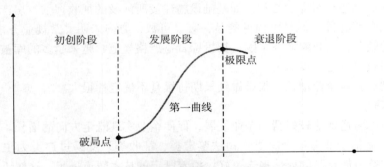

图 1　企业的第一曲线极限点及生命周期示意图

因此,仅仅在原有业务管理较好的企业,并不能给企业带来决定意义的竞争优势,甚至在这种混沌的经济环境下,更容易失去先机。

在一个企业中,公司小的时候,效率更高,公司越大时,反而效率降低。因为人一多,企业必须要增加管理岗位,处理人与人之间的问题。这往往是由于组织熵增,慢慢地固化起来,企业变得涣散化,行动力弱,对市场反应迟钝。华为为何取得一个又一个瞩目的成就?因为任正非在多年的管理实践中都明确采取各种手段反熵增,打破组织固化,增强组织活力,内部团队比拼,内部团队创新,与其被别人干掉,不如我们自己做这个事情,从而延缓企业发展的极限点的到来。

无论多大企业,寿命都会是有限的。企业越大,长期增长速度反而越慢,环顾我们的估价行业不同时期不同的机构兴盛和衰落,也是同理。当然,正因如此,估价小企业也才有创新和投资机会，甚至有了颠覆大企业的一丝可能性。

（二）加强管理能否提升估价公司的增长

加强管理能否提升公司这个物种的存在寿命？

整个估价行业，最近5年来过得相当不易，激烈的行业竞争，业务规模锐减，利润急剧下降，导致老总们奋力在市场中搏击，以获取更多订单，筋疲力尽，无暇关心和提升管理水平。

对于小企业来讲，由于行业形势严峻，为降低人力成本，行业几乎没有相对专业的人力资源，内部机制老化，面对变化剧烈的环境，除老总个人之外，作为团队几乎难以做出什么有效的改变。甚至，相当数量企业并未实现家族企业、个体户到现代企业的转变。因此，小企业即便抓紧改善管理，留给小企业的时间窗口也不多。

而对于较大较规范的企业来讲，虽然凭借规模优势、品牌声誉优势，而具有良好的竞争地位，但如果思维和企业行为固化，公司依然仅仅沿着传统业务（第一曲线）走，一味强化管理，很不容易跨越鸿沟，成功启动新的增长业务（第二曲线），如图2所示。

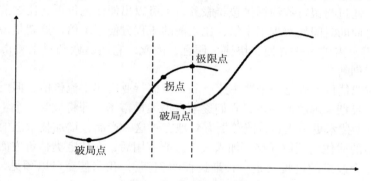

图2 企业第二曲线的最佳启动期图

那么，如何能跨越这一鸿沟呢？只有颠覆式创新，才是真正的创新之路。

六、什么是颠覆式创新

最近这些年，行业各机构积极探索，延伸到征收服务领域、房地产咨询、绩效评价以及各类资产评估。

真正能够发展为企业主营业务的第二曲线是可以给企业带来巨大增长的业务，目前行业中已有一些很好的探索——高端的咨询业务，云征收全流程服务，都是相比传统业务好十倍的业务。

第一曲线越成功的人，越难跨越第二曲线，因为太多人好像掉入米缸的老鼠，产生路径依赖（图3）。从第一曲线到达第二曲线过程就是颠覆式创新，在这个过程中，一定要找到自己企业发展的底层基因（企业文化价值观）和密码

图3 掉入米缸的老鼠

（发展的最关键原理），而不能丢失自己。

以传统住宅类估价业务为例：

（1）主流市场看重银行金融业务，在各种描述上花费较大精力，但是，银行和贷款企业、个人无不希望便宜、方便、快捷。除非强迫症，面对一份厚厚的报告，少有人会看超过5页。

（2）主流行业老大往往不屑于去参与这种低利润、低收入的业务的竞争，而向高利润业务迁移。

（3）国内多个房地产经纪公司、房地产估价都开展了互联网数据的尝试，将在线估价引入这一领域，以解决长期以来的痛点。自动在线估价等产品已经在边缘非主流市场崛起，占据越来越多的市场。

（4）最初，这种模式提供的房地产估价有很多漏洞，比如，没法现场看房、有一定的风险隐患、数据来源并不契合《资产评估法》关于可比对象必须是真实案例的规定，没有机构签章等。

虽然它是一个不完美产品，且利润较低，主流市场不是憎恨有加就是嗤之以鼻，但是，这样的产品可以通过与银行签约提供包年服务，也可以出便捷询价单，比之前的估价报告便宜了十倍，比之前的时间耗费少了十倍，比之前的流程方便了十倍，这就是一个十倍好的产品，能够满足用户需求——方便、快捷、便宜，因此，它能够做到对主流市场的颠覆，这就是一种颠覆式创新！

（5）自动在线估价本来是一个非主流产品，占据行业内非主流价值，但由于满足了市场的需求，解决了长期未解决的痛点，它们逐渐占据大量市场，即将成为一个主流的业务，随着5G时代到来，技术更为成熟，能够更有效地完善这一产品，增加技术上的可靠性和专业性，甚至往更多的非住宅领域迁移，加入人工智能应用后，在住宅类估价方面将逐渐不逊色于人工估价（这个改进的过程又是一种渐进性的创新），我们甚至可以预见，未来的3~5年内行业大局将定。

（6）不管把多少辆马车连续相加，都不能得到一辆汽车。马车向汽车的跃迁，才能带来实质性增长。同理，按照传统估价方式作业，无论做多少个住宅类报告，都没有本质的变化，问题依然是老问题，痛点依然是老痛点，并不会给企业带来实质的增长和改变。

（7）每个企业都有保护性思维，保护自己赖以起家的主营业务，担心新技术出来影响原有的业务，很多估价同行对传统作业方式的员工及客户的情感难以割舍、非理性看待市场变化，因此扼杀新业务，放弃新业务。但是，市场的秘密就是用新企业破坏老企业，或者是企业内部用创新去破坏自己过气的老旧业务。我们更需要遵循理性原则，充分认识到市场这种指数级的非连续型增长，要果断地把市场的破坏性创新引入企业内部，无情地破坏自己过气的老旧产品和业务，帮助企业跨越非连续性。

总之，对于估价企业来讲，第一件事是管理，尽量延长第一曲线生命，应对既有市场。第二，要启动独立的第二曲线，抓住独立的新生市场机会，积极走创新破坏之路。没有主营业务的创新是瞎扯，但是只守着主业，期待什么都不变就基业长青，也是痴心妄想。

七、成功进行颠覆式创新的行动建议

不创新等死，创新找死，如何打破两难困境？答案是分形创新。

回望商业，感悟生命的进化：自然界最激烈的竞争被发现是在同一物种的个体之间，如狼群里。而估价机构最激烈的竞争显然也不是跟外行，而是同行，尤其是区域内同行。仅仅在各地开设分公司的行为，相当于繁殖新的生命，这是一种遗传行为。以往，我们都是采用遗传行为（各地开设分公司，布设网点）来竞争。如果市场环境不变，这无疑是最好的竞争方式。

但是，当生存环境发生剧烈变化，即便是恐龙都会灭绝。反倒是那些有些变异的物种，能够侥幸生存下来，就是这些变异，帮助他们逃出生天。我们估价机构亦是如此。环境剧烈变化，以往十多年的做法显然不能适应未来，一成不变只会衰亡。

第一曲线如何能变成第二曲线？答案是同构性。管理的本质类比遗传，创新类比于变异，我们要找到我们的底层基因（企业文化价值观、发展的关键原理），在发展中保持我们的底层基因，我们不要异想天开地希望直接从一个主流业务飞跃到另外一个主流业务，更不可能骤变为新兴企业。比如华为，他们以客户为中心，以奋斗者为本，长期艰苦奋斗，坚持自我批评等，这都是他们的基因。所有的新部门新业务都好像是这个企业的又一个小的分形，保持着同基因，但是又有着不一样的特点，从而在商业丛林中产生旺盛的竞争力和生命力！

面对目前的新形势，我认为最佳态度是守正出奇——聚焦主业，但主业随时随刻处于创新中。

优秀同行们在征收服务、政府采购服务、企业价值顾问、企业咨询培训以及测绘、规划、自然资源各类新的业务发力，都是一种积极的创新和变异（与以往的估价业务有很大不同）的过程。或许，在不久的将来，他们将会进一步变异为不一样的机构，某一项新业务会成长为一个新的主营业务，企业将会成为一个新物种，但是，从基因（企业的文化、价值观、发展关键原理）上看，他们与以前的企业具有同构性。那个时候，才是估价企业颠覆性创新真正的成功，创新取得了阶段性胜利，我们依旧是我们，我们是一个更好的我们。

参考文献：

[1] 克莱顿·克里斯坦森.创新者的窘境（全新修订版）[M].胡建桥，译.北京：中信出版社，2014.

[2] 李善友.混沌大学创新学院讲义[Z].北京：混沌时代（北京）教育科技有限公司，2019.

作者联系方式

姓　　名：戴志华

单　　位：四川广益房地产土地资产评估咨询有限公司

地　　址：四川省绵阳市涪城区临园路东段12号12楼B2号

邮　　箱：529286690@qq.com

浅议 TQM 理论下估价机构质量管理体系的搭建与改进

苏 里　迟爱峰　牛 东

摘　要：在房地产估价服务需求加速升级的今天，高质量的房地产估价报告和高水平的估价服务是企业的立足之本，是房地产估价服务行业蓬勃兴旺的釜底之薪。随着全面质量管理理论（TQM）的不断进化，房地产企业更有必要依托于 TQM 的理论搭建并不断优化科学的、可持续发展的质量管理体系。在经典理论指导下，以质量问题调研为抓手、利用适当的质量管理工具分析推导、在反复实践应用中搭建与不断改进的质量管理体系不仅仅是企业管理活动中质量控制的重要举措，也是贯彻全员意识的、覆盖全流程再造的，同时兼顾内外部服务、成本控制、企业文化塑型的核心竞争力创造与发现。

关键词：全面质量管理；质量管理体系

一、全面质量管理理论

（一）全面质量管理理论的核心概念和特点

全面质量管理的简称是 TQM（Total Quality Management）。TQM 的核心概念是形成以决策层宣贯、管理层监督、执行层操作的全员质量管理体系，通过贯彻和联通生产环节中的每一个关键节点、改善和优化组织运行中的每一个管理动作，迭代和更新企业发展中的每一个核心延伸，从而供给出达到或超过质量标准，符合外部环境要求且充分满足客户需求的产品或服务。TQM 的理论不局限于制造业，同样也适用于咨询服务行业。

TQM 应用的理想形态是在每个组织或企业中定制化存在的。不同企业存在着诸如所处行业发展状况不同、地域经济环境不同、资源背景不同、规模大小不同等诸多差异，这些差异化因素决定了真正行之有效的质量管理体系应该是差异化的，应是在 TQM 核心理念基础上根据不同企业的实际情况量身定制的。

TQM 具体有以下几个特点：

1. 参与管理的全面性

参与管理的全面性要求以 TQM 搭建的质量管理体系是全员参与的，不仅仅是质量监督管理部门或质量监督管理小组，而是领导层协调决策、中层组织管理、基层落地执行的方向一致的企业全员行动。

2. 流程覆盖的全面性

流程覆盖的全面性是指 TQM 要求企业生产经营活动全流程中各个节点上持续的质量管理与优化改进，强调质量管理在各个节点上的全面覆盖。

3. 事前事后的全面性

TQM 质量管理体系不仅要求事后的质量控制，也更加强调事前的预防。即通过科学的管理方法，应用现代的科学技术和管理工具对质量进行事前与事后的全面预防与控制。

4. 客户中心

客户资源是企业生存之本、发展之源，以顾客为中心的管理模式必须得到高度重视。为顾客创造价值、为客户提供满意的产品和满意的服务是企业根本性的目标，TQM 同样围绕以客户为中心的思路进行质量管理。

5. 精确度量

TQM 质量管理体系建立和持续改进的基础是基于质量问题能够较为准确地发现和精确的度量。通过对问题的发现和分析，利用科学的方法和合理的工具去进一步找到解决问题的办法和措施，对应地改进和优化企业质量管理体系内容，这是形成闭合质量圈的重要环节。

6. 动态循环

PDCA 的动态管理循环是 TQM 运作的基础程序，主要包括四个阶段：一是计划阶段（Plan），二是执行阶段（Do），三是检查阶段（Check），四是处理阶段（Action）。这四个阶段循序渐进、螺旋式上升、波浪式前进。处理阶段的成果是调整计划的关键依据，计划的调整会影响执行的效果，执行中又会出现各种问题，通过问题再次调整计划。这样的动态循环是应对发展变化中不断出现未知因素的关键，是保证质量管理体系自我新陈代谢的关键。

（二）全面质量管理理论的进化与发展

TQM 诞生于 20 世纪 50 年代的美国，由通用电气质量管理部部长费根堡姆（A. V. Feigenbaum）首次提出。随着世界范围内经济贸易合作的广泛加深，TQM 理论的影响也在世界范围内不断扩大。与此同时，地区与地区之间、国家与国家之间由于地缘经济、产业结构、优弱领域的差异，也导致了 TQM 在各个国家之间的发展进化的差异。

1. 美国 TQM 的发展

TQM 的发展在美国主要经历了三个阶段：

第一阶段：20 世纪 80 年代以前。

这一阶段，美国 TQM 的应用重视事后检验，强调质量专家的作用，企业通常会设立单独的质量管理部门和检验部门，在实施质量控制和管理的同时也关注成本等关键因素的控制，乐于尝试使用新的管理技术来改善和优化。

第二阶段：20 世纪 90 年代以前。

随着 TQM 理论在日本企业质量管理中大放异彩，物美质优的商品严重冲击着美国本土市场，这一阶段，美国开始有意识地学习日本企业应用在 TQM 理论中的先进经验。由美国政府于 1987 年颁发的马克姆波·里奇国家质量奖成功地提升了企业在质量方面的主动性追求。

第三阶段：20 世纪 90 年代以后。

以 TQM 为基础的、参照日本 TQC 品质管理活动的六西格玛诞生于 80 年代，90 年后在美国企业中得到广泛的应用和良好的发展。区别于日本的质量管理小组，美国更注重个体所承担的质量管理责任。源于美国重视个人成就、英雄主义的文化，六西格玛成为 TQM 在美国本土企业质量管理中应用与实践的延伸，成为适合美国文化特征的质量管理体系。

2. 日本 TQM 的发展

TQM 的发展在日本主要经历了四个阶段：

第一阶段：20 世纪 60 年代前。

日本当时的国家战略是通过基础设施建设来实现国家工业化目标，质量管理处于萌芽和初步阶段。初步的统计工具、基本的管理工具和管理手段都在企业得到了实践和应用的机会，这一时期的目标是质量的控制。

第二阶段：20世纪70年代前。

这一阶段，国家基础建设蓬勃发展，日本在向工业化国家的道路上大步迈进。TQM中统计学应用进一步扎根在生产现场，部门内开始应用QC循环；相关的品质管理手段被进一步细化为5S，即：整理、整顿、清扫、清洁、素养。

第三阶段：20世纪90年代前。

这一阶段，是以日本房地产业为导火索的泡沫经济崩溃前夜，在GDP突飞猛进的同时，大多数的日本企业也失去了产品成本竞争力。但"精益制造"的概念已深入人心，大多数企业秉承提高品质和质量的战略。这一时期，TQM在日本得到了巅峰性的发展，形成了现代TQM理论的基础。

第四阶段：21世纪。

这一阶段，伴随经济泡沫的崩溃，大多数的日本企业选择在质量管理中挖掘价值和竞争力，TQM的全面性和综合性得到了进一步发展。不仅仅局限于品质和质量本身，企业在质量管理实践中往往还会考虑对社会、环境的影响和贡献。

二、质量管理体系搭建与改进

借助TQM的理论基础去研究企业质量管理体系的搭建与优化，应以企业实际情况为出发点，以问题导向为原则，借助排列图、因果图、系统图等QC管理工具，对企业经营管理活动中的产品问题进行调查、统计、分类、归纳；针对归纳出的问题进行分析，分析产生的原因及对应解决的方案，可以分别从组织结构、工作流程、规章制度、质量文化等方面入手。

（一）调研与分析

1. 调研对象

以质量问题为抓手，确定调查对象的范围应包含至少两个方面的内容，第一是以产品为对象的调查，第二是以人员为对象的调查。以产品为对象就是以房地产估价报告为对象，这也是对结果的调查。以产品为对象的调查旨在获取数据中质量问题的发生数量、发生概率等来确定问题的各项属性和信息。以人员为对象就是以房地产估价专业人员，包括资深专家和注册房地产估价师的调查，这也是对行为的调查。以人员为对象的调查旨在获取业务人员的动机、行为、专业人员的意见、建议等来辅助对问题的分析和结论的推导。

2. 调研过程

第一阶段的调研过程通常包括基础数据采集、基础数据归类、发生数量和影响深度排序、调查结果整理。整理的结果适合借助排列图（又称帕累托图）工具展现出来（图1）。

第二阶段的调研可以在第一阶段定量分析的基础上进行定性分析，通过业务人员访谈法来寻找问题产生的原因，本阶段可以借助因果图工具来实现（图2）。

第三阶段是寻找解决问题的手段和措施，其建立在问题的查找、原因的分析基础之上。每一个问题的原因都对应着解决的方法，每一个解决问题的方法都是质量管理体系搭建和改进的依据和具体措施。在PDCA循环中持续重复这一过程，以实现质量管理体系水平的维持与提高。本阶段可利用系统图等工具并结合专家意见调查寻找解决问题的措施，且需由点

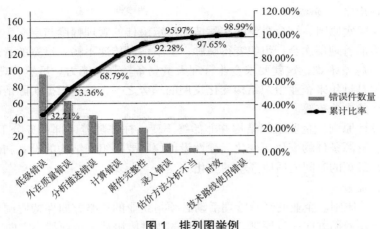

图 1　排列图举例

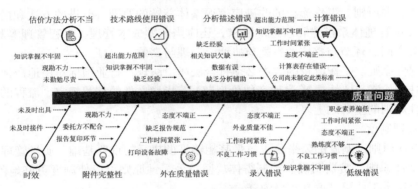

图 2　因果图举例

及面，由面延伸至整个系统，形成动态可更新的质量体系闭环。

（二）搭建与改进

结合对质量问题的调研分析及问题解决方案的研究，估价企业质量管理体系搭建与改进可以重点聚焦于以下几个方面：

1. 优化组织结构

（1）问题导向原则。以质量问题为抓手，通过辨别核心质量问题、进而分析主要原因并对应找到解决问题的方法，贯彻这个过程就是贯彻以问题为导向的原则。

（2）循序渐进原则。企业发展的过程往往是逐步和渐进的，在既有目标和方向的前提下也会随着市场和环境的变化而变化，这是企业对外部的协调与适应。组织结构的调整优化不宜幅度过大，应遵守循序渐进的原则，以保证组织结构的稳定过渡、经营管理的有序从容。否则，容易引发薪酬争议、权责混乱、人员离职等严重问题。

（3）整分合原则。组织结构的优化应强调分工明确、配合清晰，组织整体目标和基本任务单元能够顺畅的分工与协调。各项工作能够顺利展开，整体任务与分项工作能够很好的整合与衔接。

（4）"封闭"设计原则。除了与外部的协调与联系，组织内部也应该是功能完善的系统，各个部分、各个层次之间相互影响、相互作用。"封闭"设计的原则是各单元之间形成完整的闭环运行，螺旋式的上升、波浪式的前进。这种闭环并不唯一，在企业组织结构中可以从不同的角度体现出来。

（5）幅度与层次原则。结合企业的实际情况确定最佳的管理幅度与层次，便于保持组织高效运行。过多的管理层次会让组织变得臃肿，上下信息传递不畅；过宽的管理幅度会让协调管理工作变得越发困难，这就要求企业管理人员具备较强的能力。虽然管理的层次变少、管理的幅度增大是近年来企业组织结构变化发展的趋势之一，但是根据实际情况合理确定两者之间的关系依然十分重要。

（6）弹性设计原则。企业组织结构并非始终不变，往往随着内部业务分工、人员更替、外部竞争状况、资源条件的变化而变化。弹性设计原则要求组织结构的设立和优化尽可能具备弹性，以便在最短的时间内适应环境的变化。

2. 改进工作流程

（1）方向一致原则。企业的经营管理活动必须与企业的战略方向保持协调与一致，工作流程的改进也必须遵循方向一致原则，工作流程的改进应服从于企业战略方向。

（2）整体兼顾原则。工作流程的改进应遵循整体兼顾的原则。改进的方法和措施不仅仅聚焦于企业质量管理体系搭建和改进的需求，还应当兼顾成本管理、过程管理等其他环节，维持各个环节之间、环节与整体的平衡与协调、合理与高效。

（3）合规性原则。工作流程的改进必须符合法律、法规、行业国标对房地产评估程序的要求，不能违背《资产评估法》《房地产估价规范》等指导文件的相关规定。流程的改进必须建立在合规性原则的基础之上。

3. 完善管理制度

（1）公平性原则。制度的公平公正，是其能够贯彻执行的重要基础。质量管理制度的优化应遵守公平性原则，赏罚明确、控制得体。坚持公平性原则可以使制度更好地落地实施，可以使公司全体员工认可制度并积极遵守。

（2）简洁性原则。在业务工作时间紧张的情况下，繁多的制度让业务工作人员无暇顾及。简洁性原则的核心是使得制度具备更好的实施性和执行性，让更多的人理解、认可并自觉遵守。

（3）预防性原则。质量管理的事后控制转向事前控制是全面质量管理理论在企业应用发展过程中的重要趋势之一。通过合理的质量管理制度来约束调整相关行为，以达到预防和事前控制的目的。在制度的优化中应充分考虑预防性原则，将事后弥补转变为事前预防。

4. 建设质量文化

（1）金字塔原则。质量文化的金字塔是质量文化由浅入深，由表及里的递进结构关系，是以物质文化为基础、行为文化为准则、制度文化为约束、价值文化（企业价值观与个人价值观的协调融合）为变革的递进关系。质量文化的建设应充分考虑金字塔原理，合理建设、有序运行、持续改进。

（2）领导作用原则。与全面质量管理理论相一致，质量文化建设同样要充分发挥领导的作用，以高层领导、中层骨干为核心标杆。领导者意志是企业战略文化建设的原动力。

（3）以人为本原则。质量文化的建设需要坚持以人为本的原则。质量文化的本质是人的文化，是对人才的尊重。坚持以人为本的构建原则，是形成全体员工自发注重质量管理的要件。

参考文献：

[1] Shiba，S. & A. Graham. 当代美国全面质量管理[M]. 李天和，译. 上海：上海交通大学出版社，2005.

[2] 山田秀. 精益制造031：TQM全面质量管理[M]. 赵晓明，译. 北京：东方出版社，2016.

[3] 蒋庆辉. 试论房地产企业的全面质量管理[J]. 科技创业月刊，2005（11）.

[4] 张红梅，夏南强. 我国实施全面质量管理的现状、原因分析及对策[J]. 经济研究导刊，2006（01）.

[5] 郭子雪，张强. 质量管理体系运行有效性综合评价[J]. 北京理工大学学报，2009（06）.

[6] 孔静. 从美国ECC公司看TQM[J]. 技术经济与管理研究，2004（04）.

作者联系方式

姓　　名：苏　里
单　　位：西安天正房地产资产评估顾问有限公司
地　　址：陕西省西安市高新区科技二路与沣惠南路十字西南角泰华·金贸国际4号楼29层
邮　　箱：suli_tzfdcpg@163.com

姓　　名：迟爱峰
单　　位：西安天正房地产资产评估顾问有限公司
地　　址：陕西省西安市高新区科技二路与沣惠南路十字西南角泰华·金贸国际4号楼29层
邮　　箱：chiaifeng_tzfdcpg@163.com

姓　　名：牛　东
单　　位：西安天正房地产资产评估顾问有限公司
地　　址：陕西省西安市高新区科技二路与沣惠南路十字西南角泰华·金贸国际4号楼29层
邮　　箱：niudong_tzfdcpg@163.com

新时代估价师执业模式构想初探

赵渊博

摘　要：我国现有房地产评估模式自成立以来为经济发展做出了巨大的贡献，但目前模式也存在一些问题。在新时代结合这些问题参考国内外相关国家的评估模式，对探索适合我国国情的发展模式意义重大。笔者从自身角度对构建新时代估价师新的职业模式进行了构想论述，为评估行业发展改革提供一种新思路，期待评估行业在新时代为国家经济发展做出更大贡献。

关键词：新时代；评估；新模式

一、研究背景

我国的房地产估价行业从无到有逐渐发展壮大，目前国内的房地产评估整体可以概括为"政府监管，协会管理，公司主体，个人参与"的模式，即政府根据国家法律、政策实施对整个行业的引领监管，行业协会负责对评估公司和估价专业人员具体管理，公司作为评估实施和责任主体，个人加入其中。这一模式多年来为社会经济的发展做出了重要的贡献，但是目前的估价行业还存在一些问题不能适应新时代中国特色社会主义对评估的需求。党的十九大报告指出我国社会的主要矛盾已经变成了人民日益增长的美好生活需要和不平衡不充分的发展之间的矛盾，不平衡不充分的发展在评估行业也广泛存在；同时党的十九大报告提出："房子是用来住的、不是用来炒的"，加快建立多主体供给、多渠道保障、租购并举的住房制度，让全体人民住有所居，为解决房地产领域的不平衡不充分发展指明了方向。这些新要求促使评估行业探索新时代背景下新的评估发展思路模式，使评估行业成为人民走向更加美好生活的催化剂，因此该研究具有重要的现实意义。

二、国内外估价师执业模式现状分析

（一）国外估价师执业模式及优缺点

美国没有专门的房地产评估管理部门，而是由相关行业协会和学会承担相关行业管理。美国房地产评估采取的类似一种家庭作坊式的经营方式，大部分房地产评估师不加入评估公司，是独立执业的，而评估公司中也有很大的一部分是合伙经营的、是仅有 2～5 名评估师的小型公司。这种经营方式评估师可以自由地支配时间，灵活地开展工作，又由于不存在公司管理等问题，使得评估师能够专心于评估业务，提高了效率。同时，这种方式也限制了房地产评估的评估能力，因为评估师个人的经验和能力是十分有限的，即使是有合伙制组建的小型公司，这种能力和经验上的局限性也不能得到完全的克服，这就限制了估价师执业的业务广度和精度。

英国评估业走的是规模化、集团化的道路，超过50人的大型评估公司的数量很多。规模的扩大，大大增强了公司专门进行市场研究、信息收集和业务钻研等能力，增加了业务服务的范围，使得英国评估公司的评估能力得到了很大的提升，其优势也是非常明显的；但其不可避免地限制了评估师工作的自由度，同时他们必须花费更多的时间在公司的经营管理上。

德国的房地产评估管理及实施均由各州政府成立的"估价委员会"负责实施，估价委员会一般挂靠在地籍局，相当于以前我国的事业型评估机构，估价师受聘于估价委员会。估价委员会的主要任务是负责房地产价格评估，同时还有权进行交易价格等资料的收集工作，登记或者交易部门有义务将交易合同的副本交与估价委员会，同时法院和各部门应对估价委员会的工作提供协助。这种评估模式有助于提升估价资料的准确性，但不利于提升评估师的积极性。

日本的不动产鉴定评价主要施行政府登记准许执业的制度，从业者业务的形式必须先向所在地都、道、府、县政府登记，对外独占其名称和不动产鉴定评估业务。同时，如果从业人员在两个以上都、道、府、县设立事务所需要向国土厅进行登记。该模式整体与德国估价人员模式相似，主要由政府进行统一控制，从业人员自由职业的模式。该模式允许估价师在两个地方同时执业，但可能影响执业的效率与质量。

综上所述，国外一些国家的评估主要实施"估价师自由职业""估价师加入政府组织执业""估价师加入公司执业"等模式，各有利弊，这些模式中的优点值得根据我国国情吸收改进采纳，完善现有评估模式。

（二）国内估价师执业模式及现存问题分析

我国大陆地区的房地产估价原属于政府建设部门的一项职能，脱钩改制后逐渐发展为现有模式，该评估模式可以归纳为"政府监管，协会管理，公司主体，个人参与"，即政府根据国家法律、政策实施对整个行业的引领监管，行业协会负责对评估公司和估价专业人员具体管理，公司作为评估实施和责任主体，个人加入其中开展具体评估工作。该模式运行20多年来符合我国国情和经济发展模式，为房地产经济乃至国民经济的发展做出了卓越贡献。该模式具有很多优势，但同时还存在一些问题，本文主要对存在问题进行分析如下：

1. 评估公司众多而业务相对单一

目前，我国共有房地产评估机构约5250家，注册执业人数约为5.4万人。其中一级机构约550家，占10.48%；二级机构约1700家，占32.38%，三级（含暂定）机构约3000家，占57.14%。房地产评估业务基本还是固定在传统的抵押、司法鉴定、交税、征收等方面的评估，新业务的开展举步维艰，一些小机构难以存活。

2. 部分资深人员忙于管理、拓展业务，造成评估技术攻坚较难、社会资源浪费

目前大多数成规模的评估机构的管理人员同时为行业专家带头人员，其较多时间和精力用于参与公司运营管理，拓展业务用于公司盈利，虽有头衔但疏于专业技术进步的督导，没有最大作用起到行业带头专家的作用，造成一部分社会资源浪费。

3. 部分估价师安于现状，收入不高，难有创新

由于估价师所在公司业务类型单一、公司体制古板、收入在当地不是很高，久而久之造成估价师安于现状，只是把评估作为安家立命方式，没有真正做到热爱、投入、为之奋斗，估价师缺乏创新动力，阻碍行业发展的活力，一部分疑难问题得不到解决或者解决不科学。

4. 整体评估市场份额难以扩大，部分评估机构之间低价恶性竞争

整体评估行业市场这块"蛋糕"扩张的速度没有评估机构增长的速度快，部分机构为了生存蓄意迎合客户需求恶性压低评估收费，给评估行业整体健康发展造成极为不好的影响，亟待改善。

5. 部分机构仍然存在估价师挂靠现象，机构专职人员数量偏少

部分小机构为精减人员成本，估价师采用挂靠人员充数，降低了估价机构专业技术水平，专业服务质量难有保障，同时会造成一系列恶劣竞争行为，例如低价竞争等，这些问题值得关注。

6. 业务拓展还有较多靠"人情"，忽视专业技术水平

部分地区一些评估业务社会导向不好，一些客户的获取主要靠估价机构管理人员与客户的关系，而不是真正靠专业技术和服务，导致一些不好的社会风气形成，影响估价从业人员对评估行业的信心和动力。

7. 一些评估数据难以获取

房地产评估对数据要求较高，然而现有模式下一些基础资料数据，例如房屋成交真实数据难以获取等为评估工作带来了不少困难，同时增加了执业的风险。

国内现有评估模式还有其他问题，综上所述，归纳起来主要是评估公司层面问题较多，对国内现有评估模式进行改进具有很重要意义，同时国内外评估行业发展经验也使得在现有大框架下改进变得切实可行，构建新时代新的评估模式箭在弦上。

三、估价师自由执业模式构想

根据国内外评估行业现状，结合我国国情，本次讨论拟构建一种新型评估模式，整合优势，弥补劣势，适应新时代评估发展需要，本文拟构建新模式构型图如下：

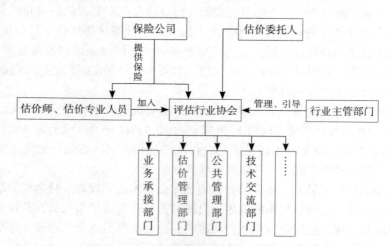

图1 新模式评估运作模式设想图

整体来说新的评估模式设想不再需要各种类型评估公司，行业协会在评估行业主管部门的监管引领下直接承担"评估公司"角色，估价师直接注册加入评估协会开展评估，评估协会和估价师都买入行业保险保证评估主体风险责任落实。

（一）行业主管部门角色构想

新的模式下行业主管部门角色与现在相比不发生大的变动，仍然主要是管理者的角色。各地评估行业主管部门负责对本辖区评估行业协会工作进行管理、监管、引导、协调等，上级主管部门对下级主管部门、协会进行管理、监管、引导、协调等。同时，新模式下行业主管部门应协助积极推动相关成交数据例如房屋买卖合同部分信息根据评估需要的查询工作，协助推动完善评估基础资料数据库，同时应推动其他政府部门对评估工作协助配合规则的制定实施。

（二）估价师协会角色构想

新的模式下估价师直接加入协会进行评估工作，评估师协会的工作面相对丰富，分别建立地市级、省级、国家级评估协会，市级协会是开展评估工作的初级单位，加入下级协会的估价师自动加入上级协会。估价师协会兼估价管理与业务承接于一体。各地市协会主要在本行政辖区内直接接受估价委托人（政府机构、银行、企业、个人）的委托业务，然后根据估价业务需要在协会注册估价师库里根据一定规则，例如轮候原则，抽调专业能力胜任的估价师（根据业务繁简程度需要至少两名）与委托人对接开展评估工作，直至最终提交评估结果，而后由协会统一收取费用，再按净收益一定比例，比如估价师60%、协会40%的原则进行分配。

同时行业协会的工作还包括组织业务攻坚交流、本地域估价师注册管理、评审行业专家、制定评估收费标准、制定评估规范准则、向税务部门缴税等许多复杂工作，根据需要各协会需分别设置业务承接部门、估价管理部门、技术交流部门、公共管理部门等部门。

省级房地产估价师协会负责本行政辖区内各评估协会管理工作以及安排协调跨地市重大评估项目的评估工作，国家级房地产估价师协会负责各地方协会的管理工作及安排协调跨省重大评估项目的评估工作。

（三）估价师角色构想

新模式下估价师需自觉加入自己选定地市评估行业协会，接受协会安排开展评估工作。估价师不再需要到指定的地方上班，该模式下提升估价师的业务分成，估价师需根据协会抽调及时与估价委托人对接开展评估工作，直至完成评估工作，最终向协会提交评估结果，由协会统一向委托人提交成果。对于估价师的签字盖章可以探索采用电子签章等现代技术来完成，估价师对评估结果承担主要责任，协会承担次要责任。最后估价师根据评估业务净利润向协会申请收益分配。

（四）评估委托人思路转变

为了精简办事流程，减少过多人为干涉，新模式下估价委托人一般应直接委托地方协会开展评估工作，相关对公单位不必再建立相关评估公司入围名单库。委托人对评估结果有异议可以向协会申请更换估价师重新评估，或者向上级协会申请安排其他地市协会安排进行佐证性评估。

（五）保险公司在新模式下的作用

新的评估模式没有评估公司的存在，以往评估公司主要是责任主体单位，当估价师对评估结果承担主要责任，协会承担次要责任时评估公司的作用已不明显。根据市场经济原则，由于估价师的过错造成的经济损失主要通过保险公司来进行风险转移，借鉴相关专业领域保险规则，例如NBA（美国职业篮球联赛），可由协会为每位估价师购买保额相对可观的保险，当发生由评估造成的经济损失时可由保险公司理赔。

四、总结与讨论

在新时代方向指引下,新的估价模式下行业协会直接加入一线,估价师加入行业协会工作,省去评估公司环节更为精进,构成结构更为简单,新的估价模式有一定的可行性,值得探讨研究。本文从笔者自身角度出发对新模式进行构思,为估价行业发展提供些许建议,仅供大家讨论参考。

新模式下估价师集中加入评估协会开展工作有利于集中力量办大事,增进行业交流,促进行业发展;估价师均有机会开展实务增加估价师工作自由度和利润分成避免了挂靠现象的发生以及估价师呆板机械的工作,增加估价师对评估工作的认同感,提升幸福感;由行业统一制定收费规则避免了低价竞争;估价师直接加入协会开展工作取消评估公司资质减少唯资质论高下和管理资源浪费。总之,新的模式有很多值得肯定的地方,同时新的模式也存在很多问题,值得完善研究。

改革是个痛苦的过程,新模式的实施必然触动一些人的利益,如何有效推动需要大家思考;新模式下需要完善配套规则,例如相关配套法律法规的修改、其他政府部门如何协助配合、专家库如何在新模式下合理运用、电子签章报告如何使用、估价师轮候作业规则、利益分配规则、责任承担规则、保险公司参与规则等,这一系列东西是保障新模式顺利实施的重要保障,群策群力期待大家共同努力使评估行业更加健康发展,做成我们评估行业自己的"百年老店",为国家经济发展贡献持久动力。

参考文献:

[1] 李安明. 我国房地产估价业的现状及发展趋势 [J]. 中国房地产,2008(07).

[2] 钟承革. 浅析房地产估价人员的执业与管理 [J]. 当代建设,2009(05).

[3] 张笑寒. 构建我国房地产估价行业管理体系的初步构想 [J]. 中国房地产金融,2012(02).

[4] 刘程程. 日本不动产鉴定士考试制度概述 [J]. 考试研究,2013(02).

[5] 何玲. 论房地产评估法律制度 [D]. 南京:南京工业大学,2014.

[6] Wolverton, MarvinL.Gallimore, Paul. Across-cultural comparison of the appraisal profession, The Appraisal Journal V.67nol(Jan.1999).

作者联系方式

姓　　名:赵渊博

单　　位:河南开源房地产估价有限公司

地　　址:河南省郑州市金水区经六路纬一路索克豫发大厦 B407

邮　　箱:836973825@qq.com

浅谈估价机构人才队伍、内控制度、品牌文化的建设

马露露

摘　要：目前，我国房地产估价机构数目众多，实力参差不齐，缺乏有实力的龙头企业，加之外国估价机构的进入，使得原本就硝烟弥漫的国内市场竞争更加激烈，形势也变得尤为严峻。在如此激烈的竞争环境中，估价机构如何能保持活力，跟紧队伍，在纷乱的战场中脱颖而出，建立自己的品牌优势与竞争力，是所有估价机构当前都需要思考、面对的问题。

关键词：估价机构；优化升级

估价行业永远不会是一个风平浪静的行业，估价机构同样不会是一成不变的地方。面对经济进步的市场，多元化发展的城市，加之越来越多国外的估计机构纷纷踏入国内市场，估价机构的发展要求在不断的提高，从内到外的提升，优化升级，是每一个估价机构的必经之路，也是保持不被行业所淘汰的秘诀。而一个估价机构的长青因素，概括起来分为三点：一是人才队伍建设；二是内控制度建立；三是品牌文化建设。本文就从这三点展开，着重阐述估价机构的优化升级。

一、估价机构人才队伍建设

（一）当前估价机构人才队伍现状

1. 人才发展混乱

当前估价机构的专业型人才较少，资深估价师更是"大熊猫"级别，有的小型估价机构更是如此。这就出现了"小马拉大车"或者是"大马拉多车"的现象。正所谓术业有专攻，既能开展业务又懂技术研究的"全方位人才"是可遇不可求的，也不是每一家估价机构都能多得的。在这多元化的市场发展形势下，既对评估有很深的造诣，又懂得评估延伸技术的人才，更是难得。所以，太过理想的状态暂且不去考虑。而有些估价机构，对于人才的引入还处于混乱状态，一些业外人士通过考取证书获取执业资格，有了证书便有了职位，有了职位便有了权利，对于技术的研究并不是十分透彻。长此以往，工作质量将会受到影响。在技术是核心竞争力的环境下，技术研究的滞后，将会导致估价机构陷入发展瓶颈，甚至被行业所淘汰。

2. 人才管理不合理，稳定性差

估价机构的核心是人，人又是群居生物，人与人聚集在一起，才能产生价值。而人与人的聚集，又衍生出一个新的课题——管理。人才是估价机构赖以生存和发展的命脉，人才

管理的好坏直接影响着估价机构的发展。好的企业发展离不开合理的人才管理体制，人才管理好了，人才稳定性才好。反之，人才稳定性差，企业的发展也经不起行业的大风大浪。合理的人才流动有助于企业补充新鲜血液，保持员工适当的兴奋度。但对于大多数估价机构，资深估价师人数不多，一旦出现人员流动就会给估价机构带来极大的影响。现今众多估价机构当中，大部分还处于人才管理不合理，人才稳定性差的阶段，这直接导致估价机构人才结构的难以维持。

3. 人才发展缓慢

人才发展缓慢也是估价机构的一大问题，反观三五年前，有些估价机构的骨干人才还是老面孔，估价师也还是老几位。新鲜人才的注入缺乏，自有人才的进步缓慢，都使得估价机构的人才出现断档，青黄不接的问题日益严重。有的估价机构干脆直接走捷径，挖人才，聘用高级人才。但这只是众多人才发展的一条路，不能为主。建立合理的人才发展机制才是重点，只有人才发展合理化、人才队伍优化，才能保证估价机构长久不衰。

（二）估价机构人才队伍的优化、提升

1. 了解人才情况，清晰定位

人才进入企业的一大迷茫之处就是定位模糊，不知道自己该干什么、要干什么。而估价机构从根源处就充分了解人才，给予人才清晰定位，根据人才自身情况，做到"因材施教、因地制宜"。开发人才能力的最大化、最优化，将人才放在最合适的地方，让人才专心做好自身工作，把所有精力都投入到工作中去，增大工作效率，减少不必要的人才浪费。真正做到对人才"招得到、留得住、用得上、有发展"。

2. 建立管理机制

建立一套统一的管理机制，明确管理内容、管理方法、奖惩机制，特别要标清管理的底线，这是一条任何人才都不可触及的红线，一旦越线，按照管理规定执行。同样，奖励措施明确，有罚就有奖，只要对企业发展有贡献的人才，奖励也要及时跟上。奖罚分明，有理有据，在刚性的管理机制下，通过有效管理优化团队，让每一位人才都认同它、认可它、遵守它。

3. 建立人才养成制度

人才，特别是估价师以及企业的业务骨干，是估价机构的主要资源。如何培养并稳固一批自己的人才是关系估价机构生存、发展、壮大的关键问题。什么样的人才对企业的忠诚度最高？把企业当家的人才忠诚度最高。这就反过来去思考，如何让人才把企业当作家？首先，企业要让人才有家的感觉。什么是家？企业如何当好这个家？打个比方，人才初入企业，就像是刚刚降生到家的婴儿，要长大成材，少不了家的教育与呵护。而在企业中，家长的教育、引导必不可少，以老带新，互相学习，集体培训，共同进步是必不可少的环节。善待老人才，发展新人才，培养初人才，建立一套完善的人才养成系统。从踏入企业之初，到在企业内部学习、进步，再到能独当一面，带领团队攻坚。直到老人才退出，新人才顶上，不出现人才空缺、人才断档。通过建立人才培养、使用、评价、激励等一系列养成机制，使估价机构始终保持人才的活力与持久力。

二、估价机构的内控制度

（一）估价机构内控制度的缺失

估价机构众多，管理方法也是五花八门，而绝大多数估价机构都是没有内控制度的。内控制度的缺失，是一严重问题，也是普遍现象。一些估价机构从外业看房，到内业出报告，再到最终审核装订，交到客户手中。期间，有的没有任何审批检查制度，有的也只是一些简单的审核、自查，缺乏一套系统的内控制度，或者是内控制度不健全，有所缺失。

（二）估价机构内控制度的重要性

内控制度的建立是规范估价机构自身行为、防范风险的关键，同时也是估价机构实力的体现。内控制度的建立就是要确保估价机构的工作效率性、效果性、安全性和可靠性。建立一套合理的内控制度可以有助于估价机构更好地实现其经营目标，保护各项资产和信息的安全和完整。而估价机构的运营就避免不了风险，估价行业的风险也是无处不在，无时不有，而对风险的控制以及应对也是建立内控制度的一大前提。

（三）估价机构内控制度的建立

1. 完善内部控制环境

一套完善的内控制度的建立，其前提就是要营造一个良好的内部控制环境。只有建立好一个内部控制环境，才能保证内控制度的落实与运行，真正达到内控制度的目的，避免做无用功。

2. 制定完善的责任制度

这就又涉及上一部分人才管理了，同样道理，建立一套完备的责任制度，这是基础，也是估价机构要达到的目标。估价机构的各个岗位上的各项人才，都需在这一制度下共同努力，严格按照制度行事，按照工作程序、工作标准和业务流程执行。做到每一项工作都有据可查，有效防止个人独断专行，越级或违反制度行事。在不同的岗位上明确相关的工作任务和责任、职权，建立一套相互配合，又互相督促、相互制约的工作体系。

3. 建立内部审查制度

在业务工作中，各部门、各人员在工作中形成一种不间断的连续作业审查机制。即每一环节工作都是在完成自身工作的前提下，对上一环节工作的检查，从而保证工作的准确性。保持工作中的环环相扣，避免弄虚作假，出现错误，既可以做到责任明确，还可以大大提高估价机构在各项工作业务中的质量和水平，提高估价机构的行业竞争力。

4. 建立自己的信息库

估价行业的信息量是巨大的，而信息的时效性和准确性也是信息的一大问题。这就要求估价机构去建立一套完善的信息库，及时、准确并最大限度地去获取各项市场信息，从而去进行归类、处理、分析、运用。与此同时，估价机构还应真实、全面、及时地记录每一笔评估业务，使其纳入自身的信息库中，形成资料档案，方便查询、使用。

5. 建立风险应对机制

风险，任何行业都有，任何企业都要面对，估价机构也不例外。如何做到对风险的应对和把控，是内控机制的一项重要目标。估价机构应在早期充分考虑各种风险问题与情况，从而进行分析，制定风险应对措施，应急处理计划，并落实到人，明确责任。在发生风险时，对事前、事中、事后进行有效应对，及时进行评价及反馈，避免再次发生，从而把风险降到最低。

6. 建立内部核查制度

估价机构可效仿其他企业，建立内部核查制度，成立内部技术小组，明确责任人，从各部室抽调技术核查人员，定期进行核查培训，定期对估计机构进行内部核查，及时发现问题隐患，及时处理解决，避免问题扩大，有效地降低机构错误概率，同时也降低风险成本。

三、估价机构的品牌文化

(一)当前估价机构品牌文化存在的问题

(1)在我国经济快速发展的过程中,涌现出大小众多的估价机构。其中,很多都为房地产市场的正常发展起到推动作用,但不乏有一些机构存在"高估低评""弄虚作假"等有失公允的现象。这都成为房地产市场健康发展的阻碍,严重的甚至危及国家金融市场的安全。这些估价机构都有一个共同的特点——品牌缺失,文化缺乏。

(2)估价机构作为一个专业化的服务机构,应该是直接面向市场,服务市场的。而其品牌文化的树立又是面对市场的一大优势,但近些年来鲜有估价机构重视品牌文化的营造,或是品牌文化定位模糊、品牌文化混乱、品牌文化知名度不高等。一些估价机构甚至连估价品牌名称都是随意起的,对于后期品牌文化的经营更是无从谈起。

(二)品牌文化的建立

(1)作为服务中介,估价机构应依靠专业的知识、技能,为客户提供专业化的服务。这一过程本身就是一项服务,而服务的过程也是品牌文化创立、展示、传达、树立的过程。在这一系列服务过程中,估价机构不单单要有自己的企业品牌、企业文化,还要有品牌产品,而估价机构的品牌产品应该是企业全部技术、服务、品质、文化的集中体现。这就要求估价机构从上到下、由里到外地全面明确企业品牌文化。只有自身明确了,才能更好地传达给市场。

(2)树立了明确的品牌文化,就要坚定地去执行,避免出现偏差。品牌即是企业,企业也就是品牌,二者互相代替,估价机构的每一位员工都是行走的品牌文化代言人,一言一行都体现着企业的品牌,透露着企业的文化。例如统一的工作服装、醒目的标识、优质的服务、良好的行业名声,这些都有助于品牌文化的传播与升华。

(3)估价机构所提供的是一项长期的服务过程,在这一过程中,人员的品牌文化树立与传播是一方面,另一方面就是估价机构在服务过程中所提供的各项服务的积累。凭借优质的服务,品牌知名度与诚信度的提升,估价机构在一定区域内的影响力以及延伸出的各项产品与服务均反映了其品牌文化的营造,这也将是一个良性循环。

(三)品牌文化的提升

(1)加强估价机构自身品牌文化的建设。人无信不立,事无信不成。估价行业诚信体系建设十分重要,面对如今市场的"鱼龙混杂",估价机构要引以为戒,建立自身的品牌文化体系,虽然前期可能投入大量的人力与财力,短期也没有什么直接回报,但它会产生巨大的社会效应。而在行业中,通过自身强大的品牌文化,营造一个公平、公正、公开的房地产市场,这也是估价机构自身要承担的一份社会责任。

(2)有些估价机构,面对日益激烈的市场竞争,同样可以调整发展战略,通过加盟、合作、重组、联合等方式,构建行业品牌,营造行业文化,将估价机构做大、做强,形成一个综合型、复合型的估价平台。这不但可以缩短估价机构单打独斗所需要营造品牌文化的时间,也可以降低风险,提高市场竞争力,增强抵御市场风险的能力。

(3)加强行业组织的建设,真正起到指导、协调、监督行业良性发展。估价行业的健康发展离不开每一家估价机构的正常运营,同样也离不开行业组织的管理。中国房地产估价师与房地产经纪人学会和各地方房地产估价师协会作为房地产估价行业的自律性组织,也应加大品牌文化的树立，在行业中发挥重要作用。估价机构自身发展，借助行业组织的平台，优化升级自身品牌，传播品牌文化，对市场、对机构都是百利而无一害。

一家好的估价机构离不开优秀的人才队伍、严格的内控制度、优质的品牌文化，这三点每一项都值得深入展开研究。本文将三项因素放在一起浅谈，为的就是表明现在估价机构所存在的问题与面临的挑战，不变则废，面对越来越快的市场发展，只有不断提升自身，优化升级，才能将估价机构做强做大，更好地服务市场，服务社会。

参考文献：

[1] 袁宗祥. 关于对评估机构人才队伍建设的思考 [J]. 管理视窗，2013（06）.

[2] 胡汉雄. 估价机构人才问题策略 [J]. 中国房地产估价与经纪，2007（11）.

[3] 何盛明. 财经大辞典 [M]. 北京：中国财政经济出版社，1990.

[4] 郝佳音. 我国房地产企业内部控制问题研究 [D]. 北京：财政部财政科学研究所，2013.

[5] 王敏. 实施品牌战略，促进产业化发展 [J]. 农业经济，2007（06）.

[6] 聂艳，于婧，谢芳. 浅谈房地产估价机构行业品牌的构建 [C]// 国际估价论坛论文集（第一册）[出版信息不详]，2007.

作者联系方式

姓　　名：马露露

单　　位：河南开源房地产估价有限公司

地　　址：郑州市金水区经六路 26 号豫发大厦 B 座 4 层

邮　　箱：1030706423@qq.com

新形势下房地产估价人员面临的挑战

——论建筑幕墙成本分析在估价领域中的运用

王丽娜 张 娜

摘　要：随着经济社会的发展进步，衍生许多区别于传统估价之外的需求，为满足不同估价目的，对房地产评估行业专业精度的要求差异化越来越大，对于估价师的专业水平要求也越来越高。本文重点分析外墙装修的成本构成，以期说明估价师在评估工作中可能遇到的问题及思考。近20年来我国大部分的建筑外墙装修均以建筑幕墙为主，应用非常广泛。所以，在房地产估价中，估价人员要对建筑幕墙有所了解，包括建筑幕墙的种类、施工工艺、工程造价等，有利于估价人员正确、准确地与房地产估价进行结合，应用到评估测算中。

关键词：房地产估价；建筑幕墙；成本法

房地产估价有三大方法，其中成本法是以房地产价格的各个组成部分之和为基础来求取房地产的价值或价格的，所以在采用成本法进行估价之前，需要估价人员清楚地了解房地产的价格构成，才能测算出各个构成项目的金额。建设成本是在取得的土地上进行基础设施建设、房屋建设所必要的费用，其中建筑安装工程费是金额最大的组成部分，包括建筑工程费、安装工程费、装饰装修工程费等费用。外墙装饰是建筑物建造成本构成的重要组成部分，目前我国大部分的建筑外墙装修均以建筑幕墙为主，而采用何种建筑幕墙价格会有很大差异，从而对房地产整体价值产生一定的影响，如果估价师不是很了解，就会导致评估不准确，客户就会质疑估价人员的专业性，所以在房地产估价中，估价人员要对建筑幕墙有所了解，包括建筑幕墙的种类、施工工艺、工程造价等，当然不局限于建筑幕墙，凡是房地产的相关专业知识估价人员都要了解熟识，这样才有利于估价人员发挥自身的专业性，正确、准确地进行房地产估价，满足不同的客户对于不同评估对象的不同要求。

本文就从建筑幕墙这一专业点出发，让大家了解专业对于估价的重要性，估价师如何通过建筑幕墙的专业知识来进行准确的估价，为客户提供更专业的服务。

一、建筑幕墙及其应用

建筑幕墙，是建筑物的外墙护围，不承重，像幕布铺挂在墙体外围，起到一定的防水、防腐蚀、装饰等功能，故称为幕墙，是现代大型和高层建筑常用的带有装饰效果的轻质墙体。由结构框架与镶嵌板材组成，是不承担主体结构载荷与作用的建筑围护结构。

对于房地产的价值，是否装修以及装修程度如何都会对房地产的价值产生影响，尤其是对于写字楼、高档酒店等，外墙装修相当于一幢楼宇的"门面"，更是起到提升建筑物形象及品质乃至节能环保的关键因素之一，建设方对此非常重视，也会给建筑幕墙部分留出充足的预算，比较有影响力的项目外墙装修几乎全部采用了建筑幕墙，如北京市最高的地标建筑中国尊、中央电视台总部大楼、中国国际贸易中心第三期、银泰中心等。

二、建筑幕墙的种类、特征与造价区间

（一）目前常见的幕墙类型

目前较为流行的幕墙是由面板与支承结构体系（支承装置与支承结构）组成的、可相对主体结构有一定位移能力或自身有一定变形能力、不承担主体结构所受作用的建筑外围护墙。本文中所列述的幕墙类型也均为此种，而未考虑混凝土板幕墙、面板直接粘贴在主体结构的外墙装饰系统以及无支承框架结构的外墙干挂系统。

根据饰面材料不同进行分类，幕墙可分为玻璃幕墙、石材幕墙、金属板幕墙、非金属幕墙、光电幕墙；也可以根据采用的支承结构体系不同，再进行细分，如玻璃幕墙可分为全玻璃幕墙、点式幕墙、框架式幕墙、单元式幕墙等。

（二）不同类型幕墙的成本构成及价格区间

我们在进行项目评估时，如果遇到幕墙，往往需要了解的是这个建筑物使用的是什么类型的幕墙，幕墙部分的造价应该是多少，因此我们按照对幕墙造价影响较大的两条主线进行分类：即装饰面板类型和结构支撑体系类型，通过这两种分类的组合，可以既简单明了又比较接近实际地判断出所评估项目幕墙的造价区间。

本文主要对评估项目中接触较多的玻璃幕墙、石材幕墙以及金属幕墙三种类型的幕墙进行介绍。

1. 玻璃幕墙类

（1）全玻幕墙：其面板与支撑体系均由玻璃来实现，是一种全透明、全视野的玻璃幕墙，利用玻璃的透明性，追求建筑物内外空间的流通和融合，人们可以透过玻璃清楚地看到整个结构系统。全玻幕墙主要应用于首层大空间、大堂局部等跨度大、通透性要求高的位置。

全玻幕墙主要造价构成为：

①直接费用：包括面板玻璃、肋板玻璃、吊挂系统、结构胶、封修、安装人工费等。一般为700～800元/m^2（单位造价按照幕墙面积计算，下文中所述单价均与此内涵一致）。

②幕墙企业规费、管理费、利润、税金等约占直接费用的30%，即210～240元/m^2。

所以，全玻幕墙单位造价一般为910～1040元/m^2。

（2）点式幕墙：每一分格玻璃用点接驳钢件以点连接形式固定，其所承受的各种荷载和作用（风荷载、地震作用、温度作用等）通过点接驳钢件、钢爪传递到受力支撑结构系统，再由中间受力支撑结构体系传递给主体结构。点式幕墙主要应用于大空间、大跨度、通透性要求高的位置，点式幕墙比全玻幕墙能实现的范围更大，并且外露规则的不锈钢点也形成了一种比较有特点的装饰效果。

点式幕墙主要造价构成为：

①直接费用：包括面板玻璃、点式驳接件、龙骨结构、密封胶、封修、安装人工费。一般为940～1050元/m^2。

②幕墙企业规费、管理费、利润、税金等约占直接费用的30%，即280～320元/m^2。

所以，点式幕墙单位造价一般为 1220～1370 元/m²。

（3）框架式幕墙：框架式（元件式、构件式）幕墙的竖框（或横梁）先安装在主体结构上，再安装横梁（或竖框），竖框和横梁组成框格，面板材料在工厂内加工成单元组件，再固定在竖框和横梁组成的框格上。框架式幕墙是应用最为广泛的一种幕墙形式，工艺成熟、安装灵活方便，能够实现一般幕墙的全部功能。

框架式主要造价构成为：

①直接费用：包括面板玻璃、龙骨结构、幕墙开启系统、密封胶、隔热条、封修、安装人工费等。一般为 1040～1110 元/m²。

②幕墙企业规费、管理费、利润、税金等约占直接费用的 30%，即 310～330 元/m²。

所以，框架式幕墙单位造价在区间应在 1350～1440 元/m²。

（4）单元式幕墙：单元式幕墙是在车间内将加工好的各种构件和饰面材料组装成一层或多层楼高的整体板块，然后运至工地进行整体吊装，与建筑主体结构上预先设置的挂接件精确连接。单元式幕墙工厂化加工程度高，工期短，使用性能优良，一般用于外立面比较规则的超高层建筑。但是，由于相邻板块的插接需要，龙骨的使用量会提高不少，所以相对价格要高一些。

单元式幕墙主要造价构成为：

①直接费用：面板玻璃、龙骨型材、幕墙开启系统、密封胶、隔热条、机械加工费、安装人工费等。一般为 1550～1690 元/m²。

②幕墙企业规费、管理费、利润、税金等约占直接费用的 30%，即 460～500 元/m²。

所以，单元式幕墙单位造价在区间应在 2010～2190 元/m²。

2. 石材幕墙类

石材幕墙主要分为短槽式石材幕墙和通长槽固定方式石材幕墙：

（1）短槽式石材幕墙：是指在石板的上下端面铣成半圆槽口，采用托板及半圆勾板固定，此结构较易吸收变形，考虑到强度问题，一般多用不锈钢勾板，但板块破损后不宜更换，适用于低层建筑。

（2）通长槽固定方式石材幕墙：此结构是在石板上下端面开设通长槽口，采用铝合金通长勾板固定，其特点是受力合理，可靠性高，板块抗变形能力强，且板块破损后可实现更换要求，适用于高层建筑。

短槽式石材幕墙与通长槽固定方式石材幕墙相差不大，主要造价构成为：

①直接费用：石材面板、龙骨结构、挂件系统、密封胶、安装人工费等。一般为 850～950 元/m²。

②幕墙企业规费、管理费、利润、税金等约占直接费用的 30%，即 260～290 元/m²。

所以，短槽式石材幕墙与通长槽固定方式石材幕墙单位造价为 1110～1240 元/m²。

（3）背栓式结构：是目前较先进技术，其特点是实现石材的无应力加工，石材背面采用不锈钢胀栓连接，连接强度高，节省强度值约 30% 左右，板块抗变形能力强，且板块破损后可实现更换要求，适用于高层建筑。

背栓式石材幕墙，所用横向龙骨数量一般为短槽干挂式石材幕墙的 2 倍，所以材料费与人工费会有所增加，主要造价构成为：

①直接费用：石材面板、龙骨结构、背栓系统、密封胶、安装人工费、石材加工费等。一般为 980～1060 元/m²。

②幕墙企业规费、管理费、利润、税金等约占直接费用的30%，即300～320元/m²。所以，背栓式石材幕墙单位造价为1280～1380元/m²。

3. 金属板幕墙类

（1）金属板幕墙分类。金属板幕墙常见的有铝复合板、单层铝板、蜂窝铝板、彩涂钢板。

①铝复合板：是由内外两层均为0.5mm厚的铝板中间夹持2～5mm厚的聚乙烯或硬质聚乙烯发泡板构成，板面涂有氟碳树脂涂料，形成一种坚韧、稳定的膜层，附着力和耐久性非常强，色彩丰富，板的背面涂有聚酯漆以防止可能出现的腐蚀。铝复合板是金属幕墙早期出现时常用的面板材料。

②单层铝板：采用2.5mm或3mm厚铝合金板，外幕墙用单层铝板表面与铝复合板正面涂膜材料一致，膜层坚韧性、稳定性、附着力和耐久性完全一致。单层铝板是继铝复合板之后的又一种金属幕墙常用面板材料，而且应用得越来越多。

③蜂窝铝板：是两块铝板中间加蜂窝芯材粘接成的一种复合材料，其正面及背面的铝合金板厚度均应为1mm，幕墙用蜂窝铝板的应为铝蜂窝，蜂窝的形状一般为正六角形，蜂窝芯材要经特殊处理，否则其强度低、寿命短，如对铝箔进行化学氧，其强度及耐蚀性能会有所增加。由于蜂窝铝板的造价很高，所以用量不大。

④彩涂钢板：是一种带有有机涂层的钢板，具有耐蚀性好、色彩鲜艳、外观美观、加工成型方便及具有钢板原有的强度等优点，而且成本较低等特点。

（2）金属板幕墙造价分析。金属板幕墙，所用的支撑结构体系基本相同，造价区分主要是面板不同，一般来说价格从高到低，依次为蜂窝铝板、单层铝板、铝复合板、彩涂钢板，主要造价构成为：

直接费用：包括金属面板、龙骨结构、连接系统、密封胶、安装人工费等，一般为1070～1190元/m²。幕墙企业规费、管理费、利润、税金等约占直接费用的30%，即320～360元/m²。所以，金属板幕墙单位造价为1390～1550元/m²。

由于各类型幕墙建造时间不同，各项材料价格波动存在周期性，同种材料不同档次差价也较大，有些追求品质的项目，大量采用进口产品，造价可能会达到国内平均水平的1～2倍，有些追求低价的项目，幕墙厂家价格竞争比较激烈，也有可能在上述造价基础上下浮10%～30%，不能一概而论，因此在进行评估测算时，对于幕墙部分的工程成本测算最好能够取得原始的合同数据，如不能提供，只能在辨识幕墙的面板类型和支撑类型后按照多年的市场平均价进行估算。

三、建筑幕墙现场查勘时需要注意的问题

现场查勘是估价师承接评估项目的一个重要的步骤，在现场我们要对估价对象的现状进行了解，并与委托方或领勘人进行项目的沟通，那么对于外墙的装修材料为幕墙的建筑物，幕墙工程在哪个节点入场、施工过程、施工工期如何都是需要估价师掌握的，才有利于我们进行价值测算。

如果是在建工程项目，一般来说在主体结构出了正负零，幕墙单位就开始配合埋设预埋件了，所以在建工程会存在幕墙部分的工程量。幕墙的安装工期一般都不会给厂家留出太长的时间，大部分在3～6个月左右。而且幕墙材料多数都需要单独加工订货，因此厂家会提前此部分工作，施工现场并不会显示出来，如需核定这部分工程量还需实地勘察以及与领勘

人进行沟通。

  对于房地产估价的从业人员，了解了以上幕墙的种类、造价以及评估需要注意的问题，会更有利于估价人员对此分项工程更加专业的评估。而且估价人员也只有通过不断地提高自己各方面的专业知识，不断地研究创新，才能满足不同客户的不同方面的评估需求，与经济社会的发展进步与时俱进。

参考文献：

[1] 北京市住房和城乡建设委员会. 北京市建设工程计价依据-预算定额[S]. 房屋建筑与装饰工程预算定额，2012.

[2] 国家质量监督检验检疫总局，国家标准化管理委员会. 建筑幕墙 GB/T 21086—2007[S]. 北京：中国标准出版社，2007.

[3] 张兰，吴志军. 影响幕墙工程造价的因素及控制探讨[J]. 建筑工程技术与设计，2017（15）.

作者联系方式

  姓 名：王丽娜 张 娜

  单 位：深圳市世联土地房地产评估有限公司

  地 址：北京市朝阳区建国路甲 92 号世茂大厦 C 座 14 层

  邮 箱：wangln@worldunion.com.cn

"双元制"引导下的房地产估价人才培养模式研究

叶剑锋 丁兆民

摘 要: 本文以国务院2019年1月印发的《国家职业教育改革实施方案》为政策指引,对房地产估价行业人才发展现状及主要问题进行系统总结,总结房地产估价行业人才培养的研究现状。在对党的十九大以来有关职业教育改革的文件进行文本分析的基础上,借鉴德国"双元制"模式,提出房地产估价"双元"人才培养模式,企校双师互聘,双元联合培养机制等五条建议,有效地解决了房地产估价人才队伍培养的瓶颈。

关键词: 双元制;房地产估价;职业教育;校企合作;培养模式

国务院于2019年1月印发《国家职业教育改革实施方案》,提出坚持知行合一、工学结合,推动校企全面加强深度合作。借鉴"双元制"等模式,总结现代学徒制和企业新型学徒制试点经验,校企共同研究制定人才培养方案,及时将新技术、新工艺、新规范纳入教学标准和教学内容。根据高等学校土建学科教学指导委员会专业目录,房地产估价行业对口的专业有房地产检测与估价、房地产经营与管理。将房地产估价行业人才发展与高等学校职业教育融合,校企深度合作,是未来国家深化职业教育改革与房地产估价人才队伍建设发展的重要方向。

一、房地产估价行业人才发展现状及主要问题

(一) 房地产估价行业人才发展现状

房地产估价师行业为成熟行业,房地产估价机构近4500家,房地产估价从业人数达25万人以上。房地产估价机构常规内部人才队伍构成有:估价业务人员,包括从事房地产抵押、房地产拆迁征收、房地产咨询、房地产测绘等各项专业服务的人员;市场拓展人员,包括从事项目拓展、客户关系管理、营销活动策划等工作的人员;学术研究人员,包括从事房地产估价相关课题研究、论文发表、市场分析研究等工作的人员;信息化工作人员,包括从事房地产估价系统信息化开发、服务支持的人员;管理人员,包括总估价师、总经理、行政人事等。

(二) 存在的主要问题

房地产估价机构往往以房地产估价师作为核心成员,然而房地产估价师并非全能。大多数估价机构人才队伍存在较多问题,成为企业发展壮大的瓶颈。表现在:①专业技术人才队伍结构不合理,房地产估价师既是业务骨干,又是市场拓展主力,还是管理人员,身兼数职,却时常分身乏术。②从业人员年纪较轻,但主力估价师年龄偏大。例如上海房地产估价行业从业人员中,35岁以下从业人员占35%以上。但是估价师平均年龄在45岁以

上。③人才吸纳不足，储备不够。与其他行业相比，缺乏高学历大学生群体的加入，人才培养和储备不足。④学术研究瓶颈明显，估价机构缺乏课题研究、论文发表、市场分析研究和信息化推进的人才。⑤继续教育，内部培训，参与专项学术会议研讨交流缺乏。

二、房地产估价行业人才队伍培养研究现状

房地产估价是一个智力密集型和劳动密集型结合的行业，深化行政体制的改革，推进房地产评估制度改革，应加速房地产评估人才培养的进程。关于房地产估价行业人才的培养，国内不少学者、行业专家已经做了不少研究，通过检索知网，归纳起来相关研究主要集中在三个方面：

第一类研究，提议降低参加估价师执业资格考试的条件，允许高等学校在校学生参加考试，实现课证一体化。徐成林等提出，根据《资产评估法》的要求，修改估价师执业资格考试办法，取得相关专业专科以上学历的公民均可参加估价师执业资格考试，有利于吸引高校学生进入房地产估价行业。目前资产评估师的参考条件为专科以上的在校大学生。周小寒提出"岗、证、课"深度融合人才培养模式，岗位职能要求和高校课程体系进行对接，房地产估价执业资格证书和高校的学历学位证书并重。房地产专业与房地产估价师课证一体化，确实为育人的落脚点，然而大专毕业后6年才能参加考试的条件制约了该模式。

第二类研究，在人才培养方案方面。陈静等提出学徒制人才培养是在传统"2+1"方式下，重点第三学年实习期的基础上，再增加三个阶段。然而，学生暑期假期实习如何算学分，理论学习期间如何轮岗综合实训八周，实施起来难度很大。陈红艳等提出，综合学习设计理论构建房地产专业人才培养体系，帮助学习者按照认知规律，构建自己的认知图式，实现学习迁移和自我创新，满足房地产行业对专业人才的职业创新要求。综合学习设计理论适合作为课程的开发应用，与实训、实习的衔接和创新上存在局限性。

第三类研究，通过信息化软件来推动课程改革。郑伟俊等结合估价宝软件，提出"学校—平台—企业"的深度对接模式，将"云估价"贯穿到学徒制人才培养模式中。该软件较好地推动了房地产估价课程的教学，但难以实现整个专业多门课程的应用。

上述研究在房地产专业人才培养方案、课堂教学改革等方面具有积极的意义。然而，这些研究局限于高校角度，缺乏从房地产估价机构的角度或校企双角度进行研究。需结合2019年《国家职业教育改革实施方案》"双元制"模式的职业教育改革方向，进行深化研究。为更好把握这一职业教育改革方向，需要我们系统梳理和总结职业教育的政策文件。

三、"职业教育"政策文本分析及"双元制"启示

（一）"职业教育"政策文本分析

党的十九大以来，国家多次发文推动多层次的职业教育改革。"双元制"为2019年在总结现代学徒制和企业新型学徒制试点经验的基础上提出的，具有创新引领的指导意义。为更好地领会指导精神，本文对党的十九大以来有关职业教育改革的文件进行了梳理分析，涉及的文件主要有6项，具体见表1。

通过对这些文件的分析，可以得出以下结论：①"双元制"为职业教育深化改革的方向，是对现代学徒制和企业新型学徒制试点经验的总结和提升。然而国务院关于印发《国

党的十九大以来有关职业教育改革的文件 表1

时间	文件名	有关内容
2019年	国务院关于印发国家职业教育改革实施方案的通知	借鉴"双元制"等模式,总结现代学徒制和企业新型学徒制试点经验,校企共同研究制定人才培养方案,及时将新技术、新工艺、新规范纳入教学标准和教学内容,强化学生实习实训
2019年	教育部关于职业教育与继续教育2019年工作要点	总结现代学徒制试点经验,全面推广现代学徒制。深化产教融合、校企合作,推动职业院校和行业企业形成命运共同体
2018年	教育部等六部门关于印发《职业学校校企合作促进办法》的通知	发挥企业在实施职业教育中的重要办学主体作用,推动形成产教融合、校企合作、工学结合、知行合一的共同育人机制
2018年	人力资源社会保障部、财政部关于全面推行企业新型学徒制的意见	按照政府引导、企业为主、院校参与的原则,在企业全面推行以"招工即招生、入企即入校、企校双师联合培养"为主要内容的企业新型学徒制
2018年	教育部关于职业教育与继续教育2018年工作要点	完善职业教育和培训体系,深化产教融合、校企合作。继续推进现代学徒制试点,总结宣传典型案例
2017年	国务院办公厅关于深化产教融合的若干意见	推动职业学校、应用型本科高校与大中型企业合作建设"双师型"教师培养培训基地

家职业教育改革实施方案》的通知中,并未对"双元制"进行阐释。本文在"双元制"启示部分进行补充和解读。②自2014年以来,教育部先后发布三批现代学徒制试点单位,共计562家(第一批165家;第二批203家;第三批194家)。③"产教融合、校企合作"为这些文件共通的落脚点。

(二)"双元制"启示

德国的"双元制"模式是世界公认的成功的职业教育办学模式之一。一元是指职业学校,另一元是指为学校提供实习培训的企业,由校企合作共建,完成人才培养的办学制度。刘亚静从教学标准和内容、教学方法、师资队伍建设、教学评价方式、培训效果五个方面,对双元制国际合作班与传统推广班进行对比,得出双元制在学生的技能、职业素养培养等方面明显具有优势。总结相关文献,"双元制"的启示意义体现在:①产教融合,校企合作,改变过去学校一元培养的模式,建立学校、企业双元联合培养机制。理论学习与实践锻炼并重,工学结合、知行合一。②企业面临着更动态的产业技术环境,需要新技术、新工艺、新规范。双元制下企业或行业协会往往与高等职业教育学院共建创新研究中心,既有利于创新,又有利于让学生群体接触和参与创新。③双元制,对高等职业教育学院教师有着更高的实务工作经验的要求。要建立高素质、高水平的"双师型"职业教育教师队伍。④双元制下,企业深度参与,与学院共同研究制定人才培养方案。甚至每周2/3的时间在企业实践,1/3的时间在学院学习理论知识。⑤企业或行业协会,多元主体参与高等职业教育学院课程开发。

四、房地产估价"双元"人才培养模式

将"双元制"职业教育理论、实践及启示应用于房地产估价人才队伍培养,通过深度

"产教融合、校企合作",打破房地产估价机构人才队伍培养上的瓶颈。具体而言,可以通过以下五个方面来实现房地产估价"双元"人才培养模式。

1. 企校双师互聘,双元联合培养机制

高校聘用房地产估价机构或行业协会选拔的优秀高技能房地产估价师担任高校企业导师,企业聘用高校教师担任房地产估价机构的房地产估价师。企业导师负责指导学生岗位技能操作训练,提升技能水平和职业素养,使其具备房地产估价岗位的实务工作能力。高校教师往往具有较高的学历,可以推动房地产估价机构专业技术人才队伍结构合理化,解决结构性失衡的人才队伍瓶颈。

2. 共建房地产估价创新研究中心

房地产估价机构或行业协会联合高校设立产业学院、企业工作室、实验室、创新基地、实践基地等,以此打破房地产估价机构存在的课题研究、论文发表、市场分析研究和信息化推进人才缺乏的瓶颈。

3. "双元制"学徒制合作

根据房地产估价机构或行业协会工作岗位需求,开展学徒制合作,联合招收大学生,按照"双元制"结合模式,实行校企双主体育人。高等学校与房地产估价机构或行业协会签订合作协议后,对学生进行非全日制学籍注册,并加强在校学习管理。学徒培养实行弹性学制和学分制。本措施可以为房地产估价行业人才队伍引入活水,改善人才吸纳不足的房地产估价机构人才队伍建设的现状。

4. 校企共同研究制定房地产估价人才培养方案

由双元制学院、房地产估价机构或行业协会共同参与完成"双元制"房地产估价课程体系的开发,形成知识与技能、理论与实践、知行合一,且实现与房地产估价师职业资格考试相衔接。大学生在校期间就完成房地产估价师职业资格考试相关课程的体系性学习,使更多的年轻人通过注册考试。"双元制"培养下的估价员/师具有较高的实践能力,可以改善房地产估价师人才队伍中主力估价师年龄偏大的瓶颈。

5. 构建多层次"双元制"实践体系

借鉴双元制经验,房地产估价行业协会或估价机构与高校,共建高校联合实训中心,构建估价机构真实的职业训练环境,实现真实的房地产估价工作过程,服务于学生综合实训、顶岗实习和企业职业培训。发挥高校联合实训中心的力量,可以改善现行房地产估价机构内部培训不足,引导房地产估价师参与学术会议研讨交流,从而实现"产教融合、校企合作"双元培养。

参考文献:

[1] 中华人民共和国国务院.国务院关于印发国家职业教育改革实施方案的通知[Z].2019-01-24.

[2] 蒋宇芳.房地产估价行业发展现状、趋势及对策分析[J].住宅与房地产,2019,5(22).

[3] 龙昆.房地产估价行业人才发展及职业岗位晋级体系[J].中外企业家,2018,26(05).

[4] 潘世炳,左煜.适应高质量发展的房地产估价专业人才培养[J].中国房地产,2019,26(04).

[5] 徐成林,陈小芳.资产评估法视域下的不动产估价行业创新发展研究[J].梧州学院学报,2018,27(08).

[6] 周小寒.新形势下"岗、证、课"深度融合的人才培养模式研究——以房地产估价人才培养为例[J].湖北成人教育学院学报,2019,20(07).

[7] 陈静，蔡倩.房地产专业现代学徒制校企合作专业伦理教育探析[J].才智，2018，16（33）.

[8] 陈红艳，廖小建.面向职业教育的房地产专业人才培养研究——基于综合学习设计理念[J].职教论坛，2017，26（35）.

[9] 郑伟俊.云估价在现代学徒制人才培养模式中的应用研究[J].职业教育研究，2017，38（09）.

[10] 张勇一，陶琴.从德国"双元制"教育模式思考建筑装饰工程技术专业的建设[J].职业教育，2014，12（04）.

[11] 刘亚静.德国双元制"国际合作班"与"推广班"培养模式比较研究[J].人才培养，2019，26（25）.

作者联系方式

姓　　名：叶剑锋
单　　位：浙江建设职业技术学院
地　　址：浙江省杭州市萧山高教园区浙江建设职业技术学院经济管理系
邮　　箱：yjfw1228@163.com

姓　　名：丁兆民
单　　位：义乌至诚资产评估房地产估价有限公司
地　　址：浙江省义乌市义东路61号11楼
邮　　箱：8626400@qq.com

房地产估价机构人力资源管理问题及对策探讨
——以甘肃 A 房地产估价公司为例

彭 飞

摘 要：本文以甘肃 A 房地产估价公司为例，通过对该企业的人力资源管理现状进行分析，并试图针对其存在的问题找出相应的对策，进而提高该公司的人力资源管理水平。通过对 A 房地产估价公司人力资源管理现状的分析，不仅对该公司完善人力资源管理制度有一定的帮助作用，同时对甘肃的中小型房地产评估公司提高其人力资源管理水平有一定的借鉴意义。

关键词：人力资源管理；房地产估价；人职匹配

纵观房地产估价行业，大部分中小型的房地产评估公司在进行评估时为了增强竞争能力，堂而皇之地违背评估章程与规范，以求多争取评估业务。主要表现在低价评估或者给"好处"。这样的不正当竞争不但违背了市场竞争规则，造成了企业资源的浪费，同时对同行业的其他评估公司的健康发展也有一定的伤害，并对整个房地产评估行业的良性发展造成了恶劣的影响。为了扭转这种不良局面，必须提高企业自身的竞争力，合理竞争。评估行业自身受区域影响较大，不同的区域对评估的需求不同。就甘肃省来说，由于经济的欠发达，加之政府对房地产评估行业的保护，限制外部房地产评估公司的进入，导致甘肃的房地产评估行业的竞争相对没有那么激烈。相应的房地产评估人员整体素质偏低，评估机构所出具评估报告的可信度也较低。甘肃 A 房地产评估公司，作为甘肃的一家民营中小型房地产评估公司，其人力资源管理现状具有甘肃中小型房地产评估企业的共性。通过对其人力资源管理现状的分析及对策探讨，有利于发现甘肃中小型企业在人力资源管理方面的不足并进一步完善，进而促进企业的发展。人力资源作为 21 世纪最具竞争力的资源之一，企业应通过对人力资源的优化，从而获得长远的发展优势。

一、人力资源管理现状分析

（一）企业概况

甘肃 A 房地产估价公司，是致力于为房地产提供专业服务的中介服务机构。其公司主营业务主要涉及抵押评估、可行性研究评估、司法鉴定类、房屋拆迁类等评估工作。房在公司现有员工中，其中注册在 A 房地产估价公司的房地产估价师 25 名，其中专职估价师 15 人，自有办公场地 800 平方米。在甘肃境内，属于比较权威的评估公司之一。

（二）人员结构分析

1. 专业化程度不够

据统计，截至 2019 年我国有 60319 人获得房地产估价师的执业资格，已经注册成立的房地产估价的各类机构约 3000 家。从整体评估行业来说，专业评估人员较少，难以满足社会发展的需要。"量少而不精"是房地产评估行业的显著特点。

在 A 房地产估价公司，现有员工 125 人，专职房地产估价师 15 人，在剩余员工中，仅有大概三分之一的员工是房地产相关专业毕业。显然，该公司的人员专业化程度远远不够。该公司的人员结构图如图 1 所示：

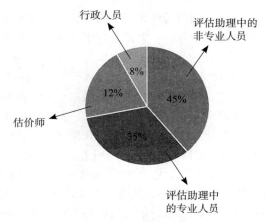

图 1　A 房地产估价公司人员结构图

2. 管理层受教育程度偏低

通过对 A 房地产估价公司的中高层管理者的调查发现，现有的管理者大多是以前从事房地产评估工作的基层员工，通过努力慢慢地晋升成为公司领导，具备专业的管理素养的少之又少。调查显示，现存的中高层管理者大多为专科或者本科毕业，硕士以上学历的根本没有。显然，管理层的受教育程度不高。

（三）A 房地产估价公司在人力资源管理实践中的现状分析

1. 观念滞后的问题

（1）对人力资源管理缺乏足够的认识。通过对 A 房地产估价公司的调查发现，该公司尚未将其发展与人力资源管理紧密联系起来，缺乏战略性的人力资源管理观。主要表现在：一是对人力资源方面的投资较少，包括该公司没有设置专门的人力资源岗，也没有专门负责人力资源的员工，日常人事方面的工作由负责行政的员工代理；二是对员工轻培训重市场，对员工的许诺说的多，做的少，导致员工对公司满意度持续降低，很多员工工作一段时间后选择了跳槽。

（2）难以扭转的集权的传统观念。大多数中小企业的成立最初都是依靠个人出资或者几个彼此互相信得过的人合资而成的。由此，中小企业采取的管理模式往往"以个人为中心"或"以亲情为中心"的家族式管理模式，A 房地产估价公司就是典型的以领导为中心的管理模式。这必将使管理者疲于应对各方事物，不能集中精力制定公司的战略规划，从而影响公司的长远发展。

2. 人力资源规划中的不足

（1）缺乏战略性的人力资源规划。由于 A 房地产估价公司缺乏战略性的人力资源规划，导致其不能有效地应对外部环境的变化，更不用说根据市场竞争的需求分析和预测公司未来对人力资源需求的类型和数量，从而不能有效的制定出一系列能激励人，留住人，开发人的人力资源战略目标。

（2）战略规划不能与企业的发展相适应。由于 A 房地产估价公司处于公司的成长期，对人力资源的需求量相对来说比较大，因而人力资源的供应量往往不能满足公司发展的需求，因此容易出现供不应求，从而使企业的发展受到限制。

3. 招聘中的不足

由于招聘体系不完善，该公司的招聘体系不完善，招聘工作不规范，随机化和口头话现象严重，没有科学的筛选程序和测评方法。渠道太过于单一，不能满足公司的人员需求。

4. 培训与开发中的不足

（1）缺乏对培训的需求分析，培训不科学。目前 A 房地产估价公司所做的培训，通常只是领导觉得需要给员工进行培训，而不是根据企业的战略目标，岗位职责及绩效考核中去发现企业的培训需求，往往导致培训不能满足企业的需求，同时企业大多着眼于短期任务的完成上。同时，培训工作没有制度化和规划化，培训极其混乱。

（2）缺少员工职业生涯规划，培训形式单一。A 房地产估价公司没有对员工能力的开发和个人发展指导，更没有为员工设计晋升路线。因而既起不到对员工的激励作用，也不利于公司和个人的发展。同时，公司的培训形式单一，大多以会议培训为主，很少考虑员工的需求。

（3）缺少评培训的评估和反馈环节。评估和反馈环节的缺少，导致培训的成效往往达不到预期，造成企业资源的浪费。主要体现在培训结束后，领导没法了解员工通过培训是否取得了进步。

5. 薪酬与福利待遇中的不足

（1）缺乏针对性的薪酬设计，激励手段略单一。

（2）薪酬制度缺乏公平性。

（3）福利制度不完善。

A 房地产估价公司在福利制度的设计方面极其不完善，该公司除了法定的福利外，其他福利少之又少，比如带薪休假等极其少，不足以起到激励员工发展的作用。

二、改善人力资源管理现状的对策探讨

（一）优化人员的招聘与选拔

1. 录用具有专业素养的员工

由于房地产评估是一项具有很强专业性的工作，因此 A 房地产估价公司在录用员工时最好优先录用具有相关的专业知识或者相关的从业经验的员工。从外部招聘和内部培养双管齐下，改变房地产评估行业专业人员"少又不精"的情况。

2. 培养或引进专业的管理技术人才

专业的管理技术人才是指既具有丰富的管理基础知识又拥有丰厚的管理经验的人，A 房地产估价公司可以让专业的管理技术人才去管理公司的相关事务，更有利于公司的长远发展。

3. 建立有效的招聘与选拔机制

优化人员结构，必须要建立一套科学有效的招聘与选拔机制，以便招到符合公司发展需要的员工。招聘机制的应该科学规范，建立严格的筛选机制和测评方法，以防任人唯亲或者随机招人，从而造成公司资源的浪费。

4. 多渠道招聘

由于A房地产估价公司与世界五百强或者国有企业相比，市场知晓度较低，应聘人员往往对行业和公司的了解不足，公司难以找到合适人才，因此多渠道招聘就非常的有必要。在进行招聘时，应遵循"人岗匹配"的原则。

（二）改变观念，树立"以人为本"的人力资源管理理念

1. 树立"以人为本"的理念

A房地产估价公司目前还采取传统的人事管理方法，即以事为中心，只见事，不见人。注重的是使用，而不是投入。因此该企业必须实现将传统的人事管理理念向人力资源管理的理念转变。

2. 将权力下放，使"才得其用"

将权力下放，使专门的人去做专门的事，有利于专业人才才能的发挥，有利于优化企业资源的配置。

（三）做好战略性人力资源规划

1. 进行人力资源长远规划，满足企业和员工双方的利益

A房地产估价公司在进行人力资源规划时，应注意人力资源规划不仅是要面向企业，更要面向员工。注重员工的职业生涯规划和企业的战略相一致，是双方得到共同发展彼此互利共赢。

2. 人力资源规划与组织内外部环境的变化匹配

A房地产估价公司在进行人力资源规划时，要将充分考虑内外部环境的变化。在应对内部变化时主要考虑企业发展战略的变化或者公司员工流动的变化，内部环境变化主要指开发的变化；外部环境变化主要指房地产评估和人才市场的变化政府相关政策的变化等。

（四）做好企业员工的培训与开发

A房地产估价公司要想做好员工的培训与开发，必须要有完善的培训体系。根据企业的战略目标，岗位职责及绩效考核分析和发现员工的培训需求。分阶段、分层次、分步骤的进行员工培训，包括岗前培训、企业文化培训、公司各项规章制度、岗位技能、拓展训练等。在进行培训需求分析时，要从企业、个人、工作三个方面着手，先进行企业需求分析，再进行工作需求分析，最后进行个人工作需求分析。根据培训需求确定培训目标。将培训结果与绩效考核挂钩，提高员工培训的积极性，并起到激励员工积极参加培训的作用。

（五）完善薪酬与福利待遇

A房地产估价公司需要根据不同部门职位、岗位性质以及个人业绩等，给员工们设置不一样的薪资及相关的福利待遇，从而有效的激励员工更好的发展。唯有建立合理的薪酬制度，才能保障企业资源的有效利用，吸引更多的优秀人才。企业可以在设置薪酬时加入一定比例的生活补贴，减轻员工的生活压力，降低员工的离职率。A房地产估价公司给予员工的福利待遇除了法定的节假日、五险一金外，还应结合公司实际情况，改善员工的福利待遇，起到激励员工的作用。公司可以从以下方面来改善员工的福利待遇：

（1）改善员工的办公环境及氛围，使员工在一个愉悦舒适的环境里工作；

（2）丰富员工的业余文化生活，如举办文娱活动等各种比赛；
（3）提供餐补、住房补贴等，减轻员工的生活压力；
（4）关注员工的需求，在公司能力允许的情况下满足员工的额外需求。

三、结语

通过对 A 房地产估价公司人力资源管理现状的分析，有利于完善该公司的人力资源管理制度，也为该公司人力资源政策的制定提供了依据。因此企业管理者要树立"以人为本"的人力资源管理理念，并进一步完善公司的人力资源管理制度。并通过运用人力资源管理的 5P 模型，进行识人、选人、育人、用人、留人，实现人与岗位的合理匹配，从而为公司目标和战略的实现进行良好的服务。同时对于甘肃省房地产评估公司的人力资源管理也具有一定的借鉴意义。通过对企业人力资源的规划、招聘、选拔、培训与考核等，将合适的人配置在合适的工作岗位上，从而降低劳动力成本，使企业获得长远的竞争优势。

参考文献：

[1] 高丽.我国现代企业人力资源管理的现状分析[J].科技创新与应用，2014（02）.
[2] 马徐娇.浅析我国当前事业单位人力资源管理的现状与对策[J].经营管理者，2014（15）.
[3] 刘丽.现代企业人力资源规划问题研究[D].北京：首都经济贸易大学，2010.
[4] 刘明星.中小企业招聘工作存在的问题及其对策[J].安徽工业大学学报（社会科学版），2010（06）.
[5] 孙瑞.我国中小民营企业人力资源培训体系设计研究[D].北京：北京交通大学，2012（15）.
[6] 杨树权.提高中小企业培训的有效性的策略[J].中国电力教育，2009（S1）.
[7] 江华锋，付秀彬.浅析引起人员流失的薪酬问题[J].商业文化，2006（11）.
[8] 王晶晶.企业人力资源招聘研究[J].人口与经济，2012（S1）.
[9] 燕鹏飞，张荣，陈洪亮.创新企业人力资源管理的思考[J].科技资讯，2014（27）.
[10] 张慧琴，李璞.人力资源管理案例教程[M].北京：机械工业出版社，2013（03）.
[11] 杨勇.LQ 公司人力资源培训问题及对策研究[D].哈尔滨：哈尔滨工程大学，2012.
[12] 魏蓉.YW 公司管理人员薪酬管理体系再设计[D].广州：广东工业大学，2011.
[13] 陈光珍.成长型 IT 企业（ST 公司）研发人员的薪酬体系设计[D].北京：北京化工大学，2008.
[14] 戚振江，王重鸣.公司创业战略、人力资源结构与人力资源策略研究[J].科研管理，2010（04）.

作者联系方式

姓　名：彭　飞
单　位：甘肃信诺房地产土地资产评估有限公司
地　址：甘肃省兰州市张掖路 87 号中广大厦 26 楼甘肃信诺
邮　箱：1025774710@qq.com

第六部分

其 他

浅析估价报告异议的回复处理技巧

徐志革

摘　要：评估机构在评估过程中，评估委托人或相关当事人基于不同的目的和需求，会以不同的方式表达他们的意见，对估价报告提出异议。估价报告异议回复处理得好，解决当事人的疑惑，让对方接受评估结论，有利于推动评估工作。但估价机构在回复异议时会存在很多的问题，所以有必要学习如何正确回复处理异议的技巧。

关键词：估价报告；异议；回复；技巧

估价报告是评估机构的成果或产品，估价报告一经评估机构出具，评估机构便需对其承担法律责任，在没有出错或者有合法合理依据的前提下，评估机构一般不会随意修改或调整现有评估结果，否则估价报告将被视同儿戏，缺乏严肃性，甚至惹上法律纠纷。因此，当评估当事人对估价报告提出异议时，估价机构在回复异议时除了按照法定程序进行处理外，还要讲究回复技巧，面对异议提出者的质疑，要依法依规、有理有据地进行辩驳，除非出现客观事实上的错误，否则应维持原有评估结果不变，以维护估价报告的专业性和严肃性。

所谓估价报告异议，就是对估价报告有不同意见或判断。现在很多委托人会要求评估机构先出具一个初步估价报告或征求意见稿，因此，本文所指的估价报告异议，除了对正式报告异议外，也包括上述非正式报告异议。房屋征收评估、司法鉴定评估、税收评估等估价报告涉及当事人切身利益，这些类型报告的当事人提出异议的比较多，笔者重点总结了房屋征收估价报告所涉及的主要异议点，并在此基础上提出了一些异议回复处理的见解，以便为实际评估工作提供参考。

一、估价报告所涉及的常见异议

根据《国有土地上房屋征收与补偿条例》第十九条规定："对评估确定的被征收房屋价值有异议的，可以向房地产价格评估机构申请复核评估。对复核结果有异议的，可以向房地产价格评估专家委员会申请鉴定。"在房屋征收评估中，被征收人或征收人对估价报告提出异议，向评估机构申请复核评估，是他们正当的权力和诉求。从我们整理分析的估价报告异议产生原因来看，主要有以下几个方面：

（一）对评估程序的有关异议

征收当事人对评估程序提出异议，首先，会对本征收项目的合理合法性提出质疑，如被征收人认为房屋征收项目不符合公共利益的需要、房屋征收的程序不合法、房屋征收补偿方案不合理等。其次，对评估机构的选定提出异议，如被征收人认为评估机构资质不合格、评估机构选定程序不合理、对评估公司投票选择过程不知情等。最后，是对评估机构的委托提出异议，被征收人提出要求查看房屋征收评估委托书或委托合同，从评估委托的时间、评估范围、评估目的等找出对自身有利的证据来提出异议。

（二）对评估依据及附件资料的有关异议

被征收人针对评估依据和附件资料进行核查并提出异议，通常是对估价报告中的房屋用途、建筑面积、建成时间、层高、权属以及土地性质、土地面积、土地用途等描述有疑虑，被征收人在掌握更新或有利证明资料下，会要求申请复核。估价报告中的附件，包括评估委托书、查勘情况说明、内外部照片、位置示意图、产权证明文件等，如不符合规定或不合理，异议也会比较多。此外，估价报告中涉及的房屋装饰装修及设备搬迁价值评估清单明细，也是被征收人重点关注的地方。

（三）对评估实地查勘的有关异议

实地查勘是房屋征收评估工作的必经程序，被征收人对实地查勘提出的异议较多。评估机构应注意以下几个方面：

（1）评估机构应安排规定数量的注册房地产估价师到现场调查被征收房屋状况，并留存影像资料，否则被征收人会对签字估价师是否到场实地查勘提出异议。

（2）估价师实地查勘前和查询时应通知被征收人到现场，否则被征收人以不知道或未见过估价师查勘为理由提出异议。

（3）估价师应做好实地查勘记录，并记载实地查勘的对象、内容、结果、时间和人员及其签名，否则被征收人提出要求查看实地查勘原始记录，会以记载的内容与实物不相符为由提出异议。

（4）被征收人在评估过程中基本上不配合，包括不提供相关资料、不配合评估人员进场入户查勘、不在查勘记录上签字等。事后，被征收人以此为由对估价报告中记载的内容提出异议。

（四）对评估方法和评估测算过程的有关异议

根据《房地产估价规范》第7.0.5规定："估价技术报告可按估价委托合同约定不向估价委托人提供"。一般情况下，评估机构不会向被征收人提供《估价技术报告》，而被征收人仅凭《估价结果报告》是不知道评估价格具体测算过程的，所以矛盾点就集中在这里，被征收人会就评估技术问题提出许多的异议：

（1）异议提出估价报告中评估分析、测算过程缺失，要求补充具体测算过程及佐证材料。如认为估价报告只采用系统叙述的文字描述，未对计算公式进行具体解释或未说明数据结构来源等。

（2）异议要求提供估价报告的《估价技术报告》，或者要求查阅评估技术测算过程。评估机构为什么不提供《估价技术报告》？因为被征收人对《估价技术报告》所涉及的专业公式、参数取值和数据，以及估价测算过程，可能会侧重于用非专业眼光揣测或误读，甚至故意曲解一些合理数据，激化矛盾，从而产生大量不必要的异议甚至被恶意利用。

（3）对估价报告中所涉及的评估方法选择提出异议。如被征收人认为棚改或旧城改造项目应采用假设开发法评估，有的被征收人甚至提出将比较法、收益法、成本法及假设开发法分别进行测算再进行比较分析。

（4）对评估技术参数取值、案例的选取提出异议。如有的提出估价报告未见比较法所引用的可比实例，没有规范中要求的信息，有的要求具体说明如何依据规则进行市场状况修正的。

（五）对评估价格的有关异议

被征收人对评估报告提出异议，其核心还是评估价格未达到其期望值，想要一个更高的评估价格。从法院近年审理的房屋征收补偿案件来看，绝大部分案件进入诉讼的原因是被征收人对评估价格不满。由于对被征收房屋类似房地产内涵的不了解，被征收人往往以被征收房屋周边楼盘案例作为比较，认为评估价格难以体现被征收房屋的市场价格。如有的异议书提出"2019年8月××市的二手房挂牌均价为11965元/平方米，而附近××小区的均价是12214元/平方米，评估价格明显低于类似房地产的市场价格"。

（六）对估价报告质量的有关异议

对估价报告质量的有关异议有两个方面，一个是估价报告确实存在质量有问题，如估价报告的规范格式、有无签字和盖章、报告中的时间、报告中的前后一致性、部分用词用语不规范或错误等。另一个是因为被征收人的不专业性，对估价报告中所涉及技术性问题、专业术语、法律法规、公式和参数等不理解造成的异议。如有的异议提出"估价报告财产遗漏问题，被征收房屋评估价值没有包括土地使用权价值"，有的认为"房屋权益状况的数据，严重不符合实际被征收房屋权益状况。土地权益的数据，远小于实际占有国有土地面积"等。

二、估价报告异议回复处理技巧

因为估价报告的结论涉及当事人的切事利益，所以当事人对估价报告提出异议，有些难免会带有个人的情绪。由于当事人知识文化素质参差不齐，其异议书中表现各不相同，有的低俗粗暴，有的文质彬彬，有的咬文嚼字，有的绵里藏针，有的甚至大量生搬硬套法律法规、估价规范进行引证。这些当事人也想通过评估机构和估价师的回复，寻找破绽或漏洞，使之成为否决估价结论的证据。所以，如果估价师对异议的回复不够好，有可能会起到负面作用，对房屋征收评估工作不利。如何做到异议回复能中肯，减少纰漏，让当事人信服，笔者根据实际工作经验总结了以下几点回复技巧：

（一）规范应对

评估机构和估价师都要正确应对当事人提出的异议，并按法规要求规范完成：

（1）回复的时间，在规定的时间内予以回复。《国有土地上房屋征收评估办法》第二十一条规定："原房地产价格评估机构应当自收到书面复核评估申请之日起10日内对评估结果进行复核。"评估机构收到异议书，绝对不能搁置一边不理，否则有可能因程序不到位，造成严重后果，甚至推翻估价结论。

（2）回复的格式要求，对异议书应为回复或回复函的格式，函头一般为对某异议的回复或复函，至函对象为异议申请人，复函内容首先应有表明评估机构和估价师收到异议的时间，再就是陈述基本情况，对异议回复的具体内容和回复的结论、复函的单位和时间等。根据《国有土地上房屋征收评估办法》第二十一条规定："复核后，改变原评估结果的，应当重新出具估价报告；评估结果没有改变的，应当书面告知复核评估申请人。"所有的异议回复函都必须要有一个结论，是维持原估价报告还是听取当事人意见修改估价报告，都要给当事人一个明确的答复。

（3）回复的方式，如果当事人采用书面的方式提出异议，则估价师必须以书面方式回复；如果当事人是口头提出异议，估价师可以当面、电话等方式予以回复，也可以采用书面方式回复。

（4）回复函的送达，回复函必须在规定时间送达当事人，并有签收记录（当事人不签收的，还须安排第三方证明）。如不能及时送达当事人的，可通过快递、邮件、登报或公告等方式送达。

（二）切中要点

切中要点，是异议回复的关键。回复水平高不高，回复是否令人信服，就看估价师是否真正了解当事人的意图，了解当事人真正的诉求。根据《国有土地上房屋征收评估办法》第二十条规定："申请复核评估的，应当向原房地产价格评估机构提出书面复核评估申请，并指出估价报告存在的问题。"异议申请人一般也会重点指出几条不同意见，并陈述其异议的理由和诉求。估价师要首先通读异议书内容，理清异议中其所关注的重点，然后再抓住要点，针对性地回复申请人的问题。回复就是要切中要点，没有切中要点的回复，就等于没有回复，不能让人信服。

（三）依法依规

依法依规是异议回复处理的根本，不依法依规，估价师做更多的解释和回复都苍白无力，没有足够的说服力。征收当事人提出的所有异议，如果能够引用法律、法规、规范和相关政策依据等直接进行解释的，一定要引用到回复函中作为解释依据。对于征收当事人不正确的意见，要用正确的信息进行纠正；对于征收当事人的不相信，要学会用第三方或权威机构出具的事实进行论证说服。

异议回复依据依规要注意以下三点：①引用的文件依据必须准确无误。②对要引用的文件依据理解必须正确，运用必须有针对性。③引用应具有权威性。例如对被征收人提出的"征收人单方确定评估机构，没有通知被征收人"的异议回复：根据《国有土地上房屋征收评估办法》第四条规定："房地产价格评估机构由被征收人在规定时间内协商选定；在规定时间内协商不成的，由房屋征收部门通过组织被征收人按照少数服从多数的原则投票决定，或者采取摇号、抽签等随机方式确定。具体办法由省、自治区、直辖市制定。"本次评估机构的选择方式为抽签确定，整个过程由公证处进行监督并出具了《公证书》，具体内容请参阅评估报告附件。

（四）体现专业

估价结果是注册房地产估价师通过房地产估价活动得出估价对象价值或价格的专业意见，征收当事人提出异议，如果估价师回复专业性强，专业知识和技能过硬，就能增强说服力，如果回复不专业，则会让人看笑话。估价师在回复异议时具有自信和职业水准，主要来自如下几个方面：一是对法律、法规和相关政策的了解程度；二是对估价技术的专业水准；三是对本项目的熟悉情况；四是估价技术的沟通表达能力；五是对征收当事人异议的回复处理能力。有些时候，有一些问题可能是比较难回答、比较尖锐时，也许专业是最好的对策，当估价师足够专业、内行时，容易使别人信服和认可。当估价师表现得不那么专业时，就很难赢得别人的信任。

例如对"要求评估机构提供估价技术报告"的问题回复：根据《房地产估价规范》有关规定："估价技术报告可按估价委托合同约定不向估价委托人提供。"估价技术报告仅供存档和行业主管部门、评估专家委员会等机构审查使用，符合《房地产估价规范》的要求。本报告中您不是估价委托人，若您对此仍有异议请按《国有土地上房屋征收评估办法》中第二十二条有关规定办理。

（五）言简意赅

俗话说言多必失，异议申请人也想通过评估机构的回复函中，从中获取他要的信息，达到他想要的目的。所以，异议回复函必须做到谨言慎行、言简意赅，对说的问题要说清楚，对不应说的不要啰唆。这里所说的"言简"，是指少而精，不可连篇累牍。回复过长，显得庞杂、烦冗、累赘，使人不得要领。所说的"意赅"，是指内容与原文吻合，不要张冠李戴，闹出笑话。

例如对被征收人提出"估价报告中记载的房屋建筑面积与实际建筑面积不符，作为评估公司应如实记录申请人房屋的实际面积"的回复内容为：根据《国有土地上房屋征收评估办法》（建房〔2011〕77号）第九条规定：对于已经登记的房屋，其性质、用途和建筑面积，一般以房屋权属证书和房屋登记簿的记载为准；房屋权属证书与房屋登记簿的记载不一致的，除有证据证明房屋登记簿确有错误外，以房屋登记簿为准。对于未经登记的建筑，应当按照市、县级人民政府的认定、处理结果进行评估。按照上述规定，本次评估以此为依据进行评估。

（六）避实就虚

异议中的有些问题，不要刻意与对方纠缠，否则如同陷入死胡同，胡搅蛮缠不得完。异议回复处理要注重专业但也要讲究艺术，避实就虚，也就是对异议人提出的一些刁钻的问题、敏感的问题，或是一些具体的数据的问题不具体回复，或者绕着回答，或者采用忽视的策略。当征收当事人提出的异议，并不是真的对报告有疑问，或者是有意刁难时，估价师可以忽视。对于那些"为反对而反对"或"只是想表现自己的看法高人一等"的异议，若是估价师详细地进行解释，不但费力，有时还容易出乱子。因此，估价师只要让征收当事人满足了表达的欲望，就可采用忽视法，以引开话题。

例如关于是否参照周边市场价评估，提出的"评估报告评估金额是完全违背了市场价格，是显失公平、公正的，也严重损坏了申请人的实体利益"的问题回复：本估价结果已考虑了区位、用途、权利性质、档次、规模、建筑结构等因素的影响，评估结果高于周边类似房地产市场的价格。您所述据调查附近市场商业价格至少在10万/平方米以上，请您提供真实、可靠的依据。

（七）注重逻辑

异议回复要注重逻辑，逻辑混乱，词不达意，前后不一致，无法自圆其说，是异议回复的大忌。如何做到逻辑性强，笔者认为，一是条理要清楚，抓住要点，逐条回复；二是叙述要清楚，依据和事实充分。异议回复处理要求脉络极为清晰，不论是多么复杂的问题，都要从征收当事人复杂的异议中分析出非常清晰的要点、因果，然后有条不紊地做出相应的解答。逻辑性强就是要求总体的框架清晰明了，层层递进，不穿凿附会，不支离破碎，得出的结论有充足的理由、证据，前因后果思路清晰。当估价师表述的言辞含糊不清时，便是给了征收当事人反驳的机会了。

但要注意，不要在一条异议上纠缠不清，因为人们的思维有连带性，往往会由一个意见派生出许多不同意见。摆脱的办法是，有时要将征收当事人的几条异议汇总成一个意见回复，这样表述简洁，深入浅出，让人感觉逻辑性更好。

（八）厘清职责

对于当事人提出的异议，还要注意厘清问题边界，区分它是否属于估价机构回复责任所在，做到职责范围内认真对待，职责范围外不要越界。对估价报告和评估相关的问题提出异议，肯定由评估机构来应答，但与估价报告或评估无关的问题，当事人提出了不同的异议，不论估价师知道还是不知道，都建议不要予以直接回答，但也不能不回复。如涉及房屋征收对征收项目的合理合法性提出的异议，包括房屋征收项目是否符合公共利益的需要，政策依据是否合法、程序是否到位、征收范围违规、补偿方案合理、征收公告公示等问题，这些问题一是政策性比较强，二是委托方一般不会提供相关资料与评估机构，三是估价师没有参加本征收项目的前期工作或培训，对有关政策并不熟悉。所以一旦回复错误，可能会误导，造成对征收工作不利的局面。所以，评估机构应告知这些问题已超出了估价师职责所能解释和回复的范围，关于国有土地上房屋征收项目制度和政策等相关的问题，如有疑义请咨询当地政府及相关部门。

（九）端正态度

俗话说态度决定一切，态度不对，即使你说的再有理，人家也不认可。怎么样端正态度？一是在异议回复格式上，二是表述上，三是送达上，四上沟通上，五是时间上，用估价师的热心融化异议者。估价师要尊重征收当事人的看法，这是因为不同的时空背景、不同的立场角度造成的，而当面临所谓尊严和面子问题时，最好不要完全否定他们所在意的问题。如果征收当事人提出的异议的确切中了评估报告的缺陷，千万不可以回避或直接否定。如估价报告确实存在质量问题，评估机构只能采用委婉处理方式，多做解释，先平息当事人的情绪和心态，求得理解，再考虑如何应对、改正。如果需要重新出具评估报告的，则重估报告比较好。

如对被征收人提出"评估报告内容不完整，主要项目缺失"的问题回复：您所述评估报告中商业市场价格值取值等主要内容不是根据《房地产估价规范》的有关规定，房地产估价结果报告应当包括的内容。根据您所述部分条款与原法律法规原文不符的问题，我公司注册房地产估价师对估价报告进行了详细的检查核对，发现估价结果报告中估价方法的选用理由有部分内容为原估价规范载明的内容，但该部分内容不影响本次评估结果。

三、结语

估价师对估价报告出现异议不应该感觉懊恼，而是应该将解决当事人的疑问作为加强信任的推进器。一份好的估价报告异议回复处理如果理由充分，条理清晰，分析透彻，措辞恰当，容易理解，能及时回复他们的问题，解决当事人的疑惑，让对方从主观上接受评估结论，有利于推动评估工作的顺利开展。

当然，异议回复处理不仅限于书面的回复处理，还要求估价师与当事人有机会能面对面的沟通和交流。当面的解释和答疑，让对方充分理解所传达的信息和内容，以达成对方正确的回应。良好的沟通是要说对方想听的，听对方想说的。事实上也是如此，当交流时一个个问题抛给估价师，估价师都能应付自如，当事人对评估的信赖程度自然会逐步加深。估价师沟通能力强，也是解决报告异议回复的重要手段。

作者联系方式

姓　　名：徐志革

单　　位：湖南志成房地产评估有限公司

地　　址：长沙市雨花区井莲路 397 号红星紫金国际 2 栋 1701 房

邮　　箱：30104930@qq.com

关于房地产市场价值的再思考

肖历一

摘　要：市场价值作为估价中的核心命题以及核心的价值类型，对其概念和本质的理解，以及对其内涵的挖掘和研究，有助于对估价业务的实践指导。本文通过某类金融公司在抵押物快速变现中的风险控制以及住宅物业市场剧烈波动时期市场价值的判断两个事例，引申出对合理展示期和买方出价等内涵的挖掘，探讨了理论对于实践的指导意义。

关键字：市场价值；价值内涵；估价理论

一、起因

对于房地产市场价值的再思考，并非无病呻吟，而是在房地产市场研究过程中以及在一些估价业务的思考中，逐步延伸至对房地产市场价值的再次思考。

事例一，某类金融公司从事的本市住宅物业次级抵押贷款业务。其服务对象主要是信用存在瑕疵的贷款人，该类贷款人无法在传统金融机构中获得抵押贷款。该公司的风险控制完全落到了房地产本身的快速变现能力上。经过多年的运营，该公司发现有些房产在快速变现时折价较大，无法弥补贷款额和利息，从而导致该笔业务的亏损。由于次级贷多为一年的短期贷款，公司风控部门在放贷时对市场价值的评估把控较严，因此不同的房屋在快速变现时折扣率不尽相同应是症结所在。那些快速变现折扣率大的房屋，对该公司来说是风险较大的物业，应尽量避免放贷，或提前识别并缩减贷款成数。于是该公司委托笔者所在公司对上海市所有住宅小区进行风险评级，以提高其风险控制能力。最终正是基于对市场价值的内涵深挖和理解的基础上，笔者公司进行了风险评级的技术方案设计，并最终经过检验，满足了该公司的业务需求。

事例二，本市住宅物业市场在过往的十几年间，在宏观大背景下，呈现了长期上涨的趋势。期间经历过两次显著的调整，一次是2012年初的市场调整，整体下跌幅度在5%～8%；另一次就是最近的2018年，并持续到了2019年初，为历次调整时间最长，幅度最大的，整体跌幅超过10%。两次都是在市场高涨之后，受到政策压制，成交量急剧萎缩跌入冰点，卖方要价在初期维持高位，在确认市场下行后，在整个调整的中后期出现较大的下滑，成交量则随之企稳。之后市场逐步趋稳，或逐步恢复上升趋势。使笔者产生好奇和疑问的是，在调整初期成交量急剧萎缩的阶段，买卖双方出现了观望和僵持的局面，卖方仍维持原市场报价或略微调低报价，买方则不愿出手，期待价格出现大幅的松动，市场中买卖双方的价格分歧很大。大部分住宅小区没有成交，只有少量的刚需物业以及早期愿意降价的物业能够成交。这一时期的市场价值如何评估？如参考成交价，则会出现案例不足，即便有案例，但市场本身处于一个探底和变动的过程中，案例的可参考性也大幅下降；如参考挂牌价，则明显不能成交。如何思考这一时期的市场价值？

诸如上述的事例，促使笔者对估价的理论进行了进一步思考，其中对市场价值相关的思考便是核心之一。

二、概念与本质

根据《房地产估价基本术语标准》GB/T 50899—2013，市场价值的定义是："估价对象经适当营销后，由熟悉情况、谨慎行事且不受强迫的交易双方，以公平交易方式在价值时点进行交易的金额。"这一描述与国际评估准则IVS的基本一致。国际评估准则IVS中更直接的指出，市场价值是一个估计值。此外，在该标准中成交价格的定义是："在成功的交易中买方支付和卖方接受的金额"；市场价格的定义是"某种房地产在市场上的平均交易价格"。在《房地产估价基本术语标准》的第三部分"价格和价值"中，可以发现，称"某某价格"的，皆指实际发生的交易金额；称"某某价值"的，皆指经分析、测算和估计的金额。

"市场价值"作为房地产评估中最为核心的价值类型，以及房地产估价理论中的核心命题，其本质是什么？是否客观存在？是否可准确测量？不同的房地产估价师可能会有各自不同的理解和认知。

在韩铁涛、陈凌岚《估价哲学思考》这篇同样对估价和价值进行思考的文章中，精辟地论述了估价的本质，即"估价是对物质实体经济属性的测量/预测/推测。估价行为本质上是人类认知的能动作用。估价的过程，首先是对现实存在的成交价格、市场价格的认知，形成意识，再通过对虚拟成交过程和价格形成机制的模拟，做出结果测算。"从这一论述中可以看出，测量的对象是物质实体的经济属性。那么房地产市场价值的评估，实质是对房地产的某一经济属性进行的测量。因此，房地产市场价值的本质是房地产的一个经济属性。无论你是否测量，它都客观存在。作为严谨的表述，还需加一个市场前提，即存在可交易市场的房地产，其市场价值客观存在；或者说，在市场经济体中，房地产的市场价值客观存在。

既然客观存在，则具有测量的可能。在讨论是否可以准确测量之前，对问题本身还要做进一步界定。市场价值的评估是在给定前提下的价值估算。这些给定前提包括：价值时点、估价原则、估价依据、估价假设等，其中价值类型已限定为市场价值。是否可准确测量的问题，规范的表述应为：在符合估价规范的基础上，房地产市场价值是否可以准确测量？

市场价值的表达是一个交易金额，而这个金额是估价师经过分析、测算和判断后给出的一个专业意见，是估价师给出的一个估计值。估价师凭什么来测算和估计？再回顾一下《估价哲学思考》中的论述："估价的过程，首先是对现实存在的成交价格、市场价格的认知，形成意识，再通过对虚拟成交过程和价格形成机制的模拟，做出结果测算。"由此可见，房地产估价和房地产的市场价值，其本源皆来自市场发生的实际交易。实际交易中的成交价格则来自买卖双方的分析、判断和协商。每一笔房地产的实际交易过程，都包含了最初的估价过程，买卖双方就是最初的"房地产估价师"。当市场存在较多同类物业的实际成交时，他们会参考实际成交的价格进行分析判断；当市场没有同类物业的实际成交时，他们同样会通过收益、成本等经济因素来进行评价。这种对市场价值（或价格）的判断过程和机理，和真正的房地产估价师如出一辙。因此，与市场价格是否契合，是判断市场价值评估是否准确的标准。

然而，这仍然是一个理论上的标准。市场价格的概念是应用于一类相似房地产的情况下的。在经济学中,本市的房地产市场是一个宏观市场,其中按类型可以分为住宅物业市场、办公物业市场、商业物业市场等,按区位可以分为不同的区县市场或板块市场,这种细分实质上是对需求的细分,称之为细分市场,如虹口区四川北路甲级办公物业市场就是典型的一个细分市场,包含了物业类型、等级和区位的因素。在这个细分市场中,所有物业对应的需求是相似的。此时,市场价格的参考才有意义或者更为可靠。上海的房地产市场可以分成许许多多的或大或小的细分市场,每个细分市场都有其市场价格,但市场的活跃度差异很大。对于物业体量大,交易活跃的细分市场,其市场价格容易显现;而物业体量小,交易不活跃的细分市场,其市场价格不容易显现。

对于市场价格显现的,如居住聚集区的住宅物业、商务聚集区的办公物业等,可以和市场价格直接进行比较分析来评判市场价值的准确性。对于市场价格不显现的,如个性化比较强的商业物业、偏远地区或零星分布的办公物业等,则很难采用与市场价格直接比较的方式来进行评价。一般通过对其测算过程的合理性进行评价,或者按专家测算的结果来进行评价。这些都属于对市场价值评估准确性的间接评价方式。

三、内涵挖掘

市场价值的内涵可以理解为在市场价值的概念中隐含或预设的各种"条件",这种"条件"在市场价值的定义中并没有进行明确的阐述,但蕴涵了相关概念。如果缺乏相应内涵的界定,市场价值的表达或将不够准确和完整。

(一)税费的支付

日常生活中,对于市场价值的内涵涉及比较多的是对买卖双方税费支付的界定,即市场价值表达的交易金额是基于买卖双方税费各付的金额还是都由买家支付(包括中介费)后卖家净到手的金额。这一内涵在市场价值的定义中并未进行阐述,但市场价值的定义中预设了其一定是一个正常的价格,而正常的价格一般是指买卖双方税费各付的交易金额。由于近年来,上海的住宅二手房市场交易中,极为普遍地使用卖方净到手的报价方式,以及进行的价格谈判,所以市场价值(或价格)中税费支付的内涵界定就成了必要。

(二)合理展示期

在《美国评估准则》USPAP中,准则条文1—2(c)的注释规定:评估市场价值时,评估师应当形成与价值结论相关的合理展示期意见。其对展示期的定义为:"假设被评估的资产权益在评估基准日按市场价值进行交易之前应当向市场进行公开展示的时间长度估计。"

其相关论述还有:

(1)市场价值概念中的展示期被认定为发生在评估基准日之前;

(2)合理的展示期与价格、时间和用途成函数关系,而不是一种孤立的时间估计;

(3)根据资产类型的不同和市场条件的变化,展示期是不同的。

通俗地说,当出售一个物业的时候,即便给出的价格与市场价值十分吻合,也不会在第二天就会立刻成交,而是需要一个信息发布、房屋展示、交易谈判的过程。这个过程的长短与房屋的类型、价位、区位等有关,还与房地产所处的市场周期有关。这个过程是一个时间区间,但不代表房屋以市场价值出售时,一定需要这么长的时间(比如运气很好的话),而是从概率上来说,大部分情况下是在这个时间区间内。

在《房地产估价基本术语标准》中,对市场价值的定义中有一句"估价对象经适当营销后",实质上隐含了"合理展示期"的概念,但并没有对其进行概念提炼和讨论。

实际业务中,也鲜有对这一信息的需求。但前文所述事例一中,该类金融公司的业务需求实质上是指向了对这一信息的需求。该公司在贷款业务出现坏账后,其业务规则要求将房屋在一个月内进行变现,越快越好。在市场平稳或下行阶段,大多数房屋的合理展示期都要大于一个月,甚至更长时间。为了符合公司的流程,只有以低于市场价值的价格进行抛售,才能缩短合理展示期。原本合理展示期较长的物业,抛售的价格折扣势必要更大些,当折后金额低于贷款额和利息之和时,该笔业务即为亏损。该公司委托笔者公司进行的物业风险评价,实质是对合理展示期的评价,以筛除合理展示期较长的住宅物业,从而规避风险。

(三) 买方出价

买方出价和卖方要价主要是发生在房地产交易过程中的概念,通俗地说就是"讨价还价"。房地产经纪人应该最熟悉不过,他们的主要工作之一便是促使买方出价和卖方要价达成一致,从而达成交易。此时便有了一个"成交价格",众多的"成交价格"可以形成"市场价格","市场价格"则最终影响"市场价值"。这是买方出价和卖方要价与市场价值之间的逻辑关系。

而笔者对买方出价作为市场价值内涵的思考,主要源自上述事例二的思考。

以我国的股票市场为例,在交易中设置了10%的涨跌幅限制。在跌停板时,卖方出价都被限制在比上个交易日收盘价低10%的价位上,此时仍有部分买家在该价位上接盘,有少量的交易量。如果没有涨跌停的制度,则成交价一定低于跌停板价格。所以,受跌停限制的成交价不是真实的市场价格;那些未触及涨跌停幅度的股票交易是真实的市场价格。同理,在事例二中,由于在市场高涨时期,政策(或其他利空因素)突然而至,卖方无法快速反应,而维持原有市场挂牌价格并观望市场表现。买方的心理价位却因为利空因素出现下调。此时市场中买方出价和卖方要价出现较大差距,类似股票跌停时的市场,成交量急剧减少,买卖双方需要寻求新的价格平衡点。此时的成交价格很难代表市场价格(或价值),如同股票跌停板价格不能代表真实市场价格一样。在成交的案例中,既有"后知后觉"的买家按原市场价(或略低)交易的,也有部分"敏锐"的卖家主动大幅降价来出货的。市场价格本身在这一阶段出现了分歧,这给市场价值的评估带来了难度。

在这样的特殊市场阶段,不能用市场平均成交价格来计算市场价格(价值)。一是可比的成交案例数大幅减少,其次案例之间的价格分歧扩大,可参考性大幅减弱。此时,可以引入买方出价的概念作为市场价格(价值)的内涵。

事实上,我国现行的《房地产估价理论与方法》中,对比较法、收益法和成本法三种估价方法得出的市场价值,皆预设了"买方出价"的价值内涵。其对上述三种估价方法的理论逻辑描述分别为"基于理性的买者愿意出的价格不会高于其他买者最近购买相似的房地产的价格;基于理性的买者愿意出的价格不会高于该房地产的预期收益的现值之和;基于理性的买者愿意出的价格不会高于重新开发建设相同或相似的房地产所必要的代价"。可见,对于市场价值的判断皆出自买方立场所做的价值判断或者说是基于买方立场所做的理论假设。

在稳定市场或稳步上升的市场中,由于买方出价和卖方要价是不会有太大分歧的,是容易达成交易的,是一定是能够衔接的。因此,讨论这一内涵并无意义。只有在急剧下跌市场的初期,买方出价和卖方要价出现脱钩现象时,这一理论概念才有指导实践的用处。基于以买方立场进行的价值判断,对于急剧下跌市场初期的价值判断,绝对不能依据挂牌价格,也不能简单参考成交价格,而是需要对买方的出价意愿进行判断,并以此进行市场价值的判断。在比较案例选择时，就低不就高。相对而言，具有一定下降幅度的成交价格具有较高的参考性。由于该阶段的成交被极大的抑制，很有可能无相似可比案例，则需在原先市场价值的基础上预判一个下跌幅度来得出当前的市场价值。这个下跌幅度的预判可以通过观察市场中出现的具有较大跌幅的成交案例来得出，也可以由具有丰富经验的估价师根据经验进行预判。

"买方出价"内涵还可以运用到"冷门"物业的市场价值判断。所谓"冷门"物业，是指实物、区位和权益等条件因素相似的，因总量不大或交易频率很低，导致市场中成交案例很少的一类物业。由于市场中的相似交易案例没有，或者因为数量很少导致参考价值减弱或不确定性的增加，基于市场价值中预设的以买方立场进行的价值判断的内涵，该类物业的评估中应优先使用收益法和成本法，如收益数据也较难准确获取的，则应优先使用成本法。

四、思考和结论

（一）房地产市场价值的本质是房地产的一个经济属性，是客观存在的。在符合估价规范的前提下，是可以准确测量的

长久以来，这一命题始终被业内人士进行思考和探讨。笔者以为核心是要分清市场价值和市场价格的区别。市场价格源自实际市场的交易，因此对于特定物业在特定时间段内，可能不存在市场价格。而市场价值是经济属性，无论市场中有无成交，在市场经济体中客观存在。

对于是否可以准确测量的探讨，在于对"准确"两个字的解读。笔者理解的房地产估价的"准确"并非1是1、2是2这种数学层面的唯一对应关系，而是一个范围，落在范围内的即为准确。我们把房地产的市场交易比喻成人们在一个草地上从A点走到B点。对于活跃市场而言，走的人多了，势必在草地上踩出一条明显的路径。由于每个人的体型、步伐和走路习惯等的不同，这个路径往往具有一定的宽度，并非仅仅只是一个立足的宽度。评估的结果只要落在这个范围内，即可认为是评估准确。对于不活跃市场而言，走的人很少，甚至没有人走，草地上不会出现可见的路径。这时你要从A点走到B点，只能揣测和模拟正常情况下路人的行径。只要你揣测和模拟的思路正确、逻辑合理，那么你选择的路径即为正确。不同的人进行的揣测和模拟所选择的路径，如果都是准确的，那么它一定也是一个范围。对于市场价格显现的活跃市场，对"准确"的解读可用其量化评价的本意；对于市场价格不显现的不活跃市场，对"准确"的解读更多偏向定性评价的"正确或合理"。

（二）房地产市场价值的内涵在定义中不会进行全部阐述，在相关业务需求进行理论分析时需要对内涵进行研究和挖掘

百度百科对"定义"的解释是：在不改变目标事物本身的前提下，对概念的内涵所做的简要而准确的描述。而"内涵"是指：概念所反映的事物的本质属性的总和。在对概念进行定义时，一般只对最本质的最基本的内涵进行描述，不会穷尽概念中的所有内涵。对"房地产市场价值"的定义也是如此，只要满足准确理解，满足常规的使用需求即可。

只有当出现了相应需求的时候，才会涉及相关内涵的应用。比如，我只想大概了解一下某个物业的市场价值，那么只要给我一个价格即可。但如果我是一个准购房者的话，当告诉我价格的时候，我一定还会问一下，这个金额是税费各付的还是卖家净到手的。

此外，如果业务需求不是很普遍的，那么涉及的内涵在定义中一般并无论述，此时需要进行专业的解读和理论探讨。就像本文中对"合理展示期"和"买方出价"等内涵的挖掘与思考。

（三）房地产估价的理论研究与房地产估价业务需求紧密相连

无论是房地产的估价业务还是咨询业务，所依托的无外乎理论、方法和数据三大"法宝"。在实际业务中，首要思考的是业务逻辑是否合理，是否具备理论基础，其次才是方法的选择和数据的采集。本文的事例一和事例二是笔者经历的两个典型案例。在开始面临业务和问题的时候，没有太明确的思路，只有到估价的理论中寻求指导。当在 USPAP 中看到合理展示期的概念，以及在《房地产估价规范》中看到买方出价和卖方要价的概念，才得以启发并稍有思路，以此展开研究和分析，最终得出自己的理论理解，从而给业务方案提供有效的指导。这不正是"理论来源于实践，理论又指导实践"吗？

作者联系方式

姓　　名：肖历一
单　　位：上海城市房地产估价有限公司
地　　址：上海市北京西路 1 号 15 楼 A 座
邮　　箱：xly@surea.com

浅议房地产估价中价值时点的确定

何海宇　唐晋文

摘　要：价值时点除了说明评估价值对应的时间，还要确定估价责任交代的一个界限。价值时点的确定，和估价结果有着必然的联系，如果不合理地确定价值时点，可能会造成价格严重偏离实际，从而给报告使用方或相关方造成重大损失。正因为价值时点对一份评估报告、对估价从业人员、对报告使用方或其他相关方如此重要，本文既从理论上讨论了价值时点的基本含义、确定价值时点的目的和意义，又从实践出发，探讨了在不同估价目的下价值时点的确定，希望能给估价人员提供一些帮助。

关键词：房地产；估价；价值时点

一、价值时点的基本含义

根据中华人民共和国国家标准 GB/T 50899—2013《房地产估价基本术语标准》对价值时点的定义是："所评估的估价对象价值或价格对应的某一特定时间。"另外，在中华人民共和国国家标准 GB/T 50291—2015《房地产估价规范》中，关于估价基本事项中价值时点的确定，规定："价值时点应根据估价目的确定，采用公历表示，宜具体到日。回顾性估价和预测性估价的价值时点在难以具体到日且能满足估价目的需要的情况下，可到周或旬、月、季、半年、年等。"

通过上文我们可以发现，对于房地产估价中的价值时点，我们有几点需要特别关注的。首先，估价中的时点不仅限于某一瞬间，在特殊情况下，可到周或旬、月、季、半年、年等。其次，价值时点是一个特定时间，具有较强时效性，它可以是现在时点，也可以是过去时点、未来时点，但不管定在哪个时点，估价对象的价值或价格与价值时点都具有唯一对应性。最后，价值时点如何确定，与估价目的密切相关。

二、确定价值时点的目的和意义

第一，划分时值界限。

房地产估价之所以必须确定价值时点，必须遵守价值时点原则，是因为房地产市场是不断变化的，影响房地产价格的因素也是不断变化的，从而使房地产价格和价值不断发生变化。确立价值时点原则的意义在于：价值时点除了说明评估价值对应的时间，还要说明评估对象价值的时间界限。例如，有关房地产的法规、政策和估价标准等的发布、修订、废止和实施日期等，均有可能影响估价对象的价值，因此，在估价时究竟是采用发布、修订、废止和实施日期之前还是之后的，就应该根据价值时点来确定。

第二，明确法律责任。

根据中华人民共和国国家标准 GB/T 50291—2015《房地产估价规范》，每份房地产估价报告应不少于两名注册房地产估价师签名，并有房地产估价机构的盖章。在估价报告上签名的注册房地产估价师和盖章的房地产估价机构，对估价报告的内容和结论负责并依法承担责任。既然涉及法律责任，就必然涉及时效问题。而价值时点就是确定估价责任的一个界限，它表明估价师对在某一价值时点的某个估价结论所承担的责任，从而合法地规避不应承担的风险。

三、遵守估价原则和估价师职业道德，客观确定价值时点

明确了价值时点的目的和意义，在确定价值时点时我们还要注意以下几点：

首先，确定价值时点一般应在确定估价对象之前，因为一些估价目的要求估价对象状况应是在价值时点的状况，价值时点不同，估价对象的状况可能不同。例如，2017年1月7日，上海市住建委发布新规："为保障购房人的合法权益，规范市场秩序，自即日起，市住建委会同相关部门对商业办公项目进行集中清理核查，在此期间，暂停此类项目的网上签约。"2017年6月，上海市《关于开展商业办公项目清理整顿工作的意见》（下称《意见》）正式发布，明确全面清理整顿"类住宅"项目。《意见》明确，对"已售未交付入住"项目，未来将按照商业办公房屋功能进行全面整改，由相关部门联合验收，不符合商业办公要求的，不得交付，不得办理房屋交易登记手续。与此相关的，在我们估价实践中，把价值时点定在相关法规出台之前或之后，无论是"类住宅"项目的市场状况还是实物状况，都发生了重大改变，随之评估出来的价值也将有巨大差异。

其次，价值时点应根据估价目的来确定，而估价目的根据委托方的需求、报告的预期目的或预期使用者来确定，但并不代表我们可以无限度地满足委托方的需求，而是应该严格遵守独立、客观、公正的估价原则，与委托方商谈确认一个满足委托方需求，但同时又能为估价机构接受的时点。因为价值时点的确定，和估价结果有着必然的联系，如果不合理地确定价值时点，可能会造成价格严重偏离实际，从而给报告使用方或相关方造成重大损失。仍以前文"类住宅"新规为例，如果一个抵押用途的房地产估价报告，委托日期在新规出台日之后（哪怕只差一天），那我们的价值时点也应该在其之后，而不能为了提高评估值，而刻意地把价值时点提前到新规出台之前。因为抵押用途的房地产处置，必然在新规出台之后的日子，而不可能在其之前。而且，抵押价值评估还应遵守谨慎性原则，所以我们不但要充分考虑新规给"类住宅"房地产市场带来的负面影响，而且不能做出预计何年何月新规将被取消的乐观预测。

最后，我们在确认价值时点的时候，不能为了减少工作中的麻烦，而人为地给价值时点确定设置限制条件。例如，对于新签的房地产租赁合同，为了不考虑租赁合同对房地产价值的影响，降低收益法测算的复杂性，减少工作量，而把价值时点故意定在租赁合同签订之前。这种对重大事项选择性的视而不见，会严重影响对房地产价值的准确把握，是一种严重违背估价师职业道德的行为。

四、不同估价目的下的价值时点的确定

（一）房地产抵押估价

1. 一般情形下价值时点的确定

根据《房地产抵押估价指导意见》（2006年3月1日起施行），房地产抵押估价时点，原则上为完成估价对象实地查勘之日。如果估价时点不是完成实地查勘之日的，应当在"估价的假设和限制条件"中假定估价对象在估价时点的状况与在完成实地查勘之日的状况一致，并在估价报告中提醒估价报告使用者注意。

2. 其他情形价值时点的确定

其他情形价值时点的确定，包括以下两个方面：

首先，根据《城市房地产抵押管理办法》第9条的规定，同一宗房地产可以设定两个以上抵押权，抵押权的设定可能不在同一时间，抵押权的实现也可能不在同一时间，所以无论是在抵押权设定时，还是在抵押权实现时，都需要分别进行估价，其价值时点自然不同。

其次，根据《城市房地产抵押管理办法》第34条第2款的规定："以预售商品房或者在建工程抵押的，登记机关应当在抵押合同作记载。抵押的房地产在抵押期间竣工的，当事人应当在抵押人领取房地产权属证书后，重新办理房地产抵押登记。"即按现行规定及实际操作办法，在建工程抵押通常有两种操作模式。一种是所有楼栋、所有楼层都已全部开工，则通常按工程总包金额一次性办理抵押登记，直至竣工时再重新办理房地产抵押登记，但为有效掌握在建工程的最新动态价值，仍应定期重新估价，为开发贷款按工程进度发放提供有力依据。还有一种情况，建筑物并未全面施工，根据当前大多数地区的通常做法，已建层数或至少该幢建筑物施工至 ± 0.00，方可纳入抵押范围，即按照测绘部门出具的《在建项目进度鉴证证明》（各地方名称或有不同）确定可抵押范围。在这种情况下，在建工程抵押我们仍然可以以现场勘察日期作为价值时点，但现场勘察日期应在鉴证证明出具日之后，且在现场勘察时，应与《在建项目进度鉴证证明》上面描述的工程进度进行核对，现场勘察时的工程进度至少应与鉴证证明上核定的已建层数相同。

（二）房地产税收估价

房地产税收估价，应区分房地产持有环节税收估价、房地产交易环节税收估价和房地产开发环节税收估价，并应按相应税种为核定其计税依据进行估价。对房地产估价行业来说，目前主要涉及的是房地产交易环节税收估价。

房地产交易环节税收估价，各宗房地产的价值时点应为各自的成交日期，一般为买卖合同签订日期。但需要注意的是，根据国家房改政策购买的公有住房，以购房合同的生效时间、房款收据的开具日期或房屋产权证上注明的时间，按照"孰先"的原则确定购买房屋的时间。个人将通过受赠、继承、离婚财产分割等非购买形式取得的住房，其价值时点的确定应以上述行为生效之日为价值时点。

另外，对于旧房转让土地增值税扣除项目评估，要对房屋及建筑物和土地使用权评估分别确定价值时点。根据《旧房转让土地增值税扣除项目评估技术指引（暂行）》（沪房地估协〔2015〕29号），房屋及建筑物评估的价值时点为房地产转让（卖出）的交易合同签订之日或房地产拍卖成交之日。而土地使用权评估的价值时点，应区分下列情况确定：

（1）通过购入房地产方式取得土地的，价值时点为购入房地产时权属转移合同的签订

日期。

（2）以转让方式取得土地使用权的，价值时点为购入房地产时权属转移合同的签订日期。

（3）以出让方式（指生地或毛地出让）取得土地使用权，其价值时点为土地使用权出让合同签订之日。

（4）以划拨方式（指生地或毛地划拨）取得土地使用权的，其价值时点为土地使用的批准文件颁发之日。

（5）存量补地价、改变土地性质补地价的，其价值时点根据土地增值税政策规定确定。

（6）以合并、分立、投资、股权转让等情况取得土地使用权的，其价值时间按照《财政部、国家税务总局关于企业改制重组有关土地增值税政策的通知》（财税〔2015〕5号）有关规定，追溯调整后确定。

（三）房地产司法估价

房地产司法评估，通常是指在诉讼活动及案件查处中，为确定涉诉房地产的价值或者价值减损、相关经济损失，对房地产的价值或者价值减损、相关经济损失进行分析、测算和判断并提供相关专业意见的活动。

由此可见，房地产司法评估是涉及诉讼活动或案例查处全过程的一种专业服务行为，其类别包括但不限于债务纠纷涉及的房地产拍卖（变卖）鉴定评估、房地产损害赔偿鉴定评估、房地产分割合并鉴定评估、国有土地上房屋征收补偿纠纷鉴定评估、房地产估价纠纷鉴定评估等。

正因为司法评估涉及诉讼活动或案件查处全过程，类别多样，使得相应的估价报告的价值类型也具有多样性，有市场价值、交易价格、建设成本、租金、补偿金额、价值损害等。因此，对于司法评估的价值时点确定，一般为现场勘察日，但具体到每一个项目，需要跟法官及申请人进行良好的沟通，根据具体案件审理的要求来确定。

（四）房地产征收、征用估价

房地产征收估价，应区分国有土地上房屋征收评估和集体土地征收评估。

1. 国有土地上的房地产征收评估

根据《上海市国有土地上房屋征收评估技术规范》（沪房管规范市〔2013〕1号）规定："被征收房屋价值、用于产权调换房屋价值和其他补偿价值评估的评估时点应当为房屋征收决定公告之日。"这样，国有土地上房地产征收的价值时点确认就比较明确，一般情况下，不管是对于被征收房屋价值评估、用于产权调换房屋价值评估还是涉及的其他补偿价值评估，还包括评估结果的复核评估和鉴定，价值时点均为房屋征收决定公告之日。需要特别注意的是，当政府或其有关部门对用于产权调换房屋价格有规定的，应按其规定执行。

2. 集体土地上的房地产征收评估

根据《上海市征收集体土地房屋补偿评估技术规范》（沪规土资征〔2012〕378号），征收集体土地房屋补偿评估的估价时点为征地房屋补偿方案公告之日。这一点，与国有土地上的征收基本一致。

但不一样的是，在实践中，国有土地上现在基本以征收为主，但在集体土地上仍大量采用协议动迁的方式。对于协议动迁方式评估价值时点的确定，现在通行的做法是以当地政府部门正式印发"协议动迁补偿安置方案"之日为价值时点。

另外，无论是国有土地上还是集体土地上，对于房地产征用估价，目前并无规范对价值时点的确定给出明确建议。笔者以为，可参照征收评估的做法，以作出决定征用之日作为房地产征用估价的价值时点。

（五）建设用地使用权出让估价

建设用地使用权出让估价，应区分出让人需要的估价和意向用地者需要的估价，评估实践中碰到的主要是第一种情况。

出让人需要的建设用地使用权出让估价，其价值时点通常按土地出让决定批复之时或现场勘察之日，并需与出让人协商一致。

需要注意的是，对于已出让土地补缴地价款，价值时点应以国土资源主管部门依法受理补缴地价申请时点为准。但在实践中，很多省市对于补缴地价的申请行为未出具相应的收件收据，故受理申请时点难以确定。对于这种情况，估价实践中，通常根据土地使用权人递交的关于补缴地价款的《申请书》上的申请日期，即默认递交申请时即已受理补地价申请，以此确定价值时点。

五、结语

因受本文篇幅以及作者本人水平限制，本文重点介绍了房地产抵押估价中的价值时点确定问题，而对于其他估价目的下的价值时点确定，笔者也仅选择部分进行简要介绍，也算是抛砖引玉，留待其他专家予以完善。

参考文献：

[1] GB/T 50291—2015. 房地产估价规范 [S].

[2] GB/T 50899—2013. 房地产估价基本术语标准 [S].

[3] 中华人民共和国建设部. 城市房地产抵押管理办法 [Z]，2001-08-15.

[4] 国土资源部. 国有建设用地使用权出让地价评估技术规范 [Z]，2018-03-09.

[5] 国家税务总局. 国家税务总局关于房地产税收政策执行中几个具体问题的通知 [Z]，2005-10-20.

[6] 上海市住房保障和房屋管理局. 上海市国有土地上房屋征收评估技术规范 [Z]，2013-02-06.

[7] 上海市规划和国土资源管理局. 上海市征收集体土地房屋补偿评估技术规范 [Z]，2012-05-10.

[8] 上海市房地产估价师协会. 旧房转让土地增值税扣除项目评估技术指引（暂行）[Z]，2015-11-30.

作者联系方式

姓　名：何海宇　唐晋文

单　位：上海东洲房地产土地估价有限公司

地　址：上海市长宁区延安西路726号6楼A室

邮　箱：hehaiyu@dongzhou.com.cn

估价假设意义研究

郭宏伟

摘　要：本文通过两个案例的具体实践，阐明估价假设对估价结果的具体影响，提出高水平估价假设是高质量估价服务的路径之一，也是高质量估价的要求，是估价行业持续发展内在基础，是估价师规避风险的重要屏障。

关键词：估价假设；高质量估价；持续发展；估价师责任

一、引言

2016年12月1日起施行的《资产评估法》对估价师提出了更高更明确的要求，估价师的执业风险在增加、法律责任在变强，在征收、抵押、司法、税收等评估领域都出现过估价师被追责、法办的案例，主要为签署有重大遗漏的评估报告、签署虚假评估报告，前者具备无意或疏忽的成分，后者则纯粹具备主观故意成分，根据《刑法》规定，这类行为涉及"诈骗""提供虚假证明""出具证明文件重大失实"等罪名。

目前，估价行业面临三个重大变革，使估价业务规模出现萎缩，导致行业竞争加剧。第一，发展理念的变化。例如为促进中小企业的发展，减轻企业负担，抵押贷款评估业务转变为银行付费，压缩了评估收费；为提高司法执行处置效率，评估被列入最后一个次序选项，业务数量出现大幅下降；城市更新由"拆、改、留"转变为"留、改、拆"，征收项目也在下滑。第二，市场发生变化。经济由"高速度发展"向"高质量发展"转变，"房子是用来住的不是用来炒的"，改变了对房地产的投资需求，围绕房地产投资的估价业务需求降低，征收、抵押、税收评估都有体现。第三，大数据技术的充分运用。简单、批量的估价业务已经被大幅挤占，这是不可抗拒的大势。

但是，在这些变化的同时，我们也洞察到"危"中有"机"。第一，有力确保存量业务。剩余的存量估价业务，具有复杂、不可替代的特征，估价师需要抓住机会，以高水平的质量和服务，坚守阵地，征收、抵押、司法、税评都有这个机会。第二，积极创造增量业务。将鉴证类估价业务往上游、下游拓展，多提供方案类、咨询类估价业务。

估价需求发生变化，估价师与估价机构要得以持续发展，涉及行业、企业发展的多方面，执行估价业务时行为合法、程序合规是估价师和估价机构的基本要求。在估价技术层面，合理设置估价假设，披露影响估价结果的重要事项，保留缺乏充分依据的估价意见，是我们控制风险、避免法律责任的具体要务。以此促进行业健康发展，体现估价师社会价值，维护社会主义市场经济秩序。

二、估价假设的重要性

估价前提由估价目的和估价对象特征决定,不同估价目的,具有不同的估价前提。在持续使用估价前提下,还可以分为原地原用途、原地改变用途、异地原用途、异地改变用途的不同,房屋征收估价适用原地原法定用途持续使用估价提前;在建工程有自行续建开发、自愿转让、被迫转让的前提不同,抵押估价时以被迫转让为估价前提。不仅如此,同样的估价目的、估价前提、估价对象有不同的估价假设,估价假设不同,估价结果就会不同。

(一)大型物流企业物资搬迁的估价假设

2015年上海开展环境综合整治工作,又恰逢天津港爆炸事件,位于浦东远郊几个大型物流企业需要进行协议搬迁。对这些物资货物,使用异地持续使用估价前提,但物流企业存在几十万吨(立方米)的各类货物,需要搬迁出去,由于货物量巨大,在测算过程中发现,按照不同的运输方式、运输距离假设,货物搬迁费估算结果差距较大。

1. 差距之一:运距

图 1 运距范围示意图

图片来源:图片摘自中国省市地图中心,www.7511.com.

运距不同,在同样的输运工具和方式的假设下,运输费显著不同。由于委托方进行估价委托时,没有明确该物流企业的搬迁方案,确切的拟安置地点不明确。在平常较小企业物资搬迁中,这种差距并不显著,未能引起估价人员的足够关注。但这些物流企业物资数量巨大,运距不同,搬迁费显著不同。因此,估价人员从一切可能中,假设了三种最有可能运输距离,20公里、30公里、50公里(图1中所示内圈、中圈、外圈半径)。

2. 差距之二:运输工具及方式

这些物流企业货物品种繁多,有普货、散货、液体桶灌装货、杂货、泡货等,在配置运输车辆时,需要有针对性地根据不同货物特征选用不同的运输工具及方式,运输工具的选择系根据对不同的物流公司调查，以最主流的运输工具作为评估估算搬迁费时参考的运输工具及方式。例如普货一般采用6.096米或12.192米的集装箱卡车、液体货物采用危化卡车运输等，计算车次时，配车要适当地考虑零担、怠时、耗损，同时需要考虑货物体积与载重的合理匹配。对比重大的货物，载重已经达到配载量，而体积尚未达到允许空间；对比重小的货物，体积已经达到配载量，而重量尚未达到允许载重。

集装箱规格繁多，以普货采用单车一只20尺标准箱集卡（A，图2）、单车两只20尺标准箱集卡（B，图3）、单车一只40尺标准箱集卡（C，图4）三种最有可能的假设为例，由于三种不同的装配方式，单位运费不同，导致同样数量的普货，运输费用不同，加之大型物流企业货物数量巨大，大大放大了这种差异。

这三种装配方式，经测算，在同样的运距假设下，单位运费呈现A＞B＞C的规律，这种差别在货物数量较小时并不显著，但在货物数量差距较大时，差距比较显著。

图2　A单车一只20尺标准箱集卡

图3　B单车两只20尺标准箱集卡

图4　C单车一只40尺标准箱集卡

3.假设设定、披露及结果表达

（1）大型物流企业，货物进出是日常工作，搬迁费评估无法界定在价值时点哪些货物属于正常应该运出，不计搬迁费，换言之，没有环境综合整治，物流企业只出货不进货情况下，只要有足够的时间，这些货物迟早会被搬清，不会发生额外搬迁费。故假设在价值时点在库货物均由搬迁导致发生搬迁费，意即物流企业仅仅是环境综合整治情况下，将在库货物全部转移至其他经营地点而发生搬迁费。

（2）针对运距假设了20公里、30公里、50公里三种可能，针对运输工具及方式也假设了A、B、C三种可能，由此形成了9个组合可能，出具初步咨询报告，形成了9个各自带有合理假设的估价结果（表1）。

九种假设下物资搬运费汇总表　　　　　　　　　　　　　　　　表1

估价对象搬迁费	20KM 运距1	30KM 运距2	50KM 运距3
C	C1	C2	C3
B	B1	B2	B3
A	A1	A2	A3

九种假设组合，差异率=（A3-C1）/C1=66.67%，令人吃惊，最终委托方与物流企业双方谈判协商选择了其中一种方案，作为补偿依据，估价师据此出具估价报告，并对合理的假设进行了披露。事实上，该案例除了这些大的假设，测算过程还涉及了很多细节的假设。

本案例中估价前提一致，估价假设不同，估价结果大相径庭，但合理假设的设置与披露，并未导致估价报告和估价人员的责任。

（二）道路修建涉及部分土地收回的估价假设

2007年因修建浦东国际机场主进场北通道需要，涉及协议收回某商场沿路部分××平方米土地，由于道路修建并未涉及房屋拆迁，且影响面不大，故协议双方对部分土地收回价格分歧较大。

图5　道路修建前后地形变化

图片来源：图片摘自百度地图，map.baidu.com.

1. 基于双方不同立场估价师做出的综合衡量

本项目为重点工程建设，规划部门也经过研究期望避开，最终结论是无法避开，该部分土地必须收回。收回价格基于何种原则确定，分歧较大，无法定论，任务落到估价师身上，经过多方面思考分析，估价师提供了五种思路假设。

（1）国有建设用地使用权市场价格。根据该商业房地产登记的出让土地用途、建筑物现状、剩余土地使用年限，评估土地使用权市场价格单价，并以此单价计算部分土地收回价格。

部分土地收回价格 = 土地收回面积 × 土地市场单价

（2）不同容积率下土地总价差异额。土地总面积减少，建筑面积不变，导致容积率变化，不同容积率下，楼面地价不同，根据基准地价中该用途和土地级别下容积率修正系数，评定不同容积率下的楼面地价，利用公式计算土地总价差异额，以此作为部分土地收回价格。

部分土地收回价格＝土地总价差异额＝建筑面积×(低容积率下楼面地价－高容积率下楼面地价)

(3)土地收益差异累计现值。根据新建道路红线范围，经实地查勘，会造成停车位减少和部分广场摊位营业收益减少，将土地收益差异累计现值作为部分土地收回价格。

部分土地收回价格＝Σ(停车位收益减少额＋广场摊位收益减少额)×对整个商场收益影响系数/$(1+Y)^N$

(4)重置土地取得费。根据该区域土地征收和土地收回的平均成本，不考虑规划现状条件(商业)赋予的土地增值收益，计算片区平均土地取得成本，以此单价计算部分土地收回价格。

部分土地收回价格＝土地收回面积×土地重置成本单价

(5)土地取得历史成本加财务费用。根据有关地方规定，市政公益项目收回土地可以按照历史成本加财务成本，核算土地补偿价格，但这适用于带征地、成片开发、储备用地、划拨地等，这里估价对象系出让土地，取得时间和成本资料清晰，参照了该政策思路。

部分土地收回价格＝土地收回面积×(土地历史成本单价＋财务费用)

经测算，估价对象上述五种价格水平呈现(1)＞(2)＞(3)＞(4)＞(5)规律。

2.问题的最终解决

估价师按照上述五种思路，出具了估价咨询报告，并披露估价师的分析意见：估价对象为出让商业用地，收回土地对商场整体利用有一定程度影响，其表现在收益减少影响价值，但土地贡献有所差异；思路(2)容积率变化是基于理论分析，市场与理论匹配度不足，但有理论参照意义；思路(4)和(5)没有充分考虑土地合法利用下的增值收益和市场增值。协议双方经过反复沟通与协商，同意在思路(1)、(2)、(3)的基础上协商了最终补偿价格，估价师据此出具了估价报告(表2)。

五种假设各方态度   表2

假设思路	土地使用人态度	土地收回人态度
(1)	按市场单价，最接受	土地贡献不同，不接受
(2)	市场表现不明显，不接受	计算总体差价，接受
(3)	认为有道理，勉强接受	认为有道理，接受
(4)	未考虑用途增值，不接受	政策可参考，接受
(5)	未考虑市场增值，不接受	政策可参考，接受

本案例估价目的一致为协议收回部分土地、估价前提一致为估价对象主体部分原地原用途持续使用，但估价假设差别很大，甚至涉及了价值类型的不同，但当事双方充分理解了各种假设的区别，最终协商成功，估价师作用显著。

三、合理估价假设的意义

上述两个估价案例都是广义征收类项目，以持续使用为估价提前。第一个案例具体安置地点不明确导致运输距离不确定，运输方式无约定导致选择余地大，共同影响最终导致估价结果的惊人差异；第二个案例部分土地收回而房屋并不发生变化，影响却确切存在，补偿原则不明确，价值内涵有分歧，经济行为导致价值类型介于市场价值与贬损价值之间，补偿价格具有较大差异。对估价师而言，都可以归结为估价假设不同的问题。

估价师通过深入细致的分析，先期通过咨询报告的形式，提供了多种技术思路，并披露了各种思路的假设条件，切实解决了协议双方的疑惑与争议，圆满完成了协议搬迁工作，保证了重大工程的建设。这种估价案例，经过不断完善、交流和总结，逐步成为处理此类估价问题的行业范例。

我们坚决反对两种"拍脑袋"定价的行为：一种是根据期望贷款额度，倒拍市场价值的行为；一种是根据期望补偿额，倒拍市场价值的行为。但我们支持两种"拍脑袋"定价的行为：一种是做过简单比较法的初步价格预判行为；一种是经过深思熟虑的不同估价假设分析而定价的行为。

我们认为，合理设置估价假设有如下三个意义：

（一）高水平估价假设是高质量估价的路径，高质量估价呼唤高水平假设

深挖各种经济行为背后影响价值或价格的内在因素，研究其内在逻辑关系，合理设置估价假设，形成对应价格结果，有利于报告使用方决策，是提供高质量估价服务的切实路径之一。

为赢得市场，提供高质量的估价服务，深入研究估价假设，是估价师必修内功，也是估价师的责任和社会价值的体现，是估价行业持续发展的要求。

（二）高水平估价假设可以促进传统估价业务向咨询业务转化

文中两个估价案例，在接受估价任务之初，委托方并没有提出具体方案和约束条件，仅仅表达"请评估公司评估"。客观地说，一般委托方不会很专业，给估价师提出系统的约束条件，即或提出了很多具体约束条件，对不同约束条件下的效果也不甚了解。"请评估公司评估"既是对估价师的期盼，也是对估价师专业能力的信任。高质量代表高绩效，没有比较，就无所谓好坏。估价师在估价过程中一般需要做最高最佳利用分析，最后选定一组特定条件作为支撑估价结果的依据，如果估价师有足够的能力，将不同估价假设的影响分析得鞭辟入里，一定是高质量客户期待的效果。高水平估价假设的研究分析过程即可变身为咨询业务，向上游、下游及相关业务拓展，来创造需求，是估价行业持续发展的内在基础。

（三）高水平估价假设可以规避估价师法律责任

估价师应该在国家法律、执业操守的约束下执行估价任务，避免涉及诈骗、提供虚假证明的罪责，也应勤勉、审慎履行估价师职责，避免造成出具重大失实的证明文件。

对于故意制造虚假证明以谋取私利受到法律制裁，我们表示痛恨；对于无意过失酿成重大失实的证明文件，受到法律制裁，无法表示同情。但对于既无故意，也非过失，仅因估价假设不合理或披露不清晰造成的估价报告误导、误用引起的责任，估价师要有足够的重视，估价假设、披露、保留是保证估价结果被正确使用的有力保障。两个估价案例清晰披露了估价假设，出具的 9 个方案和 5 个思路对应的估价结果，就是保留意见，尽管估价结果差异较大，但估价师的行为无可指责，高水平的估价假设是估价师规避风险的一道屏障。

四、结语

中国大陆现代估价行业从 20 世纪 90 年代初期起，经过了 30 多年的快速发展，时至今日，随着国家整体发展阶段的变化，外部环境促使估价行业内生发展动力发生变化，简单、

重复、高速估价将向精致化、个性化、绩效化、咨询化方向发展，估价师和估价机构精心研究、合理设置高水平估价假设，是头道工序，专心与匠心独运，方保估价常青。

参考文献：
[1] 柴强. 房地产估价理论与方法 [M]. 北京：中国建筑工业出版社，2017.

作者联系方式

姓　　名：郭宏伟

单　　位：上海万千土地房地产估价有限公司

地　　址：上海市浦东新区张江路 1238 弄 1 号楼 608 室

邮　　箱：ghongwell@163.com

假设开发法中不同估价前提对估价测算的影响

卫依莉　王　伟　钟之衡

摘　要：本文重点阐述了在假设开发法的整个测算步骤中，在三个不同的估价前提下，根据测算步骤，分别列举所要深入思考的问题、影响测算的条件、参数大小的确定等因素，得出即使同一估价对象，在不同的估价前提下运用假设开发法估价的最终价值也是不同的结论，从而帮助房地产估价师更好更准确地运用假设开发法。

关键词：估价前提；假设开发法

假设开发法是房地产估价师在测算土地或在建工程价值时经常运用到的估价方法之一。具体而言，是将开发完成后的价值减去后续开发的必要支出及应得利润得到估价对象价值或价格的方法。

一、研究估价前提对假设开发法的现实意义

根据《房地产估价规范》GB/T 50291—2015 中 4.5.3 假设开发法的估价前提应根据估价目的、估价对象所处开发建设状态等情况，并应经过分析，选择下列前提之一：

（1）业主自行开发前提；
（2）自愿转让开发前提；
（3）被迫转让开发前提。

在上述三种不同的估价前提下，预测出的后续开发经营期长短、后续开发必要支出的多寡以及对应的风险是不同的，因而测算出的待开发房地产价值和估价结果也有所不同。可见研究估价前提对假设开发法的影响是具有很大的现实意义的。本文从假设开发法的测算步骤入手，在每个步骤中都深入思考估价前提对其参数值的影响，从而引导估价师在工作中更好更准确地应用假设开发法。

二、假设开发法的测算步骤

在运用假设开发法进行估价时，一般按下列 7 个步骤进行：①选择估价前提；②选择最佳开发经营方式；③测算后续开发经营期；④测算开发完成后的价值；⑤测算后续开发的必要支出；⑥确定折现率或测算后续开发的应得利润；⑦计算开发价值。

从第一个步骤中，我们就可以看出，需要根据估价目的来选择估价前提，因为估价前提的不同将直接导致后面计算步骤的思路、参数取值等方面的不同，最后直接影响到估价结果。

三、假设开发法的公式和技术思路

假设开发法最基本的公式：
房地产开发价值＝开发完成后的价值－后续开发的必要支出及应得利润
本文以在建工程进行举例说明，故将上述公式演变为：
在建工程价值＝续建完成后的价值－在建工程取得税费－续建成本－管理费用－销售费用－投资利息－销售税费－续建利润

四、从假设开发法的估价步骤来逐步探讨

（一）选择估价前提

根据不同的估价目的，选择相对应的估价前提。估价师不可以随意假定，必须根据估价目的和估价对象所处的实际情况来选择，并应在估价报告中充分说明理由。房地产抵押估价和房地产司法拍卖估价，一般应采用"被迫转让前提"。

（二）选择最佳开发经营方式

选取最佳开发经营方式之前，应调查、分析待开发房地产状况和当地房地产市场状况，然后选取最佳开发经营方式并确定未来开发完成后的房地产状况。包括选取最佳的用途、建筑规模、档次等。

房地产估价通常的做法为：根据权利人提供的规划许可证、可研报告、设计方案等材料，按最高最佳原则分析，判定其设计开发经营方式是否为最佳。一般而言，设计方案均需经规划局备案且符合规划许可，故可直接采用规划备案的设计方案进行估价。倘若工程已停工停建多年，有导致功能贬值的情况发生，且规划方案已更新的，则应采用新的规划方案下新的开发经营方式。总而言之，不管是在哪种估价前提下，最佳的开发经营方式必须在规划允许的范围内选取（表1）。

不同估价前提对最佳开发经营方式的影响　　　　表1

估价前提	对最佳开发经营方式的影响
业主自行开发前提	一般可采用原设计方案确定最佳开发经营方式
自愿转让开发前提	①可采用转让时的原设计方案 ②在符合规划的前提下，若新的业主对局部设计、档次等提出新的要求，则需根据项目情况重新确定最佳开发经营方式
被迫转让开发前提	①可采用转让时的原设计方案 ②若停建多年，造成功能贬值等情况发生，在符合规划的前提下，则需根据项目情况重新确定最佳开发经营方式

（三）测算后续开发经营期

为了预测后续开发的各项必要支出和开发完成后的价值发生的时间及金额，便于进行折现或测算后续开发的应得利润，需要预测后续开发经营期，即价值时点起至未来开发完成后的房地产经营结束时止的时间，可分为后续建设期和经营期。

结合估价前提来看，在"业主自行开发前提"下，若设计方案中的进度安排是符合一般市场规律的，可直接参照其规划的时间进度安排。假设在建设过程中，在建工程发生转让，新接手的业主需考虑重新进行局部改造设计，甚至因债务问题发生停工停建而导致的被迫转让，均会促使后续开发经营期的延长。其所需时间长短关系一般为："业主自行开发"≤"自愿转让"≤"被迫转让"。

（四）测算开发完成后的价值

1. 完成后的房地产价值

首先，我们对未来房地产市场状况需要有一个前瞻性预测，才能更好地测算开发完成后的价值。这里和估价前提相关联的最直观的问题有：该价值是在哪个时点的价值？众所周知，不同的时点对应的房地产的价值是不一样的，主要视整体房地产状况所决定的。上文我们说到，因估价前提不同，后续开发经营期所需要的周期不尽相同，因而即使同样的项目，在不同的估价前提下，开发完成后的时间不同，最后导致开发完成后的房地产价值也不尽相同，这就需要房地产估价师对未来的房地产状况做出较为合理的判断并进行测算。在房地产市场良好的情况下，整体房地产处于上升的阶段，那么越晚售出的房地产，其价值越高，这也是市面上出现"捂盘"现象的元凶；反之，则越快出手价格越高。

其次，还应密切观察国家对房地产市场是否有调控政策等因素，这些都是大幅影响完成后价值的因素。在不同的估价前提下，可先判断房地产项目何时可完工，对应于该时间段的房地产市场状况如何，最终确定完成后的房地产价值。

2. 税费

开发完成后的价值需扣除应缴纳的相关税费，该部分费用包括销售税费和销售费用。

（1）销售费用。销售费用通常按照开发完成后的房地产价值的一定比例来测算，仅与开发完成后的房地产价值直接相关，不同的估价前提对销售费用没有直接影响。

（2）销售税费。①增值税及附加。该税费为开发完成价值的固定比例缴纳，只要征税的销售额确定，其税费就可确定，不同的估价前提对该项税费无直接影响。②其他办证费用。该项亦为固定比例或定额缴纳，不同的估价前提对该项费用无直接影响。③土地增值税。根据《中华人民共和国土地增值税暂行条例实施细则》，土地增值税以纳税人转让房地产取得的增值额为计税依据。增值额为纳税人转让房地产取得的收入减除规定扣除项目金额以后的余额，实行四级超率累进税率，其税率如下（表2）：

四级超率累进税率表 表2

计算公式	四级超率累进税率计算方法
增值额 × 税率 − 扣除金额 × 速算扣除数	1. 增值率≤50%部分，税率30%，速算扣除数0； 2. 50%＜增值率≤100%部分，税率40%，速算扣除数5%； 3. 100%＜增值率≤200%部分，税率50%，速算扣除数15%； 4. 增值率＞200%部分，税率60%，速算扣除数35%
扣除金额项目包括： ①房地产开发成本；②房地产开发费用；③与转让房地产有关的税金；④加计扣除	

由上可知，土地增值税的多少最大的决定条件在于增值额，按四级超率累进税率计算方法，增值额越大，其征税比例越高；不同估价前提对于土地增值税相关项目列示如下（表3）：

不同估价前提下的土地增值税　　　　　　　　　　　　　　　表 3

项目		不同的估价前提			备注
		业主自行开发前提	自愿转让开发前提	被迫转让开发前提	
房地产开发完成后的价值		P	P	P	不同的估价前提影响开发完成后的价值详见上文，此处为举例说明，先设定为相同的数值 P
1 开发成本	在建工程价值	拿地成本和工程自建成本（V1）	在建工程价值自愿转让时时值（V2）	在建工程价值被迫转让时价值（V3）	需要测算的最终估价结果
	续建成本	X1	X2	X3	不同的估价前提所产生的续建成本不同，详见下文描述
2 开发费用	开发费用	（V+X）×10%			房地产开发成本的 10% 以内计算
3 相关税金	增值税及附加	P× 固定比例			固定比例
	印花税等办证费用	P× 固定比例			固定比例或定额费用
	土地增值税	需说明的项			四级超率累进税率计算方法
4 加计扣除	开发成本的 20%	（V+X）×20%			开发成本 ×20%
合计		1+2+3+4			1+2+3+4
增值额		P−(1+2+3+4)			增值越多，税率越高

土地增值税计算方式是四级超率累进税率，故其土地增值税缴纳的多少与增值额直接相关。为便于说明，我们将可固化的几个变量先以固定的比例显示。那么上表中，影响最大的两个变量即为在建工程价值和续建成本，此处我们先来讨论第一个价值（V）的影响。

在业主开发前提下，V1 为拿地成本和在建的工程价值，且包括拿地和工程本身产生的成本利润率；在自愿转让开发前提下，V2 为自愿转让的，已经发生了一次转让行为，且因是双方自愿转让的，理应包含一定的利润空间；在被迫转让前提下，虽假设已发生了一次转让行为，但 V3 可能大于也可能小于 V2 或 V1。我们只能说，在一般常规情况下，第三种情况"在被迫转让前提下"的 V3 可能是最小的。

在续建成本（X）的影响方面：在下文中，我们按不同的估价前提对续建成本做了具体的分析。在一般常规情况下，"在业主自行开发前提下"，X1 所发生的费用是最小的，"在被迫转让前提下"，X3 所发生的费用是可能是最高的。

综合上面两大要素 V 和 X 变量相加，无法定性地说一定存在孰高孰低的关系，具体应视项目情况而言。一般来说，"在业主自行开发前提下"的开发成本可能是最低的，即增值额最大，也就是说开发完成后的价值所要扣除的土地增值税最多。

（五）测算后续开发的必要支出

我们需要在不同的估价前提下，模拟在建工程的整个施工过程，以此来判断不同估价前提对后续开发建设的影响。在不同的估价前提下，施工过程可能发生的变化如下（表 4）：

不同估价前提下施工过程可能发生的变化　　　　　　　　　　　　　　　　表 4

估价前提	后续施工过程中可能发生的情况
业主自行开发前提	建设工程项目一般都是按照原设计既定的施工进度进行正常施工
自愿转让开发前提	①项目发生了转让，一般需兼顾工程施工的可延续性，工程工地上仍按原班人马进行正常施工
	②因新的业主不满意原有的设计需进行局部重新设计和改造
被迫转让开发前提	①在转让之前，工程可能因债务等问题已停工停建，可能发生前期设计图纸或检测资料等的丢失，转让后需聘请新的施工单位及管理人员进场等情况发生
	②如若因停工时间较长，造成功能贬值的话，甚至可能重新聘请设计团队重新进行项目策划

结合上述可能发生的不同情况，我们对后续开发的必要支出进行如下分析：

1. 建设成本

（1）前期费用。鉴于上文介绍的不同估价前提下造成的施工进度的变化，列表说明对前期费用的影响情况（表5）：

不同估价前提对前期费用的影响　　　　　　　　　　　　　　　　表 5

估价前提	对前期费用的影响	
业主自行开发前提	前期费用可按原预算进行正常测算即可	
自愿转让开发前提	1. 若工程正常进行中，前期费用亦可按原预算进行正常测算	
	2. 若转让后业主不满意前期设计，需另外提高品质增加功能等需要重新设计的，则前期费用适当增加	
被迫转让开发前提	1. 工程尚在前期阶段	被迫转让可能导致需要重新聘请人员进行设计、勘察等，导致前期费用一定比例的增加
	2. 工程项目进度已步入中后期	①一般不会影响到前期费用的增加，即可按原预算进行正常测算
		②若转让后业主不满意前期设计，或功能贬值需重新设计等情况发生，则测算时需适当增加前期费用

估价时应具体视项目情况选择以上情况中的一种进行测算。

（2）建筑安装工程费。同样，根据上文介绍的不同估价前提下造成的施工进度的变化，列表说明对建筑安装工程费的影响情况（表6）：

不同估价前提对建筑安装工程费的影响　　　　　　　　　　　　　　　　表 6

估价前提	对建筑安装工程费的影响
业主自行开发前提	可按原预算进行正常测算即可
自愿转让开发前提	①若工程正常进行中，亦可按原预算进行正常测算
	②若转让后业主不满意前期设计，需另外提高品质增加功能等需要重新设计的，则续建工程费适当增加

续表

估价前提	对建筑安装工程费的影响
被迫转让开发前提	①若转让后业主不满意前期设计需增加建设项目，或因停工停建导致开工后重复投入建设的情况发生，则测算时需适当增加续建工程费 ②若应后续建设期的延长，导致建设工程人工机料的价格产生变化（涨跌因素随市场波动）而产生影响

估价时应具体视项目情况选择以上情况中的一种进行测算。

（3）基础设施建设费。估价前提对红线范围内的基础设施建设费的影响情况可视同与上文所述的建筑安装工程费的影响相似。

（4）公共配套设施费。该费用主要跟估价项目的规划有关，一般在土地出让时，在土地出让合同相关条款中写明，不可随意更改变化，估价前提对该公共配套设施费不产生影响。

（5）其他工程费。包括工程监理费、工程检测费、竣工验收费等。

工程监理费、工程检测费均是在工程建设中阶段性发生的费用，竣工验收费是项目验收一次性支付的费用。具体分析如下（表7）：

不同估价前提对其他工程费用的影响　　　　　　表7

估价前提	对其他工程费的影响
业主自行开发前提	其他工程费可按原预算进行正常测算即可
自愿转让开发前提	①若工程正常进行中，其他工程费亦可按预算进行正常测算 ②若转让后的业主存在检测质疑等问题发生，则工程检测费适当增加
被迫转让开发前提	①一般被迫转让会导致工期延长，则工程监理费适当增加 ②若工程项目已停工停建，转手后可能会发生前期的检测资料丢失、停建时间较长工程质量需重新检测、新业主存在检测质疑重新进行检测等情况发生，则工程检测费适当增加

因存在不同类别的费用，估价时应具体视项目情况逐一费用进行分析确定。

（6）开发期间税费。包括有关税收和地方政府或其有关部门收取的费用。该项税费一般为工程的固定收费，估价前提对该开发期间税费不产生影响。

2. 管理费用

在业主开发前提下，管理费用可按原预算进行正常测算即可。在自愿转让开发前提和被迫转让前提下，若上文分析的缘由中会导致工期延长，或在重复办理手续过程中人员数量、加班、出差现象的增加，则管理费用亦可能增加。

3. 不可预见费

计提不可预见费用时，因被迫转让导致工程建设中的不确定因素增多，故在被迫转让前提下的不可预见费的计提比例应高于其他两个估价前提下的计提比例。

4. 续建利息

如前文所述，一般而言，"业主自行开发"后续开发经营期的周期最短，"被迫转让"后续开发经营期的周期最长，故此处测算时，根据前文设定的后续开发经营期周期进行计息即可。

5.取得税费

（1）业主自行开发前提。我们按照土地出让取得的模式来模拟房地产开发流程，在业主自行开发前提下，权利人在土地取得后需办理《不动产权证》（土地证），主要税费为土地契税（出让金的3%）、印花税（0.05%）等税费以及办理《建设工程规划许可证》《建设用地规划许可证》《建筑工程施工许可证》所产生的零星办证费用。

（2）自愿转让开发前提和被迫转让开发前提。上述两种估价前提的共同点为均发生了转让，在已发生转让的估价前提下，该部分税费为在建工程转让取得时需缴纳契税（3%）、印花税（0.05%）及其他办证费用（转让时在建工程的增值税及其附加、土地增值税均为卖家应付费用，估价时测算的为税费各付的价值，故不在估价范围内）。

上述三种估价前提下，房地产开发完成后的税费已在前文（第四点测算开发完成后的价值中的第2点）中讲述，不在此处赘述。

（六）确定折现率（动态分析法）或测算后续开发的应得利润（静态分析法）

1.折现率

折现率的实质是房地产开发投资所要求的收益率，它包含了资金的利率和开发利润率两部分，具体应等同于同一市场上相同或相似的房地产开发项目所要求的平均收益率，其求取方法与报酬资本化法中的报酬率的求取方法相同。

一般情况下可采用累加法进行报酬率（也即为折现率）进行测算，公式如下：报酬率＝无风险报酬率（安全利率）+风险报酬率＝无风险报酬率+投资风险补偿率+管理负担补偿率+缺乏流动性补偿率－投资带来的优惠率。

从以上公式中可知，若在无风险报酬率取值相对固定的前提下，三个估价前提中，"被迫转让"的风险报酬率可能会变大。

2.后续开发的应得利润

后续开发的应得利润只有在静态分析法中才需要单独测算，按照一般市场规律而言，风险越大则报酬率越高，即利润越高。在三个估价前提下，"被迫转让"前提下的风险是最大的，故该前提下的利润取值也最高的。相反，"业主自行开发"前提下的风险是最小的，故该前提下的利润取值也最小的。

（七）计算开发价值

根据上述测算结果，应用假设开发法最基本的公式："在建工程价值＝续建完成后的价值－在建工程取得税费－续建成本－管理费用－销售费用－投资利息－销售税费－续建利润"，即可求得假设开发法的最终估价结果。

五、总结

综合上文我们可知，不同的估价前提对房地产估价的影响是不同的，在整个估价过程中，我们需对整个房地产开发过程中的每个步骤中的每项税和费都仔细分析琢磨，模拟在不同估价前提下，开发过程中会产生哪些不同的市场经济行为，从而导致最后的取值的不同。本文主要分析在假设开发法的测算过程中哪些因素是由于估价前提的不同而会产生影响，是需要我们慎重考虑的因素；哪些因素是不受估价前提的不同而不会产生影响，可按常规或固定的比例来取值测算的。至于估价前提的不同而导致的影响幅度究竟为多少，就应该视各个项目的实际情况而定，无法一概而论，需在每个项目的实践中得出结论。不同估价前提在假设开发法的实际测算中，具有强大的现实意义。

即使同一估价对象，在三种不同的估价前提下运用假设开发法估价的最终价值也是不同的。估价师在实际工作中应先全面了解估价对象的实际情况，结合估价目的确定采用哪种估价前提，再根据项目实际情况，较为合理并准确地测算各项费用，最终得出假设开发法所得结果，使假设开发法在估价中得到更准确更灵活的使用。

参考文献：

[1] 柴强. 房地产估价理论与方法 [M]. 北京：中国建筑工业出版社，2017.

[2] GB/T 50291—2015，房地产估价规范 [S].

作者联系方式

姓　名：卫依莉　王　伟　钟之衡

单　位：浙江禾信房地产土地评估有限公司上海分公司

地　址：上海市黄浦区淮海中路 200 号 1005 室

邮　箱：13482717878@163.com；13564345297@163.com；jacky517518@126.com

从供需理论角度解析银行网点租赁价格偏高现象

蒋炎冰 郭 融 颜苗苗

摘 要：从当前租赁市场表现来看，普遍存在同一区域甚至同一项目内银行网点租金价格较其他商铺偏高的现象。本文以实际租赁案例为据，论证上述现象的客观存在；并从供需理论角度出发分析银行由于多维度需求导致的市场"合格"网点供应减少以及自身需求相对缺乏弹性的双重作用下，造成其租赁行为处于"卖方市场"的局面并最终表现为租赁价格偏高，为上述现象提供了多元化的解释思路。

关键词：供求理论；银行网点；租赁

一、银行网点租金偏高现象实证

受银行委托对其网点进行市场租赁价格评估是目前评估公司的传统估值业务之一，在估价师日常实践中也时常会有银行网点租赁价格偏高于普通商户的印象。

为了论证上述现象的客观存在而不仅是感性认知，笔者收集并整理了近250个真实租赁案例。如图1所示，样本中银行网点与非网点互相交错，区域布局基本接近。

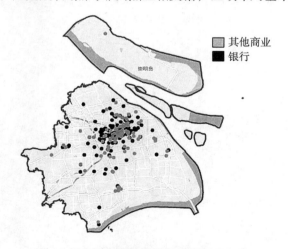

图1 银行网点及非网点样点俯视分布图

对上述样点进行楼层、面积计算口径等比较基础的统一后，对比发现底层银行网点平均建筑面积租赁价格高于非银行网点12%；规避极值后中位数结果为11%（表1）。

银行网点及非银行网点租金比例表　　表1

项目	银行网点	非银行网点	比例关系
样本数量	137	111	1.23∶1
平均租金（元/平方米·天）	9.69	8.66	1.12∶1
中位数租金（元/平方米·天）	8.31	7.50	1.11∶1

为了便于进行区位比较，将上述样点进行可视化处理。不同视角下的租金对比可以直观判断：代表银行网点租赁水平的黑色柱体多数情况下高于同区位中代表非网点租金水平的灰色柱体（图2、图3）。

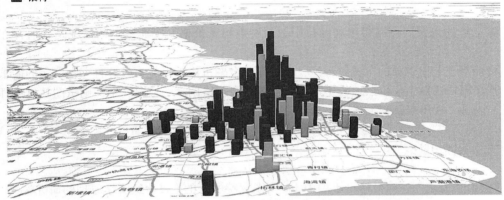

图2　银行网点及非网点样点租金价格对比图（上海地图北向视角）

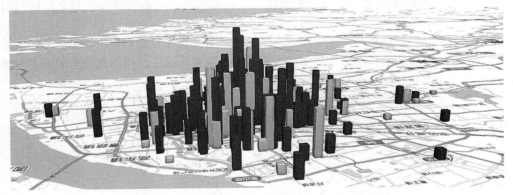

图3　银行网点及非网点样点租金价格对比图（上海地图南向视角）

聚焦于同一商业项目则网点租金偏高的现象更为明显，从以下8个样本项目来看，其底层网点平均租金普遍高于同项目底层平均租金[①]，幅度在11%～36%之间，平均数达到22%（图4）。

---

① 平均租金是指通过对所在商业项目内同楼层所有租赁案例按面积加权平均后的租金单价。

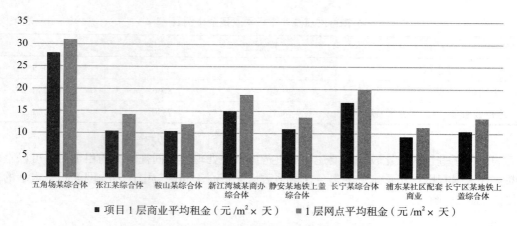

图 4　同一商业项目内银行网点与楼层平均租金对比图

综上所述，我们可以得出同区位中银行网点租赁价格高于非网点的情况是普遍存在的结论。

目前对于上述现象的主流解释是，银行作为金融机构承付能力较好且存在一定的需求刚性，其在租赁谈判中议价余地较小，从而形成租金价格偏高的情况。本文则试图从供需理论出发，以另一视角来解释上述现象。

二、供需理论

"供给和需求"一词最初见于詹姆士·斯图亚特所著的《政治经济学原理的研究》。一般认为，需求是指一定时间内和一定价格条件下，消费者对某种商品或服务愿意并且能够购买的数量，整个市场的需求叠加形成需求曲线。通常情况下，需求曲线为向右下方倾斜的弧线，即商品的需求量与其价格呈反方向变动关系。

供给则是指某一时间内和一定价格水平下，生产者愿意并且能够为市场提供某种商品或服务的数量，整个市场的供给叠加则形成供给曲线。通常情况下，供给曲线为向右上方倾斜的弧线，它表明商品的供给数量与其价格呈正方向变动。

将供给曲线及需求曲线合并便形成了图 5 模型，在市场均衡条件下供给与需求曲线相较 E1 点，对应的 P1 及 Q1 则为均衡价格及均衡数量。

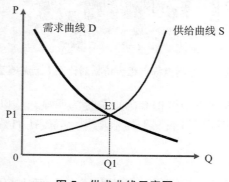

图 5　供求曲线示意图

银行网点作为商品的一种，其供求情况也可以通过上述模型进行抽象解释，下文中笔者将从银行需求角度出发研究其对供求曲线的影响。

三、银行网点租赁需求分析

网点在银行业务的发展中占据重要地位，作为最基本的经营机构，网点有助于商业银行进行市场定位、客户细分并直接为客户提供服务，是商业银行发展各项业务的宝贵渠道，也是直面竞争的重要阵地。面对外资银行以及互联网的来势汹汹，近年来国内银行网点设立也从最初的粗放型布局逐步向精细化过渡，如建设银行最早出台了统一的网点准入门槛及标识系统、交通银行则通过 ArcGIS 的运用以实现网点空间布局的逐步优化……无论是否上升至标准或系统的高度，各大银行网点租赁需求通常会从以下四个方面进行考量。

（一）银行发展战略需要

银行的网点选址首先要满足其战略定位及发展的需要。以四大国有银行在上海的布局为例："您身边的银行"这句工行耳熟能详的广告语最能代表其自身定位，全市 442 个网点的密集分布为客户带来了极大的便利。建行在布局模式上与工行相似度很高，但绝对数量上稍逊一筹；在崇明、金山等市郊区域颇有建树的农行用实际行动印证了其"面向'三农'，服务城乡"的初心；而定位中高端业务的中国银行则更倾向于以市区为主战场（图 6）。

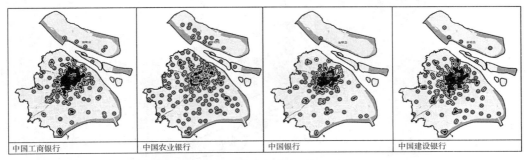

图 6　四大国有银行上海网点分布热力图

同时依据"基于现在、放眼未来"的原则，一定的前瞻性也是网点布局时的重要衡量指标，如四大银行在大虹桥、自贸区等重点规划区域均有落子。

（二）银行网点经营需要

即使是同一银行内，不同等级的网点也因其定位和业务导向方面的差异而产生不同的网点租赁诉求。以建行为例，目前主要将网点区分为轻型网点、综合网点以及旗舰网点三大类，各级网点在功能划分及人员配置上均有所不同，也因此在选址区域及租赁面积上产生差异化的需求：高阶网点往往规模较大、功能齐全，因此倾向于在区域中心或高端地段布局以求覆盖更多的服务人群并实现良好的宣传效果；低阶网点的区域可选范围则相对更广。

值得注意的是，银行有时也会"不计成本"地进驻某些重点区域，如外滩、豫园、机场航站楼、火车站、迪士尼乐园等，此时彰显自身实力、提高知名度的营销目标成为其选址的第一要义。

在达到符合银行战略发展及自身经营需要的标准后，拟租赁物业的宏观及中观区域范围已基本框定，接下来的微观区位以及物业自身状况则决定了具体的租赁部位。

(三)拟租赁网点状况

1. 权益状况

银行在选择拟租赁网点时首先要求其权属清晰,包括物业是否具备相关权证、批复;其形成及存续具有真实性及合法性;有无抵押、质押等权利限制情况;相邻单元的使用是否会对其造成不利的影响等。同时,拟租物业及其产权人、转租人的涉诉情况也应予以适当关注。

2. 人口状况

人口因素是影响银行网点布局选址的重要因素。主要参考指标包括人口总量、结构、密度、受教育程度、收入水平等。而不同业务导向的网点对于人口指标的选取各有侧重,如注重揽储功能的网点多设在人口密度较大、收入水平较高的中高端居住区内;偏向于公司业务的网点则更倾向于在商务区或产业园区内布局;自带巨大客流的成熟商圈则是各大银行的必争之地。

以崇明区为例,将人口热力图叠加网点分布图综合分析,区域内人口集聚度与网点密度基本重合:区中心所在的城桥镇集聚了最多的商办及行政功能,其网点密度为全区之最;而新河镇、堡镇以及串联起崇明岛陈家镇及长兴岛的上海长江隧道两侧也因居住人口聚集而吸引了以揽储为主要功能的网点布局;其余各镇中心区域也均有网点入驻(图7)。

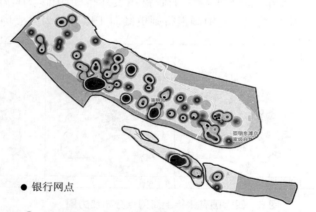

图7 崇明区[①]人口热力图及银行网点分布图(颜色越深则代表人口集聚程度越高)

作为上海商业中心之一的徐家汇商圈三轨贯通,港汇、太平洋、东方商厦、美罗城等商业项目环侍,医院、教堂、学校、公园等配套设施齐全,周边办公人口集聚,是各大银行的重点布局区域。将该区域的人口热力图及网点分布叠加,初窥之下网点布局与人口高密集度区未完全重合,但通过进一步拆解高红区则会发现,上述地区主要为轨道交通、医院、学校及景点,受建筑性质的桎梏难以开设网点;而其就近的办公楼、商场、住宅底商则被众多银行占据以最大程度地吸引过往客流,从而形成了网点环绕热力中心的分布格局(图8)。

3. 交通状况

根据相关机构的调研,接近50%的客户认为距离家或公司近是其选择银行的第一原因,故交通上的便利度是银行选址的重要考核指标。

(1)公共交通状况:一般是指200米步行舒适区内拟租赁网点周边公交汽车站点以及轨

---

① 崇明区热力图及网点数据来源为百度POI数据。

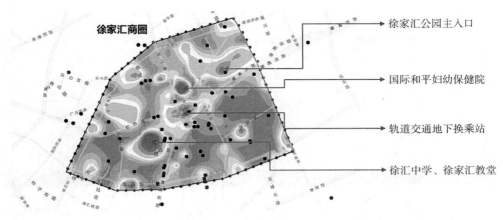

图 8　徐家汇商圈①人口热力图及银行网点分布图

（颜色越深则代表人口集聚程度越高，黑色圆点代表银行网点布局——分界线点除外）

道交通出入口的数量及停泊频次，一般而言数量越多则客流导入能力越强。

（2）周边道路状况：除了周边道路能级、拥堵程度等因素外，便利且安全的、可供运钞车通行的道路是网点有别于其他商户的需求因素。

（3）停车位：在私家车普及的当下，停车的便捷度以及车位的数量也影响着最终的选址，尤其是私人银行等定位较高的网点。

4. 竞争状况

同区域中金融业的集聚度对于单个网点的选址具有两面性：一方面大量的网点集聚势必形成较大的竞争压力，存在导致网点效益偏低的风险；另一方面各银行的汇集将形成较好的规模效应从而增加该区域的知名度并最终带来客流。

在确定租赁网点之前，需对同业竞争情况予以调查，包括对手的数量、布局、密度、定位、经营业绩、市场份额、营业时间以及硬件设施等，在此基础上结合自身优势及区域饱和程度确定是否加入竞争。

5. 实物状况

（1）物业建筑面积。如前文所述，银行网点的面积大小与其等级高低正相关。在对样点进行整理后发现，网点的面积选择集中度相对较高，平均租赁面积为461.62平方米，中位数面积为443.00平方米；在400～450（含）平方米区间的集聚程度最高，占比为26%；450～500（含）平方米为16%（图9）。

出于网点精细化管理的要求，各大银行均在实施进一步的整合以充分利用网点资源、合理化功能布局，预计未来租赁面积需求或将有所下降。

（2）物业形状及利用情况。一般而言，长边沿街的长方形、L形、正方形等规则形状物业更便于网点的布局利用；同时房屋结构、承重柱的位置、间距以及得房率等指标也影响着网点的有效利用。与普通租户青睐层高较高、可分割利用的商铺不同，网点囿于统一的视觉识别要求大多数情况下并不能顺势对层高进行有效利用，反而增加了能耗等运营成本，故符

---

① 徐家汇商圈范围及热力图数据来源为上海交通出行网（http://www.jtcx.sh.cn/area.html）、网点数据来源为百度 POI 数据。

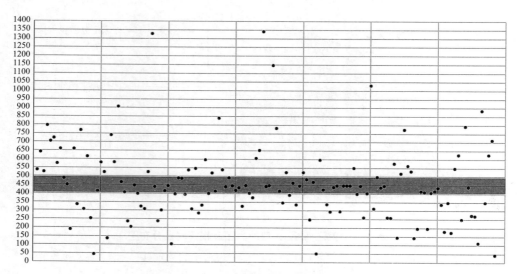

图 9 银行网点样点租赁建筑面积分布图

合相关建筑标准、空间不显局促的层高即可。

（3）临街状况。"金角银边草肚皮"这句围棋术语运用于网点租赁需求也恰如其分。在当前的租赁市场中，拐角商铺、端头商铺以及商场临近主要出入口等人气汇聚的位置备受银行青睐。在 137 个银行样点中，位于项目端头的网点数量占比最高，为 45.2%；位于转角处的次之，为 29.9%，两者合计占比超过 75%。同时数据显示，地处居民区内的网点更倾向于展示效果最佳的转角街铺，而服务于产业区的网点则对位置的要求相对宽松，个别网点甚至位于园区内部，不直接临路。

（4）可及性。"宽街无旺铺"的现象在网点租赁中也有鲜明的体现，路面宽幅以 12～25 米之间为宜，过窄的单行道以及过宽的主干道均不利于人气聚集。同时周边的高架桥、铁道、河道、栅栏、花坛等均会降低网点的可及性及可视性，从而影响客流导入的效果。网点门面应尽量避免受路旁树木、广告牌等物体的遮挡，特别要注意遮挡物是否影响银行标牌和广告等。

（5）其他。①楼层：一般而言网点租赁首选底层铺位，本次统计网点样点中，位于底层的网点占比为 78.8%，其余主要为 1～2 层，且底层面积大于 2 层。②广告位大小：统一的店招有利于网点形象的展示及传播，各大银行对于网点的广告位大小也有所要求。本次样点中广告位平均长度为 18 米，其中门头长度在 15～25 米的网点占比最高。

（四）相关行政因素

在上述因素之外，部分银行已制定并下发了网点租赁事宜专项规定，包括各级别网点的规模大小、功能设置、装修标准以及申报流程等。除了寻找符合要求的拟租赁物业外，租赁经办人员还需准备可行性分析、投入产出分析等专项资料，必要时进行网点租赁价格评估及结果公示，整个周期有时长达半年以上。而市场上的出租方则通常难以接受如此长时间的交易等待。

除此之外，银行一般还会要求出租方提供发票，上述成本也在一定程度上转嫁至租赁价格中。

四、供需理论的应用

通过以上对银行网点租赁需求的逐步分析可以发现，在经过银行战略、经营以及实物情况的层层"筛选"之后，市场上满足租赁需求的潜在项目数量占整体供应量的比重大幅下降，而受制于房地产的开发特性，短期内供应难以放量，从而导致了供给曲线向左移动。

从理论模型角度分析，银行需求特性造成市场"合格"供应商数量小于一般商户所面对的供应量，导致其供应曲线 S 左移至 S'（图 10）。与此同时，由于网点租赁需求相对缺乏弹性，即需求的减少幅度小于租金的上涨幅度，则网点的需求曲线实际为走势更为陡峭的 D'。

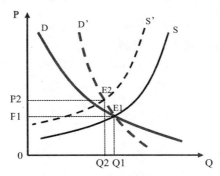

图 10　供求曲线变动模型示意图

综合上述因素，根据供求理论当供给小于需求、商品价格便会形成上涨趋势，出租方在租赁市场上将处于有利地位，因此更倾向于通过提高租金来实现收入的增加。相较于最初条件下的均衡点 E1 而言，在实际需求量不变或少量下降至 Q2 时，从而形成了新均衡点 E2，其对应的供应价格从 P1 变动至了 P2，以上模型便解释了网点租金高于一般商铺的原因[①]。

五、创新点及不足

本文以租赁实例为切入点，结合地理信息从银行需求角度逐级分析造成银行网点租金高于一般商铺的原因，拓宽了当前对于上述现象的解释思路，有一定的现实意义。

不仅是银行网点，各类商户均有自己独特的租赁诉求。本文最主要的创新在于以日常估价工作入手，通过数据的整理、分析，思考不同客户需求下形成的差异化结果。为同行突破过于关注房地产本身的局限，转而通过洞察客户诉求以提供更具针对性的专业服务、拓宽业务渠道提供了一个朴实的实践案例。

本文的不足之处在于：①受制于笔者所涉项目局限，银行网点的样本中某国有银行占比偏高，故分析结果或因此存在一定的偏颇；②囿于时间及篇幅限制，本文主要以当前网点现状为出发点，结合定性分析管窥银行需求各个方面，若能收集到各大银行的租赁准入需求清单则可更好地对研究结论进行交叉验证。同时文章也未进行定量分析，故难以为实际的网点

---

① 文中供需均衡为理想模型，市场处于非均衡是常态而均衡则非常罕见，故模型仅用于直观示意并无定量分析的功能。

租赁行为提供前瞻性的量化参考指标。

参考文献：

[1] 陆丽萍.A 银行苏州分行网点选址的影响因素分析 [D]. 苏州：苏州大学东吴商学院，2018.

[2] 卢礼. 银行网点选址分析 [J]. 北京测绘，2017（02）.

[3] 李萌，白艳萍，闫培洁. 基于 GIS 的兰州市主城区银行布局及选址研究 [J]. 甘肃科技，2018（23）.

作者联系方式

姓　　名：蒋炎冰　郭　融　颜苗苗

单　　位：浙江禾信房地产土地评估有限公司上海分公司

地　　址：上海市黄浦区淮海中路 200 号 1005 室

邮　　箱：18939758610@163.com；g18817368805@163.com；yan5734061@163.com

比较法中主要价格因素的内涵解析及量化思路

孟德友 周志海

摘　要： 针对比较法中对价格因素内涵不够明确、因素对价格作用机制不够清晰、因素说明不够具体全面以及因素优劣分级依据不够充分等问题，对区位因素和实物状况因素主要因子的内涵、对房价的作用机制及量化的思路给予解析以便为估价提供参考。

关键词： 比较法；价格比较因素；内涵解析；量化思路

影响房地产价格的因素既包括宏观的人口、经济、社会、规划、不动产市场状况、制度与政策以及国际形势等外部因素，也包括微观的区位、实物状况和权益状况等自身因素。对处于同一供需圈的房地产而言，外部因素基本上是一致的，在估价中应主要考虑微观因素对房地产价格的影响。在房地产估价中，恰当选择和准确量化比较因素是合理使用比较法的基础，《房地产估价规程》规定了区位状况调整、实物状况调整和权益状况调整的主要内容，但对比较因素的选择和说明没有明确要求，仅指出具体内容和比较因素应根据估价对象的用途等情况确定。而在《城镇土地估价规程》中则指出比较因素应根据不同用途，并结合实际调查情况和估价对象的特点确定，因素描述应具体量化，不宜使用相同、较好、接近、较差等无具体含义的用语，无法量化的指标，应具体描述，该规定在一定程度上也可作为房地产估价中比较因素说明的参照标准。在房地产估价中，对比较因素的说明还广泛存在内涵不明确、作用机制不清晰、说明不具体全面、量化分级依据不充分等问题，有待对主要比较因素的内涵和量化思路与方法开展进一步的讨论以便为估价提供参考。

一、比较因素说明存在的问题

（一）因素内涵不够明确

因素内涵不明确主要体现在比较因素的定义不明确或内涵及层次界定不清晰。对比较因素的含义理解不明确或不全面，例如有估价报告中认为交通便捷度是估价对象距交通干道的距离；还有对术语使用不恰当，不少估价报告混淆位置和方位坐落两个术语的层次关系，位置是主要区位因素之一，位置又可进一步采用方位坐落、与重要场所的距离、临街状况、楼层和朝向等因子来刻画。位置与方位坐落是因素与因子的关系，而在报告中经常看到区位状况调整把位置作为一个因子，这在术语使用上是不恰当的。

（二）因素作用机制不够清晰

价格因素的作用机制不够清晰主要体现在因素对价格的作用方向、影响程度、函数关系不够明确。在作用方向方面，同一因素对不同房地产可能是增值因素，也可能是减损因素；在作用程度上，不同因素对房地产价格作用程度不同，应明确主导因素和次要因素，楼层作为区位因素对住宅和商业影响程度不同；在函数关系上，大多认为比较因素对价格的影响是单调的增或减函数关系，而事实上有些因素对房地产价格的影响不一定是单调函数，如地铁站点对住宅、商业房地产价格的影响并不是距站点越近房价就越高，而是有一个合理的临界区间。

（三）因素说明不够具体全面

对价格因素的说明不够具体、全面主要体现在对难以量化的因素仅采用定性评价。比如，对公共服务设施的说明仅用完善、较完善、一般、较差和差来说明，按照要求则既要指出周边一定距离范围内公共服务设施的类型，还要针对估价对象对公共服务设施的类型有所侧重。对设施设备的说明仅用完备、较完备、一般、较不完备和不完备简单概括，未能给予具体描述并结合房地产类型对设施设备的主要方面和次要方面给予明确。对空间布局仅用合理、较合理等表示等级差异，而对各等级的状况没有界定。

（四）因素分级依据不够充分

对比较因素优劣进行分级、分等或分类是确定比较因素的调整幅度和编制因素指数表的前提，但分级、分等或分类依据不充分是比较法较为常见的问题。在房地产估价中，确实存在不少难以用数学方法、统计模型、分类标准等来表达的因素，如公共服务设施完善度、环境质量优劣度、空间布局合理性等，这也要求估价中尽可能采用替代指标或多因子综合评价的思路来判断因素的水平或级别，而不是简单地进行级别或等级的划分。

二、区位状况因素内涵及量化思路

区位一般指事物或经济活动占有的场所及与其他场所的相对关系。区位是房地产价格的重要影响因素，区位状况可从位置、交通、基础设施、公共服务设施和自然人文环境五个方面加以衡量。

（一）位置条件

1. 方位坐落

方位作为一个区位因子应包含两个方面的内涵，一是估价对象在城市层面上的坐落、所处的区域及区域的功能类型；二是估价对象在宗地层面上所处的方位，如果是住宅，则可认为是估价对象所在建筑在小区中的方位；如果是办公用房，可认为是估价对象所在建筑物在办公街区中所处的位置。关于方位的量化，不同机构采用的方法不同，有的采用分等级形式进行说明，但等级划分依据不足，笔者认为可采用估价对象所属土地类型的级别来衡量方位坐落，土地级别可参考当地的基准地价定级成果，对于工业用房也要考虑行业的特殊性或专用厂房对位置或方位的特殊要求。

2. 与重要场所的距离

与重要场所的距离主要指估价对象与城市中心、交通干道、各级商业商务中心、教育、医院以及休闲娱乐等场所的远近程度。要注意两点，一是距离的度量标准，不少采用直线距离表示，其实直线距离难以反映交通线路及交通组织状况，建议距离采用步行时间来度量；二是不同类型场所对不同房地产的价格影响程度不同，住宅价格对医院、中小学校、公园等的远近较为敏感，商业对距城市中心、区级中心、大型商业中心、商业街区的远近较为敏感，工业厂房则对交通干道、场站、物流中心、高速公路出入口等站点的远近比较敏感。

3. 楼层

估价对象所处的楼层以及总楼层对住宅、商业以及办公等房地产的价格都有不同程度的影响，尤其对商业的影响最为显著。楼层对住宅价格的影响因多层和高层住宅而不同，对于多层住宅，一般认为中间层价格高于底层和顶层；对于高层住宅，不少认为房价随楼层的增加而升高，事实上并不一定是线性关系，需要通过交易案例加以验证。关于楼层对房价的影响可同过编制楼层价格指数或修正系数给予修正，楼层价格指数或楼层修正系数的编制可通过市场提取法获得。

4. 朝向

朝向是指建筑物正立面所面对的方向，对住宅而言指主要房间的主采光窗的立面所对的方向。朝向对建筑物的通风、日照和采光有不同的影响，朝向选择既要考虑尽可能多的日照，又要避免夏季东、西日晒，既要考虑通透性，又要避免冬季的主导风向。对朝向优劣分类可从日照、通风、采光以及中国建筑文化传统等方面来综合确定。不考虑其他景观因素的影响，朝向优劣可分为南＞东南＞西南＞东＞西＞西北＞东北＞北，依次确定各朝向对房地产价格的影响程度。

5. 临街状况

临街状况对不同类型房地产价格的作用方向是不同的，是商业类房地产的增值因素，其量化可从所邻街的等级、临街宽度、临街深度和临街数量等方面加以度量。对住宅则是减值因素，临街带来空气、噪声和光污染对房地产价格起到减损作用，其量化可从临街距离、临街方位（朝向临街或山墙临街）等方面加以评价。

6. 商服繁华度

商服繁华度对不同类型房地产的价格影响程度不同，商服繁华度是商业类房地产的主要区位因子，而对工业房地产的影响不是很明显，对住宅房地产在影响程度和价格作用方向上相对复杂。对商业类房地产，商服繁华度的量化可从商业中心区的等级以及距商业中心区的时间距离两个方面加以综合评级；对于商务办公用房而言，商务集聚度应从商务中心区的级别或知名度以及距商务中心区的距离给予综合评价。

（二）交通条件

交通条件主要包括交通线路、交通工具、交通组织和场站的优劣程度，分为内部交通和对外交通两个方面。对不同类型的房地产，交通条件对价格的影响不同，住宅、商业房地产对内部公共交通的便捷度敏感，对公共交通便捷性的评价可从公交线路数量、距公交站点的距离以及公交台班的班次等方面考量，距公交站点步行5～10分钟的距离被认为是最合适的距离（500～1000米）；此外有的城市还要考虑轨道交通等公共交通对房地产价格的影响，地铁站点对房地产价格的影响并不是距离的单调函数，而是存在一个临界。在临界以内，其对房地产价格的影响是距出入口越近，房地产价格反而有所减值；在临界以外，随着离站点距离的增加，房地产价格有所降低；而工业厂房的价格则对外部交通的便捷程度更为敏感，对外交通便捷度可从是否邻近交通干线，是否邻近公路、铁路场站、航运码头以及高速互通口等方面评价。

（三）基础设施条件

基础设施指估价对象所在宗地红线外的道路、给水、排水、供电、通讯、燃气和暖气的普及程度和保证率。住宅、商业和办公类房地产基本上都能实现通路、通上水、通下水、通电和通讯且保证率也较高，对房价的影响已非常小。基础设施应该考虑是否通暖气以及是否通燃气，同时还要考虑暖气和燃气的保证率，尤其是对住宅价格的影响。但对于工业用房而言，生产用电、生产用水、排污治污条件以及通信条件还是需要考虑的主要区位因素。

（四）公共服务设施

公共服务设施是指为居民提供公共服务产品的各种公共性和服务型的设施条件，可分为城市公共设施和配套服务设施两类。对于住宅而言，要考虑一定距离范围内，各类配套服务设施包括教育设施、医疗卫生、文化体育、商业服务、金融邮电、社区服务和市政公用设施等的完善程度对房价的影响，尤其是义务教育配套的知名度，名校学区通常会比非名校学区的房价高很多。在量化公共服务设施因素的过程中，服务设施可从特定范围内的设施种类、规模、档次加以分等，尤其是中小学教育的知名度。

（五）自然人文环境

自然人文环境是对房地产价格有影响的一定范围内各种自然环境要素和人文社会要素的组合。自然环境可从自然景观、绿化、大气、噪声和卫生环境等方面综合评价，自然景观可从临海、临河、临湖和临江等景观类型描述，绿化环境可从绿化配置的多样性、层次性、季节性和名贵程度进行说明。人文环境可从社区主体人群受教育程度、职业类型、收入水平以及邻里关系、治安环境等方面加以考虑。对于办公用房而言，房户间的相互关系往往会提升或降低企业的形象和声誉，进而对房地产的租金和价值产生一定的影响。

三、实物状况因素内涵及量化思路

（一）建筑结构

建筑结构是由板、梁、柱、墙、基础等构配件组成的具有一定空间功能并能承受各种正常载荷和作用体系的骨架结构。建筑结构按使用材料不同可分为砖木结构、砖混结构、钢混结构和钢结构，建造成本由小到大，对房地产价格的影响也由小到大。不同建筑结构对房价的影响可从建筑结构的造价与房地产价值的关系编制结构价格指数，或者根据不同结构间的造价差异对房价影响的差异程度编制修正幅度指数来对建筑结构进行比较修正，由于结构对建筑物价值影响较大，实际估价中一般会选择与估价对象结构相同的交易案例作为可比实例。

（二）设施设备

设施设备因素指建筑物内部设施设备的齐全与完好情况，设施设备应从完备程度、保证率、品牌品质、先进程度和维护状况等方面加以综合评价。对住宅房地产除了要关注常规设施设备，还要关注是否有先进的设施设备，如新风系统、中央空调等；对于商务办公用房要重点关注垂直交通系统，主要是电梯设备的数量、质量、速度和承载量对办公用房的价格会产生一定的影响，智能化程度包括消防、安防、通信和智能楼宇等对商务办公用房价格的影响。

（三）装饰装修

装饰装修是根据室内各功能区的使用性质、运用物质技术手段并结合视觉艺术，达到安全卫生、功能合理、舒适美观、满足人们生活需要的空间效果。按装修装修的档次可分为毛坯、简单装修、中档装修、精装修和豪华装修。装饰装修对房地产价格的影响可从不同档次装饰装修的单位面积成本的差异程度及与房价的关系确定装饰装修等级的修正幅度来对比较实例的装饰装修水平进行修正。

（四）空间布局

空间布局指房屋的平面布置和室内各功能空间的分割及连通情况。平面布置合理，各功能空间联系方便，有利于建筑物空间的合理有效使用则房价就高，反之则低。不同用途的建筑对空间布局的要求不同，对住宅而言主要指户型结构的合理程度，户型合理程度应该参照《住宅设计规范》和《住宅建筑规范》从功能分区、房屋开间、开放空间和私密空间营造以及通风采光等给予综合评价，确定其合理程度或等级。

（五）新旧程度

新旧程度指房屋建成年份及使用过程中的修缮情况对房屋成新的影响。引起建筑物折旧的原因是多方面的，包括物质折旧、功能折旧和外部折旧等，房地产新旧程度采用年限法度量是不全面的。估价中房屋的陈新度可采用房屋完损等级来衡量，房屋完损等级可参照《房屋完损等级评定标准（试行）》以及《经租房屋清产估价原则》，从主体结构、装饰装修、设施设备的完好程度及维修状况来综合确定成新度。

四、小结及讨论

合理地对房地产价格影响因素进行描述与说明并确定其对房地产价格的影响方向和程度是运用比较法开展房地产估价的重要环节，如何量化价格影响因素，尤其是难以定量表达的因素，如何量化因素对房价的影响程度等都是比较法中悬而未解的问题，这在一定程度上影响了比较法的科学性和客观性。本文仅对部分因素因子的内涵和量化思路给予了相应的讨论，在操作时量化比较因素并科学地对因素地水平或类型进行分级、分等或分类，科学确定主次要因素对房价的影响程度及修正幅度，仍是需要进一步研究和讨论的问题。

参考文献：

[1] 柴强. 房地产估价理论与方法 [M]. 北京：中国建筑工业出版社，2015.

[2] 廖俊平，陆克华，唐晓莲. 房地产估价案例与分析 [M]. 北京：中国建筑工业出版社，2015.

[3] GB/T 50291—2015，房地产估价规范 [S].

[4] 李俊岭，孟德友. 成套住宅实地查勘的主要内容及价格因素评定标准 [J]. 中国房地产估价与经纪，2014（03）.

作者联系方式

姓　　名：孟德友　周志海

单　　位：河南省豫通房地产评估咨询有限公司

地　　址：郑州市金水区农业路东 22 号东单元 18 层 62 号

邮　　箱：henanyutong@sina.com

基于向量自回归模型的
房地产价格影响因素实证研究

朱文晶　刘　辉

摘　要：本文运用 2010 年 1 季度至 2017 年 4 季度的时间序列数据构建向量自回归模型，通过实证分析研究了几个影响我国房地产价格的因素。研究结果表明：国内生产总值（GDP）对我国房价的影响最大，而且在长期内影响程度会越来越强；而货币供应量和城镇居民可支配收入的增加都会使房价上升；另外，房地产投资总额和房地产竣工面积对房价的影响都是长期的；由于贷款利率的上升会抑制房价的上涨，所以在房地产调控方面，政府可以考虑采取紧缩的货币政策。

关键词：房地产价格影响因素；向量自回归模型；脉冲响应函数和方差分解；实证研究

自 1998 年我国实施住房制度改革以来，房价开始逐步上涨。在 2010 年国家采取严厉的房地产调控政策以后，房价的上涨幅度得到一定的控制，但自从 2015 年以后，房地产市场逐渐复苏，房价涨幅较大，到 2018 年全国商品房成交均价已经达到了 8544 元/平方米。2019 年 1 月以来，全国房地产市场成交结构性分化进一步加剧，一线和核心二线城市出现回暖征兆，而三四线城市因前期需求透支严重，回调压力依然巨大。

本文主要是通过数学模型的理论分析和实证检验，对房地产价格的影响因素进行实证研究，通过向量自回归模型（VAR 模型）的脉冲响应函数和方差分解方法研究各因素对房地产价格的影响程度和影响方向，分析各个影响因素对房地产价格变化的贡献率，再根据研究结果对估价实务中应加强的方面提出一些建议，以提升房地产估价师精细化估价的能力。

一、数学研究与结果检验

（一）VAR 模型简介

向量自回归模型（VAR）基于数据的统计性质建立模型，VAR 模型把系统中每个内生变量作为系统中所有内生变量的滞后值的函数来构造模型，从而将单变量自回归模型扩展到多元时间序列变量组成的"向量"自回归模型，VAR 模型是处理多个相关经济指标的分析与预测最容易操作的模型之一。VAR 模型的表达公式如下：

$$y_t = A_1 y_{t-1} + \cdots + A_N y_{t-N} + B x_t + \epsilon_t$$

$$t = 1, 2, 3 \cdots N$$

其中：y_t 为 k 维内生变量的列向量；x_t 为 d 维外生变量列向量，N 为滞后阶数，t 为样本个数，k×k 维矩阵 $A_1, \cdots, A_N$ 和 k×d 维矩阵 B 是待估计的系数矩阵，ϵ_t 为 k 维扰动列向量，他们相互之间可以同期相关，但不与自己的滞后值相关且不与等式右边的变量相关。

（二）数据处理与模型检验

1. 样本选取与数据来源

根据柴强主编的《房地产估价理论与方法》，房地产价格影响因素大致分为房地产自身因素和房地产外部因素两大类，其中房地产外部因素又分为人口因素、制度政策因素、经济因素、社会因素、国际因素、心理因素和其他因素。

根据相关理论和过去诸多学者的研究文献，本文选择居民消费价格指数（CPI）、城镇居民可支配收入（INC）、国内生产总值（GDP）、货币供应量（M1）、房地产贷款利率（R）、房地产投资总额（IA）、住房销售面积（SA）和住房竣工面积（CA）共 8 个影响因素作为研究方程的自变量，样本的时间为 2010 年 1 季度至 2017 年 4 季度的季度数据；此外，由于房地产价格受到较多因素的影响，房地产价格指数综合地反映我国房地产的价格，所以本文选择房地产价格指数来代表我国的房地产价格（P），来研究房价与 8 个变量间的长期动态关系。由于原始数据为建立 VAR 模型来研究影响房地产价格的因素。本文研究数据主要来源于国家统计局和锐思数据库，数据处理软件为 Eviews9.0 和 Excel。

2. 房地产价格影响因素的 VAR 模型构建

根据本文选取的变量，本文的 VAR 模型构建如下，即：

$$y_t = 1 + \sum_{i=1}^{n} A_i y_{t-i} + \varepsilon$$

其中，$y_t = [CA_t, CPI_t, LNGDP_t, IA_t, INC_t, LNM1_t, P_t, R_t, SA_t,]^T$ 代表解释变量和被解释变量的即期值，i 为滞后期，A_i 为变量的系数矩阵，$\varepsilon = [\varepsilon_1, \varepsilon_2, \varepsilon_3, \varepsilon_4, \varepsilon_5, \varepsilon_6, \varepsilon_7, \varepsilon_8, \varepsilon_9]^T$ 为方程的误差项。

从方程的结构看，方程的误差项可以较好地描述房地产调控政策对房地产市场的影响，滞后项可以较好地反映人们对房地产的预期。

3. 数据处理

由于本文所应用的数据是季度数据，可能季节变动和其他不规则要素会掩盖了经济发展的客观变化，所以在使用季度数据进行实证分析之前有必要对季度数据进行季节调整。下面是变量时间序列的曲线图（图1）：

通过观察变量的曲线图和 9 个变量的时间序列走势，可以发现，有 5 个变量是存在季节因素的，即 CA、GDP、IA、INC、SA，本文通过利用 X-13 季节调整方法，将变量的季节因素分离出来，从而提高数据的有效性，为了后文的研究便利，对经过 X-13 季节调整后的变量仍然采用原有的符号。

4. 数据结果检验

为了保证实证结果的有效性，需要对数据的平稳性进行检验，只有平稳的数据才能进行实证分析，否则容易产生"伪回归"的问题，利用单位根检验对变量时间序列进行平稳性检验，检验结果显示：在 95% 的置信水平下，可以发现 CA 和 CPI 的时间序列是平稳的，其他变量都是不平稳序列，对不平稳的序列进行一阶差分再进行单位根检验，在 95% 的置信水平下，可以发现除了 M1 和 P，其他变量都在一阶差分之后都是平稳序列，对 M1 和 P 进行二阶差分，再进行 ADF 检验，结果表明 M1 和 P 在经过二阶差分之后是平稳的。

本文通过 Johansen 协整检验来检验模型的变量之间是否存在长期协整关系，结果表明存在 3 个协整关系，变量之间有长期的均衡关系，所以 VAR 模型不需要考虑建立差分 VAR 模型。

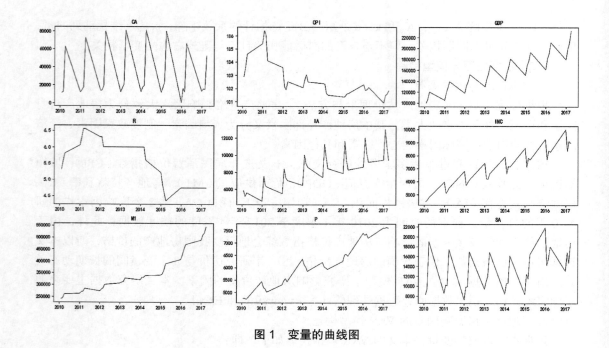

图 1 变量的曲线图

5. 模型滞后期选择

VAR 模型滞后阶数的选择 表 1

Lag	LogL	LR	FPE	AIC	SC	HQ
0	−478.3076	NA	1.71e+08	38.82461	39.16589	38.91926
1	−265.2718	289.7286	403.2939	25.70175	28.43203	26.45901
2	−159.4897	84.62572*	13.43811*	21.15917*	26.27845*	22.57904*

注：* 表示在 5% 的水平上显著；Lag：Lag，间隔；LogL：Log Likelihood，对数似然值；LR：Likelihood Ratio，似然比；FPE：Final Prediction Error，最终预测误差；AIC：Akaike's Information Criterion，赤池信息量准则；SC：Schwarz Criterion，施瓦茨准则；HQ：Hannan-Quinn Criterion，汉南-奎因准则

从表 1 LR 检验、AIC 信息准则、SC 准则等结果可以看出，VAR 模型选取的最优滞后阶数为 2，构建 VAR（2）模型。

（三）数学研究的结果及分析

1. 模型结果分析

经过上文的数据处理、检验以后，利用 Eviews9.0 软件对模型进行向量自回归分析，得到 VAR（2）模型的表达式如下：

$$y_t = 1 + Ay_{t-1} + By_{t-2} + \varepsilon$$

其中：

$$y_t = [CA_t, CPI_t, LNGDP_t, IA_t, INC_t, LNM1_t, P_t, R_t, SA_t]^T$$
$$1 = [-932.40, -0.65, 0.00, 777.03, 309.42, -0.01, 148.25, -0.15, 1189.90]$$

$$A = \begin{bmatrix} -0.56 & 0.00 & 0.00 & 0.98 & 0.03 & 0.00 & -0.04 & 0.00 & 0.47 \\ -392 & 0.05 & 0.00 & -871 & -10.44 & 0.01 & -17.06 & -0.01 & -515 \\ 6356 & 36.50 & 0.68 & 75783 & -4723 & 0.00 & -1614 & 6.10 & 68785 \\ 0.42 & 0.00 & 0.00 & -0.52 & -0.01 & 0.00 & 0.01 & 0.00 & -0.06 \\ 2.16 & 0.00 & 0.00 & -5.50 & -0.22 & 0.00 & 0.28 & 0.00 & -3.72 \\ 7159 & 4.08 & 0.10 & -3296 & -321 & 0.03 & 489 & 3.0 & 7052 \\ -0.40 & 0.00 & 0.00 & 2.12 & 0.26 & 0.00 & 1.21 & 0.00 & 1.46 \\ 1448 & -2.23 & 0.00 & 2097 & 140 & 0.01 & 77.51 & 0.23 & -554 \\ -0.61 & 0.00 & 0.00 & -0.53 & 0.00 & 0.00 & 0.04 & 0.00 & -0.48 \end{bmatrix}$$

$$B = \begin{bmatrix} -0.70 & 0.00 & 0.00 & 0.44 & 0.00 & 0.00 & 0.06 & 0.00 & 0.78 \\ 494 & -0.08 & 0.00 & 371 & 60 & 0.00 & 17.58 & -0.08 & 252 \\ 13574 & 7.43 & 0.25 & -43637 & 2012 & -0.8 & -4113 & 1.6 & -51958 \\ 0.08 & 0.00 & 0.00 & -0.60 & -0.02 & 0.00 & -0.04 & 0.00 & -0.11 \\ 1.05 & -0.01 & 0.00 & -1.76 & -0.17 & 0.00 & -0.26 & 0.00 & -6.19 \\ -136 & 1.71 & 0.02 & -9291 & 341 & 0.42 & 930 & 0.16 & 4167 \\ -0.57 & 0.00 & 0.00 & -0.80 & -0.42 & 0.00 & -0.64 & 0.00 & -3.06 \\ -2056 & -0.64 & 0.00 & -3396 & 70.26 & -0.05 & 96 & -0.01 & -655 \\ -0.17 & 0.00 & 0.00 & 0.52 & -0.05 & 0.00 & 0.05 & 0.00 & 0.11 \end{bmatrix}$$

以上即为 VAR（2）模型的参数估计结果，经过数学检验，研究变量的特征根均位于单位圆内，即 VAR（2）模型结果满足平稳性检验。从方程的系数矩阵可以看出各个变量及其滞后期对房地产价格的影响，基于滞后一期和滞后二期的估计结果，可以得出 GDP、CPI、M1、R 这 4 个影响因素对价格的影响较大。

2.8 个影响因素脉冲响应分析（图 2）

图 2 为根据变量 VAR（2）模型的关于房地产价格 P 的脉冲响应函数图，横轴表示冲击的滞后期间，纵轴表示响应数，即房价长价格波动的变化，实线表示脉冲响应函数，表示房地产价格对各变量的冲击的反应，虚线表示正负两倍标准差偏离带。研究数据反映：

（1）国内生产总值对房价产生长期性的影响，且影响力度将随着时间逐渐加强，同时长期来看，国内生产总值加大会抑制房价的上涨；从上图来看，至第 8 期，人们收入的不断增加缓解了对房地产的刚性需求，带来国内生产总值后冲击的影响变为负，房价走跌。

（2）货币供应量和城镇居民可支配收入的增加都会带来房价的上升，这主要是由于人们收入上升，使得人们对房地产的需求加大；从影响力度来看，可支配收入对房价的影响在长期是逐渐减弱的，而货币供应量的影响是逐渐加强的。

（3）从长期来看，贷款利率的上升会抑制房价的上涨，所以，政府在房价调控上，可以通过采取紧缩的货币政策或者严格的房地产信贷政策，提高房地产贷款利率，紧缩市场的流动性从而抑制投资性购房，实现对房地产价格的抑制与调控。

（4）从短期来看，房地产投资总额的增加使得建筑材料上涨导致成本增加，使得房价上涨；住房竣工面积的增加使得房地产供给增加，在需求不变的情况下，使得房价下跌。从长期来看，房价会随着房地产投资总额和竣工面积的增加而下降，政府可以加大对房地产市场的投资和增加建房用地的供给，增加房地产需求较大地区的供给，通过缓解住房刚性需求来长期抑制房价的上升。

（5）居民消费价格指数的变动，将影响政府层面上货币政策的变动，通过货币性政策的调节从而稳定市场房价，从房地产价格的长期影响性上看，价格指数对房价的综合影响接近于 0。

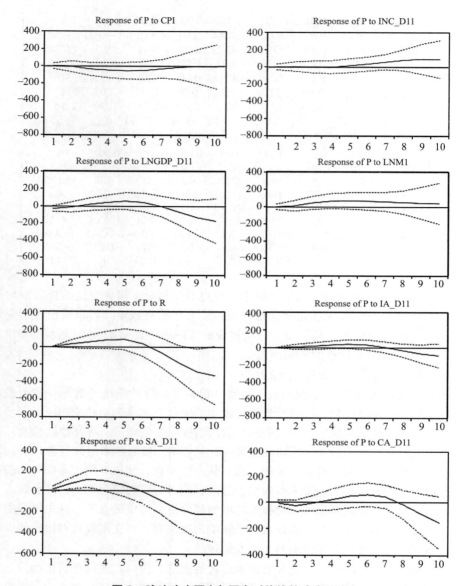

图2 脉冲响应图（各因素对价格的响应程度）

3. 方差分解分析

方差分解通过分析每一个结构冲击对内生变量变化的贡献度，进一步评价不同结构冲击的重要性，方差分解结果如图3所示：

对各变量做方差分解分析，图3所示为不同变量对房地产价格变化的贡献图，可以看出，首先国内生产总值对房地产价格的贡献率最大达到46%，其对房地产价格的贡献率是逐渐增加的，这说明在长期内GDP对房地产价格的影响是不断加强的；其次是住房销售面积和城镇居民可支配收入，两个变量对房地产价格的贡献率都在35%左右，可以看出住房销售面积和城镇居民可支配收入对房价的影响都是逐渐较小的，而房地产投资总额、货币供应总量对房价的影响是逐渐加大的。

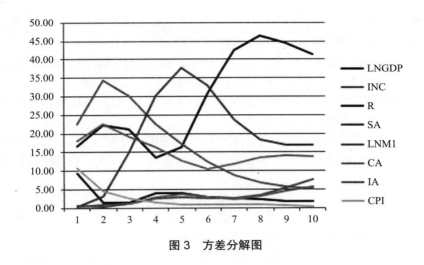

图3 方差分解图

二、实证结论

通过构建 VAR 模型，利用脉冲响应函数和方差分解的方法对影响房地产价格的几个因素进行分析，得到不同变量对房地产价格的影响大小；此外数学研究的结论必须通过估价实证来检验，通过对大量已完成实证估价报告的运用，得出以下结论：

国内生产总值、居民消费价格指数、货币供应量、贷款利率这 4 个影响因素对价格的影响较大，其中：

（1）国内生产总值对房地产价格的影响是最大的，而且对房价的影响是长期的、逐渐加强的，同时长期内国内生产总值加大会抑制房价的上涨。

（2）货币供应量和城镇居民可支配收入的增加都会使房价上升，这主要是人们收入上升，使得人们对房地产的需求加大，但是影响是相反的，可支配收入对房价的影响在长期是逐渐减弱的，而货币供应量的影响是逐渐加强的。

（3）在长期内，贷款利率的上升会抑制房价的上涨，所以，政府在房价调控上，可以通过采取紧缩的货币政策或者严格的房地产信贷政策，提高房地产贷款利率，紧缩市场的流动性从而抑制投资性购房，实现对房地产价格的抑制与调控。

三、相关建议

根据《房地产估价规范》GB/T 50291—2015 规定，估价技术报告应包括市场背景描述与分析，应简要说明估价对象所在地区的经济社会发展状况和房地产市场总体状况。在日常估价实务中一般会对经济社会发展状况进行国内生产总值（GDP）、货币供应量（M1）、居民消费价格指数（CPI）、城镇居民可支配收入（INC）等因素的描述与分析；会对房地产市场总体状况进行房地产贷款利率（R）、房地产投资总额（IA）、住房销售面积（SA）和住房竣工面积（CA）等因素的描述与分析。

在具体估价实务中，结合上述实证研究提出相关建议如下：

（1）在撰写/审核估价报告时，应在市场背景描述与分析中，将国内生产总值、居民消费价格指数、货币供应量、贷款利率这 4 个影响较大的因素作为研究主线，其中重点对国内生产总值的近年的变化情况进行描述与分析。

（2）在估价机构日常技术培训中，培训方向不应仅局限于微观面（如区域因素、个别因素等），还应着重对宏观面（一般因素、如宏观经济数据等）进行剖析。

（3）可专门设计针对宏观经济数据的《情况调查表》，并在进行市场调查时采集数据填写，以便于在撰写/审核估价报告时引用。

上述相关建议是为了让估价报告中的"市场背景描述与分析"不仅仅只流于形式，而是真正地考虑其对房地产的价格影响，为房地产估价师更科学、艺术、精细化地撰写估价报告提供帮助。

参考文献：

[1] 柴强. 房地产估价理论与方法 [M]. 北京：中国建筑工业出版社，2013.

[2] 周海波. 房地产价格影响因素的实证研究 [J]. 海南大学学报（人文社会科学版），2009（05）.

[3] 胡岳岷，金春雨，程浩. 我国房地产价格影响因素及其作用效应的计量检验 [J]. 税务与经济，2011（06）.

[4] 罗孝玲，洪波，马世昌. 基于 VAR 模型的房地产价格影响因素研究 [J]. 中南大学学报，2012（04）.

[5] 李文洁，诸彦含. 我国城市房地产价格影响因素研究 [J]. 统计与决策，2013（22）.

[6] 傅程远. 影响我国房地产价格因素的综合分析 [J]. 经济问题，2013（09）.

[7] 安辉，王瑞东. 我国房地产价格影响因素的实证分析——兼论当前房地产调控政策 [J]. 财经科学，2013（03）.

[8] 赵怡爽. 房地产价格影响因素分析及预测 [J]. 统计与决策，2014（13）.

[9] 宋明. 我国房地产价格与银行信贷、非银行信贷的关系研究——基于时变参数状态空间模型的实证检验 [J]. 价格理论与实践，2016（04）.

[10] 周建军，戴为，鞠方等. 基于空间计量的房地产价格影响因素分析以湖南省为例 [J]. 财经理论与实践，2015（06）.

[11] 黄燕芬，王晓爽. 人民币汇率变动对我国房地产价格的影响研究 [J]. 价格理论与实践，2016（05）.

作者联系方式

姓　　名：朱文晶　刘辉

单　　位：上海科东房地产土地估价有限公司

地　　址：上海市浦东新区浦东南路 379 号金穗大厦 26 楼 A 室

邮　　箱：zhuwenjing@kedongcn.com、974087731@qq.com

楼层对房价影响的实证分析及楼层修正指数编制
——以郑州市高层住宅为例

周志海 孟德友

摘 要：楼层作为影响房地产价格的区位因素，对不同类型房地产价格具有不同程度的影响。本文在系统阐述楼层对房价影响机制的基础上，对郑州市29个高层住宅楼盘案例交易数据进行实证分析，在总结楼层对高层住宅价格影响作用规律的基础上，编制了适合郑州市高层住宅的楼层修正指数表，以便为比较法开展房地产价值评估中的楼层因子修正提供参考依据。

关键词：楼层；房地产价格；楼层修正指数；郑州市

区位是指场所或事物所处的地理位置及与周围场所的关系。通过区位的划分可以研究人类经济活动的差异、发展规律以及不同区位的经济活动的联系。区位因子是构成区位优劣的各要素的综合，区位因子的不同组合，导致区位之间存在优劣差异。城市房屋价格是多种因素综合影响的，包括宏观的一般因素和微观的实物因素，其中微观因素包括区位因素、实物因素和权益因素，区位因素又可分为方位坐落、交通条件、公共服务设施、环境质量、楼层、朝向和临街状况等。柳欣欣（2005）采用特征价格模型对大连市的实证研究表明楼层与建筑面积、有无停车场、交通便利、卫生状况、空气质量、安静程度、设施质量、治安环境、生活配套等对住宅价格有正的影响。董坤杰（2017）通过构建特征价格模型对郑州市住宅房地产价格进行评估研究，得到在所选择的22个因素中通过显著性检验的因素有9个，分别是建筑面积、文体设施、房龄、学区房、距离核心商圈距离、临近大型公园绿地、绿化率、楼层和朝向。除距离核心商圈距离和房龄与房产价格呈负相关外，其他因素均与房价正相关。米炜（2018）对广州市的研究表明二手房所在楼层越高，房价一般也越高，原因在于低楼层住房的视野、采光一般不及高楼层；而当楼层高于40层时房价又会随着楼层数增加而下跌。在既有研究的基础上，本文重点讨论楼层因素对房地产价格的影响及楼层修正系数的编制。

一、楼层对房价的影响

房地产的区位直接关系到房地产所有者或使用者的经济效益、生活便利、环境质量或社会影响。楼层作为重要的区位因素影响日常通达性、通风采光、日照、私密性、安全性、景观视野、环境质量等，以及顶层是否独享房屋顶面的使用权，底层是否独享室外一定面积空地的使用权等。楼层对通达性的影响主要是垂直通达性，有电梯的中高层住宅楼层对通达性的影响不大，无电梯的多层住宅楼层对垂直通达性的影响比较明显；在楼间距一定的情况下，楼层越高通风采光越好；日照时长除了与季节变化、楼间距和遮阳楼的高度有关外，还与住宅自身所在楼层有关；住宅楼层越高私密性好，可以不受或者较少受到周围环境的干扰，个人的隐私性较强，有利于防盗，安全性较高；楼层越高，视野越开阔，有开窗见景、高览胜景的效果；由于气温随着高度增加而降低，近地面低层空气中的污染物和粉尘易向高空移散，这个移散高度大约在30米，此高度以上，随着高度的增加空气质量逐渐提升。

二、楼层对房价影响的案例分析

（一）研究方法

为有效反映房价与楼层的关系，同时增强不同项目间的可比性，我们采用楼层房价指数进行分析，楼层房价指数是指某楼层的平均价格与该栋建筑物首层均价的比值。

首先，测算单栋建筑物的楼层房价指数，具体表达式为：

$$\mathrm{FI}_{ijm} = \frac{\overline{\mathrm{FV}_{ijm}}}{\overline{\mathrm{FV}_{0jm}}}$$

式中，FI_{ijm} 表示 m 住宅小区第 j 栋建筑物第 i 层的楼层房价指数；$\overline{\mathrm{FV}_{ij}}$ 表示 m 住宅小区第 j 栋建筑物第 i 层房地产的平均价格；$\overline{\mathrm{FV}_{0jm}}$ 表示 m 住宅小区第 j 栋建筑物首层均价。

其次，测算住宅小区的楼层房价指数，具体表达式为：

$$\overline{\mathrm{FI}_{im}} = \frac{1}{n}\sum_{j=1}^{n}\mathrm{FI}_{ijm}$$

式中，$\overline{\mathrm{FI}_{im}}$ 表示 m 住宅小区所有楼栋第 i 层的楼层价格指数，FI_{ijm} 的内涵同上式。

最后，测算区域住宅房地产的楼层房价指数，具体表达式为：

$$\overline{\mathrm{FI}_i} = \frac{1}{n}\sum_{m=1}^{n}\overline{\mathrm{FI}_{im}}$$

式中，$\overline{\mathrm{FI}_i}$ 表示区域住宅房地产的 i 楼层房价指数，$\overline{\mathrm{FI}_{im}}$ 的内涵同上式。

（二）数据获取

本文中所采用的数据来自于对郑州市新建商品住宅项目的现场调查获取楼盘价格公示表，由于市场上新建高层住宅项目较多，本研究重点关注了高层新建商品住宅，所涉及的新建高层住宅项目包括万科城·湖心岛、金科城、瀚海思念城、泰宏建业国际城、融侨中晟悦城、汇泉西悦城、金水锦艺城、保利尚园、绿城佳苑、汇泉景悦城、富田九鼎公馆、朗悦公园府、康桥九溪天悦、阅城、安纳西庄园、恒大养生谷、南龙湖紫荆半岛、郑州碧桂园西湖六号院、郑州碧桂园西湖三号院、郑州碧桂园西湖一号院、升龙天汇广场七号院、保利溪岸一号院、正商绿景花园、鑫苑名城、万科大都会、美景美境、保利心语等29个项目，重点调查楼盘的备案价格和成交价格、楼层、面积、户型、小区栋数、地块面积、容积率、销售情况、规划用途、档次、公共配套设施、基础设施等。在数据处理的过程中，为了增强样本间的可比性，仅选择这些项目中的高层住宅建筑作为分析样本，去除掉了项目中的洋房及其他产品类型。

(三)房价与楼层的统计分析

通过对上述楼盘数据的整理,以首层为基准层,测算每层各套的平均价格与首层均价的比例关系。按照上述方法,先求取楼盘项目中某一栋各层的平均价格;再求取整个新建楼盘项目中各层平均价格及各层房价与首层房价的比值;最后,综合各个新建楼盘的各层房价与首层房价的比值得出区域的平均值。具体结果如下(表1):

郑州市高层住宅楼层房价指数表　　　　　　　　表1

楼层	房价指数	楼层	房价指数
1	100.00%	18	102.80%
2	101.38%	19	103.30%
3	101.32%	20	103.02%
4	101.31%	21	103.48%
5	101.97%	22	103.57%
6	102.17%	23	103.48%
7	102.36%	24	102.96%
8	102.36%	25	103.40%
9	102.51%	26	103.24%
10	102.67%	27	102.90%
11	102.85%	28	102.50%
12	102.94%	29	102.61%
13	103.03%	30	102.17%
14	102.54%	31	102.43%
15	103.42%	32	102.12%
16	103.56%	33	100.27%
17	103.45%	34	99.26%

注:楼层房价价格指数为定基指数,以各样本首层价格为100%

由表1中的数据可以看出,郑州市高层住宅各层均价与首层均价表现出先增大后减小的阶段波动变化关系。第16层价格最高,为首层价格的103.56%,其后价格整体上增加幅度有所减小,期间也有小幅度的波动变化,顶层价格最低,为首层的99.26%,各层均价与首层均价的差异,我们认为是因为楼层的不同所造成的。

为了进一步直观地刻画楼层的不同对房价造成的差异,按照各层与首层的价格指数的变化趋势,我们可以把郑州市楼层房价指数划分为六个楼层段,分别是1层、2～5层、6～14层、15～27层、28～32层、33～34层,其中,各楼层段的平均价格指数为15～27层价格指数最高平均为103.28%,顶层和次顶层价格指数最低,平均为99.77%(表2)。

各楼层段价格指数平均值　　　　　　　　　　　　　　　　　　　　　表 2

楼层段	价格指数平均值
1 层	100.00%
2～5 层	101.50%
6～14 层	102.60%
15～27 层	103.28%
28～32 层	102.37%
33～34 层	99.77%

三、楼层修正指数表编制

（一）编制原则

根据对郑州市主城区新建楼盘项目的调查和统计分析，遵循客观原则、实用性原则、可比性原则、易操作性原则来编制楼层修正指数。客观原则就是要根据新建楼盘市场调查数据的统计分析结果；实用性原则就是在房地产估价活动中能够极大地满足估价技术修正体系的需求；可比性原则就是本次调查采集的交易样本主要是高层住宅，编制的楼层修正指数也仅适用于高层住宅；易操作性原则就是在估价中时应该方便使用，同时符合客观事实情况。

（二）楼层修正指数表

根据对新建楼盘的统计分析并结合上述的编制原则，以首层为基准，将房价增长幅度分为六个楼层段，分别为首层、2～5 层、6～14 层、15～27 层、28～32 层、33～34 层，求取各阶段增长幅度平均值，同时结合易操作性原则，对各增长幅度平均值进行小幅度的调整，得到郑州市高层住宅楼层修正指数表，具体内容见表 3。

高层住宅分楼层段楼层修正指数　　　　　　　　　　　　　　　　　　表 3

	1	2～5	6～14	15～27	28～32	33～34
楼层修正指数	100%	101.5%	102.5%	103.25%	102.25%	99.75%

四、结语

在系统阐述楼层与房价作用关系的基础上，对郑州市高层住宅楼层对房价的作用关系和机制进行了阐述，在通过市场调查获得郑州市 29 个高层住宅项目交易信息数据的基础上进行实证统计分析，总结了楼层对高层住宅价格的作用强度，进而编制了针对郑州市高层住宅的楼层修正指数，能够为比较法开展房地产价格评估的楼层修正提供参考依据。本研究基于市场提取法的基本思想，数据来源可靠，结果具有很强的可信度和可操作性，以期能够用于地方房地产估价的实践中。当然针对不同地区、不同类型的住宅房地产，楼层对房价的作用强度也存在一定的差异，这就要求在具体应用过程中要编制不同地区的楼层修正指数。

参考文献：

[1] 中国房地产估价师与经纪人学会. 房地产估价理论与方法 [M]. 北京：中国建筑工业出版社，2017.

[2] 上海市房屋管理局. 上海市国有土地上房屋征收评估技术规范 [Z]. 沪房规范〔2018〕6 号.

[3] 惠州市人民政府. 惠州市惠城区城镇土地定级与基准地价更新成果 [Z].

[4] 董坤杰. 基于特征价格模型的郑州市住宅价值评估研究 [D]. 石河子：石河子大学硕士学位论文，2017.

[5] 米炜. 探究二手房房价的影响因素 [D]. 武汉：华中师范大学硕士学位论文，2018.

作者联系方式

姓　　名：周志海　孟德友

单　　位：河南省豫通房地产评估咨询有限公司

地　　址：郑州市金水区农业路东 22 号东单元 18 层 62 号

邮　　箱：284221020@qq.com

浅析存量住宅市场量价波动特征及其对房地产估价的影响
——以无锡市为例

周 淼 蒋敏慧

摘 要：从国内房地产发展现状看，经济活跃的城市正逐步陆续走向存量住宅市场主导时期。存量住宅市场是相对滞后而复杂的市场，当市场量价波动偏离度过高时，交易风险随之潜伏，估价机构则会面临出具价格的挑战，正因此，研究其关联性对房地产估价的影响显得尤为重要。从本质看，存量住宅市场量价波动体现在横向的区域和纵向的时间交织圈中。2016年，无锡存量住宅市场在无政策红利的刺激下，量升价涨，且量的提拉速度远远超出价的上涨幅度。在此特殊节点，对房地产估价带来了不同寻常的影响，价值时点原则的价值判断成为一种挑战。价格陡然攀高牵动着谨慎原则，如何将市场异常波动对房地产估价的影响控制在最低程度，进而发挥个人价值，凸显行业价值，成为同业人员共同努力的方向。

关键词：存量住宅；量价波动；房地产估价；无锡

一、引言

自中国住房制度改革以来，房地产市场发展至今呈现出一派繁荣的格局，房地产业成为国民经济主要组成部分，在社会经济中发挥着重要的作用。然而，随着房地产业的快速发展，房地产市场量价波动现象不断呈现，市场形势错综复杂。有研究表明，把握价格波动与交易量的关系是正确理解市场波动性的关键。目前，国内关于房地产市场量价关系的研究主要集中在商品住宅市场，存量住宅研究几乎处于空白。从房地产市场整体运作层面分析，存量住宅市场是一个相对滞后的、复杂的市场。滞后性主要体现在一级土地市场和二级商品住宅市场的发展风向所带来的蝴蝶效应以及政策环境开合之力所形成的渗透效应；复杂性主要包括价格的即时变动特征以及交易对象的多样性。基于此，存量住宅市场量价波动有明显的不确定性，而当市场量价波动偏离度过高时，交易风险随之潜伏，估价机构则会面临出具价格的挑战，研究其关联性对房地产估价的影响显得尤为重要。

二、房地产市场的量价关系

存量住宅市场量价关系的研究主要集中在以美国为代表的存量房市场成熟且发达的国家。伯克和克德曼（Berkovec & Goodman，1996年）建立了一个搜寻模型（search theoretic model），认为存量房卖方通常多于买方，卖方希望尽快出售手中的房子，因此当出现多个购买需求时，价格的变化总是落后于交易量的变化。霍特（Hort，2000年）在伯克和古德曼（Berkovec & Goodman）搜寻理论的框架基础上，利用VAR模型研究发现房价与交易量之间存在正向关系。国内有研究人员认为房价与交易量之间存在滞后正相关关系，并且房价处于主导地位。此外，房价与交易量的波动关系存在明显的季度效应和区域效应。另有研究者认为房地产量价之间的传导机制体现在四个方面：房价主导，交易量变化滞后；交易量主导，房价变化滞后；量价同时正向变化；量价同时反向变化。结合国内房地产发展特征，笔者认为存量住宅量价联动特征需深入到横向和纵向进行综合判断，即具体到不同区域、不同时期，市场量价会出现不同的表现。从区域层面看，当区域市场供求平衡时，往往是价行量动，比如次新房，交易量随着价格的推进不断持续；当区域市场供大于求，往往量行价动，这种价格涨跌程度相对较缓，比如老旧小区、新城等；当区域市场供不应求时，往往是价格坚挺的同时量也走俏，比如学区房等。从时间周期来看，存量住宅量价也会因城市房地产整体市场发展规律出现较为明显的变化，其特征因城而异。

三、无锡市存量住宅十年变迁

（一）交易规模

1."开挂"模式，交易热度清晰可见

从数据分析看，2015年是无锡存量住宅过去十年交易变化的分水岭，2015年前为30000档，随后的三年为50000档，档位跨越幅度十分明显，可见存量住宅市场明显存在不稳定性因子，影响着交易量的变化。在过去的十年中，存量住宅累计成交311712套，其中2016年至2018年成交占十年体量的比重达到55%，市场潜能在这三年中集中爆发。

2.五年，存住比从"0.5"跃升"1"

从存住比走势来看，2013年首次跃入0.5线之上，2016年市场开始全面引爆，存住比接连上挺，2017年首次突破1，达到1.27，创历史纪录，一定程度体现出了存量住宅市场的潜力和活力。2018年，存住比大幅回落至0.4，从数据角度分析，显得极不合理，但从市场发展特征和缘由探究，因商品住宅市场调控，使得大量高价房源网签备案滞后，如此回落成为一种必然。基于此现象，笔者认为在研究量价波动时，不能离开对市场实际面貌的真切了解来单纯对数据进行系统和模型的研究分析，因为数据有时并不一定反映着市场的真实情况（图1）。

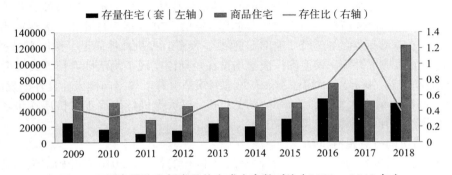

图1 无锡存量住宅与商品住宅成交套数对比（2009—2018年）

（二）交易价格

从价值体现看，2010年至2017年，网签均价涨幅很小，且十分平稳，2017年不足6500元/平方米，与商品住宅相差达3000元/平方米以上。可见，2017年以前，无锡存量住宅历年网签均价普遍偏离合理价值线，网签均价并没有反映出存量住宅的真实价值。2018年达到8636元/平方米，开始逐步回归到合理价值。当存量住宅网签价格逐步靠近历史价值的合理区间时，商品住宅交易价格在地价的推动下，又向前迈进了一大步，这无疑对波动中的存量住宅交易价格评估带来新的考验（图2）。

图2 无锡存量住宅网签均价走势（2009—2018年）

四、无锡存量住宅市场量价波动特征

（一）政策引导量价波动

2008年，受全球金融危机影响，无锡房地产市场陷入低谷。2008年11月21日，无锡"暖市"政策出台，随后不久，央行降息，江苏省发布《关于促进房地产市场健康发展的意见》，在系列宽松政策及利好背景下，房地产市场信心快速回升，迎来了量价双升的窗口期。2009年，无锡存量住宅创下25000套的纪录，当年网签均价为4778元/平方米，商品住宅均价6491元/平方米，价格差为1713元/平方米。在2010年至2014年期间，受政策调控的影响，住宅成交套数呈现"V"字形，于2011年探底，其中存量住宅成交10958套，网签均价5861元/平方米；商品住宅成交28353套，成交价格8683元/平方米，价格差为2822元/平方米，达到2017年前的最高值。2015年开始，楼市再次进入宽松环境，在一紧一松的反差中，住宅交易进入了新的里程碑。其中，存量住宅市场自2016年开始变得颇为活跃，直接或间接地吹响着无锡存量住宅时代的号角。2016年3月开始，无锡楼市迎来了"不速之客"，在众多因素的推动下，刚需、刚改、投资、投机蜂拥而至，楼市交易进入了高频快的节奏，成交量"井喷"式上涨，成交均价在短期内实现了跳跃性增长。2016年10月，无锡楼市调控政策一锤定音，"房住不炒"的总纲领牵引着市场走向健康而良性的发展轨道。随后两年，调控政策再次加强，在政策护航之下，投资投机行为逐步被挤压在市场大门之外，楼市交易价格开始维稳在合理区间。

（二）从量价同行到量行价动

2015年前，无锡存量住宅交易总体体现量价同行的特征，2016年开始，量的陡增催生了价格飞跃。从无锡住宅交易价格及存量住宅交易量走势对比图中可以看出，存量住宅交易量在2016年掀起热潮，而网签价格在2018年开始仰头。2017年，无锡商品住宅首次突破万字头，达11945元/平方米，约为2009年成交均价的1.8倍，创历史新高；同年，存量住宅网签均价依然处于低位，不足6500元/平方米，约为2009年的1.4倍。这一年，存量住宅交易量创下历史最高值，存量住宅交易量呈现出较为明显的量行价动的特征。从数据走势看，似乎商品住宅与存量住宅价格经历了9年的价格差，特别是2017年达到差值顶峰后开始交汇，但实际不然，商品住宅价格的下行在很大程度上受到无锡安置房上市交易后的大量低价房源价格对冲。由此可见，存量住宅市场交易信息复杂，仅仅参考商品住宅交易价格走势或网签价格走势并不能真实反映房地产的价值。然而市场所呈现的种种现象给买卖双方形成一种或热或冷的假象，在市场波动明显的窗口期中，买卖双方对市场有限的认识在一定程度上给存量住宅价值评估带来极大的考验。某种意义上可以说，正是在这样的背景下，才能真正体现房地产估价的专业性及其在市场交易中的不可或缺性（图3）。

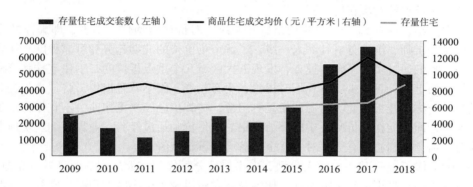

图3　无锡住宅交易价格及存量住宅交易量走势对比（2009—2018年）

五、无锡存量住宅市场对房地产估价的影响及对策

根据《房地产估价规范》GB/T 50291—2015要求，评估房地产市场价值需要遵循独立、客观、公正，合法，价值时点，替代，最高最佳利用五大原则，在房地产抵押价值和抵押净值评估中，除上述原则外，还应遵循谨慎原则。其中谨慎原则一条特别指出，评估价值应为在充分考虑导致估价对象价值或价格偏低的因素，慎重考虑导致估价对象价值或价格偏高的因素下的价值或价格。在对估价结果检查条款中还指出，若测算结果不同寻常，应考虑房地产市场状况的特殊性。从规范中可以看出，房地产估价人员需要对市场变化了如指掌，这一变化不只是当前，还包括过去及未来一段时间的可能走向。从无锡房地产存量住宅市场十年变化特征可以看出，量价变化在时空交织中体现出其复杂性，在这些特殊的节点，对房地产估价带来了不同寻常的影响。

（一）量价正常波动

量价正常波动包括异常之前和异常趋向正常之后，量价正常波动的影响主要体现在异常趋向正常之后的价值评估。异常波动期的所有交易案例、参考房源、交易价格处理妥当与否一定程度上影响着后续的评估结果。笔者认为估价公司可增设市场估价岗位，该职位人员所需做的不仅仅是数据分析，更多的应是分析数据，跳出数据看数据，如此可以扎实知识，洞悉规律，牢牢掌握独立、客观、公正等原则，有力地面临市场异常波动时的各种挑战。

(二)量价异常波动

2016年,无锡存量住宅市场在无政策红利的刺激下,量升价涨,且量的提拉速度远远超出价的上涨幅度。在此情形下,价值时点原则的价值判断成为一种不小的挑战,价格陡然攀高牵动着谨慎原则,显然,以往的估价套路需要寻找突破口。笔者认为,当市场处在特殊时期,估价人员如何能够将市场和规范讲清楚成为支持估价结果的关键一环。2016年,笔者所在机构也面临着市场剧烈波动带来的很多问题,比如系统数据库的动态及时更新、比如市场波动的真实原因、比如价值评估的高低起伏……因此,笔者组织团队进行了逆向思维,通过量价异常波动之象、价格虚高成因、CAS价格修正、价格修正策略四个方面进行了分解。此次研究得出量价异常波动时的应对策略如下:

(1)分门别类——综合分析CAS系统楼盘数据库现有数据信息特征。根据二手住宅市场价格波动程度,次新房波动幅度最大,因此,将小区按新旧程度划分为次新房和老小区,价格讨论修正重点针对次新房展开。

(2)虚实结合——即一二手联动,展开调研,对价格做预估。虚者,即虚浮的市场价格。由市场分析师、统计分析师深入一线,了解市场价格的波动趋势和可靠程度。在实际执行过程中,我们通过实地了解和摸查,发现五大区域几个重点板块的二手住宅挂牌价格确实有较大幅度的上调,且不少卖方在不时提价,更有甚者,因不着急出售,将挂牌价提升到小区同类物业历史天花板,此类房源即便是真房源,挂牌价已经严重扭曲,不宜作为定价参考对象。实者,即沉淀在估价师心中的评估价格。由估价师通过经验、业界咨询、实地勘察了解等综合评估,做到心中有数,对580个楼盘均价重新赋值。

(3)酌情修正——其一,对大户型、中小户型分类修正。大户型房源具有分布范围广、影响因素较中小户型更为复杂的特征,比如花园洋房以及很多小区的顶跃、底复等房源,因此类房源禀赋特殊,单价离散度较高,处理这些大户型与中小户型的价格关系时,需对房号系数等仔细斟酌。其二,对活跃小区、次活跃小区、非活跃小区分别修正。活跃小区相对热门,比如顶级学区房小区、潜力板块次新房等,尽管此类小区价格虚浮空间最大,但修正时宜松不宜紧。次活跃小区以成熟区域老小区居多,在老小区中,对于年代相对近的,修正时宜紧不宜松;年代较远的,采取非活跃小区的处理方式,即松紧适当。

六、结语

虽然2016年以来的三年已经成为过去,但存量住宅市场量价波动还在时时前行,异常波动依然潜伏,未来的量价走势对房地产估价依然存在潜在挑战。估价师所能做的,一是练好基本功,扎扎实实熟悉、掌握规范和方法;二是深入市场,了解市场;三是及时补充完善自有数据库,做到心中有数。如此可以以不变应万变,将市场异常波动对房地产估价的影响控制在最低程度,为企业发挥个人价值,为社会凸显行业价值。

参考文献:

[1] 孔煜,高波. 中国房地产市场的量价波动关系——基于联立方程模型的实证分析[J]. 中央财经大学学报,2012(07).

[2] 陆勇. 住宅市场量价关系分析——基于香港数据的实证研究[J]. 上海金融学院学报.2007(06).

[3] 王亚茹. 基于量价关系的城市房地产市场分类调控研究——35个大中城市数据的分析[D]. 上

海：上海师范大学，2016.

作者联系方式
姓　名：周　淼　蒋敏慧
单　位：无锡东信房地产土地资产评估测绘有限公司
地　址：江苏省无锡市太湖西大道佳诚国际大厦 2166-2-14 楼
邮　箱：545571730@qq.com；378729184@qq.com

交通市政工程建设对房地产价格的影响分析

王学艺

摘　要： 交通市政工程建设对房地产的价格有可能产生正面影响，也可能产生负面影响。在工程建设过程中，若行人车辆通达度受较大影响，商业房地产租金收益会下降。交通市政工程建设完毕后，若涉及房地产的通达度提高，该交通市政工程对涉及办公商业房地产的价格有利。交通市政工程建设完毕后，若住宅房地产周围环境恶化，将对住宅房地产价格不利。

关键词： 交通市政工程；房地产价格；采光；噪音

一、上海市市政工程建设概况

90年代以来，随着上海市建成区的扩大与人口的增长，上海城市基础设施建设持续快速推进。从1990年至2017年，全市用于城市基础设施建设的投资为23319亿元，约占同时期社会全部固定资产投资额的25.6%。2018年，全市城市基础设施投资增长率为9.3%，高于同期全市生产总值（GDP）6.6%的增长率。其中交通运输投资增长12.3%，轨道交通11号线、13号线、16号线等轨道交通建设持续推进。北横通道、武宁路快速化改造等道路工程顺利进行。

一个城市的交通市政基础设施的新建与更新，对当地的经济发展和市民生活质量的提高有重要作用。在交通市政基础设施的规划、设计与建设过程中，需充分考虑现有交通基础设施的承载能力与远期需求，以便改善现有交通基础设施服务的房地产的通达能力以及保证规划房地产未来的通达能力。

二、交通市政基础设施对房地产价格的影响分析

交通市政基础设施可以直接提升房地产价格。例如规划工业园区配套相应的工业运输道路后，会方便入驻企业的生产经营。规划商务办公区配套城市高架快速道路后，商务人员往来更便捷，人员流通更加通畅，将提升入驻办公企业的档次。居住房地产附近修建地铁站后，可显著提升该房地产的价格。

（一）办公房地产

虹桥商务区作为国家级的商务区，是上海的重点发展区域之一。虹桥商务区的崛起，交通市政工程建设是决定性作用之一。上海传统的商务区包括外滩、人民广场和陆家嘴，均在上海市中心位置。相比之下，虹桥商务区位于上海外环外，因上海虹桥火车站和上海虹桥机场的建设而兴起，但远离市中心，地面交通较不便。为加强地面交通，先后建造了嘉闵高架

路、北翟高架路、崧泽高架路和虹翟高架路,与沈海高速、外环高速、沪渝高速和沪常高速等原有高速道路互联互通。轨道交通方面,新建轨道交通17号线,加强了向西的通达程度。在海陆空交通通达度全面提升的情况下,虹桥商务区成为面向长三角乃至全国的重要商务区,办公房地产开发火爆,已建成的办公房地产租金持续上涨。(图1)

图1 虹桥商务区规划

(二)商业房地产

近十年来流行的奥特莱斯商业模式的成功也依赖交通市政工程建设。奥特莱斯商场中销售的商品品牌较为高端,但价格较市中心高端商场中相同的商品低。奥特莱斯一般建设在城市郊区,离传统市区商业中心距离遥远,但离高速匝口较近,目标人群为对品牌有要求,财务状况较好,有私家车的客户。上海百联奥特莱斯位于上海市青浦区,与上海传统的商业中心如南京东路、南京西路、淮海中路和徐家汇商业中心距离在20公里以上。该奥特莱斯周围商业业态为村镇零售商业,规模较小,租金低廉。(图2)

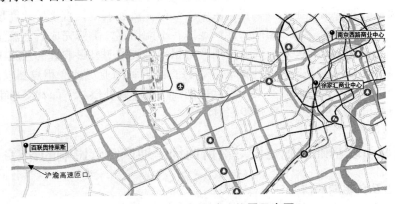

图2 百联奥特莱斯地理位置示意图

该奥特莱斯距离沪渝高速嘉松中路匝口仅500米，可从沪渝高速经延安高架路直达上海市中心，自驾通达度高，故该奥特莱斯的经营状况良好，商铺一铺难求。

（三）住宅房地产

交通市政基础设施的建设也有可能对房地产价格有负面影响。因旧城区域原有规划未考虑未来发展或预留规划空间不足，在新建高架道路、拓宽地面道路时，道路两侧房地产经常会受到很大影响。老城区内新建高架快速路或拓宽现有道路时，为降低前期成本，会尽可能减少动迁量，导致一些80至90年代的多层住宅楼外立面与新建道路距离已无法满足现有建筑设计规范。新建道路将影响住宅楼的采光、通风和景观，同时因为新建道路车速较快，也将增加住宅楼内的噪音。即使道路的修建会增加附近房地产的通达性，也会对部分房地产产生噪音污染和采风通风影响，导致房地产价格比道路建设前更低。

以上海市普陀区大洋小区为例，因交通路新建桥梁影响，大洋小区临交通路住宅楼一层窗台已与现状道路人行道平齐，严重影响了该住宅楼一层住户的采光、通风，破坏了居住隐私，增加了噪声污染，严重降低受影响居住房屋的出租、出售价格。（图3）

图3　上海市普陀区大洋小区

商业房地产对交通市政基础设施建设造成的人流量减少更为敏感。例如道路地下管道施工时，即便建造临时便道，施工围挡仍会阻断大部分车流和人流，直接导致商场和沿街店铺人流量减少。若管道施工完毕后道路只能恢复原状不能拓宽，翻修完成后客流量往往只能恢复到原有水平。如果施工时间短，商业房地产房租不会受到明显影响。一旦施工期较长，例如地铁站的修建，往往需要3到5年的时间，将直接导致商业房地产租户要求减租或退租。因交通市政基础设施建设造成的房地产经营损失往往得不到补偿。下面就交通市政基础设施建设造成的商业房地产租金损失做初步探讨。

三、交通市政基础设施建设对沿街商铺房地产经营影响的计算

（一）不涉及免租期的情况

以一沿街商铺为例。该沿街商铺建筑面积为S平方米，租金为R元/平方米/天，租金

为季付，租期为×年，租金不变。20××年1月1日起租，每个季度1号交租金。因该沿街商铺前市政道路因管道施工需封路y年，施工期间因施工围挡阻碍，人流量大幅减少。经协商，出租方同意从20××年1月1日至20××年12月31日（y年）租金为原租金的n倍（0＜n＜1），按照R×n元/平方米/天计算。

该商铺租金损失主要为租金损失

房地产租金损失金额＝未受地铁建设影响的房地产租金收益现值*房地产面积－受地铁建设影响的房地产租金收益现值*房地产面积

因受损期限为y年，需考虑租金的时间价值，故租金收益需计算现值。20××年1月1日为价值时点，则

未受地铁建设影响的房地产租金收益现值＝

$$(A) P = A + \frac{A}{1+i} + \frac{A}{(1+i)^2} + \cdots + \frac{A}{(1+i)^{4y-1}} = A \times \left(1 + \frac{1-(1+i)^{-(4y-1)}}{i}\right)$$

其中 A＝正常季度租金＝正常日租金 × 季度天数 × 建筑面积
　　　i＝季度折现率

受地铁建设影响的房地产租金收益现值：

$$P' = A' + \frac{A'}{1+i} + \frac{A'}{(1+i)^2} + \cdots + \frac{A'}{(1+i)^{4y-1}} = A' \times \left(1 + \frac{1-(1+i)^{-(4y-1)}}{i}\right)$$

其中 A'＝折后的季度租金＝折后日租金 × 季度天数 × 建筑面积
　　　i＝季度折现率

则房地产租金损失金额＝（P-P'）

$$= (A - A') \times \left(1 + \frac{1-(1+i)^{-(4y-1)}}{i}\right)$$

$$= (R - R \times n) \times 90 \times S \times \left(1 + \frac{1-(1+i)^{-(4y-1)}}{i}\right) = R \times S \times 90 \times (1-n) \times \left(1 + \frac{1-(1+i)^{-(4y-1)}}{i}\right)$$

（二）涉及免租期的情况

在商铺租赁中，为了持续经营，经常会签订三年及以上的租赁合同。如商铺租赁方代理品牌为重点招商引进对象，房屋出租会有3个月到6个月的免租期，租金缴纳周期也可延长至半年或一年。现以一沿街酒店因高架道路建设导致客流减少造成的营业损失计算为例。

该沿街酒店建筑面积S平方米，租金为R元/平方米/天，租金为半年付，半年初支付，租期为×年。20××年1月1日起租，每半年初1号交租金，有6个月的免租期。因酒店门口道路因高架建设施工导致客流减少。经协商，出租方同意从20××年1月1日至20××年12月31日（y年）租金为原租金的n倍（0＜n＜1），按照R×n元/平方米/天计算。免租期延长至1年。

因受损期限为y年，需考虑租金的时间价值，故租金收益需计算现值。在免租期存在的情况下，使用年金现值计算公式计算租金现值后，需将免租期结束后第一期租金缴纳日期为时点的租金现值折算至价值时点，以20××年1月1日为价值时点，则

未受高架道路建设影响的房地产租金收益现值为：

$$P = \left(\frac{A}{1+i} + \frac{A}{(1+i)^2} + \cdots + \frac{A}{(1+i)^{2y-1}}\right)/(1+i) = A \times \left(\frac{1-(1+i)^{-(2y-1)}}{i(1+i)}\right)$$

其中，A= 正常半年度租金 = 正常日租金 × 半年度天数 × 建筑面积 i= 半年度折现率

受地铁建设影响的房地产租金收益现值：

$$P' = \frac{\frac{A'}{1+i} + \frac{A'}{(1+i)^2} + \cdots + \frac{A'}{(1+i)^{2y-2}}}{(1+i)^2} = A' \times \left(\frac{1-(1+i)^{-(2y-2)}}{i(1+i)^2}\right)$$

则房地产租金损失金额 =

$$(P-P') = A \times \left(\frac{1-(1+i)^{-(2y-1)}}{i(1+i)}\right) - A' \times \left(\frac{1-(1+i)^{-(2y-2)}}{i(1+i)^2}\right)$$

$$= R \times S \times 183 \times (1-n) \times \left(\frac{1-(1+i)^{-(2y-1)}}{i(1+i)} - \frac{1-(1+i)^{-(2y-2)}}{i(1+i)^2}\right) = \frac{R \times S \times 183 \times (1-n)}{(1+i)^2}$$

（三）租赁合同终止及其他补偿情况

在某些市政工程建设过程中，因为设计或实际施工情况，道路将彻底封闭，除施工单位外的行人和车辆无法进出。受此影响，沿街商铺将无法营业，租户寻求退租。在这种状态下，房屋出租方将完全损失从施工开始至房屋租赁合同结束之间的全部租金。

$$P = \frac{\frac{A}{1+i} + \frac{A}{(1+i)^2} + \cdots + \frac{A}{(1+i)^n}}{1+i'}$$

其中 A= 正常季度租金 = 正常日租金 × 一期租金天数 × 建筑面积

i = 租金周期折现率

i' = 价值时点至下一期租金缴纳日的折现率

n = 剩余租金期数

四、交通市政基础设施建设对住宅价值的负面影响的计算

交通市政基础设施对住宅的负面影响主要在于采光和噪音。新建交通市政基础设施对现有住宅的采光影响计算参考《建筑采光设计标准 GB 50033—2013》。以一居民楼北侧新建桥梁影响采光为例，计算过程如下：

（一）采光标准

根据《建筑采光设计标准 GB 50033—2013》3.0.4 节，上海属于 IV 光气候区，室外天然光设计照度值 Es 为 13500 勒克斯，不同采光等级对应的采光系数标准值 Cav 和室内天然光照度标准值 Eb 详见表 1。

采光系数表　　　　　　　　　　　　　　　表1

采光等级	采光系数日平均值 Cav（%）	室内天然光照度标准值 Eb（勒克斯）
I	5.5	745
II	4.4	595

续表

采光等级	采光系数日平均值 Cav（%）	室内天然光照度标准值 Eb（勒克斯）
III	3.3	450
IV	2.2	300
V	1.1	150

根据《建筑采光设计标准 GB 50033—2013》4.0.1 节，卧室、起居室、厨房至少为IV级，卫生间、过道、餐厅、楼梯间至少为V级。

（二）采光计算

根据《建筑采光设计标准 GB 50033—2013》6.0.2 节，采光系数日平均值 C_{av} 计算如下：

$$C_{av} = \frac{A_c \times \tau \times \theta}{A_z \times (1-\rho_j^2)}$$

窗的总透射比 $\tau = \tau_0 \times \tau_c \times \tau_w = 0.56$

τ_0 为采光材料透射比，受影响建筑物窗户为单层普通白玻 6mm，$\tau_0 = 0.89$

τ_c 为窗结构挡光折减系数，受影响建筑物窗户为单层塑料窗，$\tau_c = 0.7$

τ_w 为窗玻璃污染折减系数，受影响建筑物窗户为垂直清洁玻璃，$\tau_w = 0.9$

室内各表面反射比的加权平均值 $\rho_j = \frac{\sum \rho_i A_i}{A_z}$，

受影响建筑物室内墙和顶为大白粉刷，$\rho_i = 0.75$，

受影响建筑物室内地面为白色釉面瓷砖，$\rho_i = 0.80$ Az 为受影响建筑物室内表面总面积

A_i 为室内各房间不同材质墙面的表面

$$\theta = \arctan\left(\frac{D_d}{H_d}\right),$$

D_d 为受影响房屋北侧距离新建桥南侧距离，

H_d 为新建桥高度，根据该桥梁施工图和受影响房屋和桥梁的相对位置计算，

A_c = 窗洞口面积，根据受影响建筑的施工图计算。

根据桥梁修建后的 D_d 和 H_d 可计算出受新建桥梁影响后房地产的采光系数 C'_{av}，与桥梁建造前的采光系数 C_{av}，比较即可得到新建桥梁对房地产的采光影响。若新建桥梁后，采光等级降低，则对该住宅房地产价格影响较大。（图4）

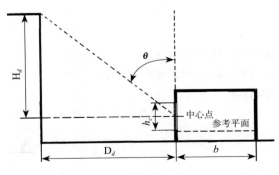

图4 侧面采光示意图

（三）噪声计算

噪音影响主要取决于房地产所在区域的噪音标准以及新建交通市政基础设施对该房地产新产生的噪音水平。

根据《上海市环境噪声标准适用区划（2011年修订）》，1类标准为（昼间不高于55dB（A），夜间不高于45dB（A）），假设一幢居民楼位于1类标准适用区。

若该居民楼位于拟建工程为城市次干路附近，车道断面按照四快两慢标准实施，道路两侧一定区域内属4类标准适用区，执行《声环境质量标准》（GB 3096-2008）4a类标准（昼间不高于70dB（A），夜间不高于55dB（A））。新建市政道路将恶化该居民楼的噪音情况，对该房地产价格不利。

五、结论

交通市政工程建设对商业房地产租金有较大影响。若建成后的交通市政工程能够显著提升涉及商业房地产的行人车辆通达度，则对房地产租金有较大提升。若交通市政工程施工过程中，涉及商业房地产行人车辆通达度降低较大，对商业房地产实际租金产生较大影响，应根据实际租金减损情况和影响的时间，采用年金现值的方法计算房地产租金损失于价值时点的现值。交通市政工程建设对住宅房地产价格影响主要在采光与噪音方面，若新建交通市政工程降低了住宅房地产的采光水平，恶化了噪音程度，则对住宅房地产价格有较大负面影响。

参考文献：

[1] 上海市人民政府. 城市基础设施建设 [EB\OL]. [2017-12-01/2019-10-31]. http://www.shanghai.gov.cn/nw2/nw2314/nw3766/nw3826/nw3827/u1aw48.html.

[2] 上海地铁. 在建线路总体情况 [EB\OL], 2019[2012-12-25/2019-10-31]. http://www.shmetro.com/node55/node56/index.htm.

[3] 虹桥商务区管委会规划处. 虹桥商务区总体规划 [EB\OL]. [2013-04-09/2019-10-31]. http://www.shhqcbd.gov.cn/html/shhq/shhq_kfjsghbz/Info/Detail_5109.htm.

[4] GB 50033—2013,《建筑采光设计标准》[S].

[5] GB 3096—2008,《声环境质量标准》[S].

[6] 上海市环境保护局. 上海市环境噪声标准适用区划（2011年修订）[Z]. 2012-02-07.

作者联系方式

姓　名：王学艺

单　位：上海上睿房地产估价有限公司

地　址：上海市黄浦区西藏中路585号新金桥广场3D

邮　箱：thundercat10@qq.com

浅谈新形势下房地产估价中估价资料的核查和验证

王建军　刘妮娜

摘　要：在估价实践中，对估价资料的核查和验证，确有很多困难。对估价资料不能有效的核查验证，给估价机构和估价师带来执业风险。在目前形势下，估价师要充分认识核查验证估价所需资料的重要性，注重核查和验证的操作性，进一步提高房地产估价执业水平。

关键词：房地产估价；资料；核查；验证

《资产评估法》自2016年12月1日起实施以来，对于规范房地产估价专业人员和评估机构的从业行为，促进房地产评估行业健康发展具有重大作用。该法第十三条第四项规定，要求估价人员对于估价所必需的资料进行核查和验证。在具体估价实践中，对估价资料的核查和验证遇到的问题，越来越复杂，因此有必要对这一估价程序中的重要环节进行深入的分析。

一、对估价所需的资料进行核查和验证，是法律和技术规范的要求

（一）核查和验证，是《资产评估法》的要求

《资产评估法》第十三条第四项规定，评估专业人员应当"对评估活动中使用的有关文件、证明和资料的真实性、准确性、完整性进行核查和验证"。从这一条规定上看，评估专业人员是核查和验证估价所需资料的主体，核查和验证的范围是评估活动中使用的有关文件、证明和资料，并且指出了验证和核查的内容是其真实性、准确性和完整性。第二十五条指出"评估专业人员应当根据评估业务具体情况，对评估对象进行现场调查，收集权属证明、财务会计信息和其他资料并进行核查和验证、分析整理，作为评估的依据。"这一条进一步明确了核查和验证的手段包括进行现场调查，核查和验证范围为评估活动中使用的文件、证明和资料，包括权属证明、财务会计信息和其他资料。估价师应当严格履行法定义务，对上述资料进行核查和验证，得到真实、准确、完整的估价资料。真实、准确、完整的有关文件、证明和资料，是提供高水平高质量估价服务的前提条件。

（二）核查和验证评估活动中使用的有关文件、证明和资料的真实性，准确性、完整性也是技术规范的要求

《房地产估价规范》GB/T 50291—2015第3.0.6条：（估价师）对搜集的估价资料应进行检查。同时第8.0.4条规定：房地产估价师和房地产估价机构应勤勉尽责，应搜集合法、真实、准确、完整的估价所需资料，且应对搜集的估价所需资料进行检查，并应对估价对象实

地查勘。《城镇土地估价规程》GB/T 18508—2014 8.4 条也有类似的规定，估价机构和估价人员应收集估价所需最新资料，并进行核查、分析、整理。这些技术规范都要求估价人员在估价过程中，对搜集的资料进行检查。这些资料也包括委托人提供的资料。《房地产估价规范》和《城镇土地估价规程》仅要求对搜集的估价资料进行检查。《资产评估法》的要求更高，不仅要检查核查评估所需资料，而且还要对其进行验证。核查验证对于估价师的要求更高。只有真实的评估资料，才能保证真实的估价报告。准确的评估资料，才能保证估价结果的准确性。

（三）要求委托人提供相关权属证明、财务会计信息和其他相关材料，是法律赋予评估专业人员的权利

《资产评估法》第十二条第一项规定：要求委托人提供相关的权属证明、财务会计信息和其他资料，以及为执行公允的评估程序所需的必要协助。同时，《资产评估法》第二十三条第二款规定：委托人应当对其提供的权属证明、财务会计信息和其他资料的真实性、完整性和合法性负责。委托人应保证评估信息来源真实，不得弄虚作假，必须反映估价对象的实际情况；所谓完整，委托人提供的资料应当齐全，不能有遗漏；委托人还应该保证提供资料的合法性，从形式到内容符合定法定要求。只有估价资料完整合法真实，估价师才能保证估价质量，才能出具符合《房地产规范》的合格报告。

二、目前估价实践中，核查和验证存在的问题

（一）真实性的核查

在房地产估价时，委托人提供的房地产权属证书，即便是原件，房地产估价师也不具备识别其是否为真实的能力。房地产估价师是对房地产进行价值评估的专家，不是识别权属资料真伪的专家。房地产估价师如果要核查和验证其权属证书的真伪，就必须到当地的不动产登记部门进行调查。《资产评估法》第十二条第二项对评估人员享有的权利做了规定：依法向有关国家机关或者其他组织查阅从事业务所需的文件、证明和资料。即估价师具有法律赋予的查询权利，但是，在实际操作中，估价师向不动产登记部门查阅权属资料，是比较困难的。《不动产登记资料查询办法》第四条规定：不动产权利人、利害关系人可以依照本办法的规定，查询、复制不动产登记资料。不动产权利人、利害关系人可以委托律师或者其他代理人查询、复制不动产登记资料。估价师作为利害关系人去查询权属资料的真伪，无形中会加大估价机构的成本。此外，还存在着查询时效，查询时并非当时就可以给出查询结果，短则三五天，长则十天半月；若为异地估价项目，估价师还需要到异地查询。如果评估机构都向不动产登记部门查询，也会加大不动产登记部门的工作量。

（二）准确性的核查

从《资产评估法》第十三条和第二十三条对比来看，估价师应对委托人提供的资料的真实性、准确性和完整性进行核查和验证，委托人对其提供估价资料的真实性、完整性和合法性负责。

二者差异之一为准确性。如果说权属资料真实性的核查和验证可以去不动产登记部门查询得到，那核查和验证提供资料的准确性则更难。由于估价目的的不同，估价对象的多样性，估价资料的准确程度也不尽相同。一般资料的准确性，涉及土地面积、建筑面积、规划建筑面积、实际建筑面积、土地用途等。我们会经常遇到这样一些情况；城市国有土地上房屋征

收,有一些没有登记的建筑物也需要补偿,这些建筑物的建筑面积比较大,而且分别属于人数众多的被征收人,征收部门提供的建筑面积如果需要房地产估价师一一核查其准确性,有很大难度。还有在建工程抵押估价,建筑物体量大,房地产估价师只能根据《建设工程规划许可证》《建筑施工许可证》大致确定其规模,不一定与委托人确定的建筑物相当;对于像酒店这些特殊用途的抵押估价,委托人提供的经营资料,比如不同类型的房间价格、入住率、会议室使用率、中西餐的翻台次数等,以及财务报表,这些数据的准确性将直接影响酒店价值。还有一些商业房地产存在租赁关系,但是委托人往往以涉及商业机密为由,不提供租赁合同。估价师仅靠勤勉尽责对其准确性进行核查和验证也是极其困难的。

(三)完整性的核查

在传统的房地产估价业务中,估价师一般可以得到完整的估价资料,但是,在司法鉴定估价中,由于当事人不配合等原因,很多估价项目无法得到完整的估价所必需的资料。笔者曾经遇到这样的司法估价项目,法院提供的权属资料中没有登记土地使用权性质,也没有登记其分摊的土地面积,在对其市场价值估价时,其中涉及的土地使用权性质究竟是划拨还是出让,需要调查核查,但是估价师和法院工作人员到不动产登记部门查询,也没有得到准确完整的土地信息。由于资料不完整,导致工作周期延长。在国有土地上房屋征收时,由于历史原因,很多信息不完整,比如有的没有土地用途;部分房屋灭失,没有注销登记;还有的房屋没有合法手续,也没有进行登记;这些本应是房屋征收部门与被征收人共同协商并确定的事情,有时候征收部门却将此责任推卸给评估机构,由评估机构来确定,给评估人员造成极大的风险。

三、正确理解核查和验证

核查和验证评估资料,一方面是法律要求估价人员必须遵守的义务,另一方面在现实估价中,由于受到很多局限性估价人员又很难完全做到。在矛盾的焦灼中,有一个司法判例,给估价人员带来启示。

案情简要如下:

李某将其名下房产抵押给兴业公司,为此双方签订了抵押合同。在该抵押合同签订前,兴业公司委托中瑞公司(房地产咨询估价公司)对案涉抵押房产进行价格评估。再查明,李某名下并未有房产。中瑞公司在进行价格评估时也并未发现该虚假房产证的问题。兴业公司诉至法院要求中瑞公司承担侵权责任。该案件历经二审乃至最高人民法院。最高人民法院(2019)最高法民申1935号民事裁定书裁定,评估机构对房产证真伪无专业核查义务,无赔偿责任。抵押权人委托房地产咨询估价公司对即将接受抵押的房产进行价格评估,虽然该公司在评估时并未发现虚假房产证问题,但核查房地产资料、权属的真实性不具有专业性要求,也不属于估价业务范围,对于抵押权人因房产证虚假所造成损失,该咨询估价公司并不承担赔偿责任。中瑞公司作为房地产咨询估价公司,以价格评估的专业性作为服务内容,接受他人委托从事价格评估业务并获取报酬,核查房地产资料、权属的真实性不具有专业性要求,也不属于估价业务范围,当事人无需以花费评估费用委托评估的方式核实,自行前往登记部门查询即可。

这一判例表明,尽管估价人员是以价格评估的专业性为其服务内容,核实房地产权属资料的真实性不属于其业务范围。但《资产评估法》明确规定了估价师核实验证的义务,所以不能就此说明估价人员就可以不遵守法律和规范要求的检查、核实和验证规定。同时，这个裁定也厘清了委托人或利害关系人与估价人员就核实资料真实性的责任边界，报告委托人或利害关系人也可以自行前往登记部门核实权属资料的真伪，不能将核实资料真伪的所有责任均由估价师承担，更不能将由此造成的损失由估价机构和估价师来承担。

四、新形势下如何进行核查和验证委托人提供的资料

（一）行业学会应尽快制定核查和验证资料的指导意见

《资产评估法》实施将近三年，对于估价资料的核查和验证，一直困扰着房地产估价机构和估价师。随着房地产估价业务的拓展，估价项目的复杂程度不断增加，核查和验证的难度不断提高。在目前现状下，估价师缺乏核查和验证估价资料的实操性。为了房地产估价行业的健康发展，建议中国房地产估价师与经纪人学会和各地房地产估价师协会积极制定核查和验证估价资料的指导意见，确定不同估价资料核查和验证的范围、内容，核查和验证的方法和工作深度。出台指导意见有利于行业内外正确理解核实验证估价资料的基本原则，厘清估价委托人与估价师之间就估价资料的责任，提高估价师核实验证估价资料的操作性，进一步降低估价机构和估价师的执业风险。

（二）估价师的核查和验证

根据估价目的和估价对象，委托人提供的资料，大致可以分为权属资料、工程建设资料和经营资料。按照《房地产估价规范》3.0.6：当估价委托人是估价对象权利人时，应查看估价对象的权属证明，并应将复印件与原件核对，不得仅凭复印件判断或假定估价对象的权属状况。权属证明包括《不动产权证》《国有土地使用证》《土地出让合同》和《土地划拨决定书》等，要通过权属资料中的相关位置、互相印证；检查权属证书中的附图是否一致，在实地查勘时，根据《房地产估价规范》3.0.7：应观察、询问、检查、核对估价对象的区位状况，实物状况和权益状况。《资产评估法》不仅要求检查这些资料，而且还要验证这些资料的真实性、准确性和完整性。在目前行业学会没有出台具体的指导意见之前，估价人员应该努力做到去核实验证估价所需的各种资料。

1. 权属资料的核查和验证

观察、询问是核实权属证书登记信息的必要方法，观察估价对象位置，看其临街状况，是否与权证资料中附图一致；询问估价对象周边邻居，看其是否与权证中四至一致；借助测距仪器，可以大致测量建筑物的面积，土地面积，看其是否与登记的建筑面积、土地面积大致相当。如果经过调查核实，发现权属资料存疑，有必要在产权人的陪同下到登记机关核实。如果委托人的权属资料尚未办理，不能提供《房地产权证》，比如在建工程，则要求委托人提供《土地出让合同》《建设工程规划许可证》《修建性详细规划》，要对这些资料中的土地使用人、建设单位进行核对；要对规划许可证中的建设规模与修建性详细规划中的建筑面积互相核对检查，必要时，要委托人提供建筑物测绘报告。这些不仅可以核对权属，而且也可以核实其准确性。估价对象的位置要准确，数据也要准确。测绘报告可以提供建筑物的建筑面积和不同阶段的建筑工程量，不同证件之间的数据形成链条，确保数据的准确性。对于工程进度，不能仅仅依靠委托人的表述，估价师要亲临现场，与监理公司积极沟通，了解清楚准确的实际工程进度。对于提供的资料，要确保完整，不能有遗漏、缺页。

2. 经营资料的核查和验证

对于企业经营资料，比如酒店经营资料，其中酒店客房的价格，估价师在现场查勘时，不仅要看酒店客房的挂牌价，还可以通过网络，如携程、飞猪、艺龙等酒店预订网页核对；对于酒店入住率，可以查询酒店行业年鉴，比如国家旅游局公布的星级饭店统计调查数据，或者对比酒店业不同星级酒店和快捷酒店的入住水平；酒店营业收入、利润水平可以通过上市的酒店历年财报进行对比，进而确定合理客观的收入、利润数据。估价师也要提高自己的专业技术能力，读懂弄通企业财务报表。对于提供的租赁合同，也要与估价机构掌握的租赁资料进行对比，看其与市场租金的差异程度，分析其原因，判断其资料的真实性与准确性。

此外，对于委托人提供的权属资料、经营资料和其他必需的资料，可以要求委托人提供其资料真实性、完整性、准确性的承诺函。所有核实和验证的工作记录要记入工作底稿，并请委托人签字确认。

核查和验证估价所需资料，是估价师对每个项目估价时都要面对的问题。尽管在实践操作中存在核查和验证困难，估价师依然应该勤勉尽责，不能因为困难而退缩，忽视核查和验证这个估价程序中的重要环节，否则将给估价师本人和机构带来较大风险。核查和验证估价所需资料，也需要得到相关各方的理解和配合，委托人有提供真实完整合法资料的义务，不动产登记部门也应建立方便快捷的信息查询机制，为核查和验证提供必要的外部环境，将《资产评估法》中核查和验证估价资料的要求落到实处。

参考文献：

中国裁判文书网. 天水市兴业担保有限责任公司、兰州中瑞房地产咨询估价有限公司天水分公司侵权责任纠纷再审审查与审判监督民事裁定书 [EB/OL]. http://wenshu.court.gov.cn/website/wenshu/181107ANFZ0BXSK4/index.html?docId=e1874cb102be4029ad87aa570112245f.

作者联系方式

姓　　名：王建军
单　　位：天津市融信房地产土地资产评估有限公司
地　　址：天津市河西区东江道青林大厦B座409
邮　　箱：wxy930807@163.com

姓　　名：刘妮娜
单　　位：天津市融信房地产土地资产评估有限公司
地　　址：天津市河西区东江道青林大厦B座409
邮　　箱：wxy930807@163.com

后 记

为引导房地产估价机构不断洞察、捕捉社会对房地产估价需要和要求的发展变化,适时有针对性地提供高品质的估价服务,促进房地产估价机构持续发展,2019年10月24日至25日,中国房地产估价师与房地产经纪人学会在北京举办了主题为"估价需求演变与机构持续发展"的2019中国房地产估价年会,并公开征集论文。征文活动得到了广大房地产估价机构、房地产估价师和专家学者的积极响应,共收到论文470余篇,我们从中遴选出较好的汇编成本论文集,并公开出版。

本论文集由中国房地产估价师与房地产经纪人学会主编。在论文征集及编辑过程中,柴强副会长兼秘书长、王霞副秘书长给予了大力支持,对全书进行了审定;研究中心王欢主任负责此次征文活动及论文集出版工作,宋梦美承担了具体编校工作,程敏敏、王明珠、梁宇宇、涂丽、钟美菱、刘朵等同志对论文集的编辑出版提供了许多帮助。

在编辑过程中,河南宏基房地产评估测绘有限公司董事长丁金礼、辽宁中恒信土地房地产资产评估有限公司总经理王洪明、东北财经大学投资工程管理学院王全民教授、华中师范大学经济与工商管理学院高炳华教授、沈阳工程学院管理学院黄英教授、江西师范大学城市建设学院胡细英教授、江西省房协房地产估价分会会长陶满德、北京仁达房地产评估有限公司技术总监张映红、北京华信房地产评估有限公司副总裁史源英、同济大学法学院曹伊清教授、中国人民大学张秀智副教授、山西财经大学公共管理学院郝俊英副教授、浙江恒基房地产土地资产评估有限公司总估价师韩宣伟、北京城建投资发展股份有限公司原副总经济师张万国、清华大学季如进教授等专家学者对部分文章进行了审阅;编者对部分论文的题目、格式、文句、内容等做了适当修改,并予以分类编排。本论文集凝聚了各位作者的才智和心血,还有许多人士为其编辑出版付出了辛勤劳动,在此一并表示感谢。

由于文稿数量较多,编辑工作量较大、时间紧,且编者水平有限,如有不当之处,敬请读者指正。

中国房地产估价师与房地产经纪人学会
2020年10月